唐　锋　黄党和　盛　君　盛进路　章文俊　隋江华
蒋更红　曾冬苟　黎冬楼　滕宪斌

委　员：（按姓氏笔画排名）

王方金	王立军	王希行	王建军	卢艳民	田学军
田海涛	代　锐	邢博君	吕二广	吕建明	朱永强
刘　雨	刘长青	刘沁源	刘新亮	关长辉	江建华
许媛媛	杜　新	杜金印	李继凯	李道科	李富玺
杨　林	杨　栋	吴叶平	沈荣欣	张　磊	张芳亮
张春阳	张选军	陆宝成	陈永利	陈依梁	陈福洲
武　斌	林　郁	罗宏富	金建元	宗永刚	赵志强
赵贵竹	郝振钧	胡贤民	姜广丰	聂　涛	奚瑞帆
高世有	高增云	席建龙	黄兴旺	阎义武	葛　帆
蒋　龙	程　欣	裴景涛	熊正华	戴　武	

中华人民共和国海船船员适任考试培训教材

交通运输类"十四五"创新教材

符合《海船船员培训大纲（2021版）》要求
《海船船员考试大纲（2022版）》

驾驶专业

航 海 学
——天文、地文、仪器
（二/三副）

Ⓜ **中国海事服务中心** 组织编审

刘军坡　沙小进　臧继明 ◎ 主编

大连海事大学出版社
DALIAN MARITIME UNIVERSITY PRESS

Ⓒ 刘军坡　沙小进　臧继明　2022

图书在版编目(CIP)数据

航海学：天文、地文、仪器(二/三副)／刘军坡，
沙小进，臧继明主编. — 大连：大连海事大学出版社，
2022.7(2024.8重印)
中华人民共和国海船船员适任考试培训教材
ISBN 978-7-5632-4261-0

Ⅰ．①航…　Ⅱ．①刘…②沙…③臧…　Ⅲ．①天文航
海—资格考试—教材②地文航海—资格考试—教材③航海
仪器—资格考试—教材　Ⅳ．①U675②U666.15

中国版本图书馆 CIP 数据核字(2022)第 102298 号

大连海事大学出版社出版

地址：大连市黄浦路523号　邮编：116026　电话：0411-84729665(营销部)　84729480(总编室)
http://press.dlmu.edu.cn　E-mail：dmupress@dlmu.edu.cn

大连天骄彩色印刷有限公司印装　　　　　　　大连海事大学出版社发行

2022 年 7 月第 1 版　　　　　　　　　　　　2024 年 8 月第 7 次印刷
幅面尺寸：184 mm×260 mm　　　　印张：41.5　　　　　字数：1026 千

出版人：刘明凯

责任编辑：李继凯　　　　　　　　　　　　　责任校对：董洪英
封面设计：解瑶瑶　　　　　　　　　　　　　版式设计：解瑶瑶

ISBN 978-7-5632-4261-0　　审图号：GS(2021)8765 号　　定价：125.00 元

前言

为有效履行经修正的《1978 年海员培训、发证和值班标准国际公约》(STCW 公约)等国际公约,进一步规范海船船员培训行为,确保船员培训质量,根据《中华人民共和国船员条例》《中华人民共和国船员培训管理规则》,交通运输部编制了《海船船员培训大纲(2021 版)》,自 2021 年 10 月 1 日起施行。

为了更好地指导帮助船员进行适任考试前的培训,促进高素质船员队伍建设,中国海事服务中心组织全国有丰富教学、培训经验和航海实践经验的专家共同编写了本套教材。本套教材严格按照《海船船员培训大纲(2021 版)》编写,符合培训大纲对船员适任培训的要求,具有权威、准确、系统、实用的特点,重点突出船员适任和航海实践需掌握的知识,旨在培养船员具备在实践中应用知识的能力,可作为船舶工具书使用。

本套教材包括:

《船舶管理(船长/大副)》《船舶操纵与避碰——船舶操纵(船长/大副)》《船舶操纵与避碰——船舶避碰与值班(船长/大副)》《航海英语(船长)》《航海英语(大副)》《航海学——天文、地文、仪器(船长/大副)》《航海学——航海气象与海洋学(船长/大副)》《船舶结构与货运(大副)》《船舶操纵与避碰——船舶避碰与值班(二/三副)》《船舶操纵与避碰——船舶操纵(二/三副)》《船舶管理(二/三副)》《船舶结构与货运(二/三副)》《航海学——航海气象与海洋学(二/三副)》《航海学——天文、地文、仪器(二/三副)》《航海英语(二/三副)》《值班水手业务》;

《GMDSS 英语阅读》《GMDSS 综合业务》《GMDSS 英语听力与会话》《GMDSS 设备操作》;

《轮机英语(轮机长/大管轮)》《船舶动力装置(轮机长)》《船舶管理(轮机长/大管轮)》《主推进动力装置(大管轮)》《船舶辅机(大管轮)》《轮机工程基础(大管轮)》《船舶电气与自动化(船舶电气)(大管轮)》《船舶电气与自动化(船舶自动化)(大管轮)》《轮机英语(二/三管轮)》《船舶管理(二/三管轮)》《主推进动力装置(二/三管轮)》《船舶辅机(二/三管轮)》《轮机工程基础(二/三管轮)》《船舶电气与自动化(船舶电气)(二/三管轮)》《船舶电气与自动化(船舶自动化)(二/三管轮)》《值班机工业务》;

《电子电气员英语》《船舶电气(电子电气员)》《船舶机舱自动化》《信息技术与通信导航系统》《船舶管理(电子电气员)》《电子技工业务》《电子技工英语》《电子电气员英语听力与会话》《电子技工英语听力与会话》。

本套教材的编写、出版工作,得到了各海事管理机构、航海教育培训机构、航运企业等单位的关心和大力支持,特致谢意。

中国海事服务中心

2021 年 11 月

扫码学习《深入学习贯彻党的二十大精神　加快建设交通强国当好中国式现代化开路先锋》

编者的话

本书根据《1978 年海员培训、发证和值班标准国际公约马尼拉修正案》对"航海学——天文、地文、仪器"的培训要求,并以《海船船员培训大纲(2021 版)》的具体规定设置全书章节及内容,力求知识点全面、针对性强、实用性强、图文并茂,易于学员学习、理解,旨在帮助学员顺利通过海船船员适任考试。

"航海学——天文、地文、仪器"是船舶驾驶员必修的专业课内容,基本任务是研究船舶船位测定、航海仪器使用、航海信息获取、航线选择与设计和各种情况下的航行方法问题,为船舶安全、经济航行提供保障。

本书共分十一章。第一章为航海基础知识,第二章为海图,第三章为航迹推算,第四章为陆标定位,第五章为天文航海,第六章为航路资料,第七章为航线与航行方法,第八章为船舶交通管理,第九章为电子海图显示与信息系统,第十章为航海仪器,第十一章为船舶导航雷达。

本书由刘军坡、沙小进、臧继明担任主编,刘德新、刘长青担任主审。章文俊、曲涛、曹玉墀、岳兴旺、王丹、王庆武、谢海波、李连博、揭军武、张正生、冯爱国、韩雷、韦国栋、李邵喜、陈海力、张斌、余枫、高宗江、陈永利、赵鲁明、李永广、宗永刚、陈胜、文熙翔、席建龙、李冰、汪正纲、刘广、李朋、张明、张远强、陈哲、江儒敏参与了本书的编写。全书由刘军坡统稿。本书在编写过程中得到了广大同行的大力支持和热情指导,在此表示衷心感谢。

本书适用于海船船员(二/三副)适任考试培训,也可作为航海院校师生的教学参考书及航运管理相关人员的工作参考书。

航海科技日新月异,新理论、新技术、新航法、新设备不断涌现并投入航海实践,相关国际公约、各国法律法规、行业标准和规定也随之不断进步和完善,本书未尽之处,敬请广大同仁和读者批评斧正,不吝赐教。

编　者

2021 年 11 月

目录

第一章

航海基础知识

第一节　地球形状、地理坐标和大地坐标系

一、地球形状

航海上,船舶和物标的坐标、方向和距离等都是建立在一定形状的地球表面上的,要研究坐标、方向和距离等航海基本问题,必须首先对地球的形状和大小做一定的了解。

地球自然表面有高山、峡谷、平原、江河、湖泊和海洋等,是一个崎岖不平、非常复杂的不规则曲面。这种自然表面难以用数学公式加以描述,无法在此基础上研究航海的基本问题。然而,由于地球体积较大,这种局部的起伏与地球半径相比是非常之小的。例如,我国的珠穆朗玛峰虽高达 8848.86 m,但与 6371 km 的地球半径相比,仅为地球半径的千分之一左右,它对整个地球形状的影响是微不足道的。因此,我们可以用占地球表面约 71% 的海面的形状来描述地球形状。

设想一个与平均海面相吻合的水准面,并将其向陆地延伸,且保持该延伸面始终与当地的铅垂线相垂直,这样所形成的连续不断的、光滑的闭合水准面,叫作大地水准面。地球形状并不是指地球表面的自然形状,而是指由上述大地水准面所包围的几何体——大地球体的形状。

由于地球内部物质分布不均匀及受地球表面起伏的影响,大地球体依然是不规则的几何体。航海上,不同场合,根据不同的精度要求,往往将大地球体看作不同的近似体。

1. 第一近似体——地球圆球体

航海上为了计算上的简便,在精度要求不高的情况下,通常将大地球体当作地球圆球体。根据航海上常用的距离单位海里(n mile)的定义,可推算地球圆球体半径 R:

$$R = \frac{360° \times 60'}{2\pi} \text{ n mile} \approx 3437.7468 \text{ n mile} = 6366707 \text{ m}$$

2. 第二近似体——地球椭圆体

在大地测量学、海图学和需要较为准确的航海计算中，常将大地球体当作两极略扁的地球椭圆体。

地球椭圆体即旋转椭圆体（如图 1-1-1 所示），是由椭圆 P_NQP_SQ' 绕其短轴 P_NP_S 旋转形成的几何体。表示地球椭圆体的参数有：长半轴 a、短半轴 b、扁率 c 和偏心率 e，它们之间的关系是：

$$c = \frac{a-b}{a}; e = \frac{\sqrt{a^2-b^2}}{a}$$

$$e^2 = \left(1-\frac{b}{a}\right)\left(1+\frac{b}{a}\right) = c(2-c) \approx 2c$$

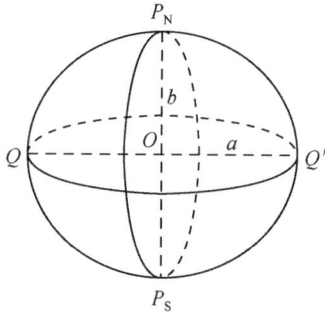

图 1-1-1　地球椭圆体

地球椭圆体参数是根据大地测量中的弧度测量的结果计算出来的。由于不同国家所处地区不同，所采用的测量数据、数据质量及计算方法的不同，所得出的椭圆体参数也略有差异。我国 1952 年采用白塞尔地球椭圆体参数，1954 年改用苏联克拉索夫斯基地球椭圆体参数，1980 西安坐标系采用 IUGG 1975 年推荐的地球椭圆体参数，2008 年启用 2000 国家大地坐标系（CGCS 2000）。

二、地理坐标

1. 地球上的基本点、线、圈

地理坐标是建立在地球椭圆体表面上的。要建立地理坐标，首先应在地球椭圆体表面上确定坐标的起算点和坐标线图网，如图 1-1-2 所示。

椭圆短轴即地球的自转轴——地轴（P_NP_S）。

地轴与地表面的两个交点是地极，在北半球的称为北极（P_N），在南半球的称为南极（P_S）。

通过球心且与地轴垂直的平面为赤道平面，赤道平面与地表面相交的截痕称为赤道（QQ'），它将地球分为南、北两个半球。

任何一个与赤道面平行的平面称为纬度圈平面，它与地表面相交的截痕是个小圆，称为纬度圈（AA'）。

通过地轴的任何一个平面是子午圈平面，它与地表面相交的截痕是个椭圆，称为子午圈（P_NQP_SQ'）。

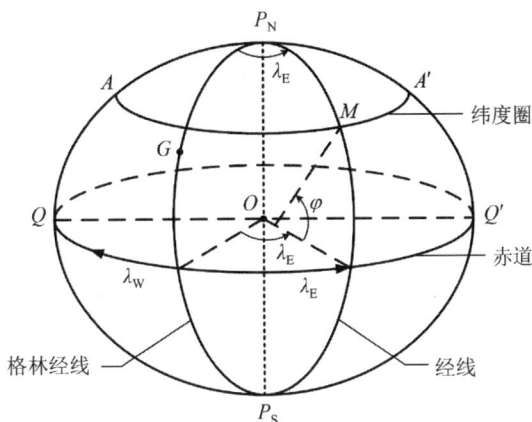

图 1-1-2　地理坐标

由北半球到南半球的半个子午圈,叫作子午线,又称经线(P_NQP_S,$P_NQ'P_S$)。

通过英国伦敦格林尼治天文台子午仪的子午线,叫作格林子午线或格林经线(P_NGP_S)。

2. 地理坐标

地球表面任何一点的位置都可以用地理坐标即地理经度和地理纬度来表示。

地理经度简称经度,地面上某点的地理经度为格林经线与该点子午线在赤道上所夹的劣弧长,用 λ 或 Long 表示。某点地理经度的度量方法为自格林子午线起算,向东或向西度量到该点子午线,由0°~180°计量。向东度量的称为东经,用 E 标示;向西度量的称为西经,用 W 标示。例如北京的经度为116°28′.2E。

地理纬度简称纬度,地球椭圆子午线上某点的法线与赤道面的夹角称为该点的地理纬度,用 φ 或 Lat 表示。某点地理纬度的度量方法为自赤道起算,向北或向南度量到该点所在纬度圈,由0°~90°计量。向北度量的称为北纬,用 N 标示;向南度量的为南纬,用 S 标示。例如北京的纬度为39°54′.4N。

纬度圈上各点的纬度相等,经线上各点的经度相等。格林经线与赤道的交点为地理坐标的起算点,经线与纬度圈所构成的图网为坐标线图网。

3. 纬差与经差

纬差为两地纬度之代数差,用符号 $D\varphi$ 表示;经差为两地经度之代数差,用 $D\lambda$ 表示。

纬差和经差是有方向性的,应根据起算点和到达点的相对位置关系而定,如到达点位于起算点之北,则为北纬差;如位于起算点之南,则为南纬差。同样,如到达点位于起算点之东,则为东经差;如位于起算点之西,则为西经差。其计算公式如下:

$$D\varphi = \varphi_2 - \varphi_1$$
$$D\lambda = \lambda_2 - \lambda_1$$

(1-1-1)

式中:φ_1,φ_2——起始点纬度和到达点纬度;

λ_1,λ_2——起始点经度和到达点经度。

计算中注意:

(1)北纬、东经取正值(+),南纬、西经取负值(-);

(2)纬差、经差为正值,分别表示北纬差和东经差,为负值分别表示南纬差和西经差;

(3)经差的绝对值不应大于180°,否则,应由360°减去其绝对值,并改变符号。

3

例 1-1-1：某船由（36°50′N，120°25′W）航行至（25°40′N，140°50′W），求两地间纬差和经差。

解：

	φ_2	25°40′N（+）		λ_2	140°50′W（-）
-)	φ_1	36°50′N（+）	-)	λ_1	120°25′W（-）
	$D\varphi$	11°10′S（-）		$D\lambda$	20°25′W（-）

例 1-1-2：某船由（23°25′N，106°14′W）航行至（08°16′S，100°08′E），求两地间纬差和经差。

解：

	φ_2	08°16′S（-）		λ_2	100°08′E（+）
-)	φ_1	23°25′N（+）	-)	λ_1	106°14′W（-）
	$D\varphi$	31°41′S（-）		$D\lambda$	206°22′E（+）
					360°-206°22′=153°38′W

三、大地坐标系

前述的地理坐标是在建立在相应的大地坐标系上的,而大地坐标系是在地球椭圆体的表面建立的。对于地球椭圆体,仅知道其参数是不够的,还须对其定位和定向,因此建立大地坐标系包括以下三方面问题:

（1）确定椭圆体参数;

（2）确定椭圆体中心位置（定位）;

（3）确定坐标轴的方向（定向）。

也就是要建立形状、大小、位置和轴向完全确定的椭圆体,使它既不能变形,也不能平移和旋转,从而在上面确定大地坐标。各国家或地区为了使选定的地球椭圆体与其所在地区的大地水准面更为接近,往往采用不同的大地坐标系。不同的坐标系中,对于处于同一位置的船舶或物标,其经、纬度可能有所不同,因此应注意不同坐标系之间的坐标转换。

如在某英版海图标题栏内有以下文字:

SATELLITE-DERIVED POSITIONS

Positions obtained from satellite navigation systems are normally referred to WGS84 Datum; such positions should be moved 0.09 minutes NORTHWARD and 0.11 minutes WESTWARD to agree with this chart.

意思是从卫星导航系统得到船位一般是在 WGS84 坐标系下,该位置须北移 0′.09 和西移 0′.11 才能与本海图中位置相对应。

自 2008 年 7 月 1 日起,我国启用 2000 国家大地坐标系（CGCS 2000）,与现行国家大地坐标系转换、衔接的过渡期为 8~10 年,但所有新出版的中版海图和出版物均采用该坐标系,并且在使用中可视同 WGS84 坐标系。因为两者均为地心坐标系,且选取椭圆体参数基本相同,如表 1-1-1 所示,同一点在 CGCS 2000 椭圆体和 WGS84 椭圆体下经度相同,纬度的最大差值约为 $3.6×10^{-6}$ s（给定点位在某一框架和某一历元下的空间直角坐标,投影到 CGCS 2000 椭圆体和 WGS84 椭圆体上所得的纬度的最大差异相当于 0.11 mm），在海图上体现不出来。

表 1-1-1　CGCS 2000 与 WGS84 坐标系椭圆体参数对比

	CGCS 2000	WGS84
长半轴 a/m	6378137	6378137
地心引力常数 $GM/(m^3/s^2)$	$3.986004418×10^{14}$	$3.986004418×10^{14}$
自转角速度 $ω/(rad/s)$	$7.292115×10^{-5}$	$7.292115×10^{-5}$
扁率 e	1/298.257222101	1/298.257223563

第二节　航向和方位

一、方向的确定、划分和换算

1.四个基本方向的确定

通过测者眼睛，并与该点重力方向重合的直线叫作测者铅垂线。凡与测者铅垂线相垂直的平面，称为测者地平平面，其中通过测者眼睛的地平平面，叫作测者地面真地平平面。包含测者铅垂线，并与测者子午圈平面相垂直的平面，称为测者东西圈平面（卯西圈平面）。

航海上测者周围的方向是建立在测者地面真地平平面之上的。如图 1-2-1 所示：$A'O$ 为测者 A 的铅垂线，测者地面真地平平面 WSEN 与测者子午圈平面 P_NAQP_SQ' 相交的直线 SN 称为测者的方向基准线——南北线。靠近地理北极 P_N 的一方是测者的正北方向；靠近南极 P_S 的一方为测者的正南方向。测者地面真地平平面与测者卯西圈平面的交线 WE，叫作测者的东西线。当测者面北背南时，测者东西线的右方是正东方向，左方是正西方向。

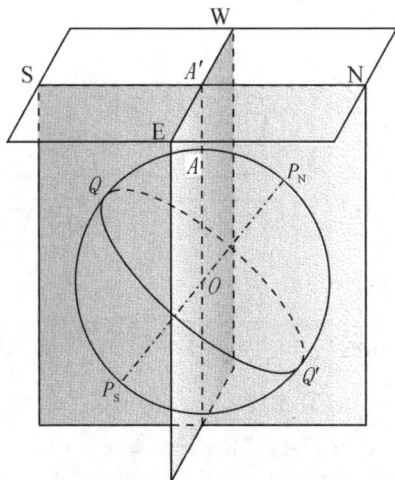

图 1-2-1　方向的确定

位于不同地点的测者,具有不同的测者铅垂线和测者地面真地平平面,其方向基准也各不相同。位于两极的测者无法确定其方向基准:位于南极的测者,其任意方向都是正北方向;而位于北极的测者,其任意方向都是正南方向。

2.航海上方向的划分

仅在测者地面真地平平面上确定四个基本方向,不能完全表示测者地面真地平平面上的其他各个方向,远远不能满足航海上的需要,必须对方向做进一步的划分。航海上常用的划分方向的方法有下列三种:

（1）圆周法

圆周法以正北为方向基准000°,按顺时针方向计量到正东为090°,正南为180°,正西为270°,再计量到正北方向为360°或000°。

圆周法始终用三位数表示,是航海上最常用的表示方向的方法。

（2）半圆法

半圆法以正北或正南为方向基准,分别向东或向西计量到正南或正东,计量范围0°~180°。用半圆法表示某方向时,除度数外,还应标明起算点和计量方向,如30°NE、150°SE、30°SW、150°NW。

任何一个地平平面方向,都有两种半圆法表示。在天文航海中,常用半圆法来表示天体的方位。

（3）罗经点法

如图1-2-2所示,罗经点法以北、东、南、西4个基本方向为基点;将平分相邻基点之间的地面真地平平面方向称为隅点,即东北（NE）、东南（SE）、西南（SW）和西北（NW）4个方向;将平分相邻基点与隅点之间的地面真地平平面方向称为三字点,其名称由基点名称之后加上隅点名称组成,即北北东（NNE）、东北东（ENE）、东南东（ESE）、南南东（SSE）等8个方向;再将平分相邻基点或隅点与三字点之间的16个地面真地平平面方向称为偏点,偏点的名称由基点名称或隅点名称之后加上偏向的方向来组成,例如北偏东（N/E）、东北偏北（NE/N）、东偏北（E/N）等。

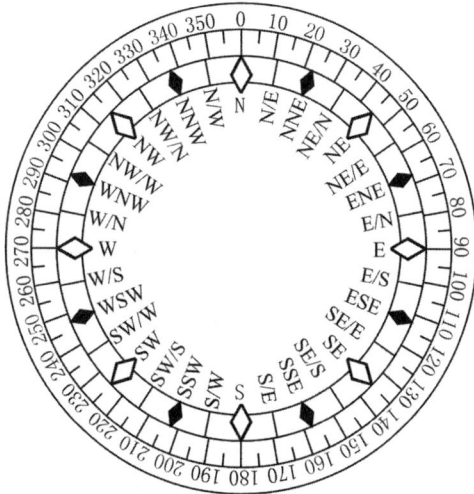

图1-2-2　罗经点方向

这样,4个基点、4个隅点、8个三字点和16个偏点,共计32个方向点,叫作32个罗经点。罗经点也可以认为是两个相邻的罗经点方向之间的角度,因此:

$$1 点 = \frac{360°}{32} = 11°.25,或 4 点 = 45°$$

过去,罗经点法曾在航海各领域得到过广泛的应用,而目前仅用它来表示风、流等的大概方向。

3. 三种方向划分之间的换算

根据航海实际的需要,三种方向之间的换算,通常是指将半圆法和罗经点法所表示的方向换算为相应的圆周法方向,其换算方法如下:

(1)半圆法换算成圆周法的法则

在北东(NE)半圆:圆周度数＝半圆度数

在南东(SE)半圆:圆周度数＝180°－半圆度数

在南西(SW)半圆:圆周度数＝180°＋半圆度数

在北西(NW)半圆:圆周度数＝360°－半圆度数

例 1-2-1:将半圆法方向 35°NE、145°SE、45°SW、135°NW 换算为圆周法方向。

解:

半圆法方向	圆周法方向
35°NE	035°
145°SE	180°－145°＝035°
45°SW	180°＋45°＝225°
135°NW	360°－135°＝225°

(2)罗经点法换算成圆周法的法则

相邻两罗经点之间的角度为 11°.25,因此,某个罗经点方向所对应的圆周方向可根据该罗经点在罗经点法中的点数乘以 11°.25 的法则确定。

根据上述法则将罗经点法换算为圆周法方向固然可行,但是,掌握每个罗经点在罗经点法中的点数比较困难,故该换算方法的应用受到较大的限制。在掌握了所有罗经点的意义、命名方法以及4个基点与4个隅点所对应的圆周法方向的基础上,还可依据下列原则来换算:

8个三字点的圆周方向等于相应的基点方向与隅点方向的算术平均值。

16个偏点的圆周方向等于相应基点或隅点方向加上±11°.25。其中,±应根据该偏点偏向相应基点或隅点的方向而定,顺时针方向取＋,逆时针方向取－。

例 1-2-2:将罗经点 SSE、SSW、NW/W、NW/N 换算为圆周法方向。

解:

$$SSE = \frac{1}{2}(S+SE) = \frac{1}{2}(180°+135°) = 157°.5$$

$$SSW = \frac{1}{2}(S+SW) = \frac{1}{2}(180°+225°) = 202°.5$$

$$NW/W = 315°－11°.25 = 303°.75$$

$$NW/N = 315°＋11°.25 = 326°.25$$

二、航向、方位和舷角

航海上经常涉及的方向有两种：船舶航行的方向（航向）和物标的方向（方位）。现将与此有关的若干定义介绍如下（见图1-2-3）：

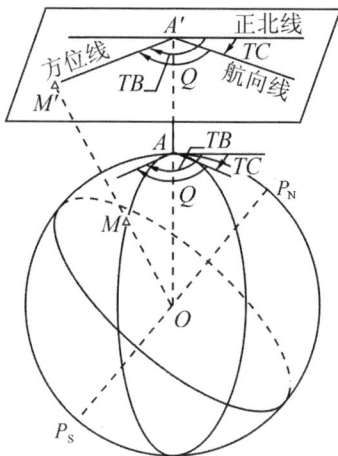

图1-2-3　航向、方位和舷角

航向线：当船舶无横倾时，船舶首尾面（通过船舶铅垂线的纵剖面）与测者地面真地平平面所相交的直线，叫作船首尾线。船首尾线向船首方向的延伸线，称作航向线，代号 CL。

真航向：船舶航行时，在测者地面真地平平面上，自真北线顺时针方向计量到航向线的角度，称为船舶的真航向，计量范围 $000° \sim 360°$，代号 TC。

方位线：在地球表面上连接测者与物标的大圆弧 AM，叫作物标的方位圈，而物标方位圈平面与测者地面真地平平面相交的直线 $A'M'$，称为物标的方位线，代号 BL。

真方位：在测者地面真地平平面上，自正北方向线顺时针方向计量到物标方位线的角度，称为船舶的真方位，计量范围 $000° \sim 360°$，代号 TB。

舷角：在测者地面真地平平面上，航向线和物标方位线之间的夹角，称为物标的舷角或相对方位。舷角以航向线为基准，按顺时针方向计量到物标方位线，计量范围 $000° \sim 360°$，始终用三位数表示，代号 Q；或以船首向为基准，分别向左或向右计量到物标方位线，计量范围 $0° \sim 180°$，向左计量为左舷角 $Q_左$，向右计量为右舷角 $Q_右$。

当舷角 $Q = 090°$ 或 $Q_右 = 90°$ 时，叫作物标的右正横；当 $Q = 270°$ 或 $Q_左 = 90°$ 时，叫作物标的左正横。

物标的真方位是以测者的正北方向线为基准度量的，与航向无关。如果只改变航向，而测者的位置不发生变化，则物标真方位不变。物标的舷角是以船首尾线为基准度量的，只要航向发生变化，物标的舷角也随之改变。航向、方位和舷角之间的关系如下：

$$TB = TC + Q \quad 或 \quad TB = TC + Q \begin{cases} Q_右 \text{ 为 } + \\ Q_左 \text{ 为 } - \end{cases} \qquad (1\text{-}2\text{-}1)$$

如计算所得的真方位值大于 $360°$ 或小于 $0°$，则应分别减去或加上 $360°$。

例1-2-3：某船真航向 $215°$，测得两物标舷角分别为 $Q_A = 030°$、$Q_B = 160°$，求 A、B 两物标的

真方位。

解：

如图 1-2-4 所示

$$TB_A = TC + Q_A = 215° + 030° = 245°$$

$$TB_B = TC + Q_B = 215° + 160° = 375°，即 015°$$

例 1-2-4：某船真航向 030°，求物标左正横时的真方位。

解：

如图 1-2-5 所示

$$TB_左 = TC + Q = 030° + 270° = 300°$$

或

$$TB_左 = TC + Q_左 = 030° + (-90°) = -60°，即 300°$$

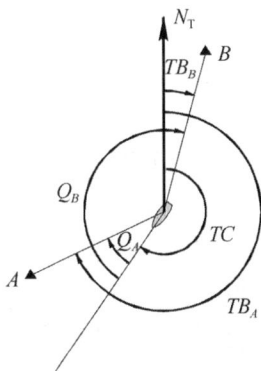

图 1-2-4 例 1-2-3 示意图   图 1-2-5 例 1-2-4 示意图

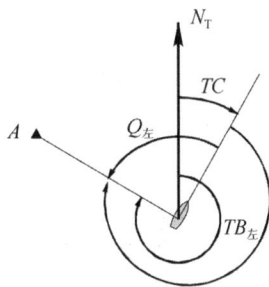

第三节 向位的测定与换算

航海上测定向位(航向和方位)的仪器是罗经。目前,海船上配备的罗经有陀螺罗经(俗称电罗经)和磁罗经两大类。

一、陀螺罗经测定向位

陀螺罗经是根据高速旋转的陀螺仪,在受到适当的阻尼力作用后,能迫使其旋转轴保持在其子午圈平面内的原理制成的。陀螺罗经是一种不受地磁场和电磁场影响的、具有较大指北力的电动机械仪器,它能带动若干个分罗经,分别安装在驾驶台、驾驶台两翼、海图室和船长房间等,还能为雷达、自动舵和航向记录仪等提供指北信息。

陀螺罗经刻度盘 0°所指示的方向称为陀螺罗经北,简称陀罗北,用 N_G 表示。陀罗北线和船舶航向线之间的夹角,称为陀罗航向,代号 GC。陀罗北线和物标方位线之间的夹角,叫作陀罗方位,代号 GB。陀罗航向和陀罗方位均以陀罗北线为基准,按顺时针方向计量至航向线或物标方位线,计量范围 000°~360°。

理论上陀螺罗经的旋转轴应该稳定在真子午线平面内,即陀螺北应与真北(测者的正北方向,N_T)相一致,但像任何其他测量仪器一样,都可能存在一定的误差。陀螺北偏开真北角度称为陀螺罗经差(简称陀罗差),用 ΔG 表示,如图 1-3-1 所示。陀螺北偏在真北的东面,陀螺向位小于真向位,ΔG 为偏东或偏低,用 E 或+表示;陀螺北偏在真北的西面,陀螺向位大于真向位,ΔG 为偏西或偏高,用 W 或-表示。

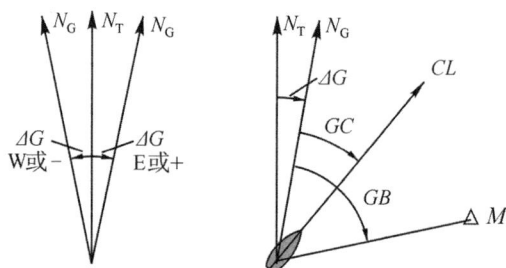

图 1-3-1　陀螺罗经差

陀罗差 ΔG 主要随航速和船舶所处纬度的变化而变化,与航向等无关。真向位、陀罗向位和陀罗差之间的关系如下:

$$TC = GC + \Delta G \quad \begin{cases} \Delta G \text{ 偏东为+} \\ TB = GB + \Delta G \quad \Delta G \text{ 偏西为-} \end{cases} \tag{1-3-1}$$

例 1-3-1:某船陀螺航向 $GC = 314°$,测得某物标陀螺方位 $GB = 075°$,陀罗差 $\Delta G = 1°W$,求该船真航向和该物标的真方位。

解:

$TC = GC + \Delta G = 314° + (-1°) = 313°$

$TB = GB + \Delta G = 075° + (-1°) = 074°$

例 1-3-2:某船真航向 $TC = 120°$,某物标真方位 $TB = 180°$,陀罗差 $\Delta G = 1°E$,求该船陀螺航向和该物标的陀螺方位。

解:

$GC = TC - \Delta G = 120° - (+1°) = 119°$

$GB = TB - \Delta G = 180° - (+1°) = 179°$

二、磁罗经测定向位

磁罗经是我国古代四大发明之一——指南针演变发展而来的。它是根据在水平面内自由旋转的磁针,受到地磁磁力的作用后,能稳定指示地磁磁北方向的特性而制成的。

1. 磁差与磁向位

(1)地磁与磁差

如图 1-3-2(a)所示,地球周围存在一个天然磁场——地磁,它好像是由地球内部的一个大磁铁所形成的磁场。地面上各点的磁力线方向是不相同的,磁力线方向垂直于地面的点,叫作地磁磁极,靠近地理北极的是磁北极;靠近地理南极的是磁南极。连接地磁北极和地磁南极的直线,称为地磁磁轴,它与地轴约相交成 11.5°。此外,地磁磁极的位置并不是固定不变的,它沿椭圆轨道缓慢地绕地极移动,约 650 年绕地极一周。

因为地磁北极与地理北极并不在同一地点,地磁磁场本身又很不规则,所以地面上某点的磁北线与真北线往往不重合。磁北(N_M)偏离真北(N_T)的角度称为磁差,代号 Var。如图 1-3-2(b)所示,如磁北偏在真北的东面,称磁差偏东,用 E 或+表示;如磁差偏在真北西面,则称磁差偏西,用 W 或−表示。

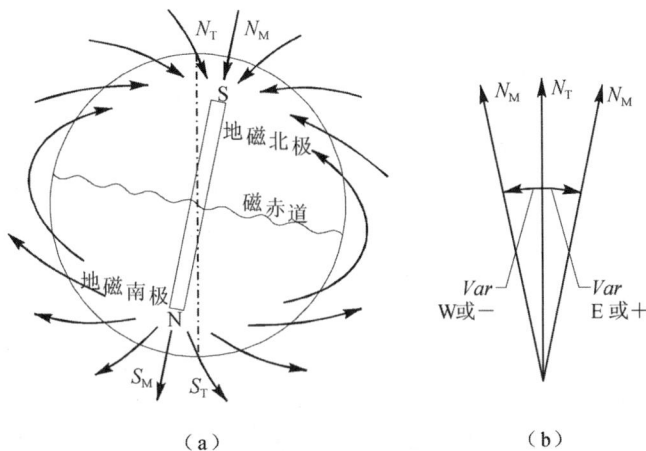

（a）　　　　　　　　　　（b）

图 1-3-2　地磁与磁差

（2）磁差的变化

根据地磁磁场的分布情况及其变化规律,磁差的变化具有下列特点:

①磁差随地区变化

地磁磁轴并不与地轴重合,而且地磁磁轴不通过地球球心,加上地磁磁场的不规则性,使得地面上磁力线的分布与走向相当复杂。因此,各地磁差的大小和方向,随各地相对于地理北极和地磁北极的方向的不同而各不相同。低纬地区磁差一般较小,最小可为 0°;高纬地区,尤其是靠近地磁磁极的地区,磁差值较大而且变化显著,磁差最大可达 180°。因此,船舶在磁极地区(通常指极区)航行,是无法用磁罗经导航的。

②磁差随时间变化

由于地磁磁极不断地绕地极缓慢移动,同一地点的磁差将因此随时间逐渐变化,每年一般变化 0°~0°.2,叫作磁差的年变化或年差。年差可用东(E)或西(W)表示,也可用磁差绝对值的增加(+,increasing)或减少(−,decreasing)表示。年差的东(E)或西(W)表示该地磁差每年向东或向西变化,如年差 0°.1E,表示磁差每年向东变化 0°.1,即该地磁北每年向东偏移 0°.1;年差的(+)或(−)并不表示磁差的变化方向,而是指该地磁差绝对值的增加或减少。

③磁差随地磁异常和磁暴变化

沿海某些地区,可能由于地下埋藏着大量磁性矿物,使得该地区的磁差与附近其他地区的磁差有明显的差异,称为地磁异常。各地地磁异常区的有关资料通常刊印在相应的海图和航路指南中,船舶在这些区域航行时,必须格外谨慎。磁差的偶然和罕见的波动,称为磁暴。经研究,它主要与太阳黑子的暴发有关。磁暴的时间一般比较短暂,但它可使磁差在一昼夜中变化几度至几十度。因此,一旦发现磁向位突然发生较大的变化,应特别谨慎。

（3）磁差的计算

磁差随地区变化，不同地区的磁差值，一般经测量得到。此外，磁差还随时间变化而变化，因此，仅知道测量当时磁差的大小和方向是不够的，还必须知道该地的年差。完整的磁差资料应包含测量当时的磁差值（大小和方向）、测量年份和年差。

在航用海图上，给出磁差资料的方法一般有下列三种：

①在某些航行图和港湾图上，一般在该图的方位圈（即罗经圈，俗称罗经花）上给出该向位圈中心点处的磁差值、测量年份与年差数据，如：

$$4°30'E\ 1982\ (9'E)$$

$$磁差偏西\ 6°12'(1989)，年差约+4'$$

$$Variation\ 3°00'W(1965)\ decreasing\ about\ 2'\ annually$$

②在总图和远洋航行图上，海图比例尺小，覆盖范围大，图区内磁差变化较大，因此，只能以等磁差线的形式给出磁差资料。等磁差线是磁差相等的各点的连线。每条等磁差线上都注有相应的磁差和年差，其中 E 和 W 分别表示磁差（年差）偏东、偏西。所提供磁差的年份在海图标题栏内给出。

③在一些大比例尺港泊图上，比例尺较大，海图覆盖范围较小，整个图区内的磁差可以认为是相等的，因此，通常仅在海图标题栏内给出所有的磁差资料。

驾驶员在使用磁罗经时，必须适时地查取磁差资料，并按下式求取当地、当时的磁差：

$$所求磁差=图示磁差+年差×（所求年份-测量年份）\tag{1-3-2}$$

图示磁差取其绝对值。年差增加取+，减少取-。若年差用 E 或 W 表示，则当年差与图示磁差同名时，年差取+；异名时取-。结果为+，则所求磁差与图示磁差同名；结果为-，则所求磁差与图示磁差异名。

表 1-3-1 列举了不同情况下的磁差的求取结果，表中图示磁差值的测量年份均为 1990 年，所求的则都是当地 2020 年的磁差值。

表 1-3-1　不同情况下磁差计算的求取

图示磁差值（1990）	对应不同年差的所求磁差值（2020）			
	+1'.5	-1'.5	1'.5E	1'.5W
0°30'E	1°15'E	0°15'W	1°15'E	0°15'W
1°30'E	2°15'E	0°45'E	2°15'E	0°45'E
0°30'W	1°15'W	0°15'E	0°15'E	1°15'W
1°30'W	2°15'W	0°45'W	0°45'W	2°15'W

当船舶在海图上相邻两方位圈或等磁差线之间航行时，应先分别求出两方位圈或等磁差线上的磁差值，再进行必要的目视内插，从而求取船舶所在地点的正确磁差值。

实际工作中，除了按上述方法求取磁差外，还可根据船位从部分 GPS 接收机等现代化导航仪器中直接读取当地、当时的磁差值。

（4）磁向位

将磁罗经放置在地球上某一点，当它仅受到地磁磁场的作用时，磁针的 N-S 线将与该点的地磁磁力线相重合，其 N 极所指的方向（即磁罗经刻度盘 0°的方向）在地面真地平平面上的投影，即为磁北 N_M。如图 1-3-3 所示，磁北线与航向线之间的夹角称为磁航向，代号 MC；磁北线与方位线之间的夹角称为磁方位,代号 *MB*。磁航向与磁方位均以磁北为基准,分别按顺时针方向计量到航向线或物标方位线,计量范围 000°～360°。显然,磁向位、磁差和真向位之间的关系如下:

$$TC = MC + Var$$
$$TB = MB + Var$$

(1-3-3)

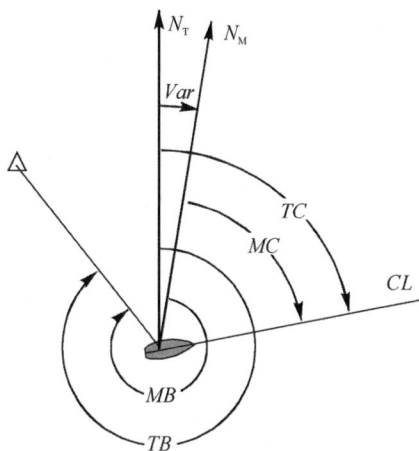

图 1-3-3　磁向位

2. 磁罗经自差

（1）船磁与自差

安装在钢铁制成的船上的磁罗经,除了受到地磁的作用外,还将受到船上钢铁在地磁磁场中磁化后形成的磁场——船磁场的影响,以及磁罗经附近电气设备形成的电磁场的影响。这样,磁罗经的指北端不再指示磁北方向,而指向上述各磁场的合力方向上。此时磁罗经刻度盘 0°所指示的北称为罗北,代号 N_C。

罗北偏离磁北,是由于船舶自身的磁场所引起的,因此将罗北线与磁北线之间的角度称为自差,用缩写 *Dev* 或符号 δ 表示。如图 1-3-4 所示,如罗北偏在磁北之东,称为东自差,用 E 或＋标示;若罗北偏在磁北之西,则为西自差,用 W 或－标示。

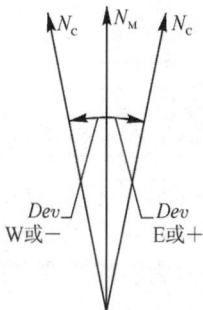

图 1-3-4　自差

（2）自差的变化

自差的大小和符号与船舶钢铁磁化的性质和程度（船磁）有关,而船磁又与船首向和地磁磁力线方向的相对位置有关,即船磁的大小和方向是随航向的不同而改变的。因此,磁罗经的自差也随航向的变化而变化。

此外,自差还可能因船舶装载钢铁和磁性矿物、磁罗经附近铁器和电器的变动、船舶倾斜和船舶所处不同地区磁差的显著变化而有所变动。

（3）自差资料与计算

如果磁罗经自差较大,当船舶转向时,转向角度可能和罗经读数的变化数值相差较大。这样,不仅使用罗经很不方便,还容易产生错觉,甚至发生海事。因此,当磁罗经自差较大时,必须进行自差校正工作,尽可能消除各个方向的自差。磁罗经自差虽然可以校正,但不可能把各个方向的自差消除干净,一般还会剩下±(0°～3°)的自差,叫作剩余自差。对磁罗经进行自差的校正以后,应测出八个罗经点方向的剩余自差,然后用曲线法或公式计算法,制成磁罗经自差曲线(如图 1-3-5 所示)或自差表(如表 1-3-2 所示),供船舶航行中向位换算用。

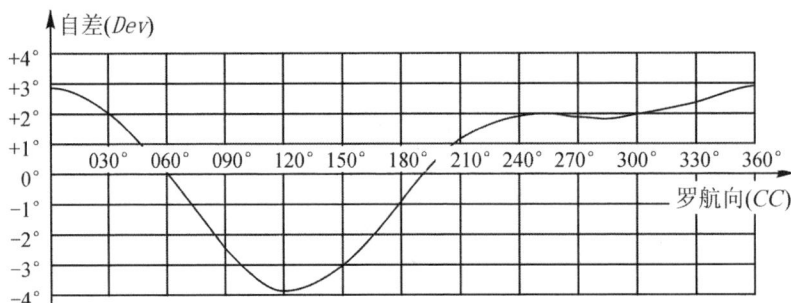

图 1-3-5　磁罗经自差曲线

表 1-3-2　××轮标准罗经自差表

2020 年 1 月 5 日 观测地点:吴淞口

罗航向	自差	罗航向	自差	罗航向	自差	罗航向	自差
000°	+2°.8	090°	−2°.5	180°	−1°.0	270°	+1°.9
015°	+2°.6	105°	−3°.4	195°	+0°.2	285°	+1°.8
030°	+2°.0	120°	−3°.9	210°	+1°.2	300°	+1°.9
045°	+1°.2	135°	−3°.8	225°	+1°.8	315°	+2°.0
060°	+0°.1	150°	−3°.1	240°	+1°.9	330°	+2°.3
075°	−1°.2	165°	−2°.2	255°	+2°.0	345°	+2°.6
090°	−2°.5	180°	−1°.0	270°	+1°.9	360°	+2°.8

磁罗经自差表或自差曲线给出了不同罗航向上的磁罗经自差值,因此,磁罗经自差应以罗航向为引数查取。如仅知道船舶的真航向,而不知道其罗航向,应用磁航向近似代替罗航向为引数来查取自差,而不能够直接用真航向为引数查取自差;否则,在磁差值较大时,所求得的自差将有较大的误差。

利用磁罗经自差表查取自差时,如罗航向不是表列罗航向,应分别查取相邻罗航向所对应的自差值,再使用线性内插的方法求取相应的自差。所求自差的精度要求为0°.1。

例 1-3-3：已知某船罗航向 070°，利用表 1-3-2 所列自差求该航向上的磁罗经自差。

解：

$$Dev = +0°.1 + \frac{(-1°.2) - (+0°.1)}{(075° - 060°)} \cdot (070° - 060°)$$

$$\approx +0°.1 + (-0°.9) = -0°.8 = 0°.8W$$

例 1-3-4：已知某船真航向 313°，磁差 2°W，自差见表 1-3-2，求该船自差。

解：

$$MC = TC - Var = 313° - (-2°) = 315°$$

以 MC 近似代替 CC 查表得：

$$Dev = +2°.0(2°.0E)$$

3. 罗经差

船上磁罗经的磁针在地磁和船磁的合力影响下，其罗经刻度盘 0° 所指示的罗北 N_C 偏离真北 N_T 的角度称为磁罗经差，简称罗经差，用 ΔC 表示。如图 1-3-6 所示，当罗北偏在真北东面时，罗经差偏东，用 E 或 + 标示；罗北偏在真北西面时，罗经差偏西，用 W 或 - 标示。

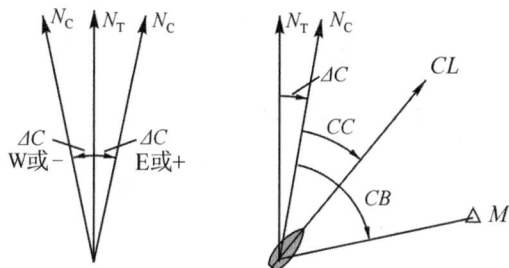

图 1-3-6　罗经差

显然，罗经差 ΔC 是磁差 Var 和自差 Dev 的代数和，即：

$$\Delta C = Var + Dev \tag{1-3-4}$$

例 1-3-5：已知某船 $Var = 2°.5W$，$Dev = 3°.0E$，求 ΔC。

解：

$$\Delta C = Var + Dev = (-2°.5) + (+3°.0) = +0°.5 = 0°.5E$$

例 1-3-6：已知某船 $Var = 1°.8E$，$Dev = 2°.9W$，求 ΔC。

解：

$$\Delta C = Var + Dev = (+1°.8) + (-2°.9) = -1°.1 = 1°.1W$$

4. 罗向位

以罗北为基准的航向和方位统称为罗向位。如图 1-3-7 所示，罗北线和航向线之间的夹角叫作罗航向，代号 CC；罗北线和物标方位线之间的夹角叫作罗方位，代号 CB。罗航向和罗方位均以罗北 N_C 为基准，各自按顺时针方向计量到航向线或物标的方位线，计量范围为 000° ~ 360°。

真向位、罗向位、磁向位以及罗经差、磁差和自差之间满足下列关系：

$$TC = CC + \Delta C = CC + Dev + Var = MC + Var$$

$$TB = CB + \Delta C = CB + Dev + Var = MB + Var$$

$$MC = CC + Dev = TC - Var$$

$$MB = CB + Dev = TB - Var$$

$$\Delta C = Var + Dev = TC - CC = TB - CB$$

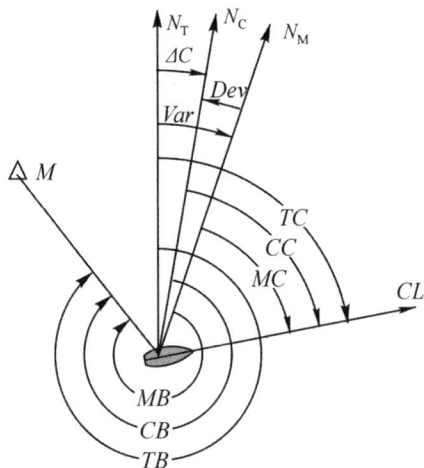

图 1-3-7　磁差、自差与罗经差关系

三、向位换算

向位换算是指不同基准的航向或方位之间的换算。航海上用磁罗经或陀螺罗经测定的航向和方位是罗航向、罗方位或陀罗航向、陀罗方位。海图作业时,必须先将它们换算为以真北为基准的真航向或真方位;相反,如果在海图上事先设计好了真航向和真方位,实际导航中,又需要先将它们换算为以罗北或陀螺北为基准的罗航向、罗方位或陀罗航向、陀罗方位,以便用磁罗经或陀螺罗经去执行。

向位换算的方法有两种——图解法和公式计算法。利用图解法进行向位换算,应首先根据已知条件画出各种不同的基准线以及相应的航向线和方位线,然后从不同的基准线起算,即可求取对应于不同基准线的各种航向和方位值。公式计算法是根据已知条件,直接用公式计算进行向位换算的方法。向位换算的公式如下:

$$TC = GC + \Delta G = CC + \Delta C = CC + Dev + Var = MC + Var$$

$$TB = GB + \Delta G = CB + \Delta C = CB + Dev + Var = MB + Var$$

$$MC = CC + Dev = TC - Var$$

$$MB = CB + Dev = TB - Var$$

$$\Delta C = Var + Dev = TC - CC = TB - CB$$

$$\Delta G = TC - GC = TB - CB$$

利用图解法进行向位换算比较直观,不易出错,但作图麻烦、费时,且精度较低。公式计算法的磁罗经向位之间的换算比较抽象,但熟练掌握该方法后,不仅简单、快捷,而且具有较高的精度。实际工作中,往往采用公式计算法,必要时辅以作图法,以帮助理解和记忆,避免出错。

下面重点介绍不同情况下利用公式计算法进行向位换算。

1. 罗经向位换算为真向位

（1）向位换算公式

$$TC = GC + \Delta G = CC + \Delta C = CC + Dev + Var$$

$$TB = GB + \Delta G = CB + \Delta C = CB + Dev + Var$$

$$\Delta C = Var + Dev$$

（2）向位换算步骤

①从海图上查取航行海区的磁差资料，求取该海区当年的磁差值 Var；

②以罗航向为引数，从磁罗经自差表或自差曲线中查取该航向上的自差值 Dev；

③按公式 $\Delta C = Var + Dev$ 求取罗经差 ΔC；

④直接按向位换算公式计算求解。

例 1-3-7：2020 年 6 月 1 日，某船罗航向 030°，测得某物标罗方位 120°。已知航行区域磁差资料为"4°30′W 2018（15′E）"，该船标准罗经自差如表 1-3-2 所示，求该船真航向和物标的真方位。

解：

（1）$Var = 4°30′W + (15′E) \times (2020 - 2018) = 4°W$

（2）由 $CC = 030°$ 查自差表得 $Dev = 2°E$

（3）$\Delta C = Var + Dev = 4°W + 2°E = 2°W$

（4）$TC = CC + \Delta C = 030° + (-2°) = 028°$

$\quad\ TB = CB + \Delta C = 120° + (-2°) = 118°$

2. 真向位换算为罗经向位

（1）向位换算公式

$$GC = TC - \Delta G$$

$$GB = TB - \Delta G$$

$$CC = TC - \Delta C = MC - Dev$$

$$CB = TB - \Delta C = MB - Dev$$

$$MC = TC - Var = CC + Dev$$

$$MB = TB - Var = CB + Dev$$

$$\Delta C = Var + Dev$$

（2）向位换算步骤

①从海图上查取航行海区的磁差资料，求取该海区当年的磁差值 Var；

②按公式 $MC = TC - Var$ 求取磁航向 MC；

③以 MC 代替 CC 为引数，从磁罗经自差表或自差曲线中查取该航向上的自差值 Dev；

④按公式 $\Delta C = Var + Dev$ 求取罗经差 ΔC；

⑤直接按向位换算公式计算求解。

例 1-3-8：2020 年 6 月 1 日，某船计划驶真航向 077°，并拟在某物标真方位 167°时转向。已知海图上该处磁差资料为"Variation 1°30′E（2010）increasing about 3′annually"，该船标准罗经自差如表 1-3-2 所示，该船陀罗差 $\Delta G = 1°W$，求该船应驶的陀罗航向、罗航向和船舶抵达转向点时该物标的陀罗方位和罗方位。

解：

（1）$Var=1°30'E+(+3')\times(2020-2010)=2°E$

（2）$MC=TC-Var=077°-(+2°)=075°$

（3）以$MC=075°$为引数查自差表得$Dev=-1°.2$

（4）$\Delta C=Var+Dev=+2°+(-1°.2)=0°.8E$

（5）$CC=TC-\Delta C=077°-(+0°.8)=076°.2$

$\quad CB=TB-\Delta C=167°-(+0°.8)=166°.2$

$\quad GC=TC-\Delta G=077°-(-1°)=078°$

$\quad GB=TB-\Delta G=167°-(-1°)=168°$

四、罗经误差的测定

陀螺罗经和磁罗经是船上测定向位的重要仪器，陀罗差和罗经差是否准确，将直接影响到船舶航行的效益与安全。因此，航行中应尽可能利用各种机会测定陀罗差和罗经差，通常一昼夜中至少早、晚各测定一次，并在长航线改向后尽可能地测定一次。

航海上测定陀罗差和罗经差的主要方法有三种：

（1）利用叠标测定；

（2）利用远距离单物标方位测定；

（3）利用天体方位测定。

三种方法的原理基本相同，即在用罗经测定某物标陀罗方位或罗方位的同时，获取该物标的真方位，则相应的陀罗差或罗经差为：

$$\Delta G=TB-GB \quad 或 \quad \Delta C=TB-CB \qquad (1-3-5)$$

磁罗经的罗经差是磁罗经磁差与自差的代数和。而磁差随时间和地区的变化而变化，自差又主要随罗航向的改变而改变。因此，仅测出某方向上的罗经差是不够的，还需进一步求取该方向的自差，以检查和校验磁罗经自差表或自差曲线的准确性。利用上述某方法测定罗经差后，再求取该地当时的磁差值，即可按下列公式求取该方向的磁罗经自差值：

$$Dev=\Delta C-Var \qquad (1-3-6)$$

根据磁罗经学的理论，如果测得某固定方向的物标在 N、NE、E、SE、S、SW、W 与 NW 八个主要罗经点航向上的罗方位CB_i，则可用其平均值近似代替该物标的磁方位。因此，即使不知道物标的真方位或当时的磁差，也能由下式求取八个等分点航向上的自差：

$$Dev_i=MB-CB_i=\frac{1}{8}\sum_{i=1}^{8}CB_i-CB_i \ (i=1,2,\cdots,8) \qquad (1-3-7)$$

在实际工作中，要求航行中每班、每航向上至少比对一次陀螺航向和罗航向。一方面，可检验陀螺罗经是否正常工作；另一方面，当所掌握的陀罗差足够精确时，可以用来确定该方向上的罗经差和自差：

$$\Delta C=TC-CC=GC+\Delta G-CC$$

$$Dev=\Delta C-Var=GC+\Delta G-CC-Var \qquad (1-3-8)$$

第四节　能见地平距离、物标能见距离和灯标射程

一、海上距离单位

1. 海里（nautical mile）

航海上最常用的距离单位是海里（n mile），它等于地球椭圆子午线上一分纬度所对应的弧长。可以推导出 1 n mile 的公式为：

$$1 \text{ n mile} = 1852.25 - 9.31\cos2\varphi(\text{m}) \tag{1-4-1}$$

可见，地球椭圆子午线上一分纬度弧长，即 1 n mile 的长度不是固定不变的，它随纬度的不同而略有差异。在赤道上最短，为 1842.94 m；在两极最长，为 1861.56 m；在纬度 44°14′处，1 n mile 的长度为 1852 m。我们也可以看出 1 n mile 是关于 φ（φ 取 0°～90°）的余弦函数，而且是增函数，于是得出 1 n mile 是随着测者纬度 φ 的增大而增大的。

为了航海上实际应用的需要，必须用一个固定值作为 1 n mile 的标准长度。目前，我国和世界大多数国家采用国际水文地理学会决定、国际海上人命安全会议承认的标准，即 1 n mile = 1852 m，它正好是 φ = 44°14′处 1 n mile 的长度。将 1852 m 作为 1 n mile 的固定值后，在航海实践中产生的误差并不大，可以忽略不计。如某船沿赤道东西走向航行，若每小时按标准海里航行 12 n mile，则 1 天后航行的大概距离为 12×24 = 288 n mile，而赤道上 1 n mile 的实际长度为 1842.94 m，因此在赤道上航行的实际距离应该是 1852×288/1842.94 ≈ 289.41 n mile，由此引起的误差为（289.41−288）/288 ≈ 0.49%，即为航行距离的 0.49%。若在中纬度航行误差会更小些。航海上，习惯用"′"表示海里，例如 1 n mile 可记为 1′。

2. 海上其他长度单位

除海里外，航海上还可能用到下列一些长度单位：

链（cab）：$1 \text{ cab} = \dfrac{1}{10} \text{ n mile} \approx 185 \text{ m}$。

米（m）：国际通用长度单位。

英尺（ft）：1 ft = 0.3048 m。

码（yd）：1 yd = 3 ft = 0.9144 m。

拓（fm）：1 fm = 6 ft = 1.8288 m。

航海上，常使用海里和链作为度量距离的单位；米作为高程和水深的单位；在某些较早出版的英版拓制海图等图书资料中，高程和水深的单位为英尺和拓。

二、能见距离

1. 测者能见地平距离（visibility range）D_e

如图 1-4-1 所示，在海上，具有一定眼高 e 的测者 A，向周围大海眺望，所能看到的最远处，

水天似相交成一个圆圈 BB'，这圆圈所在的地平平面，或者自测者至 BB' 这一小块球面，叫作测者能见地平平面或视地平平面。而圆圈 BB' 就是测者能见地平或视地平，俗称水天线。自测者 A 至测者能见地平的弧线距离 AB，称为测者能见地平距离，用 D_e 表示。

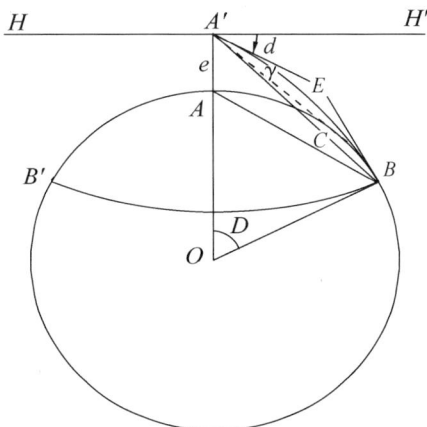

图 1-4-1　物标能见地平距离

地球表面处于大气的包围之中，通常大气密度随高度的增加而逐渐减小，当光线通过不同密度的大气层时，将发生折射，因此，水天线上 B 处的光线沿着弧线 BA' 到达测者眼睛 A' 点。也就是说，通过测者眼睛 A' 的光线不是以直线 $A'C'$ 到达 C' 点，而是沿弧线 $A'B$ 到达 B 点。弧线 $A'B$ 的切线方向 $A'E$ 与 $A'C$ 之间的夹角，称为地面蒙气差 γ。γ 愈大，测者能见地平距离愈大；反之，γ 愈小，测者能见地平距离也愈小。

测者能见地平距离还与测者眼高和地面曲率有关。将地球看成圆球体，可以推导得到：

$$D_e = 2.09\sqrt{e}$$

式中：D_e——测者能见地平距离（n mile）；

　　　e——测者眼高（m）。

2. 物标能见地平距离（horizon range from an object）D_h

眼高为零的测者理论上所能看到的物标的最远距离称为物标能见地平距离，实际上就是将测者眼睛置于物标顶端时所能看见的最远距离，如图 1-4-2 所示，用 D_h 表示。

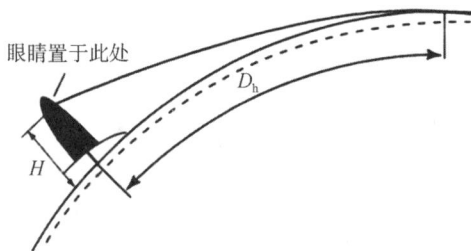

图 1-4-2　测者能见地平距离

与测者能见地平距离一样，物标能见地平距离为：

$$D_h = 2.09\sqrt{H}$$

式中：D_h——物标能见地平距离（n mile）；

　　　H——物标顶端距海平面的高度（m）。

3.物标地理能见距离（geographical range of an object）D_o

能见度良好时,仅由于地面曲率和地面蒙气差的影响,测者理论上所能看到物标的最大距离,叫作物标的地理能见距离,用 D_o 表示,如图1-4-3所示。物标地理能见距离为:

$$D_o = D_e + D_h = 2.09\sqrt{e} + 2.09\sqrt{H}$$

式中:e——测者眼高（m）；

H——物标高度（m）；

D_o——物标地理能见距离（n mile）。

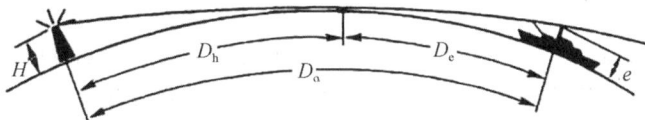

图1-4-3 物标地理能见距离

物标地理能见距离是在气象能见度良好（标准大气状态下）,仅考虑地面曲率和地面蒙气差影响而经过理论计算出来的,即测者有这么大的眼高,理论上就能看到这么高的物标。实际上,由于当时的气象能见度以及测者眼睛本身分辨力的影响,在白天测者所能发现的最远距离往往要小于物标地理能见距离。

三、光达距离

为了引导船舶安全航行,航标部门通常在航道,航道附近的岛屿、礁石及岸上设置了一些航标,如灯塔、灯船、灯浮和灯桩等。在夜间这些航标的灯光能照射多远的距离就称之为射程。不同国家和地区,灯标射程的定义略有不同。

1.我国灯光射程的定义

中版海图和《航标表》中射程的定义:晴天黑夜,当测者眼高为5 m时,理论上能够看见灯标灯光的最大距离。

晴天黑夜,灯光所能照射的最大距离,叫作光力能见距离。显然,中版海图和《航标表》中,某灯标的射程等于该灯标的光力能见距离和5 m眼高的灯标地理能见距离中较小者。因此,如光力能见距离大于或等于5 m眼高时的灯标地理能见距离,则灯标射程等于测者眼高为5 m时的地理能见距离;否则,当光力能见距离小于5 m眼高时的灯标地理能见距离时,灯标射程等于其光力能见距离。航海上习惯将前者称为强光灯标,而将后者称为弱光灯标。

2.其他国家灯光射程的规定

英版海图和《航标表》中,灯标射程分为光力射程和额定光力射程两种。光力射程是采用大气透明系数为0.85（相当于能见度为20 n mile）时的光力射程作为灯光射程,可不考虑灯高、眼高、地面曲率和地面蒙气差,只考虑灯光强度和能见度;额定光力射程则是采用能见度为10 n mile时的光力射程作为灯光射程,可不考虑灯高、眼高、地面曲率和地面蒙气差,只考虑灯光强度。

两种规定中,多数国家采用额定光力射程作为灯光射程。采用光力射程的优点是可以求出当时能见度情况下的射程。具体方法见英版《灯标和雾号表》。

四、灯标最大可见距离

晴天黑夜,船舶驶近(驶离)灯塔时,灯塔灯芯初露(初没)测者水天线的瞬间,即测者最初(最后)能够直接看到灯塔灯光的时刻,叫作灯光初显(初隐)。简言之,灯塔灯芯初露或初没在水天线的瞬间分别称之为灯光的初显或初隐。显然,并不是所有的灯塔都会出现初显(初隐)现象。通常,只有当灯塔的光力能见距离大于或等于该灯塔的地理能见距离时,才会出现初显(初隐)现象。

中版海图和《航标表》中灯塔灯光最大可见距离,取决于该灯塔的灯光强度。能见度良好条件下,在理论上,当测者眼高大于 5 m 时(在实际航海中,眼高小于 5 m 的情况是基本没有的),强光灯塔,可能存在初显(初隐),灯光最大可见距离 D_{max} 等于灯塔的初显(初隐)距离,即该灯塔的地理能见距离 D_o;弱光灯塔,一般无初显(初隐),该灯塔灯光最大可见距离 D_{max} 等于其射程,即

$$D_{max} = \begin{cases} D_o(\text{强光灯}) \\ \text{射程}(\text{弱光灯}) \end{cases}$$

英版海图和《灯标表》中灯塔灯光最大可见距离,等于该灯塔射程(额定光力射程或光力射程)与该灯塔地理能见距离中较小者。即当射程大于或等于该灯塔地理能见距离 D_o 时,灯光最大可见距离 D_{max} 等于 D_o;当射程小于该灯塔地理能见距离 D_o 时,灯光最大可见距离 D_{max} 等于灯塔射程,即

$$D_{max} = \min\{\text{射程}, D_o\}$$

实际上,能够看到灯标的最远距离除了与灯光强度、能见度、地面蒙气差、灯高、眼高有关外,还与人的眼睛分辨力以及灯标和测者附近背影的亮度等因素有关。上述灯光最大可见距离只能作为能见度良好时的参考数据。

例 1-4-1:英版海图某灯塔灯高 36 m,额定光力射程 17 n mile,测者眼高 9 m,当实际能见度为 10 n mile 时,试求该灯塔灯光最大可见距离。

解:

$D_o = 2.09(\sqrt{9} + \sqrt{36}) \approx 18.8$ n mile

$\because D_{max} = \min\{\text{射程}, D_o\}$ 且实际能见为 10 n mile 时,该灯塔射程 17 n mile 小于地理能见距离 D_o 18.8 n mile

$\therefore D_{max} = \text{射程} = 17$ n mile

例 1-4-2:英版海图某灯塔灯高 64 m,额定光力射程 20 n mile,测者眼高 16 m,当实际能见度为 12 n mile 时,试判断该灯塔灯光最大可见距离。

解:

$D_o = 2.09(\sqrt{16} + \sqrt{64}) \approx 25.1$ n mile

$\because$ 当能见度为 10 n mile 时,光力射程为 20 n mile

而此时实际能见度为 12 n mile,所以光力射程大于 20 n mile

又 $\because D_{max} = \min\{\text{射程}, D_o\}$

∴ 该灯塔灯光实际最大可见距离应大于 20 n mile,而小于 25. 1 n mile。

例 1-4-3:英版海图某灯塔灯高 64 m,额定光力射程 24 n mile,测者眼高 25 m,当实际能见度为 6 n mile 时,试判断该灯塔灯光实际最大可见距离。

解:

$D_o = 2.09(\sqrt{64} + \sqrt{25}) \approx 27. 2$ n mile

∵ 当能见度为 10 n mile 时,光力射程为 24 n mile

而此时实际能见度为 6 n mile,所以光力射程小于 24 n mile

又∵ $D_{max} = \min\{$射程, $D_o\}$

∴ 该灯塔灯光实际最大可见距离应小于 24 n mile,但一定大于 6 n mile。

第五节 航速与航程

一、航速与航程

船舶在海上的航行速度按照参照物不同,分为以下三种:

船速(ship speed):船舶在无风、流情况下单位时间内航行的距离,代号 v_E。

对水航速(speed through water):船舶相对于海水的航行速度。船舶在航行中使用相对计程仪测定的速度就是对水速度,习惯上又称为计程仪航速(speed by log),代号 v_L。通常所说的航速是指船舶相对于水的速度。

对地航速(speed over ground):船舶在风、流和浪的综合影响下相对于海底的航行速度,又称实际航速,用符号 v_G 表示。

船舶航行速度的单位是节(knot,kn),1 kn = 1 n mile/h。

航程(distance run)是给定时间段内船舶航行经过的距离,代号 s,航程的计量单位是海里。在有水流影响的海区,航程分为对水航程和对地航程。例如,某船船速 14 kn,水流流速 2 kn,当船舶在顺流中航行 1 h,则船舶对地的航程应为 16 n mile;而在顶流中航行 1 h,船舶对地的航程为 12 n mile。但不论是顺流航行还是顶流航行,船舶 1 h 相对于水的航程都是 14 n mile,因此,船舶对地航程矢量应该是船舶对水航程矢量和水流流程矢量之和,即

$$\overrightarrow{对地航程} = \overrightarrow{对水航程} + \overrightarrow{水流流程}$$

航海上可用推进器转速或计程仪测定船速和航程。

例 1-5-1:某船船速 12 kn,顺风顶流航行,流速 2 kn,风对船速的影响为 1 kn,求 1 h 后该船对水航程和实际航程。

解:

∵ 对水航速 = 12+1 = 13 kn(计风不计流)

实际航速 = 12+1−2 = 11 kn(计风计流)

∴ 对水航程 = 13×1 = 13 n mile

实际航程=11×1=11 n mile

例 1-5-2：某船船速 12 kn，顶风顺流航行，流速 2 kn，风对船速的影响为 1 kn，试求 1 h 后该船对水航程和实际航程。

解：

∵ 对水航速=12−1=11 kn（计风不计流）

实际航速=12−1+2=13 kn（计风计流）

∴ 对水航程=11×1=11 n mile

实际航程=13×1=13 n mile

二、用推进器转速测定船速

船舶是靠主机带动螺旋桨（propeller，推进器）推水的反作用力前进的，因此，螺旋桨转速，即每分钟转数（revolutions per minute，RPM）与船速有直接的关系。理论上螺旋桨在固体中每旋转一周所推进的距离叫螺距（pitch）。但船舶螺旋桨是在水中推进的，其每旋转一周所推进的距离明显小于螺距，两者的差值，叫作螺旋桨的滑失（slip）。滑失比表征了螺旋桨在液体中旋转一周所推进的距离与螺距相比损失的程度：

$$滑失比=\frac{主机理论航程-船舶对水航程}{主机理论航程}×100\% \tag{1-5-1}$$

滑失比是一个变数，它与船舶的航行条件有关，例如风浪、吃水及吃水差、船壳上的附生物等。所以，船舶的主机每分钟转数与船速之间的关系也会变化。不同装载状态下船速和推进器转速之间的关系一般只能通过船舶在船速校验场实际测定来求得。表 1-5-1 所示为推进器转速与船速对照表，便于在实际工作中进行船速的估算。

表 1-5-1　××轮推进器转速与船速对照表

推进器转速/(r/min)	船速/kn		推进器转速/(r/min)	船速/kn	
	满载	空载		满载	空载
120	14.0	14.7	80	10.3	11.3
110	13.2	14.0	70	9.2	10.2
100	12.3	13.0	60	8.2	9.2
90	11.4	12.4	50	7.2	8.2

三、用计程仪测定航程

船用计程仪（log）是测定船舶速度和航程的主要仪器。目前根据计程仪能够提供的速度和航程的性质，可以分为相对计程仪（relative log）和绝对计程仪（absolute log）两大类。

相对计程仪只能显示船舶相对于水的航程和速度，因此它只记录风影响后的船舶航行速度和航程，而不能显示水流影响后的船舶速度和航程的变化。例如船舶抛锚，有 2 kn 恒流影响，则相对计程仪上便有每小时增加约 2 n mile 的数据显示，因为此时船舶与水之间有相对运动;船舶在无流水域随风漂移时,只要船舶首尾方向对水有移动,相对计程仪便有显示;而无风时船舶随流漂移,相对计程仪便没有显示,因为此时船舶对水没有移动。因此,称相对计程仪为"计风不计流"的计程仪。

绝对计程仪在理论上可以测量船舶相对于海底的航程和航速(当航行海区的水深小于200 m时);但当水深大于200 m时,绝对计程仪只能显示船舶相对于水的航程和速度。

计程仪的主要类型有回转式计程仪、水压式计程仪、电磁式计程仪、多普勒计程仪和声相关计程仪。前三种计程仪均为相对计程仪。目前,商船上用得较多的是后三种计程仪,其中多普勒计程仪和声相关计程仪从船底向海底发射的超声波的有效作用距离为几米至几十米,只有当水深不太深,计程仪所发射的超声波能作用到海底时,它们才可作为绝对计程仪使用。因此,通常情况下,多普勒计程仪和声相关计程仪也是相对计程仪。

相对计程仪应该准确地显示船舶相对于水的航程和航速,但它与任何其他仪器一样,也存在一定的误差。从计程仪上读到的仅仅是计程仪航程读数,还必须对它进行误差改正,才能得到准确的对水航程。航海上,习惯用计程仪航程误差与计程仪读数差比的百分率来表示计程仪误差 ΔL,即

$$\Delta L = \frac{s_L - (L_2 - L_1)}{L_2 - L_1} \times 100\% \tag{1-5-2}$$

式中:ΔL——计程仪改正率,用百分率表示;

s_L——准确的船舶对水航程,又称为计程仪航程;

L_1、L_2——对应计程仪航程 s_L 的前、后两次计程仪读数。

计程仪改正率 ΔL 为(+)时,计程仪航程大于计程仪读数差,表示计程仪慢了或航程计少了;ΔL 为(−)时,计程仪航程小于计程仪读数差,表示计程仪快了或航程计多了。因此,准确的计程仪航程即准确的船舶对水航程,必须对计程仪读数差进行下列计程仪误差改正后才能得到:

$$s_L = (L_2 - L_1)(1 + \Delta L) \tag{1-5-3}$$

有时,要求预算某一时刻或船舶抵达某一地点时的计程仪读数,此时有:

$$L_2 = L_1 + \frac{s_L}{1 + \Delta L}$$

式中:s_L——计程仪航程,即准确的船舶对水航程。

例 1-5-3:顺风顺流情况下航行,船舶对水航速 v_L,对地航速 v_G,船速 v_E,比较三个速度大小。

解:

∵ v_L:计风不计流,v_G:计风计流,v_E:不计风不计流

又∵ 顺风顺流

∴ $v_G > v_L > v_E$

例 1-5-4:已知 $L_1 = 100'.0$,$L_2 = 120'.0$,$\Delta L = +4\%$,试求计程仪航程 s_L。

解:

$s_L = (L_2 - L_1)(1 + \Delta L) = (120'.0 - 100'.0)(1 + 4\%) = 20'.8$

例 1-5-5:某船船速 16 kn,顺风顶流航行,流速 2 kn,风使船增速 1 kn。0800 计程仪读数为 100'.0,计程仪改正率 +10%,试求 2 h 后的计程仪读数 L_2。

解：

$$\because s_L = (16' + 1') \times 2 = 34'$$

$$\therefore L_2 = L_1 + \frac{s_L}{1 + \Delta L} = 100'.0 + \frac{34'}{1 + 10\%} \approx 130'.9$$

第二章
海图

海图是地图的一种，它是以海洋及其毗邻的陆地为描述对象，为航海的需要而专门绘制的。海图上详细地绘画有航海所需的各种资料，如岸形、岛屿、浅滩、沉船、水深、底质、碍航物和助航设施等。

海图是航海的重要工具之一。航行前拟定计划航线、制订航行计划，航行中进行航迹推算和定位等，以及航行结束后总结航行经验和发生海事后分析事故原因、判断事故责任等，都离不开海图。正确地了解海图的投影、海图图式、海图分类和使用保管等，是航海驾驶员的重要任务之一。

第一节　地图投影与投影变形

一、比例尺与投影变形

1. 地图投影

按照一定的数学法则，把地球表面的一部分或全部描述到平面上去的方法，称为地图投影。地面上任意一点都可以用地理坐标来确定，地图投影就是将地面上的经纬线，按一定的数学法则绘画到平面上去，建立地图的经纬线图网。

无论将地球视为圆球体还是旋转椭圆体，其表面都是不可展的曲面，不可能无裂隙、无皱褶地将它平展开来。如果将地球按同一比例缩小，只能成为地球仪，而无法得到平面图像。

要把不可展曲面投影成平面而又避免裂隙和皱褶，就必须采用不同的比例，拉伸或压缩经纬线，这就不可避免地要产生投影变形，即产生长度变形、角度变形和面积变形。

2.局部比例尺与基准比例尺

（1）局部比例尺

设 A 为地面上的任意一点，在它的每个方向上有线段 AB，如果将它投影到地图上去，变成图上线段 ab，则该地图在 A 点这个方向的局部比例尺（C）为：

$$C = \lim_{AB \to 0} \frac{ab}{AB} \tag{2-1-1}$$

由于存在投影变形，同一张图上各点的局部比例尺可能都不相同，有时同一点各个方向的局部比例尺也各不相同。局部比例尺在投影中的变化，可以反映出地图投影的变形特点。如图上某点各个方向的局部比例尺相等，则该图在这点上能够保持与地面对应处形状相似，并在这一点上能保持角度不变，这在地图投影中叫作正形或等角。相反，如果地图上某点各个方向的局部比例尺不相等，则该图在这一点上就不能保持正形或等角。

（2）普通比例尺与基准比例尺

一般地图上所注明的比例尺，称为普通比例尺或基准比例尺。它可能是图上各个局部比例尺的平均值，或者是图上某点或某线的局部比例尺。航海上，有时为了便于几张海图联合起来使用，常取某点或某线的局部比例尺，作为几张图共同的基准比例尺。此时，上述基准点或基准线可能不在某张图的覆盖范围内。

比例尺的表示方法通常有两种——数字比例尺和直线比例尺。数字比例尺用一比若干的数字来表示，例如 1：300000 或 1/300000，它表示图上基准点处，一个单位长度等于地面上 30 万个相同单位的长度。直线比例尺一般用比例图尺绘画在海图标题栏内或图边适当的地方，如图 2-1-1 所示。

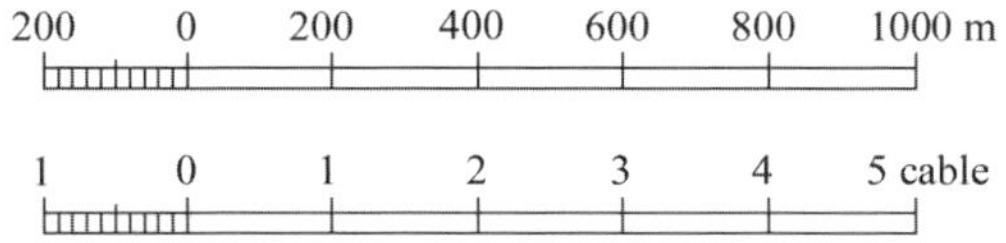

图 2-1-1　直线比例尺

（3）海图比例尺与海图极限精度

海图比例尺决定海图的精度，人眼只能够分辨清楚图上大于 0.1 mm 间距的两个点，因此当比例尺很小时，能够分辨出的图上最小距离所代表的实际距离也就越大，海图的精度也就越差。这种相当于海图上 0.1 mm 所代表的实地水平长度叫作比例尺的精度，或叫作海图的极限精度。比例尺小于 1：3000000 的海图，其极限精度数值将大于 300 m（该值愈大，精度愈差）。

如果用削尖的铅笔在图上画一小点，其直径最小也有 0.2 mm，它所代表的地表面的实际距离也与海图的比例尺有关。例如，某海图比例尺为 1：3000000，0.2 mm 代表地表面的距离是 0.2 mm×3000000＝600 m。它说明在该图上进行海图作业的极限精度为 600 m，即在该图上不可能量出小于 600 m 的长度来。可见，海图比例尺决定着海图作业的最高精度，比例尺愈小，海图作业精度愈差，其在数值上等于海图极限精度的 2 倍。

海图比例尺还决定着图上所绘制的资料的详细程度。比例尺越大，图上所绘制的资料就越详细、准确，海图的可靠性程度就越高。

在进行海图作业时，应根据航区的特点，尽可能选择较大比例尺的海图，以便能够获得更详细的航海资料和提高海图作业的精度。

二、地图投影分类

1. 按投影变形的性质分类

(1)等角投影

等角投影又称为正形投影。它是投影图上无限小的局部图像与地面上对应的地形保持相似的投影方法。在等角投影中,地面上一个微分圆,投影到图上仍能保持是个圆;或者说地面上某地的一个角度,投影到图上后仍能保持其角度的大小不变。

等角投影图上,任意点各个方向的局部比例尺相等,能保持图上无限小的局部图像与地面上对应的形状相似。但是,图上不同地点的局部比例尺随经纬度的变动而变化,因此,从整体来说,地图形状仍然是有变形的。例如在地面上不同地点两个相同大小的微分圆,在等角投影图上可能被绘画成两个不同大小的圆。

(2)等积投影

等积投影是保持地面上与图上对应处的面积成恒定比例的一种投影方法。等角与等积在同一投影中不可能同时被满足。

(3)任意投影

任意投影既不等角也不等积,而是根据某种特殊需要或为了解决某种特定问题来制作地图的投影方法。

2. 按构成地图图网的方法分类

(1)平面投影

平面投影是将地面上的经纬线直接投影到与地球表面相切或相割的平面上去的一种投影方法。在平面投影中,从投影中心到任意一点的方位角均保持与实地相等,所以又称为方位投影。

方位投影属透视投影,即以某一点为视点,将球面上的事物直接投影到投影面上去的投影方法。常用的方位投影的视点位于垂直于投影面的直径或其延长线上,根据视点位置的不同,又可分为:

①外射投影:视点在球外,如图 2-1-2(a)所示;

②极射投影:视点在球面上,如图 2-1-2(b)所示;

③心射投影(日晷投影):视点在球心,如图 2-1-2(c)所示。

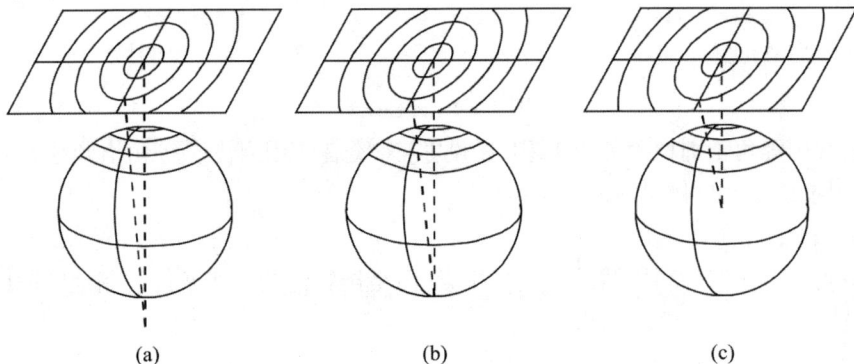

(a)　　　　　　　　　(b)　　　　　　　　　(c)

图 2-1-2　平面投影

航海上常用极射投影来绘制半空星图。心射投影图上,任意直线都是大圆弧,所以航海上用它来绘制大圆海图,供拟定大圆航线用。此外,心射投影还用于绘制某些大比例尺港湾图和极区海图。

平面投影是利用平面作为辅助面的投影方法。根据投影面与球面相切的位置不同,方位投影可分为极切投影、赤道切投影和任意切投影三种。

（2）圆锥投影

圆锥投影是指利用可以展开的圆锥面作为辅助面,通过某种数学法则将地面上的经纬线投影到圆锥面上去,然后沿圆锥母线切开展平,即得到圆锥投影经纬线图网的投影方法。

如图 2-1-3 所示,按圆锥轴与地轴重合、垂直或斜交三种相对位置关系,圆锥投影可分为正圆锥投影、横圆锥投影和斜圆锥投影三种。

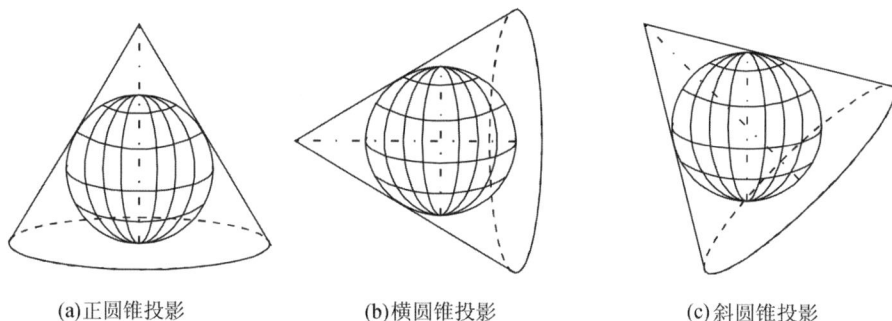

(a)正圆锥投影　　　　　　　(b)横圆锥投影　　　　　　　(c)斜圆锥投影

图 2-1-3　圆锥投影

（3）圆柱投影

圆柱投影是指利用可以展开的圆柱面为辅助面,通过某种数学法则将地面上的经纬线投影到圆柱面上去,再沿圆柱母线切开展平,构制地图图网的投影方法。

如图 2-1-4 所示,按圆柱轴与地轴重合、垂直或斜交三种相对位置关系,圆柱投影可分为正圆柱投影、横圆柱投影和斜圆柱投影三种。

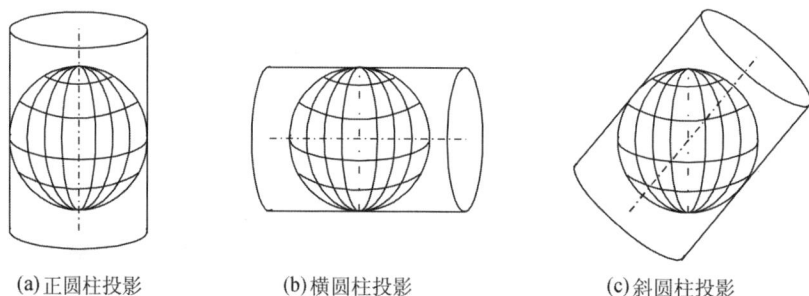

(a)正圆柱投影　　　　　　　(b)横圆柱投影　　　　　　　(c)斜圆柱投影

图 2-1-4　圆柱投影

航海上常用等角正圆柱投影(即墨卡托投影)来绘制航用海图。等角横圆柱投影,又称高斯投影,常用于绘制大比例尺海图或极区海图。

（4）条件投影

凡是不属于上述三种利用辅助面进行投影,而是按其他的一些条件构制地图图网的方法,称为条件投影。

第二节　恒向线

船舶始终按恒定航向航行时,船舶航行的理想轨迹称为恒向线。恒向线在地球表面是一条曲线,它与所有子午线都相交成相同的角度,因此又称为等角航线(如图 2-2-1 所示)。

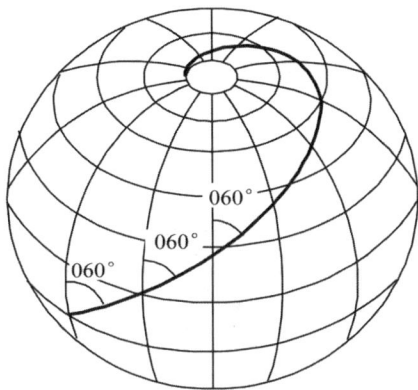

图 2-2-1　恒向线

将地球作为圆球体时,地面上两点间的最短连线并不是通过该两点的恒向线,而是连接这两点的大圆弧。但是一般大圆弧与所有子午线相交成不等的角度,这也就是说,如果要驾驶船舶沿着大圆弧航行,就必须不断地改变航向。为了方便,在航程不太长时,或者当航向接近南北向,或在低纬近赤道航区航行时,一般采用两点间的恒向线航线。实际上,即使两点间的大圆航线,也是由若干段恒向线航线组成的近似大圆航线。

设 $M(\varphi_1,\lambda_1)$、$N(\varphi_2,\lambda_2)$ 两点间恒向线航向为 C,如将地球作为半径为 R 的圆球体,可以得到球面恒向线方程式为:

$$\lambda_2-\lambda_1=\tan C\left[\ln\tan\left(\frac{\pi}{4}+\frac{\varphi_2}{2}\right)-\ln\tan\left(\frac{\pi}{4}+\frac{\varphi_1}{2}\right)\right] \tag{2-2-1}$$

从上述球面恒向线方程式中可以看出,当航向 C 为 000° 或 180°时,$\lambda_2-\lambda_1=0$。说明此时航行中经度没有变化,恒向线与子午线重合。

当航向 C 为 090° 或 270°时,$\tan C=\infty$。但 $\lambda_2-\lambda_1$ 是一个有限值,因此:

$$\ln\tan\left(\frac{\pi}{4}+\frac{\varphi_2}{2}\right)-\ln\tan\left(\frac{\pi}{4}+\frac{\varphi_1}{2}\right)=0 \tag{2-2-2}$$

即 $\varphi_2=\varphi_1$,说明这时航行中纬度没有变化,恒向线与等纬圈重合。

如取恒向线与赤道的交点 $M_0(0,\lambda_0)$ 作为恒向线的起点,则恒向线方程式可改写为:

$$\lambda_2=\lambda_0+\tan C\ln\tan\left(\frac{\pi}{4}+\frac{\varphi_2}{2}\right) \tag{2-2-3}$$

从上式可以断定,对应于 φ_2 的每一个值,λ_2 有且仅有一个解。说明任意一条恒向线与每条等纬圈仅相交一次。

上式可改写为：

$$\tan\left(\frac{\pi}{4}+\frac{\varphi_2}{2}\right)=e^{(\lambda_2-\lambda_0)\cot C} \tag{2-2-4}$$

式中：e——自然对数的底。

从上式可以看出，如果以 λ_2，$\lambda_2+2\pi$，…… 代入 λ_2，φ_2 将有无数个解。说明恒向线与每一条经线相交无数次。恒向线每绕地球一周，都将与该子午线相交一次，且交点纬度越来越高，逐渐接近地极，但达不到地极。

可见，除了航向 $C=000°/180°$，或者 $C=090°/270°$ 外，在地球表面上，恒向线表现为一条与所有子午线相交成恒定角度的、具有双重曲率的球面螺旋线，它逐渐趋向地极，但永远达不到地极。

第三节　墨卡托投影

为了便于在航用海图上绘画恒向线航线和方位线，航用海图应满足以下两个条件：

（1）图上的恒向线是直线；

（2）投影性质是等角的。

这样，驾驶员就可以根据测得的航向和方位，用直尺在海图上画出恒向线航线和方位线来。

1569 年，荷兰制图学者格拉德·克列密尔创造了能同时满足航用海图这两个条件的投影方法——等角正圆柱投影，即墨卡托投影。墨卡托是他的拉丁名字。用这种投影方法绘制的海图叫作墨卡托海图，其数量占目前航用海图的 95% 以上。

如图 2-3-1 左所示，在正圆柱投影图网中，如果视点位于地球球心，所有等经差的子午线将被绘画成等间距、相互平行的直线；赤道和纬度圈也将被绘画成相互平行的直线，且子午线与等纬圈相互垂直。但是，等纬差纬线之间的距离，随纬度的升高而急剧增大。

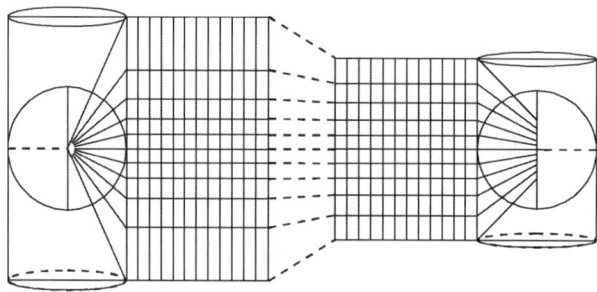

图 2-3-1　正圆柱投影

在上述正圆柱投影图网中，虽然航向为 000° 或 180°，090° 或 270° 时的恒向线是直线，子午线与纬度圈也相互垂直。但是，如果不是等角投影的话，与子午线斜交（既不重合，也不垂直）的直线在图上像似恒向线，对应在地面上却并不是恒向线。可见，正圆柱投影并不能满足航用海图的两个必备的条件。

如何在正圆柱投影图网的基础上,采用一定的数学法则,使得投影具有等角性质是等角正圆柱投影即墨卡托投影的关键。

一、墨卡托投影

如图 2-3-2 所示,在地球旋转椭圆体上,ABCD 是由子午线和纬度圈相交构成的微量投影图面梯形,将它投影到墨卡托海图上去,变成矩形 abcd。由于它是等角投影,图上任意一点各个方向的局部比例尺相等,B 点的经线和纬线两个相互垂直的主方向的局部比例尺也一定相等,即

$$\lim_{AB\to 0}\frac{ab}{AB}=\lim_{BC\to 0}\frac{bc}{BC} \tag{2-3-1}$$

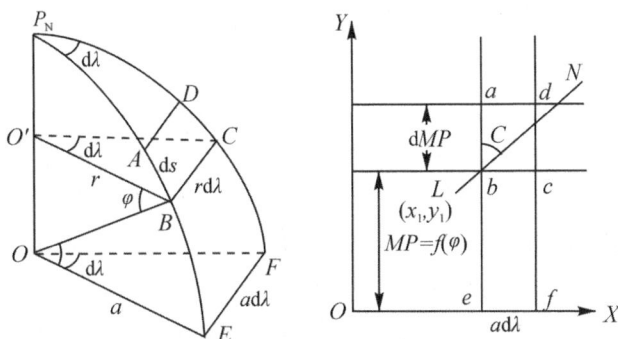

图 2-3-2 墨卡托投影原理

将地球作为旋转椭圆体,并以图上 1 赤道里,即图中赤道上经度 1′ 的弧长为单位,可以推导出墨卡托海图纬度渐长率 MP,即图上任一纬线到赤道的距离与图上 1 赤道里(图上经度 1′ 的长度)的比值为:

$$MP = 7915.70447\lg\left[\tan\left(\frac{\pi}{4}+\frac{\varphi}{2}\right)\left(\frac{1-e\sin\varphi}{1+e\sin\varphi}\right)^{\frac{e}{2}}\right] \quad 赤道里 \tag{2-3-2}$$

可以证明,在墨卡托海图上,为了达到等角正形的要求,图上任一纬线到赤道的距离,与图上 1 赤道里,即图上 1′ 经度长度的比值,等于该纬线所在纬度的纬度渐长率;反之,在绘制墨卡托图网时,如果使得图上任一纬线到赤道的距离,与图上 1 赤道里的比值,都等于该纬线对应的纬度渐长率,则该图就能够满足等角投影的要求。

二、墨卡托海图的特点

墨卡托海图是利用墨卡托投影,即等角正圆柱投影原理所绘制的。通常,墨卡托海图具有以下特点:

(1)图上经线为南北向相互平行的直线,其上有量取纬度或距离用的纬度图尺;纬线为东西向相互平行的直线,其上有量取经度的经度图尺,且经线与纬线相互垂直。

(2)图上经度 1′(1 赤道里)的长度相等,但纬度 1′(1 n mile)的长度随纬度升高而逐渐变长,存在纬度渐长现象。

（3）恒向线在图上为直线。

（4）具有等角特性,在图上所量取的物标方位角与地面对应角相等。

（5）图上同纬度纬线的局部比例相等,不同纬度的局部比例尺,随纬度的升高而增大。

第四节　港泊图和大圆海图的投影方法

一、港泊图的投影方法

除墨卡托投影方法外,航海上还采用高斯投影、平面图和心射投影来绘制大比例尺的港泊图。

1.高斯投影

高斯投影又称高斯-克吕格投影,是绘制大比例尺港泊图的常用方法。

高斯投影是等角横圆柱投影,圆柱轴不与地轴重合,而是位于赤道面内,与地轴垂直。投影圆柱面不是与赤道相切,而是与某一子午圈相切。相切的子午线叫作轴子午线。

如图 2-4-1 所示,在高斯投影图中,轴子午线与圆柱相切,与墨卡托投影中的赤道一样,是一条直线。所有与轴子午线相垂直的大圆,如同墨卡托图网中的子午线一样,被等间隔地绘画成与轴子午线相垂直的直线。平行于轴子午线的小圆,被绘画成与子午线相平行的直线。但它们与轴子午线之间的距离,与墨卡托图网中的纬度渐长率一样,距离轴子午线愈远其放大和变形也就愈大。这种垂直正交的网格称为公里线图网。除轴子午线和赤道外,所有经纬线均被投影成曲线,且离开轴子午线和赤道愈远,弯曲变形也就愈大。

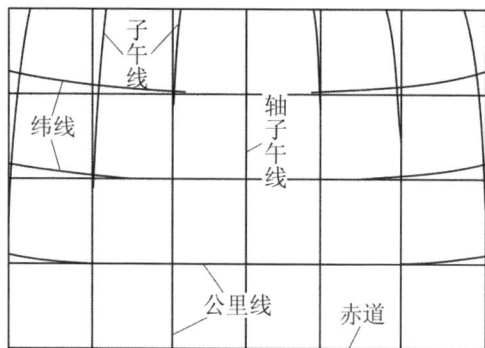

图 2-4-1　高斯投影图网

高斯投影适合于绘画极区和经差小、纬差大的狭长地区的地图。我国国内海区 1∶20000 及更大比例尺的港泊图,一般是采用高斯投影法绘制的。在这种图上只画出经纬线图网,而没有公里线图网。由于港泊图比例尺大、图区范围小,所以在中纬度以下,经纬线弯曲甚微,甚至小于测量和制图误差,可以忽略不计,而将它们看成直线。因此,可以把这种海图当作墨卡托海图一样来使用。

2. 平面图

平面图是将地面小范围内作为平面测量和绘制成图的。由于图区范围小,图网投影变形小于制图误差。平面图图区范围内各点的局部比例尺都相等,可以认为整个地图没有变形存在。

3. 心射投影

心射投影图中,起点附近没有或很少有变形存在,所以也可采用它来绘制大比例尺港泊图。用心射投影来绘制切点附近小范围内的大比例尺港泊图,可以认为是不存在投影变形的。

二、大圆海图的投影方法

大圆海图是根据心射投影原理绘制的,图上直线均代表地球表面的大圆弧,专供设计大圆航线时求大洋航线各分点的经纬度用。

心射投影是透视点在球心的平面透视投影。如图 2-4-2 所示,由于任何大圆平面都通过地心,即通过视点,投影该大圆的所有射线都与图面截成直线。

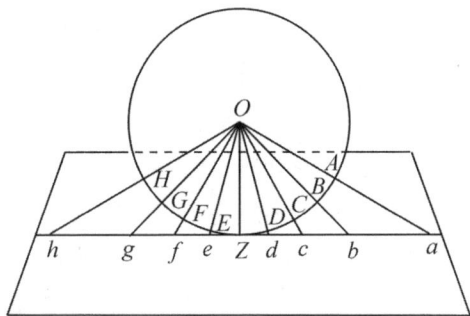

图 2-4-2 大圆弧心射投影

心射投影中,如果投影平面与地极相切,所有经线投影到图上将成为由极点向外辐射的直线,而所有纬线都将投影为以极点为圆心的同心圆;投影面与赤道相切时,经线为南北向相互平行的直线,纬线则为凸向赤道的圆锥曲线。

心射投影不是等角投影,不能在大圆海图上直接量取方向或夹角。除非图上绘制有变形向位圈,方可量取大圆方位。

此外,由于大圆海图上相同纬度处投影变形不同,也不能在大圆海图上直接量取距离。除非图上事先绘制有量距曲线,才能用特殊的方法量取距离。

对航海者来说,在以心射投影原理绘制的大圆海图上,是否可以直接量取航向或航程并不是重要的。大圆海图的主要特点在于图上直线均代表大圆弧,可以用直尺直接画出表示两点间大圆弧的直线。在这条直线上定出分点,读取各分点的经纬度,再将各分点转移到航用海图上,便可得到两点间的大圆航线。

第五节　识图

在航用海图上除绘有经纬线图网外,还需将重要的航行物标和主要地貌、地物以及海区内航行障碍物、助航设备、港湾设施和潮流海流要素等航海资料按其各自的地理坐标,用一定的符号和缩写将它们绘画到图网上去,再经过制版和印刷而成为海图。这种绘制海图的符号和缩写,叫作海图图式。我国出版的海图是根据国家技术监督局 1990 年 4 月发布的《海图图式》GB 12317—90 绘制的,英版海图是根据英版海图 5011《英版海图符号与缩写》绘制的。为了正确熟练地利用海图上的航海资料,首先必须了解和熟悉各种海图图式的含义,以及图上的各种图注和说明。这样才能最大限度地发挥海图的作用。

一、海图标题栏与图廓注记

1. 海图标题栏

海图标题栏一般刊印在海图内陆处或航行不到的海面上,特殊情况下也可能印在图廓外适当的地方,是该图的说明栏,一般制图和用图的重要说明均印在此栏内。

标题的内容包括出版机关的徽志、图幅的地理位置、图名、比例尺与基准纬度、投影、深度和高程的基准面及计量单位、图式版别、基本等高距和坐标系等编图资料的说明等。

图幅位置通常给出该图所属地区、国家和海区。总图的图名以海洋区域命名,航行图一般用图内较重要的地名作起讫点来命名,港湾图一般以其包括的港湾、锚地、岛屿、水道等命名。图名下是有关编图的一些说明。

海图标题栏通常还印有图区内禁航区、雷区、禁止抛锚区、航标、分道通航制和地磁资料等与航行安全有关的说明和重要注意事项或警告。有些海图标题栏还附有图区内重要物标的对景图、潮信表、潮流表和换算表等资料。

2. 图廓注记

在海图图廓四周注记有许多与出版和使用海图有关的资料,如:

(1)海图图号——印在海图图廓的 4 个角上,不论该图怎样放置,图号均可保持从该图的右下角读出。中版海图图号是按海图所属地区编号的。英版海图图号与地区无关,是按出版海图的时间先后编号的。印有台卡、罗兰 C 等位置线图网的海图,在图号前有前缀"L(××)"。

(2)发行和出版情况——印在图廓外下边中间,给出新图的出版和发行单位、日期。其右边还印有该图新版或改版日期。

(3)小改正——印在图廓外左下角,用以登记自该图出版(新版或改版)以来改正过的所有小改正通告年份和通告号码,以备查考该图是否已及时改正至最新。

(4)图幅尺寸——印在图廓外右下角,在括号内给出海图内廓界限图幅尺寸,用以检查海图图纸是否有伸缩变形。中版海图以毫米为单位,英版米制海图以毫米为单位,拓制海图以英寸为单位。

(5)参阅邻接海图——印在图廓外或图廓内适当地方,表示相同或相近比例尺的邻接图图号。

二、海图基准面

1. 高程基准面

海图上所标山头、岛屿和明礁等高程的起算面称为高程基准面。

我国沿海海图高程基准面一般采用"1985国家高程基准面"或当地平均海面。英版海图一般采用平均大潮高潮面(以半日潮为主的海区)、平均高高潮面(以日潮为主的海区)或当地平均海面(在无潮海区)为高程基准面。

2. 深度基准面

海图上标注水深的起算面称为海图深度基准面,也是干出高度的起算面。

如果海图基准面定得过高,可能产生负潮高现象,实际水深小于海图水深,对航海安全十分不利。海图基准面定得低,自然可提高航海安全性,但也会给人以水深过浅的印象。我国沿海系统测量区域采用理论最低潮面(旧称理论深度基准面)为深度基准。英版海图水深通常采用天文最低低潮面作为起算面。

三、高程、水深和地质

1. 高程

海图陆上所标数字,以及部分水上带括号的数字,都表示该数字附近物标的高程。物标高程为自高程基准面至物标顶端的海拔高度,它们的起算面和单位,一般在海图标题栏内有说明。中版海图高程单位为米。高程不足10 m的,注记精确到0.1 m;大于10 m的,舍去小数,注记整米数。英版米制海图高程单位为米,拓制海图单位为英尺。

灯高一般系自平均大潮高潮面至光源中心的高度。干出高度系自深度基准面以上的高度。比高系自地物、地貌基部地面至顶端的高度,即物标本身的高度。

桥梁净空高度是自平均大潮高潮面或江河高水位(设计最高通航水位)到桥下净空宽度中下梁最低点的垂直距离。架空管道、电线等净空高度是自平均大潮高潮面或江河高水位到管线下垂最低点的垂直距离。英版海图净空高度一般自平均大潮高潮面、平均高高潮面或平均海面起算。

建筑物(如塔形建筑物)符号旁注有高程者,除特殊标志或说明外,一般为地物基部的地面高程;建筑物旁所注带括号的数字表示建筑物的顶高,即自高程基准面至建筑物顶端的高度;建筑物旁括号内所注上有"⌒"的数字表示建筑物的比高。上有"⌒"的高程表示树梢概略高度,从高程基准面起算。

山高,除高程点一般是用黑色圆点表示,并在附近标有高程外,其他各点高程用等高线描绘。等高线是地面上高程相等的各点的连线,等高线上数字表示该等高线的高程。用虚线描绘的等高线是草绘等高线(草绘曲线),表示地貌测绘或编绘的精度不符合规范要求。无高程的等高线是山形线,它是仅仅表示山体形态的曲线,在同一条曲线上高程不一定相等,描绘时可不闭合。

2. 水深

水深是海图深度基准面至海底的深度,凡海图水面上的数字均表示水深。中版海图水深单位为米。水深浅于 21 m 的注至 0.1 m;21~31 m 的注至 0.5 m,小数 0.9、0.1、0.2、0.3 化至相近的整米数,小数 0.4~0.8 化至 0.5 m;深于 31 m 的注至整米。英版米制海图水深单位为米;拓制海图,如水深小于 11 拓,用拓和英尺表示,否则用拓表示。如水深资料足够准确,则 11~15 拓之间的水深也可能用拓和英尺表示。

实测水深一般以斜体数字表示,直体数字注记的水深表示深度不准或采自旧水深资料或小比例尺图。但在 1:500000 或更小比例尺图上,水深注记一律用斜体表示。水深注记(整数)的中心即为水深的实测点位。

"疑存"表示对礁石、浅滩等的存在有疑问。"疑深"表示实际深度可能小于已标明的水深注记。"据报"表示未经测量,据报的航行障碍物。"$\frac{\cdot}{189}$"表示未测到底的水深注记。

等深线是图上海图水深相等的各点的连线,用细实线描绘。不精确等深线是根据稀少水深勾绘的等深线,位置不准确,采用虚线描绘。

常见高程、水深海图图式见表 2-5-1。

表 2-5-1　常见高程、水深海图图式

类别	中版图式	说明	英版图式
等高线及高程点	·345.3 250	实线表示精测等高线,虚线或无高程的等高线为山形线(草绘曲线)	·259 200 100　　360 300 200 100
建筑物高程	▲15.3	高程基准面至建筑物基部地面的高度	
建筑物顶高	▲(35.3)	高程基准面至建筑物顶端的高度	(30)
建筑物比高	▲(20)	建筑物基部地面至顶端的高度	(30)
树梢概略高度	85	高程基准面至树梢顶端的高度	52
存在有疑问	疑存	表示对礁石、浅滩等的存在有疑问	ED　　(ED)
深度可疑	疑深	表示深度可能小于已标明的水深注记	40 SD
据报	据报(1988)	表示未经测量,据报的航行障碍物(据报年份)	Rep (1973)　　Repd (1973)
实际位置的水深	15_8　　6_4	实测水深,注记(整数)中心即为水深实测点	12　　9_2
移位水深	+ (13)　　123	表示附近礁石或用等深线显示地形的最浅水深	3349
狭水道最浅水深	(8,)	表示狭水道内的最浅水深	(14,)
未测到底的水深	$\frac{\cdot}{198}$	表示测到一定深度尚未着底的深度	$\frac{\cdot}{330}$
直体注记水深	15_8　　6_4	表示深度不准或采自小比例尺图的水深	12　　9_1
干出高度	1_4　　2	表示深度基准面以上的高度	4_9　　2

3. 底质

各种比例尺海图上,通常还以一定的间距标明海底底质,如沙(S)、泥(M)、黏土(Cy)、淤泥(Si)、石(St)、岩石(R)、珊瑚和珊瑚藻(Co)以及贝(Sh)等。底质注记顺序为先形容词后底质种类。形容沙的形容词有细(f)、中(m)和粗(c)和软(so)、硬(sf)、坚硬(h)等。如软泥(soM)、粗沙(cS)。已知下层的底质不同于上层底质的地方,先注上层后注下层。如沙/泥(S/M),即上层为沙,下层为泥。两种混合的底质,先注成分多的,后注成分少的。如细沙泥贝(fS. M. Sh),表示细沙多于泥和贝的混合底质。

四、航行障碍物

1. 礁石

礁石是海中突出、孤立的岩石。它又可区分为明礁、干出礁、适淹礁和暗礁。明礁是指平均大潮高潮时露出的孤立岩石,与小岛同样表示。同一礁石,由于中、英版海图所采用的高程基准面不一定相同,其所注记的高程也不一定相同。干出礁是指位于平均大潮高潮面以下,深度基准面以上的孤立岩石。高潮时淹没,低潮时露出。数字注记系干出高度(深度基准面以上的高度)。适淹礁是在深度基准面适淹的礁石。深度基准面以下的孤立岩石称为暗礁。

2. 沉船

沉船分为部分露出沉船、桅杆露出的沉船、危险沉船、非危险沉船、经扫海的沉船、测得深度的沉船和深度未精测的沉船。

沉船图式又可区分为船体形状依比例尺表示和不依比例尺表示的两种。

危险沉船是指其上水深 20 m 及 20 m 以内(英版海图 28 m 及 28 m 以内)的沉船,或深度不明,但有碍水面航行的沉船。非危险沉船是指其上水深大于 20 m(英版海图大于 28 m)的沉船,或深度不明但不影响水面航行的沉船。

3. 其他障碍物

除礁石与沉船外,其他障碍物,如捕鱼设备、水下桩(柱)、渔礁等一般以符号表示;有时也用文字注记说明,如"附近多渔栅"。

常见礁石、沉船和其他障碍物的海图图式和含义详见表 2-5-2。

扫海测量简称扫测,是在一定海区内进行扫测,以查明该区域内或该区域所规定的深度上是否存在航行障碍物的一种测量。用软式扫海具进行扫测的方法分定测和拖底扫测两种。定测扫测是使扫海具的底索在深度基准面以下保持一定深度的扫海测量,主要用于确定船舶安全航行的深度和确定航行障碍物的最浅深度。拖底扫测是扫海具底索着底,发现和探测航行障碍物。

凡危险物外加点线圈者,均为对水面航行有碍的危险物,提醒航海者予以特别注意。危险物位置未经精确测量的,须加注"概位"(PA);对危险物位置有疑问时,则加注"疑位"(PD);对危险物的存在有疑问时也加注"疑存"(ED)。

表 2-5-2　常见的礁石、沉船和其他障碍物海图图式

危险物	中版图式	说明	英版图式
明礁(屿)	(2.6)　(1.3)　(1.2)	平均大潮高潮面时露出的孤立岩石	4.1　(3.1)　(1.7)
干出礁	(2₆)　(1₆)　(1₇)	平均大潮高潮面下,深度基准面上的礁石	(1₆)　(1₄)　(3₇)　Dr 1.6m
适淹礁		在深度基准面适淹的礁石	
暗礁		在深度基准面下,深度不明的危险暗礁	
暗礁	+ (4₁)　+ (4₂)	在深度基准面下,已知深度的危险暗礁	+ (4₆)　+ (11₂)　4₅ R
暗礁	23 岩	非危险暗礁(中版水深大于 20 m)	30 R
水下珊瑚礁	珊	位于深度基准面以下的珊瑚礁	+ Co　+ Co
浪花	(5₁) 浪花	多礁区,海浪冲击波涛汹涌,船只不能靠近的区域	5₈ Br
船体露出水面沉船	船	船体露出大潮高潮面,按比例画出	Mast (1.2) Wk
干出沉船	船	大潮高潮面下,深度基准面上,按比例画出	Mast (1₇) Wk
已知深度水下沉船	船	深度基准面下已知深度沉船,按比例画出	Wk　Wk
深度不明水下沉船	船	深度基准面下深度不明沉船,按比例画出	Wk　Wk
部分船体露出沉船		部分船体露出深度基准面,不按比例画出	
仅桅杆露出的沉船	桅	仅桅杆露出深度基准面以上的沉船	Mast (1.2)　Mast (1₇)　Funnel　Masts
已知最浅深度沉船	4₁ 船　27 船	经测深已知最浅深度的沉船	4₁ Wk　25 Wk
经扫海探测的沉船	4₁ 船　27 船	经扫海(或潜水员探测)的最浅深度沉船	4₁ Wk　25 Wk
危险沉船		深度≤20 m(英版≤28 m)的沉船	
非危险沉船		深度>20 m(英版>28 m)的沉船	
未精测沉船	27 船	未经精确测量,最浅水深不明的沉船	20 Wk
沉船残骸及其他碍锚地	碍锚地　#	沉船残骸及其他有碍抛锚和拖网地区	Foul　#　Foul
深度不明的障碍物	碍　碍	深度不明的障碍物	Obstn　Obstn
已知最浅深度的障碍物	2 碍　17 碍	已知最浅深度的障碍物	4₁ Obstn　17₂ Obstn
经扫海的障碍物	6 碍　17 碍	经扫海或潜水探测的最浅深度障碍物	4₁ Obstn　16 obstn
渔栅		捕鱼用木栅、竹栅或系网捕鱼的桩等	
渔礁	(2₆)	深度不明或已知深度的渔礁	(2₆)
贝类养殖场	贝	养殖贝类的场地	Shellfish Beds

五、助航标志

助航标志,简称航标。它包括灯塔、灯标、浮标、立标、雷达站、无线电导航设备及雾号等。航标以特定的标志、灯光、音响或无线电信号等,供船舶确定船位和安全航向、避离危险以及供其他特殊需要,其图式和说明见表2-5-3。

表 2-5-3　常见的航标海图图式

名称	中版图式	说明	英版图式
灯塔、灯桩		左图为灯塔,右图为灯桩	Lt　Lt Ho
设灯的平台		装有灯标的海上平台	
塔形灯桩	黑黄　塔形	塔形灯桩用此符号表示	BY　Bn Tr　Bn Tower　Bn Tr
灯船		中版海图上,区分有人(左)和无人(右)看守	Lt V
蓝比(大型航标)		表示大型助航浮标(LANBY)	
导灯	269°17′	两个或两个以上前后重叠,构成导航线的灯	Occ.4s12M　Oc.R 4s10M　Lights in line 269°
海岸雷达站	雷达	根据船舶要求,能提供其方位和距离的海岸雷达站	Ra
雷达指向标	雷信	表示能连续发射信号的雷达信标	Ramark
雷达应答标	雷康(K)	具有莫尔斯信号(K),在 3 cm 频带内应答	Racon (K)
雷达应答标	雷康(K) (10 cm)	具有莫尔斯信号(K),在 10 cm 频带内应答	Racon (K) (10 cm)
雷达应答标	雷康(K) (3&10 cm)	具有莫尔斯信号(K),在 3 cm 和 10 cm 频带内应答	Racon (K) (3&10 cm)
雷达反射器		用于装有雷达反射器的航标所用标志	Ra.Refl.
雷达显著物标		用于雷达影像显著的物标所用标志	Ra conspic
无线电信标	环向	全向无线电信标	Name RC
无线电信标	定向269°.5	定向无线电信标	RD 270° RD
无线电信标	旋向	旋转辐射无线电信标	RW
无线电测向台	测向	提供无线电定位业务的岸基无线电测向台	RG　Ro.D.F.
无线电答询台	答询	海岸无线电答询指向台	R　Ro
航空信标	空指向	供航空用的无线电信标	Aero RC　Aero RC

水上航标是以其形状、颜色、顶标、灯质和编号等相互区别的。各国浮标制度至今仍不完全统一，多数航海国家采用国际航标协会（IALA）推荐的海上浮标系统。《中国海区水上助航标志》是采用 IALA 海上浮标系统（A 区域）的原则，结合我国具体情况制定的。

灯质是指灯光的性质，它是以灯光亮灭的规律（即节奏）和灯光颜色来相互区别的。灯质的种类很多，基本灯质有定光、闪光、明暗光和互光 4 种。其中闪光又可区分为闪光、长闪光、快闪、甚快闪和特别快闪 5 种。颜色不变，明暗交替且时间相等的灯光为等明暗光。以上各种灯光联合或组合起来，可以形成各种不同类型的灯质，如联闪光、混合联闪光和定闪光等。常见的几种灯质海图图式及其说明见表 2-5-4。

表 2-5-4　常见的几种灯质海图图式

灯质	中版图式	说明	英版图式
定光	定	工作时间内颜色和亮度不变的常明不断的灯光	F
明暗光	明暗	颜色不变，在一个周期内明的时间长与暗的时间的灯光	Oc
联明暗光	明暗（2）	在一个周期内连续熄灭 2 次或 2 次以上，明长于暗的灯光	Oc(2)
混合联明暗光	明暗（2+3）	在一个周期内相继出现几个不同熄灭次数的联明暗光	Oc(2+3)
等明暗光	等明暗	颜色不变，明暗交替且时间相等的灯光	Iso
单闪光	闪	灯色不变，在一个周期内只显单次闪光，明比暗短的灯光	Fl
联闪光	闪（3）	在一个周期内以 2 次或 2 次以上的闪光组成一个组	Fl(3)
混合联闪光	闪（3+1）	在一个周期内相继出现几个不同闪光次数的联闪光	Fl(3+1)
长闪光	长闪	持续时间不少于 2 s 的闪光，我国规定持续时间为 2 s	LFl
连续快闪光	快	颜色不变，每分钟闪光 50～80 次，我国为每分钟闪光 60 次	Q
联快闪光	快（3）	在一个周期内以 2 次或 2 次以上的快闪光组成一个组	Q(3)
间断快闪光	断快	有间断的快闪光	IQ
连续甚快闪光	甚快	颜色不变，明暗次数每分钟 80～160 次，我国为 120 次	VQ

续表

灯质	中版图式	说明	英版图式
联甚快闪光	甚快(3)	每一周期内以 2 次或 2 次以上的甚快闪光组成一个组	VQ(3)
间断甚快闪光	断甚快	有间断的甚快闪光	IVQ
连续超快闪光	超快	颜色不变,每分钟闪光 160 次以上,一般 240~300 次	UQ
间断超快闪光	断超快	有间断的超快闪光	IUQ
莫尔斯灯光	莫(A)	颜色不变,按莫尔斯码显示有节奏的灯光	Mo(A)
定闪光	定闪	颜色不变,每隔一定时间加发 1 次更亮闪光的定光灯	FFl
互光	互白红	有节奏地交替显示不同颜色的灯光	Al. WR

灯标的注记,除注有灯质(节奏和颜色)外,还注有周期、灯高、射程、雾号及光弧等的说明。它们的含义是:

周期:有节奏的灯光,自开始到以同样的节奏重复时所经过的时间间隔(s)。

灯高:中版海图是指平均大潮高潮面至灯光中心的高度(m)。英版海图是指平均大潮高潮面或平均高高潮面,无潮汐海区是指平均海面至灯光中心的高度,米制海图单位为米,拓制海图单位为英尺。

射程:中版海图上所标的射程是在晴天黑夜条件下,航海者的眼高在海面上 5 m 处所能看见到航标灯光的距离(n mile)。英版海图上射程为光力射程或额定光力射程。

雾号:即雾警设备,是附设在航标上雾天发出音响的设备,如爆响雾号、低音雾号、雾笛、雾角、雾钟、雾哨、雾锣。

光弧:用于表示扇形光灯的扇形区域,不同光色扇形应分别注明,所注方位为观测者由海上观测灯标的真方位,顺时针方向计算。

灯标如白天和夜间的灯光性质不同时,应将白天的灯光性质括注在夜间灯光性质的下方并在其后加注"昼(by day)"。有雾时灯光性质发生改变,或仅在雾天显示的雾灯,应括注"雾(in fog)"。无人看守的灯可在其灯光性质之后括注"无(U)"。注记"临(temp)",表示临时的灯,"熄(exting)"表示灯光已熄灭的灯。在灯光性质后括注"航空(Aero)"的灯标表示为航空导航而设置的航空灯。

六、符号位置与其他重要海图图式

1. 符号的位置

面状符号,如" ⊕ 、 米 ",位置在符号中心;形象符号,如" ▯ 、 ⚓ ",位置在符号底线中心;有点符号,如" ⊙ 、 △ ",符号中的点即为中心位置。如位置未精确测量,则加注概位符号"概位（PA）"。

2.其他重要图式

除前面介绍的各种图式外,航海者还应了解和掌握表 2-5-5 所示的重要海图图式。

表 2-5-5　常见的其他重要海图图式

名称	中版图式	说明	英版图式
生产平台、其他平台、井架	● 青龙	生产平台及其他平台、井架,并加注名称或编号	• Z-44
已知最大吃水航道	⟨ 6.5m ⟩	已知最大吃水深度的航道	⟨ 7.3m ⟩
已知最大吃水推荐航道	⟨ 6.5m ⟩	已知最大吃水深度的推荐航道	⟨ 7.3m ⟩
深水航道	深水 26m	已知最浅水深供深吃水或限于吃水船的航道	DW20m
无线电报告点	◁◯▷ ③	又称船舶动态报告点,数字表示编号	◁◯▷ ◁ ③
限制区界限		用以表示因某种原因,航行受限制的区域界限	
引航站	◗	表示引航巡逻船或引航船会船（登船）位置	◗ ◗ Name ◗ Note ◗ H

第六节　海图分类和使用

一、海图分类

根据作用不同,海图可以分为航用海图和参考图两大类。

航用海图用于拟定航线、进行航迹推算和定位等海图作业。航用海图按比例尺的大小,一般又可以分为:

1.总图

总图比例尺较小,一般小于 1∶3000000。总图图区包括范围甚广,图上只印有在远离海岸航行时能够看到的重要物标和灯塔,以及与海岸有一定距离的航海危险物。沿岸航海危险物仅作概略的描述。总图只能作为船舶在大洋航行时,研究总的航行条件、拟定大洋航线和制订总的航行计划用。

2.航行图

（1）远洋航行图

远洋航行图比例尺一般为 1∶1000000～1∶2900000。图上详细标有海上平台、井架等近海设施,一般还标有图区内主要的山头及岛顶高程、主要雷达及无线电导航设备和特别重要的灯塔、灯桩、灯船及浮标等。该图一般可用于远洋航行,或作为航行参考图。

（2）近海航行图

近海航行图比例尺一般在 1:200000～1:990000。图上详细标有雷达站及无线电导航设备、灯塔和射程较远的灯桩、主要灯船、雾号、有雷达反射器和雷达应答标的航标、进港的 1 号浮及指示航行障碍物的浮标等。图上一般还标有沿海较主要的航道、码头、防波堤、港外较大的锚地和港口沿岸较显著的建筑物。近海航行图主要用作船舶在近海航行时海图作业用。

（3）沿岸航行图

沿岸航行图比例尺一般在 1:100000～1:190000。图上一般都详细标有除供港湾内用的助航标志以外的其他各种助航标志,还详细标有港口附近的主要航道及其疏浚深度或扫海深度、港外锚地和较大港湾内的码头、防波堤、海上平台等近海设施和沿海陆地地貌、烟囱、灯塔、教堂、无线电杆等具有航行方位意义的各种建筑物等。沿岸航行图可供船舶沿岸和狭水道航行用。

3.港湾图

港湾图比例尺一般大于 1:100000。图上详细标有灯塔、灯标、浮标、立标、雷达站、无线电导航设备、雾号等各种助航标志。当图幅范围内有更大比例尺的港湾图时,港内助航标志会做较多的取舍。图上还详细标有各种航道及其疏浚深度或扫海深度、锚地和锚位,以及码头、防波堤、船坞、系船浮筒和系船灯桩等港口资料。港湾图一般可供船舶进出港湾、锚地,通过狭窄水道及港口管理等使用。

参考图一般不可以用作航迹推算和定位。它是为了某种航海的特殊需要而专门绘制的海图。如供无线电定位系统用的"位置线图网",为设计大洋航线用的"航路设计图""大圆海图""气候图""世界载重线区域图""等磁差曲线图"等。

按绘制图网的方法,即地图投影方法的不同,海图又可分为墨卡托海图、高斯投影海图、大圆海图和平面图等。

我国出版的海图中,比例尺小于 1:20000 的海图,一般采用墨卡托投影原理绘制,以本图的中央纬线为基准纬线。同比例尺成套航行图以覆盖区域的中央纬线为基准纬线。国内海区 1:20000 及更大比例尺海图采用平面图或高斯投影,通常又称为港泊图;国外海区 1:20000 及更大比例尺海图一般采用平面图。纬度高于 75° 地区的图采用日晷投影。

英版海图按水深和高程单位可分为米制海图和拓制海图。米制海图水深和高程单位均为米,拓制海图水深单位为拓或英尺,高程单位为英尺。自 1968 年以来,英版拓制海图正逐渐向米制海图过渡,目前,大部分的拓制海图已被米制海图所替代。

二、海图可信赖程度

尽管人们为了确保海图资料的准确性做出了不懈的努力,然而由于测量不充分或其后地貌、海底的变迁等,任何海图所提供的资料都可能是不完善的或不是最新的。有关的航海警告和航海通告也可能因情况紧急而未在发布前加以核实。因此,海图可信赖程度的最后评价者将是海图的使用者本身。通常,可以从以下几个方面来判定海图的可信赖程度：

1. 海图的测量时间和资料来源

海图的测量时间和资料来源一般在海图标题栏内都有说明。早期航海测量,由于测量仪器和技术都比较落后,测量精度和完整性较差,可靠性较低。

有些海区海底不稳定,如珊瑚礁能以每年 5 cm 的速度增长,经过 100 年后,其上水深变化将会达到 5 m;经常变迁的浅滩和沙滩等,水深也可能出现较大的变化。船舶航行在这些海区,应特别注意海图资料的测量时间,以便对当时实际水深做出准确的评价。

测量当时船舶的最大吃水也影响着对水下碍航危险物上水深的测量与标注。在根据旧的测深资料所绘制的海图上,一些航海危险物或浅滩等在当时被认为对船舶航行无影响,因而其上水深的标注精度可能不能满足现代船舶的要求。船舶在这些区域使用这种海图航行时,须谨慎小心。

2. 海图出版、新版或改版日期

所使用海图的出版、新版或改版日期应是最新的,所标注的日期应与最新的《航海图书总目录》中载明的现行版日期一致。每张海图使用前必须按航海通告改正至最新。英版《最新航海通告累积表》,每半年出版一期,刊载有英版海图现行版本的出版日期和近两年来的永久性通告号码。结合其后出版的各期周版航海通告核查海图小改正栏所登记的已改通告号码,可确定每张海图是否已改正至最新。

3. 海图比例尺

海图比例尺愈大,资料记载愈详细,物标、水深点、航标等的位置愈准确,海图作业精度也愈高。此外,当图幅内资料发生较大的变动,需通过海图新版或改正才能加以改正时,往往首先改正大比例尺海图。因此,海图比例尺越大,其可信赖程度就越高。

4. 测深的详尽程度

图上测深线的间距、水深点的密集程度,以及水深变化情况等也能用来判断海图资料的可信赖程度。如图上水面部分无空白,所标水深点密集且排列有规则,水深变化明显可辨,等深线为实线且层次分明、连续不中断,则该图水深资料的可靠性程度就较高。海图空白处,表示未经测量,应视为航海危险区而避开;不精确等深线是根据稀少水深勾绘的,采用虚线描绘,可信赖程度较低;在大比例尺海图上,实测水深一般用斜体字表示,而直体注记的水深表示深度不准或采用旧的测深资料,可靠性较低。此外,凡水深旁标注有"疑深"(SD)或"据报"(Rep)的,其可靠性也较低。

5. 地貌精度与航标位置

海图资料的可信赖程度还可根据岸形、陆地地貌的标注方式加以判断:在大比例尺海图上,虚线描绘岸线和等高线,是草绘岸线和草绘等高线,表示地貌测绘的精度不符合规范的要求;山形线仅仅是表示山体形状的曲线,同一条曲线上高程不一定相等,描绘时可能不闭合,它们的可信赖程度较低。显著山峰、灯塔、孤立的岛屿和烟囱等显著建筑物的位置一般比较准确,但无人看守的灯船、灯浮、浮标等的位置,可能因大风浪、强流、被碰撞等原因移位、灯光熄灭甚至漂失,而又不能及时发布航海通告,对它们的位置不能过分信赖,使用前应首先加以核实。

三、使用海图注意事项

（1）要尽可能选择现行版大比例尺海图，并要善于鉴别海图的可信赖程度。

（2）海图使用前，应根据航海通告和有关的无线电警告及时加以改正。海图改正应按规定的图式和缩写进行，改正内容位置准确，不要覆盖图上原有重要资料。每则通告改正完后要按规定做好小改正登记，并查核是否有遗漏。各地海图代销店一般只对永久性通告加以改正，对临时的、预告性的通告和航海警告不做改正。因此，一张新购置的海图，图上资料也不一定是最新的。

（3）海图空白处，表示未经测量，应视为航海危险区避开。未经扫海区域，相邻测深线之间可能存在测深时未被发现的孤立陡峭的危险物。即使现代化的测量，也往往难以发现海区内的每一危险物。船舶使用资料陈旧、水深点稀少的海图，在船舶活动较少的海区航行，应尽可能将航线设计在水深点上。

（4）海图上也可能存在不够准确的地方，特别是资料陈旧的旧版海图，对它不能盲目信任。使用中，应经常利用各种有效手段加以核实，并注意及时掌握最新的航海资料。

（5）使用不同大地坐标系参数的海图时，对船位要进行经、纬度修正。该项修正值在海图标题栏中会有说明。GPS一类导航仪自动显示的经、纬度数值系基于 WGS84 坐标系，画在不同坐标系海图上时，有时也要自动或手动进行该项修正。

（6）海图作业应采用软质铅笔和松质橡皮，按有关规则要求进行。严禁在海图上乱画、乱写，注意保护海图，避免损坏。本航次海图使用前后都应顺序排放，其上海图作业应保留至航次结束。发生海事时，应保留至海事处理结束为止。

（7）海图平时应平放在干燥的地方，防止海图受潮霉烂或变形。雨雪天进行海图作业时，要注意不要弄湿海图。一旦海图受潮，应平放阴干，切不可曝晒或用火烘烤，以避免海图变形。图幅较大的海图临时折叠，最好浮折，不要折死，以避免损坏海图和影响图上重要航海资料的清晰程度。

第三章

航迹推算

船舶航行中,航海人员应尽一切可能随时确定本船的位置所在。这样,才可能结合海图,了解船舶周围的航行条件,及时采取适当、有效的航行方法和必要的航行措施,确保船舶安全、经济地航行。船舶在海上确定船位的方法一般分为航迹推算(track estimation)和定位(position fixing)两类。其中,航迹推算是根据船上的罗经和计程仪所指示的航向、航程,并结合海区内的风流要素,在不借助外界导航物标的情况下,从某一已知船位起,推算出具有一定精度的航迹和某一时刻的船位的方法。它是航海人员在任意时间、任意情况下求取船位的最基本方法,也是陆标定位、电子定位和天文定位的基础。

航迹推算应在船舶驶离引航水域或港界、定速航行并测得准确船位后立即开始。在整个航行过程中,航迹推算工作应连续进行,不得无故中断,直至驶入目的港引航水域或接近港界有物标可供定位或导航时,方可终止。当船舶驶经狭水道、渔区、船舶密集区域时,需频繁使用车、舵进行机动操纵,很难进行航迹绘算,可暂时中止,但驶出狭水道、渔区后应立即恢复进行。航迹推算的起始点、终止点以及中止点和复始点应在海图上标出,并记入航海日志。船长应对海图作业全面负责,并经常对驾驶员进行检查指导,驾驶员应认真进行作业,发现问题,及时向船长报告,并积极提供意见。

航迹推算在沿岸水流影响显著的航区应该每小时进行一次;在其他航区,一般每 2~4 h 进行一次。

航迹推算包括航迹绘算和航迹计算两种。航迹绘算(track plotting)是在海图上根据航行要素直接画出航迹和推算船位。这种方法简单、直观,在船舶航行中常用。航迹计算(track calculation)是采用数学计算的方法,根据航行要素计算出航迹和推算船位的数值,然后画到海图上去指导航行。航迹计算可作为对航迹绘算不足的一种补充,有利于实现驾驶自动化。

第一节　航迹绘算

航迹绘算法即海图作业法（chart work），它是船舶航行中驾驶员进行航迹推算的主要方法。航海人员应遵照中华人民共和国交通运输部规定的《海图作业试行规则》正确地进行航迹绘算。航迹绘算主要用于解决以下两类问题：

（1）根据船舶航行时的真航向、计程仪航程和风流要素，在海图上直接作图求推算航迹和船位等；

（2）在海图上根据计划航向、计程仪航程和风流要素，预配风流压差，作图画出应驶的真航向和推算船位等。

一、航迹绘算的有关概念

（1）计划航（迹）线（intended track）：船舶开航前事先在海图上拟定的航线，即在海图上，根据航行计划，由起航点至转向点和到达点之间的恒向线，如图3-1-1所示。

（2）计划航（迹）向 CA（course of advance）：计划航线的前进方向，由真北线起按顺时针方向度量到计划航线，如图3-1-1所示。

（3）推算航迹线 TR（estimated track）：船舶航行时，在海图上通过航迹推算所确定的轨迹线。

（4）推算航迹向 CG（course made good）：推算航线的前进方向，由真北线起按顺时针方向度量到推算航迹线。

（5）航迹线（track）：船舶在风流等影响下实际的航行轨迹。

（6）积算船位 DR（dead reckoning position）：无风流情况下，根据计程仪航程在计划航线或真航向线上所截取的船位。

（7）推算船位 EP（estimated position）：根据航向、航程同时考虑风流影响，在海图上经推算得到的船位。

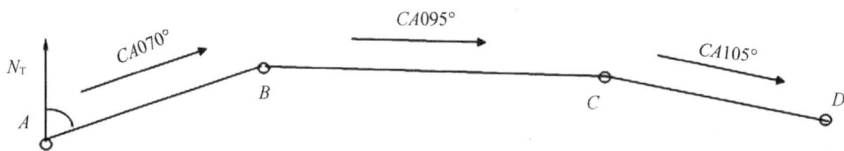

图3-1-1　计划航线与计划航向

在航迹绘算工作中，风流要素的风压差、流压差、风流合压差值，应尽可能用观测的方法求得；如无观测条件时，可根据该地区的资料或航行经验，确定一个数值进行计算；风流压差值小于1°时，可以不考虑计算。风流压差值的采用或改变均应由船长决定，或由驾驶员根据船长的指示进行。航行中，驾驶员对所采用的风流压差值，应不断地进行测校；如发现变化较大，应及时报告船长。

二、风流对船舶航行的影响

1. 风与风压差

空气相对于地面或海底的水平运动称为风(或真风)。风是矢量,既有大小,又有方向。风的大小一般用风级或风速来表示,其中,国际上采用的风级是"蒲福风级",从 0~12 共分 13 个等级,风速常用单位有米/秒(m/s)和节(kn);风向是指风的来向,常用罗经点法(16 方位)或圆周法(0°~360°)表示。当船舶在无风流情况下航行时,船上的人会感觉到有风的存在,这是由于静止的空气对于运动着的船舶产生了相对运动。这种风是船舶自身运动产生的,所以叫作船风。船风的风向,即风的来向与真航向一致,而风速等于船速。在航行中船上驾驶员所观测到的风,不是真风,而是真风与船风的合成风,叫作视风。真风、船风和视风三者的矢量关系如图 3-1-2 所示。

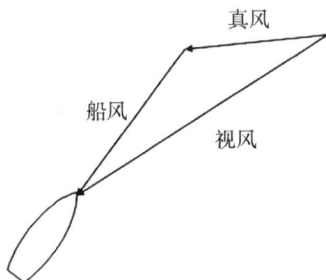

图 3-1-2　风速矢量三角形

风对船舶航行的影响,与风舷角(Q_W)有着密切的关系。风舷角是风向与船首尾线的夹角,风舷角的范围为 0°~180°。如图 3-1-3 所示,航海上习惯把风舷角在 0°~10°的风称为顶风;风舷角在 170°~180°的风称为顺风;风舷角在 80°~100°的风称为横风;风舷角在 10°~80°的风称为偏顶(逆)风;风舷角在 100°~170°的风称为偏顺风。

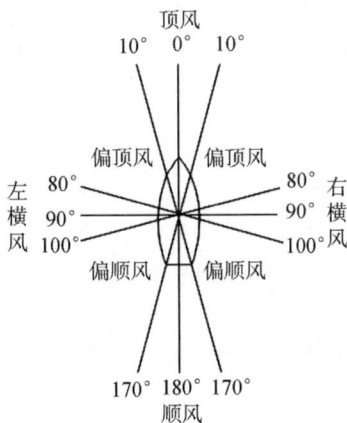

图 3-1-3　风与风舷角

如图 3-1-4 所示,船舶在风影响下航行时,除按真航向以船速向前航行外,还会受风的影响向下风漂移。船舶在视风的作用下产生漂移,由于船舶在水中运动时所受水的阻力很大,这种漂移的速度要远远小于风速。由于船体形状不规则所受阻力方向有可能与航向不一致,漂移的方向也不一定跟风向平行。船舶将沿着船速 v_E 和漂移量 R 的合成矢量方向航行。船舶在有风无流中的航行轨迹称为风中航迹线,其前进的方向,叫风中航迹向,用 CG_α 表示。船舶真航向线与风中推算航迹线之间的夹角,叫作风压差角(leeway angle),简称风压差,代号为 α。它们之间的关系为:

$$\left.\begin{array}{l}\text{计划航迹向 } CA \\ \text{风中航迹向 } CG_\alpha\end{array}\right\}=TC+\alpha\left\{\begin{array}{l}\text{左舷受风为}+ \\ \text{右舷受风为}-\end{array}\right. \tag{3-1-1}$$

风压差 α 的大小受下列因素影响:

(1)风舷角:横风时,风舷角近 90°,α 最大;顶风或顺风时,α 最小。

(2)风速:风速愈大,α 愈大。

(3)船速:船速愈大,α 愈小。

(4)吃水和水下船型阻力:轻载时,吃水浅,船体受风面积大,α 较大;重载时,吃水深,船体受风面积小,α 较小;平底船的 α 要比尖底船的 α 大。

(5)船型:受风面积大的船型,α 亦大,如客船、集装箱船、滚装船等。

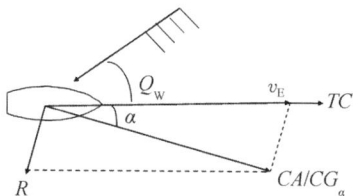

图 3-1-4 风压差

影响风压差的因素较多且复杂,船在风中漂移的方向和速度又不易掌握,因此,风压差的求取一般不宜通过绘画矢量三角形求解,而往往采取直接观测法求取。

在每次测定风压差后,应进行专门的记录,并记下测定的时间和当时的风舷角、风速、吃水等航行条件。因为在一定条件下测定的风压差值,只能应用在相同的航行条件下。要得到在各种航行条件下的风压差值,需要在各种不同航行条件下进行测定。为提高所测风压差值的精度,应利用一切机会反复测定验证,然后将比较可靠的风压差值填入风压差表中,以便今后在航迹推算中估计风压差值使用。用实测的方法将风压差表填满是很困难的,可利用风压差系数 $K°$ 推算出还没有机会测定的风压差值。

在风压差值不超过 10°~15° 的情况下,风压差 α 的大小可以经过实测并以统计学方法求得,经验公式如下:

$$\alpha°=K°\left(\frac{v_W}{v_L}\right)^2\sin Q_W \tag{3-1-2}$$

式中:v_W、v_L——分别表示风速和船速(m/s);

$\quad Q_W$——风舷角(°);

$\quad K°$——风压差系数(°)。

根据进一步研究,人们又提出了风压差的经验求算公式如下:

$$\alpha°=K°\left(\frac{v_W}{v_L}\right)^{1.4}(\sin Q_W+0.15\sin 2Q_W) \tag{3-1-3}$$

风压差系数 $K°$,各船必须在各种风力和吃水情况下,进行实测 25~30 次风压差值,然后根据上述风压差系数公式,反推出风压差系数 $K°$ 的平均值来。根据风压差系数 $K°$ 求得的风压差值的误差为 ±0.5°~±1°。

表 3-1-1 是××轮的风压差表。

表 3-1-1　风压差表

××轮 (船速 12 kn)

风舷角/°	不同吃水和装载条件下的风压差/°									
	4 级		5 级		6 级		7 级		8 级	
	满	空	满	空	满	空	满	空	满	空
0	0	0	0	0	0	0	0	0	0	0
20	0.8	2.2	1.3	3.4	1.9	5.0	2.7	6.9	3.6	9.2
40	1.6	3.9	2.5	6.2	3.5	8.9	4.9	12.5	6.5	16.6
60	1.9	4.9	3.1	7.9	4.5	11.5	6.1	16.0	8.3	21.3
……	……	……	……	……	……	……	……	……	……	……
180	0	0	0	0	0	0	0	0	0	0

2. 流与流压差

航海上经常遇到的水流有海流(current)、潮流(tidal stream)和风海流(wind current)三种。海流又称洋流(ocean current)。它是由于相邻海区间,海水长期存在温度、密度或气压的不同,或长期受定向风的作用,使海水产生水平方向的流动,一般在一定时间里流向、流速基本不变,故称恒流,海图上用 ～～～ 1 kn → 表示,箭头方向为流向,上面注记平均流速;潮流是由于潮汐形成海水周期性的涨落而引起的海水水平方向的运动,分为往复流(alternating current,rectilinear current)和回转流(rotary current)两种。往复流是由于受地形的影响而产生的涨、落潮流向相反或基本相反的潮流,在海图上涨潮流用 ⌇⌇⌇ 2 kn → 表示,落潮流用 ——— 1~2 kn → 表示,箭头方向为流向,箭矢上流速是指大潮(小潮)时的最大流速,只标一个流速是指大潮时的最大流速,回转流一般存在于开阔海区,在一个潮汐周期内,潮流流向随时间顺时针(或逆时针)方向变化 360°,流速也随时间变化的潮流;风海流又称风生流,它是由于海水表层在一定的时间内受定向风的作用而产生的水流,它一般在风起之后并持续一段时间后才产生,风停后它还会持续一段时间才消失,风海流比较复杂,目前尚很难掌握。

流向是指水流的去向,用罗经点法或圆周法表示;流速用节(kn)表示。

如图 3-1-5 所示,当船舶航行在有水流影响的海区时,船舶将同时受到两个力的作用。一个力使船舶沿着真航向,以相对于水的计程仪航速 v_L 航行;另一个力则使船舶沿着水流流向,以流速 v_C 漂移。因此,船舶是沿着这两个力的合力方向,即沿着计划或推算航迹向,以推算航速航行的。

船舶在有流无风中的航行轨迹称为流中航迹线,流中航迹线的前进方向叫作流中航迹向,用 CG_β 表示。流中航迹线与真航向线之间的夹角叫作流压差角,简称流压差,用 β 表示。其关系为:

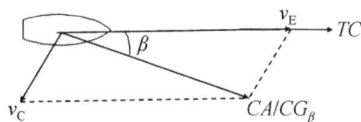

图 3-1-5　流压差

$$\left.\begin{array}{l}\text{计划航迹向 } CA \\ \text{流中航迹向 } CG_\beta\end{array}\right\}=TC+\beta\left\{\begin{array}{l}\text{左舷受流 }\beta\text{ 为}+ \\ \text{右舷受流 }\beta\text{ 为}-\end{array}\right.\qquad(3\text{-}1\text{-}4)$$

流压差 β 的大小，一般可以通过作图法或直接观测法求取。由于潮流的流向、流速是不断变化的，须正确估计航行海区的潮流的平均流向和流速，或用矢量合成的方法，将航行时间内的不同方向、不同大小的潮流迭加起来，求得航行时间内的累计潮流的平均流向和流程。

3. 风流压差

船舶在有风流影响的情况下航行，除了以船速沿真航向航行外，还会在风的作用下向下风漂移，同时在流的作用下产生顺流漂移运动。真航向与风流影响下的航迹向 CG_γ 之间的交角称为风流合压差角，简称风流合压差，用 γ 表示。风流合压差 γ 等于风压差 α 和流压差 β 的代数和，即 $\gamma=\alpha+\beta$。其关系为：

$$\left.\begin{array}{l}\text{计划航迹向 } CA \\ \text{推算航迹向 } CG_\gamma\end{array}\right\}=\text{真航向 } TC+\text{风流压差 }\gamma\left\{\begin{array}{l}\text{船偏在航向线右面时为}+ \\ \text{船偏在航向线左面时为}-\end{array}\right.\qquad(3\text{-}1\text{-}5)$$

三、无风流的航迹绘算

所谓无风流影响，是指风流很小，对航向的影响小于 $\pm1°$，可以忽略不计。因此，在无风流情况下，在海图上拟定的计划航线就是船舶将要航行的计划航迹。各种航向之间的关系是：计划航向 CA 与船舶行驶的真航向 TC 一致，即为推算航迹向 CG。计程仪航程 s_L 即为推算航程 s_G（船舶相对或绝对计程仪航程）。

$$\left.\begin{array}{l}\text{计划航迹向 } CA \\ \text{推算航迹向 } CG\end{array}\right\}=TC=\left\{\begin{array}{l}GC+\Delta G \\ CC+\Delta C\end{array}\right.$$

$$s_G=s_L=(L_2-L_1)\cdot(1+\Delta L)$$

1. 航迹绘算步骤

（1）画已知船位为推算起点（departure point）；

（2）从起点画计划航线 CA 或推算航迹线 CG，即真航向线 TC；

（3）在航向线上截取航程得推算船位（积算船位）DR，推算船位用一垂直小短线表示；

（4）进行正确的海图标注（见图 3-1-6）。

海图作业的标注需按照规则要求，在推算的起始点和在指定时刻的推算船位或积算船位附近，以分数式标明船位所对应的时间和计程仪指示的读数，时间用四位数字分别标示小时和分钟，计程仪读数精确到 0.1 n mile，分数式和海图的纬线相平行。在计划航线或推算航迹线上以缩写代号和度数依次标明：CA（计划航迹向）或 CG（推算航迹向）、GC（陀螺航向）或 CC（罗航向）、ΔG（陀螺差）或 ΔC（罗经差）、α（风压差）和 β（流压差）。所标内容应是未经改正的原始数据和相应的仪器误差，且不能覆盖海图上原有的重要资料，必要时可用线条拉出来标在附近空白处，但标注内容应尽可能与纬线平行。

例 3-1-1：某船 0900 时位于 A 点，计程仪读数 L_1 为 $20'.0$，计划航向 CA 为 $085°$，陀罗差 ΔC 为 $+1°$，1100 时计程仪读数 L_2 为 $45'.5$，计程仪改正率 ΔL 为 $+1\%$，求应驶的陀罗航向和 1100 船位。

解：

如图 3-1-6 所示：

（1）标出 0900 船位 A 点，即推算起始点；

（2）自起始点 A 绘画计划航线 $CA090°$，即 $CA = TC = CG$；

（3）在计划航线上截取一点 B，使 $AB = s_L$，$s_L = (45'.5 - 20'.0)(1 + 1\%) \approx 25'.8$，即 B 点为 1100 时的推算船位；

（4）按规定标注船位和航线。

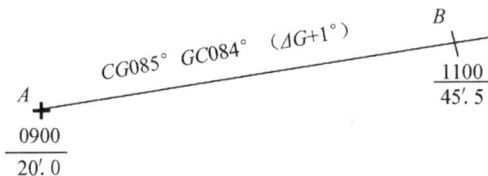

图 3-1-6　无风流的航迹绘算

2. 航迹绘算精度

无风流航迹绘算的精度主要取决于航迹推算中的航向误差和航程误差。航向误差与从罗经上读取航向的误差、罗经改正量的误差、操舵不稳产生的航向误差、绘画航线的误差有关；航程误差与计程仪读数的误差、计程仪改正率的误差、海图上量取航程的误差有关。

综合推算航迹向和推算航程的标准差，可以得到无风流情况下推算船位误差圆半径 M 约为推算航程的 2%，即 $M = 2\% s_L$。

四、有风流航迹绘算

有风流的情况下，各种航向之间的关系如下：

$$\left.\begin{array}{r} \text{计划航迹向 } CA \\ \text{推算航迹向 } CG_\gamma \end{array}\right\} = TC + \gamma$$

$$\gamma = \alpha + \beta$$

有风流情况下的航迹绘算，一般可分为两种不同类型的海图作业方法来进行。

1. 已知真航向 TC，计程仪航程 s_L 或计程仪航速 v_L 和风流资料，求推算航迹向 CG_γ 和推算船位 EP

这种情况，应采取"先风后流"的海图作业方法，即先加风压差，求得风中航迹向后，再加水流影响，即在风中航迹线上作水流三角形，从而求得推算航迹向和船位，具体步骤如下（见图 3-1-7）：

（1）从推算起点 A 画出真航向线 TC。

（2）自 A 点，真航向加风压差 α 得 CG_α 绘画风中航迹线。

（3）在风中航迹线上截取计程仪航程 $[s_L = (L_2 - L_1)(1 + \Delta L) = v_L t]$，得截点 B。

（4）自 B 点作水流矢量 BC，端点 C 即为推算船位 EP。

（5）连接推算起点 A 和推算船位 C，此连线即为推算航迹线 CG_γ，其长为推算航程 s；风中航迹向与推算航迹向之间的夹角为流压差 β。

（6）进行正确的海图标注。

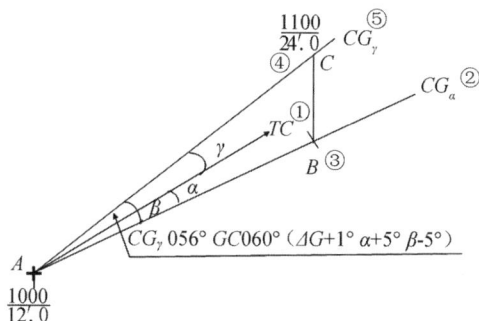

图 3-1-7 有风流的航迹绘算（已知真航向）

例 3-1-2：某船 1000 时位于 A 点，计程仪读数 12′.0，陀罗航向 060°，陀罗差 +1°，测得北风 4 级，风压差取 5°，水流流向 000°，流速 3 kn，1100 时计程仪读数为 24′.0，计程仪改正率 $\Delta L+2\%$，作图求 1100 船位及推算航迹向。

解：

"先风后流"，如图 3-1-7 所示：

（1）定出 1000 时船位 A，根据 $TC=GC+\Delta G=060°+1°=061°$，过 A 点作航向线 CL；

（2）自 A 点，以航向线为基准，根据风压差向下风方向作风中航迹线 CG_α，$CG_\alpha=TC+\alpha=061°+5°=066°$；

（3）在风中航迹线上截取计程仪航程 $[s_L=(L_2-L_1)(1+\Delta L)=(24′.0-12′.0)(1+2\%)\approx 12′.2]$，得截点 B；

（4）过 B 点作流向 000°，流程 $s_C=3\times 1=3′.0$ 得 C 点，C 点即为 1100 时推算船位 EP；

（5）连接推算起点 A 和推算船位 C，此连线即为推算航迹线，可量取航迹向 CG_γ；

（6）按规定标注航线。

2. 已知计划航迹向 CA，计程仪航程 s_L 或计程仪航速 v_L 和风流资料，求真航向 TC 和推算船位 EP

这种情况，应采取"先流后风"的海图作业方法，即先作水流三角形预配流压差，然后再顶风预配风压差，从而求得应驶的真航向，具体步骤如下（见图 3-1-8）：

（1）从推算起点 A 画出计划航迹向 CA。

（2）从推算起点 A 画出水流矢量 AB。

（3）以水流矢量终点 B 为圆心，以计程仪航程 s_L 为半径画弧交 CA 于点 C，交点 C 即为推算船位 EP（此虚线 BC 为风中航迹线 CG_α）。

（4）由推算起点 A 画平行线得风中航迹线 CG_α。

（5）以风中航迹线为准顶风预配风压差 α 得到真航向 TC；推算起点 A 和推算终点 C 在计划航线上的长度即为推算航程 s。

（6）进行正确的海图标注。

例 3-1-3：某船 1100 时位于 A 点，计划航向 $CA070°$，$\Delta G-1°$，计程仪读数 112′.0，测得北风 4 级，风压差取 5°，水流流向 000°，流速 2 kn，1200 时计程仪读数为 124′.0，计程仪改正率 $\Delta L+2\%$，作图求 1100 船位及应驶的真航向。

解：

"先流后风"，如图 3-1-8 所示：

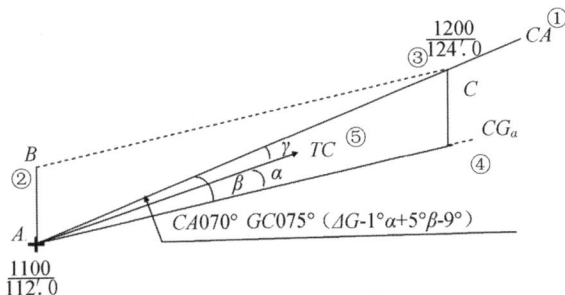

图 3-1-8　有风流的航迹绘算（已知计划航向）

（1）定出 1100 时船位 A，根据计划航向 $CA070°$ 作计划航线；

（2）根据"先流后风"原则，过 A 点作流向 000°，流程（$s_C=2×1=2′$）得 B 点；

（3）以 B 点为圆心，以 $s_L=(L_2-L_1)(1+\Delta L)=(124′.0-112′.0)(1+2\%)≈12′.2$ 为半径作弧交计划航线于点 C，C 点即为 1200 时推算船位 EP；

（4）将 BC 连线平移至 A 点，得风中航迹线 CG_α；

（5）以风中航迹线为基准，向上风方向预配风压差得航向线，可在图上量取 TC；

（6）按海图作业标注要求进行标注。

3. 航迹推算精度

有风流情况下航迹推算的精度，除了与航迹推算中的航向误差和航程误差有关外，主要还取决于估算风压差和水流要素的误差。

综合各项因素的标准差，可以得到有风流情况下推算船位误差圆半径 M 为推算航程的 $5\%\sim8\%$，即 $M=5\%s_L\sim8\%s_L$。

提高推算船位精度的措施有：

（1）要选择准确船位作为推算起始点；

（2）要经常测定罗经差和计程仪改正率；

（3）提高操舵技术和自动舵的稳定性；

（4）准确测定和修正风流压差；

（5）使用大比例尺海图；

（6）尽可能缩短推算时间和航程。

第二节　风流压差的测定

当船舶航行于风流要素未知的海区时，为了提高航迹推算的精度，确保船舶航行在计划航线上,就必须准确掌握风流压差对船舶航行的影响,实测航迹向等相关类似的方法可用来确定风流压差。

一、连续实测船位法

连续测得三个或三个以上船位,则用平差方法(各船位到该直线的距离平方和为最小值)用直线连接所有实测船位,该直线就是船舶在测定船位时间内的实际航迹,它与真航向之间的夹角就是测定船位时的风压差值 γ,则 $\gamma = CG - TC$,如图 3-2-1 所示。

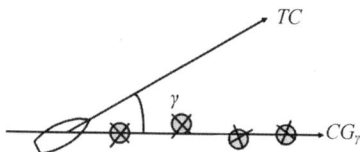

图 3-2-1　连续实测船位法

二、雷达观测法

置雷达于船首向上相对运动显示方式,利用它观测某一孤立的固定点状物标的影像 a,在航行中它与船舶的相对运动方向,即物标影像 a 在荧光屏上的移动方向 a_1、a_2、a_3……,与船舶的航迹向相差 $180°$,于是用电子方位线平行于物标的回波 a_1、a_2、a_3……,则电子方位线与真航向之差便是风流压差 γ,见图 3-2-2。

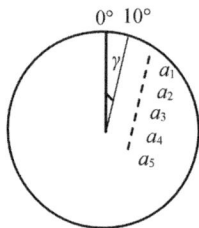

图 3-2-2　雷达观测法

三、叠标导航法

如果船舶在航行时保持在某导航叠标线上,则叠标所指示的导航线就是船舶航行的航迹,当时船舶的航向线与叠标导航线之间的夹角就是风流压差 γ,见图 3-2-3。

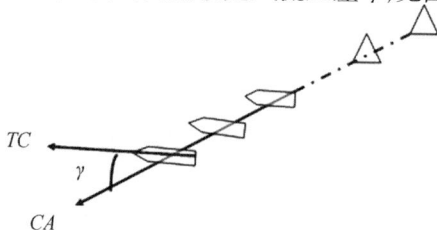

图 3-2-3　叠标导航法

四、正横方位和最近距离方位法

在物标正横之前,就开始不断地用雷达观测该物标的距离和方位。然后,从一系列观测值中确定船舶离物标的最近距离方位 TB_{CPA} 和正横方位 $TB_\perp$,最后用最近距离的方位减去该物标的正横方位,即可求得风流压差 γ,如图 3-2-4 所示。

$$TB_\perp = TC \pm 90° \begin{cases} 右正横为+ \\ 左正横为- \end{cases}$$

$$TB_{CPA} = CA \pm 90° \begin{cases} 右舷物标为+ \\ 左舷物标为- \end{cases}$$

风流压差:

$$\gamma = CA - TC = (CA \pm 90°) - (TC \pm 90°) = TB_{CPA} - TB_\perp$$

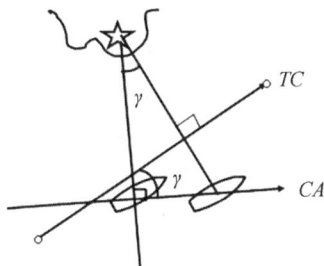

图 3-2-4 正横方位和最近距离方位法

例 3-2-1:某船 $TC265°$,用雷达连续测得某物标真方位与距离如表 3-2-1 所示,求风流压差与航迹向。

表 3-2-1 物标方位距离

TB	350°	355°	000°	003°	005°	008°	012°	015°	018°
D	6.5	6.3	6.1	6.0	5.9	5.8	5.7	5.8	5.9

解:

从观测结果可知,$TB_{CPA} = 012°$

$TB_\perp = 265° + 90° = 355°$

$\gamma = TB_{CPA} - TB_\perp = 012° - 355° = 17°$

$CA = TB_{CPA} \pm 90° = 012° - 90° = 282°$ 或 $CA = TC + \gamma = 265° + 17° = 282°$

五、单物标三方位求航迹向法

如果船舶按固定的航向和船速航行,航行海区的风流影响也不变时,利用不同时间观测同一物标的三个方位,则可以按下述的方法求得观测方位期间的实际航迹向 CG 和风流压差。

如图 3-2-5 所示,在不同时间对固定物标 M 进行了三次方位观测,可以得到三个不同时刻 T_1、T_2 和 T_3 的方位线 B_1、B_2 和 B_3,相邻两次观测之间的时间间隔分别为 t_1 和 t_2。

如果直线 abc 是观测方位期间的实际航迹,则:

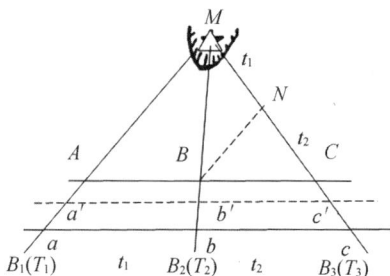

图 3-2-5　单物标三方位求航迹向法

$$\frac{ab}{bc}=\frac{T_2-T_1}{T_3-T_2}=\frac{t_1}{t_2}$$

作任意一条平行于航迹 abc 的直线,与三条方位线相交于 a'、b'、c' 点可以得到:

$$\frac{a'b'}{ab}=\frac{Mb'}{Mb}\text{和}\frac{b'c'}{bc}=\frac{Mb'}{Mb}$$

$$\frac{a'b'}{b'c'}=\frac{ab}{bc}=\frac{t_1}{t_2}$$

任意直线 ABC,当满足 $AB:BC=t_1:t_2$,直线 ABC 必然与实际航迹向 abc 平行。量取直线 ABC 的前进方向,得到实测航迹向与船舶真航向的差,就是此时的风流压差。推荐作图方法如下:

（1）在第三条观测方位线 B_3 上取一点 N,满足 $MN:NC=t_1:t_2$,得到 C 点。

（2）过 N 点作第一条方位线 B_1 的平行线,交 B_2 于 B 点。

（3）用直线连接 CB,交第一条方位线 B_1 于 A 点。

（4）量取 ABC 的方向,就是实际测得的航迹向。

当相邻两次观测时间间隔相等时,可在第二条方位线上任取一点,在自该点分别作第三条和第一条方位线的平行线,假设分别与第一条和第三条方位线相交于 A、C 两点,连接 A、C 交第二条方位线于 B 点,直线 ABC 的方向就是所求的实测航迹向。

当相邻两方位线间的交角相等时,可在第一条方位线上任取一点 A,再在第三条方位线上取一点 C,使 $MA:MC=t_1:t_2$,再连接 AC,交第二条方位线于 B 点,则直线 ABC 的方向即为实测航迹向。

第三节　航迹计算

航迹计算（track calculating）是根据起始点经纬度、航向和航程,利用数学计算公式,求取到达点经纬度方法;或根据起始点与到达点的经纬度,利用数学计算公式,求取两点间的航向和航程的方法。

航迹计算的主要用途:

（1）在小比例尺海图进行航迹绘算时,作图误差较大,用航迹计算法精度较高。

（2）船舶在频繁转向或变速时,采用多航向航迹计算法,可求取较为准确的推算船位。

（3）当计划航线的起航点与到达点不在同一张海图时，可用航迹计算法来帮助海图作业。

（4）采用航迹计算模型来设计综合导航仪，发展船舶驾驶自动化。

由于必须将航迹计算的结果标注到海图上去后方可指导船舶航行，航迹计算法不能完全替代海图作业。

一、计算方法

航迹计算的原理是根据已知的航向、航程，计算纬差 $D\varphi$ 和经差 $D\lambda$，从而求得到达点地理坐标 (φ_2, λ_2)。若起始点地理坐标为 (φ_1, λ_1)，则：

$$\varphi_2 = \varphi_1 + D\varphi$$

$$\lambda_2 = \lambda_1 + D\lambda$$

在图 3-3-1 中，A 点是起始点船位，B 点是到达点推算船位，恒向线 AB 的航程为 s。恒向线 AB 与每一椭圆子午线都相交成真航向 TC，将恒向线航程 s 分成 n 个等份，可得 n 个球面直角三角形，如果 n 无穷大，小的球面直角三角形可认为是全等平面直角三角形，其各自的斜边 ds 和锐角 C 都相等。用 $d\varphi$ 表示恒向线航程 ds 的南北分量，dW 表示 ds 的东西分量，可得：

$$d\varphi = ds \cdot \cos C$$

$$dW = ds \cdot \sin C$$

通过积分计算求得：

$$\text{纬差 } D\varphi = s \cdot \cos C\, (')$$

$$\text{东西距 } W = Dep = s \cdot \sin C\, (\text{n mile})$$

东西距（departure，Dep 或 W）是恒向线航程 s 的东西分量，即纬度圈上被两条经线所夹的一段劣弧的弧长，以海里为单位。上式表明，纬差等于航程乘以航向的余弦，但航程乘以航向的正弦并不等于经差，而是等于东西距。

航迹计算要解决的问题是如何由东西距求出经差。下面介绍两种求经差的方法——中分纬度算法及墨卡托算法。

1. 中分纬度算法

如图 3-3-1 所示，当起航点和到达点位于同一半球时，AB 的东西距 Dep 必然比 A、B 两点子午线之间的纬度圈弧长 AA' 小，而比纬度圈弧长 BB' 大。因此，A 点和 B 点之间一定存在某等纬圈弧长 GH 正好等于恒向线 AB 的东西距 Dep。该纬度圈 GH 所在的纬度，叫作中分纬度（middle latitude，φ_n），即

$$GH = EF \cdot \cos\varphi_n$$

将地球视为圆球体时，赤道上 $1'$ 经度的弧长（1 赤道里）等于 1 n mile，则有：

$$Dep = D\lambda \cdot \cos\varphi_n$$

根据上式得：

$$D\lambda = Dep \cdot \sec\varphi_n$$

在低纬海区和中纬海区且航程不长时，中分纬度 φ_n 与起始点和到达点的平均纬度相差不大，可以用 $\varphi_m = \dfrac{\varphi_1 + \varphi_2}{2}$ 代替中分纬度 φ_n，即

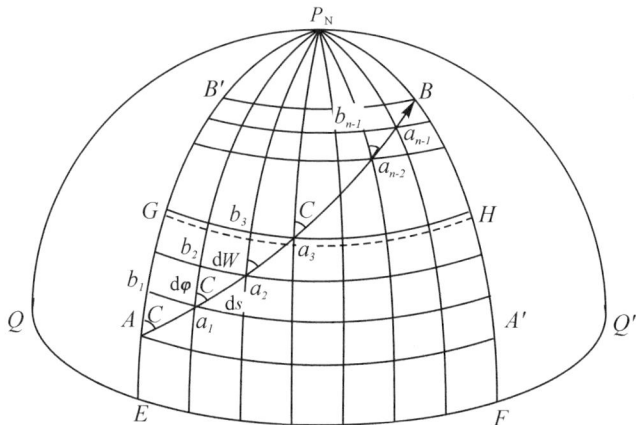

图 3-3-1　中分纬度算法

$$D\lambda = Dep \cdot \sec\varphi_m = Dep \cdot \sec\frac{\varphi_2 + \varphi_1}{2}$$

所以，中分纬度算法实质上就是平均纬度算法。仅当船舶航行在赤道同一侧的中低纬海区，航程不太长，且计算精度要求不太高时适用。

2. 墨卡托算法

墨卡托算法是利用墨卡托投影具有的等角及图上恒向线是直线的特点而得出的经差计算法。它是在地球椭圆体基础上建立起来的精确的航迹计算法。

在墨卡托海图上（如图 3-3-2 所示），可得：

$$\tan C = \frac{D\lambda}{DMP}$$

$$D\lambda = DMP \cdot \tan C$$

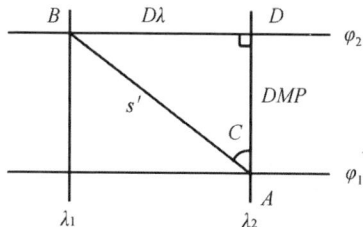

图 3-3-2　墨卡托算法

式中，DMP 为起航点 A 与到达点 B 之间的纬度渐长率差：

$$DMP = MP(\varphi_2) - MP(\varphi_1)$$

利用纬度渐长率公式求 DMP，结果比较精确。也可以用查表法求取，但在高纬海区，MP 值应进行非线性内插，否则将会产生较大的误差。需注意的是，墨卡托算法不适用于航向为 090°或 270°时。航向接近东或西时，因 $\tan C$ 变化急剧，计算中应注意处理，否则会产生较大的误差。

综上所述，可以得出以下结论：

（1）墨卡托算法是精确的算法，除在等纬圈上航行外的任何情况都适用。

（2）在赤道的同一侧低纬或中纬海区且航程低于 600 n mile 时，可使用中分纬度算法简化计算。

（3）根据上述两种算法的公式，已知两点的经纬度，可反推求出于恒向线航向和航程。

3. 多航向计算法

船舶采用两个或两个以上航向航行，叫作多航向航行。多航向航行时航迹计算方法和步骤如下：

（1）分别计算每一个航向上纬差 $D\varphi$ 和东西距 Dep；

（2）计算出所有航向上总纬差 $\sum D\varphi$ 和总东西距 $\sum Dep$；

（3）由起始点纬度 φ_1 加上总纬差 $\sum D\varphi$ 得到多航向到达点的纬度 $\varphi_k(\varphi_k = \varphi_1 + \sum D\varphi)$；

（4）由总东西距 $\sum Dep$、起始点和到达点的平均纬度 φ_m，计算出总经差 $\sum D\lambda$（$\sum D\lambda = \sum Dep \cdot \sec\varphi_m$）；

（5）由起始点经度 λ_1 加上总经差 $\sum D\lambda$ 可求出多航向到达点的经度 $\lambda_k(\lambda_k = \lambda_1 + \sum D\lambda)$。

多航向航行中，若受水流影响，可将水流矢量视为一个航向、一个航程；若有风压差影响，则航向应取风中航迹向（$CG_\alpha = TC + \alpha$）。

二、航迹计算举例

例 3-3-1：某船 1200 船位在 $\varphi_1 = 44°45'N$，$\lambda_1 = 168°50'W$，航向 210°，航速 15 kn，若无风流影响，次日中午将到达何位置？

解：

（1）求到达点纬度

$s = 15 \times 24 = 360$（n mile）

$D\varphi = s\cos C = 360 \cdot \cos 210° = -311'.8 = -5°11'.8 = 5°11'.8S$

$\varphi_2 = \varphi_1 + D\varphi = 44°45'N + 5°11'.8S = 39°33'.2N$

（2）求经差

①平均纬度算法求经差

$$\varphi_m = \frac{\varphi_1 + \varphi_2}{2} = 42°09'.1N$$

$D\lambda = Dep \cdot \sec\varphi_m$

$\quad = s \cdot \sin C \cdot \sec\varphi_m$

$\quad = 360 \cdot \sin 210° \cdot \sec 42°09'.1N$

$\quad \approx -242'.8 = 4°02'.8W$

∴ 到达点经度 $\lambda_2 = \lambda_1 + D\lambda = 168°50'W + 4°02'.8W = 172°52'.8W$

②墨卡托算法求经差

39°33'.2N	MP_2 2573.1527
44°45'.0N	$-)MP_1$ 2992.5545
	DMP -419.4018

$$\therefore D\lambda = DMP \cdot \tan C$$
$$= -419.4018 \cdot \tan 210°$$
$$\approx -242'.1 = 4°02'W$$
$$\lambda_2 = \lambda_1 + D\lambda$$
$$= 168°50'W + 4°02'.1W$$
$$= 172°52'.1W$$

例 3-3-2：某船拟由 $\varphi_1 = 40°N, \lambda_1 = 130°E$ 驶往 $\varphi_2 = 42°N, \lambda_2 = 150°E$，求两地间的恒向线航向和航程各为多少？

解：

（1）平均纬度算法

由 $D\varphi = s \cdot \cos C$

$Dep = s \cdot \sin C$

$Dep = D\lambda \cdot \cos\varphi_n$

得

$$\tan C = \frac{s \cdot \sin C}{s \cdot \cos C} = \frac{Dep}{D\varphi} = \frac{D\lambda \cdot \cos\varphi_n}{D\varphi}$$

其中

$D\varphi = 42°N - 40°N = 2°N = 120'N$

$D\lambda = 150°E - 130°E = 20°E = 1200'E$

$\varphi_n = 41°N$

$\therefore \tan C = 1200' \cos 41° / 120' \approx 7.547$

$C = 082°.5$

$s = D\varphi \cdot \sec C = 120' \sec 82°.5 \approx 919.4 \text{ n mile}$

（2）墨卡托算法

42°N	MP_2 2766.2997
40°N	$-) MP_1$ 2607.8858
	DMP 158.4139

$D\lambda = \lambda_2 - \lambda_1 = 150°E - 130°E = 20°E = 1200'E$

$\therefore \tan C = D\lambda / DMP = 1200 / 158.4139 \approx 7.575$

$C = 082°.5$

$s = D\varphi \cdot \sec C = 1200' \cdot \sec 82°.5 \approx 919.4 \text{ n mile}$

第四章
陆标定位

陆标(landmark)是指海图上标有确切位置的可供船舶目视观测或者雷达观测的,能用以导航和定位的固定物标的统称,如灯塔、山头、岛屿、立标及其他可供定位、导航的显著物标。陆标定位(fixing by landmark)就是测定船舶与陆标之间的某一种位置上的相对关系(如方位、距离等),从而根据已知物标的位置和观测值求得本船位置的方法与过程。陆标定位主要有方位定位、距离定位、方位距离定位和移线定位等方法。在离岸不太远的海域航行时,陆标定位是一种简单、可靠的定位方法。用陆标定位方法得到的船位也叫陆测船位,海图作业时,陆测船位的符号为"⊙",代号 *TF*。

观测值函数为常数的几何轨迹,在数学上称为等值线,如等磁差曲线、等深线及等高线。在航海定位中,对物标进行观测时,观测值为常数的点的几何轨迹称为观测者的位置线(line of position,LOP)。在实际应用中,经常用推算船位附近的一小段位置线或其切线代替位置线,称为船位线。目前,航海上常用的位置线有方位位置线、距离位置线、方位差位置线、距离差位置线等。

为了确保在海上准确地进行陆标定位,船舶驾驶员必须掌握识别物标的方法,熟练地运用各种定位手段。但是,任何一种测量或观测都不可避免地存在误差,即使是观测船位,也会存在一定的误差,驾驶员的任务不仅仅是要测定船位,还应懂得如何提高观测质量,并能合理地估计所测船位的精度,以及掌握提高观测精度的一般知识和方法,有效地使用能提高船位精度的定位方法。

海上陆标定位的先后操作流程为:选择被观测的物标;对物标进行测量与记录;计算处理观测数据;在海图上作图画出观测船位。

本章将基于该操作流程讨论利用陆标测定船位的一般原理、方法以及评估所测船位的精度和总结提高观测船位精度的方法。

第一节 陆标的识别方法

正确识别陆标是陆标定位的基础和保障。孤立的或形状特殊的物标是比较容易识别的。沿岸的灯塔,夜间可以根据灯质识别;白天则可以根据设置灯塔的山头、岛屿以及灯塔的形状、结构、颜色等特点进行识别。然而对于形状、高度等无显著差异的连绵山头,识别它们就有一定的困难。且从船上看山头的山形和大小是随着船与物标之间的方向与距离的变化而不同的。以下介绍几种常用的识别方法。

一、利用对景图识别

对于重要的山头,例如位于海口、江河口附近或大洋航线转向点附近的山头,常在航路指南或较大比例尺海图上附有它们的照片或草绘图(称为对景图),并在其下方注明能从海上看到图示山形的方位和距离。当船舶航行在该方位和距离附近时,可看到与对景图非常接近的实际山形,以便辨认物标。图 4-1-1 是伊良湖水道的对景图,上图是在水道的南方 9.25 n mile 向北看(方位 350°)所见到的山形;下图是在水道的东方 18 n mile 向西看(方位 276°)所见到的山形。

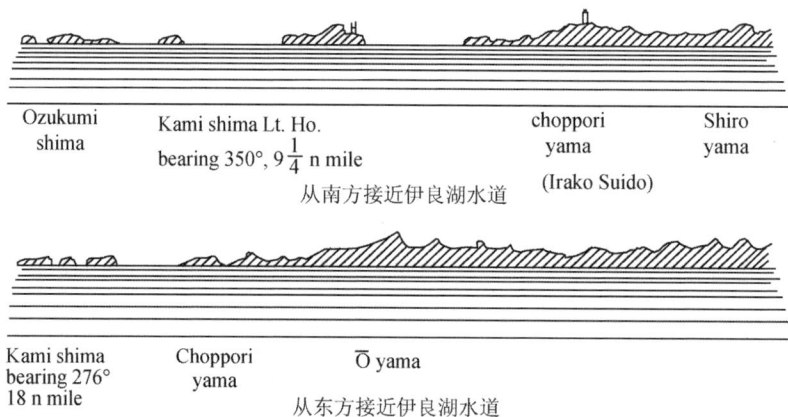

| Ozukumi shima | Kami shima Lt. Ho. bearing 350°, 9¼ n mile | | chopporiyama | Shiroyama |

从南方接近伊良湖水道

(Irako Suido)

Kami shima bearing 276° 18 n mile　　Choppori yama　　Ō yama

从东方接近伊良湖水道

图 4-1-1　对景图

二、利用等高线识别

在经过精测的大比例尺(大于 1∶150000 的沿岸航行图和港湾图)海图上,山形是用等高线描绘的。等高线越密,山形越陡;等高线越疏,山形越平坦。因此,可根据不同层次的等高线判断出山、岛的形状。也可根据等高线画出山形草图,以帮助识别物标。图 4-1-2 是依据小岛的等高线画出的山形图,当船舶航行在岛的南方时可画出(a)图的山形(方位 000°),航行在岛的东南方时可画出(b)图的山形(方位 315°)。

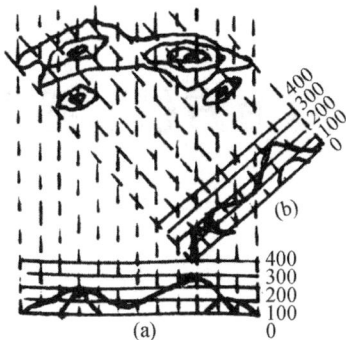

图 4-1-2   等高线画出的山形

三、利用准确的船位（如 GPS 船位）识别

在取得准确船位数据（例如用罗经观测已知物标的方位时、用雷达观测已知物标的距离时或读取 GPS 的船位数据时）的同时，立刻用罗经（或雷达）观测欲辨认的未知物标的方位或距离。在海图上画出观测船位后，从观测船位处画出所测的未知物标的参数，则该参数位置线一般会通过该未知物标。例如，用罗经首先观测两三个已知物标的方位，同时立刻测出前方未知物标的方位。在海图上先根据已知物标的方位定出船位，然后从船位画出所测的未知物标的真方位 TB，一般此 TB 线会通过某一未知物标（若海图上有该物标）。但若无法确认，可在第二次定位时重复这一过程，则从前后两个船位画出的 TB 线的交点基本就是欲确认的未知物标（如图 4-1-3 所示）。当用 GPS 定位时，可由两人配合进行，在一人读取 GPS 船位数据的同时，另一人立刻观测某未知物标参数。用这一方法，在船舶航行中，可在海图上补画某些显著的但海图上并没有的重要物标。例如，新设置的海上石油钻井平台，沿岸或港口附近的高大建筑物、烟囱等，它们将是船舶以后航经该地区时很好的定位参考物标。具体做法如图 4-1-3 所示，设 C 为具有明显特征的海图上未标注的物标，在测定船位 F_1 的同时，观测 C 的真方位 TB_1，在海图上画出观测船位 F_1 后，从 F_1 处画出 TB_1 方位线；待测定船位 F_2 时，再次观测 C 的真方位 TB_2，从 F_2 处画出 TB_2 方位线；以同样的方法，从 F_3 处画出 TB_3 方位线。TB_1、TB_2 和 TB_3 方位线的交点，就是 C 物标在海图上的位置。在其旁注明名称、特征，供今后使用。利用此法识别物标时，注意应在方位线交角大于 30°时进行观测。

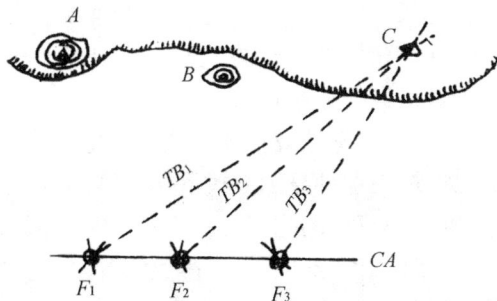

图 4-1-3   利用已知船位识别未知物标

第二节　海上方位、距离的测定

一、海上方位的测定

1. 利用罗经观测物标方位

航海上通常利用方位仪配合罗经观测物标的方位。如图 4-2-1 所示,方位仪有两套互相相垂直的观测方位的装置,其中一套装置由目视照准架和物标照准架组成。在物标照准架的中间有一竖直线,下面装有天体反射镜、棱镜和水平仪,目视照准架中间有一细缝,当测者通过细缝观测到物标与物标照准架上的竖直线重合时,从棱镜上所读取的度数就是物标的观测方位,既可用于测定陆标的方位,又可观测天体的方位。另一套装置由可转动的凹面镜和允许细缝光线通过的反光棱镜组成,主要用来观测太阳的方位。将凹面镜朝向太阳,使太阳光线经棱镜的细缝投射到罗盘上,此时光线所照亮的罗盘刻度即为太阳的罗经方位度数。

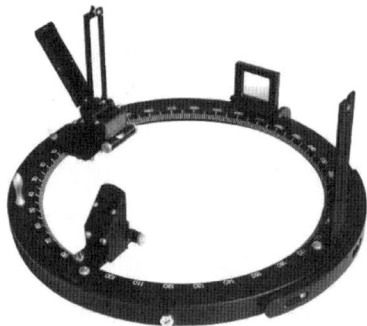

图 4-2-1　罗经方位仪

利用磁罗经或陀螺罗经所观测到的物标方位分别为物标的罗方位和陀罗方位,在海图作业前,必须进行罗经差和陀罗差的修正,将它们换算成相应的真方位。

2. 利用雷达观测物标方位

利用航用雷达的机械方位标尺或电子方位线可以方便地测量物标的方位。孤立的灯塔、灯桩、明礁和小岛等点状物标,应测量回波中心的方位。范围较大的物标应测量岸角,并使电子方位线或机械方位标尺与回波的同侧外缘相切。

采用北向上相对运动显示方式,陆标回波在雷达荧光屏上分布情况与它们在海图上的图像一致,有利于目标的辨识。此外,在这种显示方式下,荧光屏固定方位刻度圈的 0° 代表陀罗北,不仅可以在该方位仪上直接读得物标的陀罗方位,而且当本船转向或船首偏荡时,物标回波在荧光屏上不动,图像清晰,观测方便、准确,可以避免船首偏荡引起的方位测量误差。

应避免在船舶倾斜时测量物标的方位,以减小方位测量误差。不可避免时,可选择在横摇时测量正横方向的物标方位,纵摇时测量船首尾线方向的物标方位。使用机械方位标尺测量物标方位时,应确保扫描中心与雷达荧光屏中心重合。

二、海上距离的测定

1. 测量物标的垂直角求距离

利用六分仪测定物标的垂直角(vertical angle)求距离时,必须知道物标在水面以上的实际高度,一般在有潮汐的海区,应将海图上所标的物标高程修正到当时水面上的高度。如图4-2-2所示,M 是所测物标的顶点,$MB=H$ 是物标在水面上的实际角度。若测者的视点在海平面上 A 点,用六分仪测得物标 M 的垂直角为 $\angle MAB = \alpha$。从直角三角形 MAB 中可以得到测者到物标垂足 B 之间的距离:

$$D = AB = H\cot\alpha$$

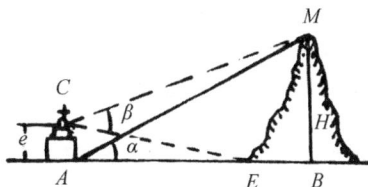

图 4-2-2 观测物标求其垂直角

若高度 H 以米为单位,距离 D 以海里为单位,则上式可写为:

$$D(\text{n mile}) = \frac{H(\text{m})}{1852}\cot\alpha$$

一般海上观测物标的垂直角 α 都比较小,如果用角分为单位来表示 α 的角度,则可认为:

$$\tan\alpha = \alpha'\text{arc}1' = \frac{\alpha'}{3438}$$

因此,上式又可写为:

$$D(\text{n mile}) = \frac{3438}{1852} \times \frac{H(\text{m})}{\alpha'} \approx \frac{13}{7} \times \frac{H(\text{m})}{\alpha'} \approx 1.856\frac{H(\text{m})}{\alpha'}$$

在推导上述公式时,忽略了地面蒙气差和地面曲率,并假定测者眼高 e 等于零,以及物标顶点的垂足在岸水线上。但实际上测者眼高 e 不可能等于零,物标顶点的垂足(如图4-2-2中的 B)一般也不会位于岸水线 E 点,即物标的被观测面有坡度。因此,测者实际观测到的物标垂直角是 $\angle MCE$,而不是 $\angle MAB$。用 $\angle MCE$ 代替 $\angle MAB$ 时,按上述公式求出的距离 D 存在误差。根据证明,只要满足 $D \gg H > e$ 和 $H > BE$ 的条件,D 的误差将小于 $3e$。因此,在选择物标测量垂直角求距离时,应选择物标比较高、被观测面陡、垂足在测者能见地平内的物标。

2. 利用雷达观测物标的距离

雷达是航海上最常用的测量物标距离的仪器。雷达定位时,应选择回波图像稳定、亮而清晰、回波位置能与海图位置精确对应的物标,如孤立的小岛、岬角和突堤等。应避免使用回波形状可能严重变形或难以在海图上确定其准确位置的物标,如平坦的海岸线、斜缓的山坡、位置未经核实的浮标等。

测量物标距离时,应尽量选择包含被测物标的最小量程,被测物标的回波最好位于距离荧光屏中心 2/3 屏半径附近。对于孤立的灯塔、灯桩、明礁和小岛等点状物标,应测量回波中心的距离。雷达应答标又称雷康（Racon），其编码脉冲信号显示在荧光屏上该台架回波之后，因此应观测编码脉冲信号前沿（靠近荧光屏中心一端）的距离。如果岸线等物标在雷达地平之内，应使活动距标圈的前沿与回波的内沿（靠近荧光屏中心一侧边缘）相切，量物标前沿的距离定位；如果岸线等物标在雷达地平之下，则应使活动距标圈的外沿与回波的外沿（远离荧光屏中心一侧边缘）相切，测量山峰的距离定位。

第三节 方位定位

方位定位是利用罗经或雷达同时观测两个或两个以上陆标的方位测定船位的方法，又称为方位交叉定位（fixing by cross bearings）。其观测方法简单，需时较短，海图作业又较容易，因而是有陆标可见时的最基本和最常用的定位方法之一。

一、两方位定位

1. 定位方法

在选物标后，用罗经或雷达同时观测两个物标的方位后，将它们换算为真方位，并在海图上从各个被测物标画出其方位位置线，则它们的交点 F 即为观测时刻的观测船位（如图 4-3-1 所示）。

2. 两方位定位的船位误差

（1）船位的系统误差

如图 4-3-1 所示，设船舶距 A、B 物标的距离分别为 D_1 和 D_2，位置线的交角为 θ。当用同一罗经观测两物标方位时，如罗经差有误差，则在两观测值中存在等量同号的系统误差 Δ_B。则两方位位置线的系统误差分别为：

$$\varepsilon_1 = \frac{\Delta_B{}^\circ \cdot D_1}{57^\circ.3}, \varepsilon_2 = \frac{\Delta_B{}^\circ \cdot D_2}{57^\circ.3}$$

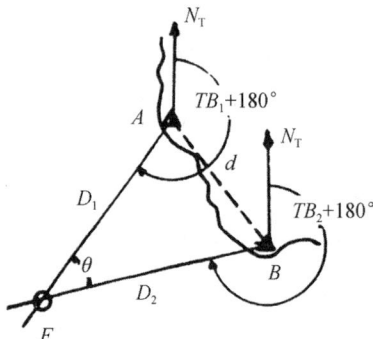

图 4-3-1　两方位定位

而观测船位的系统误差 δ 为：

$$\delta = \frac{1}{\sin\theta}\sqrt{\varepsilon_1^2 + \varepsilon_2^2 - 2\varepsilon_1\varepsilon_2\cos\theta}$$

$$= \frac{\Delta_B^\circ}{57^\circ.3\sin\theta}\sqrt{D_1^2 + D_2^2 - 2D_1D_2\cos\theta} = \frac{\Delta_B^\circ d}{57^\circ.3\sin\theta} \qquad (4\text{-}3\text{-}1)$$

式中: d——两物标的间距,可在海图上量得;

Δ_B——方位观测值的系统误差,即罗经差的误差。

由式(4-3-1)可见,当考虑系统误差时,若其他条件相当,可选测 $\theta < 90^\circ$ 的两物标,以减小 d,从而减小船位系统误差。

(2)船位的标准差

若方位观测值的标准差为 m_B,则两方位位置线的标准差分别为:

$$E_1 = m_B D_1 = \frac{m_B^\circ}{57^\circ.3}D_1, \quad E_2 = m_B D_2 = \frac{m_B^\circ}{57^\circ.3}D_2$$

而观测船位的标准差 M 为:

$$M = \frac{1}{\sin\theta}\sqrt{E_1^2 + E_2^2} = \frac{m_B^\circ}{57^\circ.3\sin\theta}\sqrt{D_1^2 + D_2^2} \qquad (4\text{-}3\text{-}2)$$

实际船位落在以观测船位为中心, M 为半径的船位标准差圆内的概率是 63.2%~68.3%。

由上可见,观测船位的精度与方位观测值的标准差 m_B,船舶距两物标的距离 D_1、D_2 及位置线的交角 θ 等有关。

例 4-3-1:有 A、B 两物标,A 物标距船约 12 n mile,B 物标距船约 7 n mile,某船驾驶员用同一罗经测得它们的真方位分别为 $TB_A = 045^\circ$,$TB_B = 115^\circ$,问:(1)若罗经差的误差有 $+1^\circ.5$,求观测船位及其误差。(2)若罗经差是准确的,但观测方位的标准差为 $\pm 0^\circ.8$,求观测船位及其误差。

解:

(1)罗经差的误差是系统误差,因此,两物标方位船位线的系统误差分别为:

$$\varepsilon_A = \frac{\Delta^\circ \cdot D_A}{57^\circ.3} = \frac{+1^\circ.5 \times 12}{57^\circ.3} \approx +0.31(\text{n mile})$$

$$\varepsilon_B = \frac{\Delta^\circ \cdot D_B}{57^\circ.3} = \frac{+1^\circ.5 \times 7}{57^\circ.3} \approx +0.18(\text{n mile})$$

有系统误差的船位线和消除了系统误差后的船位线如图 4-3-2 所示。图中,I_A、I_B 是有系统误差的观测船位线,它们的交点 F_o 是含有系统误差的观测船位;图中的虚线是消除了系统误差的船位线(系统误差为"+"),它们的交点 F 是准确船位(若考虑随机误差为最概率船位)。因此,观测船位的系统误差 δ 为 F_oF,即

$$\delta = \frac{1^\circ.5}{57^\circ.3\sin70^\circ}\sqrt{12^2 + 7^2 - 2 \times 7 \times 12\cos70^\circ} \approx 0.32(\text{n mile})$$

(2)两船位线的标准差分别为

$$E_A = \frac{\pm m^\circ \cdot D_A}{57^\circ.3} = \frac{\pm 0^\circ.8 \times 12}{57^\circ.3} \approx \pm 0.17(\text{n mile})$$

$$E_B = \frac{\pm m^\circ \cdot D_B}{57^\circ.3} = \frac{\pm 0^\circ.8 \times 7}{57^\circ.3} \approx \pm 0.1(\text{n mile})$$

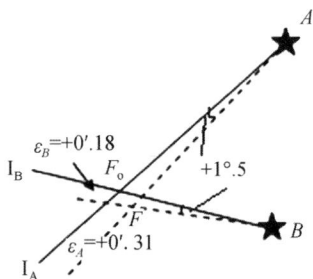

图 4-3-2　方位定位中的系统误差

船位线的随机误差如图 4-3-3 所示。图中，I_A、I_B 是有随机误差的船位线，它们的交点 F_0 是含有随机误差的观测船位（最概率船位）；图中的虚线构成的带是相应船位线的标准差带。而船位标准差 M 为：

$$M = \frac{1}{\sin\theta}\sqrt{E_A{}^2 + E_B{}^2} = \frac{1}{\sin70°}\sqrt{0.17^2 + 0.1^2} \approx 0.21(\text{n mile})$$

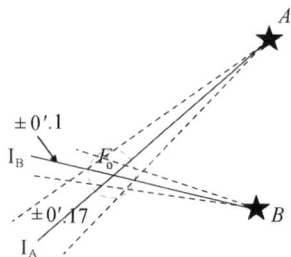

图 4-3-3　方位定位中的随机误差

在海图上以 F_0 为圆心，0.21 n mile 为半径作圆，得船位标准差圆，实际船位在此圆内的概率为 63.2%～68.3%。

3. 物标的选择和观测顺序

两方位定位，只能得到两条方位船位线，它们的唯一交点就是观测时刻的观测船位。为了提高两方位定位的精度，除了注意尽量减少观测误差和尽可能同时观测外，还应该注意下述几个方面：

（1）物标的选择

海图上所标示的各种物标，其精确程度并不相同。在观测定位前，若物标选择得合适，可以大大减少船位误差。因此，在选择物标时应注意：

①物标选择正确

要选择显著的、经过精测的、容易辨认的且有显著观测点的物标，如灯塔、有尖峰或峭壁的孤岛以及海图上标有"△"符号的山峰等。这样既便于将物标同海图对照辨认，又可以保证观测点的海图位置准确。在无精测的物标可供观测时，应选择以实线绘出等高线的山头和选择较高、较陡的山头，而不应采用等高线是以虚线或影线画出的或较低、较平坦的山头。

②选择近距物标

由船位线误差公式 $E = m_B D$ 可知，当有同样大小的方位观测值误差 m_B 时，船距离物标越远，方位观测值误差引起的船位线误差 E 将越大。因此，有条件时，要选测近距物标的方位。

③选择交角较好的物标

由船位误差公式 $M=\dfrac{1}{\sin\theta}\sqrt{E_1^2+E_2^2}$ 可知,当两船位线误差确定后,船位误差 M 仅与两方位线间的夹角 θ 有关。因此,用两物标方位定位时,两方位线间的夹角最好在 $90°$ 左右,至少应大于 $30°$ 而小于 $150°$。

（2）观测顺序

观测定位时,理论上要求两条位置线同时测定,但实际上很难做到。两物标不能同时观测,所画的船位就会产生误差,而且两条位置线的观测间隔时间越长,船位误差越大。为了减少船舶航行中不同时刻观测所产生的定位误差,除正确使用观测仪器,提高观测速度外,正确地掌握两物标的观测顺序,也能在一定程度上减小观测船位的误差。

如图 4-3-4 所示,A、B 为两个将被观测的物标,A 处于船舶的正横附近,B 处于船舶的首尾线方向附近,Q_A、Q_B 分别为它们的近似舷角。设 M_1、M_2 为第一次观测和第二次观测时刻的实际船位。则有两种观测顺序:先测 B 后测 A 和先测 A 后测 B。

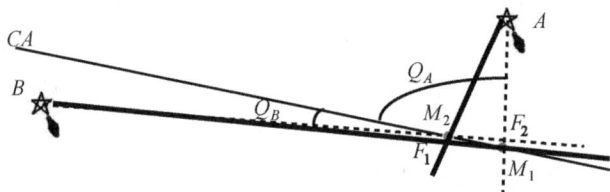

图 4-3-4　观测顺序与船位误差

①先测 B 后测 A

设当船舶位于 M_1 时,用罗经先观测 B 的方位得 M_1B 方位船位线,后测 A 的方位时,船舶已航行到了 M_2 点,得 M_2A 方位船位线。此两船位线的交点 F_1（图中两粗实线的交点）是观测船位。因为船舶驾驶员习惯上是以第二次观测时刻作为定位的时间,所以,F_1 与第二次观测时刻的实际船位 M_2 之间的距离 F_1M_2 就是由于先测 B 后测 A 引起的船位误差。

②先测 A 后测 B

若先测 A 后测 B,则得到 M_1A 与 M_2B 的方位船位线（图中两虚线）。它们的交点 F_2 是观测船位。可见,以第二次观测时刻确定船位时,F_2M_2 是由于先测 A 后测 B 引起的船位误差,F_2M_2 明显大于 F_1M_2。

若以第二次观测时刻确定船位,应先测船舶的首尾线附近的物标方位,即方位变化慢的 B 物标,后测正横附近的方位变化快的 A 物标;若需要以第一次观测时刻确定船位,则观测顺序应相反。

在夜间或物标不易被观测时,以先难后易、缩短两次观测的间隔时间等为原则,应该先观测比较难测的灯标,如闪光的、灯光周期长的、光力弱的灯标;后测比较容易测的灯标,如定光的、灯光周期短的、光力强的灯标。

二、三方位定位

利用视界内可用于定位的三个物标,同时测定它们的方位,画出它们的三条方位船位线,三条方位船位线的交点（或小三角形经处理后）就是观测时刻的三方位船位。

1. 三方位定位及其精度

两方位定位的方法虽然简单，但无论是否认错物标，海图上的物标位置是否准确，观测方位是否有误，在一般情况下两条方位船位线总会相交于一点，因而两方位定位有时不易发现可能存在的差错。因此在条件许可时，应尽可能同时观测三个物标的方位定位。

为了减小三方位观测船位的误差，应尽量选择较近的物标和选择方位夹角在120°（若三物标方位分布小于180°时取60°）左右的相邻两个物标，而不宜选用夹角小于30°或大于150°的物标。

2. 船位误差三角形的处理

在大比例尺海图上，三条方位位置线一般都会形成船位误差三角形。

（1）随机误差三角形及其处理

①小随机误差三角形的处理

如果在大比例尺航海图上所得的船位误差三角形每边都不超过5 mm，一般可以认为它是由于位置线中存在合理的随机误差引起的，此时可以认为船位在误差三角形内靠近大角短边处，如图4-3-5(a)所示。根据这一原则，如果船位误差三角形近似为等边三角形，船位可选在三角形的中心点；如果误差三角形呈现为等腰三角形，船位可选在底边中央附近，如图4-3-5(b)和(c)所示；如果误差三角形近似为直角三角形，船位可选在直角附近，如图4-3-5(d)所示。但实际定位中，除了随机误差之外，可能还有系统误差的影响，真正的船位并不一定在误差三角形之内，也可能在误差三角形之外。

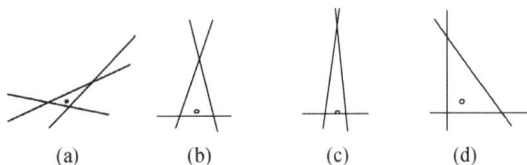

(a)　　　　(b)　　　　(c)　　　　(d)

图4-3-5　小误差三角形的处理

②大随机误差三角形的处理

如果船位误差三角形较大，应在短时间内进行重复观测，重新定位。若该误差三角形是由于粗差所造成的(例如认错物标、读错方位等)，一般在重复观测中可发现和纠正，变为合理的小误差三角形。而如果在短时间内重复观测后，船位误差三角形的大小、形状几乎不变或有规律变化，则可认为误差三角形主要是由于观测中的系统误差所造成的，可按系统误差处理。若三角形虽未能显著缩小，但其大小、形状变化无规律，确认不存在粗差时，可以认为误差三角形主要是由于观测中存在较大的随机误差造成的。这时最好采用其他有效的定位方法来核对，判断最概率船位。当前方有危险物时，应该把船位设想在三角形中最可能引起航行危险的一点，也即观测船位的确定应考虑使船舶安全航行最有利。如图4-3-6(a)所示，a点对安全最有威胁，设想a为观测船位，可及时采取措施安全避开沉船；(b)图中，设想b为观测船位，则实际船位不管在a点或是c点，船舶都能在实际通过沉船后安全转向，对船舶安全航行最有利。

（2）系统误差三角形及其处理

①作图法求观测船位

若误差三角形主要是由于观测中的系统误差所造成的(例如罗经差中存在着误差)，可将所使用的罗经差向同一方向做2°~4°的变动，然后重新在海图上作图，并将所得到的新误差三

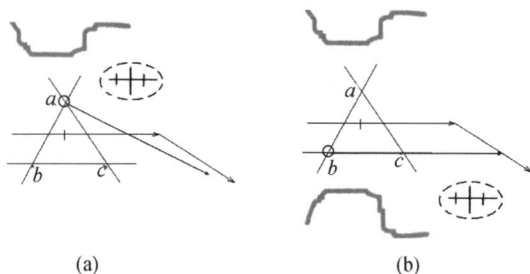

图 4-3-6　危险物附近误差三角形的处理

角形和原误差三角形的各对应顶点用直线连接,则各连线的交点即为观测时刻的消除了系统误差后的观测船位。如图 4-3-7 所示,设 △abc 为三方位定位时所得的原误差三角形,△$a_1b_1c_1$ 则是将罗经差同方向做 2°~4°变动后,重新作图得到的新误差三角形,用直线(理论上应为圆弧,如图 4-3-9 所示)通过该两三角形相对应的顶点 aa_1、bb_1、cc_1,则三线的交点(或小三角形的中心)即认为是消除了系统误差后的观测船位(最概率船位)。

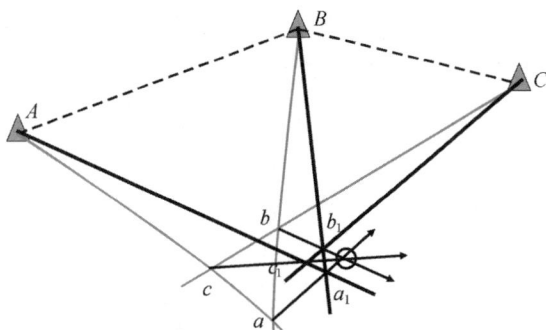

图 4-3-7　系统误差三角形作图处理法

②粗略估算求观测船位

对于系统误差三角形,当三物标的方位分布大于 180°时[如图 4-3-8(a)所示],消除了系统误差后的观测船位一般在三角形内;当三物标的方位分布小于 180°时[如图 4-3-8(b)所示],观测船位一般在三角形外且在中间物标对应的位置线外侧。

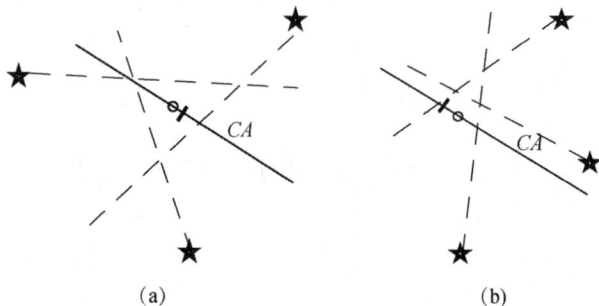

图 4-3-8　系统误差三角形的简单处理法

③利用准确观测船位求实际的罗经差

系统误差三角形主要由罗经差的误差造成,于是在海图上从消除了系统误差后的观测船位量出任一被测物标的 TB_i,则 TB_i 与所测的罗方位 CB_i 之差为实际的罗经差 $\Delta C = TB_i - CB_i$。为了消除操作过程中的随机误差,一般可量出三个物标的真方位,求出三个 ΔC,并以它们的平

均值作为实际的罗经差,即

$$\Delta C_i = TB_i - CB_i \quad (i = 1、2、3), \Delta C = \frac{\Delta C_1 + \Delta C_2 + \Delta C_3}{3}$$

④作图法求观测船位的原理

图4-3-9是这一方法的原理图。设图中 P 点是没有系统误差的三方位位置线的交点,是准确船位。假定罗经差有 Δ_1 的系统误差时,各含有 Δ_1 的三条方位位置线相交成 $\triangle abc$。假定罗经差有 Δ_2 的系统误差时,各含有 Δ_2 的三条方位位置线相交成 $\triangle a_1b_1c_1$。设两准确方位为 X、Y,含有相等误差 Δ,则 X、Y 的方位差与含有误差的两方位差相等,即 $X - Y = (X + \Delta) - (Y + \Delta)$,这说明方位差与两方位的系统误差无关。由此原理可知,图中,A、B 物标的方位差即水平角 $\angle AaB = \angle APB = \angle Aa_1B$,根据水平角圆弧位置线的特征,$a$、$P$、$a_1$ 在同一圆弧上;B、C 物标的水平角 $\angle BbC = \angle BPC = \angle Bb_1C$,因此,$b$、$P$、$b_1$ 在同一圆弧上;A、C 物标的水平角 $\angle AcC = \angle APC = \angle Ac_1C$,因此,$c$、$P$、$c_1$ 在同一圆弧上。由此得出如下结论,两含有系统误差的三角形的对应顶点和准确船位 P 一定在同一个水平角位置线圆弧上。因此,当出现含有系统误差的三角形后,向同方向改变同一罗经差值重新作图,将得到另一个系统误差三角形(也可能会交于一点),用对应两物标的水平角位置线圆弧连接两三角形的对应顶点,它们的交点就是准确船位 P。实用中,当船与各物标之距离远远大于两三角形的对应顶点之圆弧长度时,为了作图方便,用直线代替圆弧连接对应顶点,由此产生的误差可忽略。

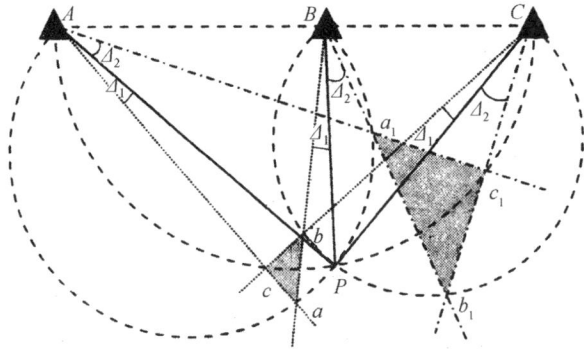

图4-3-9　作图法处理系统误差三角形的原理图

(3)新旧系统误差三角形的特征比较

当将罗经差做若干度的变动后所得到的新三角形和原误差三角形相比较,一般会有如下四种情况:

①新三角形变大了,说明罗经差的变动与原有的罗经差误差同向,等效于增大了原系统误差;

②新三角形缩小了,说明罗经差的变动等效于减小了原系统误差,即变动方向与原系统误差反向,但变动数值偏小;

③新三角形消失了,说明变动的罗经差正好抵消了原系统误差,即与原系统误差等量反向;

④新三角形倒置了,如图4-3-9所示,说明罗经差的变动与原有的系统误差反向,且变动数值大于原系统误差。

三、船位差

1. 定义

同一时刻的推算船位到观测船位的方向和距离,叫作船位差(position difference)或叫位差,代号为 ΔP。

在海图作业时,进行观测定位的同时,必须在海图上画出对应时刻的推算船位。系统地比较、分析同一时刻的推算船位和观测船位之间的差异,对总结经验、提高航海技术、保证航行安全是十分重要的。

2. 船位差的处理

在一般情况下,观测船位的精度要高于推算船位,但航海者也常常用推算船位来检查观测船位中是否存在粗差。因此,当船位差 ΔP 不大时,一般不做处理,继续按计划航线进行航迹推算(如图 4-3-10 所示)。当船位差较大时,切不可主观臆断哪个准确,应该重复观测定位,分析检查推算和定位中可能存在的问题并纠正。若之后的船位差仍然较大,又觉得按原计划航线继续航行已不适合,并且此前的一系列观测船位也比较可靠,经船长同意后,可进行船位转移,即从最后的观测船位重新画出新的计划航线,以此观测船位作为新的推算起点。在海图上从对应时刻的推算船位画一曲折线连接观测船位(如图 4-3-10 所示)。同时,应该将船位差 ΔP 的方向和距离记入航海日志中。

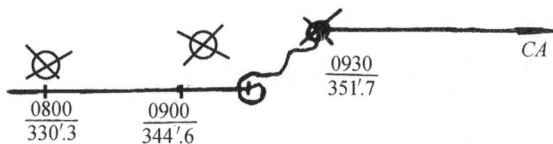

图 4-3-10 船位差与船位转移

特别是在大洋航行中长期进行航迹推算后,当船舶接近海岸测得第一个陆标船位时,对船位差 ΔP 必须进行分析,以确认观测船位。

第四节 距离定位

距离定位(fixing by distances)是同时观测两个或两个以上的陆标与船舶之间的距离进行定位的一种方法。当观测者同时测得两个或两个以上的陆标距离,在海图上以被测物标为圆心、所测距离为半径画出两条或两条以上的距离位置线,它们的交点就是观测船位。

一、定位方法

如图 4-4-1 所示,用雷达或六分仪同时测得本船到物标 A 和 B 的距离 D_1 和 D_2 后,在海图上分别以 A 和 B 为圆心,所测距离 D_1 和 D_2 为半径绘画圆弧,两距离位置线通常有两个交点,其中靠近推算船位的一点即为当时的观测船位 F。

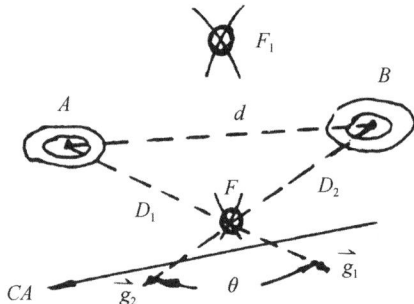

图 4-4-1　两距离定位

二、距离定位的船位误差

1. 船位的系统误差

如图 4-4-1 所示，设船舶与 A、B 物标的距离分别为 D_1 和 D_2，两位置线的交角（方位差）为 θ，用同一仪器观测两物标的距离，其观测系统误差为 Δ_D，并用百分率表示，则距离观测值的系统误差分别为 $\Delta_D \cdot D_1$ 和 $\Delta_D \cdot D_2$。距离船位线梯度 $g_D = 1$，所以两船位线的系统误差分别为：

$$\varepsilon_1 = \Delta_D \cdot D_1, \quad \varepsilon_2 = \Delta_D \cdot D_2$$

两距离船位的系统误差 δ 为：

$$\delta = \frac{1}{\sin\theta} \sqrt{\varepsilon_1^2 + \varepsilon_2^2 - 2\varepsilon_1\varepsilon_2\cos\theta}$$

$$= \frac{\Delta_D}{\sin\theta} \sqrt{D_1^2 + D_2^2 - 2D_1D_2\cos\theta} = \frac{\Delta_D \cdot d}{\sin\theta} \tag{4-4-1}$$

式中：d——两物标的间距，可在海图上量得。

由此可见，仅考虑系统误差时，若其他条件相当，可选测 $\theta < 90°$ 的两物标。

2. 船位的标准差

若以百分率表示的距离观测标准差为 m_D，则距离位置线的标准差分别为：

$$E_1 = m_D \cdot D_1, \quad E_2 = m_D \cdot D_2$$

而船位标准差 M 为

$$M = \frac{1}{\sin\theta} \sqrt{E_1^2 + E_2^2} = \frac{m_D}{\sin\theta} \sqrt{D_1{}^2 + D_2{}^2} \tag{4-4-2}$$

实际船位落在以观测船位为中心，M 为半径的船位标准差圆内的概率是 63.2% ~ 68.3%。

由此可见，两物标距离定位时，为了提高观测船位的精度，应该注意：

（1）尽可能选择近距离的物标；

（2）尽可能选择两位置线的交角 θ 接近 90° 的物标，而不应该小于 30° 或大于 150°；

（3）先观测距离变化慢的，即正横附近的物标，后观测距离变化快的，即船舶首尾线附近的物标，以减少因不能同时观测而产生的船位误差。

例 4-4-1：某船按 $CA250°$ 航行，1000 用雷达测得 A 物标 13.1 n mile，B 物标 12.8 n mile。

设距离观测标准差为±1.3%,求 1000 的观测船位及其标准差。

解:

①求观测船位:

根据两物标的距离在海图上画出距离位置线,它们有两个交点 F 和 F_1,如图 4-4-1 所示,靠近推算船位的 F 为观测船位。

②求船位线标准差:

$E_1 = m_D D_1 = \pm1.3\% \times 13.1 = \pm0.17(\text{n mile})$

$E_2 = m_D D_2 = \pm1.3\% \times 12.8 = \pm0.17(\text{n mile})$

③求船位标准差:

从海图上观测船位处量得 A 物标的 $TB = 305°$,B 物标的 $TB = 062°$,故 $\theta = 360° - (305° - 062°) = 117°$。

$$M = \frac{1}{\sin\theta}\sqrt{E_1^2 + E_2^2} = \frac{1}{\sin117°}\sqrt{0.17^2 + 0.17^2} \approx 0.27(\text{n mile})$$

④在海图上以 F 为圆心,0.27 n mile 为半径作圆,即船位标准差圆。

第五节　单物标方位距离定位

在航海实践中,由于航行条件错综复杂,往往需要驾驶员综合利用各种不同性质的船位线来确定船位。本节仅介绍利用单物标的方位和距离进行定位,这是航海上常用的定位方法之一。

一、方位距离定位

同时观测某一物标的方位和距离,可以得到同一时刻的方位船位线和距离船位线,它们的唯一交点就是观测时刻的船位 F(如图 4-5-1 所示)。

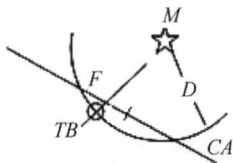

图 4-5-1　方位、距离定位

观测同一物标的方位和距离定位(fixing by bearing and distance)。直接观测一般有利用雷达测方位、距离定位;利用方位仪测方位和利用六分仪测垂直角距离定位。在无风流情况下还可以利用观测特殊舷角转化成方位、距离定位,该方法可称为间接观测法。

单物标方位距离定位的最大优点在于位置线的交角 θ 始终等于 90°。因此,单物标方位距离定位的船位误差完全取决于观测方位和观测距离的精度以及船与物标的远近。其缺点是物标的辨认错误或其他粗差,与其他的定位方法相比,更不易被发现。

二、方位距离定位的误差

1. 船位的系统误差

如图 4-5-1 所示，设船舶测得 M 物标的距离为 D，方位为 TB，两位置线的交角为 $\theta = 90°$。以百分率表示的距离观测值的系统误差为 Δ_D，方位观测值的系统误差为 Δ_B。则距离位置线和方位位置线的系统误差分别为：

$$\varepsilon_D = \Delta_D \cdot D, \varepsilon_B = \frac{\Delta_B° \cdot D}{57°.3}$$

而船位的系统误差为：

$$\delta = \frac{1}{\sin\theta}\sqrt{\varepsilon_1^2 + \varepsilon_2^2 - 2\varepsilon_1\varepsilon_2\cos\theta} = \sqrt{\varepsilon_D^2 + \varepsilon_B^2} \qquad (4-5-1)$$

2. 船位的标准差

若以百分率表示的距离观测标准差为 m_D，方位观测的标准差为 m_B。则距离位置线和方位位置线的标准差分别为：

$$E_D = m_D \cdot D, E_B = \frac{m_B° \cdot D}{57°.3}$$

而船位标准差为：

$$M = \frac{1}{\sin\theta}\sqrt{E_D^2 + E_B^2} = D\sqrt{m_D^2 + \left(\frac{m_B°}{57°.3}\right)^2} \qquad (4-5-2)$$

实际船位落在以观测船位为中心，M 为半径的船位标准差圆内的概率是 63.2%~68.3%。

由此可见，单物标方位距离定位时，仍然应选择近距离的物标。而方位和距离的观测顺序，当物标在船舶首尾线附近时，物标方位变化慢距离变化快，应先测方位后测距离；当物标在正横附近时，其方位变化快距离变化慢，应先测距离后测方位。

例 4-5-1：某船 0800，用雷达同时测得某一灯标 M 的真方位 $TB050°.3$，距离 $D = 17.6$ n mile。假定方位观测值的系统误差为 $-1°.1$，距离观测系统误差为 $+0.9\%$，试求：（1）0800 的观测船位；（2）船位系统误差；（3）消除系统误差后的船位。

解：

（1）画观测船位

在海图上从灯标按 $050°.3 \pm 180°$ 画出方位位置线 $\mathrm{I}_。$。再以灯标为中心，17.6 n mile 为半径画圆，得距离船位圆 $\mathrm{II}_。$。$\mathrm{I}_。$ 和 $\mathrm{II}_。$ 的交点 $F_。$ 就是 0800 的观测船位（如图 4-5-2 所示）。

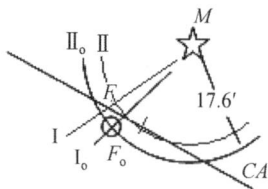

图 4-5-2 系统误差处理

（2）求船位系统误差

$$\varepsilon_{D} = \Delta_{D} \cdot D = +0.9\% \times 17.6 \approx +0.16 (\text{n mile})$$

$$\varepsilon_{B} = \frac{\Delta_{B}^{\circ} \cdot D}{57^{\circ}.3} = \frac{-1^{\circ}.1 \times 17.6}{57^{\circ}.3} \approx -0.34 (\text{n mile})$$

$$\delta = \sqrt{\varepsilon_{D}^{2} + \varepsilon_{B}^{2}} = \sqrt{0.16^{2} + 0.34^{2}} \approx 0.38 (\text{n mile})$$

（3）求消除了系统误差后的船位

按 $\varepsilon_{D} = +0.16$ n mile，$\varepsilon_{B} = -0.34$ n mile 作出消除了系统误差后的船位线 Ⅰ 和 Ⅱ，它们的交点 F 就是 0800 的船位，该船位在观测船位的北侧，两者相距即船位系统误差 $\delta = 0.38$ n mile。

虽然两方位、两距离和单标方位距离定位简单、直观，但一般情况下两条位置线总会相交于一点，难以判断观测船位的可靠性。三方位或三距离定位时，三条位置线往往交成一个三角形，如在定位时出现测错或认错物标等差错，就会形成较大的三角形。

雷达定位观测船位的精度主要取决于位置线的交角、物标海图位置的准确性、观测物标距离和（或）方位的精度以及海图作业的精度等因素。由于雷达观测物标距离的精度要高于雷达观测物标方位的精度，常见的几种雷达定位方法所测定的船位精度由高到低顺序为：雷达三距离定位、雷达两距离定位、单标方位距离定位、雷达三方位定位和雷达两方位定位。

第六节　移线定位

观测定位的充要条件是同时测得两条或两条以上的船位线。若某种情况下在同一时刻只能测得一条位置线，就不能得到观测船位。但如果把不同时刻观测的位置线处理到同一时刻，就能得到观测船位。移线定位（running fixing）就是把不同时刻观测的位置线处理到同一时刻后求得船位的一种定位方法。

一、船位线转移原理

船位线的必然性和时间性决定了船位线是可以根据船舶的实际航行轨迹和实际航程从一个时间转移到另一个时间上去的。这种转移后的船位线称为转移船位线（transferred position line）。

如图 4-6-1 所示，设船舶在 T_{1} 时刻测得某灯塔方位，得方位船位线 P。设 T_{1} 后船舶的实际航行轨迹为 CA，船舶按 CA 航行到 T_{2} 时刻，实际航程为 s，则不管 T_{1} 时刻的船位在 P 线上的哪一点，船舶均按 CA 航行了航程 s。因此，P 线上任意一点的移动轨迹必然与 CA 平行，等距离移动。也即船位线 P 按 CA 方向移动了 s 距离到达 P'，则 P' 就是 T_{2} 时刻的船位线，它是由 P 线转移得到的船位线，故称为转移船位线。它同样具有船位线的一切特性——时间性和必然性。但在海图上画转移船位线时，需加画箭头。

但必须注意，实际航行中并不知道船舶的实际航迹和实际航程，因此，在位置线转移过程中，是以推算航迹和推算航程近似代替实际航迹和实际航程的，即船位线 P 按推算航迹向移动了 T_{1}—T_{2} 的推算航程后得船位线 P'。

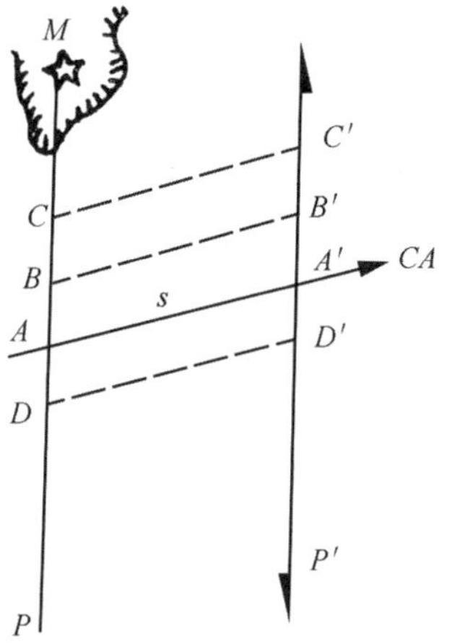

图 4-6-1　船位线转移原理

二、单航向的船位线转移方法

1. 直线船位线的转移方法

如图 4-6-2 所示，设 T_1 时刻测得 M 物标的方位船位线为 P，航行到 T_2，试将 T_1 的 P 船位线转移到 T_2 时刻。方法如下，首先在海图上从 T_1 推算船位根据航迹绘算方法做出推算航迹（设为 CA）和 T_2 时刻的推算船位，用两脚规量出两推算船位之间的推算航程设为 s_G，然后从船位线 P 与 CA 的交点 A，沿着 CA 线截取 s_G 得 A' 点。此时，平行移动船位线 P，使其通过 A'，得 P' 线，此为 T_2 时刻的转移船位线。根据船位线特性，T_2 时刻的船位在 P' 线上。

2. 圆弧船位线的转移方法

圆弧船位线的转移原理与直线的相同，即将圆弧沿着推算航迹向平行移动推算航程 s。但平行移动圆弧并不方便，一般是采用转移圆心的方法（如图 4-6-3 所示），即以圆弧船位线的圆心 M 为起始点，从 M 画出推算航迹向 CA 的平行线，在其上截取推算航程 s，得 M' 点。以 M' 点为圆心，以圆弧船位线的半径为半径，画出新的圆弧，即为转移后的船位线（如图 4-6-3 所示）。

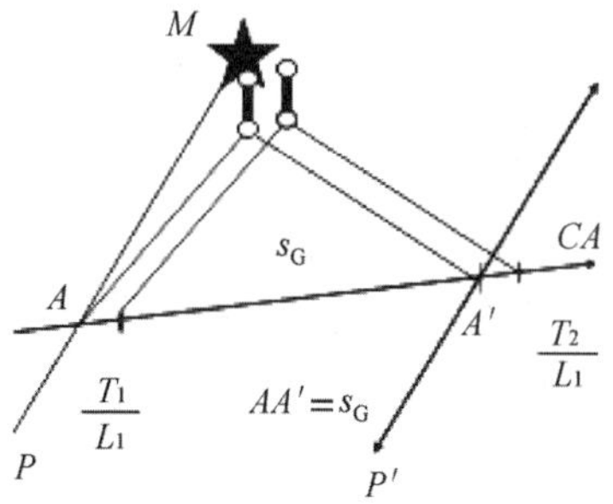

图 4-6-2　直线船位线的转移

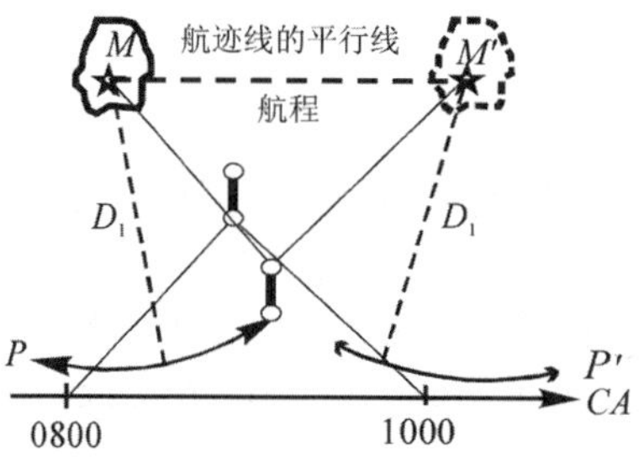

图 4-6-3　弧线船位线的转移

三、多航向的船位线转移方法

若船位线转移过程中发生过航向的改变,则应运用多航向的船位线转移方法进行船位线转移。多航向的船位线转移关键是将多航向转换成单航向,然后利用单航向的方法转移船位线。

如图4-6-4所示,某船在0800测得M方位线P,此后经几次改向,欲把0800的P位置线转移到1000,转移方法如下:

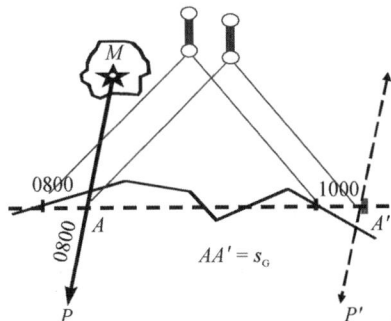

图4-6-4 方位位置线的转移

(1)在曲折航线上按航迹推算方法作出转移前后即0800和1000的推算船位。

(2)作出直航线。用直线连接两推算船位,量出直航程,即直航线上两推算船位间的航程s_G。

(3)从0800的观测位置线P与直航线的交点A起沿直航线截取s_G得A'。

(4)将观测位置线P平行移到A'便得1000的转移位置线P'。

第五章

天文航海

第一节　球面几何及球面三角形

平面几何中,基本概念是点和线。在球面上,点的概念和定义依旧不变,但线不再是"直线",而是球面上两点之间最短距离"线",称为大圆弧。因此,球面上的距离是用"角度"来表示的。

一、球、球面

在空间与一定点等距离的点的轨迹称为球面,包围在球面中的实体称为球,这一定点称为球心。球心与球面上任意一点间的距离称为球半径。过球心与球面相交的直线段称为球直径。同球的半径和直径都相等。同理,半径或直径相等的球全等。所以,球面又可定义为半圆周绕它的直径旋转一周的旋转面。

二、球面上的圆

任一平面与球面相截的截痕是圆。

当平面通过球心时,所截成的圆称为大圆,它的一段圆弧称为大圆弧。截面不通过球心的圆称为小圆,它的一段圆弧称为小圆弧。

三、大圆的性质

大圆的圆心与球心重合。

大圆的直径等于球直径,半径等于球半径。

同球或等球上的大圆的大小相等。

大圆等分球面和球体。

同球上的两个大圆平面一定相交，交线是它们的直径，并且两大圆互相平分。

过球面上不在同一直径两端上的两个点，能作且仅能作一个大圆，却能作无数个小圆。过球面上同一直径两端上的两个点，则能作无数个大圆，但不能作小圆。

球面上两点间的最短球面距离是过球面上两点间小于180°的大圆弧（劣弧）。即球面上两点间的最短球面距离应使用大圆弧度量，而大圆弧的弧长等于该弧长所对的球心角乘以球半径。在同一个球上，球半径是常数，即已知球心角就等于知道了球心角所对应的弧长。所以，球面上的距离是用"角度"来表述的。航海上以角度1′表示1 n mile。在航海实践中，船舶沿大圆弧所走的航线称为大圆航线。

四、轴、极、极距、极线

垂直于任意圆面的球直径称为该圆（大圆或小圆）的轴。

轴的两个端点称为极，故每个圆均有两个极。垂直于同一轴可有无数个平行圆，其中只有一个所在平面通过球心的圆是大圆，其余的圆都是小圆。

从极到圆（大圆或小圆）弧上任一点沿大圆弧的球面距离称为极距，又叫球面半径。同一个圆的极距均相等。极距为90°的大圆弧又称为该极的极线，极线必定是大圆弧。

如果球面上一点到某一大圆上任意两点（不在同一直径两端点）的球面距离都是90°，则这一点就是该大圆的极，这个大圆则是该点的极线。

五、球面角及其度量

球面上两大圆弧相交构成的角称为球面角，其交点称为球面角的顶点，两大圆弧称为球面角的边。

球面角的三种度量方法：

（1）切于顶点的两条边（大圆弧）的切线的夹角；

（2）顶点的极线被两条边（大圆弧）所截的弧长；

（3）大圆弧所对的球心角。

上述三种度量方法在航海实践中经常用到，在描述球面角时常用第一种方法，如大圆航向表述为起航点大圆航线的切线与子午线（的切线）的夹角。在度量球面角时常采用第二种方法，其特点是直观且便于度量，如用两地的经线在赤道上所夹的一段弧长来度量两地的经度差。在描述大圆弧的性质时常用到第三种方法，如大圆弧可用其所对的球心角表示，反之球心角可用其对应的大圆弧表示。

六、圆心角相等的小圆弧与大圆弧之比

圆心角相等的小圆弧与大圆弧之比等于小圆弧所在的小圆极距的正弦值，即小圆弧长等于圆心角相等的大圆弧长乘以小圆纬度的余弦值。如果已知小圆纬度和小圆弧长（航海上称

为东西距),可以利用上述定理求出小圆弧两端点的经度差。本定理在航海实践中经常用到。

七、球面三角形的定义

在球面上由三个大圆弧围成的三角形称为球面三角形。围成三角形的大圆弧称为球面三角形的边。由大圆弧相交所成的球面角称为球面三角形的角。

球面三角形的三个角和三条边统称为球面三角形的六要素。航海上讨论的球面三角形的六要素均大于0°,而小于180°,这样的球面三角形又称为欧拉球面三角形。

八、球面三角形的分类

球面三角形分为直角、直边、等腰、等边、初等和任意三角形。

1. 球面直角三角形和球面直边三角形

至少有一个角为90°的三角形称为球面直角三角形。至少有一个边为90°的三角形称为球面直边三角形。

2. 球面等腰三角形和球面等边三角形

球面三角形中,有两边或两角相等的三角形称为球面等腰三角形。若三边或三角都相等的三角形称为球面等边三角形。

3. 球面初等三角形

三个边相对其球半径甚小的三角形称为球面小三角形。只有一边相对其球半径甚小的三角形称为球面窄三角形。两者统称为球面初等三角形。

4. 球面任意三角形

凡不具备上述特殊条件的球面三角形称为球面任意三角形。

九、球面三角形的关系

1. 全等球面三角形

在同球或等球上,边角对应相等,且排列顺序相同的三角形称为全等球面三角形。

全等的条件有下列四种情况:

(1)两边及其夹角对应相等;

(2)两角及其夹边对应相等;

(3)三边对应相等;

(4)三角对应相等。

2. 球面极线三角形

球面三角形三个顶点的极线所构成的球面三角形称为原球面三角形的球面极线三角形。若原球面三角形各边均大于90°,则其极线三角形在原球面三角形之内。若原球面三角形各边均小于90°,则其极线三角形在原球面三角形之外。若原球面三角形的一边或两边小于

90°,其余的边大于90°,则其极线三角形与原球面三角形相交。

原球面三角形与其极线三角形有如下关系：

（1）原球面三角形与其极线三角形互为极线三角形；

（2）原球面三角形的边与其极线三角形对应角互补,原球面三角形的角与其极线三角形对应边互补。

十、球面三角形的性质和成立条件

1.球面三角形与球心三面角的关系

顶点位于球心的三面角与球面的截痕即是球面三角形,因此,球面三角形的六要素与球心三面角的面角、二面角有着一一对应的关系。球面三角形的边角关系实际上就是球心三面角的面角和二面角的关系。因此,在立体几何中描述三面角的性质同样适合描述球面三角形,如：

（1）三面角的各面角之和大于0°小于360°；

（2）三面角的任意两个面角之和大于第三个面角,之差小于第三个面角；

（3）三面角的三个二面角之和大于180°小于540°。

2.球面三角形的性质

（1）球面三角形的每一边必大于0°小于180°,三边之和大于0°小于360°。

由欧拉三角形定义可知球面三角形的六要素均大于0°小于180°,所以球面三角形的每一边必大于0°小于180°；

因为三面角的各面角之和大于0°小于360°,而面角等于球面三角形的边,所以,球面三角形的各边之和大于0°小于360°。

（2）球面三角形两边之和大于第三边,两边之差小于第三边。

因为三面角的任意两个面角之和大于第三个面角,之差小于第三个面角,而面角等于球面三角形的边,所以球面三角形两边之和大于第三边,之差小于第三边。

（3）球面三角形的每一角必大于0°小于180°,三角之和大于180°小于540°。

由欧拉三角形定义可知,球面三角形的六要素均大于0°小于180°,所以球面三角形的每一角必大于0°小于180°；

因为三面角的三个二面角的和大于180°小于540°,而二面角等于球面三角形的角,所以球面三角形的各角之和大于0°小于540°。

（4）球面三角形两角之和减去第三角小于180°。

（5）球面三角形的外角小于不相邻的两内角之和,而大于它们之差。

（6）同一球面三角形中,如果两条边相等,则等边的对角相等；如果两个角相等,则等角的对边也相等。

（7）在任意球面三角形中,对大角的边较大,对大边的角也较大（大边对大角,大角对大边）。

3.球面三角形成立的条件

总结上述性质,得出一个球面三角形成立的条件如下：

（1）当给定球面三角形三条边时：

①任一边应大于0°小于180°；

②三边之和大于0°小于360°；

③两边之和大于第三边，或两边之差小于第三边。

（2）当给定球面三角形三个角时：

①任一角应大于0°小于180°；

②三角之和大于180°小于540°；

③两角之和减去第三角小于180°。

（3）当给定球面三角形两边及其夹角或给定球面三角形两角及其夹边时，球面三角形的六要素均应大于0°小于180°。

十一、球面三角形的边角函数关系

1. 余弦公式

（1）边的余弦公式

$$\cos a = \cos b \cos c + \sin b \sin c \cos A \qquad (5\text{-}1\text{-}1)$$

一边的余弦等于其他两边余弦的乘积，加上这两边正弦及其夹角余弦的乘积。

边的余弦公式应用：在球面三角形中，已知两边及其夹角求第三边；已知三边求三角。该式是航海上最常用的基本公式之一，通常用来求两点间的大圆航程和天体的计算高度。

（2）角的余弦公式

$$\cos A = -\cos B \cos C + \sin B \sin C \cos a \qquad (5\text{-}1\text{-}2)$$

一角的余弦等于其他两角余弦的乘积冠以负号，加上这两角正弦及其夹边余弦的乘积。

角的余弦公式应用：在球面三角形中，已知两角及其夹边求对角；已知三角求三边。

2. 正弦公式

$$\frac{\sin a}{\sin A} = \frac{\sin b}{\sin B} = \frac{\sin c}{\sin C} \qquad (5\text{-}1\text{-}3)$$

边的正弦与其对角的正弦成比例。

正弦公式应用：在球面三角形中，已知两角及其一对边，求另一边；已知两边及其一对角，求另一角。

3. 余切公式

在球面三角形的六要素中，已知相连的四个要素中三个要素（如图5-1-1所示），就可以利用余切公式求出另外一个要素。因此，余切公式又被称为四联公式。

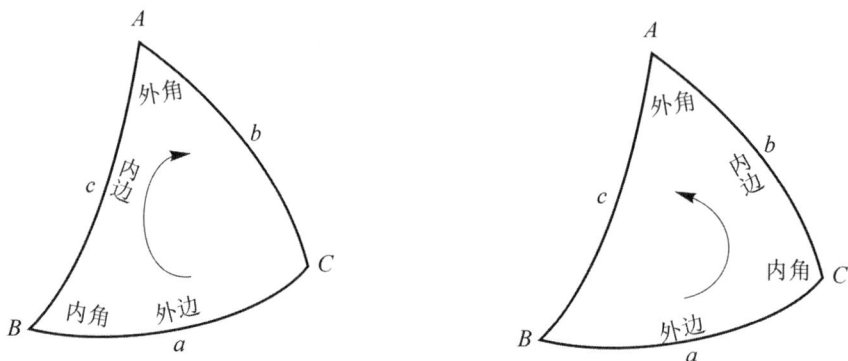

图 5-1-1　余切公式读写图

$$\cot a \sin b = \cot A \sin C + \cos b \cos C$$

$$\cot a \sin c = \cot A \sin B + \cos c \cos B \tag{5-1-4}$$

外边余切内边正弦的乘积等于外角余切内角正弦的乘积加上内边内角余弦之积。

余切公式应用：在球面三角形中，已知相连的四个要素中的三个，求另一个要素。

第二节　天体坐标

天体位置确定，测者与天体之间才能借助数学方法（通过球面三角公式）相互联系起来，从而解决诸多天文航海中的实际问题。

一、天球坐标系

确定天体在天球位置的球面坐标系称为天球坐标系。与地球上用经度和纬度来确定某点位置类似，由于采用的原点与基准大圆不同，有不同的天球坐标系，在天文航海上常用的是赤道坐标系和地平坐标系。

1. 天球（celestial sphere）

仰望天空像是一个倒扣过来的半球形，太阳、月亮、行星和恒星无论远或近，都好像镶嵌在这个球面上，而地球位于这个半球的球心。为了研究问题方便，我们定义以地球为球心、以无限长为半径所作的球面为天球。所有天体（无论远近）都分布在天球面上，它们在球面上的位置称为天体位置，即延长地心与天体连线交于天球球面上的一点。

2. 天球上的基本点、线、圈

要在天球上建立天球坐标系，首先必须确定一些基本点、线、圈。由于可以把天球看作由地球圆球体表面无限扩展而成，天球上的点、线、圈都可以看作地球上的点、线、圈在天球上的投影，两者有着一一对应关系，只是名称不同而已。它们的对应关系如表 5-2-1 所示。

表 5-2-1　天球上的点、线、圈与地球上的点、线、圈对应表

地球	地轴	北极	南极	赤道	纬度圈	经度圈	格林经线	测者所在经线
天球	天轴	天北极	天南极	天赤道	赤纬圈	时圈	格林午圈	测者午圈

（1）天轴和天极（celestial axis and celestial poles）

地球自转轴 $p_n p_s$ 向两端无限延伸得到天轴。天轴和天球相交于两点，对应于地北极的一点 P_N 称为天北极，对应于地南极的一点 P_S 称为天南极，统称天极，如图 5-2-1 所示。

（2）天赤道（celestial equator）

地球赤道平面无限向四周扩展与天球球面相截所得的大圆，称天赤道，如图 5-2-1 中的垂直于天轴的大圆 QQ'。天赤道上的任意一点距两天极的球面距离都为 90°。天赤道将天球分为北天半球和南天半球。

（3）天体时圈（hour circle）

过两天极和天体的半个大圆 $P_N B P_S$ 称为天体时圈，如图 5-2-1 所示。

（4）天体赤纬圈（parallel of declination）

过天体 B 且平行于天赤道的小圆称为天体赤纬圈，又称周日平行圈。

（5）天顶和天底（zenith and nadir）

视地球为均匀圆球体，地面上的某一点 A 与地心 O 的连线即是该点的铅垂线，如图 5-2-1 所示。

①测者天顶 Z：无限延长测者铅垂线，向上（背离地心的方向）与天球的交点 Z 称为测者天顶；而向下延长与天球的交点 Z' 称为测者天底。

②格林天顶 Z_G：无限延长格林尼治天文台的铅垂线，向上与天球的交点 Z_G 称为格林天顶；而向下延长与天球的交点 Z_G' 称为格林天底。

（6）子午圈（meridian）

①测者子午圈：过测者天顶、天底和两天极的大圆 $P_N Z P_S Z'$ 称为测者子午圈，如图 5-2-1 所示。

a. 测者午圈：两天极之间包含测者天顶的半个大圆 $P_N Z P_S$，它与测者所在经线相对应。

b. 测者子圈：两天极之间包含格林天底的半个大圆 $P_N Z' P_S$。

测者子午圈将天球分为东天半球和西天半球。

②格林子午圈：过格林天顶、天底和两天极的大圆称为格林子午圈。

a. 测者午圈：两天极之间包含测者天顶的半个大圆 $P_N Z_G P_S$，它与格林经线（零度经线）相对应。

b. 测者子圈：两天极之间包含格林天底的半个大圆 $P_N Z_G' P_S$，它与 180°经线相对应。

（7）测者真地平圈（celestial horizon）

通过地心且垂直于测者铅垂线的平面与天球截得的大圆 NESW 称为测者真地平圈或地心真地平圈。真地平圈将天球分为上天半球和下天半球，其上任意一点距天顶或天底的球面距离均为 90°，如图 5-2-1 所示。

（8）方位基点（cardinal points）

方位基点又称四方点。测者子午圈与真地平圈交于两点，靠近天北极的一点称为北点 N，与其相对的点称为南点 S。天赤道和真地平圈交于两点，测者面向北，右侧为东点 E，左侧为

西点 W。四方点 N、E、S、W 将真地平分为 NE、NW、SE、SW 四个象限，每个象限为 90°，如图 5-2-1 所示。

（9）仰极与俯极（elevated pole and depressed pole）

真地平以上的天极称为仰极（即与测者纬度同名的天极）；真地平以下的天极称为俯极。

（10）垂直圈（vertical circle）

过天顶 Z、天体 B 和天底 Z′的半个大圆 ZBZ′称为天体垂直圈，如图 5-2-1 所示，由于它们都垂直于真地平圈，称为垂直圈；过东、西点的垂直圈 EZWZ′称为卯酉圈，又称东西圈，它与测者子午圈垂直。

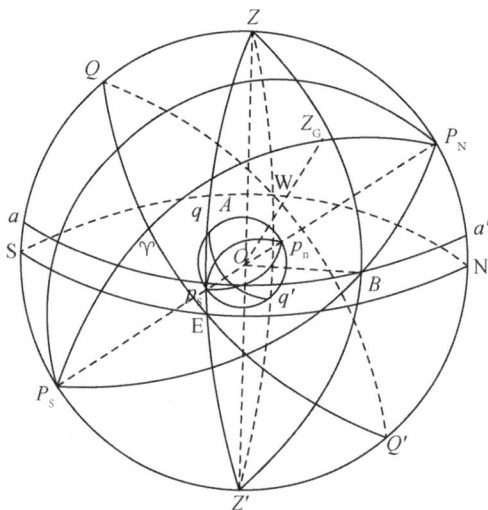

图 5-2-1　测者子午面天球图

（11）春分点和秋分点（Vernal equinox and Autumnal equinox）

地球绕太阳公转的轨道平面与天球相交的大圆称为黄道。黄道和天赤道相交两点分别称为春分点 ♈ 和秋分点 ♎。春分点 ♈ 是天球坐标系的一个原点，它位于天赤道上。

（12）春分点时圈（Hour circle of Vernal equinox）

过两天极和春分点 ♈ 的半个大圆 P_N ♈ P_S 称为春分点时圈，如图 5-2-1 所示。

（13）高度平行圈

高度平行圈是过天体 B 且平行于真地平圈的小圆。

3. 第一赤道坐标系

在第一赤道坐标系中，采用天赤道 QQ′为基准圆，如图 5-2-2 所示，以格林（或测者）午圈和天赤道的交点 Q_G（或 Q）为原点，几何极为天北极。坐标是时角和赤纬，故又称为时角坐标系。

（1）天体赤纬（declination，Dec）

从天赤道起，沿天体时圈度量到天体中心的弧距称为赤纬，由 0°~90°计算。向天北极度量为北（N），向天南极度量为南（S）。该坐标的另一种表示方法为极距 p。从仰极起沿天体时圈度量至天体中心的弧距，由 0°~180°计算。$p = 90° \pm Dec$（赤纬与纬度异名取加，同名取减）。如图 5-2-2 所示，MB 弧和 $P_N B$ 弧分别为天体 B 的赤纬和极距。

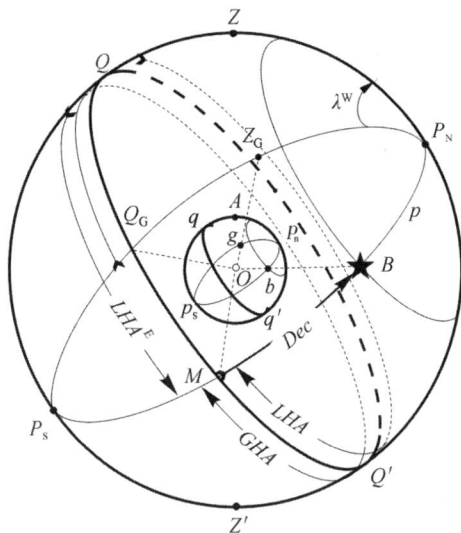

图 5-2-2　第一赤道坐标系

（2）时角（hour angle）

测者午圈或格林午圈与天体时圈在天赤道上所夹的弧距称为时角，由于起算点的不同，时角又分为地方时角和格林时角。

①天体地方时角（local hour angle，LHA）

测者午圈与天体时圈在天赤道上所夹的弧距称为天体地方时角。其度量法分为圆周法和半圆周法。

a. 圆周法：由测者午圈开始沿天赤道向西量至天体时圈。由 0°～360°计算，无须命名。如图 5-2-2 所示，天体 B 的圆周地方时角 LHA 等于弧 QQ'M。

b. 半圆周法：由测者午圈开始沿天赤道向东或向西量至天体时圈，由 0°～180°计算。半圆周法必须命名，即标注 E 或 W。如图 5-2-2 所示，天体 B 的半圆地方时角 LHA^E 等于弧 QQ_GM。天体半圆地方时角也可以定义为测者午圈与天体时圈在仰极处所夹的小于 180°的球面角，如图 5-2-2 中的球面角 ZP_NB。

c. 两种算法的关系

设 LHA 为圆周时角，则有：

当 LHA<180°时，圆周时角=半圆时角（W）；

当 180°<LHA<360°时，360°−圆周时角=半圆时角（E）；

当 LHA>360°时，应取 LHA=LHA−360°仍为西向地方时角。

凡是未命名的地方时角均应视为西向地方时角。

②天体格林时角（Greenwich hour angle，GHA）

格林午圈与天体时圈在天赤道上所夹的弧距称为格林时角，也可定义为在仰极处从格林午圈向西度量到天体时圈的球面角。度量方法为从格林午圈起沿天赤道向西量到天体时圈，由 0°～360°计算。如图 5-2-2 所示，天体 B 的格林时角 GHA 等于弧 $Q_GQQ'M$。

③地方时角与格林时角的换算

天体圆周地方时角由测者午圈起算，而其格林时角由格林午圈起算，两者相差测者的经度。所以天体圆周地方时角与格林时角算法关系为：

$$\text{地方时角 } LHA = \text{格林时角 } GHA \pm \lambda_W^E \tag{5-2-1}$$

例 5-2-1：已知 GHA 298°30′.0，测者经度 126°20.′0E，求 LHA。

解：

	GHA	298°30′.0	
+)	λ^E	126°20′.0	
	LHA	424°50′.0	（超过 360°，应减 360°）
		64°50′.0	（仍为西时角）

例 5-2-2：已知 GHA 15°20′.8，测者经度 81°35′.0W，求 LHA。

解：

	GHA	15°20′.8	（不够减，加 360°）
−)	λ^W	81°35′.0	
	LHA	293°45′.8	（仍为西时角）
		66°14′.2 E	（半圆周法为 E 时角）

例 5-2-3：已知测者经度 120°25′.0E，LHA 60°10′.0W，求 GHA。

解：

	LHA	60°10′.0	（不够减，加 360°）
−)	λ^E	120°25′.0	
	GHA	299°45′.0	

（3）天体地理位置 P_G（geographical Position）

如图 5-2-2 所示，天体在天球上的位置 B 和地心 O 的连线，与地球表面的交点 $b(P_G)$ 称为天体地理位置。天体地理位置的纬度和经度，可以用天体的赤纬和格林时角来确定：

纬度 $\varphi_S^N = $ 天体赤纬 Dec_S^N

$$经度 \ \lambda_W^E = \begin{cases} 360° - GHA \ (GHA > 180°) \\ GHA \ (GHA < 180°) \end{cases} \tag{5-2-2}$$

赤纬平行圈平行于天赤道，赤纬不受地球自转的影响，而时角是由测者（格林）午圈起算的，随着地球自转而转动，所以时角随着地球的自转时刻在变化。因此，用第一赤道坐标系确定的天体位置是瞬间位置。为使天球坐标与地球自转无关，引进了第二赤道坐标系。

4. 第二赤道坐标系

第二赤道坐标系是以天赤道为基准圆、以春分点 ♈ 为原点、几何极为天北极的天球坐标系。坐标是赤纬和赤经。第二赤道坐标系也叫春分点赤道坐标系。

（1）赤纬

定义同第一赤道坐标系。

（2）天体赤经（right ascension，RA）

从春分点 ♈ 起，沿天赤道向东量至天体时圈的弧距，由 0°~360° 计算，如图 5-2-3 所示，天体 B 的赤经 RA 等于弧 ♈M。

该坐标的另外一种表示方法为天体共轭赤经 SHA。从春分点 ♈ 沿天赤道向西量至天体时圈的弧距，由 0°~360° 计算，如图 5-2-3 所示，天体 B 的共轭赤经 RA 等于弧 ♈$QQ'M$。对于同一天体，显然有：

$$RA + SHA = 360°$$

因为春分点在天球上的位置基本不变(变化非常缓慢),可以视为天赤道上的一颗恒星。它与各恒星间相互位置基本固定,所以各恒星的赤纬和赤经(或共轭赤经)也基本保持不变,因此用第二赤道坐标系的坐标表示天体的位置与地球的自转无关。

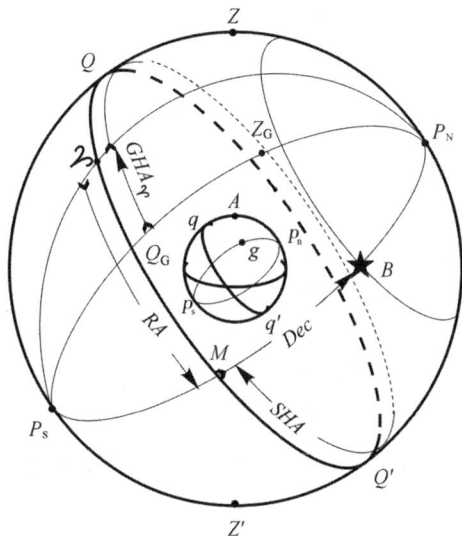

图 5-2-3　第二赤道坐标系

(3)第一、第二赤道坐标系的坐标换算

第一、第二赤道坐标系的赤纬相同,而天体的格林时角和共轭赤经度量的终点均为天体时圈,相差的只是起点格林午圈与春分点时圈在天赤道上所夹的一段弧距,该弧距称为春分点格林时角(Greenwich hour angle of Aries,GHA_γ)。春分点格林时角从格林午圈起,沿天赤道向西度量到春分点时圈的弧距 $Q_G\gamma$,由 0°~360° 计算。

以图 5-2-3 中的天体 B 为例,天体 B 的格林时角可通过关系式求出:

$$GHA = GHA_\gamma + SHA \tag{5-2-3}$$

$$\because LHA = GHA \pm \lambda_W^E$$

$$\therefore LHA = GHA_\gamma + SHA \pm \lambda_W^E = LHA_\gamma + SHA$$

即

天体地方时角 LHA=春分点格林时角 GHA_γ+共轭赤经 SHA±测者经度 λ_W^E=
春分点地方时角 LHA_γ+共轭赤经 SHA (5-2-4)

5. 地平坐标系

以真地平圆为基准圈、北点 N(或南点 S)为原点、几何极为天顶的天球坐标系称为地平系。其坐标为高度和方位。

(1)天体高度(altitude,h)

如图 5-2-4 所示,天体高度是从真地平圈起沿天体垂直圈量至天体中心的弧距,由 0°~90° 计算,从真地平向上(天顶 z 的方向)为正(+),向下为负(-)。

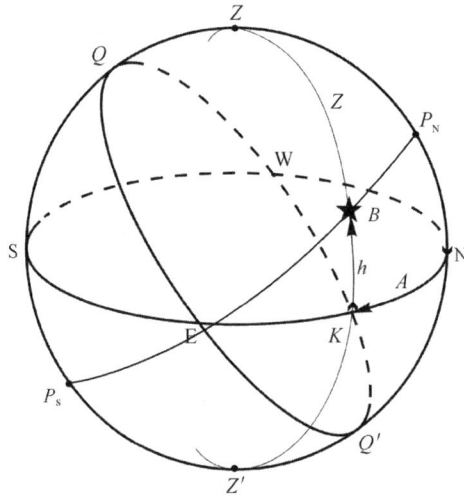

图 5-2-4 地平坐标系坐

该坐标的另一种表示方法称天体顶距（zenith distance，Z），它是从天顶起沿天体垂直至天体中心的弧距，由 $0° \sim 180°$ 计算。显然，对于在地平上的同一天体，有：

$$h+Z=90°$$

图 5-2-4 中，天体 B 的高度 h 等于弧 KB，顶距 Z 等于弧 ZB 等于 $90°-h$。从图 5-2-4 中还可以看出，弧 NP_N 为仰极（P_N）高度 h_{P_N}，弧 QZ 等于测者纬度 φ，则有：

$$h_{P_N}=\varphi$$

即仰极高度等于测者纬度。

（2）天体方位（azimuth，A）

测者子午圈和天体垂直圈在真地平上所夹一段弧距 NK（如图 5-2-4 所示），称天体方位，也等于该弧距所对的球面角 $\angle NZK$。

天体方位有两种算法：

①圆周法：无论北纬或南纬测者，均从北点 N 起算，按顺时针方向沿真地平量至天体垂直圈，由 $0° \sim 360°$ 计算。如图 5-2-4 所示，圆周方位 $A=NSK$ 弧。

②半圆周法：北纬测者，从北点 N 起算，沿真地平向东或向西量至天体垂直圈，由 $0° \sim 180°$ 计算。

南纬测者，从南点 S 起算，沿真地平向东或向西量至天体垂直圈，由 $0° \sim 180°$ 计算。

半圆方位后面应附有两个名称，第一名称与测者纬度同名，第二名称表示方位度量的方向，即与半圆地方时角同名。

③圆周方位和半圆方位的换算

对于北纬测者

$$半圆方位 A^{NE}=圆周方位 A$$

$$360°-半圆方位 A^{NW}=圆周方位 A$$

对于南纬测者

$$180°-半圆方位 A^{SE}=圆周方位 A$$

$$180°+半圆方位 A^{SW}=圆周方位 A$$

利用地平坐标系确定天体位置比较直观,由于地球自转,任一天体的高度和方位是时刻在改变的,而对不同地点的测者,同一天体的地平坐标也是不一样的。

二、坐标变换

一个天体在天球上的位置可以用任何一种天球坐标系的一对坐标表示,而不同坐标系里的几对坐标之间通过天文三角形可以相互变换。

1.天文三角形(astronomical triangle)

如图 5-2-5 所示,由测者午圈、天体时圈和天体垂直圈构成的球面三角形 ZBP_S 称为天文三角形。

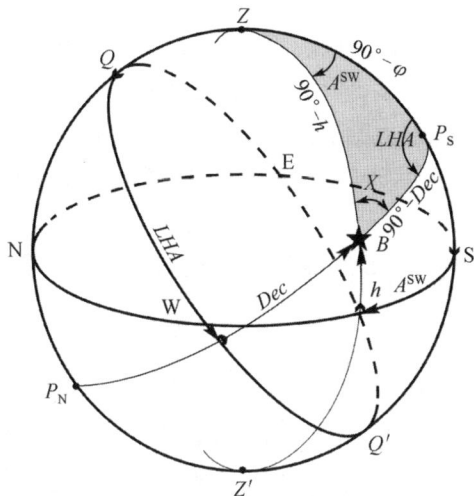

图 5-2-5　天文三角形

天文三角形的三个顶点是天顶、仰极和天体。

$$
三条边 \begin{cases} 余纬 = 90°-\varphi \\ 极距 = 90°-Dec \\ 顶距 = 90°-h \end{cases}
$$

$$
三个角 \begin{cases} 半圆方位 A \\ 半圆时角 LHA \\ 位置角 A \end{cases}
$$

天文三角形的三条边和三个角统称为天文三角形六要素,任意一要素的取值范围为 0°~180°。已知天文三角形的三个要素,便可解算出其余的要素。

2.解算天文三角形

(1)求天体计算高度 h_C 和计算方位 A_C 的计算公式

在天文航海中,通常已知测者纬度 φ、天体赤纬 Dec 和天体地方时角 LHA,即已知天文角形的两边$(90°-\varphi)$、$(90°-Dec)$ 及其夹角 LHA,由球面三角形边的余弦公式和四联公式,可得到天体高度和方位的计算公式如下:

$$\sin h_C = \sin\varphi\sin Dec + \cos\varphi\cos Dec\cos LHA \tag{5-2-5}$$

$$cotA_C = cos\varphi tanDec cscLHA - sin\varphi cotLHA \qquad (5-2-6)$$

$$cosA_C = \frac{sinDec - sin\varphi sinh_C}{cos\varphi cosh_C} = \frac{sinDec}{cos\varphi cosh_C} = -tan\varphi tanh_C \qquad (5-2-7)$$

使用上述公式时应注意：

①纬度 φ 恒为正值（无论北纬还是南纬）；

②赤纬 Dec 与纬度 φ 同名时，赤纬取正值，异名时取值；

③时角 LHA 为半圆时角，取正值（无论东时角还是西时角）；

④方位 A_C 为半圆方位，第一名称与纬度同名，第二名称与半圆地方时角同名。

因为天体高度和方位是由上述公式计算出来的，所以又称其为计算高度 h_C 和计算方位 A_C。

（2）利用三角函数计算器求天体计算高度 h_C 和计算方位 A_C

根据天体高度和方位计算公式，利用三角函数计可以很方便地求出天体计算高度 h_C 和计算方位 A_C。函数计算器的种类很多，使用注意事项参见说明书。

（3）利用导航仪器"求两点间大圆航向和航程"功能求天体的计算高度 h_C 和计算方位 A_C。

GPS 导航仪有求两点间大圆航向和大圆航程的计算功能，利用此功能可求得天体的计算高度和计算方位。方法如下：

①转向点 1 输入观测天体时的推算船位 (φ_C, λ_C)，转向点 2 输入天体的地理位置：

纬度 $\varphi_S^N = $ 天体赤纬 Dec_S^N

$$经度\ \lambda_W^E = \begin{cases} 360° - GHA\ (GHA > 180°) \\ GHA\ (GHA < 180°) \end{cases} \qquad (5-2-8)$$

②导航仪示转向点 1 到转向点 2 的大圆航向即是天体的计算方位 A_C，两点间的大圆航程除以 60 即是天体的计算顶距 $Z_C(°)$，天体的计算高度 $h = 90° - Z_C$。

3. 天球作图

绘制天球图也可以进行天球坐标的换算，通过绘制天球图加深对天球坐标的理解，同时为后续的天文导航原理的学习打下基础。

天文航海中通常采用三种天球图，它们是测者子午面天球图、天赤道面平面图和测者真地平平面图。下面通过例题介绍其中两种天球图的绘制方法。

例 5-2-4：已知测者纬度 $40°N$，天体赤纬 $Dec50°N$，天体地方时角 $LHA80°W$。绘出测者子午面天球图，并标出天体的高度和方位以及天文三角形；绘出天赤道平面图，并标出天体位置。

解：

（1）绘制测者子午面天球图

①如图 5-2-6 所示，以适当半径画圆为测者子午圈，过圆心作相互垂直的两条直线（熟练后该两线不必绘出），上标 Z 为天顶，下标 Z' 为天底，并绘出真地平圈。

②如图 5-2-6 所示，因为 LHA 为 W 时角，则天球近点为 W，远点为 E，则图的左边为 N，右边为 S。测者纬度为 N，则仰极为天北极。由于测者纬度等于仰极的高度，靠近 N 点标出仰极 P_N，其高度为弧 $NP_N = 40°$，因此，可标出 P_S 和天赤道 QQ' 弧。在天赤道上以 Q 为起点向西量弧 $Qa = LHA = 80°W$，过点 P_N、a、P_S 画天体时圈。在天体时圈上从 a 点起向 P_N 量取弧 $aB = Dec = 50°N$，确定天体 B 的位置。

③如图 5-2-6 所示,过天顶 Z、天体 B、天底 Z' 作天体垂直圈,从真地平圈起沿天体垂直圈量至天体 B 的弧长为天体高度 h,天体半圆方位为 A^{NW}。

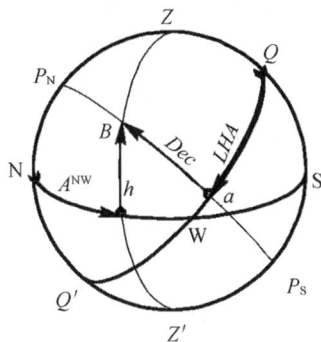

图 5-2-6 绘制测者子午面天球图示意图

（2）绘制天赤道面平面图

①如图 5-2-7 所示,以适当半径画圆为天赤道,圆心为仰极 P_N,逆时针旋转的方向为 E。所有过两极的大圆在该图上均为直线,过 P_N 向下画一直线 P_NQ 为测者午圈,向上画一虚线 P_NQ' 为测者子圈,在测者午圈上的线段 $QZ = \varphi = 40°$ 标出天顶 Z。

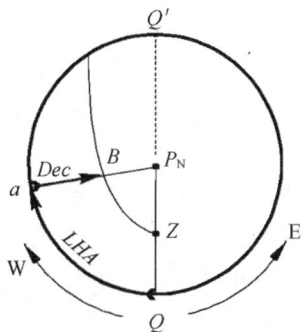

图 5-2-7 绘制天赤道平面图示意图

②如图 5-2-7 所示,在天赤道上,以 Q 为起点向西量取弧 $Qa = LHA = 80°W$ 得 a 点,过 a 点作直线 aP_N 得天体时圈,在该时圈上从 a 点起向 P_N 量取天体赤纬 $Dec = aB = 50°N$ 得天体位置 B。

三、航用天体

1.天体简介

天体是宇宙间各种星体的通称,而能用于海上天文定位的天体,只不过是日、月、金星、火星、木星和土星,以及 159 颗恒星(英版天文历列 173 颗),它们统称为航用天体,都属于自然天体。

（1）太阳系

太阳系是由太阳及受其引力作用而环绕其运行的天体所构成的庞大天体系统。

①太阳

太阳是离地球最近的一颗恒星,直径达139万千米,离地球1.5亿千米,是太阳系中心体。它给地球带来光和热,是地球上人类及动植物的生命源泉。

②行星

沿椭圆轨道绕太阳(或恒星)运行的天体叫行星。八大行星距离太阳由近及远依次为水星、金星、地球、火星、木星、土星、天王星和海王星。行星本身不发光,表面反射太阳光。水星总是在太阳左右,被强烈日光所淹没,很难见到。天王星和海王星离我们太远,肉眼见不到。能用于测天定位的行星只有金星、火星、木星和土星。

③卫星

围绕行星运动的天体叫作卫星。月球是地球的卫星,也是唯一一颗用于天文定位的天然卫星。

(2)恒星

恒星是非常炽热面巨大的发光天体。古人认为星与星之间相互位置永恒不动,故叫它们恒星。现代观测已证实,点点繁星都是遥远的"太阳",有着各种各样的运动,只是距地球太远了,凭肉眼数百年里看不出它们位置变动,至今虽然仍称"恒星",但有着全新的理解。

通常无月亮的夜里,眼力好的人可以看到3000多颗恒星,全天肉眼可见恒星6000多颗。星图、星球仪、索星卡所标的星都是恒星。

2. 航用恒星的识别

测星定位时必须知道所测星体的名称,才能从《航海天文历》中求取其视位置,来解算天文测船位,因此,认识航用恒星是利用星体定位和求罗经差的先决条件。

(1)星座和星名

为了认星方便,人们把星空分为若干区域,称为星座。1922年国际天文学大会规定将全天分为88个星座,并采用1875年的春分点和天赤道为基准的赤经线和赤纬线作为星座界线,于1930年由英国剑桥大学以出版物的形式公布。我国历史悠久,是人类文明的发源地之一,有着独特的星象文化传统,在对天空区域划分的发展过程中,逐渐归纳为三垣廿八宿系统。

古时,仅有少数亮星起有专名,其余大部分用星座的部位来称呼。目前,每个星座内的恒星,基本上是根据星的亮度等级按照希腊字母的顺序命名的,即从 α 开始,依次为 β、γ、δ……较亮的恒星另有专名,如星名为天琴座 α 星,其专名叫作织女一。我国《航海天文历》中列有恒星的中文名称和英文名称。

(2)星等

星等是表示天体亮暗的等级单位。肉眼所能看到的星为6等星,亮度是它的2.512倍的为5等星,亮度是5等星的2.512倍的星为4等星,以此类推。1等星的亮度是6等星的100倍,亮度是1等星的2.512倍为0等星,亮度是0等星的2.512倍为−1等星,所以星等的负值越大,天体越亮,星等的正值越大,天体越暗。航海上,对星等的划分并不严格,习惯上将星等值小于1.5的恒星统称为1等星,而星等从1.6到2.5的星称为2等星。恒星和行星的星等都可以在《航海天文历》中查得。

(3)航用恒星识别

识别恒星基本上可以分为两种方法,一种是目视认星,另一种是利用索星卡等专用工具来认星。本节主要介绍目视认星的基本方法,就是根据亮星分布的几何形状来识别主要的航用恒星。在满天的繁星中,可供航海观测用的只有1等星和少量2等星,如表5-2-2所示(该表中的恒星在航海上统称为1等星)。

表5-2-2　星名表(2014年)

星名与专名	星等	星名与专名	星等
大犬座α　天狼　Sirius	-1.5	半人马座β　马腹一　Hadar	0.6
船底座α　老人　Canopus	-0.7	天鹰座α　河鼓二　Altair	0.8
半人马座α　南门二　Rigil Kent	0.1	金牛座α　毕宿五　Aldebaran	0.9
牧夫座α　大角　Arcturus	-0.3	南十字座α　十字架二　Acrux	1.3
天琴座α　织女一　Vega	0.0	天蝎座α　心宿二　Antares	1.0
猎户座α　参宿四　Betelgeuse	0.1~1.2	室女座α　角宿一　Spica	1.0
猎户座β　参宿七　Rigel	0.1	双子座β　北河三　Pollux	1.1
御夫座α　五车二　Capella	0.1	南鱼座α　北落师门　Fomalhaut	1.2
小犬座α　南河三　Procyon	0.4	天鹅座α　天津四　Deneb	1.3
波江座α　水委一　Achernar	0.5	狮子座α　轩辕十四　Regulus	1.4

北极星(小熊座α星)在天文航海上一直起着极其重要的作用,寻找北极星的方法很多,经常利用大熊座、仙后座和飞马座来寻找北极星,如图5-2-8所示。大熊座(俗称北斗七星或勺子星)α和β星之间的距离向北延长约5倍,可发现北极星。仙后座(俗称W星座)如星图图示箭头方向直指北极星。飞马座α和β星的连线向北延伸也可找到北极星。

在星图(见图5-2-8)中列出全天主要星座,为方便目视认星,人们将全天按赤经分成4部分,称为四季星空。由于测者的纬度不同、观测时间不同,所见星空是不一样的,四季星空是指测者在固定地点晚上22点前后所见的星空。另外,如果在众星座中出现一颗不属于该星座的明显亮星,肯定就是行星了。

春季晚上,从大熊座α和β星向南延伸,可找到狮子座α星(轩辕十四)和β星(五帝座一)。沿大熊座斗柄弯曲方向延伸,可见牧夫座α星(大角),继续延伸可见室女座α星(角宿一)。大角、角宿一和五帝座一形成一个等边三角形。由船帆形的乌鸦座向南,可见十字形亮星叫南十字座。

夏季晚上,在银河中有一巨大的"十"字形星座,北端一颗亮星叫天鹅座α星(天津四)。由此可看到银河东面的天鹰座α星(河鼓二即牛郎星)及西面的天琴座α星(织女一)。牛郎、织女和天津四组成一个直角三角形,直角在织女处。顺着天鹅飞去的方向,在南部天空,横躺着的S形星座,即天蝎座,中间略带红色的亮星是天蝎座α星(心宿二)俗称"大火"。

秋季晚上,巨大的正方形是飞马座。飞马座α和β星向北指北极星,向南3.5倍距离可见一亮星南鱼座(北落师门)。沿仙女座α星和飞马座γ星向南可见鲸鱼座β星(土司空),继续延伸为波江座α星(水委一)。

冬季晚上,灿烂的猎户座出现在天空中,四边形的左上方是猎户座α星(参宿四),右下方是猎户座β星(参宿七),沿猎户腰带3颗小星,向上指金牛座α星(毕宿五),它的旁边有一星群叫昴星团,俗称七姐妹星,向下指向全天最亮的恒星大犬座α星(天狼),继续向南可达全天第二亮星船底座α星(老人)。从天狼星向北画弧线相继可见小犬座α星(南河三)、双子座β星(北河三)、双子座α星(北河二)、御夫座β星(五车三)、御夫座α星(五车二)。

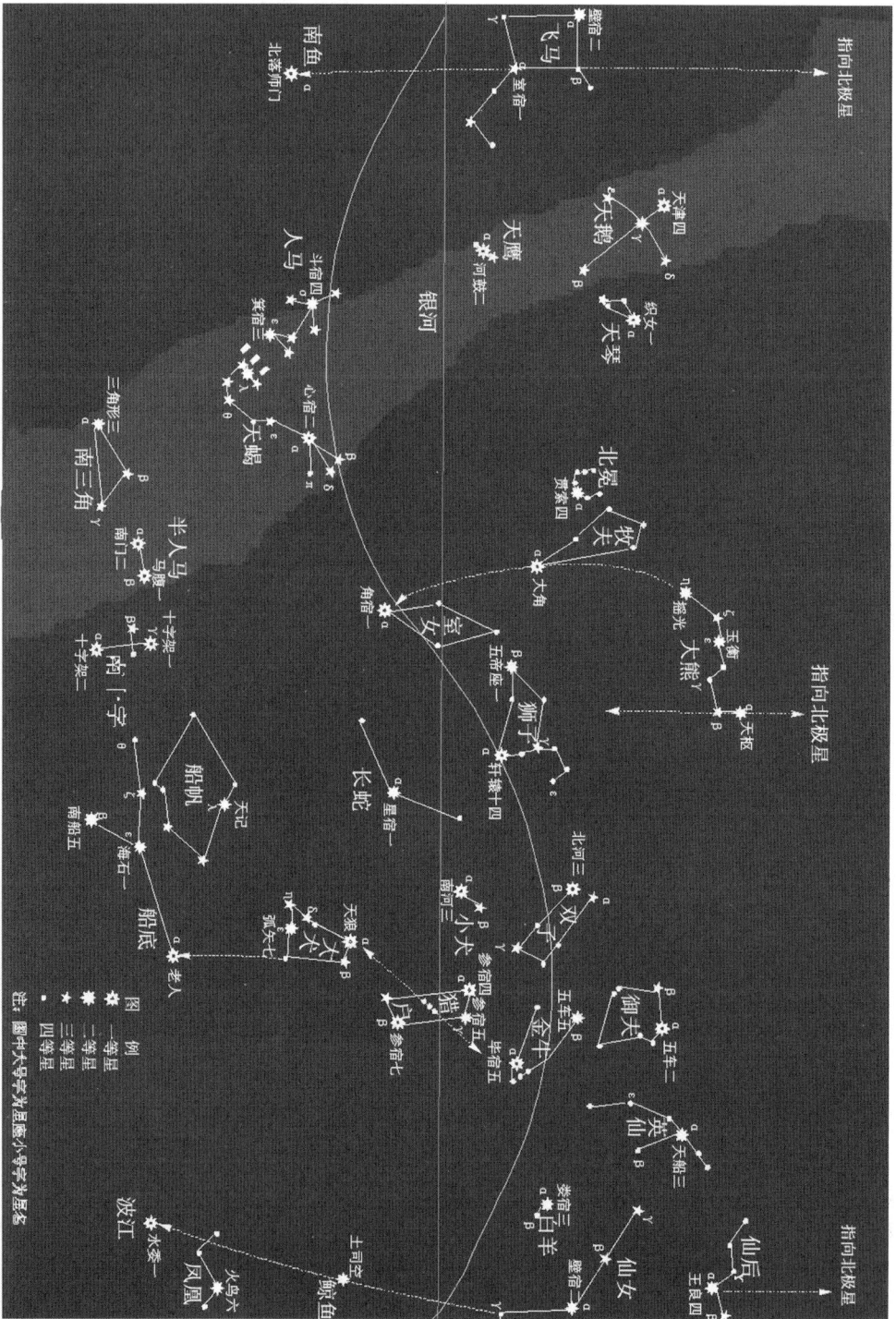

图 5-2-8　星图

第三节　天体视运动

地球的自转和绕太阳的公转,以及天体的自行,使得天体随时间在不停地运动,人们在天球上看到天体这种相对运动的现象称为天体视运动(apparent motion of celestial body)。在海上观测天体定位,必须知道被测天体的准确视位置。天体的视运动使其坐标值不断地变化,因此要想得到观测时刻天体的准确位置,必须了解和研究天体的运动规律,即天体视运动。

一、天体周日视运动

天体每日东升西没,以一昼夜为周期运动的现象称之为天体的周日视运动(diurnal motion of celestial body)。它实质上是由于站在地球上的人们感觉不到地球的自转而看到天体相对运动的现象。

1. 天体周日视运动的成因及运动规律

地球每日绕地轴自西向东自转一周,如图5-3-1所示,引起天球带着所有天体每日相对于地球自东向西运动一周的现象称为天体周日视运动。分析天体周日视运动的现象时,人们假定地球不转(即与测者有关的天球上的点、线、圈不动),而是天球带着所有天体(包括春分点、夏至点、秋分点和冬至点)按地球自转的反方向(自东向西)绕地球做周日视运动,其周期与地球自转的周期相同。

因为恒星的赤纬基本不变,所以恒星在天球上的日运动轨迹是平行于天赤道的小圆即赤纬平行圈,又称周日平行圈,而太阳、月亮和行星的赤纬在不断地变化,但是在一天中变化不大,所以在一天中它们的周日视运动轨迹基本上也可以认为是其各自的赤纬平行圈,严格来说,应该是一条连续的球面螺旋线。

2. 天体周日视运动的现象

天体周日视运动使天体产生出没、中天、高度和方位变化等诸现象,它们均取决于测者的纬度 φ 和天体的赤纬 Dec,即当 φ 与 Dec 一定时天体周日视运动的现象也就确定了。

（1）天体的出没(rise and set of celestial body)

在周日视运动中,当天体中心通过测者地心真地平(celestial horizon)时称天体的真出没。当天体中心位于东方真地平时称为真出(true rise),位于西方真地平时称为真没(true set)。有出没的天体其周日平行圈必然与真地平圈相交,如图5-3-1中的天体 B 等。因此,当测者的纬度一定时,有出没天体的赤纬 Dec 应满足:

$$Dec < 90° - \varphi \tag{5-3-1}$$

如果天体没有出没现象,其赤纬 Dec 应满足:

$$Dec \geqslant 90° - \varphi \tag{5-3-2}$$

当 Dec 与 φ 同名时,天体不没,如天体 D;当 Dec 与 φ 异名时,天体不出,如天体 J;当 $Dec = 90° - \varphi$,且 Dec 与 φ 同名时,恰好不没,如天体 G;当 Dec 与 φ 异名时,恰好不出。

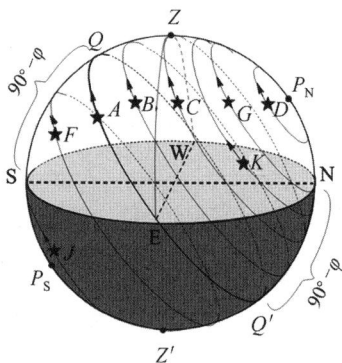

图 5-3-1 天体周日视运动

（2）天体的中天（meridian passage）

在周日视运动中，当天体中心经过测者子午圈时，称为天体中天。

天体中心经过测者午时称为天体上中天（upper meridian passage），此时天体地方时角 $LHA=0°$，当天体的赤纬 Dec 与测者纬度 φ 异名或 $Dec<\varphi$，且同名时，天体半圆方位角 $A=180°$，位置角 $X=0°$（图 5-3-1 中的天体 F、A、B）；当 $Dec>\varphi$，且同名时，$A=0°$，$X=180°$（图 5-3-1 中的天体 K、C、D）。如果测者纬度 φ 和天体赤纬 Dec 不变，这时天体的高度最高，称天体的中天高度 H，计算公式如下：

$$H=(90°-\varphi)\pm Dec \tag{5-3-3}$$

Dec 与 φ 同名取+，Dec 与 φ 异名取-；当 $[(90°-\varphi)\pm Dec]>90°$ 时，$H=180°-[(90°-\varphi)\pm Dec]$，或

$$H=90°-|\varphi-Dec| \tag{5-3-4}$$

Dec 与 φ 同名取+，Dec 与 φ 异名取-。

天体中心经过测者子圈时称天体下中天（lower meridian passage），此时天体的地方时角 $LHA=180°$。在航海实际工作中，没有特别说明提到天体中天时，均系上中天。

（3）测者纬度一定时天体在上天半球运行现象

现以北纬测者（$0°<\varphi<45°N$）为例，分析当纬度为一定值时，赤纬 Dec 不同的天体在上天半球运行的现象，如表 5-3-1 所示。

表 5-3-1 天体在上天半球的运动现象

天体赤纬	图中的天体	现象
$Dec<90°-\varphi$	K、C、B、A、F	天体有出没。当 Dec 与 φ 同名时，在地平上的时间大于地平下的时间；当 Dec 与 φ 异名时，在地平上的时间小于地平下的时间
$Dec\geqslant90°-\varphi$	D、C、J	天体没有出没。当 Dec 与 φ 同名时，不没；当 Dec 与 φ 异名时，不出；当 $Dec=90°-\varphi$ 时，恰好不出或不没
$Dec=0°$	A	天体过东西点，其周日平行圈为天赤道，在地平上下的时间相等
$Dec<\varphi$，且同名	B	天体过东西圈
$Dec=\varphi$，且同名	C	天体过天顶，其中天高度为 90°

（4）不同纬度上天体周日视运动现象

①测者位于赤道上（$\varphi = 0°$）

有出没的天体其赤纬 $Dec < 90° - \varphi$，当 $\varphi = 0°$，$Dec < 90°$ 时，所有天体均有出没，测者能见所有天体，此时天极 P_N、P_S 分别与 N、S 点重合，东西圈与天赤道重合，所有天体的周日平行圈均垂直于真地平，且被平分为两半，故天体在地平上、下的运行时间相等，如图 5-3-2 所示。在周日视运动中，北赤纬天体经过 NE、NW 两个象限，南赤纬天体经过 SE、SW 两个象限，此时天体的半圆方位 A，其第一名称与赤纬同名，第二名称与半圆地方时角同名（或天体位于东天半球为 E，西天半球为 W）。天体上中天时，其顶距 $Z = Dec$，故中天高度 $H = 90° - Dec$。当 $Dec = 0°$ 时，天体过天顶，其中天高度 $H = 90°$。

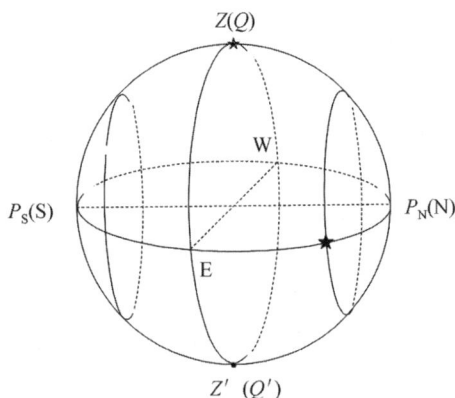

图 5-3-2　测者位于赤道天体视运动示意图

②测者位于两极（$\varphi = 90°$N 或 S）

如图 5-3-3 所示，这时天极 P_N、P_S 分别与 Z、Z' 重合，定不出 4 个方位基点。由于赤纬平行圈与真地平圈平行，故所有天体均无出没现象，Dec 与 φ 同名的天体不没，Dec 与 φ 异名的天体不出，这时测者能见半个天球上的天体，而且所有天体的高度均等于其赤纬。

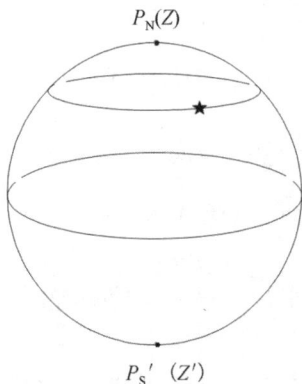

图 5-3-3　测者位于北极天体视运动示意图

每年 3 月 21 日到 9 月 23 日，太阳赤纬 Dec 为 N（$0° \leqslant Dec \leqslant 23°27'$N），北极该半年为白昼，称极昼；南极则为黑夜，称极夜，下个半年正相反。所谓极昼、极夜现象，实际上是指测者能见太阳不没或不出的现象。太阳不出没的条件是其赤纬 $Dec \geqslant 90° - \varphi$，故当测者纬度 $\varphi \geqslant 90° - Dec$，$\varphi$ 与 Dec 同名时会发生极昼现象，φ 与 Dec 异名时会发生极夜现象。例如，6 月 22 日，太阳赤纬 $Dec = 23°27'$N，在纬度 $\varphi \geqslant 90 - 23°27'$N $= 66°33'$N 的地区（北极圈以内的地区）会发生极昼现象,而在 $\varphi \geqslant 66°33'S$ 的地区(南极圈以内的地区)会发生极夜现象。

③测者位于任意纬度($0° < \varphi < 90°$)

综上所述,测者纬度越高,不出没的天体越多,能见天体越少。对于有出没的天体,其在地平上的时间随着测者纬度和天体赤纬的不同而变化。当天体赤纬等于 $0°$ 时,各地所见该天体在地平上、下的时间均相等;当测者纬度与天体赤纬同名时,纬度越高,天体在地平线上的时间越长;当测者纬度与天体赤纬异名时,纬度越高,天体在地平上的时间越短,此时,天体主要周日视运动现象如前所述,如表5-3-1所示。

3. 天体周日视运动引起天体坐标的变化

这里只讨论在周日视运动中,测者纬度一定、天体赤纬一定时,由天体时角 LHA 的变化所引起其地平坐标即天体高度 h 和方位 A 变化的规律。

(1)天体时角 LHA 的变化对其高度 h 变化的影响

由求高度的基本公式可知:

$$\sin h = \sin\varphi\sin Dec + \cos\varphi\cos Dec\cos LHA$$

微分上式,经整理得高度变化率公式:

$$\frac{\mathrm{d}h}{\mathrm{d}LHA} = -\cos\varphi\sin A \tag{5-3-5}$$

当天体中天时,其方位角 $A = 0°$ 或 $180°$,从上式可见,此时高度变化率为零。由此得出下述结论:

当天体中天时,其高度变化最慢,在中天附近,其高度变化缓慢。

上述结论是后续观测太阳中天高度求纬度的理论依据。

(2)天体时角 D 的变化对其方位 A 变化的影响

由求方位的基本公式可知:

$$\cot A = \tan Dec\cos\varphi\csc LHA - \sin\varphi\cot LHA$$

对上式微分,经整理得以下两个方位变化率公式:

$$\frac{\mathrm{d}h}{\mathrm{d}LHA} = -\cos Dec\cos X\sec h \tag{5-3-6}$$

$$\frac{\mathrm{d}h}{\mathrm{d}LHA} = -(\sin\varphi - \cos\varphi\cos A\tan h) \tag{5-3-7}$$

当天体中天时,其位置角 $X = 180°$ 或 $0°$,由式(5-3-6)可见,此时方位变化率最大。由此得出下述结论:

①当天体中天时,其方位变化最快,且与赤纬 Dec 和高度 h 有关,当 Dec 一定时,h 越高,天体方位变化越快。

当天体真出没时($h = 0°$)和过东西圈时($A = 90°$ 或 $180°$),由式(5-3-7)可见,此时方位变化率均为 $-\sin\varphi$,可以进一步证明方位变化最慢时是天体介于真出没与东西圈之间,由此得出下述结论:

②当天体介于真出没与东西圈之间时,其方位变化缓慢(也就是说天体介于真出与东圈之间时和西圈与真没之间时,其方位变化缓慢)。

结论①是太阳移线定位的理论依据,而结论②是观测低高度天体的罗方位求罗经差的理论依据。

二、太阳周年视运动

昼夜交替的现象表明了太阳的周日视运动,而一年四季的循环则表明了太阳赤纬、赤经的周期变化。若于某地夜间某一固定时刻观察星空,就会发现四季星空在逐渐地变化,但在每年同一季节星空是相同的。四季星空的循环改变说明太阳在星座间的移动,即太阳赤经的周期变化。如果注意观察太阳,就会发现其中天高度以及出没方位均以一年为周期在循环变化(产生了一年四季),即太阳赤纬的周期变化。太阳这种以一年为周期的运动称为太阳的周年视运动(solar annual apparent motion)。

1. 太阳周年视运动的成因

地球除自转外,每年(约 365.2422 日)还绕太阳自西向东公转一周(如图 5-3-4 所示),由此而引起太阳每年相对地球自西向东运动一周的现象称为太阳周年视运动。如图 5-3-5 所示,当地球在位置 1 时,看到太阳在天球的 ♈ 点上,而后地球继续向东公转到位置 2、3、4,则相对看到太阳在天球上向东运行到点 ♋、♎、♑;当地球公转一周再回到位置 1 时,则看到太阳又回到 ♈ 点。由于人们感觉不到地球的公转,但是在公转的过程中能相对看到太阳在天球上沿过 ♈、♋、♎、♑ 四点的大圆绕地球相对运动一周。这种相对运动现象就是太阳周年视运动,其运动轨迹称为黄道。

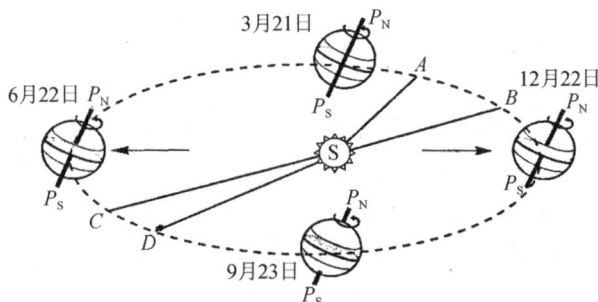

图 5-3-4 地球公转示意图

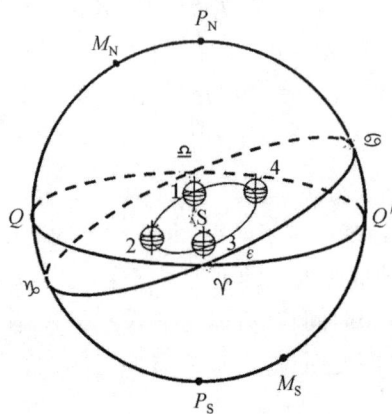

图 5-3-5 太阳周年视运动

（1）黄道（ecliptic）

地球公转轨道面与天球截得的大圆，即太阳周年视运动的轨迹。因为地球的地轴在公转的过程中始终与其公转轨道面（黄道面）成66°33′的夹角，如图5-3-5所示，所以黄道平面与天赤道平面的夹角$\varepsilon=23°27′$，该角称为黄赤交角（obliquity of the ecliptic）。

（2）两分点

黄道与天赤道交于两个点，称两分点。太阳赤纬由S变为N所经过的一点称春分点♈（vernal equinox），另一点为秋分点♎（autumnal equinox），如图5-3-5所示。

在黄道上距两分点90°的两个点，称两至点。太阳赤纬为北时所经过的一点称夏至点♋，另一点称冬至点♑，如图5-3-5所示。

2.太阳周年视运动的规律

太阳沿黄道自西向东周年视运动一周，其赤纬、赤经也相应变化一周，因而产生了四季以及四季星空循环变化的现象。

（1）运动规律

太阳在周年视运动期间，通过分点、至点的日期、坐标值及变化规律如表5-3-2所示。

表5-3-2　太阳周年视运动规律

日期	分至点	赤经RA	赤纬Dec	北半球日照	说明
3月21日	春分♈	0°	0°	昼夜相等	北半球天文春季开始，太阳北赤纬开始逐渐增大
6月22日	夏至♋	90°	23°27′N	昼长夜短	北半球天文夏季开始，太阳北赤纬开始逐渐减小
9月23日	秋分♎	180°	0°	昼夜相等	北半球天文秋季开始，太阳南赤纬开始逐渐增大
12月22日	冬至♑	270°	23°27′S	昼短夜长	北半球天文冬季开始，太阳南赤纬开始逐渐减小

（2）太阳周年视运动为不等速运动

地球绕太阳公转速度的不均匀性（太阳在周年视运动的全过程中为不等速运动），早已由开普勒定律所证明，结果使得太阳从春分点运行到秋分点（180°）需要约186天，由秋分点运行到春分点（180°）则需要约179天，两者相差约7天。在一年中，太阳赤经日变化量DRA在53′.8~66′.6之间逐日变化。

3.四季和四季星空划分

太阳赤纬周期性的变化使地球产生了四季，即地球上的冷暖主要取决于阳光的直射和斜射（与太阳赤纬有关），而不是地球距太阳的远近。每年6月22日前后（地球接近远日点7月3日），阳光直射北半球，并且日照时间长，所以北半球为夏季。12月22日（地球接近近日点1月4日），北半球的阳光几乎是擦地而过，再加之日照时间短，所以北半球为冬季，如图5-3-4所示。

测者在同一地点、晚上的同一时刻、在不同的季节中所见到的星座则不一样。为便于识别航用恒星，将全天球星空划分为四个部分，称为四季星空，当太阳位于春分点时（太阳赤经RA＝0°），测者所见星空称为春季星空，它是以赤经RA＝180°为中心线展开的星空。同理，夏季星空、秋季星空和冬季星空分别是以赤经 270°、0° 和 90° 为中心线展开的星空。

4. 太阳视运动的轨迹是一条连续的球面螺旋线

太阳周日视运动和周年视运动是同时存在的,因此,我们所见太阳视运动是这两种运动的合运动。太阳的周日视运动表现为昼夜的交替变化,其周年视运动表现为四季和四季星空的交替循环。太阳视运动的轨迹是一条连续的球面螺旋线,其变化范围不超过 23°27′N 和 23°27′S 的赤纬平行圈,因此该两赤纬平行圈分别称为北回归线(或夏至线)和南回归线(或冬至线)。

三、月亮视运动简介

月亮除了参与周日视运动外,还有它自身的运动。从地球上看到的月亮的相对运动现象称之为月亮视运动。

月亮是地球的卫星,它自西向东绕地球公转,其运行的轨道是一个椭圆,该椭圆平面与天球截得的大圆称为白道,白道面与黄道面的平均交角约为 5°09′,称为黄白交角(obliquity of the moon path)。

月亮以恒星为参考点绕地球运行一周的时间间隔约为 27.32 日,称为一个恒星月(sidereal month)。

月亮以太阳为参考点绕地球运行一周的时间间隔约为 29.53 日,称为一个朔望月(lunar month)。

因为月亮本身不发光,它只能反射太阳的光辉,所以它朝着太阳的一侧始终是亮面。在绕地球运行的过程中,它的亮面以不同的角度朝向地球,这样,在一个朔望月中,从地球上看到月球亮面的形状(称月相,lunar phases)呈现圆缺规律性的变化。在图 5-3-6 中,图下部为月亮所处 8 个不同位置时,在地球上所见月相的变化规律。主要月相有以下四种。

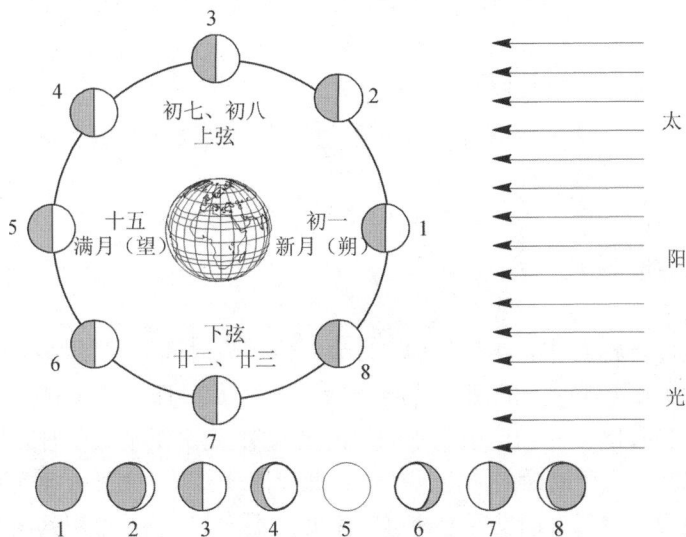

图 5-3-6　月相示意图

新月(new moon,简称朔):约在农历初一,月球与太阳在同一方向上,如图 5-3-6 中的位置1,从地球上看不到月球的亮面,此时月亮与太阳一起出没。新月之后,月亮逐日向东偏离太阳。

上弦(first quarter):在农历初七、初八,月亮位于太阳的东边角距90°左右,如图5-3-6的位置3所示,中午月亮升起,下午月亮位于东天,这时白天可同时看到太阳和月亮;日没时分,月亮在中天附近。

满月(full moon,简称望):约在农历十五,月亮到达图5-3-6中的位置5,此时日月相对,月球的亮面正对地球。日没时分,明月东升;日出时分,明月西没。

下弦(last quarter):约在农历廿二、廿三,月亮位于太阳的西边角距90°左右,如图5-3-6中的位置7所示。日出时分,月亮位于中天附近,上午月亮位于西天,这时白天可同时看到太阳和月亮;中午时分,月亮西没。下弦过后将再次呈现新月月相,如此不断循环,如表5-3-3所示。

表5-3-3　月亮出没规律表

月相	月出	中天	月没
新月	日出	中午	日没
上弦	中午	日没	子夜
满月	日没	子夜	日出
下弦	子夜	日出	中午

第四节　时间系统

宇宙中的天体按各自的运行规律时刻在运行着,天体的坐标随时间不断地变化。时间和天体位置是天文航海中有着紧密联系的两个要素。时间可以根据某一均匀、周期性的自然现象所持续的固定长度作为时间测量的单位来进行计量。若将该现象发生的某瞬间作为时间计量的起点,就得出了时刻。航海实践活动离不开时间,因此,航海人员必须了解和掌握时间系统的有关知识。

一、时间系统概述

人们早期把地球自转看作均匀运动,以地球自转作为时间计量的基准,以视太阳(真太阳)或春分点连续两次同名中天的间隔时间作为一个视太阳日或恒星日。由于太阳运动复杂,致使太阳时不均匀,1895年纽康引入了假想的平太阳,定义了平太阳时。1928年国际天文学会正式将格林尼治平太阳时命名为世界时。从此以地球自转为基准的时间计量系统的世界时被全世界统一使用。后来人们发现地球自转速度是不均匀的,导致用其测得的时间也不均匀。因此,从1960年起人们开始以地球公转运动为基准来量度时间,用历书时系统代替世界时。随着科技的发展,历书时的精度已不能满足需要,1967年后,历书时被原子时取代。原子时的时间单位在目前来说是最精确的,但原子时不能确定时刻,从而出现了协调世界时。

到目前为止,所采用的时间计量系统基本可分为三类:

(1)建立在地球自转运动基础上的时间计量系统——恒星时和世界时;

(2)建立在地球公转运动基础上的时间计量系统——历书时;

(3)建立在原子能级跃迁频率基础上的时间计量系统——原子时和协调世界时。

在航海实践中,主要采用世界时系统,以下将介绍世界时和协调世界时。

1. 世界时

世界时系统是以地球自转为基础的时间计量系统,即以地球自转周期作为时间计量单位。人们选用不同参考点来测量地球的自转周期,依据所选的参照点的不同,得到的时间计量单位的长度也不同:

恒星时(sidereal time):以春分点为参照点得到的时间计量单位;

视时(apparent time):以视太阳为参照点得到的时间计量单位;

平时(mean time)或世界时(universal time,UT、GMT):以平太阳为参照点得到的时间计量单位。

人们从长期的观测实践中发现,地球自转的速率非但不均匀,还存在极移现象。极移使地球上各点的经纬度发生变化,导致世界各地天文台测得的世界时之间存在微小的差别。因此,1955年第九届国际天文学协会决定自1956年起,对直接观测到的世界时做极移和地球自转季节性变化的两项改正。世界时UT又分为三类:

(1)UT0:直接由天文观测得到的世界时。由于极移的影响,世界各地的天文台测得的UT0有微小的差别,因而不能作为统一的时间标准。

(2)UT1:UT0经极移改正后得出的世界时,这是真正反映地球自转的统一时间,也是天文航海所使用的世界时。

(3)UT2:UT1经过季节改正后得出的世界时,这是1972年以前国际公认的时间标准。

2. 原子时和协调世界时

为了更好、更准确地服务于人类改造自然界的一切活动,1967年10月第13届国际度量衡会议规定:以铯(Cs133)原子基态超精细能级跃迁的电磁振荡9192631770周所经历的时间长度为原子时1 s。由这种时间单位积累起来的时间称为原子时(atomic time,AT)。

1958年1月1日世界时(UT2)0时为原子的起始历元时。将全世界大约100台原子钟用各种方法进行比对,再由国际时间局(BIH)进行数据处理,求出统一的原子时,称为国际原子时(international atomic time,ITA)。原子时自1958年起到2006年1月1日止,已超前世界时33 s,随着时间的推移,两者差别将越来越大。所以把原子时直接应用于日常的生活、工作,也会引起诸多问题。

原子时比世界时精确、稳定,能够满足许多现代科学技术部门的要求。但是世界时系统与昼夜保持稳定关系的特点,也不是原子时所能替代的。为了兼顾在实际应用中既需要有稳定的频率和均匀的时间,又需要世界时(UT1)的时刻,人们在原子时(AT)与世界时之间进行协调,得出另一种称为协调世界时(UTC)的时间计量系统。

协调世界时(coordinated universal time,UTC)是以原子时秒作为计量时间的单位,而在时刻上则要求与世界时(UT1)之差保持在±0.9 s之内。因此,UTC是受UT1制约的原子时。

UTC在时刻上与UT1保持在±0.9 s的误差之内,是通过跳秒调整来实现的。1971年国际无线电咨询委员会所制定的 UTC 的实施要点是：

（1）UTC 从 1972 年 1 月 1 日世界时 0^h 开始实施。

（2）UTC 必须通过跳秒调整来实现其时刻上与 UT1 之差保持在 ±0.9 s 之内的要求。

（3）实施跳秒调整的时间，在每年的 6 月 30 日或者 12 月 31 日世界时的最后一秒上进行。3 月 31 日和 9 月 30 日的最后一秒作为跳秒调整的候补选用日期，而且如有必要，每个月末的最后一秒都可实施跳秒调整。

跳秒每次调整 1 整秒，称为闰秒。以原子时为基础，凡是增加 1 s，即时刻推迟 1 s 与 UT1 保持一致称为正闰秒（又称正跳秒）；凡是减少 1 s，即时刻提前 1 s 与 UT1 保持一致称为负闰秒（又称负跳秒）。一个正闰秒在 $23^h59^m60^s$ 后加 1 s 才是次日的 $00^h00^m00^s$；而一个负闰秒在 $23^h59^m59^s$ 时就调为次日的 $00^h00^m00^s$。

UTC 的跳秒调整由国际时间局根据天文测时的情况做出决定，并提前 2 个月通知各天文台。跳秒调整的预告刊登在《英版航海通告》（Admiralty Notices to Mariners）周版的第 VI 部分，即改正《英版无线电信号表》（Admiralty List of Radio Signals）第二卷的无线电时号部分。

UTC 与 UT1 的偏差保持在 ±0.9 s 之内，这一时间误差对航海活动而言是完全满足时间精度要求的，因而可以把 UTC 近似当作 UT1。例如在航海测天定位时，驾驶员常常把 GPS 导航仪指示的 UTC 近似当作 UT1 使用。

二、视时与平时

太阳的周日视运动产生昼夜现象。自古以来人们习惯于按照昼夜的交替来安排生活和生产活动，因此，根据太阳的周日视运动计量时间对于日常生活是极其适宜的。

1. 视时

（1）视太阳日

视太阳日（solar day）是视太阳在周日视运动中连续两次下中天的时间间隔，以视太阳下中天作为视太阳日的起始点 0 时刻，顺时针方向计时。

地球除自转外，还绕太阳公转，因此，在同一地视太阳连续两次下中天期间地球自转了多少度，是确定一个视太阳日长短的关键。如图 5-4-1 所示，设 3 月 21 日某地某一时刻视太阳和春分点同时下中天，如图 5-4-1（a）所示，地球自转一周 360° 后春分点 ♈ 第二次下中天，但太阳因同时参与周年视运动需每日在黄道上东移（与周日视运动方向相反）赤经值 DRA，还未第二次下中天，如图 5-4-1（b）所示。显然，地球还需继续自转一个 DRA 角度后视太阳才会第二次下中天，如图 5-4-1（c）所示。因此，一个视太阳日，地球实际自转了 $360°+DRA°$（赤经日变化）角度值，而视太阳在天球上完成了 360° 变化，即：

视太阳日 = 太阳周日视运动 1 周 = 地球自转 $360°+DRA°$（赤经日变化）所经历的时间长度。将 1 个视太阳日等分为时、分、秒，便得：

视太阳日 = 24 太阳小时（24 h）= 360°（视太阳周日视运动 1 周）；

视太阳小时 = 60 太阳分钟（60 min）= 15°；

视太阳分钟 = 60 太阳秒（60 s）= 15′。

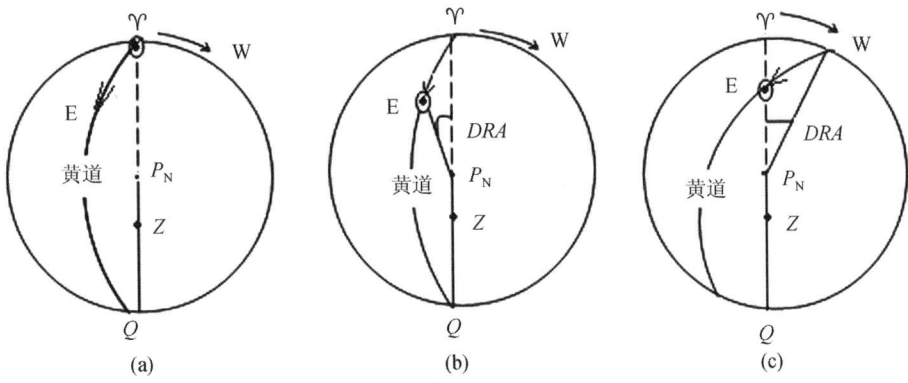

图 5-4-1　基于恒星的视太阳日长短关系

（2）视（太阳）时

视太阳由测者子圈起向西运行所经历的时间长度称为视太阳时（local apparent time，LAT），用 $T^\odot$ 表示，如图 5-4-2 所示。

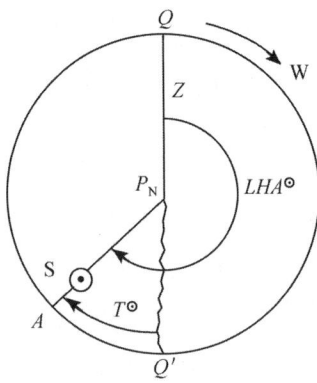

图 5-4-2　视时与太阳地方时角

（3）视时与太阳的地方时角之间的关系

根据天体地方时角的定义，太阳由测者午圈起向西运行所经历的弧距称为太阳的圆周地方时角 $LHA^\odot$，因此，$LAT^\odot$ 与 $LHA^\odot$ 间有关系式：

$$LAT^\odot = LHA^\odot \pm 12\ h(180°) \qquad (5\text{-}4\text{-}1)$$

如图 5-4-2 所示，某时太阳的时圈为 $P_N SA$，视时 $T^\odot$ 用弧距 $Q'A$ 度量。而此时太阳的地方时角为 $QQ'A$。

需要指出的是，太阳周年视运动中，由于太阳运动的不均匀性和黄赤交角 ε 的影响，太阳赤经的每日变化量 $DRA^\odot$ 是不均匀的，最大的日变量 $DRA^\odot = 66'.6$，而最小的 $DRA^\odot = 53'.8$。这表明最长和最短的一个视太阳日相差约为 $12'.8 \times 4\ s = 51.2\ s$。作为一种时间单位，长短必须固定。由此可见，把长度变化的视太阳日作为时间单位是不适宜的。

2. 平时

（1）平太阳日

平太阳 $\oplus$（mean sun）是一个假想的天体，它在天赤道上自西向东做匀速周年视运动，速度大小等于视太阳的平均速度。教材中一些示意图上和公式中的"$\oplus$"就表示平太阳。平太阳每天的赤经变化量 $DRA^\oplus$ 为：

$$DRA^{\oplus} = \frac{24\ h}{365.2422} \approx 3\ min\ 56.56\ s = 59'.14$$

显然,图 5-4-1 中的 DRA 不再是个变量,而是大小为 $59'.14$ 的固定值。

平太阳日(mean solar day)是平太阳在周日视运动中连续两次下中天的时间间隔,把平太阳下中天作为平太阳日的起始时刻 0 点,顺时针方向计时,平太阳日是等长的,即

$$1\ 平太阳日 = 平太阳周日视运动 1 周的时间长度$$
$$= 地球自转(360°+59'.14)的时间$$
$$= 1\ 恒星日 + 3\ min56.56\ s$$

同样:

$$1\ 平太阳日 = 24\ 平太阳小时(24\ h) = 360°(平太阳周日视运动 1 周)$$
$$1\ 平太阳小时 = 60\ 平太阳分钟(60\ min) = 15°$$
$$1\ 平太阳分钟 = 60\ 平太阳秒(60\ s) = 15'$$

需要指出的是:在天文航海活动中是用平太阳时、分、秒为时间计量单位的。

（2）平(太阳)时

平太阳由测者子圈起向西运行所经历的时间长度称为平太阳时(mean solar time)。平太阳时简称平时(local mean time, LMT)。平时的表示须标明日期,例如 $LMT = 15^h03^m45^s(2011-8-17)$。

（3）平时 LMT 和平太阳圆周地方时角 $LHA^{\oplus}$ 的关系

LMT 是从测者子圈起算的,$LHA^{\oplus}$ 是从测者午圈起算的,因此有:

$$LMT = LHA^{\oplus} \pm 12\ h(180°) \tag{5-4-2}$$

即平太阳时在数值上等于平太阳圆周地方时角加减 12 h。

3. 时差

航海实践中,我们只能看见视太阳,而计时使用平时制。显然,时间和视太阳位置不能一一对应。因此,我们通过时差来解决这两者之间的关系。

同一时刻视时与平时的时间差值称为时差(equation of time, ET),即

$$ET = LAT^{\odot} - LMT \tag{5-4-3}$$

时差 ET 由《航海天文历》的天体位置表右页右下角的时差栏查得,也可查《太阳方位表》。

实际上,时差的大小说明了视太阳与平太阳之间的位置关系。$DRA^{\oplus}$ 是视太阳赤经的日变量 $DRA^{\odot}$ 的平均值,因此,$DRA^{\odot}$ 有时小于 $DRA^{\oplus}$,有时大于 $DRA^{\oplus}$。即在太阳周年视运动中,视太阳在某些时间段内落后于平太阳,某些时间段内又超前于平太阳,反映在时间上就是视时 $T^{\odot}$ 与平时 T 之间的差异。

如果视太阳落后于平太阳,$T^{\odot} < T$,则 ET 为"-"(如图 5-4-3 所示);如果视太阳超前于平太阳,$T^{\odot} > T$,则 ET 为"+"(如图 5-4-4 所示)。图 5-4-5 是一年中的时差变化曲线图。从图中看出,一年中有 4 天时差等于零,有 4 天达到极值,但时差最大不超过 17 min,因此平太阳时也能与视太阳的昼夜交替保持良好的关系。

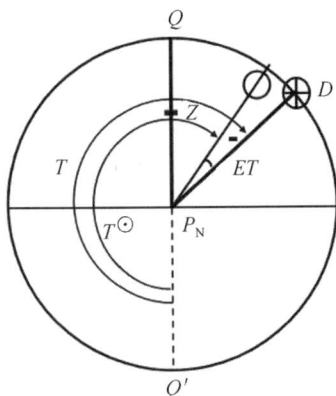

图 5-4-3 视太阳落后于平太阳

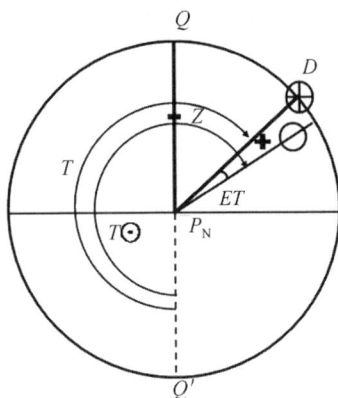

图 5-4-4 视太阳超前于平太阳

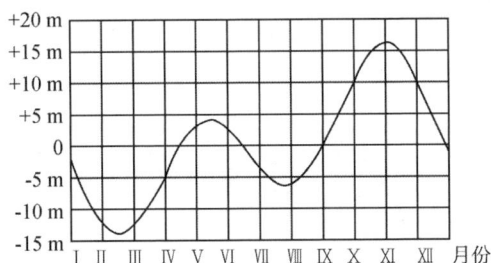

图 5-4-5 时差变化曲线

根据时间和时角的关系,可得

$$ET=LHA^{\odot}-LHA^{\oplus} \tag{5-4-4}$$

根据赤经的关系,可得

$$ET=RA^{\oplus}-RA^{\odot} \tag{5-4-5}$$

航海活动中,利用视时和平时的关系可以解决以下的问题:

(1)根据已知的平时 T 求太阳时角

$\because LHA^{\odot}=LHA^{\oplus}+ET$

$LHA^{\oplus}=T\pm12^{h}$

$\therefore LHA^{\odot}=T\pm12^{h}+ET$

(2)求太阳中天平时 T

$\because T=T^{\odot}-ET$

又$\because$ 太阳上中天时,$LHA^{\odot}=0°$,$T^{\odot}=12^{h}$

$\therefore T=12^{h}-ET$

例 5-4-1:查中版《太阳方位表》得 2020 年 3 月 20 日时差 $ET=-7^{m}30^{s}$,求某地太阳上中天时的时间(即平时)。

解:

$\because$ 某地太阳上中天,所以视时 $LAT^{\odot}=12^{h}00^{m}00^{s}$

又$\because LMT=LAT^{\odot}-ET$

$\therefore LMT=12^{h}00^{m}00^{s}-(-7^{m}30^{s})=12^{h}07^{m}30^{s}$

显然,通过时差、航海活动时间(平时制)和视太阳位置,测者就能将平时与视太阳位置一一对应起来。例 5-4-1 中测者所在地 $12^h07^m30^s$ 时视太阳上中天。

三、地方时与世界时

1.地方时

由某地测者子圈开始起算的平太阳时称为地方平时(local mean time,LMT)，简称地方时。航海活动中，时间表示法需注明日期，如 2011 年 8 月 18 日某地的地方时 LMT 为 $07^h18^m22^s$，LMT 应表示为 $07^h18^m22^s$ 18/Ⅷ 或 $07^h18^m22^s$ 18/8。

如图 5-4-6 所示，QZ_1P_N 是测者 1 的子午圈(虚线为测者子圈)，Z_1 为天顶，λ_1 是其经度；P_NZ_2 是测者 2 的子午圈，Z_2 为其天顶，λ_2 是其经度，测者 2 在测者 1 的东面，两者的经差为 $D\lambda^E$。设 ⊕ 为某一瞬间的平太阳位置，根据平太阳时的定义，显然，图中 LMT_2 大于 LMT_1。因此，对于同一位置的平太阳⊕，不同经度线的测者有不同的地方时，且东侧测者的地方时大于西侧测者的地方时。

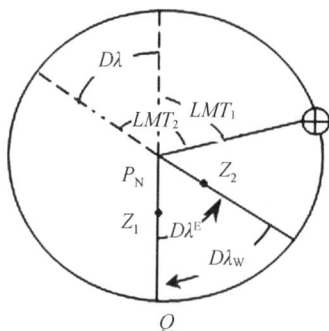

图 5-4-6　地方时之间的关系

同一时刻不同经度线上的地方时 LMT 之间的差值等于它们的经差 $D\lambda$，且符合"东大西小"或"东加西减"的规律，即各地的 LMT 之关系为：

$$LMT_2=LMT_1\pm D\lambda_W^E \tag{5-4-6}$$

$D\lambda=\lambda_2-\lambda_1$(转换成对应的时间值)。

例 5-4-2：2020 年 10 月 10 日，已知经度 $\lambda_1=115°15'.5E$ 处的地方时 LMT_1 为 $06^h28^m22^s$，求经度 $\lambda_2=83°23'.0E$ 处的地方时 LMT_2。

解：

①求两地的经差

$$
\begin{array}{ll}
& \lambda_2 \quad 83°23'.0E \\
-) & \lambda_1 \quad 115°15'.5E \\
\hline
& D\lambda \quad 31°52'.5W \text{ 即 } 02^h07^m30^s
\end{array}
$$

②用 $LMT_2=LMT_1\pm D\lambda_W^E$ 求 LMT_2(经差为西经，取负号)

$$
\begin{array}{lll}
& LMT_1 \quad 06^h28^m22^s \\
-) & D\lambda \quad 02^h07^m30^s \\
\hline
& LMT_2 \quad 04^h20^m52^s & 10/10
\end{array}
$$

2. 世界时

格林经度线上的地方时 LMT 称为世界时(universal time,UT),又称格林地方平时(Greenwich mean time,GMT)。《航海天文历》中的"天体位置表"中的天体位置就是与世界时一一对应的,即查表引数为世界时。

世界时实际上是 0° 经线上的地方平时。因此,世界时 GMT 与不同经度线上的地方时 LMT 之间的关系可通过图 5-4-7 来理解。图中 Z_G 为格林天顶,Z_1 为测者 1 的天顶,λ_W 是其经度,Z_2 为测者 2 天顶,λ_E 是其经度。测者 2 在地球上的东半球,而测者 1 则在西半球。设 $\oplus$ 为某一瞬间的平太阳位置,根据平太阳时的定义,显然,图中 $LMT_2 > GMT > LMT_1$,因此,对于同一位置的平太阳 $\oplus$,地方时 LMT 与世界时 GMT 之间相差测者的经度 λ,其关系仍然符合"东大西小"或"东加西减"的规律,关系式为:

$$LMT = GMT \pm \lambda_W^E \qquad (5\text{-}4\text{-}7)$$

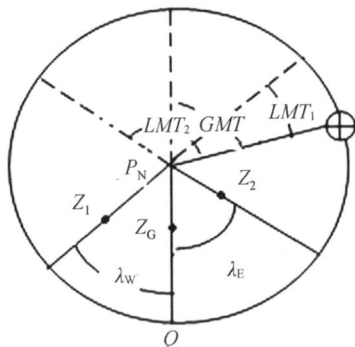

图 5-4-7 地方时与世界时之关系

时间表示法也需注明日期。

例 5-4-3:2020 年 10 月 15 日,已知 $\lambda = 116°27'.5E$ 的 LMT 为 $06^h18^m20^s$,求 GMT。

解:

①将 λ 转换成时间

$\lambda = 116°27'.5E/15° = 07^h45^m50^sE$

②用 $LMT = GMT \pm D\lambda_W^E$ 经转换求 GMT

	LMT	$06^h18^m20^s$	15/10(不够减,加 24 h,日期减一天)
$-)$	λ	$07^h45^m50^sE$	
	GMT	$22^h32^m30^s$	14/10

四、区时与船时

1. 区时

由于平太阳在同一位置时,不同经度线上的地方时是不相同的。在社会生活和国家行政管理中,如果人们都使用本地的地方时显然是行不通的。1884 年,国际天文学会提出了时区制的建议,即把全球划分为 25 个时区,每个时区均以本区中央经度线的地方时作为全区使用的统一时间。这个时间称为区时。

（1）时区的划分

如图 5-4-8 所示,以 0°经度线为中线,向东向西各取经度 7°30′,共 15°划成一个时区(time zone),称为零时区(0),0°经度线是零时区的中央经度线,也称零时区中线。从零时区的东边界线开始,向东每隔经度 15°划一个时区,共划成十二个东时区,依次为东 1 区、东 2 区……东 12 区;同样地,从零时区的西边界线开始,向西每隔 15°划成西 1 区、西 2 区……西 12 区。

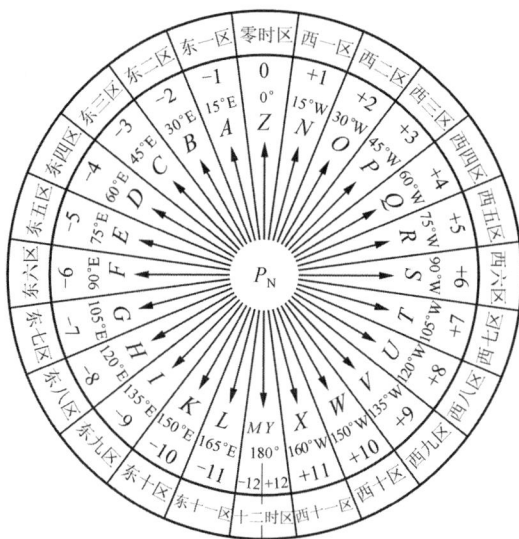

图 5-4-8　时区划分示意图

（2）时区的区号

每个时区都有编号,称为时区号(zone discription,ZD),简称区号。东时区的区号为"−",西时区的区号为"+"。需要注意的是,在上述 25 个时区中,只有东 12 区和西 12 区各跨经度 7°30′,180°经度线是这两个时区的分界线(12 时区中线),除此以外,各时区的时区中线离本区的边界线的经差为 7°30′,相邻时区中线的经差都等于 15°。零时区的中线经度是 0°,东 1 区的中线经度是 15°E,西 1 区的中线经度是 15°W,以此类推。由此可见,各时区中线经度是其时区号的 15 倍。即

$$时区中线经度 \lambda_W^E = 时区号数(\mp) \times 15° \tag{5-4-8}$$

航海活动中,应根据船舶所在经度来确定所在时区的区号。具体方法是:凡是经度 λ 被 15 除后,如果余数小于 7°30′者,所得的商数就是该经度所在时区的号数;如果余数大于 7°30′,则商数(不考虑符号)加 1 才等于时区号数。

例 5-4-4:某船位于经度 λ 分别为 121°39′E 和 172°37′. 3W,求其所在时区的区号。

解:

$\dfrac{121°39′}{15°}$ 等于 8 余 1°39′,小于 7°30′,船舶所在的区号大小应为商数,$ZD = -8$(东八区);

$\dfrac{172°37′. 3}{15°}$ 等于 11 余 7°37′. 3,大于 7°30′,船舶所在的区号大小应为商数加 1,$ZD = +12$(西十二区)。

（3）区时

时区中线上的地方时作为该时区的统一时间,该时间称之为区时(zone time,ZT)。区时

ZT 应注明区号及日期,例如 $ZT\ 10^{h}12^{m}15^{s}(-8)2011-10-09$。显然,零时区的区时是 0° 经度线上的地方时,也就是世界时 GMT。

从本质而言,区时是时区中线上的平时,因而也具有地方性,具有"东大西小"的特征。又因各时区中线经度都是 15° 整数倍,因此,当平太阳在同一位置时,相邻时区的区时相差 1 h,而且东边时区的区时大,即符合"东大西小"或"东加西减"的规律。同一时刻,各时区的区时之间的关系式为:

$$ZT_2 = ZT_1 \pm D\lambda_{W}^{E} \tag{5-4-9}$$

$D\lambda = \lambda_{m2} - \lambda_{m1}$(转换成对应的时间值),$\lambda_{m}$ 为时区中线上的经度。

①区时与世界时之间的关系

因为时区号 ZD 本身有正负号,所以区时与世界时之间的关系为:

$$GMT = ZT + ZD \ \ 或 \ ZT = GMT - ZD \tag{5-4-10}$$

例 5-4-5:已知 $ZT = 15^{h}35^{m}22^{s}(-9)2020-10-08$,求世界时 GMT。

解:

$$
\begin{array}{lll}
ZT & 15^{h}35^{m}22^{s}\ 8/10 \\
+)\quad ZD & -9 \\
\hline
GMT & 06^{h}35^{m}22^{s}\ 8/10
\end{array}
$$

②同一时区内的区时与地方时之间的关系

同一时刻,在同一时区内的某一经度线上的地方时 LMT 和区时 ZT,符合"东大西小"规律,两者相差该经度线与时区中线经度之经差的时间度量值。

$$ZT = LMT \pm D\lambda_{W}^{E} \tag{5-4-11}$$

$D\lambda = \lambda_{m} - \lambda$(转换成对应的时间值),$\lambda_{m}$ 为时区中线上的经度。

2. 船时

船上的时钟(船钟)指示的时间称为船时(ship's mean time,SMT),船时精确到分钟。实用中船时用小时和分钟所组成的 4 位数表示,并注明日期,例如 SMT 0830(2011-08-25)。

当船舶在大洋航行时,船时指示船舶所在的区时,故有时也用 ZT 表示。当船舶进入领海或港区时,船时应指示所属国家规定的时间(法定时)。

以上时间值之间的换算,航海实践中建议用图解法和"东大西小"原则。

例 5-4-6:某船行驶在经度 $\lambda = 148^{\circ}23'W$ 线上,船长拟与上海总公司电话联系有关事宜。如要在公司 8 月 20 日 $ZT1000(-8)$ 接到电话,船长应在船时(SMT)几点拨打电话?

解:

作示意图如 5-4-9 所示:

①根据船舶经度求所在时区的区号 $ZD = +10$,对应的经度为 $150^{\circ}W$。

②求两时区的时区中线经差 $D\lambda$ 或区号差值对应的时间值:

$D\lambda = \lambda_{m2} - \lambda_{m1} = 150^{\circ}W - 120^{\circ}E = 270^{\circ}W$ 即 18^{h}

③使用 $ZT_2 = ZT_1 \pm D\lambda_{W}^{E}$ 求船时:SMT(即 ZT_2 时分值)$= ZT - D\lambda$

$$
\begin{array}{lll}
ZT & 10^{h}00^{m} & 20/8 \\
-)\quad D\lambda & 18^{h} & \\
\hline
SMT & 16^{h}00^{m} & 19/8
\end{array}
$$

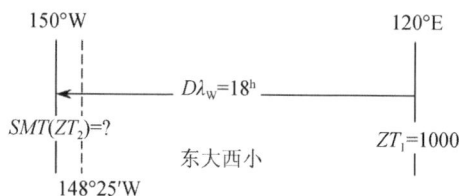

图 5-4-9　"东大西小"图解示意图

五、时间在航海活动中的应用

1. 拨钟与过日界线

（1）拨钟

船舶在大洋中航行跨越时区边界线，需要拨钟，以使船时与航行地的区时一致。当船舶向东航行进入相邻时区，应拨钟使船时增加 1 h；反之向西航行，使船时减 1 h。但东 12 区和西 12 区共用 180°时区中线，因此，它们的区时相同。船舶由东 12 区进入西 12 区，或由西 12 区进入东 12 区通过 180°经线，不需要拨钟，但日期应改变一天。

船上的具体拨钟方法由船长决定，一般有两种方法：一种是一次拨钟 1 h，在夜间的三副班进行。另一种是将 1 h 平均分配成三个班次拨钟，即夜间的三副、二副、大副班各拨 20 min。但大部分船舶都习惯一次性拨，船上只需拨母钟，各处的子钟跟随同步调整，具体由二副负责通知操作。不管采用何种方法，均须在航海日志中做好记录。

如某船二副通知当日 2200（-8）将钟一次性拨快 1 h，驾驶台上值班三副于 2200（-8）时应将母钟钟面调整到 2300（-9），并在航海日志上记录"2200：钟拨快 1 h，$SMT = GMT + 0900$"。如果这 1 h 的时间由三位驾驶员来均摊，即每位驾驶员值班 3 h 40 min，则三副应在次日 0040 下班，二副应在次日 0420 下班，大副正好在次日 0800 下班。

如某船二副通知当日 2200（-8）将钟一次性拨慢 1 h，驾驶台上值班三副于 2200（-8）时应将母钟钟面调整到 2100（-7），并在航海日志上记录"2200：钟拨慢 1 h，$SMT = GMT + 0700$"。如果这 1 h 的时间由三位驾驶员来均摊，即每位驾驶员值班 4 h 20 min，则三副应在当日 2320 下班，二副应在次日 0340 下班，大副正好在次日 0800 下班。

需要指出的是，如航行中一日拨钟一次，二副在用航程与时间关系求出当天的平均航速时应注意，如该日拨快 1 h，一天实际上只有 23 h；如该日拨慢 1 h，一天实际上应有 25 h。这就是新二副在航次结束时做航次总结报告时时间、航程、速度总是有出入的原因，读者必须加以重视。

（2）过日界线的日期调整

180°经度线是东 12 区和西 12 区的公共时区中线，也是它们的时区边界线。东、西 12 区的区时是相同的，但日期相差 1 天。东 12 区比西 12 区的日期大 1 天（适用"东大西小"原则）。所以，180°经度线称为日期变更线或日界线（date line）。

180°经度线虽然在太平洋中间，但也穿过一些国家与群岛，为了把同一群岛或行政区划在同一时区内，国际上规定的日界线并不完全与 180°经线一致，而是根据国界和行政区有若干曲折。国际日期变更线（international date line）的具体走向可查阅图号为 5006 的英版世界时区图。

船舶向东航行穿过180°经度线,即由东12区进入西12区,日期应减去1天;反之,船舶向西航行穿过180°线,日期应增加1天。船舶过日界线也应记入航海日志,如某船8月16日1700(-12)东航穿过日界线,航海日志中应记录"1700(-12)16/8:过日界线进入西12时区,$SMT=1700(+12)15/8$"。

2. 标准时与法定时

（1）标准时

标准时(standard time)是由国家或地区的政府以法律规定的某一经度线的地方时作为本国或本地区使用的统一时间。

标准时并不简单地等于区时,如我国横跨五个时区(东5区到东9区),为了便于处理国家的事务,基本上规定以东8区时作为全国统一的标准时间,称为北京标准时,它实际上是120°E经度线的地方时。又如朝鲜处于东8区和东9区内,他们规定以东9区区时作为全国统一的标准时间。有些国家不用时区制时间,而是以本国的首都或适中地点所在经度的地方时作为全国统一的标准时。因此,这些国家的标准时与世界时的差值就可能不是整小时数。

（2）夏令时

有些国家,在夏季为了节约照明用电,在法律上还规定将本国的标准时提前1 h或0.5 h,这种时间称为日光节约时(day light saving time)或夏令时(summer time)。夏季过后又恢复原来的标准时。

由于各国和地区使用的时间制度都是以法律形式公布并执行的,标准时和日光节约时统称为法定时(legal time)。

（3）时间资料

关于世界各国和地区执行的时间制度资料,可以查阅英版《无线电信号表》(Admiralty List of Radio Signals)第二卷的法定时(legal time)部分。

3. 船用时间钟表与测天世界时

船用时间钟表有天文钟、秒表(测天时用),GPS导航仪和船钟(船上日常工作、生活中使用)。船上的日常工作、生活是根据船钟指示的船时来安排的,它们的时间是UTC。另外,船上的导航仪器如GPS等都可以显示时间,它们均指示UTC时刻。GPS时间是一个独立的时间系统,美国海军天文台定期调整其与UTC同步,所显示的时间均可用于观测天体计时,其与准确的$UT1$相差一般不大于0.9 s,该误差测天定位时可忽略不计,因此,目前航海活动中测天计时多用GPS导航仪显示的时间,方便可靠且有精度保证。

目前,船上仍然配有天文钟,天文钟需保管、对时和测钟差等诸多不便,因此,船上不常使用,本教材仅对其加以简介。

（1）天文钟

海上观测天体定位时需使用天文钟计时(因为《航海天文历》中查表引数为世界时UT即GMT)。天文钟是一种构造精细、走时准确的计时仪器,它指示世界时$UT1$。目前船上主要使用石英天文钟,机械天文钟已渐趋淘汰。天文钟的使用与保养中应注意:

①防震、防潮、防磁和保温;

②保持正常电压,否则应更换电池;

③定时测定天文钟钟差和天文钟日差，要求记入天文钟日差记录簿。

（2）天文钟钟差（chronometer error，CE）

天文钟应指示世界时 $UT1$（GMT）时刻，其钟面刻度为 12 h 制。从天文钟上读取的时间称为天文钟时间（chronometer time，CT）。尽管天文钟走时准确，还是不可避免地会存在误差。世界时 GMT 与天文钟时间 CT 之差称为天文钟钟差 CE，即

$$CE = GMT - CT \qquad (5\text{-}4\text{-}12)$$

若 CE 为"－"，说明天文钟"快"；CE 为"＋"，说明天文钟"慢"。

（3）无线电对时

钟差 CE 是通过无线电对时信号测定的。世界各国均设有专门播发无线电对时信号的授时台，它们的位置、呼号、工作频率、播发时间、信号性质以及播发格式等可以从英版《无线电信号表》第二卷或我国《航海天文历》附表中查得。

（4）钟差的测定

钟差可以根据授时台所发的无线电时间信号来测定，这就是对钟。钟差随时间而变，所以测定钟差后应注明测定的日期和时间。

任意时刻的钟差有两个部分——对钟时的钟差和此后的日差。因此，利用无线电对时信号对钟时，既要记下当时的钟差，也要求算出日差，并记入天文钟日差记录簿。

日差（daily rate，或 chromometer rate）是天文钟钟差的每天变化量，即

$$日差 = \frac{本次所测钟差 - 上次所测钟差}{两次测定钟差相隔的天数} \qquad (5\text{-}4\text{-}13)$$

对钟应每天进行，每次对钟后，均应算出当天的日差。日差的大小及稳定性是天文钟质量好坏的重要标志，日差小而稳定，说明天文钟工作良好；反之，质量就差。若日差出现急剧变化，该天文钟不宜使用。

测天时的钟差为：

测天时钟差＝最近测定的钟差＋日差×对钟至测天时的天数

例 5-4-7：2011 年 9 月 3 日世界时 $03^h00^m00^s$（东 8 区 ZT 1100）对时测定某天文钟钟差 $+1^m28^s$，日差 $+4^s$，求 9 月 4 日东 8 区 ZT 0430（测天时间）的天文钟的钟差。

解：

	测天时间	04^h30^m	（9 月 4 日）
－）	对钟时间	11^h00^m	（9 月 3 日）
		17^h30^m	
	相隔天数	$0^d.73$	
×）	日差	$+4^s$	
	日差改正量	$+2^s.9$	
＋）	测定钟差	$+1^m28^s$	
	测天时钟差	$+1^m30^s.9$	

4. 求测天世界时

（1）利用天文钟求测天世界时

利用天文钟求测天世界时 GMT，只要确定测天时的天文钟钟时 CT 和测天时的钟差 CE 即

可,即

$$GMT = CT + CE \qquad (5\text{-}4\text{-}14)$$

但一般天文钟钟面只表示 $0 \sim 12\,h$,因此,单从钟面有时看不出世界时是上午还是下午,因而需要先根据船时 ZT 求出近似世界时 GMT',再与钟时比较,以确定世界时上、下午和日期。

例 5-4-8:2020 年 11 月 23 日 $ZT\ 0445(-8)$ 进行星体高度观测。测天时的天文钟钟时 $CT\ 08^h48^m17^s$,钟差 $CE-03^m12^s$,求测天世界时 GMT。

解:

①求近似世界时

	船时 ZT	0445	23/11
+)	区号 ZD	-8	
	近似世界时 GMT'	2045	22/11

由近似世界时 GMT' 知,测天世界时为下午,日期是 11 月 22 日。

②求测天世界时

	测天钟时 CT	$20^h48^m17^s$	22/11	(11 月 22 日,由 $08^h48^m17^s+12^h$ 得)
+)	测天钟差 CE	-3 12		
	测天世界时 GMT	$20^h45^m05^s$	22/11	

而测天时的天文钟钟时 CT,由于天文钟不准随便搬动,故测天时不能直接看到天文钟指示的时刻,而是利用秒表间接获得。

利用秒表间接获得 CT 的方法有两种:

一种是测天前,先看准天文钟时间(一般选在整分即秒针指 0 时刻)启动秒表,记下启动秒表的天文钟时间 CT',然后带着走动的秒表去测天。当观测的天体影像刚好与水天线相切时,立即按停秒表,记下秒表时(watch time,WT),则:

$$CT = CT' + WT \qquad (5\text{-}4\text{-}15)$$

另一种方法当观测的天体影像刚好与水天线相切时,立即启动秒表,然后回到海图室看准天文钟时间按停秒表,记下按停秒表时刻的天文钟时间 CT'' 和秒表时 WT,则:

$$CT = CT'' - WT \qquad (5\text{-}4\text{-}16)$$

后一种方法的 WT 一般较小,是商船上常用的方法。

例 5-4-9:2020 年 10 月 21 日 $ZT\ 1300(-8)$ 测太阳时某天文钟钟差 $+4^m06^s$。按停秒表时该天文钟钟时是 $05^h57^m00^s$,秒表时 $WT\ 00^m21^s$,求测太阳世界时。

解:

①求近似世界时 GMT'

	ZT	1300	21/10
+)	ZD	-8	
	GMT'	0500	21/10 (表明是上午)

②求测天世界时 GMT

	停表钟时	CT''	$05^h57^m00^s$	21/10
$-)$	秒表时	WT	21	
	测天钟时	CT	05　56　39	
$+)$	测天钟差	CE	+4　06	
	测天世界时	GMT	$06^h00^m45^s$	21/10

（2）利用卫星导航仪求测天世界时

GPS 导航仪显示的是协调世界时（ UTC ）。航海测天需要的是世界时 $UT1$ ，两者之差不超过 $0^s.9$ ，故可利用 GPS 导航仪时间近似代替天文钟时间。

测天时，同样是利用秒表间接获得测天世界时，其方法与上述的利用天文钟的方法相同。测天世界时的求法也相同，所不同的是 GPS 导航仪不存在"钟差"问题，所以建议大家使用该方法。因此，测天时的世界时 GMT 为：

测天时的世界时 GMT ＝测天时的 GPS 时间＝读取 GPS 时间± WT

当观测的天体影像刚好与水天线相切时停止秒表（即读取 GPS 时间时启动秒表），取"+"；当观测的天体影像刚好与水天线相切时启动秒表（即读取 GPS 时间时停止秒表），取"-"。

第五节　天体高度观测与改正

在天文定位的基本思路中，要解决的重要问题就是要获得某一时刻的天体高度，根据高度与顶距的关系求出天体的顶距 Z ，然后以该天体的地理位置 P_G 为圆心、顶距 Z 为球面半径作出船位圆即天文船位圆。因此，理想状态下（忽略观测误差）观测时刻的船舶就在这个天文船位圆上。显然，当同时观测两个或两个以上的天体高度，便可得到两个或两个以上的天体顶距，由此可作出两个或两个以上的天文船位圆，它们靠近推算船位附近的交点便是观测时刻的天测船位。

本节将介绍天体高度观测的仪器六分仪的结构、误差，天体高度观测方法与注意事项，天体高度的改正即求真高度。

一、航海六分仪

航海六分仪是一种测角仪器，航海上通常用六分仪来测量天体与测者水天线之间的夹角，称此夹角为天体观测高度。

1. 航海六分仪的主要组成部分

航海六分仪（marine sextant）由架体、光学系统和测角读数装置等三个部分组成。如图 5-5-1 所示，光学系统包括望远镜、动镜、定镜和滤光片等；测角读数装置有刻度弧、指标杆、鼓轮和游标等。这些部件全部装在架体上，并通过指标杆将光学系统和测角装置联结成一整体。

图 5-5-1　航海六分仪

望远镜(telescope)——用于放大物标的单筒正影望远镜。观测前应根据测者视力调整焦距。

刻度弧(arc)——位于架体下端,刻有整度读数的圆弧,由 0°向左为正角度;由 0°向右为负角度。负角度主要用于测定六分仪的误差。

指标杆(index bar)——以刻度弧圆心为转动中心,可沿着刻度弧移动的杆状半径。半径末端有度数标志,用以读取测角的度数。

动镜(index mirror)——位于刻度弧中心并垂直于刻度弧平面的、与指标杆同步转动的反射平面镜。它把被观测物标的光线反射到定镜。

定镜(horizontal glass)——位于望远镜前方、垂直于刻度弧平面、固定不动的、一半为透视镜、一半为反射镜的平面镜。望远镜视野中心对准定镜中心。测者通过透镜可直接看到望远镜前方的物标,同时在反射镜部分又可看到由动镜反射的另一物标(如天体)的影像。望远镜光轴与定镜平面的交角约固定为 75°。

弹簧夹(clip)和鼓轮(drum)——装在指标杆末端的随指标杆移动的制动夹。捏紧弹簧夹,可使其背面的正切螺丝与刻度弧下端齿槽脱开,从而使指标杆带动鼓轮沿刻度弧自由移动。当松开弹簧夹后,正切螺丝便与刻度弧齿槽相啮合,指标杆就不能自由移动了,除非转动装在正切螺丝末端的鼓轮,正切螺丝随之转动,则螺纹沿着齿槽移动,指标杆随之移动。所以捏紧弹簧夹头,用以粗调指标杆位置,转动鼓轮则是微调指标杆位置。鼓轮转动一周,度数指标沿刻度弧移动 1 小格,即 1°。在鼓轮上均匀地刻着 60 格,每格代表 1′。鼓轮旁边的游标尺上的第一道刻线是分数指标,测角的分数值是根据分数指标读取的。

游标尺(vernier)——装在鼓轮右侧的一把环形短尺,用来读取测角分的小数。

滤光片(shade glasses)——在定镜和动镜前各有一组深浅不一的有色玻璃片,称为滤光片,用于调节物标或反射影像的亮度。

2. 航海六分仪的测角原理

六分仪是一种测量两物标间夹角的仪器。用六分仪观测天体高度,就是测定天体与水天线之间的垂直角,如图 5-5-2 中的 $\angle SOH$。观测时,应垂直拿六分仪,望远镜(位于 O 点)朝向水天线,水天线的光线透过定镜 B 的透镜射向测者眼睛;移动指标杆,调整动镜 A 的位置,使天体(S)光线经动镜和定镜两次反射后也射向测者眼睛,这时测者在定镜上同时看到水天线和天体的反射影像；转动鼓轮使天体反射影像与水天线相切，这时从六分仪上读取的读数就是天体与水天线之间的夹角∠SOH。其测角原理如下：

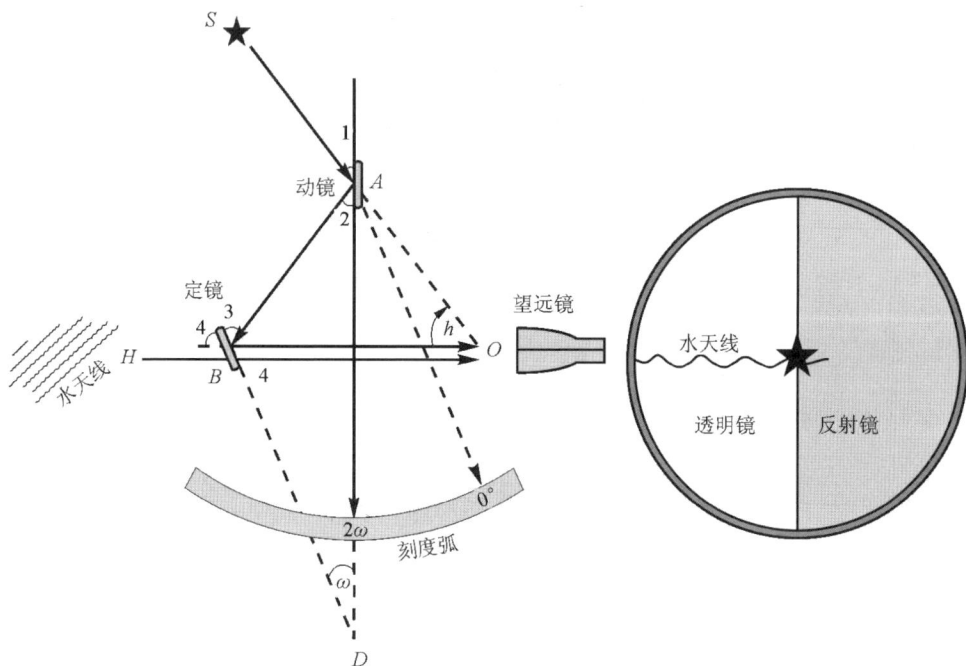

图 5-5-2　六分仪测角原理

根据平面镜的反射定律，∠1＝∠2，∠3＝∠4

∴　∠OAB＝2∠2，∠HBA＝2∠3

根据"三角形外角等于不相邻两内角之和"的原理，在△ABO 中：

$h=\angle HBA-\angle OAB=2\angle3-2\angle2=2(\angle3-\angle2)$

同理，在△ABD 中，有

$$\omega=\angle3-\angle2$$

所以

$$h=2\omega$$

式中：ω——动镜与定镜间的夹角。

由此可见，当测者从望远镜中看到定镜上的天体反射影像与水天线相切时，天体高度 h 等于定镜与动镜夹角 ω 的 2 倍。

为了读出 2ω 的读数，设置一圆心与动镜的转动中心（即指标杆转轴）重合的圆弧刻度弧。在 $\omega=0°$ 即指标杆移到与定镜面平行时的刻度弧上，刻上数字 0，称为 0 位置。此后，当指标杆离开 0°达 ω 角时，在刻度弧上刻上 2ω 的数字。这样，刻度弧上的数值就与 2ω 一一对应，观测天体高度时，可直接从刻度弧上读取所测的角度。

3.六分仪观测值的读法

在六分仪的刻度弧上，刻有每隔 1°的读数，如图 5-5-3 所示。由 0°向左 0°～140°为正角度，称为主弧；0°向右约 5°为负角度，称为余弧。六分仪的完整测角读数需从三处读取：从刻度弧上读取整度数；从鼓轮上读取分数；从游标尺上读取分的小数。

（1）正角度的读法

如图 5-5-3 左图所示的六分仪测角读数为：

从刻度弧读取的度数	2°（度数标的右侧刻度）
从鼓轮读取的分数	53′
从游标尺读取的分的小数	0′.6（游标尺与鼓轮对齐的刻度是 0.6）
则六分仪测角读数为	2°53′.6

（2）负角度的读法

刻度弧 0°右侧为负角刻度，向右负值增加。而分和分的小数，用 60′减去从鼓轮和游标尺上按正角读法读出的读数才能得到。如图 5-5-3 右图所示，鼓轮和游标尺的读数为 21′.6，其正确值为 $-(60'-21'.6)=-38'.4$。所以，图上正确的六分仪测角读数为 $-0°38'.4$。

图 5-5-3　六分仪测角读数

4. 航海六分仪的检查和校正

（1）六分仪的误差

六分仪的测角原理要求入射和反射光线均应与刻度弧平面平行。这就规定了六分仪结构上和工艺上的精准要求，否则将引起测角误差。准确的六分仪要求动镜镜面和定镜镜面均应与刻度弧平面垂直；指标杆转轴中心与刻度弧圆心重合；动镜、定镜和滤光片等平面镜的前后镜面互相平行；动镜和定镜平行时的指标杆指标正好指零。因此，船上的六分仪大都存在误差，六分仪误差分用户不可校正的误差和可校正的误差。

不可校正的误差有：

偏心差：指标杆转轴中心与刻度弧圆心不重合；

棱性差：各种平面镜镜片的前后镜面不平行；

刻度差：刻度弧上的刻度有误差。

因此，偏心差、棱性差和刻度差等不能校正的误差对测角的综合影响称为器差（instrument error），代号 s。器差由工厂测定，并载入六分仪证书，供观测时改正六分仪测角读数用。六分仪证书一般贴在六分仪箱盖内，六分仪器差的样式如表 5-5-1 所示。

表 5-5-1　六分仪器差

测角 c	0°	10°	20°	30°	40°	50°	60°	70°	80°	90°	100°	110°	120°
器差 s	0	+10″	+5″	−3″	−3″	−5″	−10″	−12″	−10″	−5″	−5″	0	+10″

六分仪器差的大小反映了六分仪的质量，将器差小于 40″的六分仪列为甲级；器差在 40″～

2′之间的列为乙级；器差大于 2′的，便不宜用于航海测天。

可校正的误差有：

动镜差：动镜镜面不垂直于刻度弧平面引起的测角误差；

定镜差：定镜镜面不垂直于刻度弧平面引起的测角误差；

指标差：动镜和定镜平行时的读数 m 与 0°之差为指标差（index error），用 i 表示。

（2）可校正误差的检查与校正

①动镜差的检查与校正

动镜差又称垂直差（perpendicular error），可利用刻度弧进行检查。

检查的方法是：

如图 5-5-4 所示，把指标杆移到 35°左右，右手平拿六分仪，刻度弧朝外，眼睛从动镜的侧前方望去，能同时看到动镜里外两段刻度弧。若从动镜中看到的刻度弧影像与动镜外直接看到的刻度弧衔接成一整体，如图 5-5-4（a）所示，表明动镜是垂直于刻度弧平面的，无须校正；若两者上下错开，不相衔接，如图 5-5-4（b）所示，表明动镜有倾斜，应加以校正。

校正的方法是：

用专用扳手慢慢转动动镜背面的校正螺丝，直到镜内外的两段刻度弧衔接成一整体为止。动镜常因震动等影响而发生倾斜，因此每次使用六分仪前均应检查，如有垂直差，必须校正。

刻度弧与其像错开处

(a)动镜垂直刻度弧　　　　　　(b)动镜不垂直刻度弧

图 5-5-4　动镜差检查

②定镜差的检查与校正

在动镜差已被校正的基础上再进行定镜差又称边差（side error）的检查与校正。

检查方法为：

右手正拿六分仪，指标杆移到 0°，调整好望远镜的焦距，望远镜对准被测天体（白天用太阳，夜间用亮度适中的恒星）。在定镜上可以观察天体的真像（在左侧的透镜中）和反射影像（在右侧的反射镜中）是否错开。如来回转动鼓轮，使天体反射影像上下移动（如箭头所示），注意察看它与真像有无左右错开的现象。如果反射影像正好通过真像，如图 5-5-5（a）所示，表明定镜垂直于刻度弧平面，无须校正；若天体反射影像与真像左右错开，如图 5-5-5（b）所示，表明定镜有倾斜，必须进行校正。

校正的方法是：

转动鼓轮把天体反射影像与真像拉平，如图 5-5-5（b）所示，然后用专用扳手慢慢地转动定镜背面上方即远离架体的那颗螺丝，直到两影像重合为止。

利用恒星校正边差比用太阳或其他物体校正来得准确，但应调节望远镜焦距使星体清晰。若用太阳校正边差，要选配好滤光片，使太阳既有足够的亮度，又不刺眼。最好用不同颜色的滤光片，使太阳反射影像与真像的颜色不一样。

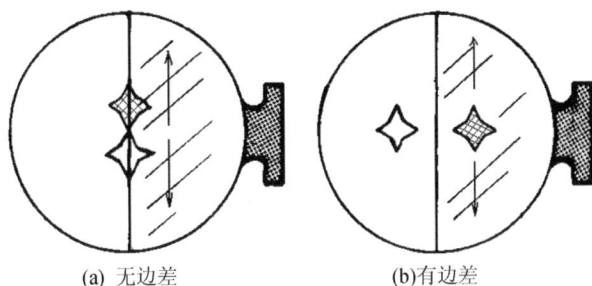

(a) 无边差　　　　　　　　(b)有边差

图 5-5-5　边差检查

定镜也常因震动等影响而倾斜,每次使用前均应检查,如有边差,必须校正。

(3)指标差

对于无穷远处的物标,它射向定镜和动镜的光线是平行的,因此,当动镜与定镜平行时该物标的直射影像和反射影像是重合的。对于近距离物标,它射向定镜和动镜的光线是不平行的,它们之间的夹角称为六分仪视差(parallax of sextent)。在两镜平行时,物标的反射影像与真像也是不重合的。所以,航海活动中宜用天体来测定指标差,而不宜使用近距离物标来测定与缩小指标差。

物标(最好是天体)的反射影像与真像重合(即动镜和定镜平行)时的读数 m 和 $0°$ 之差被称为指标差。

$$i = 0° - m \qquad\qquad (5\text{-}5\text{-}1)$$

读数 m 在主弧,m 为"+",i 为"-";反之,m 在余弧,m 为"-",i 为"+"。

在用六分仪测角前必须测定指标差。六分仪所测的角度应该是将六分仪测角读数经指标差 i 和器差 s 修正后求得。

六分仪所测角度=六分仪测角读数+($i+s$)

(4)指标差的缩小与测定

指标差的测定应在校正垂直差和边差之后进行。

指标差检查方法为:

右手正拿六分仪,指标杆移到 $0°$,调整好望远镜的焦距,望远镜对准被测天体(白天用太阳,夜间用亮度适中的恒星)。在定镜上可以观察天体的真像(在左侧的透镜中)和反射影像(在右侧的反射镜中)是否上下错开。如有上下错开现象,说明存在指标差。

对于指标差,只要数据准确,其值稍大些对测角的准确性不会有影响。但若指标差过大,会引起观测的不便。故当指标差超过 $6'$ 时,就应当缩小它。

指标差缩小的方法是:

将指标杆移到 $0°00'.0$,通过望远镜观测一远物标,例如水天线或星体,用专用扳手调整定镜背面下方即靠近架体的那颗螺丝,直到反射影像与真像重合为止。调整了指标差,定镜的垂直状态可能受到影响。因此,还得重新检查边差,并予以校正。校正定镜又会影响指标差,所以又要重新测定指标差。边差是必须消除的,而指标差只需缩小到 $6'$ 以内。

在每次观测物标夹角时最好先测定指标差。测定的方法视白天、夜间及观测对象的不同而不同,通常有下列三种:

①测水天线法

如图 5-5-6 所示,把指标杆移到 $0°$,望远镜对准水天线,转动鼓轮使定镜中的水天线反射影像与其真像上下平齐,衔接成一直线,读取六分仪读数 m ,则指标差 $i=-m$ 。

注意水天线应清晰,背景适宜。

②测星体法

把指标杆移到 $0°$,望远镜对准星体,转动鼓轮使定镜中的星体反射影与其真像重合,读取六分仪读数 m ,则指标差 $i=-m$ 。注意所选星体的亮度要适中,高度也不宜太高。

③测太阳法

观测太阳高度时,可利用太阳测定指标差。太阳是个圆面,两个圆面不易准确重合,因而改用圆相切的方法。

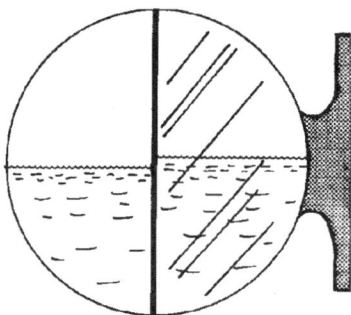

图 5-5-6 测水天线

操作时,将六分仪的指标杆及鼓轮刻度均置于 0,调节好滤光片,望远镜对准太阳,找到太阳的真像及反射影像,将其置于定镜中线,调节鼓轮,使太阳反射影像上下移动分别与真像上切和下切,并分别读取相切时的读数。如图 5-5-7 所示,设反射影像上切时的读数为 m_1（一般为负值）,下切时的读数为 m_2 ,其平均值为 $m=\dfrac{m_1+m_2}{2}$,则指标差 $i=-m$ 。

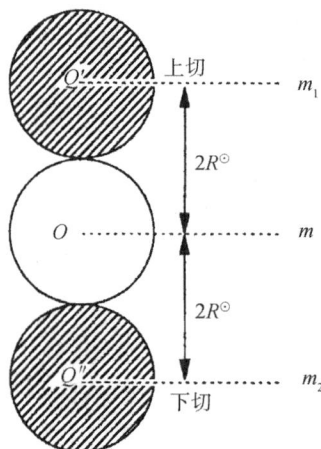

图 5-5-7 测太阳

从图 5-5-7 中可以看出,太阳准确相切时,其上、下切的反射影像中心之间距为太阳视半径 $R^{\odot}$ 的 4 倍,而六分仪测到的太阳视半径 R 为:

$$R = \frac{|m_2 - m_1|}{4} \tag{5-5-2}$$

如果测量准确,观测半径 R 与当天的太阳视半径 R° 应相等或相差不超过 $0'.2$,所求的指标差可靠;若 R 与 R° 相差超过 $0'.2$,则应重测。R 与 R° 相比,若观测半径 R 大,说明观测中两个太阳影像没有相切;如果 R 小,说明相切时有重叠。而太阳视半径 R° 可根据日期从《航海天文历》中查得。

例 5-5-1:2011 年 3 月 20 日,用太阳测定指标差,测得上切读数 $m_1 = -33'.6$,下切读数 $m_2 = +30'.4$,验证指标差的观测质量并求指标差。

解:

(1)判断观测的有效性

$$R = \frac{|m_2 - m_1|}{4} = \frac{|30'.4 + 33'.6|}{4} = 16'.0$$

查《航海天文历》,当日太阳视半径 $R^\circ = 16'.1$,R 与 R° 相差 $0'.1$,说明观测有效。

(2)求指标差

$$i = -\frac{m_1 + m_2}{2} = -\frac{-33'.6 + 30'.4}{2} = +1'.6$$

5.航海六分仪的维护和保管

航海六分仪是一种精密的光学仪器,在使用和保管时都应十分当心,勿使其受到损伤,以保持其良好的测角精度。

(1)平时应将六分仪放在六分仪箱内,关好箱盖。箱子放在离开热源、不易受震、干燥和箱子能被固定的地方。

(2)不允许随便拆卸六分仪。取用时只能拿把手或架体,轻拿轻放,不能抓其他部位,否则会损伤精密度。使用中,暂时搁下六分仪时,应使架体上的三只支脚朝下,不得反放。用毕将六分仪放回箱子时,应先将六分仪上的所有部件归回原位。若箱盖合不上,不能硬盖,应找出合不上的原因,排除后再盖好。

(3)使用或校正六分仪时,转动有关部件的动作要轻巧,若部件转动不灵活,要细心检查,排除故障,切勿硬拉硬转。移动指标杆,弹簧夹要捏紧,勿使正切螺丝牙纹与刻度弧的齿弧相撞击。勿将六分仪在烈日下曝晒,勿被雨淋。每次用毕,应用专用擦镜头的软纸将镜面和镜头擦干净。

(4)若六分仪箱子是放在有空调的舱室内,在夏天使用前应先把六分仪箱子拿出室外,于通风处放一段时间,以适应室外的环境。

二、天体高度的观测

1.观测前的准备工作

(1)事先估计观测的时间,并选好欲观测的天体。例如准备在晨光或昏影时间测星,则应事先查《航海天文历》计算当天的民用晨光始或民用昏影终的时间,并用索星卡选择好当天晨光或昏影时高度、方位合适的可供观测的星体。

（2）若舱室内外温度相差较大，应提前半小时左右，将六分仪箱子放到室外遮阴的通风处，使六分仪逐渐适应环境的温度。

（3）准备好观测记录簿、铅笔等。

（4）按预定的观测时间，推算测天时的天文钟差。

（5）若需用秒表计时，则应将秒表发条上好，并检查秒表启动、停止、归零等情况。

（6）检查、校正六分仪动镜、定镜，调整好望远镜焦距，测太阳时选配好滤光片（选用一片比选两片好）。

（7）测定六分仪指标差，记下观测值。若是在昏影中测量，则应抓住水天线还看得清楚的时机，先测星体高度，然后再测指标差。

完成上述工作后，准备步骤基本就绪。

2. 天体高度观测的要领

天体高度是天体中心和真地平圈在天体垂直圈上所夹的大圆弧距，也即天体在测者真地平以上的高度，航海上称为天体的真高度。

测者真地平平面是看不见的。在海上观测，用水天线代替测者真地平平面。用六分仪测出天体和水天线在天体垂直圈上的弧距，所以六分仪刻度弧的平面必须与天体垂直圈平面一致，也即六分仪应处于垂直位置（刻度弧平面与水平面垂直），并与天体的方位一致。观测星体高度时，将星体的反射影像拉到水天线，使其与水天线重合，这样便测出星体中心的高度。观测太阳、月亮时，观测对象是一圆面，看圆面中心与水天线重合，没有看圆面边缘与水天线相切准确，因此，常常观测太阳、月亮反射影像的下边缘或上边缘与水天线相切的高度，此时测得的高度称为下边高度或上边高度。观测天体高度的过程可分为三步：首先将天体的反射影像往下拉到水天线附近；接着使天体的反射影像在天体垂直圈上与水天线重合或相切；最后记下准确重合或相切的时刻并读取六分仪的高度读数。下面依次叙述各步骤的操作要领。

（1）把天体的反射影像拉到水天线附近

通常有两种操作方法：

①方法一

将指标杆移到0°，竖拿六分仪，望远镜对准观测的天体调整好焦距。若测太阳，应选配滤光片。由于望远镜的视野有限，可微眯左眼协助搜索，直到被观测的天体出现在望远镜的视野内。这时在定镜右半侧反射镜中看到的便是要观测的天体的反射影像。然后，左手捏紧指标杆的弹簧夹，右手慢慢地转动六分仪架体，使望远镜逐渐朝向水天线，左手则平稳地调整指标杆，保持天体的反射影像在望远镜视野中，直到同时看到天体反射影像和水天线（左侧透镜中）为止。若测太阳，则在望远镜光轴转到水天线附近时，移开定镜前的深色滤光片或改用浅色的；接着转动鼓轮，调整天体反射影像的位置。若天体在上升，把天体反射影像拉到水天线下面一点；若天体在下降，则把天体反射影像拉到水天线上面一点。若观测太阳（或月亮），则是以准备观测的上边缘或下边缘为基准，来调整它的反射影像的位置。通常是测太阳的下边高度，上午观测，太阳高度在上升，把它的下边缘与水天线重叠稍许，重叠部分看起来像个白点；下午观测，太阳高度在下降，则把它的下边缘拉到水天线的上方，略微离开一点，两者的间隙像是段黑线。在白点消失或黑线断开的瞬间，就是太阳下边缘与水天线准确相切的时刻。

②方法二

如果是观测星体，则可事先用星球仪或索星卡求出观测时刻的天体概略高度和方位；太阳也可估其概略高度和方位。观测前,调节指标杆使其指向此高度,然后将望远镜朝向天体方位方向的水天线,以六分仪垂线为轴线,沿水天线左右来回搜索,直到被观测的星体反射影像出现在望远镜视野内。然后,转动鼓轮,调整星体反射影像,使其中心与水天线相切,记下相切时间。

(2)摇摆六分仪,找天体垂直圈,等待相切

测量高度时,要求六分仪刻度弧平面与天体垂直圈重合,即要求六分仪刻度弧平面垂直于水天线,而且与天体的方位一致。

找天体垂直圈的方法是:

以望远镜光轴为轴,左右摇摆六分仪,则在望远镜视野中看到天体的反射影像也做弧线状的摆动,如图 5-5-8 所示。弧线的最低点是天体垂直圈的方向,测者应调节身体,调整六分仪望远镜的方向,使弧线的最低点处于望远镜视野中央,这样六分仪的方向和天体方位一致,即六分仪处于垂直位置了。在等待相切的过程中,天体方位不断变化,天体垂直圈也随之改变,天体反射影像摆动弧线的最低点也随之在水天线上移动。因此应继续摆动六分仪,让天体反射影像继续划出弧线,测者继续调整望远镜方向,以保持弧线最低点处于望远镜视野中央。随着天体反射影像逐渐接近水天线,摆幅也应随之减小,等待天体反射影像在视野中央弧线最低点与水天线准确相切。

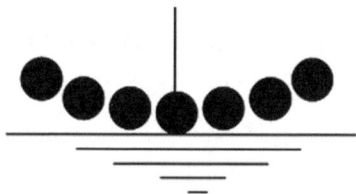

图 5-5-8 摇摆六分仪找切点

摆动六分仪的要领是:

开始的摆幅要大些,找出包含最低点的那段弧线,横移六分仪,将最低点置于望远镜视野中央,最后微摆等待相切。

在观测中天附近的天体时,由于此时的天体高度变化很慢,而方位变化却很快,因此,不宜采用等待相切的方法,应改为在摆动六分仪的同时,调整鼓轮将反射影像拉到与水天线相切。

(3)记下准确的相切时间

当天体反射影像与水天线刚好相切时(图 5-5-8 中的中线位置),立即启动秒表(或者按停事先启动的秒表),以便确定测天时的世界时。因为天体高度是随时间改变的,计时不准确的结果与相切不准确一样会产生观测高度的误差。

3. 观测天体高度的注意事项

为了提高观测高度的精度,除掌握上述的观测要领外,在观测中还应注意下列事项。

(1)要使所看到的天体反射影像和水天线的轮廓最为清晰。要做到这一点,应调整好望远镜的焦距,使它与测者的视力相适应;选配合适的滤光片,使天体反射影像与水天线的光线柔和而适中。太亮刺眼,过暗则轮廓不清,都是不适宜的。滤光片以黄、绿色为好,忌用红色。在海面有霾的情况下,在定镜前加上淡黄光的滤光片,有助于看清水天线。

(2)观测位置要合适。观测位置要选在避风、避震,视野宽阔,而且天体方向上没有热气

流通过的地方。视线不良时,应选低处观测,因为眼高低,看到的水天线较近且比较清楚。风浪大时,水天线呈锯齿状,在高处观测,水天线较远而显得平滑些,也可以减小因船体摇摆使测者眼高发生变化而引起的误差。

（3）注意辨认真假水天线。当海上有薄雾或临近有两种不同颜色海水交汇的海面时,在海面上往往呈现一条或多条阴影,容易与水天线混淆。或者在太阳下方有云层,阳光透过云块空隙照射在海面上,出现多条亮线,也容易使测者错认水天线。这时,先用双筒望远镜仔细地沿着水天线清晰部分环视到被测天体的下方,能够辨认出最远的一条是真水天线。在水天线附近有低云时,则应注意不要把云边误认为水天线。

（4）掌握六分仪的技术质量状况。六分仪经长期使用后,由于磨损,正切螺丝与刻度弧齿弧之间出现空隙,在向一个方向转动鼓轮之后,再倒过来反转鼓轮,指标杆却不随鼓轮的倒转做相应的移动,这种现象称为空回。故当使用旧六分仪测指标差和天体高度时,应向同一个方向转动鼓轮,以避免或减小空回的影响。

三、求天体真高度

1.影响观测高度的因素

天体反射影像与水天线相切时从六分仪上读取的角度称六分仪高度读数 h_s,它经指标差 i、器差 s 改正后得到天体观测高度 h_s',它是天体视方向与水天线的垂直角（如图 5-5-9 中的 $\angle FAB$）。测天定位中我们需要的是天体真高度 h_t（true altitude,图中的 $\angle SOH$）,它与 h_s' 存在四个差别,即蒙气差 ρ、眼高差 d、天体视差 p 和半径差 SD（若测定的是天体边缘的高度）,因此,必须将 h_s' 改正这些误差后才能得到天体真高度。由观测高度 h_s' 求真高度 h_t 的过程称为高度改正。下面分别讨论这些误差及其改正。

（1）眼高差

①概念

如图 5-5-9 所示,设测者眼睛在 A 点观测天体的高度,O 是地心,OA 为测者的铅垂线;AC 称为测者眼高 e;AH' 为测者的地面真地平。在海上观测天体高度时,是用水天线代替地面真地平的。图中,AB' 方向是水天线的视方向。水天线的视方向与地面真地平（AH'）的夹角称为眼高差（dip）,又称海地平俯角,用 d 表示。由图可见,眼高差使观测高度增大,求天体真高度时从观测高度中减去眼高差。所以,眼高差恒为"-"。

②特点

眼高差值随眼高而变化,两者间的关系为:

$$d = 1'.77\sqrt{e} \tag{5-5-3}$$

式中:e——眼高;

d——眼高差。

此式是根据平均地面蒙气差计算得到的。观测时的大气状态与大气平均状态有出入,会使实际眼高差与按公式计算的值不一致,有时相差很大。特别是当气温与水温相差较大时,实际眼高差与计算值之间会有较大差别。当水温比气温低得多时,实际眼高差比计算值小;水温比气温高得多时,实际眼高差比计算值大。因此,由于大气状态的异常引起的眼高差的误差,常常是影响真高度的主要系统误差。

天体观测高度 h_s' 经眼高差改正后,得到相对于地面真地平以上的高度,称此为天体地面高度 h',即图 5-5-9 中的 $\angle FAH'$。

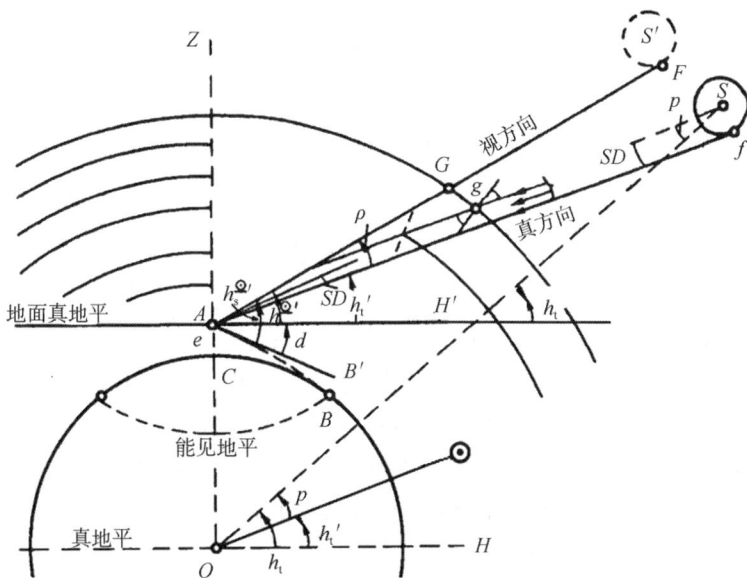

图 5-5-9　将观测高度改正为真高度原理要素图

（2）蒙气差

①概念

天体的入射光线受地球周围大气层的折射作用而发生弯曲,使天体的视方向比真方向抬高了一个角度 ρ（图 5-5-9 中的 $\angle FAf$）。天体的视方向与真方向的夹角称为蒙气差（refraction）,用 ρ 表示。蒙气差使观测高度增大,在求天体真高度时应从观测高度中减去蒙气差,所以蒙气差的符号恒为"－"。

②特点

蒙气差主要随天体的地面高度 h'（图 5-5-9 中的 $\angle FAH'$）变化而变。h' 大,蒙气差小;h'小,蒙气差大。大气状态对蒙气差的影响较小,当 h' 超过 30°时,气温、气压的变化对蒙气差的影响可忽略不计。

所以,考虑蒙气差的影响,测天定位中,要求观测高度大于 30°的天体,特别要求避免观测小于 10°的天体。

（3）天体视差

①概念

六分仪观测高度 h_s 经改正眼高差和蒙气差后得到的高度称为天体的地面高度 h_t'（图 5-5-9 中的 $\angle FAH'$）,显然不是从测者真地平起算的天体真高度 h_t。

从图 5-5-10 中可看出,天体真高度 $\angle BOH = \angle BLH'$,而 $\angle BLH'$ 是 $\triangle ABL$ 的外角,根据三角形的外角等于其不相邻的两内角之和,有 $h_t = h_t' + p$。

其中,p 是天体光线射向地面测者 A 和地心 O 的夹角,称为天体视差（parallax）。由此可见,必须将地面高度加上天体视差 p 后,才得天体真高度,故天体视差 p 的符号恒为"＋"。

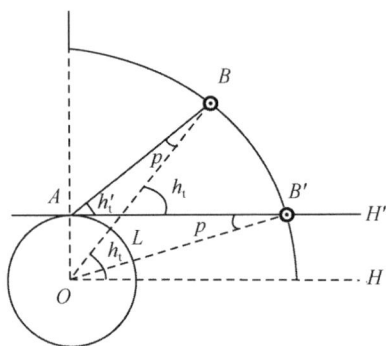

图 5-5-10 天体视差

②特点

天体视差 p 与天体地面高度 h_t' 及天体与地心的间距有关。间距越远,视差 p 越小,恒星的视差完全可以忽略不计。天体高度 h_t' 越低,视差 p 越大。当天体地面高度为 0 时,其视差最大,称为地平视差 p_0。月亮离地球最近,地平视差最大时达 $61'.5$,金星、火星的地平视差最大分别可达 $0'.6$、$0'.4$;木星和土星的地平视差已经小到可以忽略不计。太阳的地平视差基本上是一常数,等于 $0'.15$。所以,实际上需要改正天体视差的是太阳、月亮、金星和火星四个天体。

（4）半径差

半径差(semi-diameter)又称天体视半径,它是由地球表面所看到的天体半径角(图 5-5-9 中的 $\angle SAf$),用 SD 表示。如图 5-5-11 所示,在观测太阳下边缘的高度或上边缘的高度时,与太阳中心的高度 $h^\odot$ 相差一个地面视半径 SD。显然,若观测的是太阳下边缘的高度 $h^{\underline{\odot}}$,天体中心高度 $h^\odot = h^{\underline{\odot}} + SD$;若观测的是太阳上边缘的高度 $h^{\overline{\odot}}$,天体中心高度 $h^\odot = h^{\overline{\odot}} - SD$。

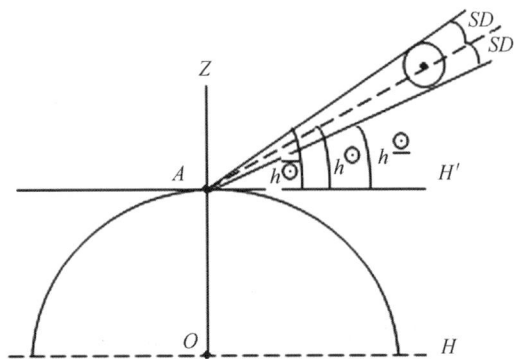

图 5-5-11 天体半径差

2. 天体真高度的计算公式

综上所述,把六分仪测得的天体高度读数 h_s,修正到天体真高度 h_t 的过程为:

$$h_t = h_s + (i+s) - d - \rho + p \pm SD \qquad (5\text{-}5\text{-}4)$$

式中:$i+s$——指标差 i 和器差 s 的代数和,s 可从器差表查取。

d、ρ——可计算或查表,恒为负值,代入上式时取绝对值。

p——恒为正,只有太阳、月亮、金星和火星有此改正。

SD——若观测天体中心,$SD = 0$;若观测天体下边缘,SD 取 +;观测上边缘,SD 取 -。实际中,只有太阳、月亮有 SD 改正。

为了便于进行高度改正，在英版《航海天文历》中，将部分项目进行组合，这样，为方便查表，上式又可以写为：

$$h_t = h_s + (i + s) - d + c \tag{5-5-5}$$

式中：d——眼高差，以测者眼高 e 查取。

c——太阳高度改正，以修正眼高差后的天体高度为引数查取，10 月—翌年 3 月一列，4—9 月一列，分别可查取太阳下边和上边的改正值；星体高度改正，以修正眼高差后的天体高度为引数查取。

3. 查表求太阳真高度

我国编制的（B-105）《天体高度方位表》和《航海天文历》附表中均刊有"太阳、星体高度改正表"，它有如下几个分表：

"太阳、星体高度综合改正表（Tcor）"：列于左侧，共有两栏。左栏为太阳综合改正表（表值 $Tcor = -\rho + 0'.15\cosh' + 16'$）；右栏为星体综合改正（$Tcor = -\rho$）表，即蒙气差表。它们的查表引数为改正眼高差后的高度 h'，查表时需内插。

"眼高差表（$-d$）"：列于右侧，查表引数是测者眼高（m），不需内插。

"太阳日期高度补充改正表（Acor）"：列于中上方，查表引数为日期，需简单内插。当观测的是太阳下边时，使用"$\odot$"栏的数据（表值 $\odot Acor = SD - 16'$）；若观测的是太阳上边，则使用"$\overline{\odot}$"栏的数据[表值 $\odot Acor = -(SD - 16') - 32'$]。

"行星高度补充改正表"：列于中下方，查表引数为行星的地平视差 p_0 和高度 h_t'（表值 $Acor = p_0 \cosh_t'$）。

以上各表的表值均以角度分"'"为单位。

（1）观测太阳下边高度

将式（5-5-5）改写成

$$h_t = h_s{}^{\odot} + (i+s) + (-d) + (-\rho + 0'.15\cosh' + 16') + (SD - 16')$$

则利用上述三表改正太阳下边观测高度求真高度的公式为：

$$h_t = h_s{}^{\odot} + (i+s) + (-d) + (Tcor) + (\odot Acor) \tag{5-5-6}$$

应用此式时应注意各表值本身的正、负号。注意，查综合改正值时使用经眼高差修正后的高度 h'。

例 5-5-2：2021 年 8 月 26 日，测得太阳下边缘的六分仪高度读数 $h_s{}^{\odot}$ 44°05'.7，已知 $i+s = -1'.2$，测者眼高 $e = 12$ m，求太阳真高度 h_t。

解：

六分仪高度读数	$h_s{}^{\odot}$	44°05'.7
指标差和器差	$i+s$	$-1'.2$
眼高差	d	6'.1
经 d 改正的高度	h'	43°58'.4
太阳下边高度改正	c	$+15'.1$
太阳真高度	h_t	44°13'.5

（2）观测太阳上边高度

若观测太阳上边缘的高度，则求太阳真高度的公式为：

$$h_t = h_s^{\overline{\odot}} + (i+s) + (-d) + (-\rho + 0'.15\cos h' + 16') + (-SD + 16' - 32')$$

$$即\ h_t = h_s^{\overline{\odot}} + (i+s) + (-d) + (Tcor) + (\overline{\odot}Acor) \tag{5-5-7}$$

但如果只有"太阳下边缘高度补充改正"表而没有"上边缘高度补充改正"表,可用"太阳下边缘高度补充改正"表的数据按下式计算:

$$h_t = h_s^{\overline{\odot}} + (i+s) + (-d) + (-\rho + 0'.15\cos h' + 16') - (SD - 16') - 32'$$

$$即\ h_t = h_s^{\overline{\odot}} + (i+s) + (-d) + (Tcor) - (\underline{\odot}Acor) - 32' \tag{5-5-8}$$

使用时应注意各修正表中表列修正值本身的正、负号。

例 5-5-3:2021 年 2 月 24 日,测得太阳上边缘的六分仪高度读数 $h_s^{\overline{\odot}}$ 50°30′.2, $i+s=+1'.3$,测者眼高 $e=17$ m,求太阳真高度 h_t。

解:

六分仪高度读数	$h_s^{\overline{\odot}}$	50°30′.2
指标差和器差	$i+s$	+1′.3
眼高差	d	−7′.3
经 d 改正的高度	h'	50°24′.2
太阳上边高度改正	c	−16′.9
太阳真高度	h_t	50°07′.3

4. 查表求星体真高度

(1)金星(♀)、火星(♂)的真高度计算公式

由于星体观测的是中心的高度,所以高度改正中没有半径差改正,即

$$h_t = h_s + (i+s) - d - \rho + p \tag{5-5-9}$$

式中: $p = p_0\cos h_t'$,地平视差 p_0 可在《航海天文历》中查取。若利用"高度改正表",公式为:

$$h_t = h_s + (i+s) + (-d) + (-\rho\ 星体总改正) + (Acor\ 行星补充改正) \tag{5-5-10}$$

(2)其他星体的真高度公式

除金星、火星以外的其他航用星体距地球都很遥远,视差极小,可忽略不计,所以:

$$h_t^* = h_s^* + (i+s) - d - \rho \tag{5-5-11}$$

若利用"高度改正表",公式为:

$$h_t^* = h_s^* + (i+s) + (-d) + (-\rho\ 星体总改正) \tag{5-5-12}$$

例 5-5-4:2021 年 7 月 20 日,测得恒星织女一的六分仪高度读数 17°26′.4, $i+s=-1'.8$,测者眼高 $e=21$ m,求该星体的真高度。

解:

织女一六分仪高度读数	h_s^*	17°26′.4
指标差和器差	$i+s$	−1′.8
眼高差	d	−8′.1
经 d 改正的高度	h'	17°16′.5
星体总改正	c	−3′.1
恒星真高度	h_t^*	17°13′.4

第六节　求观测时刻天体位置

测天时刻的天体地理位置 P_G 是天文船位圆的圆心,而天体的地理位置是依据观测时刻的天体位置来确定的。因此,如何求得观测时刻的天体位置是天文定位的一个重要环节。本节将通过《航海天文历》及其附表来计算天体位置。

一、求观测时刻的世界时

天体位置是随时间变化的,要确定观测时刻天体的准确位置,首先要求出观测天体时的准确世界时(UT1),即测天世界时。这一问题已在本章第四节中介绍过,此处不再叙述。

二、查《航海天文历》求天体位置

1.《航海天文历》简介

所有天体的位置坐标都是随时间而变化的,利用《航海天文历》或专用的计算程序可以求得某一世界时(UT1)时刻的天体位置坐标,从而求得天文船位圆的圆心。

《航海天文历》是天文航海的主要表册之一。它是根据天体视运动的规律编制而成的,载有航用天体任意时刻的视位置以及与天文航海有关的数据,世界各主要航海国家均有出版,主要内容大同小异。这里将介绍英版《航海天文历》和中版《航海天文历》。

(1)英版《航海天文历》的结构

英版《航海天文历》(NP314)主要由"历书"和"时角、赤纬内插表"两部分组成,一年出版一次。

①天体位置表:该表分左、右页两部分。

左页部分:列出三天整点世界时的春分点格林时角,金星、火星、木星和土星的格林时角和赤纬,以及 57 颗常用恒星(STARS)的专名和它们的共轭赤经和赤纬,在 57 颗恒星的最后列出 4 颗行星的共轭赤经和时间。

右页部分:列出三天的太阳、月亮的格林时角和赤纬,以及日出、日没、月出、月没和晨光昏影时间。在右页的右下角还列出了时差,太阳上中天和月亮上、下中天时间,以及月龄和以图形表示的月相。

②时角、赤纬内插表(INCREMENTS AND CORRECTION):因为天体位置表只列出整小时世界时所对应的天体坐标值,所以在实际使用时还要利用时角、赤纬内插表进行内插计算,得到准确测天世界时对应的天体坐标值。

③恒星视位置表(STARS):该表按月份列出 173 颗航用恒星每月月中的共轭赤经和赤纬,查表引数是星名和观测月份。为使用方便,将常用的 57 颗航用恒星列在天体位置表的左页。

④北极星高度求纬度表和北极星方位角表 POLARIS(POLE STAR)TABLES。

⑤天体高度改正表(ALTITUDE CORRECTION TABLES)。

（2）名词解释

在编制历书和附表时采用了下述几个数据。

①时角基本变量:天体每小时时角变量的近似值。不同的天体采用的数值不尽一样。

太阳和行星	15°00.′00
月　　亮	14°19.′00
春　分　点	15°02.′45

②时角超差 v:天体每小时的时角实际变量超过时角基本变量的数值。4 颗航用行星的时角超差各不相同,但每日(平太阳日)变化甚小,所以每 3 天各给出一值,列在版面的底行。可用它来代替 3 天中任意 1 h 的时角超差。金星的时角超差有"±",其他 3 颗均为"+"。

因为太阳的时角基本变量取 15°,它与太阳每小时时角的实际变化量不超过 0′.3,编表处理后不超过 0′.15,忽略不计,所以太阳没有时角超差。

月亮的时角超差日变化量显著,按小时给出,列在整小时月亮格林时角的右侧。

每日(平太阳日)春分点时角变化是等速的,则其每小时时角变量与时角基本变量相同,即(360°+59′.14)/24 = 15°02′.45,所以没有时角超差。

③赤纬差数 d:天体每小时的赤纬变化量,有"±"。

太阳和行星的赤纬差数各不相同,但每日变化甚小,故每 3 天各给出一值,列在版面的底行。可用它来代替 3 天中任意 1 h 的赤纬差数。

月亮赤纬差数日变化量显著,故按小时给出,列在整小时月亮赤纬的右侧。

表中所列的赤纬差数 d 没有注明"±",使用者需自行判断,若赤纬随时间的增加而增加则 d 为"+",若随时间的增加而减小则 d 为"-"。

（3）中版《航海天文历》

中版《航海天文历》所包含的内容、版面的编排和查算方法与英版《航海天文历》相似。主要由"历书"和"附表"两部分组成。

①历书。一年出版一次,包括以下几项内容。

a.天体位置表:该表分左、右页两部分。

左页部分:列出整点世界时所对应的太阳、金星、火星、木星和土星的格林时角和赤纬。

右页部分:列出整点世界时所对应的春分点格林时角,月亮的格林时角和赤纬,以及日出、日没、月出、月没、晨光始和昏影终时间。另外,还列出一些与天文航海相关的数据,如中天时刻、时差、地平视差等。

b.恒星视位置表:该表按月份列出 159 颗航用恒星每月月中的共轭赤经和赤纬。为使用方便,将常用的 44 颗航用恒星另列一表称为"航海常用恒星视位置表",印成活页。

c.历书中还列有"北极星高度求纬度表""北极星方位表""四星纪要"等与天文航海有关的其他表。

因为天体位置表只列出整小时世界时所对应的天体坐标值,所以在实际使用时还要利用附表进行内插计算,得到准确测天世界时对应的天体坐标值。

②附表。该表可长期使用。它包括"时角、赤纬内插表""星图""区时图""高度改正表""无线电时号表"等。

2．求天体的地方时角 LHA 和赤纬 Dec

（1）利用英版《航海天文历》求太阳和行星的地方时角 LHA 和赤纬 Dec

天体地方时角 $LHA = GHA \pm \lambda_W^E$。按查《航海天文历》的步骤，求天体地方时角 LHA 的计算式可写成：

$$LHA = 整小时世界时的格林时角\ GHA' + 分、秒世界时的格林时角 \pm \lambda_W^E$$

$$= GHA' + \frac{时角基本变量 + 时角超差\ \upsilon}{60'} \times 分、秒世界时 \pm \lambda_W^E$$

$$= GHA' + \frac{时角基本变量}{60'} \times 分、秒世界时 + \frac{时角超差\ \upsilon}{60'} \times 分、秒世界时 \pm \lambda_W^E$$

$$= GHA' + m.\ s + \upsilon' \pm \lambda_W^E \tag{5-6-1}$$

式中：GHA'——整小时世界时的格林时角；

  $m.\ s$——分、秒世界时的时角基本变量，取"+"；

  υ'——时角超差订正值，太阳时角超差取零，金星时角超差有"±"，其他 3 颗航用行星的时角超差均为"+"；

  $\pm \lambda_W^E$——测者经度，东经取"+"，西经取"−"。

按查《航海天文历》的步骤，求天体赤纬 Dec 的计算式可写成：

$$Dec = 整小时世界时的赤纬\ Dec' + 赤纬差数\ d/60' \times 分、秒世界时$$

$$= Dec' + d' \tag{5-6-2}$$

式中：Dec'——整小时世界时的赤纬；

  d'——赤纬差数订正值，有"±"，其符号与赤纬差数 d 的符号相同。

查表计算步骤如下：

①在历书的天体位置表中，以观测日期和整小时世界时为引数，在相应天体的一栏中查得 GHA'、υ、Dec'、d；

②时角、赤纬内插表中，以分、秒世界时为引数，在相应天体的一栏中查得太阳、行星（或月亮）的 $m.\ s$；

③在上述同一页中，以 υ 或（d）为引数，在 υ 或 d 订正值一栏中查得订正值 υ'（或 d'）。

（2）利用英版《航海天文历》求恒星的地方时角 LHA 和赤纬 Dec

$LHA = GHA_\curlyvee + SHA \pm \lambda_W^E$。按查表步骤，求恒星地方时角的计算式可写成：

$$LHA = GHA_\curlyvee' + SHA + m.\ s \pm \lambda_W^E \tag{5-6-3}$$

式中：$GHA_\curlyvee'$——整小时世界时的春分点格林时角；

  SHA——天体共轭赤经；

  $m.\ s$——分、秒世界时的春分点时角基本变量；

  $\pm \lambda_W^E$——测者的推算或选择经度，东经取"+"，西经取"−"。

查表计算步骤如下：

①在历书的天体位置表中，以观测日期和整小时世界时为引数，在春分点一栏中查得 $GHA_\curlyvee$；

②在历书的恒星视位置表中，以专名为引数查得恒星的共轭赤经 SHA 和赤纬 Dec；

③在时角、赤纬内插表中，以分、秒世界时为引数，在 ARIES 一栏中查得春分点的 $m.\ s$。

为确保查表计算正确、清晰，应列竖式计算，上下对齐。

例 5-6-1：2020 年 6 月 22 日，船时 $SMT0905$，推算船位 $\varphi_C23°12'.0S$，$\lambda_C157°01'.0E$，观测太阳，停秒表天文钟时间 $CT'11^h05^m44^s$，秒表读数 $WT33^s$，钟差 $CE22^s$（快），利用英版《航海天文历》求太阳的半圆地方时角 $LHA^{\odot}$ 和赤纬 $Dec^{\odot}$。

解：

①求观测天体世界时 GMT

ZT	0905	22/6
ZD	−10	
GMT'	2305	21/6
CT'	11−05−44	
WT	−33	
CE	−22	
GMT	23−04−49	21/6

②利用《航海天文历》求太阳半圆地方时角 $LHA^{\odot}$ 和赤纬 $Dec^{\odot}$

GHA'	258−18.7	Dec'	23−26.1N $\quad d+0.0$
$m.s$	1−12.3	d'	+0.0
$GHA^{\odot}$	259−31.0	Dec	23−26.1N
λ_C^E	157−01.0	φ_C^S	23−12.0
$LHA^{\odot}$	416−32.1 = 56−32.1W		

例 5-6-2：2020 年 6 月 22 日，船时 $SMT1804$，推算船位 $\varphi_C35°15'.0N$，$\lambda_C122°20'.5E$，观测天鹰座 α 星（河鼓二 Altair），停秒表天文钟时间 $CT'10^h03^m30^s$，秒表读数 $WT30^s$，钟差 $CE+25^s$，利用英版《航海天文历》求天鹰座 α 星（河鼓二 Altair）的半圆地方时角 LHA 和赤纬 Dec。

解：

ZT	1804	22/6
ZD	−8	
GMT'	1004	22/6
CT'	10−03−30	
WT	−30	
CE	+25	
GMT	10−03−25	22/6
GHA_{γ}'	60−48.4	
$m.s$	0−51.4	
SHA	62−02.5	Dec 8−55.5N
GHA	123−42.3	
λ_C^E	122−20.5	φ_C 35−15.0N
LHA	246−02.8 = 113−57.2E	

第七节　天文船位线

从理论上讲,在已知天文船位圆的圆心和半径的前提下,可以在地球仪或墨卡托海图上直接画天文船位圆,用图解的方法求得天文观测船位,如图 5-7-1 所示。但是,在实际操作中是行不通的,其原因:一是,如果在地球仪上直接画天文船位圆,根据海上定位精度的要求,在地球仪的表面上用肉眼能分辨的 1 mm 的长度至少应为 1 n mile,这样,地球仪的直径 D 约为 6.9 m。这样大的地球仪船上既不可能配备,也不可能在其上直接画天文船位圆。二是,通常天文船位圆的半径很大,如天体的真高度为 30°,则天文船位圆的半径为 60° = 3600 n mile,航用海图根本容不下,如果使用小比例尺海图,除精度不能满足航用之要求外,天文船位圆在墨卡托海图上的投影已是一条复杂的"周变曲线"了(非圆形)。周变曲线用一般的作图方法根本无法实现。

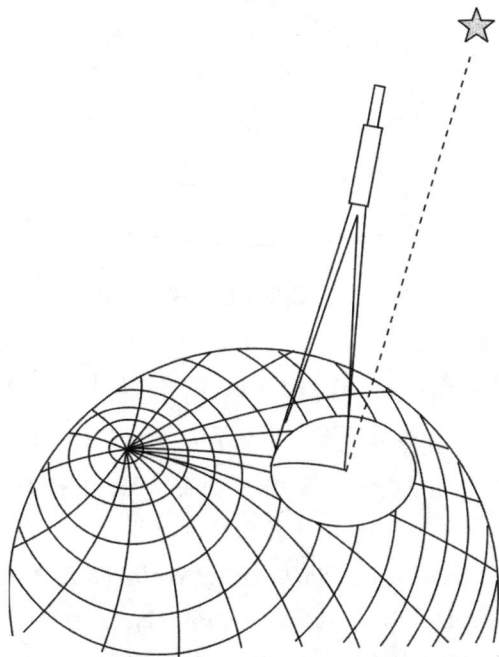

图 5-7-1　船位圆示意图

一、高度差法

1875 年,法国航海家希勒尔提出的高度差法(altitude difference method)解决了天文船位圆作图的问题,即利用高度差法将画天文船位圆的问题转化为画天文船位线的问题。

1. 高度差法原理

图 5-7-2 所示为地球及其外面的天球。图中的 c 为计算点(可以是推算船位,也可以是选

择船位）。假如，当 c 点是推算船位时（φ_C，λ_C）时，测得天体 B 的高度（经高度改正后可以求得其真高度 h_t），同时记下观测时间。从《航海天文历》中查得天体 B 的格林时角 GHA 和赤纬 Dec，从而得到天体 B 的地理位置 b。以 b 为圆心，$\overset{\frown}{bk}=90°-h_t$ 为半径，在地球球面上可作一小圆，即天文船位圆。如前所述，天文船位圆的半径通常很大，而且船位一定在推算船位 c 附近的一小段天文船位圆曲线（Ⅰ-Ⅰ）上，所以没有必要把天文船位圆全部画出来，只要画出船位圆曲线 Ⅰ-Ⅰ 即可。然而船位圆曲线 Ⅰ-Ⅰ 的曲率很小，可以用过 k 点（称截点）的切线 Ⅱ-Ⅱ 来代替（图 5-7-2 是夸张示意图，实际中 $\overset{\frown}{kc}$ 与船位圆半径 $\overset{\frown}{bk}$ 相比甚小），切线 Ⅱ-Ⅱ 即天文船位线，该线在墨卡托海图上用恒向线直线来代替，这样，画天文船位圆的问题就转化为画天文船位线的问题了。

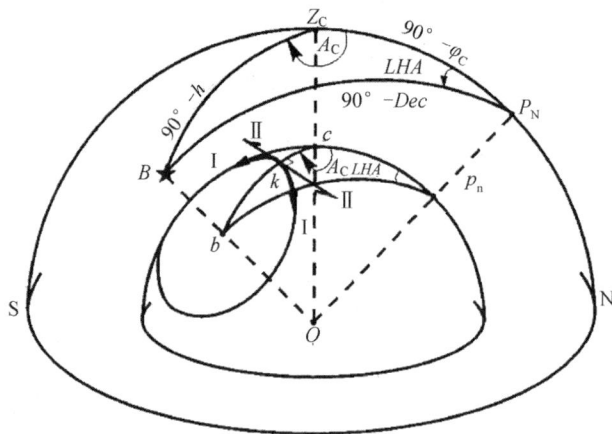

图 5-7-2　高度差法原理示意图

求天文船位线的原理如下：

在图 5-7-2 中，Z_C 为计算点 $c(\varphi_C,\lambda_C)$ 的天顶，以 Z_C，B 和 P_N 为顶点，在天球上可得到天文三角形。在该三角形中，已知余纬 $\overset{\frown}{Z_C P_N}$，极距 $\overset{\frown}{BP_N}=90°-Dec$ 和地方时角 $LHA=CHA\pm\lambda_{CW}^{E}$（$GHA$ 和 Dec 可以根据观测时间从《航海天文历》中查得）。由解天文三角形的基本公式可以求出高度 h_C 和方位 A_C：

$$\sin h_C=\sin\varphi_C\sin Dec+\cos\varphi_C\cos Dec\cos LHA \qquad (5\text{-}7\text{-}1)$$

$$\cot A_C=\cos\varphi_C\tan Dec\csc LHA-\sin\varphi_C\cot LHA \qquad (5\text{-}7\text{-}2)$$

因为 h_C 和 A_C 是通过计算得到的，所以分别称其为计算高度和计算方位。图 5-7-2 中的天文三角形 $Z_C BP_N$ 投影到地面上得到球面三角形 cbp_n，称其为导航三角形，其间有如下关系：

$$\angle bcp_n=A_C$$

$$\overset{\frown}{kc}=\overset{\frown}{bc}-\overset{\frown}{bk}=(90°-h_C)-(90°-h_t)=h_t-h_C=Dh \qquad (5\text{-}7\text{-}3)$$

式中：Dh 称为高度差（altitude difference）或截距（intercept），有"±"。

因为 Dh 是 $\overset{\frown}{bc}$ 弧上的一段，而 $\overset{\frown}{bc}$ 弧是天体计算方位圈在地面上的投影，并且通过天文船位圆的圆心 b，所以以截点 k 所作的天文船位圆的切线 Ⅱ-Ⅱ 即天文船位线与高度差 Dh 垂直。因此，在墨卡托海图上只要过计算点 c 作天体的计算方位（A_C）线，在该线上以 c 为原点，截取 Dh，则可得到截点 k，过 k 点作计算方位线的垂线，即是天文船位线 Ⅱ-Ⅱ。显然，要想画出天

文船位线,必须要知道天文船位线的三要素,即

(1)计算点 c;

(2)计算方位 A_C;

(3)高度差(截距) $Dh = h_t - h_C$。

计算点 c 可以是推算船位,也可以是选择船位;计算高度 h_C 和计算方位 A_C 可由式(5-7-1)和式(5-7-2)直接计算得到,也可以从天体高度方位表中查得;求真高度 h_t 的计算方法见本章第六节。

2. 高度差法作图规则

已知天文船位线的三要素,就可以在墨卡托海图上画出天文船位线。由高度差法原理可知,计算点 c(又称作图点)的位置不同(在船位圆之内或之外), Dh 的符号也随之改变,而且在天体计算方位线上截取 Dh 的方向也不一样,可以归纳为下述三种作图方法:

(1)高度差 Dh 为"+"(计算点 c 在天文船位圆之外)

当 Dh 为"+"时,过计算点 c 作天体的计算方位(A_C)线;在该线上,以 c 为原点,朝向天体(沿天体计算方位的方向)截取 Dh ,得截点 k;过 k 点作计算方位线的垂线,即天文船位线,如图 5-7-3(a)所示。

(2)高度差 Dh 为"−"(计算点 c 在天文船位圆之内)

当 Dh 为"−"时,过计算点 c 作天体的计算方位(A_C)线;在该线上,以 c 为原点,背向天体(沿天体计算方位的反方向)截取 Dh ,得截点 k;过 k 点作计算方位线的垂线,即天文船位线,如图 5-7-3(b)所示。

(3)高度差 $Dh = 0$(计算点 c 在天文船位圆之上)

当 $Dh = 0$ 时,过计算点 c 作天体的计算方位(A_C)线;再过 c 点作计算方位线的垂线,即天文船位线,如图 5-7-3(c)所示。

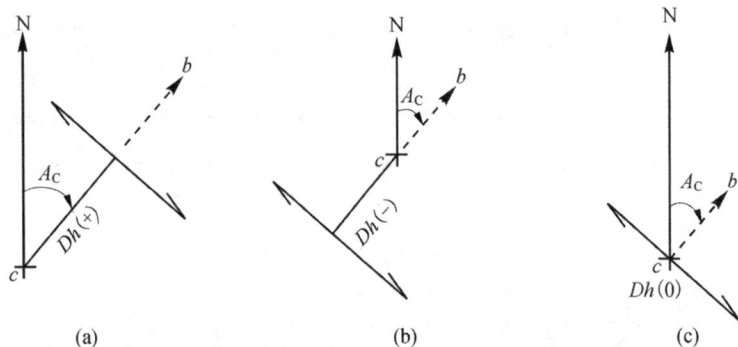

图 5-7-3　高度差法作图规则

例 5-7-1:以推算船位(φ_C, λ_C)为计算点,求得天体计算高度 $h_C = 35°09'.6$,计算方位 $A_C = 090°$,同时求得天体真高度 $h_t = 35°12'.3$,画天文船位线,如图 5-7-4 所示。

例 5-7-2:以推算船位(φ_C, λ_C)为计算点,求得天体计算高度 $h_C = 46°27'.5$,计算方位 $A_C = 225°$,同时求得天体真高度 $h_t = 46°25'.2$,画天文船位线,如图 5-7-5 所示。

例 5-7-3:在例 5-7-2 中,如果求得天体真高度 $h_t = 46°27'.5$,画天文船位线,如图 5-7-6 所示。

解：	例 5-7-1	例 5-7-2	例 5-7-3
计算点	(φ_C, λ_C)	(φ_C, λ_C)	(φ_C, λ_C)
计算方位 A_C	090°	225°	225°
真高度 h_t	35-12.3	46-25.2	46-27.5
计算高度 h_C	35-09.6	46-27.5	46-27.5
高度差 Dh	+2.7	-2.3	0.0

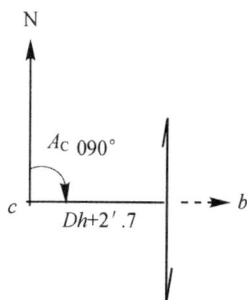

图 5-7-4　例 5-7-1 图　　　图 5-7-5　例 5-7-2 图　　　图 5-7-6　例 5-7-3 图

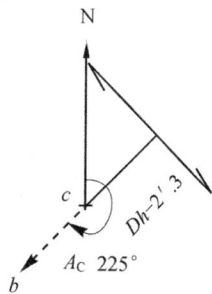

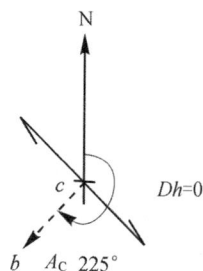

3. 高度差法的有限任意性

在计算一条天文船位线时，计算点分别可以采用推算船位或选择船位，而画出的是同一条天文船位线，这样做的依据就是高度差法的有限任意性。

（1）选择计算点的任意性

每观测一个天体，就可以得到一个天文船位圆，如果不考虑误差的话，真实船位 P 应在靠近推算船位附近的一小段天文船位圆的曲线上，见图 5-7-7。在一般情况下，该段曲线的曲率很小，可用过截点的切线（在墨卡托海图上是恒向线）Ⅰ-Ⅰ代替，Ⅰ-Ⅰ即天文船位线。如果计算点分别采用推算船位 c 和选择船位 c_1，它们均位于真实船位 P 的附近，尽管在同一时刻，分别由 c 和 c_1 求得同一天体 B 的高度差不一样，但是计算方位几乎相等，因此，过各自的截点所作的天文船位线基本重合为一条，见图 5-7-7 中的Ⅰ-Ⅰ船位线。由此可见，在一定的范围内，计算点可以任意选择，而求得的天文船位线不失其精度。这就是高度差法选择计算点的任意性。

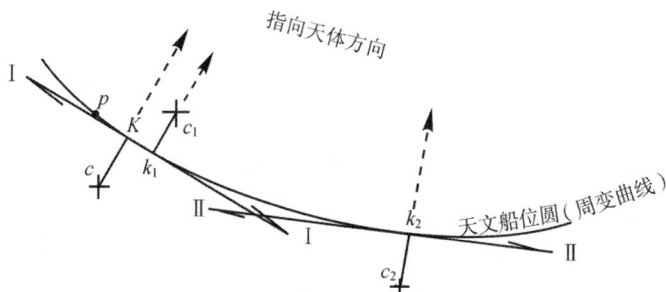

图 5-7-7　高度差法的有限任意性

（2）选择计算点的有限性

如图 5-7-7 所示，如果选择的计算点 c_2 偏离真实船位太远，求得的船位线Ⅱ-Ⅱ与船位线Ⅰ-Ⅰ的计算方位相差较大，用船位线Ⅱ-Ⅱ代替船位线Ⅰ-Ⅰ就会产生较大的误差。因此，选择的计算点不能偏离真实船位太远。这就是高度差法的有限性。

（3）选择计算点的有限任意性

综上所述,为使求得的天文船位线不失其精度,根据高度差法的有限任意性的原则,一般选择的计算点偏离真实船位不应超过 30 n mile。

另外,为保证利用高度差法画出的天文船位线所必需的精度,应观测高度低于 70° 的天体。高度越高,天文船位圆的半径就越小,船位圆的曲率就越大,这时在墨卡托海图上用恒向线直线代替船位圆曲线所产生的误差也相应地增大。

如果在求得观测船位之后发现计算点偏离观测船位大于 30 n mile,可把求得的观测船位作为新的计算点重新计算（迭代计算）和作图,这样做可以进一步提高观测船位的精度。

二、太阳、行星和恒星船位线

前几节已经把求一条天文船位线的全过程分段介绍过了,这里只是把前面分段阐述过的内容加以组合,从而得到一条完整的天文船位线的计算程序。太阳、行星和恒星的计算程序基本相同,只是在求格林时角和真高度方面有些差异。

例 5-7-4:2021 年 6 月 22 日船时 1003 推算船位 32°33′.7N,123°32′.4E,$CA045°$,v_G15 kn。测得太阳下边缘的六分仪高度读数 $h_s^\odot = 65°03′.2$,停表时天文钟时间 CT 02^{h}03^{m}12^s,秒表读数 $WT = 10$ s,钟差 CE 快 2 s,眼高 $e = 16$ m,$i+s = +2′.0$,求太阳船位线。

解:

①求世界时 GMT

区时	ZT	1003	22/6
区号	ZD	−8	
近似世界时		0203	22/6
天文钟钟时	CT	02^{h}03^{m}12^s	22/6
秒表读数	WT	−10	
天文钟钟差	CE	−2	
测天世界时	GMT	02^{h}03^{m}00^s	22/6

②求太阳地方时角 LHA 和 Dec

查《航海天文历》得

02^h 的格林时角	t_T	209°30′.2	$Dec′$ 23°26′.2N	d 0′.0
03^m 的基本变量	Δt_1	0°45′.0	$d′$	0
02^{h}03^{m}00^s 的格林时角	GHA	210°15′.2	Dec 23°26′.2N	
推算经度	λ_C	123°32′.4E		
02^{h}03^{m}00^s 的半圆	LHA	333°47′.6 → 26°12′.4E		

③求太阳计算方位 A_C 和计算高度 h_C

计算参数为:推算纬度 φ32°33′.7N,赤纬 Dec23°26′.2N,半圆 LHA26°12′.4E

$$\sin h_C = \sin\varphi_C\sin Dec + \cos\varphi_C\cos Dec\cos LHA$$

$$= \sin32°33'.7\sin23°26'.2+\cos32°33'.7\cos23°26'.2\cos26°12'.4$$

$$h_C = 65°12'.7$$

$$\tan A_C = \frac{\sin LHA}{\tan Dec\cos\varphi_C - \sin\varphi_C\cos LHA}$$

$$= \frac{\sin26°12'.4}{\tan23°26'.2\cos32°33'.7 - \sin32°33'.7\cos26°12'.4}$$

$$A_C = -75.°1+180° = 104.°9 \text{NE} = 104.°9$$

④求太阳真高度 h_t 及高度差 Dh

六分仪高度读数	$h_s^\odot$	65°03′.2
指标差和器差	$i+s$	+2′.0
眼高差	d	−7′.1
经 d 改正的高度	h'	64°58′.1
改正值（用 h' 查表） $Tcor$		+15′.5
太阳真高度	h_t	65°13′.6
太阳计算高度	h_C	65°12′.7
高度差	Dh	+0′.9

⑤画位置线

位置线要素：

作图点 c（推算船位）32°33′.7N，123°32′.4E

$A_C = 104°.9$

$Dh = +0′.9$

作图画船位线如图 5-7-8 所示。

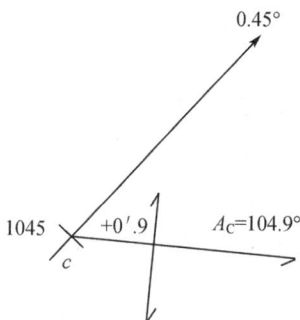

图 5-7-8　太阳船位线

例 5-7-5：2021 年 6 月 22 日，ZT 1905（−8），φ_C35°12′.0N，λ_C122°24′.6E，CA002°，v_G18 kn，测得织女一（Vega）$h_s^* = 28°17'.4$，停止秒表时 CT 11^{h}05^{m}08^s，$CE = -2$ s，WT 30 s，$i+s = -2′.4$，$e = 15$ m，求观测船位线。

解：

①求测天世界时

区时	ZT	1905	22/6
区号	ZD	−8	
近似世界时	GMT'	1105	22/6
天文钟钟时	CT	$11^h05^m08^s$	22/6
秒表读数	WT	-30^s	
天文钟钟差	CE	-2^s	
测天世界时	GMT	$11^h04^m36^s$	22/6

②求织女一（Vega）的地方时角和赤纬

11^h 的春分点格林时角	t_T^γ	$075°50'.9$		
04^m36^s 的时角改变量	Δt	$1°09'.2$		
$11^h04^m36^s$ 的春分点格林时角	$GHA\gamma$	$077°00'.1$		
织女一共轭赤经和赤纬	SHA	$080°34'.7$	Dec	$38°48'.2N$
织女一格林时角	GHA	$157°34'.8$		
推算（或选择）船位经纬度	λ_C	$122°24'.6E$	φ_C	$35°12'.0N$
织女一半圆地方时角	LHA	$279°59'.4$	→	$80°00'.6E$

③求计算高度和计算方位

计算高度：

$$\sin h_C = \sin\varphi_C\sin Dec + \cos\varphi_C\cos Dec\cos LHA$$
$$= \sin35°12'\sin38°48'.2 + \cos35°12'\cos38°48'.2\cos80°00'.6$$
$$h_C = 28°08'.6$$

计算方位：

$$\tan A_C = \frac{\sin LHA}{\tan Dec\cos\varphi_C - \sin\varphi_C\cos LHA}$$
$$= \frac{\sin80°00'.6}{\tan38°48'.2\cos35°12' - \sin35°12'\cos80°00'.6}$$
$$A_C = 60°.5NE \approx 061°$$

④求真高度及高度差

六分仪读数	h_s	$28°17'.4$
指标差与器差	$i+s$	$-2'.4$
眼高差	d	$-6'.8$
视高度	h_a	$28°28'.2$
总改正		$-1'.8$
真高度	h_t	$28°07'.2$
计算高度	h_C	$28°09'.4$
高度差	Dh	$-2'.2$

⑤画船位线

船位线要素：

作图点 $\varphi_C 35°12'.0N$，$\lambda_C 122°24'.6E$

高度差 $Dh = -2'.2$

计算方位 $A_C = 061°$

根据船位线要素作图（如图5-7-9所示）。

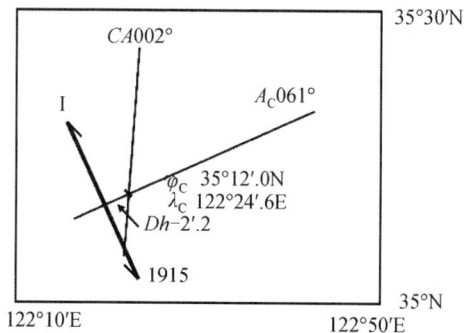

图5-7-9　织女一船位线

三、观测太阳中天高度求纬度

当太阳上中天时，其地方时角 $LHA = 0°$，方位为 $0°$ 或 $180°$，这时求得的太阳船位线可以认为是一条纬度线，即观测纬度 φ_o。此时天文三角形的三条边重合在一起，不必求计算高度和计算方位就可求得天文船位线。另外，由误差理论可以证明，这时系统误差和随机误差对观测纬度 φ_o 的影响最小，加之在航海实际工作中正午船位的重要性，更显出观测太阳中天高度求纬度的优越性。

1. 观测太阳中天高度求纬度原理

当太阳上中天时，其地方时角 $LHA = 0°$，中天高度 $H = 90°-Z$（Z 为太阳中天顶距）。因此，解算天文三角形的基本公式

$$\sin h = \sin\varphi\sin Dec + \cos\varphi\cos Dec\cos LHA$$

可简化为

$$\sin h = \sin\varphi\sin Dec + \cos\varphi\cos Dec$$

即

$$\cos Z = \cos(\varphi - Dec)$$
$$Z = \varphi - Dec$$
$$\varphi = Z + Dec$$

$$(5\text{-}7\text{-}4)$$

上式为代数和，其符号确定规则如下：

（1）向北观测太阳中天高度 h，则 h 命名为N，反之为S。

（2）太阳中天顶距 Z 的名称与中天高度 h 的名称相反。

（3）当 Z 与 Dec 同名时，Z 与 Dec 相加，φ 与之同名；当 Z 与 Dec 异名时，Z 与 Dec 相减，大值减小值，φ 与大值同名，如图5-7-10所示。

例 5-7-6：设太阳中天时向北测得太阳中天高度，经计算得到太阳中天真高度 $h_t 45°14'.2$，已知太阳中天赤纬 $Dec 5°0.8'.4S$，求观测纬度 φ_o。

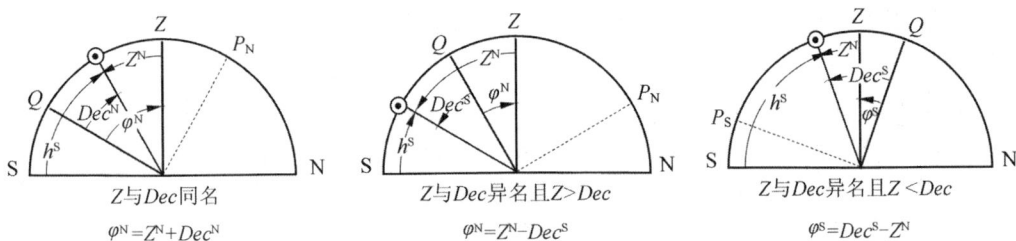

图 5-7-10 观测太阳中天高度求纬度

例 5-7-7：设太阳中天时向南测得太阳中天高度，经计算得到太阳中天真高度 h_t50°25′.4，已知太阳中天赤纬 Dec23°19′.5N，求观测纬度 φ_o。

例 5-7-8：设太阳中天时向北测得太阳中天高度，经计算得到太阳中天真高度 h_t78°25′.4，已知太阳中天赤纬 Dec23°19′.5N，求观测纬度 φ_o。

解：

	例 5-7-6	例 5-7-7	例 5-7-8
h_t	45－14.2N	50－38.5S	78－25.4N
Z	44－45.8S	39－21.5N	11－34.6S
Dec	05－08.4S	10－13.5S	23－19.5N
φ_o	49－54.2S	29－08.0N	11－44.9N

2. 预求太阳中天区时 ZT

利用式（5-7-4）求观测纬度，必须知道太阳中天高度和中天赤纬。太阳中天高度只有在太阳经过测者午圈的一瞬间进行观测才能得到，那么太阳什么时候经过测者午圈呢？或者说当区时几点时，才能观测到太阳中天高度呢？这就要在测前求出太阳经过测者午圈的区时，即太阳中天区时。根据太阳中天区时观测的太阳高度才是太阳中天高度。另外，根据太阳中天区时求得的世界时在《航海天文历》中可查得太阳中天时的赤纬。这样就可利用式（5-7-4）求得观测纬度 φ_o。

根据式（5-7-5）可求得太阳中天区时的计算式为：

$$ZT = LMT + D\lambda$$
$$D\lambda = \lambda_m - \lambda_{1200} \tag{5-7-5}$$

式中：LMT——太阳中天时测者的地方平时（未知），可用按观测日期从《航海天文历》中查得的格林经线上太阳上中天的地方平时来代替；

$D\lambda$——太阳中天时时区中线经度与测者经度之差（未知），可由所用区时的时区中线经度 λ_m 与区时 1200 的推算经度 λ_{1200} 之差来代替，计算时东经 λ^E 为"+"，西经 λ^W 为"-"，求得的经差 $D\lambda$ 有"±"。

显然，利用式（5-7-5）预求的太阳中天区时存在误差。因为在中天前后数十秒之内太阳高度变化非常缓慢，所以由中天区时的误差引起所测太阳中天高度的误差很小，可以忽略不计（在较不利的条件下，该误差小于观测高度的标准差）。

3. 观测太阳中天高度求纬度的计算步骤

例 5-7-9：2021 年 6 月 22 日船时 1045 推算船位为 32°07′.7N，123°32′.4E，CA045°，v_G15 kn。拟观测太阳中天高度求纬度，如太阳上中天时向南测得太阳中天下边缘六分仪高度

读数 $h_s^{\odot}=80°52'.3$，眼高 $e=16$ m，$i+s=+2'.0$，试求观测纬度 φ_o。

解：

①求 ZT1200 的推算经度

求 1045—1200 的推算航程：$s_G=v_G\Delta t=15\times(12^h-10^h45^m)=18'.75$

推算航程对应的纬差：$D\varphi=s_G\cos CA=18'.75\cos045°=+13'.3=13'.3$N

东西距：$Dep=s_G\sin CA=18'.75\sin045°=+13'.26=13'.3$E

ZT1200 的推算纬度：$\varphi_C=32°07'.7$N$+13'.3$N$=32°21'.0$N

经差：$D\lambda=Dep\sec\varphi_m=15'.7$E

1200 的推算经度：$\lambda_C=123°32'.4$E$+15'.7$E$=123°48'.1$E

②求中天区时

从《航海天文历》查得太阳中天平时 1202，时间东大西小。

根据 1200 的推算经度与时区中线经度的经差 $D\lambda$ 计算：

太阳中天平时	T	12^h02^m	22/6
经差	$-D\lambda$	15 min	（$123°48'.1$E$-120°$E$=3°48'.1$E$=15$ min）
太阳中天区时	ZT	11 47	22/6

③按太阳中天区 ZT 时求世界时，并从《航海天文历》中查取该时的太阳赤纬 Dec

区时	ZT	11 47	22/6
区号	ZD	-8	
世界时	GMT	03 47	22/6
整点赤纬	δ_T	$23°26'.0$N	$\Delta+0'.0$
改正量	$\Delta\delta$	$+0'.0$	
赤纬	Dec	$23°26'.0$N	

④修正观测高度求真顶距 Z

六分仪高度读数	$h_s^{\odot}$	$80°52'.3$S
指标差和器差	$i+s$	$+2'.0$
眼高差	d	$-7'.1$
经 d 改正的高度	h'	$80°47'.2$
改正值（用 h' 查表）	$Tcor$	$+15'.8$
太阳真高度	h_t	$81°03'.0$S
太阳真顶距	Z	$8°57'.0$N

⑤根据公式计算观测纬度 φ_o

Z	$8°57'.0$ N	
$+Dec$	$23°26'.0$ N	（Dec 与 Z 同名，相加）
φ_o	$32°23'.0$ N	（φ 与 Z、Dec 中的大者同名）

另外，在航海实际工作中，太阳中天高度并不一定是太阳的最大高度。只有当太阳高度变化率为零时，才发生最大高度。如果测者纬度不变，天体赤纬不变，天体中天时其高度变化率为零，此时天体中天高度就是其最大高度。但是在实际工作中，测者纬度和太阳赤纬都在变化。影响太阳高度变化的原因：一是时角变化引起的高度变化量；二是赤纬变化引起的高度变

化量;三是测者纬度变化引起的高度变化量。在这三种因素的综合影响下太阳中天时高度变化率不一定为零,即太阳中天高度不一定是最大高度。最大高度可能发生在中天前,也可能发生在中天后。因此,我们只能预求中天区时,按该时刻观测即可得到太阳中天高度,而不应该把太阳的最大高度当成中天高度来观测。

四、观测北极星高度求纬度

仰极的高度等于测者的纬度,如果在仰极处有一颗较亮的恒星,只要观测该星的高度,就可得到测者纬度。事实上,没有一颗较亮的恒星恰好位于天北极或天南极。但是在天北极附近有一颗较亮的 2 等星——小熊星座 α(勾陈一),因为它靠近天北极又称北极星。因为北极星的极距 $p<1°$,所以在周日视运动中它的方位和高度的变化量均很小。在北纬 $0°\sim60°$ 的地区,所见北极星的方位变化最大不超过 $2°$。因为北极星的赤纬趋近 $90°N$,所以只要将北极星的真高度做一高度修正即可求得天北极的高度,即测者的观测纬度。因此,位于北半球中低纬海区的测者可观测北极星的高度,经过高度修正求得测者纬度。

1. 观测北极星高度求纬度原理

图 5-7-11 是测者东西面天球示意图。B 为在周日视运动中某一时刻北极星的位置,小圆是北极星的周日平行圈,$\overset{\frown}{aBa'}$ 是该时刻北极星的高度平行圈。北极星真高度 $h_t=\overset{\frown}{BM}$,测者纬度 $\varphi=\overset{\frown}{NP_N}$(仰极高度),小量为 χ,显然:

$$\varphi = h_t + \chi \tag{5-7-6}$$

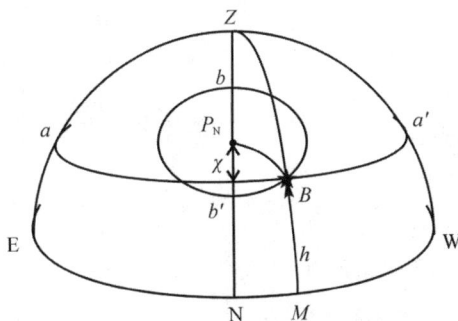

图 5-7-11   地球椭圆体

从上可见,测者纬度 φ 与北极星真高度 h_t 只差一个小量 χ,只要求得了 χ,也就求得了 φ。因此,观测北极星高度求纬度的问题,实质上就是求小量 χ 的问题。从图 5-7-11 中可以看出,当北极星上中天时(b 位置),或下中天时(b' 位置),小量 χ 达最大值(小于 $1°$),上中天 χ 为"−",下中天 χ 为"+"。

利用解球面窄三角形的第二近似式求得小量 χ 为:

$$\chi' = p'\cos LHA - \frac{p'^2}{2}\sin^2 LHA \tan\varphi \operatorname{arc}1' \tag{5-7-7}$$

经过整理并简写成:

$$\varphi_0 = h_t + a_0 + a_1 + a_2 \tag{5-7-8}$$

上式中:

$$改正量\ a_0 = -p'_0\cos(LHA_\gamma + SHA_0) \tag{5-7-9}$$

$$改正量\ a_1 = \frac{p'^2_0}{2}\sin^2(LHA_\gamma + SHA_0)\tanh arc1' \tag{5-7-10}$$

$$改正量\ a_2 = p'_0\cos(LHA_\gamma + SHA_0) - p'_0\cos(LHA_\gamma + SHA) \tag{5-7-11}$$

根据式(5-7-9)编成北极星高度求纬度第一改正量表,查表引数是春分点地方时角 LHA_γ。

根据式(5-7-10)编成北极星高度求纬度第二改正量表,查表引数是春分点地方时角 LHA_γ 和北极星高度 h。

根据式(5-7-11)编成北极星高度求纬度第三改正量表,查表引数是春分点地方时角 LHA_γ 和观测日期。

上述三个改正量均列在《航海天文历》中。在中版《航海天文历》的"北极星高度求纬度"表中,改正量 a_0 和 a_2 有"±",改正量 a_1 均为"+"。在英版《航海天文历》的"北极星高度求纬度"表中,为使改正量均为"+"值,故在改正量中加了 $1°$,这样,只要把北极星的真高度和三个改正量全加起来,然后再减去 $1°$,便得到观测纬度,即

$$\varphi_0 = h_t + a_0 + a_1 + a_2 - 1° \tag{5-7-12}$$

2. 观测北极星高度求纬度

例 5-7-10:2021 年 06 月 22 日,船时 SMT1843,推算船位 φ_C35°12′.0N,λ_C122°54′.0E,观测北极星六分仪高度 h_s35°22′.0,停秒表天文钟时间 CT'10^{h}04^{m}10^s,秒表读数 WT48^s,钟差 CE01^{m}10^s(快),指标差和器差 $i+s=+1'.0$,眼高 $e=12.5$ m,求北极星船位线。

解:

ZT	1843		h_s		35-22.0
ZD	-8		$i+s$	+	1.0
GMT′	1043		c	-	7.6
CT′	10-04-10		h_t		35-15.4
WT	-48		a_0		28.4
CE	-1-10		a_1		0.6
GMT	10-02-12	22/06	a_2		1.0
				-	1-00.0
			φ_0		34-44.4N
GHA′$_\gamma$	60-48.4				
m.s	0-33.1				
GHA$_\gamma$	61-21.5				
λ_C^E	122-54.0				
LHA$_\gamma$	184-15.5				

因为北极星是 2 等星,所以观测难度较 1 等星大一些,但是计算方法较恒星船位线简单,因此,北极星是在北半球中低纬海区航行的船舶测天定位的良好天体。

由上述方法求得的观测纬度,事实上是北极星船位圆(或船位线)与推算经度 λ_C 的交点的纬度(φ_0),显然,它与真正的北极星船位线存在一个方向误差 ΔA,见图 5-7-12。测者在北纬 $0°\sim60°$ 之间,该误差 $\Delta A<2°$,可以忽略不计,当测者纬度大于 $60°$ 时,则可产生不可忽略的误差

（中天除外）。另外,当测者位于北纬 0°～15° 之间时,北极星的高度小于 15°,这时会产生不可忽视的蒙气差的误差（见本章第四节）。综上所述,在北纬 15°～60° 的海域内可观测北极星高度求纬度。

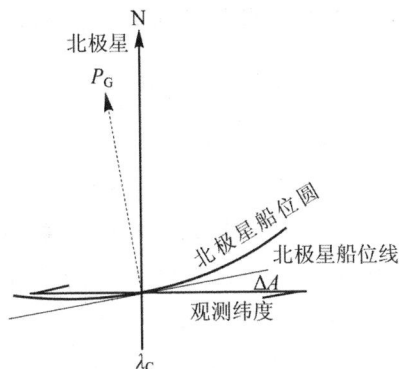

图 5-7-12　北极星船位线误差示意图

第八节　观测天体定位

在航海实践中,至少需要两条或两条以上交角合适的、对应于同一时刻的船位线相交才能确定船舶所在的位置。海上测天定位主要包括白昼观测太阳移线定位和晨昏测星定位。

一、观测太阳移线定位

白昼通常只能观测到太阳,在观测一次太阳求得一条太阳船位线之后,间隔一段合适时间再观测一次,求得另一条太阳船位线,然后进行移线定位,这种定位方法称为太阳移线定位。

1. 太阳移线定位的条件

太阳移线定位的精度主要与两次观测的时间间隔有关。由航迹推算原理可知,两次观测的时间间隔越短,转移船位线所带来的航向、航程的推算误差就越小;同时由船位误差理论可知,用两条船位线定位,两船位线的交角应在 30°～90° 范围之内,以趋近 90° 为最佳,太阳方位要变化到如此大小,一般又需较长时间,这是一对矛盾。

在一般情况下,如果两次观测的时间过短,尽管减小了推算误差,但是太阳方位变化太小,将使两条船位线交角小于 30°;相反,如果两次观测的时间间隔过长,虽然太阳方位变化较大,可使两船位线的交角达 90°,但是转移船位线的推算误差也随之积累增大。为兼顾这两方面的要求,两次观测的时间间隔一般为 1～2 h,太阳方位变化 30°～50°,以不小于 30° 为宜。

2. 太阳移线定位的有利时机

太阳在中天前后方位变化较快,在较短的时间内,太阳方位变化就可超过 30°。因此,太阳中天前后一段时间是观测太阳移线定位的有利时机。在航海实践中,一般采用太阳中天前和中天时各观测一次,移线求出中天或正午船位。

在低纬海区内，当太阳中天高度很高（达88°左右）时，从日出到中天前和中天后至日没，太阳方位变化非常缓慢，有时太阳方位变化30°左右往往就要等待4~5 h，从而使太阳移线定位失去意义；相反，在这种情况下，太阳中天前后十几分钟，甚至几分钟之内，太阳方位变化就可达30°以上。因此，就可在短时间内，测得2~3条太阳船位线求出观测船位。

二、晨昏测星定位

测星定位是天文定位的重要方法，其优点是能在晨光昏影的短时间内求得观测船位，且推算误差的影响甚小，因此定位精度较高。其缺点是测星的时间较短，在低纬海区一般只有20~40 min；晨光昏影时星光较暗，水天线也不如白天清晰，所以观测星体要比观测太阳困难一些。

1. 测星时机

测星定位必须同时具备两个条件：一是有可供观测的星体；二是可见水天线。一天中只有在黎明（晨光）和黄昏（昏影）这两段时间内才可同时满足上述两个条件。

（1）晨光昏影

航海上一般把黎明和黄昏这两段时间统称为晨光昏影（morning and evening twilight）。晨光昏影期间的能见度，随着太阳在水天线下位置的变化而不同，为更确切地描述晨光昏影期间的能见度，又把晨光昏影分成三个阶段，如图5-8-1所示。

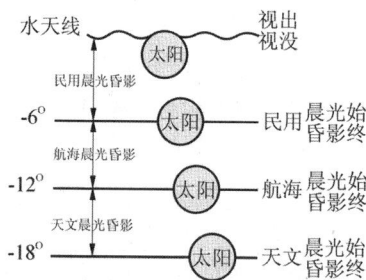

图5-8-1　晨光昏影示意图

①民用晨光昏影

太阳上边沿与水天线相切时称太阳视出或视没。

太阳真高度 $h_t = -6°$ 时，称民用晨光始或民用昏影终。

太阳由民用晨光始（$h_t = -6°$）到视出所经历的时间称民用晨光；太阳由视没到民用昏影终（$h_t = -6°$）所经历的时间称民用昏影。

上述两段时间统称为民用晨光昏影。

②航海晨光昏影

太阳真高度 $h_t = -12°$ 时称航海晨光始或航海昏影终。

太阳真高度由 $-12°$ 到 -6 或由 -6 到 -12 所经历的时间间隔统称航海晨光昏影。

③天文晨光昏影

太阳真高度 $h_t = -18°$ 时称天文晨光始或天文昏影终。

太阳中心高度由 $-18°$ 到 -12 或由 -12 到 -18 所经历的时间间隔统称天文晨光昏影。

晨光昏影时间的长短，取决于测者的纬度，纬度越高，晨光昏影时间越长；纬度越低，晨光昏影时间越短。

（2）测星时机

根据测星定位的两个条件,只有在民用晨光始或民用昏影终前后一段时间内,即太阳真高度在-3°～-9°之间,才是测星定位的良好时机。在这段时间内既可看到星体,又可看到水天线。这段时间在中低纬度一般只有 20～40 min,因此驾驶员要在该段时间内观测 3 颗或 3 颗以上的星体来定位,为把握住观测时机,测星前往往要做好许多准备工作,如预求测星区时、选星、检查和校正六分仪等,否则,就有可能在测星时间内测不到 3 颗星。

（3）预求测星区时 ZT

海上通常的做法是:早晨测星,利用 ZT0600 的推算船位预求民用晨光始区时;黄昏测星,则利用 ZT1800 的推算船位预求民用昏影终区时。根据所求区时提前几分钟开始观测即可。

$$ZT = LMT + D\lambda_{W}^{E} \tag{5-8-1}$$

$$D\lambda = \lambda_{m} - \lambda_{1800}^{0600} \tag{5-8-2}$$

式中:LMT——晨光始或昏影终时测者的地方平时,可由《航海天文历》查出的格林经线上的晨光始或昏影终的地方平时代替;

　　　$D\lambda_{W}^{E}$——晨光始或昏影终时,测者经度与所在时区中线经度之差,可用 ZT0600 或 ZT1800 的推算经度与所用区时的时区中线经度之差代替。

在《航海天文历》历书中,格林经线上晨光始或昏影终的地方平时三天给出一值,需要进行纬度内插。

（4）求日出或日没时的区时

船舶航行灯的开启和关闭、船旗的升降、甲板照明灯的开启和关闭等等均根据太阳的视出或视没时的区时执行,并且要将其记入航海日志。因此航海人员还要经常求日出或日没时的区时 ZT,其计算公式同式(5-8-1)、式(5-8-2)。式中的地方平时 LMT 是日出或日没时测者的地方平时,可由《航海天文历》查出的格林经线上的日出和日没的地方平时来代替;经差与式(5-8-1)、式(5-8-2)相同。

在英版《航海天文历》中,格林经线上日出和日没的地方平时每三天给出一值,需要进行纬度内插。

在中版《航海天文历》中,格林经线上日出和日没的地方平时每天给出一值,需要进行纬度和经度内插,一般当纬度低于 60°时,经度内差可以忽略不计。

例 5-8-1:2021 年 06 月 22 日,ZT1530,φ_{C}36°54′.0N,λ_{C}122°45′.0E,CA002°,v 10 kn,预求民用昏影终区时。

解:

①按航向、航速求得 ZT1800 的推算船位

②求 ZT

以 φ_{C}35°N 从航海天文历中查得民用昏影终

纬度内插

民用昏影终地方平时

经差(120°E-122°46′.1E)

民用昏影终区时

φ_{C}	37-19.0N	
λ_{C}	122-46.1E	
T_{T}	1917	22/06
ΔT_{φ}	+2	
T	1919	22/06
$D\lambda^{E}$	-11	
ZT	1908	22/06

2．选择观测天体的注意事项

由于测星时间比较短，为了不错失测星时机，应预先做好一切可以提前做好的事情，包括利用索星卡选出在晨光昏影期间适宜观测的星体的大概高度和方位，以便到时有的放矢地观测，也就是"选星"。为提高观测船位的精度，选星应注意以下几点：

（1）选择较明亮的星体

主要是 1 等星和部分 2 等星。

（2）选择高度在 15°~70°之间的星体

当天体高度低于 15°时，用表册查取的平均蒙气差代替实际蒙气差将产生不可忽视的误差。当天体高度高于 70°时，高度差法本身的误差将会很大。

（3）所选星体之间的方位分布要合适

两星定位，为减小系统和随机误差的影响，两星之间的方位差角应在 60°~120°之间，趋近90°最有利。

三星定位，三条船位线往往不能相交一点而形成一三角形，称为船位误差三角形。如果三条船位线只含有相同的随机误差，则观测船位在三角形之内，靠近"短边、大角"。如果三条船位线只含有相同的系统误差，消除了系统误差的船位有可能在三角形之内，也有可能在三角形之外，这与三星分布的范围有关，三星分布范围小于 180°，船位在三角形之外、旁切圆的圆心上；三星分布范围在 180°以上，船位在三角形之内、内切圆的圆心上。

综合考虑，所测三星方位分布的范围要在 180°以上，相邻两星体之间的方位差角趋近 120°最有利，因为这时不论按系统误差还是按随机误差处理，观测船位均在船位误差三角形之内。

（4）选择两组星

选择两组星，以备在观测时及时替代观测不到的星体。

3．利用索星卡认星和选星

（1）"TS-74"型索星卡

每套国产"TS-74"型索星卡包括两块星图底板（见图 5-8-2）和 13 片透明的地平坐标网片（见图 5-8-3），一本使用说明书和一个塑料外套。索星卡可供纬度介于 0°~60°的测者选星和认星之用。

①星图底板

如图 5-8-2 所示，两块星图底板中，一块是以天北极为中心（标有字母 N）的星空图，供北纬测者使用，另一块是以天南极为中心（标有字母 S）的星空图，供南纬测者使用。星图底板上印有 60 余颗恒星，其中包括全部 1 等星，主要的 2 等星和部分 3 等星。因为月亮和 4 颗航用行星在天球上的位置变化较大，所以只能根据它们在观测当时的赤经、赤纬，由使用者临时标绘上去。

星图底板上还印有天赤道（以 N 或 S 为中心的小圆），相应的刻度，即平太阳日期标在底板的外圈，外圈内侧标有赤经，相当于春分点地方时角（方向不同）。

星图底板上还印有黄道（偏心小圆），上面标有日期，表示太阳每天在天球上的大概位置。

②透明地平坐标网片

如图 5-8-3 所示，13 张透明地平坐标网片是分别按纬度 0°、5°、10°、…、60°绘制的一系列高度、方位曲线图网。地平坐标网的中心"+"表示测者天顶。每一张网片均是供北纬和南纬两用的，用于北纬时，将相应的纬度网片中 N 面朝上，套在北半球星图底板上。用于南纬时，将相应的纬度网片 S 面朝上，套在南半球星图底板上。

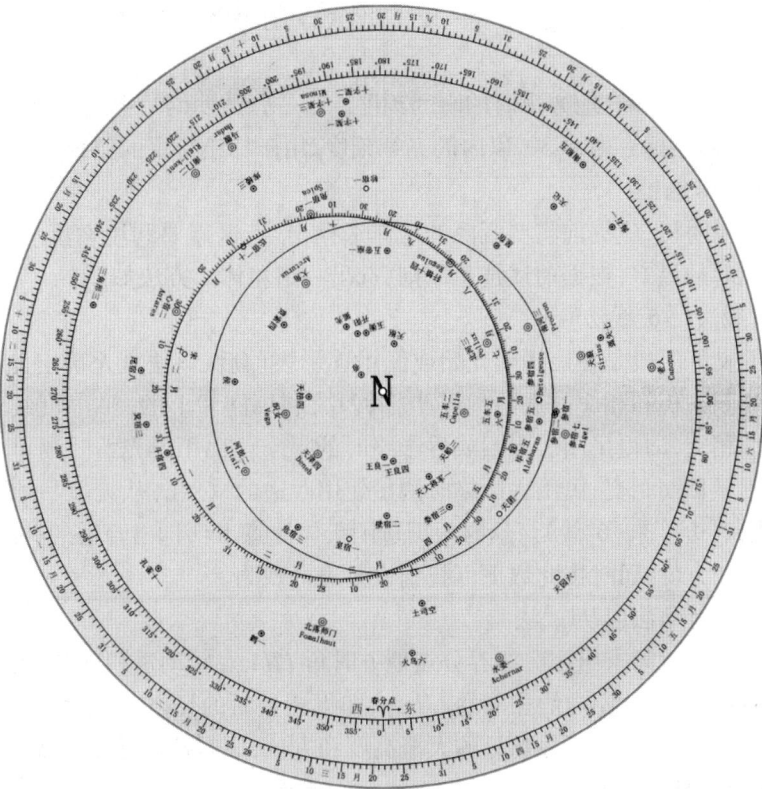

图 5-8-2　索星卡底板

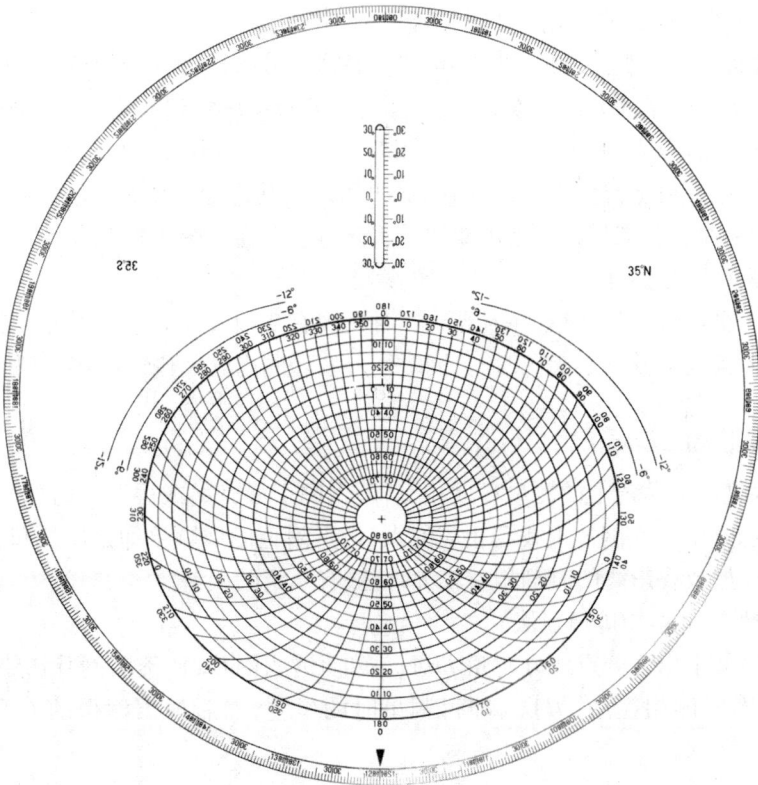

图 5-8-3　透明地平坐标网片

为使用方便,在网片上还印有-6°和-12°高度线,用于确定民用和航海晨光始或昏影终时的星空。

在网片的边缘上还印有地方平时的时间刻度。每一张透明网片上还开有中心线和赤道重合的长方形缺口,两侧标有南北 30°以内的赤纬刻度,用于标绘行星的位置。

（2）利用索星卡选星

为把握住测星时机,应提前将要观测的星体选择出来,这需要利用索星卡来完成,即在索星卡上确定观测时的星空,根据前述选星原则,选出一组星体。方法如下:

①-6°高度线法（-6°线法）

已知测星的良好时机是在民用晨光始或民用昏影终前后,该法就是确定此刻星空。根据测者纬度选择星图底板和相应的透明地平坐标网片,利用网片上的-6°高度线与星图底板黄道上的测星日期相交,即得民用晨光始或昏影终时的星空。民用晨光始时测星,用东边的-6°线与黄道上的测星日期相交;民用昏影终时测星使用西边的-6°线（从天顶"+"向天北极看去,左边是西-6°线,右边是东-6°线）。这时根据选测天体注意事项选出合适的一组星,并记下每颗星的大概高度和方位,届时按此数据可找到该星进行观测。

②春分点地方时角法（LHA_γ 法）

根据预求的测星时间求出相应的春分点地方时角 LHA_γ,转动透明网片,使透明网片边缘上 12 时的箭头对准底板外圈内侧相应的 LHA_γ,即得测星时的星空。这时根据选测天体注意事项选出合适的一组星,并记下每颗星的大概高度和方位,届时按此数据可找到该星进行观测（英版索星卡只有此种方法）。

③地方平时法（LMT 法）

根据预求的测星时间求出相应的出测者地方平时 LMT,在透明网片外圈找到该地方平时,使其对准底板外圈的观测日期,即得测星时的星空。这时根据选测天体注意事项选出合适的一组星,并记下每颗星的大概高度和方位,届时按此数据可找到该星进行观测。

如果观测行星,可从《航海天文历》中查得观测当时可见的行星,再根据观测时间从《航海天文历》中查得该行星的赤经和赤纬。转动透明网片使其边缘上 0 时对准底板外圈内侧相应的赤经,根据赤纬在透明网片缺口处用专用笔将该行星标在星图底板上。

（3）利用索星卡认星

有时航海人员没有事先选星,在晨光昏影时发现有 2 颗或以上的星体可供观测定位,这时可用六分仪观测其高度并记下观测时间,同时用分罗经测出其大概方位,然后利用索星卡辨认该星的星名,供查《航海天文历》使用。方法如下:

①-6°高度线法（-6°线法）

利用-6°高度线与黄道上的测星日期相交,即得民用晨光始或昏影终时的星空,然后根据观测的高度 h 和方位 A 在网片上找到相应的点,该点附近的一颗星即是所测星体。如果测星时刻与民用晨光始或昏影终的时刻相差较大,该法有一定的误差。

②春分点地方时角法（LHA_γ 法）

根据观测时间求出春分点地方时角 LHA_γ,转动透明网片,使透明网片边缘上 12 时的箭头对准底板外圈内侧相应的 LHA_γ,即得测星时的星空,然后根据测得的 h 和 A 找到被测星体。

③地方平时法(LMT 法)

根据观测时间求出测者地方平时 LMT,在透明网片外圈找到该地方平时,使其对准底板外圈的观测日期,即得测星时的星空,然后根据所测得的 h 和 A 找到被测星体。

4. 测星定位

(1)测前

①预求测星区时,计算观测天体时的天文钟钟差。

②选星。

③检查和校正六分仪。

(2)观测

①观测次序:一般应先测东天的星体。晨光先测较暗的星体,后测较亮的星体;昏影反之。

②让星体的中心与水天线相切。

③记下观测时间、观测高度、航向和航速。

(3)计算船位线要素

通过查取《航海天文历》和利用计算器求出各次观测的船位线要素,为加快计算速度,通常把所测的几颗星排在一起计算,一次翻表和计算完毕。

(4)画船位线求观测船位

晨昏测星通常是测三星或三星以上的天体定位。船舶在海上航行,各次观测之间存在一定的时间间隔,因此画出的船位线必须订正到同一时刻(同一天顶)。处理的方法:一是常用的转移船位线法;二是转移作图点法;三是修正异顶差法。前两种作图方法适用于任意情况下的移线,第三种修正异顶差法只适用于短航程($s<30$ n mile)移线。

异顶差 Δh 就是两次观测之间因船位不同而引起的高度或顶距的变化量。它可由下式求出:

$$\Delta h = \frac{v}{60}\cos(A-CA) \cdot \Delta T^{m} \tag{5-8-3}$$

式中:v——航速(kn);

A——天体真方位(圆周方位);

CA——真航向;

ΔT^{m}——两次观测的时间间隔。

如果观测三个天体,则得三个高度差 $Dh_1(T_1)$、$Dh_2(T_2)$、$Dh_3(T_3)$。如以最后一次观测时刻 T_3 为基准,则

$$\Delta T_1 = T_3 - T_1$$
$$\Delta T_2 = T_3 - T_2 \tag{5-8-4}$$

代入式(5-8-3),即可求出异顶差 Δh_1、Δh_2,因此修正了异顶差 Δh 的天体高度差分别为:

$$Dh_1 = Dh_1 + \Delta h_1$$
$$Dh_2 = Dh_2 + \Delta h_2 \tag{5-8-5}$$

以 Dh_1 和 Dh_2 作为船位线要素画船位线即是修正了异顶差的船位线,它们与第三条船位线(Dh_3)构成一船位误差三角形,由此求出的船位就是基准时刻 T_3 的观测船位。

由式(5-8-3)可知:当天体位于船首尾方向时,即舷角($A-CA$) = 0° 或 180° 时,异顶差

$\Delta h = \dfrac{v}{60} \cdot \Delta T^{m}$，为最大；天体位于船舶两舷正横时，异顶差为零。因此，只有当船舶航速较高（$v>15$ kn），观测时间间隔较长，天体又在船舶首尾方向附近时，才需进行异顶差的订正，否则可直接将船位当作平均观测时间的船位。

三、天文船位精度分析与误差控制

1. 天文船位线误差

天文船位线的误差由高度差法原理上的误差和测、算、画误差两部分组成。

(1)高度差法原理上的误差(系统误差)

高度差法原理上的误差是指方法本身所产生的误差，包括以下三项：

①船位线的方向误差

船位线的方向误差是在墨卡托海图上用恒向线直线代替天体的大圆方位线所产生的误差。

②船位线的曲率误差

船位线的曲率误差是在墨卡托海图上用恒向线直线代替船位圆曲线所产生的误差。

③截点距离误差

截点距离误差是由截点不正确产生的误差。

上述误差在一般情况(中纬海区)下均可忽略，只有在高纬海区、天体高度较高、截距较大、天体接近东西方向时才考虑修正①②项误差。

(2)测、算、画误差(系统误差和随机误差)

画天文船位线应已知 $Dh = h_t - h_c$ 和 A_c。计算方位 A_c 的误差可忽略不计，而画天文船位线的误差因人而异并且与海图比例尺有关，不予以讨论，这里主要分析测和算的误差。

①系统误差

按正确方法求得的天文船位线系统误差主要有以下两种：

a. 实际眼高差与表列眼高差不一致而产生的误差 Δd

眼高差的计算公式是经验公式，该公式是在平均大气状态下导出的，用它来代替实际眼高差会产生一定的误差 Δd。该误差属于未定系统误差，并与折光差、气温、水温有关。在大洋中，该误差可忽略不计；在沿海、海湾，特别是空气与海水温差很大时，该误差不可忽略。

b. 蒙气差的误差 $\Delta\rho$

蒙气差的计算公式是经验公式，用它计算出的蒙气差与实际蒙气差会产生一定的误差，并与气温、气压有关。当天体的高度低于 $15°$ 时，蒙气差的误差 $\Delta\rho$ 不可忽略；当天体的高度大于 $15°$ 并小于 $30°$ 时，蒙气差的误差 $\Delta\rho$ 约为 $0'.2$；当天体的高度大于 $30°$ 时，蒙气差的误差 $\Delta\rho$ 小于 $0'.1$。为减小 $\Delta\rho$ 的影响应观测高度大于 $15°$ 的天体，最好观测高度大于 $30°$ 的天体。

另外，天文钟钟差在最不利的情况下会产生每秒 $0'.25$ 的误差。

综上所述，天文船位线的系统误差主要是实际眼高差与表列眼高差不一致产生的误差。

②随机误差

测、算、画中的随机误差主要包括以下各项：

观测高度的随机误差 σ_{h_c}，该误差是各种因素综合影响所致。计算高度的随机误差 σ_{h_c} 主要包括使用计算工具的误差和凑整误差。如果采用计算机或计算器计算，计算工具的误差可忽略不计。对计算结果进行四舍五入时，会产生凑整误差，每次凑整后所产生的最大凑整误差 α 等于近似数末位的 ±0.5 单位，即 $\alpha = \pm0.5$。经推证可得到最大凑整误差 α 是凑整标准差 $\sigma_{凑}$ 的 $\sqrt{3}$ 倍，即

$$\sigma_{凑} = \pm\frac{\alpha}{\sqrt{3}} = \pm\frac{0.5}{\sqrt{3}} \approx \pm0.29 \approx \pm0'.3 \tag{5-8-6}$$

航海天文历中的格林时角和赤纬均保留小数点后一位，则其最大凑整误差 $\alpha = 0'.05$，其凑整标准差为：

$$\sigma_{凑} = \pm\frac{0'.05}{\sqrt{3}} \approx \pm0'.03$$

因为天文定位要准确到 $0'.1$，从上述计算结果可见，格林时角和赤纬保留小数点后一位，所产生的凑整标准差为 $\pm0'.03$，所以该项误差可忽略不计。

由误差传播定律得高度差的随机误差为：

$$\sigma_{Dh} = \pm\sqrt{\sigma_{h_t}^2 + \sigma_{h_e}^2} \tag{5-8-7}$$

综上所述，测、算、画误差所包括的系统误差主要是实际眼高差与表列眼高差不一致而产生的误差，随机误差主要为高度差的误差。

2. 两天体定位的船位精度分析与误差控制

（1）船位系统误差

A_1 和 A_2 分别为两天体的计算方位，ΔA 为两天体的方位差角，即 $\Delta A = A_2 - A_1$，其取值范围为 $0° \sim 180°$。如果两条船位线有相等的系统误差，即 $\varepsilon_1 = \varepsilon_2 = \varepsilon_{Dh}$，则船位系统误差的大小为

$$\varepsilon = \pm\varepsilon_{Dh}\sec\frac{A_2 - A_1}{2} = \pm\varepsilon_{Dh}\sec\frac{\Delta A}{2} \tag{5-8-8}$$

船位系统误差的方向为过两船位线的交点所作的平均方位（ $A_m = \frac{A_1 + A_2}{2}$ ）线的方向。

综上所述，可以得出以下结论：

①只考虑系统误差，方位差角 ΔA 趋近 $0°$ 最好、趋近 $180°$ 最差。

②过两船位线的交点所作的两天体的平均方位线可以认为是一条消除了系统误差的船位线。

③消除了系统误差的船位位于过两船位线的交点所作的两天体的平均方位线上，当船位线系统误差 ε_{Dh} 为"+"时，船位在平均方位的反方向上；ε_{Dh} 为"−"时，船位在平均方位的方向上。

（2）船位随机误差

船位的随机误差可以用等精度标准差椭圆描述。ε_{Dh} 为船位线的随机误差，θ 为两船位线的交角，则其等精度标准误差椭圆的长、短半轴为：

$$a = \frac{\pm\sigma_{Dh}}{\sqrt{2}\sin\frac{\theta}{2}}, \quad b = \frac{\pm\sigma_{Dh}}{\sqrt{2}\cos\frac{\theta}{2}}$$

$$\theta = \begin{cases} \Delta A & 0° \leqslant \Delta A \leqslant 90° \\ 180° - \Delta A & 90° < \Delta A \leqslant 180° \end{cases}$$

已知误差椭圆面积为 $S = \dfrac{\pi\sigma_{D_h}^2}{\sin\theta}0$，当船位落在误差椭圆内的概率一定时，如果椭圆的面积越小，则说明船位的精度越高。从误差椭圆面积的公式可见，在概率一定的前提下，θ 趋近 90° 时，误差椭圆的面积最小，则船位精度最高。因此，两天体定位只考虑随机误差的影响，两天体的方位差角亦即 θ 趋近 90° 最好。

（3）系统误差和随机误差对船位误差的综合影响

综上所述，在船位线的系统误差和随机误差一定的前提下，船位误差主要取决于两条船位线的交角 θ 或两天体的方位差角 ΔA，它们的取值范围分别为：

方位差角 ΔA：30° ~ 50° 之间，以 60° ~ 120° 为好，趋近 90° 最好。

船位线交角 θ：30° ~ 90° 之间，以 60° ~ 90° 为好，趋近 90° 最好。

当两天体的方位差角大于或小于 90° 时，系统误差和随机误差引起船位误差的大小和方向不尽相同：

①在等精度条件下，当两天体的方位差角 $\Delta A < 90°$ 时（如图 5-8-4 所示），在大洋中随机误差占主导地位，观测船位在两船位线交角的锐角角平分线上（$A_m = \pm 90°$）误差大；在沿海，未定系统误差占主导地位，观测船位在 $\pm A_m$ 方向误差大；当不能确定哪种误差占主导地位时，上述任何一个方向上的危险物均不能忽视。

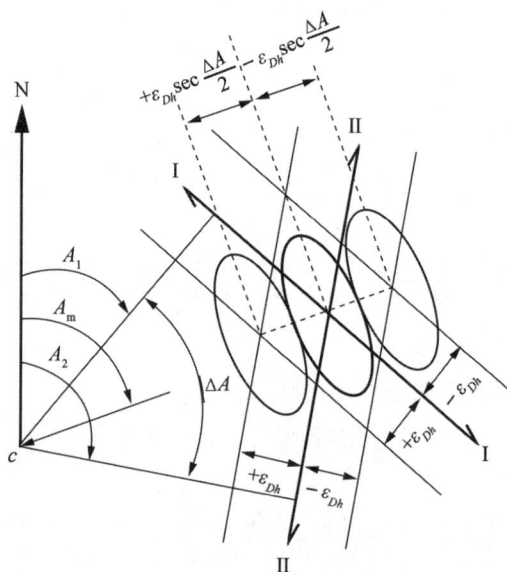

图 5-8-4　方位差角小于 90° 的船位误差示意图

②在等精度条件下，当两天体的方位差角 $\Delta A > 90°$ 时（如图 5-8-5 所示），系统误差和随机误差均使观测船位在两船位线交角的锐角角平分线上误差大（系统误差和随机误差引起的船位误差在该方向上产生叠加），更应注意该方向上的危险物。

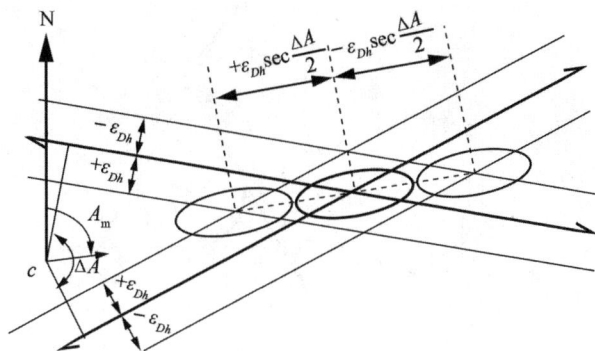

图 5-8-5　方位差角大于 90° 的船位误差示意图

3. 三天体定位船位精度分析与误差控制

（1）三天体定位船位系统误差三角形的处理

只含系统误差（或未定系统误差）的三条船位线构成的船位误差三角形称为系统误差三角形，通常该误差三角形较大。过三角形的三个顶点（每两条船位线的交点）分别可作三条平均方位线，每条平均方位线都可以看作一条消除了系统误差的船位线，三条平均方位线的交点即为消除了系统误差的观测船位。这就是说，航海人员不必知道船位线系统误差的大小，就可将其抵消，而天文船位线的系统误差主要是未定系统误差，从这个意义上讲，也应尽量观测三天体定位。

对系统误差三角形的处理关键是画出正确的平均方位线，三条平均方位线的交点即为消除了系统误差的观测船位。可将三条船位线的高度差同时增大或缩小同一值而画出一新的三角形，原三角形与新三角形对应顶点的连线（平均方位线）的交点，即消除了系统误差的观测船位。

消除了系统误差的观测船位可能在三角形之外，也可能在三角形之内，这与三天体的分布有关。同时观测的三条天文船位线可以认为是等精度的，有如下结论：

①当三天体分布范围在 180° 以内（在同一侧），消除了系统误差的船位位于系统误差三角形之外旁切圆的圆心上，如图 5-8-6 所示。

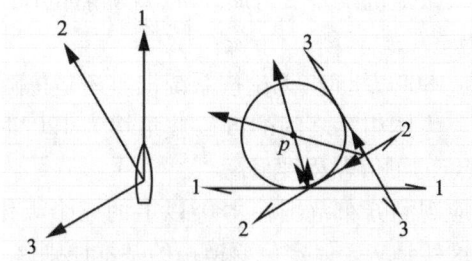

图 5-8-6　三天体分布范围小于 180° 的船位系统误差示意图

②当三天体分布范围在 180° 以上，消除了系统误差的船位位于系统误差三角形之内内切圆的圆心上（三条内角角平分线的交点），如图 5-8-7 所示。

（2）三天体定位船位随机误差三角形的处理

如果三条船位线均只含有随机误差，这时构成的船位误差三角形称随机误差三角形（通

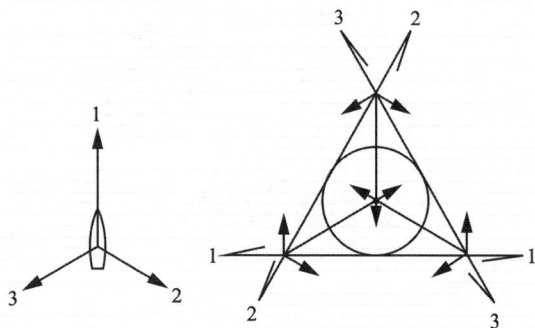

图 5-8-7　三天体分布范围大于 180°的船位系统误差示意图

常该三角形较小）。在实际工作中,三星定位一般认为是等精度的。误差理论已经证明,无论三星分布如何配置,最概率船位一定位于误差三角形之内,而且到各边的距离与相应边长成比例。

$$d_1 : d_2 : d_3 = a : b : c$$

这就是边距比例法。由于随机误差三角形较小,没有必要一定按上述比例关系求最概率船位,在航海实际工作中,根据边距比例法,用目测直接在三角形内,靠近"短边、大角"点出最概率船位,如图 5-8-8 所示。

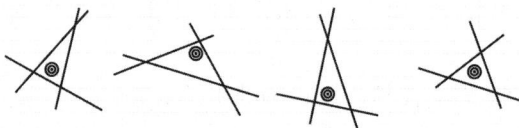

图 5-8-8　目视确定最概率船位示意图

另外,最概率船位也可以用作图的方法求出,三条反中线(以三角形内角角平分线为对称轴,与中线对称的线)的交点即最概率船位,还可以用解析法求出。

（3）三天体定位船位误差三角形的综合处理

①一般情况下,如果误差三角形的每边小于 $2' \sim 3'$,可按随机误差三角形处理。

②如果船位误差三角形较大,三天体分布的范围又在 180°以内,按系统误差三角形处理;观测船位在误差三角形之外,按随机误差三角形处理;观测船位在三角形之内,可取这两点连线的中点为观测船位。

③当三天体分布范围在 180°以上时,无论按系统误差还是按随机误差处理观测船位均在误差三角形之内,特别是当三天体相互之间的方位差角均为 120°时,两种处理方法的结果是同一点(内切圆的圆心),该点的可信赖程度最高。

综上所述,三天体定位应观测分布范围在 180°以上的三个天体,以相邻两天体之间的方位差角趋近 120° 为最好。这就是三天体定位要遵循的基本原则之一。

4.三天体定位最概率船位的误差

由误差存在的必然性可知,天体定位求得的最概率船位也必然存在误差,描述该误差的95%误差圆的半径为:

$$R_{0.95} = \frac{2\sqrt{3}\,\sigma_{Dh}}{\sqrt{\sin^2\theta_1 + \sin^2\theta_2 + \sin^2\theta_3}} \tag{5-8-9}$$

式中：θ_1、θ_2、θ_3 分别是船位误差三角形的三个内角，均小于 90°。

当三天体方位均匀分布时，即方位差角均为 120°，则 $\theta_1 = \theta_2 = \theta_3 = 60°$，95% 误差圆半径为：

$$R_{0.95} = \frac{4}{\sqrt{3}}\sigma_{Dh} = 2.31\sigma_{Dh} \tag{5-8-10}$$

这时 95% 误差圆的半径最小，即观测精度最高，这与前述三天体定位的基本原则是一致的。

第九节 罗经差的测定

罗经是船舶中主要的导航仪器之一，罗经工作是否稳定，即罗经误差的大小直接影响到船舶的航行安全。因此，船舶在航行中，要求航海人员利用一切机会来测定罗经差，通过观察罗经差的变化来检查罗经工作是否正常。本章将介绍在海上利用陆标测定罗经差的原理和方法，以及利用天体测定罗经差的原理和方法。

一、利用陆标测定罗经差

1. 观测陆标测定罗经差的基本原理

船舶沿岸航行时，要求航海人员应充分利用一切可能的机会观测陆标进行罗经差的测定。船舶在海上航行，一般选择方位叠标测定罗经差。方位叠标有自然方位叠标和人工方位叠标。方位叠标由前后两个标志组成，离船近的称为前标，离船远的称为后标，两标志的连线为方位叠标线。方位叠标灵敏度是指船上测者能够发现前后叠标标志错开时，船舶偏离叠标线的最小距离。在航海实际工作中，应选择灵敏度较高的叠标测定罗经差。

航海人员时刻要知道由真北 N_T 起算的船舶的真航向 TC 和物标的真方位 TB，而由罗经得到的航向和方位是由罗北 N_C（陀罗北 N_G）起算的船舶的罗航向 CC（陀罗航向 GC）和物标的罗方位 CB（陀罗方位 GB）。从海图上还可以得到由磁北 N_M 起算的船舶的磁航向 MC 和物标的磁方位 MB。上述航向和方位是航向线 CL 和物标方位线分别与真北 N_T、罗北 N_C（陀罗北 N_G）和磁北 N_M 的夹角。

真北与罗北的夹角称为罗经差：

$$\Delta C = TB - CB = TC - CC$$

真北与陀罗北之间的夹角称为陀螺罗经差：

$$\Delta G = TB - GB = TC - GC$$

真北与磁北之间的夹角称为磁差：

$$Var = TB - MB = TC - MC$$

磁北与罗北之间的夹角称为自差：

$$Dev = MB - CB = MC - CC$$

由上可得：

$$\Delta C = Var + Dev$$

航海上求罗经差的基本公式为：

$$\Delta C(\Delta G) = TB - CB(GB) \tag{5-9-1}$$

式中：罗北偏在真北的东边罗经差为"+"，偏在西边为"−"。

2. 利用叠标测定陀螺罗经差 ΔG 或罗经差 ΔC

利用叠标测定罗经差的精度较高。但是人工叠标多设在港口附近和狭水道地区，使用上受到了一定的限制。当船舶航行在没有人工叠标的海区时，航海人员可以根据看到的陆标自行选取自然叠标，重要的是自然叠标在海图上要有准确位置，同时要辨识自然叠标。

利用叠标测定罗经差的步骤：

①根据观测时的船位在海图上找到叠标，并量出其真方位 TB；

②用目视确定看到的叠标就是海图上的叠标，即叠标的辨识；

③利用方位圈观测叠标中的后标；

④随着船舶的航行直到看到前标与后标在一条直线上，即叠标串视，测下叠标的罗方位 $GB(CB)$；

⑤求罗经差：$\Delta G(\Delta C) = TB - GB(CB)$。

例 5-9-1：某船在航行时发现一对叠标，利用叠标测定罗经差，海图上量出叠标的真方位 TB 为 265°，当看到前标与后标在一条线上时，利用分罗经测得 GB 为 263°.4，求该船的陀螺罗经差。

解：

$$\Delta G = TB - CB$$

TB	$265°$
$-GB$	$263°.4$
ΔG	$1°.6E$

例 5-9-2：2020 年，某船在航行中利用叠标测定罗经差，海图上量出叠标的真方位 TB 为 110°.5，当看到前标与后标在一条线上时，利用罗经测得 CB 为 113°.4。已知海图上的磁差 Var 数据为"0°30′W 2010(1′.5W)"，求该船的罗经差和自差。

解：

$$\Delta G = TB - GB$$

TB	$110°.5$
$-CB$	$113°.4$
ΔC	$2°.9W$

观测时的磁差　$Var = 0°30′W - 15′ = 0°45′W$

自差　$Dev = \Delta C - Var = 2°.9W - 0°45′W = 2°9′W$

3. 观测单物标罗方位求陀螺罗经差 ΔG 或罗经差 ΔC

在有已知准确船位的情况下，利用在海图上有准确位置的、显著的、单一陆标测定罗经差。为了减少船位误差的影响，应选用远距离物标。同时为了减少误差，应尽量选测相对本船方位变化慢的物标。

方法1：测出远距离物标的罗方位 CB 或者陀罗方位 GB，在海图上找出已知船位和物标的位置，量出该物标的真方位 TB。根据下列公式便可求出罗经差或陀罗差。

$$\Delta C(\Delta G) = TB - CB(GB) \tag{5-9-2}$$

方法2：测出远距离物标的罗方位 CB 或者陀罗方位 GB，利用 GPS 导航仪的计算功能，同时将观测时刻的物标经纬度输入 GPS 中，GPS 则显示出观测时刻船位到物标的大圆航向，即物标的计算方位 A_C。根据下列公式便可求出罗经差或陀罗差。

$$\Delta C(\Delta G) = A_C - CB(GB) \tag{5-9-3}$$

4. 已知陀螺罗经差求罗经差和自差

在航海实际工作中，航海人员除了利用陆标和天体测定罗经差以外，还经常采用陀螺罗经航向与磁罗经航向的比对来求得罗经差和自差。因为陀螺罗经的导航精度远高于磁罗经，这是航行值班驾驶员交接班时必做的一项工作。

已知陀螺罗经差，同时读取陀螺罗经航向和磁罗经航向，计算出真航向从而求出罗经差和自差。方法如下：

①已知陀螺罗经差 ΔG（利用物标测定的陀螺罗经差）；

②同时读取陀螺罗经航向 GC 和磁罗经航向 CC；

③求真航向：$TC = GC - \Delta G$；

④根据真航向和罗航向求罗经差：$\Delta C = TC - CC$；

⑤根据船位利用海图上给出的磁差求出观测时的磁差 Var；

⑥求自差：$Dev = \Delta C - Var$。

例5-9-3：2020年5月15日，海图上的磁差 Var 数据为"$0°30'E\ 2010\ (1'.5W)$"。已知陀螺罗经差 ΔG 为 $+2°$，同时读取陀螺罗经航向 $GC = 120°$ 和磁罗经航向 $CC = 131°$，求罗经差 ΔC 和自差 Dev。

解：

①求真航向 $\quad TC = GC + \Delta G = 120° + 2° = 122°$

②根据真航向和罗航向求罗经差 $\quad \Delta C = TC - CC = 122° - 131° = -9° = 9°W$

③求观测时的磁差 $\quad Var = 0°30' - 15' = 0°15'E$

④求自差 $\quad Dev = \Delta C - Var = -9° - 0°15' = -9°15' = 9°15'W$

在实际工作中，要求航行中每个航行班、每个航向上至少比对一次陀螺航向和罗航向。

5. 自差的测定

船舶在海上航行时，由于磁差可以根据海图或者 GPS 计算而得，磁罗经向位的精度，主要取决于自差的测定精度。

在航海实践中，自差是从事先绘制好的自差表（或自差曲线）中查取的。磁罗经在使用的过程中要定期校正，同时自差表最低限度要每年更新一次。因为自差是航向的函数，所以在绘制自差表和自差曲线时起码需要在 N、NE、E、SE、S、SW、W、NW 8个方向点上测定自差。在航行中，分别测定8个方向点上的自差，即在8个航向中的每一个航向上均测定一次叠标的罗方位 CB，叠标的真方位 TB（在海图上量取）减去叠标的罗方位求出罗经差 ΔC，罗经差减去查得的磁差 Var，求出该航向上的自差 Dev。

在测试中，如果不知道被测物标的真方位以及磁差，可以采用8个航向上物标罗方位的算数平均值来代替物标的磁方位，从而求出 8 个航向上的自差如下：

$$Dev_i = MB - CB_i = \frac{1}{8}\sum_{i=1}^{8} CB_i - CB_i (i = 1, 2, \cdots, 8) \tag{5-9-4}$$

二、观测天体求罗经差

船舶航行在开阔海面上时，或者航行在无叠标的海区时，或者夜间航行时，只能利用天体来测定罗经差。目前，船上较常用的观测天体求罗经差的方法是：观测低高度太阳方位求罗经差（或观测低高度行星、恒星方位求罗经差）、观测太阳真出没方位求罗经差、观测北极星方位求罗经差。本节主要介绍利用低高度太阳方位、太阳真出没和观测北极星方位求罗经差的方法。

（一）观测天体求罗经差的基本原理及注意事项

1. 观测天体求罗经差的原理

如前所述，罗经差 ΔC 可以用叠标的真方位 TB 与其罗方位 CB 之差求得，即

$$\Delta C = TB - CB \tag{5-9-5}$$

观测天体求罗经差与上述利用陆标测定罗经差的原理基本相同，不同之处是观测的物标是天体。因此，CB 是天体的罗方位，TB 是天体的真方位。因为观测时的真实船位未知，所以无法求出天体的真方位，在海上用以推算船位 (φ_C, λ_C) 为基准求得的天体的计算方位 A_C 代替天体的真方位 TB。这样，观测天体求罗经差的计算公式为：

$$\Delta C = A_C - CB \tag{5-9-6}$$

$$\cot A_C = \cos\varphi_C \tan Dec \csc LHA - \sin\varphi_C \cot LHA \tag{5-9-7}$$

从上述公式可见，利用天体求罗经差与利用陆标求罗经差的区别主要是求真方位的方法有所不同。

2. 观测注意事项

为求得较准确的罗经差 ΔC，应尽量减小真方位（或计算方位）和观测方位 CB 的误差。

（1）利用天体计算方位 A_C 代替天体真方位产生方位误差 ΔA

在观测天体求罗经差中，天体真方位是用以推算船位求得的天体计算方位 A_C 代替的，而在观测时测者的推算船位与当时真实船位的误差 $(\Delta\varphi, \Delta\lambda)$ 将会使计算方位 A_C 产生一个方位误差 ΔA。因此，A_C 是变量 φ_C 和 $LHA(LHA = GHA + \lambda_C)$ 的函数，经整理得到 ΔA 与 $\Delta\varphi$ 和 $\Delta\lambda$ 的关系式为：

$$\Delta A = \tanh \sin A \Delta\varphi - \cos Dec \cos X \sec h \Delta\lambda \tag{5-9-8}$$

从上式可见，当推算船位与真实船位的误差 $\Delta\varphi$ 与 $\Delta\lambda$ 一定时，用以推算船位求得的计算方位 A_C 代替天体的真方位产生的误差 ΔA 的大小主要取决于式中的 $\tanh$ 和 $\sec h$（正弦、余弦函数的最大值为 1），即取决于被测天体高度 h 的高或低。还可以看出 ΔA 与被测天体的方位 A 和赤纬 Dec 有关，由此得出如下结论：

①测天体的高度越低，由 $\Delta\varphi$ 与 $\Delta\lambda$ 引起的误差 ΔA 越小；

②当被测天体的方位 A 趋近 $0°$、赤纬 Dec 趋近 $90°$ 时，由 $\Delta\varphi$ 与 $\Delta\lambda$ 引起的误差 ΔA 趋近 0。

因此,观测低高度天体的方位求罗经差可以减小该项误差(ΔA)。北极星是北纬 35° 以下海区在夜间测定罗经差的良好物标。它的赤纬接近 90°,方位接近 0°,所以 ΔA 趋于 0。

(2)由于罗经面的倾斜而引起观测天体或陆标罗方位的误差 ΔB(简称倾斜误差)

利用罗经观测天体的罗方位时,应尽量保持罗经面的水平,否则测得物标的罗方位会产生一个误差,简称倾斜误差 ΔB。

测者面对陆标,罗经面左右倾斜时产生的 ΔB 最大。

当罗经面的倾斜方向与天体方位垂直时,该误差(ΔB)最大,经证明可得:

$$\Delta B = \theta \tan h \tag{5-9-9}$$

由上式可见:

①当倾斜角 θ 一定,被测天体的高度 h 越低,倾斜误差 ΔB 越小;

②当被测天体的高度 h 一定时,倾斜角 θ 越小,倾斜误差 ΔB 越小。

为减小倾斜误差 ΔB,应观测低高度天体的罗方位来测定罗经差,并且在观测时应尽量保持罗经面的水平。

(3)观测注意事项

对有出没且在地平上经过东西圈的天体($Dec < 90° - \varphi$,$Dec < \varphi$ 且同名),当天体介于出没与东西圈之间时,其方位变化缓慢,这时是观测天体罗方位的良好时机。对于有出没,在地平上不经过东西圈的天体($Dec < 90° - \varphi$,Dec 与 φ 异名),其方位在出没时变化缓慢,这时也是观测天体罗方位的良好时机。

综上所述,观测天体求罗经差时应注意以下几点:

①应观测低高度天体的罗方位,其高度应低于 30°,最好低于 15°。

②观测时应尽量保持罗经面的水平。

③为避免粗差和减小随机误差的影响,一般应连续观测三次,取平均值作为对应于平均时间的罗方位。罗经读数读至 0°.5,观测时间准确到 1 min。

④观测时应测天体的中心方位。

(二)观测低高度太阳方位求罗经差

观测低高度太阳方位求罗经差是目前船舶在海上求罗经差普遍采用的方法,也是白昼观测天体求罗经差的主要方法。

1. 观测低高度太阳方位求罗经差的步骤:

①观测低高度太阳($h° < 30°$)罗方位 CB,同时记下观测时间。

②求观测时太阳的计算方位 A_C。常用的求计算方位的计算方法有:

方法一:利用《航海天文历》和三角函数计算器求计算方位;

方法二:利用《太阳方位表》求计算方位;

方法三:利用《航海天文历》和 GPS 卫导仪求计算方位。

③求罗经差 $\Delta C = A_C - CB$。

从上可见,观测低高度太阳方位求罗经差主要涉及的问题是正确观测低高度太阳的罗方位和如何求取太阳计算方位 A_C。

2. 利用《航海天文历》和三角函数计算器求罗经差

该方法不但适用于观测低高度太阳方位求罗经差,还适用于观测低高度恒星方位和行星方位求罗经差。求计算方位的基本公式为：

$$\cot A_C = \cos\varphi_C \tan Dec \csc LHA - \sin\varphi_C \cot LHA \qquad (5-9-10)$$

利用上式应注意以下几点：

①纬度恒为"+"。

②赤纬 Dec 与纬度 φ_C 同名,赤纬 Dec 为"+";赤纬 Dec 与纬度 φ_C 异名,赤纬 Dec 为"−"。

③地方时角 LHA 和计算方位 A_C 均为半圆周法。

④计算方位 A_C 的第一名称与测者纬度同名;第二名称上午观测为"E",下午观测为"W"。

目前函数计算器种类繁多,从性能上可分为一般计算器和带有程序编设功能的计算器两种类型,具体使用方法参见计算器说明书。

3. 利用《太阳方位表》求罗经差

我国商船上目前使用的《太阳方位表》有中版的和英版的两种版本。两种版本排版格式基本相同,使用方法完全一样。因为两种版本造表所使用的原始数据不尽相同,所以计算的结果可能有微小的差别。使用《太阳方位表》求罗经差的方便之处是不必借助《航海天文历》即可求得太阳计算方位 A_C。

（1）《太阳方位表》的结构

该表共分两册,第一册包括纬度 0°~30°（英版称 Davis's Tables,戴氏表）,第二册包括纬度 30°~64°（英版称 Burdwood's Tables,柏氏表）,每册又分主表和附表。

①主表:分前后两个半册,前半册是赤纬与纬度同名,后半册是赤纬与纬度异名。查表引数为：

a. 表列纬度 φ_T,表间距为 1°,列在页角;

b. 表列赤纬 Dec_T,表间距为 1°,共计 0°~24°,列在每页第一行;

c. 表列视时 LAT_T,表间距为 4^m（中天前、后 1^h 之内表间距为 2^m）,每页左列引数为上午（a. m.）视时,右列引数为下午（p. m.）视时（英版表中视时用罗马数字表示）。

以 φ_T、Dec_T、LAT_T 为引数,从表中查得太阳半圆方位 A_T,其第一名称与测者纬度同名,第二名称上午观测为 E,下午观测为 W。

②附表:附表主要是"太阳赤纬表"和"时差表",它们均按 4 年中有 1 闰年的规律排列,所以每个附表中又分 4 个小表。查表引数是观测时的年、月、日,可查得世界时 12^h 的太阳赤纬 Dec 和时差 ET。使用附表一般不用内插。

（2）利用《太阳方位表》求罗经差的步骤

①观测太阳罗方位 CB,同时记下观测时间。

②根据观测日期从"太阳赤纬表"和"时差表"中查得太阳赤纬 Dec 和时差 ET。

③求观测时的视时 LAT:

$$LAT = LMT + ET = ZT \pm D\lambda_W^E + ET \qquad (5-9-11)$$

上式求得的视时 LAT:需要换算成上午（a. m.）视时或下午（p. m.）视时才可查表,即

$$LAT_{p.\,m.}^{a.\,m.} = \begin{cases} LAT & LAT \leqslant 12^h \\ LAT - 12^h & LAT > 12^h \end{cases}$$

④求计算方位 A_C:因为实际的 φ、Dec、LAT 不可能正好与表列 φ_T、Dec_T、LAT_T 一致,所以在根据 φ_T、Dec_T、LAT_T 查得的表列方位 A_T 的基础上,还要进行三项比例内插才能求得计算方位

A_{C}，即

$$A_{\mathrm{C}} = A_{\mathrm{T}} + \Delta A_{Dec} + \Delta A_{LAT} + \Delta A_{\varphi}$$

$$= A_{\mathrm{T}} + \frac{A_{\mathrm{T}(Dec+1°)} - A_{\mathrm{T}}}{60'}(Dec - Dec_{\mathrm{T}})' + \frac{A_{\mathrm{T}(LAT+a^{\mathrm{m}})} - A_{\mathrm{T}}}{a^{\mathrm{m}}}(LAT - LAT_{\mathrm{T}})^{\mathrm{m}} +$$

$$\frac{A_{\mathrm{T}(\varphi+1°)} - A_{\mathrm{T}}}{60'}(\varphi - \varphi_{\mathrm{T}})' \tag{5-9-12}$$

式中：$a = 4^{\mathrm{m}}$ 或 2^{m}。A_{C} 为半圆方位，第一名称与测者纬度同名；第二名称上午观测为"E"，下午观测为"W"。

⑤求罗经差：将 A_{C} 换算成圆周方位之后可求得罗经差 $\Delta C = A_{\mathrm{C}} - CB$。

例 5-9-4：2021 年 2 月 20 日，船时 SMT1543，推算船位 φ_{C}34°23′.0S，λ_{C}122°50′.7E，测得低高度太阳罗方位 CB280°，利用太阳方位表求罗经差。

解：

因为测者纬度 φ_{C}34°23′.0S，所以用《太阳方位表》第二册（或 Burdwood's Tables）。

①根据观测日期从"太阳赤纬表"和"时差表"中查取太阳赤纬 Dec 和时差 ET

$Dec = 10°43.'0S \approx 10.°7S$（准确至 $0°.1$）

$ET = +13^{\mathrm{m}}39^{\mathrm{s}} \approx +14^{\mathrm{m}}$（准确至 1^{m}）

②求视时 LAT

	λ_{C}	122−50.7	
$-)$	λ_{m}	120−00.0	
	$D\lambda$	$+2-50.7 \approx +11^{\mathrm{m}}$	
	ZT	15−43	
	$D\lambda$	$+11$	
	ET	$+14$	
	LAT	16−08	20/2
		4−08	p.m.

③求计算方位和罗经差

A_{T}	97.5SW	
ΔA_{Dec}	-0.7	
ΔA_{LAT}	$+0.0$	
ΔA_{φ}	$+0.2$	
A_{C}	97.0SW = 277.0	
CB	280.0	
ΔC	-3.0	

利用《航海天文历》和 GPS 卫导仪求计算方位的方法，主要是利用 GPS 的航海计算能力替代计算器。

4.观测太阳真出没方位求罗经差

在周日视运动中，当太阳的中心通过地心真地平圈时称为太阳的真出没。分为真出和真没两种情况。真出和真没时太阳中心真高度 $h_t=0°$。太阳真出没时太阳介于视出没与东西圈之间，其方位变化较慢，可以提高观测方位精度。

这时观测太阳的罗方位既不需要记录观测时间也不必求太阳的地方时角，只需要根据推算纬度和当时的太阳赤纬 Dec 就可以求得太阳真出没时的计算方位，从而求得罗经差。利用该法可以相对简便地求出罗经差，因此，它是船上核验罗经差常用的方法之一。

（1）观测太阳真出没的时机

观测太阳真出没方位求罗经差，首先要观测到太阳真出没时的罗方位。只有当太阳真高度 $h_t=0°$ 时，才可观测到太阳真出没的罗方位。那么，什么时候太阳真高度 $h_t=0°$？实际上，因为测者有一定的眼高以及太阳光线的折射等影响，太阳在真出没时其下边缘位于水天线之上。

设目视观测太阳真出没时的下边沿高度为 h_o，则：

$$h_t=h_o-d-\rho+p+SD=0° \tag{5-9-13}$$

如在式中取眼高 $e=16\text{ m}$，则 $d=7'$；取地平平均蒙气差 $\rho=30'$；视差 p 很小，可忽略不计；取 $SD=16'$（平均视半径），得：

$$h_o\approx21'\approx\frac{2}{3}D（太阳平均视直径 D=32'）$$

也就是说，当用目视看到太阳下边沿视高度 h_o 约为太阳直径的 $\frac{2}{3}$ 时，观测的太阳罗方位即是太阳真出没罗方位，如图 5-9-1 所示。

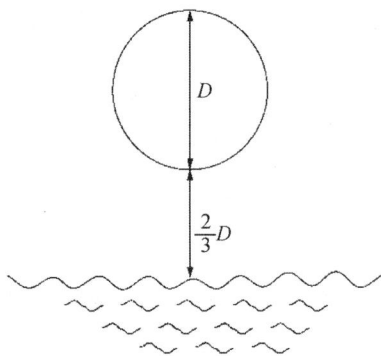

图 5-9-1　观测太阳真出没示意图

显然，观测太阳真出没罗方位的时间受到限制，必须在 $h_o\approx\frac{2}{3}D$ 时观测，而且观测时必须可见水天线。

（2）观测太阳真出没方位求罗经差的步骤

①测定太阳真出没时的罗方位；

②记下测定罗方位时的推算船位或者 GPS 船位；

③根据航行日期，查取 GMT 1200 的太阳赤纬 Dec，将太阳赤纬和船舶纬度代入公式求取计算方位 A_C；

④以计算方位 A_C 代替真方位 TB，求取罗经差：

$$\Delta G(\Delta C)=A_C-GB(CB) \tag{5-9-14}$$

（3）观测太阳真出没方位求罗经差

当太阳真出没时，其真高度 $h_t=0°$，此时的天文三角形为球面直边三角形，由球面直边三角形公式得：

$$\cos A_C = \frac{\sin Dec}{\cos \varphi_C} \qquad (5\text{-}9\text{-}15)$$

只要已知推算纬度 φ_C 和太阳赤纬 Dec，即可求得太阳真出没时的计算方位 A_C。使用该式时应注意：

①φ_C 恒为"+"；

②Dec 与 φ_C 同名，Dec 为"+"，异名为"−"；

③A_C 为半圆方位，第一名称与 φ_C 同名，第二名称真出为 E，真没为 W。

5. 观测北极星方位求罗经差

我们已知，北极星的赤纬趋近 90°N，而且在北纬中低纬海区所见北极星在周日视运动中的方位角变化范围不超过 2°。当天体赤纬趋近 90°、方位趋近 0°时，由推算船位的误差而引起天体计算方位的误差趋于零。此外，北极星的高度近似等于测者纬度，相对较易识别，所以，北极星是北纬中低纬海区观测天体求罗经差的良好物标。

（1）求北极星的计算方位 A_C

利用球面窄三角形公式可以求得北极星方位计算公式为：

$$A_C^\circ = (90° - Dec_0) \sin(LHA_\gamma - RA_0) \sec\varphi \qquad (5\text{-}9\text{-}16)$$

由上式编成"北极星方位角表"列在中版《航海天文历》中，查表引数为春分点地方时角 LHA_γ 和测者推算纬度 φ_C，查得北极星计算方位 A_C（不用内插）。注意：中版《航海天文历》给出的是北极星半圆方位，英版《航海天文历》给出的是北极星圆周方位。

（2）观测北极星方位求罗经差

①由于北极星是 2 等星，较不易观测，应尽可能连续观测 3 次取算术平均值，在观测北极星罗方位 CB 的同时记下观测时间和推算船位。

②根据观测时间，利用《航海天文历》求出 LHA_γ（$LHA_\gamma = GHA_\gamma \pm \lambda_{CW}^E$）

③以 φ_C 和 LHA_γ 为引数从中版"北极星方位角表"中查得北极星半圆计算方位 A_C。英版"北极星方位角表"直接查得北极星圆周方位。

④求罗经差 ΔC（$\Delta C = A_C - CB$）。

例 5-9-5：2021 年 6 月 22 日，船时 ZT2202，推算船位 $\varphi_C15°45'.0N$，$\lambda_C65°10'.0E$，测得北极星罗方位 $CB1°.5$，求罗经差 ΔC。

解：

ZT	2202	22/6
ZD	−4	
GMT'	1802	22/6
GHA'_γ	181−08.1	
$m.s$	0−30.1	
GHA_γ	181−38.2	
λ_C	65−10.0E	
LHA_γ	246−48.2	
A_T	0.2	
−) CB	1.5	
ΔC −1.3		

三、航海上计算罗经差的实用方法

全球定位系统（GPS）可以在全球范围内、全天候提供近乎连续的三维（纬度、经度和高度）高精度船位。这里将介绍根据观测时的 GPS 船位，利用 GPS 卫导仪的航海计算功能快速求出较高精度罗经差的方法。

（一）观测低高度天体的罗方位并利用 GPS 卫导仪及其船位求罗经差

1. 利用 GPS 船位求罗经差的原理

由上一节可知，在观测天体求罗经差中，以求天体的计算方位最为烦琐，而且，推算船位的误差会引起天体计算方位产生一定的误差。如果利用 GPS 卫导仪的计算功能及其船位求罗经差，上述问题将会迎刃而解。

设测者观测天体罗方位时的船位为（ φ_1 , λ_1 ），该位置由 GPS 卫导仪直接给出。天体地理位置为（ φ_2 , λ_2 ）可由下式求出：

$$\varphi_S^N = Dec_S^N$$

$$\lambda_W^E = \begin{cases} 360° - GHA & (GHA > 180°) \\ GHA & (GHA \leq 180°) \end{cases}$$

GPS 卫导仪均有按 $\cot A_C = \cos\varphi_1 \tan\varphi_2 \csc D\lambda - \sin\varphi_1 \cot D\lambda$ 关系设计的求两点间大圆航向的功能，我们只要将天体地理位置（ φ_2 , λ_2 ）输入卫导仪，卫导仪就可随时自动显示当前船位（ φ_1 , λ_1 ）到天体地理位置（ φ_2 , λ_2 ）的大圆航向，即天体计算方位 A_C 。由于 GPS 可以连续提供高精度的观测船位（ φ_1 , λ_1 ），由该船位求得的计算方位 A_C 代替天体真方位产生的误差完全可以忽略不计。

2. 利用 GPS 船位求罗经差的步骤

（1）根据预计观测天体罗方位的世界时（以整小时最方便，即查天文历不用内插）查《航海天文历》预求出观测时天体的赤纬 Dec 和格林时角 GHA，求出天体地理位置（ φ_2 , λ_2 ）。

（2）将天体地理位置（视其为一转向点）输入卫导仪，卫导仪可时刻显示当前船位（ φ_1 , λ_1 ）到天体地理位置（ φ_2 , λ_2 ）的大圆航向，即天体计算方位 A_C （但不是观测时的天体计算方位）。

（3）到预计观测的时刻，用罗经测得天体罗方位 CB 的同时，读取 GPS 卫导仪显示的 A_C ，即观测时的计算方位。注意，这里要尽量使测得的 CB 与读取的 A_C 在时间上同步。

（4）利用 $\Delta C = A_C - CB$ 求罗经差。

上述方法是现代船舶观测天体求罗经差的最好方法，不用记忆求天体计算方位的公式和进行烦琐的计算就可以快速求出天体的计算方位，而且计算精度高。

（二）观测单物标罗方位利用 GPS 卫导仪及其船位求罗经差

在本章中介绍过观测方位叠标求罗经差的方法，但是，因人工方位叠标设置有限而限制了该方法的使用，特别是船舶接近港口和进入狭水道通航密度增大时，航海人员的精力主要放在正确操纵船舶、保证航行安全上而往往无暇顾及罗经差的测定。在远离港口的近岸海域没有足够的人工方位叠标可供观测,这时,可以利用在海图上有准确位置的、显著的单一陆标测定罗经差。

这种方法必须借助 GPS 卫导仪及其船位。方法简单,只要将前述的天体地理位置改成被测物标的地理位置即可。应尽量选测方位变化慢的、在海图上有准确位置的物标,并尽量使观测时刻与 GPS 船位时刻同步,以减小观测时刻与计算时刻不同步而引起的计算方位误差。

观测单物标罗方位求罗经差的步骤:

(1)选择在海图上有准确位置的、方位变化慢的显著物标,并量出其经纬度(φ_2, λ_2)。

(2)将(φ_2, λ_2)输入卫导仪,卫导仪可时刻显示当前船位(φ_1, λ_1)到(φ_2, λ_2)的大圆航向。

(3)用罗经测得物标罗方位 CB 的同时,读取 GPS 卫导仪显示的大圆航向,即物标的计算方位 A_C。这里要尽量使测得的 CB 与读取的 A_C 在时间上同步。

(4)利用 $\Delta C = A_C - CB$ 求罗经差。

第六章

航路资料

第一节　潮汐与潮流

潮汐(tide)即海面周期性的升降运动。其中,海面上升的过程称为涨潮(flood tide),当海面升到最高时,称为高潮(high water,HW);海面下降的过程称为落潮(ebb tide),当海面降到最低时,称为低潮(low water,LW)。伴随海水周期性涨落现象,还同时产生海水周期性的水平方向流动,即潮流(tidal stream)。

潮汐与航海的关系非常密切,直接影响船舶航行计划的实施和航海安全,如需要通过浅水区,需预先依据潮汐资料计算出当地潮高,并正确调整货载和吃水差;为了保证船舶安全地行驶在计划航线上,需随时掌握当地潮汐与潮流资料,观测船位,调整航向。即使在港内,潮汐、潮流对船舶安全的影响也不容忽视。在沿岸航行中,船长的航行命令、公司的航行规章制度、国际性机构对航行值班驾驶员的指导性文件中,都将掌握当时和未来的潮汐和潮流列为确保航行安全的驾驶台工作的重要内容。

潮汐学有着丰富的内容,本章仅从航海实际应用出发,阐述潮汐的基本成因、潮汐术语和潮汐、潮流的计算方法等内容。

一、潮汐的基本成因和潮汐术语

地球表面上任一水质点除受到地心引力和地球自转惯性离心力的作用外,还要受到其他天体的引潮力(tide-generating force)的作用。因为地球上某一固定点所受到的地心引力和地球自转惯性离心力的大小和作用方向都是恒定的,所以地心引力和地球自转运动对潮汐不产生影响。潮汐产生的原动力是天体的引潮力,即天体引力和地球—天体相对运动所需的惯性离心力的向量和。其中主要是月球的引潮力,其次是太阳的引潮力。目前,现代潮汐科学发展迅速,潮汐理论更为完善。本章仅从航海实际需要出发,扼要地利用平衡潮理论(静力学理论)分析潮汐的基本成因,并对调和常数分析法做简单介绍。

平衡潮理论是牛顿创立的。所谓平衡潮是海水在引潮力和重力作用下达到平衡时的潮汐。为了使问题简化,平衡潮理论有两个假设:

(1)整个地球被等深的大洋覆盖,所有自然地理因素对潮汐都不起作用。

(2)海水没有摩擦力和惯性力,外力使海水在任何时候都处于平衡状态。

以下根据平衡潮理论讨论潮汐的基本成因。

（一）月球的引潮力与潮汐的形成

1.月球的引力

根据万有引力定律,若以 m_M 表示月球质量,以 m_E 表示地球质量,R 表示地月中心距离,则地球和月球之间的引力 f 为:

$$f = k\frac{m_M \cdot m_E}{R^2} \tag{6-1-1}$$

式中:k——万有引力系数。

而地球表面上至月球中心距离为 x 的单位质点 p 所受的引力 f_p 为:

$$f_p = k\frac{m_M}{x^2} \tag{6-1-2}$$

即地球上各点所受引力的大小和方向均不相同,其大小取决于该点至月球中心的距离,方向均指向月球中心(如图 6-1-1 所示)。

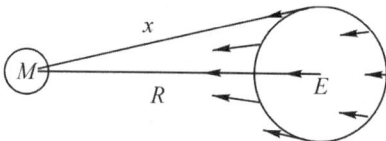

图 6-1-1　月球引力

2.惯性离心力

月球绕地球的公转是在一个平衡引力系统下的运动,确切地说,这种运动是月球和地球绕它们的公共质心(G)的运动(见图 6-1-2)。根据 $m_E \approx 81.5\,m_M$,$R \approx 60.3r$(r 为地球半径),可以推导出公共质心位于月球中心(M)和地球中心(E)的连线上,并且离地心 $0.73r$ 处。因此,如果把月球和地球都看成一个质点,则地球和月球分别以 $0.73r$ 和($R-0.73r$)为半径做圆周运动。地球质心所受到的惯性离心力应为 $m_E \cdot 0.73r \cdot \omega^2$($\omega$ 为圆周运动的角速度),此惯性离心力必定等于月球引力($k\dfrac{m_E \cdot m_M}{R^2}$),否则,月球引力就会把地球吸引过去。地球中心单位质量的惯性离心力与月球对其的引力($k\dfrac{m_M}{R^2}$),大小相等、方向相反,方向背离月球,背离公共质心。

但是,月球与地球实际都不是质点,而是有一定尺寸的几何物体,因此,月球与地球的相对运动不是简单的质点运动,而是绕公共质心做平动运动。平动运动就是指运动物体内部任意一条固定的直线在运动中始终保持它的方向不变的运动。平动运动的物体内任意一点的位

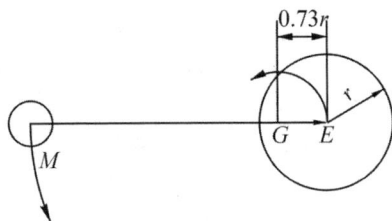

图 6-1-2　月-地系统的运动

移、速度和加速度都是与质心相同的。

如图 6-1-3 所示,取地球中心 E 和地球表面上的一点 A 进行说明。当地球中心位于 E_1 时,A 位于 A_1,月球位于 M_1 的方向;当 E 绕公共质心 G 转至 E_1 时,A 点转至 A_1,月球转至 M_2 的方向。在旋转过程中两点的连线时刻保持平行且相等,因此,A 不是绕公共质心 G 而是绕着自己的中心 G' 旋转,并使得 EG 与 AG' 时刻平行且相等,即 A 绕着与 E 不同的圆心但相同的半径转动。然后,E 从 E_2 到 E_3 再到 E_4 最后返回 E_1 位置,绕 G 旋转一周;A 从 A_2 到 A_3 再到 A_4 最后返回 A_1 位置,以与 E 相同的半径绕 G' 旋转一周。即在地球绕着月-地系统的公共质心 (G) 平动时,地球上各点以相同的半径$(0.73r)$绕着各自的中心旋转,且各点的旋转速度和方向时刻相同。

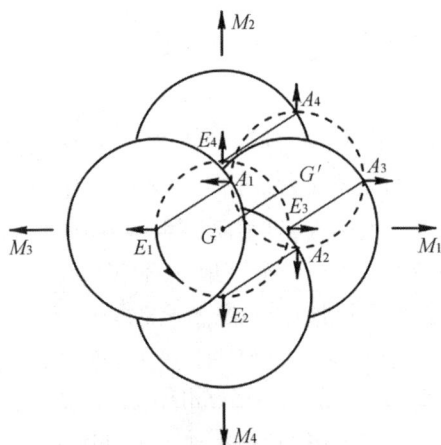

图 6-1-3　地球的平动运动

地球表面任意一单位水质点与质心 E 处单位质量一样受到一个相同的惯性离心力,大小相等,背离月球,互相平行。

3. 月引潮力和月潮椭圆体

地球上各点在任何时刻均同时受到月球引力和地球绕公共质心进行平动运动所产生的惯性离心力的作用,这两个力的矢量和即为月潮引潮力。

图 6-1-4 是地球上各点月引潮力的大小和方向的示意图。显然,在地球中心,引力和惯性离心力大小相等,方向相反,处于力的平衡状态,引潮力等于零。但是,在地球表面上各点,引力和惯性离心力则不会相互抵消,从而产生了引潮力。虽然各点引潮力的大小和方向皆不相同,但对整个地球而言,仍处于一种平衡状态。然而,对地球表面上的水质点来说,将受到这种引潮力的作用而产生潮汐现象。

根据假设,整个地球表面被等深的海水所覆盖,则在引潮力的作用下,形成了长轴与月地

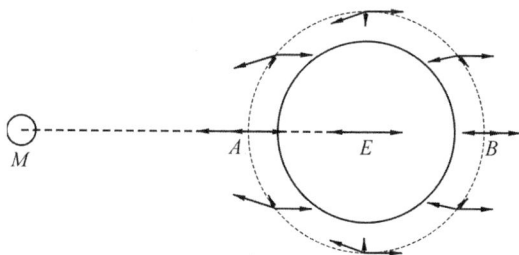

图 6-1-4　月引潮力

连线重合的椭圆体,称为月潮椭圆体(如图 6-1-5 所示),它上面所受引潮力指向球心的各点所组成的水圈称为照耀圈。

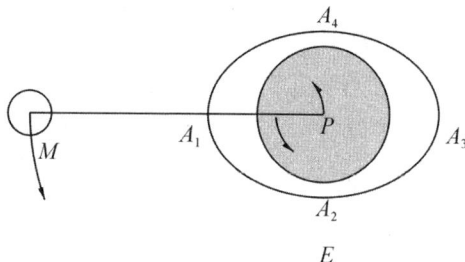

图 6-1-5　月潮椭圆体

4.潮汐的形成

图 6-1-5 是假定月球赤纬为零时的月潮椭圆体,P 为地极,A_1、A_2、A_3、A_4 分别表示地球表面上任意一点 A 随着地球自转中的 4 个位置。这个潮汐椭圆体的长轴在月地中心的连线上。

当 A 在 A_1 点时,月球在该点上中天,该地海面水位升到最高,产生该地该日第一次高潮;当 A 在 A_2 点时,海面水位下降到最低,产生该地该日第一次低潮;当 A 在 A_3 点时,即月下中天,海面水位再次升到最高,即发生该地该日第二高潮;当 A 在 A_4 点时,海面水位再次下降到最低,则发生该地该日第二次低潮。月球连续两次上(下)中天的时间间隔称为一个太阴日,约为 24 h 50 min。相邻两个高潮(低潮)的时间间隔(约为 12 h 25 min)称为潮汐周期。可见,我们所讨论的潮汐是以半个太阴日为周期的,故称为半日潮(semi-diurnal tide)。

（二）潮汐不等

1.潮汐的周日不等

上面我们讨论了月赤纬等于零的情况下地面某点潮汐一日的变化,在一个太阴日中发生的两次高潮潮高(低潮潮高)及相邻的高、低潮的时间间隔均相等。而实际上,在同一太阴日中所发生的两次高潮或两次低潮的潮高以及相邻的高、低潮的时间间隔并不相等,这种现象称为潮汐周日不等(diurnal inequality of tide)。

图 6-1-6 是当月赤纬不等于零时的潮汐椭圆体,这时潮汐椭圆体的长轴与赤道平面之间的夹角等于当时的月球赤纬。当测者的纬度不为零时,如点 Z,由于地球自转的缘故,当 Z 点在 Z_1 处时,发生第一次高潮,过一段时间后,处在 Z_2 位置时,发生第一次低潮。第二次高潮则发生在 Z_3 处,显然,同一太阴日中两次高潮(低潮)的潮高不等,而且 $Z_1 Z_2 \neq Z_2 Z_3$,即相邻的高、低潮之间间隔不等,或涨落潮时不等。当月球赤纬增大时,这种潮汐周日不等现象更为显

著。另外,如果纬度等于或大于 90° 与月球的赤纬之差,则每天就只有一次高潮和一次低潮了,如图中的位于 D_1D_2 纬圈上的各点 。但是对于赤道上的测者情况就不同了,其在 Q_1 处经历高潮、Q_2 处经历低潮、Q_3 处经历第二次高潮。因为 Q_1 和 Q_3 是潮汐椭圆体的包含长轴的椭圆的通过中心的直线与椭圆面的两个交点,所以 Q_1 和 Q_3 处的潮高相等,即赤道上的测者经历的两次高潮的潮高相同。再者因为 Q_2 和其地球另一侧的相对点都位于照耀圈上,所以赤道上的测者经历的两次低潮的潮高也相同。此外,因为 $Q_1Q_2 = Q_2Q_3$,所以赤道上的涨落潮时也相同,即赤道上无潮汐的半日不等现象。所以,当月球赤纬不等于零时,纬度不为零的地方存在潮汐的周日不等现象;月球的赤纬越高,这种现象越显著;某点的纬度越高,这种现象也越严重;纬度等于或大于 90° 与月球赤纬之差的地方,一天只有一次高潮一次低潮。

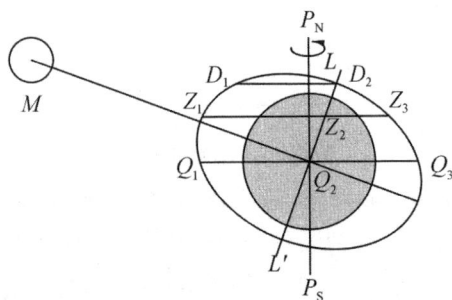

图 6-1-6   月赤纬不等于零的月潮椭圆

2. 潮汐的半月不等

上面我们仅以月球引潮力为例来说明潮汐的成因及潮汐的周日不等。虽然太阳的引潮力是月球的引潮力 1/2.17,但同样会产生太阳潮汐椭圆体。太阳引潮力的另一个特点是太阳两次上(下)中天的时间间隔为一个太阳日,约为 24 h。太阳潮的半日潮周期为 12 h。同样,当太阳的赤纬不等于零时,也会发生潮汐的周日不等现象。

太阳潮的存在增加了潮汐现象的复杂性。由于月球、太阳和地球在空间周期性地改变着它们的相对位置,从而产生了潮汐半月不等现象。

图 6-1-7 是假设太阳和月球的赤纬均等于零的情况。当月球处在新月或满月时,太阳、月球潮汐椭圆体的长轴在同一个子午圈平面内,即太阳潮汐椭圆体与月球潮汐椭圆体的长轴方向一致,互相叠加,出现高潮最高、低潮最低的现象,称为大潮(spring tide)。

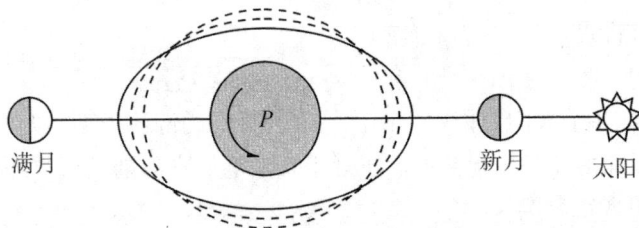

图 6-1-7   大潮的产生

如图 6-1-8 所示,当月球在上弦或下弦时,太阳、月球潮汐椭圆体的长、短轴在同一个子午圈平面内,即太阳潮汐椭圆体与月球潮汐椭圆体的长轴方向相互垂直,因此引潮力互相抵消,出现了高潮最低、低潮最高的现象,称为小潮(neap tide)。

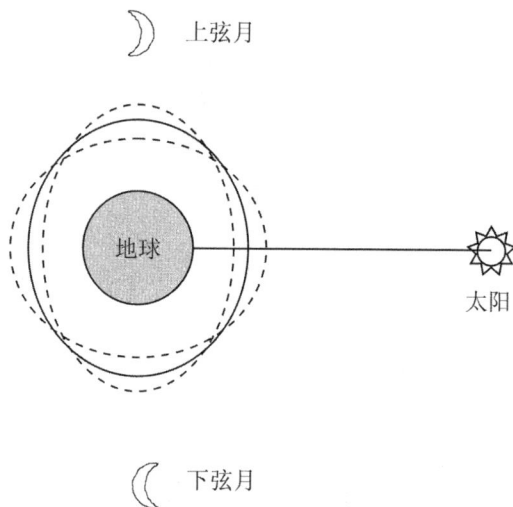

图 6-1-8　小潮的产生

可见，从朔（新月）、望（满月）到两弦，从两弦到朔、望潮差不断地变化着。具体地说，就是从新月到上弦潮差逐渐变小，从上弦到满月潮差逐渐变大，到满月时与新月时一样潮差又达到最大。从满月到下弦，从下弦到新月，又产生同样的反复。显然潮差是以半个朔望月（约 14.5 日）为周期而变化的，称为潮汐的半月不等（semi-menstrual inequality of tide）。

3. 潮汐的视差不等

月球是沿椭圆轨道绕地球转动的，地球在椭圆轨道的一个焦点上。当月球位于近地点时（距离约为 57 个地球半径），其引潮力要比位于远地点（距离约为 63.7 个地球半径）时大 40%，这种由于地球和月球距离变化而产生的潮汐不等，称为潮汐视差不等（parallax inequality of tide），其周期为一个恒星月，约 27.32 日。太阳潮中也同样存在视差不等的现象。每年 1 月 3 日前后，地球离太阳最近，此点为近日点，此时日地相距 14.71×10^8 km，而每年 7 月 4 日前后，地球离太阳最远，此点为远日点，此时日地相距 15.21×10^8 km，近日点的引潮力比远日点的引潮力大 10%，其周期为一个回归年，约 365.24 日。

（三）潮汐类型、潮汐术语

1. 潮汐类型

根据潮汐性质可以将潮汐分为 4 种类型：

（1）正规半日潮

正规半日潮是在一个太阴日内发生两次高潮和低潮的潮汐类型。两次高潮和两次低潮的高度都相差不大，而涨落潮时也很接近。正规半日潮港如青岛港、巴拿马港等。

（2）不正规半日潮混合潮

不正规半日潮混合潮是基本上还具有半日潮的特性，但在一个太阴日内相邻的高潮或低潮的潮位相差很大，涨潮时和落潮时也不等的潮汐类型，如浙江镇海港、亚丁港。

（3）不正规日潮混合潮

不正规日潮混合潮是在半个月中，日潮的天数不超过 7 天，其余天数为不正规半日潮的潮汐类型，如泰国湾。

（4）正规日潮

正规日潮是在半个月中有连续 1/2 以上天数是日潮,而在其余日子则为半日潮的潮汐类型。我国南海有许多地点(北部湾、红岛、德顺港等)都属于正规日潮型。

2. 潮汐术语

在论述潮汐成因、潮汐不等、调和分析等问题时已介绍了一些潮汐术语,为了便于掌握和实际运用潮汐计算方法,下面再介绍一些潮汐术语(如图 6-1-9 所示)。

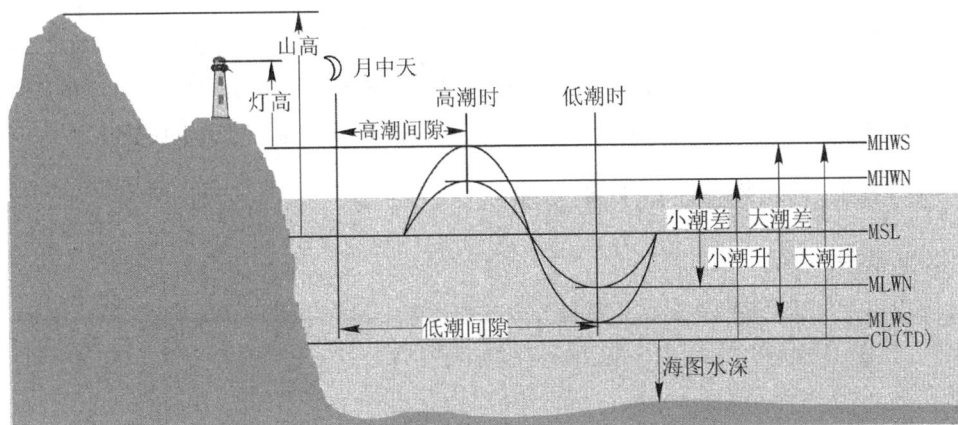

图 6-1-9　潮汐图解

平均海面(mean sea level, MSL):根据长期潮汐观测记录算得的某一时期的海面平均高度。

海图深度基准面(chart datum, CD):计算海图深度的起算面。

潮高基准面(tidal datum, TD):计算潮高的起算面,一般即为海图深度基准面。如两者不一致时,则应进行订正,才能将潮高应用到海图上。

涨潮时间(duration of rise):从低潮时到高潮时的时间间隔。

落潮时间(duration of fall):从高潮时到低潮时的时间间隔。

平潮(slack)与停潮(stand):当高潮或低潮发生后,海面有一段时间呈现停止升降的现象,称为平潮。低潮发生后,海面也有一段时间呈现停止升降的现象,称为停潮。

潮差(tidal range):相邻高、低潮潮高之差。

大潮升(spring rise, SR):从潮高基准面到平均大潮高潮面的高度。

小潮升(neap rise, NR):从潮高基准面到平均小潮高潮面的高度。

回归潮（tropic tide）:当月球赤纬最大时(此时月球在北回归线或南回归线附近)的潮汐称为回归潮。此时,日潮不等现象最显著。

分点潮（equinoctial tide）:当月球赤纬最小时的潮汐称为分点潮。此时潮汐日潮不等现象最小。

高高潮(higher high water, HHW):在一个太阴日中发生的两次高潮中潮高较高的高潮。

低高潮(lower high water, LHW):在一个太阴日中发生的两次高潮中潮高较低的高潮。

高低潮(higher low water, HLW):在一个太阴日中发生的两次低潮中潮高较高的低潮。

低低潮(lower low water, LLW):在一个太阴日中发生的两次低潮中潮高较低的低潮。

潮龄(tidal age):由朔望至实际大潮发生的时间间隔称为潮龄。潮龄一般为 1~3 天。

平均高（低）潮间隙（mean high/low water interval，MHWI/MLWI）：每天月中天时刻至高（低）潮时的时间间隔的长期平均值称为平均高（低）潮间隙。

二、中版潮汐表与潮汐推算

目前，中国出版《潮汐表》的单位主要有两家——国家海洋局海洋信息中心和中国人民解放军海军司令部航海保证部。此外，中国海事局也出版部分港口的《潮汐表》，国家海洋信息中心还在中国海洋信息网站（www.coi.gov.cn）提供"我国主要港口潮汐预报（月报）"，有条件的使用者可通过网络获取相关的资料。本书仅对国家海洋局海洋信息中心出版的《潮汐表》进行介绍，其他《潮汐表》的使用可参考本书介绍的方法和各自潮汐表中的说明。

（一）中版《潮汐表》的几个说明

1. 出版情况

我国出版的年度《潮汐表》系由国家海洋局海洋信息中心编制，共六册，各册范围如下：

第一册：中国渤海和黄海沿岸，从鸭绿江口至长江口。

第二册：中国东海沿岸，从长江口至台湾海峡。

第三册：中国南海沿岸及诸群岛，从台湾海峡至北部湾。

第四册：太平洋及毗邻水域。

第五册：印度洋沿岸（含地中海）及欧洲水域。

第六册：大西洋沿岸及非洲东海岸。

《潮汐表》每年出版一次，下年度《潮汐表》均在本年度提前编好发行。根据实用情况，本书对中国沿岸三册《潮汐表》的使用做详细介绍。

2. 主要内容

（1）主港潮汐预报表：这部分刊载了各主港的逐日高、低潮时和潮高预报以及我国部分港口的逐时潮高。

（2）潮流预报表：这部分刊载了部分海峡、港湾、航道以及渔场的潮流预报。

（3）差比数和潮信表：这部分附港和主港差比数用以推算附港潮汐，用潮信资料概算潮汐。

此外，还刊有《站位分布示意图》《部分港口潮高订正值表》《格林尼治月中天时刻表》《东经120°月中天时刻表（北京标准时）》《月赤纬表（世界时0时）》以及梯形图卡。

3. 注意事项

（1）我国沿海港口用北京标准时（东八区）：外国诸港均在每页左下角注明所用标准时。

（2）潮高基准面与深度基准面的不一致：

潮高基准面一般与海图深度基准面一致，某地某时潮高加上当地海图水深即得该地该时的实际水深。反之，某时某地的实测水深减去潮高，即得该时该地的海图水深，用于测深辨位。但是，有些港口的海图深度基准面与《潮汐表》采用的潮高基准面不尽一致，使用时应予订正。如图6-1-10所示：

$$实际水深 = 海图水深 + 潮高 + (CD - TD) \tag{6-1-3}$$

海图水深＝实际水深−潮高−（*CD*−*TD*） (6-1-4)

式中 *CD* 和 *TD* 分别代表海图深度基准面和潮高基准面与平均海面之间的垂直高度。

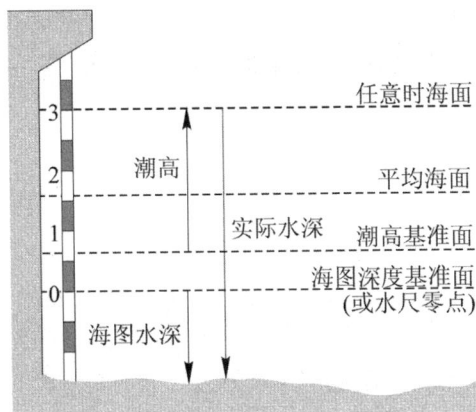

图 6-1-10 潮高与水深

例 6-1-1：某地某时潮高为 3.0 m，该地海图水深 10 m，海图深度基准面在平均海面下 2.5 m，潮高基准面在平均海面下 1.5 m，求当时当地的实际水深。

解：

实际水深＝海图水深+潮高+（*CD*−*TD*）

10+3.0+（2.3−1.5）=13.8（m）

（3）《潮汐表》的误差及水文气象的影响

在正常情况下，中国沿岸三册《潮汐表》预报潮时的误差在 20~30 min 以内，潮高误差在 20~30 cm 以内。但在下列情况下误差较大：

①有寒潮、台风或其他天气急剧变化时，水位随之发生特殊变化，潮汐预报上主要是潮高将与实际出入较大。在山东高角以北及渤海，主要应注意冬季寒潮引起的"减水"，寒潮常使实际水位低于预报很多，个别强烈的寒潮可使实际水位低于预报 1 m 以上。夏、秋季节受到台风侵袭的地区（尤其是闽、浙沿海）常常引起较大的"增水"，个别情况也有引起实际水位高于预报 1 m 以上的现象。此外长江口附近春季经常有气旋出海而引起大风，也能引起水位的较大变化。

②处在江河口的预报点，如营口、燕尾、吴淞、温州、海门、马尾等，每当汛期洪水下泄时，水位急涨，实际水位都会高于预报很多。

③南海的日潮混合潮港，如海口、海安、北海等，因高潮及低潮常常有一段较长的平潮时间，预报的潮时有些会与实际差 1 h 以上，但这对实际使用影响不大，所报时间的潮高仍与实际比较相符。

④潮流预报的站位分为两种情况，一是往复流性质的站位，将给出逐日的转流时间、最大流速时刻以及对应于最大流速时刻的流速；二是旋转流性质的站位，将给出潮流回转一周（约一个潮汐周期）过程中的两个极大值和两个极小值以及与其对应的时刻。

应该指出的是，表中预报的只是海流中的潮流部分。在一般情况下，本表预报的潮流是海流中的主要成分，可以近似地视为实际海流，但是在特殊天气情况下，表层海流受风的影响很大，使潮流规律不甚明显，这时表中的预报与实际海流有较大的差别，使用时请注意。

（二）利用《潮汐表》推算潮汐

1. 主港潮汐

求主港高、低潮的潮时和潮高，或求部分港口每小时潮高，可直接查《潮汐表》求得。但应注意船时和表列标准时是否一致。

2. 附港潮汐

求附港的高、低潮时和潮高。

（1）名词解释

高（低）潮时差：主港与附港高（低）潮时之差。正号（+）表示附港高（低）潮时比主港高（低）潮时发生得晚；负号（-）表示附港高（低）潮时比主港高（低）潮时发生得早。

潮差比：对半日潮港来说，是指附港的平均潮差与主港的平均潮差之比；对日潮港来说，是指附港的回归潮大的潮差与主港的回归潮大的潮差之比。

改正值：使用潮差比由主港潮高计算附港潮高时，若附港基准面不是用主港基准面确定的，需要对附港潮高加以订正，使之变为从附港基准面起算，此订正数就是表列的改正值。

（2）应用差比数进行推算的公式

附港潮时的计算公式为：

$$附港高（低）潮时 = 主港高（低）潮时 + 高（低）潮时差 \qquad (6\text{-}1\text{-}5)$$

附港潮高前三册的计算公式，当主、附港季节改正数较大时为：

$$附港高（低）潮高 = [主港高（低）潮高 - （主港平均海面 + 主港季节改正数）] \times$$
$$潮差比 + （附港平均海面 + 附港季节改正数） \qquad (6\text{-}1\text{-}6)$$

当主、附港季节改正数不大时，可不必进行平均海面的季节改正，而直接用差比数栏中的改正值求得附港的潮高，即

$$附港高（低）潮高 = 主港高（低）潮高 \times 潮差比 + 改正值 \qquad (6\text{-}1\text{-}7)$$

其他三册的计算公式为：

$$附港高（低）潮高 = 主港高（低）潮高 \times 潮差比 + 改正数 + 潮高季节改正数 \qquad (6\text{-}1\text{-}8)$$

在利用上述公式求附港潮汐时，应首先在"差比数和潮信表"中查取附港资料和其主港的名称（前三册按序查取，第四册至第六册从地名索引查取），进而查出主港资料，从而计算附港潮汐。

（3）附港潮汐推算举例

例 6-1-2：求铜沙 2020 年 2 月 10 日潮汐。

解：

从 2020 年第一册《潮汐表》的"差比数和潮信表"中查得：铜沙（编号 5012）的主港是吴淞（编号 5006），高潮时差为 -0157，低潮时差为 -0221，潮差比 1.21，铜沙平均海面 260 cm，吴淞平均海面为 202 cm，根据主、附港编号和日期查得这两港的平均海面季节改正值均为 -25 cm，从"主港潮汐预报表"中可查出吴淞潮汐为 0329 91 cm，0927 259 cm，1555 103 cm，2154 216 cm，求铜沙（附港）潮汐格式如下：

		高潮时		低潮时	
主港吴淞 10/2-2020 潮时		0927	2154	0329	1555
潮时差	+)	-0157	-0157	-0221	-0221

		高潮时		低潮时	
附港铜沙 10/2-2020 潮时		0730	1957	0108	1334
		高潮潮高		低潮潮高	
主港吴淞 10/2-2020 潮高		259	216	91	103
主港季节改正后的平均海面(202-25)	—)	177	177	177	177
主港平均海面上的潮高		82	39	−86	−74
潮差比	×)	1.21	1.21	1.21	1.21
附港平均海面上的潮高		99	47	−104	−90
附港季节改正后的平均海面(260-25)	+)	235	235	235	235
附港铜沙 10/2-2020 潮高		334	282	131	145

例 6-1-3:求铜沙 2020 年 5 月 10 日潮汐。

解:

同上例从 2020 年第一册《潮汐表》的"差比数和潮信表"中查得:铜沙(编号 5012)的主港是吴淞(编号 5006),高潮时差为 −0157,低潮时差为−0221,潮差比 1.21,根据主、附港编号和日期查得这两港的平均海面季节改正值均为 1 cm,由于主、附港的平均海面季节改正都很小,不必进行此项改正,而查得改正值为 16 cm。从"主港潮汐预报表"中可查出吴淞潮汐为 0213 408 cm,1017 67 cm,1424 345 cm,2155 66 cm。求铜沙潮汐格式如下

		高潮时		低潮时	
主港吴淞 10/5-2020 潮时		0213	1424	1017	2155
潮时差	+)	−0157	−0157	−0221	−0221
附港铜沙 10/5-2020 潮时		0016	1227	0756	1934
		高潮潮高		低潮潮高	
主港吴淞 10/5-2020 潮高		408	345	67	66
潮差比	×)	1.21	1.21	1.21	1.21
附港铜沙未改正的潮高		494	417	81	80
改正值	+)	16	16	16	16
附港铜沙 10/5-2020 潮高		510	433	97	96

例 6-1-4:计算日本和歌山(Wakayama)2020 年 1 月 1 日的潮汐。

解:

根据要求选用 2020 年第四册《潮汐表》,从《地名索引》中查得 Wakayama 的编号是 654,按此编号从"附属港资料(差比数表)"查得和歌山的主港是那霸(Naha No.1069 p.112);高潮时差为−0044,低潮时差为−0102,潮差比为 0.84,改正数为 0.1 m,潮高季节改正数可忽略不计。从"主港潮汐预报表"中查得那霸 1 月 1 日的潮汐为:0118 153 cm,0620 114 cm,1140 159 cm,1914 43 cm。求和歌山的潮汐计算如下:

		高潮时		低潮时	
主港那霸 1/1-2020 潮时		0118	1140	0620	1914
潮时差	+)	−0044	−0044	−0102	−0102
附港和歌山 1/1-2020 潮时		0034	1056	0518	1812
		高潮潮高		低潮潮高	

主港那霸 1/1—2020 潮高		153	159	114	43
潮差比	×)	0.84	0.84	0.84	0.84
附港铜沙未改正的潮高		129	134	096	36
改正数	+)	10	10	10	10
附港和歌山未进行季节改正的潮高		139	144	106	46
潮高的季节改正数		0	0	0	0
附港和歌山 1/1—2020 的潮高		139	144	106	46

（三）利用潮信资料概算潮汐

潮信资料包括平均大（小）潮升、平均高（低）潮间隙和平均海面。

1.利用潮信资料概算

利用潮信资料可以大致概算高、低潮时和潮高：

当地高（低）潮时＝当地高（低）潮间隙＋格林尼治月上或下中天时

当不知道格林尼治月上（下）中天时间时，对于半日潮港，可用以下方法近似求取月中天时间：

上半月：月上中天时＝（农历日期－1）×0.8＋1200

月下中天时＝月上中天时 ±1225

下半月：月上中天时＝（农历日期－16）×0.8

月下中天时＝月上中天时±1225

2.用潮升估算潮高

平均大潮高潮高＝大潮升

平均大潮低潮高＝2×平均海面－大潮升

平均小潮高潮高＝小潮升

平均小潮低潮高＝2×平均海面－小潮升

所求日的潮高可以根据大潮日至小潮日约 7.5 天和所求日期与大（小）潮日期的关系内差求取：

$$所求日高潮潮高＝平均大潮高潮高－\frac{大潮升－小潮升}{7.5}×（所求日与大潮日相隔天数）$$

所求日低潮潮高＝2×平均海面－所求日高潮潮高

中国沿海的潮龄取 3 日。

例 6-1-5：某港的平均高潮间隙为 0925,平均低潮间隙为 0313,推算该港 5 月 20 日（农历四月十九）的概略潮时。

解：

高潮潮时＝（19－16）×0.8＋0925＝1149

低潮潮时＝（19－16）×0.8＋0313＝0537

第二次低潮潮时＝0537＋1225＝1802

例 6-1-6：我国沿海某地大潮升 4.4 m,小潮升 3.0 m,平均海面 2.5 m,求农历初五的高、低潮高。

解：

$$高潮潮高 = 大潮升 - \frac{大潮升 - 小潮升}{7.5} \times (所求日与大潮日相隔天数)$$

$$= 4.4 - \frac{4.4 - 3.0}{7.5} \times (5 - 3) = 4 \text{ m}$$

$$低潮潮高 = 2 \times 平均海面 - 高潮潮高 = 2 \times 2.5 - 4 = 1.0 \text{ m}$$

3. 求任意时的潮高和任意潮高的潮时

(1)计算公式

在整个潮汐周期内，潮汐涨落的速度是变化的。在高、低潮的附近，潮汐涨落较缓慢，而在高、低潮的中间时刻，即接近半潮时，其涨落速度最快。

为求得相邻的高低潮间任意时刻的潮高，通常将潮汐的涨落运动视为简谐运动，运动曲线近似于余弦曲线，如图 6-1-11 所示。可以看出任意时水面与低潮面的潮高改正数 Δh 为：

$$\Delta h = \frac{1}{2}潮差 - \chi$$

$$= \frac{1}{2}潮差 \times (1 - \cos\theta) \tag{6-1-9}$$

式中：θ——任意时刻的相位角，由低潮时起算。

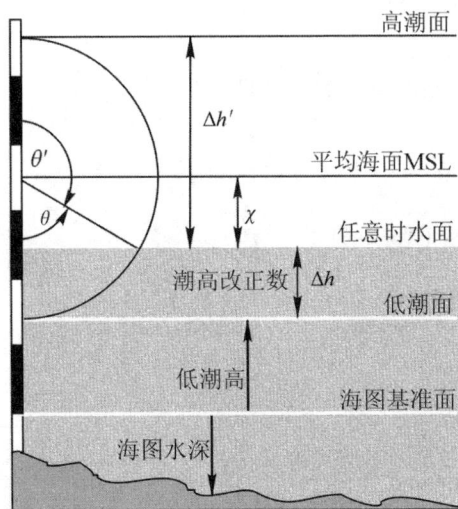

图 6-1-11 任意时潮高

从低潮到高潮相位变化 $180°$，所以：

$$\theta = \frac{t}{T} \times 180° \tag{6-1-10}$$

式中：T——落潮或涨潮的时间间隔；

t——任意时与低潮时的时间间隔。

所以：

$$任意时潮高=低潮潮高+潮高改正数$$

$$=低潮潮高+潮差×\frac{1}{2}\left[1-\cos\left(\frac{t}{T}×180°\right)\right] \qquad (6\text{-}1\text{-}11)$$

同理：

$$任意时潮高=高潮潮高-潮高改正数$$

$$=高潮潮高-潮差×\frac{1}{2}\left[1-\cos\left(\frac{t'}{T}×180°\right)\right] \qquad (6\text{-}1\text{-}12)$$

式中：t'——任意时与高潮时的时间间隔。

（2）计算实例

例 6-1-7：某地某日潮汐为 0110 395 cm，0817 62 cm，1324 444 cm，2051 80 cm，求该地该日 1100 的潮高和其后潮高大于 3 m 的最早时刻。

解：

该日 1100 位于涨潮阶段，1100 的潮高为：

$$潮高=低潮高+\frac{1}{2}潮差×(1-\cos\theta)$$

$$=62+\frac{1}{2}×(444-62)×\left[1-\cos\left(\frac{1100-0817}{1324-0817}×180°\right)\right]$$

$$=62+191×(1-\cos95°.6)$$

$$=271.6\ cm$$

1100 后潮高大于 3 m 的最早时刻计算如下：

$$潮差=444-62=382\ cm$$

$$潮高改正数=任意时潮高-低潮高=300-62=238\ cm$$

$$\because 潮高改正数=\frac{1}{2}潮差×(1-\cos\theta)$$

$$则\ \cos\theta=1-\frac{2×潮高改正数}{潮差}$$

$$=1-\frac{2×238}{382}=-0.246073298$$

$$\therefore \theta=104°.25$$

$$又\because \theta=\frac{t}{T}×180°$$

$$\therefore t=\frac{\theta}{180°}×T$$

$$=\frac{104°.25}{180°}×(1324-0817)$$

$$=2.96\ h$$

$$=2\ h\ 58\ min$$

故所求时间=低潮时+t=0817+0258=1115

即该日 1100 后潮高达到 3 m 的最早时间为 1115。

（四）潮汐推算在航海上的应用

1. 过浅滩（最小安全潮高问题）与过横空障碍物（最大安全潮高问题）

在进出港航道、狭水道、岛礁区和某些沿岸水域,存在着一些浅水区。当船舶(特别是大型船舶)航行到这些区域之前,首先要确定本船是否能够安全驶过,这由两个问题所决定(如图 6-1-12 所示):一是船舶通过浅水区所要求的最小安全水深,即船舶的最大吃水和安全通过浅水所应有的富余水深之和;二是当时浅滩上的实际水深。为了船舶安全驶过浅水区,当时的实际水深必须大于或等于最小安全水深,即

$$海图水深 + 潮高 + (CD - TD) \geqslant 船舶吃水 + 富余水深$$

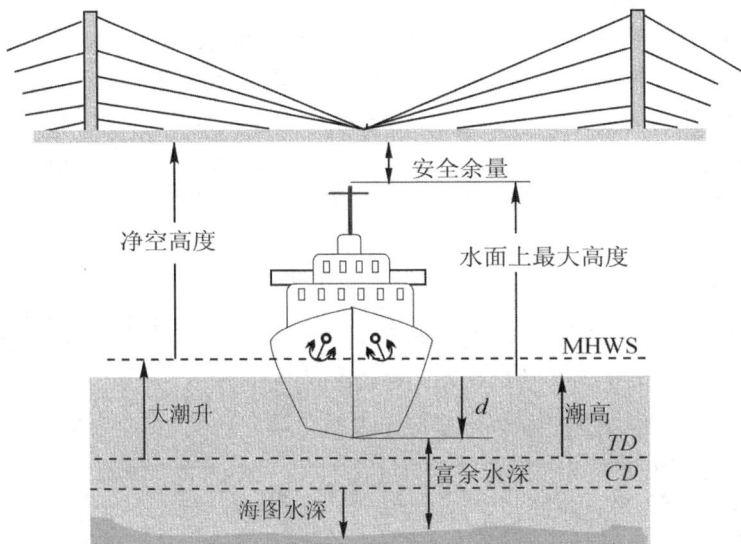

图 6-1-12 **最小安全潮高和最大安全潮高**

潮高必须大于或等于一个最小安全值,该值便为最小安全潮高:

$$最小安全潮高 = 吃水 + 富余水深 - 海图水深 - (CD - TD) \tag{6-1-13}$$

在某些水道的上空,还建有横跨水道的桥梁或高空电缆等,这些建筑物构成了船舶航行的空中障碍物。为了安全通过这些障碍物,必须仔细计算潮高问题。

如图 6-1-12 所示,高架桥底部至平均大潮高潮面的距离为净空高度,它和大潮升之和为潮高基准面以上的可利用高度。而潮高基准面以上相对于船舶航行所要求的安全高度为当时潮高、水面以上船舶的最大高度和为了保证安全通过所要求的安全余量三者之和。由于可利用空间对于某个横空障碍物是固定的量,为了船舶的安全通过,潮高就不能大于某值,这就是最大安全潮高。

$$最大安全潮高 = 大潮升 + 净空高度 - 水面至船舶大桅顶端的高度 - 安全余量 \tag{6-1-14}$$

根据船舶本身情况和航道条件求得安全潮高后,便可根据《潮汐表》求得合适的通过浅滩或横空障碍物的时间,以便引导船舶安全通过。

例 6-1-8:某船吃水 8.3 m,2020 年 2 月 10 日 0800 到达长江口。该日铜沙潮汐为 0817 62 cm,1324 444 cm;铜沙浅滩海图最小水深 7 m。若保留龙骨下富余水深 0.7 m,求该船可安全驶过铜沙浅滩的最早时刻。

解：

①该船安全驶过铜沙所需最小安全潮高=吃水+富余水深−海图水深

$$=8.3+0.7-7.0=2.0\ \text{m}$$

②0800 后潮高达到 2.0 m 的潮时为：

$$t=低潮时+\frac{T}{180°}×\arccos\left(1-\frac{2×潮高改正数}{潮差}\right)$$

$$=0817+\frac{1324-0817}{180°}×\arccos\left[1-\frac{2×(200-62)}{444-62}\right]$$

$$=0817+0206=1023$$

即船舶可安全驶过浅滩的最早时刻为 1023。

例 6-1-9： 某船满载某日中午到达某水道,吃水为 9.5 m,龙骨上最大高度为 28.5 m。该水道海图水深 8 m,潮高基准面在海图基准面下 200 cm,海图深度基准面在平均海面下 220 cm;大潮升 4.5 m;水面上空有桥梁,其净空高度为 19.5 m;该日午后潮汐为 1157 401 cm,1902 130 cm。如果要求富余水深为 0.7 m,大桅顶端至桥底部的安全余量为 1.5 m,求该船该日午后安全通过该水道的最早和最迟时间。

解：

①通过水道所需安全潮高：

最小安全潮高=吃水+富余水深−海图水深−(CD−TD)

$$=9.5+0.7-8-(2.2-2.0)=2.0\ \text{m}$$

最大安全潮高=净空高度+大潮升−水面至大桅顶端的高度−安全余量

$$=19.5+4.5-(28.5-9.5)-1.5=3.5\ \text{m}$$

②通过水道的最早、最迟时间：

午后是落潮过程,所以最早通过时间是落潮至最大安全潮高的时间,最迟通过时间是落潮至最小安全潮高的时间。

最早通过时间 t_1 =高潮潮时+$\dfrac{T}{180°}$×$\arccos\left(1-\dfrac{2×潮高改正数}{潮差}\right)$

$$=1157+\frac{1902-1157}{180°}×\arccos\left[1-\frac{2×(401-350)}{401-130}\right]$$

$$=1157+2^{\text{h}}01^{\text{m}}=1358$$

最迟通过时间 t_2 =高潮潮时+$\dfrac{T}{180°}$×$\arccos\left(1-\dfrac{2×潮高改正数}{潮差}\right)$

$$=1157+\frac{1902-1157}{180°}×\arccos\left[1-\frac{2×(401-200)}{401-130}\right]$$

$$=1157+4^{\text{h}}41^{\text{m}}=1638$$

2. 测深辨位

船舶在航行中,有时会利用测深进行船位的辨别,即利用测深仪测出船底至海底的深度,再利用以下公式算出海图水深,从而利用海图辨别出测深时船舶的位置。

$$海图水深=实测水深+吃水−潮高−(CD−TD) \tag{6-1-15}$$

例 6-1-10： 某船吃水 9.8 m,2020 年 12 月 16 日 0600 在佘山附近用回声测深仪测得水深为

20.1 m。问当时该处的海图水深应为多少？

解：

从《潮汐表》查得 2006 年 12 月 16 日 0600 前后佘山潮汐情况：

潮时	潮高
h m	cm
0120	315
0754	81

则 0600 潮高 = 高潮潮高－潮高改正数

$$= 315 - \frac{315-81}{2} \times \left[1 - \cos\left(\frac{0600-0120}{0754-0120} \times 180° \right) \right]$$

$$= 126 = 1.26 \text{ m}$$

该处海图水深 = 测深仪读数 + 吃水－潮高

$$= 20.1 + 9.8 - 1.26 = 28.64 \text{ m}$$

3. 实际山高、灯高的求取

航海图书资料中的高程和灯高都是以一定的基准面起算的,由于潮汐的影响,海面实际高度与资料给出的值有所差异,必须经过修正才可用于航行计算中。

①根据中版航海图书资料求取实际山高和灯高

中版航海图书资料中地面点高程的起算面是 1985 年国家高程基准,它与黄海平均海面基本一致,所以,可用以下公式求取实际的山高。

$$\text{海面上实际高度} = \text{资料中高度} + \text{平均海面} - \text{潮高} \tag{6-1-16}$$

中版航海图书资料中的灯高的起算面是平均大潮高潮面,所以实际灯高可用以下公式求取。

$$\text{海面上实际高度} = \text{资料中高度} + \text{大潮升} - \text{潮高} \tag{6-1-17}$$

例 6-1-11： 中版海图上有一小岛的高程为 65 m,小岛上有一灯塔的灯高为 75 m,已知某日 0800 该地潮高为 1.4 m;该地大潮升 450,平均海面 260。求 0800 海平面上小岛的实际高度和灯塔的实际灯高。

解：

小岛的实际高度 = 65 + 2.6 - 1.4 = 66.2 m

实际灯高 = 75 + 4.5 - 1.4 = 78.1 m

②根据英版航海图书资料求取实际山高和灯高

英版航海图书资料中的山高和灯高的起算面均为平均大潮高潮面,所以实际山高和灯高均可用式(6-1-17)求取。

例 6-1-12： 如果例 6-1-11 中小岛的高程和灯高来源于英版米制海图,则 0800 海平面上小岛的实际高度和灯塔的实际灯高各为多少？

解：

小岛的实际高度 = 65 + 4.5 - 1.4 = 68.1 m

实际灯高 = 75 + 4.5 - 1.4 = 78.1 m

其他物标、礁石和沉船的高度或其上水深的求取亦可根据其与不同基准面的关系结合潮汐进行。

三、英版《潮汐表》与潮汐推算

（一）英版《潮汐表》概况

1. 各卷《潮汐表》范围

英版《潮汐表》（Admiralty Tide Tables, ATT）共有八卷。书号为 NP201A、NP201B、NP202、NP203、NP204、NP205、NP206、NP207、NP208，每年出版，包括世界各主要港口的潮汐预报。

2. 各卷主要内容

各卷主要由三部分组成：

（1）第一部分：主港潮汐预报（Part Ⅰ Tidal Predictions for Standard Ports）。预报主港每日高、低潮时和潮高，潮高单位均采用 m。各港潮时均采用当地标准时，并在每页的左上角用"TIME ZONE ××××"注明。

第一卷还有一些主要港口的逐时潮高预报（Part Ⅰa Hourly Height Predictions）；第三、四卷还有潮流表（Part Ⅰa Tidal Stream Tables），载有潮流日变化很大的重要海峡和水道的潮流资料，对于具有半日潮性质的潮流的地方，其潮流的推算可以参考适当主港的印在海图上的潮流资料进行。

（2）第二部分：用以预报附港潮汐的潮时差和潮高差（Part Ⅱ Time and Height Differences for Predicting the Tide at Secondary Ports）。表中列出主港（用黑体字印刷）和附港编号（No.）、潮时差（time differences）、潮高差（height differences），每两页的右下页还印有平均海面季节改正（seasonal changes in mean level）；表后有注意事项（NOTES），以便利用这些资料求取附港的潮时和潮高。

（3）第三部分：调和常数（Part Ⅲ Harmonic Constants）。这部分提供了编号、地点、平均海面，四个主要分潮（M_2、S_2、K_1、O_1）的调和常数：振幅（H）和迟角（g），浅水改正（S. W corrections）数据，每两页的右下页还提供了平均海面和调和常数的季节改正（seasonal changes in mean level and harmonic constants），以便利用简化的调和常数法预报潮汐。

第二至八卷其后还印有"关于潮流的调和常数"（Part Ⅲa Harmonic Constants for Tidal Streams），以便利用简化的调和常数法预报潮流。

3. 其他内容

（1）索引

①主港索引（index to standard ports）

主港索引印于各卷最前页，按港名字母顺序排列，给出主港预报资料所在页数。港名前注有"＊"号者，是指该港预报资料亦刊载于另一卷《潮汐表》之中。

②地理索引（geographical index）

地理索引印在各卷书末，按主、附港名字母顺序排列，给出主附港编号，以便用此编号在第Ⅱ和Ⅲ部分中查取该港的有关资料，其中主港名用黑体字印刷。

（2）求任意时潮高曲线图（for finding the height of tide at times between high and low water）

这是根据潮汐涨落的运动近似为余弦曲线运动的原理制成的曲线图。这种曲线图在第

三、四卷中每卷各印一张,供求该卷所有港口的任意潮时和潮高用;在第一卷和第二卷除威尼斯外的欧洲水域,每个主港印有一张与该主港潮汐性质和变化相符的专用曲线图,供求该主港和其附港任意潮时和潮高使用,对于一些比较特殊的附港也提供类似的专用曲线图;第二卷也给出与三、四卷相同的曲线图,供不能用专用曲线图的港口使用。专用曲线图根据该港口的潮汐变化而制定,所以精度要高于用纯余弦公式制定的曲线图。

(3)辅助用表(supplementary table)

表Ⅰ:米和英尺换算表(conversion table:meters to feet)。

表Ⅱ:乘积表(multiplication table)。该表顶端引数为主(附)港的潮差(range),左边引数是由任意潮时和潮高曲线图查得的系数(factor),乘积表所列数值为潮差与系数的乘积(即潮高改正数 Δh),精确到小数点后一位,如要求更精确,需自行计算。

表Ⅲ:英国以米为单位的海图基准面相对于法定基准面的高度(height in metres of charts datum relative to ordnance datum in the United Kingdom)(注:仅第一卷有该表)。

表Ⅳ:英国以外国家以米为单位的海图基准面相对于陆地平面系统的高度(height in metres of chart datum relative to the land levelling system in countries outside the United Kingdom)(注:仅第一、二卷有该表)。

表Ⅴ:潮面资料(tidal levels):首先给出各潮面的定义与注释(definitions and notes);然后给出主港以米为单位的潮面表(tidal levels in metres at standard ports)。该表列出了各主港最低天文潮面(LAT)、平均大潮低潮面(MLWS)、平均小潮低潮面(MLWN)、平均海面(MSL)、平均小潮高潮面(MHWN)、平均大潮高潮面(MHWS)、最高天文潮面(HAT)等潮面在海图基准面上的高度(单位:m),以及负责观测和预报的单位、观测年份。

该表中,潮面高度为"+",表示该潮面在海图基准面上;潮面高度为"-",表示在海图基准面下;潮面高度为"0",表示该面即海图基准面。

由该表可以了解海图基准面(即表中潮高基准面)至平均海面的距离,还可以了解海图基准面与其他潮面的关系,从中可以看出该港海图基准面是否过高或过低,引起对当地海图水深可能会出现大于实际水深情况的注意。

对于具有日潮或混合潮性质的主港,则用平均低低潮(MLLW)、平均高低潮(MHLW)、平均低高潮(MLHW)和平均高高潮(MHHW)潮面来表示。

表Ⅵ:两周一次的浅水改正(fortnightly shallow water correction)。

表Ⅶ:潮角和潮汐因子(tidal angles and factors)。

表Ⅷ:轨道因素(orbital elements)。

表Ⅵ~Ⅷ在使用调和常数法预报潮汐时使用。

(4)改正资料

各卷《潮汐表》自付印之后的补遗和勘误等资料,均发布于《航海通告年度摘要》第1号通告之中。该通告为"英版潮汐表的补遗和勘误"(Admiralty Tide Tables—Addenda and Corrigenda),并且亦应注意附在潮汐表中的勘误表。

在各卷卷首还刊有前言(preface)、目录(contents)、绪言(introduction)、用法说明(instructions for the use of tables)等。

（二）利用英版《潮汐表》进行潮汐推算

1. 主港潮汐

从"主港索引"查得所求港潮汐预报资料在表中的页数，然后翻到此页，即可查到所求日的高、低潮时和潮高，还可查得第一卷部分主港的逐时潮高。如船时与表列区时不一致，则应进行改正。

2. 附港潮汐

（1）计算公式

$$附港高（低）潮时 = 主港高（低）潮时 + 高（低）潮时差 \tag{6-1-18}$$

$$附港潮高 = 主港潮高 - 主港平均海面季节改正 + 潮高差 + 附港平均海面季节改正 \tag{6-1-19}$$

计算时，首先在"地理索引"中查取附港的编号，根据编号在"用以预报附港潮汐的潮时差和潮高差"表中查取该附港的主港，潮时差，潮高差和主、附港的平均海面的季节改正；然后根据得出的主港名称在"主港潮汐预报"表中查取主港相关的高、低潮时和潮高。从而利用式（6-1-18）和式（6-1-19）求出附港的潮汐。计算时应注意全部四卷中的表列潮高差、第一卷各港和第二卷的欧洲港口表列潮时差需经内插求取。

（2）计算举例

例 6-1-13：根据当年《潮汐表》，求英国 Coverack 港 5 月 1 日高、低潮时、潮高。

解：

根据该港的位置，应使用英版《潮汐表》第一卷推算潮汐，具体步骤如下：

①从"地理索引"中查得 Coverack 的编号为 4，根据该编号在"用以预报附港潮汐的潮时差和潮高差"表中查得资料如表 6-1-1 所示。

表 6-1-1　用以预报附港潮汐的潮时差和潮高差表（节选）

No.	Place	Lat. N.	Long. W.		Time differences High Water Low Water Zone UT (G. M. T.)			Height differences (in meters) MHWS MHWN MLWN MLWS				M. L Z_0 m.
14	PLYMOUTH (DEVONPORT)	(see page6)		0000 and 1200	0600 and 1800	0000 and 1200	0600 and 1800	5.5	4.4	2.2	0.8	
4	Coverack · · ·	50 01	5 05	−0030	−0050	−0020	−0015	−0.2	−0.2	−0.3	−0.2	3.08

					SEASONAL CHANGES IN MEAN LEVEL							
No.	Jan. 1	Feb. 1	Mar. 1	Apr. 1	May. 1	June. 1	July. 1	Aug. 1	Sep. 1	Oct. 1	Nov. 1	Dec. 1 Jan. 1
1–60b						Negligible						

从资料中可以得出 Coverak 的主港是 Plymouth（Devonport），编号为 14，资料从第 6 页开始；如果主港高潮时为 0000 和 1200，附港高潮时差为 −0030；如果主港高潮时为 0600 和 1800，

附港高潮时差为-0050;如果主港低潮时为0000和1200,附港低潮时差为-0020;如果主港低潮时为0600或1800,附港低潮时差为-0015;与主港高潮高5.5 m和4.4 m对应的附港高潮潮高差均为0.2 m;主港低潮高为2.2 m,对应的附港低潮潮高差为-0.3 m;主港低潮高0.8 m对应的附港低潮潮高差为-0.2 m;附港平均海面高度为3.08 m,主、附港的平均海面季节改正均可忽略不计。

②翻至第8页,查得Plymouth(Devonport)港5月1日高、低潮资料如表6-1-2所示。

表6-1-2　主港潮汐资料

	Time	m.
1	0235	4.7
	0857	1.5
SA	1516	4.7
	2121	1.5

③根据主港资料,在"用以预报附港潮汐的潮时差和潮高差"表中内插求取潮时差和潮高差。内插方法是线性内插,对于较简单的情况可采用目视线性内插。

潮时差:由于当主港高潮发生在0000和1200时,附港的高潮时差为-0030,当主港高潮发生在0600和1800时,附港的高潮时差为-0050,所以主港高潮时为0235所对应的附港潮时差为:

$$潮时差=(-0030)+\frac{0235-0000}{0600-0000}\times[(-0050)-(-0030)]\approx-0039$$

主港高潮时为1516所对应的附港潮时差为:

$$潮时差=(-0030)+\frac{1516-1200}{1800-1200}\times[(-0050)-(-0030)]\approx-0041$$

同理可求出主港低潮时0857和2121所对应的附港的低潮时差分别为-0017和-0018。

潮高差的求取方法和潮时差的求取方法一样,本题中高潮潮高差均为-0.2 m,低潮潮高差均为-0.25,约为-0.3。

④计算附港的高、低潮高和潮时,可采用竖式计算格式。以下采用英版《潮汐表》的"潮汐预报表格"(该表格以正式出版物形式出版,书号为NP204)格式进行计算,表格式样和计算步骤如下:

a.将与求附港潮汐问题有关的主港的高潮时填入第1栏,低潮时填入第2栏,高潮高填入第3栏,低潮高填入第4栏。

b.将主港和附港的平均海面的季节改正分别填入第6和11栏。该例题中忽略不计,均填0。

c.将附港的各高潮潮时差、低潮潮时差、高潮潮高差和低潮潮高差按照与主港的各高潮时、低潮时、高潮高和低潮高的一一对应关系分别填入第7、8、9和10栏。

d.将第1栏的主港高潮时和第7栏的附港高潮潮时差对应相加得附港的高潮时并填入第12栏;将第2栏的主港低潮时和第8栏的附港低潮潮时差对应相加得附港的低潮时并填入第13栏。

e.将第3栏的主港高潮高减去第6栏的主港平均海面季节改正后和第9栏的附港高潮潮高差对应相加,然后再加上第11栏的附港的平均海面季节改正,得出附港的高潮潮高填入第14栏;采用同样的步骤可由第4栏的主港低潮潮高求出附港的低潮潮高填入第15栏。

f.如果需要潮高差值和涨(落)潮时间,可将其求出,并将潮差值填入第5栏,将涨(落)潮时间填入第16栏。

计算结果如表格6-1-3所示。

表6-1-3 英版潮汐预报格式

TIDAL PREDICTION FORM

STANDARD PORT___Devonport___ TIME /HEIGHT REQUIRED ___ALL___

SECONDARY PORT Coverack DATE ___1st May___ TIME ZONE ___UT（G. M. T.）___

	TIME		HEIGHT		
	HW	LW	HW	LW	RANGE
	1	2	3	4	5
STANDARD PORT	0235	0857	4.7	1.5	
	1516	2121	4.7	1.5	
Seasonal change	Standard port		6	6	
			0	0	
	7*	8*	9*	10*	
DIFFERENCES	−0039	−0017	−0.2	−0.3	
	−0041	−0018	−0.2	−0.3	
Seasonal change	Secondary port		11	11	
			0	0	
	12	13	14	15	
SECONDARY PORT	0156	0840	4.5	1.2	
	1435	2103	4.5	1.2	
Duration	16				

例6-1-14：根据当年《潮汐表》求韩国釜山港（Pusan Hang）5月1日的高、低潮高和潮时。

解：

按与上例同样的步骤在英版《潮汐表》第四卷中查得附港釜山的潮汐资料如表6-1-4所示。

表6-1-4 用以预报附港潮汐的潮时差和潮高差表（节选）

No.	Place	Lat. N.	Long. E.	Time differences MHW MLW (Zone−0900)		Height differences（in meters） MHWS MHWN MLWN MLWS				M. L Z$_0$ m.
7280	LUHUADAO	（see page 126）				4.3	3.3	2.0	0.9	
7566	Pusan Hang...	35 06	129 02	−0150	−0137	−3.1	−2.4	−1.6	−0.8	0.65

SEASONAL CHANGES IN MEAN LEVEL													
No.	Jan. 1	Feb. 1	Mar. 1	Apr. 1	May 1	June. 1	July. 1	Aug. 1	Sep. 1	Oct. 1	Nov. 1	Dec. 1	Jan. 1
7280	−0.1	−0.2	−0.2	−0.1	0.0	0.0	0.0	+0.1	+0.2	+0.2	+0.1	0.0	−0.1
7550~7566	−0.1	−0.1	−0.1	−0.1	0.0	0.0	+0.1	+0.1	+0.1	+0.1	0.0	−0.1	−0.1

主港绿华岛(Luhuadao)潮汐资料如表6-1-5所示。

表6-1-5　主港潮汐资料

	Time	m.
SA **1**	0123	1.6
	0732	3.7
	1408	1.3
	1957	3.6

内插求取附港潮高差如下：

主港高潮潮高4.3 m和3.3 m对应的附港潮高差分别是-3.1 m和-2.4 m,所以该日主港高潮潮高3.7 m对应的附港高潮潮高差为-2.7 m,3.6 m对应的附港高潮潮高差为-2.6 m;主港低潮潮高2.0 m和0.9 m对应的附港低潮潮高差分别是-1.6 m和-0.8 m,所以该日主港低潮潮高1.6 m和1.3 m对应的附港低潮潮高差分别为-1.3 m和-1.1 m。

附港釜山的高、低潮时和潮高计算如表6-1-6所示。

表6-1-6　英版潮汐预报格式

TIDAL PREDICTION FORM

STANDARD PORT ___Luhuadao___　　　　TIME /HEIGHT REQUIRED ___ALL___

SECONDARY PORT ___Pusan Hang___　DATE ___1st May___　TIME ZONE ___-0900___

	TIME		HEIGHT		
	HW	LW	HW	LW	RANGE
	1	2	3	4	5
STANDARD PORT	0732	0123	3.7	1.6	
	1957	1408	3.6	1.3	
Seasonal change	Standard port		6	6	
			0	0	
DIFFERENCES	7*	8*	9*	10*	
	-0150	-0137	-2.7	-1.3	
	-0150	-0137	-2.6	-1.1	
Seasonal change	Secondary port		11	11	
			0	0	
SECONDARY PORT	12	13	14	15	
	0542	2346(30/4)	1.0	0.3	
	1807	1231	1.0	0.2	
Duration	16				

3. 求任意时的潮高和任意潮高的潮时

求任意时的潮高和任意潮高的潮时的方法,除了前面介绍过的计算公式和梯形图卡外,利用英版《潮汐表》中提供的"求任意时潮高曲线图"也是一种方便的方法,特别是第一卷的曲线图针对不同主港和特别的附港给出,其精度也是较高的。以下利用实例解释该曲线图的使用方法。

例6-1-15:利用"求任意时潮高曲线图",求英国Coverack港5月1日0156至0840间潮高为 3.0 m 的时间和 0700 的潮高。

解：

Coverack 的主港是 Plymouth(Devonport)，所以利用 Devonport 的曲线图进行求解。该曲线图位于 Plymouth 港资料的首页，如图 6-1-13 所示。曲线图的左边上、下横坐标是标示潮高的坐标轴，上边标高潮潮高，下边标低潮潮高；曲线图的右边是潮汐涨落曲线，其下是潮时坐标；潮汐涨落曲线的中线上的数字为求任意时潮高用的系数。第一卷各港的曲线图的涨落潮曲线共有两条，实线为大潮曲线，虚线为小潮曲线；大潮和小潮的潮差在图的右上方给出。在求任意潮高和潮时时，如果当时潮差等于或接近大潮潮差，则利用大潮曲线；潮差等于或接近小潮差，利用小潮曲线；其他情况在两曲线间内插。

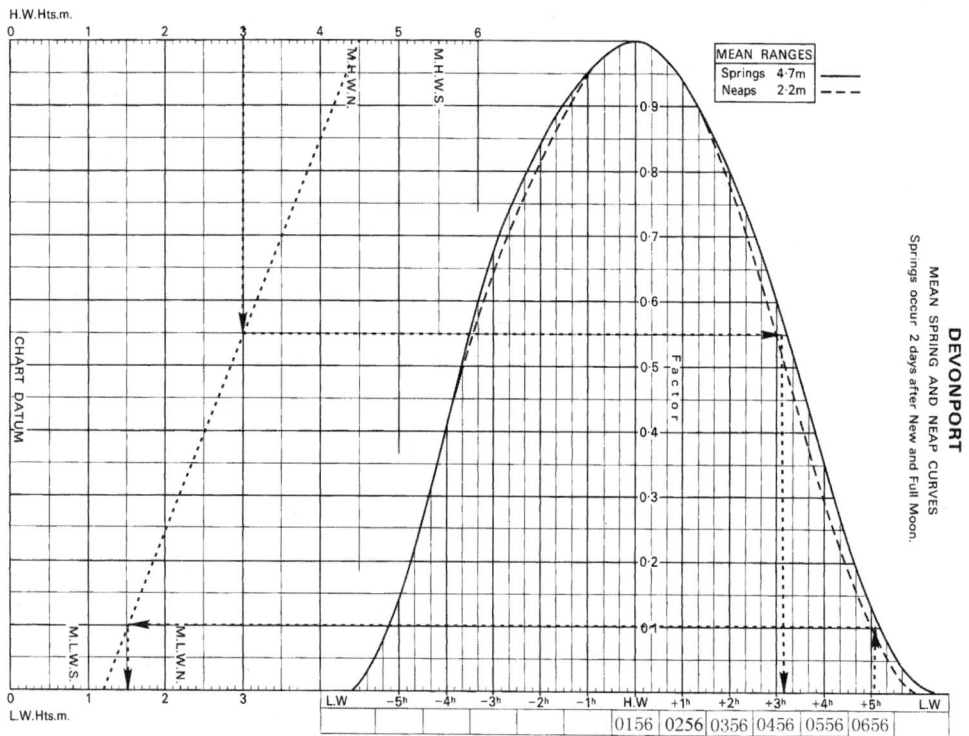

图 6-1-13　Devonport 港求任意时潮高曲线

由例 6-1-13 可以看出本题的两个问题是位于从 0156 至 0840 的落潮过程中，高、低潮高分别为 4.5 m 和 1.2 m。基于该高、低潮时和潮高，计算步骤如下：

(1)在曲线图左边上横坐标 4.5 m 点和下横坐标 1.2 m 点间连一辅助线。在潮时坐标高潮(HW)下的方格内填入高潮时 0156，因是落潮，再向右每间隔 1 h 的空格内填入相应时间至能将所求问题的时间包括在内为止。

(2)从图左部分上(或下)横坐标的 3.0 m 处向下(或向上)引一垂线交辅助线后水平向右引至与大、小潮曲线之间并稍靠近小潮曲线处(因本例潮差为 3.3 m，而大、小潮曲线所代表的潮差分别为 4.7 m 和 2.2 m)，再由此处竖直向下引直线交潮时坐标轴于一点，此点便为潮高为 3.0 m 的潮时 0506。

(3)从潮时坐标 0700 向上引竖直线至大、小潮曲线间并稍靠近小潮曲线的一点，再从此点水平向左引直线交辅助线后向上(或向下)作竖直线交潮高坐标轴于一点，该点坐标便为

0700 的潮高 1.5 m。

此外,从横直线与潮汐曲线中线的交点可得出系数,0700 的系数为 0.10,用此系数乘以潮差(3.3 m)可得出潮高改正值(也可以在乘积表表Ⅱ中利用该系数和潮差作引数查出)为 0.33 m,约 0.3 m,该值和低潮高相加即为所求 0700 的潮高为 1.5 m。

例 6-1-16:利用"求任意时潮高曲线图",求韩国釜山港 5 月 1 日 1500 的潮高。

解:

该题应利用英版《潮汐表》第四卷提供的曲线图求解。该曲线图如图 6-1-14 所示,与第一卷曲线图不同点在于其不是给出大、小潮曲线,而是给出涨落潮时间为 5 h、6 h 和 7 h 的三条曲线,以适应不同港口使用。

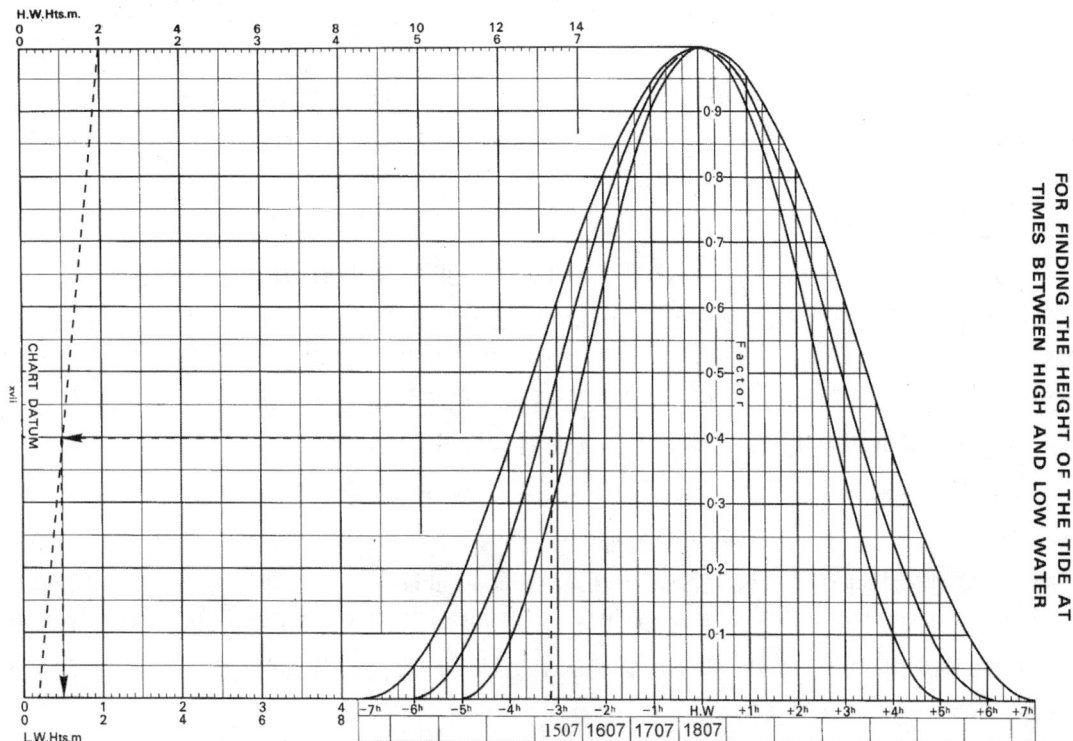

图 6-1-14　任意时潮高曲线

从例 6-1-14 中可以得出 1500 位于 1231 至 1807 的涨潮过程中,1231 的潮高为 0.2 m,1807 的潮高为 1.0 m。参考上例中求潮高的方法(注意:由于是涨潮过程,标注潮时时,以高潮时为基准向左标注;由于涨潮时间为 5^h36^m,应在 5^h 和 6^h 两曲线间做适当内插)可以求出 1500 的潮高为 0.5 m。

第二、三卷英版潮汐表所提供的通用曲线图只适合于涨(落)潮时为 5^h 至 7^h 之间且没有浅水改正的情况,如条件不满足必须使用调和常数法求取,这一点在使用中应注意。

(三)简化的调和常数潮汐推算法与电子潮汐表简介

1.调和常数潮汐推算法与计算机程序

使用调和常数推算潮汐,即利用事先通过实测和分析得出的各分潮的调和常数,求出各个分潮后再叠加,从而得出某时的潮汐。《潮汐表》的第Ⅲ部分即"调和常数"部分提供了平均海面和四个主要分潮的调和常数、分潮振幅的平均值和分潮迟角;附表7提供了该四个主要分潮的节点因素和天文相角,并相对于其他分潮进行了修正,使得利用四个主要分潮求得的潮汐的精度得到很大提高。如果再将附表6提供的浅水改正和季节改正数据加以考虑,潮汐推算的精度将达到利用36个分潮进行推算的精度。

利用调和常数推算潮汐的方法即根据分潮叠加的数学公式进行解算,最适合于利用计算机编程或利用计算器并结合一定的步骤和简化算法进行解算;《潮汐表》中介绍了这种算法并通过举例进行了说明。英国海军水道测量部出版了这种方法的计算机软件——基于微软视窗环境的简化调和常数潮汐计算程序(SHM FOR WINDOWS),其编号为DP560。软件以光盘版形式发行,长期可用。使用时,操作者将潮汐表给出的调和常数按要求输入,即可以图形方式给出最长达7天的连续潮汐,并可将结果打印输出。

利用调和常数推算潮汐的精度要高于前面讨论的一般方法的精度,但是,由于其计算的复杂性,对于缺乏较先进计算手段的船舶,这种方法只适合于不能用一般方法求算潮汐的地点求潮汐。

2. 光盘版潮汐表

这是以光盘为载体的《潮汐表》,编号为DP550,一张光盘包括计算程序和将全球划分为7个数据区7000多个港口潮汐和3000多个地方的潮流的数据,每年更新。该软件运行于微软视窗环境,适合受《国际海上人命安全公约》约束的船舶使用。这种《潮汐表》不仅具备连续7天潮汐和潮流的详细预报功能,而且可以结合船舶吃水进行安全进港所要求的计算,另外还可以根据使用者提供的调和常数计算其不包括的港口的潮汐。

3. 网络潮汐表

网络版潮汐表是基于网络的潮汐预报程序,预报全球6000多个港口的潮汐,供较小船舶使用。只要利用浏览器登录该潮汐表的网站 easytide. ukho. gov. uk,即可免费使用其基本功能:登录之日始连续7天的潮汐预报;如果支付少许费用,还可使用其先进功能,包括前后50年内的任意时间的潮汐,个人所需潮汐资料的港口清单的设定,某时间开始7天或14天的潮汐预报、大潮、小潮、月相等。

四、潮流推算

潮流(tidal stream)即海水周期性垂直运动的同时产生的海水周期性的水平方向的流动。潮流分为往复流(alternating current,rectilinear current)和回转流(rotary current)两种。往复流为受地形的影响而产生的涨、落潮流向相反或基本相反的潮流;回转流为在一个潮汐周期内,潮流流向随时间顺时针(或逆时针)变化360°,流速也随时间变化的潮流。本节介绍潮流的推算问题。

（一）海图上的潮流资料与潮流推算

海图上利用图式给出潮流资料,潮流推算基于这些图式进行。

1. 往复流潮流推算

海图上,涨潮流的潮流图式为 ————3 kn————→;落潮流的潮流图示为 ————3 kn————→。其中箭矢的方向为流向,箭矢上的数字为流速。如果只给出一个数字,则为大潮日最大流速;如果给出两个数字,则较大的数字为大潮日最大流速,较小的数字为小潮日最大流速。基于这些数字和潮流与潮汐的变化同样的规律,可以求出每日的最大流速。一般认为大潮前后一两天内当日最大流速都与大潮日最大流速相同;小潮前后一两天内的当日最大流速都与小潮日最大流速相同;其他数天内的当日最大流速可以取大、小潮最大流速的平均值,近似计算公式为:

$$平均最大流速 = \frac{1}{2}(大潮最大流速 + 小潮最大流速)$$

$$\approx \frac{3}{4}大潮最大流速$$

$$\approx \frac{3}{2}小潮最大流速 \tag{6-1-20}$$

在仅知道大潮最大流速时,一般取小潮最大流速为大潮最大流速的一半。

知道当日最大流速后,便可以根据潮流的变化规律求取具体时间的潮流流速。往复流流速随时间变化的规律是:在转流时流向不定,流速很小,可视为零;转流以后流速逐渐由小增大,到相邻两次转流时间的中间时刻,流速达到最大;以后又逐渐变小,至下次转流时间流速又降至零。可将流速的这种变化规律近似地以正弦函数曲线来描述,如图 6-1-15 所示。纵坐标为流速 v,横坐标为时间 t。

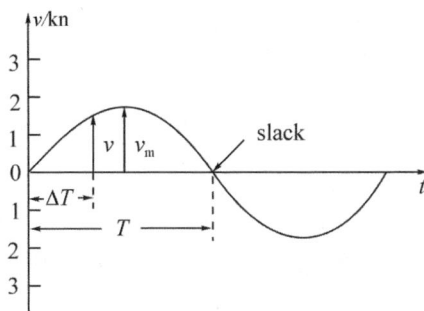

图 6-1-15　流速变化曲线

设当天最大流速为 v_m,涨(落)潮流持续时间为 T,所求时(t)与它前面的转流时间间隔为 ΔT,所求时的流速为 v,则:

$$v = v_m \sin\left(\frac{\Delta T}{T} \times 180°\right) \tag{6-1-21}$$

可见,只要知道 v_m、T 和 ΔT,即可求得任意时的潮流流速。

例 6-1-17:中国沿海某地往复流图式为 $\diagup\!\!\!\!\diagup \xrightarrow{\quad 4\,kn \quad}$,涨落周期为 6 h,求该处农历初六涨潮流 1 h 30 min 的流速。

解:

中国沿海大潮日一般发生在初三,初六当日的最大流速为:

$$v_m = \frac{3}{4} \times 4 = 3 \text{ kn}$$

涨潮流 1 h 30 min 的流速为:

$$v = v_m \sin \frac{\Delta T}{T} 180°$$

$$= 3 \times \sin \left(\frac{90}{360} \times 180° \right)$$

$$= 3 \times 0.7071067812 \approx 2.1 \text{ kn}$$

对于半日潮性质的地点，一天内流速的变化，可以认为涨潮流和落潮流的持续时间都约为6 h。一般可以运用1、2、3、3、2、1的简谐运动规律来近似估算任意时潮流流速。其方法是：

转流到1 h内的平均流速是当日最大流速的1/3；

转流后1~2 h内的平均流速是当日最大流速的2/3；

转流后2~3 h内的平均流速等于当日最大流速；

转流后3~4 h内的平均流速等于当日最大流速；

转流后4~5 h内的平均流速是当日最大流速的2/3；

转流后5~6 h内的平均流速是当日最大流速的1/3。

转流时间并不都是在高潮时和低潮时，在某些海区，转流时间往往发生在高低潮后3~4 h，因此必须查阅《航路指南》、《潮汐表》和海图等航海资料掌握转流时间。

例6-1-18：用以上近似方法求取上例的问题。

解：

转流后1 h 30 min位于转流后1~2 h，流速为当日最大流速的2/3，即为2 kn。

2. 回转流潮流推算

在航用海图上，回转流的资料用两种方式给出：回转潮流图和回转潮流表。图6-1-16为黄海某处的回转流图，中心地名表示主港港名，最外圈数字表示不同时间：0表示主港高潮时，1、2、3……表示主港高潮前第1 h、2 h、3 h……，Ⅰ、Ⅱ、Ⅲ……表示主港高潮后第1 h、2 h、3 h……；数字所对应的箭矢为该时的潮流情况，箭矢的方向即流向；箭矢顶部的数字表示流速，较大的数字是大潮流速，较小的数字是小潮流速。表6-1-7是回转流表的例子，使用潮流表是为了使海图清晰，它一般印在海图标题栏或不影响船舶航行的位置，仅在潮流发生处用符号Ⓐ Ⓑ……表示表列潮流发生的位置。

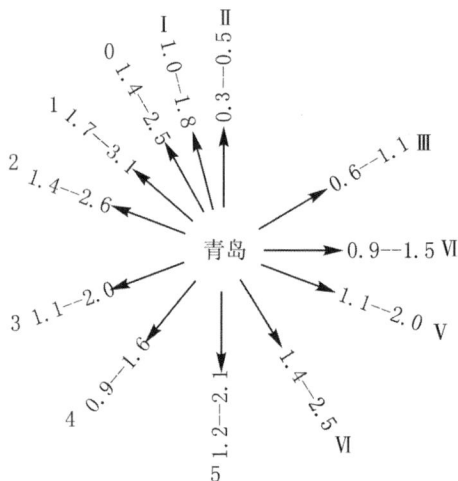

图6-1-16 回转流图式

回转流的流向可以根据主港高潮时和实际航行时间的关系由图中箭矢的方向或表中给出的方向得出,如果时间不正好是图中或表中的时间可以进行内插求取。

回转流的流速,可以根据航行日期和大潮日小潮日的关系,参考往复流中求取每日最大流速的规律,根据图中或表给出的大潮流速和小潮流速求取。

表 6-1-7　回转流表

Hours		Dir	Rate (kn)		Dir	Rate (kn)	
		51° 20'.3N 1° 34'.3E	Sp.	Np.	51° 15'.0N 2° 14'.0E	Sp.	Np.
Before HW Dover	6	199°	2.0	1.2	248°	0.9	0.5
	5	204	2.6	1.5	236	1.6	0.8
	4	208	3.1	1.7	231	1.9	0.9
	3	213	2.8	1.5	225	1.7	0.7
	2	222	1.5	0.8	214	1.2	0.4
	1	357	0.8	0.5	166	0.5	0.2
HW		015	2.5	1.4	075	0.7	0.5
After HW Dover	1	023	3.0	1.8	058	1.5	0.8
	2	029	2.9	1.6	052	1.8	0.9
	3	044	2.2	1.3	045	1.7	0.8
	4	059	1.2	0.7	039	1.3	0.5
	5		Slack		006	0.5	0.2
	6	197	1.4	0.8	260	0.7	0.4

（二）中版《潮汐表》的潮流预报表与潮流推算

1.潮流预报表内容

中版《潮汐表》第一册至第三册中的"潮流预报表"给出了中国一些重要水道、港湾和渔场等的潮流资料。对于具有往复流性质的地点,逐日给出转流时间、最大流速时刻以及相应的最大流速;对于具有回转流性质的地点,给出潮流回转一周(大约一个潮汐周期)过程中的两个极大值和两个极小值以及与其对应的时刻和流向。第四册中的"潮流预报表"只刊载了日潮潮流较大的海区中的一些重要地点的逐日潮流预报,对于半日潮潮流为主的海区,应利用海图上刊载的资料和专用的半日潮潮流图表,根据某一主港的潮汐预报推算临近水域的潮流。每册均在每一页预报资料的上方给出预报位置、经纬度、流速资料中的"+""-"号所代表的具体流向、预报年度和该地的标准时;其他册还在每页的下方说明了预报值中是否包含海流。

2.潮流推算方法

（1）往复流

往复流流速可根据表中给出的数据,利用式(6-1-21)求取。

例 6-1-19:求成山角 2004 年 7 月 2 日 1000 的流向和流速。

解:

从 2004 年中国《潮汐表》的"潮流预报表"中查得成山角 7 月 2 日的潮流资料如表 6-1-8所示。

表 6-1-8　潮流资料

7月			
	转流	最大流	
	时分	时分	流速
2	0144	0439	2.1
F	0740	1040	−1.9
	1339	1652	2.5
	1956	2317	−2.6

资料中的"+"表示流向 343°，"−"表示流向 163°，流速单位为 kn。

由于 1000 在 0740 和 1339 两次转流之间，1000 的流向为"−"，即 163°；又由于该方向最大流速为 1.9 kn（发生在 1040），1000 的流速为：

$$v = 1.9 \times \sin\left(\frac{1000 - 0740}{1339 - 0740} \times 180° \right) = 1.89 \approx 1.9 \text{ kn}$$

即 1000 的流向为 163°，流速约为 1.9 kn。

（2）回转流

对于回转流，由于"潮流预报表"中给出了一个回转周期内的两次极大值和两次极小值的流向和流速，其他时间的流向和流速可在其间内插求取。

（三）英版《潮汐表》中的潮流表与潮流推算

1. 英版《潮汐表》中的潮流表

英版《潮汐表》中仅针对某些重要而且潮流周日不等现象显著的区域编制潮流表。由于欧洲大部分水域的潮流和潮汐均具有半日潮性质，可以基于海图上的潮流资料并参照主港的潮汐资料推算潮流，所以，英版《潮汐表》第一、二卷没有编制"潮流表"，仅在第三、四卷中对某些重要而且潮流周日不等现象显著的地方编制了"潮流表"。潮流表资料的具体编排与中国《潮汐表》第四册的"潮流预报表"的编排基本一样，所不同的是在表的开头给出了包括半日潮、日潮和混合潮港等四种类型的典型潮流曲线。

除了潮流表外，英版《潮汐表》二、三、四卷中都还印有"关于潮流的调和常数"，供用简化的调和常数法推算潮流。

2. 潮流推算

由于"潮流表"中所预报的各地的潮流均不具备半日潮的特性，在根据其提供的资料推算潮汐时，可利用式(6-1-21)计算任意时的潮流。但应注意，如果预报数据中包括海流的成分，计算时应在最大流速的取值中将海流减去后计算出任意时的潮流的大小，再与海流矢量合成求出当时的总流速和流向。

用"关于潮流的调和常数"推算潮流的方法与利用潮高的调和常数计算潮高的方法相似，即潮汐预报的简化的调和常数法，只要计算中将潮高的调和常数换为潮流的调和常数，将以米为单位的平均海面作为以节为单位的海流（恒流），将以米为单位的潮高作为以节为单位的潮流流速即可。有条件的船舶，也可以使用光盘版潮汐表进行潮流推算。

第二节　航标

航标(aids to navigation)是助航标志的简称,它是以特定的标志、灯光、音响或无线电信号等,供船舶确定船位、航向,避离危险,使船舶沿航道或预定航线安全航行的助航设施。其主要作用是:

(1)指示航道

在岛岸明显处,设置引导标志,或在水上设立浮标、灯浮及灯船等,引导船舶沿航标所指示的航道航行。

(2)供船舶定位

利用设置在陆上的航标测定船位。

(3)标示危险区

标示航道附近的沉船、暗礁、浅滩及其他危险物,指引船舶避开这些危险物。

(4)供特殊需要

标示锚地、检疫锚地、测量作业区、禁区、渔区,以及供船舶测定运动性能和罗经差使用的水域等。

一、航标分类

(一)按设置地点分类

1.沿海航标(coastal aids)

沿海航标设在沿海和河口地段,引导船舶在沿海航行及进出海港、港湾和河口,分为固定航标和水上浮动航标两种。

(1)固定航标

固定航标是设置在岛屿、礁石、海岸等上面的航标,包括:

①灯塔(lighthouse)

灯塔一般设置在显著的海岸、岬角、重要航道附近的陆地或岛屿上,以及港湾入口处。它是一种比较高大而坚固并发出特定灯光的塔状建筑物,由基础、塔身和发光器三部分组成。塔身具有显著的形状和颜色特征;塔的上部装有能发出特定灯光并且光力较强、射程较远的发光器。灯塔一般都有专人看管,工作可靠,海图上位置准确,是一种主要的航标。有的灯塔还附设有音响信号、雾号和无线电信号等。

②灯桩(light beacon)

灯桩一般设置在航道附近的岛岸边,以及港口防波堤上。它是一种柱状或铁架结构的建筑物,其顶部也装有发光器,但灯光强度不及灯塔,一般无人看管。

③立标(beacon)

立标一般设置在浅水区、水中礁石上,是一种普通的杆状标(铁质或木质),顶端有球形或三角形等标志,用以标示沙嘴尽头、浅滩及险礁的两端、水中礁石及航道中较小的障碍物;也有的设在岸上作为叠标或导标,用以引导船舶进出港口或测定船舶运动性能和罗经差。

（2）水上标志

水上标志是浮在水面上,用锚或沉锤、锚链牢固地系留在预定点海床上的航标。水上助航标志除灯船及大型助航浮标外,其外部涂色、顶标、灯质等均依其用途有统一规定。水上标志包括:

①灯船（light vessel）

灯船一般设置在周围无显著陆标又不便建造灯塔的重要航道附近,以引导船舶进出港口、避险等。灯船是一种在甲板高处设有发光设备的特殊船舶。灯船具有能经受风浪袭击和顶住强流的坚实结构和牢固的锚泊设备,灯光射程亦较远,可靠性较好,有的还有人看管。灯船的船身一般涂红色,船体两侧有醒目的船名或编号,桅上悬挂黑球,供白天识别用。

②浮标（buoy）

浮标一般设置在海港和沿海航道以及水下危险物附近,用以标示航道,指示沉船、暗礁、浅滩等危险物的位置。浮标是具有规定的形状、尺寸、颜色的浮动标志。它锚泊在指定位置,可能装有发光器、音响设备、雷达反射器和规定的顶标等。浮标受海流和潮汐的影响,以锚碇为中心在一定范围内移动,遇大风浪可能移位和漂失。因此,一般不能用来定位。装有发光器的浮标称为灯浮标（light buoy）。

2. 内河航标（inland river aids）

内河航标是设置在江河、湖泊、水库航道上的助航标志,用以标示内河航道的方向、界限与碍航物等,为船舶航行指示安全的航道。内河航标由航行标志、信号标志和专用标志等组成。

3. 船闸航标（lockage aids）

船闸航标是设置在船闸河段上的航标,用以标示船闸内外的停船位置,指出进出船闸的引领航道和节制闸前的危险水域,指引船舶安全迅速地通过船闸。

（二）按技术装置分类

1. 发光航标

灯塔、灯船、灯浮、灯桩等可统称为灯标,以所显示的特定的光色、节奏和周期作为标志识别的特征,并将其用缩写标注在海图上该灯标符号的旁边。

2. 不发光的航标

不发光的航标有立标、浮标等。

3. 音响航标

音响航标系指附设有雾警设备的航标,在雾、雪及其他能见度不良天气时发出特定的音响供航海人员导航用,如雾钟、雾锣、雾哨、雾角或低音雾角、雾笛等。

4. 无线电航标

无线电航标系无线电助航设施的总称,包括无线电测向台、全向无线电信标、定向无线电信标、旋转式无线电信标、雷达反射器、雷达指向标、雷达应答标、罗兰、差分 GPS 信标等。

二、国际海区水上助航标志制度

海区水上助航标志制度具有国际性质,它直接影响海上船舶的航行安全。过去百余年来世界各地海区水上助航标志比较混乱,给航海人员带来很大不便,甚至造成航行事故。国际上有关航标组织对海上统一浮标系统的研究,溯源自 1936 年日内瓦会议曾接近于达成统一浮标系统的国际协议起,经过 40 多年的研究和实地试验后,于 1980 年 11 月在东京召开的第 10 届国际航标会议上,商讨并通过了国际航标协会浮标制度。

(一)国际航标协会浮标制度概述

1. 范围

本制度适用于所有固定和漂浮的标志(不包括灯塔、光弧灯标、导灯和导标、大型助航浮标、某些大船型灯浮和灯船),用以指明:

(1)可航水道的中央线和边侧界限;

(2)固定桥下的可航水道;

(3)天然危险物和其他障碍物,如沉船(海图上没标示的新发现沉船被描述为"新危险物");

(4)可能有待规定的航行区域;

(5)与航海员有重要关系的其他特征。

2. 标志的类型

国际浮标制度有五种类型的标志:侧面标志、方位标志、孤立危险物标志、安全水域标志和专用标志,可以结合使用。

3. 特征表示方法

(1)白天:标志的形状、颜色和顶标

国际航标协会浮标制度标身共有五种基本形状:罐形、锥形、球形、柱形和杆形;标身基本颜色包括红色、绿色、黄色、黑黄横纹、红黑横纹和红白竖纹;顶标的基本形状包括罐形、锥形、球形和 X 形四种。

(2)夜间:光色和光质

红光和绿光为侧面标志专用,黄光为专用标志专用;白光用于其他类型的标志,并以发光节奏加以区别。

(二)标志说明

1. 侧面标志(lateral marks)

(1)浮标习惯走向

侧面标志结合"浮标习惯走向"使用,通常用于界限明确的航道。这些标志指明应遵循航路的左侧和右侧。浮标习惯走向是按以下两种方法之一规定的:

①浮标的局部走向:航海员从海上驶近港口、河流、河口或其他水道时所采取的走向。

②浮标的总走向:由浮标管理当局所确定的方向,且只要可能,原则上应是环绕大片陆地

的顺时针方向。浮标的总走向通常在《航路指南》中说明,并根据需要在海图上用适当的符号标出。

在英版海图上浮标的习惯走向可能用洋红色箭矢符号标明。

（2）浮标制度区域

国际性的浮标制度区域有 A 区域与 B 区域,它们的侧面标志的颜色和灯光颜色相反。适用于 B 区域浮标制度的国家或地区包括韩国、日本、菲律宾,以及南、北美洲国家;其他国家适用于 A 区域浮标制度。

①A 区域侧面标志

a. 左侧标

颜色：	红色
形状：	罐形、柱形或杆形
顶标：	单个红色圆罐

发光器（装有发光器时）：

光色：	红光
光质：	除混联闪 2 次加 1 次［Fl(2+1)］外任选

b. 右侧标

颜色：	绿色
形状：	圆锥形、柱形或杆形
顶标：	单个绿色圆锥,锥尖向上

发光器（装有发光器时）：

光色：	绿光
光质：	除混联闪 2 次加 1 次［Fl(2+1)］外任选

c. 推荐航道侧面标志

设立在水道的分岔处,按浮标习惯走向指明推荐航道。

d. 推荐航道左侧标（航道在右侧）

颜色：	红色,中间有一条宽阔的绿色横纹
形状：	罐形、柱形或杆形
顶标：	单个红色圆罐

发光器（装有发光器时）：

光色：	红光
光质：	混联闪 2 次加 1 次［Fl(2+1)］

e. 推荐航道右侧标（航道在左侧）

颜色：	绿色,中间有一条宽阔的红色横纹
形状：	圆锥形、柱形或杆形
顶标：	单个绿色圆锥,锥尖向上

发光器（装有发光器时）

光色：	绿光
光质：	混联闪 2 次加 1 次［Fl(2+1)］

②B 区域侧面标志

B 区域使用的侧面标志除标志的颜色、顶标的颜色、灯光的光色和反光器的颜色与 A 区相反外,其余均与 A 区标志相同。

(3)标志的编号

如果对航道两侧的标志进行编号,则应顺着浮标习惯走向进行。

(4)记忆方法

对侧面标志特征的记忆可主要抓住形状和颜色的规律。A 区标志的规律是左红右绿、左罐右锥,即 A 区左侧标的标志颜色、顶标颜色和光色均为红色,右侧标的均为绿色;左侧标形状和顶标均为罐形,右侧标形状和顶标均为锥形。B 区侧面标志将表示颜色的规律改为左绿右红即可。推荐航道侧面标志与侧面标志仅标志本身颜色和发光节奏不同,标志本身颜色是在同名的侧面标志的颜色中间有一条与异名侧面标志颜色相同的横纹,发光节奏为特定发光节奏混联闪 2 次加 1 次。

2. 方位标志(cardinal marks)

(1)方位象限和标志定义

方位标志结合罗经使用,为航海者指出何处是可航水域,它们分别设在以被标志点为基准的四个隅点方位所分成的四个象限(北、东、南、西)中,方位标志以其所在象限的名称命名。

(2)用途

①指明某个区域内最深的水域在该标名称的同名一侧。

②指明通过某危险物的安全一侧。

③引起对航道中的特征的注意,如弯道、河流汇合处、分支点或浅滩两端等。

(3)方位标志特征

①北方位标

顶标:	上下两个黑色圆锥,锥尖均向上
颜色:	上黑下黄
形状(浮标):	柱形或杆形
发光器(装有发光器时):	
光色:	白光
光质:	甚快闪[VQ]或快闪[Q]

②东方位标

顶标:	上下两个黑色圆锥,锥底相对
颜色:	黑色,中间有一条宽阔的黄色横纹
形状:	柱形或杆形
发光器(装有发光器时):	
光色:	白光
光质:	甚快闪 3 次,周期 5 s[VQ(3),5s]
	或快闪 3 次,周期 10 s[Q(3),10s]

③南方位标

顶标:	上下两个黑色圆锥,锥尖均向下
颜色:	上黄下黑

形状：	柱形或杆形
发光器(装有发光器时)：	
光色：	白光
光质：	甚快闪6次后加长闪1次,周期10 s[VQ(6)+LFl,10s]
	或快闪6次后加长闪1次,周期15 s[Q(6)+LFl,15s]

④西方位标

顶标：	上下两个黑色圆锥,锥尖相对
颜色：	黄色,中间有一条宽阔的黑色横纹
形状：	柱形或杆形
发光器(装有发光器时)：	
光色：	白光
光质：	甚快闪9次,周期10 s[VQ(9),10s]
	或快闪9次,周期15 s[Q(9),15s]

两个圆锥形的顶标是每个方位标志在白天很重要的特征,只要实际可行,方位标志都要安装顶标,顶标要尽可能大些,两锥之间要清楚地间隔开来。

(4)记忆方法

为了区分方位标志与其他标志,可根据以下规律掌握方位标志的特征:

方位标志的主要特征为顶标、标志颜色、发光器的发光节奏与反光器的编码。顶标的特征可以根据"上北下南、西酒杯东底对"(北方位标的顶标的两个锥形尖端向上,南方位标的顶标的两个锥形的尖端向下;西方位标的顶标形似酒杯,东方位标的顶标的两个锥底相对)的口诀进行记忆。借助顶标便可记住标志的颜色和反光器的组合码:顶标的尖端对应标志黑色的位置,锥底对应标志黄色的位置;顶标尖端对应反光器组合码的蓝色横纹,锥底对应黄色横纹,且横纹均有两条,方位标志发光器的闪光次数可以和时钟联系起来记忆:3点——东,6点——南,9点——西,特殊之处在于南方位标在6次闪光后,还紧接1次长闪;东、南、西方位标的闪光周期,快闪分别为10 s、15 s、15 s,甚快闪分别为5 s、10 s、10 s。

3.孤立危险物标志（isolated danger marks）

(1)定义与用途

孤立危险物标志是竖立或系泊在周围有可航水域、范围有限的孤立危险物之上的标志,指明标志所在为危险物。

(2)标志特征

顶标(只要实际可行就应安装):	上下两个黑球
颜色：	黑色,中间有一条或多条宽阔的红色横纹
形状：	任选,如果是浮标,则使用柱形或杆形
发光器(装有发光器时)：	
光色：	白光
光质：	联闪2次[Fl(2)]

(3)记忆方法

对孤立危险物标志可首先抓住其重要特征进行记忆:顶标和发光节奏,两个黑球与联闪2次;注意其标志颜色。

4. 安全水域标志（safe water marks）

（1）定义与用途

安全水域标志设立在安全水域的中心用于指明在该标的四周均有可航水域,这种标志可用作中线标志、航道中央标志或航道入口标志,或指明固定桥下最好的通过点。

（2）标志特征

颜色： 红白相间竖纹

形状： 球形浮标或带有球形顶标的柱形或杆形浮标

顶标（非球形浮标只要实际可行应安装）:单个红球

发光器（装有发光器时）:

光色： 白光

光质： 等明暗[Iso],明暗[Oc]

或长闪1、周期10 s[LFl. 10s]

或莫尔斯信号"A"[Mo(A)]

（3）记忆方法

安全水域标志的主要特征为白天的单个红球和红白相间的竖纹,即标志形状为球形或柱形、杆形上加单个红球顶标,标志颜色为红白相间竖纹。而单球和单亮对应可有助于记住晚间的发光节奏（除莫尔斯信号"A"外,其他发光节奏均是在一个周期内亮一次）,红白相间纹也是反光器组合码的特征。

5. 专用标志 （special marks）

（1）用途

专用标志的用途主要不是助航,而是给航海者指出某一特殊区域或地貌。该特殊区域或地貌的性质可参考海图、航路指南或航海通告,例如:

①海洋资料探测系统（ODAS）标志;

②分道通航制标志（如使用常规航道标志可能引起混淆）;

③弃土（淤泥）场地标志,

④军事演习区域标志;

⑤电缆或管道线标志（包括排水管）;

⑥娱乐区域标志。

专用标志可标注字母以指出其用途。

专用标志的另一个作用是在航道内再划定航道。例如,在某一宽阔河口航道中,正常航行航道的界限用红色和绿色侧面标志标示,而深水航道的边界则用相应的侧面标志形状的黄色浮标标示,或者中心线用黄色球形浮标标示。

（2）标志特征

颜色： 黄色

形状： 任选,但不得与侧面标志和安全水域标志所使用的形状相抵触。例如,一个位于航道左侧的排水管出口处的浮标,应是罐形而不是锥形。

顶标（装有顶标时）: 单个黄色"X"形。

发光器（装有发光器时）：

光色：　　　　　　黄光

光质：　　　　　　除方位标志、孤立危险物标志和安全水域标志使用的白光光质外任选，但海洋资料探测系统标志的光质为联闪 5 次、周期 20 s［Fl(5)，20s］

（3）记忆方法

对专用标志特征可主要根据黄色和"X"形这两点进行记忆。

（三）新危险物

1.定义

新危险物是新发现的，既没有在海图上和航路指南中表明，也没有利用航海通告充分发布的障碍物。新危险物包括自然出现的障碍物（如沙滩、礁石）或人为的危险物（如沉船）。

2.新危险物标示法

（1）新危险物用一个或几个本制度规定的方位标志或侧面标志来标示。如果这个危险物特别严重，则其标志中至少有一个必须尽快地设置重复标志，直至该危险物的消息已经充分播报为止。

（2）任何用于这个目的的装灯标志的灯光节奏应是甚快闪或快闪。如果用的是方位标志，则显示白光；如果是侧面标志，则显示红光或绿光。

（3）新危险物可以装设雷达应答器来标示，发莫尔斯信号"D"，在雷达显示器上显示出 1 n mile 长度的信号。

（四）各类航标海图上的识别

各类航标在海图上可用其图式识别，图式的特点包括了标志的形状、顶标和颜色，具体如表 6-2-1 所示。

表 6-2-1　航标海图图式

编号	海图图式	说明
1		锥形标志
2		罐形标志
3		球形标志
4		柱形标志
5		杆形标志
6		顶标
7		单色标志：G——绿色

续表

编号	海图图式	说明
8	R R Y Y	除绿色之外的单色标志： R——红色；Y——黄色
9	BY GRG BRB	多色横纹标志，颜色排列自上而下：BY——黑黄； GRG——绿红绿；BRB——蓝红蓝
10	RW RW RW	多色竖纹标志，深色在前：RW——红白

灯标的符号是在原有航标的符号上加注发光符号和光质，如图 6-2-1 所示。

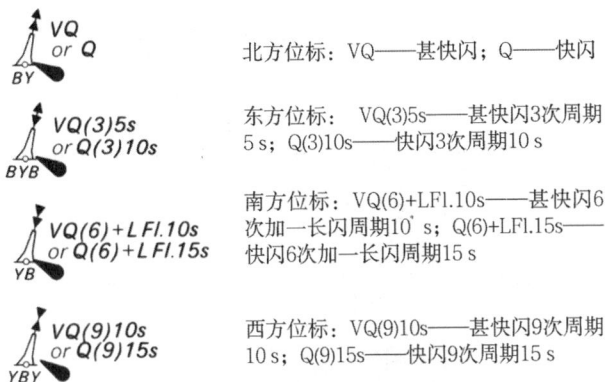

VQ or Q BY 北方位标：VQ——甚快闪；Q——快闪

VQ(3)5s or Q(3)10s BYB 东方位标：VQ(3)5s——甚快闪3次周期5 s；Q(3)10s——快闪3次周期10 s

VQ(6)+LFl.10s or Q(6)+LFl.15s YB 南方位标：VQ(6)+LFl.10s——甚快闪6次加一长闪周期10 s；Q(6)+LFl.15s——快闪6次加一长闪周期15 s

VQ(9)10s or Q(9)15s YBY 西方位标：VQ(9)10s——甚快闪9次周期10 s；Q(9)15s——快闪9次周期15 s

图 6-2-1　灯标图式

三、中国海区水上助航标志

我国在国际海上浮标制度（A 区域）的基础上结合我国情况制定了《中国海区水上助航标志》国家标准。该标准适用于中国海区及其海港、通海河口的所有浮标和水中固定标志（不包括灯塔、扇形光灯标、导标、灯船和大型助航浮标）。水中固定标志是指水中的立标和灯桩，其设标点的高程在平均大潮高潮面以下，标志的基础或标身的一部分被平均大潮高潮淹没，而且作用与浮标相同，则其颜色、顶标和灯质也都与相应的浮标或灯浮标一致。

我国海区水上助航标志制度和国际 A 区域部分规定基本相同，本节仅对不同点加以总结，另外对我国新施行的应急沉船示位标也做简单介绍。

1. 侧面标志

侧面标志除以下区别外其余与国际 A 区域相同：

（1）光质不同

中国海区水上助航标志制度对侧面标志的光质进行了明确，规定为采用以下光质中的一种：闪 4 s[Fl4s]、闪（2）6 s[Fl（2）6s]、闪（3）10 s[Fl（3）10s]或快闪[Q]；推荐航道侧面标志的闪光周期是 6 s、9 s 和 12 s 三者之一。

（2）编号的方法不同

同一航道的标志号码可遵循浮标习惯走向连续编排，也可按左双右单编排。

2. 方位标志

方位标志的定义和特征与国际航标协会浮标制度相同。

3. 孤立危险物标志

孤立危险物标志除闪光周期规定为 5 s 外,其余各项特征与国际航标协会浮标制度相同。

4. 安全水域标志

安全水域标志除明暗光不用作灯质外,其余各项特征与国际航标协会浮标制度相同。

5. 专用标志

专用标志的各项特征基本上与国际航标协会浮标制度相同外,为了便于识别和使用,另外规定了一些特定的标记,并对灯质做出具体规定,详细如表 6-2-2 所示。

表 6-2-2　专用标志标记与灯质

标志用途	标记		灯质		
	颜色	符号	光色	莫尔斯信号	周期(s) *
锚地	黑		黄	Q　— · —	12 s
禁航区	黑			P　· — — ·	
海上作业	红、白			O　— — —	
分道通航	黑			K　— · —	
水中建筑物	黑			C　— · — ·	
娱乐区	红、白			Y　— · — —	
水产作业	黑			F　· · — ·	
* 可能用 15 s 作为备用周期					

6. 新危险物——应急沉船示位标

为了更有效地标示在我国沿海发生的新危险沉船,保障船舶航行安全,保护水域环境,根据《中国海区水上助航标志》国家标准和有关法规、国际海事组织相关通函和国际航标协会相关建议和指南,中华人民共和国海事局制定《中国海区应急沉船示位标设置管理规则(试行)》,并于 2007 年 9 月 1 日起施行。

应急沉船示位标应设置或系泊在新危险沉船之上,或尽可能靠近新危险沉船的地方,标示新危险沉船所在,船舶应参照有关航海资料,避开此标谨慎航行。

应急沉船示位标(见图 6-2-2)的特征应符合表 6-2-3 的规定。

图 6-2-2 应急沉船示位标

表 6-2-3 应急沉船示位标特征

颜色	浮标表面是等分的蓝黄垂直条纹(最少 4 个条纹,最多 8 个条纹)
形状	柱形或杆形
顶标	如装有,为直立/垂直的黄色十字
灯质	黄蓝光互闪 3 s,蓝光和黄光轮流各闪 1 s,中间暗 0.5 s Bu 1.0 s+0.5 s+Y 1.0 s+0.5 s=3.0 s
其他	如果为标示同一危险沉船设置了多个标,其灯质必须同步闪光;可以考虑加设雷达应答器(莫尔斯码"D")和/或 AIS 应答器

四、中国沿海《航标表》及英版《灯标和雾号表》

(一)中国沿海航标表

1. 概况

(1)中国沿海《航标表》由海军航保部出版,按海区分为三册:

第一册 黄、渤海区,书号为 G101;

第二册 东海海区,书号为 G102;

第三册 南海海区,书号为 Gl03。

除此之外,中国航海图书出版社也出版了中国《航标表》。本书仅对海军航保部出版的三册中国沿海《航标表》进行介绍,其他各版《航标表》可参看其说明。

(2)每卷《航标表》由"航标表""罗经校正标、测速标表""无线电指向标及差分全球定位系统""船舶自动识别系统基站"四部分组成。卷首部分列有:中、英文两种语言印刷的前言、改正记录表、目录、说明、航标灯质图解、《中国海区水上助航标志》国家标准简图和本卷航标索引图。改正记录表由"航海通告"期号和日期两栏组成,责任驾驶员根据某期"航海通告"对《航标表》进行改正后,将改正日期填入该"航海通告"期号后面的日期一栏的横线上。

（3）凡使用《航标表》的单位,需及时根据"航海通告"有关内容对其进行改正。

2.《航标表》的主要内容

（1）第一部分

《航标表》以编号、名称、位置、灯质、灯高,射程、构造、附记八栏列出各航标之详细情况。

①编号:一般按地理位置由北向南、由东向西、由海进港的顺序,将军用、民用航标统一连续编排。航标与其编号固定对应。若在两个相邻航标编号之间插入新的航标,则用带小数的航标编号表示。

②名称:均以新版海图为准。射程在 15 n mile 以上的灯标,名称用黑体字排印。名称下注"有"字样,表明该标有人看守;无注明的,为无人看守。无人看守的航标可靠性较差。

③位置（经纬度）:均为概位,只供航海人员参照海图时检查之用。

④灯质:以光质、光色、周期（明+灭）列出,光质有定、闪、快闪、甚快闪、明暗、等明暗、莫尔斯、互光等共 13 种,详细说明请参阅"航标灯质图解"。

⑤灯高:平均大潮高潮面至灯光中心的高度,以米表示。

⑥射程:通常指在晴天黑夜条件下,按照观察者眼高在海面上 5 m 所能看到灯塔（桩）灯光最大的距离,以海里表示。由于能见度影响,实际灯光射程可能会超过或达不到表上所列数字。

⑦构造:指灯标建筑物结构、颜色,便于日间辨认,所列数字为以米为单位的灯塔（桩）自地面至塔（桩）顶的高度。

⑧附记:记有航标种类、灯光光弧界限、雷达反射器、雾警设备、无线电信标及其他说明。

（2）第二部分

罗经校正标、测速标表以名称、位置、构造、附记四项内容编表。罗经校正标、测速标以场为单位,用前面相应注有"L""C"的偶数编排,奇数用作新插入的罗经校正场、测速场的编号。每个罗经校正场、测速场首页均有布标示意图。

（3）第三部分

无线电指向标及差分全球定位系统:首先给出该册所覆盖海区该种航标和系统的分布图,然后给出每航标系统的编号、名称、位置、射程、频率、工作时间等资料。

3. 其他说明

中国海区的灯船船身及灯架均涂红色,船身两舷写白色船名,灯质视需要而定。

有人看守的灯船漂离原位时,分别悬挂下列信号:

日间:在船首尾各悬挂黑球一个或红旗一面,并悬挂国际信号旗"PC",表明"本船不在原位"。

夜间:在船首尾各悬挂红灯一盏。

当有人看守的灯船离开原位时,原发放的灯光及雾号即停止工作。

浮标和无人看守的灯船容易漂离原位或灯光熄灭,尤其在暴风雨后更容易发生上述现象,航行时应加注意。

4. 使用

根据所查航标所在的海区,抽选相应册别的中国沿海《航标表》。

如需查阅航标资料,可参考目录找到并查相应卷第一部分的"航标索引图",在灯标附近查得一红色数字,此数字为该灯标资料在《航标表》中的页数,然后翻到该页,根据灯标的名称查出该灯标的八栏细节。

罗经场与测速场、无线电指向标和差分全球定位系统以及船舶自动识别系统基站资料的查询方法一样,首先根据目录获得该部分资料所在页数,翻至该页即可查出分布图和相应资料。

(二)英版《灯标和雾号表》

1. 概况

英版《灯标和雾号表》(Admiralty List of Lights and Fog Signals)简称《灯标表》,缩写 ALL,按不同地理区域共分为 15 卷,书号 NP74～NP88,代号为 A、B、C、D、E、F、G、H、J、K、L、M、N、P、Q。

《灯标表》详细记载了全世界各种灯塔、灯桩、灯浮及雾号资料,作为海图资料的补充。各卷《灯标表》包括的地区界限图均印在封底及英版《海图及其他水道图书总目录》中的灯标表索引图上。

每卷《灯标表》每年重新出版一次,旧版本即行作废。有关新版消息刊载在每季度末的那期周版《航海通告》中,每卷已改正到的日期可在封里和前言中查到,付印后的改正应根据英版《航海通告》(周版)第 V 部分的改正资料进行。

注意:各卷《灯标表》在水道测量部、英版海图代销店和海图仓库存放时并不进行改正,因此收到后应根据《航海通告》第 V 部分进行改正方能使用。

2. 主表的内容

《灯标表》中主表部分的内容共分八栏,以载明每个灯标细节和特征。这八栏是:

第一栏:灯标的编号(No.),为《灯标表》的卷代号字母和数字编号,是依照国际水道组织决议确定的灯标的国际编号,无论什么时候涉及灯标的使用问题,都要引用这种由字母和数字组成的国际编号。

第二栏:位置、名称(Location,Name)。位置以大写字印刷,射程等于或大于 15 n mile 的灯标名称用黑体字印刷;射程小于 15 n mile 的用正体字印刷;灯船名称用大写斜体字印刷,而所有其他灯浮名称用小写斜体字印刷。

第三栏:纬度、经度(Lat,Long),均是概值。

第四栏:灯质和灯光强度(Characteristics and Intensity),灯光强度以坎德拉(Candelas)为单位,用小写斜体数字印刷。

第五栏:灯芯高度(Elevation),以米为单位。

第六栏:射程(Range),以海里为单位,等于或大于 15 n mile 的用黑体数字印刷;小于 15 n mile 的用正体数字印刷。表列射程为主管当局发布的数字,使用额定光力射程的国家在"特殊说明(Special Remark)"部分列出。

第七栏:结构的细节和以米为单位的塔(标)高(Structure Height in Metres),提供有关灯标建筑物结构的说明,所列塔(标)高为自地面起算的建筑物的高度。

第八栏:备注(Remarks),注明灯光亮、灭的时间分配、光弧、可见光弧、较小灯标(Minor Lights,烛光较小的自动无人看守灯标)。

射程、灯芯高度和塔(标)高的取整规则为五舍六入。

3. 其他内容

(1)改正方式(System of Amendments)与改正登记表(Notation of Amendments)

改正方式与改正登记表印在《灯标表》的封里。改正方式说明了《灯标表》改正资料的来源是英版航海通告,解释通告的格式、用语和符号,并简单介绍如何利用通告提供的资料对《灯标表》进行改正。《灯标表》的改正登记表的编排和使用与《航标表》的改正记录表的一样。

(2)特殊说明(Special Remarks)

各卷《灯标表》的"特殊说明"首先列出本卷中采用额定光力射程的国家和地区名称,未列出的国家采用的是光力射程。然后,针对本卷所包括的地区的和国家的有关灯标、雾号的特点加以必要的说明,有的还涉及某些特殊规定,使用时应予注意。

(3)地理能见距离表(Geographical Range Table)与光力射程图(Luminous Range Diagram)

地理能见距离表是根据地理能见距离公式编制的,以眼高和物标的高度为引数可在表内查得物标的地理能见距离。

光力射程图可以用来求不同能见度条件下灯光的可见距离。它的上边横坐标为额定光力射程,下边横坐标是以坎德拉为单位的灯光强度,左边纵坐标是不同能见时的光力射程,单位均为海里。图中画有各种能见度曲线。

(4)灯标表中所使用的缩写词(Abbreviations Used in Admiralty List of Lights)

给出《灯标表》中使用的缩写词的解释。

(5)灯标的解释(Explanation Lights)

对海空两用灯标(aeromarine lights)、航空灯标(aero lights)、对空障碍灯标(obstruction lights)、白昼灯标(daytime lights)、雾号灯标(fog lights)、雾情探测灯标(fog detector lights)进行了解释和说明。

(6)灯标术语(Nomenclature of Lights)

给出有关灯标的各种术语的解释。

(7)雾号(Fog Signal)

给出了有关声波传播特点、雾号使用注意和雾号种类的说明。

(8)灯质(Light Characters)

给出不同种类灯标的灯质、灯质说明、缩写和图式。

(9)索引(Index)

索引列在各卷《灯标表》的最后,按灯标名称的字母顺序排列,并给出该灯标的编号,便于查找灯标的细节说明。

4. 英版数字化《灯标和雾号表》

(1)概况

英版数字化《灯标和雾号表》(Admiralty Digital List of Lights,ADLL)是英国海军水道测量

局出版的数字出版物(ADP)的一种,发行载体为光盘和网络。该数字灯标表设计上主要适合受《国际海上人命安全公约》约束的船舶使用,目前,国际上已经有 70 多个国家认可其在满足所规定的条件时可以替代纸质版《灯标和雾号表》。

该灯标表包括计算程序和将全球划分为 9 个数据区 70000 多个灯标的数据,所提供的数据除了纸质版灯标表的内容外,还可根据输入的眼高和气象能见度数据提供灯标的地理能见距离和该能见度下灯标最大可见距离。

9 个数据区为:

数据区 1:欧洲北部和波罗的海(Northern Europe & the Baltic);

数据区 2:北部水域(Northern Waters);

数据区 3:地中海与黑海(Mediterranean & Black Seas);

数据区 4:红海、波斯湾和印度洋北部 [Red Sea, the Gulf & Indian Ocean (Northern Part)];

数据区 5:新加坡至鄂霍次克海和菲律宾西岸 [Singapore to Sea of Okhotsk & Philippines (West Coast)];

数据区 6:澳大利亚、婆罗洲和菲律宾东岸 [Australia, Borneo and Philippines (East Coast)];

数据区 7:太平洋,新西兰和南、北美洲西岸 [Pacific Ocean , New Zealand, N & S America (West Coast)];

数据区 8:北美东海岸和加勒比海 [North America (East Coast) and Caribbean];

数据区 9:南大西洋和印度洋南部 [South Atlantic and Indian Ocean (Southern Part)]。

该灯标表的购买、安装和更新与数字化《潮汐表》相同。

(2)使用方法

数字化《灯标表》的程序界面和数字化《潮汐表》相同,分为菜单与工具栏区、数据选择区、列表区和海图显示区四个区域以及状态栏。使用方法基本一致,只要通过视图菜单的选项分菜单设置好眼高、在能见度工具栏中输入当时气象能见度即可在查到的资料中给出地理能见距离和灯标的最大可见距离。查用方法参见数字化《灯标表》的帮助。

第三节 　其他航海图书资料

海图和航海图书资料是航海必备的工具,是船舶安全航行的重要保障。驾驶员在设计航线和制订航次计划时以及船舶航行过程中都要了解和熟悉海区水文气象、推荐航线、特殊规定等信息,这就需要驾驶员熟练借助海图和航海图书资料,获取相关的航海信息。

航海图书资料的运用和管理是航海人员在实践工作岗位中必须掌握的基本专业技能。该项目包括了中、英版主要航海图书资料的查阅和使用方法,以及这些图书的管理和更新。学生通过该项目学习与实践,要具备熟练利用航海图书查阅所需航行信息的能力,并能对航海图书资料进行管理和更新。

一、世界大洋航路

（一）概况

《世界大洋航路》（Ocean Passage for the World）由英国海军水道测量局出版。本书推荐航线是通过收集一年以上的世界不同海区船舶 AIS 航线数据信息获取的。按照海区分为两卷，第一卷（Volume 1）书号 NP136(1)，海区为大西洋，包括加勒比海和地中海；第二卷（Volume 2）书号 NP136(2)，海区为印度洋和太平洋，包括红海、波斯湾和东南亚。现行版为 2018年第一版。

本书需更新的内容在周版英版《航海通告》的第Ⅶ部分印出，而至年底仍有效的通告重印在英版《航海通告年度摘要》[NP247(2)]的 Part 2 中。使用本书资料时，必须利用周版《航海通告》第Ⅶ部分改正到最新。

（二）主要内容

1. 卷首部分

每卷第一章之前为初始页（Preliminary Page），包括改正登记（Record of Update）、前言（Preface）、新危险报告（How to Report New or Suspected Dangers of Navigation or Changes Observed in Aids to Navigation）、反馈（Feedback）、目录（Content）和世界大洋航路第一、二卷分区界限图（Admiralty Ocean Passage for the World Limits of Volume 1-2）。

2. 第1章主要内容

（1）航线设计（route planning），包括说明、航线组成和航线的获取与使用。

（2）航线的连接（how route and areas connect passage planning），包括航线选择、气象航线、载重线规范、近海设施、群岛航线、分道通航制、避离区域、海上安全信息、全球航海警告服务、船舶报告系统、海域污染等。

（3）自然条件（natural conditions），包括天气条件、季风、热带风暴、低气压、海浪与涌、异常波浪、洋流、冰、珊瑚礁水域、地磁异常等。

3. 推荐航线部分

每卷从第2章开始内容及结构编排大致相同，每章介绍本海区的主要港口和连接点的示意图和名称、地理位置 GP（geographical position）列表，其中示意图中黑色点代表港口，红色点代表连接点，如图 6-3-1 所示。接着介绍本海区有关的自然状况，包括风和气候、涌浪、海流、冰及注意警告等内容，然后详细介绍本海区的推荐航线，有连接点到另一连接点、港口到另一港口、港口到连接点的三种类型推荐航线，推荐航线均给出航线示意图、航线列表、转向点列表。

（1）航线示意图

航线示意图中绿色线条代表推荐航线，黑色点代表港口，红色点代表连接点，航线上的绿色点代表转向点，附近的字母数字代表转向点的识别码 ID（identification number），如图 6-3-2 所示。

（2）航线表格

与航线示意图对应的有三种推荐航线列表：

①港口到另一港口推荐航线列表,主要内容包括出发港名称、目的港名称、港口地理位置、所属国家缩写、航线航程及所设计的英版《航路指南》,如图 6-3-3 所示。

②港口到连接点推荐航线列表,主要内容包括出发港名称、港口地理位置、连接点名称、连接点地理位置、航线航程及推荐航线所适用的港口所在海区,如图 6-3-4 所示。

③连接点到另一连接点推荐航线列表,主要内容包括两个始发连接点的名称、对应的地理位置和航线航程,如图 6-3-5 所示。

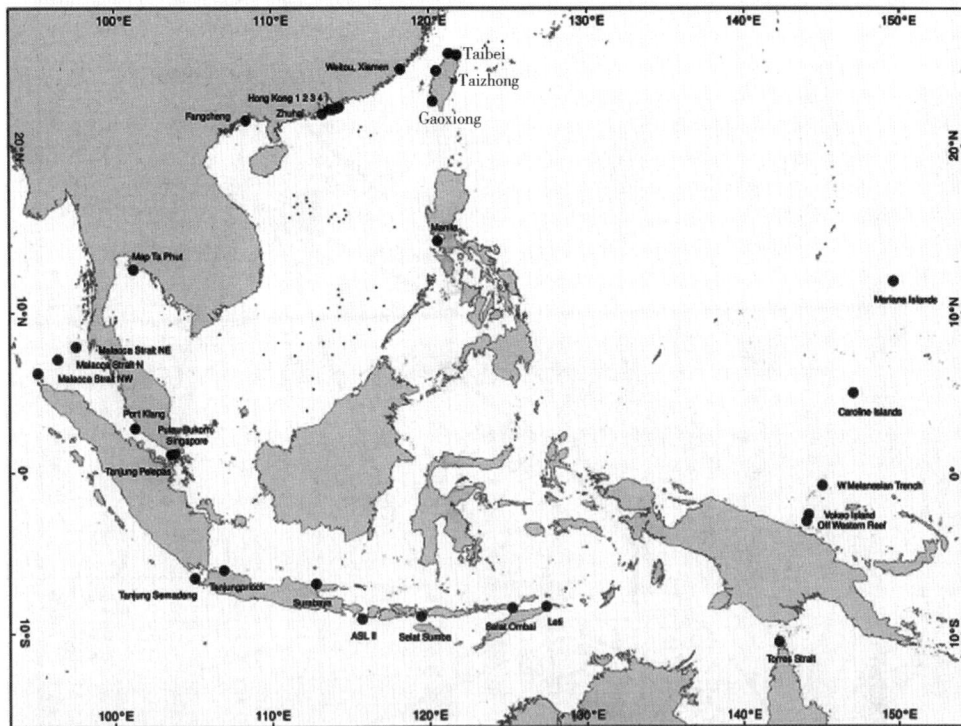

Ports					
NAME	GP		NAME	GP	
Fangcheng	21°28′N 108°21′E		Port Klang	02°51′N 101°15′E	
Hong Kong 1	22°08′N 113°40′E		Pulau Bukom, Singapore	01°16′N 103°46′E	
Hong Kong 2	22°06′N 113°53′E		Surabaya	06°51′S 112°46′E	
Hong Kong 3	22°11′N 114°11′E		T'ai-Chung	24°17′N 120°28′E	
Hong Kong 4	22°14′N 114°17′E		Taipei	25°15′N 121°16′E	
Kao-hsiung	22°35′N 120°14′E		Tanjung Pelepas	01°14′N 103°32′E	
Keelung	25°10′N 121°45′E		Tanjungpriock	05°59′S 106°54′E	
Manila	14°20′N 120°31′E		Weitou, Xiamen	24°21′N 118°10′E	
Map Ta Phut	12°36′N 101°09′E		Zhuhai	21°51′N 113°14′E	
Connectors					
NAME	GP		NAME	GP	
ASL II	09°03′S 115°42′E		Off Western Reef	02°35′N 144°09′E	
Caroline Islands	05°00′N 146°59′E		Selat Ombai	08°24′S 125°13′E	
Leti	08°17′S 127°24′E		Selat Sumba	08°54′S 119°26′E	
Malacca Strait NW	06°16′N 95°04′E		Tanjung Semadang	06°30′S 105°02′E	
Malacca Strait N	07°07′N 96°19′E		Torres Strait	10°30′S 142°15′E	
Malacca Strait NE	07°54′N 97°29′E		Vokeo Island	02°58′S 144°00′E	
Mariana Islands	11°54′N 149°37′E		West Melanesian Trench	00°46′S 145°00′E	

图 6-3-1 港口及连接点

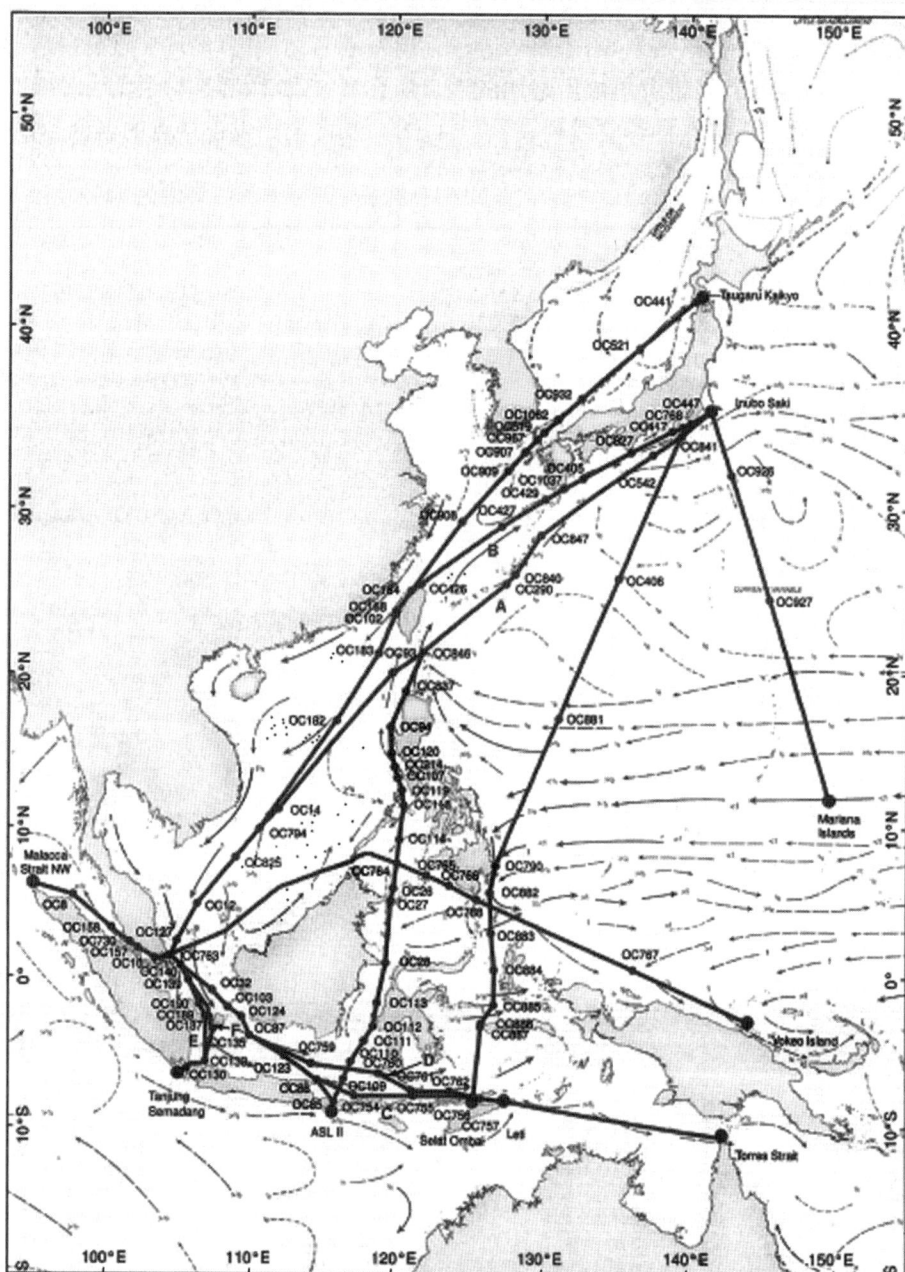

图 6-3-2　航线示意图

Port to Port Routes

	PORT	GP	LOCODE	CCODE	LENGTH	FOR	NP
From	Bayuquan	40°18′N 122°03′E	YIK	CN			NP32B
To	Busan	35°05′N 129°07′E	PUS	KR	854		NP43
From	Shanghai 1 (Beilun)	29°41′N 122°33′E	BEI	CN			NP32A
To	Manila	14°20′N 120°31′E	MNL	PH	1052		NP31
To	Singapore	01°16′N 103°46′E	SIN	SG	2139		NP44
To	Tanjungpriok (Route C)	05°59′S 106°54′E	JKT	ID	2571		NP36
To	Tanjungpriok (Route D)	05°59′S 106°54′E	JKT	ID	2591		NP36
To	Tanjungpriok (Route E)	05°59′S 106°54′E	JKT	ID	2840		NP36
To	Tanjungpriok (Route F)	05°59′S 106°54′E	JKT	ID	2564		NP36
From	Shanghai 7 (Beilun)	30°59′N 122°40′E	BEI	CN			NP32A
To	Busan	35°05′N 129°07′E	PUS	KR	494		NP43
To	Busan New Port	34°58′N 128°50′E	BNP	KR	480		NP43
From	Shanghai 8 (Beilun)	31°07′N 122°40′E	BEI	CN			NP32A
To	Kawasaki	35°27′N 139°45′E	KWS	JP	1133		NP42A

图 6-3-3 港口到港口列表

Port to Connector Routes

FROM	GP	TO	GP	LENGTH	FOR
Hong Kong 2 (Chiwan) (Route A)	22°06′N 113°53′E	Leti	08°17′S 127°24′E	2999	Pacific Ocean ports
Hong Kong 2 (Chiwan) (Route B)	22°06′N 113°53′E	Leti	08°17′S 127°24′E	2980	Pacific Ocean ports
Hong Kong 2 (Chiwan)	22°06′N 113°53′E	Malacca Strait NW	06°16′N 95°04′E	2074	Indian Ocean ports
Hong Kong 3 (Chiwan)	22°11′N 114°11′E	Off Western Reef	02°35′S 144°09′E	2501	Pacific Ocean ports
Hong Kong 3 (Chiwan)	22°11′N 114°11′E	Vokeo Island	02°58′S 144°00′E	2612	Pacific Ocean ports
Hong Kong 4 (Chiwan)	22°14′N 114°17′E	Inubo Saki	35°32′N 141°22′E	1915	Pacific Ocean ports

图 6-3-4 港口到连接点列表

Connector to Connector Routes

FROM	GP	TO	GP	LENGTH
ASL II	09°03′S 115°42′E	Inubo Saki	35°32′N 141°22′E	3464
Inubo Saki	35°32′N 141°22′E	Mariana Islands	11°54′N 149°37′E	1634
Leti	08°17′S 127°24′E	Torres Strait	10°30′S 142°15′E	904
Malacca Strait NW	06°16′N 95°04′E	ASL II	09°03′S 115°42′E	1618
Malacca Strait NW (Route A)	06°16′N 95°04′E	Inubo Saki	35°32′N 141°22′E	3806
Malacca Strait NW (Route B)	06°16′N 95°04′E	Inubo Saki	35°32′N 141°22′E	3862
Malacca Strait NW (Route C)	06°16′N 95°04′E	Leti	08°17′S 127°24′E	2242
Malacca Strait NW (Route D)	06°16′N 95°04′E	Leti	08°17′S 127°24′E	2223
Malacca Strait NW (Route C)	06°16′N 95°04′E	Selat Ombai	08°24′S 125°13′E	2140
Malacca Strait NW (Route D)	06°16′N 95°04′E	Selat Ombai	08°24′S 125°13′E	2121
Malacca Strait NW (Route E)	06°16′N 95°04′E	Tanjung Semadang	06°30′S 105°02′E	1263
Malacca Strait NW (Route F)	06°16′N 95°04′E	Tanjung Semadang	06°30′S 105°02′E	1283
Malacca Strait NW	06°16′N 95°04′E	Tsugaru Kaikyo	41°32′N 140°42′E	4119
Malacca Strait NW	06°16′N 95°04′E	Vokeo Island	02°58′S 144°00′E	3283
Selat Ombai	08°24′S 125°13′E	Inubo Saki	35°32′N 141°22′E	3011
Tanjung Semadang	06°30′S 105°02′E	Inubo Saki	35°32′N 141°22′E	3751
Tanjung Semadang (Route B)	06°30′S 105°02′E	Inubo Saki	35°32′N 141°22′E	3806
Tanjung Semadang (Route A)	06°30′S 105°02′E	Tsugaru Kaikyo	41°32′N 140°42′E	4062

图 6-3-5 连接点到连接点列表

（3）转向点列表

推荐航线列表后面附有对应航线转向点列表，主要内容包括转向点识别号、转向点名称和地理位置，如图 6-3-6 所示。

ID	NAME	GP		ID	NAME	GP
OC304	Hino Misaki	33°55′N 134°59′E		OC994	Hiroshima SE	33°55′N 132°38′E
OC305	Ichie Saki	33°31′N 135°25′E		OC995	Kure S	33°57′N 132°43′E
OC306	Shiono Misaki	33°23′N 135°47′E		OC996	Off Kure	34°00′N 132°44′E
OC334	Mizunoko Shima	33°06′N 132°11′E		OC997	Namikata W	34°07′N 132°52′E
OC335	Off Saiki	32°53′N 132°21′E		OC998	Namikata NE	34°10′N 132°55′E
OC336	Okino Shima	32°41′N 132°32′E		OC1005	Niihama NW	34°07′N 133°06′E
OC337	Ashizuri Misaki	32°40′N 133°01′E		OC1006	Niihama N	34°13′N 133°15′E
OC345	O Shima	32°08′N 129°55′E		OC1007	Fukuyama S	34°17′N 133°31′E
OC346	Koshiki Shima Retto NE	31°53′N 130°03′E		OC1014	Mizushima S	34°23′N 133°51′E
OC347	Noma Misaki	31°26′N 130°04′E		OC1020	Tonaikai 3	34°24′N 134°14′E
OC348	Sata Misaki	30°59′N 130°22′E		OC1021	Tonaikai 4	34°24′N 134°21′E
OC405	Tozaki Hana E	31°46′N 132°40′E		OC1023	Kakogawa S	34°34′N 134°51′E
OC417	Suruga Wan	34°26′N 138°42′E		OC1025	Akashi S	34°37′N 134°59′E
OC642	Bungo Suido	32°47′N 132°25′E		OC1026	Tarumi	34°37′N 135°01′E
OC871	Off Nagasaki	32°36′N 129°39′E		OC1027	Kishiwada NW	34°35′N 135°05′E
OC873	Sata Misaki SE	30°56′N 130°47′E		OC1028	Kishiwada SW	34°18′N 134°59′E
OC875	Kanmon Kaikyo	34°03′N 130°47′E		OC1029	Wakayama W	34°16′N 134°59′E
OC985	Seto Naikai 3	33°57′N 131°03′E		OC1030	Off Komatsushima	34°09′N 134°46′E
OC987	Off Ube	33°52′N 131°12′E		OC1031	Komatsushima N	34°10′N 134°41′E
OC988	Higashikunisaki N	33°46′N 131°42′E		OC1033	Tokushima N	34°14′N 134°39′E
OC989	Beppu Wan N	33°38′N 131°48′E		OC1037	Toi Misaki S	31°12′N 131°23′E
OC990	Hayasui Seto	33°18′N 132°00′E		OC1051	Koshiki Shima	33°20′N 129°16′E
OC991	Ya Shima	33°42′N 132°08′E		OC1052	Sasebo W	33°08′N 129°13′E
OC992	Ko-Minase Shima	33°46′N 132°25′E		OC1053	Off Sasebo	33°02′N 129°28′E
OC993	Matsuyama W	33°50′N 132°33′E				

图 6-3-6　转向点列表

（三）查阅航线步骤

（1）根据航线所处的海区选择使用的卷号。

（2）根据始发港或连接点名称可以在书后的索引找名称，也可以在书前的章节目录查找名称或者所在的海区，即可查得该航线所在页码。

同样也可以用上面类似的方法，查阅航线所涉及的水文气象资料等。

例 6-3-1：某船在 3 月由新加坡（Singapore）航行至香港（Hong Kong），试查阅推荐航线的资料。

解：

首先根据航线所处的海区应选择使用第 2 卷，然后根据书后的索引找名称，如图 6-3-7 索引，推荐航线所在页码在 176 页，有对应的航向示意图、航线列表及转向点列表，如图 6-3-8 航线列表；也可以在书前的章节目录查找名称或者所在的海区，即可查得该航线所在页码为 176 页，如图 6-3-9 章节目录。

图 6-3-7　索引

Port to Port Routes

PORT		GP	LOCODE	CCODE	LENGTH	FOR	NP
From	Singapore	01°16′N 103°46′E	SIN	SG			NP44
To	Busan New Port	34°58′N 128°50′E			2680		NP43
To	Fangcheng	21°28′N 108°21′E	FAN	CN	1390		NP30
To	Hong Kong 2	22°06′N 113°53′E			1458	Chiwan, Hong Kong, Wailingding Dao, Yantian, Huangpu	NP30
To	Kao-Hsuing	22°35′N 120°14′E	KHH	TW	1659		NP32A
To	Kisarazu	35°25′N 139°47′E	KZU	JP	3117		NP42A
To	Kobe	34°40′N 135°15′E	UKB	JP	2888		NP42B
To	Manila (Route C)	14°20′N 120°31′E	MNL	PH	1338		NP31
To	Manila (Route D)	14°20′N 120°31′E	MNL	PH	1333		NP31
To	Qingdao	36°01′N 120°20′E	QIN	CN	2648		NP32B
To	Rokko Island	34°40′N 135°15′E	RKO	JP	2889		NP42B
To	Shanghai 1	29°41′N 122°33′E			2139	Beilun, Shanghai, Gaoqiao, Liuheng, Yangshan	NP32A
To	Tanjungpriok (Route A)	05°59′S 106°54′E	JKT	ID	533		NP36
To	Tanjungpriok (Route B)	05°59′S 106°54′E	JKT	ID	553		NP36
To	Xiamen	24°21′N 118°10′E	XMN	CN	1697		NP32A
To	Yokohama	35°27′N 139°41′E	YOK	JP	3115		NP42A

图 6-3-8　航线列表

Page
Hong Kong 110
Huanghua, Huangpu (Hong Kong) and Ichihara 114
Incheonsin Hang and Jiangyin (Shanghai) 118
Jingtang and Kakogawa 122
Kao-Hsuing 124
Kashima and Kawasaki 128
Keelung, Kinuura and Kisarazu 132
Kishiwada and Kobe 136
Lanshan and Lianyungang 140
Liuheng (Shanghai) and Longkou 144
Manila and Map Ta Phut 148
Masan, Nakhodka and Nantong (Shanghai) 152
Onahama, Osaka and Pohang 156
Port Klang and Pulau Bukom 160
Qingdao, Qinhuangdao and Rizhao 164
Rokko Island and Sakai 168
Shanghai 172
Singapore 176
Surabaya and T'ai-Chung 180
Taipei, Tanjung Pelepas and Tanjunpriok 184
Tianjin Xingang, Tobata and Tomakomai 190
Vanino, Xiamen and Yangshan (Shanghai) 194
Yantai and Yantian (Hong Kong) 198
Yokkaichi 202
Yokohama 206
Zhenhai, Zhoushan (Shanghai) and Zhuhai 210

Chapter 4
Pacific Ocean 213
Pacific Ocean Area Coverage, Ports and Connectors 214
Pacific Ocean and adjacent seas 217
Winds and weather 217
North Pacific Ocean 217
South Pacific Ocean 221
Swell 223
Currents 224
Ice 226
Icebergs 227
Connector Routes for the Pacific Ocean 229
Pacific Ocean Routes 233
Auckland, Brisbane, Buenaventura and Callao 234
Gladstone, Harbour of Vancouver (Juan de Fuca Strait) and Hay Point 238
Lazaro Cardenas, Long Beach and Lyttelton 242
Melbourne, Newcastle, Oakland and Port Botany 244
Port Kembla, Quintero, San Jose, San Pedrito Port, Tacoma, Tauranga and Townsville 248

Preliminary Pages | Contents | Overview | Indian Ocean | South East Asia | Pacific Ocean | ndex

图 6-3-9　章节目录

二、航路设计图

（一）概述

航路设计图是拟定大洋航线时的重要参考资料之一。图中较为直观,简明地标绘出了各大洋航区的推荐航线及各港间航程以及各航线附近的风向、风力、洋流等资料。另外在图中还绘有冰区界限、载重线区域、气象附图等资料。本图可与《世界大洋航路》一起阅读使用,互相参阅,以便拟定大洋航线计划。

航路设计图由英国海军水道测量局出版,按墨卡托投影方法绘制,图中未标注水深,具体拟订大洋航线时,可作为大洋总图使用。世界海区被划分为 12 个洋区每个洋区每个月各一张航路设计图,使用时可根据航行区域及月份选择相应的图号。各洋区的图名及图号如下:

(1)北大西洋航路设计图(Routeing Charts-North Atlantic Ocean):5124(1−12)

(2)南大西洋航路设计图(Routeing Charts-South Atlantic Ocean):5125(1−12)

(3)印度洋航路设计图(Routeing Charts-Indian Ocean):5126(1−12)

(4)北太平洋航路设计图(Routeing Charts-North Pacific Ocean):5127(1−12)

(5)南太平洋航路设计图(Routeing Charts-South Pacific Ocean):5128(1−12)

(6)马六甲海峡至马绍尔群岛航路设计图(Malacca Strait to Marshall Islands):5141(1−12)

(7)墨西哥湾和加勒比海航路设计图(Gulf of Mexico and Caribbean Sea):5142(1−12)

(8)地中海和黑海航路设计图(Mediterranean and Black Seas):5146(1−12)

(9)阿拉伯海和红海航路设计图(Arabian and Red Seas):5147(1−12)

(10)孟加拉湾航路设计图(Bay of Bengal):5148(1−12)

(11)中国南海航路设计图(South China Sea):5149(1−12)

(12)中国东海航路设计图(East China Sea):5150(1−12)

（二）航路设计图的主要内容

航路设计图中的主要内容包括推荐航线、洋流、风花、冰区界限、国际载重线区域界限及气象附图资料等,现分述如下:

1. 推荐航线（recommended route）

推荐航线是指根据各种资料进行分析研究后所提供的比较适宜的航迹线。在航路设计图中,推荐航线用淡绿色实线标绘,其中直线为推荐的恒向线航线,凸向近极的曲线为大圆航线,在各航线上还注明出发港、到达港的名称以及两港间的航程(n mile)。航线箭头所示方向表示航线的走向,如航线两端均有箭头,则表示该推荐航线是双向航线,可以往返使用。以北太平洋航路设计图 5127(7) 为例,其中有:San Francisco to Shanghai 5823 to Hong Kong 6234 to Manila 6232(旧金山至上海大圆航程 5823 n mile,至香港 6234 n mile,至马尼拉 6232 n mile)。此航线为双向航线可往返使用。

2. 洋流（ocean current）

航路图中所标绘的洋流资料用蓝色箭头的不同线形表示当月该水域表层洋流的主要流

向,不同的线形表示该洋流的持续性或稳定性:

————————→高持续性,表示该洋流出现频率>75%;

— — — —→中等持续性,表示该洋流出现频率为50%~75%;

- - - - - →低持续性,表示该洋流出现频率为<50%;

·······················→表示观测时该方向洋流微弱。

在各线形末端所标注数字表示平均流速(kn),如有">1",表示当地流速略大于1 kn。观测资料不足之处,用"·······················→"表示可能的流向,那些地方的洋流一般比较弱。

3. 风花(wind rose)

航路设计图中的风花用红色圆圈和不同类型的箭杆,表示当地盛行风的可能风向出现的百分率和风力大小等数据。箭杆细端所指的方向,表示风向;箭杆的粗细代表不同的风力;箭杆的长度则按比例尺表示该风向可能出现的百分率,以2 in(约5 cm)长表示100%,如图6-3-10所示。

风花圈内一般有三个数字,上方的数字表示该月观测风的总次数,中间的数字为不定风向和风速在全部观测次数中所占的百分比,下方的数字则为无风观测次数所占的百分比。

如图6-3-10风花中,当月共计观测3985次,不定风占全部观测次数的1.6%,无风占全部观测次数的2.8%。

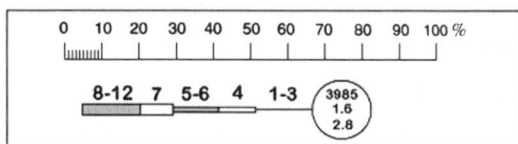

图6-3-10 风花

4. 冰区界限(limits of ice)

冰区用蓝色"⌒ ⌒ ⌒ ⌒"表示流冰冰群、小冰山、冰山等的界限。

5. 国际载重线区界限

各载重线适航的区域界线用不同的颜色表示,其中淡蓝色为冬季载重线适航区(winter zone),棕色为夏季载重线航区(summer zone),淡绿色为热带载重线适航区(tropical zone)。有关详情可参考该公约区带、区域和季节期图或英版海图D6083,或《世界大洋航路》中的载重线区域图(Load Line Zones)。

6. 气象附图

每月的航路设计图中,还附有以下四张气象附图,供拟定大洋航线时参阅。

(1)平均气温气压图

图中绿色等温线表示当月海平面平均气温(℃),红色等压线表示当月海平面平均气压(mb)。

(2)雾与低能见度图

图中红色曲线表示能见度低于1000 m(0.6 n mile)的百分率曲线,绿色曲线表示出现能见度低于8050 m(5 n mile)的百分率曲线,据此可了解航经海区出现雾和低能见度的可能性。

（3）露点温度与海水温度图

图中红线表示露点温度（℃），绿线表示平均海水表层温度（℃），据此两种要素，可用以分析和了解海雾生成的可能性。在两者温度值较接近的海区，条件适合时易形成雾。

（4）七级及七级以上大风和热带气旋路径图

图中绿色曲线表示当月出现七级或七级以上大风的百分率，红色曲线的走向是指自 1988 年来所选择的若干条以往该月份所产生的热带风暴的路径，其中红色曲线上的红点代表每 24 h 热带风暴中心位置。

例 6-3-2：某船拟在 7 月自日本横滨驶往加拿大温哥华，试根据航路设计图说明该推荐线及沿线附近水文、气象及其有关的情况。

解：

查阅英版 5127(7)北太平洋航路设计图，可见由横滨至温哥华的推荐仅能供单向（东航）航行使用。由该船线及其附近的有关资料，可知如下情况：

总航程 4344 n mile，该推荐航线包括大圆航线和恒向线航线，由横滨至 180°经线可按大圆航线航行，由 180°经线至 140°W 则可按等纬圈航行，由 140°W 至温哥华则仍采用大圆航线航行。洋流总的流向为东流，流速为 0.5 kn 左右。风向基本上偏西风，风力在六级以上的百分率为 10%～20%，过日界线后，七级以上大风偶有出现。沿途属夏季载重线区域。在航经 150°W 以后，出现雾和低能见度的可能性增大。由横滨东航时，该月正处于热带风暴多发的月份，应注意气象预报并按时接收气象传真图。

在具体工作中，还应参阅《世界大洋航路》《航路指南》等。

三、《航路指南》和《进港指南》

（一）中版《航路指南》

1. 概况

《中国航路指南》由海军航海保证部不定期出版，共分 3 卷，书号分别为 A101、A102、A103，是介绍我国沿海水文气象、航线航法的主要资料，是海图资料的重要补充。

《中国航路指南》出版周期 3～5 年，每 2 年出版一次补篇。各卷按海区划分如下：

第一卷：从鸭绿江口至长江口北角，包括渤海、黄海及沿海岛屿。

第二卷：从长江口北角至闽粤交界处的诏安湾的我国东海海区，包括舟山群岛、台湾岛、钓鱼岛及赤尾屿等沿岸群岛和岛屿。

第三卷：从闽粤交界处的诏安湾至北仑河口的我国南海海区，包括海南岛、南海诸岛、黄岩岛和沿岸岛屿。

除《中国航路指南》外，海军航海保证部还出版了亚洲及太平洋水域的《航路指南》共 18 卷，本书仅对《中国航路指南》的内容和使用加以介绍，其他各卷《航路指南》的使用方法基本相同。

2. 主要内容

（1）卷首说明

中版《航路指南》的卷首部分包括前言、说明、索引图、目录和插图目录等几项内容。

（2）正文内容

中版《航路指南》每卷内容的编排基本相同。第一章为总论，介绍本卷包括海区的自然地貌、助航设施、渔港渔场、海难救助、水文气象、航路、港湾锚地等。第二章开始按岸线顺序详略介绍本卷包括海区概况、助航设施、水文气象、助航标志、碍航物、水道航法和港湾锚地等，其中包括一些宝贵的航行经验。在介绍详细资料前均先给出所应参考的海图图号，正文中还附有大量的有关水深、底质、水文气象和航线等的插图和对景图。

（3）使用方法

首先按照所在海区选择所需卷号，根据目录查取所需要的有关内容。阅读具体内容时应与有关海图对照，便于理解和领会。

（二）英版《航路指南》

1.概述

英版《航路指南》(Admiralty Sailing Directions or Pilot, ASD)，该套资料共70余卷，其书号为NP1～NP72。各卷《航路指南》所包括的海区范围，可查阅英版《海图及其他水道图书总目录》《航海员手册》中的《航路指南》分区索引图，如图6-3-11所示。

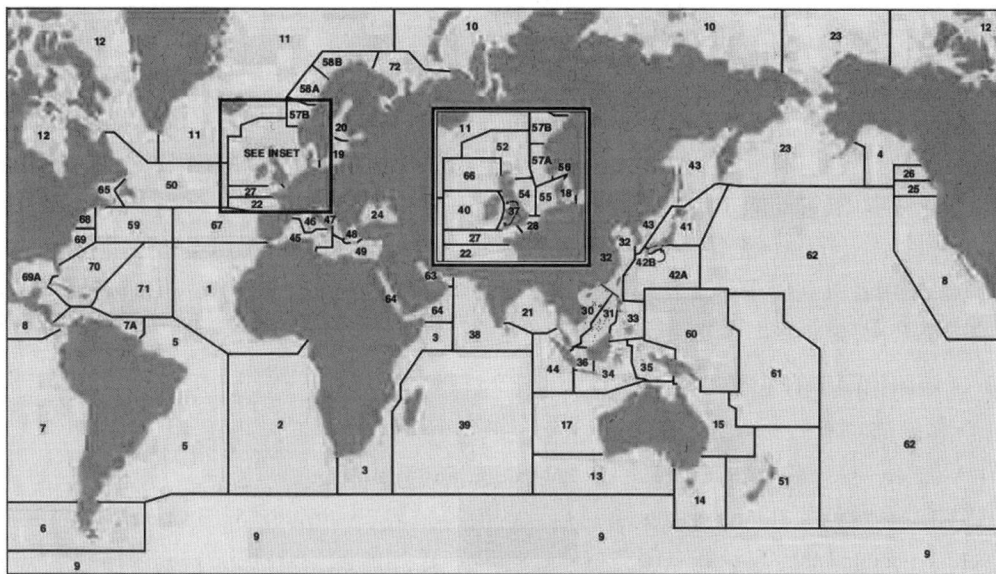

图6-3-11　《航路指南》分区索引图

《航路指南》通常每隔3年再版一次，其间不出补篇。也有隔2年、5年出版的，超过3年的，则每隔3年出补篇。各卷出版后的改正资料发布于英版周版《航海通告》(Admiralty Notices to Mariners)的第Ⅳ部分中，每年到1月1日仍有效的仅对《航路指南》进行改正的通告汇编在《英版航海通告年度摘要》(Annual Summary of Admiralty Notices to Mariners)第2分册。关于《航路指南》及其补篇的再版消息，均公布于《航海通告》中。

《航路指南》是对海图上资料的重要补充，是拟定沿岸、狭水道航线的重要参考资料。

2.《航路指南》卷首说明部分

一般包括下列内容：前言(preface)、目录(contents)、注释(explanatory notes)、其他图表

（other diagrams）。

（1）前言

说明该卷版本的编者和资料来源。

（2）目录

给出本卷各章内容所在页数。

（3）注释

这是使用本书时应注意的事项,主要内容有:

①英版《航路指南》适合于船长 12 m 及以上的船舶使用,其扩充了海图上的航海资料,它载有在海图上和其他航海资料中没有的,但是安全航行所必需的参考资料。在阅读《航路指南》时,必须结合书中所引用的海图。

②本书使用时必须参考最新补篇和航海通告的第Ⅳ部分以及其他有关航海图书资料,如《航海员手册》、《世界大洋航路》和航路设计图、《灯标表》、《无线电信号表》、《航海通告年度摘要》和《国际信号码语规则》等。

③对一些与航海有关的重要问题的说明和用于本书的计量单位和术语等。

（4）其他图表

①缩写（abbreviations）对照表

当阅读中遇到不明意义的缩写时,可参阅本缩写对照表。

②语汇表（glossaries）

在同一本《航路指南》中可能含有不同语系国家,而文中的有些地理名称和语汇往往使用当地语言,因此,各卷提供了本卷范围内的地方语言与英语的对照表,供使用者查阅。

③章号索引图（chapter index diagram）

主要包括本卷的地区范围;本卷各章资料的地域范围及叙述顺序,用粗体数字与箭头及虚线框标出,使用者可利用章号及其顺序查找资料;本卷海区范围内可使用的英版航海图、港湾图等的图框及图号,如图 6-3-12 所示。

3.《航路指南》的主要内容

（1）各卷第一章是本卷所述地区的总体介绍,各卷均包括以下三部分:

①A 部分——一般航海知识和规则（navigation and regulations）

内容有:本卷范围（limits of volume）、航路与航海危险（routes and navigational hazards）、航海注意（navigational note）、无线电服务（radio services）、扫海区（swept areas）、浮标制度（buoyage）、引航制度（pilotage）、油污染（oil pollution）、规则（regulation）、边防（coastguard）、信号（signals）、海难救助（distress and rescue）、分道通航制（traffic separation）、检疫和海关规定（quarantine and customs regulations）等。

②B 部分——国家与港口（states and ports）

内容有:各国的一般情况（general remark）、历史（history）、政府（government）、人口（population）、语言（languages）、工业和贸易（industry and trade）、币制和度量衡（currency,weight and measures）、节假日（public holidays）、运输和交通（transport and communications）、港口（ports）、健康（health）、修理（repairs）、服务实施与供应（facilities and supplies）、灭鼠（deratting）等。

③C 部分——自然条件（natural conditions）

内容有:海底的地形（topography of the sea bed）、地磁异常（magnetic anomalies）、海浪和涌

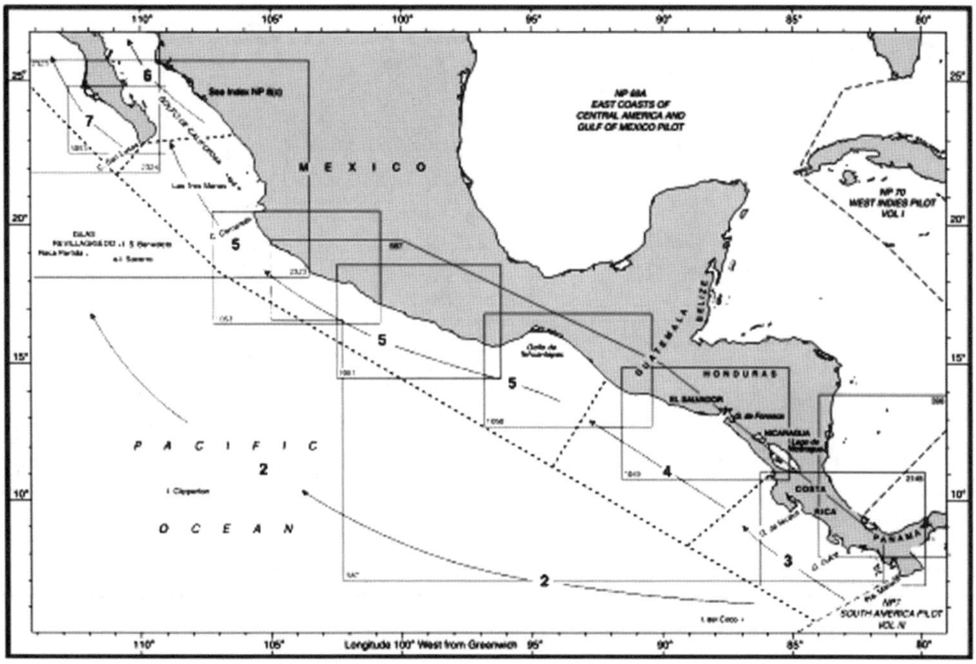

图 6-3-12　章号索引图

(sea and swell)、海流(current)、海平面改正(change in sea level)、潮流(tidal stream)、气候与天气(climate and weather)、气候表(climate table)、换算表(conversion tables)等。

（2）第二章以后各章，一般是分海区顺岸分别叙述的航海有关说明，个别卷的第二章为该卷所包括海区的航线介绍。每章的编排格式基本相同，各章开始前均附有一张索引图（如图6-3-13所示），图上提供了本章地域范围、本章各节的范围及介绍顺序，使用者可根据本船的位置查找节号。

各章航海说明的主要内容有：总论(general remarks)、地理情况(aspect)、危险物(dangers)、灯标(lights)、立标(beacon)、浮标(buoy)、锚地(anchorages)、禁止抛锚(prohibited anchorage)、潮流(tidal streams)、航法(directions)、码头(wharf)、突码头(pier)、小码头(jetty)、油船泊位(tanker berth)、登陆处(landing place)、水上飞机场(seaplane station)、港章(harbour regulations)、信号(signals)、暴风信号(storm signals)、交通信号(traffic signals)、港口信号(port signals)、引航(pilots)、供应(supplies)等。

4.《航路指南》附录、索引

（1）各卷《航路指南》均有一些附录，包括一些对本卷所包括国家和地区的特殊规定、重要设施等的补充说明。

（2）各卷的末尾有该卷的索引，按地理名称字母顺序排列，以便查阅，如图6-3-14所示。

5.《航路指南》的查阅

（1）首先选择所在海区资料的卷号，根据相关主题，使用目录或索引查找资料。

（2）利用目录查询。如需了解该卷《航路指南》所述地区的总的情况，可查阅第一章的目录。

（3）利用索引查询。卷末索引是按本卷范围内的地域、港口、物标、岛屿、水道、河道、岬

图 6-3-13　章节号索引图

INDEX

Abalone Point: (39°40'N, 123°48'W) 11.36
Abalone Point: near Newport Bay 8.160
Abalone Point: Santa Catalina Island .. 8.83
Abbey Island 14.67
Aberdeen 14.22
Abernathy Point 13.55
Abreojos, Punta 7.55
Acajutla 4.155
Acamama, Punta 5.88
Acantilado Blanco 7.13
Acantilado, Pico 7.146
Acantilado, Punta: Baja California .. 6.248
Acantilado, Punta: Isla Angel
  de la Guarda 6.237
Acapulco 5.95
  Arrival information 5.102
  Berths 5.113
  Directions 5.108
  General information 5.95
  Harbour 5.103
  Limiting conditions 5.101
  Port services 5.116
  Small craft 5.117
Acapulco, Bahía de 5.103
Algodones, Cerro 6.191
Algodones, Estero 6.40
Algodones, Los 6.191
Alijos, Rocas 2.39
Allegany 12.71
Almagre Chico, Isla 6.70
Almagre Grande, Isla 6.59
Almejas, Bahía 7.21
Alotengo, Laguna de 5.86
Alphecca Seamount 2.38
Alsea Bay 12.95
Alsea River 12.95
Altamura, Estero de 6.22
Altamura, Isla 6.22
Altata, Bahía de 6.21
Altata, Puerto de 6.21
Alto, Cabo 5.202
Alviso Slough 10.150
Amapala, Puerto 4.103
Amapala, Punta de 4.123
Ameca, Rio 5.216
Americano, Estero 11.17
Amortajada, Bahía 6.145
Amphitrite Point 1.28
Arenal=extensive area of sand;
  see proper name
Arenas, Bahía 3.28
Arenas, Ensenada 3.34
Arenitas, Punta 3.88
Arguello Canyon 2.70
Arguello, Point 8.291
Arista, Puerto 5.35
Arlington 13.167
Armeria, Rio 5.151
Armuelles, Puerto 3.65
Army Point 10.243
Arranca Barba, Punta 3.187
Arranca Cabello, Punta 6.106
Arrecife=reef; see proper name
Arriba, Isla 3.185
Arrow Point 8.83
Arrowhead Point 9.65
Arroyo=stream, rivulet; see proper name
Arroyo Grande Creek 9.12
Artavio, Isla 3.30
Asadero, Barra 5.239
Aserradores, Isla de 4.67
Asososca, Cerro de 4.5

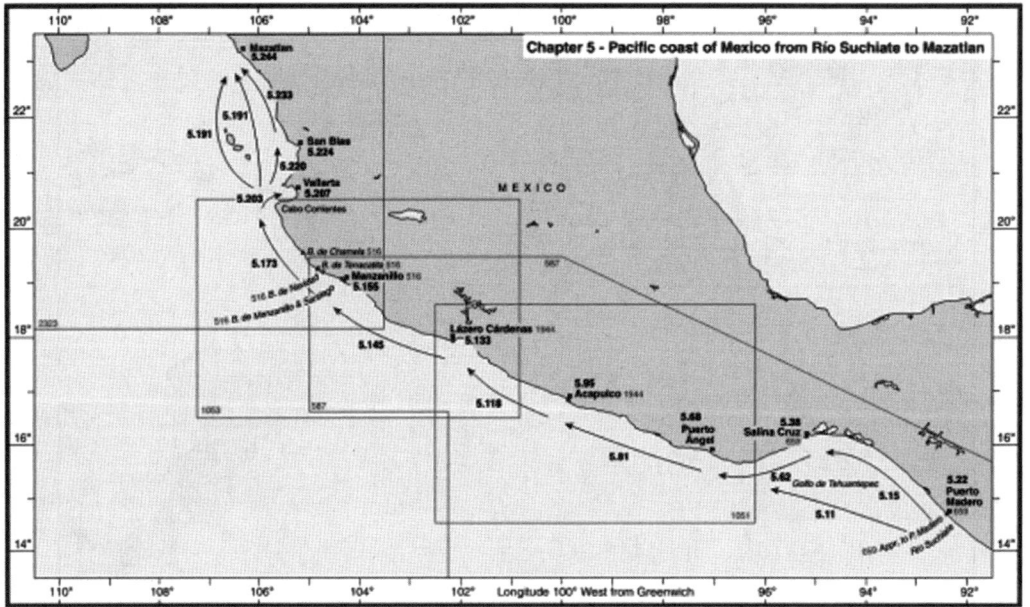

图 6-3-14　索引

角、浅滩等的名称字母顺序排列并给出资料所在的章、节号。如需了解沿岸重要物标、岛屿、水道资料及各港的有关航海说明时，则可利用该索引，按地名查找其所在章节号。

（4）利用章、节号索引图查询。可按船舶所到海区直接从章、节号索引图中查得有关章号，从章、节号索引图中查得所需内容。

（5）阅读《航路指南》时，应查阅其最新补篇和与《航路指南》有关的航海通告。

（6）阅读《航路指南》时，对照相关海图进行研究，更加易于理解。

《航路指南》所提供的资料是对海图资料的重要补充。在拟定航线时，除参阅《世界大洋航路》、航路设计图等资料外，还应同时参阅《航路指南》的有关内容。

（三）进港指南

1. 概况

《进港指南》（Guide to Port Entry）由英国航运指南公司发行,每两年一版,新版发行,即宣布原版本作废。目前该书每版由四本组成,按英文国名第一字母顺序排列分为 4 册,其中包括 A~K、L~Z 港口资料正文（text）2 册,对应于 A~K、L~Z 的港口泊位平面图 2 册,该书是进出港口的重要参考资料。

2. 主要内容

每本正文部分以国名打头字母顺序排编,各国名除印在有关页介绍该国港口内容之前外,还印在单数页的右上角,各国名后又以其重要港口名的字母先后顺序排列。

各港口资料提供下列内容:港口经纬度、港界（port limits）、进港应提交的文件单证（documents）、引航制度（pilotage）、锚地情况（anchorages）、限制进港时间（restrictions）、最大尺度、健康（health）、无线电台（radio）、高频无线电话（VHF）、雷达（radar）、拖船（tugs）、泊位（berthing）、起重机械（cranes）、散货装卸设备（bulk cargo facilities）、特殊货物起运设备（specialised cargo-handling facilities）、桥梁（bridges）、装卸工（stevedores）、医疗（medical）、油船（tankers）、密度（盐度）［density（salinity）］、淡水（fresh water）、燃料（fuel）、消防措施（fire precautions）、领事（consuls）、修理（repairs）、干船坞（dry docks）、验船师（surveyors）、舷梯/甲板看守人（gangway/deck watchman）、开关舱（hatches）、烟酒的海关允许量（customs allowance:tobacco/wine spirits）、货物传送设备（cargo gear）、遣返回国（repatriation）、航空港（airport）、时制（time）、节假日（holiday）、警察/救护/火警（电话号码）（police/ambulance/fire）、船岸电话（telephones）、服务（service）、登岸（shore leaves）、身份证（identification cards）、规章（regulation）、装或卸燃料预计在泊位的延时（delays）、发展（developments）、船舶驾驶员报告（ship's officers reports）、其他有关资料（general）、港口当局（authority）、代理（agent）。但各港情况有差异,上述内容不一定都有。

我国也出版《港口资料》和《世界港口》。《世界港口》重点介绍了世界各国主要海港的地理位置、港口性质、航道、泊位、引航以及有关进出港手续和各种服务项目,是船长、驾驶人员以及外运专业人员有用的参考书。《世界港口》共有 10 个分册:亚洲部分 4 册,欧洲部分 2 册,美洲部分 2 册,非洲和大洋洲部分各 1 册。

3. 查阅方法

（1）根据港口所属国家名称的第一个字母确定查阅 A~K 卷或 L~Y 卷的正文或港图卷;

（2）翻到正文或港图卷后的索引"TEXT OR PLAN INDEX"（橘黄色书页）,依据港名可查得资料和港图所在页数,翻到相应页即可查阅有关资料。

四、英版《无线电信号表》

（一）概述

英版《无线电信号表》（Admiralty List of Radio Signals, ALRS）共分 6 卷,书号 NP281~

NP286,除第四卷每18个月改版一次外,其余每年出版一次。出版消息见周版《航海通告》,季末版也刊有各卷的现行版信息。出版后的改正资料发布于英版《航海通告》的第Ⅵ部分中。各卷主要内容如下:

第一卷(Volume 1,NP281):Maritime Radio Station(海运无线电台)。

主要内容包括:Global Maritime Communications(全球海运通信)、Satellite Communication Services(卫星通信服务)、Coastguard Communications(海岸警卫通信)、TeleMedical Martime Assistance Service(TMAS,海事远程医疗协助服务)、Radio Quarantine and Pollution Reports(无线电检疫和污染报告)、Anti-Piracy Contact Table(防海盗联络表)等。

该卷按海区分为2册,第一册书号NP281(1),海区包括欧洲、非洲和亚洲(不包括远东地区);第二册书号NP281(2),海区包括美洲、远东地区和大洋洲。

第二卷(Volume 2,NP282):Radio Direction-Finding Stations(无线电测向台)。

主要内容包括:Radar Beacons(Racons and Ramarks)(雷达航标)、Automatic Identification System(AIS)(自动识别系统)、Differential GPS(DGPS,差分GPS)、Legal Time(法定时)、Radio Time Signals(无线电时号);Electronic Position Fixing System(电子定位系统)以及大量相关图表。

该卷按海区分为2册,第一册书号NP282(1),海区包括欧洲、非洲和亚洲(不包括远东地区);第二册书号NP282(2),海区包括美洲、远东地区和大洋洲。

第三卷(Volume 3,NP283):Maritime Safety Information Services(海运安全信息服务)。

主要内容包括:Maritime Weather Services(海运气象服务);Maritime Safety Information Broadcasts(海运安全信息广播);Worldwide NAVTEX and Safety NET Information(世界性的NAVTEX和安全网信息)以及与此有关的台站分布图等。

该卷按海区分为2册,第一册书号NP283(1),海区包括欧洲、非洲和亚洲(不包括远东地区);第二册书号NP283(2),海区包括大洋洲、美洲和远东地区。

第四卷(Volume 4,NP284):Meteorological Observation Stations(气象观测台站)。

该卷仅1册,主要包括气象观测站一览表及其相关图表。

第五卷(Volume 5,NP285):Global Maritime Distress and Safety System,GMDSS(全球海上遇险与安全系统)。

该卷仅1册,主要包括全球海上遇险与安全系统(GMDSS)及供学生使用的GMDSS资料,还有大量解释性图表。

第六卷(Volume 6,NP286):Pilot Services(引航服务)、Vessel Traffic Services and Port Operations(船舶交管服务及港口工作)。

该卷主要包括引航服务、港口业务和船舶交通服务、船舶报告制度的资料及相关图表。

该卷每年海区划分有所变化。该卷按海区分为8册,第一册书号NP286(1),海区包括英国、欧洲(不包括北极、波罗的海和地中海沿岸);第二册书号NP286(2),海区包括欧洲,包括冰岛和法罗群岛;第三册书号NP286(3),海区包括地中海、黑海、里海和苏伊士运河;第四册书号NP286(4),海区包括印度次大陆、东南亚和澳大利亚;第五册书号NP286(5),海区包括北美洲、加拿大和格陵兰海;第六册书号NP286(6),海区包括东北亚和俄罗斯太平洋沿岸;第七册书号NP286(7),海区包括中、南美洲和加勒比海;第八册书号NP286(8),海区包括非洲(不包括地中海沿岸、苏伊士运河)、红海和波斯湾。

（二）各卷主要内容

英版《无线电信号表》虽然每卷内容不同，但在编排上有很多相同之处，现归纳如下：

本卷改正指南、对航海通信类出版物的介绍、总论、缩写、术语和定义，此外还有目录（contents）、前言（preface）、注意（notice）等。

正文编排上大都是同类资料前给出详细资料的编排格式及细节介绍（introduction），最后给出专项索引。以下仅对第二卷的主要内容和使用加以介绍，其他各卷可参照使用。

（三）英版《无线电信号表》第二卷主要内容及使用

1. 主要内容

主要内容可分为无线电航标、雷达航标、卫星导航系统、法定时、无线电时号、电子导航系统和专用索引几大部分，按目录编排顺序介绍如下：

（1）无线电航标地理区域索引（index of geographical sections for radio aids to navigation）

利用该索引可根据国家或地区名称的字母顺序查得无线电测向台、雷达航标、AIS 所在的页码，翻至该页码，可查得该国家或地区的航标的细节。

（2）无线电测向台（radio direction-finding stations）

包括定义与总论（definitions and general information）、说明（introduction）、岸站信息（details）（包括名称、地理位置、远程控制中心）。

VHF 测向台目前仅用于遇难船，由海岸警卫电台管理。在其作用距离内的遇难船可用 VHF 在规定频道上发射信号，VHF 测向台就能测出遇难船的方位。应遇难船请求，海岸警卫电台可在其测向点用测向天线发射遇难船的方位信号。这种无线电测向台现在已经较少，如在 NP282（2）中仅有加拿大在太平洋沿岸有 12 个，大西洋沿岸有 26 个。

（3）雷达航标（radar beacons，racons and ramarks）

这部分包括总论（general information）、说明（introduction）和细节（details），其中包括国家、名称、地理位置、波段、有效扇区、作用距离、周期、莫尔斯识别码、信号长度、编号等，如图 6-3-15 所示。其中书的左页是雷达航标信息，右页空白页为信息更新改正页。

Station Name	Position	Frequency (cm)	Sector	Range (n miles)	Sweep (s)	Morse	Flash (n miles)	Station Number
CHINA								
Xiaogui Shan Lt	30°12′·70N 122°35′·50E	3				O		81745
Fengchao Yan Lt Bn	30°22′·30N 122°41′·25E	3				N		81747
Zhongkui Dao Lt	30°26′·16N 122°56′·04E	3	360°			Q		81750
Xiasanxing Dao Lt	30°26′·09N 122°31′·65E	3				M		81753

图 6-3-15 雷达航标资料

如图所示，给出雷达航标资料国家、名称、地理位置、波段、莫尔斯识别码和编号。

（4）自动识别系统（automatic identification system，AIS）

这部分包括总论（general information）、说明（introduction）和细节（details），其中包括国家、名称、地理位置、海上移动识别码、服务细节、类型及发射信息类型，如图 6-3-16 所示。书的左页是 AIS 信息，右页空白页为信息更新改正页。

Station Name	Position	MMSI	Service Details	Type	Transmitted Message Types
CHINA (412) (413) (414) (453) (477)					
Changjiang Kou Lt Buoy D24	31°13′·26N 122°06′·31E	999412248	Broadcasts every 3 minutes	Real	
Changjiang Kou Lt Buoy D25	31°13′·95N 122°05′·74E	999412249	Broadcasts every 3 minutes	Real	
Changjiang Kou Lt Buoy D26	31°13′·84N 122°04′·75E	999412250	Broadcasts every 3 minutes	Real	
Changjiang Kou Lt Buoy D37	31°16′·47N 121°51′·21E	999412261	Broadcasts every 3 minutes	Real	
Changjiang Kou Lt Buoy No 47	31°20′·57N 121°41′·05E	999412265	Broadcasts every 3 minutes	Real	

图 6-3-16　AIS 资料

（5）差分 GPS（DGPS）

主要内容包括总论（general information）、说明（introduction）和细节（details），其中包括国家、名称、地理位置、发射频率、发射码率、基准站识别码、发射站识别码、作用距离、完好性监控及发射信息类型等，如图 6-3-17 所示。

Station Name	Position	DGPS Corrections		Identification No. of		Range (n miles)	Integrity Monitoring	Transmitted Message Types
		tx fx (in kHz)	tx rate (in bps)	Reference Station	Transmit Station			
CHINA								
Lingkun	27°58′·69N 120°54′·01E	286·5	200	634 635	617	162	Yes	9·3 16
Note: BEIDOU information available from this station. Use Transmitted Message Type 42. See ALRS Volume 2 DGPS Intro for further information								
Nanshan Tou Lt	39°54′·66N 119°36′·97E	287·5	200	606 607	603	162	Yes	1 3 7 16
Naozhou Dao Lt	20°54′·07N 110°36′·40E	301	200	644 645	622	162	Yes	9 16
Sanya Dao	18°17′·46N 109°21′·67E	295	200	654 655	627	162	Yes	9·3 16
Sanzao Dao	22°00′·56N 113°24′·22E	291	200	642 643	621	162	Yes	9 16

图 6-3-17　DGPS 资料

（6）标准时和法定时

这部分介绍了统一时间制度（uniform time system），包括海上保持区时制度（system of time-keeping at sea by means of time zone）、国际日界线位置（international date line）、特定标准时名称（standard time designators）和世界时区图（world time zone chart）。

按国家或地区首字母顺序给出各国家或地区的法定时，"－"代表东时区，法定时在世界时前，"＋"代表西时区，法定时在世界时后。有些国家或地区因季节变化采用夏令时，表中给出其由标准时变为夏时的生效细节。表中星号（＊）表示该国家或地区本年度预期不执行夏令时，如图 6-3-18 所示。

（7）电子定位系统（electronic position fixing systems）

介绍罗兰 C 系统的一般情况和现行工作状态（current operation status）、罗兰 C 台的资料（Loran-C：chains in operation）、罗兰 C 的覆盖区域图。

（8）八个专项索引

①无线电测台索引（index of radio DF stations）

根据无线电测向台的名称查得测向台所在本书的页码，利用页码便可查得资料的细节。

②雷达航标索引（index of radar beacons）

根据雷达航标的名称查得其编号，利用编号便可查得资料的细节。

Territory	Standard Time	Daylight Saving Time		
			Begins (LT)	Ends (LT)
Sweden	−1	−2	Last Sunday in March 0200h	Last Sunday in October 0300h
Switzerland	−1	−2	Last Sunday in March 0200h	Last Sunday in October 0300h
Syria	−2	−3	First Friday in April 0000h	Last Thursday in October 2400h
United Kingdom	0	−1	Last Sunday in March 0100h	Last Sunday in October 0200h
United States of America				
Zone 1　Eastern (EST)	+5	+4	Second Sunday in March 0200h	First Sunday in November 0200h
Zone 2　Central (CST)	+6	+5	Second Sunday in March 0200h	First Sunday in November 0200h
......				

图 6-3-18　法定时

③AIS 助航标志索引（index of automatic identification system aid to navigation）

根据 AIS 助航标志的名称查得其所在本书的页码,利用页码便可查得资料的细节。

④DGPS 无线电信标国家索引（radio-beacons transmitting DGPS corrections-index of countries）

根据国家（或地区）名称查得该国家（或地区）DGPS 无线电信标资料所在本书的起始页码,在该页有该国家或地区该项资料的说明。

⑤DGPS 无线电信标改正索引（index of radio-beacons transmitting DGPS corrections）

根据无线电信号标的名称查得该表资料所在的页码,查找资料细节。

⑥无线电时号的国家域索引（radio time signals index of countries ）

根据国家或地区的名称查得该国家或地区的时号发射台所在的页码,便可查到资料细节。

⑦无线电时号发射台索引（index of stations transmitting radio time signals）

根据无线电时号发射台的名称查得页码,根据页码便可查得资料细节。

⑧无线电时号发射台呼号索引（index of call signs of stations transmitting radio time signals）

根据收到的无线电时号发射台的呼号或台名查得所在页,根据页码便可查得资料细节。

2. 第二卷的使用

（1）如果要查阅某国家或地区的无线测向台、雷达航标或时号发射台的资料,首先根据船舶所在的海区,选择对应卷号,利用该卷后面的不同索引,查找相应的内容。如雷达航标资料的查阅,按照雷达航标名称首字母顺序在雷达航标索引找到对应的航标国际编号,即可在正文中找到具体航标信息。

（2）查找国家和港口的标准时、法定时,可直接查阅目录。

（四）英版《无线电信号表》第六卷的主要内容及使用

1. 主要内容

第六卷主要提供引航服务、船舶交管服务和港口工作情况等方面的资料。

正文内容主要分两部分,第一部分给出国家或地区的"GENERAL NOTES",介绍有关保安通信,引航规定,抵港注意事项及报告制度,如图 6-3-19（a）所示。

从第二部分给出国家或地区的主要港口水域引航服务、船舶交管服务和港口工作情况的具体信息。这些信息包括概述、服务地区、台站呼号、岸台工作细节、联络情况、频率的表示方法、服务时间、申请引航或进港应遵循的要领、报告点的位置、重点报告点、事故报告点、雷达监控、雷达协助、紧急协调中心、信息广播等。图 6-3-19（b）是中国北海港有关的引航等业务资料。

CHINA
See diagram CHINA (NORTH) Ports.
See diagram CHINA (SOUTH) Ports.
GENERAL NOTES
ISPS DESIGNATED AUTHORITY:
Ministry of Communications, Department of Water Transportation.
Telephone: +86(0)1 65292626
Fax: +86(0)1 65292642
E-mail: sys627@moc.gov.cn
PILOTAGE:
Pilotage is compulsory for vessels entering and departing Chinese ports.
NOTICE OF ETA:
(1) Vessels should send ETA to the relevant Harbour Superintendency Administration via agents 7 days in advance.
(2) 24h prior to arrival (or on departure from a port less than 24h away), vessels should confirm ETA and advise draught (fore and aft).
(3) Any changes in ETA should be notified immediately.
(4) Vessels carrying class 1 hazardous cargoes should apply for a visa via agents 3 days prior to ETA.
CHINA SHIP REPORTING SYSTEM - CHISREP:
For details of the China Ship Reporting System (CHISREP), see CHINA - SHIP REPORTING SYSTEM (CHISREP).

（a）

BEIHAI (PEI-HAI)	21°29'N 109°03'E
UNCTAD LOCODE: CN BHY	
Pilots and Port	
CONTACT DETAILS:	
Pilots	
VHF Frequency: Ch 16; 14	
Telephone: +86(0)779 3922249	
Port Authority	
VHF Frequency: Ch 16; 14	
Telephone: +86(0)779 3903481	
Fax: +86(0)779 3906387	
Website: www.bhport.cn	
Marine Safety Administration (MSA)	
VHF Frequency: Ch 09	
Telephone: +86(0)779 3033492	
Fax: +86(0)779 3032591	
HOURS: H24	
PROCEDURE:	
(1) **Pilotage is compulsory** for foreign vessels entering and leaving the port.	
(2) **Notice of ETA:** Vessels should advise ETA via agent 7 days, 5 days, 72h, 48h and 24h in advance.	
(3) **Pilot ordering:**	
(a) Vessels must apply to the Port Superintendency for pilotage 24h prior to arrival, and confirm 12h prior to arrival at the anchorage	
(b) Departing vessels must apply for pilotage 12h prior to departure	
(4) **Pilot boards** in the vicinity of Lt buoy No 1 (21°21'·27N 109°00'·22E).	

（b）

图 6-3-19　第六卷正文资料格式

2. 第六卷的使用

英版《无线电信号表》第六卷查阅方法如下：

（1）首先在《航海图书总目录》或《无线电信号表》各卷封底查阅分区索引图，选择港口所在的卷号。

（2）如要查阅国家或地区的船舶交通管理及其规定，用户只要按国家或地区名称从"CONTENTS LIST"中查找页码。

（3）查阅具体港口的引航业务等信息时可根据港口或地区名称的首字母顺序从卷末索引（index）中直接查找页码，也可以按港口所属国家或地区名称从"CONTENTS LIST"中查得港口所在页码。

（4）有关缩写、正文中的术语及有关内容的解释、改正等内容可以在目录中查得所在页码。

五、航海图书目录

（一）中版《航海图书目录》

1. 概述

中版《航海图书目录》由海军司令部航海保证部每年出版，供使用者查阅中国海区的现行航海图、港湾图以及渔业图等专用图和航海书和表（簿）的名称、编号、范围等。该书的修改根据航保部发布的周版《航海通告》进行。

2. 主要内容

中版《航海图书目录》主要有四大部分内容：

第一部分为中国海区海图，首先是海图图号索引（包括图号、图名、页码、图积），其次是分区索引图，标识该海区海图所在的页码，再次是中国海区及附近和中国海区的总图索引图，给出小比例尺的图号，最后是各海区海图分区索引图。

第二部分为航海书表示意图，用于选择所需图书的卷号。

第三部分为航保部航海图书供应站分布图和航海图书价格表。

第四部分为航海通告改正登记表，用以登记《航海通告》对每部分的改正情况。

3. 应用

（1）抽选航用海图

首先根据航经海区，在分区索引图中得到各分区所在页码，然后翻到各分区图中便可查得本航线所需要的海图图号，在其左页表中，有海图的详细说明，包括图号、图名、比例尺、出版年月等。

（2）抽选航海书表

在"航海书表示意图"中按航行海区找出本航线所需的中版《航路指南》《航标表》《中国港口指南》《潮汐表》等。在其左页表中，有图书的详细说明，包括书号、书名、出版年月等。

（3）查取中版航海图书供应站地点及图书资料的价格

根据"航海图书供应站分布图"，便可查知获取中版航海图书资料的地点，右页是供应站分布示意图，左页是供应站名称、地址、联系方式等。

（4）校验本船航海图书是否适用

作为添置航海图书资料的依据，根据《航海通告》改正到最近之日，即可利用《航海图书目录》中所列的海图和图书的详细资料，检验本船海图和图书是否适用，并据其查出本船需添置的航海图书资料。

（二）英版《海图与其他水道图书总目录》

1. 概况

英版《海图及其他水道图书总目录》（Catalogue of Admiralty Charts and Other Hydrographic Publications）简称《航海图书总目录》，包括由英国海军水道测量局出版的全部海图及其他航海图书的详细信息，书号为 NP131，每年 1 月修订再版。

本书出版时即随附"补遗和勘误表"，用来改正印刷中的遗漏或错误；本书付印之日后根据周版《航海通告》第 I 部分和季末版《航海通告》发布的图书新版、作废消息进行改正。

2. 主要内容

每年版本虽稍有变动，但基本为以下主要内容：

（1）概述

这部分包括英版海图分区索引图（Limits of Admiralty Charts Indexes）和官方授权经销商（Admiralty Authorized Distributors）。

（2）数字产品服务

这部分包括英版矢量海图服务（Admiralty Vector Charts Services）、英版光栅扫描海图电子海图服务（Admiralty Raster Vector Charts /ECDIS Services）、英版数字出版物（Admiralty Digital Publications）、英版电子航海出版物（Admiralty e-Nautical Publications）。

（3）海图（charts）

本部分内容主要用于抽选和检验航用海图，主要包括：

①索引图 AA 是比例尺很小的制订航行计划用海图索引图；索引图 A 是世界大洋总图的索引图；索引图 A1 是世界 1∶3500000 或同等比例尺的海图索引图；索引图 A2 则是东北大西洋、欧洲水域和地中海小比例尺海图索引图。

②各分区海图索引图均印在 B~W 页的右页，左页为该分区内所有海图的细节说明，包括图号、图名、比例、出版年月、新版年月等。凡图号旁注有"＊"者，表示该图中另包含一平面图（plan），注有"I"者，表示该图为国际海图（international chart），注有"⊙"者，表示该图另有光栅扫描海图（ARCS）可供使用。

③计划用图（planning charts）和参考用图和标绘海图（reference and plotting charts）

计划用图这部分主要包括航路设计图（routeing charts）、航路设计指南图（routeing guides）、海上安保海图（maritime security charts）、进港指南图（port approach guides）。

参考用图和标绘海图（reference and plotting charts）包括世界参考图（world reference charts）、世界时区图（world-time zone chart）、世界载重线界限图（the world-load lines regulations）、心射投影海图（gnomonic charts）、磁差曲线图（magnetic varation charts）、教学用图（introduction charts）、空白定位图（ocean plotting sheets）、英国练习用图（UK practice and exercise charts）、领海基线图（territorial sea baseline charts）、渔业图（fisheries charts）。

（4）航用图书（publications）

本部分内容主要用于抽选和检验航用图书资料，主要包括《航海员手册》（The Mariner's Handbook）、《世界大洋航路》（Ocean Passages for the World）、里程表（Distance Tables）、《航路指南》（Admiralty Sailing Directions）及索引图、《灯标和雾号表》（Admiralty List of Lights and Fog Signals）、索引图和英版潮汐图书（Admiralty Tidal Publications）、无线电信号表（Admiralty List of Radio Signals）、《航海天文历》（The Nautical Almanac）、英版《航海通告》（Admiralty Notices to Mariners）、《航海通告累计表与年度摘要》（Admiralty Notices to Mariners-Cumulative Lists and Annual Summary）等。

（5）海图图号、图书书号索引（numerical index）一览表等。

3. 主要用途

（1）抽选航用海图

①利用索引图 AA 查取本航线所需制订航行计划用海图，利用索引图 A 查取所需总图，利用索引图 A1 查取 1∶3500000 的海图；利用索引图 A2 查取东北大西洋、欧洲水域和地中海小比例尺海图。

②查阅分区索引图，可知本航线将航经的分区字母代码，即页码。

③分别翻到本航线所找到的分区代码页，查取所需航用海图号。

例 6-3-3：抽选新加坡（Singapore）（Johor Port）至大连（Dalian）所需的各种大小比例尺航用海图。

解：

①抽选航行计划用海图。

AA:4016;A1:4508,4509;航路设计图:5126。

②根据航路设计图的推荐航线,查分区索引图界线图:I2,J,J3,K,K1。

③翻到各字母页,查得航用海图。

I2:4044,4043,4042,3831,2403,2869;J:3482;J3:3483,3489,1968,2412;K:1760,1761,1754,1759,1199,3480;K1:1254,1255,3697,3690。

注意,在抽选海图之前应初步拟定好航线,并参考有关推荐航线的资料,作为抽选海图的依据。航海图抽选原则是抽选的海图比例尺大小适当,如沿岸及狭水道水域应选较大比例尺海图,洋区一般选小比例尺海图,海图之间相邻水域应能衔接,同时视具体情况,抽选必要的航行参考图。在我国沿海航行应使用中版航海图书资料。

(2)抽选本航次所需航海图书

根据航次命令,利用该书的航海图书(Publications)抽选本航次所需航海图书,如《航路指南》《灯标和雾号表》《潮汐表》《无线电信号表》等。

例6-3-4:抽选新加坡(Singapore)至安特卫普(Antwerp)航线的《航路指南》《灯标和雾号表》《潮汐表》《无线电信号表》。

解:

①从第五部分的《航路指南》分区索引图(Limits of Volumes of Admiralty Sailing Directions)查得该航线需要的《航路指南》卷号为 NP44、NP38、NP64、NP49、NP45、NP67、NP22、NP27、NP28。

②从第四部分英版《灯标雾号表》分区索引图(Limits of Volumes of Admiralty List of Lights)中查得该航线所需卷号为 F(NP79)、D(NP77)、N(NP86)、E(NP78)、A(NP74)。

③从"潮汐图书"(Tidal Publications)查得所需《潮汐表》第五卷(NP205)、第三卷(NP203)、第八卷(NP208)、第二卷(NP202)、第一卷(NP201A)。

④从《无线电信号表》中查得所需卷号为:NP281(1)、NP281(2)、NP282(1)、NP282(2)、NP283(1)、NP283(2)、NP284、NP285、NP286(4)、NP286(8)、NP286(3)、NP286(1)。

(3)查验船上所存海图、图书是否适用

①翻至该书的"海图图号索引"(numerical index),根据抽选的本船所存的海图图号或书号,查得该图、书的细节所在页码。

②翻到该图、书所在页码,其中信息中有海图、图书的出版日期(date of publication)、新版日期(new edition),将本船海图、图书的出版日期、新版日期与总目录查得日期比较,便可知本船海图、图书是否适用。

(4)查阅海图和图书代销店和获取航海通告的地点,从而添置航海图书资料和获取航海通告

在目录的第一部分中,利用"官方授权经销商分布图一览表"便可查到本航线沿途可购海图和图书的代销商地址;而利用"航海通告的获取"页,可查得本航线沿途获取《航海通告》的机构,在海图和图书代销商可获得《航海通告》的复印本。此外,当新船需要配置航海图书资料时,可首先在目录中查得需要的航海资料清单,然后选择适当的代销商配置资料。

4.抽选海图的注意事项

(1)在抽选航用海图之前应初步拟定航线,并绘画到总图上,作为查找分区代码的依据;

(2)同一海区有不同比例尺海图时,原则是尽量抽选较大比例尺海图,同时视具体情况,

抽选必需的航行参考图；

（3）抽选海图时，相邻的海图必须能够很好地衔接。

六、航海通告

（一）中版《航海通告》

《航海通告》（Notice to Mariners）是通报涉及航行安全信息，用以改正海图、图书的定期或不定期出版物。通常每周出版一期，不同国家还出版每月、每年的各种汇编。通告按生效情况可分为永久性通告、临时性通告和预告性通告3种。英国水道测量局出版的《航海通告》使用较广。中版《航海通告》有两种版本，即由海军航保部出版的纯中文版和由中国航海图书出版社出版的中英文对照版。《航海通告》的发行有传统的纸面印刷和数字化发行两大类，数字化《航海通告》现已在不少船上使用，如中版、英版《航海通告》可直接在海军航保部、英国水道测量局网站上免费下载。

1. 中版《航海通告》

中版《航海通告》每周出版一期，主要内容有：

（1）说明、航行信息、图书信息

说明页介绍通告内容、使用方法等。航行信息主要刊载航海图书上未表示但与船舶航行安全有关的信息。图书信息用来公布航海图书出版、改版、作废以及出版预告信息，并每月汇总一次当月图书信息，主要可用于改正中版《航海图书目录》。

（2）索引、海图改正、临时性通告

索引用于检索改正海图的通告项数，由"地理区域索引"和"关系海图索引"两部分组成，根据"地理区域索引"引用地理位置检索通告项数，根据"关系海图索引"利用海图图号检索通告项数。

海图改正是对相关海图进行改正的内容，由项标题、改正内容、关系海图、关系航标表、关系无线电信号表、资料来源等内容组成。其编排顺序是先国内海区后国外海区，国内又以渤海、黄海、东海、南海为序，一般先刊印永久性通告，后刊印临时性通告，临时性通告项数前注有"T"字，在标题后面注"临"字。

（3）无线电航行警告

内容覆盖国际划分的NAVAREA XI区的范围，由两部分组成，前一部分是发布至今仍有效的航行警告的年份与号码的汇编，后一部分刊印新的航海警告内容，单面印刷。

（4）航海书表改正

这部分包括《航标表》《无线电信号表》等航海书表的改正，其改正内容只适用于改正所列版次的航海书表，单面印刷。

《航标表》的按照卷号排列，标题列出书名、书号、出版年份。按照航标的编号顺序编排，每个航标的改正资料按八栏单面印出，便于贴改。改正内容栏中"…"代表该栏原内容不变，"–"代表删去该栏原内容。

《无线电信号表》的按照卷号排列，标题列出书名、书号、出版年份。无线电通信部分改正内容左边一栏和中间一栏为改正内容所处的位置，即页码和行数，右边宽栏为改正内容；其余部分,改正内容栏中"…"代表该栏原内容不变,"-"代表删去该栏原内容。

2. 使用中版《航海通告》的注意事项

(1)《航海通告》中有的通告号后用括号(临)字样,表示该项目内容为临时性的,这类通告仅用铅笔改到有关海图和航海图书上,而凡通告号后未加注者,为永久性内容,应用红色墨水笔在有关海图和航海图书上进行改正。

(2)《航海通告》中给出的位置是最大比例尺的最新版海为准,用经纬度或方位、距离表示,如在位置数据后面附加以"概位"或"疑存"等字样,表示为概略位置或怀疑存在(危险物)。

(3)方位均系真方位,但所记灯光光弧或导标方位线等,系自海上视灯塔、灯桩的方位。

(4)每一号航海通告一般由通告号码与标题、通告本文、应改正的海图图号(该图号之后用小括号括起来的数码表示该号海图应该改正本通告中的第几款内容,而中括号内的数码表示该号海图应该改正上次的通告号码)和资料来源四部分组成,例如:

121 南海 雷州湾东南方————存在沉船

加绘 ⊞ 概位　(1)在 $20°43'00''$N, $110°59'00''$E

⊞　　　　(2)同上述(1)

海图　　15770(1)[2009-1740]　15700(1)[2009-1892]　15020(1)[2009-1945]
　　　　10016(2)[2009-1954]　104(2)[2010-75]　102(2)[2010-75]
　　　　F10517(1)[2009-1892]　F11009(2)[2009-1954]

资料来源 英版通告 2008-(28)-3718

该例中海图后面的 15770(1)[2009-1740]表示对 15770 号海图仅改正通告中的第 1 款内容,[2009-1740]则表示该海图的上一次小改正应是 2009 年的 1740 号通告。

(二)英版《航海通告》

1. 概述

英版《航海通告》(Admiralty Notices to Mariners, ANM)每周末出版一期,它汇集英国水道测量局发布的全部航海通告,提供对所有英版海图及其他航海图书的改正资料。

周版《航海通告》封面部分内容如图 6-3-20 所示。

封面的基本信息有:右上角为英国水道测量部徽标;左上角为本期的通告号(英国水道测量局对其所发的通告按发布顺序全年连续进行编号)的范围(如 1198-1345/19),月末版还注有有效的临时通告和预告(T & P Notices in Force),季末版注有有关图书改正或出版标题(如:Updates to Sailing Directions in Force;Current Hydrographic Publications;Cumulative List for Admiralty List of Radio Signals);周版号(如 Weekly Edition 11)及出版日期;目录(CONTENTS);对航海者提供有关信息要求;网上《航海通告》的信息等。

目前英版《航海通告》,提供以下部分内容:

Ⅰ Explanatory Notices、Publications List(注释、出版物清单)

Ⅱ Admiralty Notices to Mariners Updates to Standard Nautical Charts(航海通告,海图的更新)

Ⅲ Reprints of Radio Navigational Warnings(无线电航海警告复印电文)

Ⅳ Updates to Admiralty Sailing Directions(《航路指南》的更新)

Ⅴ Updates to Admiralty List of Lights and Fog Signals(《灯标和雾号表》的更新)

Ⅵ Updates to Admiralty Lists of Radio Signals(《无线电信号表》的更新)

Ⅶ Updates to Miscellaneous Nautical Publications(其他各种出版物的更新)

Ⅷ Admiralty Digital Products and Service(英版数字出版物的更新与服务)

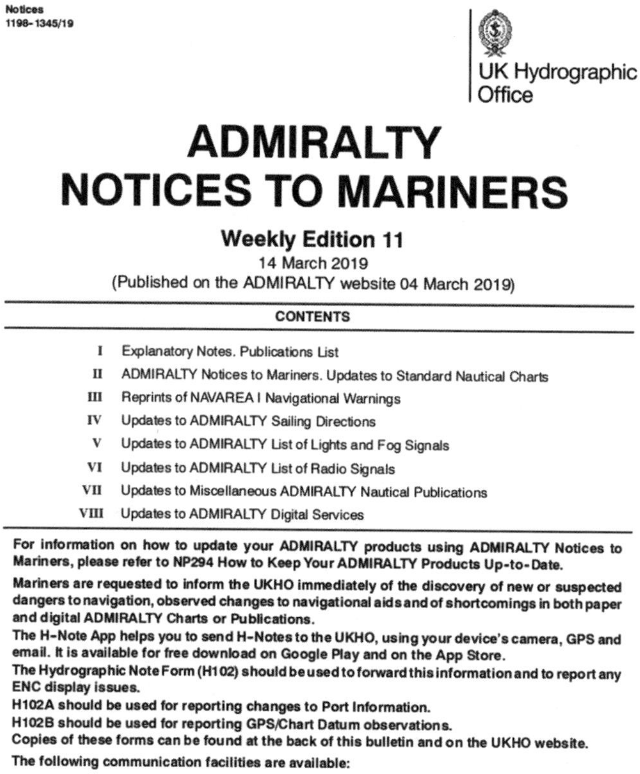

Notices
1198-1345/19

UK Hydrographic Office

ADMIRALTY
NOTICES TO MARINERS

Weekly Edition 11
14 March 2019
(Published on the ADMIRALTY website 04 March 2019)

CONTENTS

I	Explanatory Notes. Publications List
II	ADMIRALTY Notices to Mariners. Updates to Standard Nautical Charts
III	Reprints of NAVAREA I Navigational Warnings
IV	Updates to ADMIRALTY Sailing Directions
V	Updates to ADMIRALTY List of Lights and Fog Signals
VI	Updates to ADMIRALTY List of Radio Signals
VII	Updates to Miscellaneous ADMIRALTY Nautical Publications
VIII	Updates to ADMIRALTY Digital Services

For information on how to update your ADMIRALTY products using ADMIRALTY Notices to Mariners, please refer to NP294 How to Keep Your ADMIRALTY Products Up-to-Date.

Mariners are requested to inform the UKHO immediately of the discovery of new or suspected dangers to navigation, observed changes to navigational aids and of shortcomings in both paper and digital ADMIRALTY Charts or Publications.

The H-Note App helps you to send H-Notes to the UKHO, using your device's camera, GPS and email. It is available for free download on Google Play and on the App Store.

The Hydrographic Note Form (H102) should be used to forward this information and to report any ENC display issues.

H102A should be used for reporting changes to Port Information.

H102B should be used for reporting GPS/Chart Datum observations.

Copies of these forms can be found at the back of this bulletin and on the UKHO website.

The following communication facilities are available:

图 6-3-20 英版《航海通告》封面部分

英版《航海通告》可以从设于各港的代发单位索取,也可在《航海通告年度摘要》的第 14 号通告和英版《海图及其他水道图书总目录》中查阅分发地址。

2. 各部分内容的说明

(1)注释、出版物清单(Explanatory Notices,Publications List)

提供网络版通告的形式、网址信息等。注释是关于每期通告的截止日期、改正等的说明,提醒使用者注意。

海图、出版物的出版、新版、作废等信息,是英版《海图及其他水道图书总目录》更新的主要资料。它们的信息有:海图出版日期、图号、标题及说明、比例尺、所在图夹号、该图在本年度总目录中的页码;某张图有光栅扫描海图,则在图号前用符号“⊙”标出,包括以下两部分:

①新图、新出版物(NEW ADMIRALTY CHARTS AND PUBLICATIONS)

②新版图和出版物(NEW EDITIONS OF ADMIRALTY CHARTS AND PUBLICATIONS)

在每月月末版《航海通告》(在下一个月初出版)的一期航海通告中还包括:临时性通告和预告月度汇编(IA Temporary and Preliminary Notices),首先列出本月取消的临时性通告和预告的清单,然后按 26 个地区汇编列出至该月底仍有效的通告编号、相关海图、位置与主题和图夹编号。

在每季度末出版的《航海通告》中还包括季末版《航海图书》增加仍有效的临时性与预告性通告的汇编和图书出版一览表(Current Hydrographic Publications)。该一览表有《航路指南》及其补篇、《灯标和雾号表》、《无线电信号表》、《潮汐表》等图书现行版本一览表,以便了解和检验航海图书的新版情况。

(2)航海通告、海图的更新(Admiralty Notices to Mariners,Updates to Standard Nautical Charts)

包括三个索引和航海通告:

①地理索引(GEOGRAPHICAL INDEX)

地理索引共有 27 项,前 26 项是各海区地理索,第 27 项为临时通告与预告的索引,如图 6-3-21 所示。

GEOGRAPHICAL INDEX

(1)	Miscellaneous	2.6
(2)	British Isles	2.6 — 2.10
(3)	North Russia, Norway, The Færoe Islands and Iceland	2.10 — 2.11
(4)	Baltic Sea and Approaches	2.11
(5)	North Sea and North and West Coasts of Denmark, Germany, Netherlands and Belgium	2.12 — 2.14
(6)	France and Spain, North and West Coasts, and Portugal	2.14
(7)	North Atlantic Ocean	2.14 — 2.15
(8)	Mediterranean and Black Seas	2.16 — 2.18
(9)	Africa, West Coast and South Atlantic	2.19
(10)	Africa, South and East Coasts, and Madagascar	2.19
(11)	Red Sea, Arabia, Iraq and Iran	2.19 — 2.20
(12)	Indian Ocean, Pakistan, India, Sri Lanka, Bangladesh and Burma	2.20 — 2.21
(13)	Malacca Strait, Singapore Strait and Sumatera	2.21 — 2.22
(14)	China Sea with its West Shore and China	2.22 — 2.24
⋮		
(24)	East Coast of South America and The Falkland Islands	2.29
(25)	Caribbean Sea, West Indies and the Gulf of Mexico	2.29
(26)	East Coast of North America and Greenland	2.30
(27)	T & P Notices	2.31 — 2.39

图 6-3-21 地理索引

②通告与图夹编号索引(INDEX OF NOTICES AND CHART FOLIOS)

通告与图夹编号索引列出了每个通告所在页码和该通告涉及的图夹的编号,如图 6-3-22 所示。

③相关海图索引(INDEX OF CHARTS AFFECTED)

相关海图索引列出本期有关改正海图图号与通告,供登记与海图相关的通告号码用,如图 6-3-23 所示。

INDEX OF NOTICES AND CHART FOLIOS

Notice No.	Page	Admiralty Chart Folio	Notice No.	Page	Admiralty Chart Folio
1362	2.21	55	1419(T)/13	2.48	63
1363	2.22	55	1420(T)/13	2.48	64
1364	2.22	55	1421(T)/13	2.49	65
1365	2.22	55	1422	2.25	52
1366	2.22	55	1423	2.28	48
1367	2.22	55	1424*	2.33	96
1368	2.23	55	1425	2.33	98
1369	2.23	53, 55	1426	2.32	74
1370	2.23	53	1427	2.17	25
1371	2.23	54	1428	2.11	13
1372	2.24	54	1429	2.17	26, 27
⋮	⋮	⋮	⋮	⋮	⋮
1405	2.17	30	1462	2.28	58, 59
1406	2.12	10, 11	1463*	2.10	1
1407	2.12	11	1464	2.18	24
1408(P)/13	2.43	43	1465	2.34	87
1409	2.20	43	1466	2.38	81
1410	2.26	46	1467	2.39	81
1411	2.26	46	1468	2.35	87
1412(T)/13	2.45	66	1469	2.5	5, 47
1413(T)/13	2.46	66			
1414(T)/13	2.47	66			
1415(T)/13	2.47	66			
1416(T)/13	2.47	66			
1417(T)/13	2.48	66			
1418(T)/13	2.48	66			

图 6-3-22　通告与图夹编号索引

INDEX OF CHARTS AFFECTED

Admiralty Chart No.	Notices	Admiralty Chart No.	Notices
2	1389	2258	1435
18	1463	2262	1402
45	1395P	2291	1452
84	1408P, 1409	2296	1406, 1407
86	1393	2299	1407
90	1409	2303	1403
119	1439T	2506	1424
140	1440T	2537	1464
144	1395P	2538	1464
187	1429	2589	1455
194	1464	2638	1462
⋮	⋮	⋮	⋮
2056	1410, 1411	4749	1451
2107	1454	4751	1441
2123	1464	4752	1441
2124	1464	4757	1445
2137	1411	4762	1449
2182B	1438P	4765	1450
2182C	1390, 1438P	4767	1449
2182D	1389, 1390	4770	1450
2194	1468	4776	1446
2202	1399	4789	1447
2205	1399, 1400	4790	1447
2209	1469	4953	1448
2212	1399, 1400		
2232	1400		
2243	1400		

图 6-3-23　相关海图索引

航海通告是对英版海图出版或新版后的更新。航海通告分为永久性通告、临时性通告和预告三种。

①永久性通告

图 6-3-24 所示为某期的一则永久性通告。改正海图的永久性通告内容包括通告编号（如 1400）、通告涉及的地点与更新标题（如 UKRAINE-Odesa North-eastwards and South-eastwards-Wreck. Obstruction. Depths. ）、资料来源（通告号码旁注有"＊"者，是指通告来源于原始资料）、通告所涉及的海图（Chart 2212）、上次改正的通告号/年份（[previous update 1399/13]）、海图坐标系（WGS84 DATUM）、具体更新内容等。

1400	**UKRAINE - Odesa North-eastwards and South-eastwards - Wreck. Obstruction. Depths. Buoyage. (continued)**		

Chart 2212 [*previous update 1399/13*] WGS84 DATUM

Insert	0_5 *Wk*	*(a)*	46° 32´·09N., 30° 48´·40E.
		(b)	46° 24´·56N., 30° 50´·34E.
	depth 20_4		
Delete	*Q(6)+LFl.15s*		46° 30´·2N., 30° 45´·5E.
	depth 5_4 , adjacent to:		*(a) above*
	depth 21_6 , close NE of:		*(b) above*

Chart 2232 [*previous update 584/13*] UNDETERMINED DATUM

		(a)	46° 24´·6N., 30° 50´·3E.
Insert	depth 20_4		*(a) above*
Delete	depth 23, close E of:		

Chart 2243 (plan A, Odesa) [*previous update 889/13*] WGS84 DATUM

Move	*Fl.G.3s No7,* from:	46° 30´·239N., 30° 44´·430E.
	to:	46° 30´·317N., 30° 44´·395E.
Delete	*Q(6)+LFl.15s*	46° 30´·29N., 30° 45´·47E.

图 6-3-24 永久性通告格式

②临时性通告和预告性通告

临时性通告（Temporary Notices）和预告性通告（Preliminary Notices）在通告号码后面分别用缩写（T）和（P）注明，这类通告列于永久性通告的后面，并且单面印刷，以便于汇编成册，如图 6-3-25 所示。

1379(T)/13	**JAPAN - Kyūshū - South Coast - Kagoshima Wan - Kagoshima Kō - Shinkō Kō - Groyne. Works.**

Source: Japanese Notice 9/5130(T)/13
1. Groyne construction works are taking place, until 22 June 2013, in the vicinity of position 31° 34´·9N., 130° 34´·2E. (WGS84 Datum).
Chart affected - 654

1398(P)/13	**INDONESIA - Kalimantan - Selat Makassar - T. Bayur Eastwards - Works.**

Source: DG SeaComm
1. Works are in progress to install eight anchor points centred on position 0° 44´·03S., 118° 20´·52E. (WGS84 Datum).
2. Mariners are advised to navigate with caution in the area.
3. The chart will be updated when more information becomes available.
Chart affected - 2893

图 6-3-25 临时性和预告性通告

③改正字条与贴图

在该部分最后印有小块复印图,叫贴图(blocks),一般用来根据该部分正文相关通告对较大比例尺海图进行贴改,如图 6-3-26 所示;还有改正字条(notes),也要根据该部分相关通告贴到有关海图的指定位置,如图 6-3-27 所示。

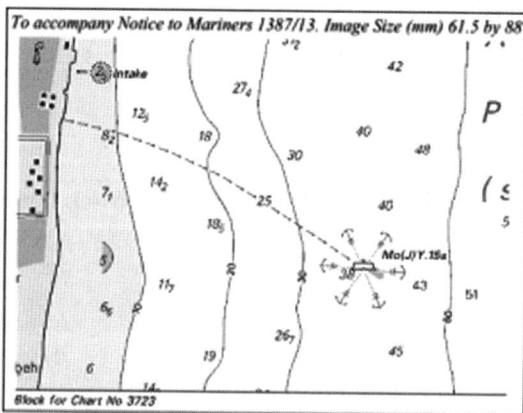

图 6-3-26　贴图

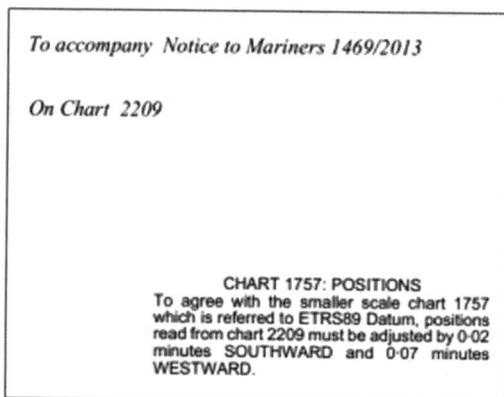

图 6-3-27　改正字条

（3）无线电航海警告复印电文（Reprints of Radio Navigational Warnings）

无线电航海警告（Radio Navigational Warnings）是将有关资料变更消息通过无线电快捷地发布出来。周版《航海通告》第三部分就是截至该期通告出版之日仍有效的这些无线电航海警告的编号及本周内发布的警告报文的复印汇编。

无线电航海警告多数属临时性质,有些警告的有效期可达数周,直至最后为航海通告所代替。无线电航海警告可能包括下述内容:定位系统及重要浮标的变迁或变更、在航路附近的石油勘探装置等的动态、在拥挤水域中的工程作业;新发现的危险沉船或弃船、操纵不便的大型船的动态、在拥挤水域中的漂雷、海上军事演习等。

无线电航海警告所包括的资料仅仅用来帮助航海人员进行沿岸及港口之间的航行,直到港口为止。港口内的不太重要的资料,可能形成航海通告或由当地港口的地区性航海警告发布。

①无线电航海警告分类

无线电航海警告分为全球分区性警告、沿岸性警告和地区性警告三类。

a. 全球分区性警告(NAVAREA Warnings)

为了世界水域的无线电航海警告的播发,国际水道测量组织(IHO)和国际海事组织(IMO)联合建立了世界范围航海警告业务(WWNWS,World Wide Navigational Warning Service),将全世界水域划分成 21 个航警区域(NAVAREAS)和 1 个局部区,每一区域内的无线电航海警告由指定国家、指定海岸电台负责发布。每一地区名称代号为 NAVAREA I 到 NAVAREA XXI 中的一个,局部区为波罗的海区。全球航海警告区划分图中每个区域标注的国家负责该区的协调和警告发布。在《航海员手册》中概述了全球分区性警告和美国的远距离警告的情况,并附图绘出了各区域的划分界限等资料。除了全球分区性警告外,美国的远距离警告(Long Range Warnings)业务提供了大西洋区(HYDROLANT)和太平洋区(HYDROPAC)两个大区的警告。

b. 沿岸性警告(Coastal Warnings)

沿岸性警告播发某特定沿岸水域的重要信息,并不限于主要航路。一般情况下,沿岸性警告多于全球分区性警告,且仅限于危险出现地点周围的水域。这种警告通常是对全球分区性警告的补充。

世界各地的沿岸性警告由警告发布国播发,详细情况见英版《无线电信号表》第三卷。

c. 地区性警告(Local Warnings)

地区性警告是对沿岸性警告的补充,通常特指近岸水域并由海岸警备队、港口或引航当局发布的警告。有关发布的细节见英版《无线电信号表》第三、六卷。

②《航海通告》第三部分"国际航海警告 I 区无线电航海警告的重印"

周版《航海通告》第三部分开始是一个简要的说明,内容为:

有关《航海警告》的详情可参阅《航海员手册》。本部分印载的是至本期出版之日仍有效的航海警告区 I 区的警告内容。建议将复印内容逐期汇编成册。每条警告仅注明最适用的英版海图。

印载内容中首先列出至本期通告出版之日仍有效的所有警告的年份和号码,已撤销的警告号码不再列出。然后列出新近发布的警告内容。警告的文字简明,可能在句中省略了仅起语法作用的文字,有些单词用缩写,阅读时应予注意。

此外,每年的第 1、13、26 和 39 期周版通告还在该部分完整地印出仍然有效的航海警告。

(4) 对《航路指南》的改正

第 Ⅳ 部分中列出了对《航路指南》的改正资料,包括至本期周版通告刊印之日仍有效的关于《航路指南》改正的周版通告期号汇编,该汇编分《航路指南》书号、页数、标题、周版、期号(weekly edition)四栏。

月末版的《航海通告》中还有"有效的改正《航路指南》通告月度汇编"。

(5) 对《灯标和雾号表》的改正

对《灯标和雾号表》的改正的资料按书卷号的顺序(A、B、…、L)编排,各卷内的灯标按灯标编号顺序编排,编号前有卷号,如 A1848。资料格式与《灯标和雾号表》上的格式完全一致。改正《灯标和雾号表》时,只要将相应的改正条目剪下并贴到相应书卷的对应灯标编号处即可,注意不要贴死原条目的资料。

(6) 对《无线电信号表》的改正

对《无线电信号表》的改正资料按书卷号的顺序编排。通告内容包括三个方面:各卷的卷号、版本、出版周；上次改正的通告期号与该期的出版时间；改正内容及所在的页码。

改正时按要求进行删改、增设等，还要根据要求将电台资料等剪贴到相应书卷中，但原文不要贴死。

（7）对其他各种出版物的更新

这部分通常针对《潮汐表》、《世界大洋航路》、《航海员手册》、英版海图图式、国际浮标系统等英版图书资料的改正。

（三）英版《航海通告年度摘要》

《航海通告年度摘要》(Annual Summary of Admiralty Notices to Mariners)是《航海通告》(周版)内容的重要补充，每年再版一次，分 2 册(part1 和 part2)，书号 NP247(1)和 NP247(2)。《航海通告年度摘要》具有航海资料的性质，必要时应予以查阅。

1.《航海通告年度摘要》第一册内容

《航海通告年度摘要》第一册内容分以下两部分。

（1）每年最初的 1~25(26)个航海通告

这些通告与改正海图无关，但与航海安全有关。如 1 号通告是对本年度英版《潮汐表》的补遗和勘误，还包括英版海图和特殊代销店一览表、海难与救助、炮火演习区、《航海通告》的获取、分道通航制、航海图书的配置、加拿大海图与图书规则、美国关于航行、海图与图书的安全规则、高速船、海洋环境高危区域等。年度通告的通告编号、标题与内容每年有所变化，但变化不大。凡通告内容与上年有变化时，在书中左侧用黑线标出，以示醒目，部分内容刊载在《航海员手册》中，在此不再重印。

（2）临时性通告(T)和预告(P)汇编

重印至本年 1 月 1 日仍有效的临时性和预告性通告全部内容，通告按 26 个区域顺序排列。可通过该部分的地理区域索引和通告号索引，查阅所在的页码。

2.《航海通告年度摘要》第二册内容

《航海通告年度摘要》第二册的内容分以下两部分：

（1）现行版本《航路指南》及最新补篇一览表；

（2）对《航路指南》改正有效的通告汇编。

本部分重印至本年 1 月 1 日对《航路指南》改正仍有效的通告内容，通过《航路指南》卷号索引，可查得某卷改正通告的所在页。这部分内容作为《航路指南》资料的重要补充，阅读《航路指南》时应查阅该书。

（四）英版《航海通告累积表》

英版《航海通告累积表》(Cumulative List of of Admiralty Notices to Mariners)书号为 NP234(A)和 NP234(B)，是英国海军水道测量局每半年(1 月和 7 月)出版一期的表册，该表册有两大部分。

第一部分是海图改正内容，共三栏。第一栏为英国海图号，首先为英国海图，其次为澳大利亚海图和新西兰海图；第二栏为海图的最新版日期；第三栏为改正的航海通告列表，按照先后顺序列出近两年内的永久性航海通告的编号。该表不仅可在一定程度上替代海图卡片和

"本船航海用海图图号表",而且可供船舶驾驶员和主管部门检验海图是否为最新版并及时进行改正。

第二部分是图书出版一览表(Current Hydrographic Publications),该一览表有《航路指南》及其补篇、《灯标和雾号表》、《无线电信号表》、《潮汐表》等图书现行版本,以便了解和检验航海图书的新版情况。

该累积表与《航海通告》一样,本身是免费提供的,但船方需向代销店支付一定的运输、管理和服务费。

(五)英版数字化《航海通告》

目前,英版数字化《航海通告》的主要形式是利用软盘发行和网络版,并附带有支持其数据格式的免费读取软件,提供这种数字化《航海通告》的海图代销店可从英版《海图及其他水道图书总目录》中查取。

1. 软盘版《航海通告》

软盘版《航海通告》除了与纸面印制的《航海通告》具有同样的内容外,还有以下明显的优点:

(1)对通告有选择性。海图代销店可以根据船舶海图的配置情况和需要,对数据进行用户化的选取后利用电子手段向船舶传送。

(2)对通告分类查阅和排序。提高航海者的工作效率,节省了时间。

(3)可打印通告描图,打印在透明纸上改正海图,使海图改正工作更迅速、准确。

(4)存储方便,利用电子手段对资料库副本进行储存和读取,节省空间。

(5)通告和图书改正所需的备用副本可根据需要按区域打印。

2. 网络版《航海通告》

目前,这种《航海通告》有两种方式提供使用。一种为全文下载方式(notices to mariners on-line),另一种为查询下载方式(searchable notices to mariners)。下载后的读取软件与软盘版相同。

(1)全文下载方式

全文下载方式提供的下载内容包括:

周版《航海通告》(Weekly ANM),内容与书面印刷版相同,除可以全文下载,也可以单独下载第 Ⅱ 部分和改正贴图、字条。使用这种方式时,可通过英国水道测量局网站(www. bydro. gov. uk)中航海通告的超级链接(notices to mariners)进入,或者直接输入该下载地址(http://www. hydro. gov. uk /notices_to_mariners. html)进入,下载所需资料。

(2)查询下载方式

这种下载方式可以下载的内容只是周版《航海通告》中关于海图改正的部分,包括永久性通告、预告和临时性通告。提供的查询项包括:

①仅根据海图图号查询(search NMs by chart number only):输入海图图号,即查得与该海图有关的 2000 年 1 月 1 日起或海图出版之日以后的航海通告。

②根据海图图号和以前某航海通告的编号和年份查询(search NMs by chart number+previous NM/year):输入海图图号和通告号及年份,即可查得与该海图有关的输入的通告编号以后

的航海通告。

③根据日期查询（search NMs by chart number between previous and present dates）：输入海图图号与开始日期与结束日，即可查得与该海图有关的所需期间的所有航海通告。

④查询单一通告（search for a single NM by NM/year）：输入某通告的编号和年份，即可查得该通告。

⑤查询小艇用通告（search for small craft leisure NM corrections）：输入小艇用图图号，即可查得与该海图有关的 2000 年 1 月 1 日起或海图出版之日以后的航海通告。所查得的通告的正文、改正贴图和改正字条可单独阅读和下载。

第七章

航线与航行方法

第一节　大洋航行

大洋航行是指远离海岸的跨洋航行。大洋航行的主要特点是航线长,气象和海况复杂且变化大。

大洋航行中,可供选择的航线有大圆航线、恒向线航线、等纬圈航线和混合航线。其中,大圆航线的主要优点是缩短航程。但是,如果大圆航线穿越风、流影响大的海区,则不仅影响船舶安全,而且会降低营运效益。恒向线航线的突出优点是操纵方便,在低纬度海区或航向接近南北时,其航程与大圆航程相差不大。但是,当航程很长、纬度较高或航向接近东西方向时,恒向线航线势必造成航行时间的延长。因此,船舶实际选用航线时,应全面考虑当时的气象、海况、载货情况等各种因素,选择一条适合当时环境的最佳航线。

一、大圆航线

除赤道与子午线外,船舶按大圆弧航行时必须随时改变航向,这在实际上是不可能的。因此,所谓大圆弧航线,是将大圆弧分成若干小段,每一小段仍然是恒向线航线。这样,就整个航线来说,只是基本上接近大圆弧航线。如图7-1-1所示,大圆航线可以是大圆弧内接分段恒向线(AB、BC、CD……),也可以是大圆弧外切分段恒向线(AA_1、A_1A_2、A_2A_3……)。

大圆航线一般按每隔经差$5°\sim10°$或一天左右的航程作为一个分段。这样既可在一天内仅改变一次航向,又基本上保持船舶在大圆弧上航行。

在墨卡托海图上绘制大圆航线的方法有以下几种:

1.大圆海图法

大圆海图属于心射投影,也称平面投影海图。大圆弧在图上均呈直线,恒向线则均呈曲线。因此,在大圆海图上,凡连接两点间的直线,就是通过该两点的大圆弧即通过该两点的大圆航线。

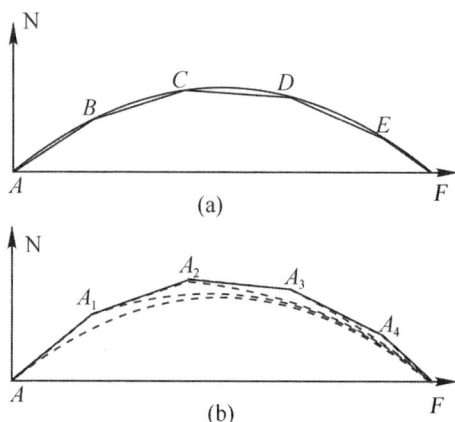

图 7-1-1　大圆航线示意图

利用大圆海图拟定大圆航线具体方法如下：

（1）根据航区查《航海图书总目录》抽选相应的大圆海图。

（2）将起始点和到达点按其地理经纬度标在大圆海图上，用直线连接这两点即大圆航线。

（3）在大圆航线上每隔经差 $5°\sim10°$ 取分点，并量取各分点的坐标 (φ,λ)。

（4）将各分点坐标 (φ,λ) 移画到航用海图上去，并用直线连接相邻分点，便得折线状大圆航线。

（5）量出各段的恒向线航向和航程，并列表备航。

2. 大圆改正量法

在航用海图上两点间的恒向线方位（航向）和大圆方位（航向）之差为大圆改正量，如图 7-1-2 所示。大圆改正量 ψ 的计算：

$$\psi=\frac{1}{2}(\lambda_B-\lambda_A)\sin\frac{1}{2}(\varphi_A+\varphi_B)$$

实际工作中，可在航用海图上用恒向线连接起始点和到达点，并量出其恒向线航向 RLC，然后利用上式计算或从《航海表》中的"大圆改正量表"查出 ψ，则：

大圆航向 $RLC_1=RLC-\psi$

大圆航向 RLC_1 为沿大圆弧切线航行时 A 点的大圆始航向，如图 7-1-2 所示。

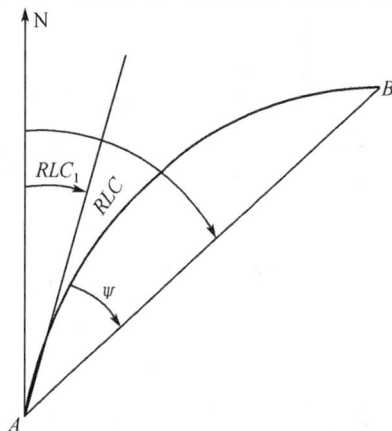

图 7-1-2　求大圆航线的航向示意

航行约 1 昼夜之后,再根据当时的准确观测船位,用大圆改正量法求出下一段的大圆航向,依此类推,直至到达点。也可结合推算,在开航前作出整个折线状大圆航线。

由于上述大圆改正量的公式是近似公式,当航程较远,即经差较大时,用上述近似公式计算的误差较大,而利用下述的公式计算法较为准确;反之,当航程较短时,利用大圆改正量法较准确。

3. 公式计算法

依据球面三角公式,利用三角函数计算器可方便地计算大圆航线的航向、航程和分点坐标。随着电子计算技术的发展,人们越来越习惯于利用公式计算大圆航线,目前应用较多的是利用卫星导航仪计算。

(1)求大圆航向和航程的计算公式

如图 7-1-3 所示,$A(\varphi_1,\lambda_1)$、$B(\varphi_2,\lambda_2)$ 分别为大圆航线的起始点与到达点,它们的经纬度均已知。通过解球面三角形 P_NAB 可得如下求大圆航向和航程的公式:

$$\cos s = \sin\varphi_1\sin\varphi_2 + \cos\varphi_1\cos\varphi_2\cos D\lambda$$

$$\tan C_1 = \frac{\sin D\lambda}{\cos\varphi_1\tan\varphi_2 - \sin\varphi_1\cos D\lambda}$$

$$\cos C_1 = \frac{\sin\varphi_2 - \sin\varphi_1\cos s}{\cos\varphi_1\sin s}$$

式中:C_1——大圆始航向;

　　　s——大圆航程;

　　　$D\lambda$——起始点至到达点的经差。

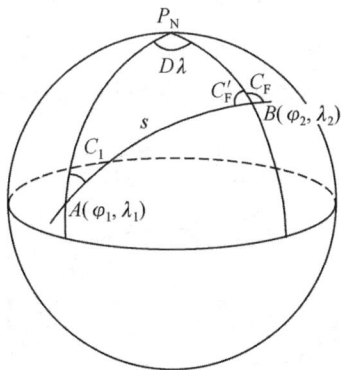

图 7-1-3　大圆航线解算

利用上述三个公式计算应注意以下几点:

①经差 $D\lambda$ 恒取正值。

②起始点的纬度 φ_1 恒取正值;到达点的纬度 φ_2 若与 φ_1 同名取正值,异名则取负值。

③计算值 C_1 为半圆航向。若用函数计算器计算时,半圆航向为:

$$C = C_1(C_1 \text{ 为正值时})$$

$$C = 180° + C_1(C_1 \text{ 为负值时})$$

C_1 命名规则为:第一名称与起始点的纬度 φ_1 同名,第二名称与经差 $D\lambda$ 同名。最后应将半圆航向换算成圆周航向。

（2）求大圆航线顶点坐标和分点坐标的计算公式

大圆航线顶点是大圆航线上纬度达到的最高点，在该点大圆弧与子午线相交成直角，大圆航向为 090° 或 270°。顶点坐标的求取：

$$\cos\varphi_v = \cos\varphi_1 \sin C_1$$
$$\cot D\lambda_v = \sin\varphi_1 \tan C_1$$
$$\lambda_v = \lambda_1 + D\lambda_v$$

式中：$D\lambda_v$——起始点至大圆航线顶点的经差；

φ_v——大圆航线顶点的纬度；

λ_v——大圆航线顶点的经度。

求大圆航线各分点的纬度公式为

$$\tan\varphi_i = \cos(\lambda_i - \lambda_v)\tan\varphi_v$$

在根据前面讨论的原则确定分点经度后，可利用上式求出分点纬度。在各分点求出后，便可利用航迹计算法求出各分点间的恒向线航向和航程。

二、混合航线

连接两点间的大圆虽然是航程最短的航线，但不一定是最安全、最经济的航线。由于大圆弧总是凸向地球的北极或南极，采用大圆航线时，所到达的纬度往往较高。而高纬度海区水文气象条件一般均比较恶劣，而且有些区域还有较复杂的岛礁等危险物。如北太平洋除有阿留申群岛阻隔外，冬季多风暴，夏季多雾；北大西洋的高纬度地区多冰山等等。因此，根据不同季节要求航线不超越某一纬度。该纬度称为限制纬度。在有限制纬度时航程最短的航线称为混合航线。如图 7-1-4 所示，航线分为三段，即大圆航线 AB、等纬度圈航线 BC 和大圆航线 CD。其中，B 点和 C 点分别为由起始点 A 和到达点 D 所作限制纬度圈切线的切点。

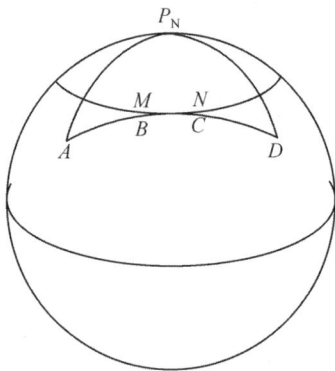

图 7-1-4　混合航线示意图

拟定混合航线主要有大圆海图法和公式计算法。

1. 大圆海图法

利用大圆海图求算混合航线步骤如下：

（1）查阅、分析航海图书资料，确定限制纬度。

（2）在大圆海图上分别由起始点和到达点作限制纬度圈的切线，即得三段航线。

（3）利用大圆航线的求算方法求出两段大圆航线的分点坐标和各分点间的恒向线航向、航程；等纬圈航线的航向为 090° 或 270°，航程可在航用海图上直接量出。

（4）在航用海图上画出各段恒向线航线并列表备航。

2. 公式计算法

在研究和分析航海资料的基础上确定限制纬度后，可利用公式（略）求算混合航线，如图7-1-5 所示。

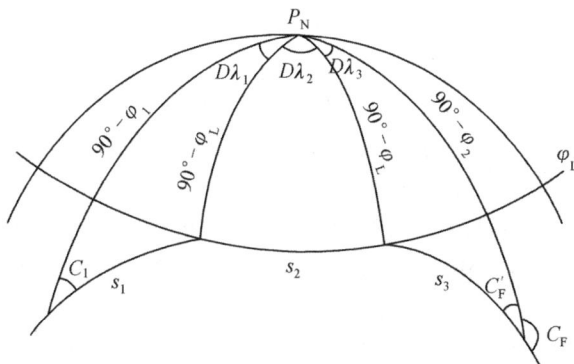

图 7-1-5　混合航线解算示意图

三、大洋航线的选择

大洋航行时，航线长，有较大选择性。所谓最佳航线，是在保证足够安全的前提下，能使船舶航行时间最短、最经济的航线。在选择大洋航线时应考虑以下各种因素。

（1）气象

查阅《世界大洋航路》、航路设计图、《航路指南》、相关气象图等资料，综合中长期天气预报，认真分析航线可能遭遇的盛行风、季风、热带气旋等灾害性天气及雾。

（2）海况

研究海流、海浪、流冰和冰山对船舶航行的影响，尽量避开逆流，避开大风浪区、流冰区和冰山活动区。

（3）障碍物情况

大洋航行时，对岛、礁等危险障碍物应留有足够的安全距离。

（4）定位与避让条件

接近陆地时，应选有显著物标或有明显特征等深线的水域。避免通过渔区和船只拥挤水域。

（5）本船条件

应考虑船龄、船体结构与强度、航行性能、续航力、吃水、船速、货载及船员素质等。货载情况主要考虑有否危险品、衬垫和绑扎情况、有否甲板货及船舶稳性等。船员的技术水平、熟练程度和应付紧迫局面的能力是选择航线应考虑的重要因素。

（6）尽量选用推荐航线

《世界大洋航路》和航路设计图中的推荐航线，是各国船舶多年航行经验的结晶。一般情况下,应尽量选用推荐航线。在有分道通航制的区域,应遵守分道通航的规定。

总之在选择大洋航线时最重要的是安全,其次是节约燃料、缩短航行时间和减少航程。

四、航线示例

以下以北印度洋航线的选择为例。

1. 气候和海流

（1）季风

北印度洋是世界海洋著名的季风区,其风向、风力稳定,季节明显。

冬季（10月至次年3、4月）：盛行东北风,风力较弱,一般3~4级。其中12月和1月为最盛期,风力达4~5级,能见度较好。

夏季（5月至9月）：西南风,7、8月为鼎盛期,风力也较东北季风大。孟加拉湾西南季风风力4~5级,潮湿多雨,能见度较差。阿拉伯海西南季风风力常达6~7级,西部可达10级,雨较少,有霾。

（2）旋风

北印度洋上的旋风与台风一样同属热带低气压,是一种破坏力很强的灾害性天气。旋风生成最多月份在盛夏而不在春秋过渡季节。

旋风路径大都带有抛物线的形状,转向点一般在北纬15°~20°之间,一般终止于离海不远的沿岸陆地,如图7-1-6所示为印度洋旋风主要路径。

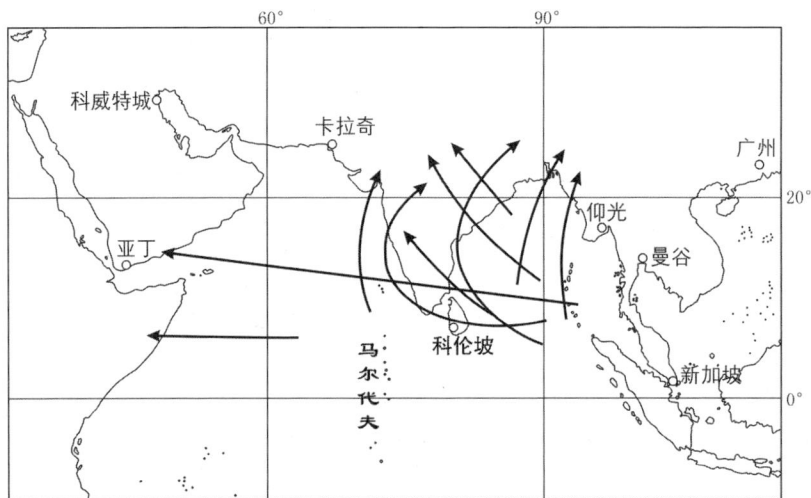

图 7-1-6　印度洋旋风主要路径

（3）海流

北印度洋的海流主要是由季风产生的季风海流。

北印度洋冬季海流,主要为东北季风海流、赤道逆流和南赤道海流,如图7-1-7所示。

北印度洋夏季海流,主要为西南季风海流和南赤道海流,如图7-1-8所示。

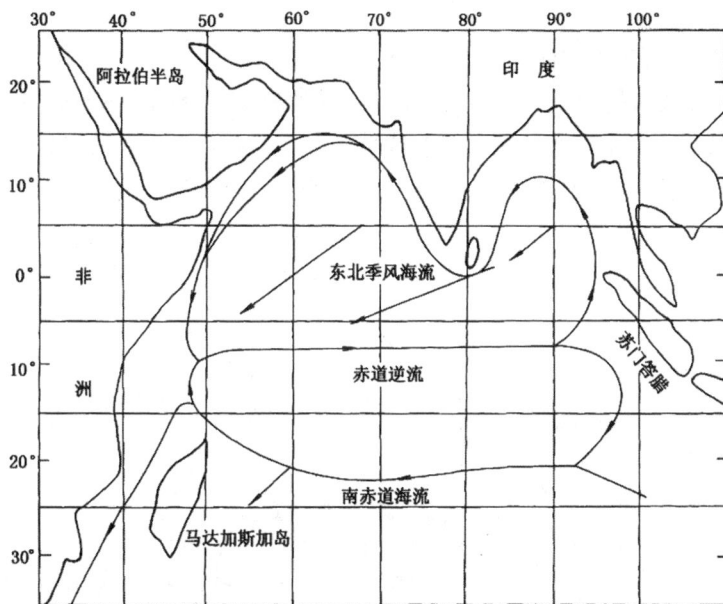

图 7-1-7　北印度洋冬季海流图

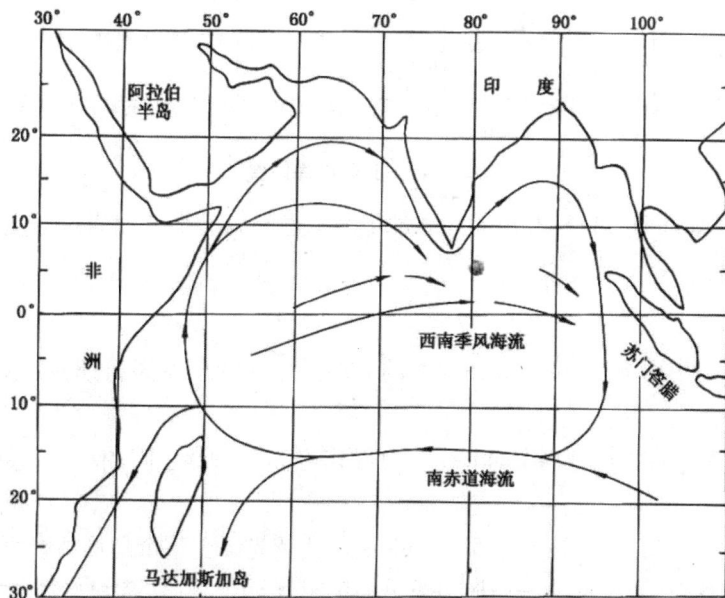

图 7-1-8　北印度洋夏季海流图

（4）涌浪

阿拉伯海西南,涌浪在 5 月形成,持续到 9 月。7 月阿拉伯海波高大都在 2 m 以上。亚丁以东 2200 n mile 海面上,局部地区实际波高达 6 m,周期 12.8 s。

孟加拉湾西南涌浪在 5 月形成,持续到 10 月。

阿拉伯海和孟加拉湾涌浪比较短或中等,超过 200 m 的长涌有 10%,但不高。

2. 航线介绍

北印度洋航线设计,随季节而异。

东北季风时期和季风转换时期,北印度洋风和浪均较小,一般取最短航程的 A 线。

西南季风时期,风大浪凶,如采用习惯航线要通过 Suqutra 岛东方的强风区。为避开西南季风时期的强风区,速度快的大船可走 B 线,低速中小船走 C 或 D 线。A、B、C、D 四条航线如图 7-1-9 所示。

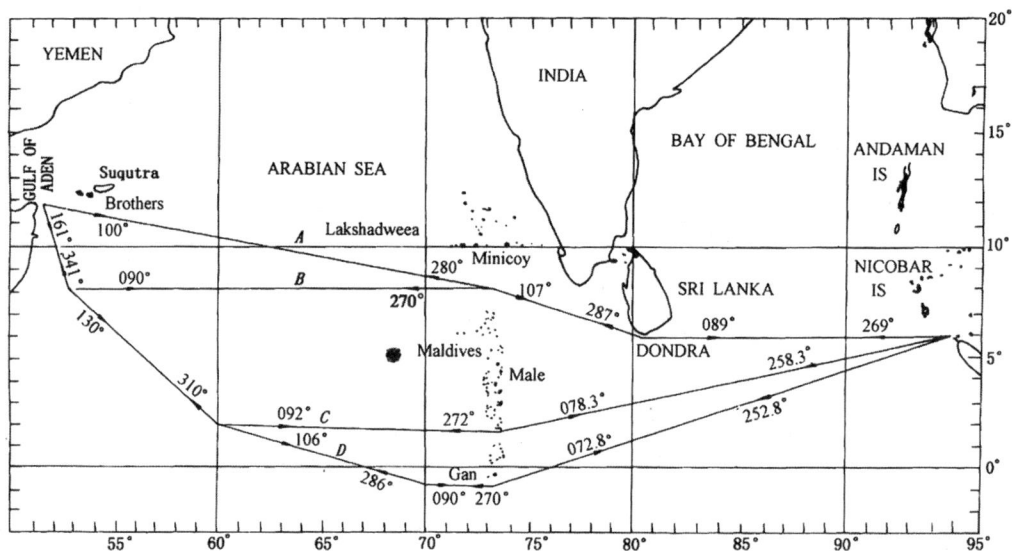

图 7-1-9　北印度洋航线

采取距 Dondra Head 灯塔 20 n mile 通过是为了避开分隔带。如通过分隔带,可按分隔带规定,靠近海岸航行。

3. 航线说明

（1）Suqutra 岛南面至 Guard Fui 角以南的非洲沿岸在西南季风时期有一大片强劲的东到东北流。

（2）自 Pulo We 岛西行驶向 Dondra,12 月在东经 86°~92° 之间,有一股较强的北流,有约 ±2° 流压。

（3）Suqutra 岛很高大,雷达初见 59 n mile。雷达荧光屏上整个岛形清晰可见。但应注意,在远距离扫测时,雷达回波反映的岛形边缘是岛的悬崖峭壁,在实际海岸线以内。因此,远距离定位时应加以修正。

（4）Brothers 岛岛形奇特,像两个怪兄弟,西边的大,东边的小。Guard Fui 角灯塔,塔身黑色,在一片黄沙覆盖的山脊上,白天不易找到,晚上灯光不强。

（5）斯里兰卡沿海海流较复杂,应引起注意。沿岸 12~15 n mile 间海流流向很不一样,但都与岸平行。离岸远些,11 月至次年 1 月流向南。东岸南流很强,可达 3 kn,且压向海岸;西岸和西南岸都较弱。这股南流在岛的南侧汇入总的东北季风西流中。2 月至 3 月在岛的南方,西流持续,并转向西北。东岸北部沿海,在 2 月至 4 月形成孟加拉湾沿岸的顺时针海流。

（6）在斯里兰卡南岸 Dondra 南侧设分隔带两条:

①以 05°51′00″N,080°38′39″.6E 和 05°51′00″N,080°32′30″E 两点连线南北各 1 n mile 范围。

②以 05°45′30″N,080°32′30″E 和 05°45′30″N,080°38′39″.6E 两点连线南北各 1.5 n mile 范围。

西航船应从①和②两分隔带间 3 n mlile 水域内驶过;东航船应从①分隔带的南侧 3 n mile 的水域内驶过。①分隔带与沿岸间水域为沿岸通航区。

五、气象定线

各种航路图和《世界大洋航路》所推荐的航线是以航经海区在某季节的平均天气状况而拟定的,故称之为气候航线。

船舶气象定线又称船舶气象导航。它是由岸上专门机构,根据近期内航行海区的天气预报与海况预报,包括 1~3 天准确的短期预报和 3~7 天甚至 10 天左右的中、长期预报,结合船舶性能、船型、装载特点和航行任务等因素,制定一条既经济又安全的最佳航线。气象导航所推荐的航线,称为气象航线。

气象定线使船舶航行安全水平明显提高,可减少船体损害和货损,缩短航时,节省燃料,提高船舶营运经济效益。

1. 船舶气象定线所考虑的主要因素

(1)气象和海况因素

热带风暴、地方性天气和天气的地方性特征、季节性天气和海况、洋流及风、浪、涌等。

大范围的天气和海况预报是船舶气象定线的基础和关键。

(2)船舶因素

船舶因素包括船型、航速、吃水、稳性、甲板装载、压载、海上操纵性能和导航设备等。

(3)货物因素

货物因素包括货物对温度的要求和货物的海上保护等。

(4)营运因素

营运因素包括船期计划和保险限制等。

2. 气象导航的一般程序

(1)申请气象导航

在船舶开航前 24~48 h,由船舶或船舶所属公司向有关气象导航机构提出申请,以电报或其他通信方式把以下内容通知气象导航机构:

①船舶名称、呼号及船速;

②船舶所属公司或本航次受雇公司的名称、地址;

③预计起航日期、时间;

④出发港口;

⑤目的港(如中途停留,需附停留港名及预计停留时间);

⑥货物装载情况(如货物种类、装货量和甲板货物情况等);

⑦船舶稳性——*GM* 值;

⑧船舶吃水和吃水差；

⑨干舷高度；

⑩特殊事项和船长要求（如易损坏的甲板货物以及需在一定时间内到达目的港等）。

（2）制订航行计划

气象导航机构收到船舶申请后，将适时通过起航港代理人向船长转递推荐航线和有关海域的天气、海况预报以及导航意见。

如果临近开航或已开航才申请气象导航，则可通过导航机构指定的电台或船长在申请中指定的电台获取推荐航线和导航意见。

船舶收到气象导航机构的推荐航线和导航意见后，应在认真分析的基础上制订本船的航行计划，确定计划航线。

（3）航行途中联络

在航行中船长应将下列各项情况通知气象导航机构：

①开航后将实际起航时间电告气象导航机构，导航机构实施跟踪导航。

②每两天一次，将中午船位电告气象导航机构，电报内容包括船名、呼号、日期、时间、经度、纬度、天气及海况。

在正常天气情况下，气象导航机构也每两天一次电告船舶新的导航意见及天气、海况预报。

途中联络时间没有硬性规定，一般在当地标准时12时前后，也有的在世界时12时左右。如途中遇到未经预报的恶劣天气，或恶劣天气使航行受阻，可随时电告气象导航机构。气象导航机构会及时回电，分析沿途的天气和海况，并提出新的指导意见。

③在航行途中，船舶如果不是由于天气影响而降低船速或停止前进，必须立即电告气象导航机构，以便他们掌握船舶动态。

船抵达目的港后应尽早电告到达的时间。

（4）航次总结报告

本航次气象导航结束后，气象导航机构向气象导航公司提供一份完整的气象导航总结报告（副本送船长），内容包括整个航程的天气、海况分析，每天世界时12时的推算船位、航速、风向、风速、浪向、浪高和受大风的天数以及平均航速等，并绘制航迹图。此外，还包括所有来往电报。

3. 气象定线注意事项

在采用气象导航技术时，应注意以下几点：

（1）气象导航机构所推荐的航线仅仅是航行建议，完全是咨询性质的，行驶在推荐航线上的船舶如果发生损失或意外事故，气象导航机构不负任何法律责任。船长在任何情况下都对航行负有全责，其中也包括对航线的选择。

（2）气象定线是寻求一条能避开最险恶风浪区的经济航线，在推荐航线上并非一定风平浪静。那种认为接受了气象导航服务就不会遇到风浪的想法，是一种极大的误解。

（3）采用气象航线时，要有雾航和在高纬度冰区航行的准备。气象导航机构认为，对于全年多雾的北大西洋和北太平洋中高纬海域来说，完全避开雾区是不可能的。气象导航机构推荐的航线，有时纬度较高，特别是西航的跨洋航线，冬季在高纬度海域可能会遇到海冰。

六、大洋航行注意事项

大洋航行时,正确选择航线无疑是重要的。但在航行过程中,根据当时的具体情况,正确地修正航线,以及在航行中及时采取各种必要的航海措施,也是保证航行安全的重要环节。

1. 认真连续进行航迹推算

航迹推算是掌握船位的最基本方法。天文定位、无线电航海仪器定位以及利用卫星定位,都必须以推算船位作为重要参考,因此必须进行认真、细致、连续的航迹推算。

要重视罗经工作情况,一般应每隔 1~2 h 进行一次磁罗经和陀螺罗经的比对。每天早晚利用太阳出没或低高度测定一次罗经差。要坚持使用计程仪并切实掌握计程仪改正率。航迹推算时应正确计算风流压差。

安装有自动化导航仪器的船舶,应注意系统的工作状况是否正常,以确保船舶航行安全。

2. 利用一切可能的机会测定船位

除 GPS 定位外,尚应利用天文定位和远程无线电导航仪器定位等。正常情况下,每昼夜至少应当有三个天文观测船位。远距离无线电定位应每 2 h 一次。定位后应对所测船位进行必要的分析,研究产生误差的原因。

转向时,应力求获取观测船位。

3. 注意接近海岸的安全

远航接近海岸时,为了及早发现物标,应先启动雷达,加强瞭望,反复确认物标,正确定位。直至对船位确信无疑时,方可向接岸点继续航行。此外还应掌握接岸区的地形特点、水深变化规律、水中碍航物的确切位置、水流情况和助航设备等。

4. 认真收听气象预报和收录气象传真

大洋航行时间长,气象多变,必须按时收听有关气象台站的气象报告和接收气象传真图,结合本船的气象观测资料,认真进行综合气象分析。如有灾害性天气,应避离和采取必要的预防措施。

5. 接收航海警告

按时收听航行海区的无线电航海警告,并及时进行必要的改正工作。

6. 及时拨钟

大洋航行中,应按所在时区及时拨钟,通过日界线应变更日期。拨钟和变更日期均应记入航海日志。

7. 选择适当船速以降低燃料消耗

大洋航行,有时可能因为遭遇突发灾害性天气或其他意外原因,使航行时间延长,以致造成燃料的短缺。在此情况下,必须选用适当的船速,以保证续航至中途港或目的港。

8. 选用适当的空白海图

大洋航行使用的航用海图比例尺比较小。为了减小作图误差,提高推算和定位的精度,应该选用适当比例尺的空白定位图进行海图作业。

空白定位图上只有经纬线及其图尺，只在纬线上标明纬度读数，而经度读数由使用者根据需要填上。南北纬可以通用，故其纬度图尺有正、倒两个读数。在用于南纬时，仅需将海图上下倒置，纬度图尺读数由上向下逐渐增加。图上罗经花也有内外两圈，用于南纬时，应使用内圈。

在大洋航行时，应根据航区纬度选用适当的空白定位图。然后，根据航区的经度确定适当的经度值，用铅笔标在图上经线处。当航行纬度变化不大时，则同一张空白定位图可重复使用，只要改写经度值即可。使用空白定位图时，必须经常对照该海区的航用海图，并将早、中、晚的观测船位或推算船位移到航用海图上去，以便及时了解船舶周围海区的情况。

七、燃料消耗与船速航程和排水量之间的关系

船舶航行中需要消耗大量的燃料，对于万吨级货船，每天消耗燃料20 t左右。对于航线长的船舶，航行时间长，燃料消耗很大，开航前燃料储备量也很大，一般应考虑到船舶航行安全储备一定数量的燃料，以免在航行途中因缺乏燃料而停车漂航，或不得已挂靠港口补充燃料，延误到港时间，增加不必要的开支。另外，还应考虑到货运量，录求营运的经济效益，而不能储备过多的燃料。一般燃料的总储备量 Q 为：

$$Q \geqslant (1+15\%)q$$

其中，q 是预计航程的总耗油量，包括主机正常运转到中途港或目的港的耗油量和辅机（发电机组和辅助锅炉）的耗油量，但不包括各燃油柜不能泵吸出的剩油和使用劣质燃油时不能燃烧的部分（一般占 2%~4% 的燃油总储备量）。一般船舶燃油储备量不得少于 2 天的耗油量。

船舶在航行中，由于气象原因达不到预定的航速，如风力增强，船舶顶风、顶浪航行，使航速下降，航行时间增加；或为了避离灾害性天气，船舶需要调整航线而增加航程，都将会增加燃料消耗，有可能到达目的港的燃料数量不够，这是非常危险的。因此，船舶在航行中应每天检查燃料消耗量，将剩余燃料与剩余的航程进行比较，选用合适的航速，以保证船舶安全顺利地抵达目的港。

实际上，燃料消耗量并不是与航速和航程成正比的。为了求得合适的航速或燃料消耗量，必须搞清楚不同情况下它们之间的相互关系。

燃料消耗与航程和航速之间的关系为：

$$F \propto v^2 \cdot s$$

式中：F——航行耗油量（t）；

　v——航速（kn）；

　s——航程（n mile）。

船舶航行单位时间耗油量 Q 与船舶排水量和航速之间的关系为：

$$Q \propto D^{2/3} \cdot v^3$$

式中：Q——航行单位时间耗油量（t）；

　D——船舶排水量（t）；

　v——航速（kn）。

例 7-1-1：某船由 A 港出发，燃油储备 1000 t，计划航行 5000 n mile 到达 B 港，该船以 20 kn

航行了 4000 n mile 后,燃油剩 500 t,船长计划到达 B 港时,燃油剩 400 t,求该船应采用的航速。

解:

设应采用的航速为 x。

航行 4000 n mile 耗油:$1000-500=500$ t

剩余航程:$5000-4000=1000$ n mile

剩余航程耗油:$500-400=100$ t

$$(20^2×4000):(x^2×1000)=500:100$$
$$x=17.9 \text{ kn}$$

该船应采用的航速为 17.9 kn。

例 7-1-2: 某船排水量为 12000 t,以 14 kn 航速航行 1 天,燃油消耗 25 t,现航速减为 12 kn,求日燃油消耗量将减少多少?

解:

设航速为 12 kn 时日燃油消耗量为 x。

$$(12000^{2/3}×14^3):(12000^{2/3}×12^3)=25:x$$
$$x=15.74 \text{ t}$$

日燃油消耗量减少值为 $25-15.74=9.26$ t。

八、航行计划的制订

航行计划是指船舶在接受航次命令后,拟定的从一个港口航行到另一港口的过程中,有关航行安全保证的具体措施与对策。船舶在开航前必须根据航次任务和本船条件,综合考虑各种因素,制订周密的航行计划。

(一)制订航行计划的主要内容

1.配备人员、准备和检修各种航海仪器

船舶领导应详细了解本船船员的适航状况、技术水平和航行经验,认真组织检修各航海仪器,使之处于良好状态。

2.备妥本航次所需的海图和航海图书资料

备齐航行所需要的航用海图和参考图以及《航路指南》等各种图书资料,并按照航海通告和航海警告将其改正好。

3.仔细研究有关的海图和航海图书资料,了解航区的详细情况

全面了解港口情况、水文气象条件以及可能遇到的灾害天气、航区助航设备和近岸航区的危险区域等。

4.确定航线

根据对航行海区的研究,参照本船或他船的航行经验,并考虑本船的吃水、性能、配载和船员素质以及航区的气象、定位条件等,在保证安全的前提下,经反复权衡后确定并在小比例尺海图上预画航线。

5.选择进出港和通过重要航段或物标的时机

结合港章的具体规定,尽可能选择在中午前进港。如先锚泊后进港或所靠码头在港口纵深地段时,应在时间上留有充分余地。如该港水深浅、潮差大或潮流较强,尚应考虑潮时。

航行特别困难的狭水道,应避免夜间通过。

对于有碍航行安全的海区,应尽可能设计绕航航线。

航行海区在热带气旋盛行的季节,还应做好避风航线准备。通过重要的转向点,应尽可能具有获得准确船位的条件。

6.预算时间,做出航行计划表

从航用海图上量出各段航线的计划航向和航程,预算各段航线的航行时间,通过重要航区或转向点的时间,做出航行计划表。

在预算到达时间时,应留有余地。在实际航行中,可稍有提前,以便在发生意外情况时,有回旋的余地。

7.计算燃料装载量

确定适当的燃料装载量,对于航行的安全和经济都是必要的。燃料装载过多,就会减少载货量;燃料装载过少,在遇到意外情况时可能造成燃料短缺,对安全不利。因此,除正常所需的燃料外,一般还应有不少于船舶2天耗油量的额外燃油储备。

（二）制订航行计划的注意事项

制订航行计划的过程,实际就是船舶出航准备的过程,因此应十分认真、周密和细致。有关航线的选择和航行安全的保障,应切实可行,在时间上也应力求准确。

航行计划一经制订完毕并获批准后,如无特殊情况,应严格执行,航行中不得随意变更。当遇有意外情况如灾害性天气、水文气象条件预测不准确以及船舶本身发生故障等,必须根据变化了的情况及时修订计划。对于长航线,如出于时间上的原因,可先规划出总的航行计划的轮廓,同时具体制订出计划的前段,然后在航行过程中逐步充实和完善剩余的部分。

对于经常航行的海区或定线航行的班轮,由于对航区较熟悉,因此制订计划的工作可以适当精减。但也应根据不同的航行季节,做好应对特殊情况的准备工作,并应随时注意航行海区情况的新变化和新的航行规定等。

（三）航行计划参考表格

航行计划参考表格包括海图一览表、航线计划表、通过重要物标或转向点纪要表、船舶拨钟计划表等。

（四）航线设计

航线设计是航行计划的重要组成部分,是航行计划的具体实施。航线设计的原则是安全和经济。安全和经济是统一的,目的是提高经济效益。

1.航线设计的内容

(1)在海图上绘画航线,并列出起始点、各转向点和讫点的经纬度,或以某物标的方位和距离表示。

（2）列出各点间的航向。

（3）标出各点间的计划航程、各点的累计航程和起讫港间的总航程。

（4）列出各点间的计划航行时间、各点的累计航行时间和起讫港间的总航行时间。

（5）预绘必要的警戒线于海图上。

（6）预绘重要的灯标、雷达目标等于海图上。

（7）预绘重要航区潮流于海图上。

（8）列出所需海图的图号。

（9）拟定中途遭遇强风的航路与避风锚地。

2. 航线设计应考虑的因素

（1）本船条件

①续航力。

②船级中的航区限制。

③船员适任证书中的航区限制。

④保险条款中的航区限制。

⑤船舶尺度：长度、宽度、最大高度，如巴拿马运河 $B<32.3$ m。

⑥船舶装备：如未配有运河规定的一些装备，一般情况下不宜设计过运河航线。

⑦技术状态：老旧船或失修船或发生事故仅做临时性修理的船舶，船员的业务技术水平不够理想的船舶，应选择风浪小的航路。

⑧装载状况：满载与空载使船舶的吃水、稳性、受风面积和操纵性能均有所变化。船舶是否进行良好的封舱、货物的系固情况等，都是应考虑的因素。

（2）气象水文条件

世界灾害性天气、大洋风带与季风、涌浪与异常涌浪、流、冰况等。

（3）海岸、岛屿及水下障碍物

①水下障碍物。

②未经精测的水域与疑存的浅点。

③岸礁。

（4）受限制区域

①有关当局公布的航行受限制区域。

②有关公约规定的航行受限制区域。

3. 航线设计的步骤

（1）选定计划航线

在分析和掌握航海资料的基础上，根据本船条件和航海经验，选定进出港航行、沿岸航行和大洋航行等的计划航线。

（2）初画航线

先在小比例尺总图上画出计划航线，求出概略航程。

（3）确定船速

在考虑水文气象条件下，估计船舶可能达到的实际速度。

（4）估算航行时间

根据概略航程和估计的实际速度，估算航行时间。

（5）检查修改

根据上述估算，检查初画航线并做必要的修改。

（6）预画航线并列出航线表

在大比例尺航用海图上，准确地画出进出港航线、沿岸航线和近海航线，在空白定位图上画出大洋航线，并准确量出计划航迹向和航程，列表备查。在备注栏中，主要填写该航段应注意的特殊水文气象情况、重要航行障碍物和该航区的航行注意事项，或记入该航段应该参阅的航海图书资料的名称和页数。在航线上，应标出进出港预计到达重要转向点的时间等。

九、航海日志

航海日志（Log book）是船舶重要情况的原始记录。航海日志的作用是记录和分析航行情况，积累航海资料，总结航行经验。

航海日志还是船舶的重要法定文件，填写航海日志是值班驾驶员的重要职责之一。发生海事时，航海日志是分析海事原因、做出符合实际的判断和处理的重要依据。

1.航海日志填写内容

航海日志分左页和右页。左页是主页，右页是记事栏。

（1）左页填写的内容

①航行记录部分：时间、航向、航程、航速和风流压差等。

②气象海况记录部分：风向、风力、气压、云和气温等。

③舱水测量记录和中午统计记录部分。

（2）右页填写的内容

凡左页不能包括但与航海有关的内容，均应记入右页，如船舶动态、货物装卸情况、前后吃水、船位和天气海况等。

右页的重大记事栏，由船长、大副填写，记载船上非经常性及较重大事件，如发生海事、应急演习、到离港货物以及对航海日志填写中严重疏漏的更正等。

2.航海日志填写要求

（1）由值班驾驶员负责用蓝黑墨水笔填写，不论航行或停泊都不得中断。所记内容要简明、完整、确切，不得随意更改。所记内容应能全面反映出船舶航行和停泊情况。必要时，事后应能根据填写内容重新画出船舶的航迹。

（2）按时间和页码顺序记载，不得留有空页和空格。所有缩写和符号都应按规定使用。应当记载直接观测的和直接读取的原始数据，如记罗航向、计程仪读数及其误差数据，而不是直接写入改正后的数值。

（3）记载如有错误，可用笔划去后改写，但被划去的部分仍应清晰可见，并在改写处由修改人签名以示负责。不得用橡皮或小刀擦改和修补，更不准整页撕掉。交班时应在本班记载内容之后签名。

（4）船舶发生海事时，应详细记载当时情况，以便事后进行海事分析和处理。

3.航海日志管理要求

(1)航海日志由大副具体负责管理和保存。船长对监督航海日志填写之正确和完整负全部责任。

(2)用完的航海日志,由船上保存三年后交主管部门。

(3)决定弃船时,船长必须将航海日志及有关海图随身携带离船,妥善保存,以供海事调查之用。

第二节　沿岸航行

沿岸航行是指在沿海各港口之间的近岸海上航行以及自海上接近陆岸时的航行。

一、沿岸航行特点

(1)航线附近的危险物和障碍物多,水深较浅。

(2)水流复杂,潮流影响大。

(3)来往船只多,尤其是各类渔船较为密集,航行和避让都有一定困难。

(4)可用于导航、定位的自然和人工物标多,能经常测得较准确的观测船位。

(5)海图和航海参考资料一般较详尽、完备。

二、沿岸航行注意事项

1.正确识别物标

沿岸航行中,正确识别物标,是准确定位、保证安全航行的前提。对于浮标,在大风过后,常有移位和漂失的情况,灯浮也常有灯光熄灭的情况。因此应当注意识别。只有在确认无疑时,方可用于导航。灯标,有时也可能被云雾遮住,冬季则有可能被冰雪遮住其玻璃罩而影响射程,或因船位偏离而不能及时发现其灯光。遇有上述情况时,必须仔细分析和查明原因,切不可主观臆断。

2.勤测船位

沿岸航行时,航速在 15 kn 以下,每半小时应定位一次。接近危险地区或航速在 15 kn 以上,均应适当缩短定位的时间间隔。

物标在视界以内,应尽量使用目测定位法。能见度不良时,应充分使用雷达进行定位导航。

雷达、GPS 及测深仪等助航仪器,均应保持良好的工作状态。

在重要航区和转向点,应采用多种定位方法,以排除单一定位法可能存在的误差。

3.连续、认真地进行航迹推算

沿岸航行时,虽然定位条件较好,可供定位的物标多,但不可忽视连续的航迹推算工作。

否则,一旦由于某种原因而难以测定船位,便会丢失船位。

在航迹推算中,应认真使用风流资料。在沿岸水流影响显著地区航行,每小时求取一次推算船位;在其他地区航行,一般情况下每 2 h 或 4 h 确定一次推算船位。

接近危险航区时,应考虑到推算船位本身存在一定的误差,必须采取谨慎措施。同时应注意积累航区的风流资料,不断总结经验。对推算船位的或然区应做到心中有数,使船保持在计划航线上。

4. 加强瞭望

沿岸航行中的许多海事,特别是碰撞事故,大多源于疏忽瞭望。瞭望应由近及远地连续扫视水平线内的一切事物,包括海面上任何微小的变化。如航行或停泊的各类船舶和陆岸上的一切物标等。在航行条件比较复杂的情况下,应借助望远镜瞭望,观察他船动向,以利及时避让和预防出现紧迫局面。夜间应特别注意保持"夜眼",尽量少在海图室逗留。必要时应开启雷达来协助瞭望。

5. 及时、准确地转向

沿岸航行转向比较频繁。转向时必须把握住时机,准确地转到新航线上。转向前应尽可能测得准确的船位,以便推算出到达转向点的时间。事先量出转向时转向物标的方位或距离,计算好改向后新航向的罗航向。在转向时,应考虑旋回圈用小舵角逐渐转过去。转向时应特别注意避让。因为重要的转向点往往是船舶的交汇点,容易出现紧迫局面。必要时,先避让,后转向。转向后应抓紧测定船位,校验船舶是否在新航线上。同时应在海图上和航海日志中记下转向时间、计程仪读数和船位。

6. 按时收听航海警告和气象预报

船舶在沿岸航行时,应定时收听当地的航海警告,与航行安全有关的内容应根据船长指示及时用铅笔改注在海图上,以确保航行的安全。尚应注意收听有关的气象预报。如发现航路的进程中有灾害性天气,应及时果断地改变航行计划,避离灾害性天气。

三、沿岸航线拟定原则

1. 尽可能采用推荐航线

在无特殊原因的情况下,应尽可能采用航路指南中所指明的推荐航线,包括采用分道通航航路。不使用分道通航制的船舶应尽可能远离该区域。

2. 确定适当的与陆岸距离

沿岸航行时,在确保安全水深的前提下,可适当靠近陆岸以利辨认陆标。但应注意留有余地,以防万一由于某种失误或主机突然损坏而出现的险情。

在能见度良好的情况下,应与陡峭无危险物的海岸保持 2 n mile 以上的距离。一般大船应以 20 m 等深线作为警戒线,小船应以 10 m 等深线作为警戒线。至少应在 2 倍本船吃水水深以外航行。如果在夜间或能见度不良、定位又有困难时,应在离岸 10 n mile 以外航行。

3. 确定避离危险物的安全距离

航线离暗礁、沉船、浅滩、渔栅、孤立危险岩石等航海危险物的距离,可根据下列因素确定:

（1）最后一个实测船位至危险物之间的航程大小及所需的航行时间。航程越远，航行时间越长，则通过危险物时船位或然区离危险物的距离也越近，因此确定航线时亦应增大与危险物的距离。

（2）通过危险物时能见度的情况。

（3）危险物附近有无显著物标可供定位或避险。

（4）海图上危险物位置标绘的精度。如通过粗测区时，航线离危险物的距离应增大。

（5）风、流对航行的影响。

通常在能见度良好的情况下，航线附近有显著物标可供定位和避险的情况下，航线与精测危险物之间的距离至少应保持在 1 n mile 以上。

在原则上，航线离危险物的距离应大于船舶通过该危险物时船位可能偏离航线的最大距离。如定位条件难以保证安全避离危险物，则宁可绕航。任何时候都不应为缩短航程而过分靠近危险物。

其实，为避开危险物而绕航时，即使离危险物的距离增大很多，其所增加的航程也是很有限的，但从安全角度来说，能得到更好的保证。

4. 转向点和转向物标的选择

转向点的选择应从转向前后的两条航线综合考虑，因为转向点是两条航线的交点。

沿岸航行时，应尽量选择转向一侧的正横附近显著固定物标作为转向物标，如灯塔、立标、岛屿、山峰或灯船等。应避免选用平坦的岬角或浮标作为转向物标。应避免在危险物附近转向，切忌向危险物所在方向做大角度的转向。

夜间航行时，应选用灯标作为转向物标。在能见度不良条件下，如航区条件允许，则转向物标最好能考虑几个方案，以便根据当地情况灵活使用。

第三节　狭水道航行

一、岛礁区航行

岛礁区是指岛屿集中，浅滩、暗礁等航海危险物较多的航区。例如，我国沿海的舟山群岛、澎湖列岛，日本濑户内海等均属于岛礁区。我国南海的南沙群岛、西沙群岛、中沙群岛和东沙群岛等则属于珊瑚礁海区。

1. 岛礁区特点

（1）航行水道多，航道狭窄且弯曲

在岛礁区，由于岛屿星罗棋布，沿岸与岛屿之间以及岛屿与岛屿之间形成许多航行水道，且一般均较狭窄和弯曲。由于岛屿重叠，在进入航门、水道前往往不易辨认。

（2）航道附近危险物多

岛礁区海底地形复杂，水深变化大且不规则，有明礁、暗礁等航海危险物。由于危险物与航线接近,对航行安全威胁较大。

（3）流速大,流向复杂

岛礁区的潮流,由于受到狭窄、曲折地形的影响,因此流速较大,流向也较复杂。在水流受岛礁阻碍的水域和航门水道口,常形成涡流和迴流,增加了船舶航行与操纵的困难。

（4）船、渔网、渔栅多

岛礁区一般是渔船集中的地方,在鱼汛期,尤其是大风前后,来往渔船特别多。在航道附近还可能布设有渔网和渔栅,因此船舶在岛礁海区航行时,应注意避让渔船和渔具。

（5）可供导航的物标多

在岛礁区,往往山峰众多,且在主要航道上常设有较多的人工助航标志,可供船舶定位、导航和避险使用。

2.珊瑚礁区特点

（1）没有显著物标

珊瑚礁大多是干出礁,在高潮时被淹没,低潮时露出,目测和雷达观测有时不易被发现。珊瑚礁区一般没有显著物标可供定位和导航。

（2）水深变化大且水流复杂

珊瑚礁壁陡峭,虽离礁很近,水深却很深。因此,不能以水深大小判断与珊瑚礁的距离。珊瑚礁区海流、潮流也比较复杂。

3.岛礁区、珊瑚区航行注意事项

（1）航行前仔细研究海图及有关的航海资料,拟定好航行计划,选择好各种导标、叠标及转向、避险物标。

（2）由于航道距危险物近,物标与船舶的相对位置变化快,要求驾驶员必须随时掌握船舶周围情况,果断处置。在岛礁区航行中,多系目测导航,要特别注意瞭望。要随时掌握船位。因为一旦丢失船位,一切判断和处置就失去了最主要的依据,航行安全也就失去保障。

（3）在岛礁区航行,除了利用通常的导航、转向和避险方法外,还可经常利用物标的"开门""关门"来确定转向时机和避离危险等。值得注意的是,物标"开门"转向时,如后标开始时被前标遮蔽,对后标的识别要求就非常高。两标一旦"开门",船舶就应立即转向。如果物标识别有误,或者因后标识别费时而延误了转向时机,都可能给航行安全造成严重影响,故应特别谨慎。

（4）航行中必须采取各种必要的安全措施,诸如由有经验的一水操舵以及备锚、备车,随时做好全速倒车的准备。为避免在狭窄水道中避让来船,进入航道前应根据情况鸣笛等。

二、狭水道航行

船舶进出港口、锚地的航道以及海峡、江河、运河等航道一般统称为狭水道,狭水道航行特点如下:

（1）航道狭窄

狭水道最显著的特点是航道狭窄、弯曲,且有浅滩和礁石等危险物,船舶没有足够的回旋余地。例如,我国天津新港进口主航道系人工疏浚,宽仅 60 m 左右;再如印度加尔各答,从港外引航到港内航程120 n mile,河道长而狭窄且弯曲。

船舶在狭水道中航行和操纵都比较复杂。许多狭水道内,除有天然和人工陆标可供定位、避险、导航外,还设有浮标指示航道或航海危险区。有些狭水道还实施了分道通航制,以利于来往船只的航行安全。

(2)水深小且多变

多数港口航道水深均较小,如我国的上海港、温州港和营口港等。吃水深的船舶,须候潮进港。而江河口航道,由于泥沙沉积,往往形成浅滩。这种浅滩的位置,又常随季节和江河水势的差异而多变迁。因此江河口航道水深经常改变,如长江口的铜沙浅滩等。

(3)水流复杂

狭水道潮流流速大,流向多变。例如日本濑户内海的来岛海峡是世界典型的水流复杂狭水道,最大流速可达10 kn,且到处有急流和旋涡。船舶通过水流复杂的航道,必须认真查阅、研究有关资料,航行中要掌握水流的变化规律,正确预配流压差,以保证航行安全。

除潮流外,有些狭水道潮差大也对航行造成很大影响。例如我国杭州湾水域,最大潮差竟达8 m。船舶必须根据本船吃水,结合潮时、潮高把握通航时间。

(4)船只密集

狭水道,特别是比较重要的狭水道,一般都是来往船只密集水域。有些水域渔船和其他类型船舶也较多,易造成航道阻塞和紧迫局面。航行中必须加强瞭望,严格按规定航线航行,防止碰撞。在有超大型船通过的狭水道,要注意大船预告。例如新加坡海峡在大型深吃水船舶通过之前,即发出预告,以便来往船只及时掌握大船动态,注意避让。否则由于大船行动迟缓,又不能偏离深水航道,容易造成紧迫局面。

三、过浅滩航行方法和注意事项

在某些河口港的进出港航道中,往往有浅滩或浅水区域,例如上海港外长江南水道的铜沙浅滩。吃水深的船舶进出这些航道,通常需要候潮。

1. 最小安全水深的确定

通过浅滩时的最小安全水深为:

最小安全水深=最大吃水(出发港)+咸淡水差+船体下沉+横倾增加吃水+半波高+保留水深-油水消耗减少吃水

由上式可知,确定最小安全水深应考虑如下因素:

(1)出发港最大吃水

通常在受载时就应根据航行时间、油水消耗量、潮汐情况等预算船舶在出发港的最大吃水,合理受载,以期在通过浅滩时既可达到首尾吃水适当,又有足够的保留水深,以便船舶安全顺利通过浅滩。

(2)咸淡水差

船舶进出不同水密度的水域时,吃水将随之发生改变。由咸水入淡水吃水增加,反之吃水减少。

(3)船体下沉及吃水差变化

船舶在浅水中航行,船体会下沉、吃水增加。这是因为船底至海底的水深有限,水流加快,水压降低,从而使吃水增加,同时也引起吃水差的变化。

浅水中船体下沉及纵倾变化,较之深水更为激烈。船首上浮的时机较早。而且,越是水浅,达到最大首倾和开始变为尾倾所需船速越低。在商船速度范围内,浅水中低速时就出现船体下沉,船速越快或越是肥胖型的船,船体下沉及吃水差的变化程度就越大。

(4)横倾增加吃水

在水深受限的狭水道中航行时,要考虑横倾会增加吃水的因素,如图 7-3-1 所示。

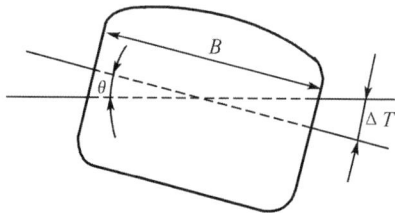

图 7-3-1　船舶横倾

(5)半波高

浅水区有波浪时,其水深的大小会随着波浪呈周期性的变化。当船处于波谷时,水深要比没有波浪时的水深小半个波高。如再考虑船舶随波浪上下运动时的惯性,则船舶处于波谷时,船底下的水深减小量将大于半个波高。所以有波浪时,要考虑半波高,以免墩底。

(6)保留水深

保留水深应视该浅滩处潮高预报误差、海图水深测量误差和底质而定。中版《潮汐表》预报潮高误差范围为 20～30 cm。海图水深,一般规定水深低于 21 m 时,水深注记允许误差为0.1 m;水深在 21～31 m 时,允许误差为 0.3 m;水深超过 31 m 时,允许误差为 1 m。确定保留水深时要注意留有充分余地。通常情况下,保留水深可取 0.1～0.5 m。

(7)油水消耗吃水减少

根据本船每天油水消耗量、每厘米吃水吨数和航行天数,计算油水消耗吃水减少的厘米数:

$$油水消耗吃水减少(cm)=每天油水消耗×\frac{航行天数}{每厘米吃水吨数}$$

2.过浅滩注意事项

(1)调整吃水

船舶到达浅滩以前,应根据油水消耗及时调整船舶吃水,使其到达浅滩时刚好为平吃水,且无横倾。如当地水深允许,可将船调整至适当尾倾,以改善船舶操纵性能。值得注意的是,船舶由咸水水域进入淡水或半淡水水域,平均吃水增加,船舶浮心后移,导致吃水差增加。为此,要保证船舶在淡水或半淡水中为平吃水,则在咸水中应有适当的尾倾。

(2)候潮

过浅滩往往需要候潮,候潮时潮高的计算是以《潮汐表》预测为依据的。《潮汐表》预测本身存在一定的误差,且潮汐受气象影响较大,例如由于风向、风力不同,会使高潮时间提前或推迟。因此船舶候潮通过浅滩,除非确有把握,一般不应在高潮时通过,尤其不能在大潮日的高潮时通过,以免一旦搁浅时离滩困难。在水深符合要求的前提下,通常可选择在高潮前 1 h 通过较为适宜。

（3）掌握车速

条件许可时，最好在过浅滩前开快车，在过浅滩时慢车或停车，让船淌航过浅滩。若浅滩较长，应开慢车航行，也可在水深稍深处开快车，水浅处淌航，以减少船体下沉及吃水差变化。必要时可用拖船协助。

（4）掌握最新资料

浅水航道尤其是江河口航道，由于泥沙淤积，航道多变，通过前应查阅最新资料，掌握航道最新的变化情况。

（5）尽可能避免在浅水区会遇和追越

浅水区舵效差，操纵困难，两船相距较近还会出现船吸。若同时有他船通过浅滩，可提前通过 VHF 相互协调，使其中一船先过，另一船在浅滩外航道上慢车等候。万一两船在浅水区会遇，应各自靠右侧行驶，采用减速和变速对驶通过。应尽可能避免在浅水区追越。

四、导航方法

在通过狭水道之前，必须仔细研究有关的航海图书资料，并及时进行改正。对各段航线的航向、航程和水道中的航海危险物、水流情况以及定位、导航、避险和转向物标等做到心中有数，有些要熟记。做好航行计划，明确在各段航行中应采取的航行方法和注意事项。

在航行中，还必须结合本船冲程、旋回要素、锚和舵的性能，规定好适当的航速，备车、备锚航行，以应付能见度突然变坏而造成航行紧迫局面等各种可能发生的复杂情况。

在狭水道中除天然物标外，还设有必要的浮标、导标和叠标等，以满足狭水道导航、转向和避险的需要。

1. 浮标导航

进出港湾、锚地，通常可按灯浮航行。我国长江口南水道就是一个比较典型的用浮标导航的水道。

浮标导航方法，实际上就是逐个通过浮标的航行方法。具体导航方法如下：

（1）查阅有关航路指南和港章，熟悉浮标制度，预画好航线，严格按照计划航线航行。

（2）熟记各浮标的名称、号数、颜色、灯质、意义以及各浮标间的航向、航程和该段航道的宽度与深度。由外海进港时，必须抓准第一个灯浮。这在推算船位不够准确、港外灯浮又较多且附近又无岛岸物标可供校验的情况下，尤为重要。

（3）通过每一个灯浮时都应认真核对浮标的颜色、灯质或编号，以防认错或漏认而走错航道和误入险境。

（4）通过每一灯浮时都应与其保持适当的距离，不宜太靠近浮标，以防被风、流压上灯浮。另外应记录经过每一浮标的时间、正横距离和航向，以便估算当时船舶的实际航速和推算到达下一浮标的时刻。

（5）掌握好转向时机。按浮标导航时，转向点通常选在浮标的正横处。具体转向时应考虑当时的潮流。顺流时应适当提前转向，逆流时可稍推迟转向，以保证船舶准确转入下一航线。

（6）将浮标导航与推算航行相结合。风、流的影响或船只撞浮，常会造成灯浮的移位、漂失或灯光熄灭，因此航行中应认真执行航行计划，将浮标导航与推算航行结合起来。经常将灯浮的位置和本船的推算位置互相校对。例如利用两灯浮的正横时间,求出本船的实际航速,推算出下一浮标的正横时间,再与实际到达的时间相对照。如两者相差不大,则说明推算准确,灯浮位置正常。当两者相差很大时,应认真分析研究。有条件时应进行陆标定位,验证浮标位置是否正常。如对船位有怀疑,必要时可减速或抛锚,待判明情况后再继续航行。平时应注意观察各浮标和岸标的相对位置,以积累经验,一旦遇到浮标移位等情况后,不致走错航道。

（7）掌握浮标正横距离,可以判断船舶是否偏离计划航线。一般目测正横距离的方法有四点方位法和舷角航程法。

如图 7-3-2 所示,A、B 为两浮标,其间距设为 6 n mile。船与 A 浮标正横时,测得 B 浮标的舷角 $\theta = 1°$,则可按舷角航程法预算船舶通过 B 浮标时的正横距离:

$$BD = \theta \times \frac{1}{57.3} = 0.1 \text{ n mile}$$

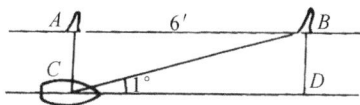

图 7-3-2　舷角航程法

利用浮标导航,及早发现前方浮标是非常重要的。应根据航速预算出到达下一浮标的时间。如该发现而未发现浮标或对前方浮标有疑问时,应立即采取必要的措施,查明原因,谨慎驾驶,绝不能盲目航行。

（8）做好备车、备锚等应急准备。当避让他船或转向时,应注意舵工的操舵情况。在浮标导航中,要特别加强瞭望,注意避让,严格遵守有关的国际和地方规则。

2. 叠标导航

（1）方位叠标导航

港口或狭水道航道,通常设有人工叠标供船舶导航。方位叠标一般由前后两个标志组成,离船近的标志称为前标,离船远的标志称为后标。两标志连线向航道一侧的延长线,即为相应的方位叠标线。航行时始终保持叠标串视,就可保证船舶准确航行在计划航线上。

如发现叠标分开,说明船舶已偏离计划航线,应及时修正。如图 7-3-3 所示,以近标为基准,当叠标在船首方向时,近标偏右(如位置 b,船舶偏在计划航线的左边),应向右修正;近标偏左(如位置 c 船舶偏在计划航线右边),应向左修正。如叠标在船尾方向,则修正方法与上述相反。

必须注意,当船舶受风流压影响时,为了保持与叠标串视,船首通常应向上风流方向偏一个适当的角度。

按叠标航行的准确性与叠标的灵敏度有关。所谓叠标灵敏度,是指船在垂直叠标线方向偏离多少距离才能发现叠标分开。灵敏度好的叠标,当船稍微偏开叠标线时,就能发现叠标分开。

叠标的灵敏度与前后标之间的距离 d 和船距前标的距离 D 有关。当 D 一定时,d 越大,叠标越灵敏;当 d 一定时,D 越小,叠标越灵敏。除灵敏度外,还要求叠标的可辨认度高。人工叠标一般均满足灵敏度和可辨认度的要求。选择天然叠标,当 $\dfrac{d}{D} \geq \dfrac{1}{3}$ 时,即符合导航对灵敏度的要求。其次应选择细长物标,且后标应高于前标,并注意标志本身的亮度和背景亮度,以便于识别。

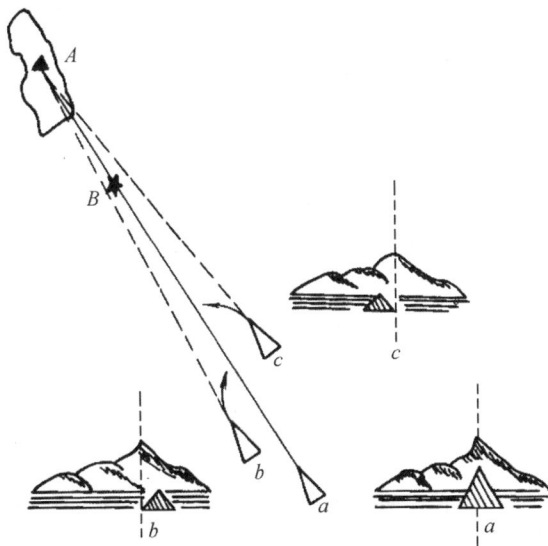

图 7-3-3 方位叠标导航

(2)雷达距离叠标导航

方位叠标线实质上是两物标方位差等于零的等值线,而距离叠标线则是至两物标的距离差等于零的等值线。同样,距离叠标也可作为导航叠标使用。

如图 7-3-4 所示,A、B 为两个测距标志。当 $D_A = D_B$,即 $D_A - D_B = 0$ 的等值线正好标示航道轴线。

实际导航时,用雷达的活动距标圈连续测定两标志的距离,只要保持 $D_A = D_B$,即两标志的回波保持在同一活动距标圈上,就可以准确而简便地使船保持在预定航线上。

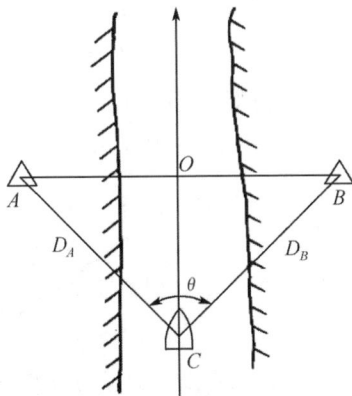

图 7-3-4 距离叠标导航

保持活动距标圈始终与较近的一个标志的回波相切,这时若发现右侧的 B 标志回波呈现在距离圈之外,如图 7-3-5(a)所示,则表明船已偏左,应向右纠正航向;反之,若左侧 A 标志回波在距离圈之外,如图 7-3-5(c)所示,则说明船已偏右,应向左纠正航向。

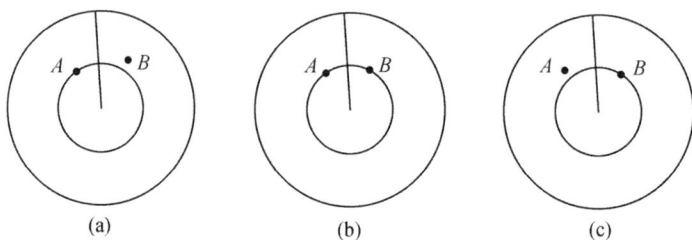

图 7-3-5　雷达距离叠标导航回波示意图

这种叠标标志多设在岸上,也有的设在水中。为了使回波易于发现和辨认,有的标志上还加装雷达应答标。

雷达距离叠标的突出优点是不受能见度的限制。

用雷达距离叠标导航,A、B 两标的间距越大,叠标越灵敏;而船距 A、B 两标连线的垂距越小,叠标越灵敏。反之,灵敏度低。

3. 导标方位导航

当航线上没有合适的叠标时,可在航线前方(或后方)选择一个明显的物标作为导标,过该物标做一适当的方位线,以此为计划航线。航行中保持该物标的预定方位不变,即可使船舶沿该方位线航行。

按导标航行,必须不断用罗经观测导标的方位(换算成罗方位)。当方位改变时,说明已偏离计划航线,应及时修正。

如图 7-3-6 所示,导标在船首方向时,方位增大(偏在计划航线的左边),应向右修正;方位减小(偏在计划航线的右边),应向左修正。导标在船尾方向时则相反。

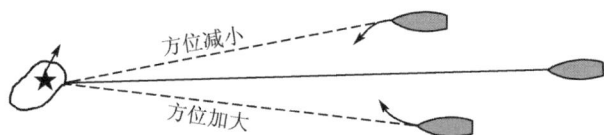

图 7-3-6　导标方位导航

按导标航行,切记不能误认为是船首对着导标航行,否则在有风流压的情况下,会被压向风流的下方而发生危险。如图 7-3-7 所示,当时为涨潮流,如船不断地将船首对准导标,而没有保持该方位不变,就会造成事故。

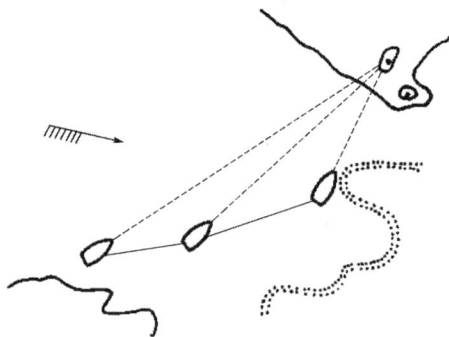

图 7-3-7　导标方位导航(未保持导标方位不变)

导标方位导航的准确性取决于导标位置、罗经差、观测方位的准确性以及导标距船舶距离的远近。为此,在可能情况下,应准确测定罗经差,并选择标身尖细、位置准确和距离较近的物标作为导标,以提高按导标航行的准确性。

4. 平行线导航

航线前后无适当的叠标或导标可供导航时,可借助雷达利用航线两侧附近的物标进行平行线导航。

平行线导航时,应事先结合海图,选取离航线近、显著、准确的物标,并量取该物标至计划航线的最近距离。雷达调至北向上相对运动显示方式,活动距标调至相近的最近距离值,电子方位线与计划航线平行,调整电子方位线扫描中心,使其刚好在物标同侧与活动距标圈相切,如图 7-3-8 所示。航行中,根据物标回波和电子方位线的相对位置关系调整航向,使物标回波始终沿该电子方位线做相应的移动,即可确保船舶顺利走在计划航线上。

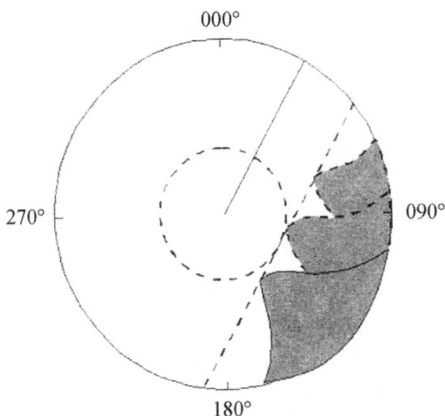

图 7-3-8　平行线导航法

5. GPS 和北斗导航

GPS 和北斗导航仪可提供精度达百米级的船位。而在建立了 DGPS 的水域,定位精度可达米级。在狭水道内,应充分利用 GPS 或北斗进行定位和导航。

五、转向方法

狭水道航行,航道狭窄弯曲,危险物众多,船舶转向必须适时、准确。

1. 物标正横转向法

所谓物标正横转向法,就是利用转向点附近物标正横确定转向时机的转向方法。应尽可能选择转向同一侧的孤立、显著且位置准确的标志作为转向物标。转向时,应根据当时船舶偏航和水流情况,结合船舶操纵性能,适当提前或推迟转向,以便准确将船转至新航线上。

2. 逐渐转向法

在狭窄而弯曲度大的航道中转向时,船舶通常不可能通过一次转向就转入下一航线。为保持船舶在航道中央航行,必须逐渐改变航向,这种方法称为逐渐转向法。

采用逐渐转向法,应充分掌握转向点附近的潮流情况,防止侧风流将船舶压向危险物。

3. 平行方位线转向法

如图 7-3-9 所示，CA_1 和 CA_2 为转向前后两条计划航线。在转向点附近，尽量靠近新航线处选择一显著物标 M，在海图上过 M 作新航线平行线 MA，并求取相应的罗方位。根据航速计算出由 A 点航行到 B 点所需时间 T。航行中，当测得 M 的罗方位等于预先计算所得的罗方位时，即按下秒表，经过时间 T 后转向，即可转到新航线上。若考虑从驾驶员发令到船舶实际转到新航线上需要一定的时间 t，则应在经过时间 $T-t$ 后，即当船舶在 B' 点时发出转向指令。

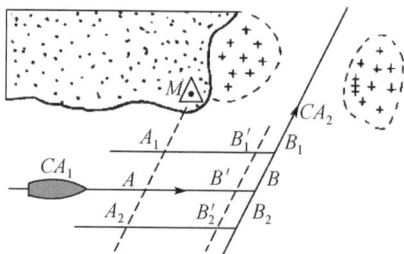

图 7-3-9　平行方位线转向法

采用平行方位线转向法，无论转向前船舶是否偏离原航线，转向后都能准确地转到新航线上，从而安全避开新航线两侧的危险物。

4. 叠标或导标方位转向法

新航线正前方或正后方有叠标或导标时，可直接用该叠标或导标的方位作为转向方位。这样，转向前不论船舶实际航迹偏离在计划航线的哪一边，都能较准确地转到下一计划航线上，转向后还可用它来导航，如图 7-3-10 所示。

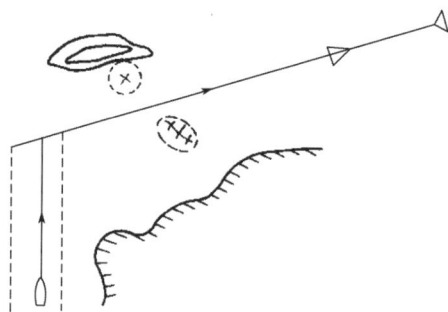

图 7-3-10　叠标方位转向法

5. 平行线转向法

利用转向点附近某一孤立、显著的物标，可使用平行线转向法确定转向时机。如图 7-3-11 所示，在转向前，船舶按导航要求调整雷达电子方位线 EL_1 与 CA_1 平行，保持物标 M 的回波沿电子方位线 EL_1 移动，引导船舶行驶在转向前的计划航线上。接近转向点时，按导航要求迅速调整电子方位线 EL_2 与 CA_2 平行，一旦物标的回波抵达 M，即可判定船舶已抵达转向点。转向后保持物标回波沿电子方位线 EL_2 移动，可确保船舶行驶在新的计划航线上。采用平行线转向法，物标的选择余地较大，转向前后还可使用平行线导航法导航。

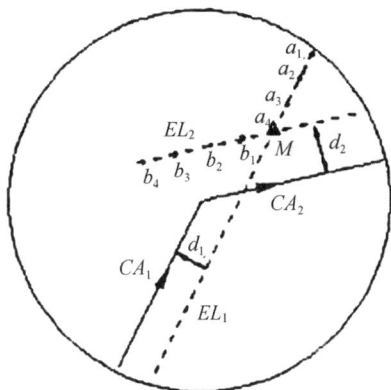

图 7-3-11　平行线转向法

六、避险方法

狭水道航行,为保证船舶航行的安全,避免发生危险,可以选择适当的物标,根据其方位、距离、水平角、垂直角和横距等相对关系,自该物标事先画出安全和危险的区域界线,称为船位限制线或避险位置线。航行中,操纵船舶在船位限制线安全的一侧航行,即可达到避险的目的。

1. 方位避险线

当所选避险物标和障碍物的连线与航线平行或接近平行时,可用方位避险线避险。

如图 7-3-12 所示,选择 A 岛作为避开航线左侧危险物的物标。先确定离危险物的最近距离 d,在海图上以危险物为圆心、以距离 d 为半径画圆弧。然后自 A 岛作靠近航线一侧的圆弧的切线,则该切线即为方位避险线。量取避险线真方位 TB_A 即为所求的避险方位。航行中,只要保持 A 岛的实测真方位不大于 TB_A,即可安全地避开该危险物。同样可以选择 B 灯标作为避开航线右侧危险物的物标。先确定离危险物的最近距离 d',自 B 灯标作 d' 圆弧的切线,则该切线即为右侧的方位避险线。航行中,只要一直保持 B 灯标的实测真方位不小于 TB_B,即可安全地避开航线右侧危险物。

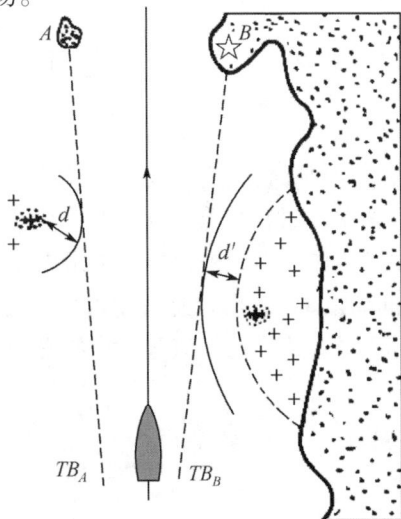

图 7-3-12　方位避险线

具体实施时,可将雷达方位平行标尺置于避险方位上。航行中随时调整船位使避险物标始终处于方位标尺线的安全一侧,即可保证避开航线附近的危险物,如图 7-3-13 所示。

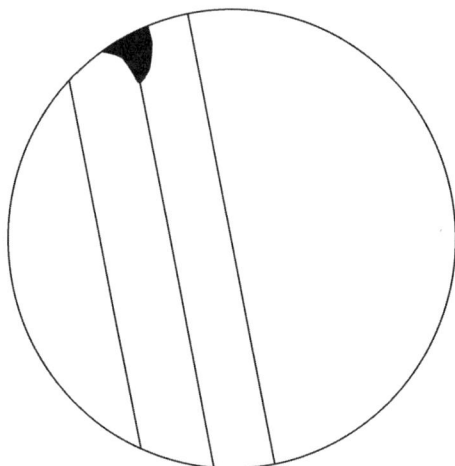

图 7-3-13　雷达回波方位平行标尺避险

2. 距离避险线

当避险物标和障碍物的连线与航线近于垂直时,可用距离避险线避险。如图 7-3-14、图 7-3-15 所示,图中虚线表示雷达距离避险线,只要船舶在航行中保持与避险物标的距离大于危险距离,即可安全地避离障碍物。

图 7-3-14　距离避险线

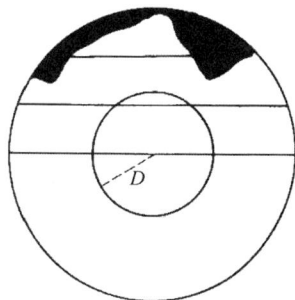

图 7-3-15　雷达回波距离避险

3. 平行线避险

利用航行附近物标可进行平行线导航,它们也同样可用于平行线避险,如图 7-3-16 所示。平行线导航时,引导船舶始终行驶在计划航线上。事实上,由于船舶在航行中避让操纵等的影响,船舶往往不得不暂时偏离航线。如果事先根据海图确定出船舶最大偏航距离,从而进一步确定航行中船舶与所选物标之间的最大(最小)距离,则可按平行线导航中所述方法设定避险线。航行中,只要保持物标的雷达回波始终位于该避险线的安全一侧,即可确保船舶安全地避离航线附近的危险物。

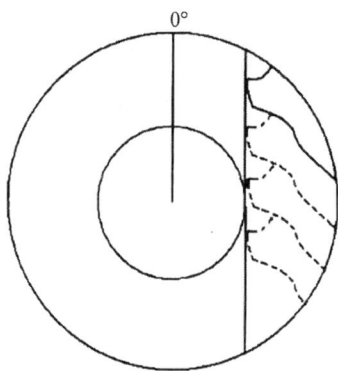

图 7-3-16　平行线避险

第四节　雾中航行

雾中航行,是在能见度不良的情况下航行的一种习惯叫法。根据国际雾级的规定,凡能见距离在 4000 m 以下者,均称为能见度不良,包括因雾、雨、雪、霾等使能见度受到限制的情况在内。

一、雾中航行特点

(1)雾中航行由于能见度不良,驾驶员无法用目力及时发现物标和周围船舶动态,航行定位、导航和避让困难。

(2)雾中航行使用安全航速,使推算航速和航程的准确性受到很大的影响,风流对船舶的影响也相应增大。因此,在航迹推算中可能存在较大的误差。

二、雾中航行注意事项

(1)船舶进入雾区之前的准备工作:

①尽可能准确地测定船位,并记录时间和计程仪读数,作为雾航中推算航行的起点。

②了解周围船舶动态。

③及时报告船长,通知机舱备车。

④按章采用安全航速、施放雾号,白天打开号灯。

⑤开启雷达、VHF,安排并派出必要的瞭望人员。

⑥变自动舵为人工操舵。

⑦关闭所有水密门窗。

⑧全船保持肃静,打开驾驶台门窗,以保证一切必要的听觉和视觉瞭望。

(2)船舶进入雾区航行,应适当地调整航线与陆岸的距离,保证船岸之间有足够的回旋余地。

（3）充分利用雷达和GPS进行定位和导航。雷达是雾中航行时的重要助航设备。利用雷达进行瞭望，应注意选择适当的距离挡。

（4）认真做好航迹推算工作。尽管无线电定位系统可以提供较准确的观测船位，但都有一定的局限性，一旦仪器发生故障，推算船位就成为唯一的船位依据。

（5）注意使用测深辨位方法。测深是检查航迹推算的重要方法之一。有时，某一等深线还可作为避险线使用。

（6）掌握当时的实际能见距离。这可通过目视发现某一物标的同时用雷达测出其距离的办法求得。但雾中的能见距离会因雾的浓度有所变化。

（7）严格掌握安全航速和遵守国际海上避碰规则。

（8）倾听声号。雾中声号的作用系向船舶警告危险所在。但不可仅凭声音的大小或有无判断船舶安全情况。因为声音在空气中有时可能不是直线传播，有时船舶虽然离声源较近，也可能听不到声音。

（9）加强瞭望是保证雾航安全的重要措施。有经验的瞭望人员能及时发现船舶周围的任何微小变化。例如风向风速稳定时，波浪突然减弱，则表明船舶可能已接近上风海岸或浅水区；若风向风速稳定而波浪突然增大，则表明上风海岸可能有大的湾口；若航行条件并无变化而风突然变小，则表明船舶可能已很接近高陡的岸边；海水颜色和透明度如果变得浑浊，则表明船可能已接近泥底海岸或河口；在海上发现漂浮物，诸如海草、海藻等，这是船舶接近海岸的迹象；发现大量的海鸟，则表明船已接近陆地或岛屿；在海面发现渔具、垃圾和油迹等物，则表明附近可能有船只存在。

（10）雾航中如遇到航线附近的船舶，只能作为检验本船是否在计划航线附近航行的参考，而绝不能盲目跟随他船航行。

（11）进入渔船密集区时应减速，用雷达认真观测周围和前方渔船动向。渔船大多移动速度慢或成对协作捕鱼。根据其动向，正确选择驶出渔船区的措施。

三、雾中定位与导航

在能见度不良的情况下，陆标定位和天文定位由于不能观测到目标而无法使用，但可根据海区条件进行无线电定位导航或测深辨位导航。

1. 充分利用无线电助航仪器

无线电助航仪器包括雷达、罗兰和GPS等，其定位作用不受能见度的限制，在雾航中应充分使用。

大洋航行时，可发挥GPS等远程定位系统的作用和雷达的避碰作用。沿岸航行则可根据情况使用雷达、罗兰和GPS等进行定位、导航和避让。GPS的定位精度较高，且可连续定位，应充分利用。当海岸在雷达作用距离之内时，雷达可兼具定位、导航和避碰的功能。

在雾航中，应比良好能见度时更为经常地使用各种仪器定位，以起到检查推算船位的作用。各种定位方法可交叉使用，以便彼此核对。单一的方位或距离位置线，有时可起到很好的避险线的作用。还应充分利用VHF通报情况，协调避让行动。

应当指出，无论无线电航海仪器怎样可靠，均不能与目视导航的直观性相提并论。良好能见度时完全可以通过的狭窄水道,在能见度不良时,即使最理想的导航仪器,其误差对导航精度的影响也是不可忽视的。

2.测深辨位和导航

测深辨位是雾中航行时用以判明船位所在范围的一种辅助方法,对于保障航行安全具有特殊的意义。

测深辨位的基本方法是利用回声测深仪连续测定水深,将测得的水深换算成海图水深,然后与海图相对照,借以辨认船位或避险。

$$海图图水 = 测深仪水深 + 吃水 - 潮高$$

(1)测深辨位

有的海区水深变化有其特殊的规律性,雾中航行时可以利用这种变化的规律选择航线,并利用连续测深法判定船舶是否在计划航线上或者在某一区域内航行。

测深辨位的准确性主要取决于计划航线上水深的变化情况。若计划航线上水深变化明显且均匀,则测深辨位准确性较高;反之,若计划航线上水深变化不明显或存在急剧的不规则变化,则测深辨位的准确性较差。

(2)利用等深线避险导航

如图7-4-1所示,当船舶沿海岸航行时,计划航线一般宜与海图上等深线相平行。此时,可根据航区水深情况,结合本船吃水等,将计划航线选择在一定的水深以外。船舶航行中,只要保持测得的水深始终大于该水深,即可有效地保证避开沿岸地区的浅滩、暗礁、沉船等危险物。这种方法简单可靠,因而是雾航中常用的一种避险方法。图7-4-2为我国苏北沿海海图上水深变化的情况。由图可见,苏北沿海海域,20 m等深线内多沉船、暗礁,30 m等深线以外则离岸太远,即使用雷达也难以发现长江口的重要物标佘山。因此由北方驶向上海的船舶,通常将计划航线选择在20~30 m等深线之间,并在航行中连测水深。如连测水深换算为海图水深后连续小于20 m,表明船舶实际航迹偏西,应向东修正;如连测水深换算为海图水深后连续大于30 m,表明实际航迹偏东,应向西修正航向。总之航行中应保持所测海图水深在20~30 m之间,直到能用雷达发现佘山,即能有把握地转入进长江口的航线。

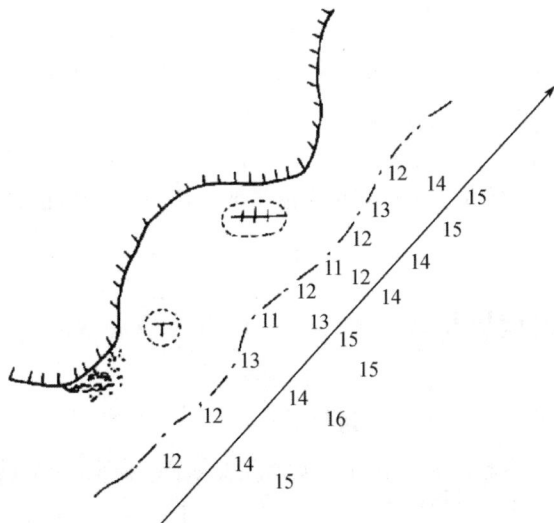

图7-4-1 利用等深线避险导航

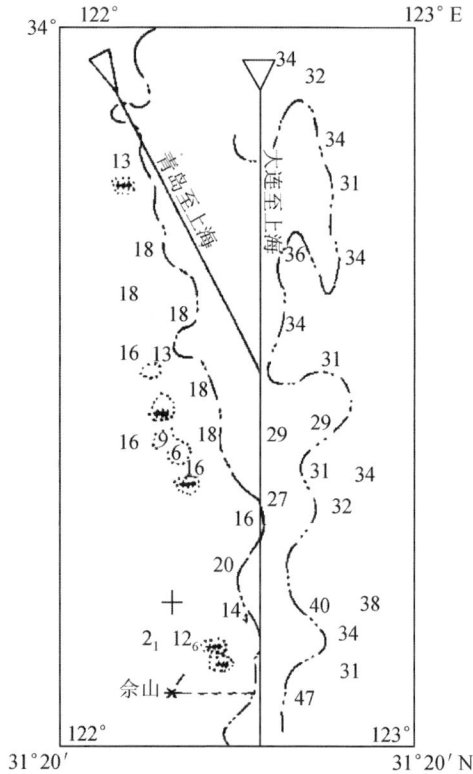

图 7-4-2　苏北沿海海图水深变化

第五节　冰区航行

　　冰区航行是指船舶进出冰封的港口、海湾或有大量的浮冰以至冰山的海域航行。就世界范围而言，比较重要的冰区主要有：北大西洋纽芬兰大滩（Grand Bank）的北大西洋航线、北日本海东部海区与鄂霍次克海（Sea of Okhtsik）和白令海（Berlin Sea）相毗邻的水域、白海、波罗的海北部以及接近极地的海区。我国的渤海湾，每年 11 月至次年 4 月，因受西伯利亚冷高压影响，气温明显下降，致使沿岸海域结冰，对航行有一定的影响。在气候正常的年份，冰情并不严重，但在气候特别寒冷的年份，渤海和黄海北部可能出现较严重的冰冻，从而给船舶安全和航行带来严重的威胁。

一、冰区航行的特点

1. 经常变向变速，难以准确进行航迹推算

　　在冰区航行，在许多情况下往往不得不经常改变航向、航速；一般的计程仪无法正常使用；有时在高纬航区，特别是当船舶频繁变向、变速的情况下，罗经工作的可靠性也有较大的降低；在冰区对风流压差的测定也将产生困难。因此，冰区航行时，无法正常准确地进行航迹推算。

2. 定位工作较困难，定位误差增大

结冰可能使岸形发生变化、水上标志被迫撤销，无线电波传播和大气折射异常，因此陆标定位、无线电助航仪器定位以及天文定位都将十分困难。实践证明，只有 GPS 定位最为适合。

3. 能见度降低

有冰，往往伴有能见度降低的现象。

二、冰区航行的注意事项

（1）保持适当的航速。当船舶接近冰区时，要用慢车，以船首柱正对冰缘，直角驶入选定的进路。冰区航行，必须根据冰量、冰质、本船的船型结构及实际强度，谨慎决定航速，特别是旧船，更要慎重。冰区航行用过高的船速，往往导致船体损伤，但航速过慢，船舶又有被冰困住的危险，一般应采用 3~5 kn，即维持舵效的最低速度。根据经验，冰量为 4/10 时，可用 8 kn 航速，冰量每增加 1/10，航速减少 1 kn，当冰量大于 7/10~8/10 时，航速不应超过 5 kn。在前进中遇到大冰块时，应使用更慢的航速，以保证车、舵和船体安全。在转向时，应避免用大舵角。

（2）选择有利的冰中航路。大范围内可参考冰情资料选择推荐航线，而在具体航区，则必须在冰量少、冰质弱或在冰裂缝中航行。这时可开启雷达，及早发现冰中比较清爽的水域，以利前进；遇到冰山或在大风浪天气发现有碎冰集结时，均应在下风航行；夜间或有雾时接近冰山，如果发现距离很近，应特别注意，必要时应待条件转好后续航；遇有冰山和碎冰互相接近运动时，应尽快避开，以防止被围困产生危险。

（3）当必须自行破冰，即一面撞冰一面前进时，用进车和倒车要特别注意车、舵、船体不受损伤。

（4）破冰船引航时，应注意保持与破冰船或前船 2~3 倍船长的距离，保持与破冰船的通信联系。

（5）抓住一切时机测定船位。冰区航行，航迹推算和陆标定位等均有一定困难，故应利用各种无线电定位仪器测定船位，以 GPS 定位最为适合。

（6）应避免在冰区抛锚。若必须抛锚，应选择在冰层最薄处，且锚链长度不得超过水深的 2 倍。

三、冰情资料

冰区航行时，事前应充分分析有关的冰情资料。及时接收和分析当时的冰情报告是非常必要的。冰情资料可从下列资料查取：

（1）有关的《航路指南》。

（2）按月份出版的有关北极海区、西北大西洋和北太平洋的冰情图（Monthly Ice charts）。

（3）北半球冰区图册（Ice Atlas of the Northern Hemisphere）。

（4）北大西洋引航图（Pilot Chart of the North Atlantic Ocean）、北大西洋航线每周冰情报告以及北大西洋航路设计图（North Atlantic routeing charts）等。

（5）从《世界大洋航路》中，亦可查找到有关的冰区推荐航路。

（6）《无线电信号表》第Ⅲ卷中载有"无线电航海警告和冰情报告"（radio navigational

warnings and reports-service details)的有关台站资料,可以据其接收无线电冰情报告。

(7)国际冰情监视(International Ice Patrol),是由美国海岸警备队的船只和飞机在纽芬兰沿岸附近对流冰和冰山进行的监视。每年大约开始于2月末或3月初,持续到6月末,向船舶通报北大西洋航线纽芬兰大滩(Grand Banks)附近的冰山和流冰情况,在此季节每天两次向船舶播发冰情报告。冰情传真图每天由有关台站发布,必要时还发布特殊的冰情补充报告。

(8)英版《航海员手册》(The Mariner's Handbook)专门叙述了有关冰区航行的知识,其中介绍了一批冰的术语(glossary of ice terms),按英文字母顺序排列,并对每一条术语做了解释。为了帮助理解冰情术语,正确使用冰情报告,《航海员手册》中还印有近40幅各种冰况的图片。

我国天津航道局每年冬季发布冰情预报,告知大沽、塘沽、新港、渤海等港口和海面的冰冻情况,共分三级:①表示航行无阻;②表示航行尚宜;③表示航行困难。

如遇特殊情况,另行通知。

四、接近冰区的预兆

流冰的范围很宽广,主要随风漂流,也受潮流和海流的影响而漂移,其流动速度为风速的2%左右。雷达较难发现小块流冰,需用其他方法判断是否接近冰区。根据冰区航行的经验,接近冰区的预兆主要有:

(1)白天能见度良好时,冰区方向的云中有白中带黄上部较暗的冰光,一般在几海里以外可见。

(2)在浮冰冰区边缘伴有雾带。

(3)劲风吹过时,在上风方向无陆地的情况下,海上无浪,表明上风方向有冰。

(4)航区附近无陆地,但有许多海象、海豹和鸟类出现,即可判定接近冰区。

(5)连续测试海水温度,若呈现逐渐下降趋势,则说明航区前方有冰区存在。

(6)白天晴朗时,眼高20 m处,目视可观测到18 n mile外的大冰山,夜间则在1~2 n mile处可望见冰山暗影,利用雷达则可观测到15~20 n mile外的大冰山和2 n mile处的小冰山。装有声呐的船舶,可用声呐探测到冰山的水下部分。

必须注意的是:冰山的吃水深度虽仅为水面高度的1~2倍,但其水上和水下体积一般可达1:7,因此在避离冰山时,务必注意冰山的这一特征。

(7)发现冰片或碎冰,表现附近有冰山,并且可能位于上风方向。

五、进入冰区前的准备工作

(1)认真收听冰情报告,以便及时避离冰山和浮冰。

(2)做好防冻措施,严防甲板机械和管系冻坏。

(3)关闭水密门窗,备好救生艇食品、淡水及取暖器材。

(4)检查锚机、锚链,消除隐患。

(5)清洁污水井、黄蜂巢,保证排水系统一切正常。增加对水舱、压载舱及污水井的测量。

(6)在船首、尾设置探照灯、大型信号聚光灯,以备探查冰情。

第八章

船舶交通管理

第一节　船舶交通管理系统

一、船舶交通管理概述

　　船舶运输一直是进行世界贸易的主要运输手段,保障船舶安全、提高航行效率有着十分重要的作用。为此,各国在各自的沿海水域设置了助航设施。早期的助航设施是浮标和灯标;随着无线电技术的发展,先后又有了无线电信标、雷达信标等无线电助航设施。航运的迅速发展,船舶数量、吨位的不断增加以及船速的提高,对船舶航行的安全高效提出了更高的要求,并由此产生了对船舶交通进行管理的问题,出现了各种被动的船舶管理技术。如建立分道通航制,建立禁航区、预警区,采用单向航行系统及其他有关的定线航行措施,限制船速等。这些被动的船舶管理技术在沿海水域对航行安全的改善发挥了显著作用。但是在进港水域以及狭窄航道,船舶密集、交通拥挤,不仅耽误了船舶运输时间使航运效率受到影响,而且使得发生事故的可能性增加,造成的人命财产损失和环境污染更加严重。解决这些问题的有效途径是在岸上建立一个系统,这个系统具备监视水域中船舶运动并能对船舶提供信息、建议和指示的手段,它能与船舶相互作用并能有效控制交通流,从而获得最大的港口营运效益,同时使船舶交通事故和环境污染的风险减至最小。这种与船舶相互作用的管理(服务)系统称为船舶交通管理(服务)系统,简称 VTS (Vessel Traffic Services)。

　　按照国际航标协会的定义,VTS 是由主管机关实施的,用于提高船舶交通安全和效率及保护环境的服务。在 VTS 覆盖水域内,这种服务应能与交通相互作用并对交通形势变化做出反应。由此定义可知,VTS 不包括用交通法规等措施对船舶交通进行静态管理的方面,而是指用交通信息进行交通控制从而对船舶交通实施动态管理的方面;它不是指用航标、视觉信号和无线电信标等设施及巡逻船等传统手段进行交通控制的那部分,而是指用先进的信息系统和现代的管理方法进行交通控制的那部分。

实际上，一个区域内的船舶交通可以看成由许多相关联的控制环路组成的一个相互作用的动态系统，称之为交通总控制环，简称 TGCL（Traffic General Control Loop）。TGCL 包含许多以信息为媒介的相互关联的决策系统，VTS 是其中的一个组成部分。从控制论的观点来看，控制是控制主体对被控客体的一种作用，作用的结果是使系统的状态符合预定的目的；控制过程是获取、加工和利用信息的过程。而 VTS 在 TGCL 中对船舶交通所起的控制作用，实质上是 VTS 以信息方式影响船舶，最终由船舶自己对运行做出决策的过程。

VTS 首先从数据收集开始，然后对各种数据进行综合处理，按照一定的准则（取决于系统的目的）进行评估决策，根据评估决策结果进一步对船舶交通施加影响。对于每一艘船舶来说，涉及船舶有效航行与操纵的决定权仍属于船长。

上述 VTS 的概念与组成是广义的。从狭义或工程技术的观点来看，可将 VTS 认为是由实施管理所需的岸基技术设施构成的系统。从上面的讨论可知，它实质上或基本上是由若干先进的电子信息设备构成的搜集、处理和传输交通管理信息的信息系统，有时，我们特称之为 VTS 信息系统。

二、VTS 主要功能

VTS 的主要功能是对水域中的船舶提供信息服务、助航服务和交通组织服务，以及协助进行联合服务和应急服务等。

1. 信息服务

信息服务是一种确保船舶在航行决策过程中及时地获取必不可少的信息的服务。这种信息可涉及：船舶交通———位置、意图和目的地；VTS 区域———所公布的界线、程序、无线电频道和频率、报告点等信息的修改或变化；影响船舶航行的因素，例如气象、能见度情况、航行通告、助航设备的状况，交通拥挤、特种船舶（其操纵性不良可能使其他船舶的航行受到限制）或者任何其他潜在的航行障碍。

一般信息通过广播向所有船舶提供。广播可以是以固定时间或一定时间间隔进行的，也可以是 VTS 当局认为必要时以其他任何时间进行的。在收到船舶请求时，或者当 VTS 认为需要时，也可以向特定的船舶提供信息。广播通常包含警告以及对于所有船舶都重要的信息，其中也包括仅仅通过保持守听参加 VTS 的小船和内河船舶。给予个别船舶的信息在需要时才发出，它包含与该船舶相关的情况。

2. 助航服务

助航服务是一项协助船舶做出航行决策，并监视其效果，特别是在困难的航行或气象条件下，或者在船舶有故障或缺陷的情况下实施的服务。

VTS 能提供航行信息，从而对决策过程做出贡献，例如船舶的实迹航向和航速，相对于航道轴线和航路基准点的位置，周围船舶的位置、识别和意图，对个别船舶的警告等。

VTS 能通过提出航行建议参与决策过程，例如航向建议。

3. 交通组织服务

交通组织服务是一项在 VTS 区域内防止危险情况产生和保证交通安全及高效航行的服

务。交通组织涉及航行的预先计划,特别适用于交通繁忙时或者有特种运输船航行可能影响其他交通流量的情况。监视交通和强制遵守的管理规则和条例是交通组织的不可分割的部分。这项服务可以包含建立和运行一套交通许可制度,包括航行的优先权、空间的分配、航行的强制性报告、确立应走的路线、要遵守的速度限制和其他 VTS 认为需要的措施。VTS 主管机关可考虑在程序上把为了提高效率或者为了联合协调而制订的航行计划,与为了安全、可能影响一般交通流的计划区别开来。VTS 主管应当声明强制性要求遵守航行计划的船舶或船舶类型。一个航行计划应经船舶和 VTS 双方认可。在执行计划会影响一般交通流时,VTS 应公布详细情况。航行计划应视为船舶和 VTS 之间的协议,只要可行就应遵守。

VTS 当局应按照当地情况规定所有船舶或特种船舶在航行计划中应有的信息。在特殊情况下,航行计划可以根据 VTS 的要求进行补充。考虑到交通情况或特殊环境,VTS 可建议改变计划。船舶和 VTS 之间就航行计划达成协议后,船舶就允许加入 VTS 并且应尽力维护该计划。在特殊情况或交通安全需要时,VTS 可要求船舶遵循一个修订的航行计划,并向船方表明修正的理由。在无自动跟踪设施的区域,可以要求船舶定时报告船位。

在 VTS 被授权向船舶发布指令时,该指令应该仅仅是导向性的、面向结果的,应将执行的细节留给船舶。VTS 的操作不要侵犯船长指挥安全航行的责任或扰乱船长和引航员之间的传统关系。

4. 与联合服务、港口作业、应急服务和相邻 VTS 合作

这是一种不增加船舶报告的负担,而增加交通的安全和效益以及对环境的保护,提高 VTS 的有效性的支持活动。一般说来,它可以通过数据交换、共同数据库和双方的活动协议来实现。

与联合服务的合作是以安全和效率两方面为目标的。它应该是一个连续的过程,在制订航行计划并需要各种服务协作行动时显得特别重要。虽然与港口作业的合作主要以效率为目标,但在制订航行计划中也可能是一个重要因素。

搜寻救助和污染控制等应急服务的偶然合作应依照预先建立的应变计划进行,其中制定了合作的程序并确立了职责。VTS 之间的合作可能涉及有共同边界的 VTS。如果要建立一个航行计划,在边界处的行动协议是必不可少的。如果各 VTS 由海域来划分,应该认识到 VTS 之间进行数据交换可以互相给出船舶到达的预先通知,从而减轻船舶报告的负担。VTS 之间的合作也能给出交界海域中交通、货物流量等有价值的管理信息,以便准备好对付环境方面的紧急情况。

三、VTS 的分类

船舶交通按水域类型可分为港口船舶交通、水道船舶交通、沿海船舶交通以及宽敞水域的船舶交通。其中港口船舶交通最复杂,实施船舶交通管理,首先应考虑港口船舶交通的管理。但是,重要水道和沿海某些复杂水域的船舶交通,也是船舶交通管理的重点水域,例如多佛尔海峡、新加坡海峡、东京湾,以及我国的成山角水域、长江口等。

船舶交通按交通形式可分为港口的进口交通和出口交通、水道的过往交通(through traffic,也称主交通)和穿越交通(cross traffic)、航道的航道内交通(也称主交通)和航道外交通。

在船舶种类繁杂水域,有时可能要把机动船交通、大船交通、运输船交通与非机动船交通、

小船交通、渔船交通区别对待。

沿海水域又常常以大多数船舶的运动方向进行分类。

根据 VTS 中主要技术手段的特点，还可将 VTS 区分为基本监视 VTS、雷达 VTS、ARPA（自动雷达标绘仪）VTS、RDP（雷达数据处理）及 TDP（交通数据处理）VTS 等等。

另外，根据 VTS 建设与运行的不同思路，形成了侧重面不同的 VTS。

关于 VTS 的建设与运行，目前有两类不同的思路：一种思路是促进商务营运，提高船舶运输效率，使得港口对货主更有吸引力、更富有竞争性；另一种思路则是确保安全航行和保护环境。后一种思路始终是建立和运行 VTS 的必不可缺的重要因素。一个航运安全不可靠的港口对货主而言是最无吸引力的。但在安全与商务之间要有某种平衡，这是始终要做好的。尽管人们有意识地把重点放在促进商务一边，VTS 的引入和发展却已对航行安全带来明显的改善。VTS 的运行对一个港口或航道有三个好处，即有利于商务、提高航行安全和改善环境保护、增加竞争力。现代的 VTS 必须顾及这三要素及其各自的用户。根据上述两类思路可形成两类 VTS：沿海的 VTS 和港、河的 VTS。沿海的 VTS 着重于提供船舶安全迅速地通过沿海水域的服务，特别是在海上交通密度高的区域或环境敏感的区域，以及由于地理上的限制或近海岸线勘探可能航行困难的水域提供这种服务。港、河的 VTS 是当船舶进出港、河航行或者通过限制船舶操纵的类似水域时，提供帮助船舶高效和安全航行的服务。

四、VTS 的等级

（1）按 VTS 硬件设备技术功能的高低分

第一代——使用引航、视觉信号等；

第二代——使用交管雷达和 VHF 无线电话等；

第三代——使用雷达信息处理系统（RDP）等；

第四代——使用网络、AIS 等。

（2）按管理水域的类型分

港口 VTS——港口及其进出航道；

航路 VTS——江（运）河、湖、海湾、海峡等；

区域 VTS——沿海或国际水道（海上 VTS）；

综合 VTS——港口 VTS 和航路 VTS；

保护性 VTS——大桥、靶场、石油开发区、渔区等。

（3）按 VTS 的规模分类

小型（S）——覆盖港区，如一般港口的 VTS；

中型（M）——覆盖港区及其进出航道，如较大港口的 VTS；

大型（L）——区域 VTS、综合 VTS 或航路 VTS 等；

超大型（LL）——大型综合 VTS 或大型航路 VTS，如覆盖大型运（内）河、拥挤海峡、大型港口及其进出航道等。

（4）按 VTS 的管理功能（高一级的功能均包含低级功能）分类

VTS 的管理功能各国不尽相同。美国由低级到高级依次分为船舶驾驶台间的无线电话通信、交通规则、分道通航制、船舶报告系统、基本监测、高级监测、自动化高级监测。加拿大分为船-岸间的信息系统、咨询系统、管制系统、指挥系统。

我国分为0~4级共五个等级,即

0级交通法规管理——对船舶交通进行基本管理,运用港章与航行规则、船舶视觉信号与声号规定、引航制度、分道通航制、限速规定以及监督艇巡逻与现场指挥等方法。

1级交通信息服务——除0级的功能外,还采用船舶报告系统监视船舶交通实况,进行船岸通信,收集、交换与水文气象和船舶交通有关的资料,发布交通信息。

2级交通监测和危险警告服务——除0级、1级的功能外,还建立VTS中心,监测船舶遵守规则的情况和航道情况,分析与综合各类数据,显示出船舶交通实况。适时地向船舶播送船舶动态、交通条件、船舶避碰与航行障碍等信息。

3级交通咨询服务——除0级~2级的功能外,还应船舶的请求或必要时提供服务,包括在航行困难时提供咨询以协助船舶。

4级交通组织管理——除0级~3级的功能外,还建立和实施船舶通航许可体制、编排船舶通过特殊水域和单向通行水域的顺序、制定应遵循的航线和限制航速、指定锚泊地点、发送要求船舶停留或驶向安全地点或采取其他措施的建议或指示,必要时实行交通管制。

(5)综合分类

若以VTS的管理功能为主,使用的硬件设备为辅进行分类,分为:

①信息服务(Information Service,INFS);

②分道通航制与信息服务(Traffic Separation Scheme and Information Service,TSIF);

③基于引航的管理服务(Pilot Dependent Management System):通过引航站与引航员管理船舶;

④船舶报告系统(Vessel Reporting System,VRS);

⑤信号控制(Signal Control):在入口显示允许船舶采取某行为的信号;

⑥要求行进许可的船舶报告系统(Vessel Reporting System Requiring Clearance):船舶间有冲突时使用。

(6)决定VTS等级的因素

一个水域要实施何种VTS等级,涉及费用和效益的最佳配合。主要考虑:

①港口规模:如货物吞吐量、泊位数量、大船泊位比例等。

②交通危险程度:如交通事故损失金额、危险货物吞吐量等。

③交通量。

④航道、环境及气象条件:如航道的宽窄、交叉点的多少、年能见度不良的天数、冰期的长短等。例如:我国的上海港为4级,广州黄埔、秦皇岛、大连、青岛等港口为3级,其余港口为2级或1级。

五、VTS信息系统组成框图

VTS是应用现代的技术手段和管理方法,通过交通信息进行交通控制,从而实施对船舶运行的动态管理的系统。VTS要完成它的功能,实施各种服务,必须在任何时候都能全面掌握交通态势。为此,VTS必须能够收集数据、评估数据并且向船舶等用户发布通过评估而得到的结果。VTS需要收集多方面信息。主要收集的信息为:

（1）交通情况数据，包括船舶实时运动数据、航行计划，以及船舶所载货物、机器状况、船舶装备和人员配备等数据；

（2）交通环境数据，包括航道情况、助航设备工作状态、气象水文情况，以及港口设备和装备情况等等。

上述信息可以通过雷达子系统、VHF 通信子系统、环境监测子系统和 VHF 测向、雷达应答器、无线电应答器、低照度电视、红外线设备等其他信息收集设备，以及与联合服务的有关部门和邻近 VTS 的合作加以收集。另外，有些视觉信息可由 VTS 操作人员直接提供或由其他参加 VTS 的船舶提供。有关船舶状况、航道和港口状况的常量数据以及环境的预报数据可以来自岸上有关部门，通常通过公用电话网由电话、电传、传真或自动数据传输系统获得。而变量数据，特别是船舶动态数据需通过雷达、VHF 通信等手段获得。由雷达获得的数据进入雷达数据处理子系统进行评估，并在交通显示与操作控制子系统的综合显示器上显示，评估得到的结果一般由 VHF 通信子系统传达到船舶用户。远处雷达的数据需要经过信息传输子系统进入雷达数据处理子系统。由其他传感器获得的信息进入交通显示与操作控制子系统（远处传感器信息也需通过信息传输子系统传递，如图 8-1-1 中箭头虚线所示）。交通显示与操作控制子系统的图像、语音、数据等信息可由信息记录子系统进行记录，其船舶数据进入船舶数据管理子系统。图 8-1-1 所示为 VTS 信息系统的技术组成框图。

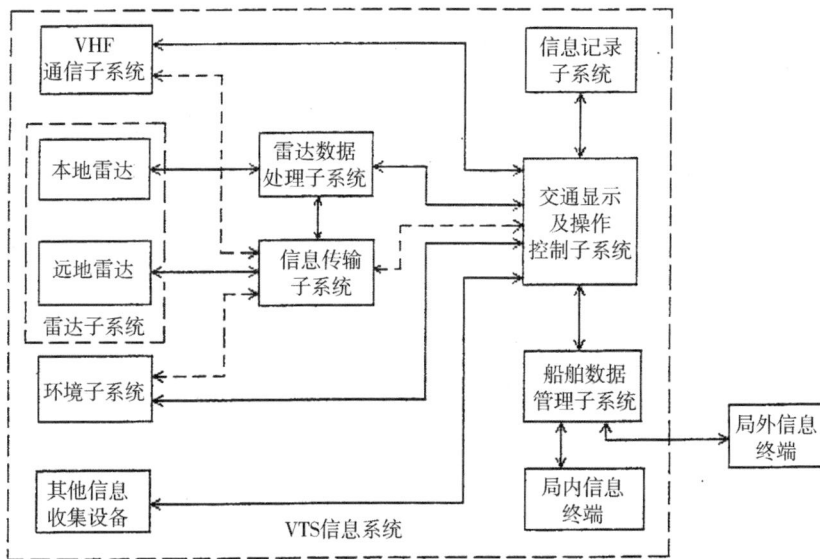

图 8-1-1　VTS 信息系统

六、管辖区域的航行及报告程序

1. VTS 管辖区域的航行及注意事项

（1）加入 VTS 的船舶应按照修正后的《1974 年国际海上人命安全公约》第Ⅳ、Ⅴ章的规定安装助航和通信设备。

（2）船舶在 VTS 管辖区域航行时，其有效的航行与操纵的决定权仍在于船长。如果船长根据惯例或特殊情况而认为有必要,则无论是航行计划还是应 VTS 中心要求或指示改变航行计划都不能取代船长对船舶有效航行与操纵所做的决定。

(3)若 VTS 区域中存在自愿或强制引航,则引航员在该 VTS 中起着重要的作用。引航员的任务是协助船长,包括操纵船舶、了解有关航行和国家与地方的规则、进行船岸之间的通信(特别是存在语言障碍时)。

(4)所有加入 VTS 的船舶,除非 VTS 中心另有许可,应在 VTS 的适当频道上保持守听值班。

(5)船舶抵达港口前通常已由代理提供预计到港时间(ETA)并申请泊位或锚地。当船舶载运危险货物时,应遵守 IMO 海上安全委员会第 299 号(1980 年 12 月发布)通函"危险品在港中的安全运输、装卸和储存",应明确提供情况并遵守任何适用的地方规则。

(6)当船舶要求协助航行或 VTS 中心认为有必要协助时,VTS 操作人员应保证用最可靠的手段正确地识别船舶、定出船位并获取其他有关信息。在无障碍的水域,航行协助主要包括向船舶说明周围的交通情况和有关碰撞与搁浅的警告,必要时向船舶建议应采用的航向;在受限水域内,协助航行还包括船位数据(如船舶离"基线"或"航路点"的距离等)。

(7)当船舶不需要航行协助时,应明确通知 VTS 中心。

2. VTS 管辖区域航行报告程序

加入 VTS 的船舶应根据要求在指定的地点和时间按照规定的格式进行报告。船长应尽可能保证报告准确、及时。未被要求报告的船舶以及由 VTS 提供服务的其他船舶应遵守有关的程序。

(1)航行计划报告

航行计划报告通常包括预计到达 VTS 区域的时间和在 VTS 区域内离开泊位或锚地的时间。VTS 中心可根据交通形势或特殊情况的需要,建议改变航行计划。在航行计划得到船舶和 VTS 中心一致同意后,船舶可加入 VTS,并应尽可能保持执行该航行计划。在特殊情况下,VTS 中心在说明原因后可要求船舶执行改变后的航行计划,但若船长认为无法执行 VTS 指定的航行计划,应向 VTS 中心报告其理由。

(2)船位报告

如果在航行计划被接受、船舶被识别后,VTS 无法自动进行航迹跟踪,则要求船舶报告其船位以更新船舶动态数据。VTS 可以要求船舶在指定地点发送船位报告。

(3)偏航报告(变更报告)

如果船舶无法执行航行计划,则应向 VTS 中心发送偏航报告并与 VTS 中心商定修改航行计划。

(4)最终报告

船舶在驶离 VTS 区域或抵达 VTS 区域内的泊位或锚地时,应发送最终报告。

(5)其他必要报告

VTS 主管机关规定的其他报告均应遵守 IMO 通过的报告原则。如"故障报告",它是向 VTS 中心报告船舶的缺陷、损坏、故障和其他限制条件的船舶报告。

七、航行在船舶交通管理区域的船舶应注意的问题

建立船舶交通管理系统的国家和地区,为了加强船舶交通管理,保障船舶交通安全,提高船舶交通效率,保护水域环境,都根据相应的法律、法规制定了相应的管理规则。我国在 1998 年 1 月 1 日开始实施《中华人民共和国船舶交通管理系统安全监督管理规则》,明确规定了船舶报告和船舶交通管理的内容,具体如下:

（1）船舶在 VTS 区域内航行、停泊和作业时,必须按主管机关颁发的《VTS 用户指南》所明确的报告程序和内容,通过甚高频无线电话或其他有效手段向 VTS 中心进行船舶动态报告。

（2）船舶在 VTS 区域内发生交通事故、污染事故或其他紧急情况时,应通过甚高频无线电话或其他一切有效手段立即向 VTS 中心报告。

（3）船舶发现助航标志异常,有碍航行安全的障碍物、漂流物,或其他妨碍航行安全的异常情况时,应迅速向 VTS 中心报告。

（4）船舶与 VTS 中心在甚高频无线电话中所使用的语言应为汉语普通话或英语。

（5）在 VTS 区域内航行的船舶除应遵守《1972 年国际海上避碰规则》《中华人民共和国内河避碰规则》外,还应遵守交通运输部和主管机关颁布的有关航行、避让的特别规定。

（6）船舶在 VTS 区域内航行时,应用安全航速行驶,并应遵守交通运输部和主管机关的限速规定。

（7）船舶在 VTS 区域内应按规定锚泊,并应遵守锚泊秩序。

（8）任何船舶不得在航道、港池和其他禁锚区锚泊,紧急情况下锚泊必须立即报告 VTS 中心。

（9）船舶在锚地并靠或过驳时,必须符合交通运输部和主管机关的有关规定,并应及时通报 VTS 中心。

（10）VTS 中心根据交通流量和通航环境情况及港口船舶动态计划实施交通组织。VTS 中心有权根据交通组织的实际情况对航行计划予以调整、变更。

（11）船舶在 VTS 区域内航行、停泊和作业时,应在规定的甚高频通信频道上正常守听,并应接受 VTS 中心的询问。

（12）在 VTS 区域内航行的船舶和船队的队形及尺度等技术参数均应符合交通运输部和主管机关的有关规定。

航行在 VTS 区域内的船舶应遵守有关规定,及时报告相关信息,服从交通管理,保证航行水域的交通安全。

第二节　船舶定线

一、概论

船舶定线制是海上船舶交通管理的一个组成部分,是由岸基部门用法律规定或推荐形式指定船舶在海上某些海区航行时所遵循或采用的航线。《船舶定线》(Ships' Routeing)是国际海事组织(IMO)文件,包括有关船舶定线和避航区的资料,其主要作用是对国际船舶使用的定线制的工作进行管理。《船舶定线》是活页式出版物,出版后发布修正资料(amendments)进行修正,修正资料以替换页和增页的形式给出。

《船舶定线》共有以下八部分内容:

第一部分:船舶定线的一般规定(Part A—General Provisions on Ships' Routeing)

第二部分:分道通航制(Part B—Traffic Separation Schemes)

第三部分:深水航路(Part C—Deep-water Routes)

第四部分:避航区(Part D—Areas to be Avoided)

第五部分:其他定线措施 (Part E—Other Routeing Measures)

第六部分:有关航行的规则和建议(Part F—Associated Rules and Recommendations on Navigation)

第七部分:强制船舶报告制(Part G—Mandatory Ship Reporting Systems)

第八部分:岛屿间航路采用、指定和替代(Part H—Adoption, Designation and Substitution of Archipelagic Sea Lanes)

其中,自第二部分以后的各部分为国际海事组织采纳的世界各水域的各种定线制和规则等的详细资料,并附有图式,船舶航行至相关区域时可结合海图使用。现仅对第一部分做介绍。

二、船舶定线的一般规定

这一部分就船舶定线的目的、定义、程序与责任、方法、规划、设计标准、分道通航制的临时调整、定线制的使用和海图上的表述方法等9个方面做出具体规定。

1. 目的

船舶定线的目的是增进船舶在汇聚区域,交通密度大的区域,由于海域有限、存在航行障碍物、水深有限或气象条件不利使得船舶操纵受到限制的水域中的航行安全。其具体的目的都将根据其要缓和的特定危险环境而定,可以包括以下各项中的部分或全部。

(1)分隔方向相反的交通流,以减少船舶对遇情况;

(2)减少在设定的通航分道内航行的船舶与穿越船之间的碰撞危险;

(3)简化船舶汇聚区域内的交通流形式;

（4）在沿海勘探或开发活动集中的水域内组织安全的交通流；

（5）在对所有船舶或某些等级的船舶航行有危险的或不理想的水域内及其附近组织交通流；

（6）在水深不明或存在危险的水域为船舶提供指导，以减少搁浅的危险；

（7）指导船舶避开渔场或整顿通过渔场的船舶交通。

2. 定义

对与船舶定线有关的 14 个术语进行了具体定义：

（1）分道通航制（Traffic Separation Schemes，TSS）：通过适当方法建立通航分道，分隔相反方向交通流的一种定线措施。

（2）双向航路（Two-way Route）：确立了双向通航交通的航路，其目的是在航行困难或危险水域内为通航船舶提供安全航路。该航路上不允许有第三方向的交通。

（3）推荐航路（Recommended Route）：经过了特别调查，能确保船舶航行无危险而被推荐的航路。

（4）避航区（Area to be Avoided）：航行特别危险，因而所有船舶或某种船舶必须避离的区域。

（5）沿岸通航带（Inshore Traffic Zone）：分道通航制的向岸一侧边界与相邻海岸之间的水域。该水域内一般不允许过境交通，并适用地方性特别规定。

（6）环行航道（Round About）：在限定的范围内，由分隔点或圆形分隔带与一圆形通航分道组成的航路。在该航道内船舶绕分隔点或圆形分隔带逆时针循通航分道环行，从而实现交通流的分隔。

（7）警戒区（Precautionary Area）：船舶必须谨慎驾驶的区域，该区域内的交通流方向可能被推荐。

（8）深水航路（Deep Water Route）：水深业已经过准确测量的适于深吃水船舶航行的航路。

（9）分隔线（带）[Separation Line（Zone）]：将相反或接近相反方向行驶的交通流的通航航路分隔开，或将通航航道与相邻海区分隔开，或将同方向行驶的特殊种类船舶的指定通航航道分隔开的线（带）。

（10）通航分道（Traffic Lane）：其中确立了单向通航的限定区域——船舶的通航航路，其边界可以是指定的，也可以是由自然碍航物所构成的。

（11）交通流的指定方向（Established Direction of Traffic Flow）：指定交通流的方向，船舶要顺其航行，在图上用空心实线箭矢表示其方向。

（12）交通流的推荐方向（Recommended Direction of Traffic Flow）：在不可能或不必要采用指定交通流方向时，建议船舶通航的交通流方向，在图上用空心虚线箭矢表示其方向。

（13）过境交通（Through Traffic）：不驶往某水域内的港口，不在该水域内锚泊或从事其他活动，而只是驶经这一水域的交通，相对于该水域为过境交通。

（14）地方交通（Local Traffic）：只在某水域内或要进入该水域从事各种活动的船舶交通为该水域内的地方交通。

三、在船舶定线制区域船舶的航行与操纵

在某一水域建立船舶定线制的最终目的,显然是提高船舶的航行安全。因此,船舶应以积极的态度利用船舶定线制。此外,航路指定通常是由有关部门依法进行的,指定航路的使用、航路内的航行方法等一般均是法规规定了的,船舶应予以遵守,按章在指定航路内航行。

指定航路内的航行操纵,根据航路所在地点不同可适用当地法规或《1972年国际海上避碰规则》。在 IMO 的《船舶定线制一般规定》中,对指定航路的利用也有具体的建议。

《船舶定线制一般规定》中的建议是:

(1)船舶定线制中的指定航路及其航行方法在不冻水域和不需要特殊操船行动或不需要破冰船援助的薄冰区域内,任何时间、任何气象条件下均适用。

(2)除有特殊说明外,一般指定航路及其航行方法对所有船舶适用。当船舶利用指定航路时,应考虑到水深问题,出现问题的后果由船舶承担。

(3)在 IMO 认可的分道通航区或其附近航行的船舶必须遵守《1972年国际海上避碰规则》第十条的规定,且该规则的其他条款在所有情况下均适用。

(4)在船舶汇聚区域,完全的通航分割实际上是行不通的。因此,在这种区域内船舶应十分谨慎,且任何船舶均无任何特权。

(5)深水航路是考虑到船舶吃水、水域内的水深,为有必要利用这种航路的船舶提供的。可不考虑这些因素的船舶应尽可能不使用深水航路。

(6)在双向航路(包括深水双向航路)上,船舶应尽可能地靠右行驶。

(7)海图上所标示的指定航路中的交通流方向箭矢仅表示交通流设定或推荐的大致方向,船舶没有必要严格按其所指方向航行。但船舶的航迹要与航路内交通流设定或推荐的方向保持一致。

(8)不利用与通航分道或深水航路相连接的警戒区的船舶或进出附近港口的船舶,在可能情况下应当避离警戒区航行。

地方性交通管理法规中,有的也涉及船舶定线制。这种法规的制定考虑了当地水域实际情况、国家的管理策略以及管理方法,也可能会参考有关的国际法规和规定。所以,船舶应随时随地了解航行水域内的适用法规,并在航行中予以遵守。

《1972年国际海上避碰规则》第十条仅就分道通航制这一指定航路形式,规定了这种航路上的航行方法、避让关系及责任等,对其他形式的指定航路上的航行问题没有涉及。

四、船舶定线的方法

为达到船舶定线的目的,可以根据水域的自然环境条件、交通状况等因素,采用船舶定线制中的一种或多种方式组合,最终建立起最有利于水域船舶航行安全的最佳船舶定线制。这种组合方法有:

(1)采用分隔带,在无法采用分隔带时则采用分隔线分隔相反方向的交通流(如图8-2-1所示)。在这种组合方法中,相反或接近相反方向的交通流4被设立的分隔线1和分隔带2分隔。图中的虚线3表示通航分道的边界,箭矢4表示通航分道中交通流的设定方向。在海图

上,分隔线仍是具有一定宽度的着色线表示的,要注意与分隔带的区别。

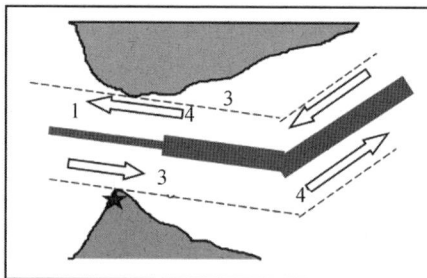

图 8-2-1　分隔带

（2）利用自然碍航物和地理位置明确标示的物标分隔相反方向的交通流（如图 8-2-2 所示）。这一方法适用于有岛屿、浅滩和岩礁的水域,这些碍航物限制了船舶的航行,但也给船舶提供了与相反方向的交通流分离的参照物。

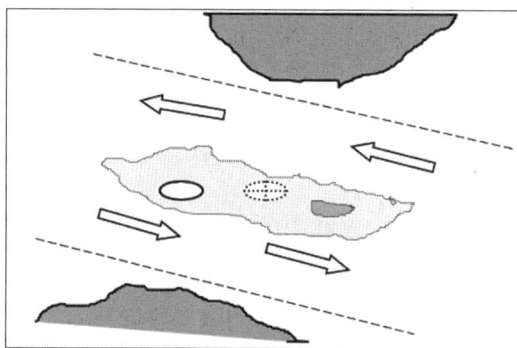

图 8-2-2　自然碍航物分隔

（3）利用沿岸通航带分隔过境船舶和地方船舶的交通（如图 8-2-3 所示）。在分道通航区向外海一侧的边界之外水域,船舶可以以任何航向航行。向岸一侧的分道的外边界与沿岸通航带之间可设分隔线或分隔带。这种方式使得过境船舶交通和地方船舶交通分离,而过境船舶通常只能使用分道通航区通过该水域。

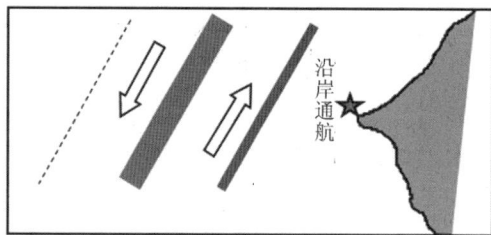

图 8-2-3　沿岸通航带分隔

（4）在交通汇聚区附近设置扇形通航分道;在船舶从各个方向汇聚到一点或一狭小区域,如港口进出口处、海上引航站、近陆浮标或灯船设置处、狭水道和河口等,可设置扇形通航分道（如图 8-2-4 所示）,以分隔不同方向汇聚来的交通流。

（5）在交通汇聚区、航道连接处或航道交错区,可从以下定线制方式中选择最合适的定线制方法:

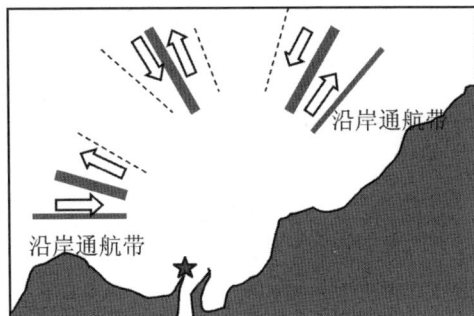

图 8-2-4　扇形通航分道

①环形航道:在交通汇聚区,可设置环行航道(如图 8-2-5 所示),使不同方向的来船绕环形航道按逆时针方向航行。

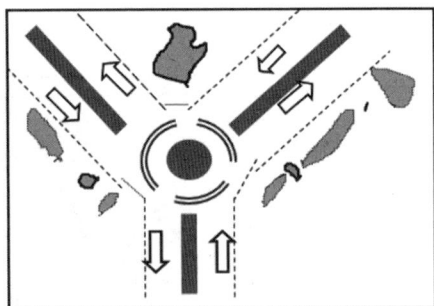

图 8-2-5　环形航道

②交叉航道:两条航路连接处或交叉处,可采用图 8-2-6 和图 8-2-7 所示的方法。

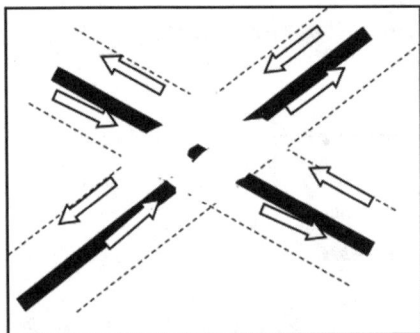

图 8-2-6　交叉航道定线制(1)

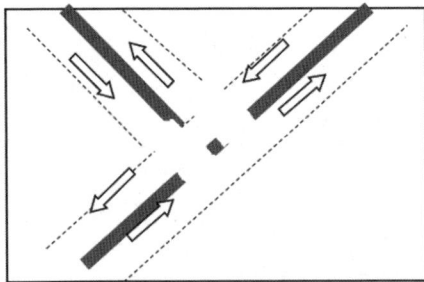

图 8-2-7　交叉航道定线制(2)

在连接或交叉处的各部分交通流方向按相应的相邻通航分道内的交通流设定。分隔带的中断是为了强调船舶应以正确的航行方法通过该区域。在中断处应谨慎驾驶。

③警戒区:在交通汇聚处,也可不设环行道而设置如图 8-2-8 所示的警戒区,以强调在此处应谨慎驾驶。

(6)深水航路

深水航路是在划定的界限内经过精确测量,海底或海图所标障碍物上的水深足够的航路。图 8-2-9 为双向深水航路,并标有航路的最浅水深数字。

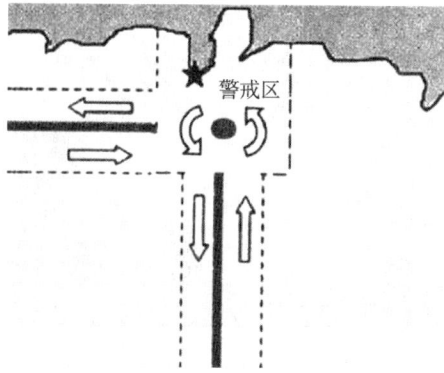

图 8-2-8　警戒区

图 8-2-10 为单向深水航路,未标水深数据。图 8-2-11 是仅标注中心线的单向深水航路,其中实线一般表示有固定导航标志的深水航路,如图中(a)所示;虚线表示推荐的深水航路,如图中(b)所示,无固定导航标志。箭头表示航路方向。

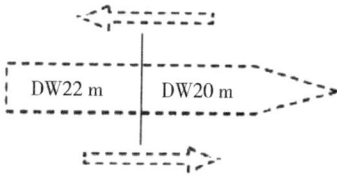

图 8-2-9　双向深水航路

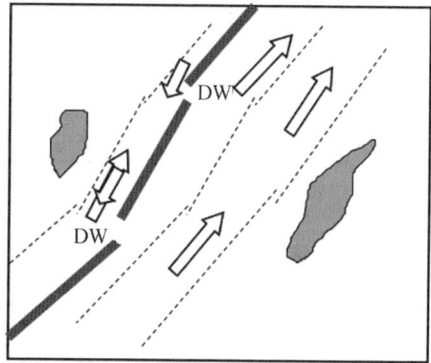

图 8-2-10　单向深水航路(1)

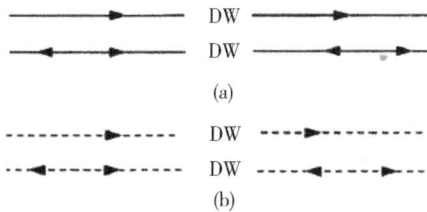

图 8-2-11　单向深水航路(2)

(7)其他定线方法

定线方法还有很多,如双向航路(如图 8-2-12 所示)及推荐航路(如图 8-2-13 所示) 等。

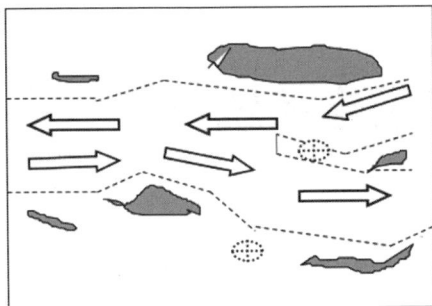

图 8-2-12　双向航路

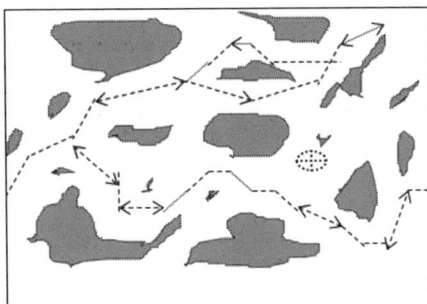

图 8-2-13　推荐航路

五、船舶定线制的使用

船舶应以积极的态度利用船舶定线制。IMO《船舶定线制一般规定》中的建议是：

①船舶在任何时间、任何气象条件下均应使用船舶定线制中的指定航路及其航行方法，除非在冻冰区域和需要特殊操船行动或需要破冰船援助的薄冰区域内。

②除有特殊说明外，一般指定航路及其航行方法对所有船舶适用。当船舶利用指定航路时应考虑到水深问题，出现问题的后果由船舶承担。

③在 IMO 认可的分道通航区或者其附近航行的船舶必须遵守《1972 年国际海上避碰规则》第十条的规定，且该规则的其他条款在所有情况下均适用。

④在船舶汇聚区域，完全的通航分隔实际上是行不通的。因此，在这种区域内船舶应十分谨慎，且任何船舶均无任何特权。

⑤深水航路是考虑到船舶吃水、水域内的水深，为有必要利用这种航路的船舶提供的。没有必要利用深水航路的船舶应尽可能不使用深水航路。

⑥在双向航路（包括深水双向航路）上，船舶应尽可能地靠右行驶。

⑦海图上所标示的指定航路中的交通流方向箭矢仅表示交通流设定或推荐的大致方向，船舶没有必要将其作为真航向航行，但船舶的航迹要与航路内交通流设定或推荐的方向保持一致。

⑧不利用与通航分道或深水航路相连接的警戒区的船舶或进出附近港口的船舶，在可能情况下应避离警戒区航行。

⑨《1972 年国际海上避碰规则》中规定的信号"YG"表示"你似乎没有遵守分道通航制"，用以提醒船舶遵守分道通航制。

第三节　船舶报告系统

一、船舶报告系统概述

为了实施海上交通管理或提供船舶交通服务,首先必须获得有关整个交通情况及各个船舶动态的充足信息。这些原始信息主要靠岸基监测雷达和通过船岸通信获得。船岸通信即船舶报告系统(Vessel Reporting System,VRS),它要求船舶在适当地点以适当时间间隔,通过无线电通信或其他手段向岸基组织提供、搜集和交换船舶救助、交通管理、防污和天气预报等有关信息。船舶报告系统是实施交通管理和服务的一项重要内容。

目前主要有以船舶救助为目的的报告系统和以船舶交通管理为目的的报告系统。这两种报告系统都兼顾海洋水域污染和天气预报所需要信息的收集、交换和提供。

1.以搜索救助为主要目的的船舶报告系统

（1）目的和作用

以搜索救助为主要目的的船舶报告系统,主要是监视海难事故是否可能发生、提供避免海难事故发生的信息、在事故发生后及时对遇难船实施搜救、保护船舶财产和船员的人命安全以及防止船舶造成海洋污染。其具体作用有以下几点:

①缩短从与船舶失去联络至开始搜救活动的时间;

②迅速确定能及时提供救助支援的船舶;

③在有限区域内准确确定搜索范围;

④及时向无医生在船的船舶提供医疗援助或建议。

（2）服务方式

以搜索救助为主要目的的船舶报告系统,一般以较大海域为服务对象水域,对象船舶不予限定,服务一般是免费的。船舶要加入和退出该系统都比较简单。向报告系统提交了航行计划报告就被视为加入,做出最终报告即被视为退出。船舶要做的就是按照报告系统的规定程序、内容、方法、时间等准确无误地进行报告,尤其是要按时报告。

这种报告系统将被引入已建立的全球海上遇险安全系统中,它也是船舶交通服务的一部分内容。在这种系统中,船岸之间相互按一定程序和要求交换有关信息,如船舶基本参数、航行计划、船位、气象海况数据等。

岸上主管部门负责:

①对实施船舶报告的船舶的航迹进行标绘,跟踪船舶;

②按照规定的程序、时间、报告格式接收船舶的报告;

③对信息予以记录、处理,向船舶提供所必需的咨询。

2.为船舶交通管理服务的船舶报告系统

为船舶交通管理服务的船舶报告系统,一般隶属于船舶交通管理系统。其目的是收集管理水域内航行船舶的有关参数、航行计划、载货状态等信息,建立与船舶的联系,随时进行相应的信息服务和助航服务等。建立这种报告系统对实施交通管理十分必要。通过船舶报告才能全面掌握整个交通的详细情况以及每艘船的数据和动态,从而进行良好、可靠的服务和妥善的交通组织。在船舶交通管理系统中,船舶报告对某些船舶是强制的,应进行报告的船舶要严格按规定进行报告。

二、船舶报告的标准格式

IMO 在《船舶报告系统的一般原则》中提出了船舶报告应包括的项目及应使用的标准格式,见表 8-3-1。IMO 所列项目有 26 项,进行船舶报告时,有些项目在各种报告中是必须要明确的,如欲参加的系统名称,即报告对象、报告种类、船名、呼号等。有些项目可根据报告种类以及具体情况进行取舍,如船舶种类和尺度(项目 U)数据在报告中报告一次即可,在其他的报告中不必再行报告。

每一种报告在报告完必需的项目后,再根据该类报告的要求报告其他项目的内容。使用无线电报进行报告时,项目名称可使用表中的单字母符号。报告可以用无线电话、电报,有些国家也可用书面形式进行报告。报告使用的语言可以是英语和当地语言,使用英语时,应尽可能使用 IMO 标准航海英语。

表 8-3-1 IMO 船舶报告标准格式

报告项目名称		表示的内容	要求的信息及其格式
电报	无线电话		
系统名称	系统名称	系统名称	船舶报告系统的名称如 AMVER、CHISREP
SP PR DR FR DG HS MP 其他报告则为全称	报告种类名称	报告的种类	根据报告种类选择相应的缩写或全名,对某些报告要用这种报告的全称
A	Ship(Alpha)	船舶	船名、呼号或船舶识别码,船旗国
B	Time(Bravo)	日期和时间	6 位数字。前 2 位为日期,后 4 位为时间(时、分各 2 位)。当不使用世界协调时时加注使用的区时符号
C	Position(Charlie)	船位	纬度:4 位数字加 N 或 S,精确到分;经度:5 位数字加 E 或 W,精确到分

续表

报告项目名称		表示的内容	要求的信息及其格式
电报	无线电话		
D	Position(Delta)	船位	物标名称、方位、距离。方位用3位数字精确到度,距离单位为海里(n mile)
E	Course(Echo)	航向	真航向,3位数字
F	Speed(Foxtrot)	航速	3位数字,前2位为小数点前数字,后1位为小数点后数字,单位为节(kn)
G	Departed(Golf)	出发港	上一港名称
H	Entry(Hotel)	进入系统的日期、时间、位置	日期、时间表示方法同B,地点表示方法同C或D
I	Destination and ETA (India)	目的港及预计抵达时间	目的港名及日期时间(表示方法同B)
J	Pilot(Juliet)	引航员情况	说明有无海上或港内引航员在船
K	Exit(Kilo)	退出系统的时间、位置	要求同H
L	Route(Lima)	航路信息	计划航线情况
M	Radio Communication (Mike)	无线电通信	船舶电台全称及保护频率
N	Next Report(November)	下次报告时间	要求同B
O	Draught(Oscar)	当前的最大吃水	4位数字,用米(m)和厘米(cm)表示
P	Cargo(Papa)	船载货物	货物情况及可能对人或环境有危害的危险货物,以及有害物品和气体的细节
Q	Defect,Damage, Deficiency, Limitation(Quebec)	缺陷、损坏、不足、限制	缺陷、损坏、不良状态或其他缺陷、限制的细节
R	Pollution,Dangerous Goods Lost Overboard (Romeo)	危险货物、污染物散失船外的描述	描述散失于船外的污染物(油、化学品)或危险物种类的细节及地点。地点的表述同C或D
S	Weather(Sierra)	天气状况	当前天气和海况的简要细节
T	Agent(Tango)	船舶代理或船东	船舶代理、船东的名称及特殊事项的细节
U	Size and Type (Uniform)	船舶尺度、种类	船长、船宽、吨位、船舶种类等详细情况
V	Medic(Victor)	医务人员	医生、护士等医务人员情况
W	Persons(Whiskey)	在船人数	人数
X	Remark(X-ray)	其他事项	任何其他事项、信息

三、船舶报告的种类、程序、内容

船舶报告的种类可能随报告系统的不同而有所不同,IMO 将其归为 8 种,分为一般报告、特殊报告和其他报告。

1. 一般报告

(1)航行计划报告(SP,sailing plan)

这是船舶将要进入报告系统覆盖区域,或离开覆盖区域内某一港口之前发出的报告,是船舶进入相应的报告系统区域或者在该系统区域内开始活动时做出的报告,是船舶加入该报告系统的标志。它的内容一般包括船舶资料、航行计划、报告时的位置与时间等,是船舶加入报告系统的第一次报告。

(2)船位报告(PR,position report)

这是船舶保持报告系统有效而进行的在必要时刻做出的报告,也是按系统规定的时间所做的例行报告。它的内容比较少,一般只有船名、时间和船位。

(3)变更报告(DR,deviation report)

这是在实际船位与已报告的预计船位相差甚远,或者改变航行计划,或者船长认为必要时做出的报告。其内容是当前的船位以及航行计划中改变的项目等。

(4)最终报告(FR,final report)

这是船舶到达目的地(即在该系统区域内停止活动)或者离开报告系统覆盖区域时做出的报告,是船舶退出报告系统的标志。其内容仅包括船名、时间。

2. 特殊报告

(1)危险货物报告(DG,dangerous goods report)

这是当船舶运载的危险货物在距岸 200 n mile 范围内因故散失时所做出的报告。其内容包括船名、时间、船位、船舶电台呼号、载货情况、船舶损失情况、污染物情况、天气、船舶代理、船舶的参数及其他内容。

(2)有害物品报告(HS,harmful substances report)

这是当散装的有毒液体货物(依据 MARPOL 73/78 附录Ⅰ)或燃油(依据 MARPOL 73/78 附录Ⅱ)因故散失或可能散失时做出的报告。其内容包括船名、时间、船位、航向、航速、航线信息、船舶电台呼号,下次报告时间、载货情况、船舶损坏情况、货物散失情况、天气、船舶的代理、船舶参数及其他内容。

(3)海洋污染报告(MP,marine pollutants report)

这是国际海上危险货物运输规定中被定义为海洋污染物的有害物品因故散失或可能散失时做出的报告。其内容与危险货物报告大致相同。

3. 其他报告 (other report)

这是按照报告系统的规定程序所必须做出的除上述报告之外的任何其他报告。

四、中国船舶报告系统

1. 我国的船舶交通管理概述

1958 年,我国首次在北方沿海的大连港进行了岸基雷达导航试验,正好与世界第一个装备监视雷达的英国利物浦港 VTS 相隔 10 年。20 年后的 1978 年春,在东部沿海的宁波港开始建设中国第一个 VTS 之后,我国对沿海港口 VTS 的规划、设计及等级划分的理论研究也进入了一个崭新的时期。

进入 20 世纪 90 年代后,我们有计划、有步骤、分期分批地在主要水域实施发展船舶交通管理系统的总体规划,沿海水域重点发展"两口"(长江口和珠江口)、"两海峡"(台湾海峡和琼州海峡)、"两水道"(成山角水道和老铁山水道)的船舶交通管理系统,长江干线重点建设南京至浏河口航段的船舶交通管理系统,在沿海主要港口上海、广州、大连、营口、秦皇岛、天津、烟台、青岛、日照、连云港、宁波、温州、福州、厦门、汕头、海口、湛江、防城港等地及内河主要枢纽港、重要的坝区和桥区建成等级较高的船舶交通管理系统,并先后在上海、青岛、黄埔港以及沿海一些重要海域实行船舶报告制和分道通航制。根据 1999 年中华人民共和国海事局发布的"VTS 用户指南(VESSEL TRAFFIC SERVICES GUIDE FOR USER)"资料,我国的 VTS 覆盖了沿海大部分港口重要水域和长江下游的重要航段。

我国经过几个五年计划的努力,VTS 在建设规模和水平上都有了很大的发展,某些硬件方面甚至具备了当时世界先进水平。然而目前我国的船舶交通管理系统研究和发展特别是软科学和理论研究与世界先进水平相比,尚有很大的差距。

2. 我国船舶交通管理的发展

我国海岸线长达 18000 多千米,海域辽阔、港口林立、内陆河川遍布,航运发展十分迅速,这对加强水上交通安全管理提出了越来越迫切的要求。

目前,沿海各主要港口及重要水域、水道已基本被 VTS 系统覆盖。VTS 系统通常由雷达子系统、雷达数据处理子系统、信息传输子系统、VHF 通信子系统、VHF 测向子系统、电视监控子系统、水文气象子系统七个子系统组成。根据《中华人民共和国交通管理系统运行管理规定》,VTS 中心根据实际需要可配备下列各类人员:(1)主任、副主任;(2)总值班长、值班长;(3)总机务长、机务长;(4)交管监督员;(5)机务人员。

为了管好、用好 VTS 系统,充分发挥保障船舶航行安全、提高效率和保护环境的功能,按照《船舶交通管理系统运行管理规定》的要求,部海事局组织起草《船舶交通管理系统运行管理考核办法》,2001 年起按此办法对全国各 VTS 系统的运行管理情况进行考核。

自 20 世纪 70 年代开始,我国 VTS 的发展大致可分为三个阶段。

(1)第一阶段

第一阶段是 20 世纪 70 年代,主要是中后期的研究和组织准备阶段。随着 20 世纪 70 年代初中国航运业的复苏,港口船舶交通密度增加,随之出现了压船、压港的现象,推动了对 VTS 研究试验工作的进展。通过对国外 VTS 的考察学习,以及在大连、秦皇岛、天津、青岛等港口的一系列实验,初步探索了岸基导航和实施船舶交通管理的可能性,撰写了上海、青岛等港口的 VTS 发展规划,并对中国 VTS 建设的总体方案进行了探讨,所有这些都为中国 VTS 的发展奠定了基础,1978年春,在宁波港开始建设中国第一个以雷达监视为主的VTS。

（2）第二阶段

第二阶段是20世纪80年代,是中国VTS开始建设的初级阶段。先后在宁波、秦皇岛、青岛、大连、连云港五个港口开始了VTS的建设。这一时期中国对VTS的理论研究空前活跃,在VTS规划、设计中开始引入海上交通工程学理论和系统工程方法,对沿海港口和长江干线的船舶交通流、交通事故进行了观测统计,进行了全国VTS等级划分的研究并编制了全国VTS系统总体布局规划。1985年IMO第十四届大会A.578(14)决议[现已为A.857(20)决议所替代]通过的《VTS指南》对中国20世纪80年代以后VTS的规划、建设与管理产生了重要影响。但从总体上来看,这一时期对VTS的功能、作用的认识还是初步的,VTS的功能和作用远未得到充分发挥,VTS在海事安全监督管理中的中心地位未得到体现;VTS的工程设计理论与方法亦未成熟;VTS的运行管理体制与法规建设和VTS人员配置与培训滞后于VTS的硬件建设。

（3）第三阶段

第三阶段是20世纪90年代以后,是中国VTS全面建设发展阶段。新建了沿海营口、黄骅、天津、烟台、成山角、北长山、连云港、上海、广州、深圳、湛江、琼州海峡、南京、镇江、江阴、张家港、南通、马迹山、厦门、海口12个港口和水道VTS;建成了长江下游VTS;对大连、秦皇岛、青岛、宁波等VTS进行了更新和扩展。至此,中国沿海(含香港)和内河共有25套VTS系统,23个VTS中心,由63个雷达站组成,覆盖了沿海大部分港口重要水域和长江下游的重要航段。这一时期VTS工程设计的理论与方法已趋成熟,对《VTS指南》有了统一的认识,加强了法规建设,陆续制定了《中华人民共和国船舶交通管理系统安全监督管理规则》《中华人民共和国船舶交通管理系统运行管理规定》等,在法律上明确了中华人民共和国海事局是VTS的主管机关,规定了主管机关、直属机构、分支机构及VTS中心的职责,规定了VTS在实施船舶交通管理中的作用和地位,完善了VTS系统运行管理考核办法,各个VTS中心制定了相应的交管实施细则或规则和用户指南,加强了VTS的维护管理,逐步发挥了VTS的各项功能和管理效益。

3.中国船舶报告系统简介

（1）概述

我国为《1974年国际海上人命安全公约》《1979年国际海上搜寻救助公约》的缔约国,根据公约"各缔约国须提供海上搜寻救助服务"的要求,我国建立了中国船舶报告系统(China Ship Reporting System,CHISREP)。

CHISREP是一个应急保障系统。在CHISREP区域内航行的船舶可自愿加入本系统,但也规定了必须强制参加的船舶。加入CHISREP的船舶必须严格遵守《中国船舶报告系统管理规定》,并按照规定的格式和程序发送船舶报告。CHISREP将时刻关注报告船舶的航行安全,维护海洋环境清洁。

CHISREP是一个集计算机、通信和网络技术为一体的信息系统。它具有对船舶所报告的航线、船位进行自动标绘和推算、对按规定时间未报告的船舶进行自动预警等功能。系统可提供船舶资料,为组织协调指挥船舶参与搜寻救助提供相关信息。

CHISREP是中华人民共和国通过设在上海海事局内的中国船舶报告中心进行操作的。CHISREP致力于保障海上航行船舶和人命安全,提高搜救的效率,为防止和控制船舶造成的海上污染等提供有效的信息服务。

CHISREP 是免费的，其覆盖区域为 9°N 以北、130°E 以西的海域（其他国家的领海和内水除外），对参加本系统的船舶的船位报告和抵达报告、最终报告进行跟踪，超时预警、核查及启用搜寻救助行动，以证实该船舶是否安全。

（2）系统组成、功能及适用的船舶

CHISREP 船舶报告制系统是具有先进的信息处理和网络通信功能且覆盖中国报告区的船舶报告系统，并由指挥端站（中国海上搜救中心）、中国船舶报告管理中心（上海海事局）、五个用户端站（大连、天津、青岛、上海、广州的搜救中心）、报告接收站（上海海岸电台）和船舶报告网络组成。

系统提供船舶及船舶报告信息的接收、发送、存储和数据分析处理，在紧急状态下，为搜救部门提供有效的辅助决策支持；为相关的用户或单位和船舶提供相应的信息服务。

在船舶或航空器遇险或可能遇险的情况下，各海上搜救中心应根据搜救的需要从船舶报告管理中心调取信息。船舶报告的信息只能用于船舶或航空器遇险救助、航行安全和防止海域污染等海上安全管理，不得将船舶报告信息用于其他目的。

规定强制参加 CHISREP 的船舶有：

①航行于国际航线 300 总吨及以上的中国籍船舶；

②航行于中国沿海航线 300 总吨及以上的中国籍船舶。

自愿参加 CHISREP 的船舶有：

①上述航程不足 6 h 的船舶；

②上述船舶以外的其他中国籍船舶；

③外国籍船舶。

4. 加入 CHISREP 操作规程

加入中国船舶报告系统的船舶应按照《中国船舶报告系统船长指南》中规定的报告格式、种类、内容和要求进行报告。具体细节和要求请参考《中国船舶报告系统船长指南》。

（1）加入

船舶可通过下列方式加入：

①船舶进入 CHISREP 区域时，按照本系统规定的格式向中国船舶报告管理中心或报告接收站发送报告。

②当船舶首次加入时，可由船公司或代理向中国船舶报告管理中心提供船舶基本概况。

③如果船舶的基本概况发生变化，船公司、代理或船舶应当及时地将变化情况向中国船舶报告管理中心报告。

（2）报告的发送

船舶可通过下列方式向中国船舶报告管理中心发送船舶报告：以莫尔斯电报、窄带直接印字电报的方式通过上海海岸电台发送报文；传真或电子邮件；Inmarsat 系统；集团报告。

船舶可通过 Inmarsat 系统发送电子邮件或电传。通过 Inmarsat 系统发送报告的船舶应确认其 Inmarsat 设备在任何时候都处于"LOGIN"模式。通过电子邮件发送报告时，以"CHIS-REP"作为电子邮件的主题。由于某种原因不能发送船位报告或最终报告的船舶，可通过他船或岸上的有关机构代为报告。

5. CHISREP 的报告格式、种类和内容

CHISREP 使用了除"其他报告"以外的七种报告，即一般报告四种、特殊报告三种，每一种

报告都由若干个按英文字母顺序排列的报告项构成。七种报告皆以 CHISREP 加上报告的识别字母开头，以报告项 Z 为结尾。

（1）航行计划报告（SP）

①报告时机

在船舶进入 CHISREP 区域界线前 24 h 至进入后 2 h 之内发送；在离开中国沿海港口前后 2 h 之内发送。

SP 应包含作图的必要资料和计划航线的大致情况，在预定起航时间 2 h 内不能起航，应当发送一份新的 SP，注意，当船上有医务人员时，必须将 V 项加入航行计划报中。

②报告格式

从国外进入 CHISREP 区域，停靠中国港口或者国内两个港口之间的航行计划报格式：

必报项：CHISREP SP A（船名呼号）、F（航速）、G（上一停靠港）、H（日期时间 UTC/进入 CHISREP 区域的船位）、I（下一停靠港及其 ETA）、L（计划航线信息）、M（船舶电台全称和保护频率）、Z。

船舶认为必要时，可加入 E、K、N、O、S、T、L、W、X 和 Y 项。

从中国港口驶往外国港口的船舶或过境船（从国外某港口到国外某港口，其航线穿过 CHISREP 区域的船舶）航行计划报格式：

必报项：CHISREP SP A、F、G、H、I、K（退出系统区域的时间、位置）、L、M、Z。

船舶认为必要时，可加入 K、N、O、S、T、U、W、X 和 Y 项。

（2）船位报告（PR）

船舶按照规定的时间或约定的报告时间向 CHISREP 发送船位报告，使船舶报告中心掌握足够的船舶信息。第一份船位报告要求在最新航行计划报告后 2 h 内发出，以后每隔 24 h 或在每天约定的时间发送，但两个报告之间的时间间隔不应超过 2 h，直到抵达中国沿海港口或驶离 CHISREP 区域界线。船位报告中的信息将被 CHISREP 用来更新该船的船舶动态。

如在船位报告发送前 2 h 发送变更报告（DR），那么下一份船位报告的发送时间应改为变更报告后 24 h。预计抵达目的港或 CHISREP 分界线的时间应当在最后一次的船位报告中得到确认。船舶改变 ETA，可在任何一份船位报告中更正。如船舶的航行时间小于 2 h，可不发船位报告，只要在开航时发航行计划报告并在抵港时发一份最终报告即可。

（3）变更报告（DR）

船舶发生下列情况时必须发送变更报告：

①船舶改变其计划航线时；

②船舶的实际船位偏离计划航线超过 2 h 的航程时。

（4）最终报告（FR）

在船舶抵达中国沿海港口或驶离 CHISREP 区域界线前后 2 h 内，应发送最终报告。危险货物报告（DG）、有害物质报告（HS）、海洋污染物报告（MP）如前所述。

6. 船舶延误报告处理

①船舶超过规定报告时间或约定报告时间 3 h 未报告，系统将自动对该船进行预报警，提醒工作人员检查中国船舶报告中心是否已收到该船舶的报告，直接与配有 Inmarsat 设备的船舶进行联系并在海岸电台通报表上列出该船舶，提醒其发送报文。

②对于延时超过 6 h 的船舶，船舶报告中心将在海岸电台通报表中对这些船舶进行呼叫。

③对于延时超过 12 h 的船舶,船舶报告中心将对船公司代理、经营人及可能见过该船或与该船联系过的其他船舶进行查询,核实该船是否安全。

④对于延时超过 18 h 的船舶,船舶报告中心将在海岸电台通报表中对这些船舶进行紧急呼叫,并在该船呼号后加 PAN PAN。

⑤对于延时超过 24 h 的船舶,船舶报告中心制订搜救方案并报指挥端站(中国海上搜救中心),由指挥端站指定海上救助协调中心(RCC)进行搜寻救助,开始搜救行动。

第九章

电子海图显示与信息系统

随着计算机技术和航海技术的不断发展,产生了以数字形式表示的电子海图以及各种电子海图系统。它们的出现是水道测量领域和航海领域的一场新的技术革命,使海图研究、生产以及使用跨入了一个新的纪元,也促使航海自动化迈上新的台阶。

第一节　电子海图系统基础

电子海图(electronic chart,EC)是用数字形式描述海域地理信息和航海信息为主的海图。其内容以海域要素为主,详细表示水深、碍航物、助航标志、港口设施、潮流、海流等要素,陆地着重表示沿海的航行目标和主要地貌、地物。电子海图可在屏幕上显示,所以也称为"屏幕海图"。电子海图没有显示之前只是以一定格式存储的数据,所以电子海图又称为电子海图数据。

电子海图和其应用环境组成电子海图系统。由于人类长期使用纸质海图的习惯,航海实践中无论电子海图数据或电子海图系统都被称作电子海图,这可以认为是一定程度上的广义称谓,但严格定义的电子海图就是电子海图数据。

一、电子海图

电子海图按其数据格式分为光栅电子海图(raster charts)和矢量电子海图(vector charts)两大类。

1. 光栅电子海图

光栅电子海图是指以栅格形式表示的数字海图,通过对纸质海图的光学扫描形成的数据信息文件,以像素点的排列反映出海图中的要素。因此光栅电子海图可以看作纸质海图的复制品,包括的信息(如岸线、水深等)与纸质海图一一对应。由于光栅电子海图从其制作原理决定了它在技术上和应用上的局限性,使用者不能对光栅电子海图进行查询式操作(如查询某一海图要素特征)、选择性显示或隐去某类海图要素等。因此,光栅电子海图常被称为"非智能化电子海图"。

2. 矢量电子海图

矢量电子海图是将数字化的海图信息分类存储的数据库,海域中的每个要素以点、线、面等几何图元的形式存储在电子海图数据文件中,使用者可以选择性地查询、显示和使用数据,并且它可与其他船舶系统相结合,提供诸如警戒区、危险区的自动报警等功能。因此,矢量电子海图常被称为"智能化电子海图"。

二、电子海图系统

电子海图,无论是光栅电子海图还是矢量电子海图,都仅是将海上空间信息按照数据的方式进行组织和存储而形成的数据文件,无法单独使用。因此,需要计算机和相应的软件将电子海图数据进行处理,并且将处理后的数据和其他传感器诸如罗经、GPS、雷达和数据通信设备等的数据相结合,完成信息显示、船位标绘、航线设计等一系列导航功能,从而形成完整的电子海图系统。简单说,电子海图系统包括数据、软件和硬件三大部分。

三、相关国际标准

相关国际组织通过颁发相应的标准统一了电子海图的数据格式,规范了电子海图系统的性能标准。在电子海图生产、应用过程中执行的相关标准主要出自三个国际组织——国际海事组织(International Maritime Organization,IMO)、国际海道测量组织(International Hydrographic Organization,IHO)和国际电工委员会(International Electrotechnical Commission,IEC)等。这些标准将符合要求的电子海图系统命名为电子海图显示与信息系统(Electronic Chart Display and Information System,ECDIS)。

1. IMO ECDIS 性能标准

1995 年 11 月,在 IMO 第 19 届大会上以 A.817(19)号决议正式批准 IMO ECDIS 性能标准[Performance Standard for Electronic Chart Display and Information System(ECDIS)],此后海安会在 1996 年、1998 年分别通过 MSC.64(67)决议、MSC.86(70)决议对性能标准进行修订。2006 年 12 月,通过了 MSC.232(82)决议,该决议对性能标准进行了较全面的修订,使之成为现行的 IMO ECDIS 性能标准。

MSC.232(82)建议各国政府确保:

(1)在 2009 年 1 月 1 日或以后安装的 ECDIS 设备,符合不低于本决议附件所规定的性能标准;和

(2)在 1996 年 1 月 1 日或以后但于 2009 年 1 月 1 日以前安装的 ECDIS 设备,符合不低于经 MSC.64(67)决议和 MSC.86(70)决议修正的 A.817(19)决议附件所规定的性能标准。

该性能标准给出了 ECDIS 相关定义、海图信息的提供、更新与显示、比例尺、其他航行信息的显示、显示模式和邻近区域的生成、颜色和符号、显示要求、航线设计、航行监控和航行记

录、计算和精度、性能试验、故障报警和指示、备用配置、与其他设备连接、电源等内容。

2. IHO 关于 ECDIS 的相关标准

IHO 关于 ECDIS 的标准主要涉及电子海图数据及显示,主要有:

(1)IHO S-52:电子海图的内容和 ECDIS 显示标准

IHOS-52 标准为电子海图的内容和 ECDIS 显示标准(IHO Specifications for Chart Content and Display Aspects of ECDIS),该标准规范了 ECDIS 显示 ENC 信息时的方式,包括颜色、符号样式、线型等一系列问题,从而保证了不同厂商生产的 ECDIS 显示海图信息的方式、基本海图功能都是一致的,以利于航海人员的识图和使用。

(2)IHO S-57:关于数字化海道测量数据的传输标准

IHO S-57 标准为关于数字化海道测量数据的传输标准(IHO Transfer Standard for Digital Hydrographic Data),该标准描述了用于各国航道部门之间的数字化海道测量数据的交换以及向航海人员、ECDIS 的生产商发布这类数据的标准。该标准是具有法律效力的矢量电子海图[IMO ECDIS 性能标准定义为电子航海图(Electronic Navigational Chart,ENC)]的数据交换和传输标准。

(3)IHO S-63:数据保护方案

IHO S-63 标准为数据保护方案(IHO Data Protection Scheme),该标准主要用于规范电子航海图数据的分发与服务,包括防盗版、防伪造、选择性存取、数据制作者一致性和原始设备制造商(OEM)一致性等条款,是安全结构与操作规程的推荐性标准,使用对象为数据发行机构(如国家海道测量部门)、ECDIS/ECS 设备制造厂商和最终用户。

(4)IHO S-100:通用海道测绘数据模型

尽管 S-57 有很多优点,但其仍存在一定的局限性,例如,S-57 几乎是专门用于 ECDIS 使用的 ENC 编码;没有被地理信息系统(GIS)领域广泛接受;维护机制不灵活;不支持未来发展的要求(如栅格测深、时变信息等)等。

为了解决这些局限,进一步扩充 S-57 的适用范围,更好地适应国际空间信息交换标准的发展,满足栅格海图、多媒体信息等信息交换的需要,IHO 开始了 S-57 新版本——S-100(IHO Universal Hydrographic Data Model,IHO 通用海道测绘数据模型)——的研究。

S-100 的主要目的是支持更为广泛的海道测量数字数据源、产品和用户,包括影像和栅格数据、增强元数据规范、无约束编码格式和更灵活的维护体制。因此可以开发诸如高密度测深、海床分类、海洋 GIS 等超出传统的海道测量范围的新应用。S-100 设计用来满足扩展要求及未来要求,例如 3D 数据、时变数据以及需要时可以很容易加载的用来采集、处理、分析、存取和显示海道测量数据的网络服务。

(5)其他

除了以上标准外,IHO 还制定了以下电子海图相关标准:

①S-58《ENC 有效性检验推荐标准》(Recommended ENC Validation Checks):作为 ENC 生产中质量控制的参考标准,它规定了 ENC 检核工具软件开发者开发的数据检核软件最低限度应检查的 ENC 科目。

②S-61《光栅航海图产品规范》[Product Specifications for Raster Navigational Charts(RNC)]:这是关于标准光栅电子海图(IMO 定义为光栅航海图)制作的主要标准。

③S-62《ENC 生产机构代码》(ENC Producer Codes):给出了所有 ENC 生产机构及其

代码。

④S-64《IHO ECDIS 测试数据集》（IHO Test Data Sets for ECDIS）：用于测试 ECDIS 能否正确显示某些 ENC 符号。

⑤S-66《关于电子海图及其使用要求的实际情况说明》（Facts about Electronic Charts and Carriage Requirements）：该说明对 ECDIS、ENC 等基本概念进行了介绍，对 IMO 关于 ECDIS 强制配备规定做出导读，对一些常见相关问题进行了解释。

3. IEC 61174：ECDIS 硬件设备性能和测试标准

国际电工委员会发布的 IEC 61174《海上导航和无线电通信设备及系统——电子海图显示与信息系统（ECDIS）——操作和性能要求，测试方法和要求的测试结果》[Maritime Navigation and Radiocommunication Equipment and Systems—Electronic Chart Display and Information System（ECDIS）—Operational and Performance Requirements, Methods of Testing and Required Test Results]。该标准明确了对 ECDIS 进行测试的方法和应该出现的测试结果。

任何厂家生产的 ECDIS 系统必须按该标准经严格测试并达到标准要求的结果，才能被官方认可投入市场。换句话说，通过该标准的测试是 ECDIS 合法地成为船用设备的基础。通过了按照该标准测试的 ECDIS 便得到了类型认证，可以合法地成为船用设备。

四、标准的电子海图

符合上述有关国际标准的光栅电子海图和矢量电子海图，分别被称为光栅航海图（raster navigational chart，RNC）和电子航海图（electronic navigational chart，ENC），便是标准的电子海图。

1. 光栅航海图

符合 IHO S-61 标准的光栅电子海图，是由国家海道测量局或其授权出版的纸质海图通过数字复制而成的图像文件，可以是单一海图也可以是系列海图。

RNC 具有以下属性：

（1）由官方纸质海图复制而成；

（2）根据国际标准制作；

（3）内容的保证由发行数据的水道测量局负责；

（4）根据数字化分发的官方改正数据进行定期改正。

目前世界上主要的光栅航海图产品有英国水道测量局（UKHO）生产的 ARCS 和美国国家海洋及大气管理局（NOAA）生产的 RNC。

2. 电子航海图

ENC 是内容、结构和格式均标准化的数据库，该数据库由政府或政府授权的海道测量机构或其他相关政府机构发布并符合 IHO 标准，供 ECDIS 使用。ENC 包含安全航行所需的所有海图信息，并可包含纸质海图上没有但可视为安全航行所需的补充信息（例如航路指南）。

ENC 具有以下属性：

（1）内容基于主管海道测量局的原始数据或官方海图；

（2）根据国际标准进行编码和编制；

（3）基于 WGS84 坐标系；

（4）内容的保证由发行数据的海道测量局负责；

（5）由国家主管海道测量局或机构发行；

（6）根据数字化分发的官方改正数据进行定期改正。

虽然 RNC 也符合有关国际标准，但由于其本质上的非智能的缺陷，主要应用在电子海图发展初期。因此现在通常所说的标准电子海图一般是指 ENC。不符合标准的电子海图、由非官方机构按自己数据格式生产制作的电子海图数据均属于非标准电子海图。相对于 ENC，非标准电子海图存在如下缺点，给用户带来航行安全隐患：

（1）不是官方海道测量机构制作的，不能保证数据的权威性；

（2）不直接从事水道测量，数据的实时更新不能得到保证；

（3）通用性较差。

五、标准的电子海图系统

IMO 定义的标准电子海图系统即电子海图显示与信息系统（Electronic Chart Display and Information System，ECDIS）。

电子海图显示与信息系统是一种航行信息系统，如果这个系统具有适当的备用配置，便能被接受为符合 1974 年 SOLAS 公约中第 V 章第 19 和 27 条关于改正至最新的海图的配备要求。该系统可有选择地显示系统电子航海图中的信息以及从导航传感器获得的位置信息以帮助航海人员进行航线设计和航行监控，并且能够按要求显示其他与航海相关的信息。

定义中所述的系统电子航海图（System Electronic Navigational Chart，SENC）是由电子航海图内容及其改正数据无损转换为制造商的电子海图显示与信息系统的内部格式而形成的数据库。这个数据库被 ECDIS 直接用来显示电子海图以及完成其他航海功能，并且与最新的纸质海图等效；还可包含航海人员添加的信息和来自其他信息源的信息。

IMO 性能标准指出，当船舶航行于 ENC 数据不能满足航行需求的水域时，ECDIS 可以使用 RNC，此时 ECDIS 处于光栅海图显示系统（Raster Chart Display System，RCDS）。

光栅海图显示系统为一种航行信息系统，显示 RNC 信息和来自导航传感器的位置信息以帮助航海人员进行航线设计和航行监控，如有需要，还可显示其他关于航行的信息。

与 ECDIS 相比，RCDS 有很多的局限性，如海图变向显示可能影响海图资料的读取、不能够通过查询方式获取海图物标的附加信息等，因此当 ECDIS 处于 RCDS 模式时，必须与适当配置的纸质海图一起使用，即不能完全取代纸质海图。

目前，将经检验不符合 IMO 关于 ECDIS 相关国际标准的电子海图系统称为电子海图系统（Electronic Chart System，ECS）。这里提及的两个电子海图系统并不相同，前者泛指一般意义的电子海图系统，而后者 ECS 特指不符合国际标准要求的电子海图系统。ECS 不能满足 IMO 关于 ECDIS 的相关要求，因而也不能满足 SOLAS 公约第 V 章关于海图的配备要求，不能替代纸质海图。

需要说明的是，我国海事局在关于船载电子海图系统的管理规定中，要求我国国内航行船舶安装的系统即为电子海图系统，并在《国内航行船舶船载电子海图系统（ECS）功能、性能和测试要求（暂行）》中给出了 ECS 的性能标准和测试要求，包括电子海图来源、系统功能、系统技术指标等。相比较而言，该 ECS 相关要求略低于 ECDIS，ECDIS 中一些必须具备的功能，在 ECS 中并不强制要求，例如临时标绘等。因此，该 ECS 的使用范围也受到限制，仅适用于中国海事局制定的《国内航行船舶船载电子海图系统和自动识别系统设备管理规定》中的船舶。

六、电子海图显示与信息系统

ECDIS 的组成和一般的电子海图系统类似，主要包括硬件、软件、数据三部分，如图 9-1-1 所示；所不同的是硬件、使用数据以及功能方面的标准应根据国际标准进行设计和配置。

1. 系统硬件组成

ECDIS 由一个具有高性能的内、外部接口，符合 S-52 标准要求的船用计算机系统和相应传感器组成。系统的核心是高速中央处理器和大容量的内部和外部存储器。外部存储器存储容量应保证能够容纳整个 ENC、ENC 更新数据和 SENC。

中央处理器、内存和显存容量应保证显示一幅电子海图所需时间不超过 5 s。

系统显示器可以配置 1 个或多个，其尺寸、颜色和分辨率应符合 IHO S-52 的最低要求。无论配备几个显示器，海图显示区的最小有效尺寸应为 270 mm×270 mm，不少于 64 种颜色，像素尺寸小于 0.312 mm。

文本可以与海图显示在同一个显示器的海图要求的最小区域（270 mm×270 mm）的外部，也可以单独设立文本显示器。文本显示区或显示器用于显示航行警告、航路指南、航标表等航海咨询信息。

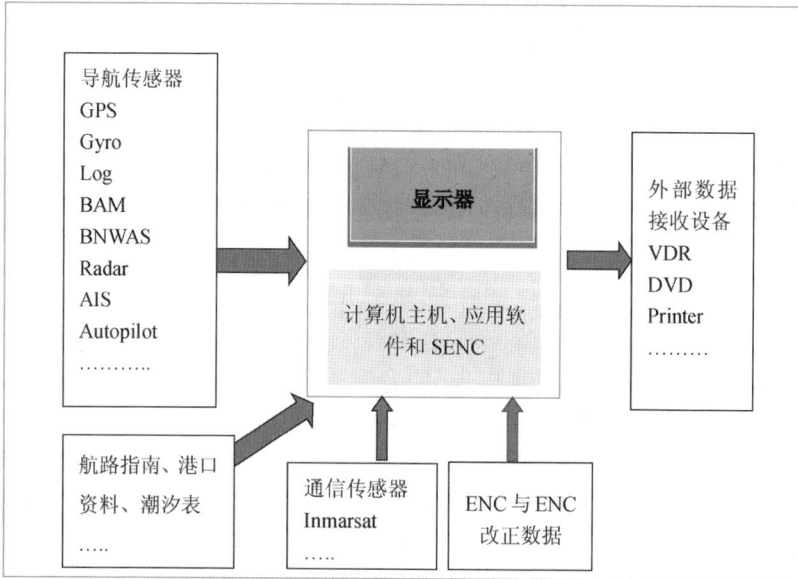

图 9-1-1　电子海图显示与信息系统组成

内部接口应包括图形卡、声卡、硬盘和光盘控制卡等。以光盘等为载体的 ENC 及其改正数据，以及用于测试 ECDIS 性能的测试数据集可通过内部接口直接录入硬盘，船舶驾驶员在电子海图上所进行的一些手工标绘、注记以及电子海图的手动改正数据的输入等可通过键盘和鼠标实现。与扬声器连接的声卡，用以实现语音报警。

利用打印机可实现电子海图和航行状态的硬拷贝,以便事后分析。外部接口一般是含有 CPU 的智能接口,保证从外部传感器接收信息(如 GPS、罗经、雷达、AIS、计程仪、测深仪、风速风向仪、自动舵等设备的信息)并按照一定的调度策略向主机发送这些信息。

通过船用通信设备不仅可以自动接收 ENC 的改正数据,实现电子海图的自动更新,还可以接收其他数据,诸如气象预报等。

通过与其他传感器连接,ECDIS 可以接收、解析、处理各种传感器数据并以文字或图形等方式显示,从而可以为航海人员集成显示所需信息并提供有效的决策支持。定位设备(如 GPS、DGPS 等)、陀螺罗经、航速与航程测量设备(如计程仪)是性能标准所要求的必须与 EC-DIS 连接的三类传感器,对于未装有陀螺罗经的船舶,可采用首向发送装置代替。此外,性能标准也对 ECDIS 与雷达、AIS 的连接要求做了较为详细的规定,但并没有强制要求与这两类传感器连接。实际上,许多 ECDIS 产品均可实现与主要船舶助航设备的连接,如测深仪、风速风向仪、自动舵等。

2. 电子海图显示与信息系统功能

ECDIS 作为现代航海中的一项新技术,在保障航行安全和提高航行工作效率方面发挥了显著的作用,其功能主要包括:

(1)海图显示

依据 S-52 标准显示海图内容;在给定的投影方式下合成和显示海图(在使用墨卡托投影方式时,可以选取适当的基准纬度以减小海图的投影变形);以"正北向上"或其他方向显示海图;以"真运动"或其他运动方式显示海图;随机改变电子海图的比例尺(缩放显示及漫游);分层显示海图信息(隐去本船在特定航行条件下不需要的信息)。

(2)海图作业

在电子海图上进行计划航线设计(依照推荐航线进行手工设计或进行大圆航线计算);以灵活的方式计算任意两点间的距离和方位(如利用电子方位线、可变距标圈等方式);标绘船位、航迹和时间。

(3)海图改正

能够接受由官方 ENC 制作部门提供的正式改正数据以及由航海人员从纸质航海通告或无线电航行警告中提取的改正数据,实现 ENC 的自动和手动改正。

(4)定位及导航

能够同计程仪、陀螺罗经、GPS、测深仪、气象仪等设备连接,接收来自这些传感器的信息,并进行综合处理,求得最佳船位;能够进行各种陆标定位计算、航迹推算。

(5)航海信息咨询

获取电子海图上要素的详细描述信息以及整个航线上的航行条件信息,如潮汐、海流、气象等。

(6)雷达和 AIS 信息处理

将雷达图像、雷达跟踪目标信息、AIS 信息叠加显示在电子海图上,提供本船、本船周围的静态目标、本船周围的动态目标三者之间的位置关系。航海人员可据此判断避碰态势,做出避碰决策。同时,还可以在电子海图上检测该避碰决策可行与否。

(7)航行监控

在船舶航行过程中,ECDIS 能够自动计算船舶偏离计划航线的距离,必要时给出报警和指示,实现航迹保持。ECDIS还能够自动检测到航行前方的暗礁、禁航区、浅滩等,帮助船舶避礁、防搁浅。

（8）航行记录

ECDIS能够以1 min为间隔自动记录前12 h内使用过的ENC单元及其来源、版本、日期、改正历史、船位、航速和航向等,一旦船舶发生事故,这些信息足以再现当时的航行情况;能够记录整个航次的船舶航迹和不超过4 h为间隔的时间标记。记录的信息不允许被操作和改变。也就是说,ECDIS具备类似"黑匣子"的功能。

3. 电子海图替代纸质海图问题

结合SOLAS公约有关条款的规定、ENC与ECDIS的有关国际标准,可以明确电子海图显示与信息系统替代纸质海图的条件为:

（1）通过类型认证的ECDIS;

（2）使用改正至最新的官方ENC(官方海道测量部门提供的符合IHO S-57标准,具体内容、显示方式、颜色和符号的使用等要符合IHO S-52规范);

（3）配备适当的备用配置。

只有上述条件同时满足,方能达到替代纸质海图的条件,满足船舶海图配备要求。

第二节　ENC 数据模型与结构

海图,不论是纸质海图还是电子海图,其所包含的数据和信息都是对真实世界的一种描述和反映。也就说,航海人员在看到海图上的符号后,应能明确其所对应的实际物标;同样,在看到某一实际物标时,也应能在海图上快捷地找到对应的符号。

真实世界很复杂,难以实现完全描述,因而必须对客观世界进行仔细地观察和分析,建立相应的数学模型来进行描述;而不同的建模就形成了不同的数据结构。本节主要对ENC数据模型与结构进行简单介绍。

一、ENC 数据模型

ENC数据模型即依照IHO S-57标准建立的数据模型,该标准仅对水文相关实体进行建模。该模型用描述特征和空间特征结合来定义实体,并将描述特征和空间特征的集合分别定义为特征对象(feature object)和空间对象(spatial object),构成要素如图9-2-1所示。

特征对象描述的是实体的种类、性质和特征等属性信息。特征对象以空间对象的存在为前提,借用空间数据表达其所在的位置。两者通过编码组成了S-57物标数据的要素基础。

空间对象描述的是实体的空间位置属性。表示现实世界物标实体的空间特性的方法有很多,S-57模型将这些表示限于向量、栅格、矩阵三种,实际上S-57仅仅采用向量这一方式。该模型是在二维平面内描述和反映真实世界,为此向量类空间物标可能是零维、一维、二维,分别对应于节点、边和面。不同节点、边和面之间的关系可以通过拓扑结构来描述。在IHO S-57中主要定义了无拓扑、链节点、平面图、完全拓扑四种拓扑关系。

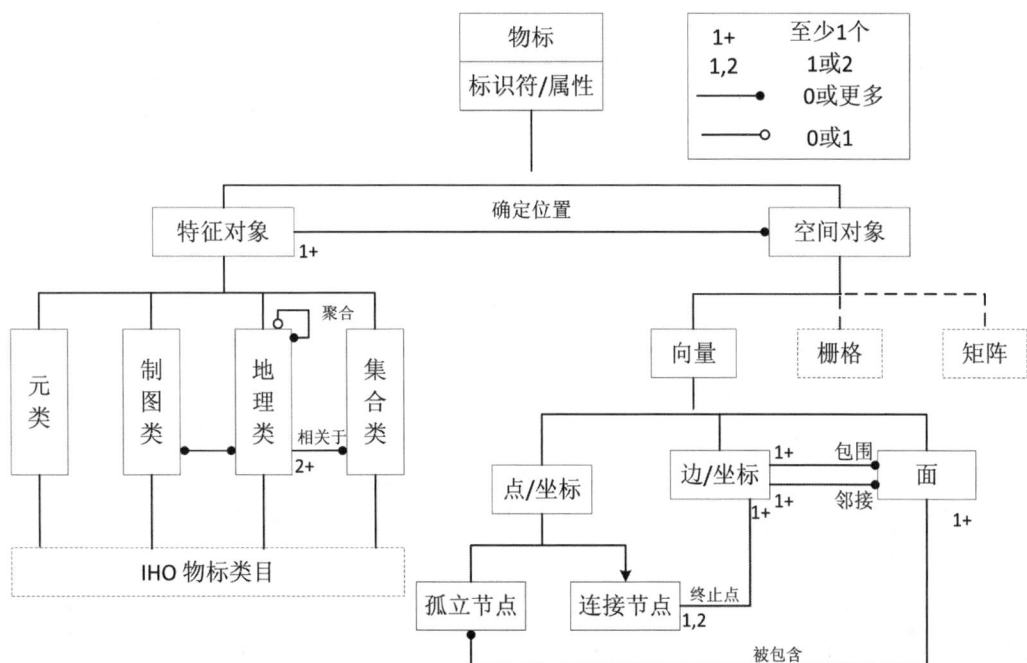

图 9-2-1　S-57 物标数据模型

特征对象含有描述属性(如关于真实世界实体形状和位置的信息),但没有任何几何属性。空间对象必须有几何属性,还可能有描述属性。特征对象由它与一个或多个空间对象的关系来定位,也可以不参照空间对象存在(如编辑比例尺),但每个空间对象必须参照一个特征对象。例如,一个点状空间对象本身除了其位置信息外,无法提供更多的信息,一旦该空间对象与某一特征对象产生关联(如在该位置处新建了一个灯塔),便相应产生一个具体存在的真实世界物标。

1. 特征对象分类

现实世界的物体很多很多,或是具体存在(如一个航标),或是规定存在(如锚地)。S-57不可能对每一个物标分别定义和描述它的特征对象和空间对象。在数据模型中,假定现实世界中的物体可以划分为有限的一些类别,如灯标、沉船、建筑物区等。将有限的客观实体划分为相应的类别并进行适当的描述,就构成了 S-57 对象目录。这些实体类型在物标目录中称为特征对象类。

S-57 物标数据模型定义了四类特征对象,分别是:

(1)地理类(geo)(160 种):包含客观世界实体的描述特性,如沉船、警戒区等。

(2)元类(meta)(13 种):包含其他对象的信息,如编辑比例尺、高程基准面等。

(3)集合类(collection)(3 种):描述与其他对象之间关系的信息,如集合、关联、上下关系。

(4)制图类(cartographic)(5 种):包含现实世界实体的制图显示信息,如罗经圈等。

对于每一类特征对象,S-57 根据其名称采用六位字母或符号组成的缩写编码表示,如沉船(wreck)的缩写编码为 WRECKS、陆标(landmark)的缩写编码为 LNDMRK、侧面标志(lateral buoy)的缩写编码为 BOYLAT。

尽管这些特征对象的缩写编码并不要求航海人员掌握,但有些 ECDIS 或 ECS 在光标查询或其他功能操作时便采用缩写编码的格式给出相应结果,这对航海人员的识读造成一定的难度。这种情形下,航海人员可查阅 IHO S-57 或者通过一些专门提供 S-57 术语解释的网站进行查询。

2. 特征对象属性

利用特征对象的方式,可以将现实世界中的物体划分为有限的一些类别,但仍然无法区分同一特征对象类别中的不同对象个体,如某港口附近 1 号侧面标志与 2 号侧面标志。为了便于准确地描述和区分每一特征对象,S-57 标准对所有 ENC 可能涉及的特征对象类型都定义和分配了相应的属性,每一属性同样采用与该属性名称有关的六位字符组成的缩写编码表示,如浮标形状属性采用 BOYSHP 表示。为区别对待,将物标类的属性分为三类,即属性 A、属性 B 和属性 C,其中属性 A 用于定义某个物标的个体特征,属性 B 提供有关的使用信息,属性 C 提供有关物标的管理信息及描述数据,表 9-2-1 所示为方位浮标(BOYCAR)所具有的属性。

对某一特征对象而言,有些属性是强制的,因为 ECDIS 需据其确定该物标是否属于基础显示,或者缺少该属性后对应物标便毫无意义,或者据其确定显示的符号,或者这些属性提供与航行安全有关的信息。例如,对于方位浮标而言,浮标形状(BOYSHP)、方位标志类型(CATCAM)、颜色(COLOUR)和颜色图案(COLPAT)是必须具有的属性,这些属性对于其他物标而言则可能不是强制的。

表 9-2-1　方位浮标(BOYCAR)的属性列表

属性代码	属性类别	属性值类型	属性名称及释义
BOYSHP	A	E	浮标形状
CATCAM	A	E	方位标志类型,如北方位标
COLOUR	A	L	颜色
COLPAT	A	L	颜色图案,如横纹、竖纹等
CONRAD	A	E	雷达显著程度,能否返回并产生比较强的雷达回波,如雷达显著的、雷达显著的(带雷达反射器的)
DATEND	A	A	终止日期,实际的浮标在该日期后移除,ECDIS 也不再显示
DATSTA	A	A	开始日期,实际的浮标在该日期后开始工作,ECDIS 开始显示
MARSYS	A	E	所属浮标系统,如系统 A、系统 B、其他系统等
NATCON	A	L	建筑结构性质,如混凝土结构、金属结构等
NOBJNM	A	S	用国家语言表示的物标名称
OBJNAM	A	S	物标名称,如可能,应译为英文表示
PEREND	A	A	定期终止日期
PERSTA	A	A	定期开始日期
STATUS	A	L	状态,如熄灭的、永久的、有人看守的等
VERACC	A	F	高程精度
VERLEN	A	F	物标比高

续表

属性代码	属性类别	属性值类型	属性名称及释义
INFORM	B	S	物标的文本信息,其他属性未包含的注释性或描述性信息,可通过光标查询功能读取具体内容,一般不超过 300 个没有特殊格式的字符,因此只适用于较短的信息
NINFOM	B	S	用国家语言表示的信息
NTXTDS	B	S	用国家语言表示的正文
PICREP	B	S	图示显示,表示物标是否有可用的图示显示
SCAMAX	B	I	最大比例尺,即物标可能使用的最大比例尺,如用于 ECDIS 显示
SCAMIN	B	I	最小比例尺,即物标可能使用的最小比例尺,如用于 ECDIS 显示
TXTDSC	B	S	文字性描述,与该浮标有关的文本文件,对长度、格式没有限制,可通过相应链接查询
RECDAT	C	A	记录日期,即该物标被获取、编辑或删除的日期
RECIND	C	A	记录指示,用于数据输入和编码的程序
SORDAT	C	A	数据来源日期,原始资料的生产日期,如测量日期
SORIND	C	A	数据来源指示,关于物标来源的信息

针对特征对象的每一属性,可以通过定义相应的属性值加以准确描述。属性值又分为六种类型:

(1)E——枚举型:从预定的属性值中选择,必须选取一个正确的值,如方位标志类型(CATCAM)属性只能是北方位标、东方位标、南方位标、西方位标中的一个。

(2)L——列表型:从预定的属性值中选择一个或多个值,如方位浮标的颜色(COLOUR)属性应为黄色和黑色两种。

(3)F——浮点型:具有限定范围、分辨率、单位和格式的浮点数值,如方位浮标的比高(VERLEN)属性。

(4)I——整数型:具有限定范围、单位和格式的整数值,如显示某方位浮标的最小比例尺(SCAMIN)属性。

(5)A——编码(格式)字符串:在指定格式中的 ASCII 字符串,如某方位浮标开始工作的日期(DATSTA)属性。

(6)S——任意字符型:自由格式字母数字混合字符串,如某方位浮标的名称(OBJNAM)属性。

综上所述,特征对象类的一个实例可以归结为一个具体的特征对象(如一个特定的灯标、沉船或建筑物区等),可以赋予它一系列属性并为这些属性赋值来精确地描述。一个特定的现实世界实体通过描述适当的特征类、属性和属性值来编码。例如,BOYCAR 物标类代码可以定义一个方位浮标,通过其浮标形状属性(BOYSHP)赋值为"柱形"、浮标类型(CATCAM)属性赋值为"北方位标"等,就可以确定一个特殊的"柱形北方位标"个体。然后再对其空间对象属性进行定义,便可以确定现实世界中对应位置的具体浮标了。

二、数据结构

上述建立的理论数据模型提供了描述和反映真实世界的思路和方式,然而,要进一步完成在实际应用中的数据传递与交换,还要将模型变换到能够识别的结构中。在 S-57 中,采用记录、字段、子字段等数据结构来规范描述理论数据模型中的特征对象、空间对象、属性、对象之间的关系等。也就是说,每个对象可以结构化成一条记录,它由组成该记录的若干字段和子字段构成。而一个信息交换中可能包含多个对象,因而一个交换就会包含不止一条记录。把记录分组到不同的文件中构成一个数据集合,用来最终进行交换的那组信息就称为交换集(S-57 产品规范)。

需要说明的是,数据结构本身并不能从一个计算机系统直接转换到另一个计算机系统,要做到这一点,就必须把数据结构封装在物理传输标准中。S-57 数据采用了 ISO/IEC 8211 国际标准(信息交换数据文件技术要求)作为封装数据的技术方法,ISO/IEC 8211 标准提供了独立于机器构造的、从一种计算机体系向另一种计算机体系传递的文件机制,它不依赖于建立这种数据传递的介质,能够传递数据以及有关这些数据是如何组织的描述,形成的是规范的不依赖存储介质的机读数据文件。

第三节　数据显示与识读

一、数据显示

所谓数据显示即将海图数据在屏幕上显示出来形成可视海图。与纸质海图一次性形成不同,ECDIS 虽然也是根据地图投影原理进行制图显示,但其可根据不同航海需要随时以特定的形式选择性地显示所需数据。

1.显示优先级

ECDIS 处理的全部数据,包括海图信息、雷达信息和其他传感器的数据,按照 S-52 标准进行了数据分层与显示优先级管理。在显示过程中,当发生信息空间重复时,要优先保证级别高的信息能够清晰、完全被显示,级别排列靠后的信息不能覆盖其前级信息。

S-52 标准规定,ECDIS 应将处理的数据至少分成 10 级(1 级内可以分为多层信息,1 层内可分为多种要素),分级信息如下:

(1)ECDIS 视觉报警/指示(如坐标系、深度基准面异常警告、显示比例尺大于或小于 ENC 原始比例尺的警告);

(2)海道测量组织(HO)数据:点、线、面和官方更新;

(3)手动输入的航海通告和无线电航海警告;

(4)ENC 警告(海图上的警告和注意信息);

(5)HO 的颜色填充区域数据;

（6）HO 提供的,根据用户要求显示的数据;

（7）雷达信息;

（8）用户数据:点、线、面(用户在电子海图上做的标注);

（9）ECDIS 制造商的数据:点、线、面;

（10）用户的颜色填充区域数据。

显示优先级主要是在 ENC 制作阶段供编辑人员参考以确定各类海图信息显示的优先顺序。一旦制作完成,各类信息的显示优先级便已确定,航海人员无法更改。

2. 显示分类

由于电子屏幕尺寸的局限性、SENC 信息的多样性、显示比例尺的缩放等,显示在电子屏幕上的信息可能会出现杂乱无章而无法辨别的状况。因此,电子海图信息的显示进行了三种分类层次的控制,以方便航海人员对海图信息的筛选显示及查看。

（1）基础显示(display base)

基础显示是指不能从显示中去除的 SENC 信息层,是由那些不论何时、何地、何种情况下都要显示出来的信息所组成。应注意,这种显示并没有将所有与安全有关的信息都显示出来,因此不能满足航行安全的需要。基础显示是标准显示的子集,主要包括:

①海岸线(高潮水位);

②本船的安全等深线(由航海人员设定,默认为 30 m);

③在安全等深线所确定的安全水域内,水深小于安全等深线的水下孤立危险物;

④在安全等深线所确定的安全水域内的水上孤立危险物,例如固定结构、架空电缆等;

⑤比例尺、量程和指北符号;

⑥深度和高程单位;和

⑦显示模式。

（2）标准显示(standard display)

标准显示是指在基础显示的前提下,再增加一些与航行安全有关的物标的显示。IMO ECDIS 性能标准规定,在 ECDIS 首次启动时应缺省选择标准显示设置。该显示模式下,航线设计和航行监控的数据可以由航海人员根据需要控制显示或不显示,主要包括:

①基础显示;

②干出线;

③浮标、灯标、其他助航设备和固定结构;

④航道、海峡等边界;

⑤视觉和雷达显著物标;

⑥禁航区和限制区;

⑦海图比例尺界限;

⑧警告注记标志;

⑨船舶定线和渡轮航线;

⑩群岛海上航路。

（3）其他信息(all other information)

其他信息是指根据航行监控需要,可以由航海人员控制显示或不显示的信息,例如:

①水深点;

②海底电缆和管道；

③所有孤立危险物的详细信息；

④助航标志的详细信息；

⑤警告注记的内容；

⑥ENC 版本日期；

⑦最近海图更新编号；

⑧磁差；

⑨经纬线图网；

⑩地名。

二、电子海图的识读

纸质海图已经有了几百年的历史，海图符号的形状、颜色、大小等已被航海人员所熟悉。考虑到纸质海图和电子海图还将长期共存，所以 S-52 在设计和规定电子海图符号时尽量遵循纸质海图的使用习惯。由于 ECDIS 中海图颜色及符号的有效显示同时受到多种因素的影响，例如目的（如航线设计或航行监控）、驾驶台环境（白昼或夜间）、人的因素（色彩识别和感受）等，这就需要对传统符号进行一定的简化和改变，从而在一定程度上优化系统运行速度和显示效果，提高人机交互的效果。因此，ENC 数据的显示符号与传统的纸质海图图式既有相同之处，又在形状、颜色和尺寸上存在一定的差别。

为帮助航海人员认识和理解 ECDIS 中的信息显示特点与符号特征，S-52 通过 ECDIS Chart1 给出了 ECDIS 常用的海图图式，它包含了一套名为 AANC1XXX.000（"N"为海图的航海用途）的 S-57 文件。英国水道测量局出版了 NP5012《ECDIS 中使用的 ENC 符号指南》（Admiralty Guide to ENC Symbols Used in ECDIS），详细列出了各类 ENC 符号的样式、含义、适用物标，并给出了与纸质海图图式（NP5011）的关联，便于航海人员查阅和比较。

此外，在 ECDIS 中，航海人员还可以利用光标查询功能查询某一符号的属性或附加信息。

限于篇幅，这里仅介绍主要的 ENC 信息与符号的识读，以帮助航海人员熟悉和了解各种海图符号的含义及其他航海信息，从而最大限度地发挥 ECDIS 的导航作用。

1. 单元名称和版本

每个 ENC 单元的数据都要单独存储，而且有唯一的单元名（文件名），数据文件大小不超过 5 MB。S-57 对 ENC 的数据文件命名的基本原则做出了统一要求，由 8 位字符编码和三位数字的扩展名构成，如 C1511381.000。其中，前两位表示生产机构标识码，该标识码由 IHO 分配，具体可参阅 IHO S-62，如 C1 代表中国海军航保部；第三位表示航海用途，共分 6 类，具体含义见表 9-3-1；后 5 位表示单元标识代码，命名方式由海图生产机构确定。不同机构生产的 ENC，其单元标识代码的命名方式也有所不同。

表 9-3-1　ENC 数据航海用途编码

编码	航海用途	比例尺范围
1	总图（Overview）	<1：1499999
2	大洋航行图（General）	1：350000～1：1499999
3	沿海航行图（Coastal）	1：90000～1：349999
4	近岸航行图（Approach）	1：22000～1：89999
5	港内航行图（Harbour）	1：4000～1：21999
6	靠离泊用图（Berthing）	>1：4000

扩展名可分为两种情况。基本单元文件的扩展名为"000"。如 C1511381.000，是中国海军航保部出版发行的大连港港口图（原始版本或新版本），图号是 11381。对更新单元文件，扩展名是更新的编号，范围从"001"到"999"。这些编号不能省略且必须按顺序使用。如 C1511381.001、C1511381.002、…、C1511381.006，是中国海军航保部出版发行的大连港港口图的更新数据文件，图号是 11381，分别对应第 1、2、…、6 号更新文件。ENC 单元的更新必须严格按照改正数据文件扩展名的先后顺序依次完成，这样可以有效避免出现漏改的情况。

2. 强调显示

为了清晰地区分水深的差异和界限，IHO S-52 引入了本船安全水深、安全等深线等概念，从而使浅点、浅水区域等视觉明显，使航海人员容易发现和识别搁浅风险，具体如下：

（1）安全等深线（safety contour）

根据航海人员选择并设置的安全等深线，高亮或粗体强调显示等于或临近所设安全等深线的海图等深线。

安全等深线的设置应考虑本船吃水和富余水深等实际情况，具体参见本章第七节参数设定部分。

（2）安全水深（safety depth）

当显示水深点时，ECDIS 高亮或粗体强调显示海图上等于或小于航海人员所设安全水深值的水深。深于安全水深的水深采用灰色显示，等于或小于安全水深的水深采用黑色（夜晚显示背景采用白色）表示，以便于航海人员及时识别浅水点。

（3）双色水深区（two depth zone shades）

以安全等深线为界，浅于该值的水域用深色度填充，深于该值的水域用浅色度填充，形成明显的双色区域。通过使用两种颜色显示海图的水深区域，可以使航海人员直观感知水域的"浅、深"，快速判定安全深度水域，如图 9-3-1 所示。

当显示的整个水域都小于安全等深线，特别是在夜晚显示背景时，水深区域的颜色深浅差别较小，不易判定当前水域是浅水区域还是深水区域。为强调显示浅水区域，避免观察判断错误，ECDIS 可以对浅水区采用暗格填充模式进行加重显示，通过这种"浅水模式"可以更加明确地标示出浅水区，如图 9-3-2 所示。

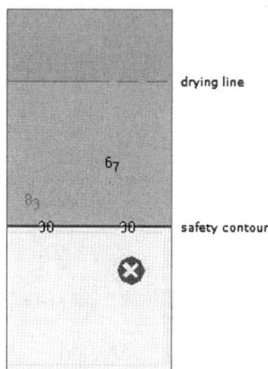

图 9-3-1　双色水深区示意图　　　　　图 9-3-2　浅水模式示意图

（4）四色水深区（four depth zone shades）

以安全等深线、浅水等深线（shallow contour）和深水等深线（Deep Contour）为界,将水深区划分为四个深度等级,分别用不同色度填充,使航海人员直观感知水域的"很浅、较浅、较深、更深",方便对安全深度水域的判定,如图 9-3-3 所示。

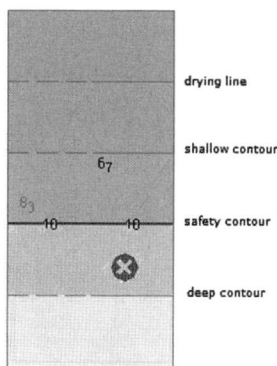

图 9-3-3　四色水深区示意图

与双色水深区显示相比,四色水深区降低了相邻水深区的对比度,使得在一定光线条件下难以区分安全水域和危险水域,特别在夜晚显示背景下不推荐采用四色水深区模式。

（5）孤立危险物（Isolated Dangers）

如果孤立危险物（如礁石、沉船、障碍物等在水面下的危险物）位于由安全等深线确定的安全水域内,但相应水深小于安全等深线（这里的安全等深线为设定值）,则 ECDIS 应以如图 9-3-3 所示的带有叉形的紫色圆形符号强调显示。如有必要,位于危险水域的孤立危险物也可强调显示。此外,孤立危险物不适用于水深点。

需要说明的是,在浅水区内显示的孤立危险物属于标准显示,而深水区内的孤立危险物属于基础显示。

3. 简单符号和传统符号

对于点状物标而言,ECDIS 允许航海人员选择使用简单符号或传统符号显示,两者的特点和区别如下：

如表 9-3-2 所示,对点状物标,使用实心点、圆圈、矩形、菱形等简单符号显示。其优点是显示速度快,符号简洁清晰,特别是在夜晚显示背景下易于观察;缺点是表象性差,符号代表的物标不易识别。与纸质海图类似的符号称为传统符号,也称纸质海图符号。其优点是显示的符号符合航海习惯,类似传统的海图图式,符号代表的物标明确且易于识别;缺点是绘画占用大量计算机资源,影响系统运行速度,特别在非白天背景下显示时,符号清晰度差,容易造成看不到符号的情况,带来航行风险。

比较典型的可以采用简单符号和传统符号显示的点状物标便是浮标和立标,主要是为了能够清楚地显示浮标和立标的位置,既辅助航行,又可避免碰撞浮标和立标。

以浮标为例,侧面浮标、方位浮标、孤立危险物浮标及安全水域浮标的简单符号采用其倾斜的顶标符号表示,方位浮标采用黄色显示,孤立危险物浮标采用红色显示,其他浮标均采用相应颜色显示。如果某浮标在 ENC 中描述信息不全,或者表示库中没有定义相应的符号,则该浮标采用默认浮标符号表示,即灰色填充的圆圈,具体如表 9-3-2 所示。

如果显示浮标的名称或编号,应在相应的名称或编号前加前缀"By",以避免编号和水深混淆。

4. 简单边界与符号化边界

如表 9-3-2 所示,对于锚地、航道、禁航区等区域性物标的边界,ECDIS 可以使用不同颜色和宽度的实线、短划线等简单线型表示,称为简单边界。同时,ECDIS 也可使用直观的符号化线型来表示区域性物标的边界,称为符号化边界。

表 9-3-2 常用简单符号/简单边界与传统符号/符号化边界对应表

简单符号/简单边界	传统符号/符号化边界	释义
		右侧浮标(红、绿)
		左侧浮标(红、绿)
		方位浮标
		孤立危险物浮标
		安全水域浮标
		专用浮标(如分道通航制分道标志)
		默认浮标
		灯船
		锚地

续表

简单符号/简单边界	传统符号/符号化边界	释义
		双向航道
		警戒区
— — — — — — —	~~~~~~~~~	水下电缆
— — — — — — —	—○— —○— —○— —○—	输油管道

对于同一物标,航海人员可以根据情况和需要选择使用简单边界或符号化边界。在显示比例尺较小时,采用简单边界可以保证显示界面清晰。在显示比例尺较大时,特别是某一区域无法全部显示时,符号化边界可以直观地反映该区域的性质和类型,同时还能表明相应的区域范围应该位于界限的哪一侧。

此外,对于较为重要的区域,边界线采用紫色标示;对于一般性区域,边界线采用灰色标示。ECDIS 还通过颜色、图案或纹理、符号填充或显示等方式更加清晰、直观地表明区域的边界、性质。

5. 其他重要符号

除了上述重要变化外,下列符号也是 ECDIS 新增的或与纸质海图图式差异较大的:

(1) 未知物标或属性

对于点状物标,如果在 ENC 中无法确定其显示方式,则采用紫色的问号标示;对于线形物标及区域物标,则在相应的(边界)线上标紫色的问号,具体如表 9-3-3 所示。

导致该情形的原因有很多,例如:

①ECDIS 不符合最新版本 S-52 表示库的要求,因此不能正确描述、显示 ENC 数据中包含的新物标;

②ENC 数据中的某物标缺少关键的属性信息,导致 ECDIS 无法准确绘制该物标;

③ENC 数据中的某物标含有非标准的属性信息。

对于第一种情况,ECDIS 将在相应位置处显示一较大的问号,可以通过光标查询功能进一步查看详细信息。对于后两种情况,ECDIS 将在相应符号旁边显示一较小的问号。

表 9-3-3　未知物标图式及释义

符号样例	释义
	未知的点状物标
	未知的线形物标
	未知的区域物标

续表

符号样例	释义
	缺少关键属性的通用浮标,左侧的为传统符号,右侧的为简单符号
	缺少关键属性的通用立标,左侧的为传统符号,右侧的为简单符号
	方向未知的潮流或海流
	方向未知的无线电报告点
	交通流方向未知的推荐航线或通航分道

（2）新物标

鉴于航行安全的发展要求,可能出现不能被现有符号描述的新物标。针对这种可能性,S-57 提供了两种解决方案：

①及时更新表示库内容,定义新物标的属性、符号等,以供 ECDIS 识别、显示。

②采用带有紫色圆圈的感叹号标志表明该物标无法被准确描述,图 9-3-4 自上而下分别给出了新的点状物标、线形物标和区域物标。航海人员可通过光标查询功能查看该新物标的具体属性信息。

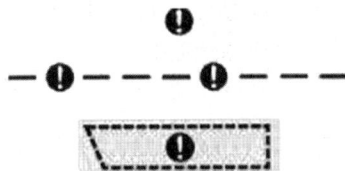

图 9-3-4　新物标

（3）精度较低的物标

①对于位置精度较低的沉船、礁石、碍航物及点状陆地等,用一黑色的问号指向相应的物标,具体如表 9-3-4 所示。

②对于测量精度低的水深点采用圆圈圈注,类似于纸质海图的疑深（ED）,具体如表 9-3-4 所示。

③对于精度较低的线形物标采用由矩形构成的虚线表示,并采用不同的颜色表示不同的物标类型,具体如表 9-3-4 所示。

表 9-3-4　低精度物标符号样例与释义

符号样例	特征描述	释义
	带问号的指引线	表示问号另一端处是测量精度低的点物标符号或区域的中心符号
3_2	水深点外有小圆圈	表示该水深的测量精度低

续表

符号样例	特征描述	释义
	不同颜色的空心的小方格线	表示测量精度低的线物标边界符号元素，如深灰色表示安全等深线、灰色表示等深线、深灰色表示海岸线和岸线结构物、深灰色表示沉船或碍航物区域、黑色表示包含碍锚地的危险线
	带数值的短划线	表示水下深度大于 20 m 的线状障碍物
	带数值的点划线	表示水下深度小于 20 m 的线状障碍物
	带数值的方格线	表示低测量精度的线状障碍物
	带孤立危险物符号的虚线	表示搁浅危险的线状障碍物

（4）附加信息

有些信息是无法通过符号完整地表述出来的，例如与航行安全有关的特殊性规定、某一陆标的对景图等。ECDIS 可以通过警告注记或信息注记的方式提供类似的附加信息。警告注记一般是与航行安全关系较为密切的警示性信息，信息注记多是与航海有关的一般性信息。

为了避免直接显示大量文字或者图片信息而引起显示界面混乱或者覆盖其他重要的海图信息，ECDIS 中，采用一圆圈圈注的感叹号表示该点或某一区域存在警告注记（caution note），通过一矩形框圈注的"i"来表示信息注记（information note）的存在。

不论是警告注记还是信息注记，具体的信息内容均可以通过光标查询功能进一步查询。ENC 生产机构、ECDIS 生产商、航海人员均可添加有关信息，由 ECDIS 通过不同颜色的警告注记或信息注记符号加以区别显示，以达到提示航海人员查看其所含具体信息的目的。

在航线设计阶段，航海人员可以通过警告注记或信息注记的形式添加 ENC 未包含的、与航行安全有关的重要信息，诸如"通知机舱备车"或"与引航站联系"等，实现类似于传统航线设计中的航线标注的功能。

综上所述，ECDIS 在保留一些传统的纸质海图符号的基础上，一方面对一些传统符号做出了调整，另一方面增加了新的图式和表现形式。除了上述介绍的主要的变化外，表 9-3-5 给出了其他 ECDIS 特有的或与纸质海图符号相差较大的主要符号（表中符号的颜色为白天背景下的颜色）。

表 9-3-5 其他 ECDIS 基本符号

符号样例	特征描述	释义
	灰色背景、不规则的短划线填充	冰区
	灰色点填充	疏浚区
	类似小信封的符号	表示航海人员特记保存的事件记录点

续表

符号样例	特征描述	释义
	深紫色空心帆样符号	磁差异常符号,利用光标查询可查取该点或该线上的磁差信息
	浅紫色空心帆样符号	磁差异常符号,利用光标查询可查取该区域内的磁差信息
	深紫色实心帆样符号	磁差,利用光标查询可查取该点的磁差资料
	浅紫色实心帆样符号	磁差,利用光标查询可查取该线或区域的磁差资料
	深灰色外环棕色内圆	陆地区域在小比例尺时的点状表示符号
	深灰色外方框棕色内方框	总是露出水面的碍航物
ENC DATA / NON-ENC DATA	橙色短斜刺线(围成的区域)	斜刺线表示官方 ENC 与非官方矢量海图的分界,斜刺线所指一侧为非官方 ENC 海图数据
— A — — B — — A —	字母 A、B 相间的线条	IALA 浮标系统 A 和 B 的分界线
	危险物和危险水域重叠	险恶(水域)地带
FIW 2s / d	紫色线条和带字母 d 的方框	表明该物标具有时变属性,如开始日期(DAT-STA)和终止日期(DATEND)属性、定期开始日期(PRESTA)和定期终止日期(PREEND)属性等

6.辅助显示

为增强电子海图的显示能力和效果,ECDIS 提供诸多辅助显示手段,帮助航海人员理解和判定当前的显示状态,更好地使用和利用 ECDIS。

辅助显示主要包括指北符号、比例尺棒符号和纬度尺符号、经纬线网格、海图比例尺索引等。

(1)指北符号

ECDIS 可以采用多种显示方向(如北向上、航向向上等),这就要求在电子海图上指示出相应的方向基准。指北符号(如图 9-3-5 所示)应始终显示在海图显示区的左上角,且要确保其显示清晰,即使比例尺棒占了海图显示区的整个左侧高度。如果显示方向不是北向上,则要旋转指北符号以时刻指示真北。

(2)比例尺棒符号和纬度尺符号

ECDIS 可以改变显示比例尺,一方面可以保证航海人员能够准确、直观地了解本船与周围其他物标特别是危险物标的距离,另一方面可以帮助航海人员及时确定避让等操作的时机。IHO S-52 要求 ECDIS 应显示比例尺棒及量程指示。

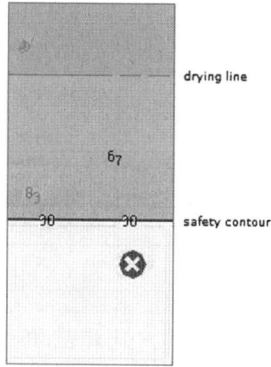

图 9-3-5　指北符号

当显示比例尺大于 1：80000(例如 1：50000)时,绘制代表长度为 1 n mile 的比例尺棒符号(如图 9-3-6 所示)。当显示比例尺为 1：80000 或更小(例如 1：250000)时,绘制代表长度为 10 n mile 的纬度尺符号(如图 9-3-7 所示)。

图 9-3-6　1 n mile 比例尺棒符号　　图 9-3-7　10 n mile 纬度尺符号

比例尺棒/纬度尺符号为基础显示类,应时刻在海图显示区的左侧距底边约 3 mm 处显示。

受显示的地理区域(如纬度高于 70°的区域)或者投影方式(在不同方向上的投影变形差异超过 5%)的影响,当显示区域内各点的比例尺不一致时,ECDIS 应给出指示,说明当前的比例尺棒/纬度图尺是基于本船船位还是海图显示区中心而言的。

实质上,比例尺棒或纬度尺只能帮助航海人员概略地判定距离,如果需要精确量取两点间的距离,则可根据情况利用光标或可变距标圈实现。

(3)经纬线网格

经纬线网格属于其他信息类,因此航海人员可以控制显示或不显示经纬线网格,以方便观察与判定船舶或其他物标的位置。

(4)海图比例尺索引

ECDIS 总是试图通过无缝连接的方式载入可用的 ENC 单元数据以充满整个海图显示区,这就意味着,当前显示的海图信息可能来自多个 ENC 单元,其原始比例尺也很可能并不相同,甚至相差较大。

ECDIS 应显示出两种比例尺 ENC 单元的交界,如图 9-3-8 所示,其中粗线表示不同比例尺海图分界,双细线一侧表示大比例尺海图。这里的两种比例尺是指原始比例尺不属同一个航海用途分类。通过海图比例尺索引提示航海人员当前有些区域的海图数据处于超比例尺显示状态及船舶可能跨越不同航海用途的 ENC 单元。ECDIS 可选择控制是否显示海图图廓,以便在需要时(如航线设计)查看某区域不同比例尺海图的存在情况,确定如何显示和利用。

所有显示的 ENC 单元应以相同比例尺显示。因此,为匹配原始比例尺较大的 ENC 单元,原始比例尺较小的 ENC 单元需要被放大显示。如果放大程度达到 2 倍,则应在海图比例尺索引中体现出超比例尺区域,如图 9-3-9 中所示的条纹区域。这种显示仅适用于 ECDIS 为匹配显示比例尺而自动进行的超比例显示调整。对于由人为操作导致的超比例尺显示,ECDIS 不提供相应的索引指示,而是根据 IMO ECDIS 性能标准的要求提供超比例尺显示的警示。

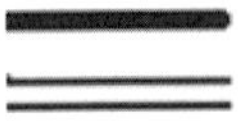

图 9-3-8 两种比例尺 ENC 单元的交界

图 9-3-9 海图比例尺索引中的超比例尺区域

此外,与纸质海图相比,ECDIS 还增加了 IEC 为 IMO 制定的有关航海要素符号,如计划航线、本船符号等,具体特征将在后面陆续介绍。

三、测量精度

由于测量时间和技术等众多因素的影响和制约,海图物标的有些信息在精度上存在差异。为此 ENC 生产机构根据位置精度、深度精度和海底覆盖面将 ENC 划分成不同测量质量的区域。每一区域作为一个元物标——数据质量(M_QUAL),并赋予 6 个置信度区(CATZOC)属性值,即 A1、A2、B、C、D、U。

在其他信息显示模式下,ECDIS 会在每个区域显示相应的置信度区符号,具体形式和含义如表 9-3-6 所示。

表 9-3-6 置信度区符号及含义

属性值	符号	位置精度	深度精度	海底覆盖面
A1	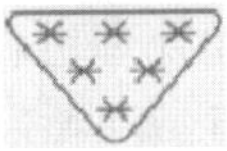	±5 m	0.5 m+1%水深,例如水深 30 m 的测深精度为 0.8 m	全部区域测量过,所有显著海底地形探测过并深度测量过
A2	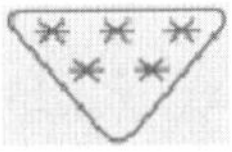	±20 m	1.0 m+2%水深,例如水深 30 m 的测深精度为 1.6 m	全部区域测量过,所有显著海底地形探测过并深度测量过
B	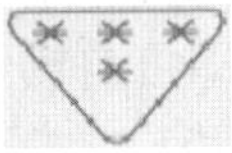	±50 m	1.0 m+2%水深,例如水深 30 m 的测深精度为 1.6 m	未达到全部区域测量,预期没有未标绘的水面航行危险物标,但有可能存在
C		±500 m	2.0 m+5%水深,例如水深 30 m 的测深精度为 3.5 m	未达到全部区域测量,预期深度会出现异常
D		比置信度区 C 更差	比置信度区 C 更差	未达到全部区域测量,预期深度会出现较大异常
U		未评定的		

由表 9-3-6 可见,5 星和 6 星符号为采用现代设备和技术进行的高精度测量;4 星符号表示中等精度测量,位置精度不是很高,海底覆盖面也不能得到完全保证;3 星和 2 星符号则表明低精度测量,可能有一些重要物标被遗漏。在决定某一区域的数据质量时,ENC 生产机构通常依据三项标准中的最低值决定。

此外,S-57 标准还规定了其他一些属性供 ENC 生产机构应用以进一步说明数据质量,如 TECSOU(水深测量技术)、SOUACC(测深精度)、POSACC(位置精度)等。

第四节　数据更新

IMO ECDIS 性能标准要求 ECDIS 所使用的海图信息应为政府或政府授权的海道测量机构或其他相关政府机构发布并经官方更新而改正至最新的版本,且符合 IHO 标准。这就是说,与纸质海图一样,电子海图同样存在更新问题。通过更新来确保 SENC 的内容是足够的和最新的,从而达到 SOLAS 公约第 V 章第 27 条的规定。

一、更新方式

S-52 专门在附录 1 电子航海图更新指南中详细规定了电子海图的更新方式和手段,具体可分为以下方式:

1. 自动更新

ECDIS 通过已经建立的通信链路,或者通过载有更新数据的实体介质,实现更新数据的获取、验证、接收、存储,自动完成电子海图的数据更新,并将更新数据融合到 SENC 中。更新的数据在显示方面与 ENC 数据没有区别。自动更新的途径按目前的技术状况可进一步分为:

(1)全自动更新

全自动更新是不必任何人员介入即可使更新信息从分发人处直接传入 ECDIS,例如通过合适的远程通信网络完成传送。在确认或接收过程完毕后,ECDIS 即可自动处理更新信息,并传送给 SENC。由于不需人员的介入便可自动处理更新信息,更新十分方便、及时。不过鉴于船舶网络的现状,该更新方式还未能在航海实践中普及。

(2)半自动更新

半自动更新是需要人员介入才能在传输介质和 ECDIS 之间建立通道(例如,插入更新盘,或者建立电话通信线路)的更新方法。在确认或接收过程完毕后,ECDIS 即可自动处理更新信息并传送给 SENC。尽管需要人员的介入,但操作过程非常简单。一般情况下,航海人员依据说明书的指导便可轻松、快速地完成。

2. 手动改正

由航海人员手工将信息键入 ECDIS。为使 ECDIS 能够接受手动更新数据,更新信息必须以某种合理的结构输入,其结构至少应与有关的 ECDIS 标准相符,并能够区别显示。

由于自动更新特别是半自动更新的周期比较长,另外许多 ENC 供应商不负责临时性通告和预告的改正,为了保证海图信息能够及时、准确地反映实际的航海环境,航海人员可将手动改正作为自动更新的有效补充。

手动改正信息应该仅仅被看作临时性手段,这种信息应该尽早被权威发行机构颁布的 ENC 更新信息所取代。

电子海图手动改正主要特点如下：

（1）改正与记录

①改正：能够以方便的途径和方式添加、删除或移动点、线、区域类物标和文字信息。可以通过鼠标在屏幕上选取空间位置或通过表格输入坐标值的方式确定物标空间位置，再通过符号或属性的选择确定修改的方式，以达到改正的效果。

②改正记录：保证所键入的全部与新情况和更新信息来源有关的更新文本信息均由系统加以记录，以便根据需要予以显示。

③报警与指示：如同处理综合 ENC 更新信息时一样，ECDIS 应该能够检测与手动改正信息有关的报警信号和指示信号。

（2）显示与查询

手动改正的信息应作为 SENC 信息并采用同样的符号进行显示，并在原有物标位置处叠加特殊标记符号（海图原始数据不允许修改），以示与原始 ENC 数据的区别。叠加的标记符号（颜色均为橙色）特点为：斜杠"／"为删除，底端带小圆圈的竖杠"⌁"为添加的点物标，小圆圈"○"为添加的线或区域物标的边界，而物标的修改则为添加和删除标记符号的组合。具体显示方式如下：

①添加物标

点物标：在对应位置上添加物标，再叠加显示"⌁"符号，如图 9-4-1 所示。

线物标：在添加的线上，均匀分布叠加显示"○"符号，如图 9-4-2 所示。

图 9-4-1　添加点物标实例　　图 9-4-2　添加线物标实例

区域物标：在添加区域的边界线上，均匀分布显示"○"符号，在中心符号上再叠加显示"⌁"符号。

②删除物标

点物标：在原物标符号上叠加显示"／"符号，如图 9-4-3 所示。

线物标：在原来的线上均匀分布叠加显示"／"符号，如图 9-4-4 所示。

区域物标：在区域的边界线上，均匀分布叠加显示"／"符号，在中心符号上叠加显示"／"符号。

图 9-4-3　删除点物标实例　　图 9-4-4　删除线物标实例

③移动物标

原来的物标按删除物标处理。

移动到新位置的物标按添加物标处理。

④修改物标

如果修改仅仅是附加（例如一个已有的浮标附加一个雷康，没有其他改变），则按添加处理，即在原物标符号上叠加显示"⌁"符号。

如果修改仅仅是部分删除（例如一个已有的浮标去掉一个雾号），或者同时添加和删除部分内容，则要引起一个改变和一个删除，应同时进行添加与删除处理，标记如下：

点物标：在原物标符号上叠加显示"⌊"和"/"。

线物标：在原线边界上叠加显示"○"和"/"。

区域物标：在原区域边界上叠加显示"○"和"/"，中心符号叠加显示"⌊"和"/"。

二、更新要求

电子海图的更新处理，主要由 ECDIS 完成，要点如下：

1. 数据完善性

只有官方发布的 ENC 更新信息，例如，那些由负责船用 ENC 的权威发行机构颁布的、以数字化格式提供的更新信息才能够被接收进 SENC。ECDIS 应查验 ENC 更新信息权威发行机构的身份识别以与相应 ENC 识别特征相符，应能够处理 ENC 更新数据且不能降低 ENC 的信息内容或者 ENC 更新数据的质量。例如，必须考虑数据的属性、逻辑关系、几何形状以及拓扑特性等。

2. 更新验证

ECDIS 应该提供一种方法，让使用者能够通过查看当前的更新数据内容或在海图上的显示，以确保更新数据已被正确地接收进 SENC。

3. 更新显示

更新信息应该能够从显示器上清楚地被辨认，自动更新的数据应与原始 ENC 数据没有任何区别，而手动改正数据应能区别显示。

需要说明的是，IHO S-52 4.0 版表示库新定义了如图 9-4-5 所示的符号，可以在需要时突出显示经自动更新修正的 SENC 内容。

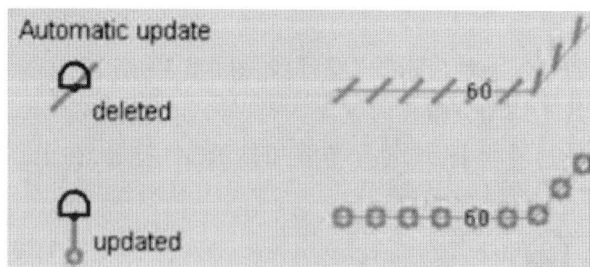

图 9-4-5　识别自动更新内容的符号

4. 分别存储

ECDIS 应该将全部更新信息与 ENC 分别存储，即不应改变 ENC。

5. 复读显示

ECDIS 应该能够根据需要用高亮度显示的方式复阅查看原先存储的更新信息。

6. 记录文件

ECDIS 应该通过一个记录文件随时记录所收到的更新信息，这个记录文件应该包括每一条被接受的或者被拒收的更新数据的下述信息：

(1)接受/拒收日期和时间；

(2)类似 S-57 产品规范中所描述的完整且毫无歧义的标识特征；

(3)更新过程中遇到的任何异常现象；

(4)更新类型：手动/自动。

7. 数据错序

当某一个 ENC 更新数据的顺序(如当前更新的版本与 SENC 中现有的更新记录版本非顺序邻接)出现错误时，ECDIS 应该能够向用户报警，终止更新作业，并将 SENC 恢复到开始更新之前的文件状态。顺序查验主要执行下述序列编号查验，以保证按照正确的顺序积累更新信息：

(1)ENC 更新信息的文件扩展名；

(2)ENC 更新信息的编号；

(3)ENC 更新信息中个体记录的更新序列编号。

8. 更新信息的修改

航海人员对于更新信息的拒收或者修改要利用手动改正的方法实现。有疑义的更新信息应该在记录文件中被标注为异常信息。

9. 一致性查验

应该将过去未能成功接收的 ENC 更新信息全部通知使用人。

10. 总结报告

每一份由权威发行机构发布的官方更新文件在接收完毕之后均应提交总结报告，其中至少应包括下述内容：

(1)权威发行机构的身份识别；

(2)更新文件的更新编号；

(3)有关地理单元的单元识别特征；

(4)所涉地理单元的版本编号和日期；

(5)有关地理单元中的更新信息数量。

为了进一步便于航海人员、主管机关核查 ECDIS 的数据状态，IHO S-63(1.2.0 版)新增了 ENC 更新状态报告功能。ECDIS 既可以给出某一特定航线或部分航段涉及的 ENC 单元数据的状态报告，又可以给出系统内所有已载入 SENC 的 ENC 单元的状态报告。

三、临时性通告和预告的处理

通常，电子海图的更新数据集包括了与纸质海图有关的所有永久性航海通告的内容。对于临时性通告和预告，不同 ENC 生产机构采用的处理方式相差较大，例如：

有些海道测量机构所提供的更新数据既包含永久性航海通告，也包含了临时性通告和预告(如果可能的话，这取决于其信息的具体程度)。这些更新数据均被写入 ENC 数据内的相关物标及其属性。如果某项改正性质为临时性通告或预告，则海道测量机构将在其开始生效时提供其更新内容，在失效时再将其移除。

有些海道测量机构也发布标准的 ENC 更新文件,通过时变属性来控制某项临时性通告或预告是否显示,例如开始日期(DATSTA)和终止日期(DATEND)属性、定期开始日期(PRESTA)和定期终止日期(PREEND)属性等。为了便于对临时性通告或预告管理,有些 ECDIS 在手动更新时,允许航海人员输入具体的开始生效的时间及终止时间等属性信息,这样 ECDIS 便可根据系统时间确定是否显示这些更新内容。

如果临时性通告或预告的内容非常概略,难以直接采用某一图式表示,有些海道测量机构会插入一覆盖相应 ENC 单元的警告注记符号,并与一包含该临时性通告或预告内容的文本文件链接以供查看具体信息。

然而,有些 ENC 生产机构并不提供任何临时性通告和预告的更新信息,因此,航海人员必须依据相应的航海通告内容进行手动更新,或者利用英国海道测量局提供的 AIO(Admiralty Information Overlay)服务。

在航海实践中,可参阅区域性 ENC 协调中心(Regional ENC Co-ordinating Centres,RENCs)与 UKHO 提供的各国家和地区 ENC 生产机构是否提供临时性通告或预告的信息改正服务的汇总表,以帮助确定船上 ENC 数据的更新情况。

第五节　基本功能

一、海图显示控制

电子航海图的数据特点为 ECDIS 提供了极其丰富的多样化显示。航海人员可以根据不同的条件、环境及要求选择适当、合理、实用的显示方式,以满足显示和观察的需要。

IHO S-52 要求,在监控模式下,海图显示的基本原则是选择本船位置处最大比例尺的海图进行显示。然而在实际应用中,这一原则可能难以完全满足和符合航海人员的需求,因此,ECDIS 允许航海人员根据需要进行控制或选择海图显示。

1. 海图载入

在 ECDIS 中,海图载入的方式可以分为自动载入和手动载入两种。

（1）自动载入模式

ECDIS 将根据搜图原则,在 SENC 中查找符合当前显示比例尺且能够覆盖当前位置电子屏幕的海图,把覆盖海图显示区中心的海图作为显示的当前图,再用其他海图填充未被当前显示海图填充的区域。

（2）手动载入模式

为了能够准确查阅某一海图单元的信息,有些 ECDIS 允许航海人员通过海图列表手动选择某一海图单元载入显示。海图列表可能是覆盖当前船位的列表清单,也可能是系统已经安装的所有海图清单。

2. 显示背景

IMO ECDIS 性能标准要求显示方式应确保所显示的信息能使一个以上的观察员在船舶驾

驶台正常光线条件下白天、晚上都可看清楚。驾驶台的光线亮度变化极大。白天,驾驶台上的光线从日出到日落在不断变化,太强的光线会冲淡显示的信息,这就要求电子海图必须具有明显的对比度。夜间,从显示屏上发出的光必须减弱到不影响航海人员夜视和正常瞭望为宜。

基于上述考虑,IHO S-52 定义了三种颜色表,即白天、黄昏、夜晚,以确保各类信息在不同驾驶台光线条件下均能清晰显示。因此,航海人员应根据驾驶台的光线条件设置合适的显示背景(颜色表),以获得最佳的观察效果。

需要指出的是,不同的显示背景可能不会完全满足实际使用的需要,因此,在实践中,还可以通过显示器的亮度和对比度调节、增设适当的滤光器或遮光板来得到更加理想的显示效果。

3. 运动模式

ECDIS 一般可以采取以本船相对海图的真运动(True Motion,TM)或相对运动(Relative Motion,RM)两种模式。

(1)真运动模式

真运动模式以海图内容为固定的参照物,描绘本船位置及其他活动目标(如 AIS 目标等)在地球表面运动的情况。通俗地讲,就是船动图不动。该运动模式是 IMO ECDIS 性能标准所要求的 ECDIS 必须具备的显示方式。

(2)相对运动模式

相对运动模式以固定在显示器屏幕上的本船位置为参照物,相对移动海图和其他活动目标。通俗地讲,就是图动船不动。

4. 显示方向

目前 ECDIS 所采取的显示方向主要有以下方式:

(1)北向上(North Up)

北向上以海图真北对准屏幕竖向向上为基准显示 SENC,是一种常规的习惯显示方法,有利于观察和比较目标相对关系(如真方位)。该显示方向是 IMO ECDIS 性能标准所要求的 ECDIS 必须具备的显示方式。

(2)首向上(Head Up)

首向上以本船船首向对准屏幕竖向向上为基准显示 SENC,方便观察周围情况和比较目标相对关系(如舷角)。由于船首向的不稳定,特别是大幅度地转向时,容易导致图像频繁变化或抖动,影响显示效果。

(3)航向向上(Course Up)

航向向上以本船运动方向对准屏幕竖向向上为基准显示 SENC。其显示特点同首向上,不同的是航向向上显示的图像是稳定的,但转向后应重新设定,以保持当前航向向上。

此外,有些 ECDIS 还提供航线向上(Route Up)的显示方式,即以航行监控中的本段航线对准屏幕竖向向上为基准显示的方式。

不论以何种方式显示,海图上所有的点状符号与字符缩写等必须保持在屏幕画面上可以正视。因此在北向上以外的模式下,符号、文字等均应做相应的旋转变换,但应按足够大的步幅改变,以避免海图信息显示不稳定。

5. 比例尺变换

对于电子海图而言,比例尺分为编辑比例尺(Compilation Scale)和显示比例尺(Display

Scale)。编辑比例尺是指为满足 IHO 关于海图精度的要求而由相关海道测量组织在数据最初编辑阶段时建立的比例尺，也称为原始比例尺。显示比例尺为两点间的显示距离与其实际距离的比值。显然，对于某一海图单元而言，编辑比例尺是由 ENC 生产机构在编辑阶段根据需要所设定的定值，一旦制作完成便不可修改，如同纸质海图的基准比例尺；而显示比例尺是可以由航海人员在使用过程中随时改变的。

IMO ECDIS 性能标准要求电子海图应能通过适当的方式（例如通过海图比例尺值或海里为单位的量程）改变显示比例尺。也就是说，与纸质海图只能按照固定的比例尺显示不同，电子海图除可按原始比例尺显示外，还可以在不同级别的显示比例尺下变换显示。为使海图内容充满整个海图显示区，ECDIS 可能需同时载入、无缝显示多个原始比例尺不同的 ENC 单元，自动调整并使其采用相同的显示比例尺。实际操作中，不同的 ECDIS 可能采用以下方式中的一种或几种供航海人员进行比例尺的手动变换操作。

（1）放大：当前海图中心不变，根据缩放比例放大显示，即海图范围变小。

（2）缩小：当前海图中心不变，根据缩放比例缩小显示，即海图范围变大。

（3）预设比例尺级别：当前图中心不变，根据选择的常用比例尺级别，快速变换显示。有些 ECDIS 允许航海人员手动输入具体的比例尺值。

（4）鼠标拉框放大：利用鼠标在屏幕上拖拽出矩形框，将其放大到充满整个海图显示区，也称无级比例尺显示。

（5）滚轮缩放：利用鼠标的滚轮功能实现快速缩小和放大。

对于放大和缩小，有些 ECDIS 会提供缩放比例，有些系统则缺省用 1 倍比例。不同类型的电子海图在比例尺变换时，会出现不同的特点和效果，使用时需要注意。

光栅电子海图在放大或缩小时，会出现像素密度的变化，导致图像模糊不清，难以识别。

对于矢量电子海图，由于其空间的数值性和显示符号的规定性，在放大或缩小时，海图在空间上按比例扩大或缩小，不存在图像失真。

需要引起重视的是，当海图显示比例尺改变后，会引起视觉的测量误差，可能导致对物体之间相对关系的错误判断，增加航行风险。当显示比例尺与原始比例尺相差较大时，ECDIS 应给出警示。

另外，为方便快速以原始比例尺显示当前海图，航海人员应能通过单一操作恢复到当前显示海图的原始比例尺。所谓单一操作，是指由不超过一个硬键或软键动作完成的程序，不包括任何必要的指针运动，或使用编程编码的声响激活。

6. 变换显示海区

ECDIS 中的海图显示区比传统纸质海图的图幅要小得多，这必然导致其显示的地理范围十分有限，特别是在显示比例尺比较大的情况下。因此，为了能够全面、方便地查看其他区域的情况，就需要变换海图显示的地理区域。

在航线设计或航行监控阶段，航海人员可能会根据需要查看当前没有显示的地理区域的情况，以便进行航线的延展设计和对前方水域的查看，促进航行安全。

由此可见，在 ECDIS 的使用过程中，显示海区的变换是十分必要的。ECDIS 一般可通过以下四种方式实现：

（1）比例尺变换

通过改变显示比例尺来增大或缩小显示的地理范围，从而实现海图显示区域的变换。

（2）手动载入海图

如果知道与该区域有关的海图单元，可通过海图列表或者查询功能选择并载入该海图单元，变换显示区域。

（3）海图漫游

航海人员可利用鼠标或轨迹球通过简单的操作实现显示区域的变换，该操作称为海图漫游。如有些 ECDIS 可以通过直接按住鼠标左键拖曳实现海图漫游。此外，航海人员还可以精确输入一坐标值，然后按当前比例尺显示以输入位置为中心的地理区域，实现比较精确的海图漫游。

（4）海图自动变换

在真运动模式下，随着时间的推移和船舶的运动，本船符号与海图显示区边界的距离将越来越近，ECDIS 中显示的本船前方的水域范围也随之不断缩小，势必影响航海人员对船舶航行态势的预测和对周围航行环境的查看。为此，航海人员应能设定本船与海图显示区边缘的最小距离，当实际距离达到该设定值时，ECDIS 应能重新调整本船在海图显示区的位置，并随之调整海图显示区的海图内容，从而实现显示海区的自动变换。

在显示海区的变换过程中，本船船位很可能会不在海图显示区内，难以进行有效的航行监控。为避免由此带来的不便和风险，航海人员应能通过单一操作立即恢复到覆盖本船位置的显示状态。此外，有的 ECDIS 产品提供了双窗口功能，即将海图显示区分为两部分，一个窗口可随意变换显示海区，另一个窗口则始终覆盖当前船位，以保证对船舶航行状态进行连续有效的监控。

7. 显示内容的选择

除可根据显示优先级等自动筛选确定显示的海图信息种类外，ECDIS 还允许航海人员通过显示分类（即基础显示、标准显示和其他信息）手动选择显示内容，以满足不同的航海需要。针对显示分类，IMO ECDIS 性能标准要求 ECDIS 应能在任何时候仅靠操作员的单一操作提供标准显示。当一幅海图最初在 ECDIS 上显示时，应当使用 SENC 中显示区域的最大比例尺的数据提供标准显示。从 ECDIS 显示中应能容易地增加或删除 ECDIS 显示的信息，但不能删除基础显示的信息。S-52 同时也规定航海人员应能够通过操作单独增加或删除标准显示或其他信息中的某项内容。如果消除标准显示中的信息种类以按指定规格显示，对此应有永久标示。ECDIS 在关闭或断电后打开时，应恢复至最近手动选择的显示设置。

在 ECDIS 的使用中，应充分考虑显示分类的功能作用，根据本船实际情况和航行水域特点，合理选择、控制显示模式及其内容，在满足航行安全需要的基础上获得最好的观察界面。如在大洋航行时可选择基础显示；在近岸航行时可选择标准显示；在港区航行时，通过选择其他信息并挑选必要的航行信息（如水深点）加以显示，以利于航行安全的判断与观察。为了提升显示内容选择操作的便利性，IHO S-52 要求 ECDIS 应允许航海人员预先设定并存储不同情况下的显示内容设置，这样，航海人员可以在需要时直接调用相应设置。航海人员应清醒地意识到，不论如何设置显示分类，都有可能存在某些未被显示的信息。如果航海人员仅仅依靠海图显示内容进行航线设计或航行监控，则可能因为信息不全而导致判断失误。

正常情况下，航海人员在进行航线设计时与 ECDIS 显示屏的视距为 70 cm 左右，因而显示内容在不致混乱的前提下，应尽可能详尽以确保计划航线的安全合理。

航行监控模式下，航海人员与 ECDIS 显示屏的视距可能达数米远。这种情形下，特别是在发生紧急情况时,航行监控模式应仅显示直接相关的信息,以确保信息提取迅速、明确而非模棱两可。需要特别指出,电子海图上的字符读取比较困难且易导致混乱。因此,在航行监控显示中应尽可能少使用字符。

实际上,ECDIS 的显示受到众多因素的影响,如系统内可用 ENC 单元的原始比例尺、物标的最小比例尺属性、ECDIS 的海图载入规则、ECDIS 内可用的比例尺变换幅度、航海人员关于显示的设定等。不同的 ECDIS 对相关标准存在不同的理解,可能采用不同的缩放幅度或海图载入规则,给出不同的显示结果。因此熟悉所用 ECDIS 的运行方式是非常重要的。

若显示模式的设置或者被其他显示信息覆盖导致有些特征物标无法显示出来,ECDIS 仍应能够探测到上述物标的存在,并根据设定给出报警。尽管如此,航海人员也不应过分依赖自动报警功能。

二、航海测量

航海测量主要是指经纬度、方位和距离的量取与标绘。航海人员可利用分规和航海三角板或平行尺在纸质海图上进行标绘或测算。与传统方式相比,电子海图上的航海测量则简便得多。

1. 经纬度测量

ECDIS 可动态显示光标所对应位置的经纬度。查看某地经纬度时,只需通过鼠标或轨迹球移动光标使其中心对准该点即可。

2. 方位距离测量

在 ECDIS 中,可通过电子方位线和可变距标圈方便地量取任意两点间的方位、距离。一般可以利用鼠标或轨迹球直接选取相应位置点,有些 ECDIS 也允许直接输入精确的地理坐标来确定位置点。通常有如下两种处理方法:

(1)本船方位距离:量取本船与某地理位置点的方位距离。

(2)任意两点方位距离:量取海图上任意两点间的方位距离,一般以第一点为基准点。

三、陆标定位、航迹推算

除可与连续定位系统连接从而直接获取本船的位置外,ECDIS 还可使航海人员方便快捷地完成目前在纸质海图上所做的船舶定位工作,如陆标定位、航迹推算等。

1. 陆标定位

为避免航海人员过分信赖定位传感器提供的船位信息,IMO ECDIS 性能标准在 2009 年做出修正,要求 ECDIS 应允许航海人员手动输入和标绘获得的方位和距离位置线,并自动计算出本船的观测船位。

与传统的陆标定位方式相比,基于 ECDIS 可以极大地简化在纸质海图上绘制方位或距离位置线的过程,并可减少人为绘制误差,甚至是失误;对应的观测船位也可由系统自动计算并显示出来,从而减轻航海人员的工作负担。

2.航迹推算

根据 IMO ECDIS 性能标准的要求,通过上述方式获取的观测船位还可作为航迹推算的起算点。许多 ECDIS 也允许航海人员手动输入或确定航迹推算的起点。

陀螺罗经、测量航速与航程的设备是必须连接的传感器,所以 ECDIS 基于这两类传感器提供的航向、航程信息可推算出本船具有一定精度的航迹与船位。许多 ECDIS 允许航海人员手动输入航向、航速数据作为航迹推算的依据。

可见,基于 ECDIS 可以大大减少传统的在纸质海图上进行的航迹推算的工作量,减轻航海人员工作负担。此外,由于 ECDIS 可以同时显示本船的船首矢量线和航行矢量线,所以可以简便、准确地获取实际的风流压差,从而大大提高航迹推算的精度。

需要说明的是,针对通过陆标定位、航迹推算等方式获取的非连续船位,ECDIS 应采用黄色符号加以体现,以提醒航海人员注意船位的精确性。

四、光标查询

对某一海图物标而言,可能只有部分特征信息可以从其显示符号中直接获取,这是因为如果将所有的信息都显示出来,可能导致显示内容相互重叠、杂乱且难以识别。因此,描述该物标的许多属性信息并不自动显示,尽管相关信息均已包含于 ENC 数据中。

从电子海图数据模型中我们知道,矢量海图数据是由空间和特征属性组成的。因此,通过空间可筛选查询某位置的物标及其特征属性,如灯塔的名称、高度、灯质等。

IMO ECDIS 性能标准要求,对操作员确定的任何地理位置(例如通过光标点击),ECDIS 应在要求时显示与该位置相关的海图物标的信息。IHO S-52 标准要求显示的位置相关物标应是正在显示、肉眼可见的物标。

这里位置相关的物标包括:

(1)位置在该点处的点物标:如灯塔、沉船、本船、引航站等;

(2)通过该点的线物标:如等深线、海岸线、海底电缆等;

(3)包含该点的区域物标:如避航区、锚地、限制区、无数据区域、该区域的单元数据(如原始比例尺等)等,这里的区域不能超过覆盖该点的 ENC 单元边界;

(4)位置在该点的文字:如信息符号、文本串等。

光标查询功能可有效帮助航海人员查看那些通常不被自动显示但与航行安全密切相关的重要属性信息,特别是在基础显示或标准显示模式中大量海图信息没有被显示出来的情况下。

第六节 导航传感器的使用

ECDIS 的强大功能是通过综合处理连接的外部导航传感器传递来的数据并统一显示在电子海图上实现的。因此,导航传感器的正确使用、设备的正常运行,将直接影响 ECDIS 的使用效果。

理论上讲,ECDIS 可以与所有船舶导航设备或具有数字信息输出的其他设备连接,这也是

ECDIS 被人们接受为船舶信息核心的原因。根据 IMO 性能标准要求，ECDIS 应强制接入定位设备（如 GPS、DGPS 等）、陀螺罗经、航速与航程测量设备（如计程仪），对于未装陀螺罗经的船舶，可采用首向发送装置代替。同时，IEC 61174：2015 要求 ECDIS 必须有能力接入 BAM（Bridge Alert Management）、BNWAS、VDR、ECDIS 备用配置，同时雷达、AIS、测深仪、NEVTEX 等为选配接口。当 ECDIS 与其他传感器连接时，ECDIS 不能降低任何传感输入设备的性能，也不能由于连接其他设备而降低自身的性能。

ECDIS 通过串口与这些外部传感器设备连接。此外，IEC 针对电子设备之间的数据交换与传递，制定了接口协议（RS232/RS422）和数据传输协议 NMEA-0183。在实际操作中，EC-DIS 一般通过配置对话框提供其连接的外部传感器的连接参数配置（选择连接设备、对应串口编号、波特率等），航海人员可根据具体情况进行设置以选取合适的传感器并能及时获取有关信息。

一、定位设备、陀螺罗经、测量航速与航程设备

通过与定位设备、陀螺罗经、测量航速与航程设备（如计程仪）的连接，ECDIS 可以获取本船的位置信息、船首向、航速与航程等信息，从而可以实现对本船位置、运动状态的监控。

1. 显示位置

为了便于查看本船周围的环境状态，ECDIS 允许航海人员根据需要设定本船在海图显示区的位置。有些 ECDIS 提供了以下两种模式：

（1）居中显示：本船始终显示在海图显示区中心。

（2）偏心显示：本船显示在海图显示区某侧固定距离。

有些 ECDIS 则没有明显区分上述两种模式，只需通过简单操作即可直接改变本船在海图显示区的位置。

航行监控时，只要显示覆盖所在区域，所选航线和本船位置就会出现。如果在航行监控时由于预前显示（look ahead）、航线设计等操作导致 ECDIS 显示海区未覆盖本船位置，自动航行监控功能（例如更新船舶位置、提供报警和指示）应能通过单一操作立即恢复到覆盖本船位置的航行监控显示。

2. 本船符号

通过与 GPS 等定位设备连接，ECDIS 可以实时地把本船的航行状态用图形符号在其位置处显示出来。根据 S-52 的规定，本船的显示符号可以由航海人员控制或显示基本符号样式，或显示比例船形样式，具体见表 9-6-1。在当前显示比例尺下换算所得的本船显示长度小于 6 mm 时，只能使用基本符号。在近岸、狭水道航行或靠离泊操作时，比例船形可以比较直观地显示船舶外部边缘与周围水域环境的关系，有助于进行操船判断和决策。

本船符号的基点为本船的指挥位置（conning position），需要根据定位设备的天线位置换算至该点。

表 9-6-1　本船符号、航行矢量线和船首矢量线符号

符号样例	特征描述	释义
	黑色双圆圈	本船基本符号(固定大小)
	船形轮廓符号	本船比例船形:根据船长和船宽,按显示比例尺进行屏幕尺度换算绘出; 短横线表示本船正横; 细实线表示本船船首线
	细实线和带箭头的粗实线	细实线表示本船船首线; 粗实线表示本船航行矢量线; 航行矢量线上的短横为时间刻度; 单箭头表示对水模式; 双箭头表示对地模式
	本船符号后的(曲)线	表示本船航迹; 航迹上短横线为时间刻度

3. 本船矢量线、航迹的显示

(1)航行矢量线

航行矢量线是设定显示时间长度,然后根据航速换算得到矢量长度,从船舶符号基点开始,以航行方向为基准,画出带有箭头的矢量线。矢量线上可标有间隔 1 min 的时间标记,每隔 6 min 应加粗强调显示。航行矢量线可为对地模式,也可为对水模式,如表9-6-1所示。

有些 ECDIS 提供曲线形状的航向矢量线以表明船舶正在转向。

有些 ECDIS 提供航行预测功能。这里的预测功能并不是操作模拟,不同于雷达的"试操船"功能,而是类似于智能的航迹推算。ECDIS 根据当前位置、船首向、转向速率、对地航速计算和显示出船舶在未来一定的时间跨距内(如 1 min)的位置和方向。当船舶在受限水域航行,特别是转向时,该功能十分有效。该功能仅需实时的传感器数据,无须预先设定船舶操作特性,因此适合各种类型船舶。该功能只有结合比例船形才能有效使用。

(2)船首矢量线

船首矢量线是以陀螺北为基准,从船舶符号基点开始,画出一定长度的线条,如表 9-6-1所示。

有些 ECDIS 允许设定船舶符号纵向与船首矢量线一致,或者与航行矢量线一致,这与传统助航设备的显示方式可能存在差异,在实际使用时应加以注意。

(3)航迹

航迹是在本船当前位置后显示设定时间段内的历史航迹,并可在航迹上显示时间标记。时间标记可以在需要时手动显示,也可以按选定的 1 min 和 120 min 之间的时间间隔自动显示。如果 ECDIS 同时从两个定位源获取本船的位置信息,则会相应形成主、辅两条航迹。在不同的显示背景下,主、辅航迹采用不同颜色、形状的线条显示加以区别,如在白天显示背景,主航迹采用黑色显示,辅航迹采用灰色显示。主航迹采用粗线条表示。

4.设备的使用

（1）定位设备的使用

对于 ECDIS 而言，高精度的定位系统是最重要的传感器。通过与定位设备（如 GPS/DGPS 等）连接，ECDIS 可以自动连续显示本船的实时船位，这在沿岸、狭水道、港口等水域航行时显得尤为重要。

尽管目前 GPS/DGPS 的定位精度已经比较高，但是仍可能由于设备故障、连接故障等而导致数据无法传输或传输错误；由于多径效应、气象干扰、其他船载设备（如 Inmarsat 通信设备、VHF）的无线电干扰等而降低位置精度。航海人员如果不能及时发现 ECDIS 显示船位是错误的或存在较大的误差，将可能产生极其危险的后果。鉴于此，ECDIS 性能标准要求在可能的情况下应提供第二个独立的且最好是不同类型的定位源。这样，ECDIS 可以同时显示两种方式确定的船位，通过辨别两者的差异来判断定位系统的可靠性和船位的准确性，避免由于航海人员不加分析地接受船位而引起的危险。

除可与两个定位源连接获取"双船位"并相互比较检验外，航海人员还可利用陆标定位、航迹推算、传统的在纸质海图上标绘确定船位的方式等各种可能的手段，对比、检验当前显示船位的准确性。ECDIS 应指出连续定位系统获得的位置和人工观测获得的位置（如陆标定位、航迹推算等）之间的差异，实现船位的校验。

如果发现船位错误或者存在较大的偏差，应及时进行修正。

（2）船首向与航速传感器

通过与陀螺罗经和计程仪等助航设备连接，ECDIS 可以获取本船的船首向和航速。ECDIS 根据航海人员设定的时间长度，显示本船的航行矢量线，有利于航海人员直观地查看船舶的运动状态、预测船舶的运动趋势。

需要注意的是，ECDIS 显示的航行矢量线可能是对水的，也可能是对地的，两者间的区别在于是否考虑水流对船舶运动的影响。因此，航海人员应明确所采用的矢量稳定模式，以准确把握本船与其他目标的运动态势，做出正确的导航和避碰决策。

二、雷达

1.雷达图像与雷达跟踪目标的叠加显示

关于雷达图像与雷达跟踪目标的叠加显示，相关标准主要有如下要求：

（1）雷达图像和雷达跟踪目标的信息都可以传递到 ECDIS 中，至少应能显示 40 个雷达跟踪目标。

（2）雷达图像应该能够自动根据天线的位置调节到指挥位置。

（3）如果在 ECDIS 显示界面上叠加显示雷达图像，必须做到使雷达图像和 ECDIS 海图数据在比例尺和显示方向上保持一致。

（4）雷达图像以绿色显示，可以采取透明和不透明方式或采用透明度可调节的方式叠加显示。

（5）能够以"一键式"单一操作隐去雷达信息。

（6）绿色浮标或灯弧上叠加绿色雷达图像使得对比度不良时，浮标和灯弧要画在雷达图像上面,所有灯弧要用黑轮廓包围。

(7)雷达跟踪目标一般采用圆点或圆圈表示,带有的横向短线表示目标的形体横向,并体现雷达跟踪目标的状态,如表9-6-2所示。

表9-6-2 常用航行目标符号

符号样例	特征描述	释义
	蓝色圆圈(带矢量线的)	雷达跟踪目标
	被四角边框包围的圆圈	被选中(查询)的雷达跟踪目标
	带十字线的圆圈	丢失的雷达跟踪目标
	较大蓝色等腰三角形	运动的 AIS 目标顶角表示目标的船首向
	较小蓝色等腰三角形	静止的 AIS 目标顶角表示目标的船首向
	红色等腰三角形	危险的 AIS 目标
	被四角边框包围的等腰三角形	被选中的 AIS 目标短划线表示目标的航行矢量线
	带十字线的等腰三角形	丢失的 AIS 目标
	带等腰三角形的船形轮廓符号	AIS 目标的比例船形
	蓝色右弯折线	AIS 目标向左转向
	蓝色左弯折线	AIS 目标向右转向
	带十字线的菱形	AIS 岸台

2.雷达的使用

ECDIS 可以控制在电子海图上显示或不显示雷达图像、雷达跟踪目标。

通过在电子海图上叠加显示雷达图像、雷达跟踪目标,航海人员可以直观地查看本船、本船周围的静态目标和动态目标三者之间的位置关系,据此判断碰撞态势,做出避碰决策;同时便于航海人员快速准确地识别雷达回波。

叠加时,海图和雷达图像的比例尺、投影方式和显示方向等应自动匹配,以保证图像信息的一致性。通过比较海图与雷达图像的匹配是否一致,可以帮助航海人员检验两者的可靠性。

尽管在 ECDIS 上叠加显示雷达图像、雷达跟踪目标可以在一定程度上促进航行安全,但在使用时仍需注意如下问题:

(1)IMO ECDIS 性能标准要求,叠加显示雷达图像时,ECDIS 与雷达不应相互降低性能。但如果风浪、雨雪较大,雷达图像可能存在较多的杂点,叠加之后会影响海图信息的显示和读取。

(2)如果仅仅叠加显示雷达跟踪目标,则海图叠加显示的只是已录取的目标。这样,本船周围可能存在一些目标没有叠加显示,航海人员在进行避让操作时必须清醒地意识到这一点。正是基于此,在实践中完全依赖 ECDIS 进行避让是不可取的。

(3)由于设备的参考点不同或其他因素对设备性能的影响,雷达图像与海图物标可能难以完全重合,如潮汐或海冰的影响导致实际海岸线回波与海图上海岸线并不一致。

(4)由于 ECDIS 和雷达的扫描周期不同,前后存在时间差,这样雷达图像中物标回波的位置和海图中对应物标的位置存在一定的位移偏差,一般情况下,这个位移偏差是比较小的。

三、AIS

1. AIS 目标的叠加显示

AIS 目标一般采用等腰三角形显示,尖头方向表示目标的形体纵向,也可显示船首向矢量线和航行矢量线,具体见表 9-6-2。

如果连接并可显示 AIS 目标时,应达到下列要求:

(1)至少能够显示 40 个激活的 AIS 目标;至少能够显示 240 个各种状态的 AIS 目标(包括 A 类 AIS、B 类 AIS、AIS 航标、AIS 基站、AIS-SART 等)。

(2)可以通过过滤设置(如距离、CPA/TCPA、休眠/激活等)确定显示某一类或几类 AIS 目标,以提高显示效果。这种情况应有重要指示来表明过滤设置的使用,且对应的过滤设置应可便于读取。

(3)可以显示 AIS 目标的航行矢量,且应于雷达跟踪目标的矢量参数一致。

(4)可以显示选择 AIS 目标的数据信息,如船舶识别信息、航行状态、船位、距离与方位、航向、航速、CPA、TCPA、航次数据等。

(5)能够以"一键式"单一操作隐去 AIS 信息。

2. AIS 的使用

ECDIS 可控制在电子海图上叠加显示或不显示 AIS 目标。

通过在海图上叠加显示 AIS 目标,可以查阅 AIS 目标的静态信息(如船名、呼号、船长等)和动态信息(如船位、航速、航向等),并可基于这些数据解算出避碰所需的信息,帮助航海人员制订操船决策。有些 ECDIS 还提供 AIS 消息接收和发送功能,航海人员可在电子海图上实时查阅他船发来的消息,可直接进行消息回复,可单一或群发 AIS 消息。

通过将雷达图像、雷达跟踪目标和 AIS 目标叠加显示在电子海图中,航海人员能够更加方便、直观地观察本船周围的航行局面,做出快速、正确的判断和操船决策。需要注意的是,EC-DIS 扫描周期、雷达扫描周期、AIS 信号发送周期的不同等,可能造成 AIS 目标、雷达跟踪目标不完全重合。

四、其他传感器

ECDIS 还可以从下列传感器设备接收、查看、发送相应的数据信息：

（1）测深仪：给出本船测深仪所在位置处的水深。

（2）风速仪：根据设定解析并提供真风或视风的风向、风速等要素数据。

（3）NAVTEX：接收、查阅、管理 NAVTEX 接收到的航行警告，并可对接收的航行警告类型和站台进行设置。

（4）自动舵：以 ECDIS 监控航线为基准，实现自动舵或航迹舵功能，达到对船舶运动的控制。

（5）VDR：向 VDR 传送电子海图数据使用情况、系统运行状况和船舶运动信息等，便于海事原因的分析和调查。

第七节　参数设定

参数设定贯穿于 ECDIS 使用的整个过程。参数是 ECDIS 进行相关运算的重要依据，参数设定的正确与否直接影响到运算结果的准确性，继而影响 ECDIS 信息、报警或指示的可信度，最终影响航海人员据此做出的决策。由此可见，参数设定对发挥 ECDIS 作用和保证航行安全有着重要影响。

不同的 ECDIS 产品，参数设定的内容和方式存在较大的差别，一般可以分为船舶参数、系统参数、安全参数、航次参数、航线参数等。本节主要介绍前三项参数设定，航次参数与航线参数的设定在第八节详细介绍。

一、船舶参数

船舶参数主要给出了本船的基本资料和操纵性能，一般包括船名、船长、船宽、夏季满载吃水、呼号、MMSI、指挥位置、定位设备天线位置、船舶最大旋回速率等信息。

在利用比例船形显示本船位置时，需要根据设定的船长、船宽等尺度参数和当前的显示比例尺进行换算求取比例船形的大小。

指挥位置、定位设备天线和雷达天线可由其距船中纵截面、横截面的距离表示，这样定位设备和雷达等基于自身天线所获取的位置信息就可以转换至指挥位置，从而保证所有位置均基于一致性共同参考点，消除天线偏离指挥位置引起的位置偏差。

在航线设计或航行监控时，ECDIS 可依据相应的操纵性能在海图上显示船舶的旋回路径，帮助航海人员确定转向时机以及时准确地转到新的计划航线上。

上述参数在 ECDIS 安装调试阶段已经设定，除非船舶结构发生重大改装等导致船舶参数或操纵性能变化，一般不应重新设定，以免产生较大的运算误差。有的 ECDIS 产品对船舶参数的设定采用密码保护的形式来避免由于航海人员的误操作而导致船舶参数的变化。

二、系统参数

系统参数主要是指与系统运行和海图显示等方面有关的参数,例如:

(1)传感器配置:对传感器接口进行分配、设置,保证数据传输的畅通,如定位设备(包括主定位设备、辅定位设备)是选用主 GPS、辅 GPS 还是航迹绘算等。连接至少两套同一功能的传感器(如两台雷达),还需设定具体的信号来源。

(2)显示背景:白天、夜晚、黄昏。

(3)显示方向:北向上、航向向上、船首向上等。

(4)运动模式:真运动、相对运动等。

(5)航迹显示的时间长度:设定本船航迹的显示长度。

(6)航行矢量线的时间长度:设定本船或其他目标航行矢量线的显示时间长度。

三、安全参数

ECDIS 依据安全参数可以检验航线的有效性、监控船舶航行安全,并据此给出相应的报警或指示。安全参数主要包括:

(1)安全等深线

航海人员可以根据本船吃水和富余水深要求,考虑纵、横倾增加吃水,船体下沉量,潮汐资料,海图水深的精度,底质,波高,公司或者其他机构及规章的要求等因素,设定合理的安全等深线。

如果航海人员没有设定安全等深线,ECDIS 将默认采用 30 m 等深线作为本船的安全等深线;如果航海人员设定的安全等深线或默认等深线不在显示的 SENC 中,或者源数据改变而导致在用的安全等深线无法使用,所设安全等深线应自动转换为下一个较深的等深线;在上述各种情况下 ECDIS 均应给出警示。

可见,在设定安全等深线时,航海人员除应参考上述因素外,还应考虑相关海图中等深线的分布情况。有些 ECDIS,航海人员可通过光标查询功能或其他方式查看某一水域内 ENC 数据存在的等深线,这样可直接选定某一合适的等深线作为安全等深线。

(2)安全水深

航海人员同样应根据本船吃水和富余水深要求设定合理的安全水深。安全水深应与安全等深线设为一致。这样,当 SENC 中无合适的安全等深线时,安全水深可以作为补充手段用以控制水深信息的显示。例如,航海人员在综合考虑相关因素的基础上设定本船的安全等深线为 11 m,而系统内存在的相邻等深线有 10 m、20 m,则 ECDIS 将采用 20 m 等深线作为安全等深线强调显示,即 ECDIS 认为 11~20 m 之间的水域也是不安全的,可能会产生不必要的报警或指示。此时,若设置安全水深为 11 m,则处于 20 m 安全等深线以内的浅水区但大于 11 m 的水深点同样是安全的,表明船舶在必要的时候是可以进入的。

(3)安全距离

设定离特殊区域、危险物(例如障碍物、沉船、岩石)或航标的距离,用于判断计划航线是否离特殊区域、危险物过近或者航行过程中船舶是否有进入特殊区域或碰撞危险物的危险。

（4）偏航报警距离（XTE）

设定船位偏离计划航线的最大距离，以保证船舶航行在安全水域。有些 ECDIS 可以分别设定偏离航线左右两侧的最大距离。偏航报警距离也是由航海人员设定而得出的安全距离。

航海人员应综合考虑各种因素，设定合适的偏航报警距离。例如在航道、狭窄水域内航行时，偏航距离应适当小一些，避免船舶驶入附近危险水域。在大洋等开阔水域，偏航距离可适当大一些，减少不必要的报警。

偏航报警距离设定后，会形成以计划航线为轴、偏航报警距离为界限的航行带。

（5）安全时间

以本船指挥位置为起点，根据当前的航向和航速，判定船舶在设定的时间内是否有穿越安全等深线或进入特殊区域或离危险物小于安全距离的可能。有些 ECDIS 还可设定偏向角度，从而在本船前方形成以航向线为轴的一扇形探测区，扩大检测区域。特殊区域主要包括：分道通航区、沿岸通航带、限制区、警戒区、近海生产区域、避航区、用户定义的避航区、军事演习区、水上飞机降落区、潜水艇航道、锚地、渔场/水产养殖场、PSSA（特殊敏感海域）等。

航海人员应综合考虑航行水域、航速、船舶的操纵性能、能见度、风流、海图及船位精度、通航密度、航海人员的技术水平和心理素质、公司或其他机构及规章的要求等因素，设定合理的安全距离或安全时间，确保船舶在设定的距离或时间内能够及时避免紧迫或危险局面的发生。

（6）关键点预警时间

关键点（如转向点等）到达预警时间，如果船舶按当前航速航行，将经设定时间到达关键点。

除了上述性能标准所规定的参数外，下列参数也是目前有些 ECDIS 或 ECS 产品所提供的：

（7）安全高度

通过设定安全高度，确定船舶能否安全通过架空障碍物（如桥梁、架空电缆等）。航海人员需依据潮高、本船在水面上最大高度、架空障碍物的净空高度等因素设定合理的值。

（8）定时

设定具体的时刻或者时间间隔以达到类似闹钟的提醒功能。

（9）锚位监控

在锚泊时，根据船舶尺度、松出锚链长度等因素设定船舶偏荡的最大范围，据其判定是否存在走锚的可能。

（10）碰撞报警

通过设定 CPA 与 TCPA，判定本船与其他目标（如雷达跟踪目标、AIS 目标）是否存在碰撞危险。

总之，不同的 ECDIS 产品，所需设定的参数不尽相同，参数设定的方式也存在差异，需要航海人员对所用 ECDIS 产品的属性和功能十分熟悉。在参数设置过程中，应综合考虑各种影响因素；参数设置完毕后，航海人员也应根据本船状态（如装载状态等）和外界条件（如气象、潮汐、交通流密度等）的变化及时修改相关参数。参数的合理设置是充分发挥 ECDIS 功能的基础。

第八节　航线设计与航次计划

航次计划（航线设计）是保证船舶按计划、按任务高效率执行航次任务的基本条件。航海实践中，航海人员根据航次任务，参考航行环境，借助纸质海图和航海资料，设计出合理的航线和完善的航次计划，这种传统的制订航次计划的程序仍完全适用于 ECDIS，但可利用 ECDIS 更快速、更简单、更精确地实现。因此，本节不再详述航线设计的基本原理、航次计划的制订原则等内容，而是主要介绍如何利用 ECDIS 进行具体的航线设计与航次计划的制订。

一、航线设计

只要确定（输入）了转向点，ECDIS 就会自动地将航线标绘出来，并自动计算出各航段的航程和航向、总航程等要素。在航线设计过程中或者完成后，除了可以进行传统的视觉检查外，ECDIS 还能够根据 SENC 内可用的最大比例尺数据和预先设定的参数对整个航线进行有效性检验，确保航线的合理性。

（一）航线参数

航线参数是构成航线自身以及进行航线跟踪报警所使用的相关量值，可分为航线基本参数和航线监控参数。

（1）航线基本参数

航线主要由转向点和航段组成。转向点是航线的基本内容，每相邻的转向点组成一个航段。每一航段的航线类型可以是恒向线或大圆航线。此外，ECDIS 可自动计算出每一航段的计划航向和航程，还可计算出自第一个转向点至该转向点的累计航程、该转向点至最后一个转向点的剩余航程。

（2）航线监控参数

通过设定航线监控参数，ECDIS 可以据其判断航线的执行情况，并及时给出相应的报警或指示，以保证船舶严格地沿计划航线航行，促进航行安全。除第七节参数设定部分提及的偏航报警距离、关键点预警时间外，常见的航线监控参数还包括：

①旋回速率

ECDIS 可以根据设定的旋回速率运算并显示船舶的旋回半径，直观地帮助航海人员确定转向时机和船舶的旋回路径，以确保船舶准确地转到新的计划航线上。

②最大航速

最大航速是许可的最大航速。由于航行环境（如水深、交通流密度等）、规章制度（如主管机构对某些特殊水域的限速规定）等，有些水域对船舶的航行速度具有上限要求。ECDIS 依据设定的最大航速可以实现对船舶航速的监控。

此外，有些 ECDIS 或 ECS 还会提供转向点到达距离参数，即当船舶离该转向点的距离达到设定值时，系统便认为船舶已抵达该点，自动跳转至下一转向点进行监控。此外航海人员也可手动选择所要监控的转向点。

ECDIS通常将这些参数定义为通用参数,可以在航线通用参数设置中进行设置,在航线设计时缺省地引用这些量值,若有必要也可以进行特殊修改。航海人员应根据航行条件和本船性能等因素设定合理的参数,如港速与海速的差异等。

（二）航线编辑

航线设计过程中,要根据设计进程的需要,适当调整海图显示的比例尺,并选取显示合适的海图信息内容,以方便航线设计和信息获取。在航线设计初始阶段,要适当缩小比例尺以扩大海图范围,将整条或大部分航线涉及水域范围显示出来,同时可减少显示信息类别以保持界面的清洁,添加主要的转向点将航线的整体走向概要地绘制出来;然后要适当放大比例尺以缩小海图范围,同时可增加显示信息类别以获取尽可能全面的信息,以便综合考虑各种因素在细节上对航线逐段进行完善,最终设计安全、经济的完整航线。

无论是创建新航线,还是对原有航线进行修改,航线绘制的流程主要涉及以下几个方面:

（1）设置通用参数

在设计新航线前,应检查航线通用参数是否合适,以避免在航线设计完毕后由不合适的参数引用带来的修改麻烦。

（2）添加转向点

航线的基本形成就是靠添加一个个转向点来实现的,可以一个接一个地顺序添加,也可以在当前的转向点前或后添加。

（3）移动转向点

转向点的量值可以修改以进行错误纠正或更加准确的处理。

（4）删除转向点

删除设计错误或不需要的转向点。

（5）修改航线参数

通过前面的操作完成航线的设计,考虑到各航段航行条件和安全要求的差异,需要对航线的参数进行必要的调整,如大洋航线和沿岸航线的偏航报警距离就应不同。

IMO ECDIS性能标准要求ECDIS应能利用字母、数字或图形调整计划航线,实现转向点的添加、删除、移动等操作。目前,多数ECDIS产品编辑航线的方式不外乎图形编辑和表格编辑两种。前者是利用鼠标直接在海图界面上快捷地对转向点进行编辑,后者则是通过表格或对话框的形式对转向点和参数进行编辑。在实际应用中,要充分利用图形编辑的快捷直观特点和表格编辑的详尽能力,完成航线的编辑。

1. 图形编辑

（1）连续标画转向点:当设计新航线或当鼠标处于航线首尾点时,拖拽鼠标到适当位置点便可实现转向点的连续添加。

（2）移动转向点:当鼠标选中某转向点时,可以直接将其拖拽至新位置。

（3）插入转向点:当鼠标选中某转向点或某航段时,可以在该点或该航段处插入一个新转向点。

（4）删除转向点:鼠标选中某转向点后通过简单操作即可删除该转向点。

2. 表格编辑

（1）添加转向点：在当前转向点行前或后（取决于 ECDIS 产品的设计）插入一个新转向点，等待输入。

（2）移动转向点：输入当前转向点的新坐标即可实现移动。

（3）删除转向点：将当前转向点行删除。

（4）航线其他参数修改：对航段（转向点）的各个参数，如航段的航线类型、偏航报警距离、旋回速率等进行输入修改。

类似于传统的在纸质海图上进行的航线设计，航海人员可以对已有航线添加相关的标注信息，例如：

（1）方位避险线，如表 9-8-1 所示；

（2）危险物强调，手动选择并强调显示航线附近的危险物、危险水域等，便于航海人员观察与识别，如表 9-8-1 所示，类似于传统航线设计中的"禁入区域"（No Go Area）的标注；

（3）航海人员添加的信息注记，如"向 VTS 报告""开启测深仪"等；

（4）航海人员添加的警告注记，如"航道内限速 10 kn""航道内严禁追越"等。

航海人员可以在海图上标绘有助于航行安全的注记信息，并将其归结到显示分类的其他信息中进行显示控制。这些注记信息通常可采用文字或简单的点、线、区域等符号，其操作方法与手动改正的添加物标类似。一般可通过鼠标在屏幕上直接点击或输入经纬度坐标来确定空间位置，也可以利用鼠标直接拖动实现位置移动，可以随时删除。航海人员标绘的显示一般明显区别于海图数据，通常用橙色。

表 9-8-1　航线设计有关图式及释义

符号样例	特征描述	释义
→→→	橙色带箭头线条	方位避险线
▦	红色边框、红色网格线填充	航海人员添加或标注的危险区域

除可采用上述方式实现航线的创建和编辑外，许多 ECDIS 可在已有航线的基础上快速生成新的航线，主要有：

3. 航线连接

ECDIS 可以依次连接现有的多条航线或航段生成一条新的航线。如在中转港取消或者分段设计航线完毕的情况下，可以利用该功能快速编辑和连接生成满足航次需求的完整航线。

4. 反向航线

当需要沿已有的航线反向航行，即将原目的港改为出发港、将出发港改为目的港时，ECDIS 通过颠倒转向点的顺序来实现航线的反向。需要注意的是，这种简单的转向点顺序的颠倒，尚不足以成为事实的反向航线，必须考虑航行规则和航行安全的需要，对其中的某些航段进行适当的修改，例如：

（1）通航分道的转换：在分道通航水域，要将"正向"航道内的航线航段，修改到另一侧的"反向"航道内。

（2）危险物的绕行：对某些航线附近的危险物或重要物标，可能存在总是"右"或"左"侧绕行的航法要求。

（3）报警参数的修改：如航段的偏航报警距离、转向点处的转向速率等。

（三）航线检验

传统的航线设计，需要人工对水深、离岸距离、离危险物距离等方面进行核查，判断是否存在航行危险。ECDIS 则能根据规定的报警条件（如海图中的特殊区域、无 ENC 海图等）和预先设置的报警参数对航线的有效性进行自动检验。报警参数主要包括安全水深、安全等深线和安全距离等。

根据 IMO ECDIS 性能标准的要求，ECDIS 不是根据当前显示的海图而是利用 SENC 中可用的最大比例尺海图数据进行检验。由于不同 ECDIS 生产商对标准的理解和解释存在差异，不同的 ECDIS 产品对航线检验的原则也存在一定的区别。例如，有些 ECDIS 根据系统所有的 ENC 数据对航线进行检验；有些 ECDIS 则允许航海人员设定一具体的最小比例尺值，并依据原始比例尺大于该设定值的 ENC 数据进行检验。在设定最小比例尺时，航海人员应确保其小于计划用于检验的 ENC 的最小比例尺。所以在利用 ECDIS 对航线进行检验时，航海人员应熟悉和明确 ECDIS 的特性和检验原则。

在航线检验开始前，应设定好航线的预计航行日期，以便更准确地评估、检验带有时变属性的物标对航行安全的影响。这种情况下，ECDIS 应有指示，表明所用日期非当前实际日期。

ECDIS 首先根据船舶操纵特性检验航线的可行性。船舶的旋回路径应在检验前准确地标绘、显示出来。

根据设定的船舶操纵特性，如果船舶不能完成计划航线中的某一转向，检验进程将被终止，直至该错误被清除。只有该项检查完毕后，ECDIS 才开始检查是否有海图危险物影响航线。这是因为，一旦重新设定转向速率，则每个转向点附近船舶旋回路径也随之改变，也就是说，航线覆盖的水域发生改变。

一旦确认航线本身是可行的，ECDIS 将对航线及其附近水域进行检验，并在下列情形给出报警或指示：

（1）航线穿越了非官方海图：系统在某航段处没有标准的 ENC 海图数据（此处的航行不能参照电子海图）。

（2）穿越安全等深线：航线跨越了安全等深线，存在搁浅的危险，提醒检查确认。

（3）穿越特殊区域：航线中的航段进入了避航区等特殊区域，给出报警信息。

（4）临近危险物：航线附近的沉船、障碍物、浮标等小于设定的安全距离，提醒检查确认。

此外，在架空障碍物的净空高度小于安全高度时，可以设定安全高度的 ECDIS 也会给出报警。

有些 ECDIS 可以在航线编辑的同时对航线进行检验，也可以在航线编辑完成后再检验；有些 ECDIS 可以对整条航线进行检验，也可以选择航线中的部分航段进行检验。无论何种方式，ECDIS 都会给出航线检验的结果，列出航线可能存在危险的位置及性质。ECDIS 会以醒目的标记符号等在海图显示区对应强调显示航海人员选中的某一结果。航海人员应根据航线检验结果，结合海图信息和相关资料调整航线，消除不合理的航段，以保证航行安全。修改完毕后，应对航线重新进行检验，直至确保航线安全合理为止。

需要强调的是，ECDIS 可能在有些情况下（如系统内无较大比例尺的 ENC 等）无法全面准确地对航线进行检验,或者由于参数设置不合理等原因而导致检验结果存在一定的偏差,这就要求航海人员不能完全信赖 ECDIS 的检验结果,仍需结合相关资料和经验对航线进行全面系统的视觉检查。

当部分航线没有海图数据时,ECDIS 无法检验航线,航海人员应根据纸质海图进行传统的检查。

当部分航线海图为光栅航海图时,ECDIS 也无法检验航线,除非航海人员提前手动添加了诸如安全等深线等信息,航海人员应根据光栅航海图和纸质海图进行视觉检查。

如果 ECDIS 进行了更新操作,航线相关的海图内容则可能发生了变化,例如航线附近出现了新的危险物。这种情况下,以前的检验结果不再值得信赖,应重新进行全面的航线检验和传统的视觉检查。对于定线船舶而言,这一点更不容忽视。

（四）航线管理

ECDIS 中针对航线主要有如下管理功能:

(1)创建新航线:根据当前的通用航线参数,创建编辑新的航线。

(2)航线保存:将航线的相关信息资料保存在计算机内部。为方便管理,航线应以便于记忆和识别的方式进行命名保存。

(3)航线查询与修改:在海图界面上显示航线图形并在转向点表格中列出航线参数数据,供航海人员查看并可进行航线编辑。

(4)航线删除:过期或作废的航线,应该及时删除,避免占用系统空间和影响工作效率。

(5)航线导出:ECDIS 提供将航线输出到外部设备/文件的功能。

(6)航线导入:ECDIS 能够将一定格式的航线数据导入到航线数据库中。

第 4.0 版 IEC 61174 标准统一了航线文件格式,扩展名为 RTZ。文件内容包括航线名、作者、航路点、偏航距、预计到达时间、船舶信息等,采用 XML 格式进行编写,这极大方便了不同品牌的 ECDIS 设备之间、不同的船舶设备之间(如 ECDIS 与雷达)、不同的选图软件之间、船舶与陆地之间的航线数据交换,从而大大提升了 ECDIS 的航线管理功能,减少船员在航线设计上的重复劳动。

二、航次计划

ECDIS 中的航次计划是指针对某航次的航线所制订的时间计划,一般体现在每个转向点处的航次参数。目前,多数 ECDIS 已经将其集成到了航线设计中一起进行。

1.航次参数

航海人员可以通过每个转向点及其航段的开航时间、停留时间、计划航速和预计抵达时间等参数制订一个完善的、合理的航次计划,各参数含义如下:

(1)预计开航时间:一般只应应用在航线的第一个转向点上,精确到分。

(2)停留时间:在转向点处预计停滞的时间段,一般用分计算。

(3)预计抵达时间:到达转向点的预计时刻。

(4)计划航速:一般表示在当前转向点前或后的航段设置的预计航行速度。

上述四个参数对每个转向点(航段)具有逻辑条件排斥性,如当某转向点具有了开航时间,且下一转向点设定了预计抵达时间,则这个航段的速度就是已知的,不能再进行设置。

有些 ECDIS 或 ECS 产品还提供了人员与燃油配备、航行注意事项、航次基本信息(如目的港名称、船舶吃水)等内容,进一步完善了航次计划的内容。

2. 计划编制

航次计划的编制是对航次参数的设定与综合计算的过程,可分为创建新计划和修改已有计划两种情形。航次计划制订结束,需要保存,以便在进行航行监控时使用。一般,ECDIS 能提供两种模式进行计划编制,即自动模式和手动模式。

(1)自动计划编制

当航线设计完成后,根据本船的计划航速,不计在转向点上的停留时间,自动计算该航线的时间计划。第一转向点的时间为 00:00,最后一点的时间就是整个航线所需的航行时间。以此为基础,只要确定开航时间并根据实际航行需求修改其他相关的参数,即可获得一个完整的航次计划。在该模式下,只要修改了某转向点上的某个航次参数,系统便自动重新计算并生成新的航次计划,这极大地方便了航次计划的审核与修改。

(2)手动计划编制

手动计划编制是一种半自动化的计划编制方式。航海人员根据需要,按照逻辑关系在适当的转向点上设置相应的航次参数,系统据此计算整条航线的时间计划得到完整的航次计划。

3. 计划管理

航线是航次计划的重要组成内容,所以航次计划的管理与航线的管理是密不可分的。与航线管理类似,航海人员利用 ECDIS 也可实现航次计划的创建、保存、查询与修改、删除、打印等功能操作。

第九节 航行监控

航行监控,主要是针对本船的位置和航行趋势与航行依据的航线、海图物标、其他目标等的相互关系进行实时动态显示与监控报警。

一、监控航线

1. 选择监控航线

在 ECDIS 中,设计的航线和监控的航线在概念上是不同的。前者的含义是于传统的航线设计阶段,在海图上进行航线绘制、计算和计划确认,后者则是根据当前的航行,在已经设计好的航线上进行航行状态的比对、航行情况的标记。因此,在航线设计完毕后,通常要将其退出显示状态,避免海图显示区内被不必要信息充斥。在航次开始时,选择本航次的计划航线作为当前要监控的航线。

2. 选择备用航线

ECDIS 可选择一条备用航线用于航行过程的观察补充和紧急情况下的航行监控调整。

3. 监控参数的核查

在对航线进行监控之前,应对相关的安全参数进行核查,确保所有参数的设定符合船舶实际情况和安全要求,从而保证 ECDIS 航行监控功能的正确运用和有效发挥。

4. 监控航线的显示

为了与海图其他信息以及备用航线明显区分,监控航线通常被特殊显示。S-52 对于不同状态的航线分别给出了相应的表现形式,具体如表 9-9-1 所示。

（1）颜色:一般以红色为基本色调。

（2）线型:通常用比设计航线粗一倍的点状线。

（3）监控航线转向点:从第一点（一般自动记为 0 或 1）开始递增地顺序标号,一般以加粗的红色单圆圈表示,其中下一个监控航线转向点以加粗的红色双圆圈表示。

表 9-9-1　航线相关图式及释义

符号样例	特征描述	释义
○	加粗的红色单圆圈	监控航线转向点
◎	加粗的红色双圆圈	监控航线下一个转向点
⋰	红色粗虚线	监控航线
○	橙色单圆圈	备用航线转向点
⋯	橙色细虚线	备用航线

5. 航线信息显示

为了直观地显示监控航线和方便查看航线信息,ECDIS 提供了在监控航线的转向点及航段上控制显示航线计划和航行辅助控制相关参数的功能,主要包括:

（1）转向点编号/名称:显示每个转向点的编号或名称。

（2）转舵线（弧）:根据需要显示各转向点处的施舵点及根据旋回半径所绘出的旋回路径。

（3）剩余航程:各转向点距离最后一个转向点的累计航程。

（4）航段属性:各航段的航程、计划航向、计划航速等,如表 9-9-2 所示。

（5）标有日期和时间的预计抵达位置,如表 9-9-2 所示。

（6）方位避险线。

此外,ECDIS 还可以在航线左右两侧,用特定颜色或填充样式标绘出以偏航报警距离为宽度的偏航带。

表 9-9-2　航线信息相关图式及释义

符号样例	特征描述	释义
	椭圆符号包围日期时刻	椭圆内的日期时刻为该位置的预计抵达时间
	橙色边框	备用航线计划航速(方框内为速度量值)
	深红色边框	计划航线计划航速(方框内为速度量值)

二、航线执行状态与航行预测

航行监控中,除可直观地观察海图显示区进行监控外,还可以通过查询功能进行详细的航行状态查询和航行趋势预测。

1. 航线执行状态查验

实时显示监控航线的执行情况信息,如当前转向点信息(如编号、计划航向、航程等)、下一转向点信息(如编号、航向、计划速度、预抵时间、航段距离等)、选择转向点信息(如编号、预抵时间、航程等)、偏离航线的情况等。

2. 转向点预抵时间推算

选择相应转向点,输入预计速度(可以是当前实际航速,也可以是前一段时间的平均航速或航线设计阶段设定的计划航速,或者手动输入具体航速值),ECDIS 即可计算得出沿监控航线航行到该转向点的预计抵达时间。

3. 转向点航速推算

选择相应转向点,输入预计抵达时间,ECDIS 即可计算得出沿监控航线航行到该转向点的预计平均速度。

三、航行状态

ECDIS 将来自传感器的信息与电子海图信息融合在一起,通过显示控制,实时给出本船的航行状态信息,使得航海人员可以快速地观察、判断船舶是否正常航行在预计的航路中以及是否存在航行危险。需要注意的是,ECDIS 显示的航行状态信息来自 ECDIS 的主定位设备,所有的航行运算也是基于该主定位设备,而辅定位设备只显示轨迹以提供主、辅定位设备的比较。

航行状态信息可以从海图显示区上直接看到符号表达,也可以从附加的窗口中显示出具体的量值,主要包括:

(1)船位:以船舶符号或具体的经纬度坐标显示,包括观测船位和推算船位标记及相应的时间。

(2)定位时间:当前时间(可能存在刷新周期的误差)。

中华人民共和国海船船员适任考试培训教材

（3）轨迹：可在海图显示区上显示带有时间标志的本船主航迹和辅航迹。

（4）航向：在船舶符号处以矢量线形式或在特定位置以具体的数值形式表示。

（5）船首向：以陀螺北为基准，在船舶符号处以矢量线形式或在特定位置以具体数值形式表示。

（6）航速：在船舶符号处以矢量长度或在特定位置以具体的速度量值显示，可以控制是对地还是对水模式。

（7）位置线与转移位置线及时间。

四、报警（Alert）与指示（Indication）

在 ECDIS 使用初期，由于其容易产生大量的报警，甚至是误报警而饱受诟病，甚至因为报警过多造成航海人员忽视了有效报警，进而导致海难事故的发生。为此，IEC 61174 标准对 ECDIS 的报警要求做了较大的改进，以期在提升监控效率的同时尽量减少报警的数量。

报警：说明发生了需要注意的异常情况和形势。报警被分为三个优先级别：警报（alarm）、警告（warning）、注意（caution）。其中警报是优先级别最高的报警，要求航海人员即刻注意并采取措施以保证船舶航行安全。警告是不需要航海人员立即注意或采取行动的情况。发出警告是鉴于预防原因使航海人员了解变化的情况，这些情况尚无紧迫的危险，但如果不采取措施可能会成为危险。注意是报警的最低级别，需要意识到的不构成警报或警告的情况，但仍需要对非正常情况或已知信息注意。

指示：显示常规信息和情况，不作为报警管理的一部分。

报警与指示的状态功能要求如表 9-9-3 所示。

表 9-9-3　报警与指示的状态功能要求

状态	视觉指示	听觉信号
警报，未确认	红色，闪烁	伴随听觉信号，例如 3 个短脉冲声音信号，在 7~10 s 范围内重复
警报，静音	红色，闪烁	静音
警报，确认	红色	静音
警告，未确认	偏黄的橙色，闪烁	伴随听觉信号，例如 2 个短脉冲声音信号至少 5 min 重复一次，或者被警报取代
警告，静音	偏黄的橙色，闪烁	静音
警告，确认	偏黄的橙色	静音
注意	黄色	静音
重要指示	黄色	静音
指示	无特殊需求	静音

（一）报警或指示类型

1.海图报警或指示

ECDIS 关于海图的报警，是由 S-52 标准规定的自动求算报警功能，是对航行安全的一种保护性警示或指示。

(1)超比例尺指示:当前海图显示的比例尺大于或小于海图的原始比例尺,系统应给出重要指示。此时,图形中显示的空间尺度在海图原始空间尺度基础上进行了一定程度的放大或缩小,可能造成航海人员在视觉上的空间判断失误。

有些 ECDIS 会在屏幕的适当位置指示当前的放大倍率,以帮助航海人员识别。通常认为放大倍数超过原始比例尺的 2 倍时便存在较大的危险。

(2)存在更佳的 ENC:如果有多个均可以覆盖当前船位的 ENC 单元,而当前显示的 ENC 的原始比例尺并非最大的,则 ECDIS 应给出重要指示,提醒航海人员切换显示更佳的 ENC。

(3)无适合导航的 ENC 指示:在当前水域,如果系统内没有比例尺适合导航的 ENC,应标示出该水域界限并给出指示,提醒航海人员参阅纸质海图或 RCDS 操作模式。

(4)非官方海图指示:当前显示的海图数据全部或部分为非官方来源,则 ECDIS 根据具体情况给出相应指示。

①若仅有限的非官方数据添加到官方数据中一起混合显示以增加海图信息,则非官方数据应按照 S-52 相关标准特别显示。

②若同一水域既有官方数据又有非官方数据,而航海人员根据当时情况和需要可能选择显示非官方数据,或者海图显示区内两水域分别使用官方数据和非官方数据,则 ECDIS 应提示显示内容为非官方数据,并建议参阅官方 RNC 或纸质海图,同时在海图显示区内标明非官方数据的范围。若海图显示区内所有数据均为非官方来源,则仅需做出提示即可。

(5)无矢量海图指示:当前显示的区域中仅存在光栅电子海图。由于光栅电子海图不具备运算能力,此时,虽然能够进行视觉的海图监视,但在安全方面与无海图数据的状态类似,应结合纸质海图使用。

(6)无海图数据指示:当前显示区域中有些区域无海图数据。在没有海图数据的区域,ECDIS 针对海图数据进行的一切航行监控都将无法实现,此时,就不能依赖 ECDIS 进行航行监控,需使用纸质海图,并借助瞭望或其他有效手段保证航行安全。

(7)安全等深线指示:如果显示的 SENC 中不存在航海人员设定的或默认的安全等深线时,系统将以下一个较深的等深线作为依据运算判断,此时 ECDIS 会给出指示。

2. 设备报警或指示

如果 ECDIS 没有外部传感器数据,它将只相当于一幅纸质海图。因此,外部传感器的状态对航行监控功能的实现是十分重要的。ECDIS 将在下列情形给出设备有关的报警或指示:

(1)连接故障:设置了连接,但未检测到连接的设备。

(2)运行故障:连接的设备无信号或其他故障,如定位设备发生故障便会激发警告。

(3)数据错误:传递的数据无法正确解析。

(4)坐标系注意:如果定位设备和电子海图的坐标系不一致,则系统应给出报警。

(5)复示设备报警信息:ECDIS 应只用指示手段表明从定位设备、航向及航速传感器等设备传来的任何报警或指示。

(6)系统故障警告:ECDIS 在系统运行发生故障时应给出警告。

(7)系统测试指示:进行系统测试时发生故障或异常,ECDIS 给出相应指示。

3. 航行报警或指示

(1)偏航警报:当本船船位偏离计划航线的距离大于预设的距离限定值时激发的报警。

一般情况下,偏航警报是自动进行的,但有些 ECDIS 生产商会提供开关功能供选择是否报警。

（2）安全等深线警报:保持当前的航速和航向,船舶经设定的时间后将穿越安全等深线进入浅水区,造成搁浅的危险,ECDIS 将给出警报。在航线设计阶段,ECDIS 应针对该情形给出指示。如图 9-9-1 所示,可能穿越的安全等深线及进入的浅水区采用红色线条和边框突出显示。ECDIS 应提供可以开启或关闭这种图形化突出显示的功能。若关闭该功能,则系统应给出指示。

（3）特殊区域警告或注意:对特殊区域或危险区域,应该提供在船舶即将进入该类区域前进行警告或注意的功能。实现该功能需要预先设置提前报警的时间（如 6 min）,ECDIS 将根据本船的航速和航向判断是否存在进入某特殊区域的趋势。在航线设计阶段,ECDIS 应针对该情形给出指示。

（4）危险物注意:对危险物（如沉船、障碍物、礁石等）,ECDIS 根据本船的航速和航向、安全距离,判断与本船周围危险物的距离是否小于安全距离、本船的航行趋势是否接近该危险物。若存在碰撞趋势,则给出注意。在航线设计阶段,ECDIS 应针对该情形给出指示。IHO S-52 第 4.0 版表示库新增加了危险物的强调指示符号,如图 9-9-2 所示,为一点状物标（危险沉船）、线性物标（渔栅）、区域性物标（限制区域）,采用黄色线条或边框突出显示。ECDIS 应提供可以开启或关闭这种图形化突出显示的功能,其中各类区域性物标可以分别选择开启或关闭。若关闭该功能,则系统应给出指示,可以查询所涉及的区域性物标的清单。

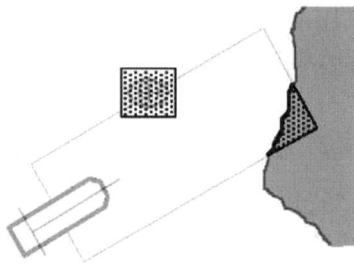

图 9-9-1　安全等深线警报示意图　　　　图 9-9-2　危险物强调显示图

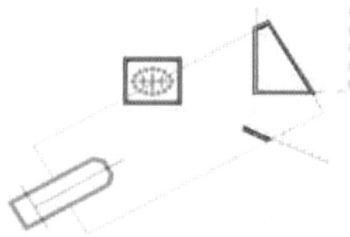

（5）关键点注意:设置到达下一关键点（如转向点等）的提前报警时间,到了预定时间,EC-DIS 报警,提醒航海人员及时采取相应措施。

（6）双船位偏差指示:如果 ECDIS 同时从两个定位源获取本船的船位信息,当两个船位的位置偏差超过预设值时,系统给出指示。

（7）走锚警告:通过确定锚位和走锚监视半径,形成一监视圈,当本船漂移出监视圈时,ECDIS 给出走锚报警信息,警告本船可能已经走锚。如果该警告在 2 min 内未得到确认,且本船仍漂移出监视圈,则升级为警报。

除了上述国际标准要求的报警或指示外,有些 ECDIS 或 ECS 产品在下列情形也会给出相应的报警或指示:

（1）漫游报警:在航行监控时,当使用了海图漫游模式或其他操作导致本船船位不在海图显示区时,ECDIS 会给出船位丢失的报警提示。通过确认该报警信息或恢复至航行监控模式,即可将本船符号快速恢复显示到海图显示区。

（2）偏向报警:当船舶航行的方向与当前航段计划航向之间的夹角超过了设定的偏向报

警角度时激发该报警。需要注意的是,偏向不等于偏航,如船舶正在恢复到计划航线上,它只是提示当前的航向与计划航向不同,存在偏航的可能。

(3)航行超时:制订航次计划时,可人工输入或根据相关航次计划参数自动计算出各转向点的 ETA,开航后,如果船舶抵达转向点的实际时间与预计时间相差较大,超过设定的时间间隔则激发报警。

(4)定时提醒:ECDIS 一般能够提供两种定时提醒功能。一是一次性定时报警,即设置一个时刻,当时钟到达该报警时刻时即启动报警提醒;二是周期性报时提醒,即设置报警开始时刻和周期间隔,则当时钟到达设置的开始时刻时,即给出报警提醒,并此后每过一个周期,就报警提醒一次。利用该功能可以实现换班提醒(有些 ECDIS 具有值班管理功能,因此就会有单独的换班提醒功能操作)、定位提醒等。

(5)CPA/TCPA 警报:在设置了最小会遇距离 CPA 和最小会遇时间 TCPA 临界值后,ECDIS 将根据本船与其他各目标船的航行状态,逐个计算与本船的会遇局面。如果达到会遇紧迫局面时,即 CPA 和 TCPA 同时进入设定的临界值范围内时,就会给出预警信息。

(6)距离/方位报警:航行中,有时需要监控本船与某地理位置点的距离/方位。在 ECDIS 上,选择要监测的地理位置点,设置提前报警提示的距离/方位限定值,启动距离/方位报警功能,ECDIS 就会实时进行计算并在本船与该地理位置点之间的距离/方位满足预设值时自动给出报警。

(7)驶过航线报警:船舶驶过航线最后一个转向点时,系统给出报警。

(8)远离下一转向点报警:船舶离下一转向点的距离越来越远时,系统给出报警,提示监控航线没有得到执行。

(9)浅水报警:如果 ECDIS 与测深仪连接,当测深仪水深小于该设定值时给出报警,提示水深较浅,有搁浅的风险。

在航行过程中,ECDIS 会根据本船的航行状态对船舶的航行态势进行预测。如果存在航行危险,则及时提醒航海人员,以采取有效措施避免危险的发生。如果系统给出穿越安全等深线、进入特殊区域或离危险物过近的报警,航海人员应及时核实船位以及与安全等深线或特殊区域的位置关系,采取有效措施避离浅水区、特殊区域及危险物。

如果与其他目标存在碰撞危险,航海人员可综合利用 ECDIS、雷达以及 AIS 等,根据相对位置关系、周围航行条件等按照避碰规则采取合理有效的避碰行动。

需要注意的是,在有些区域,ECDIS 可能重复产生大量的报警。纸质海图多在标题栏内给出一些重要的信息,如某一区域存在大量的海底电缆和管道等。在 ENC 中,这些信息一般作为警告区(CTNARE)物标的形式处理。有些 ENC 生产机构可能将这些信息作为一个覆盖整个单元、包括所有信息的警告区物标处理,有些 ENC 生产机构可能对每条信息分别作为一个警告区物标处理。这样,只要船舶距该 ENC 单元任何部分的距离或时间小于设定值,ECDIS 就会给出报警或指示,而船舶可能离具体相关的区域(如海底电缆)很远;但当船舶到达该区域时,ECDIS 报警不会再提醒航海人员,导致航海人员可能忽视该危险情形。

(二)报警与指示的处理

针对 ECDIS 给出的报警或指示,航海人员首先应给予正确理解。正确理解有两层含义:一是要确认报警或指示的真伪,即确定是正确的报警或指示,还是由不当设置或误操作等引起的误报警;二是要正确理解报警或指示的含义。

确认报警或指示后,应及时采取有效的处理措施,消除紧急情况。例如:

(1)如果系统给出偏航报警,航海人员应及时核实船位的准确性,确认船舶偏航后,应及时调整航向,使船舶回到计划航线上。

(2)如果系统给出转向点到达报警,航海人员应根据本船的操纵性能、航速、稳性状态、风流情况、转向幅度等因素,参考海图上的旋回路径改变船舶航向,以准确地转到新的计划航线上。

ECDIS 产生的报警或指示,有些能够在报警条件变为不满足时自动消除;有些则会一直在界面上显示(这种情形会造成显示混乱或影响视觉效果),需要航海人员确认(表示该报警已经被知晓)并处理(危险已被消除)才能完全解除。

总之,航海人员应及时发现、正确解读、快速有效地处理报警或指示。只有这样,才能充分发挥 ECDIS 的功能,使船舶远离危险物或特殊区域,有利于船舶避碰、防搁浅,保证船舶沿计划航线航行,有利于促进航行安全。

第十节　航行记录

与传统航海相同,ECDIS 也应记录并可查看船舶历史航行过程,以利于航行经验的总结,发生事故时提供分析证据。

一、记录存储

IMO ECDIS 性能标准要求,ECDIS 应以 1 min 的时间间隔记录下列数据,以重现过去 12 h 航行过程和验证所使用的官方数据库:

(1)本船航迹:时间、船位、船首向和航速;

(2)使用过的官方数据:ENC 信息源、版本、日期、单元和更新历史。

此外,ECDIS 应以不超过 4 h 的间隔记录整个航次的全部航迹。显然,轨迹存储的信息和时间间隔要比航行记录大得多,其目的是粗略地推断出船舶的航行路线。带有时间标记的船舶轨迹可以显示在海图上。

ECDIS 应有能力保存前 12 h 的记录以及航次航迹的记录。ECDIS 中的航行记录存储通常默认以日期命名保存,以便于识别和选取。

航海人员可以查询已有的航行记录,但不能伪造、修改记录。

为了使航行记录更加完整,有些 ECDIS 或 ECS 产品允许航海人员在记录中添加文字描述信息加以补充说明,并在下列情况下自动向航行记录中增加保存一条新记录:

(1)必要事件:主要包括系统开启、系统关闭、过转向点等;

(2)航海人员设置参数:主要包括调用或取消监控航线、启动或停止报警功能等;

(3)设备:连接设备、断开设备;

(4)系统报警:产生任何报警时;

（5）变换海图显示：主要包括分类控制、筛选物标、变更比例尺、自动换图、手动换图等；

（6）强制保存：航海人员在需要时可手动强制添加一条航行记录。

二、记录查询与打印

为了便于总结航行经验和改进航线，航海人员可能需要查阅已有的航行记录。

1.记录查询

记录通常按时间先后顺序排序。查询时，航海人员可根据记录存储时保存的记录列表，选择某时间（记录名称）的记录文件，对记录信息进行浏览查看。有些系统会提供在默认情况下只显示系统自动存储的必要信息记录，对其他记录信息则可根据记录的事件性质，提供筛选性查询。

2.记录打印

有些系统提供航行记录查询结果打印功能。

三、航迹再现

在纸质海图上，航海人员需逐张查看航用海图上的海图作业记录来浏览查阅航行历史。在 ECDIS 中，只需选择某时间段的航行记录或轨迹记录，就可以利用航迹再现功能在海图显示区内观看历史轨迹和当时的航行环境（包括使用的海图）。

ECDIS 通常以表格形式列出每个记录（轨迹）点的数据信息，同时在电子海图上显示出记录点的符号图形信息。表格的记录行和图形中的记录点之间可以互动查询，即在表格上选中某个记录点（行），图形上也跳至该点的对应显示状态。

航迹再现包括航行再现和轨迹再现两种方式。

航行再现是指 12 h 内的航行记录条件下的航行状态再现。航行再现以足够的频率记录了本船的航行状态、海图的使用情况等信息，因此可以比较真实地反映过去一段时间的航行过程，因此航行再现也称为"航行回放"（有些系统会提供类似录放机式的操作模式）。

轨迹再现是指对较长时段的航次轨迹的记录再现。其记录间隔较长，类似传统的船位标记，因此它只能反映出以往某航次的概要航行经历。

第十一节　使用电子海图显示与信息系统的风险

ECDIS 虽然功能强大，但它只是一种助航仪器。其自身的局限性、显示误差和故障、系统设置和使用中的不适当或错误、传感器的误差等都要求航海人员对其绝不能过分依赖。

所用海图数据的准确性、ECDIS 本身硬件和软件的状态、导航传感器信号的传输与解析、航海人员的操作和对相关信息的理解等直接影响到 ECDIS 的运行和使用，任何环节的异常都可能危及航行的安全。

一、海图数据误差

海图数据误差主要是海图数据的形成过程中产生的误差和不同数据来源所依据的基准差异引起的误差。

1. 数据误差

海图数据的质量主要依赖于数据测量的精确性、数据制作的精确性、数据是否覆盖所有水域范围、数据是否完整以及是否及时更新等。目前电子海图数据主要来源于纸质海图，纸质海图的海道测量数据及其标示的位置可能由于测量技术和测量时间等而导致与实际情况存在差异；从纸质海图到电子海图的转换过程中数据扫描可能有遗漏，如在海图之间出现缝隙或丢失数据，也有可能出现一些不必要的、冗余的、无关的信息；还有可能出现某个区域的两个数值矛盾。

2. 坐标系误差

在世界许多地区，纸质海图是基于各种各样的当地坐标系绘制的。有些坐标系与 WGS84 坐标系之间的转换是未知的或是不可靠的，据英国水道测量局估测，多达 20% 的英版纸质海图采用的大地坐标系参数是不确定的，因此根据该海图转化成的 ENC 将无法准确地修正为 WGS84 坐标系。此外，相邻的两个 ENC 单元可能采用略微不同的量值转换到 WGS84 坐标系，也会导致一定的位置差异。

3. 数据不一致问题

由于海图编绘资料的多源性以及以单幅数据进行生产的作业模式，数据生产者在数据质量评价时都将关注点放在单幅数据的检校上，却忽视了数据之间的不一致问题。例如：

（1）ENC 内部不一致性

ENC 内部不一致性如由于生产过程中某一环节的疏漏（如某个目标的强制属性缺失），某一要素的编码与标准定或者与现实世界不符。

（2）邻接 ENC 之间不一致性

该不一致性的一个典型现象便是相邻 ENC 单元间出现几何接边不匹配。比较直观和常见的实例便是相邻两个 ENC 单元间的等深线不吻合，这可能是由编绘资料的多源性、海图深度基准面的不连续和跳跃等因素导致的。

（3）重复 ENC 之间不一致性

重复 ENC 之间不一致性体现在同一要素在多个 ENC 中都有记录，但是不匹配。编绘资料的多源性以及数据更新不同步是导致该问题发生的主要原因。同一区域的 ENC 数据通常具有相同的地理要素，这些地理要素来自不同数据源，主要是各种比例尺的纸质海图。例如：某一航标是从大比例尺纸质海图中获得并编码到大比例尺 ENC 数据中，而同一航标又通过小比例尺纸质海图数字化到小比例尺 ENC 中，这导致了该航标的空间几何和属性的不一致。换言之，同一物标在不同 ENC 中显示的位置和符号可能存在差异。

二、设备故障与误差

1. ECDIS 设备

(1) ECDIS 异常

ECDIS 异常是指未能预料或意外的情况影响到 ECDIS 的正常使用或使用者的航行决策。例如无法正确显示导航物标,据英国船东互保协会(UK P&I Club)报告,由于 ECDIS 软件尤其是早期版本软件的操作异常,有些 ECDIS 不能正确显示某些海图物标和属性组合,且在少数情况下可能无法显示重要的导航信息。

(2) 硬件故障

硬件故障是由于硬件损坏等原因导致 ECDIS 无法正常运行或者某些功能达不到相关标准的要求,例如随着显示器老化,图像保真度下降,导致有些海图符号不易辨别等。

2. 外部设备(传感器)

(1) 传感器本身固有的误差

由于工作原理、制造工艺、工作环境等原因,各种传感器设备的数据本身存在一定的误差,这种误差在正常情况下一般属于系统误差。例如,尽管 GPS 或 DGPS 的定位精度已经非常高,其提供的船位数据仍存在一定的位置误差。

在 ECDIS 中,海图数据所依据的方位是以真北为基准测算的,而导航设备一般是以陀罗北为基准的,如雷达等。真北与陀罗北间的差异产生了方位误差。方位误差的大小取决于罗经校正是否准确。

使用时间过长、部件老化等都可能引起设备的使用性能下降,而无法达到其设计使用的标准。如定位设备的精度可能由使用初期的 10 m 以内降低到 20 m 以内,测深仪的误差可能由原来的厘米级下降到分米级,从而导致 ECDIS 获得的数据从来源上就存在不稳定性和不准确性。

(2) 定位设备天线位置

定位设备(如 GPS)提供的位置数据是其天线所在位置的地理坐标,而 ECDIS 显示的本船位置应以指挥位置为基准点。实际上,船舶的定位设备天线不可能恰好位于船舶的指挥位置,因此应将定位设备天线位置换算至指挥位置。如果输入的两者间的位置偏差不准确,或者更换定位设备后没有及时修正位置偏差,都会导致显示的船位与指挥位置不一致。尽管这个误差通常以米级为单位,但在一些受限水域仍应给予足够的重视。

(3) 坐标系不一致

如果定位设备所依据的坐标系与海图数据的坐标系不一致,则会导致叠加显示在海图上的船位不可避免地存在偏差。

(4) 数据延时

ECDIS 中,本船船位一般来自 GPS 传感器,其他目标的位置数据主要来自雷达、AIS。一般情况下,GPS 每秒应输出至少 1 个位置数据,对于高速船而言,应每 0.5 s 输出至少一个位置数据。雷达一般以 3 s 为一个扫描周期。同理,AIS 的信息更新也存在一定的周期性。EC-DIS 本身也是每隔 1~3 s 刷新一次海图数据和其他航海信息。由此可见,上述设备给出的信息并不是即时数据,是具有一定的延时的。所以,ECDIS 并非实时显示海图数据、本船及其他目标的位置,存在一定的数据延时。

（5）连接故障

如果 ECDIS 与外部传感器间的连接出现故障,ECDIS 将无法及时从外部传感器获取数据,无法提供准确的信息。

（6）突发故障

突发的硬件故障可使 ECDIS 获得的数据出现严重的失真,使其给出的信息无法置信,甚至可能导致灾难性后果。

三、系统使用不当

如果航海人员对 ECDIS 的工作原理、数据产生机制缺乏必备的知识和经验,或者对某些特殊情况产生了误解,或者由于工作疏忽而没有进行必要的证实或分析,则会导致盲目地接受或错误地决定。

1. 忽视海图超比例尺显示

超大比例尺显示可能导致海图显示范围过小,影响航海人员对前方水域的查看和船舶航行态势的预测。

超小比例尺显示可能导致海图显示信息的变化,例如有些物标在较小比例尺时会自动隐藏,还可能导致信息冗余、界面混乱、清晰度降低。

2. 忽视显示控制

显示背景、显示方向、显示信息分类、显示比例尺等设置不当,可能导致识读错误或困难。过多的信息内容可能造成海图信息冗余、系统过载、运行速度减慢、显示界面混乱、重要的信息被覆盖或淹没,影响信息的查找和界面的清晰;如果选择的信息过少,则可能无法满足航海安全的需要。在显示分类中,每种显示都存在某些种类的海图物标没有被显示出来的可能。在基础显示模式下,还有很多可能造成航行危险的物标没有被显示出来(如固定和浮动的助航标志、禁航区和限制区域等)。这样,在根据海图显示界面上的内容进行航行局面评估时,就会存在潜在的问题。

3. 参数设置不当

只有参数设置合理准确,才能有效地发挥出 ECDIS 的相关功能。例如偏航报警,如果设置的报警限制值过小,就会经常发生报警(可能是不必要的);如果过大,就会在应该报警的时候无法给出。再如安全时间报警,如果设置的提前报警时间过短,虽产生了报警,但由于没有给后续的操船留有充裕的时间,进入浅水区的危险就有可能无法避免。

4. 缺乏分析地接受显示船位

过于依赖 ECDIS,不加分析地接受船位以及相关的状态显示,没有认真核实报警或指示是否是真实情况的反映,忽视了显示船位是观测船位而非真实船位的事实都是缺乏分析地接受显示船位的表现。

5. 忽视假显示

ECDIS 中,很多显示是以某种假设条件为基础的。例如在自动航迹跟踪控制模式中,无论本船距离计划航线的关系如何,都会将船位显示到航线上,但会有其他方式来显示本船与航线的关系(如偏航报警)。因此,如果忽视了报警,忽视了控制模式,轻信了这种假显示,极易导致错误的判断和决策。

6. 不清楚不同的矢量稳定模式

ECDIS 可以显示本船的航行矢量线,用以对本船的运行态势进行预测。ECDIS 也可以叠加显示带有航行矢量线的雷达跟踪目标和 AIS 目标,方便航海人员判定本船与其他目标的相对关系。无论是本船还是其他目标,航行矢量线的稳定模式体现出对外界风流条件的考虑差异。对水稳定模式下的航向和航速是以水为参考点的,仅考虑了风对船舶运动的影响。对地稳定模式下的航向和航速则是相对于海底的,既考虑了风对船舶运动的影响,也考虑了流的影响。由此可见,如果航海人员对不同稳定模式下的航向和航速缺乏认知或判断错误,就无法准确把握船舶的运动态势,甚至导致错误的决策。

7. 盲目信赖航线检验结果

航海人员不能盲目信赖 ECDIS 航线检验的结果,这主要是因为 ECDIS 没有给出报警并不意味着航线的绝对安全,例如:

(1)有些 ECDIS 可能无法对 ENC 显示的所有陆地发出警报,即使该陆地被浅水等深线环绕。虽然 ECDIS 一般能清楚识别陆地区域(如岛屿等),某些显示配置可能由于其他细节如等深线标记的干扰,很难识别较小的岛屿。当只有小比例尺的 ENC 可用时,这种可能性更大。

(2)有些 ECDIS 只能依据较大比例尺的 ENC 进行航线检验,因此当系统内部没有较大比例尺的 ENC 时,ECDIS 可能无法准确检验航线,从而不能给出相应的报警。

8. 操作错误

操作错误是由动作失误或选择错误造成的。例如,选择操作菜单时,由于鼠标操作不熟练或疏忽而选择了邻近的菜单行。操作错误应当在 ECDIS 使用中尽量避免。

通过对 ECDIS 的风险分析可以看出:尽管 ECDIS 功能强大,但仍具有一定的局限性,使用过程中仍存在一定的风险。因此,航海人员应将 ECDIS 作为一种导航方式,但绝不能过分依赖它。要坚持导航手段多样化,通过其他有效手段检验和校核 ECDIS 的显示信息,及时发现系统可能存在的问题和缺陷。例如,要经常利用一些独立于定位设备传感器的方式去检验 ECDIS 显示船位的准确性。

第十二节　正确使用电子海图显示与信息系统

航海人员应了解 ECDIS 的运行机制,全面掌握其性能,熟悉其功能、作用及其正确使用方法;还应准确理解 ECDIS 自身的弱点和可能产生的问题,在航行过程中充分利用正规的瞭望和独立于 ECDIS 的手段和方法检验其有效性、合理性和准确度,以充分利用其功能,避免风险的发生,真正实现促进航行安全的目的。

一、海图数据

应使用权威机构发行的电子航海图。如果使用了其他数据,要甄别其来源是否可靠和坐标系是否统一。商业公司制作和推广的电子海图,其海图数据多依赖于海道测量机构或授权,权威性和时效性较之于官方 ENC 逊色。区分电子海图数据是否为官方 ENC,在购买数字产品时,注意检查发行机构是否为官方或由官方授权;在显示电子海图时,按 ECDIS 性能标准规定,如果不是官方的 ENC,则在显示器上会出现特定的指示信息。

如果 ECDIS 处于 RCDS 操作模式,即采用 RNC,应明确其在航线检验、航行监控等功能应用方面的局限性,应与适当比例尺的纸质海图结合使用。如果采用其他非官方数据,航海人员应明确其局限性和可能存在的风险,应以全套的纸质海图作为主要导航方式。

官方 ENC 也需要定期更新,可以通过改正光盘或登录国际互联网实现自动更新,也可以根据航海通告等手动改正。

航海人员应特别注意临时性通告和预告的改正。因为有些 ENC 生产机构并不提供临时性通告和预告的改正服务,这就需要航海人员通过手动改正的方式及时添加、撤销。此外,航海人员也可参阅系统的更新记录或者航海通告等检查 ECDIS 的更新情况。

此外,选购海图时,航海人员应确保 ENC 的数据范围能够覆盖整条航线,原始比例尺大小、过渡适当,以满足预定航次的需求。有些 ENC 生产机构对任一水域仅生产单一航海用途的 ENC。当发行大比例尺的 ENC 后,他们将进行裁剪以使小比例尺的 ENC 环绕该大比例尺 ENC 单元,确保在所有比例尺的 ENC 均载入的情况下实现无缝覆盖。如果某海道测量机构采用该方式生产 ENC,航海人员需选购该区域所有可用的 ENC 以确保全面覆盖航行区域。

二、ECDIS 设置

熟悉 ECDIS 的不同显示方式及其特点。在不同水域、不同时间或使用不同的监控功能时选用合适的显示方式。

注意报警参数的正确输入和报警功能的合理使用。

航海人员在对相关参数进行设置时,应综合考虑航行环境、水文环境、本船状态和性能、航海人员技术水平和心理素质、其他特殊要求等多方面的信息,设定合理的参数,以有效运用 ECDIS 的报警与指示功能。应尽量避免由于参数设置不合适而引起的不当报警,甚至误报警。

在使用过程中,航海人员应经常检验参数的设置是否合理,特别在相关条件发生变化时,应及时调整参数的设置。例如,新的航次开始后,船舶吃水发生变化,则安全等深线、安全水深的设置需要做出相应的修改;本船航速发生变化,则转向点提醒时间、穿越安全等深线的预警时间等参数也应做出调整。

偏航报警设置或防搁浅设置一般使用于港外航行。在进出港口时,航道的宽度有限,与定位精度、偏航报警阈值等不相称,所以要充分利用港口设置的各种导航标志。

三、正确解读相关信息与提示

ECDIS 提供的信息种类繁多,航海人员只有熟悉其产生原理、运行机制、表现形式等,才能获取正确的信息,并据其做出正确的判断和决策,例如:

(1)显示信息的明确性:清晰、无歧义地理解和判断相应显示信息的内容。例如,航行矢量线的稳定模式是对水还是对地。

(2)显示信息的对比参照性:要尽可能地利用系统功能,获得显示信息的对比判断信息。例如,根据辅助定位设备对主定位系统进行定位精度监测,以确保位置信息的可靠性。

(3)信息基准的一致性:为减少误差来源,确保各种类似信息是基于同一基准而言的,如 GPS 的坐标系与海图坐标系是否一致。

(4)信息的同步性:有些信息值(如本船船位)是随时间变化的,这就要求航海人员应明确所显示的信息在时间上的同步性,适当考虑 ECDIS 及各传感器自身工作周期的影响。

(5)报警与指示信息的解读:一般情况下,报警与指示给出的均是与航行安全或设备运行密切相关的信息,因此,航海人员应认真辨别报警与指示的真伪,及时采取行之有效的措施。

(6)未显示信息的解读:在 ECDIS 的运行过程中,有很多信息是没有显示出来的,而这些信息可能又是对航行安全有一定影响的,所以航海人员不应忽视这些未显示的信息。例如,在基础显示模式下,很多海图信息被屏蔽(不显示),仅依据看到的海图物标,不能完全保证航行安全的识别。

四、系统运行

1. 软件方面

系统的稳定运行离不开软件,软件出现故障可能降低系统性能,甚至导致系统崩溃。

软件的运算能力、查询能力等都直接影响到系统的运行效率。例如,能否根据相关参数准确运算并判断是否存在航行危险,能否快速给出相关物标的信息或者显示查询的区域。

航海人员应及时对软件进行升级更新。一方面,相关国际组织、机构在不断地修订 ECDIS 相关标准,修订现有要求或者增加新的要求。IHO S-52 和 IEC 61174 均要求 ECDIS 能够提供显示显示库的版本号,可便于航海人员核实是否符合最新版的 IHO 有关标准。另一方面,各 ECDIS 产品在使用过程中可能发现存在一些缺陷或不足,这就要求 ECDIS 生产商需要不断对系统软件进行维护。因此航海人员需要对船上的 ECDIS 及时更新升级,以完善其功能,符合最新标准要求。

要坚持专机专用,不能将设备挪作他用,否则容易影响设备的性能或感染计算机病毒。删除数据或文件都可能会影响 ECDIS 的运行,航海人员不得随意删除与航行安全有关的数据。

2. 硬件方面

ECDIS 工作时间长,从开航前拟定航行计划开机到抵达目的港关机,往往要持续几天甚至几十天的时间。船舶可能跨越的空间大,从低温地区到高温地区,从干燥地区到潮湿地区,设备硬件要经受各种不同环境的考验。因此,航海人员应制订完善的保养计划,做好硬件的维护,确保其处于良好的工作状态。

驾驶台要保持合适的温度,要注意防尘、防潮。配备双套 ECDIS 的船舶,要定期转换使用,让每台设备都得到休整。长时间不使用时,要定期通电除潮。

船方应根据生产商建议在船备有关键性备件,以便在 ECDIS 发生故障时用于更换,特别是当船舶航行在偏远水域时。

ECDIS 需要备用配置,以在紧急情况下取代主系统执行各种功能,直到安全抵达下一港口。如果 ECDIS 发生故障,备用配置应能及时接替其执行航行监控任务,确保完成航次剩余部分的安全航行。

五、传感器配置

注意 ECDIS 与船舶其他传感器之间的匹配。安装同一制造商的产品,有利于各系统之间的兼容;互不兼容的设备之间要通过信号转换装置来连接。要正确地进行系统设置,如 DGPS 选用的坐标系应该与电子海图的坐标系一致。要熟悉和掌握 ECDIS 中各种传感器的原理、特性和功能,使各种传感器工作在最佳状态。要充分认识到各种传感器的局限性,特别是影响数据准确性的因素,最好将定位数据、导航参数等进行比较分析,选择精度高和可靠性好的船位。

并非 ECDIS 中接入的传感器数据越多,安全保障就越高。实际应用中,航海人员要根据实际情况选择适当的数据来识别航行态势。例如,是否同时使用雷达图像、雷达跟踪目标、AIS 目标进行相互关系的运算,是否接入测深数据进行搁浅预警计算等。

六、性能测试

为确保 ECDIS 能够正常运行,要定期执行设备的性能检测,保证各项指标的正常。

1. 外部设备检测

应定期对外部设备进行性能检测,及时掌握设备的运行状况以及可能存在的误差,保证传递的数据达到要求。

2. ECDIS 自检

为确保 ECDIS 功能的正常运行,要定期自动或手动对 ECDIS 进行主要功能的在船测试,包括传感器输入数据的完整性测试、航行监控功能的实现等。ECDIS 自检应依据使用手册的操作指导进行。

3. IHO 测试数据集检验

为帮助航海人员判定所用 ECDIS 能否正确显示相关物标的符号,能否显示 IMO 最新采用的物标,IHO 开发了一套测试数据集 S-64,并给出了详细的操作说明。

按照说明进行相应设置后,如果 ECDIS 不能正确显示数据集内包含的物标,航海人员应与 ECDIS 生产商联系以确定原因并及时解决。

七、电力供应

ECDIS 的电源,通常会有直流 24 V 和交流 220 V 两种接口(插头),一般会与船舶电源插口相匹配,不致连接错误。

(1)常规电源:要根据船舶电源的稳定情况,选择适当的接口进行连接。

(2)应急电源:应该在其他导航设备,特别是定位设备已经具备应急电源的前提下,在 ECDIS 上使用应急电源;否则,如果仅仅是给 ECDIS 准备了应急措施,也将因为没有航行监控的来源数据而无法充分发挥其功能。

IMO ECDIS 性能标准要求,从一电源转换到另一电源或不超过 45 s 的断电时不需要手动重新启动设备。

八、备用配置

ECDIS 作为船舶助航设备,不可避免地存在局限性和风险。在航行过程中,可能因 ECDIS 出现故障导致其不能正常实现相应的功能要求,为保证船舶安全驶完剩余航程,性能标准要求船舶应配备适当的、独立于 ECDIS 的备用配置。

1. 备用配置的性能要求

在 ECDIS 出现故障时,备用配置能够安全接替其执行航行监控任务,避免导致紧急局面的出现,保证以辅助手段完成航次剩余部分的安全航行。

如果备用配置采用电子设备,应能标绘船位,量取航向、距离和方位,显示计划航线、带有时间标记的轨迹;应采用符合国际标准的改正至最新的海图数据,并可显示至少等同于标准显示的信息;海图显示的有效尺寸应不小于 250 mm×250 mm 或直径 250 mm;电源应与 ECDIS 分开,并符合 ECDIS 性能标准的要求;应与提供连续定位能力的系统连接;不降低任何提供传感输入的设备的性能。

由此可见,ECDIS 备用配置的性能在有些方面可以低于 ECDIS(如显示信息等同于 ECDIS 的标准显示即可),但能够进行基本的海图显示、航线设计、航行监控、航行记录、本船状态显示和所有的航行报警,以确保在 ECDIS 发生故障时能够利用备用配置继续保持安全航行。

2. 备用配置的形式

ECDIS 性能标准尽管对备用配置的性能做了较为具体的要求,但并没有明确指出认可的备用配置的形式。怎样才能具备 ECDIS 的"足够有效"的备用配置,这最终要由各国海事主管机关来决定。每个国家定义的 ECDIS 备用配置都有各自的"携带要求",但 ECDIS 备用配置会因船旗国或港口国制定的规则的不同而不尽相同。港口国也会提供相应的服务(如提供 ENC 数据和更新),使 ECDIS 在自己国家的水域里正常使用。

从性能标准的描述中可以看出,备用配置可以是电子设备,也可以是非电子设备,原则上可采用下列两种普遍接受形式:

(1)一部使用独立电源、与具备连续定位能力传感器连接的 ECDIS

在实际应用中,很多船舶都购置两套相同的 ECDIS 互为备用配置。其优点是,两者完全相同,不必进行特殊的操作掌握。此外两套 ECDIS 可共享航线信息、海图数据等,一旦一套设备故障,另一套设备可及时接管航行监控任务。

（2）满足整个航次所需的数据改正到最新的最新版纸质海图

安装和使用 ECDIS 的主要原因之一是为了满足 SOLAS 公约关于海图配备的要求,以促进航行安全和减轻航海人员工作负担,取代传统的纸质海图。显然,依靠最新的纸质海图来作为 ECDIS 的备用配置并非最佳方案。

此外,性能标准提出,符合 IMO MSC. 192(79)航海雷达设备性能标准、具有 ENC 海图信息覆盖范围选定部分的雷达,可以作为备用配置的一部分。

3. 备用配置的使用

不论备用配置采用何种形式,关键应能在 ECDIS 发生故障时及时接管航行监控任务,保证船舶安全完成剩余航程。为此,在使用备用配置时应做到:

（1）使用官方的海图数据,并保证海图数据改正至最新。

（2）在航次开始前,应该将航线资料等航行监控所需信息数据同步到备用配置上。

（3）当主设备发生故障时,应及时切换(连接)到备用配置上,并启动运行。此时,备用配置就能够根据本船的当前状态和航行监控参数(如监控航线),继续进行航行监控。特别是在能见度不良、恶劣天气、狭水道航行、船舶通航密度大的水域航行等特殊情况时,应提前开启备用配置。如果采用纸质海图作为备用配置,海图的更新和航线、船位的标绘等传统的海图作业仍应保持。

第十章

航海仪器

19 世纪,第二次工业革命推动了机电技术的发展,使船舶导航也进入了仪器航海时代。陀螺罗经、拖曳式和转轮式计程仪使提高船舶导航精度成为可能。

20 世纪,船舶导航进入了无线电技术迅猛发展阶段,测向仪、雷达的相继应用,极大地提高了船舶定位的精度,随着罗兰、台卡、奥米伽等双曲线定位技术的应用,船舶定位距离不断地增大。水压式、电磁式、多普勒式和声相关式计程仪为船速的精准测量提供了技术保障。计算机及空间卫星技术的发展,全球全天候定位测量的卫星导航系统的应用,使船舶电子导航系统不断完善。

21 世纪进入信息时代,信息技术的应用,使船舶导航不再局限在各自独立的、分离式的导航仪器设备的操作,而是将导航仪器进行整合,通过计算机网络技术和电子海图信息系统等信息平台,对导航信息进行关联融合,实现综合信息导航。随着通信技术在导航中的应用,信息航海突破了单船自身的导航信息获取,引入了船舶自动识别系统,接收了外部提供的信息,为建立发展海陆空联合的空间导航系统打好了坚实的基础。

第一节　陀螺罗经

陀螺罗经(gyrocompass)俗称电罗经,核心部件是陀螺仪。它是利用陀螺仪的特性,在地球自转运动的影响下,借助于力矩器使陀螺仪主轴自动地找北,并精确地跟踪地理子午面的指向仪器。它可用于指示船舶船首向(航向)和测定物标方位,以及作为方位稳定设备等。综合驾驶台系统中许多现代航海仪器设备如自动舵、导航雷达、ECDIS、AIS 和 VDR 等需要输入陀螺罗经的航向信息。虽然现代陀螺罗经都实现了计算机化,但就指北原理来说,始终没有多大的改变。

SOLAS 公约要求,500 总吨及以上的所有船舶应设有:

(1) 1 台陀螺罗经,或其他装置,用于通过船载非磁性装置确定和显示船舶首向,并可将航向信息传输给其他设备；

（2）1台陀螺罗经首向复示器或其他装置，用于在操舵位置显示船舶首向；

（3）陀螺罗经方位分罗经，用于在水平360°范围内量取方位。

一、陀螺仪及其特性

1. 陀螺仪

（1）陀螺仪（gyroscope）的定义

高速旋转的陀螺转子及能保证其主轴指向空间任意方向的悬挂装置的总称叫作陀螺仪。

重心与几何中心相重合的陀螺仪称为平衡陀螺仪。

不受任何外力矩作用的平衡陀螺仪称为自由陀螺仪（free gyroscope）。

（2）自由陀螺仪的结构

自由陀螺仪是由转子（gyro wheel）、转子轴（主轴，spin axis）、内环（horizontal ring）、内环轴（水平轴，horizontal axis）、外环（vertical ring）、外环轴（垂直轴，vertical axis）、基座等组成的，如图10-1-1所示。

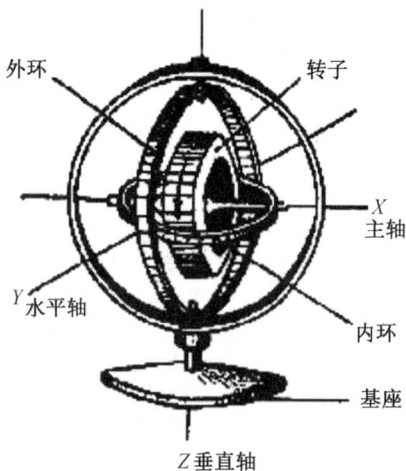

图10-1-1　陀螺仪

可以看出，自由陀螺仪的结构主要特点为有三个自由度，即主轴、水平轴和垂直轴，陀螺仪的转子可绕主轴、水平轴和垂直轴旋转；整个陀螺仪的重心与中心重合。

在工程实际中，陀螺仪的转子由陀螺马达驱动旋转。陀螺仪的悬挂装置使陀螺仪主轴可以指向空间任意方向，其悬挂不一定由内环、外环、固定环组成。常见的悬挂方式有液浮方式、轴承方式和扭丝方式。

上述三种方式都不能独立达到理想的支承状态。实际中安许茨系列陀螺罗经采用液浮加电磁上托的支承方式；斯伯利系列陀螺罗经采用轴承加吊钢丝或轴承加液浮的支承方式；阿玛-勃朗系列陀螺罗经采用扭丝加液浮的支承方式。

2. 自由陀螺仪的特性

用陀螺仪制成陀螺罗经，是利用了陀螺仪独特的动力学特性，即定轴性和进动性。

描述陀螺仪转动性能的一个物理量是动量矩 H，它表明了转子高速旋转运动的强弱状态与方向。因为主轴动量矩的大小与转子的转动惯量及角速度成正比（$H=J\omega$），在转动惯量不变的情况下，角速度越大，动量矩就越大，所以为了获得较大的动量矩，陀螺转子转速都设计得很高，其转速可达每分钟上万转。主轴动量矩的方向与转子旋转方向有关，符合右手定则（伸出右手，掌心对准陀螺仪中心，四指为陀螺转子旋转方向，大拇指方向为陀螺仪动量矩方向）。

描述陀螺仪转动性能的另一个物理量是外力矩。外力矩方向也符合右手定则（伸出右手，掌心对准陀螺仪中心，四指为外力方向，大拇指方向为外力矩方向）。

为描述陀螺仪特性，这里引入陀螺坐标系——右手坐标系，以自由陀螺仪中心（O）为坐标原点 o；陀螺仪主轴方向为纵坐标 ox；水平轴为横坐标 oy；垂直轴为垂直坐标 oz。

（1）定轴性（gyroscopic intertia）

如图 10-1-2 所示，自由陀螺仪主轴（OX 轴）初始水平指向空间某一方向，并将基座倾斜或旋转，主轴仍然水平地指示原来的方向，没有发生变化。这体现了陀螺仪的定轴性：转子做高速旋转的自由陀螺仪，当不受外力矩作用时，其主轴将保持它在空间的初始方向不变。

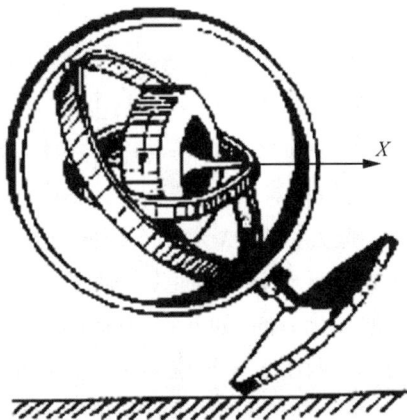

图 10-1-2 定轴性

定轴性条件：陀螺转子高速旋转；陀螺仪不受外力矩作用。

定轴性表现特征：主轴指向空间初始方向不变。

（2）进动性（gyroscopic precession）

如图 10-1-3 所示，陀螺仪主轴 OX 轴上施加一个外力 F，由外力 F 产生的力矩 M 作用于 OY 轴正向，此时，陀螺仪主轴矩矢端绕 OZ 轴转动，以捷径向 M 方向旋转。这体现了陀螺仪的进动性：转子做高速旋转的自由陀螺仪，当受外力矩作用时，其主轴的动量矩（用 H 表示）矢端将以捷径趋向外力矩 M 矢端做进动运动，记作 $H\rightarrow M$。

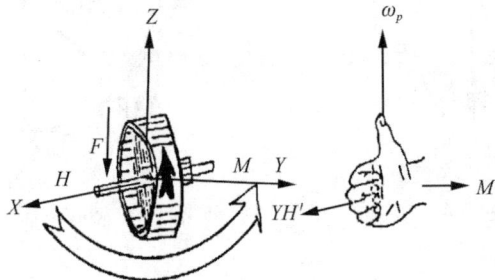

图 10-1-3 进动性

进动性的条件:自由陀螺仪转子高速旋转和受外力矩作用。

进动性表现特征:主轴相对空间初始方向产生进动运动。

自由陀螺仪主轴进动角速度(ω_p)的快慢与外力矩 M 成正比,与动量矩 H 成反比。

$$\omega_p = \frac{M}{H} \tag{10-1-1}$$

式(10-1-1)称为陀螺仪的进动公式。它的物理意义是很明显的。一个陀螺仪,当 H 为常数时(实用的陀螺仪,H 一般就不变了),在外力矩 M 的作用下,发生进动,显然 M 越大,进动越快,明显地表现出陀螺仪的进动特点。当 M 比较小时,进动就慢了;当 $M=0$ 时,$\omega_p=0$,说明它不进动了,表现出它的定轴性。从另一个角度说,当 M 为常数时,比如仅有很小的常值干扰力矩,则陀螺仪的 H 越大,进动角速度越小,表明主轴越不易改变空间指向,即主轴容易稳定。

二、陀螺仪视运动

1. 视运动现象

在地球上的陀螺仪,它的基座随着地球一起转动,它的主轴 OX 在空间所指的方向不变,相对地球而言是改变方向的。如图 10-1-4 所示,在地球北半球,若将自由陀螺仪放在 A 点,使其主轴位于子午面内并指恒星 S,由于地球自西向东转,经过一段时间后,它转到 B 点,因定轴性,陀螺仪主轴仍将指恒星 S 方向,但相对子午面来说,主轴指北端已向东偏过了 α 角。再如图 10-1-5 所示,若在赤道处,将陀螺仪主轴 OX 水平东西向放置(A 点),随着地球自转,它将转到 B、C、D……同样由于它有定轴性,无论转到哪里,主轴都将永远保持空间原来的指向不变,但是相对地平面来说,它在不断地变化方向,如 a 端,开始时是指东,因地球自转不断抬高,6 h 后,a 端就指天顶了,再过 6 h 它就指西了……这说明主轴相对地球不但有方位上的变化,而且有高度上的变化。人们在地球上看不到地球的自转,却能看到陀螺仪主轴的这种运动,称为陀螺仪的视运动,地球自转才是真运动。人们生活中所看到的旭日东升、夕阳西下,也是这个道理,实际上是太阳视运动。从图 10-1-5 的实例中,不难看出陀螺仪的视运动速度与地球真运动速度大小相等、方向相反。为了使陀螺仪主轴能稳定指北,应先找出陀螺仪视运动的规律,然后采取相应措施。

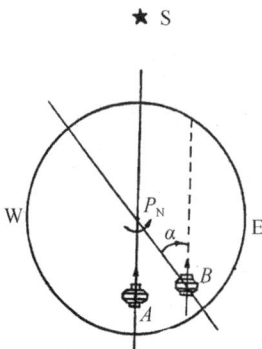

图 10-1-4　陀螺仪主轴在方位上的视运动

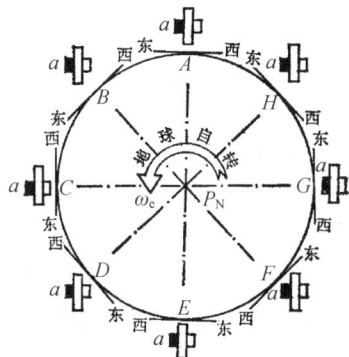

图 10-1-5　陀螺仪处于赤道上的视运动

2. 视运动规律

地球自转的角速度用 ω_e 表示，分解为沿水平方向的分量 ω_1 和沿垂直方向的分量 ω_2。其关系为：

$$\omega_1 = \omega_e \cos\varphi$$
$$\omega_2 = \omega_e \sin\varphi$$

(10-1-2)

ω_2 的物理意义是什么呢？先看北纬，可以看出 ω_2 标明通过陀螺仪所在地 O 的子午面以 OZ_0 轴为转轴在旋转，旋转角速度就是 ω_2，如图10-1-6所示。子午面的旋转方向根据右手法则可以确定。以 O 点为分界点，以北为子午面北半平面，O 点以南为南半平面。显然，子午面的北半平面不断向西偏转。如果将陀螺仪主轴置于子午面内，因定轴性主轴不改变空间指向，但由于子午面北半平面向西偏转了，相对而言，主轴指北端自然是向东偏了，主轴指北端偏到子午面的东边去了。也就是说，在北纬陀螺仪的视运动是逐渐向东偏的。在南纬，由于 ω_2 反向，同样 O 点(南纬陀螺仪所在处)以北称北半平面，则北半平面是向东偏的，陀螺仪主轴的指北端就是向西偏了。

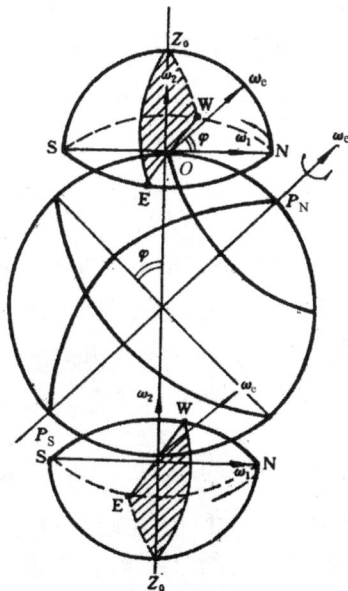

图10-1-6 地球自转角速度及其分量

地球自转角速度水平分量 ω_1 的物理意义是：通过 ON 轴的水平面以 ON 轴为自转轴在不断旋转。根据右手法则，显然是东半平面不断下降，西半平面不断上升。因为南、北纬的 ω_1 都是指 ON 轴正向，所以南、北纬都是东半平面下降、西半平面上升。当陀螺仪主轴偏离子午面以后，若偏东了，则相对水平面而言，就产生上升的视运动，而偏西了，则为下降的视运动，东升西降，南、北纬一样。

综上所述，陀螺仪的视运动规律归纳如下：

陀螺仪主轴指北端相对子午面，"北纬东偏，南纬西偏"，水平偏转角速度大小为 ω_2；

陀螺仪主轴指北端相对水平面，偏东上升，偏西下降，"东升西降，全球一样"，升降角速度大小为 $\omega_1\alpha$。

三、变自由陀螺仪为陀螺罗经

角速度 $\omega_1\alpha=\omega_e\cos\varphi\cdot\alpha$，它将引起自由陀螺仪主轴指北端相对于水平面的升降视运动，这种影响在不为 90° 的任意纬度上仅当 $\alpha\neq0$ 时才起作用。若使 $\alpha=0$，亦即使自由陀螺仪主轴指北，$\omega_1\alpha$ 则将不产生影响；角速度 $\omega_2=\omega_e\sin\varphi$ 将引起自由陀螺仪主轴指北端相对于子午面的北纬东偏、南纬西偏的视运动，该影响仅当 $\varphi=0$ 时才不起作用。对航海而言，因船舶不可能只航行于赤道而不航行到其他纬度的航区，故自由陀螺仪主轴相对于子午面的视运动影响是经常存在的。

当地子午面以地球自转角速度的垂直分量 ω_2 不断偏转，陀螺仪主轴不能稳定指北，使陀螺主轴指北端产生方位上的视运动。在北纬，它使主轴指北端向东偏离子午面；在南纬，它使主轴向西偏离子午面。因此 ω_2 是影响自由陀螺仪不能指北的主要因素。

要想使陀螺仪稳定指北，必须要克服 ω_2 的影响。比如说在北纬应设法使陀螺仪主轴指北端以 ω_2 的速度向西偏转，跟随上子午面北半平面的向西偏转，则主轴相对子午面而言稳定在子午面内。为使陀螺仪主轴指北端向西与子午面北半平面同步偏转，自然应想到用到陀螺仪的进动特性，对陀螺仪施加一个力，产生一个力矩 M_Y，利用陀螺仪进动特性控制陀螺仪绕 OZ 轴进动，并满足

$$\omega_{PZ}=\frac{M_Y}{H}=\omega_2 \tag{10-1-3}$$

使陀螺仪主轴稳定指北，这就是陀螺罗经指北的基本原理。在水平轴 OY 上施加的力矩 M_Y，称之为控制力矩。对于控制力矩 M_Y 应有如下几点要求：首先，它应是自动产生的，根据进动的需要，大小和方向都要合适；其次，因 $\omega_2=\omega_e\sin\varphi$ 是随纬度变化的，所以 M_Y 也应能随纬度的变化自动进行调整，使式（10-1-3）始终得到满足。应用陀螺仪的视运动规律，完全可以做到上述各点。

综上所述，为克服地球自转角速度的垂直分量 ω_2 对陀螺罗经的影响，陀螺仪必须设置专门的控制设备用以产生控制力矩 M_Y。目前使用的航海罗经一般是直接由地球重力作用获得控制力矩的，故把这种力矩称为重力控制力矩。当然有些陀螺罗经的控制力矩不是直接由地球重力作用获得的，而是利用专门电磁元件产生的，这种罗经称为电磁控制式罗经。

1. 安许茨系列罗经获得控制力矩的方法

安许茨系列罗经将陀螺球重心下移获得控制力矩，因此安许茨系列罗经也称为下重式陀螺罗经。

安许茨系列罗经是将一个陀螺仪密封固定在一个圆球体内，称为陀螺球，即罗经的灵敏部分。制造时，使陀螺球的重心 G 低于其几何中心 O 约 8 mm，如图 10-1-7 所示。实际中陀螺球被悬浮在支承液体中，并能在支承液体中自由地转动。陀螺仪的动量矩 H 沿 OX 轴（主轴）指正向，即指北。

当陀螺仪主轴水平指北时，陀螺球重力 mg 经过几何中心 O（支架点），重力不产生力矩。当主轴升高一个角度时，重力 mg 的作用线不再通过 O 点，于是重力产生力矩 M_Y，M_Y 的方向为 OY 轴正向（此时 OY 轴正向为地理西方），M_Y 的大小可用下式表示

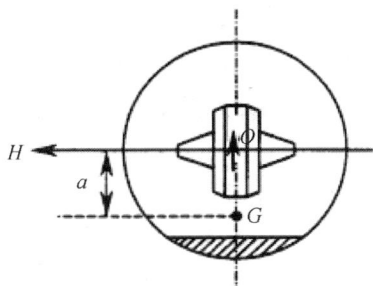

图 10-1-7　安许茨系列罗经重心下移

$$M_Y = mg \cdot a \cdot \sin\theta \qquad (10\text{-}1\text{-}4)$$

式中:m——陀螺球的质量;

　　g——重力加速度;

　　a——重心到中心的距离。

如图 10-1-8 所示,t_1 时刻,陀螺球位于地球赤道 A_1 处,此时主轴水平指东,$\theta=0$,重力 mg 作用线通过陀螺仪中心 O,不产生力矩(虽有力,但力臂为零)。

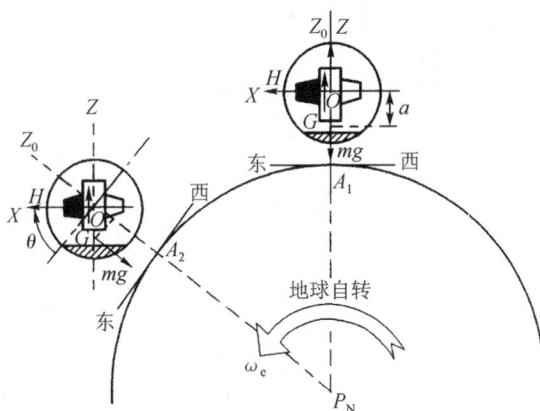

图 10-1-8　安许茨系列罗经主轴自动找北

经过一段时间,在时刻 t_2,由于地球的自转,下重式陀螺球位于 A_2 处。由于定轴性,陀螺球主轴相对空间保持其初始方向不变,然而位于 A_2 位置的观察者发现陀螺球主轴 OX 相对于水平面升高了一高度角 θ。此时,重力 mg 作用线不通过陀螺球中心 O(有力臂),重力 mg 的分力 $mg\sin\theta$ 产生沿水平轴 OY 向的重力控制力矩 M_Y:

$$M_Y = -mg\sin\theta \cdot a \approx -mga \cdot \theta = -M \cdot \theta \qquad (10\text{-}1\text{-}5)$$

$M=mga$ 为最大控制力矩。

在重力控制力矩 M_Y 的作用下,陀螺球主轴 OX 的正端绕垂直轴 OZ 正向向 M_Y 方向进动,方位角 α 由原来的 $90°$ 指东逐渐减小,向子午线的北端靠拢。若陀螺仪主轴 OX 的正端初始指西,在 M_Y 的作用下,陀螺仪主轴 OX 则绕垂直轴 OZ 的负向向 M_Y 方向进动,其方位角 α 由原来的 $270°$ 逐渐减小,向子午线的北端靠拢。

综上所述,不管下重式罗经陀螺球主轴指北 OX 偏在子午面的哪一边,由于视运动而使罗经主轴指北端偏离水平面后所产生的重力控制力矩 M_Y 均能使陀螺球主轴指北端向子午面北端靠拢。因此下重式陀螺球具有自动找北的性能。

2. 斯伯利系列罗经获得控制力矩的方法

斯伯利系列罗经通过在陀螺仪主轴两端加装液体连通器的直接控制法获得控制力矩，因此斯伯利系列罗经也称为液体连通器陀螺罗经，陀螺仪动量矩 H 沿 OX 轴（主轴）指负向，即指南。

斯伯利系列罗经液体连通器内充一定液体，液体可在两个容器之间流动。当陀螺仪主轴水平指北时，南、北两侧的容器内的液体量相等，此时液体连通器及其所含液体的重心与陀螺仪几何中心（支架点）重合，无外力矩作用于陀螺仪。当主轴倾斜一个角度时，液体连通器跟随主轴一起倾斜，升高端容器内的液体通过连通管向降低端容器内流动，使低端容器形成多余液体，这部分多余液体的重力产生一个沿陀螺仪 OY 轴作用的重力力矩 M_Y。

如图 10-1-9 所示，t_1 时刻，陀螺球位于地球赤道 A_1 处，此时主轴水平指东，$\theta=0$，两个容器中的液体数量相等，液体重力 mg 作用线通过陀螺仪中心 O，不产生力矩。

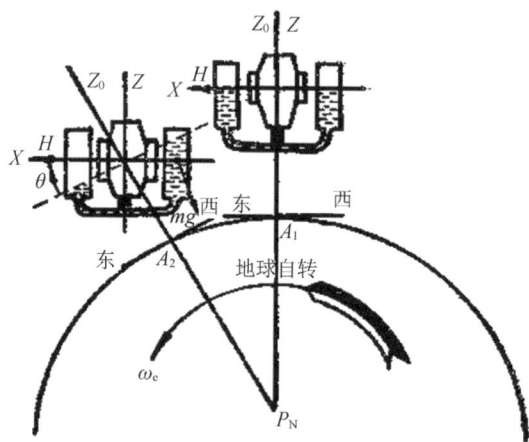

图 10-1-9　斯伯利罗经自动找北

经过一段时间，在 t_2 时刻，由于地球的自转，陀螺球位于 A_2 处。由于定轴性，陀螺球主轴相对空间保持其初始方向不变，然而位于 A_2 位置的观察者发现陀螺球主轴 OX 相对于水平面升高了一高度角 θ。此时主轴上升了一个 θ 角（$\theta \neq 0$），低端容器中液体比高端容器中液体多，多余液体的重力 mg 作用线不通过陀螺仪中心 O，力臂不为零；mg 的分力 $mg\sin\theta$ 产生沿水平轴 OY 的重力控制力矩 M_Y：

$$M_Y = 2R^2 S\rho g\sin\theta \approx 2R^2 S\rho g \cdot \theta = M \cdot \theta \qquad (10\text{-}1\text{-}6)$$

$M = 2R^2 S\rho g$ 为最大控制力矩。

M_Y 垂直纸面向里，即指南极方向，则 H 矢端将向南进动，即 H 具有寻找南极的性能，或者说主轴的另一端（OX 反向）具有寻找北极的性能。若 H 水平指西，主轴 OX 正端指东，控制力矩垂直纸面向里，则 H 矢端向南进动，主轴 OX 正向向北进动。

综上所述，液体连通器罗经与下重式罗经一样，主轴具有自动找北的能力。

3. 阿玛-勃朗系列罗经获得控制力矩的方法

阿玛-勃朗系列罗经采用电磁摆（electromagnetic pendulum）和水平力矩器（horizontal momental device）获得控制力矩（如图 10-1-10 所示），所以阿玛-勃朗系列罗经也称电控罗经。

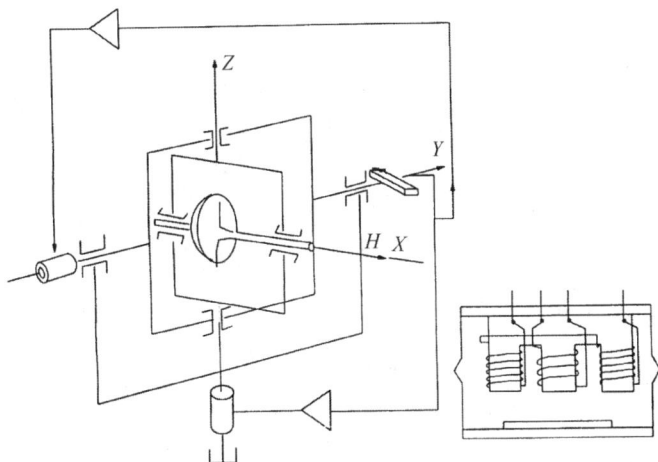

图 10-1-10　阿玛-勃朗系列罗经结构

假设 t_1 时刻,陀螺球位于地球赤道 A_1 处,此时主轴水平指东,$\theta=0$,电磁摆不输出摆信号,陀螺球水平轴的力矩器不工作,不向陀螺球施加控制力矩。

经过一段时间,在 t_2 时刻,由于地球的自转,陀螺球位于 A_2 处。由于定轴性,陀螺球主轴相对宇宙空间保持其初始方向不变,然而位于 A_2 位置的观察者发现陀螺球主轴 OX 相对于水平面升高了一高度角 θ。此时主轴上升了一个 θ 角($\theta\neq0$),电磁摆输出摆信号,经水平放大器放大后,送给陀螺球水平轴上的力矩器;力矩器工作,向陀螺球水平轴施加电磁控制力矩 M_Y:

$$M_Y=-K_Y\cdot\theta \tag{10-1-7}$$

式中:K_Y——罗经电控系数,由罗经结构参数决定,如摆信号放大倍数、力矩器的参数等。

控制力矩的大小与罗经的结构参数和陀螺球主轴的高度角 θ 有关。

阿玛-勃朗系列罗经的结构参数可以改变,这是此种罗经的一大优点。

控制力矩 M_Y 沿 OY 轴的方向将随 θ 的方向而定,它使陀螺球主轴正端自动找北(向子午面进动)。

四、摆式罗经等幅摆动与减幅摆动

(一)等幅摆动

由上节分析可知,在控制力矩 M_Y 的作用下,主轴将绕 OZ 轴进动,其进动线速度为 u_2。当主轴指北端高于水平面时,u_2 的方向指西,主轴向西进动;当主轴低于水平面时,u_2 的方向指东,主轴向东进动。u_2 的大小与主轴偏离水平面的高度角 θ 成正比,当主轴位于水平面时,$u_2=0$。放置在南北纬处重心下移的陀螺仪,在 ω_1、ω_2、重力矩 M_Y 的共同作用下,其主轴指北端的运动轨迹如图 10-1-11 所示。

图 10-1-11 就是一个投影图。图中 r 点为主轴的稳定位置 $\theta=\theta_r$,$\alpha=\alpha_r=0$。假设开始时主轴偏东 α 角,但在水平面上 C 点,主轴有东偏视运动,线速度为 v_2;还有上升视运动,速度为 v_1;因为 $\theta=0$,所以 $M_Y=0$,则 $u_2=0$,主轴以 v_1 和 v_2 的合成速度运动,向东又向上运动,一旦主

图 10-1-11　摆式罗经等幅摆

轴升高出现 θ 角，便产生向子午面的进动，速度为 u_2，结果主轴以 v_1、v_2、u_2 的合成速度运动到 B 点，B 点在稳定位置平面上，即主轴升高 θ_r 角的平面，这时主轴东偏的速度 v_2 恰等于主轴向西进动速度 u_2，所以合成速度为 v_1，主轴将继续上升。一旦离开 B 点，则主轴抬高角度 θ 大于 θ_r，使得 $u_2 > v_2$。所以主轴向上向西运动（图中 H 点），主轴自动地找北，θ 角逐渐增大，而 α 角逐渐减小，到达 A 点。因为已进入子午面，$\alpha=0$，所以 $v_1=0$，而 u_2 仍大于 v_2，故主轴仅向西进动，一离开子午面，偏到子午面之西，主轴出现下降的视运动，速度为 v_1。因为 $u_2 > v_2$，故主轴是既向下又向西运动，一直运动到 G 点，仍是 θ_r 平面上的一点。同样由于 $u_2 = v_2$，主轴仅以 v_1 向下运动，一离开 G 点，由于 $\theta < \theta_r$，所以 $u_2 < v_2$，则主轴指北端开始向下向东运动到水平面上的 F 点。因为 $\theta=0$，所以 $u_2=0$，这时主轴仅有东偏速度 v_2 和下降速度 v_1。离开了 F 点，主轴偏到水平面之下，由于 θ 不为 0，则马上又产生 u_2，不过由于主轴在水平面之下，u_2 是向东了。这时主轴将向下向东运动，主轴又开始自动地找北，θ 角继续增大，α 角不断减小，直到子午面内 E 点。由于 $\alpha=0$，$v_1=0$，主轴以 v_2 和 u_2 的合成速度向东运动。一离开子午面，出现 α 角，产生 v_1（方向向上），则主轴向东向上运动，又回到水平面的 C 点。这样继续下去，主轴做椭圆运动。若不加其他装置，运动将继续下去。可见主轴不可能稳定指北。

综上所述，位于北纬 φ_N 处仅有控制力矩作用的摆式罗经，在 ω_1、ω_2、重力控制力矩 M_Y 的共同作用下，罗经主轴指北端将围绕真北方向做等幅摆动，主轴的摆动轨迹为一椭圆。主轴指北端做椭圆摆动一周所需的时间称为等幅摆动周期（或称椭圆运动周期、无阻尼周期）。其大小为

$$T_0 = 2\pi \sqrt{\frac{H}{M\omega_e \cos\varphi}} = 2\pi \sqrt{\frac{H}{M\omega_1}} \qquad (10\text{-}1\text{-}8)$$

可见，等幅摆动周期 T_0 与罗经结构参数 H、M 及船舶所在地理纬度 φ 有关，而与主轴起始位置无关。当罗经结构参数 H、M 确定后，T_0 随纬度增高而增大。

为了消除摆式罗经的第一类冲击误差，在罗经设计纬度 φ_0 上必须使 $T_0=84.4$ min，此时的 T_0 称为舒拉周期。

（二）减幅摆动

仅有控制力矩作用的摆式罗经能够自动地找北，但不能稳定地指北，因此还不是真正的陀

螺罗经。欲使摆式罗经主轴能自动找北且稳定指北,必须变等幅摆动为减幅摆动,当摆动的幅值为零时,主轴稳定地指北。在陀螺罗经中是对陀螺仪施加阻尼力矩,使主轴的方位角 α 和高度角 θ 按减幅摆动规律变化,便能自动抵达其应有的稳定位置。根据这一原理,对陀螺罗经的自由振荡可有两种阻尼方法(见图10-1-12)。一种叫垂直阻尼法,即压缩椭圆短轴的方法,这时阻尼力矩应施加于陀螺仪的垂直轴上;另一种叫水平阻尼法,即压缩椭圆长轴的方法,这时阻尼力矩应施加于陀螺仪的水平轴上。

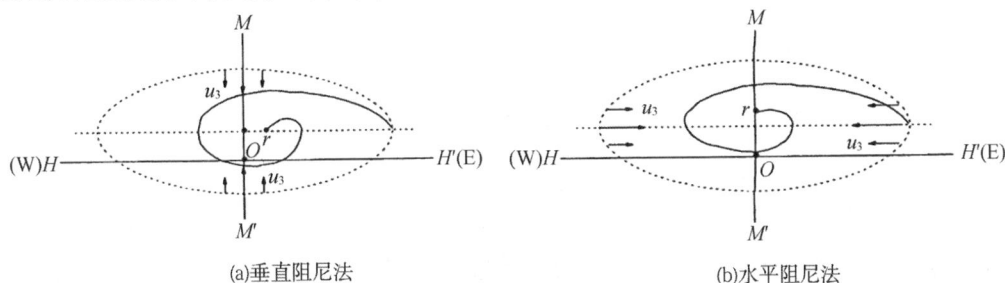

(a)垂直阻尼法   (b)水平阻尼法

图 10-1-12   陀螺罗经阻尼方式

1. 安许茨系列罗经获得阻尼力矩的方法

安许茨系列罗经采用液体阻尼器(liquid damping vessel)的直接阻尼法产生阻尼力矩,液体阻尼器由固定在陀螺球主轴两端的两个相互连通的液体容器组成,内充一定数量的高黏度硅油。连通两个容器的导管很细,使容器内液体流动滞后于主轴俯仰约1/4个自由摆动周期。当罗经主轴自动找北时,主轴的俯仰使两个容器中的液体数量不相等,多余液体的重力在陀螺球水平轴产生阻尼力矩,属于水平轴阻尼方式。阻尼力矩的大小用下式表示:

$$M_YD = C \cdot \chi \tag{10-1-9}$$

式中:C——最大阻尼力矩,由罗经结构参数决定;

χ——多余液体角。

阻尼力矩使罗经主轴始终向子午面方向进动,进动速度用 u_3 表示:

$$u_3 = M_YD = C \cdot \chi \tag{10-1-10}$$

在阻尼力矩的作用下,罗经主轴的方位角 α 和高度角 θ 不断减小,最终使方位角 α 为零,罗经主轴稳定指北。此时,罗经的稳定位置如式(10-1-11)所示:

$$\begin{cases} \alpha_r = 0 \\ \theta_r = -\dfrac{H\omega_2}{M-C} \end{cases} \tag{10-1-11}$$

安许茨系列罗经采用液体阻尼器获得阻尼力矩,所以又称为液体阻尼器罗经。

2. 斯伯利系列罗经获得阻尼力矩的方法

斯伯利系列罗经采用在陀螺球(仪)正西侧安放阻尼重物(damping weight)的直接阻尼法产生阻尼力矩,如图10-1-13所示。当罗经主轴自动找北时,主轴具有高度角 θ,阻尼重物的重力 mg 在陀螺球垂直轴产生重力阻尼力矩 M_{ZD},属于垂直轴阻尼方式。

$$M_{ZD} = M_D \cdot \theta \tag{10-1-12}$$

式中:M_D——最大阻尼力矩,由罗经结构参数决定。

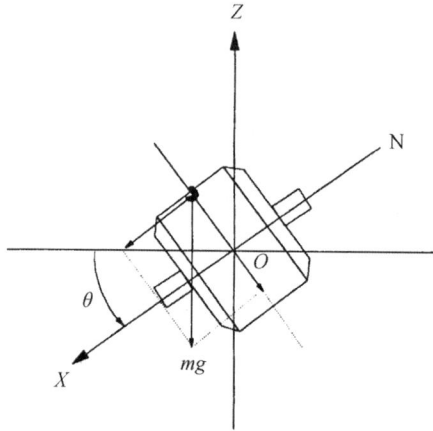

图 10-1-13　陀螺球西侧重物

阻尼重物产生的阻尼力矩使罗经主轴向水平面方向进动,使主轴的高度角 θ 不断减小,由于主轴的运动是连续运动,因此在主轴高度角 θ 不断减小的同时,主轴的方位角 α 也随之减小,最终使主轴偏离子午面一个很小的方位角 α 稳定指北。此时,罗经的稳定位置如式(10-1-13)所示。

$$\begin{cases} \alpha_r = -\dfrac{M_D}{M}\tan\varphi \\[3mm] \theta_r = -\dfrac{H\omega_2}{M} \end{cases} \tag{10-1-13}$$

斯伯利系列罗经采用阻尼重物获得阻尼力矩,所以又称为重物阻尼罗经。

3. 阿玛–勃朗系列罗经获得阻尼力矩的方法

阿玛–勃朗系列罗经采用电磁摆和垂直力矩器(vertical momental device)的间接阻尼法产生阻尼力矩。

阻尼设备由电磁摆和位于陀螺球垂直轴上的垂直力矩器组成。

当罗经主轴自动找北时,主轴有高度角 θ,电磁摆输出摆信号,一部分摆信号经垂直放大器放大后,送到垂直力矩器,垂直力矩器工作,向陀螺球垂直轴施加电磁阻尼力矩 M_{ZD},属于垂直轴阻尼方式。阻尼力矩 M_{ZD} 大小为:

$$M_{ZD}=K_Z \cdot \theta \tag{10-1-14}$$

式中:K_Z——阻尼力矩系数,由罗经结构参数决定。

电磁摆和垂直力矩器产生的阻尼力矩使罗经主轴向水平面进动,使主轴的高度角 θ 不断减小,由于主轴的运动是连续的,在主轴高度角 θ 不断减小的同时,主轴的方位角 α 也随之减小,最终使主轴偏离子午面一个很小的方位角 α 稳定指北。此时,罗经的稳定位置如式(10-1-15)所示。

$$\begin{cases} \alpha_r = -\dfrac{K_Z}{K_Y}\tan\varphi \\[3mm] \theta_r = -\dfrac{H\omega_2}{K_Y} \end{cases} \tag{10-1-15}$$

4. 阻尼运动及参数

(1) 阻尼摆动曲线

加上阻尼力矩后,陀螺仪主轴一旦偏离稳定位置,将围绕稳定位置做减幅摆动,主轴指北端描绘的轨迹是一个逆时针螺旋线。陀螺仪主轴在方位上的运动规律可以画成如图 10-1-14 所示曲线。该曲线称为罗经主轴在方位上的阻尼摆动曲线,即 $\alpha - t$ 关系曲线,它可由航向记录器记录下来,或者由驾驶员直接按时间记录方位角变化的数值绘制。

① 下重式罗经:由两部分组成,第一部分为非周期指数衰减曲线,约 80 min 后达初始值的 1%,如图 10-1-14 所示的虚线部分;第二部分为周期性幅值衰减曲线,经 4 h 后达到初始值的 1%。

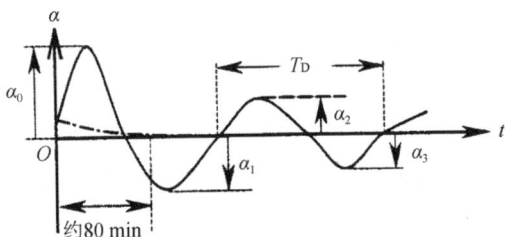

图 10-1-14　阻尼摆动曲线

② 液体连通器式罗经:幅度按指数规律衰减的周期性减幅摆动曲线,如图 10-1-15 所示。

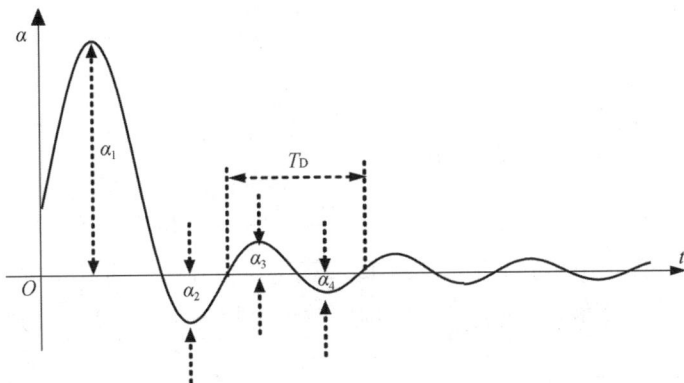

图 10-1-15　阻尼摆动曲线

(2) 阻尼因数

阻尼因数 f 又称衰减因数,它表示主轴在方位角上减幅摆动过程的快慢程度。若用 α_1, α_2, α_3, $\cdots$, α_{n+1} 表示罗经在做减幅摆动时主轴偏离子午面之西和相继偏东的依次最大方位角,则罗经的阻尼因数 f 可表示为

$$f = \frac{\alpha_1}{\alpha_2} = \frac{\alpha_3}{\alpha_4} = \cdots = \frac{\alpha_n}{\alpha_{n+1}} \tag{10-1-16}$$

阻尼因数 f 取 2.5~4,一般为 3。

(3) 阻尼周期

阻尼周期 T_n 表示罗经做减幅摆动时,主轴做阻尼摆动一周所需的时间。它与罗经的结构参数 H、M 和船舶所在纬度有关。在纬度一定时,阻尼周期 T_n 大于无阻尼周期 T。

(4) 罗经稳定时间

从航海的角度来看,罗经稳定时间是指自罗经启动主轴经减幅摆动到其指向精度满足航海精度（±1°）要求所需的时间。稳定时间的长短不仅取决于罗经的结构参数和所在地的纬度，还与启动时罗经指北端的初始位置（方位角和高度角）有关。经分析可知，通常罗经稳定时间约为 4 h，所以船舶驾驶员一般在开航前 4 h 启动罗经。为了缩短稳定时间，有些罗经设有快速稳定装置，使主轴指北端预先接近其稳定位置。

五、陀螺罗经误差

陀螺罗经的主轴在方位上偏离地理真北方向的角度称为陀螺罗经误差。陀螺罗经误差也是船舶真航向与陀螺罗经航向之间的差值或真北与陀螺罗经北之间的差角。陀螺罗经误差有纬度误差、速度误差、冲击误差、摇摆误差和基线误差。

（一）纬度误差（latitude error）

1. 纬度误差产生的原因

在讨论采用垂直轴阻尼的陀螺罗经稳定位置时指出，在北纬 φ 处的静止基座上主轴指北的稳定位置为

$$\text{斯伯利系列}\begin{cases} \alpha_r = -\dfrac{M_D}{M}\tan\varphi \\[3mm] \theta_r = -\dfrac{H\omega_2}{M} \end{cases} \tag{10-1-17}$$

$$\text{阿玛−勃朗系列}\begin{cases} \alpha_r = -\dfrac{K_Z}{K_Y}\tan\varphi \\[3mm] \theta_r = -\dfrac{H\omega_2}{K_Y} \end{cases} \tag{10-1-18}$$

由式（10-1-17）和式（10-1-18）可知，垂直阻尼的陀螺罗经稳定时其主轴不是指向子午面，而是偏离子午面一个方位角 α_r，当罗经的结构参数或电控参数确定后，α_r 角仅与地理纬度 φ 有关，故称为纬度误差。

以具有阻尼重物的液体连通器式罗经为例，分析纬度误差产生的原因与消除方法。

当罗经稳定后，罗经主轴指北端自水平面升高 θ_r 角，产生沿水平轴 OY 负向的控制力矩 $M_Y = -M\theta_r$，使主轴产生绕垂直轴 OZ 正向的主轴进动角速度 ω_{PZ}，主轴指北端以线速度 $u_2 = M\theta_r$ 向西进动抵消因地球自转角速度垂直分量 ω_2 的影响而产生的东偏视运动线速度 $v_2 = H\omega_2$，即 $u_2 = v_2$。此时罗经主轴本应相对于子午面稳定，但由于罗经主轴指北端升高 θ_r 角，阻尼重物产生与 θ_r 角成正比的阻尼力矩 $M_Z = M_D\theta_r$。M_Z 引起罗经主轴以阻尼进动线速度 $u_3 = M_D\theta_r$ 向下运动，罗经主轴不能在子午面内 r 点稳定。欲使罗经主轴稳定，只有借助于因地球自转角速度水平分量 ω_1 的影响产生的升降视运动的线速度 $v_1 = H\omega_1\alpha$，平衡阻尼进动线速度 u_3。为此，主轴指北端只有自子午面向东偏离适当的方位角 α_r，并满足条件 $v_1 = u_3$，即主轴指北端向下进动的线速度 u_3 与视运动线速度 v_1 等值反向，在高度上重新达到稳定，如图 10-1-16 所示。此时

$$H\omega_1\alpha = M_D\theta_r \tag{10-1-19}$$

不难看出，产生纬度误差的原因是采用了垂直轴阻尼法。因此，纬度误差是采用垂直轴阻

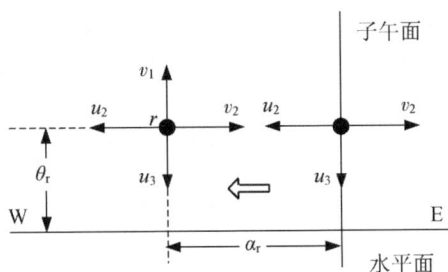

图 10-1-16　垂直轴阻尼的稳定位置

尼法罗经特有的误差。

2.纬度误差的消除方法

为提高陀螺罗经的指向精度,应对纬度误差进行补偿。实践中,对纬度误差的补偿方法有两种——外补偿法和内补偿法。

（1）外补偿法（out-compensation）

在主罗经上加装纬度误差校正器（corrector of latitude error）,通过纬度误差校正器调整罗经刻度盘示度（或罗经基线）,基线转动的角度等于纬度误差 α_{r_φ} 值,而罗经航向刻度盘零度转动的角度与纬度误差 α_{r_φ} 等值反向,补偿后主罗经及分罗经刻度盘读取的航向即为不含有纬度误差的真航向,而罗经主轴的指向并不改变。

外补偿法要增加设备,使用不便,新式陀螺罗经已很少采用。

（2）内补偿法（into-compensation）

内补偿法又称为力矩补偿法,是现代陀螺罗经普遍采用的一种消除纬度误差的方法,即向陀螺球（仪）水平轴或垂直轴施加纬度误差补偿力矩（compensating moment of latitude error）M_{Y_φ} 或 M_{Z_φ},此补偿力矩的大小、方向及变化规律完全与纬度误差相适应。在纬度误差补偿力矩的作用下,罗经主轴向子午面进动并稳定指示子午面,纬度误差就被消除了。斯伯利 MK37 型罗经采用垂直轴补偿法,而阿玛-勃朗 10 型采用水平轴补偿法。

在罗经使用过程中,只要使罗经面板上的纬度旋钮指示船位纬度,就消除了纬度误差。通常情况下,船位纬度变化超过 5° 重调一次旋钮。

（二）速度误差（speed error）

前面所讨论的陀螺罗经稳定位置都是建立在罗经基座为静止状态的基础上的。但是一部罗经总是要随船运动,即基座不是静止的。基座的运动会使罗经主轴的牵连运动速度发生变化,结果必然引起罗经稳定位置发生变化,使罗经产生了新的误差——速度误差。船舶以恒向恒速运动时,陀螺罗经主轴的稳定位置与航速为零时主轴的稳定位置在方位上的夹角称为速度误差。速度误差是与船舶速度、航向和地理纬度有关的指向误差。注意,速度误差仅指船舶做恒向恒速运动时出现的指向误差,不考虑任何加速度的影响。

1.船舶恒向恒速航行时的旋转角速度

船舶恒向恒速航行时,航速 v 在子午圈和纬度圈之切线上的分量为

$$\begin{cases} v_N = v\cos C \\ v_E = v\sin C \end{cases} \tag{10-1-20}$$

式中：v_N——船舶航速的北向分量；

$\qquad v_E$——船舶航速的东向分量；

$\qquad C$——船舶真航向。

v_N 使地理坐标系绕 OW 轴以角速度 $\dfrac{v_N}{R_e}$ 做相对地心的转动，其角速度矢量的方向为 OW 轴正向。v_E 使地理坐标系绕地轴 $P_N P_S$ 以角速度 $\dfrac{v_E}{R_e}\cos\varphi$ 转动，其角速度矢量指向地球北极，与地球自转角速度 ω_e 同向。

由此得到包括地球自转和船舶做恒向恒速航行在内的牵连运动角速度在地理坐标系 $ONWZ_0$ 各坐标轴上的分量（如图 10-1-17 所示）：

$$\begin{cases} \omega_N = \omega_1 + \dfrac{v_E}{R_e} \\[2mm] \omega_W = \dfrac{v_N}{R_e} \\[2mm] \omega_{Z_0} = \omega_2 + \dfrac{v_E}{R_e}\tan\varphi \end{cases} \qquad (10\text{-}1\text{-}21)$$

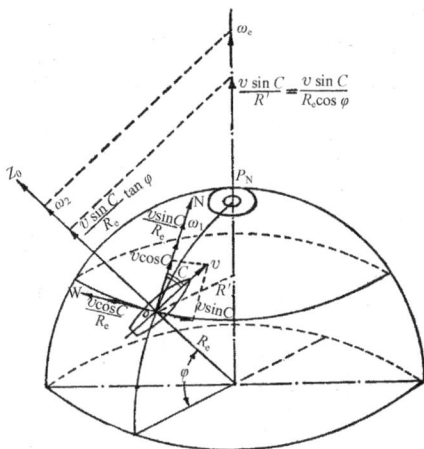

图 10-1-17　航速引起视运动的变化

式（10-1-21）表明水平面将以 ω_N 绕 ON 轴旋转，如陀螺罗经主轴不指北而存在一个方位角 α，将产生高度上的东升西降视运动线速度 $v_1 = H\left(\omega_1 + \dfrac{v_E}{R_e}\right)\alpha$；子午面将以绕 OZ_0 轴旋转，引起陀螺罗经主轴方位上的视运动。

2. 速度误差的物理实质

我们以液体阻尼器陀螺罗经为例来阐述其产生速度误差的物理实质，如图 10-1-18 所示。在 φ_N 处，假设船舶以航速 v、偏北航向 C 在地球表面上航行，陀螺罗经主轴的稳定位置位于 r_1 点。由于船舶存在航速的北向分量 v_N，船舶所在的水平面将以角速度 $\omega_W = v_N/R_e$ 绕地心转动，其角速度指向 OW 轴的正向，即指西方。由于定轴性，罗经主轴保持它在空间的指向不变，在船舶上的人看到罗经主轴相对船舶所在的水平面上升，上升的线速度为 $v_3 = H(v_N/R_e)$。显然，

罗经主轴在 r_1 处的稳定条件被破坏,欲使罗经主轴仍能获得稳定,则必须有一个大小与 v_3 相等而方向与之相反的视运动速度与 v_3 平衡。为此,罗经主轴必须自子午面向西偏离一个方位角 α_{rv},以便产生向下的视运动线速度 v_1,当罗经主轴自子午面向西偏离的方位角 α_{rv} 合适时, $v_1 = v_3$,满足等式 $\left(\omega_1 + \dfrac{v_E}{R_e}\right)\alpha_{rv} = \dfrac{v_N}{R_e}$ 时,则罗经主轴将获得新的稳定位置 r_2,此时:

$$\alpha_{rv} = \frac{\dfrac{v\cos C}{R_e}}{\omega_1 + \dfrac{v\sin C}{R_e}} = \frac{v\cos C}{R_e\omega_e\cos\varphi + v\sin C} \quad (10\text{-}1\text{-}22)$$

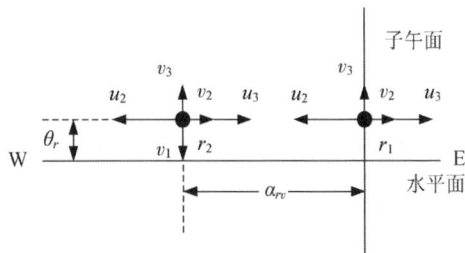

图 10-1-18   速度误差的物理实质

这就是速度误差的计算公式。

对于航行在中纬度的船舶,由于 $v\sin C \ll R_e\omega_e = 900$ kn,1 弧度 = 57.3°,因此,速度误差公式可简化为:

$$\alpha_{rv} = \frac{v\cos C}{R_e\omega_e\cos\varphi} = \frac{v\cos C}{900\cos\varphi} \cdot 57.3° = \frac{v\cos C}{5\pi\cos\varphi}(°) \quad (10\text{-}1\text{-}23)$$

3. 速度误差的特性

从速度误差公式看出它具有下列特性:

(1)速度误差仅与船舶航速 v、航向 C 及所在地纬度 φ 有关,与罗经结构参数无关,因此只要船舶运动,任何类型的罗经都有这种误差,这是一种原理性误差,是所有陀螺罗经的共性之一。

(2)速度误差随航速变化,航速 v 越大,速度误差越大。

(3)$\cos\varphi$ 随纬度 φ 的增高而减小,因此 φ 增高时,速度误差增大;φ 高过 70° 时,$R_e\omega_e\cos\varphi$ 变得很小,与 $v\sin C$ 可以比拟,使用简化公式式(10-1-22)计算精度降低,应采用完整公式式(10-1-21)计算速度误差。

(4)速度误差随船舶航向 C 变化,在 0° 和 180° 航向上,即正北正南时,速度误差最大;在 90° 和 270° 航向上,即正东正西时,速度误差为 0,在 0°~90°、270°~360° 区间内,即偏北方向航行时,速度误差的符号为正,偏西误差(W);在 90°~270° 区间内,即偏南方向航行时,速度误差符号为负,偏东误差(E),如图 10-1-19 所示。这里的正负号是按我们所选择的坐标确定的,与航海上所采用的坐标符号正好相反,希望读者注意。

4. 速度误差的消除

当船舶航速变化较大(例如 5 kn)或航行纬度变化较大(例如 5°)或航向变化较大(例如 15°)时,需对航速误差进行消除。其消除方法如下:

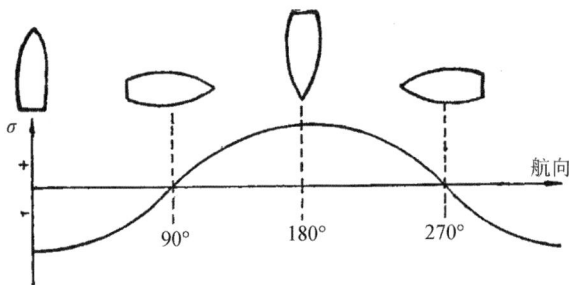

图 10-1-19　速度误差与航向的关系

（1）速度误差校正表

把 α_{rv} 按不同的航速 v、航向 C 和所在地纬度 φ 计算后绘成表格或图表的形式，以便使用罗经时查用。注意误差符号与航海习惯一致。使用时，先根据船舶航速、罗经航向和所在地纬度，在表中查取速度误差值；再根据罗经航向确定符号；根据公式：真航向＝罗经航向＋速度误差，确定船舶真航向。若表中无对应的航速、罗经航向和纬度，可利用内插法求取。

（2）外补偿法

在下重式罗经中，利用外补偿法来消除罗经的速度误差。通常在主罗经上设置速度误差校正器，用机械方法按照速度误差的表达式算出 α_{rv} 值并在航向读数中予以扣除。

（3）内补偿法

利用施加补偿力矩来补偿误差的方法。通常忽略船舶航速东西分量 v_{E} 的影响，采用向垂直轴施加速度误差补偿力矩 $M_{Zv}=H\dfrac{v_{N}}{R_{e}}$ 的方法消除误差。

（三）冲击误差（ballistic error）

船舶做机动航行（变速变向航行）时，所出现的惯性力对罗经的影响引起的误差，称为冲击误差。惯性力作用在陀螺罗经重力控制设备上而产生的冲击误差，称为第一类冲击误差（ballistic deflection error）；惯性力作用在阻尼设备上而产生的冲击误差，称为第二类冲击误差（ballistic damping error）。

1.第一类冲击误差

当船舶进行机动时，惯性力使主轴进动，机动终了时可能出现下列三种情况：

（1）当船舶机动终了时，主轴正好进动到新的稳定位置 r_2，如图 10-1-20 所示，这时，主轴在稳定点 r_2 处是稳定的，主轴虽然偏离真北一个 α_{rv2} 角（这是一个速度误差值），经过补偿后，罗经航向盘上没有误差存在。

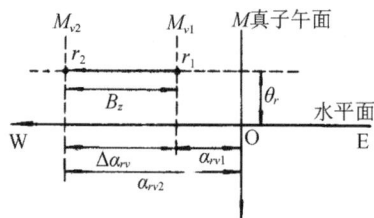

图 10-1-20　主轴位置

（2）当船舶机动终了时，主轴在船舶机动航行的持续时间内，尚未来得及由旧的稳定位置 r_1 转向机动终了时的新稳定位置 r_2，而是落后于 r_2 位于 1 的位置，如图 10-1-21 所示。

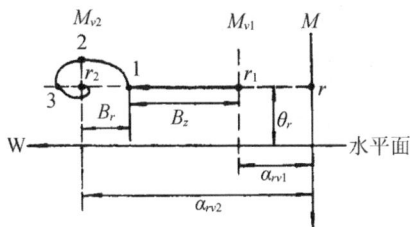

图 10-1-21　主轴位置

（3）在船舶机动航行的持续时间内，主轴的进动超过了机动终了时新稳定位置 r_2 而抵达 1 处，如图 10-1-22 所示。

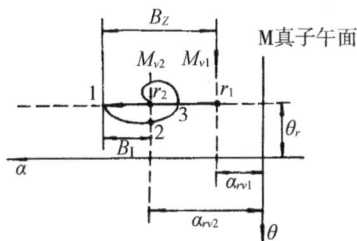

图 10-1-22　主轴位置

前面讨论的三种情况，在第一种情况下，是理想的。机动终了时主轴正好抵达新的稳定位置上；第一类冲击误差为零。

在后面的两种情况下，当船舶加速终了，惯性力消失后，罗经主轴并不恰好到达新的稳定位置 r_2 上，而与新稳定位置有一偏差 B_1，如图 10-1-22 所示。如果此时阻尼设备处于工作状态，主轴从图中 1 的位置在按逆时针方向的阻尼曲线运动到新稳定位置的过程中误差在随时间变化，称这种误差为第一类冲击误差，其最大值用 B_1 表示。加速结束时，主轴在图中位置 1 处，误差最大。经过 1/4 周期，主轴运动到位置 2 处，第一类冲击误差为零。在大连地区，罗经的阻尼周期大约为 80 min。又经过 1/4 周期，主轴运动到位置 3 处。大约从加速度终了算起，经过 3/4 个周期，约为 1 h，主轴可稳定在新的稳定点 r_2 处，第一类冲击误差为零。

不产生第一类冲击误差 B_1 的非周期过渡条件（aperiodic transitional condition）：

在船舶机动过程中，因惯性力的作用，陀螺主轴指北端产生进动，进动旋转角称为冲击位移，用 B_z 表示。

$$B_z = \frac{M}{Hg}\Delta v\cos C = \frac{M}{Hg}\Delta v_N \tag{10-1-24}$$

式中：Δv_N——北向速度变化量，$\Delta v_N = \Delta v\cos C$。

船舶机动前后新旧稳定位置角度差 $\Delta\alpha_{rv}$，由机动前与机动终了后的速度误差 α_{rv1} 和 α_{rv2} 决定。

$$\Delta\alpha_{rv} = \alpha_{rv2} - \alpha_{rv1} = \frac{(v_2 - v_1)\cos C}{R_e\omega_e\cos\varphi} = \frac{\Delta v_N}{R_e\omega_e\cos\varphi} \tag{10-1-25}$$

当 $B_z = \Delta\alpha_{rv}$ 时，将不产生第一类冲击误差。

将式（10-1-24）和式（10-1-25）代入整理后得到

$$T_0 = 2\pi \sqrt{\frac{H}{M\omega_1}} = 2\pi \sqrt{\frac{R_e}{g}} = 84.4 \text{ min} \quad (10\text{-}1\text{-}26)$$

凡是摆式罗经,当其等幅摆动的周期 $T_0 = 84.4$ min 时,在船舶机动航行时间内,主轴将由机动开始时的旧稳定位置非周期地过渡到机动终了时的新稳定位置去,而不产生第一类冲击误差。该非周期过渡条件是由德国数学家舒拉于 1923 年首次导出的,故通常又称之为舒拉条件或舒拉周期。

机械摆式罗经在某一特定纬度上等幅摆动周期为 84.4 min,以此来确定罗经的动量矩 H 和最大摆性力矩 M 等罗经结构参数,该纬度 φ_0 称为机械摆式罗经的设计纬度。

通常在船舶机动终了时,第一类冲击误差 B_I 最大。开启液体阻尼器后,由于存在 B_I,罗经主轴将在其新稳定位置附近做周期性的减幅摆动,最后抵达新稳定位置;一般说来,第一类冲击误差在船舶机动终了后 1 h 左右即可消失,因此船舶驾驶员在机动期间或机动终了后约 0.5 h 内读取罗经航向时应考虑该误差。

2. 第二类冲击误差

第二类冲击误差在船舶机动终了时较小,其最大值约在机动终了后经 1/4 阻尼周期时出现,经 1 h 左右即可消失,故船舶驾驶员在机动期间或机动终了后约 45 min 内读取罗经航向时应考虑该误差。

对于结构参数不能随纬度进行调整的陀螺罗经而言,纯粹的第二类冲击误差 B_{II} 仅仅发生在设计纬度 φ_0 上(因为在 φ_0 处, $B_I = 0$),当船舶在其他纬度上做机动航行时,将使罗经同时产生 B_I 和 B_{II},即总冲击误差为 B。

经分析知道,对于摆式罗经,第二类冲击误差 B_{II} 有如下特点:当船舶所在纬度低于设计纬度时,第二类冲击误差和第一类冲击误差的符号相反;当船舶所在纬度高于设计纬度时,第二类冲击误差和第一类冲击误差的符号相同。

船舶机动时,总的冲击误差为第一类冲击误差和第二类冲击误差的和,即 $B = B_I + B_{II}$。当 $\varphi < \varphi_0$ 时, B_I 与 B_{II} 符号相反,总的冲击误差减小,一般不做处理;当 $\varphi > \varphi_0$ 时, B_I 与 B_{II} 符号相同,总的冲击误差增大,所以在机动时,应关闭阻尼器。

（四）摇摆误差

船舶在风浪中的摇摆是周期性的,摇摆时会有周期性惯性力出现,这种惯性力作用在罗经上,使罗经产生的误差叫摇摆误差。陀螺罗经的摇摆误差是指船舶摇摆时呈周期性变化的惯性力作用于陀螺罗经的重力控制设备而产生的指向误差。罗经的摇摆误差与罗经的结构参数、罗经的安装位置、船舶摇摆姿态、船舶所在纬度和船舶摇摆方向等参数有关。特别是船舶沿隔点航向(045°、135°、225°、315°)航行且横摇时,摇摆误差最大。

船用陀螺罗经均在结构上采取了有效措施成功地削减了摇摆误差。各系列陀螺罗经采用的方法如下:

1. 安许茨系列陀螺罗经

方法是在陀螺球内安放两个陀螺转子。两个转子的动量矩合成为北向动量矩,东西动量矩合成为零,与单转子陀螺球具有相同的特性。

2. 斯伯利系列陀螺罗经

方法是调整液体在液体连通器内的流动周期使之远远大于船舶摇摆周期,从而有效地削减了摇摆误差。

3. 阿玛-勃朗系列陀螺罗经

方法是在电磁摆内充满黏性很大的硅油,对摆锤进行强阻尼,使电磁摆不随船舶摇摆。它的原理属于构造设计问题,在这不做详细的讨论。

(五)基线误差(head marker error)

陀螺罗经的主、分罗经上都有用来读取航向的基准线,称为基线(lubber line)。安装罗经时,应使罗经的基线与船舶首尾线平行,否则将产生基线误差。基线误差的大小及符号不随时间变化,是一种固定误差。当基线向船舶右舷偏开时,罗经方位读数大于真方位,此时的基线误差为西误差,用 W 表示;当基线向船舶左舷偏开时,罗经方位读数小于真方位,此时的基线误差为东误差,用 E 表示。

通常基线误差大于 0.5°时,则应予以校正。船舶驾驶员需经常测定陀螺罗经误差,测定时要注意下列几点:

(1)陀螺罗经必须稳定。

(2)方位分罗经的基线必须与船舶首尾线平行。

(3)测物标方位用的方位圈必须没有误差。

(4)停泊或靠码头测定陀螺罗经误差时,应将速度误差校正器归零(用内补偿法消除速度误差的陀螺罗经中,应将速度控钮置于 0 刻度处);航行中应根据船舶航速及船舶所在地纬度校正速度误差或计算速度误差值。

若经过多次测定,发现陀螺罗经误差的大小和符号基本不变,则可认为该误差为基线误差,必须用移动基线的方法予以消除。在校正主罗经的基线误差前,应先检查方位分罗经的基线是否与船舶首尾线平行。一般在船厂安装方位分罗经时,其基线已做过检查核对。之后,在船舶靠码头时,待罗经稳定工作后,移动主罗经座的基线,使其与船舶首尾线准确重合或平行,消除基线误差。

六、安许茨 4 型陀螺罗经

(一)安许茨 4 型陀螺罗经整体结构

1. 概述

安许茨系列陀螺罗经属于液浮支承的双转子摆式罗经(two-gyro of pendulous gyrocompass),其灵敏部分为双转子陀螺球,利用降低陀螺球重心的方法来获得控制力矩,由液体阻尼器产生加在水平轴 *OY* 轴上的阻尼力矩。其典型产品有我国生产的航海型陀螺罗经,德国生产的安许茨 4 型、20 型、22 型和普拉特 C 型陀螺罗经,日本生产的北辰 CMZ500 和 CMZ700 型陀螺罗经。

2. 整机组成

安许茨 4 型陀螺罗经由德国安许茨公司生产,是安许茨系列罗经的典型型号,整套罗经的组成框图如图 10-1-23 所示。

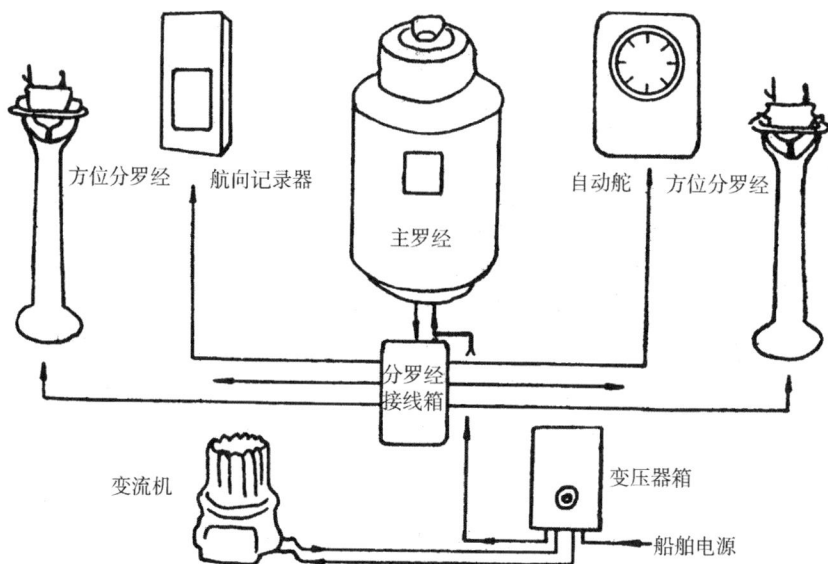

图 10-1-23　安许茨 4 型陀螺罗经组成

（1）主罗经(master compass):其灵敏部分具有自动找北和稳定指北功能,其刻度盘精确指示灵敏部分的指向,便于观测航向。

（2）变流机(motor and generator):变流机将船电(380 V/50 Hz 或 400 V/60 Hz)转换为罗经所需要的电源(110 V/333 Hz)。

（3）变压器箱(transformer box):其电源开关、电磁开关和过电流保护开关控制和保护变流机,主要完成控制罗经启动、关闭和监控工作。

（4）分罗经接线箱(repeater distribution box):可分接出 12 个分罗经,并保证其正常工作。

（5）分罗经(repeater):分为航向分罗经和方位分罗经,前者用于观测航向,后者用于观测航向和方位。

（6）航向记录器(course recorder):记录航迹向,航行时可以查看过去的航向;启动罗经时船首向固定不动,记录的航迹向实际上是罗经的阻尼曲线,可以检查罗经的工作性能;从航向记录器的分罗经上读取现航向。

3. 安许茨 4 型罗经主要技术参数

指向精度(直航):　　　　　　　　≤±1°

工作电源:

　　电压:　　　　　　　　三相交流电:110 V/330 Hz(±3%)

　　　　　　　　　　　　　单相交流电:50 V/50 Hz 或 60 V/60 Hz(±10%)

　　三相电流:　　　　　　启动电流:约 3.5 A

　　　　　　　　　　　　　工作电流:0.6~1.2 A

陀螺球高度:　　　　　　　高 2±1 mm

工作温度:	52±3 ℃
液面高度:	4~5 cm
稳定时间:	约 4 h
陀螺球寿命:	20000 h(新球 40000 h)
适用纬度:	75°N~75°S

4. 安许茨 4 型罗经的主要特点

(1)灵敏部分为双转子陀螺球(two-gyro in the gyrosphere),动量矩指北。

(2)陀螺球由支承液体支承,电磁上托线圈定位。

(3)陀螺球重心下移产生重力控制力矩。

(4)液体阻尼器在陀螺球水平轴产生阻尼力矩,属于水平轴阻尼方式,不产生纬度误差。

(5)由信号电桥产生随动信号,经放大后控制随动系统工作。

(6)采用交流同步传向系统将主罗经航向传到各分罗经,传向精度为 0.1°。

(7)主要误差为速度误差,采用查表计算法消除。

(8)支承液体为蒸馏水、甘油、安息香酸(苯甲酸)的混合液体,起支承灵敏部分和导电的作用,由温度控制系统自动保持恒温。

(9)不能进行快速启动,启动时,稳定指北的时间约为 4 h。

(二)安许茨 4 型陀螺罗经主罗经

安许茨 4 型陀螺罗经的主罗经如图 10-1-24 所示,由灵敏部分、随动部分和固定部分等组成。

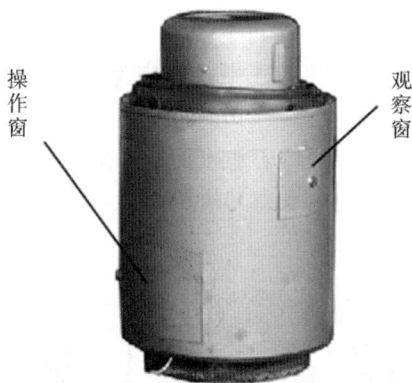

图 10-1-24 安许茨 4 型陀螺罗经主罗经

1. 灵敏部分

安许茨 4 型陀螺罗经的灵敏部分即陀螺球为一密封的球体,浸浮在随动球内的支承液体中,起到找北、指北的作用,是罗经的核心部件。

主罗经的灵敏部分为双转子陀螺球[如图 10-1-25(a)所示],陀螺球壳由黄铜制成。球壳外表面赤道圈上有 0°~360°航向刻度。有 5 个石墨导电电极,其中 3 个为陀螺电机的三相电输入电极,分别位于球的顶部(顶电极)、底部(底电极)、赤道(赤道电极)。另外两个电极为随动电极,分别位于赤道航向刻度的 87.5°和 272.5°位置。电极以外的部分均涂有一层绝缘硬橡胶。

陀螺球内的灯形支架[如图 10-1-25(b)所示]上装有两个由曲柄连杆连接完全相同的陀螺电机,接通 110 V/333 Hz 的三相交流电后,陀螺转子的转速约为 20000 r/min。正常情况下,两个陀螺电机转子轴动量矩方向均与陀螺球主轴成 45°夹角,可绕垂直轴在一定范围内同时改变与陀螺球主轴之间同样大小的角度,以消除船舶摇摆的影响,不产生摇摆误差。灯形支架与陀螺球壳固连为一体。在灯形支架的上端固定有阻尼液体沿陀螺球主轴方向流动的液体阻尼器(damping vessel)。

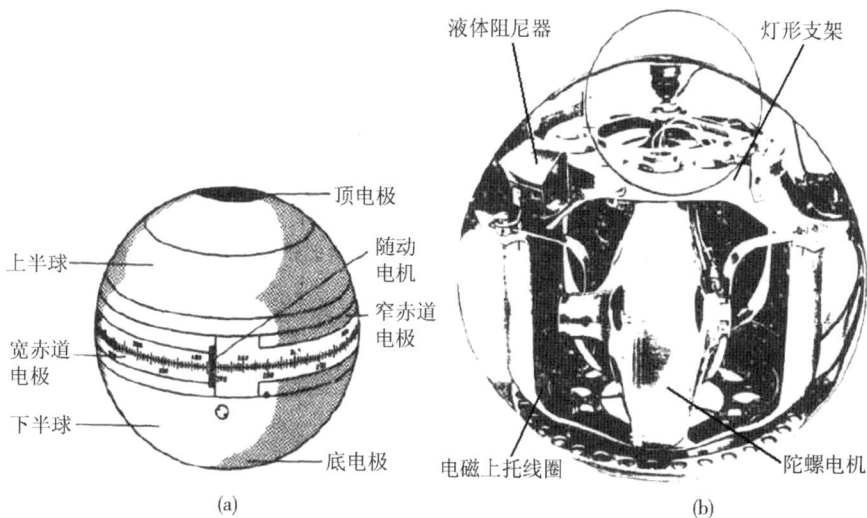

图 10-1-25　安许茨 4 型陀螺罗经陀螺球

在陀螺球底部固定有电磁上托线圈(repulsion coil),接通 110 V/333 Hz 的交流电后,陀螺球与随动球磁场的相互作用力,使陀螺球在随动球内保持正常位置[如图 10-1-26(b)所示]。陀螺球在制造时充入一定数量的高质量的润滑油,通过棉线将润滑油吸到陀螺转子的轴承上进行润滑,因此,在放置或移动陀螺球时,切勿将陀螺球倒置或倾斜超过 45°,以免将润滑油洒到其他器件上,影响陀螺转子轴承的润滑和其他器件的正常工作,缩短陀螺球寿命。

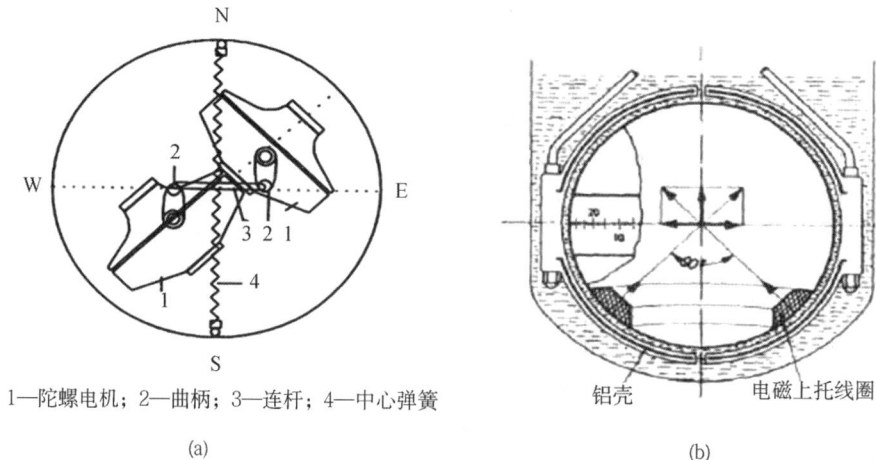

1—陀螺电机；2—曲柄；3—连杆；4—中心弹簧

(a)　　　　　　　　　　　　　　　　　　　　(b)

图 10-1-26　陀螺电机与电磁上托线圈

陀螺球是一个密封球,内充有氢气,以减少转动部分的摩擦阻力,使器件不易产生氧化并有利于陀螺球散热。正常工作时,陀螺球与随动球内壁的间隙,左右赤道处约为 4 mm,上边为 4 mm,下边为 8 mm。陀螺球具有自动找北和稳定指北的能力。

2. 随动部分(follow-up element)

随动部分能跟随灵敏部分一起转动,使航向刻度盘上的 0°~180° 的刻度线与陀螺球主轴南北线始终保持一致,用于复示并发送陀螺球所示的航向。

主罗经的随动部分主要由随动球(out sphere)、中心导杆(centre guide bar)、蜘蛛架(spider leg)、汇电环(collector ring)、方位电机(reversing motor)、方位齿轮(azimuth pinion)、主罗经刻度盘(compass card)等组成,如图 10-1-27 所示。

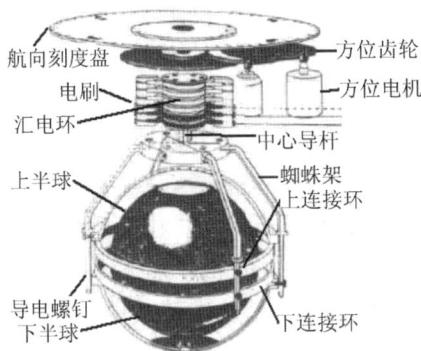

图 10-1-27　随动部分

随动球由上下两个铝质半球组成,外壁全部涂有绝缘硬橡胶,内壁有 5 个与陀螺球外壳电极对应的导电电极,其余部分也都涂有绝缘硬橡胶。随动球的底部留有便于支承液体流动的圆孔,赤道带位置镶有赤道线的有机玻璃块,能够从外部观测陀螺球航向和陀螺球高度。随动球上半球固定有 6 根圆杆形黄铜蜘蛛架,它的作用:一是末端的螺栓、螺帽使上下两个半球组合与拆分,使位于其内的陀螺球能够取出和放入;二是作为导线沟通随动球内壁 5 个电极与汇电环的电路;三是与中心导杆连接,将随动球吊挂在罗经桌上。中心导杆下部与 6 根蜘蛛架连接,上部通过轴承固定在罗经桌上,使随动球能够绕垂直轴自由旋转。中心导杆的上部还固定有 6 圈汇电环,通过导线与蜘蛛架连通,汇电环与电刷架上的电刷接触,沟通与罗经桌接线板的电路。

中心导杆上方与方位齿轮连接并由方位齿轮驱动,而方位齿轮又由方位电机驱动,使中心导杆带动随动球跟踪陀螺球。方位齿轮还与主罗经刻度盘和航向发送机连接,使主罗经刻度盘与随动球的相对位置始终保持一致,将陀螺球航向精确地显示在主罗经刻度盘上和复示到各分罗经,同时也消除了由于船舶转向,支承液体对陀螺球产生的摩擦力,使陀螺球指向精确。

3. 固定部分

固定部分是主罗经与船舶固定相连的部分,提供灵敏部分正常工作的外部条件。

主罗经的固定部分主要包括罗经桌(top plate)、贮液缸(liquid container)、支承液体(supporting liquid)、航向同步发送机(synchro transmitter)、测速电机(measuring rate motor)、电风扇(motor with fan)、报警器(alarm)、罗经箱体(binnacle)及电路器件等。

罗经桌的作用,一是作为贮液缸的缸盖,二是作为安装板,上面除了安装有随动球等随动部件外,还安装有向各分罗经发送航向的航向同步发送机、控制温控警报系统的微动开关、温度计、电刷架及接线板、照明灯及调节旋钮、罗经基线等。罗经桌由 12 个螺钉固定在贮液缸上,并留有向缸内注入液体的注液孔。

贮液缸由紫铜制成,内外壁均涂有绝缘硬橡胶,腰部向船尾方向留有观测陀螺球的玻璃观测窗口和罗经基线,可以观测陀螺球航向和陀螺球高度。在贮液缸中部外表面设有加热器,通过缸体对缸内液体加热。贮液缸通过平衡环和弹簧吊挂在罗经箱体上,缸的底部有平衡重物,使贮液缸始终保持平衡状态。

支承液体由下列成分按比例配制而成:

蒸馏水:　　　10 L

甘油:　　　　1 L

安息香酸:　　10 g

其中,添加甘油是为了增加液体的密度,添加安息香酸是为了提高液体的导电能力。支承液体的作用是将陀螺球浮起,使陀螺球能够绕垂直轴和水平轴自由旋转;沟通陀螺球与随动球之间的电路。支承液体的浮力大小直接影响陀螺球的高度位置,为了保证陀螺球的高度位置正常,支承液体必须保持恒温。支承液体的导电率的大小直接影响陀螺电机三相电流的大小,为了使陀螺电机转速正常,支承液体的导电率必须正常。

航向同步发送机由方位电机通过方位齿轮带动,向各分罗经发送主罗经航向同步信号,使各分罗经准确复示主罗经航向。

测速电机的转子由方位电机通过方位齿轮带动,当船舶转向时,其信号绕组产生与船舶转向速率成正比的信号,指示船舶的转向速率,用于船舶的操纵。

电风扇位于罗经箱内底部的中间位置,受微动开关控制,工作时通过对贮液缸吹风,达到冷却缸内支承液体的目的。

罗经箱体分为上盖、中部和底座,底座固定在船甲板上,中部通过固定螺丝固定在底座上,旋松固定螺丝后可以转动,以便消除罗经的基线误差。罗经箱内的安装板上还分别装有音响报警器、随动开关、放大器件、电子测速器电路板、保险丝、接线板等。

（三）安许茨 4 型陀螺罗经的电路系统

安许茨 4 型陀螺罗经的电路系统由电源系统、随动系统、传向系统和温控报警系统组成。

1. 电源系统

安许茨 4 型陀螺罗经的电源系统由变流机和电源控制箱组成,称为交流变流机系统。由于陀螺电机调高速旋转,要求电源频率较高,通常船电只有 380 V/50 Hz 或 400 V/60 Hz,故需要有专门的电路对船电进行频率和电压的转换。

变流机是由电动机和发动机组成的,利用船电驱动电动机转动,带动发电机发出陀螺马达所需的 110 V/333 Hz 的三相交流电。

电源控制箱安装有陀螺罗经电源主开关、过流保护器、电磁开关和变压器等器件,主要完成控制罗经启动、关闭和监控工作状态的任务。

2. 随动系统

随动系统由主罗经的随动部分(follow-up element)和信号电桥(single bridge)、随动放大器

(follow-up amplifier)、执行电机(方位电机,azimuth motor)组成,其作用是控制灵敏部分转动,并将主罗经陀螺球指示的航向反映到航向刻度盘上。随动系统工作原理框图如图 10-1-28 所示。

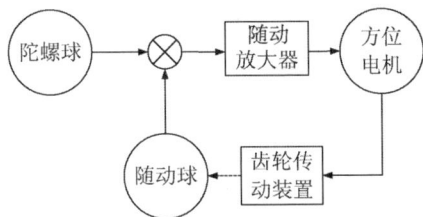

图 10-1-28　随动系统工作原理框图

安许茨 4 型陀螺罗经的信号电桥是惠斯通电桥(Wheatstone bridge),其自动测量随动球与陀螺球之间的随动信号电压(失配角)。随动信号电压的大小与极性代表随动球与陀螺球之间失配的程度及失配的方向。随动信号经放大器放大后被送到方位电机,控制方位电机工作。

船舶航向不变时,随动球南北轴、刻度盘零刻度与陀螺球主轴保持一致(失配角为零),随动信号电压为零,方位电机不工作;当船舶转向时,陀螺球指向不变,随动球、刻度盘和船舶的基线随船转动,随动电极间距离发生变化,引起信号电桥失衡,产生随动信号,经放大器放大后,驱动方位电机带动随动球和主罗经刻度盘向船舶转向的反方向旋转,以减少随动球与陀螺球的位置偏差,当随动球和主罗经刻度盘向与陀螺球再次保持位置一致时,电桥重新平衡,输出信号为零,方位电机停转,此时船舶的基线所指的刻度盘度数即为船舶新的航向。

3. 传向系统

传向系统(transmission system)由罗经桌上的航向同步发送机、各分罗经和航向记录器中的同步接收机等组成,其作用是将主罗经的航向变化精确地传送给各分罗经、航向记录器、自动舵、雷达/ARPA、AIS、ECDIS、VDR 等设备。

安许茨 4 型陀螺罗经的传向系统是由同步发送机和同步接收机组成的交流同步式传向系统。

当船舶改变航向时,主罗经方位随动系统中的方位电机通过传动齿轮带动航向发送器转动,产生航向信号;经信号分配器放大后,驱动分罗经航向刻度盘或航向记录器跟踪主罗经航向,即分罗经航向刻度盘转过的角度与主罗经航向刻度盘转过的角度相同,即安许茨 4 型陀螺罗经传向系统传送的是航向变化量,因此安许茨 4 型陀螺罗经传向系统是基于自整角机的传向系统,不能自动消除大于 1° 的整度数的分罗经航向误差,启动罗经之前必须利用航向匹配器,将所有分罗经的航向调到与主罗经的航向一致。

航向记录器由航向记录装置和时间记录装置组成,其可以记录船舶当时的航向,也可以查取以前的航向,绘制罗经主轴的阻尼曲线。

分罗经由同步接收机、传动齿轮、航向匹配装置和分罗经刻度盘组成。

4. 温控报警系统

安许茨 4 型陀螺罗经陀螺球采用液浮加电磁上托线圈的方式在支承液体中保持中性悬浮,浮力的大小与液体的密度有关,而液体的温度直接影响了液体的密度,所以为保证罗经的正常工作,必须保持支承液体的恒温要求(安许茨 4 型陀螺罗经支承液体的工作温度为 52±

3 ℃）。安许茨 4 型陀螺罗经的温控报警系统（temperature regulation and warning system）是由温度控制系统和报警系统组成的，其作用是使罗经的支承液体保持恒温（52±3 ℃，后期的安许茨 4 型陀螺罗经支承液体温度为 52±1 ℃）；当支承液体不能保持恒温，达到 57 ℃时报警。

温控报警系统由乙醚管（thermostat）、温度微动开关（microswitch）、加热器（heaters）、电风扇（fan）和蜂鸣器（buzzer）组成，其工作原理框图如图 10-1-29 所示。乙醚管插入贮液缸内的支承液体中，管内的乙醚对温度非常敏感，其体积随温度的变化迅速收缩或膨胀，推动管内的活塞杆上移或下移，控制罗经桌上的微动开关的触点接通或断开。温度微动开关有三对分别控制加热器、电风扇、蜂鸣器的电气触点，电气触点又分别由三对机械触点控制其接通或断开。

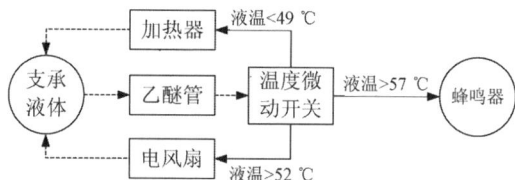

图 10-1-29　温控系统工作原理框图

启动罗经时，若支承液体温度在 49 ℃以下，乙醚管内的乙醚体积小，活塞杆位置低，第一对机械触点接触使加热器电路接通，加热器工作，对支承液体加热，而第二、第三对机械触点不接触，电风扇、蜂鸣器不工作；当支承液体温度达到 49 ℃时，乙醚管内的乙醚体积变大，推动活塞杆上移使第一对机械触点断开，即加热器电路断开，加热器不再对支承液体加热。

当支承液体温度继续上升达到 52 ℃以上时，乙醚管内的乙醚体积继续膨胀变大，进一步推动活塞杆上移，使第二对机械触点接触，将电风扇电路接通，电风扇工作，对支承液体吹风降温，而第三对机械触点不接触，蜂鸣器不工作。罗经正常工作的情况下，电风扇工作将很快使支承液体温度降至正常温度，乙醚管活塞杆下移，第二对机械触点脱离接触，电风扇电路断开，电风扇停止工作。

当由于电风扇发生故障不工作或由于罗经的环境温度太高等，支承液体的温度得不到降低，温度达到 57 ℃时，乙醚管内的乙醚体积膨胀到推动活塞杆上移到最高位置，使第三对机械触点接触，接通蜂鸣器电路，蜂鸣器发出音响报警。罗经发出报警后，应立刻对罗经支承液体采取有效降温措施，若温度继续升高到 60 ℃，应关闭罗经。

（四）安许茨 4 型陀螺罗经的使用与维护

1. 启动前的检查与准备

启动前应对整套罗经进行认真的检查，发现问题及时处理，做到防患于未然。检查内容如下：

（1）检查支承液体高度：从罗经桌注液孔测量贮液缸液面高度，液面到注液孔上沿的距离不应大于 4~5 cm，否则液体数量不够，应添加液体。检查时可用小木棒或纸条测量，如图 10-1-30 所示。

（2）检查并调整各分罗经航向与主罗经航向一致。

（3）检查变压器箱上的"电源开关"和主罗经箱上的"随动开关"，均应放在"0"位置。

（4）检查并调整航向记录器，使记录笔所在的记录纸上的航向等于主罗经航向，时间等于

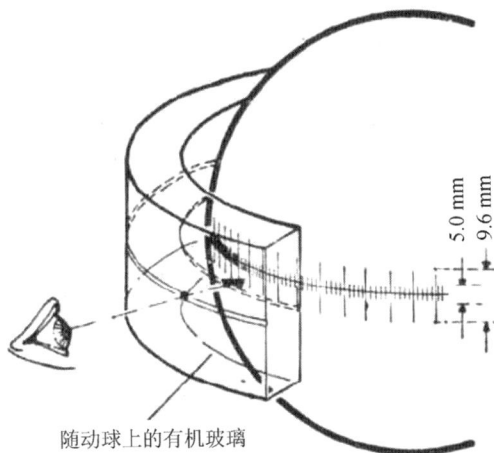

图 10-1-30　陀螺球高度检查

船钟时间。

（5）检查主罗经及各分罗经的照明灯，并调节其亮度。

（6）检查各接线板、插头和插座、保险丝有无损坏，接触是否良好；机械转动部分转动是否正常。

2. 开机与关机

（1）开机

通常应在开航前 4~5 h 启动罗经。若前次关闭罗经后，船舶停靠在码头，且航向未改变，则可在开航前 2~3 h 启动罗经。

①接通变压器箱上的"电源开关（main witch）"，即由"0"位置转到"1"位置。

应做如下检查：三个三相电流指示灯应较亮；从罗经箱观测窗口观察陀螺球应开始缓慢转动，说明陀螺电机三相电已接通，陀螺球已工作。

②20 min 后，接通主罗经上的"随动开关（follow-up switch）"，即由"0"位置转到"1"位置，约 4 h 后罗经稳定。

应做如下检查：再次检查并调整分罗经航向与主罗经航向相等；30 min 左右，三相电流指示灯亮度变暗，其中第一相电流指示灯最亮，第二相电流指示灯亮最暗，第三相电流指示灯亮度适中，说明三相电流已达到正常值；当支承液体温度达到 52 ℃，陀螺球稳定指北时，检查陀螺球高度应符合要求，检查陀螺球高度时罗经桌应水平。

（2）关机

①关闭"随动开关"。

②关闭"电源开关"。

3. 日常检查、使用注意事项与维护保养

（1）日常检查

①检查支承液体高度。

同启动前的检查与准备。

②检查陀螺球高度

陀螺球高度位置保持正常是罗经正常工作的关键，应经常检查。检查陀螺球高度应在支

承液体温度正常、陀螺球稳定指北和罗经桌水平时进行。检查时用手电筒照明，从主罗经观测窗观测陀螺球高度，首先使眼睛看随动球赤道带玻璃上的两条水平标志线重合为一条线后，再看陀螺球赤道线，应高 2±1 mm，否则为不正常，如图 10-1-30 所示。

③检查三相电流

主罗经三相电流的大小，由罗经箱上的三个电流指示灯的亮度表示，若发现灯的亮度不正常，应将灯泡拿下，用万用电表测量灯座上两电极的电压，应为 0.9 ~ 1.65 V，即三相电流为 0.6 ~ 1.1 A，灯座上两电极的固定电阻为 1.5 Ω。

若三相电流不正常是由支承液体的导电率不正常引起的，应调整支承液体的导电率。每向支承液体加入 1 g 安息香酸（或 2 g 硼砂），三相电流增加 0.1 A。若三相电流超过正常值，应先从贮液缸内抽出一定数量的液体，再加入蒸馏水与甘油按比例配成的同数量的液体。

（2）使用注意事项

①经常检查罗经的各项参数（三相和单相电压、三相电流、陀螺球高度、支承液体温度、支承液体液面高度、分罗经航向），保持其正常。

②航行中若有速度误差，观测的航向和方位应通过查表计算消除速度误差。

③当报警器报警时，必须对支承液体采取降温措施。当支承液体温度达到 60 ℃时，罗经已不能正常工作，应关闭罗经。

④按要求定期清洁主罗经汇电环、变流机汇电环，保证其接触良好。

⑤对机械转动部分应按要求定期进行清洁并加润滑油，保证其转动灵活。

⑥当罗经不工作时，避免大幅度摇动主罗经，以免因陀螺球不工作而无聚中力，与随动球碰撞损坏。同样原因，罗经不工作时若船舶摇摆较大，应启动罗经使其工作，避免损坏陀螺球。

（3）维护保养

安许茨 4 型陀螺罗经除了日常的检查、调整、使用注意事项以外，还有维护保养工作。

①拆装主罗经

当需要更换支承液体，更换陀螺球或清洁陀螺罗球、随动球上的导电电极时，需要拆装主罗经。拆装主罗经时，应在罗经停止工作至少 1.5 h 以后进行；应由两人同时操作；拆装前应准备好所有的专用工具及所需物品；陀螺球不得倒置或倾斜超过 45°；随动球上的 28 号导电螺钉在拆开随动球之前应先拆出，在装好随动球以后再装回，并用万用电表测量与罗经桌上对应汇电环的导通应良好；支承液体不能用铁质容器盛放。

拆装主罗经的方法、步骤如下：

a. 从罗经桌注液孔抽出部分缸内液体，防止从缸内提出随动球时液体溢出。

b. 拔下罗经桌上的两根电缆插头和加热器电线插头，对称旋下固定罗经桌的 12 个螺丝，将其中三个旋进另外三个孔内，将罗经桌顶起脱离贮液缸。

c. 两人同时用手握住罗经桌上的提手，向上提起罗经桌，当随动球底部离开液面时停留一会，并用细木棍从随动球底部圆孔往上顶起随动球内的陀螺球，使球内液体完全流到缸内。

d. 将罗经桌连同随动球等一起提离贮液缸，放到专用三脚支架上。

e. 在随动球下方放好陀螺球的专用托盘，将位于随动球赤道部位下半球的 28 号导电螺钉拆出，一人用手托住随动球下半球，另一人对称旋下蜘蛛架末端的 6 个螺母，使随动球下半球连同陀螺球一起下落到托盘上并将托盘移出。

f. 用干净绸布轻轻擦拭陀螺球和随动球导电部分，并用蒸馏水冲洗，切不可用砂纸打磨。

新式陀螺球表面不得用酒精等擦拭,以免损害所涂的保护膜。清洁以后不得再用手触摸。

g. 按照与拆开时的相反步骤装好主罗经。

②更换支承液体

支承液体应每年更换一次,若发现支承液体已变质,应及时更换。

更换支承液体的方法、步骤如下:

a. 将贮液缸内的旧液体清除,并用蒸馏水冲洗干净。

b. 用量杯量取 5 L(也可适当多量几杯)蒸馏水倒入贮液缸内。

c. 用量杯量取 1 L 甘油倒入贮液缸内,再用量杯量取 3 L 蒸馏水冲洗量杯后倒入贮液缸内。

d. 用量杯量取 1 L 蒸馏水放在量杯内,用天平称出 10 g 安息香酸(也可用 18 g 硼砂代替)放在烧杯内,倒入约 100 mL 蒸馏水,放在酒精灯或电炉上加热到安息香酸完全溶解后,倒入贮液缸内。用量杯内剩余的蒸馏水冲洗烧杯,然后倒入贮液缸内,最后用量杯量取 1 L 蒸馏水倒入贮液缸内。

e. 用玻璃棒充分搅拌贮液缸内的液体,将其搅拌均匀后,装满一支 1 L 的大量杯,放入比重计,测量支承液体的密度。待主罗经桌装好后,再将盛出的液体从贮液孔注入贮液缸内,直到缸内液体数量符合要求,剩余部分装在塑料瓶内备用。

③微动开关的检查与调整

微动开关三个触点工作的温度与温度表指示的支承液体温度不一致时,应进行调整。

有一个或两个触点不正常时,通过调整不正常机械触点的下接触螺钉与上接触点之间的间隙,使其工作正常;三个触点工作的温度都不正常时,应调整微动开关的弹簧调节螺钉,改变三个机械触点之间的间隙,使其工作正常。

④随动系统灵敏度、随动速度及振荡次数的检查

罗经随动系统的灵敏度、随动速度及振荡次数是衡量随动系统工作性能优劣的主要技术参数。当罗经长期使用或检修后,或者船舶特检时,或者新安装罗经后,均应对上述参数进行检查。检查工作应在船舶靠码头时,罗经航向已稳定的情况下进行。

a. 随动系统灵敏度的检查

随动系统灵敏度系指罗经随动系统开始动作时,随动部分(随动球)与灵敏部分(陀螺球)两者之间的最小失配角。检查时,可根据主罗经(或分罗经)的航向刻度盘来观察罗经的航向示度。

检查的方法:切断随动开关,转动主罗经的传动齿轮,观察主罗经(或分罗经)的航向刻度盘,待航向改变 0.3°~0.6°后接通随动开关,待航向刻度盘稳定后,记下罗经的航向读数(准确到 0.1°);再切断随动开关,反向转动主罗经的传动齿轮,使其反向失配 0.3°~0.6°后再接通随动开关,待航向刻度盘稳定后,再次记下罗经的航向读数。上述两次航向读数之差的一半,即为随动系统灵敏度。如此进行 2~3 次正反试验,求取随动系统灵敏度的平均值,不应超过 0.1°。

b. 随动速度的检查

随动速度系指在随动系统作用下,罗经随动部分(随动球)跟踪灵敏部分(陀螺球)运动的速度。它是以随动部分在方位上跟踪灵敏部分 90°所需的时间来表示的。

检查的方法:在主罗经的电刷架上,用导线将接线螺钉 29 与 30 短路,信号电桥失去平衡,

随动系统立即工作；当主罗经航向刻度转过 120°~130° 时，拿掉短路导线，使随动系统复原，航向刻度盘即回转。当航向刻度盘回转 20°~30° 并有较大的转动速度时刻，开启秒表，测定航向刻度盘回转 90° 的所需时间。以同样方法测定短路接线螺钉 29 与 31 时航向刻度盘回转 90° 的所需时间。

按照规定，随动系统使罗经航向刻度盘回转 90° 的所需时间不应超过 20 s，正反两次测定的时间差不应超过 4 s。

c. 振荡次数的检查

在检查随动速度的试验中，当罗经航向刻度盘返回原航向时，不会立即停转，而要来回振荡几次。按照规定，罗经航向刻度盘在原航向上来回振荡的总次数不应超过 5 次。

上述对随动系统灵敏度、随动速度和振荡次数的三项检查，如果不符合规定的要求，其原因，可能是主罗经、分罗经、方位电机和同步发送器的传动部件中存在较大的摩擦力；可能是汇电环与电刷间有不正常的接触电阻；可能是随动球的导向轴承太脏而致使转动不灵活；也可能是随动电极太脏，使随动信号不够灵敏。总之，应根据实际情况分析其原因，予以检查排除。

⑤罗经桌水平的调整

罗经正常工作时，罗经桌应保持水平，水准器的气泡应位于中间位置，否则，旋松贮液缸底部的固定螺帽。转动具有不同纵断切面的平衡重物，直至罗经桌水平后，固紧固定螺帽。

⑥分罗经的拆装

在更换照明灯或清洁齿轮时，需对分罗经进行拆装。拆卸时，只要旋下分罗经外壳底部的固定螺帽，分罗经壳便可脱开，照明灯和齿轮即可露出，可对齿轮进行清洁或更换照明灯，然后装复。

七、安许茨 22 型陀螺罗经

（一）安许茨 22 型陀螺罗经概述

安许茨 22 型陀螺罗经是 Raytheon Anschütz 公司生产的安许茨系列新型陀螺罗经，采用了数字技术，即陀螺球的航向检测不用传统的机械电器式的传感器、齿轮、同步电机等，而是采用数码检测信号，直接发送输出。因此，航向信号无丢失、无偏差，没有机械间的摩擦、间隙、滑失等使传向错误和精度的影响，提高了传向精度和传向的可靠性。

安许茨 22 型陀螺罗经对工作状态的控制和航向信号的分析，全部通过微处理器 CPU（central processing unit）来控制。该 CPU 提供了强大的自检功能，因此，可以在罗经参数显示窗口读取罗经支承液体的工作温度、工作电流、陀螺球高度等。

1. 系统组成

安许茨 22 型陀螺罗经分为紧凑型和附加功能型两大类。紧凑型由主罗经（gyrocompass STD22 compact）1 台、分罗经接线箱（repeater distribution box）、分罗经（repeater）等组成。附加功能型又分为 Type G 型、Type GM 型、Type GG 型、Type GGM 型。以 Type GGM 型为例，包括主罗经 2 台、控制箱（control unit）、标准磁罗经（standard compass）、旋转速率器（indication rot unit）、陀螺罗经操纵箱（gyrocompass control unit）、警报器（alarm）、航向打印机、分罗经、电源箱（power unit）等，如图 10-1-31 所示。

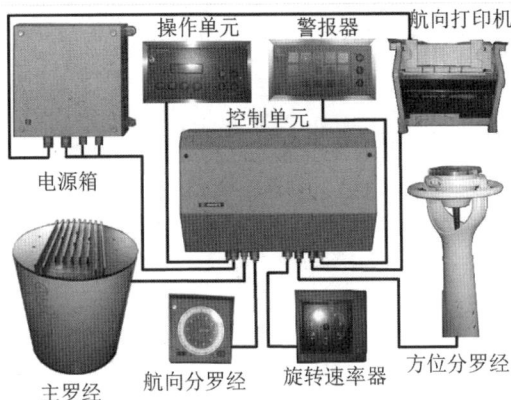

图 10-1-31 安许茨 22 型陀螺罗经组成

主罗经由灵敏部分(陀螺球),陀螺球航向测量部分和航向显示、电子器件、支承液体、罗经箱体等固定部分组成。灵敏部分工作时具有自动找北和稳定指北的功能;陀螺球航向测量部分采用数码检测技术,精确测量陀螺球的航向信号,经放大处理后,以数字方式显示主罗经航向,并经分配箱将主罗经航向信号传送给各分罗经;主罗经的固定部分保证了灵敏部分和航向测量显示部分能够正常工作。控制箱与整套罗经的各部分连接,控制各部分的工作,如将主罗经航向信号分配给各分罗经等。航向打印机可以根据需要打印航向数据等。标准磁罗经除了正常指向外,还通过航向传感器将磁罗经航向显示在分罗经上。陀螺罗经操纵箱可以进行陀罗航向与磁罗经航向转换,消除陀罗差和磁罗经差。警报器具有航向偏差、支承液体温度不正常等报警功能。

分罗经分为数字型分罗经和刻度盘型分罗经。航向分罗经多采用数字型,而方位分罗经为刻度盘型。分罗经航向无须人为调整即可自动与主罗经航向始终保持同步,与主罗经航向误差小于 0.1°。

2. 安许茨 22 型陀螺罗经的主要特点

(1)采用数字电路检测与处理陀螺球航向信号,提高了主罗经航向的可靠性与精度。

(2)航向信号为数字信号,主、分罗经航向均可以采用数字方式显示,直观、易读取。

(3)分罗经航向可以自动与主罗经航向保持同步。

(4)由 CPU 检测和控制主罗经工作状态参数。

(5)体积小型化。

(6)可以从显示的航向数据中消除速度误差。

(7)罗经液体分为支承液体和蒸馏水两种液体,分装两处,延长了支承液体的使用寿命。

3. 安许茨 22 型陀螺罗经的主要技术指标

(1)精度(accuracies)

稳定点误差(settle point error)	$\leqslant \pm 0.1° \times \sec\varphi$
静态误差(static error)	$\leqslant \pm 0.1° \times \sec\varphi$
动态误差(dynamic error)	$\leqslant \pm 0.4° \times \sec\varphi$

（2）稳定时间（settling time）（精度在±0.2°之内）	3 h
（3）随动速度（rate of follow-up）	70°/s
（4）随动加速度（accelerate of follow-up）	150°/s²
（5）供电电压（supply voltage）	24 V DC 18~36 V
（6）功率消耗（power consumption）	
主罗经启动时	35 W
主罗经正常运转时	30 W
加热器	最大 70 W
风扇	3 W
（7）环境温度（environmental temperature）	
工作时	−10~+55 ℃
储存时	−25~+70 ℃
（8）主罗经尺寸	
直径（diameter）	370 mm
高（height）	457 mm
重量（weight）	16 kg
（9）平均无故障间隔时间（MTBF）（陀螺球）	40000 h
（10）适用船舶速度（suitable for speeds）	超过 70 kn

（二）安许茨 22 型陀螺罗经主罗经结构

安许茨 22 型陀螺罗经主罗经由灵敏部分、随动部分和固定部分组成。

1. 灵敏部分

如图 10-1-32 所示，安许茨 22 型陀螺罗经的灵敏部分为一小型陀螺球，顶电极和底电极为陀螺马达提供单相交流电（55 V/400 Hz），赤道电极为随动信号的通路；球内抽真空后充入氢气，陀螺马达用油脂润滑；采用液浮加液压辅助支承方式，用离心水泵代替电磁上托线圈；重心低于球心，产生下重式控制力矩；液体阻尼器产生阻尼力矩。

2. 随动部分

安许茨 22 型陀螺罗经的随动部分主要由随动球组件、减振波纹管摆式连接器、方位齿轮和汇电环组件等组成，如图 10-1-33（a）所示。

随动球组件主要由随动球、离心水泵及其他附件等组成，如图 10-1-33（b）所示。

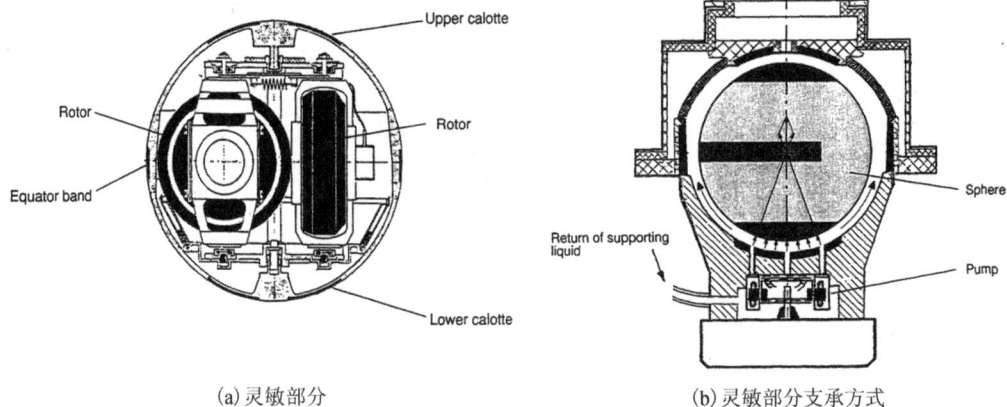

(a)灵敏部分

(b)灵敏部分支承方式

图 10-1-32　安许茨 22 型陀螺罗经灵敏部分及其支承方式

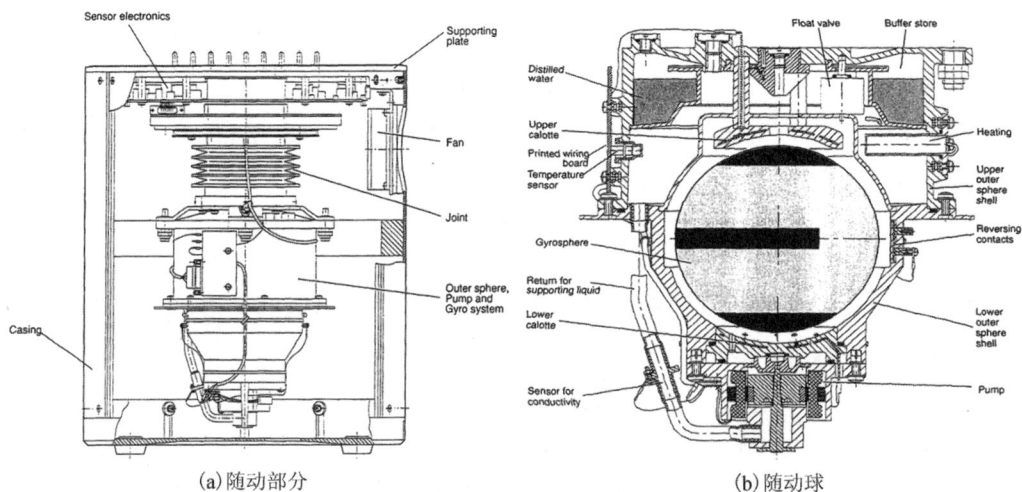

(a)随动部分

(b)随动球

图 10-1-33　安许茨 22 型罗经随动系统

随动球与陀螺球电极相对应,上、下半球表面内装有帽状的顶电极和底电极;在下半球赤道东西两侧与陀螺球赤道电极相对应处装有两个随动电极,用于检测随动球与陀螺球的偏差角,输出随动信号。

随动球是一个充满液体的密封球,起到贮液缸的作用,上半球上部有一个储液室,盛有 230 cm³ 的纯蒸馏水。当随动球内的支承液体由于蒸发而减少时,储液室内的蒸馏水通过浮动阀自动予以补充。

在支承液体导流区内,装有一个筒式加热器,在温度控制器的控制下对罗经支承液体加热。

上半球顶部中央有一个透明测量锥体,用以观测随动球内支承液体的液面高度。

上半球壳上还装置一块印刷电路板,通过插头及扁状导线与汇电环连接。印刷电路板上还装有过温保护装置和离心水泵移相电容。

上半球外侧装有一个小型离心水泵,由导流管将泵与下半球导流区连接,形成支承液体的循环通路。

随动球通过四个快速拆卸机构与摆式连接器相连,使随动球在船舶摇摆时保持直立状态。

摆式连接器的上半部装有编码器,并经传动皮带与方位随动电机相连。整个随动部分在方位电机的带动下可以绕中心轴旋转360°。

3. 固定部分

固定部分主要由支承板及安装在其上的部件和罗经箱体等组成。支承板顶部装有数字显示器的观测窗,其下方固定一个汇电环组件,传感器的印刷电路板、方位随动步进电机和电风扇等均固定于支承板的相应位置上。

（三）安许茨22型陀螺罗经电路系统

安许茨22型陀螺罗经的支承板上安装了3块印刷电路板,在随动球上安装了1块印刷电路板,它们分别是电源印刷电路板,输入、输出接口印刷电路板,传感器印刷电路板以及陀螺球印刷电路板。罗经的电路系统可由电源系统、随动系统、温控系统和信号检测系统组成。电路系统除电源系统外,所有功能都是由不同的传感器检测输出不同的信号,通过主控制器进行处理来实现的。下面对每个系统进行简单分析。

1. 电源系统

安许茨22型陀螺罗经电源系统由电源电路板上的几个稳压电路和55 V/400 Hz逆变器组成,其作用是将船电变换成陀螺罗经所需的各种电源。

稳压电路的作用是将船电变换成电子传感器所需的各种稳定的直流电,输出的电压为±12 V、±15 V、+5.7 V和+5 V。

逆变器的作用是将直流24 V船电变换成陀螺球及离心泵所需的单相55 V/400 Hz电源,经随动球顶、底电极,支承液体,陀螺球顶、底电极送入陀螺球,再由球内的移相电容变换成三相交流电为陀螺马达供电,陀螺马达的转速为12000 r/min。

2. 随动系统和传向系统

安许茨22型陀螺罗经随动系统的作用是保证随动部分在方位上准确地跟随灵敏部分一起转动。它由随动传感器、放大器、A/D转换器、微处理器(CPU)、随动电机控制器和随动步进电机组成,如图10-1-34所示。随动传感器是信号电桥。

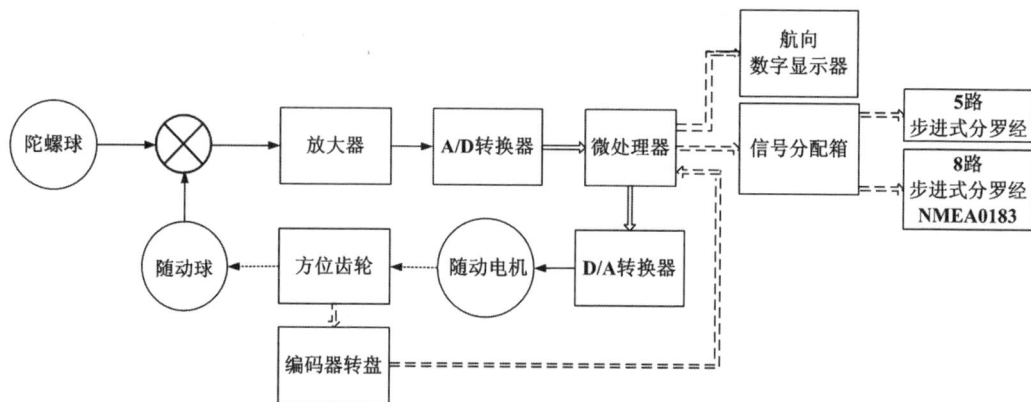

图10-1-34　随动、传向系统原理框图

船舶航向不变时,随动球南北轴与陀螺球主轴保持一致(失配角为零),随动输出信号为零,微处理器将航向输入数字显示器,显示船舶航向,并通过串行接口将航向信号送至信号分

配箱;当船舶转向时,陀螺球指向不变,随动球、船舶的基线随船转动,随动电极间距离发生变化,引起信号电桥失衡,产生随动信号,经放大器放大后,再经模数转换后输至微处理器,经微处理器处理后送入数模转换器,放大驱动步进随动电机带动方位齿轮,使随动部分向船舶转向的反方向旋转,以减少随动球与陀螺球的位置偏差;同时方位齿轮带动支承板中央的编码器转盘,将随动球转动的角度变换成数字编码,送至微处理器,微处理器计算出船舶航向后,输至数字显示器,显示船舶航向,并通过串行接口将航向信号送至信号分配箱;当随动球与陀螺球再次保持位置一致时,电桥重新平衡,输出信号为零,随动步进电机便停止转动,此时数字显示器显示的航向即为船舶新航向。

安许茨 22 型陀螺罗经主罗经输出的是数字航向信号,经信号分配箱处理后,可同时带动 5 路步进式分罗经和 8 路步进式分罗经(或 8 路 NMEA 0183 标准数字接口航向信息)。

3. 温度控制系统

安许茨 22 型陀螺罗经的温度控制系统是由温度传感器、微处理器、温度控制器、电风扇和过温保护装置组成的,其作用是使罗经的支承液体保持恒温 50±1 ℃,支承液体的实际温度可随时从数字显示器上读出。位于随动球上的温度传感器检测支承液体的温度,经过接口电路,输至微处理器,微处理器按控制标准输出控制指令,由温度控制器控制加热器和电风扇,将支承液体的温度控制在规定的温度内。其工作模式如图 10-1-35 所示。

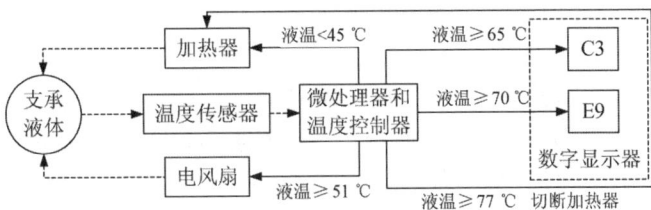

图 10-1-35 温度控制系统原理框图

安许茨 22 型陀螺罗经电源接通后,加热器工作,对支承液体加热;当支承液体温度达到 45 ℃时,温度控制器将随动系统接通,同时控制加热器的供电电压逐渐下降;当支承液体温度上升到 50 ℃时,加热器停止工作;当支承液体温度上升到 51 ℃时,电风扇工作,对支承液体吹风降温;当由于电风扇发生故障不工作或由于罗经的环境温度太高等,支承液体的温度得不到降低,温度达到 65 ℃时,数字显示器上显示的数字航向中的小数点闪烁,按下 B38 键,数字显示器便转换显示警告字符 C3;若温度继续升高到 70 ℃,警告字符 C3 变换成报警字符 E9;若温度继续升高,约超过 77 ℃时,温度保护装置自动切断加热器的电路。

4. 信号检测系统

安许茨 22 型陀螺罗经设置了多种信号检测传感器,可对罗经的工作状态进行检测和监测,驾驶员可利用这些检测系统,使用切换开关 B37、按键 B38 和 B39,通过数字显示器查阅罗经的工作状态及参数、故障信息和警告信息。

检测和显示的数据有:

(1)罗经的工作状态及参数;

(2)警告信号显示;

(3)故障信号显示;

（4）操作单元故障警报显示。

（四）安许茨 22 型陀螺罗经使用与维护保养

1. 启动

安许茨标准 22 型陀螺罗经的启动过程非常简单，只需合上船电开关，整套罗经设备自动完成全部启动。但必须注意观察主罗经顶板上数字显示器所显示的内容，以判断罗经工作是否正常。显示内容有罗经航向、工作状态、警告和报警信息，如图 10-1-36 所示。

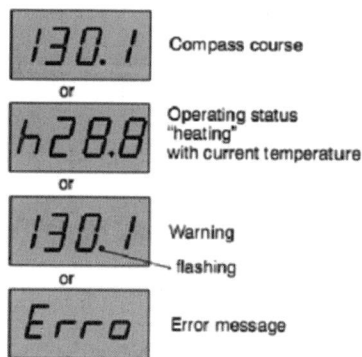

图 10-1-36　数字显示器

当接通船电后，信号分配箱主控面板上电源接通后，主罗经启动。此时由于支承液体温度低于 45 ℃，罗经首先进入加热阶段，数字显示器显示"h--. -"字样[如图 10-1-37（a）所示]；此时随动系统不工作，罗经无法显示航向，分罗经等静止不动。启动约 30 min 后，支承液体温度达 45 ℃，随动系统自动接通，数字显示器显示船舶航向[如图 10-1-37（b）、（c）、（d）所示]，开始找北；此时的航向与准确值相比有很大的误差，故主罗经航向数字后出现一持续发光的绿色亮点作为提示。当电源接通大约 3 h 后，持续发光的绿色亮点熄灭[如图 10-1-37（e）所示]；此时罗经指向精度≤2°，数字显示器显示的航向可以使用。当电源接通大约 5 h 后，罗经稳定指北，其静态指向精度≤0.1°，动态指向精度≤0.2°，此时数字显示器显示的航向精度才达到技术指标的要求。

安许茨标准 22 型陀螺罗经增加了快速稳定（quick settling）选配功能，对于简化型罗经配置，若选配了快速稳定功能，需启动快速稳定操作器（quick settling unit）实现罗经的快速稳定；对于完整型罗经配置，可以使用操作单元控制该功能。快速稳定功能使加热阶段和稳定阶段总体上缩短到 1 h，罗经的指向精度≤3°后，数字显示器显示可用的航向信息。

2. 操作单元的使用

（1）基本操作

①亮度调整：按动 Dim Up 或 Dim Down 按键可使屏幕变亮或变暗，如图 10-1-38 所示。

②对比度调整：同时按 Dim Up 和 Dim Down 按键，屏幕转换为如图 10-1-39 所示的画面，按动 Contr. Up 和 Contr. Down 按键调整对比度。

电源接通时

(a)

(b)

(c)

电源接通
30 min 后

持续发
光的绿
色亮点

(d)

电源接通3 h
后

(e)

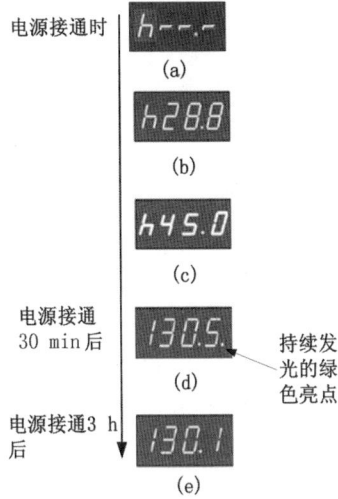

图 10-1-37　启动信息显示

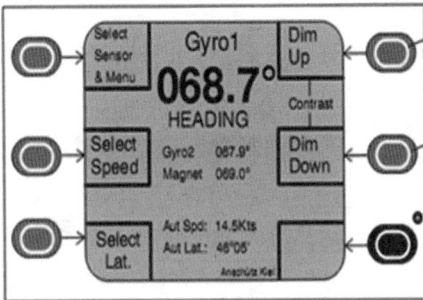

图 10-1-38　亮度调整菜单

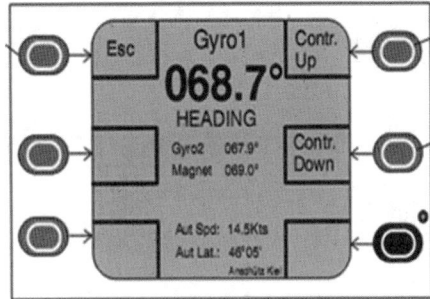

图 10-1-39　对比度调整菜单

③当前传感器选定:每按动一次 Select Sensor & Menu 按键,传感器依次出现在显示屏顶端,如图 10-1-40 所示,按 Set 按键确认;使用 Exit 和 Set 按键可退出 Select Sensor & Menu 功能;可使用 Select Sensor & Menu 按键进入下一级菜单。

④指示灯测试:按住 Lamp Test 大约 3 s,进入测试状态,底部显示"Lamp Test"发光二极管发光,逐渐增大亮度,同时发声,如图 10-1-41 所示。

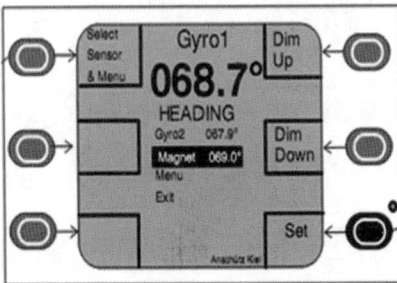

图 10-1-40　传感器选定菜单

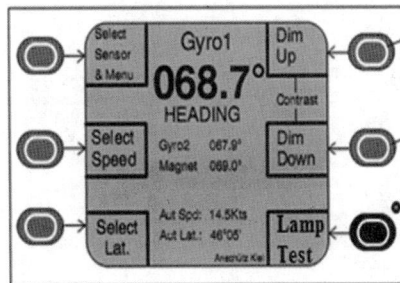

图 10-1-41　指示灯测试菜单

(2)对陀螺罗经的操作

①航向显示:通电后陀螺罗经的航向指示(加热阶段 Heating 和稳定阶段 Settling),如图

10-1-42 所示。

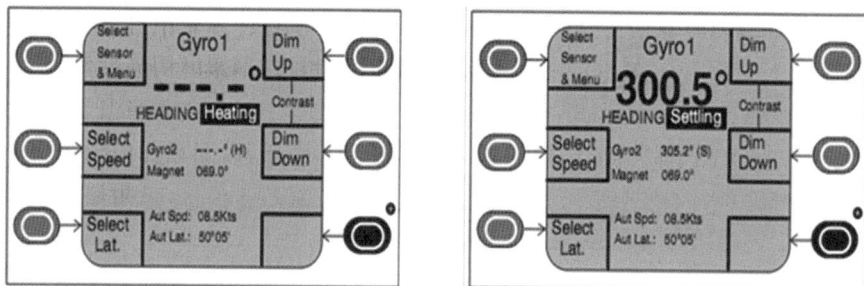

图 10-1-42　航向显示

②速度输入：按 Select Speed 键选择 Man Spd，发光二极管黄色光闪烁，按 Up 或 Down 改变数值，按 Set 键确认，闪光熄灭，如图 10-1-43 所示。

③纬度数据输入：按 Select Lat. 键选择 Man Lat.，发光二极管黄色光闪烁，按 Up 或 Down 改变数值，按 Set 键确认，闪光熄灭，如图 10-1-44 所示。

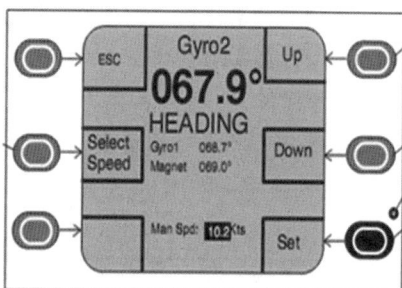

图 10-1-43　航速显示

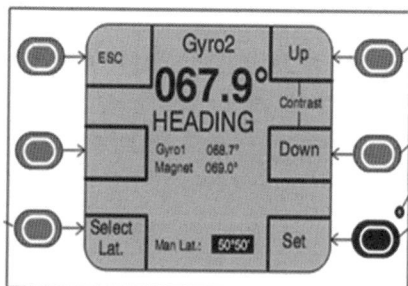

图 10-1-44　纬度输入

接受输入的纬度和速度数值后，系统（包括未被选定的陀螺罗经）将据此计算速度误差并消除之。

（3）快速稳定激活操作

罗经开关接通后的 3 min 内，可由操作单元激活快速稳定功能，如图 10-1-45 所示。如果 3 min 时间内没有激活快速稳定功能，罗经将按正常启动步骤启动，稳定时间约 3 h。

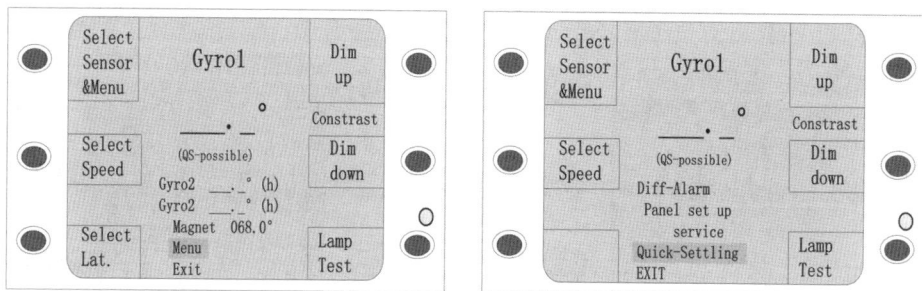

图 10-1-45　快速稳定菜单

①激活首选罗经的快速稳定功能

罗经启动后，选定航向信息下出现 QS-possible 字样，必须立即按下 Select Sensor & Menu 键，选择 Menu 项，按 Set 键确认进入下级菜单；按 Select Menu 键，选择 Quick Settling 项，再按

Set 键激活快速稳定功能;此时显示 Gyrol QS SET（见图 10-1-46），选择 Exit 退出。

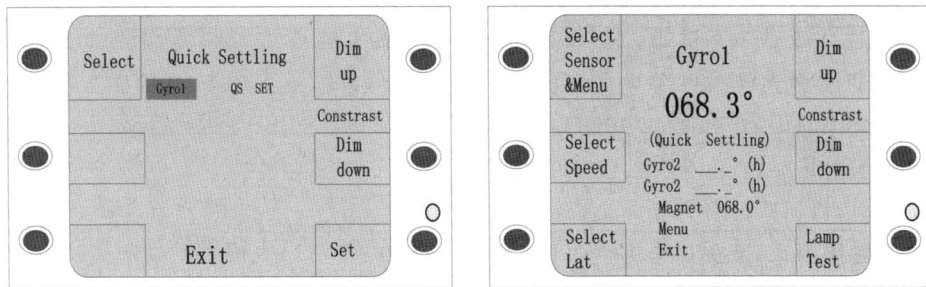

图 10-1-46　激活后航向显示

②激活未选定的罗经的快速稳定功能

启动未选定的罗经后，罗经信息处出现 QS-possible 字样，必须立即按下 Select Sensor & Menu 键，选择 Menu 项，按 Set 键确认进入下级菜单；按 Select Menu 键，选择 Quick Settling 项，再按 Set 键激活快速稳定功能；此时显示 Gyrol QS SET，如图 10-1-46 所示，选择 Exit 退出。

3. 维护与保养

（1）更换支承液体

安许茨 22 型陀螺罗经的支承液体，按规定应每 18 个月更换一次。

①关闭陀螺罗经 24 V DC 电源，打开罗经箱侧盖板。注意拆下地线连接；拔下随动球印刷电路板上的小插头。

②双手握住随动球上的两个拆卸锁紧螺钉，向下推压锁紧螺钉顶部，锁紧螺钉即可脱开；将随动球转动 90°，用同样方法松开另外两个拆卸锁紧螺钉，并慢慢将随动球取出。

③将随动球顶部中心的透气螺钉旋出，系统的气体排出，再将支承液体注液孔螺钉旋出；双手抱起随动球，将其内的支承液体从顶部的螺孔倒出。

④旋出随动球上半球上的蒸馏水螺钉，并将贮液室内的蒸馏水倒出。再将随动球摆正，等待 3～5 min，让蒸馏水从贮液室流入随动球后，再反复倾倒几次。若有必要，可使用注射器由蒸馏水注入孔抽取剩余液体。

⑤拆除随动球上下半球的 6 个螺钉，将随动球上半球移至下半球旁边，注意上、下半球的连接电缆不要拉得太紧。用备品箱中的帽状吸力杯将陀螺球从下半球中取出。

⑥用清洁布和蒸馏水清洗陀螺球外表面和随动球内表面后重新将陀螺球放回随动球下半球内。注意清洗导电电极部分。

⑦检查上、下半球间的密封圈，将随动球上半球放回到下半球上，拧紧 6 个螺钉。

⑧从蒸馏水螺钉孔加入 230 cm^3 蒸馏水，从支承液体螺钉孔加入 840 cm^3 的支承液体之后，将蒸馏水螺钉和支承液体螺钉拧紧（注意是否水密）；从顶部查看测量锥体，观察支承液体是否已注满。将透气螺钉拧紧。

⑨将随动球装复罗经柜中的波纹管连接器，将电缆插头插入插座。上好罗经柜侧盖板，注意连接好地线。至此，陀螺罗经即可重新启动。

（2）更换陀螺球

步骤同上。

八、斯伯利 37 型陀螺罗经

（一）斯伯利 37 型陀螺罗经概述

斯伯利系列陀螺罗经属于吊钢丝加导向轴承组合支承或液浮加轴承组合支承的单转子摆式罗经（one-gyro of pendulous gyrocompass），其灵敏部分为单转子陀螺球，利用液体连通器的负摆效应获得控制力矩，借助灵敏部分偏西重物在 OZ 轴上产生垂直轴阻尼力矩。其典型产品有美国斯伯利公司生产的斯伯利 37 型陀螺罗经、日本东京计器公司生产的 TG-5000、TG-8000、TG-10000、ES-110 等。

1. 整机组成及主要作用

一台斯伯利 37 型陀螺罗经由主罗经（master compass）、电子控制器箱（electronic control unit）、速纬误差校正器（speed and latitude compensator unit）、航向发送器（transmission unit）、航向记录器（course recorder）、分罗经（repeater）组成，如图 10-1-47 所示。

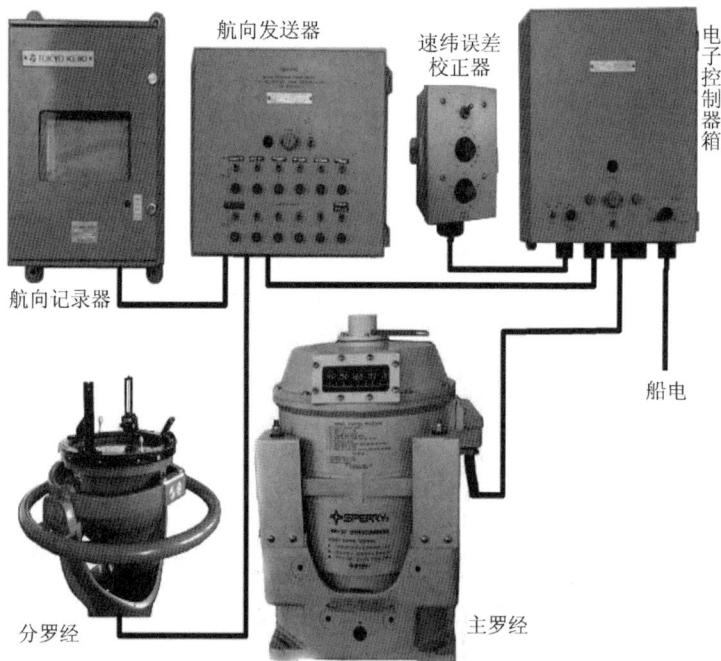

图 10-1-47　斯伯利 37 型陀螺罗经组成

（1）主罗经的灵敏部分具有自动找北并能稳定指北的功能，可以从主罗经刻度盘上读取航向。

（2）电子控制器箱由逆变器（inverter）、电子控制器（electronic control unit）组成。其主要作用有三：一是箱内的逆变器将船电转换为罗经所需要的三相交流电源；二是放大随动信号；三是进行快速启动罗经。

（3）航向发送器是向分罗经分配航向信号并保护各分罗经正常工作，可以连接 12 个分罗经。

（4）速纬误差校正器上的纬度旋钮（latitude）和速度旋钮（speed）用于消除罗经的纬度误差和速度误差。

（5）分罗经分为航向分罗经和方位分罗经，用于方便地读取航向和方位。

（6）航向记录器：记录航迹向，航行时可以查看过去的航向；启动罗经时船首向固定不动，记录的航迹向实际上是罗经的阻尼曲线，可以检查罗经的工作性能；从航向记录器的分罗经上读取现航向。

2. 主要技术数据

（1）直航时指向误差小于±0.5°；

（2）工作电源为 115 V/400 Hz 的三相交流电和 70 V（或 35 V）的直流电；

（3）主罗经正常工作环境温度为-5~+45 ℃；

（4）适用航速为 0~40 kn；

（5）适用纬度为 80°N~80°S；

（6）正常启动约需 4 h 稳定指北，快速启动约需 1.5 h 稳定指北；

（7）陀螺球寿命为 20000 h。

3. 主要特点

（1）灵敏部分的主要器件是单转子陀螺球，其动量矩指南。

（2）灵敏部分由液体支承，轴承限定陀螺球位置。

（3）控制设备为液体连通器，内充高黏度的硅油，产生重力控制力矩。

（4）采用重物阻尼器（30 g），在陀螺球垂直轴产生重力阻尼力矩，存在纬度误差。

（5）随动变压器产生随动信号。

（6）采用直流步进传向，光电发送器发送航向信号。

（7）主要误差为纬度误差和速度误差，采用内补偿法消除。

（8）采用静止逆变器产生罗经三相交流电源。

（9）可以快速启动罗经，约 1.5 h 稳定指北。

（10）罗经工作时支承液体不需保持恒温，只起支承作用而不起导电作用。

（二）斯伯利 37 型陀螺罗经主罗经

斯伯利 37 型陀螺罗经的主罗经由灵敏部分、随动部分和固定部分组成。

1. 灵敏部分

灵敏部分的作用是找北、指北，它是罗经的核心部件。

灵敏部分包括单转子陀螺球（gyrosphere）和垂直环（vertical ring）及其组件。

陀螺球由中间环和东西两个半球壳组成，内充氢气，装有一个陀螺电机，转速为 12000 r/min，动量矩指南，如图 10-1-48 所示。球壳外有 8 个配重，用螺钉固定在球壳表面。陀螺球壳的西侧固定有约 30 g 的阻尼重物，当陀螺球主轴具有高度角时，阻尼重物在陀螺球垂直轴产生阻尼力矩。在陀螺球壳西侧的长方形凹槽内，装有随动变压器的衔铁，与垂直环上的随动变压器（E-core pickoff）的 E 形铁芯和绕组部分构成随动变压器（又称 E 变压器）。陀螺球的上、下垂直轴与垂直环上的轴承连接，使陀螺球可绕垂直轴自由转动。陀螺球和垂直环由液体支承，罗经正常工作时处于中性悬浮状态，即垂直轴和水平轴只起产生陀螺球的垂直轴和水平轴的作用和限定陀螺球上下左右位置的作用,而不承受陀螺球、垂直环的重量,因此不会对陀螺球产生摩擦力矩影响陀螺球指向精确。在垂直环的陀螺球主轴正负端方向,装有一对圆柱形的液体连通器,当陀螺球主轴具有高度角时,液体连通器低端容器内的多余液体对陀螺球产生控制力矩。在垂直环的西侧,装有随动变压器的 E 形铁芯和绕组,与位于陀螺球上的衔铁组成随动变压器。在垂直环的东侧,还装有校正速纬误差的力矩器。当陀螺球内的陀螺电机正常工作时,陀螺球具有较大的动量矩 H,在控制力矩的作用下其主轴负端能够自动找北,在阻尼力矩的作用下能够稳定指北。

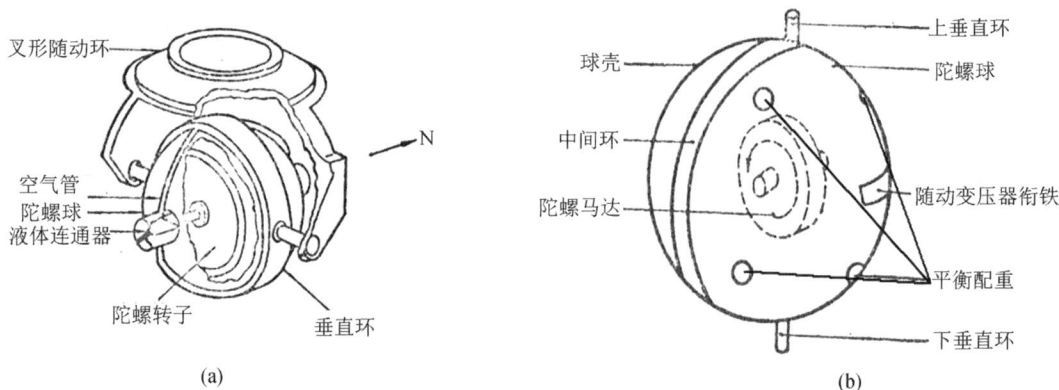

图 10-1-48　灵敏部分

2. 随动部分

随动部分跟随灵敏部分一起转动,使航向刻度盘上的 0°~180° 的刻度线与陀螺球主轴南北线始终保持一致,用于复示并发送陀螺球所示的航向。

随动部分主要由叉形随动环(phantom yoke)、主罗经刻度盘、方位电机、方位齿轮、汇电环等组成,如图 10-1-49 所示。叉形随动环下部的水平轴与灵敏部分的垂直环连接,上端轴与支承板(support plate)上的轴承连接,使叉形随动环被吊挂在支承板上,被方位电机通过方位齿轮驱动,可绕垂直轴自由旋转,跟踪并始终与陀螺球相对位置保持一致。方位电机驱动叉形随动环的同时,还通过方位齿轮驱动主罗经刻度盘,使主罗经刻度盘的指向与陀螺球指向精确相等(误差小于 0.1°)。汇电环连通固定部分与灵敏部分的陀螺电机电路和随动变压器电路。

3. 固定部分

固定部分是主罗经与船舶固定相连的部分,提供灵敏部分正常工作的外部条件。

固定部分除了罗经箱体以外,主要有支承板、支承液体、光电发送器(photoelectric transmitter)、余弦解算器(synchro resolver)、照明灯(exciter lamp)等。罗经箱体相当于贮液缸,整个主罗经除了罗经箱体外,全部置于罗经箱内的硅油(silicone oil)中。为防硅油溢出,罗经箱体完全密封,只在船首线位置装有一个有机玻璃窗口,用于读取主罗经航向。支承板上除了吊挂叉形随动环外,还装有主罗经刻度盘、方位电机、方位齿轮、光电发送器、余弦解算器等。光电发送器向各分罗经发送主罗经航向信号,将主罗经航向传到各分罗经。

（三）斯伯利 37 型陀螺罗经的电路原理

斯伯利 37 型陀螺罗经电路包括电源系统、随动系统、传向系统、工作方式控制电路和速纬

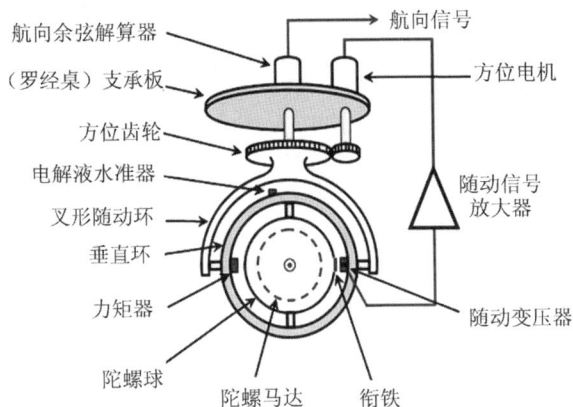

图 10-1-49　随动部分

误差校正电路等。

1. 电源系统

电源系统是静止逆变器,其作用是将船电转换为 115 V/400 Hz 的三相交流电,向陀螺马达供电;变压整流部分将船电转换为 70 V DC(或 35 V DC)电源,作为传向系统工作电源。

2. 随动与传向系统

斯伯利 37 型陀螺罗经的随动系统由随动变压器、随动放大器和方位电机组成,其传向系统由主罗经上的步进式发送器、航向发送器中的步进放大电路和步进式分罗经组成,如图 10-1-50 所示。

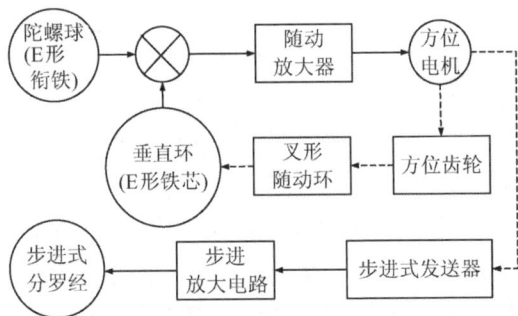

图 10-1-50　随动、传向系统框图

船舶航向不变时,叉形随动环、刻度盘零刻度与陀螺球主轴保持一致,陀螺球的 E 形衔铁与垂直环上的 E 形铁芯绕组相对位置一致(失配角为零),绕组不产生随动信号,方位电机不工作;当船舶转向时,陀螺球指向不变,垂直环上的 E 形铁芯上的绕组与陀螺球上衔铁的位置失配,绕组也产生随动信号。随动变压器产生的随动信号经晶体管放大后,控制方位电机工作。方位电机带动叉形随动环和主罗经刻度盘向船舶转向的反方向旋转,以减少陀螺球的 E 形衔铁与垂直环上的 E 形铁芯绕组的位置偏差,当陀螺球的 E 形衔铁与垂直环上的 E 形铁芯绕组再次保持位置一致时,绕组不产生随动信号,方位电机停转,此时船舶的基线所指的刻度盘度数即为船舶新的航向。同理,当启动罗经时,船舶不动即叉形随动环开始时不动,陀螺球自动找北时,陀螺球的 E 形衔铁与垂直环上的 E 形铁芯上绕组的相对位置失配,绕组产生随动信号,驱动方位电机带动叉形随动环和主罗经刻度盘旋转。同时,方位电机上的光电发送器产生主罗经航向(也就是陀螺球航向)的同步信号,控制传向系统控制电路的工作,控制电路又控制分罗经步进电机的工作,步进电机通过分罗经传动齿轮,驱动分罗经刻度盘始终保持与主罗经相同的航向。

3. 速纬误差校正电路

斯伯利 37 型陀螺罗经的速纬误差校正电路由纬度旋钮、速度旋钮和余弦解算器解算的误差校正信号组成,其控制力矩器向陀螺球垂直轴施加误差校正力矩,使陀螺球主轴指示真北,纬度误差和速度误差就被消除了。

（四）斯伯利 37 型陀螺罗经的使用

1. 启动前的检查

(1)检查船电开关是否在关的位置;

(2)检查电子控制器上的转换开关和旋转开关是否位于关闭位置;

(3)检查电子控制器上的速纬误差校正器纬度旋钮、速度旋钮是否位于"0"位置;

(4)匹配各分罗经的航向与主罗经航向一致。

2. 正常启动罗经的方法、步骤

(1)接通船电开关。

(2)接通电子控制器箱上的电源开关(power)。

(3)将工作方式转换开关指示"旋转(slew mode)"位置,并观察高度角指示表的指示,若指示为(+),用旋转开关使主罗经刻度盘转动至真航向减 30°处,若指示为(−),用旋转开关使主罗经刻度盘转动至真航向加 30°处。

(4)将工作方式转换开关指示"启动(start mode)"位置,等待约 10 min,陀螺电机转速达到正常转速。

(5)将工作方式转换开关置于"自动校平(automatic level mode)"位置,等待约 60 s,直到罗经刻度盘停止转动或有微小摆动为止。

(6)将转换开关置于"手动校平(manual level mode)"位置,转动旋转开关,使高度角指示表指示在"0"位置附近。

(7)将工作方式转换开关指示"运转(run mode)"位置,罗经进入正常启动状态,约 1.5 h 可稳定指北。

(8)将速纬误差校正器箱上的纬度选择开关扳到与"船位纬度"相应的位置(北纬 N 或南纬 S),将纬度旋钮(latitude)指示与"船位纬度"值一致的位置,以消除纬度误差。

(9)等船舶开航后,将速纬误差校正器箱上的速度旋钮(speed)指示调至与"航行速度"值一致的位置,以消除速度误差。

以后船舶纬度变化 5°或航速变化 5 kn 应重新消除速度纬度与纬度误差。

3. 快速启动罗经的方法

斯伯利 MK37 MODE E 型罗经能够在 1 h 内稳定在 0.5°secφ 以内,这种快速稳定的启动方式应按下述操作步骤进行:

(1)将电子控制器箱的按钮按下列要求放置:

按钮	位置
电源开关	on
方式转换开关	slew
速度旋钮	0
纬度开关	与船舶纬度相同的名称处
纬度旋钮	船舶所在纬度处

（2）同正常启动步骤（4）。

（3）同正常启动步骤（5）。

（4）将转换开关置于"自动校平（automatic level mode）"位置,观察高度角指示表直到指针在任一方向上的指示数小于10。

（5）将转换开关置于"手动校平（manual level mode）"位置,此时罗经刻度盘将围绕真航向做阻尼减幅摆。为了增加阻尼减幅的效果,缩短罗经的稳定时间,可采取如下操作步骤:

①若罗经刻度盘指示航向大于船舶真航向,则拨动旋转开关,使高度角指示表指示在-8°~-5°刻度内。

②若罗经刻度盘指示航向小于船舶真航向,则拨动旋转开关,使高度角指示表指示在+5°~+8°刻度内。

③观察高度角指示表,连续左右拨动旋转开关,使刻度盘航向逐渐逼近船舶真航向。

④当刻度盘指示航向在船舶真航向的1°以内时,拨动旋转开关,应使高度角指示表指示在正常工作时的刻度值上,该刻度值可以从罗经工作记录簿中查得。

⑤将转换开关置于"运行（run）"位置。

⑥当船舶航行时,应将速度置于船速值上。

4. 关闭罗经

（1）将电子控制器箱上的工作转换开关置于"切断（off）"位置。

（2）将电子控制器箱上的电源开关置于"切断（off）"位置。

（3）切断船电。

5. 使用注意

（1）速纬差校正器箱上的速度旋钮和纬度旋钮,当航速变化5 kn时重调一次,纬度变化5°时重调一次,并注意北纬、南纬开关的转换。

（2）按罗经使用说明书的规定和要求对整机进行检查和维护保养,保证罗经正常工作。

九、SGB1000 型陀螺罗经

阿玛-勃朗系列陀螺罗经属于液浮加扭丝或液浮加轴承组合支承的电磁控制式的单转子陀螺罗经,利用电磁摆、水平扭丝或水平力矩器产生控制力矩,借助电磁摆、垂直扭丝或垂直力矩器产生垂直轴阻尼力矩,具有两套随动系统即方位随动系统与倾斜随动系统;由于采用了电控方式,有的罗经结构参数可以改变,以实现快速稳定。其典型产品有美国阿玛公司与英国勃朗公司联合研制的阿玛-勃朗 MK10 型、SGB1000 型,我国生产的 DH 型陀螺罗经等。

（一）SGB1000 型陀螺罗经概述

1. 罗经组成

SGB1000 型陀螺罗经是勃朗公司基于阿玛-勃朗 10 型陀螺罗经研制开发的新型产品,由主罗经（master compass）、电源控制箱（power supply unit）、电源故障警报器（alarm）和分罗经（repeater）等组成,如图 10-1-51 所示。

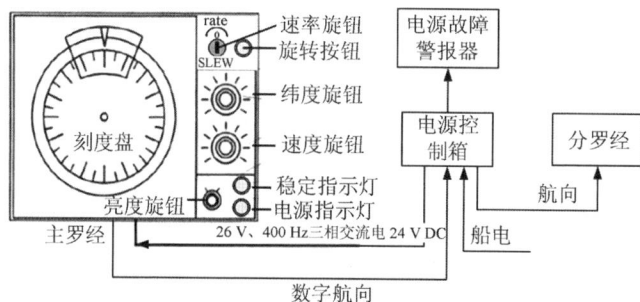

图 10-1-51　SGB1000 型陀螺罗经组成框图

（1）电源控制箱

SGB1000 型陀螺罗经的电源控制箱内装有逆变器、传向系统电源、传向放大器、电源保险丝、发送器保险丝和其他元器件,主要作用有:将船电变换成 26 V/400 Hz 三相交流电,为陀螺马达及需要此电源的部件供电;将船电变换为主罗经及电源报警器所需的 24 V 直流电和分罗经所需的直流电;将主罗经光电编码器输出的数字航向信号变换成步进式模拟航向信号,带动步进式分罗经。

（2）主罗经

SGB1000 型陀螺罗经的主罗经为一方形箱件,其主要作用是指示航向。灵敏部分位于箱体的左侧,其有机玻璃顶盖用于读取方位刻度盘的读数;右侧是电子控制组件,壳顶端是罗经的控制面板。

（3）分罗经

SGB1000 型陀螺罗经的分罗经为直流步进式分罗经,主要作用是复示主罗经的航向。

（4）电源故障警报器

SGB1000 型陀螺罗经的电源故障警报器在罗经电源发生故障时,会以音响和灯光的形式报警。

2. SGB1000 型陀螺罗经的主要特点

（1）灵敏部分的主要部件为单转子陀螺球,动量矩指北;

（2）灵敏部分由液体（氟油）支承,扭丝确保陀螺球在贮液缸的正常工作位置;

（3）电磁摆和水平力矩器产生电磁控制力矩;

（4）电磁摆和垂直力矩器在陀螺球垂直轴产生电磁阻尼力矩,存在纬度误差;

（5）电磁铁和陀螺球位置敏感线圈产生随动信号;

（6）随动系统包括方位随动系统和倾斜随动系统;

（7）采用直流步进传向,传向精度为 $\left(\dfrac{1}{6}\right)°$;

（8）主要存在纬度误差和速度误差,均采用内补偿法消除;

（9）随动球与贮液缸合二为一,一般称为贮液缸;

（10）快速启动时,一般约 40 min 可稳定指北。

（二）SGB1000 型陀螺罗经的主罗经

SGB1000 型陀螺罗经的主罗经由灵敏部分、随动部分和固定部分组成。

1. 灵敏部分

SGB1000 型陀螺罗经的灵敏部分是其核心部件,起到找北、指北的作用,包括单转子陀螺球、浮动平衡环(gimbal ring)和扭丝(torsion fibre)。

SGB1000 型陀螺罗经的陀螺球是由南、北两个紫铜的空心半球组成的哑铃状密封金属球体,用短筒连接为一体,内装有陀螺电机,转速为 12000 r/min,动量矩指北。陀螺球内充入氢气,以利于散热和防锈。

陀螺球采用液浮和扭丝组合支承,在陀螺球壳中间位置的凹槽,装有浮动平衡环,其平面与陀螺电机转子轴垂直;在陀螺球的东西方向上有两根水平金属扭丝,支承在浮动平衡环与陀螺球东、西边的支架上,构成陀螺球的水平轴;浮动平衡环由上下两根垂直方向的金属扭丝,固定在贮液缸上下内壁上,构成了陀螺球的垂直轴。从上述支承方式可以看出,陀螺球内的陀螺电机转子具有绕主轴高速旋转的自由度;陀螺球具有绕水平轴做俯仰运动的自由度;陀螺球连同浮动平衡环一起,具有绕垂直轴旋转的自由度。因此,陀螺球可看作具有三个自由度的陀螺仪。

水平扭丝是直径约为 0.3 mm 的铍青铜丝,其作用为:

①作为无摩擦轴承,产生陀螺球的水平轴。

②用于在浮动平衡环内定陀螺球的左右中心位置。

③起水平力矩器的作用。当陀螺球相对于浮动平衡环在倾斜方向上存在角位移时,水平金属扭丝受扭,产生沿水平轴向的扭力矩作用于陀螺球。

垂直扭丝也是直径约为 0.15 mm 的铍青铜丝,其作用为:

①作为无摩擦轴承,产生陀螺球的垂直轴。

②用于在贮液缸内通过浮动平衡环,内定陀螺球上下的中心位置。

③起垂直力矩器的作用。当陀螺球连同浮动平衡环一起相对于贮液缸在方位上存在角位移时,垂直金属扭丝受扭,产生沿垂直轴向的扭力矩作用于陀螺球。

贮液缸内充入高密度的氟油,其温度可在 25~85 ℃范围内变化而不影响灵敏部分正常工作。整个灵敏部分全部位于氟油中,由于制造和装配时已做过精密的平衡,在正常工作温度时,灵敏部分的比重与氟油比重相等,灵敏部分处于中性悬浮状态。金属扭丝对陀螺球不起悬吊作用,即不会对陀螺球产生摩擦力矩,提高了灵敏部分的指向精度。

在陀螺球内侧主轴方向的两端有两块电磁铁,与位于贮液缸内侧南北轴方向的两个陀螺球位置敏感线圈组成随动信号测量装置。陀螺电机和电磁铁的电源由贮液缸通过绕在扭丝上的柔软银丝输入。

2. 随动部分

SGB1000 型陀螺罗经随动部分由贮液缸、倾斜平衡环(tilt gimbal ring)、倾斜随动电机(tilt

motor)、方位平衡环(azimuth gimbal ring)、方位随动电机(azimuth motor)、刻度盘、汇电环等组成,如图 10-1-52 所示,其作用是跟随灵敏部分一起转动,使航向刻度盘上的 0°~180° 的刻度线与陀螺球主轴南北线始终保持一致,用于复示并发送陀螺球所示的航向。

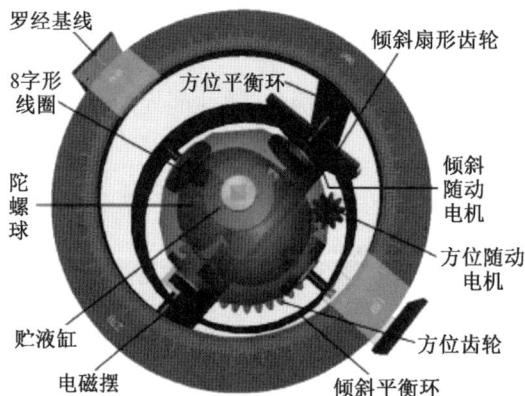

图 10-1-52　随动部分

SGB1000 型陀螺罗经贮液缸呈灯形,其主要作用:一是起支承液体容器的作用,通过支承液体支承灵敏部分。二是跟踪并保持与陀螺球相对位置一致,将陀螺球航向传到刻度盘,便于读取航向;同时由位于贮液缸西侧的电磁摆,间接检测陀螺球主轴的高度角产生摆信号;启动罗经时使陀螺球主轴近似指示真北和水平,达到快速启动罗经的目的。三是相对陀螺球在倾斜上和方位上产生角位移,使水平扭丝和垂直扭丝受扭,对陀螺球施加水平力矩和垂直力矩。

方位平衡环的下垂直轴由固定部分支承,使贮液缸、倾斜平衡环、方位平衡环和刻度盘一起绕垂直轴转动。

倾斜平衡环由倾斜随动电机通过倾斜齿轮驱动,带动贮液缸工作。方位平衡环由方位随动电机通过方位齿轮驱动,带动贮液缸工作,同时带动固定在方位平衡环上端的主罗经刻度盘,使刻度盘的零刻度始终与陀螺球主轴方向完全一致。在方位平衡环下端的垂直轴装有汇电环,由汇电环上的电刷向随动部分和灵敏部分供电。

3.固定部分

SGB1000 型陀螺罗经固定部分包括罗经箱体、操作面板、航向步进发送器、余弦解算器及电子器件等,是主罗经与船舶固定相连的部分,其作用是提供灵敏部分正常工作的外部条件。

罗经箱体由底座、中部箱体和顶盖组成,其中中部箱体和顶盖在修理时可以拆装。面板上设有主罗经电源指示灯(power)、运行指示灯(run)、旋转速率旋钮(slew rate)、速度旋钮(speed)、纬度旋钮(latitude)和照明旋钮(illumination)。

（三）SGB1000 型陀螺罗经电路系统

SGB1000 型陀螺罗经电路系统包括电源系统、随动系统、传向系统、摆信号控制电路和速纬误差校正电路。

1.电源系统

电源系统由直流静止逆变器、传向放大器、电源保险丝、发送器保险丝、分罗经保险丝和其他元器件组成,主要作用如图 10-1-53 所示。

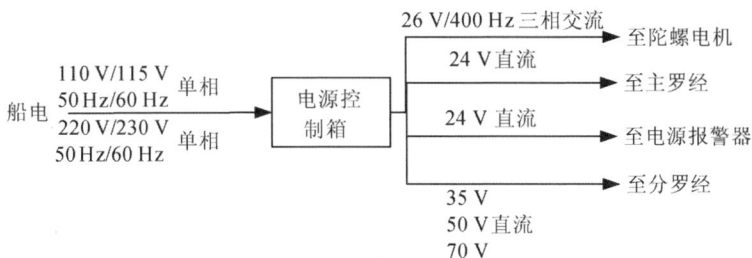

图 10-1-53　电源系统框图

2. 随动系统、摆信号控制电路及速纬误差校正电路（见图 10-1-54）

（1）随动系统

SGB1000 型陀螺罗经随动系统由电磁铁和陀螺球位置敏感线圈（包括倾斜敏感线圈和方位敏感线圈）、倾斜随动放大器和方位随动放大器、倾斜随动电机和方位随动电机等组成，包括倾斜随动系统和方位随动系统两套相互独立的随动系统。

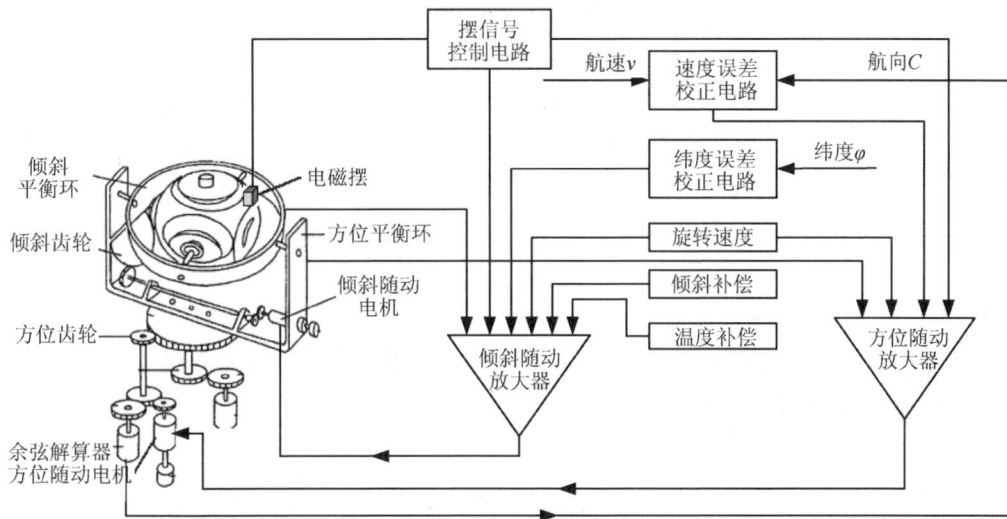

图 10-1-54　随动及信号控制系统

方位随动系统用来驱动方位平衡环，使贮液缸（随动球）在方位上跟踪陀螺球运动；倾斜随动系统用来驱动倾斜平衡环，使贮液缸（随动球）在倾斜方向上跟踪陀螺球运动。

方位随动系统的随动原理框图和倾斜随动系统的随动原理框图如图 10-1-55 所示。

船舶航向不变时，贮液缸南北轴、刻度盘零刻度与陀螺球主轴保持一致，陀螺球的电磁铁正好对准贮液缸的位置敏感线圈中心，此时，方位敏感线圈和倾斜敏感线圈不产生随动信号，方位随动电机和倾斜随动电机不工作；当船舶转向时，陀螺球指向不变，而贮液缸随船舶转动，此时陀螺球的电磁铁与贮液缸的位置敏感线圈位置失配，产生方位随动信号和倾斜随动信号。倾斜随动信号控制倾斜随动电机工作，带动倾斜平衡环，使贮液缸在倾斜方向上跟踪陀螺球；同时方位随动信号控制方位电机工作，带动方位平衡环，使贮液缸在方位上跟踪陀螺球；同时主罗经刻度盘向船舶转向的反方向旋转；当贮液缸南北轴与陀螺球主轴再次保持位置一致时，位置敏感线圈不产生随动信号，倾斜随动电机和方位电机随动停转，此时船舶的基线所指的刻度盘度数即为船舶新的航向。

(a)方位随动系统

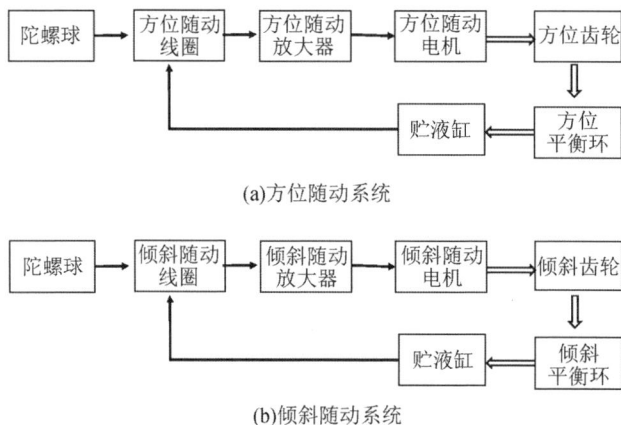

(b)倾斜随动系统

图 10-1-55　随动原理框图

（2）摆信号控制电路

SGB1000 型陀螺罗经电磁摆由一个 E 形变压器和衔铁摆锤组成,其输出的信号称为摆信号,可以控制水平扭丝和垂直扭丝,产生控制力矩和阻尼力矩,使陀螺球主轴自动找北、指北。

当电磁摆水平时,无摆信号输出;当电磁摆不水平时,衔铁受重力作用偏向反倒的 E 形变压器一侧,变压器输出一个与贮液缸的倾角成正比的摆信号,输入随动放大器。摆信号的符号性质与随动信号相反,造成随动失调,使陀螺球在方位和倾斜方向上产生角位移,从而使水平扭丝和垂直扭丝受扭,产生沿水平轴的控制力矩和垂直轴的阻尼力矩,使陀螺球主轴自动找北指北。

（3）速纬误差校正电路

SGB1000 型陀螺罗经速纬误差校正电路分为速度误差校正电路和纬度误差校正电路,分别用来消除速度误差和纬度误差。

3. 传向系统

SGB1000 型陀螺罗经采用光电编码器输出的数字航向信号替代步进式发送器直接输出的模拟航向信号;电源箱中的传向电路可将主罗经光电编码器输出的数字航向信号变换成步进式模拟航向信号,带动 8 个步进式分罗经。

（四）SGB1000 型陀螺罗经的使用

1. 启动前的检查

（1）检查船电开关是否处于断的位置;

（2）检查电源箱上的电源开关是否处于断的位置;

（3）检查主罗经控制面板上的速率旋钮、速度旋钮、纬度旋钮是否处于"0"位置;

（4）检查主罗经控制面板上的照明旋钮是否处于最小位置;

（5）调整各分罗经的读数与主罗经保持一致。

2. 启动步骤

（1）接通船电。

（2）接通电源箱上的电源开关,电源指示灯亮,主罗经和各分罗经进入工作状态。

此时应检查电源箱上的电源指示灯和主罗经上的电源指示灯是否亮起。

（3）5 min 后，陀螺马达达到额定转速，随动系统自动投入工作。

（4）按下主罗经控制面板上的旋转按钮（SLEW）并转动速率控钮（RATE），调整主罗经方位刻度盘读数，使其接近船首向±10°范围（注：顺时针转动速率控钮读数增大，逆时针转动速率控钮读数减小；当达到船首向读数时，将速率控钮转回中心位置，方可松开速率控钮）。

（5）约过 40 min，主罗经控制面板上的运行指示灯亮，表明罗经已稳定。

此时应核对各分罗经航向是否与主罗经航向相等，若不相等，应调整分罗经航向，使其与主罗经航向一致。

（6）将主罗经控制面板上的纬度旋钮转到与"船位纬度"值一致的位置（注意纬度名称），以消除纬度误差。

（7）等船舶开航后，调节主罗经控制面板上的速度旋钮（speed），输入"航行速度"值，以消除速度误差。

以后每当船舶纬度变化 5°或航速变化 5 kn 时，应重新消除速度纬度与纬度误差。

3. 关机

（1）切断电源箱上的电源开关；

（2）切断船电。

SGB1000 型陀螺罗经设置了自动启动程序，使罗经的启动和船电短时间断电恢复后的重新启动均能自动完成。

十、光纤陀螺罗经的基础知识

随着光机电一体化技术的发展，陀螺技术也得到了飞速发展，陀螺罗经从基于高速机械转子陀螺的传统陀螺罗经发展到了新一代的基于光纤陀螺的光纤陀螺罗经。光纤陀螺罗经是 21 世纪最重要的新型陀螺技术。与传统的机电陀螺相比，光纤陀螺具有体积小、精度高、启动时间短、动态范围宽、重量小、功耗小、全固态、可集成等优点。随着低成本光纤陀螺大批量生产和技术的日趋成熟，光纤陀螺罗经已成为船用指向仪器中的新成员。值得注意的是，光纤陀螺罗经不仅可以提供高精度的航向信息，还可以提供回转速率、纵横摇角度和角速度等船舶运动姿态信息，在船舶驾驶智能化和航海技术等方面有广阔的应用前景。

光纤陀螺罗经是由光纤陀螺仪制成的，而光纤陀螺仪是基于光速的恒定性和沙格奈克（Sagnac）相移效应而设计生产的。

（一）Sagnac 效应

众所周知，光在介质中具有传递的等速性。利用这一原理，光可用来测距。光波具有反射与折射特性，当波导的尺寸与光波的波长符合一定关系时，光波就能在波导内产生全反射而不会泄出波导外。光导纤维就是根据这一原理拉制的，现已广泛应用于通信领域。通常，被用于通信的光导纤维是相对静止的，如果光导纤维这一媒体相对于光本身有运动，那么，光的传导就会产生类似多普勒效应的现象。似光性的短波单星定位早已被应用于卫星定位领域。这就是曾在航海上应用广泛的 NNSS 系统。由于光具有顺着光导纤维定向传输的能力，如果我们将光导纤维弯曲成完整的圆弧，让光在这个旋转着的光导纤维中传输，相对于相对静止的光导纤维而言,这就会产生光的提前/迟到现象。显然,提前/迟到量与光导纤维这一媒体转速成正比。如果我们同时让两束光分别通过两个大小相同,而且一个相对静止、一个旋转着的圆周,测量它们到达的时间差,就可以知道转速的大小,通过积分就可知道转动量。如果提供一个精确的始点,就可以知道其转动的绝对值了。事实上,我们不通过测量与旋转圆周的时间差,而是改用测量两束沿相反方向运动的光到达的时间差。通过分光器使来自光源的光束被束分束器分成两束光,分别从光纤线圈两端耦合进光纤传感线圈并反向回转。从光纤线圈两端出来的光,再次经过合束分束器后复合,产生干涉。当光纤线圈处于静止状态时,从光纤线圈两端出来的两束光,相位差为零。当光纤线团以旋转角速度 ω 旋转时,这两束光产生相位差。这就是 Sagnac 效应,也是光纤陀螺罗经指向的基本原理。

以半径为 R 的圆周为例(见图 10-1-56)。P 为分光器位置,光从 P 点进入。光从 P 点进入后,沿着相反的旋向沿圆弧运动。若圆弧本身相对静止,则两束光将同时到达 P 点,时间差为 0。若圆周以 ω 的角速度顺时针旋转,则逆时针旋转的光经过的路径为:

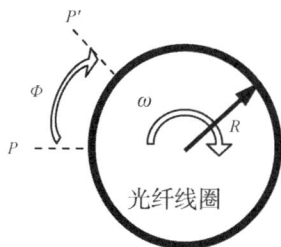

图 10-1-56　光纤陀螺罗经指向原理

$$L_S = L - I$$

式中:L——圆周长,$L = 2\pi R$;

I——光通过时间内的转角,$I = R\Phi$。

同理,顺时针向的光经过的路径为:

$$L_B = L + I$$

光程差为:

$$\Delta L = L_B - L_S = 2I = 2R\Phi$$

相位差为:

$$\Delta\Phi = \frac{2\pi\Delta L}{\lambda} = \frac{2\pi \cdot 2R\Phi}{\lambda} = \frac{4\pi R\omega L}{\lambda C}$$

式中:λ——波长;

C——光速。

可见,当 R、λ 和 C 确定后,$\Delta\Phi$ 将取决于 ω,即 $\Delta\Phi$ 将与 ω 成正比。

如同应用多匝电感线圈可增强磁通量一样,采用多匝光路也可以增强 Sagnac 效应。因此,在已经量产的光纤陀螺罗经产品中,大多采用多匝光路的结构以增强 Sagnac 效应。

（二）船用光纤陀螺罗经

1. 工作原理

与传统罗经的原理不同,船用光纤陀螺罗经的技术基于捷联式惯导系统,采用三个光纤陀螺仪,其旋转轴分别与船舶坐标系的三根轴相对应,如图 10-1-57 所示。

安装时,必须确保光纤陀螺 X 轴与船首尾线平行,通过不断测量 ω_x、ω_y、ω_z 和平面电子感应器输出的信号,送至计算机中,根据导航算法,解算出近乎连续的船舶航向、纵横摇角、航向转向率等船舶运动姿态信息。

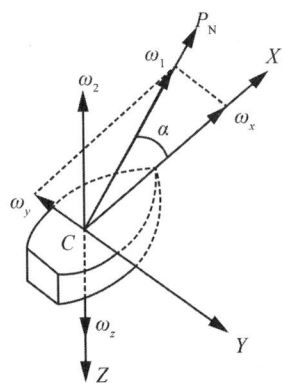

图 10-1-57 光纤陀螺仪旋转轴与船舶坐标系

2. 系统组成

光纤陀螺罗经一般由主罗经和附属仪器组成。附属仪器有电源盒、接口盒和显控单元等。光纤陀螺罗经的典型组成如图 10-1-58 所示。

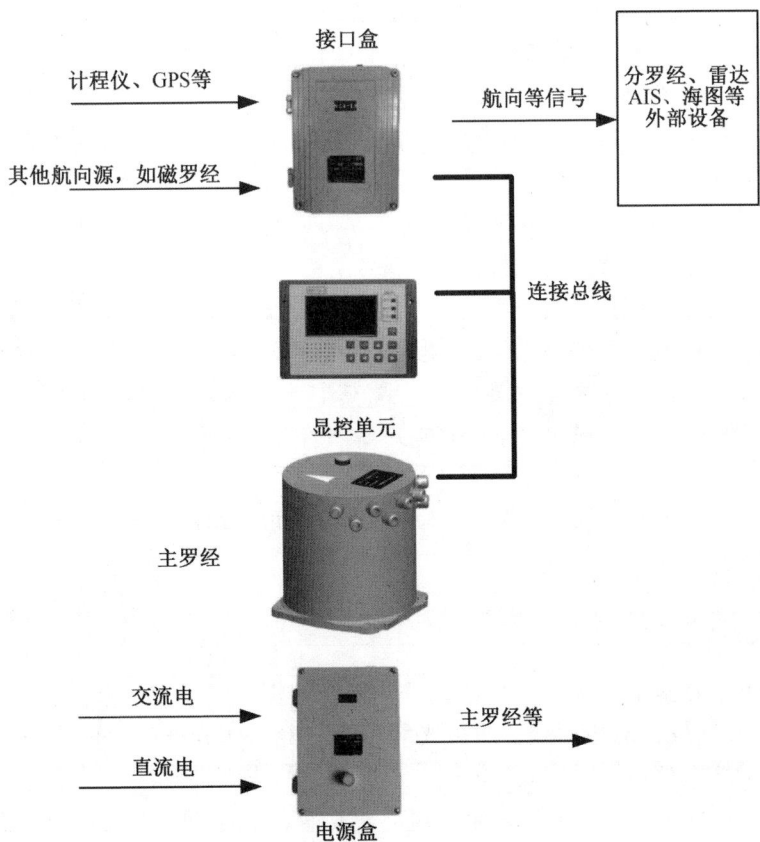

图 10-1-58 光纤陀螺罗经系统组成

（1）主罗经

主罗经的功能是测量载体运动角速度和加速度,通过导航解算得到载体的航向、纵横摇角等信息,并输出到附属仪器。同时,接收显控单元的信息,完成信息交互与控制。

（2）接口盒

接口盒的主要作用是接收卫星导航接收机、计程仪、其他航向源(如磁罗经、卫星罗经等)的信息,对外输出航向、纵横摇角、航向转向率等信息。

（3）显控单元

显控单元的主要作用是与主罗经之间进行信息交互,从而实现初始安装误差标校、测量信息的显示、启动模式选择、航向源选择、监控报警等功能。

（4）电源盒

电源盒的主要作用是实现直流和交流双路供电之间的无缝切换,从而保障设备在任何一路电源故障时仍然可以正常工作。另外,电源盒还可以实现船电与设备电的隔离和滤波,从而对光纤陀螺罗经起到有效的保护作用。

3. 国内外发展现状

船用光纤陀螺罗经能提供航向角、纵横摇角及航向转向率等信息,具有自动寻北稳定时间短,动态范围大,全寿命周期免维护等优点,是最新一代更好的陀螺罗经。

1998 年,美国 Sperry Marine 公司首先研制出船用光纤陀螺罗经 NAVIGAT 2100。该罗经是专为现代化大中型商船、深远海多功能工程船以及先进的高速船等高技术船舶设计的世界上第一套船用光纤陀螺罗经,其航向角精度为 $0.7°\sec\varphi$,纵横摇角精度为 $0.5°$,启动时间在 30 min 以内,航向转向率测量精度 $0.4°/\min$。后续该公司又研发出 NAVIGAT 3000,其航向角精度为 $0.4°\sec\varphi$,纵横摇角精度为 $0.1°$,启动时间在 10 min 以内,航向转向率测量精度 $0.018°/\min$。随后,法国 IXBlue 公司推出了自己的 OCTANS 系列新型船用光纤陀螺罗经,其航向角精度为 $0.1°\sec\varphi$,纵横摇角精度为 $0.01°$,主要用于海洋工程。日本的 TOKYO KEIKI 也推出了光纤陀螺罗经产品 TF-1000 和低配版的 TF-900。但国外光纤陀螺罗经价格高昂,投放市场之后没能取代传统罗经大规模应用。

国内的船用光纤陀螺技术起步比欧美略晚,但中国的光纤通信具有世界领先的产业基础,再加上中国制造业的高速发展,发展十分迅速。中船航海科技有限责任公司、哈尔滨工程大学等单位都推出了成熟的船用光纤陀螺罗经产品,其中,中船航海科技有限责任公司研发的蓝太阳 60 型光纤陀螺罗经,在市场价格上已经与传统罗经相当,对船用光纤陀螺罗经的推广应用有着重要意义。

从长远来看,船用光纤陀螺罗经必将逐步取代传统的机电陀螺罗经,而且将在船舶姿态测量中发挥重要的作用。

（三）光纤陀螺罗经

光纤陀螺罗经是基于 Sagnac 效应研制的。光纤陀螺罗经不仅能起到传统罗经的指向作用,而且能直接反映旋转的角速度。所以光纤陀螺罗经又叫光纤陀螺罗经与姿态参考系统。光导纤维绕成的线圈被用作测量地球转速的十分灵敏的速率传感器。一般光纤陀螺罗经除了在 Z 轴方向装有敏感元件外,还在 X 轴、Y 轴装有敏感元件,它可以测量三轴动态与姿态,通过平面电子感应器,可以反映船舶的横摇、纵摇和转向运动。NAVIGAT 2100 光纤陀螺罗经由感应器、控制及显示器和相关接口电路组成。感应器是光导罗经的主要组成部分,它主要由光感及光电电路组成,按其功能可分为三部分——电源及导航信号处理、平面电子感应器及三轴光导陀螺仪。其中,三轴光导陀螺仪由 X、Y、Z 轴三个独立的陀螺仪组成。根据来自三个陀螺仪的信号和来自平面电子感应仪的信号,经过 Kalman 滤波,就能计算出地球的转动方位,从而得到地球真北方向。由于采用链联式技术设计,光纤陀螺罗经的 X-Y 主平面由电子感应仪产生,光纤陀螺罗经可直接安装在船体上,从而取消了传统陀螺罗经中最繁复的平衡环系统。同时,由于光纤陀螺罗经是基于旋转速率的,启动稳定时间很短,动态精度高且没有北向速度误差,从而大大增加了各类船只的安全性,尤其是当高速船艇在高纬度地区进行频繁的机动时,更能保证船艇的安全。因此,它尤其适用于高速船艇。

第二节 船用磁罗经

磁罗经是利用地磁场对磁针具有吸引力的现象而制成的一种航海指向仪器,可为船舶指示航向,用于定位和导航。

SOLAS 公约要求,所有船舶,不论大小,均应配备:

(1)1 个经适当调整的标准磁罗盘,或其他独立于任何电源的装置,确定船舶航向,并能在主舵位置显示读数;

(2)1 台罗经方位装置或其他装置,独立于任何电源,用于在水平 360°范围内量取方位;

(3)随时将航向和方位修正为真的装置。

150 总吨及以上的所有船舶以及不论大小的客船除以上要求外,应配备:

(1)1 个备用磁罗盘,可与上述磁罗盘互换;

(2)照明装置,用于白天和夜间使用,且有不完全依赖船舶电源的电源。

一、磁的基本概念

1.磁场

物体能吸引铁、镍、钴等物质的性质叫作磁性。磁铁具有同性磁极相斥,异性磁极相吸的特性。

2.磁铁

目前所应用的各种磁铁均为人造磁铁,即用人工方法将镍、钴、钨等金属材料经磁化而制成的,根据需要可以把磁铁做成各种形状,磁罗经中所使用的是条形磁铁。我们把条形磁铁中磁性最强的地方称为磁极。

条形磁铁的磁极主要集中在磁棒的两端。一根自由悬挂着的磁铁,指向地磁北极的一端称为北极,用"N"表示,并涂成红色,其磁量用 $+m$ 表示;指向地磁南极的一端,称为南极,用"S"表示,并涂成蓝色或黄色等,其磁量用 $-m$ 表示。两磁极间的连线称为磁轴,同一磁铁两磁极的磁量是相等的。磁铁磁极的位置视磁铁形状、金属材料、磁化过程和磁化程度而定。若用

驾驶专业

L 表示磁铁的全长,通常认为南、北磁极距磁铁两端为 $L/12$,如图 10-2-1 所示。

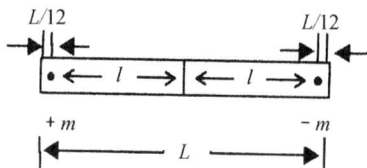

图 10-2-1　条形磁棒与磁极

为了保持磁铁的磁性,磁铁存放时应避免受到高温、敲击或其他恒定磁场的影响,并应使磁铁异名极相靠。

3. 磁场强度

磁场作用力所能达到的空间范围称为磁场,其性质可用"磁场强度"或"磁力线"来描述。

磁场中某点 r 处的磁场强度(H)是指放置在该点的单位正磁量所受到的作用力。若磁场中某一范围内,各点的磁场强度大小相等,方向一致,则该范围内的磁场称为均匀磁场,位于船体范围内的地磁场以及罗盘范围内的船磁场可视为均匀磁场。

在磁铁的外部,磁力线是从磁铁的 N 极出发,经由外部空间回到磁铁 S 极,再经磁铁内部到 N 极形成闭合曲线(如图 10-2-2 所示)。磁力线上某点小磁针 N 极所指的切线方向就是该点的磁场强度 H 的方向。

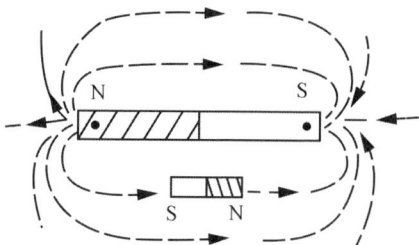

图 10-2-2　条形磁棒与磁力线

4. 磁化与去磁

自然界内的物质可分为磁性物质和非磁性物质两大类。

磁性物质又称为铁磁性物质,铁、镍、钴及其合金等金属材料均属于磁性物质。磁性物质在外磁场的作用下会呈现出较强的磁性,这种现象称为磁化。当外磁场消失后,磁性物质仍具有一定的磁性,由此产生的磁场强度称为磁感应强度(B),即 $H=0,B\neq0$,令 $B=B_r$,B_r 称为剩磁。这种 B 的变化落后于 H 变化的现象叫作磁滞现象。为消除剩磁,必须加一反向磁场,当使磁感应强度 B 降为零时,所加的反向磁场 $H=H_c$,H_c 称为矫顽力,它表示磁性物质抗去磁的能力。

磁性物质按其保留磁性的大小,又可分为硬铁和软铁两类。硬铁磁性材料需由较强的外磁场磁化,一经磁化后,其剩磁可保留较长时间且不易消失,即硬铁的特点是剩磁和矫顽力均较大;而软铁磁性材料可在较弱磁场中被磁化,一旦外磁场消失,其磁性也随之几乎消失,即软铁不保留磁性,剩磁、矫顽力均较小。实际上,硬铁和软铁很难严格地区分。

使原来具有磁性的物体失去磁性的过程称为去磁。敲击和加热都能去磁。

非磁性物质在磁场中被磁化,所产生的附加磁场可以忽略,故可认为非磁材料不能被磁化。因此在制造磁罗经时,为避免产生附加的磁性干扰,除了指向元件外,其余所有的材料均采用非磁性材料。

5. 地磁场

地球可认为是一个均匀磁化的球体,在其周围空间存在着磁场。地磁极位于地理南、北极附近,而且位于地球深处,其地理位置逐年缓慢变化;靠近地理北极的磁北极具有负磁量,靠近地理南极的磁南极具有正磁量,因此,围绕地球空间的磁力线是从南半球走向北半球的,如图10-2-3所示。地面上任意一点的地磁场方向,可用一根自由悬挂的顺着地磁总力 T 指向的磁针来测定。通过磁针磁轴的垂面,称为该地的磁子午面,磁子午面与地理子午面的水平夹角,称为磁差(Var),如图10-2-4所示。

将地磁总力 T 分解为作用于磁子午面的水平磁力 H 和垂直磁力 Z ,即得:

$$H = T\cos\theta, Z = T\sin\theta \qquad (10\text{-}2\text{-}1)$$

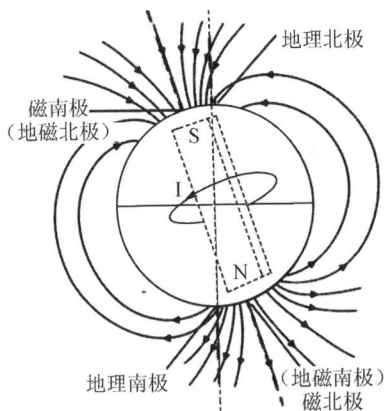

图 10-2-3 地磁极与磁力线

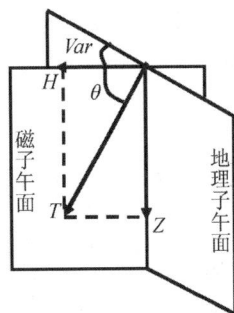

图 10-2-4 磁差

水平磁力 H 和地磁总力 T 之间的夹角 θ ,称为磁倾角。在北半球, θ 角在水平面之下,其符号定为(+);反之,在南半球, θ 角在水平面之上,其符号定为(−)。在地球表面上,磁倾角为零各点的连线称为磁赤道。自磁赤道向两极,磁倾角 θ 逐渐增大,在磁北极,磁倾角为+90°;在磁南极,磁倾角为−90°。将磁倾角为固定值点的连线称为磁纬度。

在水平磁力 H 的作用下,罗盘000°指向磁北。水平磁力在磁赤道处最大,而垂直磁力 Z 在磁赤道处为零。在磁极处,垂直磁力 Z 为最大,水平磁力 H 却为零,因而导致磁罗经在磁极附近是不能指向的。

在不同的地理位置,磁差是不相同的。磁差的变化范围为 0°～180°。纬度越高,磁差越大。当磁北分别位于真北的东面或西面时,分别称为东磁差和西磁差。

通常把地磁水平磁力 H ,磁倾角 θ 和磁差 Var 称为地磁三要素。

在海图上将同一地磁要素相同值的各点连成等值线,这种曲线图称为地磁图。目前,航海上所使用的地磁图有等磁差线图、等水平力线图、等垂直力线图、等磁倾角线图和等地磁总力线图等。各地磁要素逐年缓慢地变化,因此各地磁图与标注的数据只适用于某一特定年份,通常地磁要素图每 5 年左右重新绘制一次。在实际使用时,为获得较准确的数据,应根据地磁要素的年变化率修正地磁图上标注的数据。

二、船用磁罗经

1. 磁罗经的分类

（1）按罗盆内有无液体

按罗盆内有无液体，罗经可分为液体罗经和干罗经两类。船舶摇摆时，干罗经的罗盘不易稳定；液体罗经由于液体的阻尼作用和浮力，罗盘的指向稳定性较好，同时可减小轴针与轴帽间的摩擦力，罗盘的灵敏度也较高，因而液体罗经在现代船舶上得到普遍应用。

（2）按磁罗经的用途和安装位置

按磁罗经的用途和安装位置，罗经可分为：

①标准罗经

标准罗经用来指示船舶航向和测定物标的方位。一般安装在驾驶室顶露天甲板上，因其位置较高，受船磁影响小，指向较为准确，故称为标准罗经。

有的标准罗经配有一套导光装置，可将罗盘刻度投射到驾驶室内的平面镜中，供操舵人员观察航向用。根据照射罗盘光源位置的不同，这类罗经又可分为投影式和反射式两种。

②操舵罗经

操舵罗经安装在驾驶室内，专供操舵用。当安装有反射或投影式的标准罗经时，可免装操舵罗经。

③救生艇罗经

每个救生艇都备有一个小型液体罗经，以供操纵救生艇时使用。

④应急罗经

应急罗经安装在应急舵房内，以便使用应急舵航行时用来指示航向。船舶装有陀螺罗经时，大多用它的分罗经作应急罗经。

（3）按罗盘的直径

目前船舶常用的有 190 mm、165 mm、130 mm 等三种直径的罗经。190 mm 罗经安装在中大型船舶上，165 mm 和 130 mm 罗经安装在中小型船舶上。

另外，有罗经柜支承的磁罗经称为立式磁罗经，固定安装的磁罗经多为立式磁罗经；没有罗经柜支承而只有罗盆的磁罗经一般称为台式磁罗经，例如救生艇罗经。

2. 磁罗经的结构

一般船上使用的磁罗经均由罗经柜、自差校正器和罗盆三部分组成。

（1）罗经柜

罗经柜是用非磁性材料制成的，用来支承罗盆和安放消除自差校正器，如图 10-2-5 所示。

在罗经柜的顶部有罗经帽，它可以保护罗盆，使其避免雨淋和阳光照射，以及在夜航中防止照明灯光外露。

（2）自差校正器

罗经柜正前方的竖直圆筒中放置的长短不一的软铁条称为佛氏铁，用来校正磁罗经的次半圆自差。

罗经柜左右正横方向放置的软铁球或软铁片，用来校正磁罗经的象限自差。

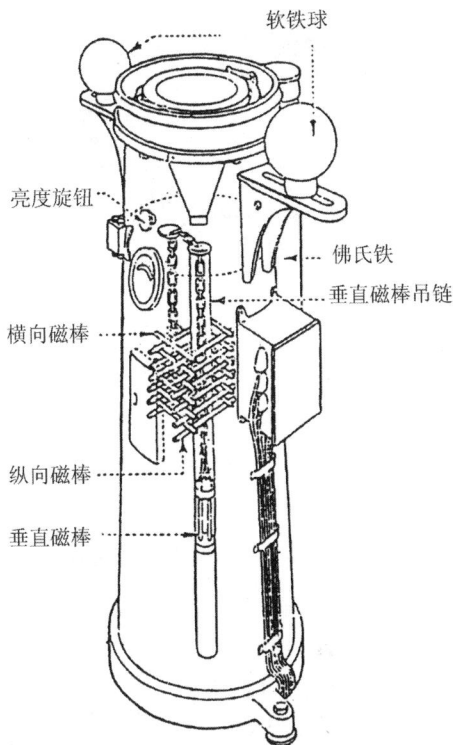

图 10-2-5 罗经柜与自差校正器

在罗经柜内,罗盘中心正下方安装一根垂直铜管,管内放置消除倾斜自差的垂直磁铁,并由吊链拉动可在管内上下移动。

在罗经柜还有放置消除半圆自差的水平纵横向磁铁的架子,并保证罗经中心位于纵横磁铁的垂直平分线上。

(3)罗盆

罗盆由罗盆本体和罗盘两部分组成,如图 10-2-6 和图 10-2-7 所示。

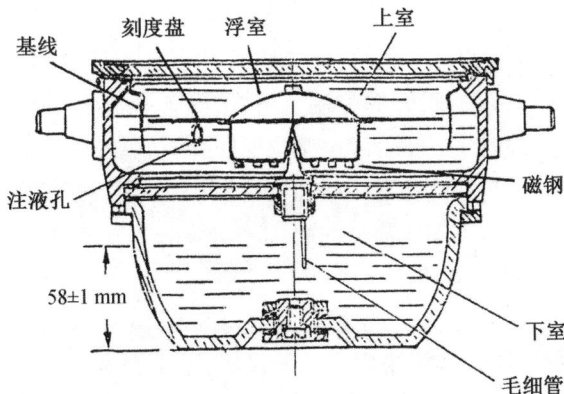

图 10-2-6 罗盆

罗盆由铜制成,其顶部为玻璃盖,玻璃盖的边缘有水密橡皮圈,并用一铜环压紧以保持水密。罗盆重心均较低,以使罗盆在船摇摆时,仍能保持水平。

罗盆放置在常平环上,以在船体发生倾斜时,罗盆保持水平。常平环通常装在减振装置

图 10-2-7　罗盘

上，以减缓罗盆振动。

罗盆内充满液体，通常为 45% 的乙醇与 55% 的蒸馏水的混合液（有些磁罗经采用煤油），乙醇的作用是降低冰点。在罗盆的侧壁有一注液孔，供灌注液体以排出罗盆内的气泡。注液孔平时由螺丝旋紧以保持水密。

在罗盆内，其前、后方均装有罗经基线，位于船首方向的称为首基线，当首基线位于船首尾面内时，其所指示的罗盘刻度即为本船的航向。

罗盆还采取了调节盆内液体热胀冷缩的措施。有的罗经在其罗盆底部装有铜皮压成的波纹形的皱皮，用以调节罗盆内液体的膨胀与收缩；还有的罗经，其罗盆分为上、下两室，如图 10-2-6 所示，上室安放罗盘，并充满液体；下室液体不满，留有一定的空间，由毛细管连通罗盆的上、下两室。当温度升高时，上室液体受热膨胀，一部分液体通过毛细管流到下室；反之，当温度降低时，上室液体收缩，在大气压力下，由下室又向上室补充一部分液体，起到调节液体热胀冷缩的作用，避免上室出现气泡。

罗盘是磁罗经的核心部分，是指示方向的灵敏部件。液体罗经的罗盘均由刻度盘、浮室、磁钢和轴帽组成，如图 10-2-7 所示。

刻度盘由云母等轻型非磁性材料制成，上面刻有 0°～360° 的刻度和方向点。罗盘中间为一水密空气室，称为浮室，用以增加罗盘在液体中的浮力，减小罗盘与轴针间的摩擦力，提高罗盘的灵敏度。

浮室中心轴处为上下贯通的螺丝孔，孔底部装置宝石制成的轴帽，浮室下部呈圆锥形，以限制轴针的尖端只能与轴帽接触，轴针的尖端由铱、铂等合金制成，罗盘通过轴帽支承在轴针上，可减小轴针与轴帽间的摩擦力。目前为减小罗盘的振动，在宝石的上方还装有减振装置。

罗盘的磁钢目前有条形和环形两种，均焊牢在浮室上。现代罗经采用两对或三对短磁针构成的磁针系统，这些磁针以罗盘 0°-180° 为对称轴对称分布在其两侧，其端点在一个同心圆上，以保证合成后的磁矩指向 0° 方向。

（4）方位仪

方位仪是一种配合罗经用来观测物标方位的仪器，通常有方位圈、方位镜、方位针等几种。方位圈如图 10-2-8 所示，它由铜制成，有两套互相垂直的观测方位的装置。其中一套装置由目视照准架和物标照准架组成。在物标照准架的中间有一竖直线，其下部有天体反射镜和棱镜。天体反射镜用来反射天体（如太阳）的影像，而棱镜用来折射罗盘的刻度。目视照准架为中间有细缝隙的竖架。当测者从细缝中看到物标照准线和物标重合时，物标照准架下三棱镜中的罗盘刻度，就是该物标的罗经方位。这套装置既可观测物标方位，又可观测天体方位。

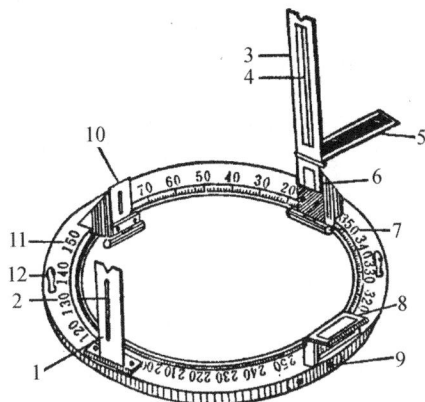

图 10-2-8 方位圈

1—照门;2—照门孔;3—照准架;4—照准线;5—黑色反射玻璃板;6—棱镜;7—水准泡;
8—反射镜;9—可调螺钉;10—方位匣;11—弦角刻度;12—握钮

另一套装置由可旋转的凹面镜和允许细缝光线通过的棱镜组成,它专门用来观测太阳的方位。若将凹面镜朝向太阳,使太阳聚成一束的反射光经细缝和棱镜的折射投影至罗盘上,则光线所照亮的罗盘刻度即为太阳的方位。

在方位仪上均有水准仪。在观测方位时,应使气泡位于中央位置,提高观测方位的精度。

3. 罗经的安装

在安装罗经时,船应保持正平,在选择好安装标准罗经的地点后,首先用尺量出船首尾线的位置,然后在该位置上装上罗经垫板,并安装上罗经。罗经柜必须与甲板保持垂直,可用铅垂线或罗经柜上的倾斜仪进行测量,若发现罗经柜有倾斜,可调整罗经柜下方的垫木使罗经柜垂直。为使罗经首尾基线处于船首尾面内,可利用船上桅杆、烟囱等位于船首尾面上的建筑物来校准。如图 10-2-9 所示,在罗经处,用方位圈对准罗经首基线后,从方位圈照准面观测照准线是否对准桅杆中线,若照准线不与前桅杆中心线重合,可旋松罗经柜的底脚螺丝,旋转罗经柜,使照准线对准桅杆中心线。也可用方位圈观测烟囱两边缘相对于罗经尾基线的夹角是否相等,若两夹角相等,则说明罗经的尾基线在船首尾线上。在固定罗经位置的过程中,须反复核对罗经首尾基线位置的准确性。

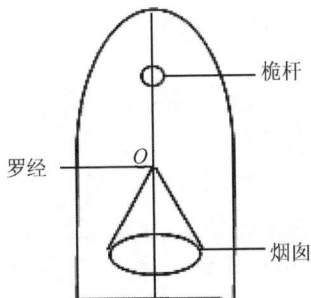

图 10-2-9 罗经安装

操舵罗经的安装与标准罗经的安装相类似,但操舵罗经只能利用船首方向的目标,如利用船前方的桅杆校核操舵罗经基线是否位于船首尾面内。

船上安装罗经,要求标准罗经和操舵罗经基线的误差角小于 $0.5°$。

4. 磁罗经的检查

为了保证船上的磁罗经始终能够正常工作,船舶驾驶员应经常对磁罗经进行检查以确认其各部件是否完好,指向性是否良好,工作是否正常等。主要常规检查有:

(1) 罗盆和罗盘的检查

① 罗盆应由非磁性材料制成,并保持水密,罗经液体应无色透明且无沉淀物。

② 罗盆在常平环上应保持水平。

③ 罗盘应无变形,磁针与刻度盘 NS 线应严格平行,误差应小于 0.2°。

④ 罗经的首尾基线应准确地位于船首尾面内,误差小于 0.5°。

⑤ 罗盘灵敏度检查:

检查磁罗经罗盘灵敏度的目的就是检查轴针与轴帽之间的摩擦力是否正常。

检查条件:检测的磁罗经罗盘半周期正常;船应靠在码头上;船上、岸上的大型钢铁机械不工作;标准磁罗经的自差应小于±3°,罗盆内的液体温度应为 20±3 ℃。

检测方法:航向稳定后记下磁罗经航向,用小磁铁将罗盘向左(或向右)引偏 2°~3°,然后使小铁磁体远离罗经(1 m 以上),使罗盘自由恢复航向。以同样的方法再向右(或向左)引偏罗盘 2°~3°,然后使小铁磁体远离罗经,使罗盘自由恢复航向。若罗盘能够恢复到引偏前的航向,则说明罗盘的灵敏度良好。若罗盘不能恢复到引偏前的航向,但新航向与引偏前的航向误差小于±0.2°,则罗盘的灵敏度符合要求。若航向误差大于 0.2°,则罗盘的灵敏度不符合要求,应将轴针送厂检修或更换新轴针。

⑥ 罗盘半周期检查:

检查磁罗经罗盘半周期的目的就是检查罗盘磁性的强弱。

检查条件:船应靠在码头上;船上、岸上的大型钢铁机械不工作;标准磁罗经的自差应小于±3°,罗盆内的液体温度应为 20±3 ℃。

检测方法:记下磁罗经航向,用磁铁将罗盘向左(或向右)引偏 40°左右,使磁铁远离罗经(3 m 以上),使罗盘自由恢复航向。当引偏前的航向刻度第一次过船首基线时,启动秒表。当罗盆回转,引偏前的航向刻度第二次过基线时,停止秒表,秒表读数即为罗盘摆动半周期。再以同样的方法向右(或左)引偏一次,所测半周期应与以上所测大致相等。取两次的平均值作为半周期与罗经说明书中的标准值进行比较,若实测半周期比标准值大得多(15 s 以上),说明罗盘磁力减弱,不符合要求,应将罗盘送厂修理或更换新罗盘。

⑦ 消除罗盆内的气泡:

罗盆产生气泡的原因主要有两个:其一是罗盆不水密,如罗盆上的垫圈老化或玻璃盖上的螺丝未旋紧等原因造成漏水,空气进入罗盆,而形成气泡;其二是浮室漏水,空气由浮室中逸出所致。罗盆内的气泡对观测航向和测定物标方位均会产生影响,务必消除。

消除气泡的方法:将罗盆侧放,注液孔朝上,旋出螺丝,首先鉴别罗盆内装有何种液体,在注入液体前,应从罗盆内取出一些原液体与新液体混合,经过一段时间,确定仍为透明无沉淀后,方可注入新液体。对于盆体分为上、下两室的罗盆,在上室注满液体把气泡排出后,还要测量下室液面的高度,其高度应符合说明书的要求。

(2) 校正器的检查

① 硬铁校正器的检查

消除自差用的磁铁棒应无锈,生锈会使磁性衰退。检查磁铁棒特别是新购进的磁铁棒所涂的颜色与磁极是否相符。

②软铁校正器的检查

软铁校正器应不含有永久磁性,否则会影响校正效果。检查软铁球是否含有永久磁性的方法:船首固定于某一航向,将软铁球靠拢罗经柜,待罗盘稳定后,慢慢地旋转软铁球,罗盘应不发生偏转,然后用同样方法检查另一只球。若罗盘发生偏转,说明软铁球含有永久磁性。对于软铁片,其检查方法类似于软铁球,将软铁片盒移近罗经柜,软铁片首尾倒向插入,看罗盘是否发生偏转。

检查佛氏铁是否含有永久磁性的方法:船最好固定于 E 或 W 航向,将佛氏铁逐段以正反向倒置放入罗经正前方的佛氏铁筒中,罗盘不应发生偏转,否则佛氏铁有永久磁性。

对于有永久磁性的校正软铁,可通过敲击或淬火进行退磁,退磁无效者应予以调换。

(3)方位仪的检查

方位仪应能在罗盆上自由转动,其旋转轴应与罗盆中心轴重合,无论是方位圈或方位镜,其棱镜必须垂直于照准面,否则观测方位时将产生方位误差。检查方位圈时,把方位圈的舷角定在 0°时,根据照准线从棱镜上看到的罗盘读数,应与船首基线所对的罗盘读数相等,否则方位圈的棱镜面不垂直于照准面,应予以调整。

5. 磁罗经的使用与维护

(1)磁罗经的使用

①磁罗经是一种磁性仪器,铁磁物体不得随意靠近。

②标准磁罗经自差(除恒定自差外)不应大于 3°,操舵磁罗经自差(除恒定自差外)不应大于 5°。

③测航向、方位时,身上不能带有铁磁物体,罗盆应水平。

④每 2 h 要与陀螺罗经核对一次航向,转向稳定后,也要与陀螺罗经核对航向。

⑤有条件的应经常测定自差。

⑥大量装卸铁磁货物时应重新校正自差。

(2)磁罗经的维护

①经常检测磁罗经的灵敏度、半周期。

②经常检查罗盆内是否有气泡,若有气泡应及时消除。

③标准磁罗经平时应盖好盖子,并罩好帆布罩。在低温海区航行,罗经柜内照明灯泡应常开,柜外帆布套应扎紧。

④经常检查校正器是否完好。

⑤磁罗经周围不得随意放置铁磁物体。

三、磁罗经自差

船体是由许多硬铁和软铁的钢材组成的。由船硬铁材料所形成的永久磁性称为永久船磁,由船软铁材料所形成的感应磁性称为软铁船磁,两者统称为船磁。在船磁力的作用下,船上的罗经偏离磁北而产生了自差。

实际上,作用于罗经的力有地磁力、永久船磁力和感应船磁力。研究自差必须对罗经的作用力进行分析,从而找出产生自差的原因和规律。

1.泊松方程

（1）船轴坐标系

船轴坐标系把罗盘视为坐标原点 o；船首尾方向为坐标纵轴（ox 轴），规定向船首方向为正方向；船左右舷方向为坐标横轴（oy 轴），规定向右舷方向为正方向；垂直甲板方向为坐标垂直轴（oz 轴），规定向下为正方向，如图 10-2-10 所示。

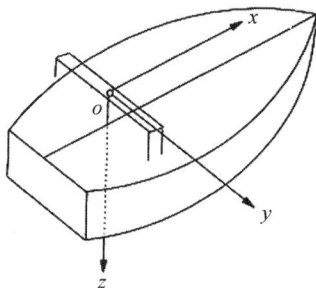

图 10-2-10　船轴坐标系

（2）地磁力对罗经的作用

地磁总力 T 可分解为地磁水平分力 H 和地磁垂直分力 Z。作用于罗盘的这两个力在罗经坐标轴上的投影见图 10-2-11：

$$ox \text{ 轴}: X = H\cos\varphi$$
$$oy \text{ 轴}: Y = -H\sin\varphi \tag{10-2-2}$$
$$oz \text{ 轴}: Z = Z$$

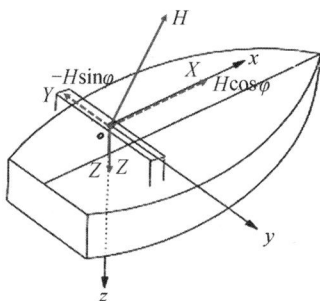

图 10-2-11　地磁力投影

（3）硬铁船磁力对罗经的作用

作用在罗盘上的硬铁船磁力可分解为罗经坐标系三个坐标轴上的分力，即 ox 轴上（船首尾方向）的 P 力、oy 轴上（左右舷方向）的 Q 力和 oz 轴上（垂直甲板方向）的 R 力，如图 10-2-12 所示。P 力称为纵向硬铁船磁分力，Q 力称为横向硬铁船磁分力，R 力称为垂向硬铁船磁分力。

硬铁船磁分力 P、Q、R 的大小和方向与造船、修船时船首方向、船舶硬铁的分布与数量、磁罗经的安装位置等有关，而且是使磁罗经产生自差的主要船磁力。同一艘船舶在一定情况下，可认为其硬铁船磁力的大小、方向不变。

（4）软铁船磁力对罗经的作用

软铁本身不具有磁性，受地磁场磁化后才获得感应磁性，并对罗经产生了作用力。船上软铁的形状和分布是比较复杂的，为了简化分析，我们将船软铁分解为无数根纵向、横向和垂直

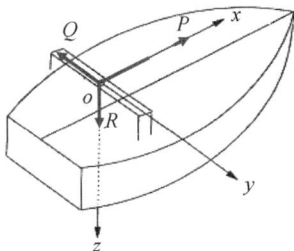

图 10-2-12　船磁力投影

向的软铁杆,纵向、横向、垂直向的软铁杆仅能分别被地磁力的投影 X、Y、Z 力磁化。下面分别讨论三种软铁杆被地磁力磁化后对罗经产生的作用力。

船上纵向软铁杆、横向软铁杆和垂直软铁杆分别被地磁力 X、Y 和 Z 磁化,船上所有的纵向软铁、横向软铁和垂直软铁被磁化后对罗经产生的总作用力为 lX、mY 和 nZ,其中 l、m 和 n 为比例系数,将 lX、mY 和 nZ 分别投影到 ox、oy、oz 三个坐标轴上,得到 ax、dx、gx、by、ey、hy 和 cz、fz、kz。

其中 a、b、c、d、f、g、h、k 为九个软铁系数。一般商船的九个软铁系数的情况如下:软铁系数 a 符号为负,很大,由船首尾方向连续分布的软铁产生;软铁系数 e 符号为负,很大,由左右舷方向连续分布的软铁产生;软铁系数 c 符号为负,较大,由船垂直向分布的(一般认为主要是烟囱)软铁产生;软铁系数 g 和 k,一般较小;只要罗经安装在船舶首尾面上,且船舶左右结构对称,软铁系数 b、d、f、h 对罗经影响很小,可近似为零。

综上分析,对于安装在船首尾面上的磁罗经,一般只考虑软铁系数 a、e、c 的影响,其他软铁系数可以忽略不计。

最后我们将三个坐标轴上的作用力加起来,并用 X'、Y'、Z' 表示各轴上的合力,则

$$ox\ 轴:X'=X+aX+bY+cZ+P$$
$$oy\ 轴:Y'=Y+dX+eY+fZ+Q \qquad (10\text{-}2\text{-}3)$$
$$oz\ 轴:Z'=Z+gX+hY+kZ+R$$

上述三个方程式,称为泊松方程式。

2. 磁罗经自差种类及特性

(1)恒定自差

恒定自差是由船舶软铁材料具有的感应船磁作用于罗盘产生的,其大小、符号在磁罗经安装后不会发生变化,即与船舶所在的纬度及船舶航向无关,故称为恒定自差 δ_A,即

$$\delta_A \approx A' \qquad (10\text{-}2\text{-}4)$$

式中: A'——准确恒定自差系数。

恒定自差与罗航向的关系($A'>0$)如图 10-2-13 所示。

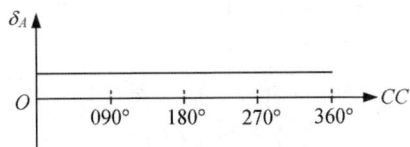

图 10-2-13　恒定自差曲线

恒定自差较小,一般不做校正,将其保留到剩余自差中。

（2）半圆自差

半圆自差是由船上硬铁材料具有的永久船磁和软铁材料具有的感应船磁共同作用于罗盘产生的,其大小、符号与船舶所在的纬度及船舶航向有关。在360°的航向中,自差符号改变一次（如图10-2-14所示）,故称为半圆自差。

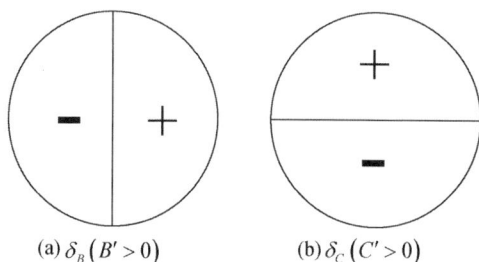

(a) $\delta_B(B'>0)$　　(b) $\delta_C(C'>0)$

图 10-2-14　半圆自差的符号

$$\delta_B \approx B'\sin CC$$
$$\delta_C \approx C'\cos CC \qquad (10\text{-}2\text{-}5)$$

式中:B'、C'——准确半圆自差系数。

半圆自差与罗航向的关系（$B'>0$、$C'>0$）如图 10-2-15 所示。

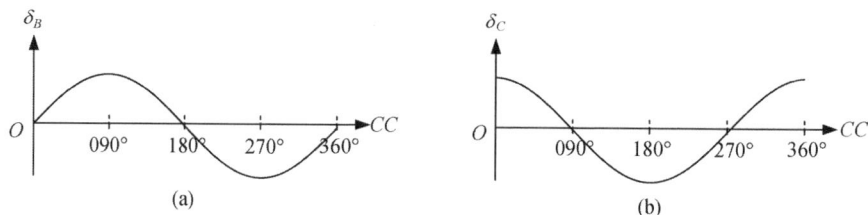

图 10-2-15　半圆自差曲线

由纵向硬铁船磁力（P）和横向硬铁船磁力（Q）产生的半圆自差称为半圆自差,分别用纵向磁棒和横向磁棒校正;由软铁产生的半圆自差称为次半圆自差,用在罗经柜正前方放置佛氏铁（或软铁条）来校正。

（3）象限自差

象限自差是由船上的软铁材料具有的感应船磁作用于罗盘产生的,其大小、符号与船舶航向有关。在360°的航向中,自差符号改变两次（如图10-2-16所示）,故称为象限自差,即

$$\delta_D \approx D'\sin 2CC \qquad (10\text{-}2\text{-}6)$$

式中:D'——准确象限自差系数。

象限自差与罗航向的关系（$D'>0$）如图 10-2-17 所示。

象限自差采取在罗盘左右两侧罗经柜外同一平面内放置的软铁球/片来校正。

（4）次象限自差

次象限自差是由船上的软铁材料具有的感应船磁作用于罗盘产生的,其大小、符号与船舶航向有关。在360°的航向中,自差符号改变两次（如图10-2-18所示）,故称为次象限自差,即

$$\delta_E \approx E'\cos 2CC \qquad (10\text{-}2\text{-}7)$$

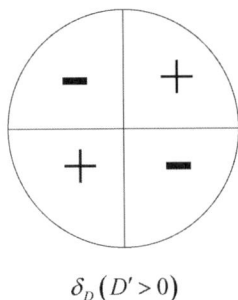

图 10-2-16　象限自差的符号

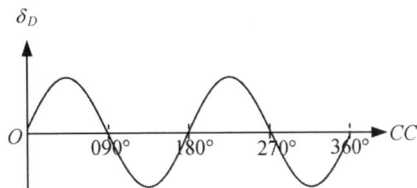

图 10-2-17　象限自差曲线

式中：E'——准确次象限自差系数。

次象限自差与罗航向的关系（$E'>0$）如图 10-2-19 所示。

次象限自差一般很小，不做校正，将其保留到剩余自差中。

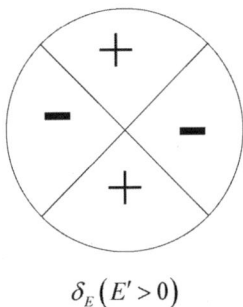

图 10-2-18　次象限自差的符号

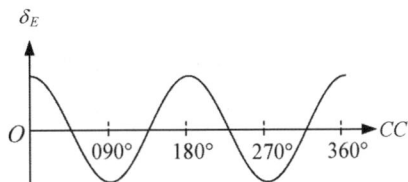

图 10-2-19　次象限自差曲线

由上面船用磁罗经自差的分析得出的恒定自差、半圆自差、象限自差、次象限自差都是基于船舶正平时的自差。对于船舶在某个航向上的自差，应是这个航向上各个产生自差的磁力所产生的自差的总和，即

$$\delta=\delta_A+\delta_B+\delta_C+\delta_D+\delta_E=A'+B'\sin CC+C'\cos CC+D'\sin 2CC+E'\cos 2CC \qquad (10\text{-}2\text{-}8)$$

式（10-2-8）中的准确自差系数是无法求出的，需要进一步变换为船舶实用的自差公式，方法如下：

用 A、B、C、D、E 表示各自差力产生的自差最大值，单位为度。在自差校正后，剩余自差不大时，A、B、C、D、E 均很小，可以用来替代 A'、B'、C'、D'、E'，即有 $A\approx A'$，$B\approx B'$，$C\approx C'$，$D\approx D'$，$E\approx E'$，A、B、C、D、E 称为近似自差系数。此时，自差公式可写为：

$$\delta°=A°+B°\sin CC+C°\cos CC+D°\sin 2CC+E°\cos 2CC \qquad (10\text{-}2\text{-}9)$$

应用自差公式计算自差的条件是磁罗经的自差较小，即对标准磁罗经要求计算误差不超过 0.1°，校正后剩余自差不大于±3°；对操舵磁罗经要求计算误差不超过 0.2°，则校正后剩余自差不大于±5°。

（5）倾斜自差

船舶正平时，作用于磁罗经罗盘的垂向磁力不会产生自差。当船有横倾或纵倾时，罗盘浮于液体中仍保持其水平状态，地磁力在三轴上的分力不变，但船舶上的软铁和硬铁随着船舶的倾斜相对于罗盘的位置发生了变化，对罗盘的作用力也发生了变化，产生了新的自差。船舶倾

斜时的自差与船舶正平时的自差的差值，称为倾斜自差，即

$$\Delta\delta_i = \delta_i - \delta \qquad (10\text{-}2\text{-}10)$$

经分析可得到横倾自差和纵倾自差公式

$$\begin{cases} \Delta\delta_i = -J'i\cos CC \\ \Delta\delta_i = -J''i\cos CC \end{cases} \qquad (10\text{-}2\text{-}11)$$

式中：J'——横倾自差系数。其物理意义为当船舶航向为 N 或 S 时，船舶横倾 1° 时的横倾自差值。

J''——纵倾自差系数。其物理意义为当船舶航向为 E 或 W 时，船舶纵倾 1° 时的纵倾自差值。

i——船舶倾斜角度。船舶右倾或首倾时，$i>0$；船舶左倾或尾倾时，$i<0$。

CC——罗航向。

倾斜自差具有以下特性：

①倾斜自差 $\Delta\delta_i$ 与罗航向 CC 的关系：在 N、S 航向上，横倾自差最大，纵倾自差为 0；在 E、W 航向上，纵倾自差最大，横倾自差为 0。

②倾斜自差 $\Delta\delta_i$ 与船舶所在磁纬度的关系：船舶所在纬度变化，同样的倾斜角度，倾斜自差不同。

③倾斜自差 $\Delta\delta_i$ 与倾角的关系：倾角越大，倾斜自差越大，随着倾角的增大，罗盘向高舷转动。

倾斜自差产生的原因主要是硬铁船磁在船舶摇摆时作用在罗盘平面上影响了磁罗经的指向，通常采用在罗盘正下方旋转垂直磁棒来抵消垂向硬铁船磁的方法校正。

如在航行中发现罗盘来回摆动，说明倾斜自差没有校正，此时可调整罗经柜内的垂直磁棒消除。

四、磁罗经自差校正

1. 需要校正自差的情形

凡属下列情况，必须校正罗经自差：

（1）修船之后，无论大修、中修、小修；

（2）每年必须校正一次；

（3）船舶受到剧烈震动后，如碰撞、搁浅等；

（4）不计恒定自差，标准罗经自差大于 ±3°，操舵罗经自差大于 ±5°；

（5）船舶受雷击或炮火袭击后；

（6）罗经附近增加或拆除铁构件；

（7）罗经安装位置有所变动；

（8）用电磁吊装卸铁磁性货物之后。

总的来说，校正罗经自差的根本途径是以校正器产生的校正力来抵消船磁产生的自差力，因此，罗盘所在位置的船磁场发生变化，校正力和船磁力的平衡被打破，就要重新进行校正。

2. 倾斜自差校正

（1）倾差仪校正法

①先将倾差仪置于岸上无磁性干扰的地方，离地面高度 1 m 以上，使磁针北端指北，并使水平仪气泡居中，移动滑重使磁针水平，记下代表当地地磁垂直分力 Z 的刻度 n。

②将倾差仪带回船上，根据 $Z'\mathrm{EW} = \lambda Z = \lambda n = n'$，标准罗经 λ 值取 0.9，操舵罗经 λ 值取 0.8，调节滑重至位置 n'。

③船为正平状态，航向为磁东或磁西，将罗盆取下，将倾差仪放在原罗盆的位置，倾差仪磁针北端指北方并使之与原罗盆磁针组处于相同位置。

④调整罗经柜内的垂直磁铁，使倾差仪的磁针呈水平后，固定垂直磁铁的位置。

⑤取下倾差仪，将罗盆复位置于罗经柜中。

（2）浪摇校正法

船在摇摆中校正倾斜自差，可不借助于倾差仪，当船在海上摇摆时，随着船的左右摇摆，产生倾斜自差附加力的指向也左右变化，使罗盘也随之左右摆动。遇到这种情况，可自行调整罗经柜中垂直校正磁棒高低位置，直至罗盘稳定为止，即校正了倾斜自差。

3. 半圆自差校正

（1）半圆自差的校正方法

半圆自差主要由水平方向的硬铁船磁分力 P、Q 产生。一般采用爱利法抵消硬铁船磁分力 P、Q，即在四个基点磁航向上观测自差，然后使用相应的校正器进行校正，抵消 P 力和 Q 力。爱利法校正自差与航向的先后顺序无关，可以针对实际情况自行选择某一基点航向开始，顺时针或逆时针转向完成半自差的校正。具体做法如下：

①从某一基点磁航向（如 N）开始，观测该航向上的自差 δ_{N}，在罗经柜内放置横向磁铁（NS 极朝向左右舷方向的磁铁）或调整横向磁铁的位置，将自差 δ_{N} 校正为零。

②船舶转向 90°，磁航向稳定在 E 点上，观测该航向上的自差 δ_{E}，在罗经柜内放置纵向磁铁（NS 极朝向船首尾方向的磁铁）或调整纵向磁铁的位置，将自差 δ_{E} 校正为零。

③船舶继续转向 90°，磁航向稳定在 S 点上，观测该航向上的自差 δ_{S}，调整或增减罗经柜内的横向磁铁，将 δ_{S} 消除一半，这样就抵消了横向硬铁船磁分力 Q。

④船舶继续转向 90°，磁航向稳定在 W 点上，观测该航向上的自差 δ_{W}，调整或增减纵向磁铁，将自差 δ_{W} 消除一半，这样就抵消了横向硬铁船磁分力 P。

（2）校正口诀

①放置磁铁的口诀

东自差，红极朝东；西自差，红极朝西。简化口诀：东红东，西红西。

即当自差为东自差时，放置的磁铁的红极朝东；当自差为西自差时，放置的磁铁的红极朝西。

②移动磁铁的口诀

东自差，原放置的磁铁红极朝东，应向上移；东自差，原放置的磁铁红极朝西，应向下移；西自差，原放置的磁铁红极朝东，应向下移；西自差，原放置的磁铁红极朝西，应向上移。

简化口诀：东东上，东西下，西东下，西西上（同向上、异向下）。口诀中的上、下分别是指靠近罗盘、远离罗盘。

4. 象限自差校正

（1）象限自差的校正方法

象限自差主要由软铁系数 a、e 表示水平方向的软铁船磁力产生。一般采用与半圆自差相同的方法进行校正，即在产生最大象限自差的磁航向上观测自差，使用相应的校正器进行校正，将产生这一自差的船磁力抵消。具体做法如下：

①从某一限点磁航向（如 NE）开始，观测该航向上的自差 δ_{NE}，调整软铁球的位置或增减软铁片，将自差 δ_{NE} 校正为零。

②船舶转向 90°，磁航向稳定在 SE 或 NW 点上，观测该航向上的自差 δ_{SE} 或 δ_{NW}，调整软铁球的位置或增减软铁片，将自差 δ_{SE} 或 δ_{NW} 校正一半，这样就完成了象限自差的校正工作。

（2）校正口诀

Ⅰ、Ⅲ象限，东近西远；Ⅱ、Ⅳ象限，东远西近。

Ⅰ、Ⅲ象限是指磁航向为 NE、SW；Ⅱ、Ⅳ象限是指磁航向为 SE、NW；东、西是指东自差、西自差；远、近是指软铁球（盒）远离罗经、靠近罗经。

5. 次半圆自差校正

软铁系数 c 表示的软铁船磁力产生次半圆自差，一般通过放置佛氏铁来进行校正。佛氏铁的长度只能由经验估计或参考同类型的船舶来决定，然后按照消除 P 力的方法来校正。放置佛氏铁圆铁柱时，应将长柱放在上边，短柱放在下边。

6. 自差校正的顺序

（1）新船的校正顺序：

①概略校正象限自差（将校正软铁放在支架的中点）；

②近似校正次半圆自差；

③校正倾斜自差；

④校正半圆自差；

⑤准确校正象限自差。

（2）旧船的校正顺序：

①校正倾斜自差；

②校正半圆自差；

③校正象限自差。

7. 自差校正的注意事项

（1）应选择好天气，风浪较小时进行。

（2）校差前船上应准备好下列物品：大比例尺海图、应悬挂的信号旗、备用校正器、方位圈（仪）、防磁表、磁罗经记录簿等。

（3）应悬挂"OQ"旗（表示我船正在校正磁罗经自差）。

（4）船上所有设备应处于正常航行状态。

（5）应有 2 人协同进行。

（6）每一航向上应至少稳定 2 min。

（7）暂时不用的校正器应远离磁罗经。

（8）在罗经柜内安放纵向校正磁铁时，应对称安放并尽量离罗盆远一点。

（9）校差结束时,应将各校正器的名称、位置、数量等详细记录在磁罗经记录簿中。

8. 自差表和自差曲线

船上标准磁罗经的自差经过校正后,其剩余自差一般不大于±1°,最大不超过±3°,操舵磁罗经的剩余自差最大不超过±5°。必须将由磁罗经校正师绘制的磁罗经自差表和自差曲线置于驾驶室或海图室内,供驾驶人员查取磁罗经自差和海事部门检查。

①计算近似自差系数

分别求出八个航向(四个基点、四个隔点)上的剩余自差,δ_N、δ_{NE}、δ_E、δ_{SE}、δ_S、δ_{SW}、δ_W、δ_{NW},代入自差公式中,得到八个方程式:

$$\delta_N = A+C+E$$
$$\delta_{NE} = A+B\sin45°+C\cos45°+D$$
$$\delta_E = A+B-E$$
$$\delta_{SE} = A+B\sin135°+C\cos135°-D$$
$$\delta_S = A+B+E$$
$$\delta_{SW} = A+B\sin225°+C\cos225°+D$$
$$\delta_W = A-B-E$$
$$\delta_{NW} = A+B\sin315°+C\cos315°-D$$

解方程,求得五个近似自差系数,分别为:

$$A = \frac{\delta_N+\delta_{NE}+\delta_E+\delta_{SE}+\delta_S+\delta_{SW}+\delta_W+\delta_{NW}}{8}$$

$$B = \frac{\delta_E+\delta_W+(\delta_{NE}-\delta_{SW}+\delta_{SE}-\delta_{NW})\sin45°}{4}$$

$$C = \frac{\delta_N+\delta_S+(\delta_{NE}-\delta_{SW}+\delta_{NW}-\delta_{SE})\sin45°}{4}$$

$$D = \frac{\delta_{NE}+\delta_S+\delta_{SW}+\delta_W+\delta_{NW}}{4}$$

$$E = \frac{\delta_N+\delta_S-\delta_E-\delta_W}{4}$$

A、B、C、D、E 单位为度(°),有正负之分。自差系数应不大于±1°,否则说明校正的质量不高。

②计算每隔 10° 或 15° 航向的自差

计算求得 A、B、C、D、E 五个近似自差系数后,将其代入自差公式中,然后计算每隔 10° 或 15°航向的所有自差。

③绘制自差表和自差曲线

将观测和计算的 36 个或 24 个航向的自差,按航向(CC)顺序排列填入磁罗经自差表(见图 10-2-20)左边区域,并在右边区域绘制出自差曲线,在下方区域记录下各校正器的位置和五个近似自差系数的值。计算的 4 个基点和 4 个隔点航向上的自差与观测所得的这些航向上的自差之差应小于 0.5°,否则可能存在观测误差。绘制的自差曲线应是光滑的,不能有明显的凸起或凹进(无角点),否则,说明计算或观测的自差有错误,应重新观测计算和绘制自差图表。

中华人民共和国海船船员适任考试培训教材

罗经自差表
COMPASS DEVIATIONS TABLE

船名：
SHIP'S NAME:_____

日期：
DATE:_____

校正地点：
ADJUSTED AT:_____

海况天气：
SEA WEATHER:_____

罗经自差表DEVIATIONS TABLE			DEVIATIONS CURVE									
标准罗经	操舵罗经	罗航向	W ly（—）				E ly（+）					
自差 DEVIATIONS		COMPASS COURSES	4	3	2	1	0	1	2	3	4	
		NORTH 北 000° >					N					
		015° >										
		030° >										
		NE 东北 045° >					NE					
		060° >										
		075° >										
		EAST 东 090° >					E					
		105° >										
		120° >										
		SE 东南 135° >					SE					
		150° >										
		165° >										
		SOUTH 南 180° >					S					
		195° >										
		210° >										
		SW 西南 225° >					SW					
		240° >										
		255° >										
		WEST 西 270° >					W					
		285° >										
		300° >										
		NW 西北 315° >					NW					
		330° >										
		345° >										
		NORTH 北 000° >					N					

校正器位置POSITION OF CORRECTORS

		尺寸 SIZE	数量 QUANTITY	位置 C.MARK	软铁 Q. CORRECTORS	佛氏铁 F. BAR
标准罗经	纵向 FORE&AFT				直径Dia	
	横向 ATHEARDSHIP				左 Port	
	垂直 HEELING				右 Starboard	
操舵罗经	纵向 FORE&AFT				直径Dia	
	横向 ATHEARDSHIP				左 Port	
	垂直 HEELING				右 Starboard	

系数 COEFFICIENTS		A	B	C	D	E	附注 Remark
	标准罗经						
	操舵罗经						

罗经校正师（员）
COMPASS ADJUSTER_____

图 10-2-20 磁罗经自差表

第三节　船用回声测深仪

船用回声测深仪是利用超声波在水中的传播特性而制成的一种测量水深的水声导航仪器,主要用途有:

(1)在情况不明的海域或浅水区航行时,测量水深,防止船舶搁浅;

(2)在其他导航仪器失效的特殊情况下,通过测深来辨认船位;

(3)用于航道及港口测量方面,提供精确水深;

(4)现代化多功能的船用测深仪还可实现水下勘探、鱼群探测跟踪等功能。

SOLAS 公约要求,300 总吨及以上的国际航行船舶以及不论大小的客船,均需安装至少 1台回声测深仪或其他装置,用于测量和显示可用水深,且回声测深仪的显示装置必须具有记录式显示功能。

一、回声测深仪原理

1. 水声学基础

声音是由物体振动产生的,是一种机械波。声波按照其频率可分为三个频率段,即频率在 20 Hz 以下的声波称为次声波;频率在 20 Hz~20 kHz 的声波称为可闻声波;频率在 20 kHz 以上的声波称为超声波。超声波具有指向性、反射性好,自然界存在的干扰源少等特点,被水声仪器广泛利用。船用回声测深仪使用的就是频率在 20 kHz 以上的超声波,各厂家的主流产品工作频率以 20~60 kHz 居多。超声波具有在同一种均匀理想介质中恒速传播、直线传播,而在两种不同的介质面反射、折射或散射传播的特性。超声波在海水中的传播速度用 c 表示,c 与海水的温度、含盐度及静压力有关。根据实测资料可知,水温每增加 1 ℃,声速约增加 3.3 m/s;海水的含盐度每增加 1‰,声速约增加 1.2 m/s;水深每增加 100 m,静压力增加,声速约增加 3.3 m/s。但是,水深增加将使温度下降,所以,水深的变化引起的静压力和温度的变化所造成的声速变化值几乎相互抵消。在航海实践中,影响超声波在水中传播速度的三个因素里,水温的变化对声速的影响最大,要求测深精度高的回声测深仪需对水深进行修正,以消除水温变化对测深精度的影响。

为了简化设计,现代船舶上使用的测深仪将超声波在水中的传播速度作为常数,取 1500 m/s 为标准声速。

2. 测深原理

回声测深仪是利用测量超声波自发射至被反射接收的时间间隔来确定水深的。

测量水深的原理如图 10-3-1 所示。在船底装有发射超声波的发射换能器 A 和接收超声波的接收换能器 B,A 与 B 之间的距离为 s,s 称为基线。发射换能器 A 以间歇方式向水下发射频率为 20~200 kHz 的超声波脉冲,声波经海底发射后一部分能量被接收换能器 B 接收。从图 10-3-1 知,只要测出声波自发射至接收所经历的时间,就可求出水深:

$$H=D+h=D+\sqrt{AO^2-AM^2}=D+\sqrt{(\frac{ct}{2})^2-(\frac{s}{2})^2} \qquad (10\text{-}3\text{-}1)$$

式中：H——水面至海底的深度（m）；

  D——船舶吃水（m）；

  h——测量水深（m）；

  s——基线长度（m）；

  c——声波在海水中的传播速度，标准声速为 1500 m/s；

  t——声波自发射至接收所经历的时间（s）。

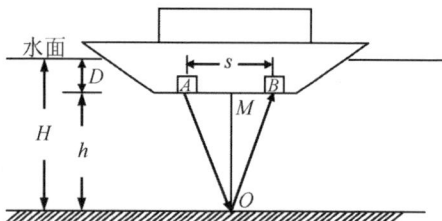

图 10-3-1   回声测深仪测深原理

显然，只要测出时间 t，即可求出水深 H，若换能器是收发兼用换能器，即 $AB=s=0$，取 $c=$ 1500 m/s，则测量深度 h 可表示为：

$$h=\frac{1}{2}ct=750t \qquad (10\text{-}3\text{-}2)$$

3. 回声测深仪整机方框图及工作过程

（1）回声测深仪的整机方框图

回声测深仪的整机方框图如图 10-3-2 所示。

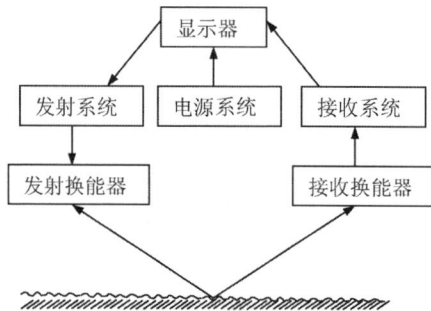

图 10-3-2   回声测深仪的整机方框图

①显示器

回声测深仪的显示器由显示系统、发射系统和接收系统组成。

显示系统的脉冲产生器以一定的时间间隔产生触发脉冲，控制计时器开始计时和控制发射系统。

在触发脉冲的控制下，发射系统产生具有一定功率和宽度的电磁脉冲，通过发射换能器向海底发射超声波脉冲。

接收系统是将来自接收换能器的海底回波信号，经放大处理后，控制测量显示系统计算出所发射的超声波脉冲往返船底与海底之间的时间 t，并按测深原理公式计算出船底到海底的水深(垂直距离),以一定的方式显示。

回声测深仪的显示方式有闪光式(转盘式)、记录式、数字式等。闪光式显示比较直观,易读取,不能保留水深数据,且存在零点误差和时间电机转速变化引起的测量误差;记录式显示方式可记录水深数据,较不直观,不易读取,存在记录零点误差和时间电机转速变化引起的测量误差;数字式显示方式较先进,直观,易读取且可打印出来,不存在显示零点误差,由于不采用时间电机计时,因此不存在时间电机转速变化引起的测量误差。

②换能器

回声测深仪的换能器是一种电、声能量相互转换的装置,按作用不同可分为发射换能器和接收换能器;按工作原理不同可分为磁致伸缩换能器和电致伸缩换能器;按制造材料不同可分为电致伸缩材料(如钛酸钡、锆钛酸铅等)换能器和磁致伸缩材料(如镍、镍铁合金等)换能器。

换能器应安装在船底距船首 $1/3 \sim 1/2$ 船长处,以避免船舶尾部机舱机械的震动产生的噪声干扰,或螺旋桨绞起的大量的水中气泡的影响,以及船舶前进时船首与水撞击产生的干扰和气泡的影响。为了保证换能器垂直发射和接收,其表面必须水平,误差不得超过 $1°$。换能器表面应保持清洁,不得涂油漆,清洁时不得有任何损伤。换能器必须保持良好的水密性,否则将不能工作。

③电源系统

电源系统的作用是将船电转换为测深仪的工作电源,可采用变压器、逆变器或变流机。

(2)回声测深仪的工作过程

回声测深仪的工作过程可以由工作时序图(见图10-3-3)描述:

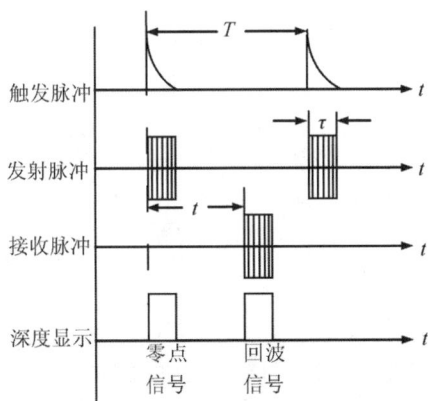

图 10-3-3 回声测深仪的工作时序图

显示器内的发射触发器按一定时间间隔 T(称为脉冲重复周期)产生触发脉冲,该脉冲触发发射系统产生一定宽度 τ(称为脉冲宽度)和一定输出功率的电振荡发射脉冲。发射换能器将电振荡发射脉冲转变为频率为 $20 \sim 200$ kHz 的超声波脉冲向海底发射。在发射的同时,显示器将产生与发射脉冲同步的零点信号,表示计时开始。接收换能器将来自海底的声波反射信号转变为电振荡接收脉冲信号,经接收系统放大、处理后形成回波信号送至显示器。显示器累计回波信号和零点信号间的时间间隔,并按深度公式转换为深度予以显示。

4. 回声测深仪的主要技术指标

(1)最大测量深度

回声测深仪的最大测量深度是测深仪可能测量到的最大深度,由发射功率和发射脉冲的

重复周期 T 决定,在发射功率足够大的情况下,由脉冲重复周期 T 决定。同时,还必须考虑工作频率和发射功率的关系。要想测量较大的水深就必须给发射脉冲留出足够的往返海底的时间,即脉冲重复周期 T 越大,最大测深深度越大。

$$h_{max} \leqslant 750T \qquad (10\text{-}3\text{-}3)$$

远洋船舶的回声测深仪的最大测深深度一般为 400 m 以上,近海航行船舶的回声测深仪的最大测深深度一般为 100~200 m。特殊船舶使用的回声测深仪的最大测深深度可达 2000 m 以上。

（2）最小测量深度

回声测深仪的最小测量深度是测深仪测量并能够显示的最小水深,它由发射脉冲的宽度 τ 决定。若水深太浅,在发射脉冲持续发射期间,脉冲前沿已到达海底并被反射回来后,将与脉冲的后续部分混为一体,接收换能器无法分辨出哪个是回波,不能测量脉冲传播时间 t($t = 0$),所以水深显示为零。回波信号必须在发射脉冲持续发射结束以后被接收,才能测量脉冲的传播时间 t,计算并显示水深。

$$h_{min} \geqslant 750\tau \qquad (10\text{-}3\text{-}4)$$

回声测深仪的最小测量深度一般为 0.1~1 m。

二、回声测深仪误差和影响其工作的其他因素

1. 测深误差

使用回声测深仪测深时,由于多种因素的影响,将产生以下测深误差。

（1）声速误差

回声测深仪的声速误差是指超声波在水中的实际传播速度,不等于测深仪的设计声速而产生的测深误差。从回声测深仪的测深原理可知,回声测深仪把超声波在水中的传播速度作为常数,取其为 1500 m/s,称为设计声速。由于超声波在水中的传播速度受水的温度、水的含盐度和水的静压力影响发生变化,实际声速与设计声速不相等时,测深仪测量的水深存在声速误差。

当实际声速大于设计声速时,测量水深小于实际水深;当实际声速小于设计声速时,测量水深大于实际水深。要求测深精度高的回声测深仪设置"温度补偿""盐分补偿""水深补偿",来消除声速误差。

（2）基线误差

从回声测深仪的测深原理可知,计算水深的公式 $h = 750t$ 是令 $s = 0$,$\frac{1}{2}s = 0$ 得来的。使用发射换能器与接收换能器分离的测深仪,换能器基线是不为零的,而测量显示的水深是利用 $h = 750t$ 计算得来的,由此而产生的测深误差称为测深仪的基线误差。

当测量水深很大时,基线误差很小,可以忽略不计。当测量水深小于 5 m 时,基线误差较大,应考虑其对测深精度的影响。

（3）时间电机转速误差

采用闪光式或记录式显示方式的回声测深仪,由时间电机驱动闪光器件或记录笔,时间电机就是计时器件。时间电机的转速必须像钟表计时一样精确,测量的超声波往返海底的时间 t

才是精确的。若以 N 表示时间电机每分钟的设计转速,则 $N = 60t$。由于时间电机实际转速不等于设计转速而产生的测深误差称为回声测深仪的时间电机转速误差。

当时间电机实际转速小于设计转速时,测量水深小于实际水深;当时间电机实际转速大于设计转速时,测量水深大于实际水深。

不采用时间电机作为计时器件的回声测深仪不会产生这一误差。存在这种误差的测深仪一般都设有时间电机调速装置,当发现存在时间电机转速误差时,可通过时间电机调速装置将时间电机的转速调整为设计转速,时间电机转速误差就被消除了。

（4）零点误差

有的回声测深仪显示水深时,若显示的发射零点标志不在水深刻度零点的位置上,使读取的水深数据存在误差,这种误差称为回声测深仪的零点误差。

零点误差是一种固定误差。有显示发射零点标志的测深仪可能存在零点误差。这种测深仪一般都设有零点调整装置,当发现存在零点误差时,可通过零点调整装置将显示的发射零点标志调整到水深刻度的零点上,零点误差就被消除了。

2. 影响测深仪工作的其他因素

（1）船舶摇摆对测深仪工作的影响

当船舶发生横摇时,发射换能器也随之倾斜,其发射的主波束的方向也随之改变。若倾斜角度不大,主波束的反射回波仍可被接收换能器接收;当倾斜角大于某个极限值时,将可能产生回波信号"遗漏"现象。严重时,回波信号全部消失,测深仪无法工作。

（2）水中气泡对测深仪的影响

海水中气泡对测深仪工作的影响主要体现在两个方面:一是水中气泡对声能有削弱作用;二是大量气泡会引起声的混响,从而严重干扰测深仪正常工作。

（3）船速对测深仪的影响

当船舶高速航行时,船体产生剧烈振动,水流猛烈冲击船体,致使干扰噪声增加。同时,海水的空化现象也明显增加,致使回波信号削弱。严重时回波信号将被干扰信号"淹没",致使测深仪工作困难,甚至无法工作。选择适当的换能器安装位置将有助于减小这种影响。

（4）换能器工作面附着物的影响

换能器表面的附着物对声能有着较强的吸收作用,尤其是长期不用的换能器表面会有大量海生物生长,对换能器的工作影响较大。所以,应及时清洁换能器工作面。还要注意的是换能器的工作面不能涂敷油漆。

（5）因换能器剩磁消失的影响

对于磁致伸缩换能器,剩磁会因时间长久逐渐消失,这将影响测深仪的灵敏度,所以,应定期对磁致伸缩换能器进行充磁。

（6）海底底质和坡度的影响

不同的海底底质对声波的反射能力差异较大,岩石最强,沙底次之,淤泥最差。为了达到显示器的最佳显示效果,应根据不同的海底底质调整测深仪的灵敏度大小。

另外,不平坦的海底底质和海底坡度将使反射回波先后抵达接收换能器,从而在显示器上出现较宽的信号带。为了保证船舶航行安全,此时应以信号带前沿读取水深为宜。

第四节　船用计程仪

一、概述

船用计程仪是一种测量船舶航速和累计航程的导航仪器。计程仪所提供的航速信息对船舶驾驶极为重要，其主要作用如下：

（1）用计程仪测量的航速信息结合陀螺罗经或磁罗经提供的航向信息，可进行船舶船位推算。

（2）向 GPS、雷达、AIS、ECDIS、VDR、综合驾驶台系统等导航仪器提供航速信息。

（3）向现代化大型或超大型船舶提供纵向和横向速度信息，保证这些船舶在狭水道航行、靠离码头和锚泊时的安全。

根据 SOLAS 公约的要求，300 总吨及以上的船舶和不论尺度大小的客船应安装 1 台航速和航程测量装置或其他装置，用于指示船舶相对于水的航速和航程。

船用计程仪按其测量参考坐标系的不同，可分为相对计程仪和绝对计程仪两类。相对计程仪只能测量船舶相对于水的速度并累计其航程，如电磁式计程仪，其主要特点是计风不计流。绝对计程仪可以测量船舶对地的速度并累计其航程，如多普勒计程仪和声相关计程仪，其主要特点是计风计流；但是当测量水深超过其跟踪深度范围时，绝对计程仪便转换成为跟踪水层的相对计程仪。具体地讲，工作于"海底跟踪"方式的多普勒、声相关计程仪属于绝对计程仪，工作于"水层跟踪"方式的多普勒、声相关计程仪属于相对计程仪。

电磁计程仪是应用电磁感应原理来测量船舶相对于水的航速和累计其航程的。其优点是测速线性好，测速范围大，而且可测量船舶后退速度，精度较高（1%~2%或 0.2 kn），成本低且使用方便。因此，这种型号的计程仪目前在船舶上得到了普遍的使用。

多普勒计程仪是 20 世纪 70 年代初期的产品，是随着航运事业的发展，为了解决某些大型、超大型船舶的进出港、靠离码头和锚泊等问题而制成的。这种计程仪是利用声波的多普勒效应进行测速的，它可以提供船舶相对于海底的绝对航速和航程信息，同时还可以测量船舶后退及船首尾横移速度。它具有测速精度高（0.2%~0.5%或 0.1 kn）、测速门限低（0.01 kn）等优点。

声相关计程仪是于 20 世纪 70 年代中期问世的产品，是利用相关技术对声波信号进行处理来测速的，其特点是测速精度高（0.2%或 0.1 kn），测量精度不受海水中声速变化的影响，它可测速计程，还可兼作测深仪使用。

二、电磁计程仪

电磁计程仪是利用电磁感应原理来测量船舶航速和累计航程的一种相对计程仪，其原理如图 10-4-1 所示。

倒"山"字形铁芯沿船舶横向安装在船底板开孔处。铁芯的中间柱上绕有激磁绕组;在铁芯的两个空隙中嵌有间距为 L 的两个电极 a 和 b 及其引出导线;电极和导线用非导磁材料填封并固定。当激磁绕组通入 220 V、50 Hz 的交流电 $E_\sim$ 时,在铁芯两侧形成交变磁场 $B_\sim$。

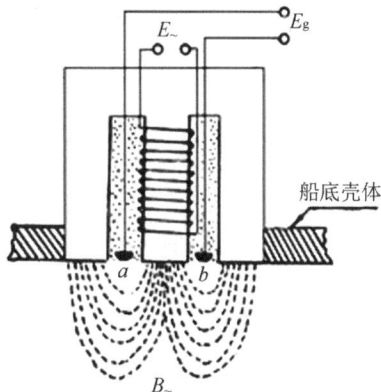

图 10-4-1　电磁计程仪工作原理

当船以航速 v 向前(或向后)航行时,水流相对船的速度 v 大小相等,方向相反。由于海水可导电,可将流过两电极间的海水看作无数根运动的"导体"在切割磁力线,根据电磁感应原理,在电磁传感器 a、b 间产生一个与船舶速度成正比的电信号 E_g。

当船以航速 v 向前(或向后)航行时,则水流相对船的速度 v 大小相等,方向相反。由于海水可导电,根据电磁感应原理,在电极 a、b 和海水形成的回路中将产生感应电动势 E_g:

$$E_g = B_\sim Lv \cdot 10^{-8}(\mathrm{V}) \tag{10-4-1}$$

式中:$B_\sim$——交流磁感应强度(Gs);

L——两电极间距(cm);

v——航速(cm/s)。

显然,只要测得感应电动势 E_g,由上式即可求出船舶航速 v,对航速 v 在时间上积分即可得到航程。

电磁计程仪常用的传感器有两种:平面式和导杆式。平面式传感器的底面与船底平齐;导杆式传感器为一根可升降的圆柱形导杆,计程仪工作时伸出船底,不工作时可将导杆升起。

三、多普勒计程仪

多普勒计程仪是应用多普勒效应进行测速和累计航程的一种水声导航仪器。

1. 多普勒频移效应

多普勒频移效应是指当声源与接收者之间存在相对运动时,接收者接收到声波的频率与声源频率不同的现象。当声源与接收者接近时,接收者收到声波的频率将升高;当两者相互远离时,则接收者收到声波的频率将降低。接收频率与声源频率之差值 Δf 称为多普勒频移。Δf 与声源的频率 f_0、声波在介质中的传播速度 c 和声源与接收点之间在声音传播方向上的相对运动速度 v 的关系如下:

$$\Delta f = \frac{v}{c} f_0 \tag{10-4-2}$$

当f_0与c为常数时，Δf与v成正比，因此可以通过测定多普勒频移来进行测速。

2. 单波束测速原理

如图10-4-2所示，在船底部装置一个收、发兼用的换能器O。船舶以速度v向前航行，换能器以频率f_0向海底发射超声波脉冲。声波束的发射方向与船舶速度方向成θ角，称之为波束发射俯角，一般θ取$60°$。换能器向海底发射的超声波经海底发射后，一小部分声波能量被换能器接收。换能器O既是声源又是接收者，由于发射点和接收点之间有相对位移，换能器O收到声波的频率和发射声波的频率并不相同（又称为二次多普勒效应）。测得的多普勒频移Δf表示如下：

$$\Delta f = \frac{2f_0 v\cos\theta}{c} \tag{10-4-3}$$

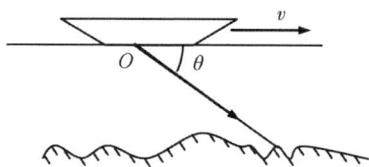

图 10-4-2　单波束测速原理

声波发射频率f_0、船速v及波束俯角θ均为已知量，只要测出多普勒频移Δf，即可求出船速。

3. 双波束测速原理

上述情形，船舶只具有向前的船速v，而在航海实际中，船舶受风浪等因素影响还有左右横移的速度和上下起伏的垂向速度。经过分析，船舶在垂直方向上的运动速度u也会产生频移，如图10-4-3(a)所示。

垂向速度u在波束发射方向上的分量为$-u\sin\theta$，则在波束发射方向上的合速度为$v\cos\theta-u\sin\theta$，则单波束多普勒频移公式变化为：

$$\Delta f = \frac{2f_0(v\cos\theta - u\sin\theta)}{c} \tag{10-4-4}$$

比较式（10-4-3）和式（10-4-4）可知，在船舶上下颠簸和纵向摇摆时，如果仍按式（10-4-3）进行测速计算，显然会产生测量误差。

为了消除这种测量误差，目前船用多普勒计程仪普遍采用双波束系统测速，即以相同的发射俯角分别向前和向后发射对称的超声波波束，如图10-4-3(b)所示。

朝船首向及船尾向波束的多普勒频移分别为：

$$\Delta f_1 = \frac{2f_0(v\cos\theta - u\sin\theta)}{c}$$

$$\Delta f_2 = \frac{2f_0(-v\cos\theta - u\sin\theta)}{c}$$

用Δf_1减去Δf_2有：

$$\Delta f = \Delta f_1 - \Delta f_2 = \frac{4v\cos\theta}{c}f_0 \tag{10-4-5}$$

式（10-4-5）称为双波束多普勒频移公式，可知，船舶摇摆颠簸引起的垂向运动速度u的影响已完全被消除。

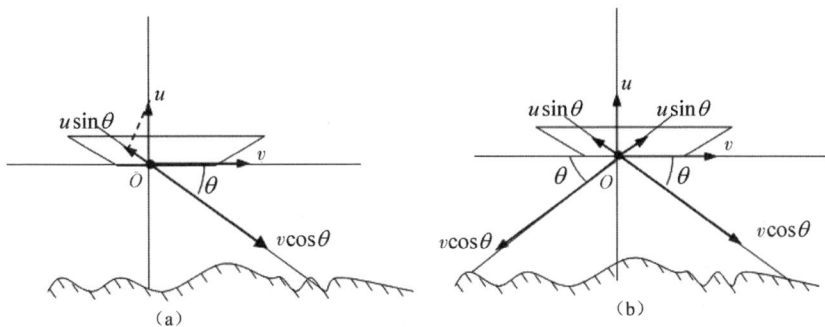

图 10-4-3　双波束测速原理

4.多普勒计程仪的分类

目前船用多普勒计程仪有三种类型。第一种类型是双波束系统,又称一元多普勒计程仪。它只能测量船舶纵向速度并累计其航程,通常用于船舶的导航功能。第二种类型是四波束系统,即换能器向船体的前、后、左、右四个方向发射波束,又称二元多普勒计程仪。它除了可测量船舶纵向速度外,还能测量横向速度,可作为船位推算导航使用。一元和二元多普勒计程仪的换能器均安装在船首部位。第三种类型是六波束系统,它除了在船首装置四波束换能器外,还在船尾部安装一对向船尾左右方向发射波束的换能器,它又称为三元多普勒计程仪。这种计程仪既可测量船舶纵向速度,又能测量船首部和船尾部的横向速度,能反映船舶运动的全貌,通常用于大型或超大型船舶的进出港、靠离码头和锚泊等作业中,可确保航行的安全。

四、声相关计程仪

声相关计程仪是应用相关技术处理水声信息测量船舶航速并累计航程的计程仪。

声相关计程仪的测速原理如图 10-4-4 所示。

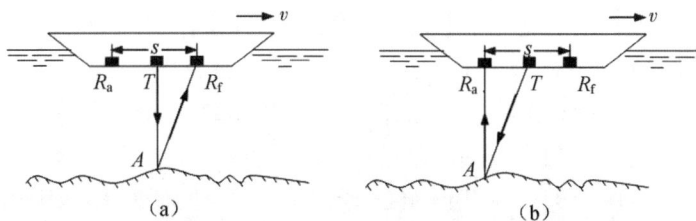

图 10-4-4　声相关计程仪测速原理

沿船底纵向等间距安装有前向接收换能器 R_f、发射换能器 T 及后向接收换能器 R_a,前、后两接收换能器的间距为 s。发射换能器 T 以一定的时间间隔向海底发射超声波脉冲,假设在 $t=t_1$ 时刻,经海底反射回来的回波被前向换能器 R_f 所接收,如图 10-4-4(a) 所示;经过时间间隔 τ,即 $t=t_2$ 时刻,回波被后向换能器 R_a 接收,船航行的位移为 $s/2$,如图 10-4-4(b) 所示。由于两换能器接收的超声波所走过的路径完全一致,因此可认为这两个回波信号的包络幅值 $f_1(t)$ 和 $f_2(t)$ 形状完全相同,只是在时间上相差了一时间间隔 τ。τ 为相关延时。τ 可以用下式表示:

$$\tau = \frac{1}{2} \cdot \frac{s}{v} \vec{\mathfrak{B}} v = \frac{1}{2} \cdot \frac{s}{\tau} \qquad (10\text{-}4\text{-}6)$$

两接收换能器间距 s 为定值，相关延时 τ 可以用相关接收技术进行测量，所以船速 v 便可求得。

声相关计程仪工作的基本过程：将两个接收换能器所接收的回波信号，经过放大和延时器处理后，送到一个乘法器，经过乘法运算后输出 $f(t)$ 和 $f(t+\tau)$ 的乘积，再送到一个积分器做积分运算求取它们的相关函数。相关函数的大小随延时器的延时量而变化，仅当延时为 τ 时，相关函数的值取最大。此时，对应的 τ 即为要求的延时。然后经过换算后由显示器以模拟或数字显示方式显示出船速和航程。

声相关计程仪的特点：其一，垂向发射和接收超声波信号，并对被接收的回波信号的幅值包络进行相关处理来测速；其二，有海底跟踪和水层跟踪两种方式，即浅水测量对地的速度，深水测量对水的速度；其三，测量精度不受声速变化的影响；其四，可测量水深，兼作测深仪使用。

第五节　卫星导航系统

无线电导航是利用无线电设备引导移动目标（如船舶、飞机、车辆、行人等）沿着所规定航（路）线、在规定时间到达目的地的导航技术，按照其导航信号源所在位置又分为陆基导航和天基导航。无线电导航是众多的导航手段中最重要的一种，发展异常迅速，自 20 世纪二三十年代至今，已有上百个无线电导航系统在航空和航海领域投入使用，其中在民用航海领域比较广泛使用的有：

20 世纪二三十年代问世的无线电测向系统，精度为 3～100 m（2D RMS），作用距离有限。

20 世纪四五十年代出现的台卡系统和罗兰 A 系统，台卡系统作用距离 370 km，定位精度可达 15 m，主要在欧洲使用；罗兰 A 作用距离白天 700 n mile，夜间 450 n mile，定位精度白天 0.5 n mile，夜间数海里。该系统全球建有 83 个台，罗兰 C 问世后便陆续退出历史舞台。

20 世纪五六十年代出现的罗兰 C 系统，作用距离地波 2000 km，天波 4000 km，定位精度地波 460 m（2D RMS），重复与相对精度为 18～90 m（2D RMS），全球共建大小台链约 20 个，目前多数国家罗兰 C 台链已经封存或加以改进为卫星导航系统的备份设施。

20 世纪 80 年代出现的奥米伽其低频系统，全球 8 个地面台，作用距离 15000 km，精度 3.7～7.4 km（2D RMS），各国基本已经关停。

陆基无线电导航系统存在精度差、作用距离有限、受天气系统影响大等缺点，已经越来越不能适应现代航运生产的需求，因此，在民用航海领域已经逐步被天基无线电导航系统取代。卫星导航是指利用人造地球卫星进行导航的一种天基导航方式。目前主要的卫星导航系统有 GPS 卫星导航系统、北斗卫星导航系统、伽利略卫星导航系统和 GLONASS 卫星导航系统。

一、卫星导航系统概述

卫星导航系统由导航卫星、地面站及用户设备组成（如图 10-5-1 所示）。受地面站控制的导航卫星发送导航信号,运载体利用卫星导航仪接收卫星导航信号,进行定位与导航。

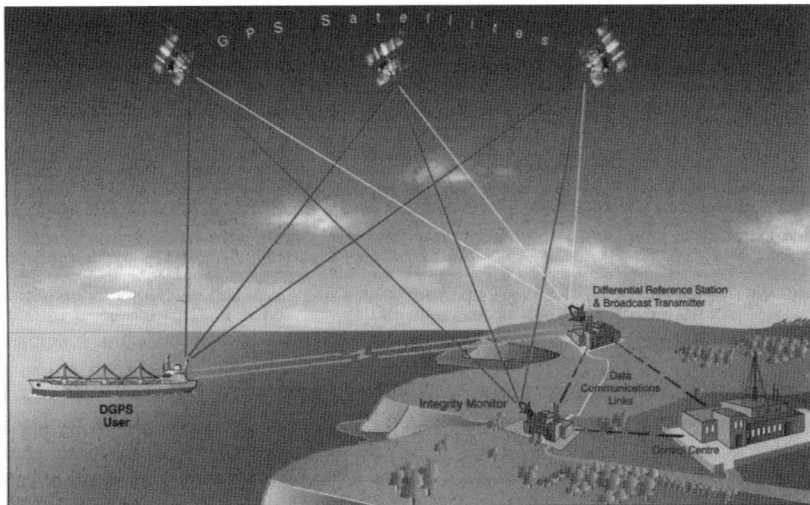

图 10-5-1　卫星导航系统组成

1. GPS 卫星导航系统

美国从 1973 年年底开始研究 GPS 卫星导航系统(GPS 是 Navigation Satellite Timing and Ranging/Global Positioning System 字头缩写词 NAVSTAR/GPS 的简称,其含义是导航卫星测时与测距/全球定位系统),并于 1995 年 10 月建成。星座由 24 颗 GPS 卫星组成,为全球提供全天候、高精度、连续、近于实时的三维定位与导航。

2. GLONASS(格洛纳斯)卫星导航系统

苏联从 1978 年开始研制 GLONASS 卫星导航系统,并于 1995 年 12 月建成。星座由 25 颗 GLONASS 卫星组成,为全球提供全天候、高精度、连续、近于实时的三维定位与导航。

3. 伽利略卫星导航系统

1999 年欧洲提出建设伽利略卫星导航系统,2003 年 3 月 26 日欧盟各国交通部部长签署协议开始建设伽利略卫星导航系统。原计划于 2008 年建成开始商业运作,但直到 2005 年 12 月,首颗伽利略试验卫星才发射升空。从 2011 年开始,伽利略步入快速建设期。卫星分布在 3 个轨道倾角为 55°的轨道内,运行周期为 52810.10 s。另加 3 颗覆盖欧洲的 GEO 卫星,辅以 GPS 和本地差分增强系统,位置精度达几米,为全球提供全天候、高精度、连续、近于实时的三维定位与导航。

4. 北斗卫星导航系统

我国于 1994 年启动北斗一号系统工程建设;2000 年发射 2 颗北斗地球静止卫星(GEO),建成了北斗一号卫星导航系统;2004 年启动北斗二号系统工程建设,2012 年完成;2020 年完成北斗三号系统的建设,共 35 颗卫星发射组网,为全球提供全天候、高精度、连续、近于实时的定位、导航、授时和通信服务。

5. 卫星导航系统的特点

(1)卫星的导航范围可从地面、水面、近地空间延伸到外层空间。

(2)卫星导航不受气象条件和年、月、季节及昼夜限制,可在任意时间和任意气象的条件下进行全天候导航。

（3）卫星导航系统具有全球、全天候和高精度定位的能力，凡是需要高精度定位的地方都可以利用它，故卫星导航系统具有多功能性。

（4）卫星导航系统不能为水下运载体提供导航。

二、GPS 卫星导航系统

（一）GPS 卫星导航系统的组成

1. GPS 导航卫星网

GPS 卫星设计星座由 24 颗卫星组成（21 颗工作卫星+3 颗备用卫星），均匀分布在 6 个轨道平面上；轨道高度 20183 km 左右，属高轨轨道；运行周期约 12 h（717.88 min）；轨道倾角约 55°；GPS 导航卫星轨道属于任意轨道型。全球任何地方的观测者，在地平线 7.5°以上至少可以看到 4 颗卫星，在地平线以上至少可以看到 5 颗卫星，最多可看到 11 颗卫星。

发射频率：同时发射两种频率，分别为 1575.42 MHz（L1 波段）和 1227.60 MHz（L2 波段）。L1 由导航数据及伪随机噪声码 PRN 和 C/A 码调制（PRN:Pseudo Random Noise，是一种可以预先确定并可重复产生，又具有白噪声所具有的良好的自相关特性的二进制码元序列；C/A:Coarse and Acquisition Code，是一种用于粗测与捕获的伪随机码），L2 由导航数据和 P 码调制（P:Precise Code，卫星的精确码）。GPS 发射双频 L1、L2 是为了校正电离层产生的附加延时；此外，美国于 2009 年开通了民用的 L5（1176.45 MHz）波段。

2. 地面站

GPS 地面站由 1 个主控站、5 个跟踪站（监测站）和 3 个注入站三部分组成。

（1）主控站

主控站负责将各跟踪站收集、送来的跟踪数据，对卫星轨道参数、时间偏差进行评价，并计算出各颗卫星原子钟的校正参量、卫星历书（卫星识别码）、卫星星历（位置）、系统状态、电离层校正参量等，再编成导航信息码后，送入注入站。

（2）跟踪站

跟踪站是一种无人值守的数据采集中心，受主控站控制，定时将它对每颗卫星的观测数据送往主控站。

（3）注入站（地面控制站、地面天线）

注入站将导航信息注入卫星，每天 1~2 次。

3. 用户设备

用户设备主要是 GPS 接收机，其主要作用是接收 GPS 卫星信号并利用传来的信息计算用户的三维位置及时间。

GPS 接收机的主要任务是：当 GPS 卫星在用户视界升起时，接收机能够捕获到待测卫星，并能够跟踪这些卫星的运行；对接收到的 GPS 信号进行变换、放大和处理，以便测量出 GPS 信号从卫星到接收天线的传播时间，解译出 GPS 卫星发送的导航电文，实时地计算出测站的三维位置，甚至三维速度和时间。

根据 SOLAS 公约的要求,所有船舶必须安装至少 1 台全球卫星导航系统或陆基无线电导航系统或其他装置,在整个航程内随时确定和更新船位。

(1)GPS 导航仪的组成

航海用 GPS 接收机大多是单频 CA 码相关型导航接收机,由硬件和机内软件以及 GPS 数据后台处理软件包等构成。GPS 接收机的硬件由 GPS 接收机天线单元、GPS 接收机主机单元、电源三部分组成。天线安装在室外,通过电缆与主机相连,用于接收 GPS 卫星发射的信号;接收机主机单元是 GPS 导航仪的主体部分,主要作用是输入数据、对接收信号进行放大处理、解码、测量计算、显示数据等;电源是将船电转换为天线和本机各部分所需要的电源。

(2)GPS 导航仪的主要技术性能与功能

①显示定位的纬度、经度(准确度为秒或分小数点后两位甚至三位),位置更新时间为 1 s 左右。

②显示导航数据:有航速、航向、航迹速、航迹向、至航路点恒向线或大圆的操舵航向和距离、航行所需时间、偏航、任何两航路点之间的方向和航程。若有陀螺罗经和计程仪输入的,可显示流向和流速;导航数据更新时间为 3~5 s。

③能存储航线设计和航路点编号及其经纬度。

④报警:偏航、守锚监视、到达转向点所设定的范围及接收机故障等。

⑤能设置一些参数:HDOP、二维(2D)或三维(3D)定位。

⑥变换使用测地系:一般有 WGS84(GPS 接收机使用的基本测地系)、东京(Tokyo)、北美(NAD-72)、阿拉斯加/加拿大 ALASKA/CANADA、欧洲(EUROPE)、澳大利亚(AUSTRALIA)、南亚(SOUTHASIA)、南美(SOUTHAMERICA)。

⑦接口功能:提供输入/输出接口。目前各厂家都采用 NMEA(National Marine Electronics Association——美国国家航运电子协会)的数据格式。

⑧卫星信息:卫星号、方位、仰角、卫星工作状态及被跟踪的卫星信噪比。

具体功能如下:

①船位计算和显示功能

每隔 3~5 s 更新一次船位,显示的船位分为 GPS 船位和 DR(dead reckoning)船位。当设定的 HDOP 小于定位的 HDOP 时,显示 DR 船位。当设定的 HDOP 大于定位的 HDOP 时,显示 GPS 船位。

②导航功能

计算显示航向、航速;具有偏航报警和到达报警的音响和图示;计算显示风流压差;标绘航迹和航路点;导航数据更新时间为 3~5 s。

③航线设计功能

可输入存储 10 条以上航线,每条航线可以设定 10 个航路点。计算显示到某一航路点的航向、距离、到达时间等。

④存储导航信息

可以存储 10 个以上的重要航路点、计算航程等。

⑤显示和预报卫星的有关信息

显示用于定位的卫星编号(SANO)、仰角(ELV)、方位角(AZL)、HDOP、信噪比(S/N)等。可以预报未来卫星升出地平线的时间,及该卫星的编号、仰角、方位角等信息。

（3）GPS 导航仪启动方式

GPS 导航仪开机方式一般分为冷启动、热启动和日常启动三种。

①冷启动

定义：一台导航仪安装后第一次开机使用或停机 3 个月以上（有的导航仪 6 个月以上）时再次开机，或停机后位置变化 100 英里以上（有的导航仪位置变化 600 n mile 以上）时再次开机，称为冷启动。

方法：导航仪须进行初始化输入，即需要输入推算船位经纬度、时间、天线高度、HDOP 等数据。导航仪需要搜索卫星，重新收集历书，约 30 min 后，才开始自动定位。冷启动输入时间的误差不应超过 15 min（有的导航仪要求不超过 1 h），输入船位经纬度的误差不应超过 1°（有的导航仪要求不超过 10°）。若 HDOP 数值范围为 00～99，二维定位（船舶定位）时，一般设定为 10。

②热启动（温启动）

定义：GPS 导航仪关机后，位置变化不超过 100 英里（有的导航仪不超过 600 n mile）时或关机日期不超过 3 个月（有的导航仪不超过 6 个月）时，且导航仪内保存有卫星星历时的启动，称为导航仪的热启动。

方法：不需要向导航仪输入初始数据。接通电源后，最多不超过 20 min 就可以自动定位。

③日常启动

定义：船舶在航行或停泊时，GPS 导航仪关机后再启动，称为导航仪的日常启动。

方法：不需初始化输入。它是 GPS 导航仪经常的开机方式，开机后马上就可以自动定位。

（二）GPS 卫星导航定位原理

1. 定位测速授时原理

GPS 卫星导航系统由卫星、地面站和用户三个部分组成，如图 10-5-2 所示。在定位原理上，GPS 卫星定位系统主要采取球面测距定位方法，用户通过接收卫星导航电文中的卫星星历可精确确定卫星的位置，通过测量到三颗卫星的距离便可以得到以卫星为球心、以卫星到用户的距离为半径的三个球面，其交点即为用户的三维空间位置。

用户测距是通过测定信号从卫星到用户的传播延时，转而求得用户到卫星的距离。卫星信号在到达用户时会受到各种因素影响，因而用户所测的到卫星的距离并非用户到卫星的真实距离（伪距离，简称伪距）。另外，系统还要严格校对卫星的时钟误差，可由导航电文中的卫星钟差校正参量予以消除。用户时钟偏差作为未知量在观测方程中求解，所以用户三维定位时需要接收四颗卫星的信号，而二维定位需要接收三颗卫星的信号。

卫星导航系统本身都有精密的原子钟作为时间基准（称为系统时），用户利用上述时钟偏差求解可获得自身相对于系统时的偏差量，利用此偏差量将用户的时间换算成系统时，可获得精密的系统时间信息。

若用户在接收 GPS 卫星信号的同时是运动的，卫星与用户之间的距离发生变化，卫星发射信号的频率是固定不变的，用户接收频率则是变化的，用户接收频率与卫星发射频率之差称为多普勒频移。多普勒频移的大小与符号由用户的运动速度和方向决定（卫星运动速度和方向为已知）。GPS 导航仪接收卫星发射的信号时，测量卫星信号的多普勒频移，求得用户与卫星之间的伪距变化率，建立伪距变化率方程组，解方程组就可以得到用户的二维或三维速度。

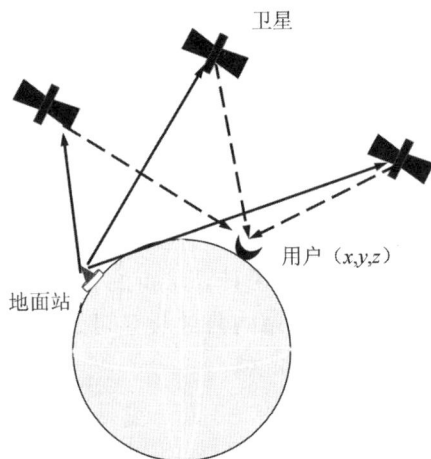

图 10-5-2 测距定位原理

2. GPS 卫星导航电文

GPS 卫星发送的导航信息称为 GPS 卫星导航电文。每颗卫星都同时向地面发送以下信息：系统时间、时钟校正值、自身精确的轨道数据、其他卫星的近似轨道信息、电离层模型参数和世界协调时（UTC）数据等系统状态信息，用于计算卫星当前的位置和信号传输的时间，从而使 GPS 接收机在接收导航电文后能确定自身的位置。每个卫星独自将数据流调制成高频信号，数据传输时按逻辑分成不同的帧，每一帧有 1500 位，传输时间需 30 s。每一帧可分为 5 个子帧，每子帧有 300 位，传输时间为 6 s。每 25 帧构成一个主帧，传输一个完整的历书需要 1 个主帧，也就是需要 12.5 min。GPS 接收机要实现其功能至少要接收一个完整的历书。

原始的导航数据首先要经过伪随机噪声码 P 码和 C/A 码的调制，进行加密和扩频，然后将扩频后的信号以绝对相移键控 PSK 方式对载波 L1 和 L2 进行调制，最后形成导航电文通过卫星天线发射出去。

P 码是一种连续、快速、长周期的伪随机二进制序列码，其码率为 10.23 MHz，采用 7 天的周期，并规定每星期六格林尼治时间午夜零点使 P 码置全"1"状态作为起始点，用于较精密的导航和定位，禁止非特许用户应用。

C/A 码是一种低速、短周期的伪随机二进制序列码，其码率为 1.023 MHz，用于粗测距和捕获 GPS 卫星信号的伪随机码。

3. 定位计算

①导航仪根据其内存储的 GPS 历书，计算卫星的概略位置；

②导航仪根据键入的推算船位、时间、精度几何因子数值选择仰角不小于 5°、几何配置最好的 4 颗或 3 颗卫星；

③导航仪对 GPS 卫星进行频率和伪码的二维搜索，码同步后转入载波相位跟踪、检测和存储导航电文；

④导航仪根据所测的伪距、从卫星星历算出的卫星位置及传播延时的计算和修正，计算出用户的位置。

（三）GPS 卫星导航定位误差

1.伪测距误差

（1）卫星误差

①卫星星历误差

卫星星历误差是指卫星星历给出的卫星空间位置与卫星实际位置间的偏差,因为卫星空间位置是由地面监控系统根据卫星测轨结果计算求得的,所以又称为卫星轨道误差。它是一种起始数据误差,其大小取决于卫星跟踪站的数量及空间分布、观测值的数量及精度、轨道计算时所用的轨道模型及定轨软件的完善程度等。

②卫星钟差

卫星钟差是指 GPS 卫星上原子钟的钟面时与 GPS 标准时间的差别。为了保证时钟的精度,GPS 卫星均采用高精度的原子钟,但它们与 GPS 标准时之间的偏差和漂移总量仍在 0.1~1 ms 以内,由此引起的等效的定位误差将达到 30~300 km。这是系统误差,必须加以修正,经过卫星时钟误差校正后的卫星时钟产生的测距误差,一般在 20 ns 以内,对于 1 ns 时间精度,相当于 0.3 m 左右的等效测距误差。

③SA 误差

SA(Selective Availability)政策即可用性选择政策,是美国军方为了限制非特许用户利用 GPS 进行高精度点定位而采用的降低系统精度的政策。它一度使得 GPS 的定位精度下降到 100 m,SA 政策于 2000 年被取消,但是战时或必要时,美国仍可能恢复或采用类似的干扰技术。

（2）信号传播误差

①电离层延迟误差

当 GPS 信号通过电离层时,与其他电磁波一样,信号的路径要发生弯曲,传播速度也会发生变化,从而使测量的距离发生偏差,这种影响称为电离层延迟误差。中纬度地区,白天比晚上大,地方时 11 时电离层延迟误差达到最大;赤道比南、北两极电离层延迟误差要大;卫星的高度越高延迟误差越小;夏季要比冬季影响大。双频(L1、L2)导航仪可以较精确地消除电离层传播延迟误差;单频(L1)导航仪可以采用数学模型校正法,使电离层传播延迟误差减小50%;限制接收卫星的最大仰角,可减小电离层传播延迟误差对定位精度的影响。

②对流层延迟误差

对流层的大气密度比电离层大,大气状态也复杂。GPS 信号通过对流层时,信号的传播路径会发生弯曲,从而令距离测量产生偏差,这种现象称为对流层延迟误差。卫星仰角越小,对流层延迟越大,一般选用仰角不小于 5°的卫星。利用数学模型校正法可消除部分对流层延迟误差。

③多路径效应

GPS 接收机周围的反射物所反射的卫星信号进入接收机天线,对直接来自卫星的信号产生干涉,从而使观测值偏离,产生"多路径误差"。这种由于多路径的信号传播所引起的干涉时延效应被称作多路径效应。

（3）导航仪误差

与 GPS 接收机的误差包括通道偏差(多通道接收时)误差、导航仪噪声误差和量化误差。

通道偏差使 GPS 接收机利用 P 码或 C/A 码定位时产生 0.15 m 和 0.6 m 左右的等效测距误差;导航仪噪声误差和量化误差使 GPS 接收机利用 P 码或 C/A 码定位产生 0.24 m 和 2.44 m 左右的等效测距误差。

2. 几何误差

在测距误差系一定值的条件下,观测点与卫星间的几何图形不同时,定位误差的大小也不同。用户与卫星间的几何位置好,定位误差小;反之,定位误差大。用户与卫星间的几何关系对定位误差影响的大小,可用精度几何因子 GDOP(Geometric Dilution of Precision)来表示:

$$\text{GDOP} = \frac{\sqrt{\delta_x^2 + \delta_y^2 + \delta_z^2 + \delta_t^2}}{\sigma} = \sqrt{g_{11} + g_{22} + g_{33} + g_{44}} \tag{10-5-1}$$

式中:σ——测距误差;

δ_x、δ_y、δ_z、δ_t——用户位置和时钟偏差。

$\sqrt{g_{11} + g_{22} + g_{33} + g_{44}}$ 仅由用户和卫星间的几何位置确定,即 GDOP 完全由用户和卫星间几何位置确定,故将 GDOP 称为精度几何因子。实际上,用测距误差等于 1 的方式来计算时,精度几何因子的表达式为:

$$\text{GDOP} = \sqrt{\delta_x^2 + \delta_y^2 + \delta_z^2 + \delta_t^2} \tag{10-5-2}$$

GDOP 表达了用户位置及用户时钟误差与测距误差之间的关系,GDOP 的值越小,表明选用的卫星的几何图形配置越理想,使位置和时间的偏差值也相应减少。经证明,4 颗卫星与测者所构成的几何四面体体积与 GDOP 成反比关系,即四面体体积大时,GDOP 值小,定位精度就高。假如,1 颗卫星近天顶,其他 3 颗卫星近地面上(仰角大于 5°)相隔近 120°,四面体体积可视为最大,这时的 GDOP 值为很小,则定位精度最高。

$$\text{GDOP} = \sqrt{(\text{PDOP})^2 + (\text{TDOP})^2} \tag{10-5-3}$$

$$\text{PDOP} = \sqrt{(\text{HDOP})^2 + (\text{VDOP})^2} \tag{10-5-4}$$

式中:VDOP——高程精度几何因子(Vertical Dilution of Precision),VDOP=δ_z;

HDOP——水平方向精度几何因子(Horizontal Dilution of Precision),HDOP=$\sqrt{\delta_x^2 + \delta_y^2}$。

需要特别注意的是,VDOP 和 HDOP 是定义在用户地平坐标系中,而不像 GDOP 和 PDOP 是定义在空间直角坐标系中。因此,式(10-5-1)中的 δ_z 与 δ_x、δ_y 都是指换算到用户地平坐标系中的误差分量。

利用上面的关系式,可以得到下面的误差表达式:

伪测距误差(δ)×PDOP=位置误差

伪测距误差(δ)×TDOP=钟差误差

伪测距误差(δ)×VDOP=高程误差

伪测距误差(δ)×HDOP=水平位置误差

在进行卫星定位时,可见卫星数可能高达 7 颗,甚至 11 颗,可选择最佳的 4 颗卫星,使得 GDOP 值最低,以取得最好的定位精度。GPS 卫星导航仪等效测距误差(δ)为 4.3 m(P 码)和 8.6 m(CA 码),假定 HDOP=1.5,产生的水平位置误差:水平面内二维用户位置的径向误差(δ)为 6.5 m(P 码)和 12.9 m(CA 码);VDOP=2.5,产生高程误差应为 10.8 m(P 码)和 21.5 m(CA 码);GDOP=1.2,把距离转换成时间时,就会产生 17 ns(P 码)和 34 ns(CA 码)的时间误差。

最佳选星的原则是：选择4颗仰角满足要求（5°<仰角<85°），且构成的空间几何图形能使精度几何因子GDOP值最小的一组卫星作为最佳选择。航海GPS接收机大多可显示HDOP值大小，HDOP值越大，定位精度越差，一般HDOP≤4，位置精度较高；HDOP≥9，位置精度较差。GPS导航仪设定HDOP阈值后，若定位达到的HDOP小于设定的HDOP，则显示GPS船位；若定位达到的HDOP大于设定的HDOP，则显示GPS推算船位。

例：GPS导航仪等效测距误差（σ）=8.8 m，HDOP=1.6，VDOP=2.2，则产生的水平位置误差=$\sigma \times$HDOP=14.08 m，高程误差=$\sigma \times$VDOP=19.36 m。

3. 海图标绘误差

海图标绘误差是由于GPS导航仪使用的测地坐标系与海图制图使用的测地坐标系不同，对GPS定位产生的误差。

一般GPS导航仪，若不人为选定某一测地系，则自动选择国际测地系（WGS84）。为了提高定位精度，应选择GPS导航仪测地系与所使用的海图测地系一致。

（四）DGPS卫星导航系统

1. 系统组成

普通的卫星导航用户定位精度不高（普遍在10 m以上），限制了用户在高精度导航领域的应用，于是，差分定位技术得到了较快的发展。DGPS是利用差分技术对GPS用户的观测量进行修正，从而获得高精度的定位结果的。目前DGPS可以将CA码接收机的定位精度提高到米级、亚米级甚至是厘米级。

DGPS由GPS卫星网、基准站、数据链及用户四部分组成，如图10-5-3所示。DGPS基准站的位置精确已知，基准站用GPS接收机定位后，与其已知位置比较，计算出修正量（伪距、位置修正量等）。一般DGPS用户和基准站之间距离较近（如100 n mile以内），两者的GPS接收机观测定位误差基本相近，基准站的误差修正数据可以被用户用来修正其观测结果，该误差修正数据被称为差分修正数据。基准站通过数据链以广播或其他的通信方式将差分修正数据发送给用户，对用户测量的数据进行修正，使用户获得高精度的定位结果。目前广泛应用于航海上的差分技术为伪距差分。

图10-5-3　DGPS组成

为了进一步扩大 DGPS 的覆盖范围,还可以通过地球静止轨道(GEO)卫星播发差分数据,如美国的广域增强系统 WAAS(Wide Area Augmentation System)、欧洲的静地星导航重叠服务系统 EGNOS(European Geostationary Navigation Overlay Service)。

2. DGPS 分类

根据 DGPS 基准站发送的信息方式可将 DGPS 定位分为三类,即位置差分、伪距差分和相位差分。这三类差分方式的工作原理是相同的,即都是由基准站发送改正数,由用户站接收并对其测量结果进行改正,以获得精确的定位结果。所不同的是,发送改正数的具体内容不一样,其差分定位精度也不同。

(1)位置差分原理

位置差分是最简单的差分方法,任何一种 GPS 接收机均可改装和组成这种差分系统。安装在基准站上的 GPS 接收机观测 4 颗卫星后便可进行三维定位,解算出基准站的坐标。由于存在着轨道误差、时钟误差、SA 影响、大气影响、多径效应以及其他误差,解算出的坐标与基准站的已知坐标是不一样的,存在误差。基准站利用数据链将此改正数发送出去,由用户站接收,并且对其解算的用户站坐标进行改正。最后得到的改正后的用户坐标已消去了基准站和用户站的共同误差,例如卫星轨道误差、SA 影响、大气影响等,提高了定位精度。

位置差分的先决条件是基准站和用户站观测同一组卫星的情况。位置差分法适用于用户与基准站间距离在 100 km 以内的情况。

(2)伪距差分原理

伪距差分是目前用途最广的一种技术。几乎所有的商用 DGPS 接收机均采用这种技术。国际海事无线电委员会推荐的 RTCM SC-104 也采用了这种技术。在基准站上的接收机要求得其与可见卫星的距离,并将此计算出的距离与含有误差的测量值加以比较。利用 α-β 滤波器将此差值滤波并求出其偏差。然后将所有卫星的测距误差传输给用户,用户利用此测距误差来改正测量的伪距。最后,用户利用改正后的伪距来解出本身的位置,就可消去公共误差,提高定位精度。

与位置差分相似,伪距差分能将两站公共误差抵消,但随着用户到基准站距离的增加又出现了系统误差,这种误差用任何差分法都是不能消除的。用户和基准站之间的距离对精度有决定性影响。

(3)载波相位差分原理

载波相位差分技术又称为 RTK 技术(real time kinematic),是建立在实时处理两个测站的载波相位基础上的。它能实时提供观测点的三维坐标,并达到厘米级的高精度。与伪距差分原理相同,由基准站通过数据链实时将其载波观测量及站坐标信息一同传送给用户站。用户站接收 GPS 卫星的载波相位与来自基准站的载波相位,并组成相位差分观测值进行实时处理,能实时给出厘米级的定位结果。实现载波相位差分 GPS 的方法分为两类:修正法和差分法。前者与伪距差分相同,基准站将载波相位修正量发送给用户站,以改正其载波相位,然后求解坐标。后者将基准站采集的载波相位发送给用户台进行求差解算坐标。前者为准 RTK 技术,后者为真正的 RTK 技术。

3. DGPS 定位误差

DGPS 基准站能够修正用户定位误差基于在同一地区、同一时间内,GPS 缓慢变化的系统误差对定位精度的影响是相同或近似的,这些误差包括卫星误差、误差、电离层折射与对流层折射误差、SA政策等公共误差,而多径效应、导航仪噪声与量化误差、通道间偏差对于基准站和用户来说是非公共误差,即不具备相关性的。

DGPS只能消除和削弱DGPS基准站和用户GPS接收机的公共测距误差,对于非公共误差,DGPS不能消除和削弱。

用户与基准站距离越近,误差相关性越好,DGPS定位精度越高,反之,定位精度下降。试验表明,差分校正在300 n mile区域内有效,数据更新率在30 s内有效;差分区域在100 n mile区域以内,数据更新率在10 s内,差分效果是令人满意的。

三、北斗卫星导航系统

（一）北斗卫星导航系统概述

我国于1994年启动"北斗一号"系统工程建设,2000年发射2颗地球静止轨道卫星,建成系统并投入使用,采用有源定位体制;2004年,启动"北斗二号"系统工程建设;2012年年底,完成14颗卫星(5颗地球静止轨道卫星、5颗倾斜地球同步轨道卫星和4颗中圆地球轨道卫星)发射组网。"北斗二号"系统在兼容"北斗一号"技术体制的基础上,增加无源定位体制,为亚太地区用户提供定位、测速、授时、广域差分和短报文通信服务;服务区为南北纬55°、东经55°~180°区域,定位精度优于10 m,测速精度优于0.2 ms,授时精度优于50 ns;并于2018年面向"一带一路"沿线国家和地区提供基本服务;2020年6月,完成35颗卫星发射组网,建成"北斗三号"系统,于2021年7月31日宣布为全球用户提供服务。

"北斗三号"系统由空间段、地面段和用户段三部分组成。空间段由35颗卫星组成,包括5颗静止轨道卫星;27颗中地球轨道卫星,轨道高度21000 km左右,运行周期11 h 58 min;3颗倾斜同步轨道卫星,轨道高度36000 km左右,主要任务是执行地面中心与用户终端之间的双向无线电信号中继业务。轨道高度36000 km左右,运行周期约24 h;轨道倾角约0°或55°;发射频率上行为L频段(频率1610~1626.5 MHz),下行为S频段(频率2483.5~2500 MHz),卫星到中心站链路通信采用标准C频段。

地面段包括北斗地面控制中心站、集团用户管理中心、北斗运营服务中心。其主要任务包括:对卫星定位、测轨和制备星历,调整卫星运行轨道、姿态和控制卫星的工作;测量和收集导航定位参量、校正参量等,对用户进行导航定位;完成地面系统和用户及用户和用户之间的通信;对系统覆盖区内的用户进行识别、监视和控制。

北斗用户设备是带有包括北斗兼容其他卫星导航系统的芯片、模块和天线的基础产品,用于接收卫星发射的S波段信号,并向卫星发射应答信号,完成信息存储和显示。

（二）北斗卫星导航系统工作原理

1.定位原理

根据北斗卫星的星座分布及运行轨道情况,用户在地球表面的任意地点都可同步观测到4颗以上的卫星。从接收到的各个卫星播发的导航电文中可以精确确定在视野范围内的卫星的空间位置,从而得到用户接收机到卫星的空间距离。在一般情况下,利用3颗卫星就可组成

3 个基于星站距离的公式,组成方程式就可解算出用户观测站的空间位置(x,y,z)。在现实定位过程当中,卫星时钟与接收机时钟之间也存在偏差。所以,有必要把该误差也作为未知量引入方程组:

$$\begin{cases} (\rho_1 + \Delta t \times v)^2 = (x-x_1)^2 + (y-y_1)^2 + (z-z_1)^2 \\ (\rho_2 + \Delta t \times v)^2 = (x-x_2)^2 + (y-y_2)^2 + (z-z_2)^2 \\ (\rho_3 + \Delta t \times v)^2 = (x-x_3)^2 + (y-y_3)^2 + (z-z_3)^2 \\ (\rho_4 + \Delta t \times v)^2 = (x-x_4)^2 + (y-y_4)^2 + (z-z_4)^2 \end{cases}$$

式中:

ρ ——卫星到接收机的空间几何距离。

v ——电磁波的传播速度。

(x,y,z) ——待求测站点的坐标。

Δt ——卫星的时钟与接收机时钟之间的误差。

(x_i,y_i,z_i) —— 通过北斗卫星电文解译出该时刻所接收到的北斗卫星的三维空间坐标;i 为观测到的卫星的序号。

2. 授时原理

授时是指接收机通过卫星播发的由地面控制系统提供的授时信号,获得本地时间与北斗标准时间的钟差,然后调整本地时钟将时差控制在一定的精度范围内。北斗为用户机提供两种定时方式:单向定时和双向定时。在单向定时模式下,用户机不需要与地面中心站进行交互,只需接收导航电文信号,自主获得本地时间与北斗标准时间的钟差,实现时间同步;在双向定时模式下,用户机与中心站进行交互,向中心站发射定时申请信号,由中心站来计算用户机的时差,再通过出站信号经卫星转发给用户,用户按此时间调整本地时钟与标准时间对齐。

3. 通信原理

短消息通信是"北斗一号"的一大特色,可为用户机与用户机、用户机与地面中心站之间提供每次最多 120 个汉字的短消息通信服务。每个用户机都有唯一的一个 ID 号,并采用 1 户 1 密的加密方式,通信均需经过地面中心站转发。其流程为:短消息发送方首先将包含接收方 ID 号和通信内容的通信申请信号加密后通过卫星转发入站;地面中心站接收到通信申请信号后,经脱密和再加密后加入持续广播的出站广播电文中,经卫星广播给用户;接收方用户机接收出站信号,解调解密出站电文,完成一次通信。与定位功能相似,短消息通信的传输时延约为 0.5 s,通信的最高频度也是 1 次/秒。

(三)北斗卫星导航仪

1. 船载北斗卫星导航仪功能

(1)定位与导航:实时显示本船位置、速度、航向;实时显示目的地所在位置、方位、距离;实时显示时间、日期;实时显示卫星状态及信号强度;转向点导航与计划航线导航。

(2)短报文通信:可与北斗终端和手机收发短消息,可存储、编辑短消息。一般的用户机一次可传输 36 个汉字,申请核准的可以传送 120 个汉字或 240 个代码。

(3)信息服务包括潮汐查询、渔业生产信息、通航信息及其他增值服务信息。

（4）报警功能包括接收机故障、天线故障、超速、偏航、完善性监测等。

（5）电子海图显示和航迹标绘。

（6）AIS 扩展功能：北斗终端安装 AIS 模块以后可以具有 AIS 的扩展功能。

2. 船载北斗卫星导航仪主要性能指标

根据《北斗卫星导航系统导航型终端通用规范》和 IMO MSC. 379（93）决议，船载北斗卫星导航仪应满足下列要求：

（1）导航型终端应能接收到 1561098 MHz（B1 频点）的北斗卫星信号。

（2）捕获灵敏度应不大于-144 dBm；跟踪灵敏度应不大于-159 dBm。

（3）导航型终端的定位精度：在 HDOP≤5 的条件下，水平定位精度优于 20 m（95%）在 VDOP≤5 的条件下，高程定位精度优于 20 m（95%）。

（4）首次定位时间：温启动（历书可用、有概略位置和时间、捕获概率优于 95%），导航型终端首次定位时间应不大于 60 s；热启动（历书可用、星历可用、有概略位置和时间、捕获概率优于 95%），导航型终端首次定位时间应不大于 15 s。

（5）失锁重捕时间：卫星信号短暂中断 30 s 后，导航型终端的失锁重捕时间应不大于 5 s。

（6）测速精度：导航型终端的测速精度优于 0.2 m/s（95%）。

（7）定时精度：在与 UTC 整秒时刻同步的条件下，导航型终端的定时精度应优于 1 ms。

（8）定位测速更新率：在与 UTC 整秒时刻同步的条件下。更新率应不小于 1 Hz（每秒刷新一次）。

（9）跟踪通道数：导航型终端的跟踪通道数应不少于 16 个。

（10）导航型终端应具备导航功能，并具有电子海图接口。

3. 船载北斗卫星导航仪完善性检测及状态检测

导航型终端正常工作时，应能实时监测以下的状态，并通过显示或声光方式给出提示信息：

（1）导航型终端供电方式及电池容量；

（2）观测空域内的二维卫星星座分布图及其各卫星信号的锁定状态；

（3）完善性信息；

（4）定位状态，包括未定位、二维定位、三维定位及定位信息；

（5）时间信息，并标明 BDT 时间或 UTC 时间。

第六节　船舶自动识别系统

一、AIS 概述

（一）AIS 的功能及优点

在一定的作用范围内，在规定的频道上，用 VHF 脉冲转发器传输船对船和船对岸的识别、导航和通信信息,自动进行船对岸台和船对船的识别系统称为自动识别系统(AIS, Automatic Identification System)。

1. AIS 的功能

IMO 规定,AIS 的目的是协助改善船舶航行安全和航行效率,保护环境,同时改善船舶交通管制(VTS)的工作性能,它具有如下基本功能要求:

(1)船-船方式避碰;

(2)作为沿海国家获取船舶及其货物资料的一种方法;

(3)作为 VTS 的工具,即船-岸(交通管理)。

2. AIS 的工作性能

(1)自动连续地向主管部门、岸台、其他船舶和飞机提供自动识别信息,而不需船舶人员的参与。

(2)自动连续地接收和处理来自其他来源,包括主管部门、岸台、其他船舶和飞机的自动识别信息。

(3)自动识别信息应含有静态信息、动态信息、与航行安全相关的信息。

(4)对高优先和与安全有关的调用尽快做出回应。

(5)以支持主管部门和其他船舶进行精确跟踪所需的更新速率提供船位和操纵信息,使接收者精确地跟踪和监视船舶动态。

(6)与岸基设施交换数据,以便主管部门指配工作模式、控制数据传输时间和时隙。

(7)以许多模式工作,数据的传输响应有来自船舶或主管部门的问询,有轮询和受控两种模式。

(8)提供国际海事标准界面,并有人工输入和输出数据的接口。

3. AIS 的优点

(1)AIS 是一种无人操作的无线电通信系统,自动进行船到岸和船到船间通信,交换船位和航行状态等信息。

(2)AIS 与其他船舶进行 VHF 无线电联系,利用短信息 SMS,减少 VHF 呼叫通话量,减少了手动输入和 VHF 通信。

(3)AIS 是一种无人操作的无线电导航系统。自动、实时观测和监视装有 AIS 的船舶动态,进行船对船和船对岸的识别,协助驾驶员瞭望和避碰。

(4)AIS 提高了海上搜寻和救助的工作效率,可快速寻找海上遇险船舶。

(5)AIS 可自动存储信息,以便事后查询和分析。

(6)AIS 降低了工作强度和减少了工作差错。

4. 与雷达和 ARPA 相比，AIS 的优越性

(1)AIS 自动进行船到岸和船到船间通信,使雷达和 ARPA 自动获得交通信息,增强了雷达和 ARPA 的功能,提高了使用雷达和 ARPA 获得交通信息的可靠性。

(2)AIS 自动观测和监视装有 AIS 的船舶,进行船对船和船对岸的识别,显著地提高了目标的识别与监视能力,有助于看清现场的运动态势,高效地协助驾驶员瞭望和避碰。

(3)AIS 自动为雷达和 ARPA 交换 CPA、TCPA 等避碰数据,使雷达和 ARPA 快速、直观、准确地判断本船与相遇船舶是否存在碰撞危险,能应付多船相遇、快速逼近及机动频繁等场

合,减少和避免海上碰撞事故。

（4）AIS探测远距离目标的能力强,借助中继差转方式,可进行越障碍传输。AIS信号传输具有一定的绕越障碍的能力,覆盖范围扩大到河道和水流弯曲处和障碍物之后等雷达探测不到的区域,可以观察到小岛、山岬以及弯道河道后面的目标,可以减少和避免"雷达远距离目标引起的碰撞"事故。

（5）AIS探测近距离目标的能力强,没有近距离盲区。AIS信号传输覆盖范围扩大到雷达盲区,可以观测到雷达近距离盲区内的目标,能够显示靠在大船旁边的引航船的位置（这一点是雷达做不到的）,可以减少和避免"雷达近距离目标引起的碰撞"事故。

（6）AIS使雷达与ARPA减少或者消除了目标交换、误跟踪与丢失等问题。各种原因使得雷达和ARPA图像不好时,AIS可改善雷达和ARPA的覆盖,提高使用雷达和ARPA进行避碰的可靠性。

（7）AIS抗天气和海况的干扰强。AIS基本不受海浪和暴雨等恶劣天气的影响,无杂波干扰,不丢失小目标,改善了天气、海况等外界因素对雷达和ARPA图像的影响,实现了高亮度、高质量显示目标,可以确保在杂波干扰背景中可靠识别相遇船回波。

（8）AIS与雷达和ARPA相比响应时性强,能快速、自动地识别安装有AIS的目标,比雷达和ARPA的跟踪更新率更高。当一个船舶改变航向时,需1~3 min才能在雷达和ARPA上显示出相关数据,而AIS响应速度不多于3 s。

（9）AIS减少了工作强度和工作差错,在传输时可存储信息,以便事后查询和分析。

5. AIS 的局限性

AIS依赖于目标通过无线通信方式提供目标自身的信息,因而无法监测未装设AIS的目标[非SOLAS船舶不会安装AIS以及许多旧SOLAS船舶将推迟安装AIS（注:两年内退役的船舶免除安装AIS）]或AIS功能出现故障的目标,并且AIS缺少目标的完整信息和环境信息,目前AIS还不能作为船舶航行唯一的安全监测手段。

AIS所给出的信息未必能完全反映周围船舶的情况。船舶驾驶员应意识到其他船舶,尤其是游艇、渔船和军舰,以及一些岸基台站（包括VTS中心）可能没有配备AIS。船舶驾驶员还应意识到在某些情况下装配在其他船舶上的AIS可能被关闭。此外,船舶驾驶员不应假定从其他船舶接收的信息与本船提供的同样信息的质量和准确性是一样的。

雷达和ARPA仍然是唯一能够处理所有目标检测和跟踪,用于船舶监控、避碰、定位与导航的工具。作为自主的对环境具有全景式监测能力的探测设施,雷达和ARPA的功能仍然是独特的和不可替代的。在VTS内是否保留雷达与ARPA,取决于VTS区域工作的特点,特别是该区域内非安装AIS船舶的密度。虽然AIS减少了语音通信,大大提高了通信效率,但是,语音通信仍然是传送VTS信息至没有安装AIS船舶的重要方法,尤其在发生紧急情况时。例如,当提供航行援助时,仍需要语音通信。AIS不会使雷达或语音通信过时。用AIS辅助雷达与ARPA,构成综合的船舶航行与安全信息系统,能够实现两者的优势互补,从而对船舶航行安全发挥更大的作用。

（二）AIS 的性能特征

1. AIS 发射频率

（1）AIS工作在VHF频段。在国际电信联盟无线电大会ITU.R.M.1084-3中规定了船舶

AIS 通用工作频率为:161.975 MHz(87B 频道)和 162.025 MHz(88B 频道)。

(2)在不能使用 AIS 通道的地区,发射机应答器必须能够由数字选择性呼叫 DSC70 通道所接收的信息来转换变化通道。

(3)为了防止干扰和转换频道时造成通信损失,每个 AIS 站均同时在两个频道上进行收发。在大洋及所有其他海域,AIS 系统的一般工作模式是双通道模式,即 AIS 并行地在两个信道中同时接收,同时又在这两个信道中有规律地交替发送。此外,AIS 还能工作于由当地权力机关规定的海上移动 VHF 频段内的地区性信道中。

2. AIS 的无线传输要求

(1)工作频段:156.025~162.025 MHz。

(2)通用工作频率:VHF 87B(161.975 MHz)、VHF 88B(162.025 MHz)。

(3)频带宽度:25 kHz 或 12.5 kHz。

(4)发射功率:12.5 W/2.5 W。

(5)调制方式:GMSK/FM。

(6)数据编码方式:NRZI。

(7)传输效率:9600 bps。

(8)访问协议:STDMA(自组织时分多址技术)。

(9)通信规程:HDLC(高数据链控制)。

3. AIS 发射格式

在世界范围内,AIS 使用了自组织时分多址技术(STDMA)。自组织时分多址技术的含义是:AIS 没有主、副台之分;各个船台与岸台所使用的 AIS,按照时间分隔制,自行组织、传送 AIS 信号;虽然它们使用同一载频,但是它们之间不会产生干扰。

AIS 所发射的信息电文,每帧占时 1 min。每帧电文被划分为编号为 0~2249 的 2250 个时隙,每个时隙约 26.67 ms,可传输 256 bit。每个 AIS 站的船位报告占用一个时隙,其他类型的报文也可以使用多于一个的时隙,这要视具体需要确定。AIS 每分钟可以处理 2000 个以上报告,数据每隔 2 s 可以更新一次。为了实现分时通信,把时间分成为小段的时隙,采用自组织方式,使各个站参与组织利用时隙,因此在一个 AIS 站开始发送信息之前,首先要对当时信道的使用状态进行观察分析,弄清时隙使用情况,建立和存储一个能反映时分多址(TDMA)信道活动的帧图,然后根据自组织原则选用未占用的时隙,标明所占用的帧数后发送数据,使各 AIS 站保持严格同步,避免各站之间的时间重叠和信息干扰。STDMA 数据链路不仅支持广播服务,也支持点到点通信服务,如图 10-6-1 所示。

时分多址技术是新型数字访问技术。它的优点是:利用数字传输方法,大幅度地提高了频率利用率;信道分配合理,访问灵活;容量大、覆盖范围广;各船台可以根据需要提高动态信息的发送率,使船舶移动站在自主和连续模式下操作;当因用户增加或信息增多,AIS 超负荷时,自动时分多址访问可自身减少 AIS 电台的数量,保证最近的船舶能够接收;提供了一种在无须控制站干涉的情况下可快速解决冲突的访问算法;使用 STDMA 的信息具有可重复的特性且被用于向数据链路中的其他用户提供连续可更新的监视图像。

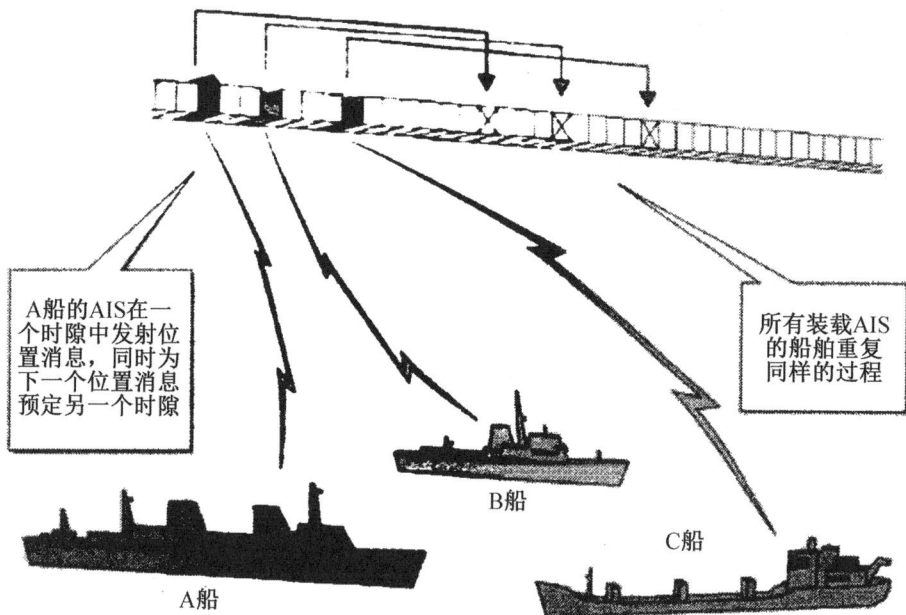

图 10-6-1　自组织时分多址技术

4. AIS 时间同步

自组织时分多址技术要求所有的电台在时间上同步，即每一帧信息的起始时间完全同步于世界协调时分钟的起始时间。AIS 的定时为混合定时。混合定时采用世界协调时（UTC）作为世界范围的时间基准。与世界协调时相关的其他时间也可以作为 AIS 的时间。按照 AIS 系统时间同步级别的高低排序，AIS 系统时间同步的方法依次为：

（1）UTC 直接：某一不能直接访问到 UTC 的站点，将自己的同步状态设置为 UTC 直接，用 GPS 导航仪来产生 UTC 时间。装备有 GPS 导航仪的用户，利用 GPS 导航仪来确定 UTC 时间。这是使 AIS 独立于基站的主要参考时间。

（2）UCT 间接：与已经与 UTC 同步的其他电台在时间上同步。某一不能直接访问到 UTC 但可接收到其他指示为 UTC 直接的站点，可与这些站点同步，同时还必须将自己的同步状态设置为 UTC 间接。当不能利用本台的 GPS 导航仪确定 UTC 时间时，接收与 UTC 时间同步的其他电台的信号，与它们中的一个台的 UTC 时间同步。

（3）与基站同步（直接或间接）：在基站作用范围内，与标识数最高的基站所使用的 UTC 时间同步。不能获得直接或非直接 UTC 同步，但可接收到来自基站的传输数据的移动站，可与其中拥有最多接收站数的基站所使用的 UTC 时间同步。

（4）与标识数最高的移动电台所使用的时间同步：当某个海区的所有移动电台都不能与 UTC 时间同步时，将与标识数最高（接收到的站的数目最多的其他站）的移动电台所使用的时间同步。

（5）当某一 AIS 站正在与几个 AIS 站同步时，若这些 AIS 站标识数（所接收到的 AIS 站数）相同，必须与海事移动业务识别码 MMSI 最低的 AIS 站同步。

AIS 对数字选择性呼叫 DSC 向下兼容，因此岸基的 GMDSS 系统很容易加建 AIS 运行通道,实现对装备 AIS 的船舶的识别和跟踪。最终 AIS 将取代 DSC 应答系统。

5. AIS 工作模式

AIS 有 3 种工作模式,其中缺省工作模式为自主工作模式,并可根据管理机构的需要在其他工作模式间切换。

(1)自主工作模式

AIS 按照自身的程序发送其船位信息;自动解决与其他船舶冲突问题;该模式可在所有海域使用。

(2)指定工作模式

AIS 按照指定方案发送信息。这种方案由岸台(由管理机构的基站或中继站所分配的传输计划)指定。在拥挤地区,发射机应答器使用由适任的当局岸台所选定的程序发射。

(3)轮询工作模式

AIS 只有在受到其他船或管理当局询问时,才发送信息。此时站点只响应来自某一船舶或管理机构的问询。轮询工作模式下的操作不可以与其他两种工作模式下的操作冲突。在交管控制中心,发射机应答器自动地对来自适任的当局的询问信息做出反应。

不管是在开阔海域、沿海水域,还是内河航道上,AIS 应答器都工作于自主工作模式;在一些海域,交通监管当局要遥控数据发送间隔、时隙等参数时使用指定工作模式;要求在收到他船或管理当局询问而发送数据时,采用轮询工作模式,管理当局应能控制工作模式的切换。

6. AIS 作用距离

AIS 采用 VHF 频段,它的覆盖范围取决于天线高度、发射功率、接收机灵敏度、大气状况和气象条件等。标准的船载 VHF 无线电台的发射功率为 25 W(高功率)和 1 W(低功率),AIS 的发射功率则不同,AIS 发射机的高功率为 25 W,低功率为 2 W。国际电工委员会(IEC)的实验表明即使在比较差的情况下,AIS 的覆盖范围也可达到 10 n mile。在海上通常为 20 n mile 左右。因为其波长较雷达长,波的绕射较强,所以视线较雷达好,在地面障碍物不高的情况下,能看到弯道或岛屿背面的 AIS 站。如果岸基 AIS 处于联网状态,借助于中继站,可以显著扩大船台和 VTS 站的覆盖范围。

7. AIS 的用户接口要求

陀螺罗经接口用 NMEA-0183 格式;GPS 接口用 NMEA-0183 格式;计程仪一般以 200 脉冲为 1 n mile;信息处理器与显示器用 IEC61162 标准;通信接口采用 RS232、RS485/RS422 标准。

二、AIS 的船台设备

AIS 的船台设备是一种工作在 VHF 频道上的自动船载广播式应答器。它能周期地自动广播和接收船舶的静态、动态和与航行有关的其他信息,进行岸与船之间和船与船之间的信息传递,对周围的船舶进行识别、监视和通信。

1. AIS 的船台设备的组成

AIS 的船台设备由天线、收发应答器、信息显示器和传感器组成,如图 10-6-2 所示。天线有鞭状 VHF 天线和 GPS/DGPS 天线两部分。收发应答器(Transponder)由(2 台数字)VHF 收发机（VHF Transceiver）和通信控制器[计算机、键盘显示单元和船用电子通信接口，备有为系统扩展使用的合适的 PC 软件（任选）]组成。通信控制器的计算机带有标准的船用电子通信接口（IEC61162/NMEA-0183/2000），通过控制软件和应用软件对 AIS 船站进行控制。

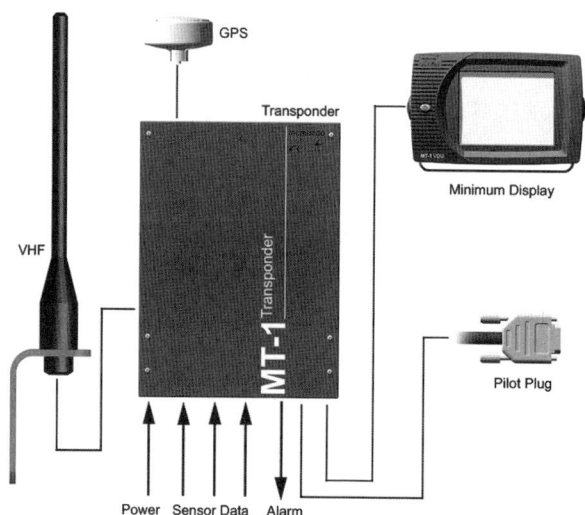

图 10-6-2　AIS 船台设备

（1）VHF 收发机

VHF 收发机由通信处理器控制，自动调谐到两个分配给 AIS 的 87B、88B VHF 国际专用通道频道。发射和接收按协议通信方案规定的已调信号，其通频带宽度为 25 kHz。VHF 收发机在发射和接收时所使用的频率通道、通信的方法是不一样的。VHF 收发机在接收信号时，同时使用 87B、88B 两个 VHF 国际专用频道接收信息；而 VHF 收发机在发射信号时，是在 87B、88B 两个 VHF 国际专用频道上交替进行发射的。在某些区域，主管部门还可以指配 AIS 的区域性频率，VHF 收发机能够在所指定的区域性频率上工作，自动转换到本地的 AIS 频率。VHF 收发机所发射和接收的已调信号中，包含有本船和他船的航行信息。

（2）通信处理器

通信处理器选择及切换频道，处理 AIS 信息，控制 VHF 收发机进行近、远程通信。通信处理器是 AIS 的核心部分。通信处理器中包括船舶静、动态数据库以及对信息的处理、管理控制、显示等相应的软件。用于存储本船静态信息和与航行相关的信息；处理、存储本船动态信息；将存储的本船最新航行数据、必要的静态信息和与航行相关的信息进行编码后送发射机；对接收来自周围其他船舶的航行数据进行解码并存储；将本船和其他船舶的航行数据等信息送信息显示器显示。通信处理器中的计算机转换导航信息以 AIS 所规定的数据形式送给 VHF 收发机和键盘显示单元，在 AIS 频道上收发 AIS 数据。

2. 信息显示器

信息显示器用于显示各种数据和状态信息，监视系统运行状况。嵌入的屏幕显示的数据行，符合 IMO 标准（IMO 标准最小 3 行数据），显示的数据可以转换成简单的图示方式，也可以将 AIS 数据输送到雷达、ARPA、电子海图和信息显示系统。目标信息可以按距离、TCPA 或者 CPA 进行分类，可以发出警戒区/丢失目标警报。

3.传感器

传感器主要功能是采集船舶动态信息。

(1)卫星导航仪、差分卫星导航仪和其他高精度导航仪提供本船的船位(经纬度)及精确的 UTC 时间。当不能利用本台的导航仪确定 UTC 时间时,接收与 UTC 时间同步的其他电台(AIS 基站、标识数最高的移动电台)的信号,与它们中的一个台的 UTC 时间同步。GPS 或 GNSS 数据以 NEMA-0183 格式输出。

(2)陀螺罗经提供本船对地航向信号,航向接口电路将航向信号转换为数字信号后输入信息处理器。陀螺罗经的航向数据输出格式也是 NEMA-0183。

(3)计程仪提供本船对地航速等信号,航速接口电路将航速信号转换为数字信号后输入信息处理器。

(4)其他传感器按照需要输入相关信息,并由接口电路将信号转换为数字信号后输入信息处理器。

三、AIS 的岸台系统

AIS 的岸台系统由一系列 AIS 基站收发机联网而成。AIS 基站使用专用的基站软件,可以改变通信端口设置、频率、传输速率、接收机识别码等参数。借助基站控制器(BSC)、网络设备、控制软件和应用软件,联网网络将海岸线的各个 AIS 基站收发机相互连接,实现对海岸线的覆盖。网络设备采用 Internet 网络,通过网络安全管理、控制、收集和分配信息流,在国际、国内或地区之间进行网络通信,进行船与岸以及船与船之间的通信。当通信双方超出 VHF 的覆盖范围时,网络系统仍进行信息排队处理,直至通信双方进入 VHF 的覆盖范围为止。

AIS 基站收发机配有 AIS 收发应答器。AIS 收发应答器的三个主要部件是:GPS 导航仪、VHF 收发信机和计算机。

AIS 基站收发机的功能:

(1)使用 6~12 信道 DGPS 导航仪,提供精确的位置和时间基准。

(2)用双信道 VHF 接收机(一发二收)在 136~174 MHz 频率范围收发信息。

(3)可设定区域性的信道分配,收发二进制信息。

(4)既可实现点对点通信,也可进行广播通信,传输文本等短信息(SMS)。

(5)向船舶接收机广播雷达目标信息。

(6)可实现热备份、远程配置和监视。

四、AIS 的信息显示

AIS 应至少安装一个最小键盘和显示器(MKD)或一个与 AIS 连接执行以下两种功能的专用动态显示器:

(1)显示船舶的运行状态(将被规律性地检查);

(2)显示 IALA 导则《船载自动识别系统操作指南》中描述的目标信息。

AIS 的信息显示设备有两类:

1. AIS 专用的最小显示

专用的最小显示终端仅被要求显示所选船舶的方位、距离和船名等三行数据。船舶的其他数据可通过水平滚动方式显示，但方位和距离不能滚动。其他船舶的数据可以通过垂直滚动方式显示。专用最小显示终端主要是为 AIS 测试设计的。当然该终端在实际使用中也是有一定作用的，特别是通过它可以识别船舶和自动进行避碰参数的计算与报警。但是要想充分发挥 AIS 的潜能，显示船舶周围的交通态势，应当使用图形显示终端。

2. AIS 的图形显示

AIS 的图形显示终端主要包括 ECDIS、雷达、带有图形显示器的组合导航系统和 AIS 专用图形显示器。如果用图形方式表示 AIS 信息，至少应显示：位置、对地航向、对地航速、船首向、转向率或转向（如可用）。

使用图形显示的 AIS 信息目标类型如图 10-6-3 所示，划分如下：

| Activated target | Sleeping target | Dangerous target | Lost target | Target selected for data display |
| (a)激活目标 | (b)休眠目标 | (c)危险目标 | (d)丢失目标 | (e)选择目标 |

图 10-6-3　图形显示的目标类型

（1）激活目标

这是一个表示自动或手动激活休眠目标的符号，以显示附加的图形表示信息，包括船舶矢量（对地航速和航向）、船首向、转向率或显示发生航向变化的转向标识的方向。

（2）休眠目标

这是一个表示在特定位置的装配有 AIS 的船舶存在和方位的目标符号。为避免信息过载，在激活前不显示附加信息。

（3）危险目标

这是一个表示数据超出预设的 CPA 或 TCPA 界限的 AIS 目标的符号，同时发出报警。

（4）丢失目标

如果未能接收到在预先设定的距离范围内的 AIS 目标信号，在数据丢失前的最后位置将出现一个目标丢失符号并同时发出报警。

（5）选择目标

这是一个表示人工选择 AIS 目标以在指定数据显示区域内显示详细信息的符号。在此区域，显示接收的目标数据和计算的 CPA 和 TCPA 值。

AIS 利用电子海图显示与信息系统（ECDIS）在雷达与 ARPA 所显示的图像如图 10-6-4 所示。

所有装有 AIS 的船舶都会在图像显示器上显示一个标志，如图 10-6-5 所示。该标志可以用矢量表示。矢量表示了船舶的实际位置、尺度和动向。矢量起点为船舶的位置，矢量的方向为船首的方向，而矢量的长度代表船舶前进的速度。点击船舶标志以后，立即显示该船的船名、分类、呼号、MMSI 注册号以及其他重要信息。得到这些信息后，可以直接呼船名进行船舶间的通信与导航，进行信息交流。

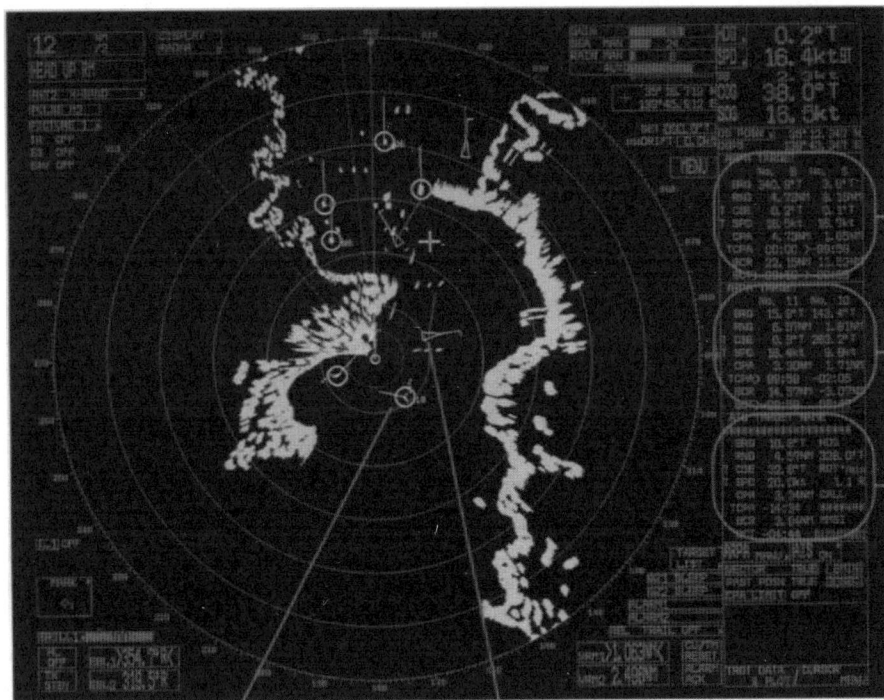

图 10-6-4　AIS 在雷达与 ARPA 上的显示

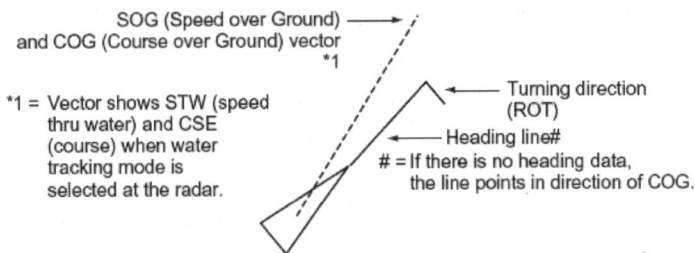

SOG (Speed over Ground)
and COG (Course over Ground) vector
*1

*1 = Vector shows STW (speed
thru water) and CSE
(course) when water
tracking mode is
selected at the radar.

Turning direction
(ROT)

Heading line#

= If there is no heading data,
the line points in direction of COG.

图 10-6-5　AIS 图像标志

3. AIS 的文字信息

（1）AIS 通信所发送的静态信息（static data）

在安装时,在 AIS 存储单元中输入重要的本船静态信息,这些信息包括:

①海事移动业务识别码（MMSI,Maritime Mobile Service Identity）;

②船名和呼号（call sign & name）;

③IMO 编码（IMO number）（若无,可不发）;

④船长和船宽（length and beam）;

⑤船舶类型（type of ship）;

⑥船舶定位（GPS）/天线的位置（location of position-fixing antenna on the ship）、定位仪天线在船上的位置。

由于船载卫星定位接收机输出的定位点是定位天线的位置,为了准确地表示船型,必须标明定位天线相对于船舶的位置,具体如图 10-6-6 所示。参数 A、B、C、D 为确定天线位置的坐标。

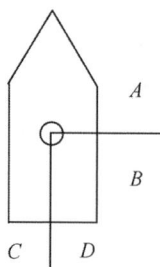

图 10-6-6　天线位置

（2）AIS 通信所发送的航次数据（voyage related data）

①船舶吃水（ship's draught）；

②危险品（种类）按管理当局要求［hazardous cargo（type）］；

③目的港和预计到达时间（destination and ETA）（按船长意见）；

④航行计划（任选）（optional-route plan）（航路点）（基本电文中无此数据区）；

⑤乘客数量（number of passengers）；

⑥（船舶）龙骨以上的高度（height over keel）。

（3）AIS 通信所发送的动态信息（dynamic data）

①船位及其精度标示和完好性状态（ship's position with accuracy indication and integrity status）；

②世界协调时 UTC 时间（日期由 GPS 接收设备产生）；

③对地航向（course over ground）（以 1/10 度为单位）；

④对地航速（speed over ground）（以 1/10 节为单位）；

⑤船首向（heading）；

⑥航行状态（navigation status）（例如 NUC、抛锚等，由人工输入）；

⑦回旋速率（rate of turn）（若无可不发）；

⑧选项——船舶横倾角（基本电文中无该数据区）；

⑨选项——纵、横摇（基本电文中无该数据区）；

⑩外接传感器提供的其他信息的输入项。

（4）AIS 通信所发送的与航行安全相关文本短信息或二进制信息（short safety-related messages）

AIS 二进制信息是预先定义的信息包。用于船对船和船对岸交换标准信息，如引航员请求、当前水位等。该数据由驾驶员在航行中操作输入。

与安全相关的电文是指重要的航行警告或重要的气象警告等与安全相关的信息，如接收岸台的气象预报、潮汐、流、港口数据、锚泊调度、船代信息等短信息（SMS，short messages）。

4. AIS 船台设备在自动方式中的信息更新率

AIS 船台设备的工作模式与岸台的工作模式相同，有自主工作模式、指定工作模式和轮询工作方式三种工作模式，其中省缺工作模式为自主工作模式，并可根据管理机构的需要在其他工作模式间切换。自动方式中信息的更新率为：

（1）静态信息：更新率为每 6 min 更新一次。当数据已被更换时，根据请求及数据有变化时和接收到发送要求时为每 6 s 更新一次。

（2）动态信息：取决于航速和航向的变化。表 10-6-1 为带有移动设备的 A 类船动态信息报告的间隔。

（3）与航行相关的信息：根据请求每 6 min（当数据已被更换时）更新一次。

表 10-6-1　A 类船动态信息报告间隔

船舶状态	报告间隔
锚泊船（anchor）	3 min
航速 0~14 kn 的船舶	12 s
航速 0~14 kn 的变向船舶	4 s
航速 14~23 kn 的船舶	6 s
航速 14~23 kn 的变向船舶	2 s
航速大于 23 kn 的船舶	3 s
航速大于 23 kn 的变向船舶	2 s

第七节　船舶航行数据记录仪

一、概述

船载航行数据记录仪（VDR）分为航行数据记录仪和简易航行数据记录仪（S-VDR），是一种以安全并可恢复的方式实时记录保存船舶发生事故前后一段时间内的船舶位置、动态、物理状况、命令和操纵手段等有关信息，并将最新一段时间（如 12 h、24 h、36 h）的数据保存于最终存储器的仪器。主管机关和船东可以获得存储在记录仪中的数据，作为处理事故的客观证据。

近年来，海难事故频频发生，导致人员伤亡、财产损失和环境严重污染。仅凭当事人的回忆和事后一般文字性的记录，很难对事故发生的原因和细节做客观正确的了解。因而船舶需要配备 VDR 这样的记录装置，借助它们进行海难调查，从失事的船舶中分析失事前后的各种状态和数据，找出失事的真正原因，并从这些原因中进行归纳总结，不断完善现有的国际公约、规则和规范，从而不断改进现有的船舶设备，日益提高船舶航行的可靠性、安全性以及船舶操作人员的技术水平。

1999 年 11 月 24 日中国"大舜"号滚装客船和 2000 年 8 月 12 日俄罗斯"库尔斯克"号核潜艇海难事故促使船舶安装"航行数据记录仪"被真正地提上日程，IMO 要求按表 10-7-1 的时间表安装 VDR。

表 10-7-1　SOLAS 公约船舶安装 VDR 时间表

船舶种类/建造时间	2002 年 7 月 1 日之后建造	2002 年 7 月 1 日之前建造
客船或滚装客船	VDR	VDR
3000 总吨以上货船	VDR	VDR 或 S-VDR

二、船舶航行数据记录仪系统组成及各部分作用

船舶航行数据记录仪的系统组成包括数据处理器、麦克风组、传感器接口及信号处理电路、数据保护舱、报警指示器、电源和数据回放设备等，如图 10-7-1 所示。

1. 数据处理器、传感器接口及信号处理电路和麦克风组

数据处理器通常安装在驾驶台附近，又称主机，由主处理机、数据编码处理器和存储单元等组成，是系统的核心。通过采集程序它可以直接采集和处理来自接口 RS-232 或 RS-422 符合 IEC 61162 或 NMEA 标准的数据，还可以通过传感器接口及信号处理电路采集和处理非 IEC 61162 或 NMEA 格式信号，如雷达图像信号，VHF 通信和麦克风组录制的驾驶台语音信号，以及船舶其他传感器的模拟量信号、开关量信号等。这些采集的数据在数据存储和控制程序的控制下，完成数据格式转换、数据刷新和数据备份等，实现数据管理任务。航行数据记录仪所采集数据的精度主要取决于被采集设备输出的数据精度。主机通常还设有可移动的存储介质，以方便事故调查及相关人员获得船舶航行数据。

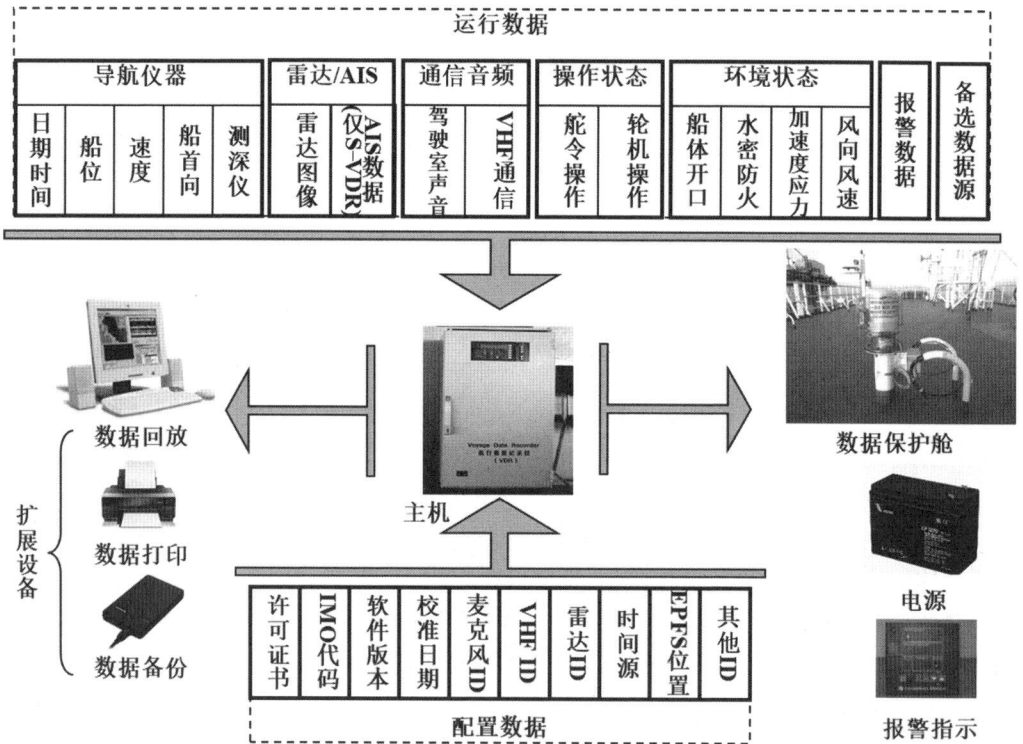

图 10-7-1　船舶航行数据记录仪的系统组成

2. 数据保护舱

数据保护舱用于装载、保护最终记录介质，通常采用 Flash memory 作为存储介质。数据保护舱与主机连接，作为最终船舶航行数据记录单元，通常工作环境下所记录的数据能够在记录结束后保持至少两年。

保护舱有固定式和自由浮离式两种，通常安装在罗经甲板龙骨正上方离船舶建造结构

1.5 m外的空旷处,以方便维护和事故后的回收。其外壳为高可见度荧光橙色,用反光材料标识"VOYAGE DATA RECORDER—DO NOT OPEN—REPORT TO AUTHORITIES"。保护舱带有一个在25~50 kHz频段的水下声响信标,信标所带电池至少可以工作30天。

（1）固定式保护舱

固定式保护舱在任何情况下都固定在安装的位置上,并设有分离螺栓或释放杆或转锁等机械释放机关与底座相连,舱体上设有金属拉环或把手,以方便水下回收。在事故发生后,保护舱可以承受冲击（50 g半正弦脉冲11 ms）、穿刺（250 kg 100 mm直径尖头物体3 m坠落）、耐火（260 ℃ 10 h及1100 ℃ 1 h）、深海压力和浸泡（6000 m深24 h及3 m深30天）等恶劣环境,并保持数据完好性。S-VDR保护舱可不要求满足穿刺的标准。

（2）自由浮离舱

自由浮离舱在船体沉没时能够自动脱离船体上浮,能够在海水中浸泡至少7天并保持数据完好性。但如果保护容器经历了高于国际标准对无线电发射装置的防火性能规定的应承受的火烧温度时,自由浮离释放装置自动禁止释放保护容器。浮离舱还带有昼夜工作的指标灯和在121.5 MHz工作的自引导发射机,周期性发射莫尔斯码"V",指示最后已知或即时位置（如果有内置EPFS设备）。也有的浮离舱集成了EPIRB发射机,能够通过卫星搜救系统发出遇险报告。为指标灯和无线电发射机供电的电池至少可工作7天。

3. 报警指示器

VDR/S-VDR的自检和故障报警程序能够自动连续地监测设备的供电、记录功能、比特误码率、麦克风功能和所记录数据的完善性等,当所监测设备或数据失常时,即通过报警指示器发出声音和视觉（光及文字）报警,声音报警经确认后能够被静音,视觉报警指示保留到设备恢复功能后自动解除。不同的设备,报警指示器安装的位置不同,有的集成在主机上,有的则设在主机外,作为遥控报警指示器。

4. 电源

船舶的主电源和应急电源向VDR/S-VDR供电。此外,系统还配有可自动充电的专用备用蓄电池电源,通常为UPS电源。当船舶主电源和应急电源都断电时,备用电源可以保证系统再连续记录2 h的驾驶台语音数据。之后,系统自动停止所有记录。电源切换不影响系统的正常工作。

5. 数据回放设备

数据回放设备包括信息读出装置和相应的软件包以及信息再现装置,通常为一台完整的计算机系统,制造商用它恢复和回放VDR/S-VDR记录的数据。所有存储介质的内容只有在数据回放设备的硬件和软件环境下才能被正确读出和再现,但该设备不能改写FRM的数据。

数据回放设备具有数据再现、声音再现和图形再现的功能,称为扩展设备。目前数据回放设备不是必备的船载设备。有的VDR/S-VDR集成了简易的回放系统,方便设备的安装、调试、使用和数据分析。扩展设备还包括打印机和数据备份装置等。

IMO SN/Circ.246通函建议,2006年7月1日以后安装的VDR/S-VDR,应提供回放软件,采用以太网、USB、火线或其他等效输出端口,以便将所存储的航行数据提取至便携式计算机。对于已经安装在船并具有以上端口的VDR/S-VDR,应在2007年7月1日以后解决航行数据提取和回放方式。

三、船载航行数据记录仪功能

（一）船载航行数据记录仪的数据记录功能

VDR/S-VDR 保存的信息包括数据、音频和雷达图像等，分为配置数据和运行数据。

1. 配置数据

配置数据是由正式授权人在 VDR/S-VDR 启用时写入，不能被其他未授权人改写的，永久保存在最终存储介质中的数据。配置数据定义了系统及其所连接传感器的配置，改变该数据不会影响运行操作数据。配置数据包括型式认可主管机关和参考标准、船舶 IMO 编号、软件版本号、自动记录最近配置数据修改的日期和时间、麦克风位置和记录端口分配及其 ID、所连接的 VHF 通信设备的位置和端口分配及其 ID、所连接的雷达显示器及其 ID、获取时间和日期的来源、获取船位的 EPFS 及其在船舶的相对位置、其他数据输入源的标识等。

配置数据又称船舶固定数据，包括船舶名称、船舶国际编码、船舶呼号、登记号码、船舶种类、船籍港、船舶建造日期、船（总）长、船（型）宽、船（型）深、船舶的总高度、船舶总吨位、船舶净吨、主机种类、主机功率、主机数目、主机转速、推进器种类、所有人名称和地址等。

2. 运行数据

运行数据包括至少在 12 h 内系统连续记录的所有数据，可分类为导航仪器数据、雷达图像或 AIS 数据、通信音频数据（及通信中的留白）、操作状态数据、环境状态数据、报警数据和其他备选数据等。

（1）导航仪器数据

①日期和时间：记录 UTC 时间，时间源可以来自船舶外部（如 EPFS 或无线电时间信号）或船舶的内部时钟，误差不超过 1 s。目前多数船舶记录 GPS 时间。数据回放时，历史记录的再现应按照所记录的时间顺序进行。

②船位：记录经纬度及坐标系，位置源可以是 EPFS 或 INS（综合导航系统），分辨率为 0.0001 分/弧度。目前多数船舶记录 GPS 船位。

③速度：记录相对水或地（横向和纵向）的速度和速度源，分辨率为 0.1 kn。目前多数船舶记录船舶计程仪速度或 GPS 速度。

④船首向：记录罗经指示，分辨率为 0.1°。

⑤回声测深仪：记录龙骨以下水深、测深仪量程和其他状态信息，分辨率为 0.1 m。

（2）雷达图像或 AIS 数据

①记录一台雷达设备主显示器上显示的全部电子信号信息，包括所有距离标志、方位标志、电子标绘符号、雷达图像、所选系统电子导航图或其他电子海图或地图、航次计划、航行数据、航行报警和在显示器上可见的雷达状态数据等。数据回放时，可以再现全部所记录的雷达显示场景。

②对于 S-VDR 设备，由于数据接口的原因无法取得雷达数据时，可以记录 AIS 数据代替雷达数据。

（3）通信音频数据

①驾驶台声音：通常由一个或多个麦克风记录驾驶台内工作台，如驾驶操纵台、驾驶台两翼、雷达显示器、海图桌、操舵台和通信操作台等位置的谈话声音，以及内部通信、公共广播系统和驾驶台报警音频等。

②通信声音：记录有关船舶操作的 VHF 往来通信。对设备初始化时配置的 VHF 通信应连续记录，并与驾驶台声音独立。

（4）操作状态数据

①舵令及响应：记录操舵指示器舵令及其响应角度，分辨率为 1°。船首向或航迹控制器的状态及设置也予以记录。

②轮机命令及响应：记录所有车钟或直接的轮机/螺旋桨控制器的位置、轴转数（或等效速度）、反馈指示、前进后退指示器及侧推器（如果有）信息。转数分辨率为 1 r/min，螺距分辨率为 1°。

（5）环境状态数据

①船体开口（门）状况：记录在驾驶台内显示的所有 IMO 要求的强制状态信息。

②水密和防火门状况：记录在驾驶台内显示的所有 IMO 要求的强制状态信息。

③加速度和船体应力：如果有此类传感器，应予记录。

④风速和风向：如果配备相关传感器，记录并指明是相对风速/风向或绝对风速/风向。

（6）报警数据

主报警记录所有 IMO 强制要求在驾驶台内报警的状态，报警声音通过麦克风记录。

此外，VDR 还可记录其他重要航行安全数据，如 ECDIS、其他雷达数据、CCTV 等。

按照我国 2001 年 4 月 20 日开始实施的《船载航行数据记录仪技术条件和检验程序（国内船舶试行）》的规定，运行数据又称为船舶状态和操作数据。船舶状态数据包括：船位、航速、航向、螺旋桨轴转速、实际舵角、船体开口状况、水密门和防火门状况、加速度和船体应力、风速和风向、综合性的天气、海况、船舶载况（包括压载）等。船舶操作信息项目包括：船舶车钟指回令、机舱车钟指回令、主机油门操作、舵操作、可变螺距桨的螺距操作（如适用时）、语音信息、雷达数据、回声测深仪数据、侧推器相关数据（如适用时）、号灯的动态以及主报警信号等。

VDR/S-VDR 能够按照日期和时间的顺序连续对所规定采集的数据项目进行记录，被记录的数据不能人为选择，任何干扰数据记录完善性的企图也予以记录。所记录的数据必须与收到的数据一致，如发现不可改正的错误则发出报警。记录时较新数据抹去最陈旧数据，数据存储时间大于 12 h。如果船舶上电源和应急电源供电中断，则专用备用电源可再连续记录驾驶台声音 2 h。在此之后，所有记录自动终止。以上所记录的数据能够以记录时的日期和时间顺序在回放设备上再现。如果设备的时间缺失，则系统无法正常记录航行数据。

（二）VDR 与 S-VDR 数据记录功能区别

VDR 与 S-VDR 数据记录功能的区别如表 10-7-2 所示：

表 10-7-2　VDR 与 S-VDR 的区别

数据		设备	
类型	内容（来源）	VDR	S-VDR
导航仪器	日期时间船位（EPFS）	强制	强制
	速度（计程仪或 EPFS）	强制	强制
	首向（罗经）	强制	强制
	水深（测深仪）	强制	非强制 *
雷达 AIS	雷达图像（雷达）	强制	非强制 *
	AIS 数据（AIS）	不需要	若记录雷达数据,则不需要
音频	驾驶台/VHF 声音（麦克风）	强制	强制
操作状态	舵令及响应	强制	非强制 *
	轮机命令和响应	强制	非强制 *
环境状态	船体开口	强制	非强制 *
	水密门和防火门	强制	非强制 *
	加速度和船体应力	若有传感器	非强制 *
	风速风向	强制	非强制 *
报警	主报警	强制	非强制 *
* 若有 IEC 61162 或 NMEA 数据或 RGB 接口（雷达）,则应予记录			

四、船载航行数据记录仪操作、检验和数据管理

（一）船载航行数据记录仪操作

驾驶员对 VDR/S-VDR 的正常运行负有管理责任,负责保证系统正常运行设备的相关报警及处理过程和处理结果应在航行日志或相关的设备记录簿中予以详细记录。VDR/S-VDR 的操作控钮非常简单,一般在主机上设有电源开关和硬盘分离开关,在报警器控制面板上设有报警确认、数据存储和设备自检等控钮。所有操作控钮在设备正常运行时无须特别操作。

1. 配置操作

配置数据的装载和更改应由正式授权人在 VDR/S-VDR 启用时完成。具体操作根据设备的厂家与型号不同而不同,通常通过 Web 连接由专用软件完成配置操作。配置操作有密码保护。配置完成后,系统方可正常进行数据记录。

2. 运行操作

VDR/S-VDR 在正常工作状态下的运行是完全自动的,无须人为干预。当报警单元发出报警时,驾驶员应按操作说明书的要求操作。VDR/S-VDR 通常设有电源、存储、记录终止、报警确认和测试等操作控钮。

（1）操作控钮的基本功能

①电源:VDR/S-VDR 安装并经过正确配置后,需要重新启动设备。VDR 的电源开关一

般设在主机不易被触碰或被锁定的位置,启动时应注意顺序接通船舶主电源、应急电源和专用电池电源。当电源接通后,操作人员应查看报警指示单元,确认设备正常完成船舶航行数据记录功能。除非船舶在港对设备进行重要的维护,或船舶长期停航闲置,或船舶涉及海上事故,在主管机关要求下,否则 VDR/S-VDR 的电源需保持连续供电以保证设备连续不间断地工作。

②存储:使用存储按键可将最近 12 h 记录的航行数据存储在可移动存储单元中。此存储过程不影响系统正常记录航行数据。

③记录终止:有的系统设有此控钮。此控钮按下时,系统停止记录航行数据。

④报警确认:当设备发生报警时,按下报警确认按键,声音报警静音,但视觉报警在报警条件解除之后消失。需要注意的是,有些情况下产生报警属正常现象,比如因雷达关闭,不能记录雷达图像而产生的报警,驾驶员只需确认即可。

⑤测试:用于人工启动设备自检程序,并将测试结果显示在报警指示器上,或发出相关的提示,以配合对设备的查验。

(2)发生海上事故时数据备份操作

①当发生一般性事故时,事故结束后,参考设备使用说明书,按存储键,确认数据已经有效存储到存储单元后,取出移动存储卡。将移动存储卡上的数据复制到计算机中,按照设备说明书的指示,检查确认数据文件的有效性。

②当发生重大事故时,事故结束后且无再继续记录航行数据的必要时,参考设备使用说明书,按记录终止键(如果有),再按照①的操作完成数据备份,然后关闭系统电源。

③当发生危及船员生命的恶性事故准备弃船时,无须任何操作,船舶失电 2 h 后,系统自动停止记录数据,数据将随数据保护舱回收后得到恢复。

以上操作应记入航海日志。

需要注意的是,在有的设备上,存储按键按下时,系统开始将数据复制到移动存储设备上,存储过程较长;有的设备则是随时将备份的数据已经存储在移动设备上,按下时,备份终止,可以在较短的时间内取出移动存储设备。

(二)船载航行数据记录仪的验收与检验

船载航行数据记录仪是软硬件结合的系统,应根据制造商的维护要求定期对系统进行相关的维护。对专用备用电源、水下声响信标(需专用设备测试)及其电池、麦克风的输出电平等应定期检查。按照 SOLAS 公约的要求,系统包括所有传感器须进行年度性能试验,且试验应由认可的试验或维修机构进行。

1. 系统安装后的验收

驾驶员应在授权人在场时,按照生产商提供的验收表单,对照相关标准,通过生产商提供的回放设备,仔细查验记录的航行数据,确认无误。

一般应进行下列检验:

(1)检查产品证书是否与实际产品相符,检查各单元的安装情况。

(2)防篡改性能检验,包括:只有通过使用工具或钥匙才能进入系统中的任何部分,以及任何控制器或键盘的操作,或它们的组合操作,不影响航行数据的记录。

(3)只有通过钥匙或其他安全的方法才能停止系统的记录。

(4)对记录的数据应设置密码,以防止非授权人员的访问。

（5）检查是否有正确的标志：保护容器以及任何最外层壳体，应为高可见度荧光橙色，并以认可的反光材料标识"VOYAGE DATA RECORDER—DO NOT OPEN—REPORT TO AUTHORITIES"。

（6）检查采集的项目是否满足规定，并逐项进行核对，与实际值进行比较，其精度应满足要求。

（7）检查系统主机和最终保护容器的安装情况。

（8）电源试验（包括备用电源）。

（9）确定自动释放装置的有效期和手动释放装置的有效性。

（10）如为自浮式保护舱，检查最终保护容器上的定位信标和指示灯的功能，并检查电池的有效期。

（11）检查是否配备了必要的文件资料，包括安装指南、操作和维护手册、调查机关使用的相关信息。

全部试验完成后，系统测试和调试报告及记录应提交验船师审核。

（12）年度检验

根据 IMO 的要求，航行数据记录仪应进行年度性能测试，以确认系统性能和技术指标满足相关国际标准的要求。应由生产商或生产商授权的适任人员对 VDR 进行测试。

2. 年度测试

年度测试包括：

（1）确认在测试开始前无报警。

（2）确认断开外接电源时，失电报警启动，且断开外接电源后设备可至少持续运行 1 h 55 min，并在不迟于外接电源断开 2 h 5 min 自动停止。

（3）使用生产商的测试设备（或经鉴定合格的替代测试设备）确认音响信标处于正常工作状态。

（4）确认设备总体情况令人满意，设备电池（音响信标及电源）均在有效期内。

（5）核查船上记录确认 VDR/S-VDR 经正确维护保养。

（6）检查确认 VDR/S-VDR 应予以记录的数据项目，满足 IMO 关于 VDR/S-VDR 性能标准的有关要求。

（7）对自浮式保护舱，应确认其自浮式装置令人满意，与初始安装时的状况相符；具有有效期限的设备均在有效期内。

（8）测试完成时，应确认 VDR/S-VDR 设备恢复到正常工作状态。

3. 日常维护

正常工作时，船载航行数据记录仪通常无须日常特别操作与维护，当班驾驶员只需随时查看报警指示器监控面板，处理报警信息，确认是否存在不能恢复的报警。

如发现船舶上无法处理的异常情况，应立即向船舶所有人或所在/就近港口的海事主管机关报告，报告内容应包括：发现设备异常工作的时间、地点、可能原因和当时的海况和天气情况等。

如果系统提供了回放功能，则可以按照厂家提供的操作说明书提示的步骤每月进行一次回放检测，以确认系统处于正常工作状态。

以上情况应记入航海日志。

（三）船舶航行数据的管理

船东在任何时候都拥有航行数据记录仪和航行数据的所有权。发生海事事件时,船东应积极配合海事调查主管当局,协助回收 VDR 保护舱,恢复航行数据,提供解码指导。

在事故第一现场,船长有责任按照操作规范及时保护 VDR/S-VDR 中的航行数据,并上交主管当局。弃船时未能够及时提取数据的,海事主管当局应负责协调回收数据保护舱。在调查过程中,主管当局应监管原始航行数据,并尽快拷贝一份交由船东存留。数据的恢复和解读由主管当局负责,并通知船东。

第八节　船舶远程识别与跟踪系统

船舶远程识别与跟踪系统(Long Range Identification and Tracking of Ships,LRIT)是通过从船载自动识别系统(AIS)提取船舶识别码、船位和时间等数据,并利用全球海上遇险和搜救系统(GMDSS)的 Inmarsat-C/F 站或高频设备(HF)以固定的时间间隔发送 LRIT 数据,经计算机对数据处理,实现船舶的远程识别与跟踪的系统。

一、LRIT 的发展历程

为了保障船舶安全、保护海洋环境、快速应急反应和有效搜索救助,在美国等国家提议下,IMO 通过了《国际船舶和港口设施保安规则》。但很久以来,船舶远程识别与跟踪问题一直没有得到解决。2006 年 5 月,IMO 海事安全理事会(MSC)第 81 次会议通过了经修订的 1974 年 SOLAS 国际公约修正案,增加了强制实施船舶远程识别跟踪系统的相关内容,并于 2008 年 1 月 1 日生效。LRIT 系统于 2009 年 1 月 1 日起开始实施,适用于从事国际航行的客船(包括高速船)、300 总吨及以上的货船(包括高速船)以及海上移动式钻井平台。但是只在 A1 海区内作业的并且配有 AIS 的船舶,不需配备 LRIT。装有 LRIT 系统的船舶能自动发射船舶识别码、船舶位置(WGS84 坐标系)、提供船位的时间和日期等远程识别与跟踪信息。SOLAS 公约修订案第 V 章规定,在遵循国际协议、规则或标准规定要保护航行信息或在船长认为作业有损船舶安全或保安的特殊情况下,在尽可能短的时间内,可以关闭或停止发射远程识别与跟踪信息,在后一种情况下,船长应及时通知有关主管机关,说明所做决定的理由并指出系统或设备关闭的期限。

二、LRIT 系统结构及其基本功能

（一）LRIT 系统结构

LRIT 系统由 LRIT 船载设备、通信服务提供方(CSP)、应用服务提供方(ASP)、LRIT 数据

中心（DC）［包括相关船舶监视系统（VMS，缔约国政府或其共同建立的对悬挂其船旗的船舶信息的监视系统）］、LRIT 数据分配计划（DDP）服务器、国际数据交换（IDE）和 LRIT 数据用户（LDU）等组成。LRIT 系统结构如图 10-8-1 所示。

考虑到 LRIT 系统和运行涉及的众多问题，IMO 在 MSC 82 次会议上指定国际移动卫星组织（IMSO）为 LRIT 协调员，其行政职责包括：借助系统管理员界面有限地获取系统数据，如管理、资费、技术和运行数据，协助 MSC 负责 LRIT 系统某些特定构成要素（如 IDC 和 IDE）和特定层面运行性能的检查、管理与资费审核，对涉及管理、技术、运行、资费等问题争端进行调查，测试 IDE、IDC 和 DDP 之间通信新程序，向海安会提出解决问题的方法，提交测试报告和相关资料；协助建立和管理 IDC 与 IDE，参与所有新 DC 的测试，审核所有 DC 的运行及其费用架构，并提出年度报告，核实缔约国政府和搜救机构的数据请求等。

1. 船载设备

（1）能够自动且无船上人工干预地每隔 6 h 向 LRIT 数据中心发送 LRIT 信息；

（2）能够遥控以不同的间隔发送 LRIT 信息；

（3）能够在收到轮询指令后，发送 LRIT 信息；

（4）直接与船上全球卫星导航系统设备相连通，或者有内部定位能力；

（5）以主电源和应急电源供电。

2. 通信服务提供商

（1）通信服务提供商（CSP）使用通信协议提供连接 LRIT 系统各个部分的服务，以确保各终端安全传输 LRIT 信息；

（2）船载设备应使用能够覆盖船舶所有操作区域的通信系统进行 LRIT 信息的发送；

（3）CSP 也可以作为应用服务提供商（ASP）提供服务。

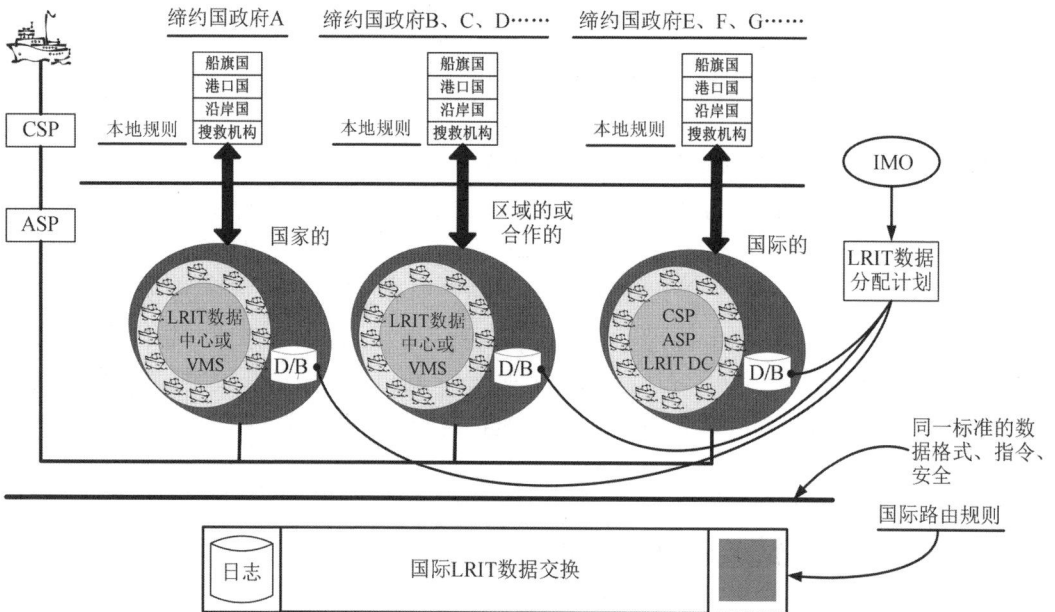

图 10-8-1　LRIT 系统结构图

3.应用服务提供者

（1）提供通信服务提供者和 LRIT 数据中心之间的通信协议接口；

（2）提供集成交互管理系统以监控 LRIT 信息的数据流和路由；

（3）确保以安全可靠的方式收集、保存和传送 LRIT 信息。

4.LRIT 数据中心

（1）LRIT 数据中心（DC）的作用

①接收船舶传送至该中心的 LRIT 信息。

②通过国际 LRIT 数据交换从其他 LRIT 数据中心获取信息和向其他 LRIT 数据中心发送信息。

③执行收到的 LRIT 数据用户关于船舶的 LRIT 信息轮询或更改发送间隔的请求。

④根据请求，向 LRIT 数据用户发送信息，并在某一特定船舶停止发送信息时，通知 LRIT 用户和主管机关。

⑤接收的船舶 LRIT 信息至少存档 1 年。

⑥过去 4 天内存档的 LRIT 信息，在接到请求后 30 min 内发送；4～30 天存档的 LRIT 信息，1 h 内发送；超过 30 天以上存档的 LRIT 信息，5 天内发送。

⑦定期对 LRIT 信息进行异地备份，并在崩溃时能尽快可用，以保证服务的连续性。

⑧所有 LRIT 数据中心的运行应由 LRIT 协调人进行审核并向搜救服务机构（SAR 服务机构）提供所指定的地理区域内的所有船舶发送的 LRIT 信息。

（2）LRIT 数据中心分类

目前 LRIT 数据中心可分为：

①国家的（NDC）

缔约国可以建立国家级 LRIT 数据中心。缔约国应向 IMO 提供建立该中心的相关细节，以后在发生变更时应及时更新信息。

②区域的或合作的（RDC/CDC）

一组缔约国可以建立一个区域性或合作性的 LRIT 数据中心。建立该中心的相关安排应经过有关缔约国批准。建立中心的缔约国之一应向 IMO 提供相关的细节，以后在发生变更时应及时更新信息。

③国际的（IDC）

除根据要求向国家级、区域性或合作性 LRIT 数据中心发送 LRIT 信息的船舶之外，其他船舶都需将 LRIT 信息发送给国际 LRIT 数据中心。

5.国际数据交换（IDE）

（1）使用 LRIT 数据分发方案中提供的信息，在 LRIT 数据中心之间建立 LRIT 信息的路由；

（2）与所有 LRIT 数据中心建立连接；

（3）自动保持包括标题信息的日志，仅用作计费功能和计费争议的解决和审核目的，日志至少存档 1 年；

（4）不存档 LRIT 信息。

6. 数据分配计划（DDP）

（1）各缔约国政府和搜救服务机构的清单及其联络点；

（2）各缔约国接收船舶 LRIT 信息的地理区域边界信息；

（3）船旗国接收 LRIT 信息的规定、港口国和沿岸国接收信息的离岸距离等指令；

（4）船旗国领海边界信息；

（5）船旗国是否对外提供 LRIT 信息的指令；

（6）各缔约国领土内的港口和港口设施清单及地理坐标；

（7）所有 LRIT 信息中心清单及其联络点，并标明该中心为哪些缔约国政府提供服务。

7. LRIT 协调人

LRIT 协调人由海安会指定，目前为 IMSO（国际移动卫星组织），其职能如前所述。

8. 船旗国、港口国和沿岸国

（1）船旗国

船旗国主管当局有权接收悬挂其国旗的船舶位置的信息。

（2）港口国

缔约国政府有权接收意图进入该缔约国港口设施或地点的船舶的信息，无论这些船舶位于哪里，只要不位于根据国际法规定的另一缔约国政府的基线近陆水域内。

（3）沿岸国

缔约国政府有权接收在其沿岸不超过 1000 n mile 距离内航行的其他国家的船舶信息，只要该船不位于根据国际法规定的另一缔约国政府的基线近陆水域内或者船舶悬挂其国旗的缔约国政府领水内。

（二）LRIT 系统基本功能

船载设备在无须任何人工干预的状态下自动每隔 6 h 或以不同时间间隔向 DC 发射 LRIT 信息。发射的 LRIT 信息通过通信服务提供方和应用服务提供方传输给主管机关指定的 DC。按照国家和地区的区别，DC 可以分为国家数据中心（NDC）、区域或协作数据中心（R/CDC）以及国际数据中心（IDC）。根据请求，DC 将来自船载设备的 LRIT 信息传输给有权接收的 LDU。IDE 按照 DDP 在各个 DC 之间传递信息。缔约国政府从指定的 DC 获得 LRIT 信息。搜救服务机构能够获得搜救区内外的所有船舶发射的求救信息。

LRIT 系统具有以下功能：

（1）海上保安

通过 LRIT 信息监控，各缔约国政府可以预防和减少船舶和港口遭受恐怖袭击，大大提高全球海上船舶保安能力。

（2）海上搜救

通过 LRIT 信息监控，搜救服务可以有效缩小海上遇险船舶搜救范围，缩短搜救反应时间。

（3）船舶和船队管理

通过 LRIT 信息监控，船旗国、港口国和沿海国可以实时跟踪和查询相关船舶的航迹，便于各国政府对其所属船舶的监督和管理。

（4）保护海洋环境

通过 LRIT 信息监控，缔约国政府能够重点跟踪危险化学品船和油船等危险货物运输船舶的船位，防止泄漏、溢油等事故的发生，以及一旦事故发生，及时采取善后工作。通过 LRTT 系统，国际组织可对受保护的特殊海域或敏感海域进行监控，起到保护海洋环境的作用。

三、LRIT 船载设备及 LRIT 信息

1. LRIT 船载设备

（1）通信设备

LRIT 船载通信设备应满足 IMO A. 694（17）决议［"全球海上遇险与安全系统（GMDSS）无线电设备和电子导航设备"一般要求的建议］的要求，能够覆盖船舶所航行的区域，通常首选 Inmarsat-C 或 MINI-C 系统。

（2）供电

设备由船舶主电源和应急电源供电。

（3）传感器

设备通过船舶全球导航卫星系统（GNSS）定位设备，或者自身配置的 GNSS 定位设备，或者 AIS 船载设备远程通信接口获取船位数据。

2. LRIT 信息

LRIT 信息始发于船舶，包括船载设备识别码（MMSI）、本船位置报告［即基于 WGS84 坐标系的船舶 GNSS 位置（经度和纬度）］和时间标志（即所发射位置报告的 UTC 时间和日期）。LRIT 系统通过接收船舶 LRIT 信息跟踪船舶。

3. LRIT 信息报告时间间隔

（1）缺省位置报告。设备在缺省情况下，无须人工干预自动以每 6 h 的时间间隔向 DC 发射本船 LRIT 信息。

（2）预先设置位置报告。在无须人工干预的情况下，通过预先设定的时间间隔向 DC 发射本船 LRIT 信息，时间间隔由 15 min 到 6 h。

（3）根据请求位置报告。在无须人工干预的情况下，按照数据 LDU 轮询指令或者远程遥控发射 LRIT 信息，以及远程遥控改变 LRIT 信息的发射时间间隔。

（4）当船舶靠港、进入船坞修理或者长时间不使用时，船长或者主管机关可以将 LRIT 信息的发射时间间隔增加到 24 h，或者暂时停止发射。

（5）当船舶遭遇危险、载运危险货物或者是特种船舶时，LRIT 信息的发射时间间隔需要降低到 15 min。

四、LRIT 系统性能

LDU 能够在船舶发射 LRIT 信息 15 min 内获得该信息以及在发出申请 30 min 内获得 LRIT 信息。

系统性能用$\dfrac{\text{满足要求的报告数}}{\text{要求报告的总数}} \times 100\%$表示，该数值越大，表示系统的性能越好。例如，在第一个时间段内，满足要求的报告数是 400，要求报告的总数是 500；而第二个时间段内，满足要求的报告数是 450，要求报告的总数是 500。按照上面的公式可以得出：第一个时间段内系统性能是$\dfrac{400}{500} \times 100\% = 80\%$；第二个时间段内系统性能是$\dfrac{450}{500} \times 100\% = 85\%$，就可以说第二个时间段内的系统性能要好于第一个时间段。对于整个系统而言，该数值要满足在任意 24 h 以上达到 95%，在任意一个月以上达到 99%。

五、LRIT 数据传输

LRIT 系统能够在全球范围内长期连续追踪记录船舶和船队航迹，对其数据的获取涉及国家主权、领海范围、商业秘密、船舶安全等众多问题。因此，LRTT 数据的内容、发送、存储、获取的安全性和可靠性一直是各缔约国关注的焦点。

1. 数据安全

LRIT 系统数据传输用陆线连接，通常采取下列方法确保数据传输安全：

（1）授权：LRIT 信息只提供给得到授权的 LDU。

（2）身份验证：在数据交换之前，系统内参与信息交换的各个部分，必须进行身份验证。

（3）保密：LRIT 系统各部分之间进行数据交换时，服务器的运行方确保数据不能被未取得授权者获得。

（4）完善性：参与 LRIT 信息交换的各方确保 LRIT 数据的完善性，数据不得被篡改。

2. 网络通信构架

LRIT 系统船载设备与 CSP 之间的通信是通过卫星通信系统进行的，其他系统之间通过 Internet 交换信息，如图 10-8-2 所示。

LRIT 网络构架中，物理层包括 LRTT 数据消息载体和相关标准，并不对载体的类型和协议标准进行限制，光纤、同轴电缆、微波及与其相关的标准 OC192、T1、E1 都可。位于物理层上的数据链路层，也不限于同一标准。允许不同 LRIT 组成部件之间采用不同的数据链路层协议来完成数据通信，例如以太网、ATM、ISDN 和 802.X 等均可。网络层基于 Internet 协议版本 4（IPV4），兼容后续版本。每个 LRIT 组成部件（例如国际数据交换、数据中心）有自己唯一的 IP 地址。传输层采用 TCP 协议。应用层采用基于 XML 语言来实现各 LRIT 部件之间的消息交换使用简单对象访问协议（SOAP）作为提供 XML 消息传输机制。

数据中心和国际数据交换之间的通信协议，可选用 VPN 实现可靠的点到点链路。采用 VPN 连接方式的数据中心使用基于 VPN 隧道技术的传输层安全协议（TLS）。在进行数据交换前，数据中心和国际数据交换双方要检验对方数字证书，如果数据中心或数据交换检测到对方数字证书有问题，则不传输信息。采用 TLS 安全隧道时，各 LRIT 组成部分均要使用密钥散列消息认证码（HMAC），确保信息不会被篡改，使数据完整性能够得到保证。另外 TLS 安全VPN 连接必须使用公-私钥（非对称）策略加密 LRIT 数据，密钥长度至少 128 位。

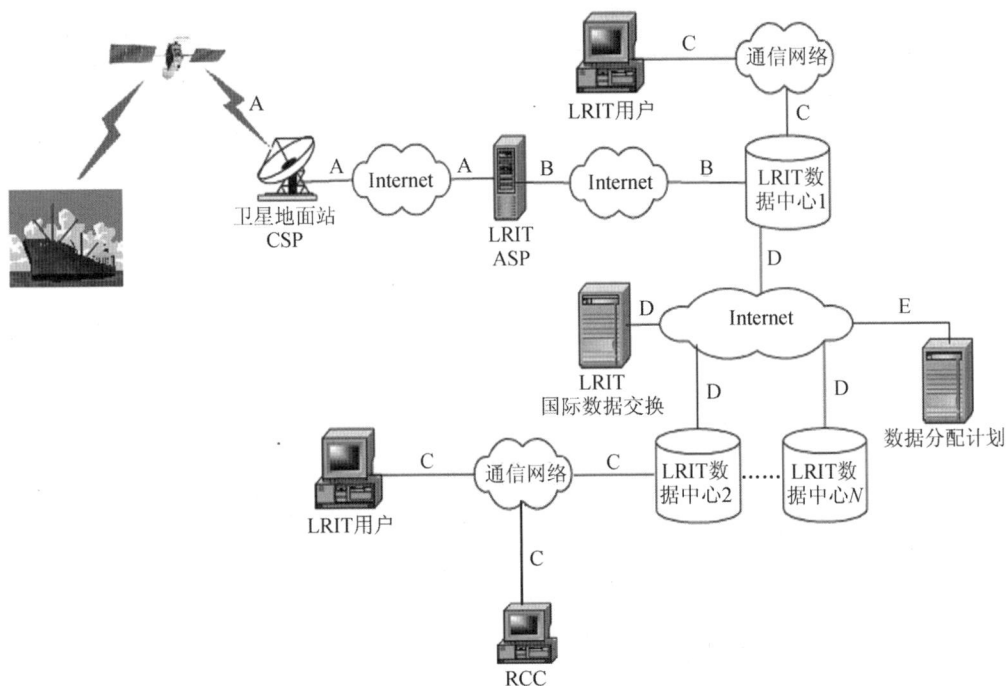

图 10-8-2　LRIT 系统通信构架

3. LRIT 系统通信流程

（1）LRIT 数据消息

①从船舶到数据中心

来自某一 SOLAS 船舶的位置报告通过卫星通信系统由船上得到认可的 LRIT 终端（GMDSS 设备）传送到陆上基站。该点的消息包括纬度、经度、该位置的时间戳和卫星通信服务提供商所需要的 LRIT 设备唯一编号。此信息由 CSP 经 Intemet 发送给 ASP。

收到来自 CSP 的消息后，ASP 将向该消息中添加一时间戳。当它将该消息发送给数据中心时，将增加另一时间戳。ASP 还将删除消息中的 LRIT 设备唯一编号，同时，为了便于识别与 LRIT 中坐标相匹配的船舶，将向该消息中添加 IMO 和 MMSI 编号。ASP 将把该数据消息发送给合适的 LRIT 数据中心。

数据中心会向收到的 LRIT 数据消息中添加一时间戳并将该消息的副本储存于数据库中。此外，它还将对该数据消息进行处理，以决定是否将该消息发送给拥有权限的 LRIT 终端用户。消息处理过程中，数据中心将把船舶的位置与其在数据分配计划（data distribution plan）中的副本进行比对。如果数据分配计划中的规则显示，某一 LRIT 终端用户有权限接收该 LRIT 数据消息，数据中心将直接或通过另一数据中心间接将该信息发送给终端用户。

值得注意的是，LRIT 消息以及所有上面提到的参数既适用于定期位置报告，也适用于对船舶的某次轮询。

②从数据中心到签约国（用户）

数据中心向用户发送 LRIT 数据消息可能是因为其最近收到了一个数据消息（来自 ASP 或另一 LRIT 数据中心通过数据交换转来）或请求。但无论是哪个原因，消息的参数都是一样的。如果是因为收到来自 ASP 的 LRIT 数据消息，数据中心将根据其 LRIT 数据分配计划来处理该数据消息,将其副本存储进数据库,并确定用户是否有权限接受该数据消息。否则,如果数据消息是来自另一数据中心,数据中心将检查 LRIT 终端用户唯一编号,并依此处理该信息。

③从数据中心到数据中心

由于全球的缔约国向不同的 LRIT 数据中心提供报告,有必要在数据中心之间相互传送数据。数据中心将使用国际 LRIT 数据交换来完成这一任务。

（2）LRIT 请求消息

①从缔约国（用户）到数据中心

在 LRIT 系统中,LRIT 请求消息被用于请求来自各种 LRIT 组件的特定行为。提出请求的用户将向其指定的 LRIT 数据中心发送一请求消息。数据中心将处理请求消息,然后将其转发给负责被请求船的数据中心或该船所对应的 ASP(如果该船被指定给当前正在进行处理的数据中心的话)。如果是搜寻和救援(SAR)请求,那么请求消息必须被发送给所有的 LRIT 数据中心。

②从数据中心到数据中心

如果处理缔约国 LRIT 请求消息的数据中心确定被请求船对应于另一数据中心,该请求消息将被发送给国际数据交换。国际数据交换将处理该消息,并将其发送到合适的数据中心。SAR 请求消息将被发送给国际数据交换,然后国际数据交换会将其发送给所有的数据中心。

③从数据中心到船舶

当请求消息已被数据中心处理且被请求船也向进行处理的数据中心做出了回应后,请求消息将被发送给船舶指定的 ASP。ASP 将使用船舶的 LRIT 终端设备唯一编号来与船舶建立卫星通信连接,并发送适当的设置信息以配置 LRIT 终端设备。

六、LRIT 的实施与运行注意事项

1. LRIT 系统实施

SOLAS 公约关于 LRIT 修正案(规则 V/19-1)已于 2008 年 1 月 1 日生效,确定该系统于 2008 年 12 月 31 日开始正式运行,但由于各缔约国 DC 等基础设施建设和管理等诸多因素的影响,该系统实际上于 2009 年 6 月 30 日才陆续开始运行。公约规定,LRIT 船载设备纳入船舶安全证书管理,证书附件作为设备记录。

LRIT 是在海上保安环境日益紧迫的局面下开始实施和运行的全球船舶跟踪系统。美国是 LRIT 系统的最初倡导者和积极推动者。在系统的建立和实施过程中,美国也做出了非常大的努力。从 2008 年至 2011 年年底,IDE 及其应急恢复系统的建设与运行费用都是暂时由美国负担的。当然,因为 LRIT 系统数据涉及国家主权、领海范围、船舶和船队的商业活动和航行安全,所以掌握 LRIT 数据也意味着掌握了巨大的政治和商业利益。

我国 DC 已于 2009 年 7 月 1 日正式运行。从该 DC 可以实时查询所有中国籍船舶的身份和船位信息,还能对靠近中国海岸线的外国籍船舶进行身份和实时船位查询。中国籍船舶每隔 6 h 向中心报告一次船位,如需要精确掌握船舶的动态,DC 还可以向船舶发出请求命令,达到最快每隔 15 min 报告一次船位信息。当外国籍船舶进入中国港口或者中国海岸线 1000 n mile 之内时,DC 也可以得到该船的船位等信息。目前,我国各直属海事局已经把 LRIT 船载设备作为必查项目。

2. LRIT 船载设备符合性测试

2008 年 5 月,MSC 84 次会议通过了 MSC 1/Circ.1257 通函"关于要求发射 LRIT 信息船舶的符合性勘验和发证导则"(以下简称"导则")。2008 年 12 月,MSC 85 次会议以 MSC 1/Circ.1296 通函取代 MSC 1/Circ.1257。2009 年 5 月,MSC 86 次会议以 MSC 1/Circ.1307 通函取代之。在 2008 年 12 月 15 日之前签发的 LRIT 船载设备符合性测试证书应遵循 MSC 1/Circ.1257,在 2009 年 7 月 1 日之前签发的证书应遵循 MSC 1/Circ.1296,之后签发的证书则应遵循 MSC 1/Circ.1307。

根据导则的要求,LRIT 船载设备必须通过主管机关认可的发射 LRIT 信息符合性测试,测试由船舶主管机关授权的 ASP 或认可的测试应用服务提供方进行。测试通过后测试应用服务提供方代表船舶主管机关给船舶颁发 LRIT 符合性测试报告。

在下列情况下,符合性测试报告将不再有效,须重新申请符合性测试。

(1)LRIT 船载设备发生变化。

(2)船舶改挂其他缔约国政府的船旗。但是,当进行符合性测试的 ASP 也是新船旗国政府认可或授权进行测试的 ASP 时,符合性测试报告依然保持有效;在此情况下,ASP 应以新船旗国主管机关的名义重新签发符合性测试报告,以表明船舶新的属性,但完成符合性测试的日期不需改变。

(3)签发符合性测试报告的 ASP 通知主管机关或船级社,该 ASP 不再证实其所签发的符合性测试报告的有效性。

(4)主管机关撤销了对进行符合性测试的 ASP 的认可或授权。但在此情况下,主管机关可以决定,在撤销认可或授权的日期之前或主管机关确定的日期之前签发的符合性测试报告继续保持有效。

(5)当 LRIT 船载设备不能正常使用时。

3. LRIT 船载设备营运检验和安全证书的签署和签发

船舶满足 SOLAS 公约 V/19-1 要求取得安全证书后,在进行安全证书的年度、定期、换新检验时,如果符合性试验报告保持有效,则可以签署或签发相关证书。

4. LRIT 系统运行注意事项

LRIT 系统的实施已经纳入 SOLAS 公约,因此船舶所有人和船舶管理人员应注意以下问题:

(1)适用船舶必须进行 LRIT 测试工作,取得所在船旗国授权/认可的测试 ASP 颁发的证书,否则将会造成船舶滞留。

(2)按照相关国际法规,从 2008 年 12 月 31 日起,LRIT 测试证书已经纳入船舶无线电安全证书检验范畴,符合性测试证书应妥善保存在船上备查。如果在检验时发现船舶不能满足相关要求(如船舶未持有主管机关授权/认可 ASP 签发的有效的符合性测试报告等),验船师通常先与船公司协商制订限期整改方案,然后将有关情况(包括建议)报告检验机关总部,并经总部请示船旗国主管机关同意后签发不超过 2 个月的附加条件安全证书,指明相应法定遗留项目。

(3)LRIT 船载设备应妥善维护保养,使之处于良好的工作状态。如果设备无法正常发射信息,船舶所有人必须向主管机关报告其原因和预计恢复工作的时间。

(4)LRIT 船载设备通常应保持在全天候正常运行状态。根据 SOLAS 公约,当船长认为设备的运行有损船舶安全或保安时,可以关闭设备,停止 LRIT 信息的发射,并记入航海日志,同时及时通知主管机关,说明理由和告知系统或设备关闭的期限。

第九节　综合驾驶台系统

综合驾驶台系统(Integrated Bridge System,IBS)是由 20 世纪 70 年代初期的综合导航系统(Integrated Navigation System,INS)发展演变而来的船舶自动航行系统,是在船上实施船舶导航和控制的区域集中获取传感器信息和下达各种控制命令,执行各种操纵控制,将有关导航、驾控、避碰和监视等分散设备的功能从信息融合及人机工程的角度进行集成,构建的一个集导航、驾控、避碰和航行管理于一体的高度信息化、自动化的集成系统,用以实现船舶航行的自动化。

一、IBS 概述

1. IBS 的发展历程

IBS 是从 20 世纪 60 年代末期开始发展的,它作为全船自动化的一个重要组成部分,已经广泛装备于各种船舶。其发展大体上经历了四个阶段:

(1)20 世纪 60 年代末期至 70 年代初期的 IBS 主要由"数据雷达""数据航行""数据定位""数据操舵"等四个子系统构成。这种系统实际上是一种计算机化的避碰和综合导航系统,综合程度较低,功能主要限于导航。

(2)20 世纪 70 年代中后期至 80 年代前期,IBS 的功能不断扩大,自动化程度显著提高,大量的产品和型号推入市场。与初期的 IBS 相比,增加了"航行计划和航迹保持""自动操舵"两个子系统。功能上从原来的导航功能扩展到控制功能,成为综合导航和控制系统。它可使船舶自动地沿着预期航线航行,基本上实现了船舶的自动化航行。

(3)20 世纪 80 年代中后期,世界各国推出的 IBS 在功能上逐步完善,技术上逐步成熟,在原有功能的基础上增强了系统的显示、监视、管理和通信功能。

(4)20 世纪 90 年代中期至今,IBS 系统进一步发展其配套设备,实现了模块化、标准化和智能化,形成第四代 IBS。基于现场总线和局域网络技术,雷达、电子海图、AIS 及 Conning(综合信息显示系统)工作站通过网络相互融合,系统自动化程度进一步提高,出现了以电子海图、雷达为核心的多功能航行工作站,船舶航行的安全性、可靠性与经济性都得到提高。目前IBS 不仅具有电子海图、导航定位、自动操舵功能,还能实现自动避碰、自动报警和主机遥控等功能,还将导航、自动航行、雷达避碰、机舱遥控以及船舶安全、消防报警等功能模块集成于一个整体,构建高度信息化、自动化的船舶统一操控和管理平台,最大限度地提高船舶航行的安全性和经济性。

2. IBS 的性能标准

目前 IBS 并非 SOLAS 公约强制安装的设备,但 IMO、IEC 等国际组织相继对 IBS 的性能标准提出要求,各个船级社对不同级别船舶配备的 IBS 也有规范要求。

　　IMO 在 1996 年 12 月 4 日讨论通过了 IBS 的性能标准[IMO MSC 64(67)附录 1]初稿,对 IBS 的总体功能要求、操作要求、技术要求提出了规范。在这个标准中定义:IBS 由若干个子系统通过内部连接组成,集中获取各个传感器信息和各个工作台的控制,以便由适任的驾驶员来提高船舶航行的安全性和经济性。随后 IMO 又补充了 IBS 的定义,规定 IBS 应该执行以下两个或更多的任务:航路执行、通信、机械控制、装卸载和货运管理、航行安全和船舶保安以及系统管理。

　　1998 年 12 月 8 日,IMO 又通过了综合导航系统(Integrated Navigation System,INS)的性能标准[IMO MSC 86(70)附录 3],此标准补充了在 IBS 规范中遗漏的有关对综合导航信息的要求。

　　1999 年 4 月,IEC 公布了 IBS 性能标准(IEC 61209),对 IBS 的总体要求、组合要求、数据交换要求、故障分析要求、操作要求、技术要求、警报管理要求等做了规范。

　　IEC 61209 对 IBS 的总体要求:IBS 的相关设备应符合所有 IMO 有关独立设备的性能标准,子系统执行多任务时必须满足每个单独设备所能控制、监督和执行的功能要求;在某个单独设备发生故障时,IBS 的所有重要功能仍然有效;每个子系统必须满足 IEC 60945 对各个设备的性能标准要求;当运行航路执行功能时,任何操作都不能中断航路执行功能;任何一个子系统的故障都不能影响其他子系统的正常工作,除非这些子系统的发挥直接依赖于故障子系统所提供的信息。

　　IEC 61209 对 IBS 的组合要求:IBS 的功能一定要不低于独立使用各个设备时所达到的功能;持续显示的信息应该是保证船舶安全的最少必要信息,更多相关信息需要时可以显示;显示和控制应该采用一致的人机接口界面,尤其要考虑符号、颜色、控制、信息优先权和分层的一致性;对于保证航行安全必要的显示和控制,要有可以替代的设备;应能显示系统完整的配置、可选的配置以及正在使用的配置;当无意中改变了系统配置时,要以声音和视觉形式发出报警,以引起驾驶员的注意;各个子系统应该提供它的操作状态和重要信息的延时性和有效性的检查结果;重要的功能必须有可以替代的操作方法;对船舶安全起重要作用的机械控制必须在设备本地实施;IBS 能识别出信息源丢失;重要信息要有可以替代的信息源;信息源的相关信息应该持续显示。

　　IEC 61209 对 IBS 的数据交换要求:IBS 内部接口和外部接口的数据交换必须符合 IEC 61162 标准;数据从传感器输出至设备接收到的延时要符合系统的要求,以保证船舶的安全操作;IBS 拒收不合格的数据;要保证数据在网络中传递的完整性;在单一的节点有错误时,网络应该标出错误节点的位置,并保证数据传递不受影响,传感器数据和显示信息保持正常,网络连接错误不能影响每个独立设备的功能。

　　IEC 61209 对 IBS 的故障分析要求:IBS 应该指明可能发生的系统故障和与功能有关的连接错误,IBS 要指明与操作、功能、状态等有关的错误所产生的后果,每个故障与其对 IBS 相关特性的影响要归类,通过对故障进行分析,确认 IBS 继续操作是否可以保证船舶安全。

　　IEC 61209 对 IBS 的操作要求:IBS 人机接口界面要设计得简单易懂,所用的组合功能要有一致性;操作信息要简单易懂,不需要变换、计算和翻译;当执行和使用无效功能时有警报声;如果系统检测出输入错误,就会要求驾驶员立即修正错误;工作间分层要尽量少,如果操作可能产生不好的后果,IBS 必须要求确认此项操作。

　　IEC 61209 对 IBS 的技术要求:传感器接口要符合相关的国际航海用接口标准和 IEC 61162 标准;传感器要提供操作状态、重要信息的延时性和有效性检查结果;受到远程控制的传感器要以最小延时响应控制命令并能指示出无效的控制命令;传感器可暂时静音和重启声音警报。

IEC 61209 对 IBS 的警报管理要求:IBS 的警报管理至少要满足 IMO 的 A830(19)的警报编码和说明要求;IBS 根据操作任务的不同可以将警报按优先权分级,数量尽可能少;警报必须要有提示信息,以便明晰警报产生的原因和造成的后果;警报的优先权按等级分为突发事件警报、遇险、紧急和安全警报(即船舶或人员遇险,或者呼叫工作站发布涉及人身安全和船舶安全的重要信息或警报)、基本警报(即要提醒为避免突发事件警报出现的潜在危险条件)和次要警报(不属于上述三种警报的情况)。

2007 年 10 月 8 日,IMO 又通过了综合导航系统(Integrated Navigation System,INS)的最新性能标准[IMO MSC 252(83)附录 30]。该标准规定:2000 年 1 月或以后安装(但在 2011 年 1 月 1 日前)的 INS,执行 MSC 86(70)附录 3 的标准;2011 年 1 月 1 日以后安装的 INS,执行 IMO MSC 252(83)附录 30 的标准。

IMO MSC 252(83)附录 30 比 MSC 86(70)附录 3 更详细地规范了 INS 性能标准的适用、导航信息的综合性要求、INS 的功能和操作要求、INS 工作站的功能、INS 显示的功能要求、人机接口要求、INS 的技术要求和 INS 警报管理等。

按照 INS 性能标准,INS 根据组合的传感器设备和操舵控制设备的不同分为如下几类:

(1)INS(A):提供有效的、正确的、统一的参考系统,这个系统至少提供船舶的位置、速度、航向、时间,并且在传感器出现错误时发出警报信号。

(2)INS(B):除了包括 INS(A)的功能外,还要提供有助于避开危险的相关信息,在雷达或 ECDIS 上自动地、连续地标绘出船舶的位置、速度、航向、水深和预测危险情况。

(3)INS(C):除了包括 INS(B)的功能外,还要自动控制船舶保持航向、航迹和速度,监视控制船舶的状态和性能。

3. IBS 和 INS 的相互关系

IBS 和 INS 的相互关系如图 10-9-1 所示。INS 是由若干航海仪器组合在一起,为船舶提供优化的综合导航信息的系统。

IBS 的功能主要是利用 INS 信息对船舶集中控制,包括航路执行、通信、装卸载和货运管理、机械控制、航行安全和船舶保安以及系统管理,INS 和 IBS 最重要的概念是各种驾驶台设备通过电气组合有机地连接起来,对传感器信息进行综合处理,最终给驾驶员提供完整的、准确的信息和操作控制命令。IBS 在配置和功能上完全覆盖了 INS,如果在 INS(C)的基础上增加通信、机械控制、装卸载和货运管理、航行安全和船舶保安以及系统管理中的任意一个功能或多个功能,就是 IBS。

二、IBS 系统组成

1. IBS 硬件配置

在 IBS 中,各种独立的航行设备或系统,如首向发送装置(THD)、电子定位系统(EPFS)、速度和航程测量设备(SDME)、自动识别系统(AIS)、雷达、电子海图显示与信息系统(EC-DIS)、风向风速仪、轮机舵机控制设备等,可以通过有目的的相互组合,构成不同的子系统,实现不同功能,完成不同的航行任务。在特定的子系统中,为支持其功能所集成的航行设备或系

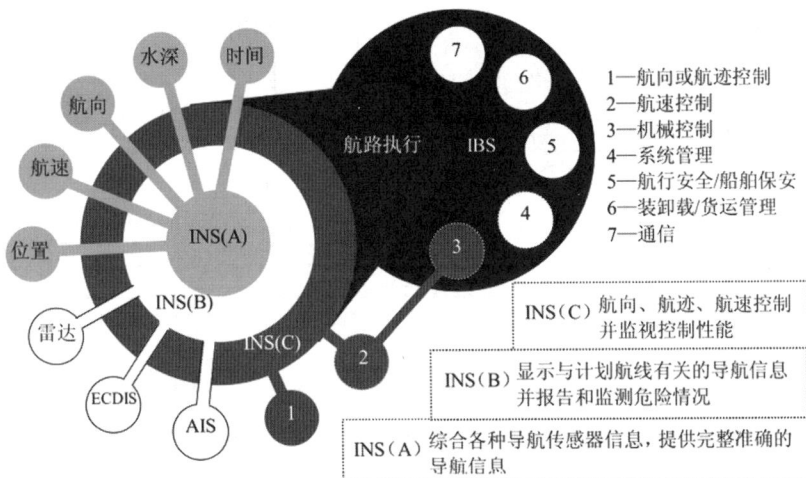

1—航向或航迹控制
2—航速控制
3—机械控制
4—系统管理
5—航行安全/船舶保安
6—装卸载/货运管理
7—通信

INS(C) 航向、航迹、航速控制并监视控制性能

INS(B) 显示与计划航线有关的导航信息并报告和监测危险情况

INS(A) 综合各种导航传感器信息,提供完整准确的导航信息

图 10-9-1 IBS 和 INS 的相互关系

统称为传感器;在不同的子系统中,航行设备或系统之间可以互为传感器。IBS 就是由这些子系统通过内部连接组成的,通过综合信息工作站可以集中获取各个传感器信息或控制命令。

IBS 的配置要满足有关国际公约和船级社的规定和要求,在此前提下,IBS 的配置可根据不同的船舶类型和船东要求确定,同时还受船舶环境的制约。船东一般按照 SOLAS 公约要求配置相应的助航设备。

需要注意的是,SOLAS 公约对 IBS 的配置要求与大多数船级社并不相同。SOLAS 船舶的综合驾驶台系统应该包括以下系统:ECDIS、Conning、两套 Radar(S-band 和 X-band)、航行计划站、两套全球定位系统(GPS/DGPS)、两套罗经(磁罗经和陀螺罗经)、自动舵系统、测深仪、计程仪、风速风向仪、自动识别系统(AIS)、航行数据记录仪(VDR)和值班报警系统等。

2. IBS 组成

综合驾驶台系统组成如图 10-9-2 所示。其中,可由 ECDIS、Conning 和航行计划站组成航行管理系统(Voyage Management System,VMS)。GPS/DGPS、罗经、测深仪、计程仪、风速风向仪、AIS 等称为导航传感器,用于船舶导航数据的收集、提供和分配。雷达是重要的避碰设备,是 SOLAS 船舶强制安装设备。

在综合驾驶台系统中,VMS 是上层网络,是 IBS 的管理控制核心,为驾驶员提供直观、快捷的实时信息,其功能包括电子海图显示、航迹控制、综合信息显示、计划航线显示等,它通过工业标准的局域网对 VMS 的各子系统进行可靠的集成。

三、IBS 信息处理基础

1. IBS 基本信息

IBS 基本信息包括本船动态信息,其他水面航行器、障碍物危险物、导航目标和海岸线相对于本船的信息,水文地理信息。具体如下:

(1)本船动态信息是船舶航行的基本信息,包括时间、船位、船首向、对水速度(STW)、航迹向对地航向(COG)、航迹速对地速度(SOG)、水深(如果有)等信息。当前,时间和船位信息传感器主要为全球卫星导航系统(GNSS),该系统也是主要的电子定位系统(EPFS);首向信息

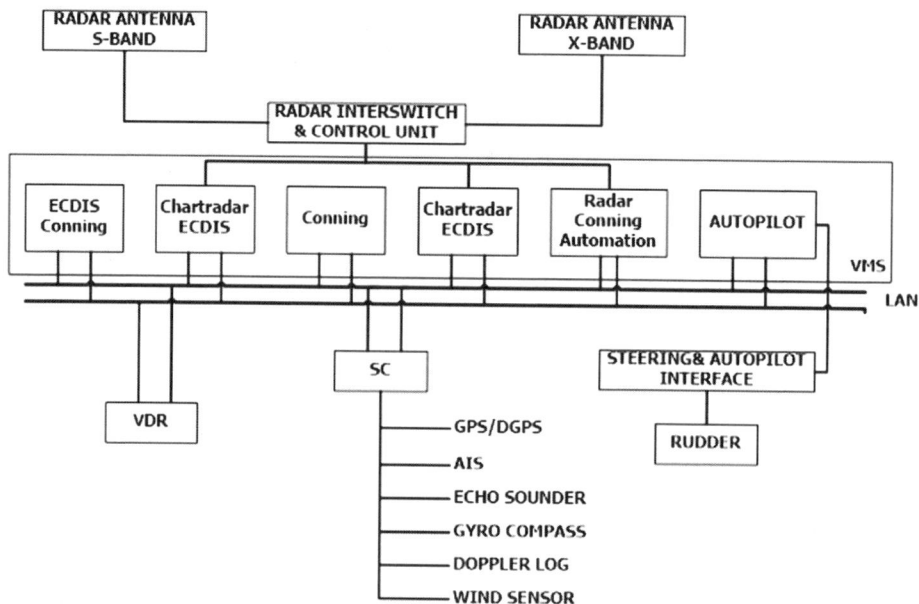

图 10-9-2　综合驾驶台组成示意图

来自船舶指向系统；STW 来自对水模式的 SDME；COG 和 SOG 来自对地模式的 SDME，如多普勒、声相关或 GNSS 计程仪；水深信息来自回声测深仪。

（2）其他水面航行器、障碍物危险物、导航目标和海岸线等信息主要来自雷达/AIS。

（3）水文地理信息主要来自基于电子航海图（ENC）数据库的电子海图显示与信息系统（ECDIS）。

IBS 依据性能标准要求，遵循一定的算法，按照驾驶人员的设定和要求，综合处理以上传感器信息，为驾驶团队提供最佳航行信息，或对非同寻常的航行状态或设备故障给出报警信息，支持航行决策。

2. 统一公共基准系统

统一公共基准系统（CCRS），是指用于获取、处理、储存、监视和分发数据和信息的 IBS 子系统或功能，为 IBS 的子系统和相关功能以及所连接的其他设备（如果有）提供统一和强制的参考信息数据。例如，IBS 的所有任务都使用相同的电子海图数据和其他航行数据库（如航线、海图、潮汐信息）以及相同的传感器数据源信息（如船舶的位置、时间、首向、速度等）。CCRS 是保障 IBS 正常运行的基础。

3. 统一公共基准点

统一公共基准点（CCRP）是本船上的一个位置，所有基于本船的水平测量，如目标距离、方位、相对航向、相对航速、最近会遇点（CPA）或至最近会遇点的时间（TCPA），均参照此位置。CCRP 典型建议位置为驾驶台的指挥位置，通常在系统安装时设定。虽然标准未建议，但在被明确标示和能够显著区分的情况下，有的设备上可以设置多个 CCRP，在航行中由驾驶人员根据航行任务的需要酌情选择，如开阔水域避碰时 CCRP 选择在船头，右舷靠泊时选择在船舶右舷翼，而通常情况下则选择在驾驶团队指挥者惯常值守位置等。CCRP 是保障 IBS 精确观测目标的基础。当选择不同的 CCRP 时，下列测量或计算的基准点会发生变化：本船位置、

EBL、VRM、光标、固定距离标识、目标距离和方位、CPA/TCPA、平行指示线、COG、SOG、STW。

4. 信息/数据验证

所有应用于 IBS 的信息数据必须满足有效性(validity)、可信性(plausibility)、完善性(integrity)和延时性(latency)监测要求,并标明监测结果。IBS 信息数据的验证机制是保障系统信息安全的基础。

有效性是指数据与逻辑和规范的符合度。所有收到、使用和分发的数据都需要进行有效性检测,对未通过检测的数据应发出警告或警示,且不能用于依赖于这些数据的功能。有效性检查包括对相关的空数据字段、状态或模式字段的评估,例如"有效"或"无效"状态、"模拟"、"手动输入"或"待机"模式、"航迹推算"或"无定位"数据质量等。

可信性是数据品质的可信度,即数据格式及其赋值应在相应类型数据的正常范围之内。例如,首向值不在 0°~360° 范围内,或速度(STW 或 SOG)大大超过最大适用于本船的数值范围,都不符合可信性监测要求,会视数据在系统中的使用情况给出警告或警示。IBS 不会在任何导航计算中使用不可信的数据。

完善性是一种数据信息的核实机制。系统通过比较至少两个独立的传感器和或数据源(如果有的话)数据,以及时、完整和明确的方式向驾驶团队提供符合规定精度和满足要求的信息,并对不符合完善性要求的数据信息在规定的时间内发出报警,提醒驾驶人员谨慎使用或不能使用。如可比较来自多普勒计程仪和 GNSS 计程仪的数据监测 SOG 信息的完善性;对于船位信息完善性监测则可能会提供更复杂的算法,包括比较来自 GPS 和北斗系统或来自两个 GPS 设备的数据,合并接收机自主完善性监测(RAIM)的信息。

延时是指数据产生和结果之间的时间间隔,包括数据接收、处理、传输和时间显示。延时性是指数据的延时应符合航行任务的延时要求。设备制造商通常在操作说明书中对数据在不同任务和功能情况下的延时做出基本说明和规定。在不同的任务站上有关数据平滑的处理设置都会影响数据延时,平滑时间增加,数据的有效延时增加,数据均值精度提高,但数据延时性变差;反之,平滑时间减少,则数据的实时性提高,但均值精度降低。航海人员需要从信息安全出发,视航行情景进行合理设置。

四、INS 功能

综合航行系统(INS)是综合驾驶台系统(IBS)的重要组成部分,INS 的组合传感器设备和操舵控制设备的不同,其完成的功能也不同。INS 必须具备航线设计、航线监控、避碰、航行控制数据、航行状态和数据显示以及报警管理等 6 个系统功能,不同的功能为不同的航行任务提供船舶安全航行信息。"关键信息"是安全航行功能不可或缺的信息。航线监控、避碰、航行控制数据和报警管理是关键信息来源。

1. 航线设计

航线设计是 INS 基本支持功能,也是 INS"附加导航功能",提供"附加导航信息"。航线设计任务站默认功能配置包括:满足 IMO ECDIS 性能标准[Res. MSC. 232(82)]要求,具备适当比例尺、准确和最新的海图;所航行水域永久、临时的航行通告和无线电航行警告;如果航行系统具备相应的功能,还能够提供潮流和潮汐、气候、水文和海洋学数据以及其他适当的气象资料。航线设计提供以下基本功能：

（1）管理航线设计（储存和装载、导入、导出、归档、保护）；

（2）根据驾驶员设定的最小富余水深，查验航线风险；

（3）根据旋回半径、旋回速率（ROT）、施舵点及转向点、速度、时间、ETA，查验操纵风险；

（4）根据气象资料草拟和完善航线设计。

2. 航线监控

航线监控提供持续监控本船位置与计划航线和水域关系等功能，实现相应的航行任务。按照 IMO INS 标准、ECDIS 性能标准［Res. MSC. 232（82）］和 IEC 61174（ECDIS 标准）要求，航线监控任务站的默认设置如表 10-9-1 所示，并提供以下关键信息：

（1）所监控航线和船位在海图上以图形方式显示；

（2）当显示非官方 SENC 数据时发出警告；

（3）至少显示 270 mm×270 mm 海图，包括安全边界；

（4）当海图显示的比例大于 ENC 数据库中所包含的范围时的标示；

（5）可有比所显示 ENC 更大比例的 ENC 时的标示；

（6）当海图未显示出标准显示的所有类别时的标示；

（7）真北指向；

（8）显示了 ENC 数据库之外海图资料的标示；

（9）在 RCDS（光栅海图）模式下工作时的标示；

（10）矢量模式、矢量时间和矢量稳定方式；

（11）量程。

表 10-9-1　航线监控任务站默认设置

功能	默认设置
显示类别	标准显示
选定海域	本船周围适当偏置
量程	3 n mile
显示方式	TM，N-up
手动更新	如适用
操作者标注	如适用
位置传感器	GNSS（INS 提供的系统位置）
过去航迹	开
选定航线	上次选定，包括航线参数
前瞻时间	6 min

通常，航线监控任务站能够提供以下功能：

（1）显示地理经纬度、航向、STW、COG、SOG、富余水深、ROT；

（2）测量富余水深并启动富余水深警报；

（3）A-to-N AIS 报告；

（4）作为可选功能，雷达视频与海图叠加，标示航物标、限制区和危险物，方便位置监控和

物标识别;

(5)如果 INS 集成了航迹控制系统,则航线监控任务站还可以显示与航线相关的数据和船舶操纵参数,监控船舶沿计划航线航行。

航线监控任务站还能够在海图显示器上显示其他与航线有关的信息,如:

(1)被跟踪的雷达目标和 AIS 目标;

(2)AIS 二进制和或安全相关消息;

(3)启动和监测人员落水和搜救操纵;

(4)NAVTEX;

(5)潮汐海流数据;

(6)气象资料;

(7)冰况资料。

此外,满足最新标准的 INS 还具备搜救模式和人员落水模式。在搜救模式下,航线监控任务站能够显示搜索基点和初始最或然搜索区域,搜救团队可以选择起始搜索点和适当的搜索模式,如扩展方形搜索模式、扇形搜索模式或平行路径搜索模式等,并定义搜索路径间距。在有人员落水紧急情况发生时,在航线监控任务站上能够便捷地记录人员落水的位置,进入人员落水模式,设备能够计算海域流向和流速的影响,提供紧急操纵程序。

3. 避碰

避碰是探测和标绘其他船舶和活动物标以避免碰撞的航行任务。按照 IMO INS 标准、雷达性能标准[Res. MSC. 192(79)]和 IEC 62388(雷达标准)的要求,避碰任务站的默认设置如表 10-9-2 所示,提供以下关键信息:

(1)增益或信号阈值;

(2)增益和所有抗海杂波控制的状况;

(3)抗雨杂波控制状况;

(4)雷达视频(回波)和跟踪目标及 AIS 目标;

(5)量程;

(6)运动和指向模式;

(7)矢量模式、矢量时间和稳定方式;

(8)显示非 ENC 海图资料的标示;

(9)雷达系统状态为主设备或隶属设备状态;

(10)首向、STW、COG/SOG、位置、雷达视频和 AIS 传感器数据源输入故障的标示。

表 10-9-2　避碰任务站默认设置

功能	默认设置
波段	3 cm,如果可选
增益及抗杂波	自动优化
调谐	自动优化
量程	6 n mile
固定距离标识	关

续表

功能	默认设置
活动距离标识	启动 1 个 VRM
电子方位线	启动 1 个 EBL
平行指示线	关或上次设定（如果有）
显示方式	TM, N-up
偏心	适当前瞻
目标尾迹	开
过去位置	关
雷达目标跟踪	连续
矢量方式	相对
矢量时间	6 min
自动雷达目标捕获	关
AIS 报告目标显示	开
雷达跟踪目标与 AIS 报告目标关联	开
报警（除碰撞警报）	关
碰撞警报	开（CPA_{min} 2 n mile；$TCPA_{min}$ 12 min）
绘图、导航线和航线显示	上次设定
海图显示	关

4. 航行控制数据

航行控制数据的功能是在航行控制数据任务站上为手动和自动控制船舶运动提供信息。按照 INS 标准，航行控制数据分为用于手动和自动控制船舶基本运动的数据，以及报告和处理外部安全相关信息的数据，例如 AIS 安全相关短信息和二进制信息、NAVTEX 信息等，其中手动和自动控制船舶基本运动的数据为关键信息。

手动控制船舶基本运动的数据至少包括：富余水深及其分布概况、STW、SOG/COG、船位、首向、ROT（测量的或由首向变化计算的）、舵角、主机推进数据、流向流速、风向风速（若有，应可由操作员选择真和/或相对）、激活的操舵或速度控制模式、到施舵点或下一个转向点的时间和距离、安全相关信息（例如 AIS 安全相关短信息和二进制信息、NAVTEX 信息）。

自动控制船舶基本运动的数据至少包括：以上手动控制需要的所有数据，以及到下个航段设定的和实际测量的半径或 ROT。

航行控制数据通常以数字形式显示，并可酌情以模拟的要素有逻辑关系地排列在象征船舶的轮廓及周围，并能够根据需要显示各数据的变化趋势，有些设备还可以显示航行控制数据的设置值。

5. 航行状态和数据显示

航行状态和数据显示是 INS 的辅助支持功能，为驾驶团队提供航行安全必要的可视化信息。按照 INS 标准要求，航行状态和数据显示必须提供的信息包括：

（1）INS 所有安装的、备用和在用的系统、子系统和传感器的配置；

（2）系统和或子系统的工作模式处于航行模式或非航行模式的指示，如航行、模拟、维护和训练等模式；

（3）系统和/或子系统工作状态的指示，如开启备机/关闭状态、可用性状态、性能状态、完善性状态等；

（4）系统传感器和数据源信息及其所提供的数据和状态，如接通/断开状态，以及完善性、有效性、可信性指示等；

（5）实测的本船运动数据及其"设定值"，包括首向、航向速度、旋回速率、旋回半径等；

（6）AIS 船舶的静态、动态和航次相关信息；

（7）接收的与安全相关的消息，如 AIS 安全相关短信息和二进制信息、NAVTEX 信息等。

此外，INS 还可以按需提供潮流资料、气象信息、冰况信息，航行控制和航线监控任务的附加数据和 AIS 航标数据。

根据需要，不同厂家 INS 通常还可以提供状态和数据的管理功能，包括以上状态和数据的参数设置，编辑本船 AIS 静态信息、航次相关信息和传感器配置等信息。

6. 报警管理

报警管理由中央报警管理功能负责，监视 INS 或安装却未归属 INS 的设备和系统，如首向、航迹控制、EPFS、SDME、目标跟踪雷达、ECDIS、AIS、测深设备、GMDSS 设备、用于预警的相关机械装置等，提供可闻和可视的报警信息，至少显示 20 个最近发生的特别是处于活动状态的事件和/或故障。报警信息用于协调管理 INS 及其相关的独立航行功能模块和传感器数据源模块中的报警监测、处理、分发和报告，通过有效但不对驾驶团队构成干扰和负担的信息，提醒团队人员迅速识别和充分了解影响航行安全的任何异常情况、信息及其来源和原因，支持驾驶团队及时、连续和有效地处理信息和做出必要的决策和行动。所有可闻报警都可暂时静默。针对下述报警的不同类别和级别，除 A 类报警之外，中央报警管理人机交互界面（HMI）能够取代独立设备的可闻报警通知，且可通过单一操作确认警报和警告。对于具体的设备，驾驶团队通常可以在航行和操纵工作站的中央报警管理 HMI 上或具体的任务站上对报警信息进行控制和管理。例如，危险目标报警的确认需要在提供避碰功能的工作站上执行，EPFS 的报警确认则通常在中央报警管理任务站上即可完成。考虑到船舶驾驶台布局的特点，报警信息还可以在多个地点显示。如果可以在 INS 的任何一个任务站上实现报警的静默和确认，则这种操作应在系统内具备一致性效果。

（1）报警分级与分类

①报警分级

在 INS 中，报警管理将报警分为警报、警告和警示三个优先级别，只有在能够进行适合局面评估和决策支持的 HMI 或任务站上，才能确认警报和警告。

警报是对需要驾驶团队立即注意并采取措施的状况的报警，以避免危险情景，是报警的最高级别。如关键设备故障报警、碰撞危险报警、搁浅报警、偏航报警等影响航行安全的报警都视为警报，有的警报来自未被确认但需要升级的警告。

警告是出于预警的需要，对可能继续变化的状况的报警。虽然并不具有紧迫危险性，但如果不采取行动，则可能会发生紧迫危险。

警示是对不构成警报或警告的状况的报警，通常是针对非同寻常的情景或信息，提醒驾驶团队重点关注。警示是报警的最低级别。

②报警分类

在 INS 中，报警管理将报警分为 A 和 B 两个类别。

A 类报警指在直接指定功能的任务站上发生的，需要图形信息界面实现的报警，如完成避碰功能的雷达任务站发生的碰撞危险报警，或完成航线监控功能的 ECDIS 任务站发生的搁浅危险报警。A 类报警能够作为评估报警相关状况的决策支持，其可闻报警通常发生在生成报警功能的任务站或显示器上。

B 类报警为除了在中央警报管理 HMI 上显示的信息外无须为决策支持提供其他信息（如图形界面）的报警。所有不属于 A 类的报警均为 B 类报警。B 类报警通常可以通过字母数字信息确定。在中央警报管理 HMI 上可以访问按照发生时间顺序排列的 B 类报警历史清单，包括报警内容，发生、确认和纠正的日期和时间。清单内容可以搜索，至少保存 24 h。

（2）报警通知

报警信息通常在中央报警管理 HMI 和/或具体的任务站上发出通知，为使驾驶团队及时、高效地分辨和处理报警信息，针对不同级别的报警，采用了不同的通知方式。

①警报通知

警报通知有未确认警报和已确认警报两种状态。当警报首次发生时，作为未确认警报，启动可闻信号并伴有可视警报通知，提供足够详细的信息以帮助驾驶团队识别和确定警报状况，还可以伴有语音提示。未被确认的可视警报通知通常以醒目的红色闪烁标识指示，独特的警报通知避免了与警告或警示混淆。可闻警报通知可以暂时静音，但如果警报未在 30 s 内被确认，则会重启。可闻信号和未确认警报的可视信号会一直延续到警报被确认为止；对于被确认的警报，可视通知会一直延续到警报状态解除。

②警告通知

与警报通知类似，警告通知也有未确认警告和已确认警告两种状态。当警告首次发生时，作为未确认警告，启动可闻信号并伴有可视警告通知，提供足够详细的信息帮助驾驶团队识别和确定警告状况，还可以伴有语音提示。未被确认的可视警告通知通常以黄色闪烁标识指示，独特的警告通知避免了与警报或警示混淆。未确认警告的可视信号会一直延续到警告被确认为止；对于被确认的警告，可视信息会一直延续到警告状态解除。

③警示通知

警示通知通常以可视信息标注，让驾驶团队能够识别和确定警示状况，但不需要确认。警示通知在状况纠正后自动解除。

（3）报警升级

如果船舶配备了驾驶台航行值班报警系统（BNWAS），则应与 INS 中央报警功能连接。驾驶人员可以在 INS 上设定时间（如 30 s），在该时间后，未被确认的报警除了在 INS 保持可闻和可视之外，还会转移到 BNWAS。在默认情况下，未确认的警告还会按照独立设备的具体要求或在 60 s 之后，变更为警报优先权，操作人员也可以根据设备说明书修改这个时间。

五、综合航行系统局限性

根据 INS 标准，综合航行系统的目的是采用信息化技术，集成多元航行信息，综合运用航线设计、航线监控、动目标避碰、报警管理、航行数据和状态控制等多种航行功能,为操作人员提供综合和增强的功能用以避免地理、交通和环境风险,从而加强航行安全。从目前的技术成熟度来看,限于传感器/信息源不足和误差影响以及信息处理系统的处理能力,INS 还无法获得与航行安全相关的大数据,不能可靠地支持系统独立获得令人满意的"情景意识",当然也不支持驾驶团队仅仅通过航行系统/设备提供的信息完美地做出航行决策和控制船舶航行安全。因此,航行系统还将在相当长的时间内担负着航行"助手"的功能,即 STCW 公约中"依靠仪器引航"之含义。随着技术进步,如果基于大数据的冗余系统提供的多元、高完善性的航行信息能够有效应用于海事安全,独立依靠此系统的"盲引航"才能实现。

1. 传感器/数据源局限性

传感器数据源的误差在很大程度上决定了 INS 的局限性,尤其在航行精度要求高、机动性强、富余水深受限、航速较低等航行环境中,越是需要 INS 协助航行时,驾驶团队越是要警惕 INS 传感器数据源提供极限数据精度的限制,避免盲目使用和疏于核查 INS 提供的信息而导致的不利安全情景的发生。

2. ECDIS 局限性

ECDIS 是旨在保障航行安全的复杂的信息技术设备。其正常运行涉及多方面因素,包括 IHO 数据源、船载工业计算机系统硬件和软件、传感器数据及其精度,还涉及操作者关于系统知识的完整性及操作技能。ECDIS 局限性包括:

(1)软件维护问题

ECDIS 的组成包括硬件、软件和数据源。其应用软件的运行必须满足性能标准,显示 ENC 所有数据。若 ECDIS 版本未及时更新,则系统可能不满足 SOLAS 公约的规定,不符合 IHO《ENC 产品规范》最新版本或表示库,无法正确加载和显示最新绘制的航道特征;或即使航道特征已经包含于 ENC,也可能无法启动应有的报警和指示。为此,IMO 建议访问 www.iho.int,了解版本清单,船长需要遵照 ISM 规则采取合适的措施。

(2)运行异常问题

随着 ECDIS 在船上强制配备,IMO 收到了一定数量的 ECDIS 运行异常报告,在相当广泛的层面上表现出该系统会出现意外和令人费解的非预定行为,以满足早前性能标准[IMO A.817(19)]的 ECDIS 为主,发生的实例包括但不限于:

①无法正确显示导航特性,如 IMO 最新确认的特别敏感海域和群岛水道等航行区域,具有复杂特性的导航灯水下特征和孤立危险物;

②在航线设计任务站无法通过"航线检查"检测到物标;

③无法发出正确的报警;

④不能正确管理多个报警信息。

这些运行异常情况影响了设备正常使用和驾驶团队的航行决策,在不同程度上妨碍了航行安全,甚至导致严重后果。如果 ECDIS 作为本船海图的唯一来源,则驾驶团队及其指挥者对此应有完备的知识储备和充分的应变能力。

根据目前和可预见未来的信息技术发展水平,IMO 认识到 ECDIS 各种运行异常现象暂时无法从根本上消除。针对这些问题,IMO 发布了一系列补充性通函,并经过梳理整合为《EC-DIS 良好实践指南》(MSC.1/Circ.1503),要求船长和驾驶团队遵守指南要求,深入掌握 ECDIS

的运行原理，促进该系统在航行中安全有效使用。同时鼓励使用者分类收集运行异常现象，属于数据源的问题，应反映到 IHO；属于计算机系统硬件或软件的问题，应反映到 ECDIS 制造商；属于传感器的问题，应反映到船舶所有人；属于驾驶员操作层面的问题，应通过船舶所有人反映到海事主管机构。

3. 雷达系统局限性

雷达系统由传感器和信息处理系统组成，担负 INS 避碰任务站功能，同时也是瞭望、定位和导航的重要设备，在 INS 中兼备无可替代的多功能角色。雷达系统标配的传感器至少有雷达、THD、SDME、GNSS 和 AIS 等 5 个，还可以有 ECDIS 和其他传感器。雷达对目标的探测效果还与电磁波传播环境及目标的反射能力有关。作为复杂的信息处理设备，雷达性能的发挥在很大程度上还取决于操作者的知识和技能。因此探讨雷达系统的局限性离不开其系统构成、工作环境和人的因素。

（1）雷达瞭望

按照避碰规则，雷达是瞭望的关键设备。雷达通过电磁波的发射与接收探测目标，由于雷达系统特性、电磁波传播特性、目标电磁波反射特性的影响，雷达"看"到的目标产生很大的"失真变形"，与航海者视觉瞭望有着本质的区别，也与海图不同。由于探测环境的不同，雷达目标回波"失真"主要表现为两种相反的现象，即回波扩展和回波收缩。回波扩展主要是指雷达探测脉冲宽度引起的回波后沿径向扩展失真和水平波束（波瓣）宽度引起的回波横向扩展失真，总体造成回波向后和向左右扩展，看起来比目标的实际尺度有所增加，这也是引起目标分辨力降低的主要原因。发生这种现象的目标通常是近距离、孤立、尺度较小的目标，如船舶、孤立岛礁等。回波收缩主要是由目标遮挡和/或目标边缘回波微弱等引起的目标后沿和左右边缘回波丢失和失真，总体上造成回波收缩，看起来比目标的实际尺度有所减小。发生这种现象的目标通常是远距离、延展、尺度较大的目标，如大面积的陆地、海面雷达探测地平以远的岛屿等目标变形失真对于陆地、岛屿和岸线而言，造成回波辨识困难，是雷达探测的局限性，但对于海上小目标而言，如船舶、导航浮筒等，也正是因为回波看起来比实际目标尺度大，才方便发现和观测。需要注意的是，冰山回波的面积通常小于实际尺度，尤其是冰山水下体积巨大，而雷达又探测不到，对航行安全的影响不容忽视。

此外，驾驶团队的指挥者应有清醒的认知，瞭望是定位、导航和避碰的基础，运用过硬的雷达操作技术，在海浪、雨雪和同频干扰等杂波环境下，最大限度地克服目前技术体制下雷达固有的局限性对瞭望的影响，最大限度地发挥驾驶团队的协作优势，才能有效地保障航行安全。

（2）雷达定位

从本质上看，雷达传感器是模拟设备时代的技术，理念和理论上都已经落后于信息时代的发展，只是限于经济成本和固化的观念，目前在技术和实践上还没有新的突破。从船舶定位角度看，GNSS 位置数据是界面友好的信息，可以方便地自动应用于综合航行系统，但雷达定位目前只能靠手动操作，无法以数据方式直接向 INS 提供位置信息。

从雷达定位的过程看，辨识可靠目标、选择定位目标、确定定位方法、精确测量目标、在纸质海图上画出雷达船位线、确定最或然船位，整个过程耗时间、费精力，且无法在航行信息平台上与其他信息化定位手段实现数据融合，具有很大的局限性。还应该注意的是，相比 X 波段雷达传感器，S 波段雷达的定位精度略低，有更大的局限性。与 GNSS 定位比较，雷达定位的精度虽然不高，然而作为主动定位的手段，雷达定位的可信性较高，在条件允许的情况下，作为良好船艺,驾驶团队应充分利用雷达定位保障航行安全。

（3）雷达导航

现代雷达提供了较为丰富的导航工具,包括平行指示线导航、绘图导航、航路点导航和电子海图叠加导航。其中后两种导航方法可以作为方便的信息化手段,与航线监控任务站协同,在沿岸航道航行时,实现导航信息的完善性验证,完成航线监控功能。

与航线监控任务站相比,雷达导航存在以下局限性:

①受到自身性能、电磁波传播路径和目标反射雷达波能力等因素的影响,影像失真和探测误差容易造成回波识别困难或错误,影响导航精度,甚至有时无法实现雷达导航。

②雷达导航精度依赖传感器的精度,雷达性能的发挥还依赖驾驶员的操作技术,对雷达图像的解释与导航技术的发挥也依赖驾驶团队的经验。在紧张的航行值班工作中,雷达操作者忽略了任何一个环节,都可能造成导航失误,导致严重后果。

③雷达仅能探测水面以上目标,在富余水深有限水域航行时,应仔细研究海域的水文地理信息,克服雷达导航局限性,发挥雷达的导航优势。

④使用航路点导航或电子海图叠加导航时,应特别注意 GNSS 定位的完善性指示信息,尤其是采用自动航行功能时。

（4）雷达避碰

雷达是避碰唯一有效的设备,是 INS 的避碰任务站。尽管雷达避碰从技术到应用有了长足的进步,但相比其他快速发展的信息化技术设备,采用磁控管作为发射器件的高功率脉冲体制雷达,发射信息源（探测脉冲）的精度有限,回波处理技术对雷达避碰信息化提升的能力有限,表现为雷达目标跟踪的可靠性不高、被跟踪目标受到较多条件约束、信息处理延时、信息精度有限,避碰信息难以高精度地融入数字化的 INS 系统。即使 AIS 作为辅助的避碰传感器,对提升雷达避碰的信息化程度做出了有益的努力,但限于前文探讨的 AIS 的技术现状,也只是突破了目标识别的瓶颈和有限度地实现了雷达跟踪目标与 AIS 报告目标的关联,而无法从根本上提升避碰设备的性能。

此外,由于目前实施的海上避碰规则建立的基础是视觉瞭望和以人为主,避碰的过程需要人的介入,避碰决策和避碰行动因人而异,避碰效果及其评估依赖驾驶团队的船艺水平。在可预见的将来,船舶避碰信息化、自动化和智能化的发展在技术和规则的多个领域和侧面仍然会受到较大的制约。

4. 人机交互局限性

信息化航行设备人机交互的局限性是航行安全不可忽视的问题。以上讨论的航行系统的各种局限性,都或多或少地与人为因素有关。一方面,设计优良的人机交互界面可以有效地向驾驶团队全面、直接地传递航行信息,提高设备的信息应用价值。另一方面,接受过良好培训,适任且经验丰富的驾驶团队的良好船艺,是保障航行安全的根本。因此,对于航行安全,设备的品质和人员的素质,两者缺一不可,相得益彰。

为了规范众多航行设备的性能、功能、生产、验收、安装和检验,IMO 和有关国际组织颁布了一系列的公约、标准、通函等文件,健全管理法规,包括 SOLAS 公约、各种设备的 IMO 性能标准、IEC 的性能和测试标准、安装指南、使用指南和检验指南等。尽管如此,不得不承认,目前人类只进入了信息时代的初期,还远未达到智能航海时代,人机交互技术还在不断发展和完善之中。设备系统是否获取到足够的数据,并通过妥善、高效的综合处理机制转换为人类易于理解的信息,乃至于提供最佳决策和可直接实施的行动仍然是非常前沿的课题。

在这种技术条件下,为了使航海人员深刻领悟通过字母数字信息和图形图像界面解释的机器语言,就必须对设备和系统的使用者进行完善的专业培训,达到适任的标准,而且适任仅仅是最低要求,要确保安全地使用航行系统,还需要长期的航行实践。此外,保障航行安全需要通过团队的高效协同机制实现,因此,驾驶团队的指挥者的知识、能力和智慧才是确保航行安全的关键。

第十一章

船舶导航雷达

雷达技术是利用目标对无线电波的发射、转发或固有辐射现象来发现目标并测定目标位置及运动参数的无线电技术,在航海、航空、气象观测等领域得到了广泛的应用。雷达是"RA-DAR(Radio Detection and Ranging,无线电探测与测距)"的音译,自20世纪中叶开始应用于船舶导航,是船舶不可缺少的导航设备,其在船舶上的主要应用有定位、避碰和导航。

第一节 航海雷达系统基本理论和工作原理

一、雷达系统基本工作原理及结构组成

(一)测距原理

微波在空间传播时具有等速、直线传播的特性,并且遇到物标有良好的反射现象,如图11-1-1所示,如果记录雷达脉冲波离开天线的时间 t_1 和无线电脉冲波遇到物标反射回到天线的时间 t_2,则物标离天线的距离 s 可由式(11-1-1)求出:

$$s = \frac{C}{2}(t_2 - t_1) = \frac{C}{2}\Delta t \qquad (11\text{-}1\text{-}1)$$

式中:C——电磁波在空间的传播速度,$C = 3 \times 10^8 \text{ m/s} \approx 300 \text{ m/μs}$;

Δt——电磁波在天线与物标间往返传播的时间,$\Delta t = t_2 - t_1$。

雷达的实际工作是用发射机产生脉冲微波,用天线向外发射和接收无线电脉冲波,用接收机进行计时、计算,显示器显示出物标与本船之间的距离,并用触发电路产生的触发脉冲使它们同步工作。

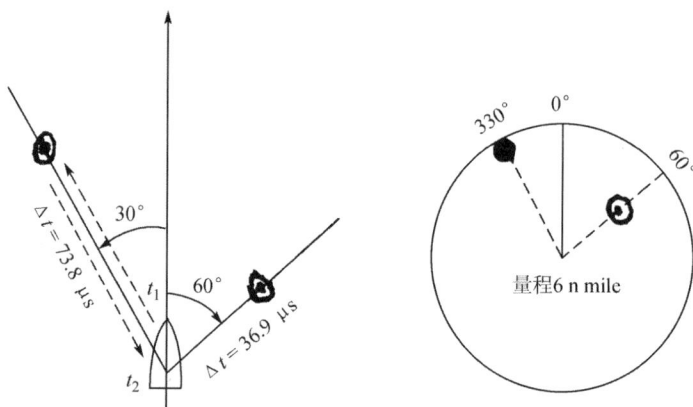

图 11-1-1　雷达测距原理

（二）测方位原理

因为微波在空间的传播是直线的,所以利用定向天线朝一个方向发射,并且只接收这一个方向目标的回波,那么,天线所指的方向就是物标的方向。如果天线旋转,依次向四周发射与接收,当在某个方向收到物标回波时,天线方向就是物标的方向。

在实际中,雷达用方位扫描系统把天线的瞬时位置随时准确地送给显示器,使荧光屏上的扫描线和天线同步旋转,于是物标回波也就按它的实际方位显示在荧光屏上了。

（三）雷达结构

船用雷达的型号很多,但基本组成均可用图 11-1-2 表示。各部分作用及相互关系简述如下:

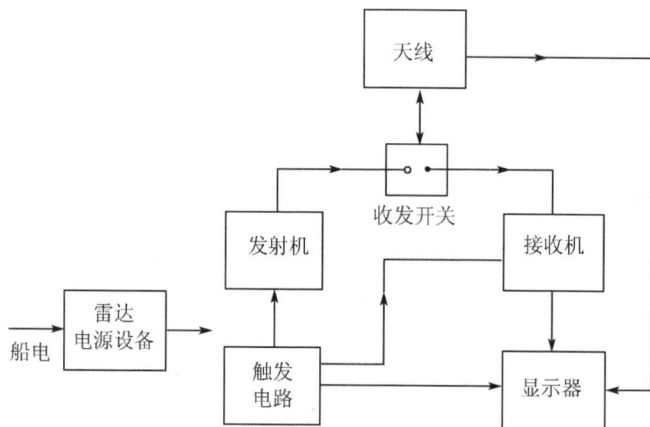

图 11-1-2　船用雷达基本组成框图

1. 触发电路（trigger；timer）

触发电路又称触发脉冲发生器、定时器或定时电路等。其任务是每隔一定时间（例如 1000 μs）产生一个作用时间很短的尖脉冲（触发脉冲）[如图 11-1-3 中（a）所示]分别送到发射机、接收机和显示器,使它们同步工作。

2. 发射机（transmitter）

发射机的任务是在触发脉冲的控制下产生一个具有一定宽度（0.05~2 μs）的大功率（3~75 kW）超高频（如 X 波段 9300~9500 MHz，S 波段 2900~3100 MHz）的脉冲信号，即发射脉冲（或称射频脉冲），如图 11-1-3（b）所示。射频脉冲经波导或同轴电缆送入天线向外发射。

3. 天线（scanner；antenna；aerial）

雷达天线是一种方向性很强的天线。它把发射机经波导馈线送来的发射脉冲的能量聚成细束朝一个方向发射出去，同时，也只接收从该方向的物标反射的回波，并经波导馈线送入接收机。雷达天线由驱动电机带动并按顺时针方向（从天线上方向下看）匀速旋转，转速一般为15~30 r/min。大部分船用雷达的转速为 20 r/min，也有 80 r/min 的高速天线。天线系统同时向显示器发出船首位置信号和天线偏离船首方向的角位置信号。由于电磁波在空中传播和经物标反射，故回波强度大大减弱并滞后于发射脉冲，其回波波形如图 11-1-3（c）所示。

4. 接收机（receiver）

从天线送来的超高频回波信号十分微弱，一般仅有几个微伏的幅度，而显示器显示需要几十伏的视频信号，因此，必须将回波信号放大近百万倍才行。雷达中的接收机均采用超外差式接收机，它把回波信号先进行变频——变成中频回波信号，然后放大、检波、再放大，变成显示器可显示的视频回波信号，如图 11-1-3（d）所示。

5. 收发开关（T-R switch；T-R cell）

在船用雷达中，发射与接收是用同一副天线进行的。天线与收发机间共用微波传输线。收发开关的作用是在发射时自动关闭接收机入口，让大功率发射脉冲只送到天线向外辐射而不进入接收机，以防止它损坏接收机；而在发射结束时，又能自动接通接收机通路让微弱的回波信号顺利进入接收机，同时关断发射机通路，以防止回波信号能量的流失。

6. 显示器（display；indicator）

船用雷达的显示器是一种平面位置显示器（即 PPI，plane position indicator）。传统的显示器在触发脉冲的控制下产生一个锯齿电流，如图 11-1-3（e）所示，在屏上形成一条径向亮线（即距离扫描线），用来计时、计算物标回波的距离，同时，这条扫描线由方位扫描系统带动随天线同步旋转。现代的显示器直接把信号数字化成 VGA 格式信号，以便外接通用显示器。显示器配有测量物标方位、距离的装置，以测量物标的方位和距离。

7. 雷达电源设备（power supply）

电源设备的作用是把各种船电变换成雷达所需的具有一定频率、功率和电压的专用电源。雷达考虑了各种因素均采用中频电源供电，频率一般在 400~2000 Hz 之间。

二、船用雷达设备的单元构成

船用雷达由以上七个基本部分组成，在实际设备中，有各种组合方式。一般说来，触发电路、发射机、接收机、收发开关和中频电源在一个机箱里，称为收发机（transceiver）。其余三部分各自一个独立机箱，所以常见的雷达设备有天线部件、收发机、显示器三个部分，这种雷达常称为三单元雷达。也有些雷达，把收发机装在天线底座中，装在桅顶上，合称为天线收发机单

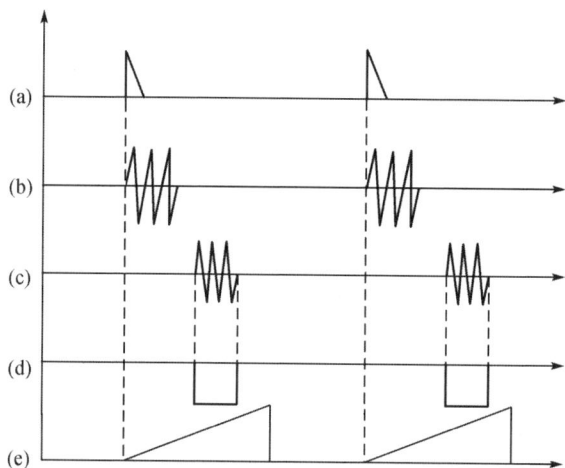

图 11-1-3　雷达基本波形时间关系

（a）触发脉冲；（b）发射脉冲；（c）回波脉冲；（d）回波视频脉冲；（e）扫描波锯齿电流

元，则雷达设备由天线收发机单元及显示器两部分组成，这种雷达称为二单元雷达。

三、中频电源设备

为避免低频电源干扰和缩小雷达中变压器、电感线圈等元件的体积、重量，要用中频频率电源。船用雷达中频电源的频率在 400～2000 Hz 之内，要求稳定、可靠的电源，而船电负载多、变化大、电压不稳定，所以要用专用的电源设备提供。为防止微波雷达与船上其他各种高频用电设备通过船电产生相互干扰，要用专用电源设备进行"隔离"。

1. 对雷达电源的技术要求

以下是雷达电源的基本要求，但对具体某一雷达电源而言，均有详细的技术指标。

（1）电压要稳定，即要求在船电变化±20%或负载变化±20%的情况下，保持输出的中频电压变化小于±5%。

（2）要保持中频频率稳定。

（3）要有短路、过流、过压等各种保护措施。

（4）操作、维护简便，使用可靠，寿命长。

（5）能适应 24 h 长时间连续工作。

（6）能适应海上温差大、湿度高、盐雾重等工作环境。

（7）噪声和振动要小，换能效率要高。

（8）体积小，重量轻，价格低。

2. 中频逆变器介绍

船用雷达电源设备有两类，中频逆变器和中频变流机。目前，中频变流机由于体积庞大、效率低下等缺陷，已经被淘汰了。

使用逆变器时应注意的事项：

（1）在检查、调整逆变器前，一定要细读说明书，了解调试步骤和检查方法，切勿盲目行事。

（2）逆变器是一个闭合环路,各部分还有小的控制环路,不得随意切断某一环路,否则容易损坏逆变器,甚至损坏雷达本机。

（3）检查逆变器时,应切断输入电源。若要带电检查,最好使用示波器,并注意分清逆变器中的浮动零电位与机壳零电位,两者严禁短接,否则会烧坏逆变器甚至雷达本机。

逆变器正常工作时,一般能听到清晰均匀的振荡声,输出正确的电压值和频率值。如果逆变器发出时断时续的叫声,则说明逆变器有过荷现象,工作不正常,应关机检查。逆变器优点多于变流机组,现代雷达多采用逆变器作为电源设备。

四、触发脉冲产生器

触发脉冲产生器的作用是每隔一定时间产生一个触发脉冲,分别送到发射机、接收机和显示器,使它们同步工作。触发脉冲的形成电路通常是一个用中频电源同步的间歇振荡器,一般装在发射机里。现代船用雷达为提高测距精度,采用一种晶体高频振荡器作为整个雷达的时间基准器,触发脉冲由此高频振荡器产生的高频振荡分频得到。

每秒钟内脉冲重复出现的次数,称为脉冲重复频率（Pulse Repetition Frequency,简写为 PRF,用 F 表示）。相邻两个脉冲间的时间间隔称为脉冲重复周期（Pulse Repetition Period,简写为 PRP,用 T 表示）。显然,T 和 F 的关系为:

$$F = \frac{1}{T} \tag{11-1-2}$$

触发脉冲的重复周期应与显示器的测距范围（量程）相对应。比如,量程为 120 n mile 时,120 n mile 处的物标回波要在发射后 1481.6 μs 才能返回天线。若此时用 1000 μs 作重复周期,则雷达在此周期内收不到该目标了。但重复周期也不宜过大,否则在天线旋转一周的时间内物标回波的脉冲积累数太少,回波强度变弱,影响雷达对近距离小物标的探测能力。

大部分雷达考虑了各种因素的影响,脉冲重复频率随量程段改变,即在近、中、远量程段各选定一个脉冲重复频率,由量程开关控制变换。船用导航雷达的脉冲重复频率在 500～4000 Hz 之间。表 11-1-1 列出了斯伯利公司的 RASCAR 3400M 雷达各量程段的脉冲重复频率。

表 11-1-1　RASCAR 3400M 的脉冲重复频率

分类	量程/n mile			
	0.25～1.5	3	6～12	24～96
脉冲重复频率/Hz	3200	1600	1600	640
脉冲重复周期/μs	312.5	625	625	1562.5

五、雷达发射机

（一）组成及各部分作用

雷达发射机由脉冲调制器（一般包括预调制器和调制器）、磁控管振荡器及电源等部分组成，如图 11-1-4 所示。

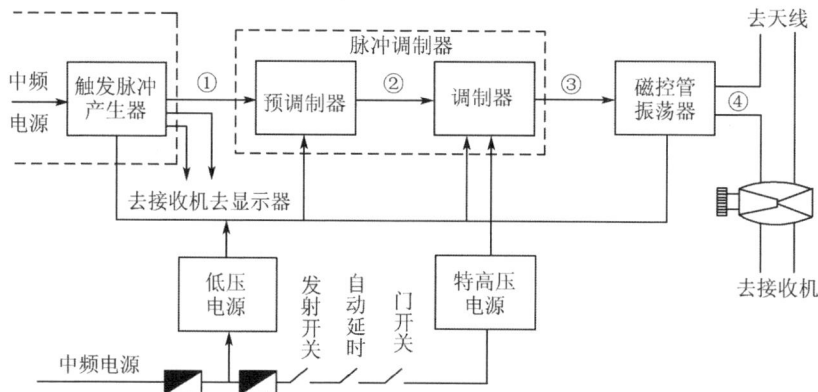

图 11-1-4　发射机组成框图

1. 预调制器（pre-modulator）

在触发脉冲控制下，预调制器产生一个具有一定宽度、一定幅度的正极性矩形脉冲(预调制脉冲)去控制调制器的工作。对预制脉冲的波形和幅度的要求，视所用调制器的类型而定。在刚性调制器中，预调制脉冲的宽度和波形决定着发射脉冲的宽度和波形，因此对预调制器有着较严格的要求，而且，雷达脉冲宽度的转换在这一级进行。

2. 调制器（modulator）

调制器的作用是在预调制脉冲或触发脉冲的作用下产生一个具有一定宽度、一定幅度(约 1 万伏特)的负极性高压矩形脉冲(调制脉冲)加给磁控管的阴极。

3. 磁控管振荡器（magnetron oscillator）

磁控管振荡器是一种被调制大功率超高频振荡器，它在调制脉冲的控制下产生宽度与调制脉冲相同的大功率超高频振荡脉冲(射频脉冲)经波导送天线向外辐射。触发脉冲及发射机各级波形的时间关系如图 11-1-3 所示。

4. 电源（power supplies）

发射机的电源提供发射机所需的各种交、直流电源及调制器、磁控管工作所需的特高压电源，分别设有保险丝及指示灯，保险丝及指示灯一般都装在明显易见又便于拆装的地方。低压电源与接收机电源装在一起，产生除特高压以外的其他所需的各种交、直流电源。

高压电源部件一般与调制器、磁控管振荡器一起装在一个标有醒目"高压危险"（DANGER HIGH VOLTAGE)字样的屏蔽盒(罩)内，以引起使用维护人员的注意。高压电源的输入电路中一般都有几个继电器控制触点，如图 11-1-4 所示。中频电源经过收发机总保险丝、高压保险丝、雷达高压(发射)开关控制的触点、高压自动延时电路控制的触点及门开关控制的触点才能送到高压变压器的初级绕组，以实现对人及对雷达设备的安全保护。高压自动延时电路的作用是保证磁控管有足够的预热时间(3~5 min)。

（二）发射机主要技术指标

1. 工作波长（wavelength）

发射机的工作波长就是磁控管振荡器产生的超高频脉冲波的波长。雷达的工作波长允许的范围如表 11-1-2 所示。

表 11-1-2　雷达的工作波长与频率

分类	波长/cm	频率/MHz	船用频率/MHz
S 波段	15~7.5	2000~4000	2900~3100
X 波段	3.75~2.4	8000~12500	9300~9500

2. 脉冲宽度（pulse length；pulse width）

脉冲宽度就是射频脉冲振荡持续的时间,一般用 τ 表示。船用雷达 τ 常以 μs 为单位,一般选在 0.05~2 μs 之内。

3. 发射功率（transmitted power）

发射功率可分为峰值功率（peak power）P_k 和平均功率（average power）P_m。峰值功率是指在脉冲期间的射频振荡的平均功率,一般较大,船用雷达的峰值功率在 3~75 kW 之内。平均功率是指在脉冲重复周期内输出功率的平均值,因此,数值很小。它们之间的关系为:

$$P_m = P_k \frac{\tau}{T} \tag{11-1-3}$$

式中:τ——脉冲宽度;

　　T——脉冲重复周期。

可见,平均功率仅为峰值功率的几百分之一或几千分之一。

4. 脉冲波形（pulse wave shape）

发射脉冲的波形为发射脉冲的包络形状。一般说来,波形越接近矩形越好。在相同的脉冲宽度下,越接近矩形,能量越大,作用距离越远;前后沿越陡,测距精度和距离分辨力越高;矩形脉冲顶部越平坦,脉冲持续期中的发射功率和频率越稳定。通常脉冲前沿上升时间 t_r 为脉冲宽度的 10%~20%,后沿下降时间 t_f 为脉冲宽度的 20%~40%,顶部波动值为 2%~5%。

5. 发射脉冲频谱（radio frequency pulse spectrum）

发射脉冲频谱就是组成射频脉冲信号的所有频率成分的能量分布。矩形射频脉冲的理想频谱如图 11-1-5 所示。由图可见:大部分发射能量集中在 $f_0 \pm \dfrac{1}{\tau}$ 的频带内。为保持原来的脉冲波形,接收机通频带宽度至少不能小于 $\dfrac{2}{\tau}$。对发射脉冲频谱通常要求谱线稳定、对称;旁瓣的最大值不大于主瓣最大值的 2%~5%。

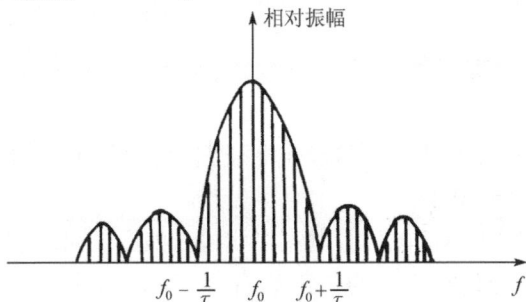

图 11-1-5　矩形射频脉冲理想频谱

（三）磁控管振荡器

1.磁控管的结构

磁控管振荡器（magnetron oscillator）中的磁控管由灯丝、阴极、阳极、永久磁铁和输出耦合装置等组成。磁控管外形和内部结构如图 11-1-6 所示。

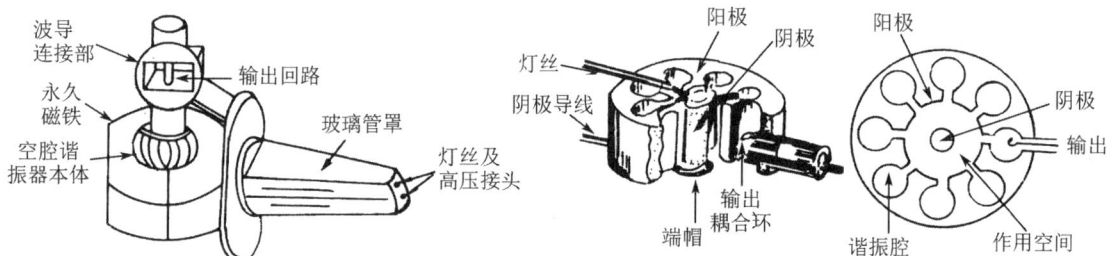

图 11-1-6 磁控管外形和内部结构图

磁控管阴极为圆柱形旁热式的氧化物阴极，它位于磁控管中央。阴极表面具有很强的发射能力。阴极圆筒里面装有灯丝，以加热阴极。灯丝电压一般为 6.3 V，也可用 12 V，交直流均可使用。

阳极是一块厚约 1 cm 的圆形大铜环。圆孔中央放着阴极，阴极和阳极块同心。阴极和阳极之间的空间称为作用空间。阳极块圆环四周沿其轴线方向开有偶数个圆孔（谐振腔）。每个腔都开有缝隙与作用空间相通。圆孔（相当于电感 L）和缝隙（相当于电容 C）组成磁控管的高频振荡系统。腔体（圆孔及缝隙）的尺寸大小基本决定了磁控管的振荡频率。工作时阳极块会发热，为了便于散热，阳极块外面往往装有散热片。另外，为了安全及便于高压与机壳间绝缘，磁控管的阳极接地（接机壳），而把负极性调制脉冲接到阴极上。

永久磁铁用来产生控制电子运动的恒定磁场，磁力线与阴极轴线平行。磁场要有一定的强度和均匀性。波长越短，所需磁场强度越大。

输出耦合装置的作用是通过装在一个谐振腔中的耦合环将磁控管振荡器产生的所有振荡能量取出并通过同轴线或波导耦合至天线。

2.磁控管的工作条件

要使磁控管正常工作，除磁控管本身要完好外，还必须满足如下条件：

（1）灯丝加上额定工作电压，将阴极加热到一定温度；

（2）阴-阳极间加上额定的负极性调制脉冲；

（3）应保证磁控管的输出负载匹配，否则，磁控管输出功率及频率将发生波动，甚至使磁控管跳火，以至损坏。

3.磁控管的检查

（1）磁控管未通电时可用万用表测灯丝电阻，阻值应为几个欧姆，再用兆欧表测阳-阴极间绝缘电阻，阻值应大于 200 MΩ。

（2）磁控管通电工作时进行的磁控管电流在线检查如图 11-1-7 所示：

各量程段的电流值应分别在相应的规定范围内。如电流为零，说明磁控管不工作，无发射；如电流偏大或偏小，说明高压偏高或偏低，或磁控管已衰老；如电流表指针抖动或很大（满刻度),表示磁控管内部有打火现象。

```
RF UNIT MONITOR
        TEMPERATURE        33.2
        TUNE IND            1.3
        HV                517.4
        R.MONITOR           1.4
        MAG CURRENT         2.5
        HEATER              4.1
        12V                11.9
        -12V              -11.5
        5V                  4.8
        32V                31.6
        TUNE OUT           15.0
        TRIGGER FREQ     1058
        ANT SPEED          22.3
```

图 11-1-7　磁控管电流在线检查

现代雷达对此项目的检查均可通过自检菜单进行,可以在自检结果中直接得到相关参数,如磁控管电流读数跳变,同样,表示磁控管内部有打火现象。

4.磁控管使用注意事项

(1)在检修维护保养时,要谨防特高压触电伤人,接触管子阴极前,应先关机,并将高压放电。

(2)严防大功率超高频电磁波损伤人脑及眼睛。雷达发射时不要站在开口波导前或天线辐射窗面前。

(3)接触磁控管时,应先脱去手表,以防手表磁化。

(4)加高压前,应保证阴极已充分预热(3~5 min)。频繁使用雷达时,可不关低压只关高压,以免灯丝忽冷忽热而损坏。这样可保护阴极发射性能和延长使用寿命。

(5)要注意保护磁场。存放时离开铁磁体至少 10 cm,两个磁控管间至少离开 20 cm。严禁敲打、震动。

(6)要保证负载匹配。要防止波导或天线内积水或有污物堵塞或断裂、变形或连接不良等现象发生,否则,会使输出功率、频率发生变化,使磁控管内发生打火,甚至损坏。

(7)新管或长期保存(超过 6 个月)未用的管子,加高压前要先进行"老炼"。方法是先给磁控管加上灯丝电压半小时以上,然后加较低的高压,工作半小时或几小时,再将高压加到正常值。"老炼"的时间视具体情况而定,应保持在逐渐加大高压的过程中管内不打火。

实践证明,轮流使用备品管,可延长管子使用寿命。

(四)脉冲调制器

1.作用与要求

脉冲调制器(modulator)由雷达发射机的预调制器和调制器构成,调制脉冲的形状直接决定了磁控管振荡器工作的好坏,调制脉冲的波形也要求前后沿要陡,平顶波动要小。

2.组成

磁控管需要的高压调制脉冲的脉冲功率很大,平均功率却很小。脉冲调制器是产生这种高压调制脉冲的装置,一般由"储能元件"、"限流元件"、"调制开关"及"储能通路"元件组成。

3. 元器件认知

根据所用开关元件的不同，调制器可分为刚性调制器（hard-switch modulator）、软调制器（soft-switch modulator）、磁调制器（magnetic modulate）及可控硅调制器（SCR modulator），后两者称为固态调制器（solid state modulator）。不同的调制器，所用的限流元件、储能元件也不同。刚性调制器常用电容作储能元件，软调制器和可控硅调制器常用仿真线作储能元件，磁调制器常用电容或仿真线作储能元件。船用雷达中，脉冲宽度要随量程段变化，即近量程要用窄脉冲宽度，远量程要用宽脉冲宽度。在刚性调制器中，脉冲宽度的改变在预调制器中进行，较为方便。软调制器需要几个脉冲宽度就要有几组节数不同的仿真线，但是发射机工作时仿真线上有高压，转换脉冲宽度较困难。现代船用雷达中使用的调制器以软调制器及可控硅调制器居多。调制器可以理解为磁控管工作的驱动器，其与磁控管的结构如图 11-1-8 所示。

图 11-1-8　磁控管与调制器实物图

（五）发射机调整

发射机的调整项目一般包括如下两项：

1. 高压自动延时调整

雷达先停机冷却 15～30 min，再开机核查高压自动延时是否在 3～5 min 内设备进入 standby 状态。如不符合要求，则调整自动延时或直接更换自动延时元件。现代雷达均有自检程序，在开机时检查延时及开机条件是否满足要求，如开机未能正常启动，出现报警，如"电压偏低报警"，可以参考维修手册中的故障追踪部分（trouble shooting）进行简单的检查与调节。

2. 磁控管电流的调整

雷达发射后，检查各种脉冲宽度（相应量程段）时的磁控管电流是否符合说明书要求。如不符合，则参考技术手册进行调节，使电流符合要求。某型雷达的发射机高低压调节如图 11-1-9 所示。

（六）发射机状态判断

发射机工作正常时应该输出额定的大功率超高频脉冲。这种脉冲是由磁控管产生、输出的，所以发射机正常与否，实际上只要判断磁控管工作是否正常。如前所述，检查磁控管工作是否正常有两种方法：一是查磁控管电流；二是用氖灯在收发机波导口检查是否发亮。

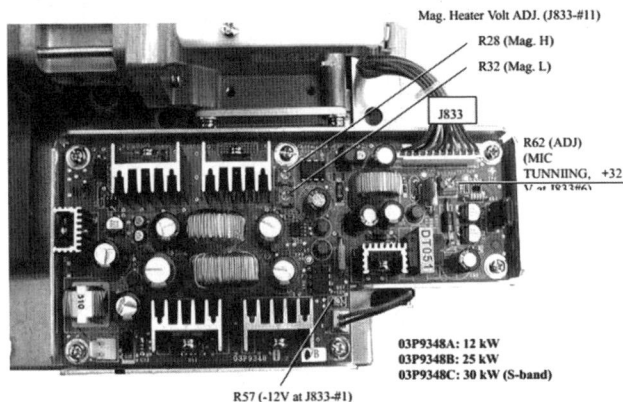

图 11-1-9　发射机高低压调节

六、微波传输及雷达天线系统

（一）系统组成及各部分作用

微波传输及天线系统由波导（或同轴电缆）、天线、驱动电机、传动装置、方位同步发送机（或天线转角编码器）及船首位置信号产生器等部件组成。组成框图如图 11-1-10 所示。

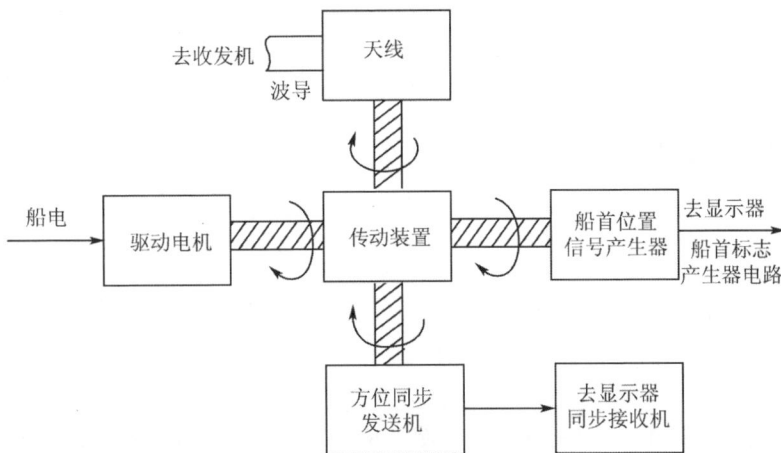

图 11-1-10　微波传输及天线系统组成框图

1. 波导
波导连接于收发机与天线之间，用于传输微波能量。

2. 天线
天线用于定向发射射频脉冲信号和定向接收物标回波信号。

3. 驱动电机
驱动电机的作用是带动天线匀速旋转。它的驱动能力是应使天线在相对风速 100 kn 的情况下仍能正常地启动和运转。为保证天线的匀速转动，天线电机的转速一般都在 1000 ～

3000 r/min。在天线电机供电电路里，一般设有保险丝，有的还设有过荷继电器。为了安全起见，有的雷达在天线底座上装有天线安全开关，维修人员上天线工作时，可用它切断天线电机电源。

4. 传动装置

传动装置实际上是一个减速装置。该减速装置是将高达 1000~3000 r/min 的天线电机转速减速，以保证天线以 15~30 r/min 的速度匀速转动。目前大部分雷达采用的是齿轮减速传动装置，也有些雷达采用皮带传动减速装置。前者要求定期加注或更换防冻润滑油，后者要求定期检查皮带的松紧程度，并进行调整或更新。

5. 方位同步发送机

方位同步发送机是方位扫描系统的组成部分，它把天线的角位置信号送给显示器。传统模拟量显示型雷达使用方位同步发送机驱动显示器偏转线圈的同步接收机，并通过方位扫描系统的其他部件使扫描线随天线同步旋转。现代雷达使用天线角位置编码器，使得雷达天线每转动一周中的每次微波脉冲发射对目标的探测信息都含有天线朝向信息。

6. 船首位置信号产生器

船首位置信号产生器一般由一个微型触点式开关和安装在天线旋转齿轮上的一个凸轮组成，是显示器里的船首标志形成电路的一个组成部分。每当天线转过船首方向时，显示器屏上形成一条径向亮线代表本船船首。现代雷达的船首位置信号产生器大多采用无触点式电路，如用光电效应的方法，或其他方法代表船首方向，作用都是相同的，不同的是，现代雷达采用了数字化视频信号，即使船首线位置（开关动作点）未能调准，还可以使用数学方法在一定范围内调节船首线位置。

（二）波导与同轴电缆

1. 波导

（1）用途

为减小损耗，防止辐射、干扰和失真，要使用波导或同轴电缆作为微波传输线，而不能用普通导线或电缆。

（2）结构特点

波导管（或称波导）是由黄铜或紫铜拉制而成的空心管，截面为矩形的叫矩形波导，截面为圆形的叫圆形波导。其内壁光洁度很高，有的还镀银或金、铑、镍等。截面尺寸由要传输的微波波长决定。矩形波导边长中，较长的一边称宽边 a，较窄的一边称窄边 b。电磁波在波导里传输时也是有衰减的。衰减的大小主要与如下因素有关：

①与传输的波型有关：以传输 TE_{10} 型波（在管内电场只有横向分量，称为横电波。其中"1"表示沿 a 边有电场最大值，"0"表示沿 b 边无电场最大值）衰减最小。

②与波导尺寸有关：a、b 越大，衰减越小。但 a、b 太大会产生其他型波。为保证只传输 TE_{10} 型波，a、b 应满足：$\lambda/2 < a < \lambda$，$0 < b < \lambda/2$。实用上一般选用 $a = 0.7\lambda$，$b = (0.4 \sim 0.5)\lambda$ 的波导。

③与波导材料有关：材料的电导越大，衰减越小。

④与波导内表面光洁度和清洁度有关：越光洁、越清洁，衰减越小。

（3）波导元件

为适应在船上的实际安装需要,除基本直波导做成各种长度规格外,还配有宽边弯波导、窄边弯波导、扭波导、软波导及旋转接头等,如图 11-1-11 所示。弯波导、扭波导用于改变波导的走向。软波导接在收发机波导口,用来调整收发机与硬波导间少量位置偏差、缓冲振动及波导热胀冷缩等以防变形损伤波导。旋转接头装在天线与天线底座的连接处,以便使固定的波导与旋转的天线之间传输微波能量。每根波导的两端接头结构不同,一端的端面是平的为平面接头,另一端端面开有两个槽。外面一个槽浅一些,是安装水密橡皮圈用的;里面一个槽较深一些,深度约为 $\lambda/4$,宽边中点到槽的距离也为 $\lambda/4$,此槽称为扼流槽[如图 11-1-11(e)所示],这一端称为扼流接头。连接时平接头朝向天线。当扼流接头与平面接头相连接时,可用来保持波导的电气连续,防止微波能量的损耗,并保持接头水密。

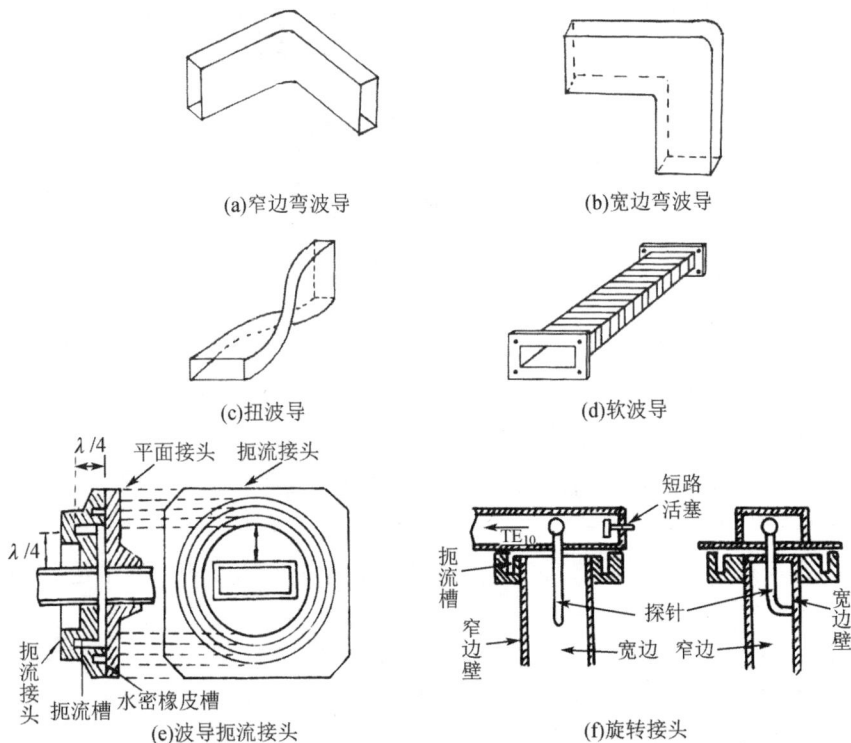

(a)窄边弯波导　(b)宽边弯波导
(c)扭波导　(d)软波导
(e)波导扼流接头　(f)旋转接头

图 11-1-11　波导元件

（4）波导管使用、安装注意事项

①安装前要检查波导管,管内应清洁。

②波导总长度不宜超过 20 m,弯波导不宜超过 5 个。

③软波导不能用作弯波导,不宜装于室外。

④波导管平面接头朝天线,扼流接头朝收发机;每个连接处要在水密槽内装橡皮圈,螺丝要上紧,安装结束后在接缝外边涂上厚油漆。

⑤在收发机波导口要插入云母片,防止波导进水直接流入磁控管而损坏磁控管。

⑥安装时要防止波导受力,每隔 1~2 m 要有固定架,室外易碰撞部分应加装硬防护罩等。

2.同轴电缆

同轴电缆的结构如图11-1-12所示。它由内、外两层导体组成,内导体是一根或多根细铜线或一根细铜管;外导体是由单层或多层镀银编织铜线或蛇形铜管组成的。内、外导体必须严格同轴,故在内、外导体间填有聚苯乙烯等低损耗绝缘物,最外面是橡皮。为保证在同轴电缆内仅传输一种横电波,同轴电缆内导体直径 d 和外导体的内径 D 与波长 λ 的关系应满足:

$$D+d<\lambda/\pi \tag{11-1-4}$$

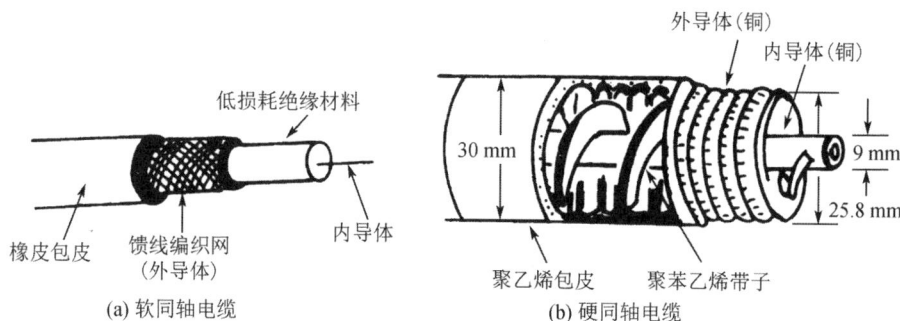

图 11-1-12　同轴电缆结构

另外,考虑了同轴线的衰减系数、品质因素、传输功率及绝缘性能等因素的影响,其内、外导体的直径比为:

$$D/d\approx2.3$$

3.波导与同轴电缆的比较

(1)传输同一波长的电波,波导损耗较小。但波长大于10 cm时,同轴电缆的损耗也不大。

(2)波导传输的功率比同轴电缆大。

(3)波导的击穿电压高。

综合考虑上述各种因素后,一般3 cm雷达用波导作馈线,而在10 cm雷达中,用同轴电缆作馈线。

（三）雷达天线

1.主要技术指标

(1)方向性图

方向性图是表示天线收发电磁波功率(或场强)与方向关系的坐标图。在讨论船用雷达天线特性时,我们仅关心它的水平和垂直两个方向的特性。

(2)方向性系数 D_A

方向性系数是表示定向天线的功率集束能力,也叫作天线功率增益(antenna power gain)。它等于定向天线最大辐射方向的功率通量密度 P_{max} 与各向均匀辐射时的平均功率通量密度 P_{ave} 之比(假定这两个天线的总辐射功率相等),即:

$$D_A=\frac{P_{max}}{P_{ave}} \tag{11-1-5}$$

(3)天线效率 η

天线效率是指天线辐射功率 P_r 与输入总功率 P_{in} 之比,即

$$\eta = \frac{P_r}{P_{in}} \tag{11-1-6}$$

（4）天线增益 GA

天线增益等于天线方向性系数 D_A 与天线效率的乘积。一般船用雷达天线增益在 30 dB 左右。天线增益的大小直接影响着雷达的作用距离。天线增益与天线的有效面积 A 成正比例关系。

（5）波束宽度

天线波束的两个半功率点方向间的夹角称为主瓣的波束宽度，简称半功率宽度。

水平面内的波束宽度称为水平波束宽度，用 θ_H 表示，现代船用雷达的 θ_H 在 0.7～1.5°，大部分在 1°左右。

垂直面内的波束宽度称为垂直波束宽度，用 θ_V 表示，为了使船舶在摇摆时不会丢失目标及缩小盲区，又能保持波束有一定的辐射强度，船用雷达的垂直波束宽度为 15°～30°。工程上天线波束宽度与天线增益间的关系可表示为：

$$GA = \frac{2700}{\theta_H \theta_V} \tag{11-1-7}$$

可见，波束越窄，天线增益越高。

（6）旁瓣、旁瓣电平

天线辐射的电磁波主瓣两侧的波瓣称为旁瓣或副瓣。旁瓣对称分布于主瓣两侧，越往外侧旁瓣电平越弱。旁瓣浪费能量，又产生旁瓣假回波，扰乱回波图像的观测，因此旁瓣电平越小越好。

2. 雷达天线的分类与特点比较

（1）**按结构形状分类及特点比较**

①抛物柱面反射天线

抛物柱面反射天线的结构如图 11-1-13 所示。由图可见，它由角状辐射器及抛物柱面反射面组成。这是传统的船用雷达天线，由于其体积大、重量大、风阻大、需要的驱动电动机的功率大及电气性能不高等缺陷，目前在船用雷达中已被淘汰。

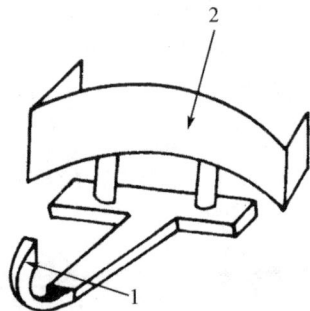

图 11-1-13 抛物柱面反射天线
1—角状辐射器；2—抛物柱面反射器

②隙缝波导天线

隙缝波导天线是现代船用雷达普遍采用的天线，其结构如图 11-1-14 所示。该天线由隙缝波导、垂直极化滤波器、扇形喇叭及天线罩等部分组成。

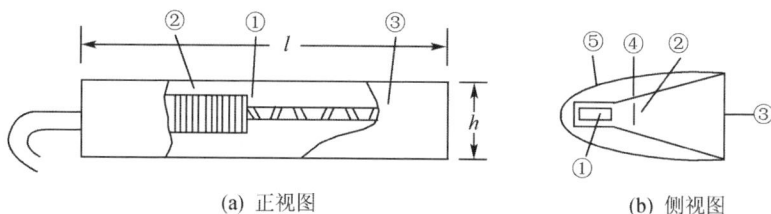

(a) 正视图   (b) 侧视图

图 11-1-14　隙缝波导天线

①—隙缝波导；②—垂直极化滤波器；③—辐射窗口；④—扇形喇叭；⑤—天线罩

隙缝波导位于扇形喇叭的颈部，是一段窄边开有许多隙缝的矩形波导。天线辐射的能量、水平波束宽度与每条隙缝的倾斜角、缝距及深度等有关。缝距约 $\lambda/2$，故隙缝波导越长，隙缝数越多，水平波束宽度越窄，方向性就越好。

垂直极化滤波器的作用是滤除从隙缝辐射出来的电磁波中的垂直极化成分，使它仅剩下水平极化波辐射出去。扇形喇叭由金属制成，用来限制垂直波束宽度，喇叭张角（即天线口径高度）越大，则垂直波束越窄。

天线罩用来保护扇形喇叭及保持水密，防止灰尘、污物等进入天线波导内。扇形喇叭张口用低损耗高频材料密封。

③圆盘天线

圆盘天线是现代船用数字雷达普遍采用的天线，如图 11-1-15 所示。这种天线受风阻力小，受风浪的影响小，对传动机构的要求比较低。

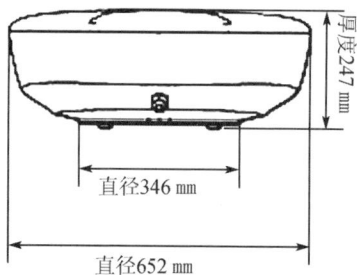

图 11-1-15　圆盘天线

圆盘天线的内部结构如图 11-1-16 所示，其中①所指的位置为雷达信号收发口，它接内部的波导管，内部的波导长度小于该圆盘直径，该天线水平波束宽度为 4°左右，垂直波束宽度为 25°左右。天线扫描范围在 50 n mile 以内。天线外径大约 0.6 m，外表为圆形的天线罩。可抵抗达到 3 级的同频干扰，能自动地调整 STC，有 256 级的自动调整 STC 设置，除以上所述之外的其他特点与隙缝波导天线类似。

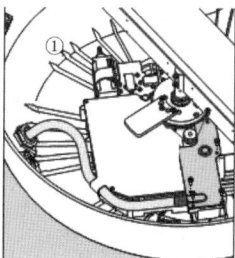

图 11-1-16　圆盘天线内部结构

（2）极化方式

辐射电磁波的极化类型是指电磁波传播时其电场向量在空间的振动方向。电场向量在空间沿水平方向振动的，称水平极化波。电场向量在空间沿垂直方向振动的，称为垂直极化波。电场向量在空间是旋转的，称为圆极化波。根据圆极化波在空间旋转的方向又可分为右旋圆极化波和左旋圆极化波。

①水平极化波（horizontally polarized wave）

水平极化波是性能标准规定的，每艘船上必须装备的 X 波段雷达天线的工作模式，因为所有工作在 X 波段的雷达航标（Radar beacons）均使用水平极化波。另外，在海面平静状态（浪高小于 0.25 m）时，水平极化波引起的海浪干扰杂波最小。

②垂直极化波（vertically polarized wave）

在浪高为 1~3 m 时，垂直极化波引起的海浪干扰最小，所以有些波长 10 cm 的雷达采用垂直极化波，利用 10 cm 波长的垂直极化波对海浪干扰的特性来抑制海浪干扰。

③圆极化波（circularly polarized wave）

圆极化波可以较好地抑制类似圆对称的雨雪干扰（可减弱到 1/100~1/40），但是容易丢失类似圆对称体的物标，如浮筒、灯塔等，而且总的探测能力将大大减弱（几乎要损失一半）。现代雷达对雨雪干扰等干扰信号，通过数字信号处理技术效果已明显优于该技术，所以圆极化天线在船用雷达中已十分罕见。

（3）维护保养和状态判断

①保养要点

a. 每半年用软湿布、软毛刷、清水洗洁、清除隙缝天线辐射面罩上的油烟灰尘。

b. 每半年检查一次波导法兰和波导支架紧固情况，检查软波导、波导是否开裂（如有开裂，必须立即更换），波导法兰连接处的密封情况和波导、电缆穿过甲板的水密情况等。

c. 每半年给天线基座油漆一次，并对固定螺栓的锈蚀情况做仔细检查。锈蚀严重时应予更新。

d. 每年按说明书规定给天线基座内的齿轮涂一次油脂或更新齿轮箱润滑油，并紧固基座内螺栓（当直流电机电刷磨损严重时需及时更换）。

e. 在天线基座内发现水迹时，必须及时采取措施消除，并通知专业修理人员找出原因，予以解决。

f. 对安装在露天的波导和电缆，应仔细检查其是否紧固牢靠及有无损坏情况，并经常涂漆。

②状态判断

a. 天线传动系统的检查方法是：当雷达接通天线电源后［有的是在开"预备"时天线就转，有的是在开"工作（发射）"时天线才转，有的有专用天线开关］，天线应按规定转速顺时针（从空中向下看）匀速转动；否则，为不正常。如不转，可先查天线电机电源保险丝及过荷继电器，再查电源，查有关供电电路及电机本身。

b. 微波传输通路（波导）的检查方法是：关掉高压，在天线入口处断开波导并视具体情况断开固定波导的螺丝，将波导移开，然后开高压，用氖灯在波导出口处检查。若发亮，说明有电磁波送出；如不亮，则在收发机口，用同样的方法再试。如收发机波导口有电磁波送出，而在天线入口处没有，则说明波导某部分有堵塞（如积水等）。若波导中有积水，雷达工作一段时间后，积水部分会发热，类似微波炉效果，手感很明显。

七、雷达接收机

（一）接收机的组成及各部分作用

船用雷达均采用超外差式接收机。其基本组成包括由本机振荡器和混频器组成的变频器、由前置中频放大器和主中频放大器组成的中频放大器、检波器、前置视频放大器、增益和海浪干扰抑制电路及自动频率控制电路（AFC）等部分，如图 11-1-17 所示。下面简要说明各部分的作用。

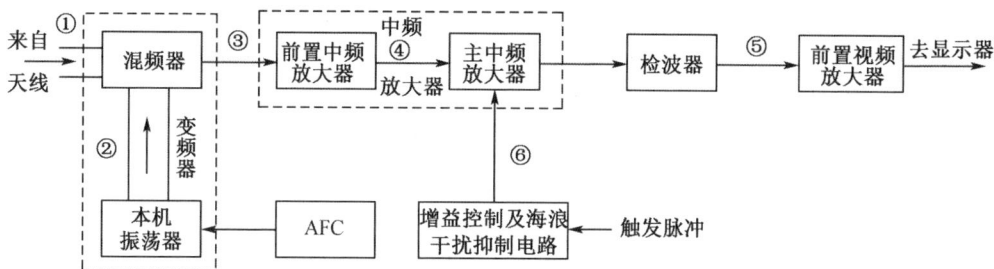

图 11-1-17　接收机组成方框图

1. 变频器［frequency converter（changer）］

变频器的作用是把微波信号变成频率较低的中频回波信号。它由本机振荡器及晶体混频器组成。船用雷达接收机的中频一般为 30 MHz 或 60 MHz，也有用 45 MHz 的。一些船用雷达中，在变频器之前加入了一级射频放大器，将回波信号先进行放大后再送入变频器。这样可以提高信号增益，减小接收机噪声系数，从而改善对远距目标的探测能力。

2. 中频放大器（IF amplifier，intermediate frequency amplifier）

中频放大器的作用是要把微弱的中频回波信号不失真地放大十几万倍，然后送去检波。

3. 检波器（detector；demodulator）

检波器的作用是把经过放大了的中频回波信号进行包络检波，变成视频脉冲信号。这一过程正好与发射机里的调制过程相反，所以检波器也叫解调器。船用雷达的检波器一般由晶体二极管(或晶体三极管)及低通滤波器组成。

4. 前置视频放大器（pre-video amplifier）

前置视频放大器用来初步放大检波器输出的视频脉冲信号并实现前后电路的相互匹配。输出的视频脉冲信号用同轴电缆送给显示器。

5. 增益控制及海浪干扰抑制电路（receiver gain control & anti-clutter sea control）

（1）增益控制电路的作用是改变中放的增益（放大倍数）实现对屏上回波强度的控制。

（2）海浪干扰抑制电路的作用是抑制海浪干扰的强度。

6. 自动频率控制电路（auto frequency control circuit，AFC）

该电路的作用是根据混频器输出中频的频率的变化自动控制本机振荡器的频率，使混频器输出保持在预定中频上，使回波稳定清晰。

（二）雷达接收机主要技术指标

1. 灵敏度（sensitivity）

接收机的灵敏度表示接收机接收微弱信号的能力，以可以从噪声背景中辨认出回波信号的接收机输入端的最小回波信号功率 P_{rmin} 表示（称接收机门限功率，最小可分辨信号功率）。显然，P_{rmin} 越小，接收机灵敏度越高，雷达的作用距离就越远。

$$p_{rmin} = kT\Delta f Nm \tag{11-1-8}$$

式中：

T——接收机输入端绝对温度（K）；

Δf——接收机通频带宽度（MHz）；

N——接收机总噪声系数；

m——识别系数。

N 定义为接收机输入端功率信噪比与输出端功率信噪比的比值，即

$$N = \frac{P_{iS}/P_{iN}}{P_{oS}/P_{oN}} \tag{11-1-9}$$

式中：

P_{iS}——输入信号功率；

P_{iN}——输入噪声功率；

P_{oS}——输出信号功率；

P_{oN}——输出噪声功率。

由于接收机内部总有噪声存在，故 N 总大于 1，显然，N 越小越好。船用雷达都采用高放，使 N 值降到 5 左右。

识别系数 m 定义为雷达检测目标所必需的接收机输出端最小功率信噪比。由式（11-1-8）可见，N 越小，P_{rmin} 越小，灵敏度越高；Δf 越小，P_{rmin} 越小，灵敏度也越高。所以，远量程时要用窄通频带。

2. 通频带（band width）

接收机通频带表示接收机能有效放大的信号频率范围，一般指接收机对输入信号的电压放大倍数从中心频率 f_0 的最大相对值 1 下降到 0.707 时的两个对应频率的差 Δf。

通频带宽，能够通过的频率多，则失真小，测距精度高，距离分辨力高，但是灵敏度低，影响探测能力；通频带窄，灵敏度高，探测远距目标的能力强，但失真大，测距精度及距离分辨力差，所以，现代雷达根据远、近量程的不同采用了不同的通频带宽度，并随量程开关转换。表 11-1-3 列出远、近量程不同的脉冲宽度 τ、脉冲重复频率 F 及接收机通频带宽度 Δf。现代船用雷达接收机通频带为 3~25 MHz，其中窄带为 3~5 MHz，宽带常用 18~25 MHz。

表 11-1-3　不同量程的 τ、F 及 Δf

量程	τ	F	Δf
近量程	窄	高	宽
远量程	宽	低	窄

3. 增益（gain）

接收机的增益就是接收机的放大倍数。船用雷达接收机的增益一般在 130 dB 左右。

4. 抗干扰性（anti-interference capacity）

抗干扰性表示接收机抗干扰的能力。按船用雷达性能标准的规定，雷达接收机应有抑制海浪干扰、雨雪干扰的装置。

5. 恢复时间（recovery time）

接收机从强信号过后，退出饱和状态恢复正常工作时所经历的时间称为接收机恢复时间。这个时间越短，越不易丢失强信号之后的微弱信号，越能接收近距离的目标。

6. 动态范围（dynamic range）

接收机各级都不饱和时最大输入信号功率与最小可辨信号功率之比，称为接收机的动态范围，动态范围越大越好。

（三）本机振荡器

本机振荡器（local osillator）的任务是产生一个频率比磁控管振荡频率高一个中频的小功率连续等幅振荡，作为本机振荡信号送入混频器。用作本机振荡器的有反射式速调管、微波晶体三极管和体效应（耿氏）二极管。后两者构成的本振源称为固态振荡源。

（四）混频器

混频器（mixer）的作用是将回波信号 f_S 与本振信号 f_L 进行混频而得到差频信号，即中频信号（$f_I = f_L - f_S$）。混频器的原理是利用混频晶体（二极管）的非线性，将加到它两端的两种信号（f_S 及 f_L）变成含有组合频率 $mf_L \pm nf_S$（m、n 为正整数）的电流，再利用选频回路取出所需的中频信号（$f_L - f_S$）。混频器应满足功率传输系数大及混频噪声系数小等要求。要注意调好"本振衰减"，使晶体电流等于说明书规定值。

船用雷达接收机混频器的结构形式随工作频率而异，工作频率低于 4000 MHz 时常用同轴线结构，高于 4000 MHz 时常用波导结构，而在集成化的小型接收机中常用微带结构。在每一类中，按所用混频晶体的个数可分为单端式混频器和双端（晶体）平衡混频器。双晶体平衡混频器与单端混频器相比，虽然结构较复杂，体积稍大，但混频噪声系数较小（将本振引起的噪声大大降低），因此，在现代船用雷达中已被广泛采用。

（五）中频放大器

对中频放大器的主要技术要求有高增益、低噪声、宽通频带（小失真）及高稳定性等。为了满足这些要求，在中频放大器电路中采取了下述措施：

（1）在结构上，将中频放大器分成前置中频放大器及主中频放大器，分别装在两个屏蔽盒内，两者之间用短同轴电缆连接。前置中放紧接混频器的输出，一般仅 2～3 级，增益不高，主要降低噪声和提高稳定性。主中放一般为 6～7 级，满足高增益（70～80 dB）、宽通带及稳定工作的要求。

（2）为满足宽通频带要求，在放大器耦合回路中常用三参差调谐回路。为适应不同量程段对雷达使用性能的不同要求,通常随脉冲宽度的变换,通频带也随着改变。

(3)为适应对强弱程度不同的目标回波的探测,设置了手动增益控制电路。用显示器面板上的增益钮调节中频放大器的偏压,使中频放大器的增益随实际需要而改变。当接收弱信号时,可适当增大增益,以保证信号有足够的强度;当接收强信号时,可适当减小增益,以免接收机饱和盛过载而使屏面回波模糊,丢失强信号后面的弱回波。通常,增益调到屏上的杂波斑点刚刚可见为好。

(4)为了调整海浪干扰的抑制程度,设置了海浪干扰抑制电路。常用的抑制电路的原理是:在触发脉冲的作用下产生一个按指数规律变化的梯形脉冲偏压加到中频放大器的前两级,使中频放大器(也使整个接收机)的增益也按指数规律逐渐增大,即在近距离(此时海浪干扰最强)增益大大减小,随距离的增加,海浪干扰逐渐减弱,增益逐渐增大,直到恢复正常。

因为海浪抑制电路控制的是接收机近距离增益,所以称为"近程增益控制"。又因为是随时间变化而控制接收机的灵敏度,所以又称为"灵敏度时间控制"(STC,Sensitivity Time Control)电路。海浪抑制的最大范围可用收发机内的"抑制宽度"预调,海浪抑制的程度(深度和范围)可用显示器面板上的"STC"钮调节。注意,该电路在抑制海浪干扰的同时也抑制了相当强度的物标回波,所以使用"STC"钮要根据海浪强弱而酌情调整,以抑制海浪干扰又不丢失物标回波为好。

(5)为防止强信号、强干扰造成接收机饱和或过载,有些雷达采用了对数中频放大器。可采用多级放大器共同完成放大功能,只要级数越多,折线段越多,总振幅特性曲线就越接近于对数特性曲线。

(六)恒虚警率处理

雷达的虚警率,就是在没有目标时,雷达却认为有目标存在的概率。在雷达信号检测中,当外界干扰强度变化时,雷达能自动调整其灵敏度,使雷达的虚警概率保持不变。具有这种特性的接收机称为恒虚警接收机。雷达信号的检测总是在干扰背景下进行的,这些干扰包括接收机内部和外部杂波的干扰。外部干扰的强度有时比接收机内部噪声电平高得多。因此,在强干扰中提取信号,不仅要求有一定的信噪比,而且必须对信号做恒虚警率处理(constant false alarm rate process,CFAR 处理)。否则,当在自动检测系统中,检测门限固定的情况下,当干扰电平增大几分贝,虚警率就会大大增加,致使显示器画面饱和/或计算机过载,即使信号的信噪比足够大,雷达接收机也不能做出正确的判决。所以雷达自动保持虚警率在一个较小恒定值上,使雷达在强杂波干扰下继续正常工作,实现清晰显示,利于观测。因此,必须具备恒虚警处理设备,使接收机在强杂波干扰下仍能继续工作。

(七)接收机调谐

在更换磁控管或速调管后或在显示器上执行"调谐"功能无效时,要进行本振的机内调谐,如图 11-1-18 所示。

(八)接收机工作状态判断

接收机状态判断可分两步进行:

1. 调"增益"看屏上噪声变化

顺时针调"增益"钮,屏上已有明显噪声斑点,说明前置中放、主中放、视频通路等都是正常的;当调到底时,屏上才有些微噪声斑点,一般说明主中放及以后通路是好的,可能前置中放及变频器有问题;当调到底时屏上也无噪声斑点(此时假定屏上有固定距标、船首线等),则可能是主中放或以后的通路有问题。

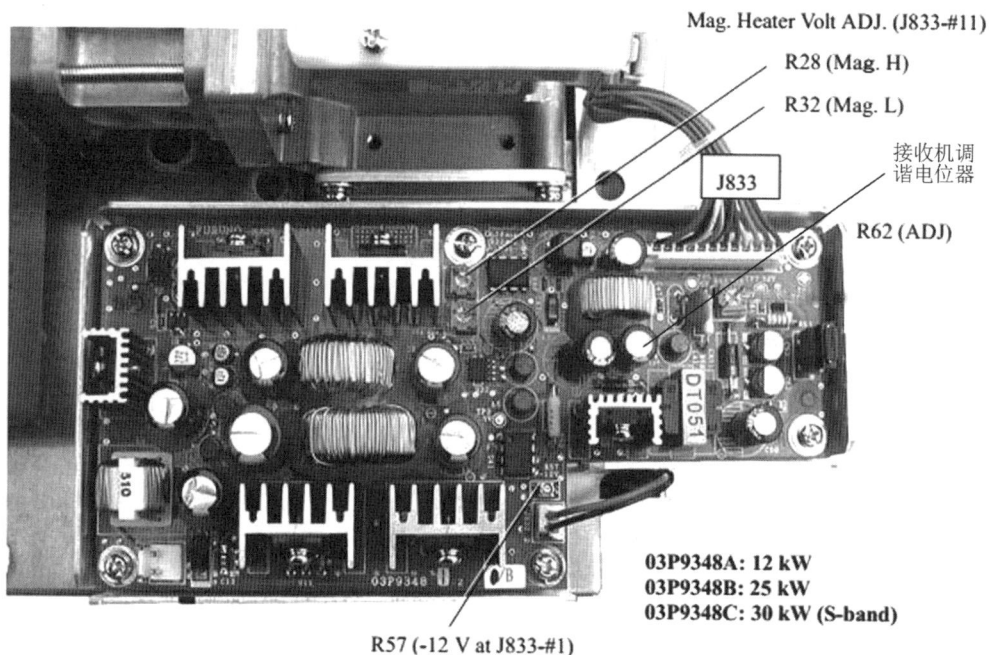

图 11-1-18　接收机组成及调谐操作

2. 从晶体电流看变频器的工作

雷达工作后,晶体电流应在规定范围内。如果为零,说明本振没工作或晶体已坏。晶体电流偏小,说明本振工作不正常或晶体性能变差或未调谐好。要指出的是,有晶体电流只能说明晶体和本振是工作的,不能说明一定有回波输入。

八、收发开关

船用雷达常用的收发开关有气体放电管和铁氧体环流器两大类。现代雷达已基本淘汰气体放电管式收发开关。

铁氧体环流器(ferrite circulators)是一种利用铁氧体和石榴石等亚铁磁体制成的微波元件。目前常用的是具有三个或四个微波支路的环流器。

开关原理如图 11-1-19 所示。图中箭头的方向表示微波能量传递的方向,即环流方向。它具有如下特性:发射能量从"1"端进,只能从"2"出送到天线而不会到"3"。回波从"2"进,只能从"3"出送到接收机而不会到"1"。铁氧体环流器收发开关具有寿命长、稳定性高、频带宽、散热条件好、适用于大功率场合及隔离衰减量不随环境温度而下降等可贵优点;但也有一些缺点,如"1"与"3"隔离度有限,发射能量仍有较大的泄漏进入接收机。为确保安全,通常将环流器收发开关与微波功率限幅器组合应用,铁氧体环流器的开关时间约为 0.5 μs。

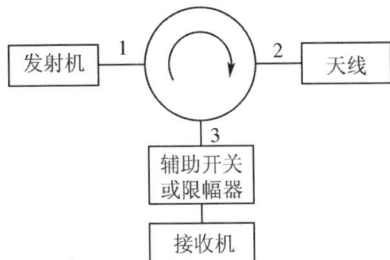

图 11-1-19　铁氧体环流器开关原理图

九、雷达视频显示与控制终端

（一）雷达显示器

1.主要技术指标

船用雷达显示器是一种平面位置显示器(PPI),常用极坐标表示,扫描中心代表天线位置(即本船位置),物标回波以距离扫描线上的加强亮点表示,回波亮点至扫描中心之间的距离代表物标距离。扫描线随天线同步旋转,从船首(或真北)至回波亮点扫过的夹角为物标舷角(或真方位)。对船用雷达显示器的主要技术要求是:

(1)要满足要求的观测范围:

距离:最小作用距离 $R_{\min}$ 至最大作用距离 $R_{\max}$;

方位:$0° \sim 360°$。

(2)要满足测量精度。

(3)要满足图像分辨率要求。

(4)要操作、使用简便等。

2.显示与控制终端主要结构与外部传感器

雷达显示与控制终端主要实现对接收机输出视频信号与天线角位置信号的量化,形成数字视频信号进行显示。同时,现代雷达还需要 EPFS、SDME、HDG 等传感器信号支持,还需与AIS 信号输入进行数据融合显示,以实现北向上、首向上指示的切换,真运动与相对运动模式的切换,雷达图像位置地理坐标解算及 AIS 目标叠加显示,雷达目标跟踪 TT 与自动雷达目标捕捉跟踪等功能。部分雷达可以支持电子海图等地理信息显示,甚至可以作为 ECDIS 的备份装置。

雷达视频量化包含距离量化、方位量化(天线角位置-舷角),方位量化起始位置为船首线位置,每次距离扫描(视频矩阵的每行)由天线中的角度编码器获得天线角位置数据,即在天线转过一周的完整视频矩阵中,每行代表不同天线朝向的对外探测,在每行中如有回波信号,对应的方格(量化单元)以 1 表示存在,方格所处位置代表距离(一般量化单元为 0.01 nm),如图 11-1-20 所示。该视频矩阵为 R-θ 极坐标信息,现代雷达利用计算机技术将数字视频信号进一步转化为屏幕坐标 X-Y 视频信号,实现通用的数字视频显示。

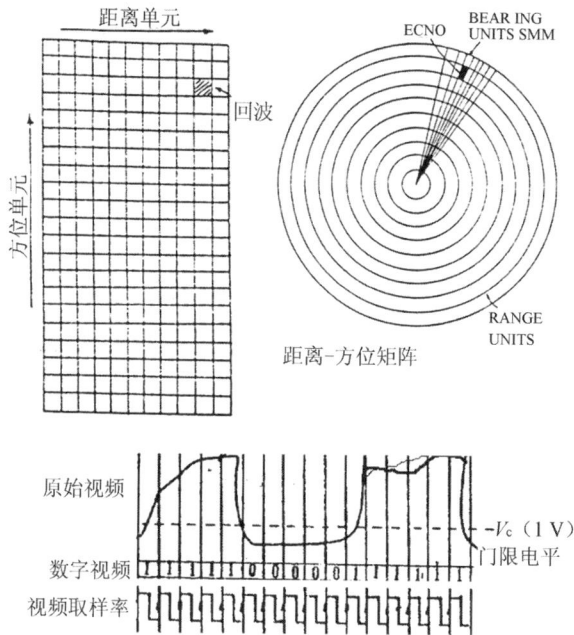

图 11-1-20　雷达视频数字化示意图

　　为支持前述显示方式切换、AIS 融合等功能，现代雷达与外部（航海仪器）传感器连接，与航行数据记录仪、ECDIS 等信息化航海设备一致，标准化航海仪器数据通信满足 IEC61162 标准，以计算机串行通信接口进行连接（RS422/485 或 CAN 总线），各类航海仪器输出报文均有统一标准格式，当前通用 NMEA-0183 报文。整体结构如图 11-1-21 所示。

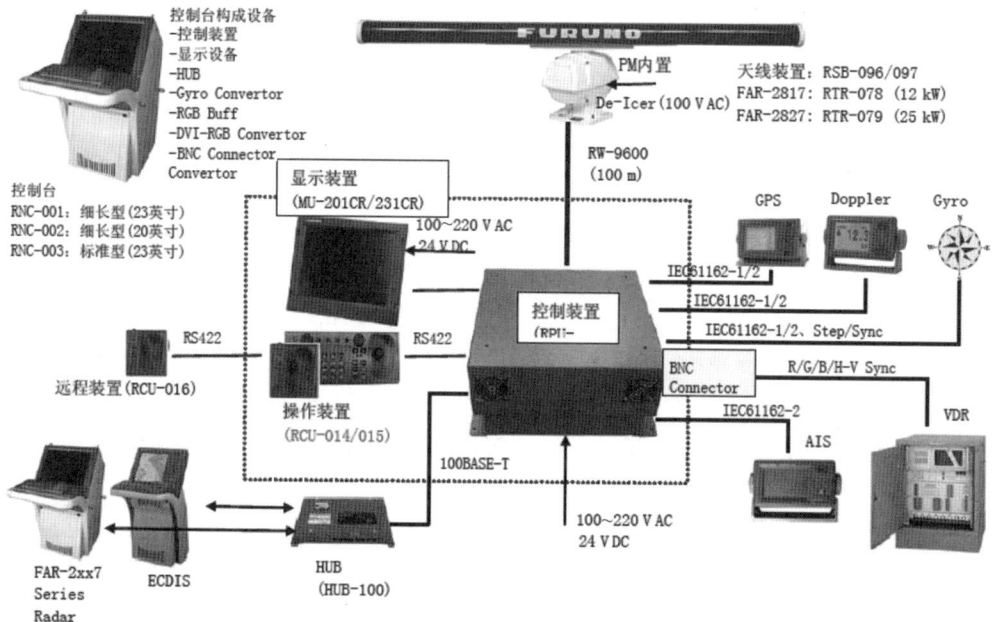

图 11-1-21　二单元式雷达显示与控制装置及传感器布置

（二）视频辅助电路

1. 固定距标电路（fixed range ring circuit）

显示屏上出现的一列等间隔亮点,在扫描线旋转时,在屏上形成等间距的同心圆圈,称为固定距标。量程不同,间距代表的距离也不同。

2. 活动距标电路（variable range marker circuit）

活动距标电路是测距可变的同心圆。活动距标圈用来精测屏上任意位置的距离,测量误差不应超过所用量程的 1.5% 或 70 m。

3. 船首标志电路（heading marker；heading flashing line，HL）

船首标志电路的作用是每当天线转过船首方向时,产生一个宽度大于 2 倍脉冲重复周期的船首标志方波脉冲,屏上一条代表船首方向的径向亮线,简称船首线。

触点式船首标志电路由装在天线上的微动开关、凸轮(或磁铁)及船首标志形成电路组成,每当天线转过船首时,开关闭合一次,送出一个触发信号产生一个船首标志方波脉冲。

无触点式船首标志电路采用发光二极管及光敏三极管,点光源置于船首位置,天线旋转到该位置,光敏元件就导通瞬间,于是产生对应的船首信号。

IMO 性能标准规定,船首线的宽度不应大于 0.5°,位置误差不应大于 1°。

4. 电子方位标志电路（electronic bearing line，EBL）

电子方位标志电路是由一条方位可调的径向亮线,用以测量目标的方位,测量方位无视差,精度高,且适用于偏心显示时测量物标方位。

5. 抗雨雪干扰电路（fast time constant，FTC）

当雨雪对雷达产生干扰时,回波图像呈棉絮状回波亮斑,无明显边沿。雨雪干扰抑制电路通常是接在显示器回波视放输入电路中的一个微分电路,亦叫 FTC 电路。使用该电路可能丢失小物标回波,因此只有在雨雪干扰严重时才使用,调节时应以只去掉雨雪干扰而不致丢失物标为好。

6. 雷达同频干扰抑制电路（defruiter；radar interference canceler，RIC）

两台距离相近的同波段雷达同时工作,相互间产生的干扰图像称为雷达同频干扰。若脉冲重复频率相同,图像为辐射状虚线图像;若脉冲重复频率相近,图像为螺旋线状;若脉冲重复频率相差很大,则图像呈散乱光点。另外,螺旋线状图像还会随量程变小而逐渐变直。

抑制同频干扰的原理是利用"与"门工作特点,要求每次自身发射并接收相关物标回波,其他信号则被认为是干扰信号。

（三）雷达显示方式

船用雷达的显示方式按代表本船的扫描中心在屏上的运动形式可分为相对运动显示方式和真运动显示方式。按照船首线的指向及所显示的物标方位,船用雷达的显示方式又可分为船首向上、真北向上及航向向上三种显示方式。下面介绍它们的特点。

1. 相对运动雷达显示方式

（1）船首向上图像不稳相对运动显示

这种显示方式无须接入陀螺罗经航向信号，其显示特点有：

①扫描中心代表本船位置在屏上不动，船首线代表本船船首方向，显示周围运动物标相对于本船的运动状态，固定物标则与本船等速反向运动。

②船首线指固定方位盘（圈）的零度并代表船首方向。在方位盘上可读得物标的相对方位（舷角）。故这种显示方式又被称为"相对方位显示方式"。

③本船转向时，船首线不动而物标回波反转，在船首有偏荡或频繁改向时，会使图像模糊不清，影响观测。

以上特点可用图 11-1-22 说明。本船在①位置时，屏上显示如图①：船首线指 0°，物标回波显示舷角为 030°，距离为 6 n mile 的 A 处。当本船保持 050°航向前进时，在屏上可见到小岛回波自 A 处垂直向下移动。本船到达②位置时，屏上显示如图②：船首线指 0°，物标回波在正横 090°，距离为 3 n mile 的 B 处。此时，若本船向右转向，改航 095°，在屏上可见到小岛回波自 B 处开始在 3 n mile 距圈上向反方向移动。本船航向 095°时，屏上显示如图③：船首线仍指 0°，但物标回波转到 045°，距离仍为 3 n mile 的 C 处。

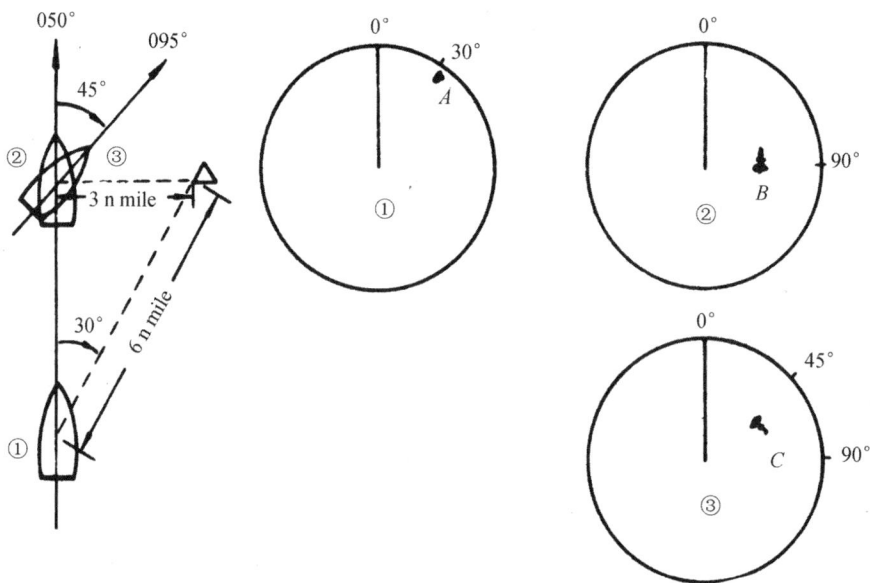

图 11-1-22　船首向上相对运动显示

这种显示方式显示的图像是相对于本船的运动，只能直接测读相对方位，欲定位还须加上航向，使用不便，也影响精度。尤其是风浪天，船首有偏荡时，图像模糊不清，观测不便，测量误差大。但这种显示非常直观，低头看屏上的图像与抬头看窗外的景象是一致的，便于判明前方来船处在本船的左舷还是右舷，判断碰撞危险十分方便，所以常用作观测瞭望。

（2）真北向上图像稳定相对运动显示方式

这种显示方式必须接入陀螺罗经航向信号。如图 11-1-23 所示，其显示特点有：

①扫描中心代表本船位置在屏上不动，船首线代表本船船首方向，显示周围运动物标相对于本船的运动状态，固定物标则与本船等速反向运动。

②固定方位圈的 0°代表真北,船首线指航向值。在固定方位圈上可直接读得物标真方位。因此,这种显示方式又称为"真方位显示方式"。

③本船转向时,船首线移向新航向值,而图像稳定。

图中本船在①位置时,屏上显示如图①:船首线指 050°,小岛回波在真方位 080°,距离 6 n mile 的 A 处。当本船以 050°航向前进时,可见到小岛回波自 A 点以与本船相反航向相等速度移动。本船到达②位置时,屏上显示如图②:船首线指 050°,小岛回波在真方位 140°,距离 3 n mile 的 B 处。本船转向 095°,在屏上可见到船首线逐渐移到 095°,而物标回波不动。当航向改到 095°时,屏上显示如图③:船首线指 095°,小岛回波仍在真方位 140°,距离 3 n mile 的 B 处未动。

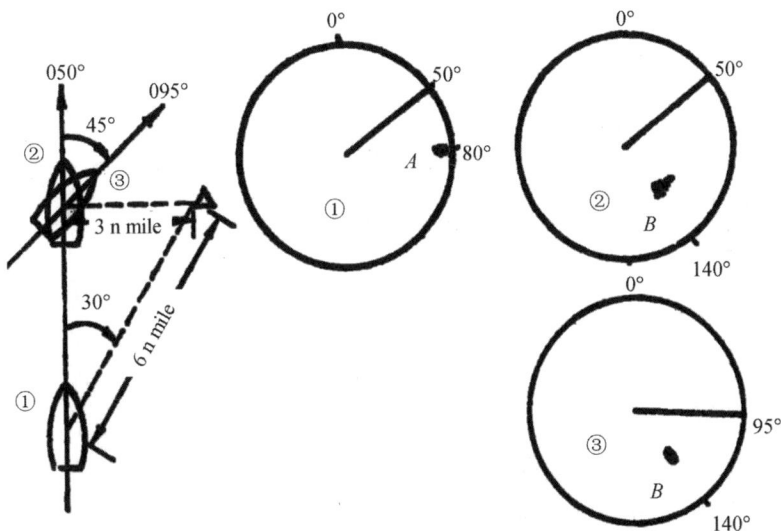

图 11-1-23　真北向上相对运动显示

这种显示方式可方便测得物标真方位,且在本船转向或船首偏荡时,回波图像稳定,显示清晰,测量方位较准确,观测方便,因此在定位及多改向窄航道航行时使用较方便。但是,当航向在 090°~270°之间,特别是在 180°附近时,观测不便,有时容易搞错物标左右舷角,不利于避碰操作。

(3)航向向上图像稳定相对运动显示方式

这种显示方式也必须输入陀螺罗经航向信息。这种显示方式综合了前两种显示方式的优点,即

①船首线指向显示屏上方,图像直观。

②因一般均配有由陀螺罗经稳定的可动方位圈或电子方位刻度圈,故可直接测得相对方位和真方位。

③本船转向时,船首线移向新航向值而物标回波不动,图像稳定。改向完毕,只要按一下"新航向向上"钮,则船首线、图像及可动方位圈一起转动,直到船首(航向)线指固定方位圈 0°为止。

这种特点可用图 11-1-24 说明。图中本船在①位置时,屏上显示如图①:船首线指固定方位圈 0°,可动方位圈的 050°与固定方位圈 0°对准。小岛回波在固定方位圈 030°(可动方位圈 080°)方位上,距离 6 n mile 处(A 点)。本船以 050°航向前进时,物标自 A 点与本船等速反向

移动。本船到②位置时,屏上显示如图②:船首线不变,小岛回波在右舷正横(相对方位090°、真方位140°,距离 3 n mile 的 B 点。本船转向时,屏上可看到只有船首线动,其他均稳定。当航向转到095°时,屏上显示如图③:航向指固定方位圈045°(可动方位圈095°),其他不变。此时,按了"新航向向上"钮后,屏上显示如图④:船首线指固定方位圈0°,可动方位圈095°也转到固定方位圈0°,小岛回波转到固定方位圈045°(可动方位圈140°)处的 C 点。

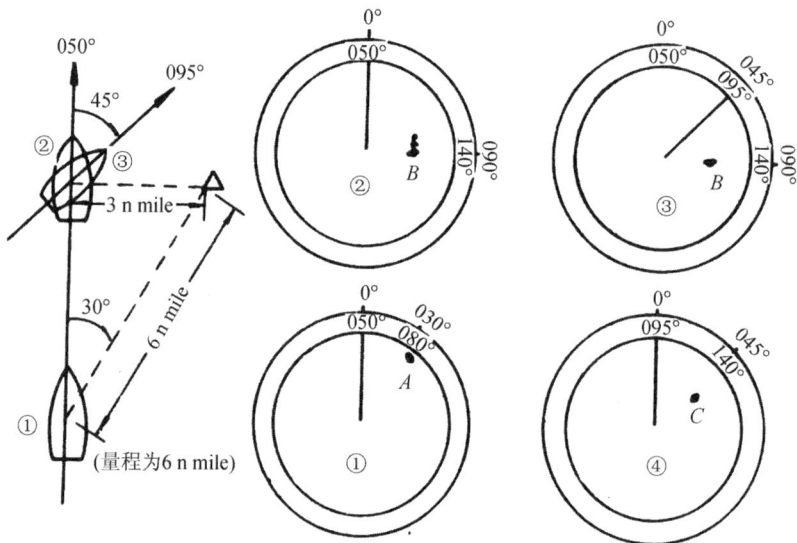

图 11-1-24　航向向上相对运动显示

这种显示方式既具有船首向上显示方式的显像直观、便于判明物标在左舷还是右舷的特点,又具有真北向上的图像稳定,可直接测读真方位的优点,在避碰、定位和导航应用中均较方便。故这种显示方式在现代船用雷达中得到广泛的应用。

2. 真运动雷达及显示方式

(1)真运动雷达显示原理

真运动雷达的基本点是代表本船的扫描中心在屏上按本船的航向、航速移动,在屏上看到的画面就像在空中看海面看到的一样。由于有计程仪速度信号输入,扫描中心在屏上的移动就对应于本船的航向和速度。现代雷达对罗经、计程仪输入的 NMEA-0183 报文进行解析,获得航向、航速数据,然后利用计算机仿真手段实现真运动显示。

由计程仪输入航速信号,陀螺罗经输入航向信号,当有风流压影响时,本船航迹会偏离船首线方向。利用"航迹校正-漂移修正"功能,可使扫描中心在屏上的移动轨迹符合实际航迹。其航迹校正功能的实施基本思想为:彻底的对地真运动模式下,固定目标应该不产生位置改变,以固定目标为参考,校正到该状态,即实现了航迹校正。

(2)真运动显示方式

真运动显示方式按速度的输入源不同可分为计程仪真运动和模拟速度真运动;按照速度的类型可分为对地真运动和对水真运动;按照图像指向不同可分为真北向上真运动、船首向上真运动和航向向上真运动。通常,仅有真北向上真运动显示方式。下面介绍几种常用的显示方式。

①真北向上真运动显示方式

为说明方便,假定海面无风流,罗经、速度数据均准确。这种显示方式有如下特点:

a.扫描中心在屏上按计程仪或模拟计程仪送来的速度沿着船首线方向(航向)移动。

b.扫描中心的正上方代表真北,船首线指航向(一般应看罗经复示器指示值),本船转向时,船首线移动,其他物标不动。

c.屏上其他运动物标按它们各自的航向、航速移动,固定物标则在屏上不动。以上特点可用图 11-1-25 说明。本船在①位置,屏上显示如图①:扫描中心在 A 处,船首线过屏中心指050°,物标(小岛)回波在右舷30°,距离 6 n mile 的 D 处。本船以050°航向前进时,扫描中心在屏上移动,小岛回波在屏上不动。船到②位置时,屏上显示如图②:扫描中心在 B 处,与小岛回波成右正横,距离为 3 n mile。本船转向时,船首线移到新航向值,罗经复示器读数为095°时,小岛回波仍在屏上 D 处,船首线与小岛回波方位线夹角为045°,如图③所示。

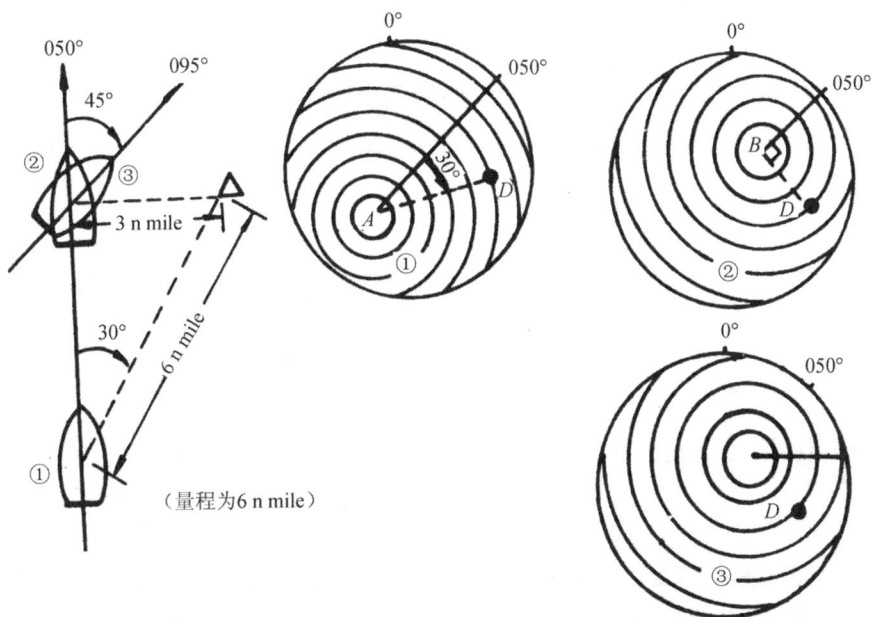

图 11-1-25 北向上真运动显示方式

②对水稳定真运动显示方式(sea stabilization true motion)

如果海区有风流,而速度输入是对水速度,航向是陀螺罗经航向,则此时显示的真运动是对水(海面)稳定的真运动,如图 11-1-26(a)所示。图中,M 为本船,假定航行了 18 min,则 M 点按对水计程仪输入的速度及陀螺罗经输入的航向从 M_0 移到 M_{18} 点。移动物标 W 按它自己对水的速度及航向从 W_0 移到 W_{18}。固定物标 B 则由于本船计程仪输入的速度及陀螺罗经输入的航向未加上流的影响而在屏上产生移动,从 B_0 移到 B_{18}。也就是说,在这种显示方式中,固定物标要按风流的影响(风流压方向的相反方向和速度)移动,动目标尾迹表示该目标的对水速度及航向,本船船首线在航行中是稳定的。

③对地稳定真运动显示方式(ground stabilization true motion)

如果速度由多普勒计程仪输入对地速度或由人工方法将风流的影响校正后输入,则本船(扫描中心)在屏上将按实际的航迹向及对地速度移动,这种显示方式称为对地稳定真运动显示方式,如图 11-1-26(b)所示。由图可见,本船航向(船首线指向)与航迹向不一致,有一个偏

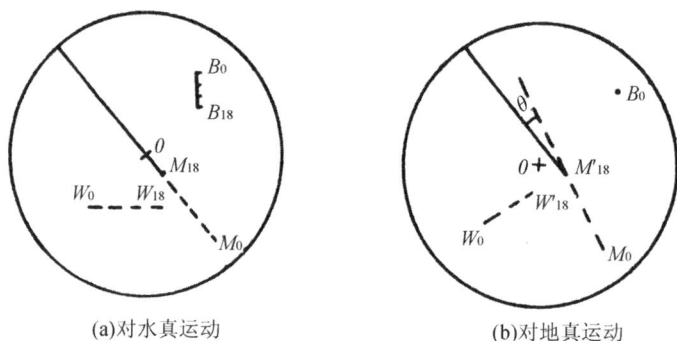

(a)对水真运动　　　　　(b)对地真运动

图 11-1-26　对地、对水真运动

差角 θ，并可见到船首线沿航迹向有平移的尾迹。本船移动的距离也变了，从 M_0 移到了 M'_{18}，固定物标在屏上不动，仍在 B_0 处。动目标 W 在屏上的移动方向和轨迹也变成了它自己对地的航迹向和速度，从 W_0 移到 W'_{18}。

　　从上述特点可以看出，在狭水道导航时用对地稳定真运动显示方式较直观方便。但在标绘、计算及判断碰撞危险、采取避碰措施时用对水稳定真运动显示方式较方便、准确。

第二节　雷达操作

一、船用雷达操作

　　船用雷达的型号繁多，显示器及操作面板上的开关、控钮、菜单的布局及数量也各不相同，但其主要功能键与菜单布置及其用法大体上是相同的。能否充分发挥雷达性能，很大程度上依赖于各开关、控钮、菜单的操作是否正确适当，操作不当，不但不能充分发挥雷达的性能，而且会影响设备的使用寿命，甚至损坏设备。下面简单介绍部分常用按钮的功能。

　　船用雷达操作面板控钮及操作杆布局如图 11-2-1 所示。

（一）控制电源开关

1. 外部供电开关（SHIP'S POWER SWITCH）

在干热天气又不使用雷达或雷达机内进行维修保养时，应断开外部供电开关。

2. 雷达电源开关（RADAR POWER SWITCH）

该开关设在面板上，用于控制雷达中频电源通断，一般有三个状态：

（1）关（OFF）：雷达电源切断，现代雷达点按开启，长按关闭。

（2）预备（STAND-BY）：各低压电源通电，除发射机的特高压外，全机都已供电。

（3）发射（TX）：低压供电 3～5 min，使磁控管阴极充分预热后置开关于"ON"位置，此时发射机加上特高压，开始发射。当雷达短时间不进行发射时，可将开关转换到"STAND-BY"位

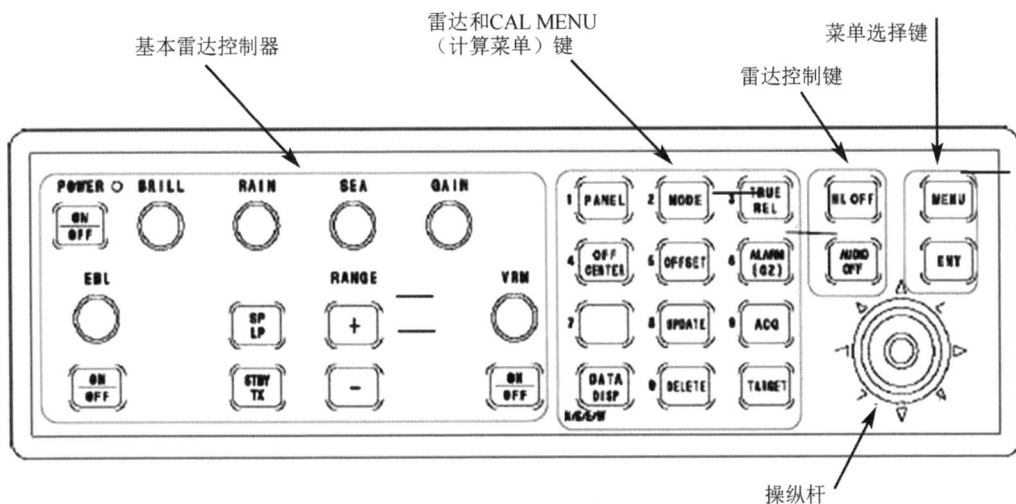

图 11-2-1　船用雷达操作面板

置,处于热备用状态。

一般,现代雷达设计预热与发射可以在菜单中进行选择切换。

3. 天线开关（SCANNER POWER；ANTENNA POWER）

用来控制天线驱动电机电源的通断,接通前应先检查天线上有无障碍,一般雷达天线开关与雷达电源开关联动,在"发射"位置时天线才旋转,显示器出现扫描线。

（二）调节图像质量的控钮

1. 亮度（BRILLIANCE；INTENSITY）

该按钮用来调整扫描线的亮度。开关机前或转换量程前,应先关至最小,开机后应调到扫描线刚见未见。

2. 聚焦（FOCUS）

该控钮用来调整屏上光点的粗细。应调到固定距标圈最细、图像清晰为止。

3. 增益（GAIN）

该控钮用来调整接收机中放放大量,以控制回波和杂波的强弱。应调到屏上杂波斑点刚见未见,但在观测远距离弱回波时可适当增大。

4. 调谐（TUNE）

该控钮用来微调接收机本振频率,使本振频率与回波信号频率（即发射频率）之差为中频,从而使屏上回波图像最饱满、清晰。雷达开机工作稳定后或在工作过程中必要时应重调该钮,以保持图像清晰。设有自动频率控制（AFC）电路的雷达,当"手动/自动"开关置于"自动"时,此调谐控钮无用,此时的本振频率由 AFC 电路自动控制。一般雷达还设有"调谐指示器",可用来指示调谐的好坏。

5. 脉冲宽度选择开关（PULSE LENGTH SELECTOR）

该开关用来选择发射脉冲的宽度,以适应远、近量程不同的使用要求。一般设有 2～3 种宽度供选用。有些雷达则不单独设此开关,而由量程开关同轴转换。

6. 回波增强（ES-ECHO STRENCH）与回波均衡（ECHO AVG）

该功能用来选择对回波信号处理,回波增强的本质是在对视频信号采样时降低采样门限电平,更利于检测弱信号,也使得回波数字信号尺度增加,对应表现为回波更强。回波均衡基于统计思想,使视频数字信号强度增加,边缘毛刺减少。

（三）抑制杂波的控钮

1. 海浪干扰抑制（ANTI-CLUTTER SEA；SEA ECHO SUPPRESSION）

该电路又称灵敏度时间控制电路（SENCITIVITY TIME CONTROL,缩写为STC）。该控钮用来调整一个随时间按指数规律变化的脉冲电压的幅度,以控制中放增益（灵敏度）,使中放的近距离增益大大减小,而随着距离的增加便逐渐恢复正常,达到抗海浪干扰的目的。海浪干扰抑制的范围和深度由该控钮控制,一般最大范围可达 6~8 n mile,有的可达 8~10 n mile。注意,该控钮应酌情调节,力求达到既抑制海浪干扰,又不丢失近距离海浪中的小物标回波的效果。

2. 线性/对数中放转换开关（LIN/LOG）

该开关用来选择接收机用线性中放还是对数中放。当近距离有强物标回波或强海浪等干扰时用对数中放。对数中放对灵敏度有损失,因此有远距离观测或近距离不存在强回波或强干扰时,应选用线性中放。

3. 雨雪干扰抑制控钮（或开关）（ANTI-CLUTTER RAIN）

雨雪干扰抑制电路实际上是在回波视频放大器输入电路部分接入的一个微分电路（DIFFERENTIATOR；DIFF）,又称快时间常数电路（FAST TIME CONSTANT,缩写为FTC）。如图11-2-2所示,FTC可用来抑制雨雪等大片连续的干扰回波,也可增加距离分辨力。该控钮有开关式和旋钮式两种。因为微分处理对回波信号有损失,会引起失真,所以开关式"FTC"控钮在雨雪天开,晴天时关;旋钮式"FTC"应酌情调节,达到既去除雨雪干扰杂波又不丢失雨雪中物标回波的效果。

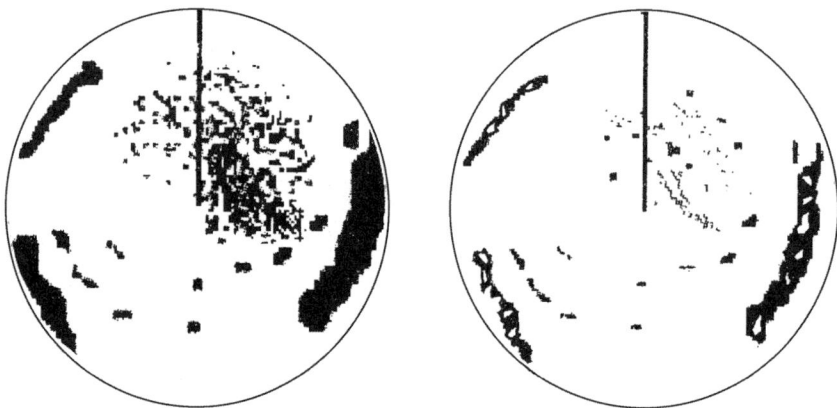

图 11-2-2　FTC 处理前后的图像

4. 极化选择开关（POLARIZATION）

该开关用来选择雷达天线发射波极化方式,它有三个位置:水平（HOR）、准备（READY）、圆极化（CIR）。在准备（READY）位置时,发射机停止发射。在转换极化方式时,开关应先在"准备"位置停一下,然后拨到"圆极化"位置。因为圆极化天线对灵敏度是有损失的,所以,好天气宜用水平极化,只在雨天才用圆极化。现代船用雷达已基本淘汰了极化选择功能。

5. 同频干扰抑制开关（DEFRUITER）

该开关用来控制同频干扰抑制电路的电源通断。开关接通时,可去除同频雷达干扰。有的雷达还设有"门限电平"控钮,可稍加调节,使干扰消除而不丢失物标回波。使用该开关时应注意:适当调节"增益"控钮,以获得去干扰保物标的最佳效果;不可同时使用"FTC"控钮,以防小物标回波丢失。

（四）辅助调整控钮

1. 图像偏心（OFF CENTER）

雷达图像可以偏移到屏幕半径的 2/3 内的任何位置,调整方法为:

（1）将十字光标移动到一个需要偏移的点处。

（2）按下 OFF CENTER（偏心）键,整个雷达图像将移动到规定的点处。

（3）再次按下该键将使图像复位到中心位置。

2. 船首线按钮（HEADING FLASH）

按此钮可暂时关掉船首线,检查船首线方向上有无物标回波,松手就恢复显示船首线。

3. 船首线校准菜单（HEADING LINE ALIGN）

船首线校准菜单用于初装开机时校正船首线位置。

（五）测距控钮与菜单

1. 量程选择（RANGE；SCALE）

该开关用来转换雷达观测的距离范围,一般有 7~9 个量程可供选用。通常,在狭水道、进出港时用近量程;而在开阔海域用远量程,并经常换到中量程。为使目标分辨清楚及测量准确,应选择合适量程,使欲测目标显示在 1/2~2/3 扫描线长度的区域为宜。

2. 固定距标亮度控钮（CAL INT；INTENSITY RINGS）

该控钮用来调节固定距标圈的亮度。不用固定距标时应调暗,以保持屏面清晰。

3. 活动距标亮度控钮（INTENSITY VRM）

该控钮用来控制活动距标(可移距标)圈的亮度。

4. 活动距标测距器控钮（MARKER）

该控钮用来调节活动距标圈的距离,距离读数随之而变。平时应经常校核活动距标与固定距标的读数。若有误差,应以固定距标为准进行校正。

（六）测方位的控钮

1. 方位标尺与平行线旋钮（PI）

该旋钮用来控制仿真式方位标尺线方位,用来测量目标回波的方位(或舷角)。还可用方位标尺线及其上的平行线估算距离和代作避险线等。

2. 电子方位线控钮（EBL）

该控钮通常有两个:一个控制电子方位线(EBL)的有无;另一个控制其方位及读数。电子方位线主要用在偏心显示(偏心 PPI 显示)中。不用时应关掉,以免与船首线混淆。平时应在中心显示时与机械方位标尺核对其准确度。如有误差,应以机械方位标尺为准及时校正。

（七）转换显示方式的控钮

1. 显示方式选择开关（PRESENTATION）

该开关用来选择雷达图像的显示方式,通常有以下几种显示方式可供选用:

(1)首向上相对运动:HEAD-UP RELATIVE MOTION;

(2)北向上相对运动:NORTH-UP RELATIVE MOTION;

(3)航向向上相对运动:COURSE-UP RELATIVE MOTION;

(4)计程仪真运动:LOG SPEED TRUE MOTION;

(5)模拟速度真运动:MANUAL SPEED TRUE MOTION。

2. 新航向向上按钮（NEW COURSE UP）

在使用航向向上图像稳定相对运动显示方式时,因本船转向时,船首线偏离固定方位刻度盘0°,图像稳定。改向完毕,只要按一下该按钮,则船首线、图像及可动方位圈一起转动,直到船首线恢复指向固定方位刻度盘的0°为止。该按钮又称为航向向上复位按钮。

3. 真方位/相对方位转换开关（TRUE/REL-BEARING）

该开关相当于上述北向上/首向上相对运动显示方式。在真方位显示时应注意检查分罗经与主罗经航向读数是否相符,船首线指向与分罗经航向值是否相符,如不符应立即校准。

（八）真运动控钮

真运动部分除上述显示方式选择开关外,还有下列几个控钮:

1. 中心重调（RESET）

该控钮用作扫描中心起始位置调整。向下按住再转动即调整扫描中心位置。设有东西(E-W)及南北(N-S)两个钮。有的真运动雷达设有"快速重调"开关,只需切换该开关,便可使扫描中心跳到以屏中心为对称中心的对称位置而重新开始真运动。

2. 模拟速度输入（SPEED KNOTS）

该控钮用来调节"模拟速度真运动"显示方式时输入模拟速度的大小。

3. 航迹校正（COURSE MADE GOOD CORRECTION; SET AND DRIFT）

该控钮用在有风流影响时改正扫描中心在屏上移动的轨迹,使之符合本船实际航迹。可调范围为左右各 25°。风流从左舷来,可加右若干度;反之,加左若干度。

二、一般操作步骤

(一)开机前的准备工作

(1)检查以下主要开关按钮是否处于正常位置:雷达电源开关及发射开关应放在"关"位置。

(2)检查天线上是否有人或妨碍天线旋转的障碍物(如旗绳、发报天线等)。

(二)开关机步骤

船用雷达具体的开关机操作步骤应按说明书中的说明进行。下面介绍的是一般雷达的基本操作步骤:

1. 开机

(1)合上外部电源(船电)开关。

(2)接通"雷达电源开关"(或置于"预备"位置)。

(3)接通"天线开关",通常无须专门操作。

(4)调节显示器亮度。

(5)检查雷达外部航海仪器输入是否正常,有无自检报警。

(6)选择显示方式(一般先选用首向上相对运动显示方式),选择合适量程。

(7)顺时针方向缓慢调节"亮度"旋钮,使扫描线刚见未见。

(8)调"固定距标"亮度,使屏上出现距标圈。

(9)调"活动距标"亮度,并校核活动距标读数(应与固定距标一致),然后关掉固定距标,调小活动距标亮度。

(10)调"电子方位线"亮度,并校核电子方位读数(应与机械方位一致),然后调小电子方位线亮度。

(11)在"雷达电源开关"接通后 3~5 min,发射机内特高压自动延时触点闭合,屏幕倒计时结束,"预备好"状态出现,将"雷达电源开关"置"发射"(ON)位置,屏上应出现回波。

(12)调"增益"钮,使屏上噪声斑点刚见未见。

(13)稍稍调节"调谐"钮,使回波图像多而清晰。必要时应配合调"增益""亮度"等钮,使屏面背景衬托回波最好。

(14)酌情调节"STC""FTC"控钮或使用"线性/对数""极化选择""同频干扰抑制"开关,以减弱或消除干扰杂波,使屏面图像清楚,但应防止弱小物标回波丢失。

(15)如要精测物标距离,可用活动距标。

(16)如要精测物标方位,可用机械方位刻度装置或电子方位线。

如选用真运动显示方式,则:

(17)根据风流及航迹的偏移情况,适当输入航迹校正值。

(18)用"中心重调"钮调节所需的扫描中心起始位置。

2.必要时的配置

（1）选择 EPFS、HDG、SDME 传感器数据来源。

（2）执行 AIS 信息叠加显示。

（3）配置雷达跟踪数据与 AIS 数据关联参数。

（4）执行自检程序,根据检查结果对雷达工作情况进行分析。

3.关机

（1）将"雷达电源开关"从"发射"位置切换到"预备"位置。

（2）将"亮度""STC"等降到最低。

（3）将"天线开关"置于"断"位置(有些雷达此开关和"TX 功能"开关合一,该开关置于"预备"位置时,天线就断开电源)。

（4）将"雷达电源开关"置于"关"位置。

（5）关闭中频电源。

（6）断开外部供电。

三、维护保养

在对雷达进行维护保养工作时,应切断雷达的总电源,并且在雷达电源总开关处和显示器上挂警告牌禁止开机。在维护收发机和显示器时,应先将高压储能器件对地放电,防止高压触电。

（一）天线及波导的维护

（1）隙缝天线辐射面罩(或抛物面及辐射窗口)上的油烟灰尘至少每半年清除一次。清除时应用软湿布、软毛刷、清水洗净,不准加涂油漆。

（2）波导法兰(扼流关节)和波导支架紧固情况至少应每半年检查一次。检查波导是否开裂(如有开裂,必须立即更换),检查波导法兰连接处的密封情况和波导、电缆穿过甲板的水密情况等。

（3）天线基座(减速齿轮箱)每半年油漆一次,并对固定螺栓的锈蚀情况做仔细检查,以免因锈蚀严重而降低其强度,摔坏天线部件。

（4）每年按说明书规定对天线基座内各齿轮涂一次油脂或更新天线齿轮箱润滑油,并紧固基座内部的螺栓(当直流驱动机电刷磨损严重时需及时修整或更换)。

（5）在天线基座内发现水迹时,必须及时采取措施消除,并通知专业修理人员找出原因,予以解决。当收发机及显示器工作正常而回波明显减弱时,应检查波导管内有无积水现象。

（6）对安装在露天的波导和电缆,应仔细检查其是否紧固牢靠及有无损坏情况,并经常涂漆。

（二）收发机的维护

（1）每三个月检查一次各种电缆接头和连接器是否牢固可靠。

（2）至少每三个月检查一次雷达测试电表各项指示是否在正常范围内。每次测试应在雷达工作半小时后进行。

（3）每半年用软毛刷清除一次收发机的灰尘。

（4）更换磁控管后，应"预热"半小时以上再加高压，或按该磁控管的技术要求进行"老炼"。

（5）更换磁控管、调制管、速调管等主要器件后，应按技术说明书要求对收发机重新调试，并将器件的更换日期、更换人员及测试数据重新记入雷达使用记录簿（雷达日志）。

（三）显示器的维护

（1）每半年用软毛刷清除一次显示器内的灰尘。

（2）应定期轻轻地用软布蘸酒精或清水擦抹安全保护玻璃罩和标绘玻璃罩。清洁剂绝不能用苯类、薄漆、汽油或其他有害品替代。

（3）应小心地按照雷达说明书的规定打开显示器面罩，用蘸有酒精或清水的软布轻轻擦抹方位标尺表面。清洁剂绝不能用苯类、薄漆、汽油或其他有害品替代。

（4）用干的软布轻轻抹去荧光屏表面的灰尘。

（5）检查各连接电缆和插头是否牢固可靠和接触良好。

（6）对旋转式扫描线圈的显示器应定期按照说明书规定对转动部分加油，并用无水酒精除去集流环上的尘污等。

（7）当发现显像管高压帽的周围打火时，应在对地充分放电后，再用蘸有酒精的软布清除高压帽周围的尘污。

（四）中频逆变器的维护

（1）每三个月应检查一次各种电缆接头是否牢固可靠。

（2）定期用软毛刷去除逆变器内的尘灰。

四、交接班检查及维修后的验收

（一）雷达的交接班检查

（1）下船交班驾驶员应向上船接班驾驶员交接雷达的所有资料及备件，其中包括雷达技术说明书、使用说明书、安装说明书、雷达日志（雷达使用记录本）等。雷达日志上应确切记载下列内容：

①安装年、月、日，承装单位及负责人名单。

②安装完好后所测得的船首线误差、测距误差、测方位误差、阴影扇形区、最大作用距离表、最小作用距离等性能情况。船舶进坞或进厂大、中修后，应重新确认上述数据。

③天线安装高度。

④每次使用雷达的实际工作时间。

⑤雷达故障发生的年、月、日、时，故障现象，实际修理时间，检修处理情况，承修单位及修理人员等。

（2）交班驾驶员应在现场指导，使接班驾驶员掌握雷达正确的使用方法，并向接班者交代清楚本船雷达的现状和实际存在的各种误差等。

（3）接班驾驶员应将雷达现状和性能情况尽可能经本人实际校核后记录在雷达日志中。

（二）雷达维修后的验收要求

1. 雷达电源修理后的验收要求

逆变器工作正常时，应听到清晰均匀的音频振动声，输出电压稳定，频率和电压值符合规定。

2. 显示器修理后的验收要求

（1）刻度盘、面板、数字显示、扫描线、距标圈等各种亮度的控制正常，调整亮度时其变化应均匀平稳。

（2）扫描线能达到荧光屏边缘。固定距标圈的圈数正常并且最后一圈距屏边缘 3 mm 左右，各固定距标圈的间距均匀。

（3）扫描线应正常顺时针旋转，并与天线旋转同步，旋转时应无明显的跳动或不均匀现象。

（4）活动距标圈应和固定距标圈读数一致。

（5）船首线标志显示正常，宽度小于 0.5°，校正后方位误差小于 1°。

（6）显示器面板上各控钮的功能应正常。

（7）荧光屏上没有由本机产生的电火花干扰现象。

3. 收发机修理后的验收要求

（1）显示器面板上有关收发机的各控钮（如增益、调谐、海浪抑制等）的功能正常，调整效果明显，回波清晰。

（2）收发机内检测电表各挡读数符合要求。

4. 天线及波导修理后的验收要求

（1）天线顺时针旋转均匀正常，转速在额定值内，无摩擦或异常声响。

（2）天线减速齿轮箱、辐射器、隙缝天线罩及波导等无破裂、变形及积水。

五、雷达设备安全与人身安全防护基础知识

（一）雷达设备电磁兼容性要求

首先检查设备是否已经根据 IEC 60945（第 4 版），就电磁兼容性及对海上环境的大气耐久性，进行了测试和验证并在产品说明书中有所说明。

IEC 60945 是关于海上导航与通信设备及系统的测试标准，提出了导航与通信设备及系统的测试通用要求，对应于 SOLAS 公约第 Ⅲ、Ⅳ、Ⅴ 章的要求，确保设备与船上的其他通信与导航设备电磁兼容。

IEC 60945 标准的第 9、10 条具体规定了船上通信与导航设备电磁兼容性方面的具体测试方法及要求。其中包含了与无线电收发设备的相互干扰方面的电磁辐射干扰测试、电源浪涌、缆线等电磁环境方面的干扰测试，以及能否符合标准的具体要求。

IEC 60945 标准的第 11 条具体规定了雷达设备的罗经安全距离,通常,被安装在标准罗经或操舵罗经邻近的雷达设备(或部件),邻近的定义为,不少于 5 m 的距离间隔,并应清楚地标注磁罗经安全距离。船员在实际工作中应注意使用与关闭雷达设备引起的罗经原有读数的背离不应超过标准规定范围,一般标准罗经不超过 0.1°,罗经不超过 0.3°。

(二)使用雷达设备防辐射、防触电及防机械伤害的基本常识

1. 辐射伤害

使用中的雷达天线会辐射出强大的射频能量。连续暴露于射频能量之下可能对人体造成有害影响。射频能量会使心脏起搏器失灵,使用心脏起搏器的人不能暴露于射频辐射之下。一般,低于 100 W/m² 的射频功率密度级不会对人体造成显著的射频危险,但长时间处于 10 W/m² 的射频功率密度级范围内会造成隐性危害。距离与规定的射频功率密度级之间的关系如表 11-2-1 所示。

表 11-2-1 雷达射频、功率密度级及辐射危险距离关系表

功率 / 天线长度	100 W/m²	10 W/m²
6 kW / 4 ft 天线	1.09 m	3.46 m
6 kW / 6 ft 天线	1.3 m	4.10 m
12 kW / 4 ft 天线	1.55 m	4.89 m
12 kW / 6 ft 天线	1.84 m	5.81 m
25 kW / 4 ft 天线	2.45 m	7.73 m
25 kW / 6 ft 天线	2.82 m	8.91 m

港内不使用雷达时,应将其关闭或置于预备状态。

(2)触电伤害

在天线和显示设备中存在有危急生命的高电压。这种高电压甚至在切断电源之后仍可能存在。高电压电路均提供有保护盖和警告标签,以避免无意中接触到这些部分。为了安全,在进入内部电路之前,应切断电源,并且通过合适的方法放掉电容器中的任何残余电压。只有具备资格的人员才可执行这些维护程序。

维修保养中,为了避免由于错误的电源切换而产生电损伤,应确保主电源和系统电源开关均关闭。还应张贴一个安全标签,表示维护正在进行中。同时还应注意,切断电源开关之后数分钟,在电容器和阴极射线管的阳极罩中可能保留有高电压。在开始检查之前,请至少等待 5 min 或者将高电压放电到地线上。若操作人员带有静电会损坏静电敏感器件(ESD),如雷达混频器,因此,维护保养工作应穿着专业工作服与绝缘鞋,在航海专业教育中就要养成良好的职业习惯。

(3)机械伤害

为了安全,非必要不进入雷达天线附近的区域,以防雷达天线在不预先通知的情况下开始旋转;许多事故表明,作为航海专业人员,启用雷达前,进行天线及雷达外部各部件的外观检查也是十分必要的,一方面防止人员受到伤害,另一方面防止设备损伤。

第三节　雷达观测

前面介绍了船用雷达的基本工作原理、设备构成及工作概况。本节将介绍船用雷达的使用性能及其影响因素。

船用雷达的使用性能主要有：最大探测距离、最大作用距离、最小作用距离、图像距离与方位的分辨力、测量距离与方位的精度、抗杂波干扰能力、环境适应性和可靠性等。这些使用性能是雷达探测能力的标志，是使用者所关心的指标。

航行在不同海区的不同用途的船舶，对所配备的船用雷达的各项使用性能的要求也不尽相同。如远洋航行的大型船舶，最关心的是尽早发现远距离物标，以便进行远距离定位，即要求雷达的远距离性能好；航行在沿海和内河的小型船舶，最关心的是图像的清晰度，以便于避碰，即要求雷达的图像分辨力高，盲区小，近距离性能好。

一、最大探测距离及其影响因素

考虑地球曲率、天线高度、物标高度及雷达电波传播空间大气折射影响的雷达可能观测的最大距离，称为船用雷达的"最大探测距离"，又称"极限探测距离"，以符号 R_{max} 表示。

根据几何地平、光学地平与雷达地平的关系（如图 11-3-1 所示），对于一个眼高 h（m）的测者来说，若不考虑大气折射，所能看到的地平范围即几何地平 D_G 为：

$$D_G = 1.93\sqrt{h}\ (\text{n mile})$$

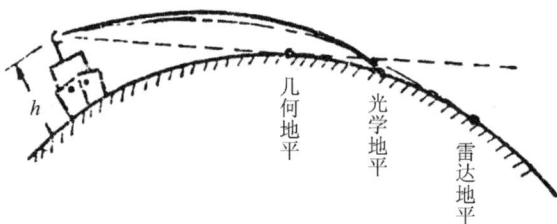

图 11-3-1　几何地平、光学地平与雷达地平的关系

地球表层大气的密度及温度、湿度是随高度变化的，因此，光线通过大气时要产生折射。在标准大气折射条件下，测者能见到的地平范围即光学地平 D_V 比无折射情况时有所增加，即

$$D_V = 2.07\sqrt{h}\,(\text{n mile}) \tag{11-3-1}$$

同样，雷达波通过大气时也要产生折射，在标准大气折射条件下能辐射到的地平范围，比上述两者都要大些，即雷达地平为：

$$D_R = 2.23\sqrt{h}\,(\text{n mile}) \tag{11-3-2}$$

在标准大气条件下，则船用雷达的最大探测距离 R_{max}（如图 11-3-2 所示）应为：

$$R_{max} = 2.23\left(\sqrt{H_1} + \sqrt{H_2}\right)(\text{n mile}) \tag{11-3-3}$$

式中：H_1——雷达天线（高出水面）的高度（m）；

H_2——物标(高出水面)的高度(m)。

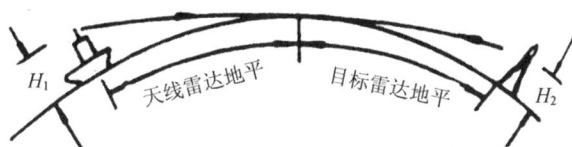

图 11-3-2 雷达的最大探测距离

式(11-3-3)计算出来的是理论值,实际上能否在雷达上看到物标,还和雷达技术参数、物标反射能力及传播条件等多种因素有关。

此外,在实际使用中,遇到的环境条件不可能都符合标准大气条件,从而使得雷达波在传播过程中发生异常折射情况。异常折射的情况主要有以下几种:

1. 次折射(又称欠折射或负折射)

当气温随高度升高而降低的速率比正常大气情况下变快,或相对湿度随高度升高而增大时(即大气折射指数随高度升高而减小的速度变慢,甚至折射指数反而随高度升高而增大时),会发生次折射现象。次折射一般发生在极区及非常寒冷的大陆附近,当大陆上空的冷空气移向温暖的海面上空时,即出现"上冷下热"和"上湿下干"的情况。发生这种现象的另一个条件是当时的天气必须是平静的。如图 11-3-3 所示,此时,大气的异常折射会使雷达波束向上弯曲。这样随着距离的增加,波束离地面越来越高,使得本来在正常折射时应探测得到的物标此时探测不到了。这种情况可使小船等物标的探测距离减小 30%~40%,有时也会丢失近距离的低物标(如小船、冰块等)。

图 11-3-3 次折射

2. 超折射(又称过折射)

与上述发生次折射的情况相反,即当气温随高度升高而降低的速度比正常情况下变慢,或相对湿度随高度升高而减小时,此时大气折射指数随高度升高而减小的速度变得更快时,则会发生超折射现象。此时,雷达波束向下弯曲而会传播到更远的地方,如图 11-3-4 所示。这样,雷达的探测距离较之正常折射时要远。

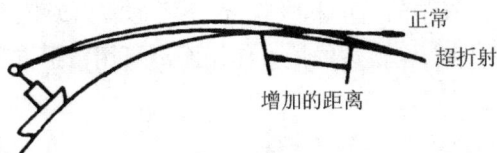

图 11-3-4 超折射

超折射经常发生在热带及非常炎热的大陆附近,如红海、亚丁湾等海域。在平静的天气里,炎热的大陆上空温暖而干燥的空气团压向冷而潮湿的海面,即出现"上热下冷"和"上干下湿"的情况时,经常会发生这种超折射现象。

3.大气波导现象

当超折射现象特别严重时,会形成大气波导状传播,即雷达波被大气折射向海面,再由海面反射至大气,再由大气折射向海面,如此往复,犹如在波导中传播一样,故又称之为"表面波导"现象,如图 11-3-5 所示。在这种情况下,雷达的探测距离将大大增加,甚至超过 100 n mile,从而在雷达屏上产生二次扫描假回波。

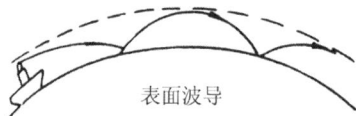

图 11-3-5　大气波导状传播(表面波导)

当在平静的天气里,海面以上一定高度(如 300 m)上空出现一层温暖的反射层时(即存在逆温层时),那么将会发生另一种大气波导——高悬波导,如图 11-3-6 所示。这种现象同样会大大增大雷达探测距离。但高悬波导并非会在所有方向发生,且与雷达工作波长有关,有时 S 波段雷达上可探测到极远距离目标,而在 X 波段雷达上却探测不到,反之亦然。这种异常传播现象经常发生的地区有红海、亚丁湾等海域。

图 11-3-6　高悬波导

二、最大作用距离及其影响因素

雷达最大探测距离计算出的是一个界限值,需要根据雷达的具体技术参数、物标的反射性能、电波传播条件及外界干扰等多种因素确定。雷达最大距离即为该雷达的最大作用距离,用符号 r_{max} 表示,它表示雷达探测远距离目标的能力。因为它既与雷达的许多技术参数(技术指标)有关,又与目标的反射性能、电波传播条件及外界干扰等因素有关,所以它并不是一个固定数值。下面具体介绍影响 r_{max} 大小的诸因素。

（一）雷达技术参数（技术指标）及物标反射性能对 r_{max} 的影响

如果不考虑雷达波在大气中的折射和吸收,也不考虑海面或地面反射及各种干扰,即假定雷达波是在"自由空间"中传播,则雷达的最大作用距离可用雷达方程式确定:

$$r_{max} = \left(\frac{P_t GA^2 \lambda^2 \sigma_0}{64\pi^3 P_{rmin}} \right)^{\frac{1}{4}} \tag{11-3-4}$$

式中:P_t——天线发射的脉冲功率;

　　　GA——天线增益;

　　　λ——工作波长;

P_{rmin}——接收机门限功率;

σ_0——物标有效散射面积(又称目标的雷达截面积)。

驾驶专业

1.雷达技术参数的影响

(1)从雷达方程式式(11-3-4)中可知,单纯增加发射功率,对最大使用距离增加并不显著。

(2)减小 P_{rmin}(即提高接收机灵敏度)可增加 r_{max},但影响也不显著。

(3)天线增益和工作波长对最大作用距离影响较大,但天线增益与工作波长和天线口径长度尺寸互有影响。例如,增长波长会使天线增益降低(假如天线口径尺寸不变);而要想提高天线增益 GA 来增加 r_{max},又要保持工作波长 λ 不变,那么可以增大天线口径长度。

(4)雷达作用距离还受到雷达极限探测距离的限制。

2.物标反射性能的影响

(1)有效散射面积(RCS)

通常,物标反射雷达波能力的强弱可用目标有效散射面积来表示。有效散射面积是物标在雷达波方向上的投影面积。实际物标的反射性能与物标的几何尺寸大小、形状、表面结构、入射波方向、材料及雷达波工作波长等因素有关。

(2)工作波长对反射性能的影响

目标的有效散射面积与雷达波长有关。尺寸比雷达波长小很多的目标(如雨、雪)来说,其有效散射面积与波长的4次方(λ^4)成反比,故3 cm雷达的雨雪干扰要比10 cm雷达强得多。对尺寸比雷达波长大很多的目标来说,其有效散射面积基本不随波长而变。表11-3-1中列出几种海上常见的舰船的有效散射面积,供参考。

表 11-3-1 各种舰船的有效散射面积

目标	有效散射面积/m²	目标	有效散射面积/m²
小型货船	1.4×10^2	潜艇(在水面)	37~140
中型货船	7.4×10^3	小运输舰	150
大型货船	1.5×10^4	中型运输舰	7500
拖网渔船	750	大型运输舰	15000
快艇	100	巡洋舰	14000

(二)目标材质对 r_{max} 的影响

物体的导电性或电解性越好,其RCS越大,发射系数也越大,那么雷达回波就越强。金属物体能够将雷达波完全反射;空气则探测不到。物标反射强弱可用反射系数表示,金属比非金属(如石头、木头和冰)的反射强。若钢的反射系数为1,则海水的反射系数为0.8,冰的反射系数为0.32。岸线的反射特性取决于其成分及上面植物生长的情况,金属矿物将会增加回波强度。木质和玻璃钢是很差的反射材料,应特别注意这些材料制造的小型渔船和游艇。

(三)目标纹理与雷达视角的影响

目标纹理就是指目标表面的粗糙程度。入射雷达波与目标表面的夹角(0°~90°),称为雷达视角。

当雷达视角力 90°时表面光滑的物体,发生完全反射,能够获得非常好的回波效果,如图 11-3-7 中的 a 目标;但是如果雷达视角不是 90°,如平静的海面、冰山的倾斜面等,如图 11-3-7 中的 b 目标,雷达波被完全反射其他方位,这类目标雷达完全探测不到。表面光滑的物体是否能够被雷达探测到,决定于雷达的视角。与雷达的工作波长相比,风浪中的海面、带有礁石的海滩、植被覆盖丰富的山坡等表面凹凸不平,结构复杂,属于粗糙目标,雷达波无论从什么角度照射,在物体表面均发生散射,如图 11-3-7 中的 c、g、h 目标,无论雷达的视角如何,目标的 RCS 基本不变,雷达都能够稳定地探测到这类目标。图 11-3-7 中表面光滑的 d 目标,无论雷达波的入射角如何变化,都会被完全反射回来,有非常好的回波,可以制作出雷达航标。

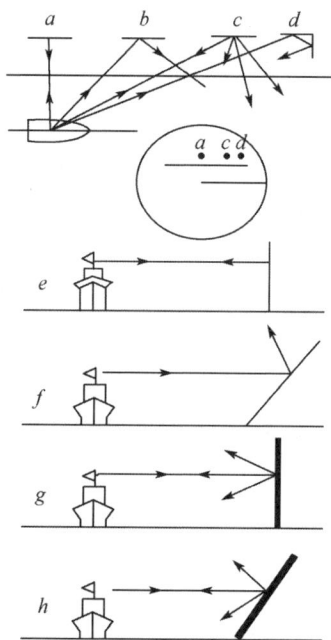

图 11-3-7　平板形物标的反射

（四）目标形状

雷达辐射波束的一个脉冲宽度为一个辐射单元体,目标迎向雷达面的面积小于辐射单元的横截面时,回波强度与目标大小成正比。

如果被雷达波束照射到的目标迎向雷达面的面积大于辐射单元的横截面,目标面积增加时,目标尺寸的增加只是增加了回波的大小,但回波的亮度并不增强,即回波强度与目标尺寸无关。此时回波形状主要由目标迎向天线的一面(目标前沿)水平投影决定。

1. 物标尺寸对反射性能的影响

就物标高度而言,一般物标高度与回波强度成正比。但对高山物标来讲,还要视其坡度、坡面结构及覆盖状况等诸因素而定,并非简单认为山越高回波越强。就物标深度而言,由于遮蔽效应的影响,雷达只能探测到物标前缘,对被前缘遮挡的外缘,雷达则无法显示。如图 11-3-8 所示,该船右侧有两个深度不同的物标,面对该船雷达一侧的宽度和高度差不多,以致雷达屏上的回波形状看起来也差不多。这就是遮蔽效应造成物标深度无法全部显示出来的缘故,故物标深度对回波的强度影响较小。

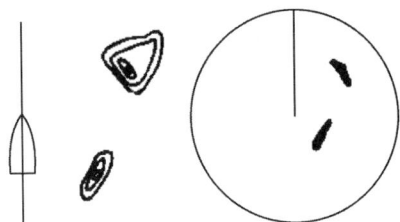

图 11-3-8　不同小岛在雷达上相似的回波

2. 物标形状、表面结构及入射波方向的影响

物标对雷达波的反射强弱与物标形状、表面结构及雷达波的入射角有关,并服从光学反射定律。下面分几种形状的物标来说明。

(1)平板形物体

反射表面呈平板状的物标,其回波强度与其表面状况(如光滑程度)和雷达波入射角的大小有关。

(2)球形物体

球形目标反射性能很差,尤其是表面光滑的球形目标。具体的回波强度要视其尺寸大小和入射角度而定。这类物标有球形浮标及球形油罐等,如图 11-3-9 所示,只有球面上正对着雷达波的一点才将回波反射回去,所以回波很弱。只有当球面粗糙时,回波才稍强。

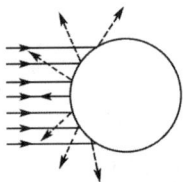

图 11-3-9　球形物标的反射特性

(3)圆柱形物体

像烟囱、储气/油罐、系船浮筒等这类圆柱形目标,只有波束垂直照射的很窄的立面才有雷达回波,如图 11-3-10 所示。当然,具体的回波强度要视其尺寸大小和入射角而定。

(4)锥体

像灯塔、教堂尖顶及锥形浮标等这类锥形目标的反射性能很差,只有当雷达波与其母线垂直时,其反射性能才和圆柱形目标相同,如图 11-3-11 所示。因此海浪中的锥形浮标也会发生回波强度闪烁波动的情况。

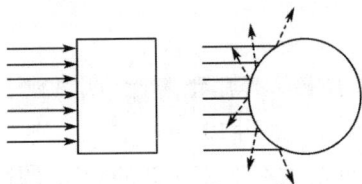

图 11-3-10　圆柱形物体对雷达波的反射

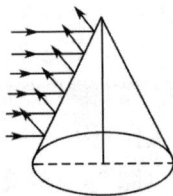

图 11-3-11　锥形物体的反射特性

（五）海面镜面反射对雷达最大作用距离的影响

当海面平静时,到达海上物标的雷达波由直射波和经海面镜面反射的反射波组成,由于直射波与反射波传播路径不同,因此在物标处的雷达波的电场强度等于两者的矢量和。

（六）海浪干扰杂波的影响

在风浪大、海面有浪涌时,海浪将反射雷达波,产生很强的干扰杂波。其特点是:

（1）离本船越近,海浪反射越强;随着距离增加,则海浪反射强度呈指数规律迅速减弱。一般风浪时,海浪回波显示范围可达 6~8 n mile,大风浪时甚至可达 10 n mile。海浪回波在雷达荧光屏上显示为扫描中心周围一片不稳定的鱼鳞状亮斑。

（2）海浪回波强度与风向有关,风向和海浪波形关系如图 11-3-12 所示。海浪反射上风侧强,下风侧弱。

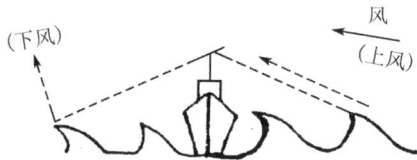

图 11-3-12　风向和海浪反射强弱的关系

（3）大风浪时,海浪回波密集而变成分布在扫描中心周围的辉亮实体。如果是幅度较大的长涌,可在屏上见到一条条浪涌回波。

（4）海浪回波的强弱还和雷达的下述技术参数有关:

①工作波长:3 cm 雷达波受海浪影响比 10 cm 雷达波要大近 10 倍。

②波束的入射角:天线垂直波束越宽或天线高度越高,则雷达波束对海浪的入射角越大,因而海浪回波则越强。

③雷达波的极化类型:若采用水平极化天线发射水平极化波,则要比用垂直极化波时减少海浪反射 1/10~1/4。

④脉冲宽度和水平波束宽度较宽时,则海浪同时反射面积大,因而海浪回波也强。

（七）大气衰减的影响

大气衰减是指雷达波在大气层传播过程中受到大气吸收或散射导致雷达波能量的衰减。这在大气中有雾、云、雨和雪等含水量增大时更为严重。其特点是:

（1）水蒸气对 3 cm 雷达波的衰减比 10 cm 雷达波大 10 倍多。

（2）雨对雷达波的衰减随雨滴及密度的增大而增加,使最大作用距离 r_{max} 明显减小。雨对 3 cm 雷达波的衰减比对 10 cm 雷达波大 10 倍左右,故雨天宜选用 10 cm 雷达。

（3）一般的雾对雷达波的衰减较小,但能见度为 30 m 的大雾对雷达波的衰减要比中雨引起的衰减还要大。

（4）大气中的云和雨、雪,除了引起雷达波衰减外,还将产生反射回波,扰乱屏幕图像。

综上所述,雷达最大作用距离并非常数,IMO 关于船用雷达性能标准中对雷达最大作用距离性能的要求为:在正常电波传播条件下,雷达天线高出水面 15 m,且无杂波干扰,应能清楚显示各种物标的距离,如表 11-3-2 所示。

表 11-3-2　最大作用距离表

物标回波	距离/n mile
海拔 60 cm 的岸线	20
海拔 6 cm 的岸线	7
5000 总吨船舶	7
10 m 长小船	3
导航浮筒	2

三、最小作用距离及其影响因素

最小作用距离是指雷达能在显示器屏幕上显示并测定物标的最近距离,它表示雷达探测近物标的能力。在此距离以内的区域称为雷达盲区,盲区中的物标雷达观测不到。盲区太大,不利于船舶雾天和夜间进出港及狭水道航行。

当雷达天线较低或物标较高,即物标始终处在天线波束照射内时,雷达最小作用距离 r_{min1} 由下式决定:

$$r_{\text{min1}} = \frac{C(\tau + t_r)}{2} \tag{11-3-5}$$

式中:C——电波船舶速度,$C = 3 \times 10^8 \text{ m/s}$;

　　τ——发射脉冲宽度(μs);

　　t_r——收发开关实际恢复时间($0.1 \sim 0.3 \ \mu$s)。

可见,τ 越窄,t_r 越短,则雷达最小作用距离越小,雷达探测近距离物标的能力越好。

当雷达天线较高或物标较低时,物标可能进入天线波束照射不到的区域,如图 11-3-13 所示。图中的"零发射线"是天线主瓣垂直波束下边缘的切线。因为在半功率点以外的一定角度内,仍有可能探测到物标,所以用"零发射线"来计算 r_{min} 要比用波束半功率点射线(图中虚线所示)更符合实际。

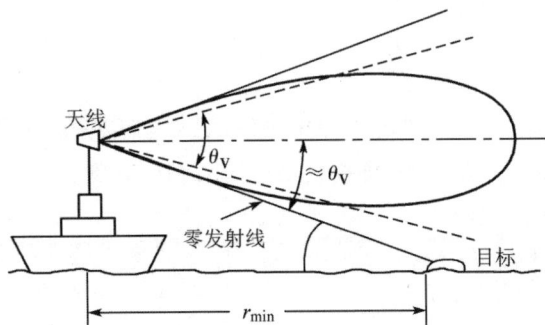

图 11-3-13　最小作用距离

"零发射线"与海平面的夹角约等于天线垂直半功率点波束宽度 θ_V°,因此可用下式近似计算最小作用距离 r_{min2}:

$$r_{min2} = h_A \cot\theta_V^\circ \qquad (11\text{-}3\text{-}6)$$

式中：h_A——雷达天线高度（m）；

$\quad\quad \theta_V^\circ$——天线垂直波束宽度。

可见，雷达天线越低，垂直波束越宽，则 r_{min2} 越小，雷达探测近距离物标的性能越好。一般情况下，r_{min1} 和 r_{min2} 是不相等的，应以较大者作为雷达最小作用距离 r_{min}。

通常实用的是采用实测法来测定本船雷达的最小作用距离。实测的方法是：用雷达观测近距内逐渐靠近（或远离）本船的小艇或浮筒，测出它们的回波亮点消失（或出现）时的距离，即雷达的盲区值。当雷达盲区值的实测值与两式计算值不一致时，应取实测值记入雷达日志。

IMO 关于雷达的"性能标准"规定，当雷达天线出水面 15 m 时，对于 5000 总吨的船舶、10 m 长的小船及有效散射面积约 10 m^2 的导航浮筒，除了量程转换开关以外，不动其他任何控钮和开关，在 50 m~1 n mile 范围内都应能清楚显示。

四、距离分辨力及其影响因素

雷达的距离分辨力表示雷达分辨同方位的两个相邻点物标的能力，以可分辨的两物标之最小间距 Δr_{min} 表示，Δr_{min} 越小，雷达距离分辨率越高。当同方位的两个物标逐渐靠拢时，雷达屏上两个物标的回波亮点也将逐渐接近，当两个回波亮点相切时，两物标间的实际距离即为雷达的距离分辨力 Δr_{min}。

雷达的距离分辨力主要取决于发射脉冲宽度、接收机通频带及屏幕像素点数量等因素。图 11-3-14 中表示出两个点物标的回波，脉冲宽度、通频带引起的失真、屏幕像素点数量等因素造成其径向的图像扩大效应及其对雷达距离分辨力的影响。

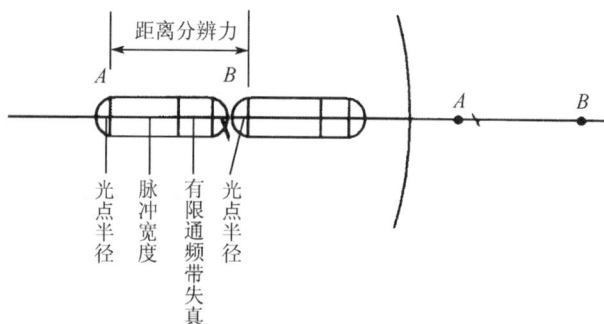

图 11-3-14　雷达图像的径向扩大效应与距离分辨力

所以要提高雷达的距离分辨能力，即要使 Δr_{min} 小，则应做到：

（1）使用窄脉冲（τ 小）工作；

（2）使用宽频带接收机（Δf 大）；

（3）用较大屏幕的显像管（D 大）；

（4）聚焦要良好（d 小）；

（5）用近量程观测（R_D 小）。

IMO 的"性能标准"规定，用 2 n mile 或更小量程挡，在量程 50%~100% 的距离范围内，观测两个同方位的相邻小物标，它们能分开显示的最小间距应不大于 50 m。

五、方位分辨力及其影响因素

雷达方位分辨力表示雷达分辨距离相同而方位相邻的两个点物标的能力,以能分辨的两物标间的最小方位夹角 $\Delta\alpha^\circ_{\min}$ 来表示。$\Delta\alpha^\circ_{\min}$ 越小,表示雷达方位分辨力越高。

影响方位分辨力的主要因素是天线水平波束宽度 θ°_H、光点角尺寸 d°(光点直径对屏中心的张角)及回波在屏幕扫描线上所处的位置。天线水平波束扫过海面上点物标,首先是波束右边缘触及物标,此时屏上即开始显示回波,此后,在整个水平波束(宽度为 θ°_H)照射点物标期间,回波一直持续显示,从而造成物标回波产生“角向肥大”,每边约扩大 $\dfrac{\theta^\circ_H}{2}$,如图 11-3-15 所示。为提高雷达方位分辨力(即要使 $\Delta\alpha^\circ_{\min}$ 小),应做到:

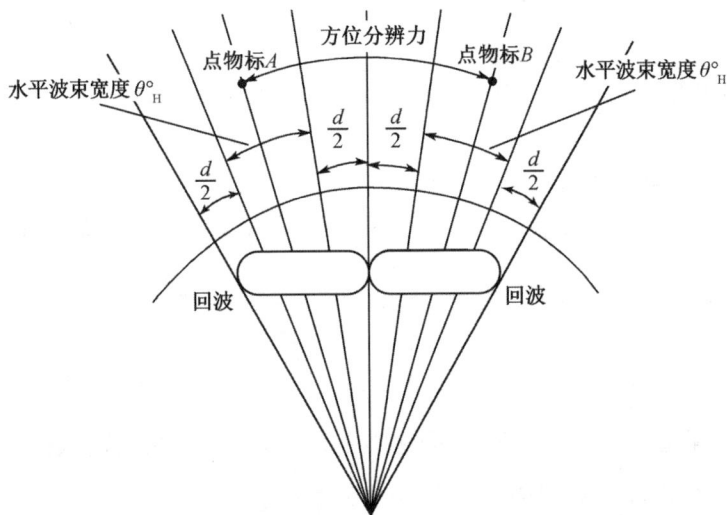

图 11-3-15 方位分辨力

(1)减小天线水平波束宽度 θ°_H;

(2)良好聚焦,采用像素高的显示器;

(3)正确选择量程,尽可能使欲分辨的回波显示在约 $\dfrac{2}{3}L_S$ 区域;

(4)还应适当降低亮度、增益,以减小回波亮点尺寸,此时可得 $\Delta\alpha^\circ_{\min}\approx(0.6\sim0.7)\theta^\circ_H$。

IMO 的“性能标准”规定,雷达用 1.5 n mile 或 2 n mile 量程时在量程 50%~100% 的距离范围内(即 $\dfrac{1}{2}L_S\sim L_S$)观测两个等距离的相邻点物标。它们能分开显示的最小方位间隔应不大于 2.5°。

六、测距精度及其影响因素

造成雷达测距误差的因素很多,主要有以下几项:

1. 同步误差

雷达探测到目标之间的距离由荧光屏上扫描起始点和回波之间的间隔表示。发射机电路及波导系统对发射脉冲的延时作用,造成扫描起始时刻超前于天线口辐射的时刻,势必造成显示屏上显示的目标距离将比天线口到目标的实际距离大,形成一固定的测距误差,称为同步误差。

2. 因固定距标和活动距标的不精确引起的测距误差

固定距标和活动距标本身均有误差,用它们测量目标的距离必然也会有误差。固定距标通常在雷达厂内已校准至误差为所用量程的 0.25% 以内。若物标回波处在两距标圈之间,则人眼内插误差为所用量程距离的 5% 左右。

活动距标的误差为所用量程距离的 1%～1.5%,使用中,应定期将它与固定距标进行对比。通常应用固定距标来校准活动距标。使用固定距标或活动距标时,应将其亮度调到最小限度上,以免距标圈过亮妨碍图像观测及影响测距精度。

3. 固定距标圈不均

荧光屏上出现的固定距标圈之间的间隔不等时,利用固定距标测量目标距离时将会产生较大误差。

4. 光点重合不准导致的误差

雷达荧光屏上的光点是有一定尺寸的,若光点直径为 d,则它会使回波尺寸在各个方向均增大 $\frac{1}{2}d$,所以回波的边缘并不恰好代表物标的边缘。测距时将距标圈与回波前缘重合时,会由于重合不准而导致测距误差。距标圈也同样存在边缘增大 $\frac{1}{2}d$ 的现象,为了消除光点扩大的影响,应使活动距标内缘与回波影像内缘相切,才能得到准确的距离读数。

5. 脉冲宽度造成回波图像外侧扩大引起的测距误差

脉冲宽度会造成雷达回波图像外侧扩大 $\frac{1}{2} \cdot C \cdot \tau$,这是雷达回波图像的固有失真,倘若选择回波外侧边缘测距,必然会引起 $\frac{1}{2} C \cdot \tau$ 的测距误差。为此,应尽可能不选用回波外侧边缘测距,并尽可能选用短脉冲工作状态。

6. 物标回波闪烁引起的误差

本船和物标摇摆及它们之间的相对运动造成雷达波束照射物标的部位发生变化,引起物标回波的反射中心不稳而存在物标回波的闪烁现象,从而导致测距误差。

7. 雷达天线高度引起的误差

雷达测定的物标距离是天线至物标的距离,而不是船舷至物标的水平距离。天线高度越高,影响越大;物标距离越远,影响越小。

此前 IMO 对"性能标准"规定,利用固定距标圈和活动距标圈测量物标距离,误差不能超过所用量程最大距离的 1.5% 或者 70 m 中较大的一个值。实际的测距误差还与干扰杂波的强度、海况及使用者的操作技术有关。

船舶驾驶员使用雷达测距时,为了减小测距误差,应当注意以下事项:

（1）正确调节显示器控制面板上各控钮，使回波饱满清晰。

（2）选择包含所测物标的合适量程，使物标回波显示于1/2~2/3量程处。

（3）应定期将活动距标与固定距标进行比对，进行校准。

（4）活动距标应和回波正确重合，即距标圈内缘与回波前沿（内缘）相切。

（5）尽可能选用短脉冲发射工作状态，以减轻回波外侧扩大效应。

七、测方位精度及其影响因素

造成雷达测方位误差的因素很多，主要有以下几项：

1. 方位同步系统误差

天线角位置信号通过方位扫描系统传递给显示器，使扫描线与天线同步旋转。由于角数据传递有误差，扫描线与天线不能完全同步旋转，导致方位误差。现代雷达由于采用了角度编码器并进行了天线转角信息量化，该误差已降到极低。

2. 船首标志线（船首线）误差

船首线出现的时间应与天线波束轴向扫过船首的时间一致，否则以船首线为参考测物标舷角就会出现误差。此外，船首线的指向还需与方位刻度圈的读数校准，在首向上显示方式时，船首线应指方位刻度圈0°，而且如船首线太宽，将使校准不精确而产生误差。现代雷达既有天线转过船首开关位置的硬调节，还可以通过菜单进行船首位置软调节，调节方法为在首向上显示时，通过"heading align"功能配合输入参数，使得把定目标显示在船首线上即可，该调节适当后，雷达目标舷角误差即被校正。

顺便指出，在北向上显示方式下，还存在陀螺罗经引入的误差。该误差使船首线指示的航向角不准，也导致雷达测定物标回波方位的误差。

3. 中心偏差

如图11-3-16所示，在正常非偏心显示时，如果扫描中心 O_2 未调到与荧光屏几何中心（圆心）O_1 相一致，则用机械方位标尺从固定方位刻度圈上测读的舷角 θ_1 不等于物标实际舷角 θ_2，出现方位误差。现代雷达以图形综合显示技术实现雷达平面态势显示，已不存在此误差。

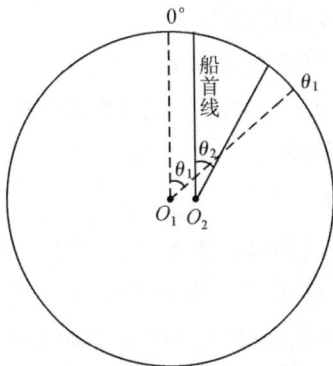

图 11-3-16 中心偏差

4. 水平波束宽度及光点角尺寸造成的"角向肥大"误差

水平波束宽度 θ°_H 及光点角尺寸 d° 分别产生回波图像的"角向肥大"（或称方位扩大效应）$\dfrac{\theta^\circ_H}{2}$ 与 $\dfrac{d^\circ}{2}$，引起回波图像左右侧边缘共"肥大"了 $\dfrac{\theta^\circ_H}{2}+\dfrac{d^\circ}{2}$，如图 11-3-17 所示。若用机械方位标尺去测回波边缘方位，则应注意修正"角向肥大"值（$\dfrac{\theta^\circ_H}{2}+\dfrac{d^\circ}{2}$）。若用电子方位线去测回波边缘方位时，则应注意"同侧外沿"相切的正确重合方法，以消除光点角尺寸 $\dfrac{d^\circ}{2}$ 的影响，并仍需注意修正水平波束宽度造成的"角向肥大"值 $\dfrac{\theta^\circ_H}{2}$。

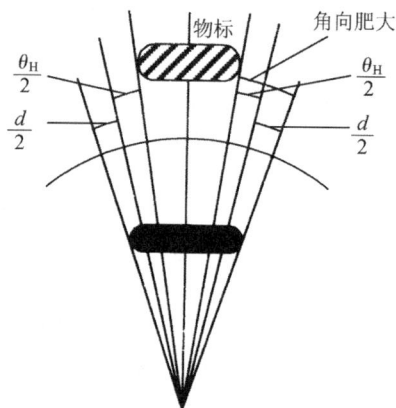

图 11-3-17　回波图像的"角向肥大"

此外，由于光点角尺寸的大小与回波离荧光屏中心远近位置有关，故应尽可能选择合适量程，使回波尽可能显示于 1/2~2/3 量程区域。

5. 天线波束主瓣轴向偏移角不稳定引起的误差

如前所述，隙缝波导天线波束主瓣轴偏离天线窗口法线方向 3°~5°。此偏离角在工作中还会随着雷达工作频率的漂移而改变，该误差不能完全消除。

6. 天线波束宽度及波束形状不对称误差

雷达在测量点状物标方位时，通常是以回波中心方位作为物标方位。如果波束形状不对称，则回波的中心位置就可能发生畸变，并随回波的强度而变化。如果回波强度很强，波束形状又不对称，则对测方位精度受到影响。

7. 本船倾斜或摇摆导致的误差

当本船倾斜或摇摆时，雷达天线旋转面跟着倾斜，从而使得天线扫过的物标方位角与实际物标水平面上的方位角有误差。这项误差在船首尾和正横方向较小，在 45°、135°、225° 及 315° 方向上最大。驾驶员应尽可能抓住时机，即在船体处于水平位置的瞬间测定雷达物标的方位，而且应尽可能避免在四个偶点方向上（即从船首方位算起的 45°、135°、225° 及 315°）测定物标方位；横摇时尽可能测正横方向物标；纵摇时测首尾方向物标。

8. 人为测读误差

IMO"性能标准"规定,测量位于显示器边缘的物标回波方位,精度应为±1°,或优于±1°,即误差不超过1°。船首标志线最大误差不能大于±1°,其宽度不大于0.5°。

驾驶员为提高雷达测方位的精度,减小误差,应注意以下事项:

(1)正确调节各控钮,使回波饱满清晰。

(2)选择合适量程,使物标回波显示于1/2~2/3量程区域,并注意选择图像稳定显示方式。

(3)调准中心,减少中心差。视线应垂直屏面观测,以减少视差。

(4)检查船首线是否在正确的位置上。应校核罗经复示器、主罗经及船首线所指航向值三者是否一致。

(5)使用电子方位线测物标时,应使其和物标回波边缘进行"同侧外缘"重合,以消除光点扩大效应,并进行水平波束宽度扩大效应的修正$(\dfrac{\theta^{\circ}_{H}}{2})$。此外,应经常将电子方位线的方位读数和机械方位标尺读数进行校准。

(6)船倾斜或摇摆时,应伺机测定,即待船身回正瞬间时快测。当实在不可避免船摇时,则横摇时尽可能选测正横方向物标,纵摇时尽可能选测首尾方向物标,避免测四个偶点方向的物标。

八、雷达主要技术指标及其对使用性能的影响

船用雷达主要技术指标及其对使用性能的影响标志着雷达的技术特性与质量水平。

(一)工作波长

雷达的工作波长λ与最大作用距离、距离分辨力、方位分辨力、测方位准确度及抗杂波干扰能力等密切相关。

1. 工作波长λ与最大作用距离$r_{\max}$的关系

从雷达方程式式(11-3-4)可知最大作用距离$r_{\max}$与工作波长λ的平方根成正比,λ越大,则$r_{\max}$越大。天线口径尺寸一定时,λ增大,则天线增益GA减小,又使$r_{\max}$减小。实际上,10 cm雷达的天线增益受天线尺寸的限制比3 cm雷达的要小,所以10 cm雷达的$r_{\max}$仅稍大于3 cm雷达的$r_{\max}$。工作波长λ与最大作用距离$r_{\max}$的关系较为错综复杂,分析常用的两种不同波长的雷达(10 cm和3 cm雷达)来比较其最大作用距离$r_{\max}$的性能,情况如下:

(1)正常天气观测时,10 cm雷达的$r_{\max}$仅稍大于3 cm雷达的$r_{\max}$。

(2)雨雪天,则10 cm雷达的$r_{\max}$要比3 cm雷达的$r_{\max}$大得多。

2. 工作波长λ与距离分辨力$\Delta r_{\min}$、测距准确度的关系

雷达的距离分辨力$\Delta r_{\min}$和测距准确度主要取决于发射脉冲的脉冲宽度τ和脉冲前沿的长短。脉冲宽度τ越小及脉冲前沿越短,则距离分辨力和测距精度越能提高。若工作波长λ小,则前沿时间短,有利于提高测距精度,同时前沿时间短也有利于缩短脉冲宽度,从而可提高距离分辨力。因此,3 cm雷达在距离分辨力和测距精度方面要比10 cm雷达好。

3. 工作波长 λ 与方位分辨力和测方位精度的关系

同样的天线尺寸，工作波长越短，天线水平波束宽度越窄，则方位分辨力和测方位精度越高。

4. 工作波长 λ 与抗杂波干扰能力的关系

工作波长越短，雨、雪及海浪与对雷达波的反射越强，因而对有用的物标回波干扰越严重。显然，雨雪天或海浪天时，用 10 cm 雷达的性能要比 3 cm 雷达好得多。

工作波长 λ 对使用性能的影响可总结为：正常天气时，3 cm 雷达使用性能优于 10 cm 雷达；雨雪天和大风浪时，则相反。

（二）脉冲宽度

脉冲宽度 τ 与最大作用距离 r_{max}、最小作用距离 r_{max}、距离分辨力 Δr_{min}、测距精度及抗杂波干扰等性能有关。

1. 与最大作用距离 r_{max} 的关系

雷达脉冲宽度即雷达发射脉冲的持续时间。显然，脉冲宽度 τ 越大，则一个发射脉冲所携带的能量越大，因而最大作用距离 r_{max} 也越大。

2. 与最小作用距离 r_{min} 的关系

最小作用距离 r_{min} 与 τ 成正比，τ 越小，则 r_{min} 减小，近距离性能好。

3. 与距离分辨力 Δr_{min} 的关系

脉冲宽度 τ 越小，则 Δr_{min} 越小，即距离分辨力越高。

4. 与测距精度的关系

脉冲宽度 τ 越小，雷达回波图像外侧的图像扩大效应 $\left(\frac{1}{2}C \cdot \tau\right)$ 越小，图像失真越小，测距精度越高。

5. 与抗杂波干扰性能的关系

减小脉冲宽度 τ，则同时照射在雨雪及海浪上的时间缩短，因而产生的干扰回波较弱，有利于雷达抗雨雪及海浪干扰的能力。

综上所述，除最大作用距离性能要求 τ 大外，而其他各项性能均要求 τ 小。为兼顾远近量程不同的使用性能要求，一台雷达常采用两种或三种以上的脉冲宽度，随量程开关切换选用，远量程采用宽脉冲，以保证最大作用距离。近量程采用窄脉冲，以满足最小作用距离、距离分辨力、测距精度及抗杂波干扰性能的要求。

目前船用雷达常用的脉冲宽度 $\tau = 0.05 \sim 2.0 \ \mu s$。

（三）脉冲重复频率

脉冲重复频率 F 主要与显示器所用量程和最大作用距离有关。脉冲重复频率高，则天线波束扫过物标时，照射物标的次数多，即物标回波脉冲积累数增加，容易识别，因而有利于增大最大作用距离。但脉冲重复频率不能太高，它必须保证相邻两次脉冲发射的间隔时间（脉冲重复周期)$T=1/F$ 要大于所用量程所对应的扫描时间,并留有20%的余地作为扫描恢复时间。因此,为兼顾远近量程不同的性能要求,一台雷达常常随着量程变换,既变换脉冲宽度,也变换脉冲重复频率,即远量程挡用宽脉冲,低重复频率;近量程挡用窄脉冲,高重复频率。目前船用雷达的脉冲重复频率 F 一般在 500~4000 Hz。

（四）发射峰值功率

发射峰值功率 P_t（或称"发射脉冲功率",亦可简称"发射功率"）与最大作用距离及抗杂波干扰等性能有关。通过提高发射峰值功率 P_t 来增大最大作用距离,效果并不理想,目前船用雷达的发射峰值功率 P_t 一般限制在几千瓦至几十千瓦。

（五）天线波束宽度

天线波束宽度分为水平波束宽度和垂直波束宽度两种。它们与雷达的最大作用距离、最小作用距离、方位分辨力、测方位精度、抗杂波干扰等多项使用性能有着密切关系。

1. 天线水平波束宽度 $\theta_H°$

水平波束宽度 $\theta_H°$ 越小,天线辐射能量越集中,天线增益 GA 越大,则最大作用距离 r_{max} 越大。$\theta_H°$ 越小,则 $\Delta\alpha°_{min}$ 也越小,即方位分辨力越高。$\theta_H°$ 越小,则回波图像的"角向肥大" $\frac{1}{2}\theta_H°$ 越小,因而测方位精度就越高。$\theta_H°$ 越小,同时照射到海浪、雨雪等的范围小,因而其杂波干扰回波强度小,即抑制杂波干扰性能越好。

综上所述,水平波束宽度 $\theta_H°$ 越小越好。但是,要得到较小的 $\theta_H°$,需要增大天线口径,但是旁瓣电平也会随之增大,有可能增加旁瓣干扰假回波,目前船用雷达的水平波束宽度 $\theta_H°$ 一般为 0.7°~1.5°。小型船用雷达的短天线的 $\theta_H°$ 可宽达 2.5°,而港口雷达的 $\theta_H°$ 一般为 0.25°~0.8°。

2. 天线垂直波束宽度 $\theta_V°$

天线垂直波束宽度 $\theta_V°$ 越小,天线辐射能量就越集中,则天线增益 GA 越大,最大作用距离 r_{max} 也越大。$\theta_V°$ 越小,同样对抑制雨雪、海浪等干扰杂波性能越好。$\theta_V°$ 越大,则最小作用距离 r_{min} 越小,即雷达近距离性能越好。为保证在本船摇摆时不丢失近距离物标,$\theta_V°$ 应不小于15°。

综上所述,目前船用雷达一般取 $\theta_V°$ = 15°~30°。大型船舶要求作用距离远,且船摇角较小,一般取 $\theta_V°$ = 15°~17°;小型船舶摇摆剧烈,并要求减小 r_{min},故取 $\theta_V°$ = 25°~30°;中型船舶要求兼顾 r_{max} 和 r_{min},一般取 $\theta_V°$ = 20°~24°。

（六）天线转速

天线转速 n_A 低,在天线水平波束宽度 $\theta_H°$ 与发射脉冲重复频率 F 一定的情况下,天线波束扫过物标时可增加照射物标的次数,即可获得更多的回波脉冲积累数,因而增加雷达最大作用距离。

天线转速 n_A 较高时,图像连续性较好,有利于构成连续完整的回波平面图像,有利于观察高速运动的物标,可使高速运动物标的回波在荧光屏上间距较小不至跳跃过大,便于识别和观测。

提高天线转速,还有利于抗海浪干扰。当海浪干扰严重时用高速旋转(例如 80 r/min)的天线,可将天线多次扫掠的回波积累进行平滑。海浪回波是随机出现的,经天线多次扫掠平滑后要比其他物标回波弱,达到抗海浪干扰的效果。目前船用雷达天线转速 n_A 一般为 $15 \sim 30$ r/min,而以 20 r/min 居多,为抑制海浪干扰,个别采用 80 r/min 的高速天线。

（七）天线极化形式

船用雷达天线的极化形式有水平极化、垂直极化与圆极化三种。极化形式不同,其抗海浪干扰、雨雪干扰的性能也不同。

水平极化天线抗海浪干扰好,海面上的目标反射较强,在船用雷达中得到广泛应用。垂直极化天线抗雨雪干扰性能较好,常用于港口雷达中。

（八）天线增益

雷达最大作用距离 r_{max} 与天线增益 GA 的平方根成正比,即天线增益 GA 越高,则最大作用距离越远。但天线增益 GA 主要取决于天线口径及工作波长,不可能大幅度提高。目前 X 波段船用雷达隙缝波导天线增益可达 $30 \sim 32$ dB。

（九）接收机灵敏度

由雷达方程可知,接收机灵敏度 P_{rmin}（最小可分辨信号功率）越小,接收机灵敏度越高,则雷达最大作用距离越远。P_{rmin} 主要取决于接收机噪声系数 N 和通频带 $\Delta f_{0.7}$。

（十）接收机通频带

接收机通频带 Δf 越窄,P_{rmin} 值越小,接收机灵敏度越高,因而最大作用距离 r_{max} 越大。但是,当通频带不够宽时,回波脉冲经接收机放大电路后将丢失很多谐波分量,使输出波形前后沿失真,结果导致雷达距离分辨力和测距精度降低,图像不清晰。通常,雷达的通频带也将随量程转换而改变。在近量程挡,雷达通常采用窄脉冲宽度 τ,其谐波分量频率分布范围较宽,在远量程挡,雷达采用宽脉冲宽度 τ,则要求接收机可采用较窄的通频带,以利提高接收机的灵敏度,使远处的微弱回波也能被雷达接收。

九、影响雷达回波正常观测的诸因素

（一）扇形阴影区

雷达波束在传播路途中被本船上的前桅、将军柱、烟囱等高大构件或建筑物阻挡和吸收,致使雷达无法探测到这些遮蔽物体后面的其他物标,导致在荧光屏上对应的区域形成探测不到物标的扇形暗区,这种扇形暗区称为雷达扇形阴影区。本船的前桅、烟囱等高大构件造成水平及垂直方向的阴影区。雷达波束具有一定宽度,雷达波还有一定的绕射和折射能力,因此图 11-3-18 中所画的阴影界限只是粗略的界限。在一般的大船上,前桅产生的扇形阴影区一般为 $1° \sim 3°$,在阴影区中的物标探测不到。

阴影区的大小主要取决于天线与有关构件的间距、构件大小及与天线的相对高度。高度等于或高于雷达天线的构件,其尺寸越大,离天线越近,则阴影区越大。新安装的雷达均应测

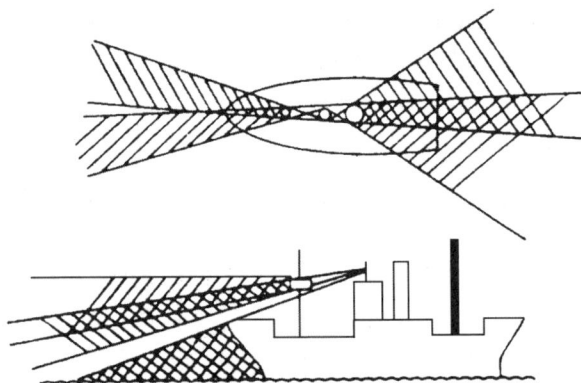

图 11-3-18　本船高大构件形成的阴影区

定其扇形阴影区,把它画出置于显示器附近以供日常观测参考,并应记录在雷达日志中,以供查阅。

　　除了由本船上高大构件造成扇形阴影区之外,船舶沿岸航行时经常可遇到峭壁、陡高岸和高大建筑物等形成遮挡阴影区,使雷达屏上的图像与海图上所示的物标形状产生很大差异。

（二）假回波

　　在雷达观测中,有时同一个目标在荧光屏上多处显示,或显示的回波并不是目标的真实位置,这种多余的、影响雷达正常观测的回波称为假回波。常见的几种假回波的成因、特点及识别(克服)方法如下:

1. 间接反射假回波

　　本船上的烟囱、大桅等高大构件,以及附近的大船、陆上的高大建筑物等强反射体,不但能阻挡雷达波向前传播从而在其后方形成阴影区,还能将雷达天线发射的雷达波间接反射到另外的目标,目标回波又经反射体间接反射回天线。这样,同一个目标,雷达波可能会有两条不同的传播路径:一条是直接从天线到目标的路径;另一条是经过上述反射体间接反射后再到达目标的路径。于是,一个目标在荧光屏上可能产生两个回波亮点。除了真回波外,在上述反射体的方位上还会出现一个距离等于反射体至物标的距离与反射体至天线的距离之和的假回波,称之为间接反射假回波,有时也简称间接回波,如图 11-3-19 所示。

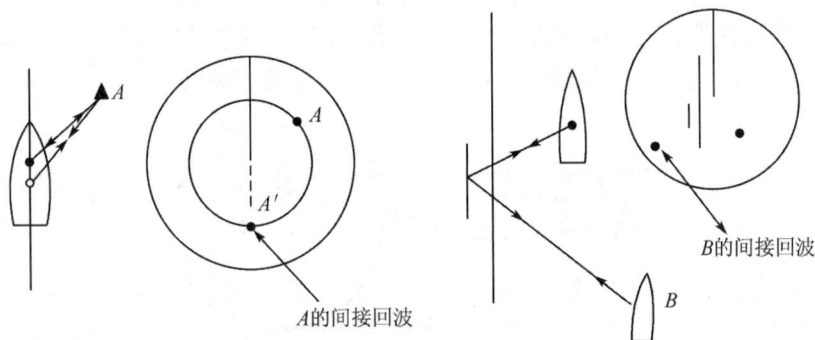

图 11-3-19　间接反射假回波

间接反射假回波的特性及识别方法如下:

（1）假回波的距离和方位与真回波均不同，其方位为间接反射体所在方位，距离等于反射体至物标的距离和反射体至天线的距离之和。

（2）它们常常出现在扇形阴影区。

（3）与真回波在屏上的移动比较，假回波的移动是不正常的。当物标方位移动时，假回波的方位往往仍出现在扇形阴影区不变，仅距离做相应的改变。当改变到某一角度时，假回波会在荧光屏上消失。

（4）假回波在屏上的显示形状有明显畸变，且比真回波暗些（弱些）。

（5）通常识别间接假回波的方法是临时改变本船的航向。当本船改向时，真回波的方位将发生改变，但间接假回波仍将出现在扇形阴影区里或消失。

2. 多次反射回波

雷达波在本船和正横近距离强反射体之间多次往返反射，均被雷达天线接收而产生的假回波，称为多次反射回波。

多次反射回波在屏上的显像特点是：在物标真回波外侧，连续出现几个等间距、强度逐个变弱的假回波，其方位与真回波一致，如图 11-3-20 所示。图中离屏中心最近、最强的 A 为真回波，其外侧两个 B 和 C 均为假回波。

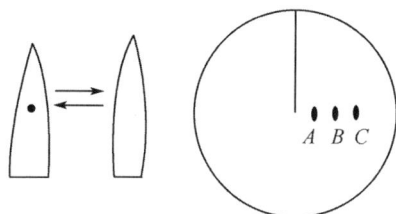

图 11-3-20　多次反射回波

多次反射回波一般是在本船与强反射体相距约 1 n mile 以内，且在正横对正横或接近正横时发生，在狭水道航行或锚泊时常可见到。可根据多次反射回波的上述显像特征予以识别或适当降低增益减弱之。

3. 旁瓣回波

由天线波束的旁瓣扫到近处强反射物标所产生的假回波，称为"旁瓣回波"。由于旁瓣波束对称分布于天线主瓣波束两侧，旁瓣回波也对称分布在真回波两侧的圆弧上，如图 11-3-21 所示。图中 A 为真回波，E、B、D、C 为旁瓣回波。旁瓣回波的距离与真回波相同，但方位不同，而且其强度比真回波弱得多，可适当减小增益或用"海浪抑制"减弱。

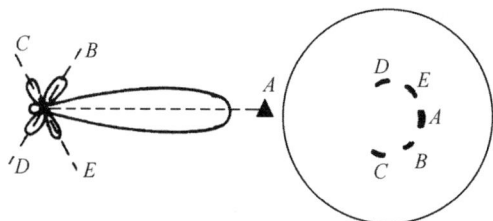

图 11-3-21　旁瓣回波

4.二次扫描回波

如前所述,超折射现象非常强烈时,雷达的探测距离将大大增加。若远处物标回波返回天线的延时时间 Δt 大于雷达脉冲重复周期 T 时,由第一次发射产生的物标回波将显示在第二次扫描线上而形成的假回波,称为二次扫描回波,如图11-3-22所示。

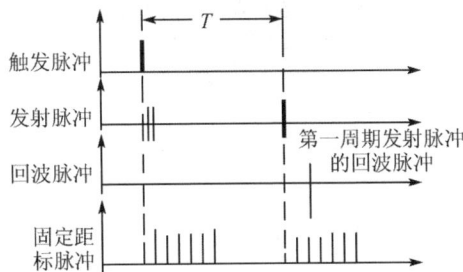

图 11-3-22　二次扫描回波

从图中不难看出,可能出现二次扫描回波的距离范围为 $\frac{1}{2}C\cdot T \sim \frac{1}{2}C\cdot T + R_D$。其中 C 为电波传播速度,T 为脉冲重复周期,R_D 为量程距离。

二次扫描回波的特点是:

(1)假回波图形与实际物标形状不符,发生了变化。比如远处直线陡岸在屏上会显示成V形图像。

(2)改变量程(从而改变脉冲重复周期)时假回波图像距离会改变、变形或消失。据此可用于二次扫描回波的识别。

(3)假回波显示的方位是物标的真实方位,但显示的距离是实际距离与 $\frac{1}{2}C\cdot T$ 之差。

(4)假回波在屏上的移动是不正常的。

根据上述特点,并对照海图可以识别二次扫描假回波。

（三）干扰杂波

在雷达荧光屏上,除可能存在上述各种假回波外,还可能出现一些干扰杂波妨碍雷达的正常观测。下面介绍干扰杂波的成因、特征及抑制方法。

1.海浪干扰

由海浪反射雷达波而产生的海浪干扰杂波,形成屏上本船周围6~8 n mile(风浪大时甚至达8~10 n mile)内的鱼鳞状闪亮斑点,如图11-3-23所示。

海浪反射回波的强度与相对风向有关,上风舷方向的海浪反射强,下风舷方向弱。此外,雷达工作波长短、天线水平和垂直波束宽度较宽、脉冲宽度长、天线转速慢、使用垂直极化天线,则海浪反射强。为抑制海浪干扰,可选用S波段(10 cm)雷达。如有双速天线,选用高速天线(80 r/min),选用窄脉冲宽度,使用面板上的"海浪抑制"(STC)旋钮酌情调节,达到既抑制干扰又不丢失物标的目的。

2.雨雪干扰

由雨、雪反射雷达波产生的宽干扰脉冲,在屏上形成无明显边缘的疏松的棉絮状连续亮斑

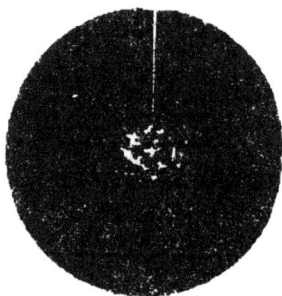

图 11-3-23　海浪干扰

区（雨、雪区）。

降雨（或雪）量越大，雨点（或雪片）越粗，雷达工作波长越短，天线波束越宽，脉冲宽度越宽，则雨雪反射越强。为抑制雨雪干扰，可选用 S 波段（10 cm）雷达，选用窄脉冲宽度及圆极化天线，也可用"雨雪干扰抑制"（FTC）抑制。

有时含水量较高的云层，若高度较低被雷达波束扫到，也会在屏上产生类似于雨雪干扰那样的连续亮斑区。其特点和抑制方法均同于雨雪干扰。

3. 同频雷达干扰

由邻近他船同频段雷达发射的电磁波进入本船雷达天线而产生的干扰，称为同频雷达干扰。同频雷达干扰电波是其他雷达单程发射直接进入本船雷达天线，故本船雷达停止发射时，只要接收机和显示器仍在工作，仍能接收到其干扰信号，而且他船离本船越近，接收到的同频干扰越强。除本船雷达天线主瓣接收外，旁瓣也接收。除直接接收他船同频干扰外，还接收经本船大桅等建筑物反射的同频干扰。

同频雷达干扰在屏幕上的显像视他船与本船雷达脉冲重复频率之差的大小不同而异。两台雷达的脉冲重复频率相差很大时，显像为不规则的散乱光点。两台雷达的脉冲重复频率稍有不同时，显像如图 11-3-24 所示：当用近量程挡时，显示径向点射线如（a）所示，随着量程增加，显示点状螺旋线如（b）所示，当用远量程挡时如（c）所示。

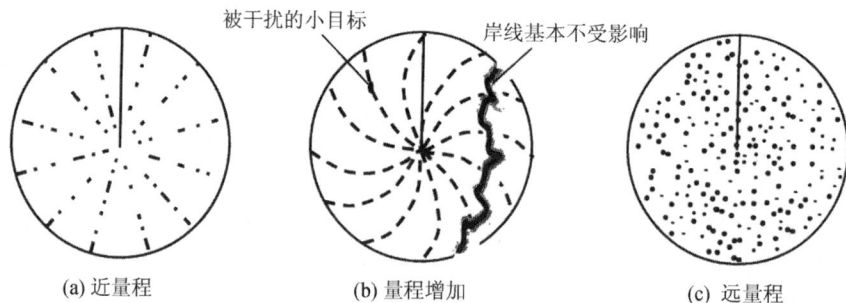

(a) 近量程　　　　　　　　(b) 量程增加　　　　　　　　(c) 远量程

图 11-3-24　同频雷达干扰

由于同频雷达干扰的显像较特殊，比较容易识别，一般也不影响观测。干扰过于严重时，换用近量程观测，可减小其影响或选用另一波段雷达工作。如装有同频雷达干扰抑制器，打开面板上的控制开关，即可消除。目前新型雷达内部大都装有同频雷达干扰抑制器。

4. 明暗扇形干扰

当雷达接收机工作于"自控"方式，即使用自动频率控制时，如果自动频率控制电路

（AFC）失调,将在荧光屏上出现明暗交替的扇形图像,如图 11-3-25 所示。此时,应改用"手控"方式进行调谐,待 AFC 电路正常后再改用"自控"方式工作。

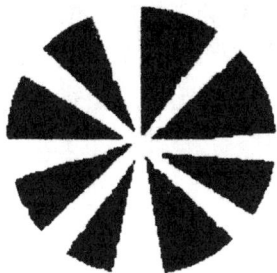

图 11-3-25　明暗扇形干扰

第四节　雷达定位与导航

一、雷达定位

利用雷达测得的物标距离和方位,进行海图作业,求得本船船位的过程,称为雷达定位。要使雷达定位准确,必须正确地识别和辨认物标回波,选择合适的定位物标,采用最佳的定位方法及正确的海图作业。

（一）回波识别和物标辨认

由于天线波束宽度会造成回波横向肥大,脉冲宽度又会造成回波外缘扩张,遮蔽效应可能使岸线回波形状与海图不相符,再加上经常可能出现的各种假回波和干扰杂波等,往往使雷达图像与实际海面状况或海图差别很大,因此,在雷达定位前,必须认真识别物标和辨认回波。

在辨认和观测回波之前,首先要根据海图等资料,仔细研究本船附近海面或岸上各种物标的特点,如高度、地形、地貌、视角及传播途径状况,并结合本船雷达性能、当时的气象、海况等分析各种物标在屏上回波可能产生的各种变形,然后提出特征明显而不易混淆的物标(如孤立小岛、岬角、灯塔等)作为参考点,按其相对位置逐一加以辨认,并认真核实后确认。

（二）正确选择定位物标的原则

(1)应尽量选择图像稳定清晰、位置能与海图精确对应的物标回波来定位,如孤立小岛、岩石、岬角、突堤、孤立灯标等。应避免选用平坦的岸线和山坡及附近有高大建筑物的灯塔等物标,这类物标的回波往往会产生严重变形或位置难以在海图上确定。

(2)应尽量选用近而便于确认的可靠物标,而不用远而易搞错的物标。

(3)多物标定位时应选用三条位置线交角接近于 120° 的物标,或选用两条位置线交角尽可能接近 90° 的物标。除非只有一个可靠物标存在时,才不得已采用单物标方位与距离定位。

（三）雷达定位方法选择原则

雷达定位方法很多。有单物标定位和多物标定位之分及方位定位和距离定位之分。一般来说,由于雷达图像存在"角向肥大"、罗经引入的误差及受外界影响等,测距定位较测方位定位更好。近距离物标定位优于远距离物标定位。此外,雷达定位精度还与驾驶员测距、测方位的精度和速度及选择的位置交角等有关。各种定位方法的精度高低的排序大致如下：

（1）三物标距离定位；

（2）两物标距离加一物标方位定位；

（3）两物标距离定位；

（4）两物标方位加一物标距离定位；

（5）单物标距离方位定位；

（6）三物标方位定位；

（7）两物标方位定位。

值得指出的是,在条件许可的情况下应采用方位分罗经目测方位,其精度要比雷达测定的方位精度高。

二、雷达导航

船舶在进出港、狭水道及沿岸航行中,尤其在夜间或能见度不良的恶劣天气下,使用雷达导航十分方便而有效。雷达导航最常用的是距离避险线（又称雷达安全距离线）法和方位避险线（又称安全方位线）法。

（一）距离避险线法

为了使船舶在航行中离岸（或选定目标点）保持一定距离,确保航行安全,首先在海图上确定距离避险线。它由各危险点（包括浅滩、暗礁等）的安全距离圈的切线组成（如图 11-4-1 中虚线所示,图中的实线表示船舶的计划航线）。航行时必须使船舶始终保持在距离避险线的外侧。实际操作时,可用方位标尺线协助:将方位标尺指向航向,并用活动距标圈定出避险线距离相对应的一根平行方位标尺线（避险方位标尺线）,航行时随时保持使危险物标（上述各危险点）的回波处在上述避险方位标尺线的外侧即可。

雷达安全距离的选定,由驾驶员或船长根据当时当地的天气情况、能见度情况、流向、流速、船舶类型及密度等情况、本船操纵性能、值班驾驶员的技术状态等决定。

（二）方位避险线法

当船舶的航向和岸线或多个危险物连线的方向近于平行时,为了安全地避离航线附近的危险物标,可用方位避险线来表明危险物标的所在方位。方法是在海图上求得物标的危险方位,在显示器上将方位标尺置于该危险方位（真方位）上。航行中应将物标回波始终放在方位避险线外侧,船首线始终放在方位避险线的安全一侧。船首线与方位避险线之间距可由活动距标指示,应随时核实船位,保证船位确实位于方位避险线的安全一侧,如图 11-4-2 所示。图中,左侧是危险的,右侧是安全的。

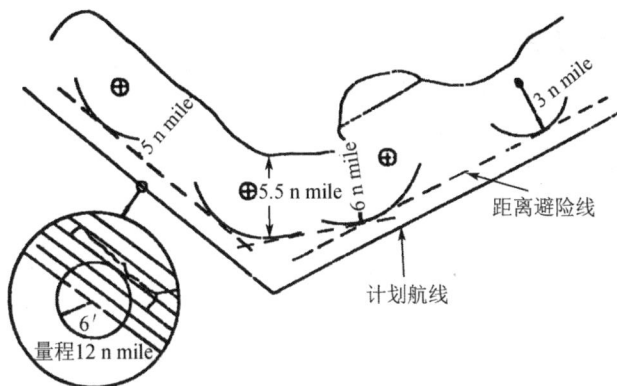

图 11-4-1　距离避险线法

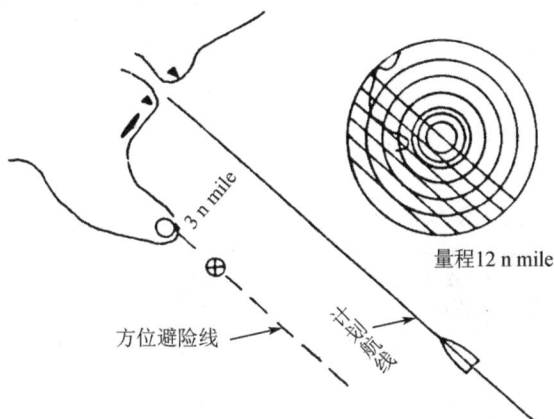

图 11-4-2　方位避险线法

（三）雷达导航的注意事项

（1）在船舶进入导航水域前,应仔细研究航区内主要物标(包括导航标及危险物等)的位置和特点,确定转向点位置及转向数据,设定好避险线,制订计划航线,了解和掌握当时当地的风流及船舶动态等,早做准备。航行中,应利用一切有利时机,分析雷达图像与海图实际情况的差异,积累资料,总结经验。

（2）狭水道中,陆标方位变化快,应随时对照海图,准确快速辨认和测定物标进行导航。

（3）正确辨认浮标,并熟悉各浮标可能发现的距离及回波特点。

（4）注意各种假回波的识别,尤其应注意辨别小船和浮标回波,切勿混淆。

（5）应充分利用雷达方位标尺线及活动距标圈协助判断船位,节省时间。

三、雷达航标

为了使浮筒、灯船和灯塔之类重要目标易被雷达发现,常在这类导航标志上加设各种雷达航标,以增强其对雷达波的反射能力,从而增大雷达发现这些航标的距离。下面将介绍几种常用的雷达航标:

（一）雷达角反射器

雷达角反射器是由三块相互垂直的金属板或金属网制成的。其基本特点是在一个很宽的角度范围内，电磁波入射的能量将以完全相反的方向反射出来，如图 11-4-3 所示。

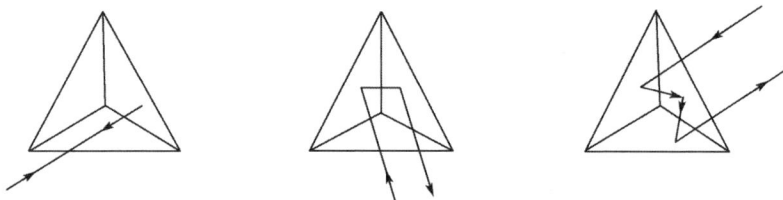

图 11-4-3　雷达角发射器对入射波的反射

单个角反射器只能在有限角度范围内有效，如将几个角反射器拼成如图 11-4-4 所示的五角形反射器和八面体反射器就能有效地反射由任何方向来的电磁波。实际效果五角形反射器优于八面体反射器。但在摇摆时，八面体反射器效能不变，而五角形反射器的效能将大大减弱。雷达反射器在海图上的符号如图 11-4-5 所示。

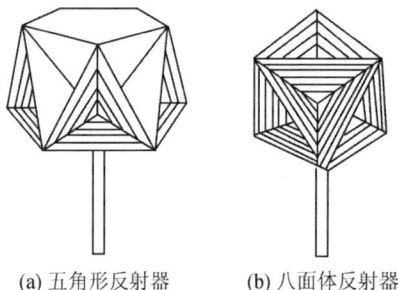

(a) 五角形反射器　　　(b) 八面体反射器

图 11-4-4　雷达角反射器

图 11-4-5　雷达角反射器在海图上的符号

角反射器是无源信标，缺点是对雷达波无放大作用，因此作用距离有限，且无编码识别，容易造成目标混淆。

（二）雷达方位信标

雷达方位信标（Ramark）又称雷达指向标，是一种有源主动雷达信标。它按一定时间间隔（如 15 s）向四周发射信号，船上雷达收到后，在荧光屏上显示出一条径向亮线或一个 1°~3°夹角的点线或扇形，以指示该信标所在方位，如图 11-4-6 所示。为区分各个指向标，它们所发的信号还可用"点""划"组成莫尔斯码来加以区别。该信标的工作不受船上雷达控制。

雷达方位信标分为扫频式和固定频率式两类：

扫频式雷达方位信标的发射频率是变化的，而且变化范围很大，可包括船用雷达使用的整个频率范围（现大多工作在 X 波段），在屏上显示连续径向亮线还是点线或虚线，取决于信标的扫频速率快慢。

固定频率式雷达方位信标的发射频率在船用雷达工作频率范围之外，船用雷达需另配一套接收设备才能接收，接收到信号后经处理再送到雷达显示器显示。

当雷达方位信标信号很强时，可能在雷达屏上产生间接假回波和旁瓣假回波，使得屏中心

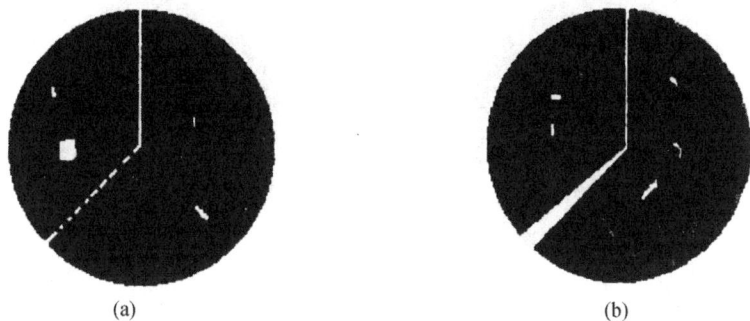

(a)　　　　　　　　　　(b)

图 11-4-6　雷达方位信标图像

附近显示混乱,如图 11-4-7 所示。这种假回波可用 FTC 电路(微分电路)消除。雷达方位信标在海图上的符号如图 11-4-8 所示。

图 11-4-7　雷达方位信标的假回波图

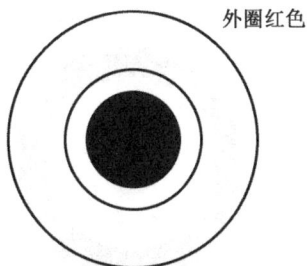

外圈红色

图 11-4-8　雷达方位信标在海图上的符号

雷达方位信标发射的信号比雷达接收到的物标回波要强得多,故其作用距离远,一般可达 20~30 n mile,因此可用它来增加探测距离和作为识别标志用。除了作为狭水道、重要航道和港湾的导航标志外,还经常用于岬角、岛屿和山等其他物标密集区及海岸线平坦、低缓难以被雷达探测和分辨的地区作识别标志。

(三)雷达应答标

雷达应答标又称雷康(Racon),是一种被动式的有源雷达信标。它在接收到船用雷达的发射脉冲信号后约经过 0.5 μs 便自动发出经编码的回答脉冲信号,故有时又称之为"雷达应答器"或"二次雷达"。其回答的编码脉冲信号被船用雷达接收后显示在屏上,可以测其方位和距离,以供定位和导航之用。回答脉冲是编码的,故便于相互识别,如图 11-4-9 所示。常用的雷康信号是把脉冲编成莫尔斯码,如 A(·—)、B(—···)、N(—·)等,相关编码的变更、信标的增设及废除等资料可查航海通告或航海警告。

雷康可在整个船用雷达工作频率范围内接收雷达脉冲信号(一般是 X 波段,少数也有在 S 波段),而它回答的信号也可被附近同波段雷达所接收。大多数雷康发射机是工作几分钟再停几分钟,故雷达屏上每隔一定时间才能见到它的回答信号。

雷康的一般探测距离在十几海里以内,理想情况下,可达 17~30 n mile。若雷康天线装得低,则探测距离将近些。雷康在海图上的符号如图 11-4-10 所示。

雷康信号也可能产生间接假回波,如图 11-4-11 所示,这些假回波可采用减小增益或用

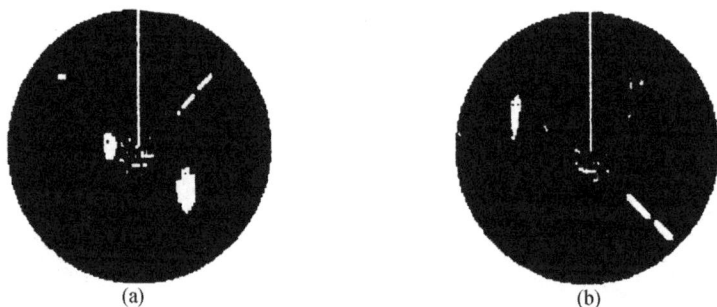

图 11-4-9　雷达应答标信号图像

FTC 电路消除之。此外，当雷康被附近多台雷达触发时，其性能将被减弱。受触发越多，雷康回答信号与本船雷达的扫描可能越不同步，距离也不能显示，有时还会出现类似雷达方位信标那样的干扰信号。雷康既可测方位，又可测距离，还有编码供识别，故比雷达方位信标应用更为广泛。

外圈红色

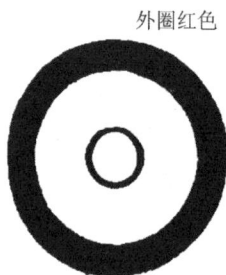

图 11-4-10　雷康在海图上的符号图

图 11-4-11　雷康假回波

（四）雷达目标增强器

雷达目标增强器（RTE）是一种放大和反射雷达脉冲的装置，它将接收到的雷达脉冲信号直接放大并以最小的延时重新发射，延时可以控制到几纳秒以内，由此产生的测距误差可以被忽略。RTE 的雷达回波与目标回波相同且更稳定，目前 RTE 主要应用于 X 波段，可以有效增强目标回波，对浮筒与小型船舶效果显著。

（五）搜救雷达应答器

当带有 X 波段雷达的船只赶到距离遇难船只 8 n mile 范围内时，搜救雷达应答器（SART）便会拾取雷达信号并响应它。该信号由 12 条扫频组成，并且以 9200～9500 GHz 的频率发出。SART 有两个扫描时间，根据距离可以从慢速扫描（7.5 μs）切换到快速扫描（0.4 μs），反之亦然。当雷达接收到这个信号时，便会在屏幕上大约 0.64 n mile 处出现等距离的 12 个点。最近的 SART 光点表示遇难船只的位置。当船只赶到距离该 SART 1 n mile 范围内时，在雷达上会显示出一条快速的扫描信号，并且一条细线会连接到这 12 个光点上。

四、雷达观测精度

雷达能够测量目标相对于本船的距离和方位，测量精度直接关系到航行定位、雷达导航和船舶避碰的精度,影响船舶安全。

(一)雷达测距精度

影响雷达测距精度的误差可分为系统误差、随机误差以及观测者的操作误差三类。

1. 系统误差

雷达系统测距误差主要包括定时误差、统一公共基准点误差、像素误差、脉冲宽度误差、测量设备误差和其他系统误差等。

(1)定时误差

系统误差中,对雷达测距精度影响较大的是定时误差,亦称同步误差。如果以雷达天线位置为本船测量基准点,雷达所测目标的距离应该为目标前沿与雷达天线之间的距离。如果触发脉冲电路在收发机箱体中,可以认为触发脉冲前沿的时刻对应雷达发射系统开始发射脉冲,该脉冲探测到目标所经历的传播路径,除了天线到目标的路径之外,还包括了信号在雷达系统内部的传播路径,即发射脉冲从发射系统到天线,以及回波信号从天线经接收系统到显示系统的路径之和,这就是系统测距误差。雷达设备安装后,应调整雷达定时系统,使雷达扫描的起始时刻略晚于发射脉冲离开天线辐射窗口的时刻,以消除系统测距误差。

在船舶上,通常可以通过以下几种方法来确定雷达测距误差:

①根据船载 GPS/DGPS 接收机在等效精度区域内确定准确船位,然后在海图上选择适合雷达观测的某个近目标,先测得其距离,然后比较该目标的雷达距离,获得雷达测距误差。

②船舶靠泊时,测量港区某明显目标的雷达距离,与其通过海图作图获得的距离比较,获得雷达测距误差。

③如图 11-4-12 所示,观测近距离(0.5 n mile 之内)一平直岸线或防波堤 A,如果回波呈现出弧线,则说明有测距误差。如果图像如 B,说明雷达测量的距离大于实际距离。如果图像如 C,说明测量距离小于实际距离。测定雷达测距误差的工作建议每季度进行一次。

图 11-4-12　测定雷达测距误差

(2)统一公共基准点误差

性能标准要求在显示器上水平测量得到的目标数据,如距离、方位、相对航向和速度、最近会遇距离(CPA)和最近会遇时间(TCPA)等,都应当是参考本船特定位置点的数据。通常此特定位置点可设置在船舶驾驶台指挥位置,此特定位置点定义为同一公共基准点(consistence common reference point,CCRP)。雷达 CCRP 偏差补偿设置应在安装时完成,偏差补偿量的不准确会导致在雷达显示器上测量目标的距离时产生相对于 CCRP 的距离误差。

（3）像素误差

屏幕的像素,尤其在远量程,对测距误差的影响不能忽视。如果在 1.5 n mile 量程上,每个像素代表的海上实际距离为 8.17 m 的话,那么在 12 n mile 量程测量目标距离时,像素误差的影响可能导致 60 m 以上的测距误差。所以在测量目标距离时,操作者应该考虑到像素尺寸的影响,保持距标圈与目标内切,即在测量近距离目标时,应该用距标圈的外缘与目标的后沿相切。

（4）脉冲宽度误差

测量远距离目标时,脉冲宽度引起的目标回波拖尾对测距精度影响最大。例如 1 μs 脉冲可以造成 150 m 的测距误差,在测量目标后沿时,适当使用 FTC,可提高测距精度。

（5）测量设备误差

固定距标和活动距标本身的误差也是影响雷达测距精度的原因。雷达出厂前固定距标经过了严格校准,使用中可借助固定距标校准活动距标(VRM),随时掌握 VRM 测量误差。校准工作可以每个航次或每个月(取较小者)进行一次。

（6）其他系统误差

对于型号陈旧的雷达,非线性扫描也会给雷达带来测距误差。另外,探测 0.1 n mile 以内近距离低矮目标时,大型船舶雷达天线高度与目标高度差也会带来 10 m 以内的测距误差。

2. 随机误差

恶劣天气及雷达设备等因素引起的回波闪烁对雷达测距造成的误差属于随机误差。引起雷达测距随机误差的原因主要有以下几个方面:

（1）气象海况

本船和目标船舶在风浪中位置随机偏荡,雷达天线在船舶最高处,受风浪影响随机摇摆等原因造成回波位置不稳定而引起回波闪烁,产生 1~2 个像素的测距误差。目标越近,像素误差越大。

（2）目标反射能力

目标边缘反射雷达波的能力较弱,从而引起目标回波闪烁,产生约 1 个像素的测距误差。目标越远,误差越大。

（3）雷达设备能力

雷达探测能力有限,也造成目标回波边缘不稳定,引起回波闪烁。数字雷达视频处理系统在进行模数和数模转换时,量化及浮点运算带来的误差,造成目标回波闪烁,产生测距误差。一般说来,现代光栅扫描雷达的回波闪烁较为严重,在 10 n mile 左右的中等距离上,回波闪烁误差通常在 1~3 个像素之内,严重时可以引起 100 m 左右的测距误差。

3. 操作误差

雷达操作技术对测距精度的影响因人而异,每个驾驶员必须掌握雷达操作技术,减少测量环节带来的误差。驾驶员在测量前校准雷达并将雷达调整在最佳测量状态,在测量中注意规范操作步骤,保证雷达测距精度。

（1）雷达校准

掌握雷达系统的测距误差,准确调整扫描定时,仔细核对活动距标圈的精度,是驾驶员使用雷达测距前首先应该做好的工作。

（2）雷达调整

测量目标时,应将雷达调整在最佳状态,选择图像稳定的显示方式,选择包含目标的最小量程,屏幕亮度及增益适当,调谐使回波饱满清晰,杂波抑制合理。

（3）目标测量

测量目标前,应首先适当降低雷达扫描亮度和增益,以减少屏幕像素以及回波闪烁造成的测距误差。测量目标时,VRM 不应当调整过亮,应首先确定该目标与海面雷达地平的关系,注意 VRM 始终应与目标回波内切。也就是说,如果目标在海面雷达地平之内,应注意用活动距标的内缘与目标的前沿相切,以尽量消除屏幕像素尺寸影响带来的误差;比海面雷达地平更远的目标一般不作为精确测量定位的目标。测量这类目标时,应注意使用短脉冲发射,适当降低增益,用活动距标的外缘与目标的后沿相切,以尽量减少发射脉冲宽度及像素尺寸对测距精度的影响。

此外,闪烁现象严重的目标不应作为精确测量的对象,如果船舶摇摆较大,应注意选择船舶摆动到正平时进行测量。

4. IMO 性能标准

最新 IMO 雷达性能标准规定,用固定距标或活动距标测量目标距离,误差应该不超过所用量程的 1% 或 30 m 中的较大值(之前的标准为不超过所用量程的 15% 或 70 m 中的较大值)。

（二）雷达测方位精度

影响雷达测方位精度的误差也可分为系统误差、随机误差及观测者的操作误差三类。

1. 系统误差

雷达系统测方位误差主要包括波束宽度误差、像素误差、船首线误差和罗经指示误差、统一公共基准点误差、方位同步误差、天线主瓣偏离角与波束不对称误差等。

（1）波束宽度误差

水平波束宽度是影响雷达方位精度的主要因素之一。由于雷达波存在角向肥大的特点,当探测一个点目标时,回波在方位上各向左右扩展了 $\frac{1}{2}\theta_H$ 左右。如果目标离本船较近,而且反射能力较强,此时波束宽度定义角 θ_H 以外的辐射也会探测到回波,这时回波向左右扩展的角度就会大于水平波束宽度定义值 θ_H。当目标距离小于 1 n mile 时,如果不考虑旁瓣辐射的影响,雷达水平波瓣探测范围通常可使回波总体上扩展达 $2\theta_H$ 以上,使雷达方位精度下降。而对于远距离较弱的回波,雷达的方位测量精度通常会高于 1°。

（2）像素误差

屏幕像素尺寸的影响又使得回波向左右各再扩展多至一个像素尺寸。值得注意的是,像素误差对方位精度的影响大于对距离精度的影响,尤其在量程选择不当,目标回波接近雷达图像区域中心的图像时。

（3）船首线误差和罗经指示误差

船首线误差或罗经指示误差分别影响目标的相对方位精度和真方位精度,使用雷达前应注意校准。

（4）统一公共基准点误差（CCRP）

与测距误差相同,CCRP 偏差补偿量的不准确会导致在雷达显示器上测量目标的方位时产生相对于 CCRP 的方位误差。

（5）方位同步误差

方位同步系统将雷达天线扫描的方位数据传递给信号处理与显示系统,现代雷达的方位传递误差一般在 0.1° 之内。

（6）天线主瓣波束偏离角与波束不对称误差

天线主瓣波束偏离角引起的方位误差,一般在天线安装时都经过校准。但这个偏离角会随着雷达工作频率的改变而漂移。因此,当更换磁控管时,应注意核对方位误差。实际雷达天线主瓣波束形状并不完全对称,引起回波中心位置发生偏移,也会影响方位精度。

2. 随机误差

如前所述,船舶运动和气象海况的影响,以及目标反射能力和雷达设备本身的特点等因素的影响都会引起回波闪烁,从而影响雷达的方位精度。

此外,如果船舶货物或吃水调整不好,船舶发生侧倾,使雷达天线扫描平面与海平面不平行,或在恶劣海况时船舶摇摆使雷达天线扫描平面随之摇摆,天线探测目标的方位角与目标实际水平面上的方位角不一致,都会产生方位误差。在船舶横摇时,此项误差在船舶首尾方向最大,正横方向最小;如果船舶纵摇,则情况相反。但无论船舶如何摇摆,象限方向（即相对方位 45°、135°、225°、315° 的方向）的误差较难确定,不适合测量目标的方位。

3. 操作误差

（1）雷达校准

定期校准雷达的方位误差,校准船首线,核准雷达首向与船舶主罗经指示航向,是驾驶员使用雷达测量目标方位前首先应该做好的工作。

（2）雷达调整

测量目标前,应将雷达调整到最佳状态。

（3）目标测量

闪烁严重的目标回波不应作为精确测量的对象,如果船舶摇摆较大,应注意选择船舶摆动到正平时进行测量。

使用小于 1.5 n mile 的近量程时,应考虑到由于水平波束宽度定义值以外水平波瓣探测范围的影响,雷达的方位精度可能会降低。

对于 PPI 雷达,要特别确认 EBL 起始点是否是屏幕的几何中心,偏心显示或真运动显示时,应注意利用 EBL 中心平行线读取目标方位。对于光栅扫描雷达,应始终利用数据显示窗读取目标方位。

4. IMO 性能标准

IMO 最新雷达性能标准规定,测量位于雷达显示器边缘的目标回波方位,系统误差应该在 1° 以内,数字电子方法校准的船首线精度在 0.1° 之内（此前的标准为测量方位误差不超过 ±1°;船首线误差不超过 ±1°,显示的船首线宽度应不大于 0.5°）。

（三）雷达测量精度综合分析

一般地说,雷达测距精度高于测方位精度,近距离目标的测量精度高于远距离目标的测量精度,目标位于屏幕半径 2/3 附近时测量精度最高。对于 PPI 雷达,位于屏幕边缘的目标测量精度并不高;对于光栅扫描雷达,则目标越接近雷达图像区域边缘,测量精度就越高。目前光栅雷达目标闪烁现象较普遍,目标闪烁对方位精度影响较大。非点目标距离在 1 n mile 之内时,方位不易掌握,更适合测量距离。测量远距离的岛屿,无法探测到前沿岸线时,方位测量精度常常高于距离测量精度。

五、目标观测特性

不同目标对雷达波的反射性能不同,其观测特性也就不同。掌握目标的观测特性有助于在复杂的雷达观测环境中快速、准确地识别目标,有效地利用雷达进行定位、导航和避碰。

从目标的定位导航特性看,雷达的回波可分为有用回波和杂波两大类。在雷达观测中,通常将雷达探测到的能够影响航行安全的物体(如岸线、岛屿、船舶、浮标等)的回波称为有用目标的回波,而将海浪、雨雪、云雾等的回波称为杂波或干扰回波。

雷达探测到的目标的回波在屏幕上能够唯一地被显示在相对于本船的正确位置上,称为雷达的真实回波。这些回波能够帮助驾驶员判断航行态势,准确确定船舶位置,引导船舶安全航行和避让其他海上目标。但是除了真实回波之外,目标还可能会显示在不正确的方位和/或距离上,也就是说,在屏幕上出现回波的位置,对应海上的实际位置却没有该目标,称为假回波。杂波干扰和假回波影响雷达正常观测,对雷达定位、导航和避碰具有重要意义。雷达目标包括了如海岸线、岛屿、导航设施、船舶、水面障碍物和某特殊需要驾驶员关注的目标。

（一）陆地回波

无论陆地的地形、地貌多么复杂,它的回波都基本是一个整体,很难分辨细微的山岭或建筑物。总的说来,陆地回波强度一般与其高度、坡度、坡面结构及坡面覆盖情况等因素有关,与陆地的延伸关系不大。陆地回波最有意义的就是岸线。

船舶从大洋驶近陆地时,首先被雷达探测到的不是岸线前沿,而是较高的山丘,因而回波要比真实陆地面积小很多。如果山峰处岩石裸露且光滑,其 RCS 很小,那么首先被雷达探测到的很可能是山峰下有丰富植被覆盖的山坡。尤其在山坡上有建筑物时,其回波能够在 25 n mile 之外被发现,而且发现距离总是小于实际值。远距离目标回波失真较大,难以与海图对应,一般较难识别。即使能够识别,也不应该作为精确测量的目标。对于这类目标,测距时应当测其后沿,测量方位时按照点目标来测量中心方位。

船舶进一步接近大陆,目标完全在雷达地平之内时,岸线前沿已经能够被探测到,但由于雷达观测性能的限制,雷达岸线的形状一般与海图不能够完全对应,如图 11-4-13 所示,给识别目标带来困难。当船舶运动时,雷达探测目标的视角在逐渐变化,使得目标的 RCS 变化,所以回波的形状和强度也在不断变化,表现为目标回波失真。应该注意的是,雷达回波横向失真大于径向失真,或者说方位的失真大于距离的失真。从径向上看,回波的前沿位置比较准确,后沿拖尾失真可以适当使用 FTC 弥补。从横向看,波束宽度引起的回波角向失真是目标识别困难的主要因素,雷达观测前可对照海图大致分析目标回波可能的图像,做到心中有数。操作雷达时,可适当降低扫描亮度和接收系统增益,使回波的方位失真最小。观测陆地回波时,还应注意以下问题:

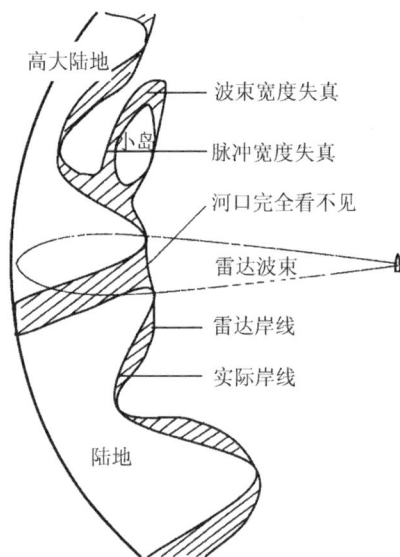

图 11-4-13　陆地回波失真

（1）陡直山崖的回波非常强且稳定,向陆地方向伸展较近,无论距离远近,只要能够被雷达探测到,就是雷达定位导航的良好目标。

（2）倾斜的山坡回波向陆地方向伸展较远,岸线也能够与海图较好对应。但倾斜梯度使回波差拍,通常使得回波总体减弱。

（3）植被覆盖有利于增强倾斜山坡的回波,但使陡直山崖的回波减弱。

（4）近距离观测平缓沙滩岸线,其位置和形状会随着潮汐的变化而变化,沙滩上的大浪会造成岸线回波闪烁,位置不稳定。因此平缓的岸线通常不是雷达定位和导航的良好目标。

（5）起重机、厂房和仓库等钢铁结构设施较多的码头或港口,回波一般比其他目标稳定,码头边缘和防波堤是很好的雷达观测目标。

（二）岛屿

孤立的岛屿是很好的雷达观测目标,其探测距离很接近雷达探测地平。大多数岛屿的回波与其海图的对应都比较好。远距离观测面积较大、高度较高的岛屿时,可以参照陆地回波的观测方法进行观测。近距离岛屿(在海面雷达地平之内)的回波前沿通常比较准确,是雷达测距的理想参考位置。

面积非常小的岛屿(如岛礁)作为点目标是最理想的雷达观测目标,不但测距精度高,而且方位测量精度很高。

需要注意的是,与大陆毗邻的岛屿,在远距离观测时,如果其回波难以与大陆完全分离,不能作为雷达的良好目标。在近距离观测时,回波能够与大陆分离显示,是雷达的良好目标。

（三）导航设施

港口的导航设施包括灯塔、灯船、浮标、雷达信标等。建立在滩头礁石或孤岛上的海上孤立的灯塔是雷达良好的目标,雷达的发现距离一般在 6 n mile 之外。灯船的结构复杂,体积较大,也是雷达的良好目标。但浮标包括灯浮都比较低矮,回波一般很弱,大型浮标的雷达发现距离在 5 n mile 以内,小型的航道浮标雷达的发现距离常常只在 1 n mile 左右。浮标的结构多种多样,以下结构的浮标发现距离由远至近的排列是:圆柱形—球形—锥形—细椭形。

应注意的是,在海浪中由于浮标的雷达视角不断变化,而且雷达波束经海水反射后与雷达直射波差拍,常常使得浮标回波若隐若现,非常不稳定,直到距离很近时,才能清晰显示。因此,浮标不是雷达的良好目标。

上述导航设施中,重要的常常加装了雷达航标,其发现距离会大大增加。

（四）船舶

船舶回波的强度取决于船舶的材质、大小、船型、视角等因素。钢铁船舶是雷达的良好目标,如果雷达天线高度 15 m,5 万吨以上的船舶发现距离可达 16~20 n mile 以上,1 万吨左右的船舶发现距离通常在 10 n mile 以上,1000 t 左右的船舶发现距离在 6~10 n mile。木质船舶的雷达发现距离一般在 0.5~4 n mile,玻璃钢材料的救生艇的雷达发现距离不足 2 n mile。

船舶回波的形状也值得驾驶员留意。只有较近距离的大型船舶正横面对雷达天线时,它的尺寸才能超过雷达水平波束宽度覆盖,此时回波的形状最接近实船形状,远距离船舶,其尺寸一般比雷达水平波束宽度窄,通常是作为点目标被雷达探测到的,因此回波的形状不能表示船舶的实际尺寸大小。

（五）冰和冰山

航行在高纬度海区时冰和冰山对航行安全的影响不容忽视。平整的大面积冰面、大片浮冰在雷达上看不到回波,但能够看到冰与海水交界线的回波。不平整的冰面会产生冰面杂波的干扰,干扰杂波一般较弱,不均匀,但在屏幕上较稳定,边界明显。

冰山经常连续出现,而且伴随着浮冰群。刚刚离体的冰山,四面陡峭,回波比较强,发现距离可达 20 n mile 以外。最危险的是融化剩余的残碎冰山,水面以上不大,但水下的体积巨大。这种冰山在远距离雷达探测不到,在近距离时又容易被海浪回波干扰。

在冰区航行,应注意驾驶船舶在冰山移动的上游航行。瞭望配合瞭头、减速和机动航行是十分重要的,尤其在夜间和能见度不好的情况下。雷达操作应特别谨慎,以发挥出雷达最佳探测性能和分辨能力,既要防止漏失冰山目标,又要避免将相邻的两个冰山错观测为一个,因此应该经常变换脉冲宽度和雷达量程。操作使用海浪杂波抑制控钮的技术对发现冰山非常关键,抑制太深或太浅会漏失或淹没冰山回波。应该注意随时谨慎调整 STC,以发现在海浪杂波中较稳定的冰山回波。

还应该特别注意雷达的船首方向是否存在阴影扇形甚至盲区,以及冰区易发生次折射,使得雷达的探测能力下降。

（六）其他海上目标

在狭水道航行时,事先研究海图十分关键,比如跨海大桥的回波会使一个通畅的水道看起来无法通过。在屏幕上寻找桥墩的空隙航行也是雷达导航的难点,有些桥墩因此加装了雷达航标,辅助雷达导航。而横跨水道的空中电缆表面光滑,其中的电流产生的电磁场能够反射雷达波,回波常常表现为在船首方向上,与本船有碰撞危险的点目标。如果空中电缆与水道垂直,则电缆回波显示为船舶正前方一固定点目标,而且无论本船如何移动,目标始终在本船船首向上,如图11-4-14(a)所示。如果电缆在空中与水道斜交叉,则无论本船怎样机动,回波始终表现为与本船有碰撞危险的动目标,如图11-4-14(b)所示。为了便于识别,有的空中电缆每隔一段距离加装了雷达反射器,则雷达回波如图11-4-14(c)所示。但是不同船舶在航行中与电缆的空间关系(距离、高低等)不同,不同型号的雷达的性能不同,也使得图11-4-14(c)所示的雷达回波有所变化。远距离探测时,方位分辨力不足可能使回波看起来像堵满了航道的堤坝,如图11-4-14(d)所示。当雷达接近电缆时,反射器的旁瓣假回波又可能会使图像变得凌乱。

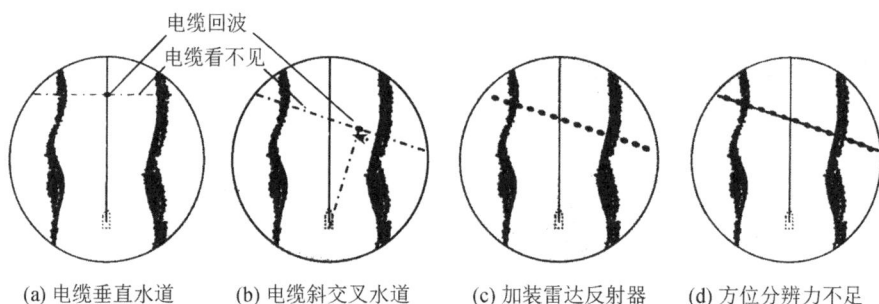

(a) 电缆垂直水道   (b) 电缆斜交叉水道   (c) 加装雷达反射器   (d) 方位分辨力不足

图 11-4-14　横跨水道电缆回波

低空飞行的飞机也能够被雷达探测到,表现为在屏幕上快速跳跃的回波,用雷达捕获后,跟踪很短时间便会产生目标丢失报警。

第五节　雷达目标跟踪与 AIS 报告目标关联

一、雷达 TT 或 ARP 跟踪目标与 AIS 的融合

雷达传感器和 AIS 传感器目标按照要求输出一致的航行信息,称为雷达跟踪目标与 AIS 报告目标关联。

（一）雷达跟踪目标与 AIS 报告目标的独立性与相关性

现代雷达 TT 或 ARP 功能与传统雷达的 ARPA（自动雷达标绘）功能一致,通过对目标捕捉、跟踪、计算获得目标的方位、距离、航向、航速、CPA、TCPA 和过船首时的距离及时间（BCR、BCT）等运动参数,从功能设计上已与雷达融为一体。

雷达 TT 或 ARP 可以探测在整个量程范围内所有运动或静止目标的大小和形状,但是受到距离和方位分辨力的影响,导致精度不高,并受到地形遮挡导致无法察觉遮挡后方的物标的信息,更不可能识别船舶的具体信息。而 AIS 是根据自身收发的特点,它能在 VHF 辐射范围

内收发相应的船舶识别等静态信息、船位等船舶航行动态信息。因此,将雷达跟踪目标与 AIS 报告目标融合处理,可以做到优势互补。由于雷达与 AIS 使用不同的信息处理系统,要求雷达和 AIS 信息融合方面要进行相关处理。

由于雷达 TT 或 ARP 与 AIS 对目标的观测时间和空间的基准点不同,要进行信息融合,需要对两者进行坐标变化和时间核对。AIS 的目标位置来源于 GPS,使用世界地理坐标系 WGS84 表示,而雷达 TT 或 ARP 用距离和方位表示,所以需增加罗经信号,将雷达 TT 或 ARP 信号转变成与 AIS 一样的直角坐标系统。

信息接收时间不同,雷达扫描周期一般为 15~30 r/min,AIS 信息收发时间根据运动状态不同从 2 s 到 6 min 不等,所以需要将两者进行时间对准。在时间对准之后出现的目标还需要进行航迹相关,才能判断来自两个传感器的两个目标是否为同一目标,并进行"去重复"处理。经过航迹相关之后确定为同一目标的航迹就可以进行物标融合处理,获得目标状态互补,在 AIS 信号覆盖范围内,雷达无法探测到的遮挡物后的物标可由 AIS 提供,雷达探测到的物标可由 AIS 提供船舶的静态与动态信息,增强了船舶航行的安全性。

(二)性能标准的规定

IMO 船舶导航雷达设备性能标准 MSC. 192(79)决议对雷达跟踪目标与 AIS 报告目标的关联做出了明确规定,船舶导航雷达必须具备基于同一条件下自动目标关联功能,避免同一物理目标显示为 2 个目标符号。默认情况显示 AIS 激活目标符号及其字母数字数据,也可显示雷达跟踪目标信息或 AIS 报告目标信息。值得注意的是,雷达图像跟踪目标与报告目标的关联表现为位置和航迹的关联。

(三)跟踪目标信息与报告信息的优势互补

1. 雷达跟踪设备的优势与局限性

雷达是自主式探测设备,作用距离远,可以观测到本船周围包括岸线在内的水面目标,获得较为全面的交道形势图像。然而雷达易受气象海况的影响丢失弱小目标,在障碍物遮挡形成的阴影扇形区域探测能力受到影响,雷达便于对保速保向的目标保持准确的跟踪,不能及时响应本船和目标船航行状态的变化(机动),系统对信号的处理有 1~3 ms 的处理延时,难以及时发现和判断目标船舶的航行意图。此外,在船舶机动频繁的狭窄水域雷达的跟踪精度降低,目标数据误差增大。

2. AIS 的优势与局限性

基于卫星定位的 AIS 设备,精度高,通信链路可靠,不受气象海况影响,信息传输具有绕越障碍能力,覆盖范围大到河道和水流弯曲处和障碍物之后等雷达探测不到的区域,跟踪稳定性与可靠性明显高于雷达。AIS 不存在近距离盲区,不会因杂波干扰丢失弱小目标,目标的分辨能力决定于 GPS 的精度,高于雷达,且不因目标距离和方位的变化而变化。报告信息时间间隔随目标船动态适时延时,对于快速机动高动态目标信息的更新为 2 s,AIS 目标不会发生目标交换现象。

AIS 不是自主探测设备,不能显示岛屿、岸线和导航标志,对目标的监测依赖他船设备的正常工作。并非所有在航的船舶都配备并开启了 AIS 设备。因此,AIS 报告信息只应作为雷达目标跟踪信息的有益的补充,协助雷达设备判断会遇局面。

3. AIS 与雷达在避碰决策中的综合运用

用 AIS 协助雷达跟踪目标,可提高雷达近距离探测性能,加强雷达预报会遇危险的功能,改善避碰效果,避免或减少紧迫局面和碰撞事故的发生,改善海上航行安全。在搜救行动中雷达跟踪功能与 RADAR-SART 或 AIS-SART 结合,有助于快速搜索海上遇险船舶,提高海上搜救工作效率。在雷达显示器上,雷达跟踪目标与 AIS 报告目标关联后,AIS 信息辅助雷达跟踪目标的优势是十分明显的。

（四）雷达与 AIS 目标关联问题

（1）目标中仅有个别目标无法实现位置关联。由于个别目标的 GPS 接收机出现了较大误差,位置报告误差过大,不满足于雷达跟踪目标的位置关联准则,将无法实现目标关联。驾驶员需要加强对该目标的瞭望与沟通。

（2）所有目标均无法实现位置关联,AIS 图标均偏离相应的雷达回波一个固定位置。这种情况通常由本船雷达误差造成,雷达探测到的所有目标的位置(方位或距离)都有误差,而 AIS 报告目标位置(GPS 位置)是准确的,从而无法实现目标关联。

（3）所有目标均无法实现位置关联,且所有 AIS 图标与雷达回波无规律偏离。如果确认本船 GPS 接收机定位正常,那么可能是雷达跟踪器的问题。

二、雷达 TT 或 ARP 系统与 ECDIS 的融合

目前 ECDIS 都能够叠加 AIS 信号和雷达 TT 或 ARP 信号。要在 ECDIS 上叠加显示雷达图像,首先需要对坐标变换和时间进行核准,然后才能把雷达图像在 ECDIS 中显示。在航行水域海图信息的基础上提供本船、本船周围的静态目标与动态目标三者之间的位置关系,不但提高了雷达的避碰能力,而且雷达图像、AIS 物标与 ECDIS 的实时叠加显示具有实用价值。

雷达图像叠加到 ECDIS 的最大优势是将海图的基本信息,如岸线、碍航物、浮标和水上物标等,与实际雷达回波参照,方便判断目标回波。浮标图形的显示可以使驾驶人员方便地区别浮标回波和目标回波,如果电子海图显示的岸线与雷达岸线图像重合,可迅速判断出本船和其他所有目标的相对位置,有助于提高驾驶人员的"位置感"。禁航区和孤立危险物的显示能使驾驶员在制订航线时考虑避开,防止航行事故。雷达上不能显示暗礁、浅滩、禁航区等海图要素,ECDIS 上有显示暗礁、浅滩、禁航区、分道航行区、锚区、捕鱼区、海产养殖区等危险区域,两者结合将有利于减少海事事故。雷达光标和电子距离方位线可以选择在电子海图上叠加显示,当在雷达上选择物标进行方位距离定位时,雷达电子距离方位线会同时在电子海图上确定物标,帮助判明灯浮的编号或物标的属性,防止认错物标。

以电子海图为背景,叠加显示雷达图像和 AIS 信号,可以弥补单独使用雷达 TT 或 ARP 的不足,有助于看清航行状态,判断避碰态势,有效地提高船舶避碰能力和导航定位精度,提高船舶的航行安全。

第六节　雷达在船舶避碰中的运用

一、船用雷达与船舶避碰

船舶避碰包括预测和避让。"预测"即预测相遇船和本船在何时、何处将同时占据海面上同一点或存在碰撞危险;"避让"即本船对危险船采取的避让机动,使两者不同时占据同一点或摆脱两船碰撞危险的局面。普通船用雷达有相对运动和真运动两种运动显示方式。

目标标绘避碰基本思想——以相对运动雷达用于船舶避碰为例。判断相遇船和本船是否存在碰撞危险及确定本船对危险船的避让措施,必须掌握相遇船和本船之间两个碰撞参数,即最近会遇距离 DCPA 和到达最近会遇点(CPA)的时间 TCPA。CPA——Closest Point of Approach,表示两船交会时,他船离本船最近会遇点,即"最接近点";DCPA——Distance to CPA,表示本船到 CPA 的距离,习惯上,常将 DCPA 和 CPA 混称为 CPA,意即预测的目标(船)最接近距离;TCPA——Time to CPA,表示相遇船航行到 CPA 所需的时间。

在相对运动雷达中,上述两个碰撞参数可在首向上显示方式时通过人工标绘获得。"人工标绘",即在相对运动、首向上显示方式的屏上,观察、测定目标先后回波点的距离和方位并在雷达作图器或专用标绘纸上进行标绘、作图、计算以求得碰撞参数的过程。

利用人工标绘进行避碰的步骤简述如下:

(1)在杂波干扰的屏上选择要进行标绘的相遇船回波。

(2)测量该回波的初始位置数据,即距离和方位,在标绘纸上标出该回波的第一个点 A,如图 11-6-1 所示。

(3)监视该目标回波的移动。

(4)隔一定时间(如 6 min),再测目标回波的新位置数据,并标绘第二点 B。

(5)作图并求碰撞及航行参数:连接 AB,则 $\overrightarrow{AB}$ 为间隔时间 6 min 内目标的相对速度矢量 v_R。其方向为目标相对航向,其长度为目标在上述时间内的相对航程 v_R。其延长线称为相对运动线 RML(Relative Motion Line)。作本船 O 到 RML 的垂足 C,则 OC 长度即 CPA。$\triangle BCO$ 称为碰撞三角形。从本船 O 到 C 的距离称最近会遇距离 DCPA。目标船从 B 点航行到 CPA 的时间称到最近会遇点的时间 TCPA。DCPA、TCPA 即为判断本船和相遇船是否存在碰撞危险的两个碰撞参数。过 A 点作本船首线 SHM 的反向平行线,并截得 AD 等于本船同一时间(6 min)的航程,即 $\overrightarrow{AD}=-\overrightarrow{v_0}$($v_0$ 为本船 6 min 的速度矢量),则 $\triangle ABD$ 称为速度三角形。其中,$\overrightarrow{DB}$ 为目标船真速度矢量 $\overrightarrow{v_T}$,其方向为目标真航向,其长度为目标在 6 min 内的真航程。$\overrightarrow{v_T}$ 的延长线 TML(True Motion Line)称为目标真运动线。

若目标船的 RML 通过本船 O 点,意即 CPA=0,有碰撞危险。此时目标船 TML 与本船 SHM 的交点称"可能碰撞点"PPC(Possible Point of Collision),或称"潜在碰撞点"PCP (Pote-

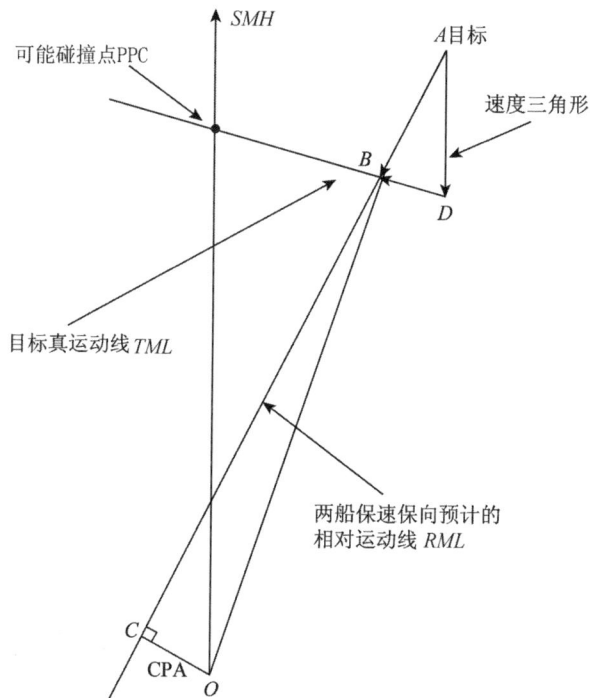

图 11-6-1　人工标绘图

nial Collision Point)，或称"预测碰撞点"PPC(Predicted Point of Collision)。PPC 或 PCP 表示，若目标船保速保向，本船保速保向（或换向），经一段航行时间后，两船将在该点碰撞。目标船相对速度(REL SPD)、相对航向(REL CRS)、真速度(TRUE SPD)称为目标船的航行参数。

（6）判断碰撞危险：船舶碰撞可能性是由船舶驾驶员根据当时的航行态势、海域交通密度，以及本船吨位大小、速度、机动性、装载情况等因素而设定的碰撞参数界限值，或称安全界限值。为书写方便，分别以 CPA、TCPA 的最小值 CPA_{min}、$TCPA_{min}$ 表示。于是，可将标绘作图计算求得的上述目标碰撞参数 CPA、TCPA 分别与 CPA_{min}、$TCPA_{min}$ 比较而进行碰撞危险的判断：

$\left.\begin{array}{l} CPA > CPA_{min} \\ TCPA > TCPA_{min} \end{array}\right\}$ 则判断为安全船，无碰撞危险。

$\left.\begin{array}{l} CPA \leqslant CPA_{min} \\ TCPA > TCPA_{min} \end{array}\right\}$ 则判断为危险船，但尚不紧迫，本船应考虑避让措施。

$\left.\begin{array}{l} CPA \leqslant CPA_{min} \\ 0 < TCPA \leqslant TCPA_{min} \end{array}\right\}$ 则判断为非常危险船，本船应立即采取避让行动。

（7）采取避让措施：对判断为危险船，若本船是义务船，则应采取避让行动；对判断为非常危险船，则本船应采取紧急避让行动。一旦本船采取了避让行动，原先标绘过程的条件全部发生变化，所以之前的标绘作废，具体执行避让行动的效果如何，须通过重新标绘、计算才能判明是否安全。

图 11-6-2 和图 11-6-3 分别代表了本船保速改向避让与本船保向减速避让的传统人工标绘过程。

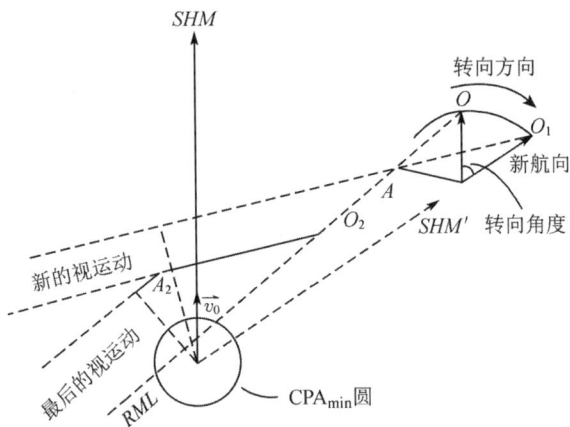

图 11-6-2　保速改向避让标绘

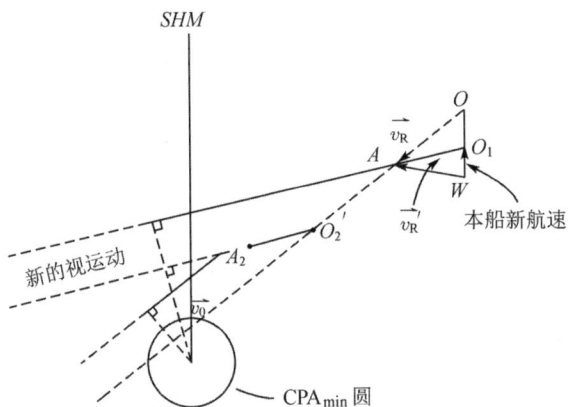

图 11-6-3　保向减速避让标绘

可以看出,通过雷达标绘与作图可以充分发挥雷达在避碰中的作用,确保船舶在能见度不良时的安全航行。首先矢量是源自目标,预测目标未来一段时间运动的线段,线段的方向指示目标未来的运动方向,线段的长度表示航速(相应时间内的航程)。矢量可从过去一段等时间间隔的位置信息来判断目标的机动性。

(1)能获得碰撞危险的早期警报;

(2)能准确获得两船的最近会遇距离和会遇时间;

(3)可精确求得来船的航向和航速;

(4)可求出本船有效的避让措施;

(5)可判断来船的行动及双方避让行动是否有效。

基于人工雷达标绘的基本思想,现代雷达利用计算机技术手段,通过对目标捕捉、跟踪、计算获得目标的方位、距离、航向、航速、CPA、TCPA 及过船首时的距离和时间(BCR、BCT)等运动参数,并以矢量等图形化手段对目标参数实现可视化。

二、雷达自动跟踪功能（TT 或 ARP）

传统"自动雷达标绘仪"译自英文 Automatic Radar Plotting Aids，简称 ARPA，现代雷达将该功能融入雷达设计，称为自动目标跟踪 TT 或 ARP。TT 或 ARP 利用电子计算机的功能将各类传感器信息合并在一起，通过计算以准确、快速、直观的自动标绘方式代替传统的人工标绘。

（一）TT 或 ARP 系统组成

TT 或 ARP 系统由传感器和 TT 或 ARP 本身两大部分组成，传感器为 TT 或 ARP 提供各种传感信息，包括：

（1）X 或 S 波段高质量船用雷达，为 TT 或 ARP 提供触发脉冲使 TT 或 ARP 计算机、显示器工作与雷达保持时间上的严格同步；目标回波原始视频；天线旋转方位信号与船首信号。

（2）陀螺罗经，提供本船航向信号。

（3）船舶计程仪，提供本船航速信号，可有对水航速和对地航速。

（4）外存储器，如磁盘、光盘等，为 TT 或 ARP 提供港口视频地图、重要水域电子海图等。

TT 或 ARP 预处理即对雷达原始视频进行杂波处理及模/数变换（亦称"量化"），可以降低杂波并变成计算机可接受的数字信号。目标检测即对预处理后的回波信号进行自动检测，凡满足存在目标判定条件者则输出发现目标的数字信号。目标录取即用人工或自动方式将已检测到的目标位置数据送入跟踪器。跟踪器用于对已被录取目标进行自动跟踪并建立目标的运动轨迹。

电子计算机是 TT 或 ARP 的核心，包括主处理器、存储器（RAM、ROM）、接口、键盘、显示终端及电源等部件，构成一个完整的微计算机系统，用于控制自动录取、自动跟踪、自动计算目标的航行参数与碰撞参数、自动判断有无碰撞危险，完成各种自动计算与自动标绘任务。

综合显示包含图形显示和数据显示，前者显示目标回波数字视频或原始视频、本船及目标运动矢量、图形、字符，后者显示本船及目标航行与碰撞数据。现代雷达显示器大都实现数据与图形显示器合一。

控制台包括 PPI 及数据显示器的控制器。控制台上的操纵杆（joystick）或跟踪球（trackball）及其键、钮的操作信息送入电子计算机。控制台也接收来自电子计算机的各种报警信息及操船指令。接口电路将各种传感模拟信号变换成计算机可接收的数字信号。

（二）TT 或 ARP 基本工作原理

输入 TT 或 ARP 的各种导航传感信号必须先经过预处理。预处理的内容包括：雷达原始视频信号的杂波处理及距离、方位信号的量化处理；陀螺罗经航向信号和计程仪航速信号的数字化处理。

雷达杂波包括海浪干扰、雨雪干扰、邻近同频雷达干扰及机内噪声。由于 TT 或 ARP 中采用的电子计算机的容量和处理能力有限，需要量化或数字化处理使各种模拟的传感信号变换成电子计算机可接收的数字信号。

1. 雷达回波原始视频信号的杂波处理

目前在 TT 或 ARP 中常见的杂波处理方法有两种：

（1）恒虚警处理（CFAR processing）

CFAR（constant false alarm rate），即恒虚警率，表示在单位时间内出现的虚警数（虚警频率）。当杂波干扰强度变化时，雷达信号经 CFAR 处理器处理，能使其输出端的虚警率大为降低并保持恒定。如果将随着热噪声大小及干扰的强弱而变化的积分均值作为相减门限电平，则杂波干扰的处理将具有自适应的性质，抑制效果将更显著。这种被称为自适应门限处理的方法已为目前大多数 TT 或 ARP 所采用。

（2）解相关处理（solve correlation processing）

利用本船雷达目标回波视频信号是距离扫描强相关信号，而邻近同频异步雷达干扰是距离扫描非相关信号的特点，采用时间相关比较器，达到消除干扰、输出目标回波信号的目的。

2. 量化处理

量化处理即把模拟信号转换成数字信号的 A/D 转换过程，包括：天线方位信号量化、扫描距离的量化及目标回波原始视频信号的数字化等内容，具体内容参考第一节雷达显示与控制终端部分。

三、目标自动检测、录取和跟踪

（一）数字式目标自动检测原理

在噪声和杂波干扰背景中识别目标的存在，称为"雷达信号检测"。在 TT 或 ARP 中，信号检测是在预处理后进行的。杂波处理后的信号检测仍然是在剩余的杂波干扰背景中判别目标是否存在，预处理只是改善了判别的条件。

TT 或 ARP 均采用数字式自动检测，电路由原始视频信号 A/D 转换器、移位寄存器、加法器及门限判定（或称积累判定器，又称 MOON 判定）组成。

加法器收到的信号值中包括目标回波的信号和干扰。判别信号和干扰，或判断每一个量化单元内目标的有无，采用 M/N 准则作为判据。M/N 准则的原意是 M OUT OF N，缩写为 MOON 准则。MOON 表示在 N 次探测中，若某量化单元内累积出现的回波"1"的次数不小于 M，则判断该单元内发现了目标，于是判定器输出"1"；否则，判断为无目标，判定器输出为"0"。

MOON 判据中的 M/N 值的大小对 TT 或 ARP 自动检测性能的影响是明显的。N 大，目标不易丢失；M 大，不易误将干扰当作目标，检测可靠性高。

（二）目标录取的方法及特点

目标录取任务包括：目标距离、方位数据的录取，以及目标属性、尺度数据的录取。目前 TT 或 ARP 都只具有录取目标位置（距离和方位）数据的功能。目标录取的方法有人工录取和自动录取两种。

1. 人工录取（manual acquisition）

人工录取时，操作人员用手摇动（或推动）操纵杆或跟踪球，以控制输出的 x、y 位置数码，从而控制由显示器电路产生的录取标志"□"（或"○""+"" . ""◇"等，各 TT 或 ARP 不一）在荧光屏上的位置。当录取标志套在欲录取目标的回波亮点上时,按下录取开关(acquisition switch),则此时录取标志的坐标数据(x,y数据码)就作为被录取目标初始的位置数据并输入计算机 RAM 中,至此就完成了录取任务。此时,在已被录取目标回波的旁边便显示初始录取的符号(如"∧""·"等),TT 或 ARP 启动跟踪电路,并在录取目标处设置扇形跟踪窗,跟踪窗中心将与目标回波中心自动重合,自动跟踪就从该位置开始。

人工录取的优点是:可按危险程度做出先后录取的方案,一般先录取船首向、右舷、离本船近的相遇船;可根据需要逐个录取,录取目的性明确;运用观测经验,较容易在干扰背景中识别和录取目标。

人工录取的缺点是:录取操作过程费时间、录取速度慢,在多目标复杂情况下容易措手不及;如果观测疏忽,可能漏掉危险目标;目标运动情势及危险程度随时变化,对新出现的危险目标或丢失后又出现的目标的重新录取操作繁杂,需要连续观测。

2. 自动录取（ATA 功能）非强制功能

自动录取是指:从发现目标到各个目标位置数据送入计算机的整个录取过程由机器自动完成,仅一些辅助控制由操作者介入。

利用自动检测设备送出的已发现目标的信号,录取目标的距离、方位坐标数据并进行编码。为实现多目标录取,按照发现目标的先后进行时间编码。距离、方位及时间数码经排队控制,有序地经缓冲存储器被送入计算机。

在"排队控制"处输入辅助控制信号以实现辅助控制,其目的是:①使已录取的各目标坐标数据有次序地送入计算机;②提高自动录取目的性,以有效利用 TT 或 ARP 录取总数;③提高录取速度。

TT 或 ARP 常用的几种辅助控制的方法如下所述:

(1)设置优先区

如图 11-6-4 所示,首先录取船首向±45°范围内的第Ⅰ区,然后依次录取第Ⅱ、Ⅲ区内的目标。

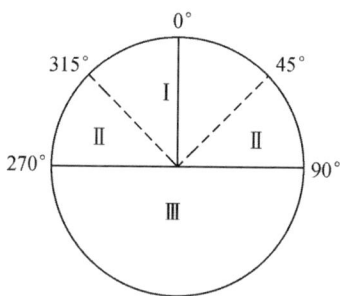

图 11-6-4　设置优先区

(2)设置限制线(区)

如图 11-6-5 所示,由限制线构成的限制区是 TT 或 ARP 拒绝录取区,往往是陆地、岛屿等无须 TT 或 ARP 录取区域。

(3)设置警戒圈(环、区)

如图 11-6-6 所示,其中(a)为警戒圈,半径可按需设定;(b)为扇形警戒区,其扇形张角及径向深度可按需设定;(c)为内、外两个半圆环,外环设在船首向,内环设在船尾向。对闯入警戒圈(区、环)一定深度或处于警戒圈(区、环)以内的目标,TT 或 ARP 将发出闯入报警(包括音响报警及符号报警),并被自动录取和跟踪。

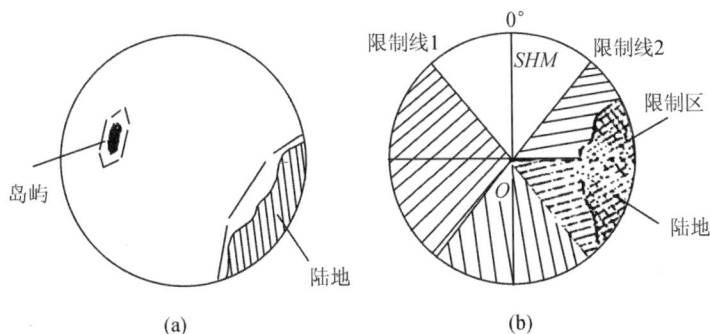

图 11-6-5 设置限制线(区)

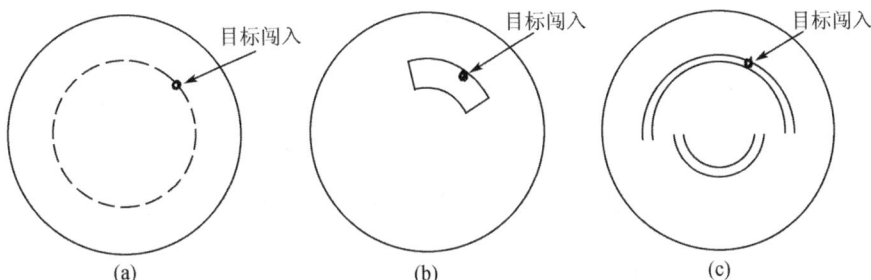

图 11-6-6 设置警戒圈(环、区)

自动录取的优点是:录取速度快,可应付多目标情势;能自动做出优先录取的方案;无须连续观测,可减轻驾驶员负担。

自动录取的缺点是:可能会造成虚假录取,即误将干扰、陆地或岛屿也当作目标录取;可能会漏录取处在杂波干扰区甚至干扰区外的弱小目标;由于 TT 或 ARP 优先录取的准则较简单,难以适应多目标且运动态势复杂的场合,可能会造成漏录危险度较大的目标而酿成危局。

综上可见,人工录取与自动录取各有优缺点,使用中应根据航行环境、态势酌情选用。按照 IMO 关于 TT 或 ARP 的最低性能标准规定:不论人工录取还是自动录取,录取目标总数均应不少于 20 个。使用中,当录取数超过录取总数时,TT 或 ARP 会发出报警(如"Over 20"),此时可用"人工清除"功能,清除那些对本船已不太危险的目标,腾出录取数去录取更需要录取、跟踪的目标。

TT 或 ARP 的目标录取是雷达数据处理系统的首要环节,如果目标数据录取的质量低劣,则在其后续的数据处理设备再好也无济于事。录取的容量、精度、速度和分辨力是自动录取设备的主要技术指标。目前 TT 或 ARP 有关录取的数据如下:

录取容量:不少于 20 个;

录取精度:距离精度为 20 m,方位精度为 0.1°;

录取速度:从初始录取到建立跟踪所需时间为 1~3 min;

录取分辨力:分别录取两个相邻目标坐标而不混淆的能力,一般为 30~50 m(目前港口交管雷达数据处理系统可达 30 m 以下的水平)。

四、目标自动跟踪方法及局限性

观测目标位置的相继变化以建立其运动的过程,称为 TT 或 ARP 的"目标跟踪"。要利用目标运动的相关性,将各目标的点数据分别连成各目标的航迹,并判明各目标的运动规律,这就是目标跟踪。

(一)实现自动跟踪的方法

TT 或 ARP 对目标的自动跟踪是采用天线边扫描边跟踪的方式,必须同时解决下列两个问题:

①航迹外推:对目标未来位置的预测,即预测目标在下一周天线扫到时的位置。为使外推的均方误差最小和实现外推的可能性,必须对采集的点迹数据进行滤波处理,以实现最佳估计从而获得最佳预测位置。

②航迹相关:对新点迹和已有航迹之间归属关系的判别。为进行点迹连线以建立各目标的航迹,首先必须判明新点迹是否属于同一目标。为此在预测位置为中心设置一个"跟踪窗"或"跟踪波门",简称"波门"。波门尺寸至少应保证在下一次采样到来时,对同一目标的预测与实测位置差修正后的"平滑位置"处在该波门内,以保持连续跟踪。这样,凡进入波门的信号就认定为相关,判为同一目标的新点迹;否则,就认定为非相关,判为其他目标的点迹。

1. $\alpha - \beta$ 跟踪滤波器

在航迹外推的滤波处理方面,TT 或 ARP 中采用 $\alpha-\beta$ 跟踪滤波器。$\alpha-\beta$ 跟踪滤波器是卡尔曼滤波器的简化形式,其构成简单可靠,容易实现,因而为目前 TT 或 ARP 所普遍采用。

通常在跟踪开始时(或目标发生机动时)实测与预测位置差较大,应该用比较大的 $\alpha-\beta$ 值,也就是采用大的跟踪门(跟踪窗口)对目标进行跟踪,随着采样序数 n 增大,实测与预测位置差逐渐减小,改用较小的 $\alpha-\beta$ 值。当进入稳定跟踪,实测与预测位置基本一致,使用很小的正数 $\alpha-\beta$ 值,即采用小跟踪门(跟踪窗口)进行跟踪,以提高系统跟踪的精度。

自适应跳变的 $\alpha-\beta$ 取值法:针对系统跟踪的暂态过程、稳态过程、目标不同速率的机动及目标跟踪丢失等不同情况,自动调用相应的 $\alpha-\beta$ 参数组。其中:

$\alpha-\beta$ 取较大值适用于:①初始建立跟踪阶段;②目标快速大幅度机动时期。

$\alpha-\beta$ 取较小值适用于:①稳态跟踪时;②目标无机动或机动速率很小时;③目标跟踪丢失、系统进行惯性外推时期(此时应取 $\alpha=\beta=0$)。

显然,$\alpha-\beta$ 参数的组数越多,系统跟踪性能及对目标机动适应性能越好。

2. 跟踪波门尺寸对跟踪性能的影响

跟踪波门(跟踪窗)是个扇形窗,在自动跟踪系统中用直角坐标描述,如图 11-6-7 所示。图中各参数的含义是:

AGS——方位门开始;

RGS——距离门开始;

ΔR——窗深;

ΔA——窗宽。

中心坐标为(x,y),置于预测位置。

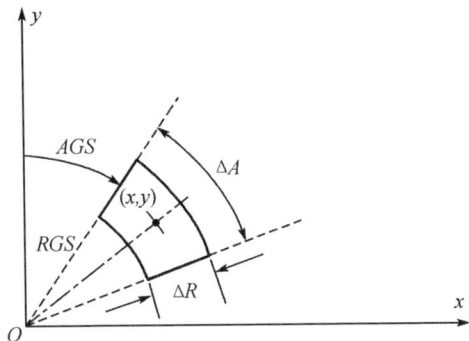

图 11-6-7　跟踪波门及其参数

该扇形窗在录取目标时,称为录取波门;在建立航迹进入跟踪后,称为跟踪波门。关于波门尺寸大小,应考虑以下几点:

(1)初始录取波门应足够大,以便录取成功并建立起航迹。但录取波门又不可太大,否则将降低录取分辨力,即相邻目标的点迹容易同时进入该波门而出现目标混淆。

(2)在建立航迹后跟踪波门尺寸小,有利于提高跟踪精度和分辨力。但尺寸不能太小,以免丢失目标,也不能太大,以免发生航迹混淆。

(3)为了适应不同尺寸的目标、目标机动及跟踪误差在建立航迹过程中的变化等情况,波门尺寸的大小应能自适应调整。

波门尺寸随上述因素变化而做自适应调整的计算程序将十分复杂,计算量很大,甚至难以进行实时处理。为了简化,目前 TT 或 ARP 常用下列两种方法:

①波门尺寸按目标尺寸自动调节。根据自动检测得到的目标几何面积设置波门尺寸,使目标面积占波门总面积的 75%,其余的 25% 是考虑因目标机动或变换量程等其他因素影响而留有余地。

②设置大、中、小三种波门尺寸,在跟踪过程中进行自适应调整。通常在初始录取目标时,用大波门;初始建立跟踪后用中波门;进入稳定跟踪后,用小波门。在稳定跟踪过程中,若目标因发生机动或其他因素未进入小波门,则自动改用中波门;若能恢复跟踪目标,则改用小波门;若未能恢复跟踪,则改用大波门,待进入跟踪后,再改用中波门、小波门;若用大波门连续 5 次天线扫描,目标均未能进入大波门,则判定为目标丢失。

（二）自动跟踪的局限性

目前 TT 或 ARP 均采用 $\alpha-\beta$ 跟踪滤波器实现对目标的自动跟踪。$\alpha-\beta$ 跟踪滤波器构成简单,易于实现,但还存在一些局限性,主要是跟踪过程的目标丢失和误跟踪两大问题。

1.目标丢失

造成已跟踪目标丢失而中断跟踪的原因是多方面的,诸如:

(1)目标回波信号变弱:因目标远离本船,传播衰减增大,目标反射截面减小等都可能使回波信号变弱。于是,在自动检测环节未能满足 MOON 的判定条件而无法送出发现目标的信号,在跟踪系统中就失去实测数据,结果造成目标丢失。

(2)杂波干扰:当杂波干扰严重时(例如目标进入海浪区),检测的目标面积将是目标回波与干扰回波的合成。当回波中心从目标移到杂波干扰上时,就会造成目标丢失。

（3）目标大幅度快速机动：$\alpha-\beta$ 滤波是以目标做等速直线运动为前提的。如果目标速度变化足够小,或者目标做曲线机动,在几个采样周期内,尚可将目标非匀速曲线运动以等速直线运动来近似,$\alpha-\beta$ 滤波仍是有效的。但是,一旦目标发生了大幅度快速机动,例如水面快艇、气垫船及水上飞机。当它大幅度急转弯时,$\alpha-\beta$ 滤波跟踪100%失败。

（4）雷达测量或 TT 或 ARP 数据处理环节出现特大误差：雷达测量特大误差,使"实测位置"出现特大误差,使实测与预测位置差将不能处在波门内;TT 或 ARP 数据处理环节特大误差,使预测位置出现异常误差。这两种情况都会造成跟踪的失败。

（5）目标进入雷达阴影区域或被大目标遮挡：此时雷达探测不到目标,无实测数据,跟踪也就难以继续,都可能导致目标丢失、跟踪中断,此时 TT 或 ARP 将发出"目标丢失"报警,跟踪波门将按原速、原方向滑行,并扩大波门尺寸。如果在10次天线扫描中,有5次检测到目标回波,则恢复自动跟踪;否则,TT 或 ARP 将自动取消对该目标跟踪。

2. 误跟踪

在船舶密集水域,容易发生两个或两个以上目标落入同一个跟踪波门而引起跟踪错误的现象,称为"误跟踪"或"目标调换"（target swop）。

发生"目标调换"现象的原因是在跟踪波门内出现两个或两个以上目标回波时,TT 或 ARP 计算的回波分布面积的几何中心（或重心）将是两个或两个以上目标回波一起构成的图像分布的几何中心。如果该中心从原来跟踪的目标移到另一个目标回波上时,就发生了调换现象。常见的目标调换现象发生在下列几种情况下：

被跟踪的目标进入强海浪区,TT 或 ARP 会错误地跟踪海浪回波,而停止对原目标的跟踪。被跟踪的弱反射目标运动到未被跟踪的强反射目标附近（尤其当原被跟踪的弱反射目标改向）时,则 TT 或 ARP 将跟踪到强反射目标上。

两个靠得较近、同向行驶的目标,一旦其中之一被跟踪的目标在前方某处转向时,则可能因跟踪波门的滑行（亦称"惯性外推"）而错误地跟踪到保向航行另一个目标上。

两个被跟踪的目标对驶靠近,在某时刻起同时进入一个跟踪波门,则可能发生相互调换跟踪。如果两个目标一大一小,则可能跟踪到大目标上,而小目标被中断跟踪。

当一个被跟踪的目标航行到靠近岸边并转向时,将发生误跟踪到陆地,出现"矢量上岸"现象。

TT 或 ARP 由于发生上述种种目标调换现象而出现误跟踪时,仍然继续工作,但提供的数据是错误的。尤其严重的情况是,如果被跟踪的目标和本船存在危险,但发生目标调换后变成不太危险甚至"安全"目标,将误导值班驾驶员失去警惕性,因而导致碰撞事故。

为减少目标调换现象,目前 TT 或 ARP 采取的技术措施有：

（1）一旦出现两个被跟踪目标靠近而使两个跟踪波门重叠时,即令 TT 或 ARP 停止跟踪,以让两个跟踪波门分别按各自原方向、原速度滑行,直至两者分开后再分别恢复跟踪。

（2）TT 或 ARP 拒绝人工录取正在逼近另一个已被跟踪目标的目标,以免破坏 TT 或 ARP 对已跟踪目标的跟踪。

（3）跟踪波门内出现两个或两个以上分开的目标回波时,TT 或 ARP 只跟踪最接近跟踪波门中心的目标回波。如果跟踪波门内有5个以上清晰可辨的回波,则 TT 或 ARP 不予标绘以免跟踪恶化,以力求减小发生目标变换的可能性。

五、跟踪目标丢失与碰撞危险报警及判断

(1)选定已跟踪目标,读取目标 CPA、TCPA 参数分别与预设安全 CPA_{min}、$TCPA_{min}$ 值比较,若 $CPA \leqslant CPA_{min}$ 且 $TCPA \leqslant TCPA_{min}$,则该目标与本船有碰撞危险;若仅 $CPA \leqslant CPA_{min}$,则该目标为危险目标,尚不紧迫;若 $CPA > CPA_{min}$,则该目标与本船无碰撞危险。

(2)雷达通过自身程序对已跟踪目标的 CPA、TCPA 参数与设定安全阈值进行危险判断与报警,对已跟踪目标,若 CPA、TCPA 分别小于等于预设安全 CPA_{min}、$TCPA_{min}$,则雷达给出碰撞危险报警,该目标 TT 或 ARP 给出碰撞报警符号。

(3)利用安全会遇距离警戒圈(CPA_{min} CIRCLE)进行危险判断:用 VRM 设置一个以本船为中心的安全会遇距离警戒圈,结合建立跟踪后目标相对运动矢量与 CPA_{min} CIRCLE 的关系判断目标有无碰撞危险,若目标相对矢量线与安全会遇距离警戒圈相交或相切,则该目标有碰撞危险。

(4)跟踪目标丢失的危险判断与报警:目标回波太弱等原因可能会使正在跟踪的目标丢失,而丢失的可能还是逼近本船的危险甚至紧急危险的目标。为此,TT 或 ARP 设有目标丢失的自动判断和自动报警功能。报警方式可用声、光信号或对应目标显示一个丢失标识符。

六、TT 或 ARP 显示方式及选用

TT 或 ARP 终端显示方面采用数字式扫描,它具有精度和稳定性高、功能多及使用灵活等优点;采用视频再定时技术,实现了回波图像的高亮度显示;采用光栅扫描 TV 显示技术便于图像高亮度显示,用彩色显示及便于采用计算机终端技术。

(一)本船运动显示模式

本船运动显示模式有相对运动(RM)和真运动(TM)两种模式。

代表本船位置的扫描中心在屏上保持不变的显示,称为 RM 显示模式。其主要特点是本船位置在屏上不动。固定或运动目标回波均相对于本船而移动。

代表本船位置的扫描中心在屏上随着本船运动而相应移动的显示,称为 TM 显示模式。其主要特点是代表本船位置的扫描中心及运动目标回波均按其真实航向(或受潮流影响时的航迹向)及成比例航速移动,而固定目标不动。根据计程仪提供的是对水或对地航速,相应有对水 TM 和对地 TM 之别。用于避碰的只能是对水 TM 方式。

(二)图像指向显示模式

如在雷达部分所述,图像指向显示可有船首向上、北向上和航向向上三种模式。

TT 或 ARP 中采用的北向上、航向向上两种模式,均须接入罗经信号,因而均具有图像稳定特点,都可方便地将图像和海图对照而快速定位。在多改向航段,首向没有相遇船时,主要用于定位,则宜用北向上模式,可省去用航向向上时的按"新航向向上"的频繁操作。若既要定位,又要避碰,尤其在本船向南航行时,选用航向向上模式更为方便。

（三）矢量显示模式

矢量型 TT 或 ARP 都能提供相对矢量（RV）和真矢量（TV）两种显示方式，以供选用。

1. 相对矢量

（1）模式特点

①本船无相对矢量，故在首线上不显示矢量线。与本船同向、同速的运动目标也不显示 RV。

②固定或运动目标显示 RV。

③从本船到目标 RV 延长线的垂足为 CPA，目标航行至 CPA 的航行时间为 TCPA。

（2）适用场合

RV 显示模式可评估目标逼近本船的速度，可从屏上观测、估算 CPA、TCPA，以评估相遇船和本船有无碰撞危险，当 RV 指向本船或与设置的 MIN CPA 圆相交或相切，则表明该目标为危险目标。因此，RV 显示模式适用于要求快速判断本船与所有目标是否存在碰撞危险的场合。

2. 真矢量

（1）模式特点

①本船或运动目标均显示 TV，两个 TV 长度比即速度比。根据目标和本船的速度比及相对位置关系，可决定形成 0、1、2 个 PPC。

②固定目标没有 TV。如果在固定目标上显示 TV，则是因受风、流影响而产生的，此时本船和其他被跟踪目标上显示的均为对水 TV。当 TT 或 ARP 用于定位导航时，必须显示对地 TV。为此，必须修正风、流影响。

③若目标的 CPA＝0（意即其 RV 延长线穿过本船现位置）时，则该目标 TV 延长线与本船航向线交点为 PPC。若 PPC 落在本船航向线上（或附近），则表示有碰撞危险。若本船和目标的 TV 矢端重叠或离得很近，则也表示有碰撞危险。

④可看出目标态势角（aspect），即目标 TV 与目视线（本船和目标的连线）夹角，又称目标舷角（本船相对于目标的方位）。根据态势角大小可判断两船会遇情况。

⑤根据目标 TV 和真航迹的变化可判断目标是否机动。

（2）适用场合

因为 TV 显示模式可让操作者直接在屏上观察目标真航向、真航速及目标态势角，所以有助于做出正确的避让决策。

上述两种矢量显示模式的适用场合之说是相对的，重要的是真正掌握两种矢量模式的显示特点，才能正确、灵活选用。综上所述，TT 或 ARP 的综合显示器可有 RM 与 TM，Head-Up、North-Up 与 Course-Up，RV 与 TV 等各种显示方式可供选择。

多数 TT 或 ARP 在 Head-Up 由于图像不稳定，没有 TT 或 ARP 功能，因此一般 TT 或 ARP 有 8 种显示模式。有些简易 TT 或 ARP 没有 TM 显示模式，因此只有 4 种显示模式。

各种显示模式的正确选用是十分重要的。正确选用的原则是确保船舶安全航行，具体操作时要考虑使用 TT 或 ARP 主要是避让还是定位导航。一般在大洋航行时，使用 TT 或 ARP 主要是观察本船与相遇目标船有无碰撞危险，因此常用 RM、RV、Course-Up 显示模式。在狭水道或进出港航行时,为了便于将图像与海图对照,以便定位;又为了适应在这些水域中多改向避让与图像稳定的要求,因此常用 TM、TV 和 North-Up 显示模式。

在大洋航行中,为直观、快速避让相遇船,采用 PAD 显示模式较方便。在狭水道、进出港、船舶密度大的水域,频繁避让机动在所难免,PAD 失去实用意义,宜采用画面较清晰的矢量显示模式。

七、试操船

当相遇船和本船出现碰撞危险报警时,首先应从屏幕上确认哪一条船是危险的,然后考虑本船是权利船还是义务船。如果本船是义务船,则必须根据避碰规则,采取相应的避碰措施。

在本船采取实际避让机动之前,观察借助电子计算机判断、预测用人工输入的模拟航向和/或航速而进行模拟避让行动的效果。如果碰撞危险报警解除,则表明该模拟航向和/或航速可作为安全航向或安全航速,然后可正式叫舵或叫车。TT 或 ARP 的这种功能称为"试操船"或"试操纵"(trial maneuver)。

(一)试操船的方法

以模拟航向代替罗经航向的试操船称为航向试操船。航向试操船时,可先用电子方位线(EBL)指示模拟航向,然后使本船模拟航向线与 EBL 重合。以模拟航速代替计程仪航速的试操船称为航速试操船。航速试操船时,可用面板上的模拟航速按键(或控钮)调节输入的模拟航速值。试操船有矢量型 TT 或 ARP 试操船(采用 RM 显示模式),也可采用真矢量(TV)模式试操船,还可以采用 PAD 型雷达进行试操船。

(二)试操船显示特征

(1)TT 或 ARP 在执行试操船功能时,屏下方显示英文大写字母"T"(trial 的词首)或直接显示"TRIAL"或"SIM"(simulation),以提醒驾驶员现在显示的是模拟画面。

(2)模拟画面区别于不断变化着的海面实情,不宜停留太长时间。因此,有的 TT 或 ARP 规定模拟显示只保留 30 s,而后自动返回正常的综合显示。

(3)从模拟显示屏上观察到的是本船和已跟踪的目标船以几十倍的正常速度进行的模拟运动,以便快速显示出模拟的结束。

(4)执行试操船功能时,TT 或 ARP 不中断对所有已跟踪目标的跟踪、计算及报警等工作。

(三)使用试操船功能应注意的事项

(1)应根据海上避碰规则来选择试操船模拟航向和速度。一般都用改向(较简单,又符合操作习惯)。但如果现场的航道较窄或两侧有其他相遇船而使改向机动受到限制时,也可变速。应注意本船从现航速减至安全航速所需要的时间。

(2)试操船后,原先未被录取跟踪的目标可能构成对本船新的碰撞危险。因此,应及时补充录取这些目标并指定读数,以核实其态势。

(3)试操船后,危险的目标不再危险。但其他已跟踪目标可能因本船机动而出现新的潜在碰撞危险,应注意观察、核实与判断。

（4）对危险目标进行试操船时,应根据海上避碰规则,并应综合考虑本船的操纵性能,本人的操船经验及当时当地的海况。

（5）因为如上所说的考虑到海面上实际情况在不断变化,模拟显示不可持续太长时间,并且试操船时从输入模拟航向和/或模拟航速到显示出试操船执行的模拟态势图需要经过一段时间延时,所以试操船应该抓紧时机,迅速完成,以免因误时而酿成碰撞海事。此外,为节省航行时间及燃料消耗,在避让后要不失时机恢复原航向。

有的 TT 或 ARP 具有试操船"延迟时间"（delay time）功能。"延迟时间"意指设置好试操船模拟数据后,转到模拟开始至实际采取模拟避让行动之前的一段时间。该延迟时间可人工设置,并在模拟过程进行倒计时。例如,从设置的延时 5 min 开始倒计时,减至 1 min 时,发出声、光报警;减至 1 min 时,即执行试操船命令;减至零时,屏上显示试操船执行结果的模拟态势图。

（6）雷达、陀螺罗经及计程仪等传感器和 TT 或 ARP 本身均可能有误差,使 TT 或 ARP 显示的态势与海面上实际情况可能有差别。因此,驾驶员任何时候不可忽视瞭望,不可盲目信赖 TT 或 ARP。

八、TT 或 ARP 的优点及局限性

（一）TT 或 ARP 的优点

（1）TT 或 ARP 具有预处理与自动检测功能,可在噪声干扰环境中较可靠地识别目标。系统利用计算机实现自动录取、跟踪和计算,并以矢量和图形方式,高亮度地显示目标动态,应用于船舶避碰十分直观、方便。

（2）TT 或 ARP 能自动、连续提供必要的航行及避碰信息数据,并能连续、正确、迅速地评估和预测航行态势。对判断为危险的目标,能自动报警和指示,并可用试操船功能迅速求得安全航向航速。

（3）TT 或 ARP 有多种功能,正确使用有助于解析雷达信息,确保航行安全,减少碰撞事故和海上环境污染。

（4）TT 或 ARP 工作自动化程度高,因而可减轻值班驾驶员的辛劳,有助于驾驶员集中精力操船和避让,确保航行安全,在能见度不佳及恶劣气候条件下或多船交会的复杂局面时更显其可贵的优越性。

（二）TT 或 ARP 系统误差源及其影响

TT 或 ARP 的误差主要来源于两个方面:其一是设备误差,包括各传感器及 TT 或 ARP 本身产生的误差;其二是操作者对 TT 或 ARP 显示数据、信息的错误理解、操作不当、经验不足或疏忽而导致的误差。TT 或 ARP 的各种误差将影响其录取、跟踪、计算、判断及显示等多种功能,因而直接影响避碰行动的正确决断。

1. 传感器误差

（1）雷达测距、测方位误差

雷达测距误差:

目标闪烁使目标回波中心位置在船长范围内移动而产生测距误差。当船长为 200 m 时，纵向标准误差为 1/6 船长（约 30 m）；横向标准误差为 1 m。

本船摇摆使天线位置移动而产生的测距误差与舷角有关，对一般天线高度，摇摆 10°时，误差为 0~4 m。

雷达测方位误差：

目标闪烁使回波中心位置移动，当目标船的反舷角近 090°或 270°（即本船处在目标船正横附近）时，目标闪烁将引起随机的测方位误差。

天线旋转机构齿轮与方位发送机齿轮之间存在齿隙，在传送天线方位信号过程产生的方位误差，其最大值为±0.05°。

（2）陀螺罗经误差

要求经校正后的剩余稳态误差不大于 0.5°，正态分布时标准偏差 $\sigma = 0.12°$。

（3）计程仪误差

要求经校正后的剩余稳态误差不大于 0.5 kn，正态分布时 $3\sigma = 0.2$ kn。

（4）运动状态引起信息精确度的变化

本船和/或目标船发生的纵摇、横摇及偏荡将引起目标闪烁和天线波束的视运动现象，使目标回波中心晃动，其结果导致雷达测距和测方位产生误差。

2. 输入数据误差对 TT 或 ARP 输出数据的影响

输入数据误差即包括上述雷达测距、测方位数据的误差，以及由陀螺罗经、计程仪提供的本船航向、本船航速数据的误差。这些输入数据的误差对 TT 或 ARP 输出数据的影响分别说明如下：

（1）对相对速度矢量的影响

雷达测距、测方位误差将导致测定目标的相对位置不精确。位置数据误差使 TT 或 ARP 显示的方位、距离、相对航向、相对航速、CPA 及 TCPA 的数据均有误差。

（2）对真速度矢量的影响

目标真矢量是由相对矢量与本船矢量（本船航向和速度）的矢量和求得的。因此，雷达、陀螺罗经和计程仪误差将影响目标真矢量的精度进而影响 PPC 及 PAD 的精度。

3. TT 或 ARP 本身的误差

（1）目标调换

当两个目标同时落入同一个跟踪窗时，可能发生目标调换（target swop）或误跟踪现象。显然，这时 TT 或 ARP 显示的目标数据是靠不住的，切不可盲目信赖。

（2）录取假目标或杂波

当使用"自动录取"功能时，由于 TT 或 ARP 无法识别真假回波，有时会录取假回波或杂波，跟踪后会输出无用信息，造成屏上显示混乱以及跟踪器容量饱和现象，影响对其他感兴趣目标的录取。通常，当发现假回波、杂波或陆地严重干扰 TT 或 ARP 有效工作时，应改用人工录取模式。

4. 人为误差（数据解析误差）

这种误差是由于操作者对一些 TT 或 ARP 概念的误解、操作不当、缺乏经验或疏忽所致。

（1）对显示模式及矢量模式的误解与误用

TT 或 ARP 可有多种显示模式组合，供操作者按需选用。如果操作者未经有效训练，则很容易混淆、误解和误用。为了避免诸如此类的误解及误用，操作者除应熟练掌握各种显示模式的正确含义、特点及适用场合，并且熟练掌握各功能键操作方法外，尚应善于将矢量等图示显示提供的信息和读出数据做对比、分析和判断。

（2）本船航速输入不当

根据本船航行的水域、交通环境调用不同的 TT 或 ARP 使用功能时，需要输入本船不同的航速。在大洋航行时，TT 或 ARP 主要用于避碰，输入 TT 或 ARP 的本船航速（计程仪输入或人工输入）应是对水速度。在水流影响较大的狭水道航行时，TT 或 ARP 用于定位导航，输入 TT 或 ARP 的本船航速应是对地速度，以实现对地稳定显示，使本船的实际航迹严格控制在安全航道上。

（3）试操船功能使用不当

试操船是在出现碰撞危险报警后，本船正式采取避让机动前的一种计算机模拟操船，是一种数学模拟。在模拟计算过程中，未考虑目标船是否机动，而在实际避碰中，双方均可能采取避碰行动。大多数 TT 或 ARP 也未考虑本船的操纵性及船舶惯性。一旦本船模拟航速低于 0.5 kn 时，模拟提供的信息和数据将极不可靠。如果驾驶员忽视了模拟与实际情况的这种差异，过分信赖，则可能造成差错。

（4）注意事项

由于存在上述种种人为误差（操作误差），在使用 TT 或 ARP 时应特别注意以下几点：

①TT 或 ARP 仍然是助航设备。安全航行的关键因素仍然是人。驾驶员要谨慎驾船，任何时候不可忽视瞭望，不可盲目信赖 TT 或 ARP 及其他导航设备。

②弱目标回波可能丢失，而丢失的可能是危险目标。因此，一旦听到目标丢失声响报警后，要观察丢失标识符的位置，尤其近目标丢失，更要注意瞭望和对屏上可能再度出现的回波及时重新录取。

③自动录取时，只在目标正在闯入警戒圈（区、环）时才激发闯入报警并被自动录取，不可忽视已处在警戒圈（区、环）内的危险而又不报警的目标的动态，并及时进行人工录取。

④要善于并经常对 TT 或 ARP 提供的图像信息与数据信息进行对比分析，以减少判断错误。

（三）自动检测的局限性

自动检测是在去杂波等预处理后进行的，为了保留微弱的目标回波信号，只能在有剩余杂波的前提下进行自动检测。因此，经 MOON 判定而输出的仍可能有杂波；反之，有用的小目标回波也可能在杂波处理、量化及 MOON 判定等环节中被丢失而不输出。各 TT 或 ARP 的 MOON 值不同，也直接影响自动检测的性能。M、N 值较小的 TT 或 ARP，自动检测的可靠性降低，即发生误检和漏检的可能性增加。

（四）录取的局限性

人工录取、自动录取均有其各自的缺陷。

TT 或 ARP 的录取容量受计算机内存容量和处理能力的限制。在自动录取中，为提高录取目的性,采取了如前所述的"抑制区""优先度"等措施。但实际上还存在该录取的没录取、不该录取的被误录取的"漏""误"现象。前者被漏录取的还可能是危险目标;后者被误录取的目标,造成画面混乱,妨碍观测。此外,调用自动录取功能前已处在警戒圈(区)内的目标或从水下进入警戒圈(区)后再露出水面的目标(如潜艇)是不会被自动录取的,但也可能是危险目标。对相距较近的目标,难以分别录取。

(五)跟踪局限性

1. 跟踪可靠性限制

跟踪可靠性限制表现在目前 TT 或 ARP 还存在误跟踪和跟踪过程目标丢失率高两个方面,这是跟踪局限性的两大问题。

杂波干扰及两目标靠近时的目标调换都会造成误跟踪。此时显示的数据并非原先被跟踪目标的数据。

杂波干扰、回波弱或近距离目标大幅度快速机动等都可能造成已跟踪目标的丢失、跟踪中断。

IMO 的 TT 或 ARP 性能标准规定,只有那些在 10 次天线连续扫描中,至少有 5 次可在显示器屏幕上清楚看到的目标才能被可靠跟踪。

2. 跟踪容量及显示目标矢量的限制

这主要是在满足一定的性能价格比的条件下,受所用计算机内存量及计算速度的限制。超过容量,不予录取和跟踪。为了使显示画面清晰,显示矢量数可少于跟踪数。

IMO 性能标准规定,不论人工录取还是自动录取,录取目标总数均应不少于 20 个。

3. 跟踪目标距离及速度范围限制

离本船太远或太近的目标均不能被 TT 或 ARP 录取和跟踪。最大跟踪距离一般为 24 n mile,也有的可达 36 n mile 以上;最小跟踪距离一般为 0.1~0.15 n mile。

正常跟踪目标的最大相对速度在 100 kn 内。

此外,有的 TT 或 ARP 为了区别船舶和陆地,规定凡目标尺寸大于跟踪窗尺寸或目标占据 2°以上的方位宽度(在较远距离上)时,认为目标已超出船舶尺寸,可能是陆地,因而舍弃跟踪。

4. 存在跟踪处理延时

TT 或 ARP 从录取目标、采集测量数据、处理数据、自动计算到显示各种数据和信息,其中有一个过程,称为 TT 或 ARP 的"处理延时"。

通常,从录取到显示初始不稳定的数据和矢量,短的为 20～30 s,一般约为 1 min。从录取到显示稳定的数据和矢量约为 3 min。目标距离、方位数据在录取后即可显示,而目标的航向、速度、CPA、TCPA 的显示均须经过一段延时。由于 3 min 之内的数据或矢量不稳定,不可盲目使用。3 min 以后已稳定显示的数据或矢量,一旦发生本船或目标船改向和/或变速,则原先显示的数据或矢量作废,新数据、新矢量的显示同样需要经过相应延时才能稳定、可用。

5. 报警的局限性

TT 或 ARP 存在虚警和漏警现象。

虚警即虚假报警、误报警。虚警一般由杂波干扰、设置的警戒圈（区）不合适或预置的安全判据 CPA_{min}、$TCPA_{min}$ 数值过大等产生。

漏警即该报警的未报警。漏警产生于目标回波弱、从水下闯入警戒圈（区）而突然出现的目标及超容量未被录取的目标。漏警可能潜伏着危险,因此驾驶员应随时观测画面,加强瞭望,及时录取新出现的目标。

6. 安全判据的局限性

目前,TT 或 ARP 的安全判据或碰撞危险判据均采用人工预置的 CPA_{min} 和 $TCPA_{min}$。用 TT 或 ARP 计算的目标船 CPA 与 CPA_{min} 比较、判断是否有碰撞危险。用 TCPA 与 $TCPA_{min}$ 比较,判断碰撞危险的紧迫程度。预置 CPA_{min}、$TCPA_{min}$ 值的依据是本船所处海域的开阔程度、船舶密度、航行态势、本船操纵性、吨位、速度、装载情况及驾驶员的船艺水平等多种因素。上述 TT 或 ARP 的安全判据存在下列局限性:

（1）未考虑目标船相对位置、态势角不同对碰撞危险度的影响。尤其值得注意的是,首向、右舷、快速逼近的目标船,虽然现在 CPA、TCPA 未违反安全判据,但潜伏着极大的危险。正横后,尤其是船尾目标船,即使其 CPA、TCPA 均已小于安全判据,出现了危险报警,但事实上并不一定危险。

（2）TCPA 的局限性——实际 TCPA 比理论 TCPA 短。如图 11-6-8 所示,目标船的 *RML* 与 CPA_{min} 圆已相交,因为 $CPA<CPA_{min}$,所以目标船是危险船。若 $TCPA \leqslant TCPA_{min}$,则为非常危险船。这里 TCPA 是目标船相对运动到 CPA 点所需时间,称为理论 TCPA,而实际上目标船相对运动到 CPA_{min} 圆弧上所需要的时间,意即目标船已侵入 CPA_{min} 圆,该时间应该被看成目标船与本船发生非常危险的时间。由图可见,这个时间比理论 TCPA 要短得多,所以,常用的 TCPA 并不能确切表示危险的紧迫性。

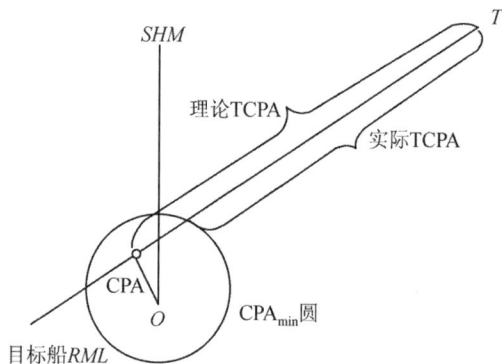

图 11-6-8 TCPA 的局限性

（3）CPA_{min}、$TCPA_{min}$ 与海上避碰规则的关系尚未编入程序。驾驶员在使用 TT 或 ARP 时还必须考虑 TT 或 ARP 显示的态势及数据与避碰规则的应用。单纯从数据上摆脱危局,可能是违反避碰规则的行为,其结果可能导致另一种更大的危局,甚至是悲剧的发生。

7. TT 或 ARP 用于狭水道航行的局限性

通常,船舶在狭水道中航行时,欲与相遇船安全避让,就必须及时互见对方的避让动态,以正确推测对方的意图。但是,在使用 TT 或 ARP 时,矢量的变化还不能代替肉眼互见中的船首变化,这是因为 TT 或 ARP 的矢量计算、矢量稳定显示存在处理延时,矢量转向总是迟于实际船首转向。尤其船舶以较大舵角转向时,由于船舶惯性,船舶的瞬时航向与船舶的重心运动的切线不一致,其差值达 10°~20°。因此,在狭水道或近距离让船时应用 TT 或 ARP,应当格外注意。

附录一

英版《航海天文历》（节选）

A2 ALTITUDE CORRECTION TABLES 10°–90°—SUN, STARS, PLANETS

SUN — OCT.–MAR. / APR.–SEPT.

App. Alt.	Lower Limb	Upper Limb	App. Alt.	Lower Limb	Upper Limb
9 33	+10·8	−21·5	9 39	+10·6	−21·2
9 45	+10·9	−21·4	9 50	+10·7	−21·1
9 56	+11·0	−21·3	10 02	+10·8	−21·0
10 08	+11·1	−21·2	10 14	+10·9	−20·9
10 20	+11·2	−21·1	10 27	+11·0	−20·8
10 33	+11·3	−21·0	10 40	+11·1	−20·7
10 46	+11·4	−20·9	10 53	+11·2	−20·6
11 00	+11·5	−20·8	11 07	+11·3	−20·5
11 15	+11·6	−20·7	11 22	+11·4	−20·4
11 30	+11·7	−20·6	11 37	+11·5	−20·3
11 45	+11·8	−20·5	11 53	+11·6	−20·2
12 01	+11·9	−20·4	12 10	+11·7	−20·1
12 18	+12·0	−20·3	12 27	+11·8	−20·0
12 36	+12·1	−20·2	12 45	+11·9	−19·9
12 54	+12·2	−20·1	13 04	+12·0	−19·8
13 14	+12·3	−20·0	13 24	+12·1	−19·7
13 34	+12·4	−19·9	13 44	+12·2	−19·6
13 55	+12·5	−19·8	14 06	+12·3	−19·5
14 17	+12·6	−19·7	14 29	+12·4	−19·4
14 41	+12·7	−19·6	14 53	+12·5	−19·3
15 05	+12·8	−19·5	15 18	+12·6	−19·2
15 31	+12·9	−19·4	15 45	+12·7	−19·1
15 59	+13·0	−19·3	16 13	+12·8	−19·0
16 27	+13·1	−19·2	16 43	+12·9	−18·9
16 58	+13·2	−19·1	17 14	+13·0	−18·8
17 30	+13·3	−19·0	17 47	+13·1	−18·7
18 05	+13·4	−18·9	18 23	+13·2	−18·6
18 41	+13·5	−18·8	19 00	+13·3	−18·5
19 20	+13·6	−18·7	19 41	+13·4	−18·4
20 02	+13·7	−18·6	20 24	+13·5	−18·3
20 46	+13·8	−18·5	21 10	+13·6	−18·2
21 34	+13·9	−18·4	21 59	+13·7	−18·1
22 25	+14·0	−18·3	22 52	+13·8	−18·0
23 20	+14·1	−18·2	23 49	+13·9	−17·9
24 20	+14·2	−18·1	24 51	+14·0	−17·8
25 24	+14·3	−18·0	25 58	+14·1	−17·7
26 34	+14·4	−17·9	27 11	+14·2	−17·6
27 50	+14·5	−17·8	28 31	+14·3	−17·5
29 13	+14·6	−17·7	29 58	+14·4	−17·4
30 44	+14·7	−17·6	31 31	+14·5	−17·3
32 24	+14·8	−17·5	33 18	+14·6	−17·2
34 15	+14·9	−17·4	35 15	+14·7	−17·1
36 17	+15·0	−17·3	37 24	+14·8	−17·0
38 34	+15·1	−17·2	39 48	+14·9	−16·9
41 06	+15·2	−17·1	42 28	+15·0	−16·8
43 56	+15·3	−17·0	45 29	+15·1	−16·7
47 07	+15·4	−16·9	48 52	+15·2	−16·6
50 43	+15·5	−16·8	52 41	+15·3	−16·5
54 46	+15·6	−16·7	56 59	+15·4	−16·4
59 21	+15·7	−16·6	61 50	+15·5	−16·3
64 28	+15·8	−16·5	67 15	+15·6	−16·2
70 10	+15·9	−16·4	73 14	+15·7	−16·1
76 24	+16·0	−16·3	79 42	+15·8	−16·0
83 05	+16·1	−16·2	86 31	+15·9	−15·9
90 00			90 00		

STARS AND PLANETS

App. Alt.	Corrn
9 55	−5·3
10 07	−5·2
10 20	−5·1
10 32	−5·0
10 46	−4·9
10 59	−4·8
11 14	−4·7
11 29	−4·6
11 44	−4·5
12 00	−4·4
12 17	−4·3
12 35	−4·2
12 53	−4·1
13 12	−4·0
13 32	−3·9
13 53	−3·8
14 16	−3·7
14 39	−3·6
15 03	−3·5
15 29	−3·4
15 56	−3·3
16 25	−3·2
16 55	−3·1
17 27	−3·0
18 01	−2·9
18 37	−2·8
19 16	−2·7
19 56	−2·6
20 40	−2·5
21 27	−2·4
22 17	−2·3
23 11	−2·2
24 09	−2·1
25 12	−2·0
26 20	−1·9
27 34	−1·8
28 54	−1·7
30 22	−1·6
31 58	−1·5
33 43	−1·4
35 38	−1·3
37 45	−1·2
40 06	−1·1
42 42	−1·0
45 34	−0·9
48 45	−0·8
52 16	−0·7
56 09	−0·6
60 26	−0·5
65 06	−0·4
70 09	−0·3
75 32	−0·2
81 12	−0·1
87 03	−0·1
90 00	0·0

Additional Corrn — 2021

VENUS

Jan. 1–Sept. 19
0 / 60 +0·1

Sept. 20–Nov. 9
0 / 41 / 76 +0·2 / +0·1

Nov. 10–Dec. 2
0 +0·3 / 34 +0·2 / 60 +0·1 / 80

Dec. 3–Dec. 18
0 +0·4 / 29 +0·3 / 51 +0·2 / 68 +0·1 / 83

Dec. 19–Dec. 31
0 +0·5 / 26 +0·4 / 46 +0·3 / 60 +0·2 / 73 +0·1 / 84

MARS

Jan. 1–Jan. 9
0 / 41 / 76 +0·2

Jan. 10–Dec. 31
0 / 60 +0·1

DIP

Ht. of Eye (m)	Corrn	Ht. of Eye (ft)
2·4	−2·8	8·0
2·6	−2·9	8·6
2·8	−3·0	9·2
3·0	−3·1	9·8
3·2	−3·2	10·5
3·4	−3·3	11·2
3·6	−3·4	11·9
3·8	−3·5	12·6
4·0	−3·6	13·3
4·3	−3·7	14·1
4·5	−3·8	14·9
4·7	−3·9	15·7
5·0	−4·0	16·5
5·2	−4·1	17·4
5·5	−4·2	18·3
5·8	−4·3	19·1
6·1	−4·4	20·1
6·3	−4·5	21·0
6·6	−4·6	22·0
6·9	−4·7	22·9
7·2	−4·8	23·9
7·5	−4·9	24·9
7·9	−5·0	26·0
8·2	−5·1	27·1
8·5	−5·2	28·1
8·8	−5·3	29·2
9·2	−5·4	30·4
9·5	−5·5	31·5
9·8	−5·6	32·7
10·3	−5·6	33·9
10·6	−5·7	35·1
11·0	−5·8	36·3
11·4	−5·9	37·6
11·8	−6·0	38·9
12·2	−6·1	40·1
12·6	−6·2	41·5
13·0	−6·3	42·8
13·4	−6·4	44·2
13·8	−6·5	45·5
14·2	−6·6	46·9
14·7	−6·7	48·4
15·1	−6·8	49·8
15·5	−6·9	51·3
16·0	−7·0	52·8
16·5	−7·1	54·3
16·9	−7·2	55·8
17·4	−7·3	57·4
17·9	−7·4	58·9
18·4	−7·5	60·5
18·8	−7·6	62·1
19·3	−7·7	63·8
19·8	−7·8	65·4
20·4	−7·9	67·1
20·9	−8·0	68·8
21·4	−8·1	70·5

DIP — See table:

Ht. of Eye	Corrn
m 20	−7·9
22	−8·3
24	−8·6
26	−9·0
28	−9·3
30	−9·6
32	−10·0
34	−10·3
36	−10·6
38	−10·8
40	−11·1
42	−11·4
44	−11·7
46	−11·9
48	−12·2
ft 2	−1·4
4	−1·9
6	−2·4
8	−2·7
10	−3·1
ft 70	−8·1
75	−8·4
80	−8·7
85	−8·9
90	−9·2
95	−9·5
100	−9·7
105	−9·9
110	−10·2
115	−10·4
120	−10·6
125	−10·8
130	−11·1
135	−11·3
140	−11·5
145	−11·7
150	−11·9
155	−12·1

App. Alt. = Apparent altitude = Sextant altitude corrected for index error and dip.

THE
NAUTICAL
ALMANAC

FOR THE YEAR

2021

TAUNTON

Issued by

Her Majesty's
Nautical Almanac Office

United Kingdom
Hydrographic Office

WASHINGTON

Issued by the

Nautical Almanac Office
United States Naval Observatory

under the authority of the
Secretary of the Navy

中华人民共和国海船船员适任考试培训教材

2021 MARCH 17, 18, 19 (WED., THURS., FRI.)

UT	ARIES GHA	VENUS −3.9 GHA	Dec	MARS +1.1 GHA	Dec	JUPITER −2.0 GHA	Dec	SATURN +0.6 GHA	Dec	STARS Name	SHA	Dec
17 00	174 47.3	179 28.4	S 3 35.2	109 19.3	N23 01.1	212 01.9	S15 20.8	222 07.4	S18 11.3	Acamar	315 14.5	S40 13.5
01	189 49.8	194 28.0	34.0	124 20.2	01.3	227 03.8	20.6	237 09.6	11.3	Achernar	335 23.1	S57 08.0
02	204 52.2	209 27.6	32.7	139 21.1	01.6	242 05.8	20.5	252 11.9	11.2	Acrux	173 02.7	S63 12.9
03	219 54.7	224 27.2 ..	31.5	154 22.0 ..	01.8	257 07.7 ..	20.3	267 14.1 ..	11.2	Adhara	255 08.2	S29 00.3
04	234 57.1	239 26.8	30.2	169 22.8	02.1	272 09.6	20.2	282 16.3	11.1	Aldebaran	290 43.3	N16 33.0
05	249 59.6	254 26.4	29.0	184 23.7	02.3	287 11.6	20.0	297 18.5	11.0			
06	265 02.1	269 26.0	S 3 27.7	199 24.6	N23 02.5	302 13.5	S15 19.8	312 20.8	S18 11.0	Alioth	166 15.3	N55 50.6
W 07	280 04.5	284 25.6	26.5	214 25.5	02.8	317 15.4	19.7	327 23.0	10.9	Alkaid	152 54.1	N49 12.3
E 08	295 07.0	299 25.2	25.3	229 26.4	03.0	332 17.4	19.5	342 25.2	10.9	Alnair	27 37.3	S46 51.6
D 09	310 09.5	314 24.8 ..	24.0	244 27.3 ..	03.3	347 19.3 ..	19.3	357 27.4 ..	10.8	Alnilam	275 49.9	S 1 11.5
N 10	325 11.9	329 24.4	22.8	259 28.1	03.5	2 21.3	19.2	12 29.7	10.7	Alphard	217 50.5	S 8 45.1
E 11	340 14.4	344 24.0	21.5	274 29.0	03.8	17 23.2	19.0	27 31.9	10.7			
S 12	355 16.9	359 23.6	S 3 20.3	289 29.9	N23 04.0	32 25.1	S15 18.8	42 34.1	S18 10.6	Alphecca	126 06.2	N26 38.4
D 13	10 19.3	14 23.2	19.0	304 30.8	04.3	47 27.1	18.7	57 36.3	10.6	Alpheratz	357 38.3	N29 12.2
A 14	25 21.8	29 22.8	17.8	319 31.7	04.5	62 29.0	18.5	72 38.6	10.5	Altair	62 03.1	N 8 55.3
Y 15	40 24.2	44 22.4 ..	16.5	334 32.5 ..	04.7	77 30.9 ..	18.4	87 40.8 ..	10.4	Ankaa	353 10.7	S42 11.7
16	55 26.7	59 22.1	15.3	349 33.4	05.0	92 32.9	18.2	102 43.0	10.4	Antares	112 19.5	S26 28.6
17	70 29.2	74 21.7	14.0	4 34.3	05.2	107 34.8	18.0	117 45.2	10.3			
18	85 31.6	89 21.3	S 3 12.8	19 35.2	N23 05.5	122 36.8	S15 17.9	132 47.5	S18 10.3	Arcturus	145 50.5	N19 04.2
19	100 34.1	104 20.9	11.6	34 36.1	05.7	137 38.7	17.7	147 49.7	10.2	Atria	107 16.4	S69 03.6
20	115 36.6	119 20.5	10.3	49 36.9	06.0	152 40.6	17.5	162 51.9	10.2	Avior	234 15.6	S59 34.9
21	130 39.0	134 20.1 ..	09.1	64 37.8 ..	06.2	167 42.6 ..	17.4	177 54.1 ..	10.1	Bellatrix	278 26.2	N 6 22.0
22	145 41.5	149 19.7	07.8	79 38.7	06.4	182 44.5	17.2	192 56.4	10.0	Betelgeuse	270 55.4	N 7 24.5
23	160 44.0	164 19.3	06.6	94 39.6	06.7	197 46.4	17.1	207 58.6	10.0			
18 00	175 46.4	179 18.9	S 3 05.3	109 40.5	N23 06.9	212 48.4	S15 16.9	223 00.8	S18 09.9	Canopus	263 53.7	S52 42.7
01	190 48.9	194 18.5	04.1	124 41.3	07.2	227 50.3	16.7	238 03.1	09.9	Capella	280 26.5	N46 01.2
02	205 51.4	209 18.1	02.8	139 42.2	07.4	242 52.3	16.6	253 05.3	09.8	Deneb	49 28.2	N45 21.0
03	220 53.8	224 17.7 ..	01.6	154 43.1 ..	07.6	257 54.2 ..	16.4	268 07.5 ..	09.7	Denebola	182 27.8	N14 27.2
04	235 56.3	239 17.3	3 00.3	169 44.0	07.9	272 56.1	16.2	283 09.7	09.7	Diphda	348 50.8	S17 52.5
05	250 58.7	254 16.9	2 59.1	184 44.9	08.1	287 58.1	16.1	298 12.0	09.6			
06	266 01.2	269 16.5	S 2 57.8	199 45.7	N23 08.3	303 00.0	S15 15.9	313 14.2	S18 09.6	Dubhe	193 44.3	N61 38.3
07	281 03.7	284 16.2	56.6	214 46.6	08.6	318 02.0	15.7	328 16.4	09.5	Elnath	278 05.8	N28 37.5
T 08	296 06.1	299 15.8	55.3	229 47.5	08.8	333 03.9	15.6	343 18.6	09.5	Eltanin	90 43.6	N51 28.8
H 09	311 08.6	314 15.4 ..	54.1	244 48.4 ..	09.1	348 05.8 ..	15.4	358 20.9 ..	09.4	Enif	33 42.1	N 9 58.1
U 10	326 11.1	329 15.0	52.8	259 49.3	09.3	3 07.8	15.3	13 23.1	09.3	Fomalhaut	15 18.3	S29 30.8
R 11	341 13.5	344 14.6	51.6	274 50.1	09.6	18 09.7	15.1	28 25.3	09.3			
S 12	356 16.0	359 14.2	S 2 50.3	289 51.0	N23 09.8	33 11.7	S15 14.9	43 27.6	S18 09.2	Gacrux	171 54.5	S57 13.8
D 13	11 18.5	14 13.8	49.1	304 51.9	10.0	48 13.6	14.8	58 29.8	09.2	Gienah	175 46.4	S17 39.6
A 14	26 20.9	29 13.4	47.8	319 52.8	10.3	63 15.5	14.6	73 32.0	09.1	Hadar	148 39.8	S60 28.3
Y 15	41 23.4	44 13.0 ..	46.6	334 53.6 ..	10.5	78 17.5 ..	14.4	88 34.2 ..	09.0	Hamal	327 55.0	N23 33.6
16	56 25.8	59 12.6	45.3	349 54.5	10.7	93 19.4	14.3	103 36.5	09.0	Kaus Aust.	83 36.7	S34 22.4
17	71 28.3	74 12.2	44.1	4 55.4	11.0	108 21.4	14.1	118 38.7	08.9			
18	86 30.8	89 11.9	S 2 42.9	19 56.3	N23 11.2	123 23.3	S15 14.0	133 40.9	S18 08.9	Kochab	137 19.1	N74 03.9
19	101 33.2	104 11.5	41.6	34 57.1	11.5	138 25.2	13.8	148 43.2	08.8	Markab	13 33.3	N15 18.9
20	116 35.7	119 11.1	40.4	49 58.0	11.7	153 27.2	13.6	163 45.4	08.8	Menkar	314 09.6	N 4 10.1
21	131 38.2	134 10.7 ..	39.1	64 58.9 ..	11.9	168 29.1 ..	13.5	178 47.6 ..	08.7	Menkent	148 00.9	S36 28.3
22	146 40.6	149 10.3	37.9	79 59.8	12.2	183 31.1	13.3	193 49.9	08.6	Miaplacidus	221 38.1	S69 48.4
23	161 43.1	164 09.9	36.6	95 00.7	12.4	198 33.0	13.1	208 52.1	08.6			
19 00	176 45.6	179 09.5	S 2 35.3	110 01.5	N23 12.6	213 35.0	S15 13.0	223 54.3	S18 08.5	Mirfak	308 33.0	N49 56.2
01	191 48.0	194 09.1	34.1	125 02.4	12.9	228 36.9	12.8	238 56.5	08.5	Nunki	75 51.7	S26 16.3
02	206 50.5	209 08.7	32.8	140 03.3	13.1	243 38.8	12.7	253 58.8	08.4	Peacock	53 11.0	S56 39.9
03	221 53.0	224 08.3 ..	31.6	155 04.2 ..	13.3	258 40.8 ..	12.5	269 01.0 ..	08.3	Pollux	243 21.0	N27 58.5
04	236 55.4	239 08.0	30.3	170 05.0	13.6	273 42.7	12.3	284 03.2	08.3	Procyon	244 54.0	N 5 10.1
05	251 57.9	254 07.6	29.1	185 05.9	13.8	288 44.7	12.2	299 05.5	08.2			
06	267 00.3	269 07.2	S 2 27.8	200 06.8	N23 14.0	303 46.6	S15 12.0	314 07.7	S18 08.2	Rasalhague	96 01.4	N12 32.5
07	282 02.8	284 06.8	26.6	215 07.7	14.3	318 48.6	11.8	329 09.9	08.1	Regulus	207 37.5	N11 51.8
08	297 05.3	299 06.4	25.3	230 08.5	14.5	333 50.5	11.7	344 12.2	08.1	Rigel	281 06.9	S 8 10.9
F 09	312 07.7	314 06.0 ..	24.1	245 09.4 ..	14.7	348 52.4 ..	11.5	359 14.4 ..	08.0	Rigil Kent.	139 44.0	S60 55.1
R 10	327 10.2	329 05.6	22.8	260 10.3	15.0	3 54.4	11.3	14 16.6	07.9	Sabik	102 06.3	S15 45.0
I 11	342 12.7	344 05.2	21.6	275 11.1	15.2	18 56.3	11.2	29 18.8	07.9			
D 12	357 15.1	359 04.9	S 2 20.3	290 12.0	N23 15.4	33 58.3	S15 11.0	44 21.1	S18 07.8	Schedar	349 35.1	N56 39.1
A 13	12 17.6	14 04.5	19.1	305 12.9	15.7	49 00.2	10.9	59 23.3	07.8	Shaula	96 14.6	S37 07.0
Y 14	27 20.1	29 04.1	17.8	320 13.8	15.9	64 02.2	10.7	74 25.5	07.7	Sirius	258 28.9	S16 44.9
15	42 22.5	44 03.7 ..	16.6	335 14.6 ..	16.1	79 04.1 ..	10.5	89 27.8 ..	07.7	Spica	158 25.3	S11 16.3
16	57 25.0	59 03.3	15.3	350 15.5	16.4	94 06.0	10.4	104 30.0	07.6	Suhail	222 48.2	S43 31.3
17	72 27.5	74 02.9	14.1	5 16.4	16.6	109 08.0	10.2	119 32.2	07.5			
18	87 29.9	89 02.5	S 2 12.8	20 17.3	N23 16.8	124 09.9	S15 10.0	134 34.5	S18 07.5	Vega	80 35.4	N38 47.9
19	102 32.4	104 02.1	11.6	35 18.1	17.1	139 11.9	09.9	149 36.7	07.4	Zuben'ubi	136 59.2	S16 07.7
20	117 34.8	119 01.8	10.3	50 19.0	17.3	154 13.8	09.7	164 38.9	07.4		SHA	Mer. Pass.
21	132 37.3	134 01.4 ..	09.1	65 19.9 ..	17.5	169 15.8 ..	09.6	179 41.2 ..	07.3	Venus	3 32.5	12 03
22	147 39.8	149 01.0	07.8	80 20.7	17.7	184 17.7	09.4	194 43.4	07.3	Mars	293 54.0	16 40
23	162 42.2	164 00.6	06.6	95 21.6	18.0	199 19.7	09.2	209 45.6	07.2	Jupiter	37 02.0	9 48
Mer. Pass. 12 14.9		v −0.4	d 1.2	v 0.9	d 0.2	v 1.9	d 0.2	v 2.2	d 0.1	Saturn	47 14.4	9 07

2021 MARCH 17, 18, 19 (WED., THURS., FRI.)

SUN / MOON

UT	SUN GHA	SUN Dec	MOON GHA	v	MOON Dec	d	HP
17 00	177 53.7	S 1 20.7	139 36.3	15.6	N10 47.6	11.6	54.2
01	192 53.8	19.7	154 10.9	15.6	10 59.2	11.5	54.2
02	207 54.0	18.7	168 45.5	15.5	11 10.7	11.5	54.2
03	222 54.2	.. 17.7	183 20.0	15.5	11 22.2	11.5	54.2
04	237 54.4	16.7	197 54.5	15.5	11 33.7	11.4	54.2
05	252 54.5	15.8	212 29.0	15.4	11 45.1	11.3	54.2
W 06	267 54.7	S 1 14.8	227 03.4	15.4	N11 56.4	11.4	54.2
E 07	282 54.9	13.8	241 37.8	15.4	12 07.8	11.2	54.2
D 08	297 55.1	12.8	256 12.2	15.3	12 19.0	11.2	54.2
N 09	312 55.3	.. 11.8	270 46.5	15.3	12 30.2	11.2	54.2
E 10	327 55.4	10.8	285 20.8	15.3	12 41.4	11.1	54.2
S 11	342 55.6	09.8	299 55.1	15.3	12 52.5	11.0	54.2
D 12	357 55.8	S 1 08.8	314 29.4	15.2	N13 03.6	11.0	54.1
A 13	12 56.0	07.8	329 03.6	15.1	13 14.6	10.9	54.1
Y 14	27 56.2	06.9	343 37.7	15.2	13 25.5	10.9	54.1
15	42 56.3	.. 05.9	358 11.9	15.1	13 36.4	10.8	54.1
16	57 56.5	04.9	12 46.0	15.0	13 47.2	10.8	54.1
17	72 56.7	03.9	27 20.0	15.1	13 58.0	10.8	54.1
18	87 56.9	S 1 02.9	41 54.1	14.9	N14 08.8	10.6	54.1
19	102 57.1	01.9	56 28.0	15.0	14 19.4	10.6	54.1
20	117 57.2	1 00.9	71 02.0	14.9	14 30.0	10.6	54.1
21	132 57.4	0 59.9	85 35.9	14.9	14 40.6	10.5	54.1
22	147 57.6	58.9	100 09.8	14.8	14 51.1	10.4	54.1
23	162 57.8	58.0	114 43.6	14.8	15 01.5	10.4	54.1
18 00	177 58.0	S 0 57.0	129 17.4	14.7	N15 11.9	10.3	54.1
01	192 58.2	56.0	143 51.1	14.7	15 22.2	10.2	54.1
02	207 58.3	55.0	158 24.8	14.6	15 32.4	10.2	54.1
03	222 58.5	.. 54.0	172 58.4	14.6	15 42.6	10.1	54.1
04	237 58.7	53.0	187 32.0	14.6	15 52.7	10.1	54.1
05	252 58.9	52.0	202 05.6	14.5	16 02.8	10.0	54.1
T 06	267 59.1	S 0 51.0	216 39.1	14.5	N16 12.8	9.9	54.1
H 07	282 59.2	50.0	231 12.6	14.4	16 22.7	9.8	54.1
U 08	297 59.4	49.1	245 46.0	14.4	16 32.5	9.8	54.1
R 09	312 59.6	.. 48.1	260 19.4	14.3	16 42.3	9.7	54.1
S 10	327 59.8	47.1	274 52.7	14.3	16 52.0	9.7	54.1
D 11	343 00.0	46.1	289 26.0	14.2	17 01.7	9.6	54.1
A 12	358 00.1	S 0 45.1	303 59.2	14.2	N17 11.3	9.5	54.1
Y 13	13 00.3	44.1	318 32.4	14.1	17 20.8	9.4	54.1
14	28 00.5	43.1	333 05.5	14.1	17 30.2	9.4	54.1
15	43 00.7	.. 42.1	347 38.6	14.0	17 39.6	9.3	54.1
16	58 00.9	41.1	2 11.6	14.0	17 48.9	9.2	54.1
17	73 01.1	40.2	16 44.6	13.9	17 58.1	9.2	54.1
18	88 01.2	S 0 39.2	31 17.5	13.8	N18 07.3	9.0	54.1
19	103 01.4	38.2	45 50.3	13.9	18 16.3	9.0	54.1
20	118 01.6	37.2	60 23.2	13.7	18 25.3	9.0	54.1
21	133 01.8	36.2	74 55.9	13.7	18 34.3	8.8	54.1
22	148 02.0	35.2	89 28.6	13.7	18 43.1	8.8	54.1
23	163 02.1	34.2	104 01.3	13.6	18 51.9	8.7	54.1
19 00	178 02.3	S 0 33.2	118 33.9	13.5	N19 00.6	8.6	54.2
01	193 02.5	32.2	133 06.4	13.5	19 09.2	8.5	54.2
02	208 02.7	31.3	147 38.9	13.4	19 17.7	8.5	54.2
03	223 02.9	.. 30.3	162 11.3	13.4	19 26.2	8.3	54.2
04	238 03.1	29.3	176 43.7	13.3	19 34.5	8.3	54.2
05	253 03.2	28.3	191 16.0	13.3	19 42.8	8.2	54.2
F 06	268 03.4	S 0 27.3	205 48.3	13.2	N19 51.0	8.2	54.2
R 07	283 03.6	26.3	220 20.5	13.2	19 59.2	8.0	54.2
I 08	298 03.8	25.3	234 52.7	13.0	20 07.2	7.9	54.2
D 09	313 04.0	.. 24.3	249 24.7	13.1	20 15.1	7.9	54.2
A 10	328 04.2	23.3	263 56.8	13.0	20 23.0	7.8	54.2
Y 11	343 04.3	22.4	278 28.8	12.9	20 30.8	7.7	54.2
12	358 04.5	S 0 21.4	293 00.7	12.8	N20 38.5	7.6	54.2
13	13 04.7	20.4	307 32.5	12.8	20 46.1	7.5	54.2
14	28 04.9	19.4	322 04.3	12.8	20 53.6	7.5	54.3
15	43 05.1	.. 18.4	336 36.1	12.7	21 01.1	7.3	54.3
16	58 05.3	17.4	351 07.8	12.6	21 08.4	7.2	54.3
17	73 05.4	16.4	5 39.4	12.5	21 15.6	7.2	54.3
18	88 05.6	S 0 15.4	20 10.9	12.5	N21 22.8	7.1	54.3
19	103 05.8	14.4	34 42.4	12.5	21 29.9	6.9	54.3
20	118 06.0	13.5	49 13.9	12.4	21 36.8	6.9	54.3
21	133 06.2	.. 12.5	63 45.3	12.3	21 43.7	6.8	54.3
22	148 06.4	11.5	78 16.6	12.3	21 50.5	6.7	54.3
23	163 06.6	10.5	92 47.9	12.2	N21 57.2	6.6	54.3
SD	16.1	d 1.0	SD 14.8		14.7		14.8

Twilight / Sunrise / Moonrise

Lat.	Naut.	Civil	Sunrise	Moonrise 17	18	19	20
N 72	03 33	05 00	06 08	06 11	05 24	▢	▢
N 70	03 50	05 07	06 08	06 31	06 03	05 01	▢
68	04 04	05 12	06 08	06 46	06 30	06 06	▢
66	04 14	05 16	06 07	06 59	06 51	06 41	06 25
64	04 23	05 20	06 07	07 10	07 08	07 07	07 08
62	04 30	05 23	06 07	07 19	07 22	07 27	07 37
60	04 36	05 26	06 07	07 27	07 34	07 44	08 00
N 58	04 42	05 28	06 07	07 34	07 44	07 58	08 18
56	04 46	05 30	06 07	07 40	07 53	08 10	08 33
54	04 50	05 32	06 07	07 46	08 01	08 20	08 46
52	04 54	05 33	06 07	07 51	08 08	08 29	08 57
50	04 57	05 35	06 07	07 55	08 15	08 38	09 08
45	05 03	05 38	06 07	08 05	08 29	08 56	09 29
N 40	05 08	05 40	06 07	08 14	08 40	09 11	09 47
35	05 12	05 41	06 06	08 21	08 50	09 24	10 01
30	05 15	05 42	06 06	08 28	08 59	09 34	10 14
20	05 18	05 44	06 06	08 38	09 14	09 53	10 36
N 10	05 20	05 44	06 05	08 48	09 28	10 10	10 55
0	05 20	05 44	06 05	08 57	09 40	10 25	11 13
S 10	05 19	05 43	06 04	09 06	09 53	10 41	11 31
20	05 16	05 40	06 03	09 16	10 06	10 58	11 50
30	05 10	05 38	06 02	09 28	10 22	11 17	12 12
35	05 07	05 36	06 02	09 34	10 31	11 28	12 25
40	05 02	05 34	06 01	09 42	10 42	11 41	12 41
45	04 56	05 31	06 00	09 51	10 54	11 57	12 59
S 50	04 48	05 26	05 59	10 02	11 09	12 16	13 22
52	04 44	05 24	05 58	10 07	11 16	12 25	13 32
54	04 40	05 22	05 58	10 12	11 24	12 35	13 45
56	04 35	05 20	05 57	10 18	11 33	12 47	13 59
58	04 30	05 17	05 56	10 25	11 43	13 00	14 15
S 60	04 23	05 14	05 55	10 33	11 54	13 16	14 36

Sunset / Twilight / Moonset

Lat.	Sunset	Civil	Naut.	Moonset 17	18	19	20
N 72	18 11	19 19	20 47	25 15	01 15	▢	▢
N 70	18 11	19 12	20 29	24 37	00 37	03 12	▢
68	18 10	19 06	20 11	24 11	00 11	02 08	▢
66	18 10	19 02	20 04	23 52	25 33	01 33	03 27
64	18 10	18 58	19 55	23 23	25 08	01 08	02 44
62	18 10	18 54	19 48	23 23	24 49	00 49	02 16
60	18 10	18 52	19 41	23 12	24 33	00 33	01 54
N 58	18 10	18 49	19 36	23 02	24 20	00 20	01 36
56	18 10	18 47	19 31	22 54	24 08	00 08	01 21
54	18 10	18 45	19 27	22 46	23 58	25 09	01 09
52	18 10	18 44	19 23	22 40	23 49	24 58	00 58
50	18 10	18 42	19 20	22 33	23 41	24 48	00 48
45	18 10	18 39	19 14	22 21	23 24	24 27	00 27
N 40	18 10	18 37	19 09	22 11	23 10	24 10	00 10
35	18 10	18 35	19 05	22 02	22 59	23 56	24 53
30	18 10	18 34	19 02	21 54	22 49	23 44	24 39
20	18 10	18 33	18 58	21 40	22 31	23 23	24 17
N 10	18 11	18 32	18 56	21 29	22 16	23 05	23 56
0	18 11	18 32	18 56	21 17	22 02	22 48	23 37
S 10	18 12	18 33	18 57	21 07	21 48	22 31	23 18
20	18 12	18 34	19 00	20 55	21 33	22 13	22 58
30	18 13	18 37	19 05	20 42	21 15	21 53	22 35
35	18 14	18 39	19 09	20 34	21 05	21 41	22 21
40	18 14	18 42	19 14	20 26	20 54	21 27	22 04
45	18 15	18 45	19 19	20 16	20 41	21 11	21 47
S 50	18 16	18 48	19 24	20 04	20 25	20 51	21 24
52	18 17	18 50	19 30	19 58	20 17	20 41	21 13
54	18 17	18 52	19 33	19 52	20 09	20 31	21 00
56	18 18	18 55	19 39	19 45	19 59	20 19	20 46
58	18 18	18 58	19 45	19 37	19 49	20 05	20 28
S 60	18 19	19 01	19 51	19 28	19 36	19 49	20 08

SUN / MOON

Day	Eqn. of Time 00h	12h	Mer. Pass.	Mer. Pass. Upper	Lower	Age	Phase
17	08 26	08 17	12 08	15 07	02 46	04	15
18	08 08	08 00	12 08	15 51	03 29	05	22
19	07 51	07 42	12 08	16 37	04 13	06	30

驾驶专业

2021 JUNE 21, 22, 23 (MON., TUES., WED.)

UT	ARIES GHA	VENUS −3.9 GHA	Dec	MARS +1.8 GHA	Dec	JUPITER −2.6 GHA	Dec	SATURN +0.3 GHA	Dec	STARS Name	SHA	Dec
MON 21 00	269 24.6	154 51.8	N23 01.0	140 52.9	N20 03.6	294 53.3	S11 35.8	313 51.8	S17 37.0	Acamar	315 14.3	S40 13.1
01	284 27.1	169 51.0	00.5	155 53.8	03.2	309 55.7	35.8	328 54.3	37.1	Achernar	335 22.7	S57 07.5
02	299 29.5	184 50.2	23 00.1	170 54.7	02.8	324 58.2	35.8	343 56.9	37.1	Acrux	173 03.1	S63 13.3
03	314 32.0	199 49.4	22 59.6	185 55.6 ..	02.5	340 00.7 ..	35.8	358 59.5 ..	37.1	Adhara	255 08.5	S29 00.1
04	329 34.5	214 48.6	59.2	200 56.4	02.1	355 03.1	35.8	14 02.1	37.2	Aldebaran	290 43.3	N16 33.0
05	344 36.9	229 47.8	58.7	215 57.3	01.7	10 05.6	35.8	29 04.6	37.2			
06	359 39.4	244 47.0	N22 58.3	230 58.2	N20 01.3	25 08.1	S11 35.8	44 07.2	S17 37.3	Alioth	166 15.5	N55 51.0
07	14 41.9	259 46.2	57.8	245 59.1	00.9	40 10.5	35.8	59 09.8	37.3	Alkaid	152 54.1	N49 12.7
08	29 44.3	274 45.4	57.3	260 59.9	00.5	55 13.0	35.9	74 12.4	37.3	Alnair	27 36.4	S46 51.3
09	44 46.8	289 44.6 ..	56.9	276 00.8	20 00.1	70 15.5 ..	35.9	89 14.9 ..	37.3	Alnilam	275 41.0	S 1 11.4
10	59 49.3	304 43.8	56.4	291 01.7	19 59.7	85 17.9	35.9	104 17.5	37.4	Alphard	217 50.8	S 8 45.1
11	74 51.7	319 43.0	56.0	306 02.6	59.3	100 20.4	35.9	119 20.1	37.4			
12	89 54.2	334 42.2	N22 55.5	321 03.4	N19 58.9	115 22.9	S11 35.9	134 22.6	S17 37.5	Alphecca	126 05.9	N26 38.7
13	104 56.7	349 41.4	55.0	336 04.3	58.5	130 25.3	35.9	149 25.2	37.5	Alpheratz	357 37.7	N29 12.3
14	119 59.1	4 40.6	54.6	351 05.2	58.1	145 27.8	35.9	164 27.8	37.5	Altair	62 02.5	N 8 55.5
15	135 01.6	19 39.8 ..	54.1	6 06.1 ..	57.7	160 30.3 ..	36.0	179 30.4 ..	37.6	Ankaa	353 10.1	S42 11.2
16	150 04.0	34 39.1	53.6	21 06.9	57.3	175 32.7	36.0	194 32.9	37.6	Antares	112 19.0	S26 28.7
17	165 06.5	49 38.3	53.2	36 07.8	56.9	190 35.2	36.0	209 35.5	37.7			
18	180 09.0	64 37.5	N22 52.7	51 08.7	N19 56.5	205 37.7	S11 36.0	224 38.1	S17 37.7	Arcturus	145 50.4	N19 04.4
19	195 11.4	79 36.7	52.2	66 09.6	56.1	220 40.1	36.0	239 40.7	37.7	Atria	107 15.3	S69 03.9
20	210 13.9	94 35.9	51.7	81 10.4	55.7	235 42.6	36.0	254 43.2	37.8	Avior	234 16.4	S59 34.8
21	225 16.4	109 35.1 ..	51.3	96 11.3 ..	55.3	250 45.1 ..	36.0	269 45.8 ..	37.8	Bellatrix	278 26.3	N 6 22.1
22	240 18.8	124 34.3	50.8	111 12.2	54.9	265 47.5	36.0	284 48.4	37.8	Betelgeuse	270 55.6	N 7 24.6
23	255 21.3	139 33.5	50.3	126 13.1	54.5	280 50.0	36.1	299 51.0	37.9			
TUE 22 00	270 23.8	154 32.7	N22 49.8	141 14.0	N19 54.1	295 52.5	S11 36.1	314 53.5	S17 37.9	Canopus	263 54.2	S52 42.5
01	285 26.2	169 31.9	49.3	156 14.8	53.7	310 54.9	36.1	329 56.1	38.0	Capella	280 26.7	N46 01.0
02	300 28.7	184 31.1	48.9	171 15.7	53.3	325 57.4	36.1	344 58.7	38.0	Deneb	49 27.4	N45 21.2
03	315 31.2	199 30.3 ..	48.4	186 16.6 ..	52.9	340 59.9 ..	36.1	0 01.3 ..	38.0	Denebola	182 28.0	N14 27.3
04	330 33.6	214 29.6	47.9	201 17.5	52.5	356 02.4	36.1	15 03.8	38.1	Diphda	348 50.3	S17 52.1
05	345 36.1	229 28.8	47.4	216 18.3	52.1	11 04.8	36.1	30 06.4	38.1			
06	0 38.5	244 28.0	N22 46.9	231 19.2	N19 51.7	26 07.3	S11 36.2	45 09.0	S17 38.1	Dubhe	193 44.9	N61 38.5
07	15 41.0	259 27.2	46.5	246 20.1	51.3	41 09.8	36.2	60 11.6	38.2	Einath	278 05.9	N28 37.4
08	30 43.5	274 26.4	46.0	261 21.0	50.9	56 12.2	36.2	75 14.1	38.2	Eltanin	90 43.5	N51 29.2
09	45 45.9	289 25.6 ..	45.5	276 21.9 ..	50.5	71 14.7 ..	36.2	90 16.7 ..	38.3	Enif	33 41.4	N 9 58.3
10	60 48.4	304 24.8	45.0	291 22.7	50.1	86 17.2	36.2	105 19.3	38.3	Fomalhaut	15 17.6	S29 30.4
11	75 50.9	319 24.0	44.5	306 23.6	49.7	101 19.7	36.2	120 21.9	38.3			
12	90 53.3	334 23.3	N22 43.9	321 24.5	N19 49.3	116 22.1	S11 36.3	135 24.5	S17 38.4	Gacrux	171 54.7	S57 14.2
13	105 55.8	349 22.5	43.5	336 25.4	48.9	131 24.6	36.3	150 27.0	38.4	Gienah	175 46.5	S17 39.7
14	120 58.3	4 21.7	43.0	351 26.2	48.5	146 27.1	36.3	165 29.6	38.4	Hadar	148 39.7	S60 28.7
15	136 00.7	19 20.9 ..	42.5	6 27.1 ..	48.1	161 29.6 ..	36.3	180 32.2 ..	38.5	Hamal	327 54.6	N23 33.6
16	151 03.2	34 20.1	42.0	21 28.0	47.7	176 32.0	36.3	195 34.8	38.5	Kaus Aust.	83 36.0	S34 22.4
17	166 05.6	49 19.3	41.5	36 28.9	47.3	191 34.5	36.3	210 37.3	38.6			
18	181 08.1	64 18.6	N22 41.0	51 29.8	N19 46.9	206 37.0	S11 36.4	225 39.9	S17 38.6	Kochab	137 19.1	N74 04.4
19	196 10.6	79 17.8	40.5	66 30.6	46.5	221 39.5	36.4	240 42.5	38.6	Markab	13 32.7	N15 19.1
20	211 13.0	94 17.0	40.0	81 31.5	46.1	236 41.9	36.4	255 45.1	38.7	Menkar	314 09.4	N 4 10.3
21	226 15.5	109 16.3 ..	39.5	96 32.4 ..	45.7	251 44.4 ..	36.4	270 47.6 ..	38.7	Menkent	148 00.8	S36 28.6
22	241 18.0	124 15.4	39.0	111 33.3	45.3	266 46.9	36.4	285 50.2	38.7	Miaplacidus	221 39.4	S69 48.5
23	256 20.4	139 14.6	38.5	126 34.2	44.9	281 49.4	36.4	300 52.8	38.8			
WED 23 00	271 22.9	154 13.9	N22 38.0	141 35.1	N19 44.5	296 51.9	S11 36.5	315 55.4	S17 38.8	Mirfak	308 32.8	N49 56.0
01	286 25.4	169 13.1	37.5	156 35.9	44.1	311 54.3	36.5	330 58.0	38.9	Nunki	75 51.0	S26 16.1
02	301 27.8	184 12.3	37.0	171 36.8	43.7	326 56.8	36.5	346 00.5	38.9	Peacock	53 00.9	S56 39.8
03	316 30.3	199 11.5 ..	36.5	186 37.7 ..	43.3	341 59.3 ..	36.5	1 03.1 ..	38.9	Pollux	243 21.2	N27 58.5
04	331 32.8	214 10.8	36.0	201 38.6	42.9	357 01.8	36.5	16 05.7	39.0	Procyon	244 54.2	N 5 10.2
05	346 35.2	229 10.0	35.5	216 39.4	42.5	12 04.2	36.6	31 08.3	39.0			
06	1 37.7	244 09.2	N22 35.0	231 40.3	N19 42.1	27 06.7	S11 36.6	46 10.9	S17 39.0	Rasalhague	96 00.9	N12 32.7
07	16 40.1	259 08.4	34.5	246 41.2	41.7	42 09.2	36.6	61 13.4	39.1	Regulus	207 37.7	N11 51.9
08	31 42.6	274 07.6	33.9	261 42.1	41.3	57 11.7	36.6	76 16.0	39.1	Rigel	281 07.0	S 8 10.7
09	46 45.1	289 06.9 ..	33.4	276 43.0 ..	40.9	72 14.2 ..	36.6	91 18.6 ..	39.1	Rigil Kent.	139 43.8	S60 55.5
10	61 47.5	304 06.1	32.9	291 43.8	40.5	87 16.7	36.6	106 21.2	39.2	Sabik	102 05.8	S15 45.0
11	76 50.0	319 05.3	32.4	306 44.7	40.1	102 19.1	36.7	121 23.8	39.2			
12	91 52.5	334 04.5	N22 31.9	321 45.6	N19 39.7	117 21.6	S11 36.7	136 26.3	S17 39.3	Schedar	349 34.4	N56 38.9
13	106 54.9	349 03.8	31.4	336 46.5	39.3	132 24.1	36.7	151 28.9	39.3	Shaula	96 13.9	S37 07.1
14	121 57.4	4 03.0	30.8	351 47.4	38.8	147 26.6	36.7	166 31.5	39.3	Sirius	258 29.1	S16 44.8
15	136 59.9	19 02.2 ..	30.3	6 48.2 ..	38.4	162 29.1 ..	36.7	181 34.1 ..	39.4	Spica	158 25.2	S11 16.3
16	152 02.3	34 01.4	29.8	21 49.1	38.0	177 31.5	36.8	196 36.7	39.4	Suhail	222 48.7	S43 31.3
17	167 04.8	49 00.7	29.3	36 50.0	37.6	192 34.0	36.8	211 39.2	39.5			
18	182 07.3	63 59.9	N22 28.7	51 50.9	N19 37.2	207 36.5	S11 36.8	226 41.8	S17 39.5	Vega	80 34.7	N38 48.2
19	197 09.7	78 59.1	28.2	66 51.8	36.8	222 39.0	36.8	241 44.4	39.5	Zuben'ubi	136 59.0	S16 07.8
20	212 12.2	93 58.4	27.7	81 52.7	36.4	237 41.5	36.8	256 47.0	39.6		SHA	Mer.Pass.
21	227 14.6	108 57.6 ..	27.2	96 53.5 ..	36.0	252 44.0 ..	36.9	271 49.6 ..	39.6	Venus	244 09.0	13 43
22	242 17.1	123 56.8	26.6	111 54.4	35.6	267 46.4	36.9	286 52.1	39.7	Mars	230 50.2	14 34
23	257 19.6	138 56.1	26.1	126 55.3	35.2	282 48.9	36.9	301 54.7	39.7	Jupiter	25 28.7	4 16
Mer.Pass.	h m 5 57.4	v −0.8	d 0.5	v 0.9	d 0.4	v 2.5	d 0.0	v 2.6	d 0.0	Saturn	44 29.8	3 00

2021 JUNE 21, 22, 23 (MON., TUES., WED.)

UT	SUN GHA	SUN Dec	MOON GHA	v	MOON Dec	d	HP
d h	° ′	° ′	° ′	′	° ′	′	′
21 00	179 33.7	N23 26.2	53 30.7	9.2	S11 11.6	14.3	60.2
01	194 33.6	26.2	67 58.9	9.1	11 25.9	14.4	60.2
02	209 33.5	26.2	82 27.0	9.1	11 40.3	14.2	60.2
03	224 33.3	.. 26.2	96 55.1	8.9	11 54.5	14.2	60.3
04	239 33.2	26.2	111 23.0	8.8	12 08.7	14.2	60.3
05	254 33.1	26.2	125 50.8	8.8	12 22.9	14.1	60.3
06	269 32.9	N23 26.2	140 18.6	8.6	S12 37.0	14.0	60.3
M 07	284 32.8	26.2	154 46.2	8.6	12 51.0	14.0	60.3
O 08	299 32.7	26.2	169 13.8	8.5	13 05.0	13.8	60.3
N 09	314 32.5	.. 26.2	183 41.3	8.4	13 18.8	13.9	60.4
D 10	329 32.4	26.2	198 08.7	8.2	13 32.7	13.7	60.4
A 11	344 32.3	26.2	212 35.9	8.2	13 46.4	13.7	60.4
Y 12	359 32.1	N23 26.2	227 03.1	8.1	S14 00.1	13.6	60.4
13	14 32.0	26.2	241 30.2	8.0	14 13.7	13.5	60.4
14	29 31.8	26.2	255 57.2	7.9	14 27.2	13.4	60.5
15	44 31.7	.. 26.2	270 24.1	7.8	14 40.6	13.4	60.5
16	59 31.6	26.2	284 50.9	7.7	14 54.0	13.3	60.5
17	74 31.4	26.2	299 17.6	7.6	15 07.3	13.2	60.5
18	89 31.3	N23 26.2	313 44.2	7.5	S15 20.5	13.1	60.5
19	104 31.2	26.2	328 10.7	7.4	15 33.6	13.0	60.5
20	119 31.0	26.1	342 37.1	7.4	15 46.6	12.9	60.6
21	134 30.9	.. 26.1	357 03.5	7.2	15 59.5	12.9	60.6
22	149 30.8	26.1	11 29.7	7.1	16 12.4	12.7	60.6
23	164 30.6	26.1	25 55.8	7.0	16 25.1	12.6	60.6
22 00	179 30.5	N23 26.1	40 21.8	6.9	S16 37.7	12.6	60.6
01	194 30.4	26.1	54 47.7	6.8	16 50.3	12.4	60.7
02	209 30.2	26.1	69 13.5	6.7	17 02.7	12.4	60.7
03	224 30.1	.. 26.0	83 39.2	6.6	17 15.1	12.2	60.7
04	239 30.0	26.0	98 04.8	6.5	17 27.3	12.1	60.7
05	254 29.8	26.0	112 30.3	6.4	17 39.4	12.0	60.7
06	269 29.7	N23 26.0	126 55.7	6.3	S17 51.4	11.9	60.7
T 07	284 29.6	26.0	141 21.0	6.2	18 03.3	11.8	60.7
U 08	299 29.4	26.0	155 46.2	6.0	18 15.1	11.7	60.8
E 09	314 29.3	.. 25.9	170 11.2	6.0	18 26.8	11.6	60.8
S 10	329 29.2	25.9	184 36.2	5.9	18 38.4	11.4	60.8
D 11	344 29.0	25.9	199 01.1	5.8	18 49.8	11.3	60.8
A 12	359 28.9	N23 25.9	213 25.9	5.7	S19 01.1	11.2	60.8
Y 13	14 28.7	25.8	227 50.6	5.6	19 12.3	11.1	60.8
14	29 28.6	25.8	242 15.2	5.5	19 23.4	10.9	60.8
15	44 28.5	.. 25.8	256 39.7	5.4	19 34.3	10.9	60.8
16	59 28.3	25.8	271 04.1	5.4	19 45.2	10.8	60.8
17	74 28.2	25.7	285 28.3	5.2	19 55.8	10.6	60.8
18	89 28.1	N23 25.7	299 52.5	5.1	S20 06.4	10.4	60.9
19	104 27.9	25.7	314 16.6	5.0	20 16.8	10.3	60.9
20	119 27.8	25.7	328 40.6	4.9	20 27.1	10.1	60.9
21	134 27.7	.. 25.6	343 04.5	4.8	20 37.2	10.0	60.9
22	149 27.5	25.6	357 28.3	4.7	20 47.2	9.9	60.9
23	164 27.4	25.6	11 52.0	4.6	20 57.1	9.7	60.9
23 00	179 27.3	N23 25.5	26 15.6	4.6	S21 06.8	9.6	60.9
01	194 27.1	25.5	40 39.2	4.4	21 16.4	9.4	60.9
02	209 27.0	25.5	55 02.6	4.3	21 25.8	9.1	60.9
03	224 26.9	.. 25.4	69 25.9	4.3	21 35.1	9.1	60.9
04	239 26.7	25.4	83 49.2	4.2	21 44.2	8.9	60.9
05	254 26.6	25.4	98 12.4	4.0	21 53.1	8.9	60.9
06	269 26.5	N23 25.3	112 35.4	4.0	S22 02.0	8.6	60.9
W 07	284 26.3	25.3	126 58.4	3.9	22 10.6	8.5	60.9
E 08	299 26.2	25.3	141 21.3	3.9	22 19.1	8.3	60.9
D 09	314 26.0	.. 25.2	155 44.2	3.7	22 27.4	8.2	60.9
N 10	329 25.9	25.2	170 06.9	3.7	22 35.6	8.0	60.9
E 11	344 25.8	25.1	184 29.6	3.6	22 43.6	7.9	60.9
S 12	359 25.6	N23 25.1	198 52.2	3.5	S22 51.5	7.7	60.9
D 13	14 25.5	25.1	213 14.7	3.4	22 59.2	7.5	60.9
A 14	29 25.4	25.0	227 37.1	3.4	23 06.7	7.3	60.9
Y 15	44 25.3	.. 25.0	241 59.5	3.3	23 14.0	7.2	60.9
16	59 25.1	24.9	256 21.8	3.2	23 21.2	7.0	60.9
17	74 25.0	24.9	270 44.0	3.1	23 28.2	6.8	60.9
18	89 24.9	N23 24.8	285 06.1	3.1	S23 35.0	6.5	60.9
19	104 24.7	24.8	299 28.2	3.1	23 41.7	6.5	60.9
20	119 24.6	24.7	313 50.3	2.9	23 48.2	6.3	60.9
21	134 24.5	.. 24.7	328 12.2	2.9	23 54.5	6.1	60.9
22	149 24.3	24.7	342 34.1	2.9	24 00.6	6.0	60.9
23	164 24.2	24.6	356 56.0	2.8	S24 06.6	5.7	60.9
	SD 15.8	d 0.0	SD 16.5		16.6		16.6

Twilight / Sunrise / Moonrise

Lat.	Naut.	Civil	Sunrise	21	22	23	24
°	h m	h m	h m	h m	h m	h m	h m
N 72	□	□	□	19 09	■	■	■
N 70	□	□	□	18 27	■	■	■
68	□	□	□	17 58	20 46	■	■
66	□	□	□	17 37	19 56	■	■
64	////	////	01 31	17 21	19 24	21 36	23 41
62	////	////	02 10	17 07	19 01	20 56	22 32
60	////	00 49	02 36	16 56	18 43	20 28	21 57
N 58	////	01 41	02 57	16 46	18 27	20 07	21 32
56	////	02 11	03 13	16 37	18 14	19 49	21 11
54	00 45	02 33	03 28	16 30	18 03	19 34	20 54
52	01 33	02 51	03 40	16 23	17 53	19 21	20 40
50	02 01	03 06	03 51	16 17	17 44	19 10	20 27
45	02 46	03 36	04 14	16 04	17 26	18 47	20 01
N 40	03 17	03 59	04 32	15 53	17 10	18 28	19 41
35	03 40	04 17	04 47	15 44	16 58	18 12	19 23
30	03 59	04 32	05 00	15 36	16 47	17 59	19 09
20	04 28	04 57	05 22	15 22	16 28	17 36	18 44
N 10	04 51	05 18	05 41	15 10	16 11	17 16	18 22
0	05 10	05 36	05 58	14 59	15 56	16 58	18 02
S 10	05 27	05 53	06 16	14 48	15 41	16 39	17 42
20	05 43	06 10	06 34	14 37	15 25	16 20	17 20
30	05 59	06 29	06 56	14 23	15 07	15 58	16 56
35	06 08	06 40	07 08	14 16	14 57	15 45	16 41
40	06 18	06 52	07 22	14 07	14 44	15 30	16 24
45	06 28	07 05	07 39	13 57	14 30	15 12	16 04
S 50	06 40	07 21	08 00	13 46	14 13	14 50	15 39
52	06 45	07 29	08 10	13 40	14 05	14 40	15 27
54	06 51	07 37	08 21	13 34	13 56	14 28	15 13
56	06 57	07 46	08 34	13 27	13 46	14 15	14 57
58	07 04	07 56	08 48	13 20	13 35	13 59	14 38
S 60	07 11	08 08	09 06	13 11	13 22	13 41	14 15

Sunset / Twilight / Moonset

Lat.	Sunset	Civil	Naut.	21	22	23	24
°	h m	h m	h m	h m	h m	h m	h m
N 72	□	□	□	22 51	■	■	■
N 70	□	□	□	[00 12 / 23 35]	■	■	■
68	□	□	□	00 26	■	■	■
66	□	□	□	00 38	[00 05 / 23 19]	00 11	■
64	22 33	////	////	00 48	00 45	00 43	00 42
62	21 54	////	////	00 57	01 00	01 07	01 22
60	21 28	23 14	////	01 05	01 13	01 26	01 50
N 58	21 07	22 23	////	01 11	01 24	01 42	02 12
56	20 51	21 53	////	01 17	01 33	01 56	02 30
54	20 36	21 31	23 18	01 22	01 42	02 08	02 45
52	20 24	21 13	22 31	01 27	01 49	02 18	02 58
50	20 13	20 58	22 03	01 32	01 56	02 28	03 10
45	19 51	20 28	21 14	01 41	02 11	02 48	03 34
N 40	19 33	20 05	20 47	01 49	02 23	03 04	03 54
35	19 17	19 47	20 24	01 56	02 34	03 18	04 10
30	19 04	19 32	20 05	02 02	02 43	03 30	04 24
20	18 42	19 07	19 36	02 13	02 59	03 50	04 48
N 10	18 23	18 46	19 14	02 22	03 13	04 08	05 09
0	18 05	18 28	18 55	02 31	03 26	04 25	05 28
S 10	17 48	18 11	18 37	02 39	03 39	04 42	05 47
20	17 30	17 54	18 21	02 49	03 53	05 00	06 08
30	17 08	17 35	18 05	03 00	04 09	05 21	06 32
35	16 56	17 24	17 56	03 06	04 19	05 33	06 47
40	16 42	17 12	17 47	03 13	04 29	05 47	07 03
45	16 25	16 59	17 36	03 21	04 42	06 04	07 23
S 50	16 04	16 43	17 24	03 31	04 58	06 25	07 47
52	15 54	16 35	17 19	03 36	05 05	06 35	07 59
54	15 43	16 27	17 13	03 41	05 13	06 46	08 13
56	15 31	16 18	17 07	03 47	05 23	06 59	08 29
58	15 16	16 08	17 00	03 53	05 33	07 14	08 47
S 60	14 58	15 56	16 53	04 01	05 45	07 32	09 11

SUN / MOON

Day	Eqn. of Time 00h	Eqn. of Time 12h	Mer. Pass.	Mer. Pass. Upper	Mer. Pass. Lower	Age	Phase
d	m s	m s	h m	h m	h m	d	%
21	01 45	01 51	12 02	21 12	08 45	11	85
22	01 58	02 04	12 02	22 11	09 41	12	92
23	02 11	02 17	12 02	23 13	10 41	13	98

中华人民共和国海船船员适任考试培训教材

POLARIS (POLE STAR) TABLES, 2021
FOR DETERMINING LATITUDE FROM SEXTANT ALTITUDE AND FOR AZIMUTH

LHA ARIES	0°–9°	10°–19°	20°–29°	30°–39°	40°–49°	50°–59°	60°–69°	70°–79°	80°–89°	90°–99°	100°–109°	110°–119°
°	a_0	a_0	a_0	a_0	a_0	a_0	a_0	a_0	a_0	a_0	a_0	a_0
0	0 31·4	0 27·1	0 23·7	0 21·4	0 20·2	0 20·3	0 21·5	0 23·9	0 27·3	0 31·7	0 37·0	0 42·9
1	30·9	26·7	23·4	21·2	20·2	20·3	21·7	24·2	27·7	32·2	37·5	43·5
2	30·5	26·3	23·1	21·1	20·1	20·4	21·9	24·5	28·1	32·7	38·1	44·1
3	30·0	25·9	22·9	20·9	20·1	20·5	22·1	24·8	28·5	33·2	38·7	44·7
4	29·6	25·6	22·6	20·8	20·1	20·6	22·3	25·1	29·0	33·7	39·3	45·4
5	0 29·1	0 25·2	22·4	20·7	20·1	0 20·7	0 22·5	0 25·5	29·4	0 34·3	0 39·8	0 46·0
6	28·7	24·9	22·2	20·5	20·1	20·9	22·8	25·8	29·9	34·8	40·4	46·6
7	28·3	24·6	21·9	20·5	20·1	21·0	23·0	26·2	30·3	35·3	41·0	47·3
8	27·9	24·3	21·7	20·4	20·2	21·2	23·3	26·5	30·8	35·9	41·6	47·9
9	27·4	24·0	21·6	20·3	20·2	21·3	23·6	26·9	31·2	36·4	42·2	48·6
10	0 27·1	0 23·7	0 21·4	0 20·2	0 20·3	0 21·5	0 23·9	0 27·3	0 31·7	0 37·0	0 42·9	0 49·2
Lat.	a_1	a_1	a_1	a_1	a_1	a_1	a_1	a_1	a_1	a_1	a_1	a_1
0	0·5	0·5	0·6	0·6	0·6	0·6	0·6	0·5	0·5	0·4	0·4	0·4
10	·5	·5	·6	·6	·6	·6	·6	·5	·5	·5	·4	·4
20	·5	·5	·6	·6	·6	·6	·6	·5	·5	·5	·5	·4
30	·5	·6	·6	·6	·6	·6	·6	·6	·5	·5	·5	·5
40	0·6	0·6	0·6	0·6	0·6	0·6	0·6	0·6	0·6	0·6	0·5	0·5
45	·6	·6	·6	·6	·6	·6	·6	·6	·6	·6	·6	·6
50	·6	·6	·6	·6	·6	·6	·6	·6	·6	·6	·6	·6
55	·6	·6	·6	·6	·6	·6	·6	·6	·6	·6	·6	·6
60	·6	·6	·6	·6	·6	·6	·6	·6	·6	·7	·7	·7
62	0·7	0·6	0·6	0·6	0·6	0·6	0·6	0·6	0·7	0·7	0·7	0·7
64	·7	·6	·6	·6	·6	·6	·6	·6	·7	·7	·7	·8
66	·7	·7	·6	·6	·6	·6	·6	·7	·7	·7	·8	·8
68	0·7	0·7	0·6	0·6	0·6	0·6	0·6	0·7	0·7	0·8	0·8	0·8
Month	a_2	a_2	a_2	a_2	a_2	a_2	a_2	a_2	a_2	a_2	a_2	a_2
Jan.	0·7	0·7	0·7	0·7	0·7	0·7	0·7	0·7	0·7	0·6	0·6	0·6
Feb.	·6	·6	·7	·7	·7	·7	·8	·8	·8	·8	·8	·8
Mar.	·5	·5	·6	·6	·7	·7	·8	·8	·8	·9	·9	·9
Apr.	0·3	0·4	0·4	0·5	0·5	0·6	0·7	0·7	0·8	0·8	0·9	0·9
May	·2	·2	·3	·3	·4	·5	·5	·6	·7	·7	·8	·9
June	·2	·2	·2	·2	·3	·3	·4	·5	·5	·6	·7	·7
July	0·2	0·2	0·2	0·2	0·2	0·2	0·3	0·3	0·4	0·4	0·5	0·6
Aug.	·4	·3	·3	·3	·2	·2	·2	·3	·3	·3	·4	·4
Sept.	·5	·5	·4	·4	·3	·3	·3	·3	·3	·3	·3	·3
Oct.	0·7	0·7	0·6	0·5	0·5	0·4	0·4	0·3	0·3	0·3	0·3	0·2
Nov.	0·9	0·8	·8	·7	·7	·6	·5	·5	·4	·4	·3	·3
Dec.	1·0	1·0	0·9	0·9	0·8	0·8	0·7	0·6	0·6	0·5	0·4	0·4
Lat.	AZIMUTH											
0	0·4	0·3	0·2	0·1	0·0	359·9	359·8	359·7	359·6	359·5	359·4	359·4
20	0·4	0·3	0·2	0·1	0·0	359·9	359·7	359·7	359·6	359·5	359·4	359·4
40	0·5	0·4	0·3	0·1	0·0	359·8	359·7	359·6	359·5	359·3	359·3	359·2
50	0·6	0·5	0·3	0·2	0·0	359·8	359·6	359·5	359·3	359·2	359·1	359·1
55	0·7	0·6	0·4	0·2	0·0	359·8	359·6	359·4	359·3	359·1	359·0	358·9
60	0·8	0·6	0·4	0·2	0·0	359·8	359·5	359·3	359·2	359·0	358·9	358·8
65	1·0	0·8	0·5	0·3	0·0	359·7	359·5	359·2	359·0	358·8	358·7	358·6

Latitude = Apparent altitude (corrected for refraction) $-1° + a_0 + a_1 + a_2$

The table is entered with LHA Aries to determine the column to be used; each column refers to a range of 10°. a_0 is taken, with mental interpolation, from the upper table with the units of LHA Aries in degrees as argument; a_1, a_2 are taken, without interpolation, from the second and third tables with arguments latitude and month respectively. a_0, a_1, a_2, are always positive. The final table gives the azimuth of *Polaris*.

驾驶专业

POLARIS (POLE STAR) TABLES, 2021
FOR DETERMINING LATITUDE FROM SEXTANT ALTITUDE AND FOR AZIMUTH

LHA ARIES	120° – 129°	130° – 139°	140° – 149°	150° – 159°	160° – 169°	170° – 179°	180° – 189°	190° – 199°	200° – 209°	210° – 219°	220° – 229°	230° – 239°
	a_0	a_0	a_0	a_0	a_0	a_0	a_0	a_0	a_0	a_0	a_0	a_0
0	0 49·2	0 55·9	1 02·7	1 09·3	1 15·6	1 21·4	1 26·5	1 30·7	1 34·0	1 36·3	1 37·4	1 37·3
1	49·9	56·6	03·3	09·9	16·2	21·9	26·9	31·1	34·3	36·4	37·4	37·3
2	50·6	57·3	04·0	10·6	16·8	22·4	27·4	31·5	34·5	36·6	37·5	37·2
3	51·2	57·9	04·7	11·2	17·4	23·0	27·8	31·8	34·8	36·7	37·5	37·1
4	51·9	58·6	05·3	11·8	18·0	23·5	28·3	32·2	35·0	36·8	37·5	37·0
5	0 52·6	0 59·3	1 06·0	1 12·5	1 18·5	1 24·0	1 28·7	1 32·5	1 35·3	1 37·0	1 37·5	1 36·9
6	53·2	1 00·0	06·7	13·1	19·1	24·5	29·1	32·8	35·5	37·1	37·5	36·8
7	53·9	00·6	07·3	13·7	19·7	25·0	29·5	33·1	35·7	37·2	37·5	36·6
8	54·6	01·3	08·0	14·3	20·2	25·5	29·9	33·4	35·9	37·2	37·4	36·5
9	55·2	02·0	08·6	15·0	20·8	26·0	30·3	33·7	36·1	37·3	37·4	36·3
10	0 55·9	1 02·7	1 09·3	1 15·6	1 21·4	1 26·5	1 30·7	1 34·0	1 36·3	1 37·4	1 37·3	1 36·1
Lat.	a_1	a_1	a_1	a_1	a_1	a_1	a_1	a_1	a_1	a_1	a_1	a_1
0	0·3	0·3	0·3	0·4	0·4	0·4	0·5	0·5	0·6	0·6	0·6	0·6
10	·4	·4	·4	·4	·4	·5	·5	·5	·6	·6	·6	·6
20	·4	·4	·4	·4	·5	·5	·5	·5	·6	·6	·6	·6
30	·5	·5	·5	·5	·5	·5	·5	·5	·6	·6	·6	·6
40	0·5	0·5	0·5	0·5	0·5	0·6	0·6	0·6	0·6	0·6	0·6	0·6
45	·6	·6	·6	·6	·6	·6	·6	·6	·6	·6	·6	·6
50	·6	·6	·6	·6	·6	·6	·6	·6	·6	·6	·6	·6
55	·7	·7	·6	·6	·6	·6	·6	·6	·6	·6	·6	·6
60	·7	·7	·7	·7	·7	·7	·6	·6	·6	·6	·6	·6
62	0·7	0·8	0·7	0·7	0·7	0·7	0·7	0·6	0·6	0·6	0·6	0·6
64	·8	·8	·8	·8	·7	·7	·7	·6	·6	·6	·6	·6
66	·8	·8	·8	·8	·8	·7	·7	·7	·6	·6	·6	·6
68	0·9	0·9	0·9	0·8	0·8	0·8	0·7	0·7	0·6	0·6	0·6	0·6
Month	a_2	a_2	a_2	a_2	a_2	a_2	a_2	a_2	a_2	a_2	a_2	a_2
Jan.	0·6	0·6	0·6	0·6	0·6	0·5	0·5	0·5	0·5	0·5	0·5	0·5
Feb.	·8	·7	·7	·7	·7	·6	·6	·6	·5	·5	·5	·5
Mar.	·9	0·9	0·9	0·8	·8	·8	·7	·7	·6	·6	·5	·5
Apr.	0·9	1·0	1·0	1·0	0·9	0·9	0·9	0·8	0·8	0·7	0·7	0·6
May	·9	1·0	1·0	1·0	1·0	1·0	1·0	1·0	0·9	0·9	·8	·7
June	·8	0·9	0·9	1·0	1·0	1·0	1·0	1·0	1·0	1·0	0·9	0·9
July	0·7	0·7	0·8	0·8	0·9	0·9	1·0	1·0	1·0	1·0	1·0	1·0
Aug.	·5	·5	·6	·7	·7	·8	0·8	0·9	0·9	0·9	1·0	1·0
Sept.	·3	·4	·4	·5	·5	·6	·7	·7	·8	·8	0·9	0·9
Oct.	0·3	0·3	0·3	0·3	0·4	0·4	0·5	0·5	0·6	0·7	0·7	0·8
Nov.	·2	·2	·2	·2	·2	·3	·3	·4	·4	·5	·5	·6
Dec.	0·3	0·3	0·2	0·2	0·2	0·2	0·2	0·2	0·3	0·3	0·4	0·4
Lat.						AZIMUTH						
0	359·4	359·4	359·4	359·4	359·4	359·5	359·6	359·7	359·8	359·9	0·0	0·1
20	359·3	359·3	359·3	359·4	359·4	359·4	359·6	359·7	359·8	359·9	0·0	0·1
40	359·2	359·2	359·2	359·2	359·3	359·4	359·5	359·6	359·7	359·9	0·0	0·1
50	359·0	359·0	359·0	359·1	359·1	359·2	359·4	359·5	359·7	359·8	0·0	0·2
55	358·9	358·9	358·9	359·0	359·0	359·2	359·3	359·5	359·6	359·8	0·0	0·2
60	358·7	358·7	358·7	358·8	358·9	359·0	359·2	359·4	359·6	359·8	0·0	0·2
65	358·5	358·5	358·5	358·6	358·7	358·9	359·0	359·3	359·5	359·7	0·0	0·3

ILLUSTRATION

On 2021 April 21 at 23^h 18^m 56^s UT in longitude W 37° 14′, the apparent altitude (corrected for refraction), H_O, of Polaris was 49° 31·6

From the daily pages:		
GHA Aries (23^h)	195	13·8
Increment (18^m 56^s)	4	44·8
Longitude (west)	−37	14
LHA Aries	162	45

	°	′
H_O	49	31·6
a_0 (argument 162° 45′)	1	17·2
a_1 (Lat 50° approx.)		0·6
a_2 (April)		0·9
Sum − 1° = Lat =	49	50·3

621

POLARIS (POLE STAR) TABLES, 2021
FOR DETERMINING LATITUDE FROM SEXTANT ALTITUDE AND FOR AZIMUTH

LHA ARIES	240°–249°	250°–259°	260°–269°	270°–279°	280°–289°	290°–299°	300°–309°	310°–319°	320°–329°	330°–339°	340°–349°	350°–359°
	a_0	a_0	a_0	a_0	a_0	a_0	a_0	a_0	a_0	a_0	a_0	a_0
0	1 36·1	1 33·8	1 30·5	1 26·1	1 21·0	1 15·2	1 08·8	1 02·2	0 55·5	0 48·8	0 42·5	0 36·6
1	36·0	33·5	30·1	25·7	20·4	14·6	08·2	01·5	54·8	48·2	41·8	36·0
2	35·8	33·2	29·7	25·2	19·9	13·9	07·5	00·9	54·1	47·5	41·2	35·5
3	35·6	32·9	29·3	24·7	19·3	13·3	06·9	1 00·2	53·4	46·9	40·6	35·0
4	35·3	32·6	28·8	24·2	18·7	12·7	06·2	0 59·5	52·8	46·2	40·0	34·4
5	1 35·1	1 32·3	1 28·4	1 23·7	1 18·2	1 12·1	1 05·6	0 58·8	0 52·1	0 45·6	0 39·4	0 33·9
6	34·9	31·9	28·0	23·1	17·6	11·4	04·9	58·2	51·4	44·9	38·9	33·4
7	34·6	31·6	27·5	22·6	17·0	10·8	04·2	57·5	50·8	44·3	38·3	32·9
8	34·4	31·2	27·1	22·1	16·4	10·1	03·5	56·8	50·1	43·7	37·7	32·4
9	34·1	30·8	26·6	21·5	15·8	09·5	02·9	56·1	49·5	43·1	37·1	31·9
10	1 33·8	1 30·5	1 26·1	1 21·0	1 15·2	1 08·8	1 02·2	0 55·5	0 48·8	0 42·5	0 36·6	0 31·4
Lat.	a_1	a_1	a_1	a_1	a_1	a_1	a_1	a_1	a_1	a_1	a_1	a_1
0	0·6	0·5	0·5	0·4	0·4	0·4	0·3	0·3	0·3	0·4	0·4	0·4
10	·6	·5	·5	·5	·4	·4	·4	·4	·4	·4	·4	·5
20	·6	·6	·5	·5	·5	·4	·4	·4	·4	·4	·5	·5
30	·6	·6	·5	·5	·5	·5	·5	·5	·5	·5	·5	·5
40	0·6	0·6	0·6	0·6	0·5	0·5	0·5	0·5	0·5	0·5	0·5	0·6
45	·6	·6	·6	·6	·6	·6	·6	·6	·6	·6	·6	·6
50	·6	·6	·6	·6	·6	·6	·6	·6	·6	·6	·6	·6
55	·6	·6	·6	·6	·6	·6	·7	·7	·6	·6	·6	·6
60	·6	·6	·6	·7	·7	·7	·7	·7	·7	·7	·7	·7
62	0·6	0·6	0·7	0·7	0·7	0·7	0·7	0·8	0·7	0·7	0·7	0·7
64	·6	·6	·7	·7	·7	·8	·8	·8	·8	·8	·7	·7
66	·6	·7	·7	·7	·8	·8	·8	·8	·8	·8	·8	·7
68	0·6	0·7	0·7	0·8	0·8	0·8	0·9	0·9	0·9	0·8	0·8	0·8
Month	a_2	a_2	a_2	a_2	a_2	a_2	a_2	a_2	a_2	a_2	a_2	a_2
Jan.	0·5	0·5	0·5	0·6	0·6	0·6	0·6	0·6	0·6	0·6	0·6	0·7
Feb.	·4	·4	·4	·4	·4	·4	·4	·5	·5	·5	·5	·6
Mar.	·4	·4	·4	·3	·3	·3	·3	·3	·3	·4	·4	·4
Apr.	0·5	0·5	0·4	0·4	0·3	0·3	0·3	0·2	0·2	0·2	0·3	0·3
May	·7	·6	·5	·5	·4	·3	·3	·2	·2	·2	·2	·2
June	·8	·7	·7	·6	·5	·5	·4	·3	·3	·2	·2	·2
July	0·9	0·9	0·8	0·8	0·7	0·6	0·5	0·5	0·4	0·4	0·3	0·3
Aug.	1·0	·9	·9	·9	·8	·8	·7	·7	·6	·5	·5	·4
Sept.	0·9	·9	·9	·9	·9	0·9	·9	·8	·8	·7	·7	·6
Oct.	0·8	0·9	0·9	0·9	0·9	1·0	0·9	0·9	0·9	0·9	0·8	0·8
Nov.	·7	·7	·8	·8	·9	0·9	1·0	1·0	1·0	1·0	1·0	0·9
Dec.	0·5	0·6	0·6	0·7	0·8	0·8	0·9	0·9	1·0	1·0	1·0	1·0
Lat.	AZIMUTH											
0	0·2	0·3	0·4	0·5	0·6	0·6	0·6	0·6	0·6	0·6	0·6	0·5
20	0·2	0·3	0·4	0·6	0·6	0·6	0·7	0·7	0·7	0·6	0·6	0·5
40	0·3	0·4	0·5	0·6	0·7	0·8	0·8	0·8	0·8	0·8	0·7	0·6
50	0·3	0·5	0·6	0·8	0·9	0·9	1·0	1·0	1·0	0·9	0·9	0·8
55	0·4	0·6	0·7	0·9	1·0	1·1	1·1	1·1	1·1	1·1	1·0	0·9
60	0·4	0·6	0·8	1·0	1·1	1·2	1·3	1·3	1·3	1·2	1·1	1·0
65	0·5	0·8	1·0	1·2	1·3	1·4	1·5	1·5	1·5	1·4	1·3	1·2

$$\text{Latitude} = \text{Apparent altitude (corrected for refraction)} - 1° + a_0 + a_1 + a_2$$

The table is entered with LHA Aries to determine the column to be used; each column refers to a range of 10°. a_0 is taken, with mental interpolation, from the upper table with the units of LHA Aries in degrees as argument; a_1, a_2 are taken, without interpolation, from the second and third tables with arguments latitude and month respectively. a_0, a_1, a_2, are always positive. The final table gives the azimuth of *Polaris*.

CONVERSION OF ARC TO TIME

0°–59°		60°–119°		120°–179°		180°–239°		240°–299°		300°–359°			0′00	0′25	0′50	0′75
°	h m	°	h m	°	h m	°	h m	°	h m	°	h m	′	m s	m s	m s	m s
0	0 00	60	4 00	120	8 00	180	12 00	240	16 00	300	20 00	0	0 00	0 01	0 02	0 03
1	0 04	61	4 04	121	8 04	181	12 04	241	16 04	301	20 04	1	0 04	0 05	0 06	0 07
2	0 08	62	4 08	122	8 08	182	12 08	242	16 08	302	20 08	2	0 08	0 09	0 10	0 11
3	0 12	63	4 12	123	8 12	183	12 12	243	16 12	303	20 12	3	0 12	0 13	0 14	0 15
4	0 16	64	4 16	124	8 16	184	12 16	244	16 16	304	20 16	4	0 16	0 17	0 18	0 19
5	0 20	65	4 20	125	8 20	185	12 20	245	16 20	305	20 20	5	0 20	0 21	0 22	0 23
6	0 24	66	4 24	126	8 24	186	12 24	246	16 24	306	20 24	6	0 24	0 25	0 26	0 27
7	0 28	67	4 28	127	8 28	187	12 28	247	16 28	307	20 28	7	0 28	0 29	0 30	0 31
8	0 32	68	4 32	128	8 32	188	12 32	248	16 32	308	20 32	8	0 32	0 33	0 34	0 35
9	0 36	69	4 36	129	8 36	189	12 36	249	16 36	309	20 36	9	0 36	0 37	0 38	0 39
10	0 40	70	4 40	130	8 40	190	12 40	250	16 40	310	20 40	10	0 40	0 41	0 42	0 43
11	0 44	71	4 44	131	8 44	191	12 44	251	16 44	311	20 44	11	0 44	0 45	0 46	0 47
12	0 48	72	4 48	132	8 48	192	12 48	252	16 48	312	20 48	12	0 48	0 49	0 50	0 51
13	0 52	73	4 52	133	8 52	193	12 52	253	16 52	313	20 52	13	0 52	0 53	0 54	0 55
14	0 56	74	4 56	134	8 56	194	12 56	254	16 56	314	20 56	14	0 56	0 57	0 58	0 59
15	1 00	75	5 00	135	9 00	195	13 00	255	17 00	315	21 00	15	1 00	1 01	1 02	1 03
16	1 04	76	5 04	136	9 04	196	13 04	256	17 04	316	21 04	16	1 04	1 05	1 06	1 07
17	1 08	77	5 08	137	9 08	197	13 08	257	17 08	317	21 08	17	1 08	1 09	1 10	1 11
18	1 12	78	5 12	138	9 12	198	13 12	258	17 12	318	21 12	18	1 12	1 13	1 14	1 15
19	1 16	79	5 16	139	9 16	199	13 16	259	17 16	319	21 16	19	1 16	1 17	1 18	1 19
20	1 20	80	5 20	140	9 20	200	13 20	260	17 20	320	21 20	20	1 20	1 21	1 22	1 23
21	1 24	81	5 24	141	9 24	201	13 24	261	17 24	321	21 24	21	1 24	1 25	1 26	1 27
22	1 28	82	5 28	142	9 28	202	13 28	262	17 28	322	21 28	22	1 28	1 29	1 30	1 31
23	1 32	83	5 32	143	9 32	203	13 32	263	17 32	323	21 32	23	1 32	1 33	1 34	1 35
24	1 36	84	5 36	144	9 36	204	13 36	264	17 36	324	21 36	24	1 36	1 37	1 38	1 39
25	1 40	85	5 40	145	9 40	205	13 40	265	17 40	325	21 40	25	1 40	1 41	1 42	1 43
26	1 44	86	5 44	146	9 44	206	13 44	266	17 44	326	21 44	26	1 44	1 45	1 46	1 47
27	1 48	87	5 48	147	9 48	207	13 48	267	17 48	327	21 48	27	1 48	1 49	1 50	1 51
28	1 52	88	5 52	148	9 52	208	13 52	268	17 52	328	21 52	28	1 52	1 53	1 54	1 55
29	1 56	89	5 56	149	9 56	209	13 56	269	17 56	329	21 56	29	1 56	1 57	1 58	1 59
30	2 00	90	6 00	150	10 00	210	14 00	270	18 00	330	22 00	30	2 00	2 01	2 02	2 03
31	2 04	91	6 04	151	10 04	211	14 04	271	18 04	331	22 04	31	2 04	2 05	2 06	2 07
32	2 08	92	6 08	152	10 08	212	14 08	272	18 08	332	22 08	32	2 08	2 09	2 10	2 11
33	2 12	93	6 12	153	10 12	213	14 12	273	18 12	333	22 12	33	2 12	2 13	2 14	2 15
34	2 16	94	6 16	154	10 16	214	14 16	274	18 16	334	22 16	34	2 16	2 17	2 18	2 19
35	2 20	95	6 20	155	10 20	215	14 20	275	18 20	335	22 20	35	2 20	2 21	2 22	2 23
36	2 24	96	6 24	156	10 24	216	14 24	276	18 24	336	22 24	36	2 24	2 25	2 26	2 27
37	2 28	97	6 28	157	10 28	217	14 28	277	18 28	337	22 28	37	2 28	2 29	2 30	2 31
38	2 32	98	6 32	158	10 32	218	14 32	278	18 32	338	22 32	38	2 32	2 33	2 34	2 35
39	2 36	99	6 36	159	10 36	219	14 36	279	18 36	339	22 36	39	2 36	2 37	2 38	2 39
40	2 40	100	6 40	160	10 40	220	14 40	280	18 40	340	22 40	40	2 40	2 41	2 42	2 43
41	2 44	101	6 44	161	10 44	221	14 44	281	18 44	341	22 44	41	2 44	2 45	2 46	2 47
42	2 48	102	6 48	162	10 48	222	14 48	282	18 48	342	22 48	42	2 48	2 49	2 50	2 51
43	2 52	103	6 52	163	10 52	223	14 52	283	18 52	343	22 52	43	2 52	2 53	2 54	2 55
44	2 56	104	6 56	164	10 56	224	14 56	284	18 56	344	22 56	44	2 56	2 57	2 58	2 59
45	3 00	105	7 00	165	11 00	225	15 00	285	19 00	345	23 00	45	3 00	3 01	3 02	3 03
46	3 04	106	7 04	166	11 04	226	15 04	286	19 04	346	23 04	46	3 04	3 05	3 06	3 07
47	3 08	107	7 08	167	11 08	227	15 08	287	19 08	347	23 08	47	3 08	3 09	3 10	3 11
48	3 12	108	7 12	168	11 12	228	15 12	288	19 12	348	23 12	48	3 12	3 13	3 14	3 15
49	3 16	109	7 16	169	11 16	229	15 16	289	19 16	349	23 16	49	3 16	3 17	3 18	3 19
50	3 20	110	7 20	170	11 20	230	15 20	290	19 20	350	23 20	50	3 20	3 21	3 22	3 23
51	3 24	111	7 24	171	11 24	231	15 24	291	19 24	351	23 24	51	3 24	3 25	3 26	3 27
52	3 28	112	7 28	172	11 28	232	15 28	292	19 28	352	23 28	52	3 28	3 29	3 30	3 31
53	3 32	113	7 32	173	11 32	233	15 32	293	19 32	353	23 32	53	3 32	3 33	3 34	3 35
54	3 36	114	7 36	174	11 36	234	15 36	294	19 36	354	23 36	54	3 36	3 37	3 38	3 39
55	3 40	115	7 40	175	11 40	235	15 40	295	19 40	355	23 40	55	3 40	3 41	3 42	3 43
56	3 44	116	7 44	176	11 44	236	15 44	296	19 44	356	23 44	56	3 44	3 45	3 46	3 47
57	3 48	117	7 48	177	11 48	237	15 48	297	19 48	357	23 48	57	3 48	3 49	3 50	3 51
58	3 52	118	7 52	178	11 52	238	15 52	298	19 52	358	23 52	58	3 52	3 53	3 54	3 55
59	3 56	119	7 56	179	11 56	239	15 56	299	19 56	359	23 56	59	3 56	3 57	3 58	3 59

The above table is for converting expressions in arc to their equivalent in time; its main use in this Almanac is for the conversion of longitude for application to LMT (*added* if *west*, *subtracted* if *east*) to give UT or vice versa, particularly in the case of sunrise, sunset, etc.

中华人民共和国海船船员适任考试培训教材

0ᵐ   INCREMENTS AND CORRECTIONS   **1ᵐ**

0ᵐ s	SUN PLANETS	ARIES	MOON	v or Corrⁿ d		v or Corrⁿ d		v or Corrⁿ d	
00	0 00.0	0 00.0	0 00.0	0.0	0.0	6.0	0.1	12.0	0.1
01	0 00.3	0 00.3	0 00.2	0.1	0.0	6.1	0.1	12.1	0.1
02	0 00.5	0 00.5	0 00.5	0.2	0.0	6.2	0.1	12.2	0.1
03	0 00.8	0 00.8	0 00.7	0.3	0.0	6.3	0.1	12.3	0.1
04	0 01.0	0 01.0	0 01.0	0.4	0.0	6.4	0.1	12.4	0.1
05	0 01.3	0 01.3	0 01.2	0.5	0.0	6.5	0.1	12.5	0.1
06	0 01.5	0 01.5	0 01.4	0.6	0.0	6.6	0.1	12.6	0.1
07	0 01.8	0 01.8	0 01.7	0.7	0.0	6.7	0.1	12.7	0.1
08	0 02.0	0 02.0	0 01.9	0.8	0.0	6.8	0.1	12.8	0.1
09	0 02.3	0 02.3	0 02.1	0.9	0.0	6.9	0.1	12.9	0.1
10	0 02.5	0 02.5	0 02.4	1.0	0.0	7.0	0.1	13.0	0.1
11	0 02.8	0 02.8	0 02.6	1.1	0.0	7.1	0.1	13.1	0.1
12	0 03.0	0 03.0	0 02.9	1.2	0.0	7.2	0.1	13.2	0.1
13	0 03.3	0 03.3	0 03.1	1.3	0.0	7.3	0.1	13.3	0.1
14	0 03.5	0 03.5	0 03.3	1.4	0.0	7.4	0.1	13.4	0.1
15	0 03.8	0 03.8	0 03.6	1.5	0.0	7.5	0.1	13.5	0.1
16	0 04.0	0 04.0	0 03.8	1.6	0.0	7.6	0.1	13.6	0.1
17	0 04.3	0 04.3	0 04.1	1.7	0.0	7.7	0.1	13.7	0.1
18	0 04.5	0 04.5	0 04.3	1.8	0.0	7.8	0.1	13.8	0.1
19	0 04.8	0 04.8	0 04.5	1.9	0.0	7.9	0.1	13.9	0.1
20	0 05.0	0 05.0	0 04.8	2.0	0.0	8.0	0.1	14.0	0.1
21	0 05.3	0 05.3	0 05.0	2.1	0.0	8.1	0.1	14.1	0.1
22	0 05.5	0 05.5	0 05.2	2.2	0.0	8.2	0.1	14.2	0.1
23	0 05.8	0 05.8	0 05.5	2.3	0.0	8.3	0.1	14.3	0.1
24	0 06.0	0 06.0	0 05.7	2.4	0.0	8.4	0.1	14.4	0.1
25	0 06.3	0 06.3	0 06.0	2.5	0.0	8.5	0.1	14.5	0.1
26	0 06.5	0 06.5	0 06.2	2.6	0.0	8.6	0.1	14.6	0.1
27	0 06.8	0 06.8	0 06.4	2.7	0.0	8.7	0.1	14.7	0.1
28	0 07.0	0 07.0	0 06.7	2.8	0.0	8.8	0.1	14.8	0.1
29	0 07.3	0 07.3	0 06.9	2.9	0.0	8.9	0.1	14.9	0.1
30	0 07.5	0 07.5	0 07.2	3.0	0.0	9.0	0.1	15.0	0.1
31	0 07.8	0 07.8	0 07.4	3.1	0.0	9.1	0.1	15.1	0.1
32	0 08.0	0 08.0	0 07.6	3.2	0.0	9.2	0.1	15.2	0.1
33	0 08.3	0 08.3	0 07.9	3.3	0.0	9.3	0.1	15.3	0.1
34	0 08.5	0 08.5	0 08.1	3.4	0.0	9.4	0.1	15.4	0.1
35	0 08.8	0 08.8	0 08.4	3.5	0.0	9.5	0.1	15.5	0.1
36	0 09.0	0 09.0	0 08.6	3.6	0.0	9.6	0.1	15.6	0.1
37	0 09.3	0 09.3	0 08.8	3.7	0.0	9.7	0.1	15.7	0.1
38	0 09.5	0 09.5	0 09.1	3.8	0.0	9.8	0.1	15.8	0.1
39	0 09.8	0 09.8	0 09.3	3.9	0.0	9.9	0.1	15.9	0.1
40	0 10.0	0 10.0	0 09.5	4.0	0.0	10.0	0.1	16.0	0.1
41	0 10.3	0 10.3	0 09.8	4.1	0.0	10.1	0.1	16.1	0.1
42	0 10.5	0 10.5	0 10.0	4.2	0.0	10.2	0.1	16.2	0.1
43	0 10.8	0 10.8	0 10.3	4.3	0.0	10.3	0.1	16.3	0.1
44	0 11.0	0 11.0	0 10.5	4.4	0.0	10.4	0.1	16.4	0.1
45	0 11.3	0 11.3	0 10.7	4.5	0.0	10.5	0.1	16.5	0.1
46	0 11.5	0 11.5	0 11.0	4.6	0.0	10.6	0.1	16.6	0.1
47	0 11.8	0 11.8	0 11.2	4.7	0.0	10.7	0.1	16.7	0.1
48	0 12.0	0 12.0	0 11.5	4.8	0.0	10.8	0.1	16.8	0.1
49	0 12.3	0 12.3	0 11.7	4.9	0.0	10.9	0.1	16.9	0.1
50	0 12.5	0 12.5	0 11.9	5.0	0.0	11.0	0.1	17.0	0.1
51	0 12.8	0 12.8	0 12.2	5.1	0.0	11.1	0.1	17.1	0.1
52	0 13.0	0 13.0	0 12.4	5.2	0.0	11.2	0.1	17.2	0.1
53	0 13.3	0 13.3	0 12.6	5.3	0.0	11.3	0.1	17.3	0.1
54	0 13.5	0 13.5	0 12.9	5.4	0.0	11.4	0.1	17.4	0.1
55	0 13.8	0 13.8	0 13.1	5.5	0.0	11.5	0.1	17.5	0.1
56	0 14.0	0 14.0	0 13.4	5.6	0.0	11.6	0.1	17.6	0.1
57	0 14.3	0 14.3	0 13.6	5.7	0.0	11.7	0.1	17.7	0.1
58	0 14.5	0 14.5	0 13.8	5.8	0.0	11.8	0.1	17.8	0.1
59	0 14.8	0 14.8	0 14.1	5.9	0.0	11.9	0.1	17.9	0.1
60	0 15.0	0 15.0	0 14.3	6.0	0.1	12.0	0.1	18.0	0.2

1ᵐ s	SUN PLANETS	ARIES	MOON	v or Corrⁿ d		v or Corrⁿ d		v or Corrⁿ d	
00	0 15.0	0 15.0	0 14.3	0.0	0.0	6.0	0.2	12.0	0.3
01	0 15.3	0 15.3	0 14.6	0.1	0.0	6.1	0.2	12.1	0.3
02	0 15.5	0 15.5	0 14.8	0.2	0.0	6.2	0.2	12.2	0.3
03	0 15.8	0 15.8	0 15.0	0.3	0.0	6.3	0.2	12.3	0.3
04	0 16.0	0 16.0	0 15.3	0.4	0.0	6.4	0.2	12.4	0.3
05	0 16.3	0 16.3	0 15.5	0.5	0.0	6.5	0.2	12.5	0.3
06	0 16.5	0 16.5	0 15.7	0.6	0.0	6.6	0.2	12.6	0.3
07	0 16.8	0 16.8	0 16.0	0.7	0.0	6.7	0.2	12.7	0.3
08	0 17.0	0 17.0	0 16.2	0.8	0.0	6.8	0.2	12.8	0.3
09	0 17.3	0 17.3	0 16.5	0.9	0.0	6.9	0.2	12.9	0.3
10	0 17.5	0 17.5	0 16.7	1.0	0.0	7.0	0.2	13.0	0.3
11	0 17.8	0 17.8	0 17.0	1.1	0.0	7.1	0.2	13.1	0.3
12	0 18.0	0 18.0	0 17.2	1.2	0.0	7.2	0.2	13.2	0.3
13	0 18.3	0 18.3	0 17.4	1.3	0.0	7.3	0.2	13.3	0.3
14	0 18.5	0 18.5	0 17.7	1.4	0.0	7.4	0.2	13.4	0.3
15	0 18.8	0 18.8	0 17.9	1.5	0.0	7.5	0.2	13.5	0.3
16	0 19.0	0 19.1	0 18.1	1.6	0.0	7.6	0.2	13.6	0.3
17	0 19.3	0 19.3	0 18.4	1.7	0.0	7.7	0.2	13.7	0.3
18	0 19.5	0 19.6	0 18.6	1.8	0.0	7.8	0.2	13.8	0.3
19	0 19.8	0 19.8	0 18.9	1.9	0.0	7.9	0.2	13.9	0.3
20	0 20.0	0 20.1	0 19.1	2.0	0.1	8.0	0.2	14.0	0.4
21	0 20.3	0 20.3	0 19.3	2.1	0.1	8.1	0.2	14.1	0.4
22	0 20.5	0 20.6	0 19.6	2.2	0.1	8.2	0.2	14.2	0.4
23	0 20.8	0 20.8	0 19.8	2.3	0.1	8.3	0.2	14.3	0.4
24	0 21.0	0 21.1	0 20.0	2.4	0.1	8.4	0.2	14.4	0.4
25	0 21.3	0 21.3	0 20.3	2.5	0.1	8.5	0.2	14.5	0.4
26	0 21.5	0 21.6	0 20.5	2.6	0.1	8.6	0.2	14.6	0.4
27	0 21.8	0 21.8	0 20.8	2.7	0.1	8.7	0.2	14.7	0.4
28	0 22.0	0 22.1	0 21.0	2.8	0.1	8.8	0.2	14.8	0.4
29	0 22.3	0 22.3	0 21.2	2.9	0.1	8.9	0.2	14.9	0.4
30	0 22.5	0 22.6	0 21.5	3.0	0.1	9.0	0.2	15.0	0.4
31	0 22.8	0 22.8	0 21.7	3.1	0.1	9.1	0.2	15.1	0.4
32	0 23.0	0 23.1	0 22.0	3.2	0.1	9.2	0.2	15.2	0.4
33	0 23.3	0 23.3	0 22.2	3.3	0.1	9.3	0.2	15.3	0.4
34	0 23.5	0 23.6	0 22.4	3.4	0.1	9.4	0.2	15.4	0.4
35	0 23.8	0 23.8	0 22.7	3.5	0.1	9.5	0.2	15.5	0.4
36	0 24.0	0 24.1	0 22.9	3.6	0.1	9.6	0.2	15.6	0.4
37	0 24.3	0 24.3	0 23.1	3.7	0.1	9.7	0.2	15.7	0.4
38	0 24.5	0 24.6	0 23.4	3.8	0.1	9.8	0.2	15.8	0.4
39	0 24.8	0 24.8	0 23.6	3.9	0.1	9.9	0.2	15.9	0.4
40	0 25.0	0 25.1	0 23.9	4.0	0.1	10.0	0.2	16.0	0.4
41	0 25.3	0 25.3	0 24.1	4.1	0.1	10.1	0.3	16.1	0.4
42	0 25.5	0 25.6	0 24.3	4.2	0.1	10.2	0.3	16.2	0.4
43	0 25.8	0 25.8	0 24.6	4.3	0.1	10.3	0.3	16.3	0.4
44	0 26.0	0 26.1	0 24.8	4.4	0.1	10.4	0.3	16.4	0.4
45	0 26.3	0 26.3	0 25.1	4.5	0.1	10.5	0.3	16.5	0.4
46	0 26.5	0 26.6	0 25.3	4.6	0.1	10.6	0.3	16.6	0.4
47	0 26.8	0 26.8	0 25.5	4.7	0.1	10.7	0.3	16.7	0.4
48	0 27.0	0 27.1	0 25.8	4.8	0.1	10.8	0.3	16.8	0.4
49	0 27.3	0 27.3	0 26.0	4.9	0.1	10.9	0.3	16.9	0.4
50	0 27.5	0 27.6	0 26.2	5.0	0.1	11.0	0.3	17.0	0.4
51	0 27.8	0 27.8	0 26.5	5.1	0.1	11.1	0.3	17.1	0.4
52	0 28.0	0 28.1	0 26.7	5.2	0.1	11.2	0.3	17.2	0.4
53	0 28.3	0 28.3	0 27.0	5.3	0.1	11.3	0.3	17.3	0.4
54	0 28.5	0 28.6	0 27.2	5.4	0.1	11.4	0.3	17.4	0.4
55	0 28.8	0 28.8	0 27.4	5.5	0.1	11.5	0.3	17.5	0.4
56	0 29.0	0 29.1	0 27.7	5.6	0.1	11.6	0.3	17.6	0.4
57	0 29.3	0 29.3	0 27.9	5.7	0.1	11.7	0.3	17.7	0.4
58	0 29.5	0 29.6	0 28.2	5.8	0.1	11.8	0.3	17.8	0.4
59	0 29.8	0 29.8	0 28.4	5.9	0.1	11.9	0.3	17.9	0.4
60	0 30.0	0 30.1	0 28.6	6.0	0.2	12.0	0.3	18.0	0.5

驾驶专业

2ᵐ   INCREMENTS AND CORRECTIONS   3ᵐ

2 s	SUN PLANETS ° '	ARIES ° '	MOON ° '	v or Corrⁿ d ' '	v or Corrⁿ d ' '	v or Corrⁿ d ' '
00	0 30.0	0 30.1	0 28.6	0.0 0.0	6.0 0.3	12.0 0.5
01	0 30.3	0 30.3	0 28.9	0.1 0.0	6.1 0.3	12.1 0.5
02	0 30.5	0 30.6	0 29.1	0.2 0.0	6.2 0.3	12.2 0.5
03	0 30.8	0 30.8	0 29.3	0.3 0.0	6.3 0.3	12.3 0.5
04	0 31.0	0 31.1	0 29.6	0.4 0.0	6.4 0.3	12.4 0.5
05	0 31.3	0 31.3	0 29.8	0.5 0.0	6.5 0.3	12.5 0.5
06	0 31.5	0 31.6	0 30.1	0.6 0.0	6.6 0.3	12.6 0.5
07	0 31.8	0 31.8	0 30.3	0.7 0.0	6.7 0.3	12.7 0.5
08	0 32.0	0 32.1	0 30.5	0.8 0.0	6.8 0.3	12.8 0.5
09	0 32.3	0 32.3	0 30.8	0.9 0.0	6.9 0.3	12.9 0.5
10	0 32.5	0 32.6	0 31.0	1.0 0.0	7.0 0.3	13.0 0.5
11	0 32.8	0 32.8	0 31.3	1.1 0.0	7.1 0.3	13.1 0.5
12	0 33.0	0 33.1	0 31.5	1.2 0.1	7.2 0.3	13.2 0.6
13	0 33.3	0 33.3	0 31.7	1.3 0.1	7.3 0.3	13.3 0.6
14	0 33.5	0 33.6	0 32.0	1.4 0.1	7.4 0.3	13.4 0.6
15	0 33.8	0 33.8	0 32.2	1.5 0.1	7.5 0.3	13.5 0.6
16	0 34.0	0 34.1	0 32.5	1.6 0.1	7.6 0.3	13.6 0.6
17	0 34.3	0 34.3	0 32.7	1.7 0.1	7.7 0.3	13.7 0.6
18	0 34.5	0 34.6	0 32.9	1.8 0.1	7.8 0.3	13.8 0.6
19	0 34.8	0 34.8	0 33.2	1.9 0.1	7.9 0.3	13.9 0.6
20	0 35.0	0 35.1	0 33.4	2.0 0.1	8.0 0.3	14.0 0.6
21	0 35.3	0 35.3	0 33.6	2.1 0.1	8.1 0.3	14.1 0.6
22	0 35.5	0 35.6	0 33.9	2.2 0.1	8.2 0.3	14.2 0.6
23	0 35.8	0 35.8	0 34.1	2.3 0.1	8.3 0.3	14.3 0.6
24	0 36.0	0 36.1	0 34.4	2.4 0.1	8.4 0.4	14.4 0.6
25	0 36.3	0 36.3	0 34.6	2.5 0.1	8.5 0.4	14.5 0.6
26	0 36.5	0 36.6	0 34.8	2.6 0.1	8.6 0.4	14.6 0.6
27	0 36.8	0 36.9	0 35.1	2.7 0.1	8.7 0.4	14.7 0.6
28	0 37.0	0 37.1	0 35.3	2.8 0.1	8.8 0.4	14.8 0.6
29	0 37.3	0 37.4	0 35.6	2.9 0.1	8.9 0.4	14.9 0.6
30	0 37.5	0 37.6	0 35.8	3.0 0.1	9.0 0.4	15.0 0.6
31	0 37.8	0 37.9	0 36.0	3.1 0.1	9.1 0.4	15.1 0.6
32	0 38.0	0 38.1	0 36.3	3.2 0.1	9.2 0.4	15.2 0.6
33	0 38.3	0 38.4	0 36.5	3.3 0.1	9.3 0.4	15.3 0.6
34	0 38.5	0 38.6	0 36.7	3.4 0.1	9.4 0.4	15.4 0.6
35	0 38.8	0 38.9	0 37.0	3.5 0.1	9.5 0.4	15.5 0.6
36	0 39.0	0 39.1	0 37.2	3.6 0.2	9.6 0.4	15.6 0.7
37	0 39.3	0 39.4	0 37.5	3.7 0.2	9.7 0.4	15.7 0.7
38	0 39.5	0 39.6	0 37.7	3.8 0.2	9.8 0.4	15.8 0.7
39	0 39.8	0 39.9	0 37.9	3.9 0.2	9.9 0.4	15.9 0.7
40	0 40.0	0 40.1	0 38.2	4.0 0.2	10.0 0.4	16.0 0.7
41	0 40.3	0 40.4	0 38.4	4.1 0.2	10.1 0.4	16.1 0.7
42	0 40.5	0 40.6	0 38.7	4.2 0.2	10.2 0.4	16.2 0.7
43	0 40.8	0 40.9	0 38.9	4.3 0.2	10.3 0.4	16.3 0.7
44	0 41.0	0 41.1	0 39.1	4.4 0.2	10.4 0.4	16.4 0.7
45	0 41.3	0 41.4	0 39.4	4.5 0.2	10.5 0.4	16.5 0.7
46	0 41.5	0 41.6	0 39.6	4.6 0.2	10.6 0.4	16.6 0.7
47	0 41.8	0 41.9	0 39.8	4.7 0.2	10.7 0.4	16.7 0.7
48	0 42.0	0 42.1	0 40.1	4.8 0.2	10.8 0.5	16.8 0.7
49	0 42.3	0 42.4	0 40.3	4.9 0.2	10.9 0.5	16.9 0.7
50	0 42.5	0 42.6	0 40.6	5.0 0.2	11.0 0.5	17.0 0.7
51	0 42.8	0 42.9	0 40.8	5.1 0.2	11.1 0.5	17.1 0.7
52	0 43.0	0 43.1	0 41.0	5.2 0.2	11.2 0.5	17.2 0.7
53	0 43.3	0 43.4	0 41.3	5.3 0.2	11.3 0.5	17.3 0.7
54	0 43.5	0 43.6	0 41.5	5.4 0.2	11.4 0.5	17.4 0.7
55	0 43.8	0 43.9	0 41.8	5.5 0.2	11.5 0.5	17.5 0.7
56	0 44.0	0 44.1	0 42.0	5.6 0.2	11.6 0.5	17.6 0.7
57	0 44.3	0 44.4	0 42.2	5.7 0.2	11.7 0.5	17.7 0.7
58	0 44.5	0 44.6	0 42.5	5.8 0.2	11.8 0.5	17.8 0.7
59	0 44.8	0 44.9	0 42.7	5.9 0.2	11.9 0.5	17.9 0.7
60	0 45.0	0 45.1	0 43.0	6.0 0.3	12.0 0.5	18.0 0.8

3 s	SUN PLANETS ° '	ARIES ° '	MOON ° '	v or Corrⁿ d ' '	v or Corrⁿ d ' '	v or Corrⁿ d ' '
00	0 45.0	0 45.1	0 43.0	0.0 0.0	6.0 0.4	12.0 0.7
01	0 45.3	0 45.4	0 43.2	0.1 0.0	6.1 0.4	12.1 0.7
02	0 45.5	0 45.6	0 43.4	0.2 0.0	6.2 0.4	12.2 0.7
03	0 45.8	0 45.9	0 43.7	0.3 0.0	6.3 0.4	12.3 0.7
04	0 46.0	0 46.1	0 43.9	0.4 0.0	6.4 0.4	12.4 0.7
05	0 46.3	0 46.4	0 44.1	0.5 0.0	6.5 0.4	12.5 0.7
06	0 46.5	0 46.6	0 44.4	0.6 0.0	6.6 0.4	12.6 0.7
07	0 46.8	0 46.9	0 44.6	0.7 0.0	6.7 0.4	12.7 0.7
08	0 47.0	0 47.1	0 44.9	0.8 0.0	6.8 0.4	12.8 0.7
09	0 47.3	0 47.4	0 45.1	0.9 0.1	6.9 0.4	12.9 0.8
10	0 47.5	0 47.6	0 45.3	1.0 0.1	7.0 0.4	13.0 0.8
11	0 47.8	0 47.9	0 45.6	1.1 0.1	7.1 0.4	13.1 0.8
12	0 48.0	0 48.1	0 45.8	1.2 0.1	7.2 0.4	13.2 0.8
13	0 48.3	0 48.4	0 46.1	1.3 0.1	7.3 0.4	13.3 0.8
14	0 48.5	0 48.6	0 46.3	1.4 0.1	7.4 0.4	13.4 0.8
15	0 48.8	0 48.9	0 46.5	1.5 0.1	7.5 0.4	13.5 0.8
16	0 49.0	0 49.1	0 46.8	1.6 0.1	7.6 0.4	13.6 0.8
17	0 49.3	0 49.4	0 47.0	1.7 0.1	7.7 0.4	13.7 0.8
18	0 49.5	0 49.6	0 47.2	1.8 0.1	7.8 0.5	13.8 0.8
19	0 49.8	0 49.9	0 47.5	1.9 0.1	7.9 0.5	13.9 0.8
20	0 50.0	0 50.1	0 47.7	2.0 0.1	8.0 0.5	14.0 0.8
21	0 50.3	0 50.4	0 48.0	2.1 0.1	8.1 0.5	14.1 0.8
22	0 50.5	0 50.6	0 48.2	2.2 0.1	8.2 0.5	14.2 0.8
23	0 50.8	0 50.9	0 48.4	2.3 0.1	8.3 0.5	14.3 0.8
24	0 51.0	0 51.1	0 48.7	2.4 0.1	8.4 0.5	14.4 0.8
25	0 51.3	0 51.4	0 48.9	2.5 0.1	8.5 0.5	14.5 0.8
26	0 51.5	0 51.6	0 49.2	2.6 0.2	8.6 0.5	14.6 0.9
27	0 51.8	0 51.9	0 49.4	2.7 0.2	8.7 0.5	14.7 0.9
28	0 52.0	0 52.1	0 49.6	2.8 0.2	8.8 0.5	14.8 0.9
29	0 52.3	0 52.4	0 49.9	2.9 0.2	8.9 0.5	14.9 0.9
30	0 52.5	0 52.6	0 50.1	3.0 0.2	9.0 0.5	15.0 0.9
31	0 52.8	0 52.9	0 50.3	3.1 0.2	9.1 0.5	15.1 0.9
32	0 53.0	0 53.1	0 50.6	3.2 0.2	9.2 0.5	15.2 0.9
33	0 53.3	0 53.4	0 50.8	3.3 0.2	9.3 0.5	15.3 0.9
34	0 53.5	0 53.6	0 51.1	3.4 0.2	9.4 0.5	15.4 0.9
35	0 53.8	0 53.9	0 51.3	3.5 0.2	9.5 0.6	15.5 0.9
36	0 54.0	0 54.1	0 51.5	3.6 0.2	9.6 0.6	15.6 0.9
37	0 54.3	0 54.4	0 51.8	3.7 0.2	9.7 0.6	15.7 0.9
38	0 54.5	0 54.6	0 52.0	3.8 0.2	9.8 0.6	15.8 0.9
39	0 54.8	0 54.9	0 52.3	3.9 0.2	9.9 0.6	15.9 0.9
40	0 55.0	0 55.2	0 52.5	4.0 0.2	10.0 0.6	16.0 0.9
41	0 55.3	0 55.4	0 52.7	4.1 0.2	10.1 0.6	16.1 0.9
42	0 55.5	0 55.7	0 53.0	4.2 0.2	10.2 0.6	16.2 0.9
43	0 55.8	0 55.9	0 53.2	4.3 0.3	10.3 0.6	16.3 1.0
44	0 56.0	0 56.2	0 53.4	4.4 0.3	10.4 0.6	16.4 1.0
45	0 56.3	0 56.4	0 53.7	4.5 0.3	10.5 0.6	16.5 1.0
46	0 56.5	0 56.7	0 53.9	4.6 0.3	10.6 0.6	16.6 1.0
47	0 56.8	0 56.9	0 54.2	4.7 0.3	10.7 0.6	16.7 1.0
48	0 57.0	0 57.2	0 54.4	4.8 0.3	10.8 0.6	16.8 1.0
49	0 57.3	0 57.4	0 54.6	4.9 0.3	10.9 0.6	16.9 1.0
50	0 57.5	0 57.7	0 54.9	5.0 0.3	11.0 0.6	17.0 1.0
51	0 57.8	0 57.9	0 55.1	5.1 0.3	11.1 0.6	17.1 1.0
52	0 58.0	0 58.2	0 55.4	5.2 0.3	11.2 0.7	17.2 1.0
53	0 58.3	0 58.4	0 55.6	5.3 0.3	11.3 0.7	17.3 1.0
54	0 58.5	0 58.7	0 55.8	5.4 0.3	11.4 0.7	17.4 1.0
55	0 58.8	0 58.9	0 56.1	5.5 0.3	11.5 0.7	17.5 1.0
56	0 59.0	0 59.2	0 56.3	5.6 0.3	11.6 0.7	17.6 1.0
57	0 59.3	0 59.4	0 56.6	5.7 0.3	11.7 0.7	17.7 1.0
58	0 59.5	0 59.7	0 56.8	5.8 0.3	11.8 0.7	17.8 1.0
59	0 59.8	0 59.9	0 57.0	5.9 0.3	11.9 0.7	17.9 1.0
60	1 00.0	1 00.2	0 57.3	6.0 0.4	12.0 0.7	18.0 1.1

中华人民共和国海船船员适任考试培训教材

INCREMENTS AND CORRECTIONS

4m

4 s	SUN PLANETS	ARIES	MOON	v or d	Corrn	v or d	Corrn	v or d	Corrn
	° ′	° ′	° ′	′	′	′	′	′	′
00	1 00·0	1 00·2	0 57·3	0·0	0·0	6·0	0·5	12·0	0·9
01	1 00·3	1 00·4	0 57·5	0·1	0·0	6·1	0·5	12·1	0·9
02	1 00·5	1 00·7	0 57·7	0·2	0·0	6·2	0·5	12·2	0·9
03	1 00·8	1 00·9	0 58·0	0·3	0·0	6·3	0·5	12·3	0·9
04	1 01·0	1 01·2	0 58·2	0·4	0·0	6·4	0·5	12·4	0·9
05	1 01·3	1 01·4	0 58·5	0·5	0·0	6·5	0·5	12·5	0·9
06	1 01·5	1 01·7	0 58·7	0·6	0·0	6·6	0·5	12·6	0·9
07	1 01·8	1 01·9	0 58·9	0·7	0·1	6·7	0·5	12·7	1·0
08	1 02·0	1 02·2	0 59·2	0·8	0·1	6·8	0·5	12·8	1·0
09	1 02·3	1 02·4	0 59·4	0·9	0·1	6·9	0·5	12·9	1·0
10	1 02·5	1 02·7	0 59·7	1·0	0·1	7·0	0·5	13·0	1·0
11	1 02·8	1 02·9	0 59·9	1·1	0·1	7·1	0·5	13·1	1·0
12	1 03·0	1 03·2	1 00·1	1·2	0·1	7·2	0·5	13·2	1·0
13	1 03·3	1 03·4	1 00·4	1·3	0·1	7·3	0·5	13·3	1·0
14	1 03·5	1 03·7	1 00·6	1·4	0·1	7·4	0·6	13·4	1·0
15	1 03·8	1 03·9	1 00·8	1·5	0·1	7·5	0·6	13·5	1·0
16	1 04·0	1 04·2	1 01·1	1·6	0·1	7·6	0·6	13·6	1·0
17	1 04·3	1 04·4	1 01·3	1·7	0·1	7·7	0·6	13·7	1·0
18	1 04·5	1 04·7	1 01·6	1·8	0·1	7·8	0·6	13·8	1·0
19	1 04·8	1 04·9	1 01·8	1·9	0·1	7·9	0·6	13·9	1·0
20	1 05·0	1 05·2	1 02·0	2·0	0·2	8·0	0·6	14·0	1·1
21	1 05·3	1 05·4	1 02·3	2·1	0·2	8·1	0·6	14·1	1·1
22	1 05·5	1 05·7	1 02·5	2·2	0·2	8·2	0·6	14·2	1·1
23	1 05·8	1 05·9	1 02·8	2·3	0·2	8·3	0·6	14·3	1·1
24	1 06·0	1 06·2	1 03·0	2·4	0·2	8·4	0·6	14·4	1·1
25	1 06·3	1 06·4	1 03·2	2·5	0·2	8·5	0·6	14·5	1·1
26	1 06·5	1 06·7	1 03·5	2·6	0·2	8·6	0·6	14·6	1·1
27	1 06·8	1 06·9	1 03·7	2·7	0·2	8·7	0·7	14·7	1·1
28	1 07·0	1 07·2	1 03·9	2·8	0·2	8·8	0·7	14·8	1·1
29	1 07·3	1 07·4	1 04·2	2·9	0·2	8·9	0·7	14·9	1·1
30	1 07·5	1 07·7	1 04·4	3·0	0·2	9·0	0·7	15·0	1·1
31	1 07·8	1 07·9	1 04·7	3·1	0·2	9·1	0·7	15·1	1·1
32	1 08·0	1 08·2	1 04·9	3·2	0·2	9·2	0·7	15·2	1·1
33	1 08·3	1 08·4	1 05·1	3·3	0·2	9·3	0·7	15·3	1·1
34	1 08·5	1 08·7	1 05·4	3·4	0·3	9·4	0·7	15·4	1·2
35	1 08·8	1 08·9	1 05·6	3·5	0·3	9·5	0·7	15·5	1·2
36	1 09·0	1 09·2	1 05·9	3·6	0·3	9·6	0·7	15·6	1·2
37	1 09·3	1 09·4	1 06·1	3·7	0·3	9·7	0·7	15·7	1·2
38	1 09·5	1 09·7	1 06·3	3·8	0·3	9·8	0·7	15·8	1·2
39	1 09·8	1 09·9	1 06·6	3·9	0·3	9·9	0·7	15·9	1·2
40	1 10·0	1 10·2	1 06·8	4·0	0·3	10·0	0·8	16·0	1·2
41	1 10·3	1 10·4	1 07·0	4·1	0·3	10·1	0·8	16·1	1·2
42	1 10·5	1 10·7	1 07·3	4·2	0·3	10·2	0·8	16·2	1·2
43	1 10·8	1 10·9	1 07·5	4·3	0·3	10·3	0·8	16·3	1·2
44	1 11·0	1 11·2	1 07·8	4·4	0·3	10·4	0·8	16·4	1·2
45	1 11·3	1 11·4	1 08·0	4·5	0·3	10·5	0·8	16·5	1·2
46	1 11·5	1 11·7	1 08·2	4·6	0·3	10·6	0·8	16·6	1·2
47	1 11·8	1 11·9	1 08·5	4·7	0·4	10·7	0·8	16·7	1·3
48	1 12·0	1 12·2	1 08·7	4·8	0·4	10·8	0·8	16·8	1·3
49	1 12·3	1 12·4	1 09·0	4·9	0·4	10·9	0·8	16·9	1·3
50	1 12·5	1 12·7	1 09·2	5·0	0·4	11·0	0·8	17·0	1·3
51	1 12·8	1 12·9	1 09·4	5·1	0·4	11·1	0·8	17·1	1·3
52	1 13·0	1 13·2	1 09·7	5·2	0·4	11·2	0·8	17·2	1·3
53	1 13·3	1 13·5	1 09·9	5·3	0·4	11·3	0·8	17·3	1·3
54	1 13·5	1 13·7	1 10·2	5·4	0·4	11·4	0·9	17·4	1·3
55	1 13·8	1 14·0	1 10·4	5·5	0·4	11·5	0·9	17·5	1·3
56	1 14·0	1 14·2	1 10·6	5·6	0·4	11·6	0·9	17·6	1·3
57	1 14·3	1 14·5	1 10·9	5·7	0·4	11·7	0·9	17·7	1·3
58	1 14·5	1 14·7	1 11·1	5·8	0·4	11·8	0·9	17·8	1·3
59	1 14·8	1 15·0	1 11·3	5·9	0·4	11·9	0·9	17·9	1·3
60	1 15·0	1 15·2	1 11·6	6·0	0·5	12·0	0·9	18·0	1·4

5m

5 s	SUN PLANETS	ARIES	MOON	v or d	Corrn	v or d	Corrn	v or d	Corrn
	° ′	° ′	° ′	′	′	′	′	′	′
00	1 15·0	1 15·2	1 11·6	0·0	0·0	6·0	0·6	12·0	1·1
01	1 15·3	1 15·5	1 11·8	0·1	0·0	6·1	0·6	12·1	1·1
02	1 15·5	1 15·7	1 12·1	0·2	0·0	6·2	0·6	12·2	1·1
03	1 15·8	1 16·0	1 12·3	0·3	0·0	6·3	0·6	12·3	1·1
04	1 16·0	1 16·2	1 12·5	0·4	0·0	6·4	0·6	12·4	1·1
05	1 16·3	1 16·5	1 12·8	0·5	0·0	6·5	0·6	12·5	1·1
06	1 16·5	1 16·7	1 13·0	0·6	0·1	6·6	0·6	12·6	1·2
07	1 16·8	1 17·0	1 13·3	0·7	0·1	6·7	0·6	12·7	1·2
08	1 17·0	1 17·2	1 13·5	0·8	0·1	6·8	0·6	12·8	1·2
09	1 17·3	1 17·5	1 13·7	0·9	0·1	6·9	0·6	12·9	1·2
10	1 17·5	1 17·7	1 14·0	1·0	0·1	7·0	0·6	13·0	1·2
11	1 17·8	1 18·0	1 14·2	1·1	0·1	7·1	0·7	13·1	1·2
12	1 18·0	1 18·2	1 14·4	1·2	0·1	7·2	0·7	13·2	1·2
13	1 18·3	1 18·5	1 14·7	1·3	0·1	7·3	0·7	13·3	1·2
14	1 18·5	1 18·7	1 14·9	1·4	0·1	7·4	0·7	13·4	1·2
15	1 18·8	1 19·0	1 15·2	1·5	0·1	7·5	0·7	13·5	1·2
16	1 19·0	1 19·2	1 15·4	1·6	0·1	7·6	0·7	13·6	1·2
17	1 19·3	1 19·5	1 15·6	1·7	0·2	7·7	0·7	13·7	1·3
18	1 19·5	1 19·7	1 15·9	1·8	0·2	7·8	0·7	13·8	1·3
19	1 19·8	1 20·0	1 16·1	1·9	0·2	7·9	0·7	13·9	1·3
20	1 20·0	1 20·2	1 16·4	2·0	0·2	8·0	0·7	14·0	1·3
21	1 20·3	1 20·5	1 16·6	2·1	0·2	8·1	0·7	14·1	1·3
22	1 20·5	1 20·7	1 16·8	2·2	0·2	8·2	0·8	14·2	1·3
23	1 20·8	1 21·0	1 17·1	2·3	0·2	8·3	0·8	14·3	1·3
24	1 21·0	1 21·2	1 17·3	2·4	0·2	8·4	0·8	14·4	1·3
25	1 21·3	1 21·5	1 17·5	2·5	0·2	8·5	0·8	14·5	1·3
26	1 21·5	1 21·7	1 17·8	2·6	0·2	8·6	0·8	14·6	1·3
27	1 21·8	1 22·0	1 18·0	2·7	0·2	8·7	0·8	14·7	1·3
28	1 22·0	1 22·2	1 18·3	2·8	0·3	8·8	0·8	14·8	1·4
29	1 22·3	1 22·5	1 18·5	2·9	0·3	8·9	0·8	14·9	1·4
30	1 22·5	1 22·7	1 18·7	3·0	0·3	9·0	0·8	15·0	1·4
31	1 22·8	1 23·0	1 19·0	3·1	0·3	9·1	0·8	15·1	1·4
32	1 23·0	1 23·2	1 19·2	3·2	0·3	9·2	0·8	15·2	1·4
33	1 23·3	1 23·5	1 19·5	3·3	0·3	9·3	0·9	15·3	1·4
34	1 23·5	1 23·7	1 19·7	3·4	0·3	9·4	0·9	15·4	1·4
35	1 23·8	1 24·0	1 19·9	3·5	0·3	9·5	0·9	15·5	1·4
36	1 24·0	1 24·2	1 20·2	3·6	0·3	9·6	0·9	15·6	1·4
37	1 24·3	1 24·5	1 20·4	3·7	0·3	9·7	0·9	15·7	1·4
38	1 24·5	1 24·7	1 20·7	3·8	0·3	9·8	0·9	15·8	1·4
39	1 24·8	1 25·0	1 20·9	3·9	0·4	9·9	0·9	15·9	1·5
40	1 25·0	1 25·2	1 21·1	4·0	0·4	10·0	0·9	16·0	1·5
41	1 25·3	1 25·5	1 21·4	4·1	0·4	10·1	0·9	16·1	1·5
42	1 25·5	1 25·7	1 21·6	4·2	0·4	10·2	0·9	16·2	1·5
43	1 25·8	1 26·0	1 21·8	4·3	0·4	10·3	0·9	16·3	1·5
44	1 26·0	1 26·2	1 22·1	4·4	0·4	10·4	1·0	16·4	1·5
45	1 26·3	1 26·5	1 22·3	4·5	0·4	10·5	1·0	16·5	1·5
46	1 26·5	1 26·7	1 22·6	4·6	0·4	10·6	1·0	16·6	1·5
47	1 26·8	1 27·0	1 22·8	4·7	0·4	10·7	1·0	16·7	1·5
48	1 27·0	1 27·2	1 23·0	4·8	0·4	10·8	1·0	16·8	1·5
49	1 27·3	1 27·5	1 23·3	4·9	0·4	10·9	1·0	16·9	1·5
50	1 27·5	1 27·7	1 23·5	5·0	0·5	11·0	1·0	17·0	1·6
51	1 27·8	1 28·0	1 23·8	5·1	0·5	11·1	1·0	17·1	1·6
52	1 28·0	1 28·2	1 24·0	5·2	0·5	11·2	1·0	17·2	1·6
53	1 28·3	1 28·5	1 24·2	5·3	0·5	11·3	1·0	17·3	1·6
54	1 28·5	1 28·7	1 24·5	5·4	0·5	11·4	1·0	17·4	1·6
55	1 28·8	1 29·0	1 24·7	5·5	0·5	11·5	1·1	17·5	1·6
56	1 29·0	1 29·2	1 24·9	5·6	0·5	11·6	1·1	17·6	1·6
57	1 29·3	1 29·5	1 25·2	5·7	0·5	11·7	1·1	17·7	1·6
58	1 29·5	1 29·7	1 25·4	5·8	0·5	11·8	1·1	17·8	1·6
59	1 29·8	1 30·0	1 25·7	5·9	0·5	11·9	1·1	17·9	1·6
60	1 30·0	1 30·2	1 25·9	6·0	0·6	12·0	1·1	18·0	1·7

6ᵐ INCREMENTS AND CORRECTIONS 7ᵐ

m 6 s	SUN PLANETS	ARIES	MOON	v or d Corrⁿ	v or d Corrⁿ	v or d Corrⁿ
00	1 30.0	1 30.2	1 25.9	0.0 0.0	6.0 0.7	12.0 1.3
01	1 30.3	1 30.5	1 26.1	0.1 0.0	6.1 0.7	12.1 1.3
02	1 30.5	1 30.7	1 26.4	0.2 0.0	6.2 0.7	12.2 1.3
03	1 30.8	1 31.0	1 26.6	0.3 0.0	6.3 0.7	12.3 1.3
04	1 31.0	1 31.2	1 26.9	0.4 0.0	6.4 0.7	12.4 1.3
05	1 31.3	1 31.5	1 27.1	0.5 0.1	6.5 0.7	12.5 1.4
06	1 31.5	1 31.8	1 27.3	0.6 0.1	6.6 0.7	12.6 1.4
07	1 31.8	1 32.0	1 27.6	0.7 0.1	6.7 0.7	12.7 1.4
08	1 32.0	1 32.3	1 27.8	0.8 0.1	6.8 0.7	12.8 1.4
09	1 32.3	1 32.5	1 28.0	0.9 0.1	6.9 0.7	12.9 1.4
10	1 32.5	1 32.8	1 28.3	1.0 0.1	7.0 0.8	13.0 1.4
11	1 32.8	1 33.0	1 28.5	1.1 0.1	7.1 0.8	13.1 1.4
12	1 33.0	1 33.3	1 28.8	1.2 0.1	7.2 0.8	13.2 1.4
13	1 33.3	1 33.5	1 29.0	1.3 0.1	7.3 0.8	13.3 1.4
14	1 33.5	1 33.8	1 29.2	1.4 0.2	7.4 0.8	13.4 1.5
15	1 33.8	1 34.0	1 29.5	1.5 0.2	7.5 0.8	13.5 1.5
16	1 34.0	1 34.3	1 29.7	1.6 0.2	7.6 0.8	13.6 1.5
17	1 34.3	1 34.5	1 30.0	1.7 0.2	7.7 0.8	13.7 1.5
18	1 34.5	1 34.8	1 30.2	1.8 0.2	7.8 0.8	13.8 1.5
19	1 34.8	1 35.0	1 30.4	1.9 0.2	7.9 0.9	13.9 1.5
20	1 35.0	1 35.3	1 30.7	2.0 0.2	8.0 0.9	14.0 1.5
21	1 35.3	1 35.5	1 30.9	2.1 0.2	8.1 0.9	14.1 1.5
22	1 35.5	1 35.8	1 31.1	2.2 0.2	8.2 0.9	14.2 1.5
23	1 35.8	1 36.0	1 31.4	2.3 0.3	8.3 0.9	14.3 1.5
24	1 36.0	1 36.3	1 31.6	2.4 0.3	8.4 0.9	14.4 1.6
25	1 36.3	1 36.5	1 31.9	2.5 0.3	8.5 0.9	14.5 1.6
26	1 36.5	1 36.8	1 32.1	2.6 0.3	8.6 0.9	14.6 1.6
27	1 36.8	1 37.0	1 32.3	2.7 0.3	8.7 0.9	14.7 1.6
28	1 37.0	1 37.3	1 32.6	2.8 0.3	8.8 1.0	14.8 1.6
29	1 37.3	1 37.5	1 32.8	2.9 0.3	8.9 1.0	14.9 1.6
30	1 37.5	1 37.8	1 33.1	3.0 0.3	9.0 1.0	15.0 1.6
31	1 37.8	1 38.0	1 33.3	3.1 0.3	9.1 1.0	15.1 1.6
32	1 38.0	1 38.3	1 33.5	3.2 0.3	9.2 1.0	15.2 1.6
33	1 38.3	1 38.5	1 33.8	3.3 0.4	9.3 1.0	15.3 1.7
34	1 38.5	1 38.8	1 34.0	3.4 0.4	9.4 1.0	15.4 1.7
35	1 38.8	1 39.0	1 34.3	3.5 0.4	9.5 1.0	15.5 1.7
36	1 39.0	1 39.3	1 34.5	3.6 0.4	9.6 1.0	15.6 1.7
37	1 39.3	1 39.5	1 34.7	3.7 0.4	9.7 1.1	15.7 1.7
38	1 39.5	1 39.8	1 35.0	3.8 0.4	9.8 1.1	15.8 1.7
39	1 39.8	1 40.0	1 35.2	3.9 0.4	9.9 1.1	15.9 1.7
40	1 40.0	1 40.3	1 35.4	4.0 0.4	10.0 1.1	16.0 1.7
41	1 40.3	1 40.5	1 35.7	4.1 0.4	10.1 1.1	16.1 1.7
42	1 40.5	1 40.8	1 35.9	4.2 0.5	10.2 1.1	16.2 1.8
43	1 40.8	1 41.0	1 36.2	4.3 0.5	10.3 1.1	16.3 1.8
44	1 41.0	1 41.3	1 36.4	4.4 0.5	10.4 1.1	16.4 1.8
45	1 41.3	1 41.5	1 36.6	4.5 0.5	10.5 1.1	16.5 1.8
46	1 41.5	1 41.8	1 36.9	4.6 0.5	10.6 1.1	16.6 1.8
47	1 41.8	1 42.0	1 37.1	4.7 0.5	10.7 1.2	16.7 1.8
48	1 42.0	1 42.3	1 37.4	4.8 0.5	10.8 1.2	16.8 1.8
49	1 42.3	1 42.5	1 37.6	4.9 0.5	10.9 1.2	16.9 1.8
50	1 42.5	1 42.8	1 37.8	5.0 0.5	11.0 1.2	17.0 1.8
51	1 42.8	1 43.0	1 38.1	5.1 0.6	11.1 1.2	17.1 1.9
52	1 43.0	1 43.3	1 38.3	5.2 0.6	11.2 1.2	17.2 1.9
53	1 43.3	1 43.5	1 38.5	5.3 0.6	11.3 1.2	17.3 1.9
54	1 43.5	1 43.8	1 38.8	5.4 0.6	11.4 1.2	17.4 1.9
55	1 43.8	1 44.0	1 39.0	5.5 0.6	11.5 1.2	17.5 1.9
56	1 44.0	1 44.3	1 39.3	5.6 0.6	11.6 1.3	17.6 1.9
57	1 44.3	1 44.5	1 39.5	5.7 0.6	11.7 1.3	17.7 1.9
58	1 44.5	1 44.8	1 39.7	5.8 0.6	11.8 1.3	17.8 1.9
59	1 44.8	1 45.0	1 40.0	5.9 0.6	11.9 1.3	17.9 1.9
60	1 45.0	1 45.3	1 40.2	6.0 0.7	12.0 1.3	18.0 2.0

m 7 s	SUN PLANETS	ARIES	MOON	v or d Corrⁿ	v or d Corrⁿ	v or d Corrⁿ
00	1 45.0	1 45.3	1 40.2	0.0 0.0	6.0 0.8	12.0 1.5
01	1 45.3	1 45.5	1 40.5	0.1 0.0	6.1 0.8	12.1 1.5
02	1 45.5	1 45.8	1 40.7	0.2 0.0	6.2 0.8	12.2 1.5
03	1 45.8	1 46.0	1 40.9	0.3 0.0	6.3 0.8	12.3 1.5
04	1 46.0	1 46.3	1 41.2	0.4 0.1	6.4 0.8	12.4 1.6
05	1 46.3	1 46.5	1 41.4	0.5 0.1	6.5 0.8	12.5 1.6
06	1 46.5	1 46.8	1 41.6	0.6 0.1	6.6 0.8	12.6 1.6
07	1 46.8	1 47.0	1 41.9	0.7 0.1	6.7 0.8	12.7 1.6
08	1 47.0	1 47.3	1 42.1	0.8 0.1	6.8 0.9	12.8 1.6
09	1 47.3	1 47.5	1 42.4	0.9 0.1	6.9 0.9	12.9 1.6
10	1 47.5	1 47.8	1 42.6	1.0 0.1	7.0 0.9	13.0 1.6
11	1 47.8	1 48.0	1 42.8	1.1 0.1	7.1 0.9	13.1 1.6
12	1 48.0	1 48.3	1 43.1	1.2 0.2	7.2 0.9	13.2 1.7
13	1 48.3	1 48.5	1 43.3	1.3 0.2	7.3 0.9	13.3 1.7
14	1 48.5	1 48.8	1 43.6	1.4 0.2	7.4 0.9	13.4 1.7
15	1 48.8	1 49.0	1 43.8	1.5 0.2	7.5 0.9	13.5 1.7
16	1 49.0	1 49.3	1 44.0	1.6 0.2	7.6 1.0	13.6 1.7
17	1 49.3	1 49.5	1 44.3	1.7 0.2	7.7 1.0	13.7 1.7
18	1 49.5	1 49.8	1 44.5	1.8 0.2	7.8 1.0	13.8 1.7
19	1 49.8	1 50.1	1 44.8	1.9 0.2	7.9 1.0	13.9 1.7
20	1 50.0	1 50.3	1 45.0	2.0 0.3	8.0 1.0	14.0 1.8
21	1 50.3	1 50.6	1 45.2	2.1 0.3	8.1 1.0	14.1 1.8
22	1 50.5	1 50.8	1 45.5	2.2 0.3	8.2 1.0	14.2 1.8
23	1 50.8	1 51.1	1 45.7	2.3 0.3	8.3 1.0	14.3 1.8
24	1 51.0	1 51.3	1 45.9	2.4 0.3	8.4 1.1	14.4 1.8
25	1 51.3	1 51.6	1 46.2	2.5 0.3	8.5 1.1	14.5 1.8
26	1 51.5	1 51.8	1 46.4	2.6 0.3	8.6 1.1	14.6 1.8
27	1 51.8	1 52.1	1 46.7	2.7 0.3	8.7 1.1	14.7 1.8
28	1 52.0	1 52.3	1 46.9	2.8 0.4	8.8 1.1	14.8 1.9
29	1 52.3	1 52.6	1 47.1	2.9 0.4	8.9 1.1	14.9 1.9
30	1 52.5	1 52.8	1 47.4	3.0 0.4	9.0 1.1	15.0 1.9
31	1 52.8	1 53.1	1 47.6	3.1 0.4	9.1 1.1	15.1 1.9
32	1 53.0	1 53.3	1 47.9	3.2 0.4	9.2 1.2	15.2 1.9
33	1 53.3	1 53.6	1 48.1	3.3 0.4	9.3 1.2	15.3 1.9
34	1 53.5	1 53.8	1 48.3	3.4 0.4	9.4 1.2	15.4 1.9
35	1 53.8	1 54.1	1 48.6	3.5 0.4	9.5 1.2	15.5 1.9
36	1 54.0	1 54.3	1 48.8	3.6 0.5	9.6 1.2	15.6 2.0
37	1 54.3	1 54.6	1 49.0	3.7 0.5	9.7 1.2	15.7 2.0
38	1 54.5	1 54.8	1 49.3	3.8 0.5	9.8 1.2	15.8 2.0
39	1 54.8	1 55.1	1 49.5	3.9 0.5	9.9 1.2	15.9 2.0
40	1 55.0	1 55.3	1 49.8	4.0 0.5	10.0 1.3	16.0 2.0
41	1 55.3	1 55.6	1 50.0	4.1 0.5	10.1 1.3	16.1 2.0
42	1 55.5	1 55.8	1 50.2	4.2 0.5	10.2 1.3	16.2 2.0
43	1 55.8	1 56.1	1 50.5	4.3 0.5	10.3 1.3	16.3 2.0
44	1 56.0	1 56.3	1 50.7	4.4 0.6	10.4 1.3	16.4 2.1
45	1 56.3	1 56.6	1 51.0	4.5 0.6	10.5 1.3	16.5 2.1
46	1 56.5	1 56.8	1 51.2	4.6 0.6	10.6 1.3	16.6 2.1
47	1 56.8	1 57.1	1 51.4	4.7 0.6	10.7 1.3	16.7 2.1
48	1 57.0	1 57.3	1 51.7	4.8 0.6	10.8 1.4	16.8 2.1
49	1 57.3	1 57.6	1 51.9	4.9 0.6	10.9 1.4	16.9 2.1
50	1 57.5	1 57.8	1 52.1	5.0 0.6	11.0 1.4	17.0 2.1
51	1 57.8	1 58.1	1 52.4	5.1 0.6	11.1 1.4	17.1 2.1
52	1 58.0	1 58.3	1 52.6	5.2 0.7	11.2 1.4	17.2 2.2
53	1 58.3	1 58.6	1 52.9	5.3 0.7	11.3 1.4	17.3 2.2
54	1 58.5	1 58.8	1 53.1	5.4 0.7	11.4 1.4	17.4 2.2
55	1 58.8	1 59.1	1 53.3	5.5 0.7	11.5 1.4	17.5 2.2
56	1 59.0	1 59.3	1 53.6	5.6 0.7	11.6 1.5	17.6 2.2
57	1 59.3	1 59.6	1 53.8	5.7 0.7	11.7 1.5	17.7 2.2
58	1 59.5	1 59.8	1 54.1	5.8 0.7	11.8 1.5	17.8 2.2
59	1 59.8	2 00.1	1 54.3	5.9 0.7	11.9 1.5	17.9 2.2
60	2 00.0	2 00.3	1 54.5	6.0 0.8	12.0 1.5	18.0 2.3

8^m　　　　　INCREMENTS AND CORRECTIONS　　　　　9^m

8 s	SUN PLANETS	ARIES	MOON	v or d	Corrn	v or d	Corrn	v or d	Corrn
00	2 00·0	2 00·3	1 54·5	0·0	0·0	6·0	0·9	12·0	1·7
01	2 00·3	2 00·6	1 54·8	0·1	0·0	6·1	0·9	12·1	1·7
02	2 00·5	2 00·8	1 55·0	0·2	0·0	6·2	0·9	12·2	1·7
03	2 00·8	2 01·1	1 55·2	0·3	0·0	6·3	0·9	12·3	1·7
04	2 01·0	2 01·3	1 55·5	0·4	0·1	6·4	0·9	12·4	1·8
05	2 01·3	2 01·6	1 55·7	0·5	0·1	6·5	0·9	12·5	1·8
06	2 01·5	2 01·8	1 56·0	0·6	0·1	6·6	0·9	12·6	1·8
07	2 01·8	2 02·1	1 56·2	0·7	0·1	6·7	0·9	12·7	1·8
08	2 02·0	2 02·3	1 56·4	0·8	0·1	6·8	1·0	12·8	1·8
09	2 02·3	2 02·6	1 56·7	0·9	0·1	6·9	1·0	12·9	1·8
10	2 02·5	2 02·8	1 56·9	1·0	0·1	7·0	1·0	13·0	1·8
11	2 02·8	2 03·1	1 57·2	1·1	0·2	7·1	1·0	13·1	1·9
12	2 03·0	2 03·3	1 57·4	1·2	0·2	7·2	1·0	13·2	1·9
13	2 03·3	2 03·6	1 57·6	1·3	0·2	7·3	1·0	13·3	1·9
14	2 03·5	2 03·8	1 57·9	1·4	0·2	7·4	1·0	13·4	1·9
15	2 03·8	2 04·1	1 58·1	1·5	0·2	7·5	1·1	13·5	1·9
16	2 04·0	2 04·3	1 58·4	1·6	0·2	7·6	1·1	13·6	1·9
17	2 04·3	2 04·6	1 58·6	1·7	0·2	7·7	1·1	13·7	1·9
18	2 04·5	2 04·8	1 58·8	1·8	0·3	7·8	1·1	13·8	2·0
19	2 04·8	2 05·1	1 59·1	1·9	0·3	7·9	1·1	13·9	2·0
20	2 05·0	2 05·3	1 59·3	2·0	0·3	8·0	1·1	14·0	2·0
21	2 05·3	2 05·6	1 59·5	2·1	0·3	8·1	1·1	14·1	2·0
22	2 05·5	2 05·8	1 59·8	2·2	0·3	8·2	1·2	14·2	2·0
23	2 05·8	2 06·1	2 00·0	2·3	0·3	8·3	1·2	14·3	2·0
24	2 06·0	2 06·3	2 00·3	2·4	0·3	8·4	1·2	14·4	2·0
25	2 06·3	2 06·6	2 00·5	2·5	0·4	8·5	1·2	14·5	2·1
26	2 06·5	2 06·8	2 00·7	2·6	0·4	8·6	1·2	14·6	2·1
27	2 06·8	2 07·1	2 01·0	2·7	0·4	8·7	1·2	14·7	2·1
28	2 07·0	2 07·3	2 01·2	2·8	0·4	8·8	1·2	14·8	2·1
29	2 07·3	2 07·6	2 01·5	2·9	0·4	8·9	1·3	14·9	2·1
30	2 07·5	2 07·8	2 01·7	3·0	0·4	9·0	1·3	15·0	2·1
31	2 07·8	2 08·1	2 01·9	3·1	0·4	9·1	1·3	15·1	2·1
32	2 08·0	2 08·4	2 02·2	3·2	0·5	9·2	1·3	15·2	2·2
33	2 08·3	2 08·6	2 02·4	3·3	0·5	9·3	1·3	15·3	2·2
34	2 08·5	2 08·9	2 02·6	3·4	0·5	9·4	1·3	15·4	2·2
35	2 08·8	2 09·1	2 02·9	3·5	0·5	9·5	1·3	15·5	2·2
36	2 09·0	2 09·4	2 03·1	3·6	0·5	9·6	1·4	15·6	2·2
37	2 09·3	2 09·6	2 03·4	3·7	0·5	9·7	1·4	15·7	2·2
38	2 09·5	2 09·9	2 03·6	3·8	0·5	9·8	1·4	15·8	2·2
39	2 09·8	2 10·1	2 03·8	3·9	0·6	9·9	1·4	15·9	2·3
40	2 10·0	2 10·4	2 04·1	4·0	0·6	10·0	1·4	16·0	2·3
41	2 10·3	2 10·6	2 04·3	4·1	0·6	10·1	1·4	16·1	2·3
42	2 10·5	2 10·9	2 04·6	4·2	0·6	10·2	1·4	16·2	2·3
43	2 10·8	2 11·1	2 04·8	4·3	0·6	10·3	1·5	16·3	2·3
44	2 11·0	2 11·4	2 05·0	4·4	0·6	10·4	1·5	16·4	2·3
45	2 11·3	2 11·6	2 05·3	4·5	0·6	10·5	1·5	16·5	2·3
46	2 11·5	2 11·9	2 05·5	4·6	0·7	10·6	1·5	16·6	2·4
47	2 11·8	2 12·1	2 05·7	4·7	0·7	10·7	1·5	16·7	2·4
48	2 12·0	2 12·4	2 06·0	4·8	0·7	10·8	1·5	16·8	2·4
49	2 12·3	2 12·6	2 06·2	4·9	0·7	10·9	1·5	16·9	2·4
50	2 12·5	2 12·9	2 06·5	5·0	0·7	11·0	1·6	17·0	2·4
51	2 12·8	2 13·1	2 06·7	5·1	0·7	11·1	1·6	17·1	2·4
52	2 13·0	2 13·4	2 06·9	5·2	0·7	11·2	1·6	17·2	2·4
53	2 13·3	2 13·6	2 07·2	5·3	0·8	11·3	1·6	17·3	2·5
54	2 13·5	2 13·9	2 07·4	5·4	0·8	11·4	1·6	17·4	2·5
55	2 13·8	2 14·1	2 07·7	5·5	0·8	11·5	1·6	17·5	2·5
56	2 14·0	2 14·4	2 07·9	5·6	0·8	11·6	1·6	17·6	2·5
57	2 14·3	2 14·6	2 08·1	5·7	0·8	11·7	1·7	17·7	2·5
58	2 14·5	2 14·9	2 08·4	5·8	0·8	11·8	1·7	17·8	2·5
59	2 14·8	2 15·1	2 08·6	5·9	0·8	11·9	1·7	17·9	2·5
60	2 15·0	2 15·4	2 08·9	6·0	0·9	12·0	1·7	18·0	2·6

9 s	SUN PLANETS	ARIES	MOON	v or d	Corrn	v or d	Corrn	v or d	Corrn
00	2 15·0	2 15·4	2 08·9	0·0	0·0	6·0	1·0	12·0	1·9
01	2 15·3	2 15·6	2 09·1	0·1	0·0	6·1	1·0	12·1	1·9
02	2 15·5	2 15·9	2 09·3	0·2	0·0	6·2	1·0	12·2	1·9
03	2 15·8	2 16·1	2 09·6	0·3	0·0	6·3	1·0	12·3	1·9
04	2 16·0	2 16·4	2 09·8	0·4	0·1	6·4	1·0	12·4	2·0
05	2 16·3	2 16·6	2 10·0	0·5	0·1	6·5	1·0	12·5	2·0
06	2 16·5	2 16·9	2 10·3	0·6	0·1	6·6	1·0	12·6	2·0
07	2 16·8	2 17·1	2 10·5	0·7	0·1	6·7	1·1	12·7	2·0
08	2 17·0	2 17·4	2 10·8	0·8	0·1	6·8	1·1	12·8	2·0
09	2 17·3	2 17·6	2 11·0	0·9	0·1	6·9	1·1	12·9	2·0
10	2 17·5	2 17·9	2 11·2	1·0	0·2	7·0	1·1	13·0	2·1
11	2 17·8	2 18·1	2 11·5	1·1	0·2	7·1	1·1	13·1	2·1
12	2 18·0	2 18·4	2 11·7	1·2	0·2	7·2	1·1	13·2	2·1
13	2 18·3	2 18·6	2 12·0	1·3	0·2	7·3	1·2	13·3	2·1
14	2 18·5	2 18·9	2 12·2	1·4	0·2	7·4	1·2	13·4	2·1
15	2 18·8	2 19·1	2 12·4	1·5	0·2	7·5	1·2	13·5	2·1
16	2 19·0	2 19·4	2 12·7	1·6	0·3	7·6	1·2	13·6	2·2
17	2 19·3	2 19·6	2 12·9	1·7	0·3	7·7	1·2	13·7	2·2
18	2 19·5	2 19·9	2 13·1	1·8	0·3	7·8	1·2	13·8	2·2
19	2 19·8	2 20·1	2 13·4	1·9	0·3	7·9	1·3	13·9	2·2
20	2 20·0	2 20·4	2 13·6	2·0	0·3	8·0	1·3	14·0	2·2
21	2 20·3	2 20·6	2 13·9	2·1	0·3	8·1	1·3	14·1	2·2
22	2 20·5	2 20·9	2 14·1	2·2	0·3	8·2	1·3	14·2	2·2
23	2 20·8	2 21·1	2 14·3	2·3	0·4	8·3	1·3	14·3	2·3
24	2 21·0	2 21·4	2 14·6	2·4	0·4	8·4	1·3	14·4	2·3
25	2 21·3	2 21·6	2 14·8	2·5	0·4	8·5	1·3	14·5	2·3
26	2 21·5	2 21·9	2 15·1	2·6	0·4	8·6	1·4	14·6	2·3
27	2 21·8	2 22·1	2 15·3	2·7	0·4	8·7	1·4	14·7	2·3
28	2 22·0	2 22·4	2 15·5	2·8	0·4	8·8	1·4	14·8	2·3
29	2 22·3	2 22·6	2 15·8	2·9	0·5	8·9	1·4	14·9	2·4
30	2 22·5	2 22·9	2 16·0	3·0	0·5	9·0	1·4	15·0	2·4
31	2 22·8	2 23·1	2 16·2	3·1	0·5	9·1	1·4	15·1	2·4
32	2 23·0	2 23·4	2 16·5	3·2	0·5	9·2	1·5	15·2	2·4
33	2 23·3	2 23·6	2 16·7	3·3	0·5	9·3	1·5	15·3	2·4
34	2 23·5	2 23·9	2 17·0	3·4	0·5	9·4	1·5	15·4	2·4
35	2 23·8	2 24·1	2 17·2	3·5	0·6	9·5	1·5	15·5	2·5
36	2 24·0	2 24·4	2 17·4	3·6	0·6	9·6	1·5	15·6	2·5
37	2 24·3	2 24·6	2 17·7	3·7	0·6	9·7	1·5	15·7	2·5
38	2 24·5	2 24·9	2 17·9	3·8	0·6	9·8	1·6	15·8	2·5
39	2 24·8	2 25·1	2 18·2	3·9	0·6	9·9	1·6	15·9	2·5
40	2 25·0	2 25·4	2 18·4	4·0	0·6	10·0	1·6	16·0	2·5
41	2 25·3	2 25·6	2 18·6	4·1	0·6	10·1	1·6	16·1	2·5
42	2 25·5	2 25·9	2 18·9	4·2	0·7	10·2	1·6	16·2	2·6
43	2 25·8	2 26·1	2 19·1	4·3	0·7	10·3	1·6	16·3	2·6
44	2 26·0	2 26·4	2 19·3	4·4	0·7	10·4	1·6	16·4	2·6
45	2 26·3	2 26·7	2 19·6	4·5	0·7	10·5	1·7	16·5	2·6
46	2 26·5	2 26·9	2 19·8	4·6	0·7	10·6	1·7	16·6	2·6
47	2 26·8	2 27·2	2 20·1	4·7	0·7	10·7	1·7	16·7	2·6
48	2 27·0	2 27·4	2 20·3	4·8	0·8	10·8	1·7	16·8	2·7
49	2 27·3	2 27·7	2 20·5	4·9	0·8	10·9	1·7	16·9	2·7
50	2 27·5	2 27·9	2 20·8	5·0	0·8	11·0	1·7	17·0	2·7
51	2 27·8	2 28·2	2 21·0	5·1	0·8	11·1	1·8	17·1	2·7
52	2 28·0	2 28·4	2 21·3	5·2	0·8	11·2	1·8	17·2	2·7
53	2 28·3	2 28·7	2 21·5	5·3	0·8	11·3	1·8	17·3	2·7
54	2 28·5	2 28·9	2 21·7	5·4	0·9	11·4	1·8	17·4	2·8
55	2 28·8	2 29·2	2 22·0	5·5	0·9	11·5	1·8	17·5	2·8
56	2 29·0	2 29·4	2 22·2	5·6	0·9	11·6	1·8	17·6	2·8
57	2 29·3	2 29·7	2 22·5	5·7	0·9	11·7	1·9	17·7	2·8
58	2 29·5	2 29·9	2 22·7	5·8	0·9	11·8	1·9	17·8	2·8
59	2 29·8	2 30·2	2 22·9	5·9	0·9	11·9	1·9	17·9	2·8
60	2 30·0	2 30·4	2 23·2	6·0	1·0	12·0	1·9	18·0	2·9

10ᵐ   INCREMENTS AND CORRECTIONS   11ᵐ

10ᵐ

10 s	SUN PLANETS	ARIES	MOON	v or d	Corrⁿ	v or d	Corrⁿ	v or d	Corrⁿ
00	2 30·0	2 30·4	2 23·2	0·0	0·0	6·0	1·1	12·0	2·1
01	2 30·3	2 30·7	2 23·4	0·1	0·0	6·1	1·1	12·1	2·1
02	2 30·5	2 30·9	2 23·6	0·2	0·0	6·2	1·1	12·2	2·1
03	2 30·8	2 31·2	2 23·9	0·3	0·1	6·3	1·1	12·3	2·2
04	2 31·0	2 31·4	2 24·1	0·4	0·1	6·4	1·1	12·4	2·2
05	2 31·3	2 31·7	2 24·4	0·5	0·1	6·5	1·1	12·5	2·2
06	2 31·5	2 31·9	2 24·6	0·6	0·1	6·6	1·2	12·6	2·2
07	2 31·8	2 32·2	2 24·8	0·7	0·1	6·7	1·2	12·7	2·2
08	2 32·0	2 32·4	2 25·1	0·8	0·1	6·8	1·2	12·8	2·2
09	2 32·3	2 32·7	2 25·3	0·9	0·2	6·9	1·2	12·9	2·3
10	2 32·5	2 32·9	2 25·5	1·0	0·2	7·0	1·2	13·0	2·3
11	2 32·8	2 33·2	2 25·8	1·1	0·2	7·1	1·2	13·1	2·3
12	2 33·0	2 33·4	2 26·0	1·2	0·2	7·2	1·3	13·2	2·3
13	2 33·3	2 33·7	2 26·3	1·3	0·2	7·3	1·3	13·3	2·3
14	2 33·5	2 33·9	2 26·5	1·4	0·2	7·4	1·3	13·4	2·3
15	2 33·8	2 34·2	2 26·7	1·5	0·3	7·5	1·3	13·5	2·4
16	2 34·0	2 34·4	2 27·0	1·6	0·3	7·6	1·3	13·6	2·4
17	2 34·3	2 34·7	2 27·2	1·7	0·3	7·7	1·3	13·7	2·4
18	2 34·5	2 34·9	2 27·5	1·8	0·3	7·8	1·4	13·8	2·4
19	2 34·8	2 35·2	2 27·7	1·9	0·3	7·9	1·4	13·9	2·4
20	2 35·0	2 35·4	2 27·9	2·0	0·4	8·0	1·4	14·0	2·5
21	2 35·3	2 35·7	2 28·2	2·1	0·4	8·1	1·4	14·1	2·5
22	2 35·5	2 35·9	2 28·4	2·2	0·4	8·2	1·4	14·2	2·5
23	2 35·8	2 36·2	2 28·7	2·3	0·4	8·3	1·5	14·3	2·5
24	2 36·0	2 36·4	2 28·9	2·4	0·4	8·4	1·5	14·4	2·5
25	2 36·3	2 36·7	2 29·1	2·5	0·4	8·5	1·5	14·5	2·5
26	2 36·5	2 36·9	2 29·4	2·6	0·5	8·6	1·5	14·6	2·6
27	2 36·8	2 37·2	2 29·6	2·7	0·5	8·7	1·5	14·7	2·6
28	2 37·0	2 37·4	2 29·8	2·8	0·5	8·8	1·5	14·8	2·6
29	2 37·3	2 37·7	2 30·1	2·9	0·5	8·9	1·6	14·9	2·6
30	2 37·5	2 37·9	2 30·3	3·0	0·5	9·0	1·6	15·0	2·6
31	2 37·8	2 38·2	2 30·6	3·1	0·5	9·1	1·6	15·1	2·6
32	2 38·0	2 38·4	2 30·8	3·2	0·6	9·2	1·6	15·2	2·7
33	2 38·3	2 38·7	2 31·0	3·3	0·6	9·3	1·6	15·3	2·7
34	2 38·5	2 38·9	2 31·3	3·4	0·6	9·4	1·6	15·4	2·7
35	2 38·8	2 39·2	2 31·5	3·5	0·6	9·5	1·7	15·5	2·7
36	2 39·0	2 39·4	2 31·8	3·6	0·6	9·6	1·7	15·6	2·7
37	2 39·3	2 39·7	2 32·0	3·7	0·6	9·7	1·7	15·7	2·7
38	2 39·5	2 39·9	2 32·2	3·8	0·7	9·8	1·7	15·8	2·8
39	2 39·8	2 40·2	2 32·5	3·9	0·7	9·9	1·7	15·9	2·8
40	2 40·0	2 40·4	2 32·7	4·0	0·7	10·0	1·8	16·0	2·8
41	2 40·3	2 40·7	2 32·9	4·1	0·7	10·1	1·8	16·1	2·8
42	2 40·5	2 40·9	2 33·2	4·2	0·7	10·2	1·8	16·2	2·8
43	2 40·8	2 41·2	2 33·4	4·3	0·8	10·3	1·8	16·3	2·9
44	2 41·0	2 41·4	2 33·7	4·4	0·8	10·4	1·8	16·4	2·9
45	2 41·3	2 41·7	2 33·9	4·5	0·8	10·5	1·8	16·5	2·9
46	2 41·5	2 41·9	2 34·1	4·6	0·8	10·6	1·9	16·6	2·9
47	2 41·8	2 42·2	2 34·4	4·7	0·8	10·7	1·9	16·7	2·9
48	2 42·0	2 42·4	2 34·6	4·8	0·8	10·8	1·9	16·8	2·9
49	2 42·3	2 42·7	2 34·9	4·9	0·9	10·9	1·9	16·9	3·0
50	2 42·5	2 42·9	2 35·1	5·0	0·9	11·0	1·9	17·0	3·0
51	2 42·8	2 43·2	2 35·3	5·1	0·9	11·1	1·9	17·1	3·0
52	2 43·0	2 43·4	2 35·6	5·2	0·9	11·2	2·0	17·2	3·0
53	2 43·3	2 43·7	2 35·8	5·3	0·9	11·3	2·0	17·3	3·0
54	2 43·5	2 43·9	2 36·1	5·4	0·9	11·4	2·0	17·4	3·0
55	2 43·8	2 44·2	2 36·3	5·5	1·0	11·5	2·0	17·5	3·1
56	2 44·0	2 44·4	2 36·5	5·6	1·0	11·6	2·0	17·6	3·1
57	2 44·3	2 44·7	2 36·8	5·7	1·0	11·7	2·0	17·7	3·1
58	2 44·5	2 45·0	2 37·0	5·8	1·0	11·8	2·1	17·8	3·1
59	2 44·8	2 45·2	2 37·2	5·9	1·0	11·9	2·1	17·9	3·1
60	2 45·0	2 45·5	2 37·5	6·0	1·1	12·0	2·1	18·0	3·2

11ᵐ

11 s	SUN PLANETS	ARIES	MOON	v or d	Corrⁿ	v or d	Corrⁿ	v or d	Corrⁿ
00	2 45·0	2 45·5	2 37·5	0·0	0·0	6·0	1·2	12·0	2·3
01	2 45·3	2 45·7	2 37·7	0·1	0·0	6·1	1·2	12·1	2·3
02	2 45·5	2 46·0	2 38·0	0·2	0·0	6·2	1·2	12·2	2·3
03	2 45·8	2 46·2	2 38·2	0·3	0·1	6·3	1·2	12·3	2·4
04	2 46·0	2 46·5	2 38·4	0·4	0·1	6·4	1·2	12·4	2·4
05	2 46·3	2 46·7	2 38·7	0·5	0·1	6·5	1·2	12·5	2·4
06	2 46·5	2 47·0	2 38·9	0·6	0·1	6·6	1·3	12·6	2·4
07	2 46·8	2 47·2	2 39·2	0·7	0·1	6·7	1·3	12·7	2·4
08	2 47·0	2 47·5	2 39·4	0·8	0·2	6·8	1·3	12·8	2·5
09	2 47·3	2 47·7	2 39·6	0·9	0·2	6·9	1·3	12·9	2·5
10	2 47·5	2 48·0	2 39·9	1·0	0·2	7·0	1·3	13·0	2·5
11	2 47·8	2 48·2	2 40·1	1·1	0·2	7·1	1·4	13·1	2·5
12	2 48·0	2 48·5	2 40·3	1·2	0·2	7·2	1·4	13·2	2·5
13	2 48·3	2 48·7	2 40·6	1·3	0·2	7·3	1·4	13·3	2·5
14	2 48·5	2 49·0	2 40·8	1·4	0·3	7·4	1·4	13·4	2·6
15	2 48·8	2 49·2	2 41·1	1·5	0·3	7·5	1·4	13·5	2·6
16	2 49·0	2 49·5	2 41·3	1·6	0·3	7·6	1·5	13·6	2·6
17	2 49·3	2 49·7	2 41·5	1·7	0·3	7·7	1·5	13·7	2·6
18	2 49·5	2 50·0	2 41·8	1·8	0·3	7·8	1·5	13·8	2·6
19	2 49·8	2 50·2	2 42·0	1·9	0·4	7·9	1·5	13·9	2·7
20	2 50·0	2 50·5	2 42·3	2·0	0·4	8·0	1·5	14·0	2·7
21	2 50·3	2 50·7	2 42·5	2·1	0·4	8·1	1·6	14·1	2·7
22	2 50·5	2 51·0	2 42·7	2·2	0·4	8·2	1·6	14·2	2·7
23	2 50·8	2 51·2	2 43·0	2·3	0·4	8·3	1·6	14·3	2·7
24	2 51·0	2 51·5	2 43·2	2·4	0·5	8·4	1·6	14·4	2·8
25	2 51·3	2 51·7	2 43·4	2·5	0·5	8·5	1·6	14·5	2·8
26	2 51·5	2 52·0	2 43·7	2·6	0·5	8·6	1·6	14·6	2·8
27	2 51·8	2 52·2	2 43·9	2·7	0·5	8·7	1·7	14·7	2·8
28	2 52·0	2 52·5	2 44·2	2·8	0·5	8·8	1·7	14·8	2·8
29	2 52·3	2 52·7	2 44·4	2·9	0·6	8·9	1·7	14·9	2·9
30	2 52·5	2 53·0	2 44·6	3·0	0·6	9·0	1·7	15·0	2·9
31	2 52·8	2 53·2	2 44·9	3·1	0·6	9·1	1·7	15·1	2·9
32	2 53·0	2 53·5	2 45·1	3·2	0·6	9·2	1·8	15·2	2·9
33	2 53·3	2 53·7	2 45·4	3·3	0·6	9·3	1·8	15·3	2·9
34	2 53·5	2 54·0	2 45·6	3·4	0·7	9·4	1·8	15·4	3·0
35	2 53·8	2 54·2	2 45·8	3·5	0·7	9·5	1·8	15·5	3·0
36	2 54·0	2 54·5	2 46·1	3·6	0·7	9·6	1·8	15·6	3·0
37	2 54·3	2 54·7	2 46·3	3·7	0·7	9·7	1·9	15·7	3·0
38	2 54·5	2 55·0	2 46·6	3·8	0·7	9·8	1·9	15·8	3·0
39	2 54·8	2 55·2	2 46·8	3·9	0·7	9·9	1·9	15·9	3·0
40	2 55·0	2 55·5	2 47·0	4·0	0·8	10·0	1·9	16·0	3·1
41	2 55·3	2 55·7	2 47·3	4·1	0·8	10·1	1·9	16·1	3·1
42	2 55·5	2 56·0	2 47·5	4·2	0·8	10·2	2·0	16·2	3·1
43	2 55·8	2 56·2	2 47·7	4·3	0·8	10·3	2·0	16·3	3·1
44	2 56·0	2 56·5	2 48·0	4·4	0·8	10·4	2·0	16·4	3·1
45	2 56·3	2 56·7	2 48·2	4·5	0·9	10·5	2·0	16·5	3·2
46	2 56·5	2 57·0	2 48·5	4·6	0·9	10·6	2·0	16·6	3·2
47	2 56·8	2 57·2	2 48·7	4·7	0·9	10·7	2·1	16·7	3·2
48	2 57·0	2 57·5	2 48·9	4·8	0·9	10·8	2·1	16·8	3·2
49	2 57·3	2 57·7	2 49·2	4·9	0·9	10·9	2·1	16·9	3·2
50	2 57·5	2 58·0	2 49·4	5·0	1·0	11·0	2·1	17·0	3·3
51	2 57·8	2 58·2	2 49·7	5·1	1·0	11·1	2·1	17·1	3·3
52	2 58·0	2 58·5	2 49·9	5·2	1·0	11·2	2·1	17·2	3·3
53	2 58·3	2 58·7	2 50·1	5·3	1·0	11·3	2·2	17·3	3·3
54	2 58·5	2 59·0	2 50·4	5·4	1·0	11·4	2·2	17·4	3·3
55	2 58·8	2 59·2	2 50·6	5·5	1·1	11·5	2·2	17·5	3·4
56	2 59·0	2 59·5	2 50·8	5·6	1·1	11·6	2·2	17·6	3·4
57	2 59·3	2 59·7	2 51·1	5·7	1·1	11·7	2·2	17·7	3·4
58	2 59·5	3 00·0	2 51·3	5·8	1·1	11·8	2·3	17·8	3·4
59	2 59·8	3 00·2	2 51·6	5·9	1·1	11·9	2·3	17·9	3·4
60	3 00·0	3 00·5	2 51·8	6·0	1·2	12·0	2·3	18·0	3·5

驾驶专业

12^m   INCREMENTS AND CORRECTIONS   **13^m**

12 s	SUN PLANETS ° ′	ARIES ° ′	MOON ° ′	v or d ′	Corrn ′	v or d ′	Corrn ′	v or d ′	Corrn ′
00	3 00·0	3 00·5	2 51·8	0·0	0·0	6·0	1·3	12·0	2·5
01	3 00·3	3 00·7	2 52·0	0·1	0·0	6·1	1·3	12·1	2·5
02	3 00·5	3 01·0	2 52·3	0·2	0·0	6·2	1·3	12·2	2·5
03	3 00·8	3 01·2	2 52·5	0·3	0·1	6·3	1·3	12·3	2·6
04	3 01·0	3 01·5	2 52·8	0·4	0·1	6·4	1·3	12·4	2·6
05	3 01·3	3 01·7	2 53·0	0·5	0·1	6·5	1·4	12·5	2·6
06	3 01·5	3 02·0	2 53·2	0·6	0·1	6·6	1·4	12·6	2·6
07	3 01·8	3 02·2	2 53·5	0·7	0·1	6·7	1·4	12·7	2·6
08	3 02·0	3 02·5	2 53·7	0·8	0·2	6·8	1·4	12·8	2·7
09	3 02·3	3 02·7	2 53·9	0·9	0·2	6·9	1·4	12·9	2·7
10	3 02·5	3 03·0	2 54·2	1·0	0·2	7·0	1·5	13·0	2·7
11	3 02·8	3 03·3	2 54·4	1·1	0·2	7·1	1·5	13·1	2·7
12	3 03·0	3 03·5	2 54·7	1·2	0·3	7·2	1·5	13·2	2·8
13	3 03·3	3 03·8	2 54·9	1·3	0·3	7·3	1·5	13·3	2·8
14	3 03·5	3 04·0	2 55·1	1·4	0·3	7·4	1·5	13·4	2·8
15	3 03·8	3 04·3	2 55·4	1·5	0·3	7·5	1·6	13·5	2·8
16	3 04·0	3 04·5	2 55·6	1·6	0·3	7·6	1·6	13·6	2·8
17	3 04·3	3 04·8	2 55·9	1·7	0·4	7·7	1·6	13·7	2·9
18	3 04·5	3 05·0	2 56·1	1·8	0·4	7·8	1·6	13·8	2·9
19	3 04·8	3 05·3	2 56·3	1·9	0·4	7·9	1·6	13·9	2·9
20	3 05·0	3 05·5	2 56·6	2·0	0·4	8·0	1·7	14·0	2·9
21	3 05·3	3 05·8	2 56·8	2·1	0·4	8·1	1·7	14·1	2·9
22	3 05·5	3 06·0	2 57·0	2·2	0·5	8·2	1·7	14·2	3·0
23	3 05·8	3 06·3	2 57·3	2·3	0·5	8·3	1·7	14·3	3·0
24	3 06·0	3 06·5	2 57·5	2·4	0·5	8·4	1·8	14·4	3·0
25	3 06·3	3 06·8	2 57·8	2·5	0·5	8·5	1·8	14·5	3·0
26	3 06·5	3 07·0	2 58·0	2·6	0·5	8·6	1·8	14·6	3·0
27	3 06·8	3 07·3	2 58·2	2·7	0·6	8·7	1·8	14·7	3·1
28	3 07·0	3 07·5	2 58·5	2·8	0·6	8·8	1·8	14·8	3·1
29	3 07·3	3 07·8	2 58·7	2·9	0·6	8·9	1·9	14·9	3·1
30	3 07·5	3 08·0	2 59·0	3·0	0·6	9·0	1·9	15·0	3·1
31	3 07·8	3 08·3	2 59·2	3·1	0·6	9·1	1·9	15·1	3·1
32	3 08·0	3 08·5	2 59·4	3·2	0·7	9·2	1·9	15·2	3·2
33	3 08·3	3 08·8	2 59·7	3·3	0·7	9·3	1·9	15·3	3·2
34	3 08·5	3 09·0	2 59·9	3·4	0·7	9·4	2·0	15·4	3·2
35	3 08·8	3 09·3	3 00·2	3·5	0·7	9·5	2·0	15·5	3·2
36	3 09·0	3 09·5	3 00·4	3·6	0·8	9·6	2·0	15·6	3·3
37	3 09·3	3 09·8	3 00·6	3·7	0·8	9·7	2·0	15·7	3·3
38	3 09·5	3 10·0	3 00·9	3·8	0·8	9·8	2·0	15·8	3·3
39	3 09·8	3 10·3	3 01·1	3·9	0·8	9·9	2·1	15·9	3·3
40	3 10·0	3 10·5	3 01·3	4·0	0·8	10·0	2·1	16·0	3·3
41	3 10·3	3 10·8	3 01·6	4·1	0·9	10·1	2·1	16·1	3·4
42	3 10·5	3 11·0	3 01·8	4·2	0·9	10·2	2·1	16·2	3·4
43	3 10·8	3 11·3	3 02·1	4·3	0·9	10·3	2·1	16·3	3·4
44	3 11·0	3 11·5	3 02·3	4·4	0·9	10·4	2·2	16·4	3·4
45	3 11·3	3 11·8	3 02·5	4·5	0·9	10·5	2·2	16·5	3·4
46	3 11·5	3 12·0	3 02·8	4·6	1·0	10·6	2·2	16·6	3·5
47	3 11·8	3 12·3	3 03·0	4·7	1·0	10·7	2·2	16·7	3·5
48	3 12·0	3 12·5	3 03·3	4·8	1·0	10·8	2·3	16·8	3·5
49	3 12·3	3 12·8	3 03·5	4·9	1·0	10·9	2·3	16·9	3·5
50	3 12·5	3 13·0	3 03·7	5·0	1·0	11·0	2·3	17·0	3·5
51	3 12·8	3 13·3	3 04·0	5·1	1·1	11·1	2·3	17·1	3·6
52	3 13·0	3 13·5	3 04·2	5·2	1·1	11·2	2·3	17·2	3·6
53	3 13·3	3 13·8	3 04·4	5·3	1·1	11·3	2·4	17·3	3·6
54	3 13·5	3 14·0	3 04·7	5·4	1·1	11·4	2·4	17·4	3·6
55	3 13·8	3 14·3	3 04·9	5·5	1·1	11·5	2·4	17·5	3·6
56	3 14·0	3 14·5	3 05·2	5·6	1·2	11·6	2·4	17·6	3·7
57	3 14·3	3 14·8	3 05·4	5·7	1·2	11·7	2·4	17·7	3·7
58	3 14·5	3 15·0	3 05·6	5·8	1·2	11·8	2·5	17·8	3·7
59	3 14·8	3 15·3	3 05·9	5·9	1·2	11·9	2·5	17·9	3·7
60	3 15·0	3 15·5	3 06·1	6·0	1·3	12·0	2·5	18·0	3·8

13 s	SUN PLANETS ° ′	ARIES ° ′	MOON ° ′	v or d ′	Corrn ′	v or d ′	Corrn ′	v or d ′	Corrn ′
00	3 15·0	3 15·5	3 06·1	0·0	0·0	6·0	1·4	12·0	2·7
01	3 15·3	3 15·8	3 06·4	0·1	0·0	6·1	1·4	12·1	2·7
02	3 15·5	3 16·0	3 06·6	0·2	0·0	6·2	1·4	12·2	2·7
03	3 15·8	3 16·3	3 06·8	0·3	0·1	6·3	1·4	12·3	2·8
04	3 16·0	3 16·5	3 07·1	0·4	0·1	6·4	1·4	12·4	2·8
05	3 16·3	3 16·8	3 07·3	0·5	0·1	6·5	1·5	12·5	2·8
06	3 16·5	3 17·0	3 07·5	0·6	0·1	6·6	1·5	12·6	2·8
07	3 16·8	3 17·3	3 07·8	0·7	0·2	6·7	1·5	12·7	2·9
08	3 17·0	3 17·5	3 08·0	0·8	0·2	6·8	1·5	12·8	2·9
09	3 17·3	3 17·8	3 08·3	0·9	0·2	6·9	1·6	12·9	2·9
10	3 17·5	3 18·0	3 08·5	1·0	0·2	7·0	1·6	13·0	2·9
11	3 17·8	3 18·3	3 08·7	1·1	0·2	7·1	1·6	13·1	2·9
12	3 18·0	3 18·5	3 09·0	1·2	0·3	7·2	1·6	13·2	3·0
13	3 18·3	3 18·8	3 09·2	1·3	0·3	7·3	1·6	13·3	3·0
14	3 18·5	3 19·0	3 09·5	1·4	0·3	7·4	1·7	13·4	3·0
15	3 18·8	3 19·3	3 09·7	1·5	0·3	7·5	1·7	13·5	3·0
16	3 19·0	3 19·5	3 09·9	1·6	0·4	7·6	1·7	13·6	3·1
17	3 19·3	3 19·8	3 10·2	1·7	0·4	7·7	1·7	13·7	3·1
18	3 19·5	3 20·0	3 10·4	1·8	0·4	7·8	1·8	13·8	3·1
19	3 19·8	3 20·3	3 10·7	1·9	0·4	7·9	1·8	13·9	3·1
20	3 20·0	3 20·5	3 10·9	2·0	0·5	8·0	1·8	14·0	3·2
21	3 20·3	3 20·8	3 11·1	2·1	0·5	8·1	1·8	14·1	3·2
22	3 20·5	3 21·0	3 11·4	2·2	0·5	8·2	1·8	14·2	3·2
23	3 20·8	3 21·3	3 11·6	2·3	0·5	8·3	1·9	14·3	3·2
24	3 21·0	3 21·6	3 11·8	2·4	0·5	8·4	1·9	14·4	3·2
25	3 21·3	3 21·8	3 12·1	2·5	0·6	8·5	1·9	14·5	3·3
26	3 21·5	3 22·1	3 12·3	2·6	0·6	8·6	1·9	14·6	3·3
27	3 21·8	3 22·3	3 12·6	2·7	0·6	8·7	2·0	14·7	3·3
28	3 22·0	3 22·6	3 12·8	2·8	0·6	8·8	2·0	14·8	3·3
29	3 22·3	3 22·8	3 13·0	2·9	0·7	8·9	2·0	14·9	3·4
30	3 22·5	3 23·1	3 13·3	3·0	0·7	9·0	2·0	15·0	3·4
31	3 22·8	3 23·3	3 13·5	3·1	0·7	9·1	2·0	15·1	3·4
32	3 23·0	3 23·6	3 13·8	3·2	0·7	9·2	2·1	15·2	3·4
33	3 23·3	3 23·8	3 14·0	3·3	0·7	9·3	2·1	15·3	3·4
34	3 23·5	3 24·1	3 14·2	3·4	0·8	9·4	2·1	15·4	3·5
35	3 23·8	3 24·3	3 14·5	3·5	0·8	9·5	2·1	15·5	3·5
36	3 24·0	3 24·6	3 14·7	3·6	0·8	9·6	2·2	15·6	3·5
37	3 24·3	3 24·8	3 14·9	3·7	0·8	9·7	2·2	15·7	3·5
38	3 24·5	3 25·1	3 15·2	3·8	0·9	9·8	2·2	15·8	3·6
39	3 24·8	3 25·3	3 15·4	3·9	0·9	9·9	2·2	15·9	3·6
40	3 25·0	3 25·6	3 15·7	4·0	0·9	10·0	2·3	16·0	3·6
41	3 25·3	3 25·8	3 15·9	4·1	0·9	10·1	2·3	16·1	3·6
42	3 25·5	3 26·1	3 16·1	4·2	0·9	10·2	2·3	16·2	3·6
43	3 25·8	3 26·3	3 16·4	4·3	1·0	10·3	2·3	16·3	3·7
44	3 26·0	3 26·6	3 16·6	4·4	1·0	10·4	2·3	16·4	3·7
45	3 26·3	3 26·8	3 16·9	4·5	1·0	10·5	2·4	16·5	3·7
46	3 26·5	3 27·1	3 17·1	4·6	1·0	10·6	2·4	16·6	3·7
47	3 26·8	3 27·3	3 17·3	4·7	1·1	10·7	2·4	16·7	3·8
48	3 27·0	3 27·6	3 17·6	4·8	1·1	10·8	2·4	16·8	3·8
49	3 27·3	3 27·8	3 17·8	4·9	1·1	10·9	2·5	16·9	3·8
50	3 27·5	3 28·1	3 18·0	5·0	1·1	11·0	2·5	17·0	3·8
51	3 27·8	3 28·3	3 18·3	5·1	1·1	11·1	2·5	17·1	3·8
52	3 28·0	3 28·6	3 18·5	5·2	1·2	11·2	2·5	17·2	3·9
53	3 28·3	3 28·8	3 18·8	5·3	1·2	11·3	2·5	17·3	3·9
54	3 28·5	3 29·1	3 19·0	5·4	1·2	11·4	2·6	17·4	3·9
55	3 28·8	3 29·3	3 19·2	5·5	1·2	11·5	2·6	17·5	3·9
56	3 29·0	3 29·6	3 19·5	5·6	1·3	11·6	2·6	17·6	4·0
57	3 29·3	3 29·8	3 19·7	5·7	1·3	11·7	2·6	17·7	4·0
58	3 29·5	3 30·1	3 20·0	5·8	1·3	11·8	2·7	17·8	4·0
59	3 29·8	3 30·3	3 20·2	5·9	1·3	11·9	2·7	17·9	4·0
60	3 30·0	3 30·6	3 20·4	6·0	1·4	12·0	2·7	18·0	4·1

14ᵐ INCREMENTS AND CORRECTIONS 15ᵐ

14 m/s	SUN PLANETS	ARIES	MOON	v or d	Corrⁿ	v or d	Corrⁿ	v or d	Corrⁿ
00	3 30·0	3 30·6	3 20·4	0·0	0·0	6·0	1·5	12·0	2·9
01	3 30·3	3 30·8	3 20·7	0·1	0·0	6·1	1·5	12·1	2·9
02	3 30·5	3 31·1	3 20·9	0·2	0·0	6·2	1·5	12·2	2·9
03	3 30·8	3 31·3	3 21·1	0·3	0·1	6·3	1·5	12·3	3·0
04	3 31·0	3 31·6	3 21·4	0·4	0·1	6·4	1·5	12·4	3·0
05	3 31·3	3 31·8	3 21·6	0·5	0·1	6·5	1·6	12·5	3·0
06	3 31·5	3 32·1	3 21·9	0·6	0·1	6·6	1·6	12·6	3·0
07	3 31·8	3 32·3	3 22·1	0·7	0·2	6·7	1·6	12·7	3·1
08	3 32·0	3 32·6	3 22·3	0·8	0·2	6·8	1·6	12·8	3·1
09	3 32·3	3 32·8	3 22·6	0·9	0·2	6·9	1·7	12·9	3·1
10	3 32·5	3 33·1	3 22·8	1·0	0·2	7·0	1·7	13·0	3·1
11	3 32·8	3 33·3	3 23·1	1·1	0·3	7·1	1·7	13·1	3·2
12	3 33·0	3 33·6	3 23·3	1·2	0·3	7·2	1·7	13·2	3·2
13	3 33·3	3 33·8	3 23·5	1·3	0·3	7·3	1·8	13·3	3·2
14	3 33·5	3 34·1	3 23·8	1·4	0·3	7·4	1·8	13·4	3·2
15	3 33·8	3 34·3	3 24·0	1·5	0·4	7·5	1·8	13·5	3·3
16	3 34·0	3 34·6	3 24·3	1·6	0·4	7·6	1·8	13·6	3·3
17	3 34·3	3 34·8	3 24·5	1·7	0·4	7·7	1·9	13·7	3·3
18	3 34·5	3 35·1	3 24·7	1·8	0·4	7·8	1·9	13·8	3·3
19	3 34·8	3 35·3	3 25·0	1·9	0·5	7·9	1·9	13·9	3·4
20	3 35·0	3 35·6	3 25·2	2·0	0·5	8·0	1·9	14·0	3·4
21	3 35·3	3 35·8	3 25·4	2·1	0·5	8·1	2·0	14·1	3·4
22	3 35·5	3 36·1	3 25·7	2·2	0·5	8·2	2·0	14·2	3·4
23	3 35·8	3 36·3	3 25·9	2·3	0·6	8·3	2·0	14·3	3·5
24	3 36·0	3 36·6	3 26·2	2·4	0·6	8·4	2·0	14·4	3·5
25	3 36·3	3 36·8	3 26·4	2·5	0·6	8·5	2·1	14·5	3·5
26	3 36·5	3 37·1	3 26·6	2·6	0·6	8·6	2·1	14·6	3·5
27	3 36·8	3 37·3	3 26·9	2·7	0·7	8·7	2·1	14·7	3·6
28	3 37·0	3 37·6	3 27·1	2·8	0·7	8·8	2·1	14·8	3·6
29	3 37·3	3 37·8	3 27·4	2·9	0·7	8·9	2·2	14·9	3·6
30	3 37·5	3 38·1	3 27·6	3·0	0·7	9·0	2·2	15·0	3·6
31	3 37·8	3 38·3	3 27·8	3·1	0·7	9·1	2·2	15·1	3·6
32	3 38·0	3 38·6	3 28·1	3·2	0·8	9·2	2·2	15·2	3·7
33	3 38·3	3 38·8	3 28·3	3·3	0·8	9·3	2·2	15·3	3·7
34	3 38·5	3 39·1	3 28·5	3·4	0·8	9·4	2·3	15·4	3·7
35	3 38·8	3 39·3	3 28·8	3·5	0·8	9·5	2·3	15·5	3·7
36	3 39·0	3 39·6	3 29·0	3·6	0·9	9·6	2·3	15·6	3·8
37	3 39·3	3 39·9	3 29·3	3·7	0·9	9·7	2·3	15·7	3·8
38	3 39·5	3 40·1	3 29·5	3·8	0·9	9·8	2·4	15·8	3·8
39	3 39·8	3 40·4	3 29·7	3·9	0·9	9·9	2·4	15·9	3·8
40	3 40·0	3 40·6	3 30·0	4·0	1·0	10·0	2·4	16·0	3·9
41	3 40·3	3 40·9	3 30·2	4·1	1·0	10·1	2·4	16·1	3·9
42	3 40·5	3 41·1	3 30·5	4·2	1·0	10·2	2·5	16·2	3·9
43	3 40·8	3 41·4	3 30·7	4·3	1·0	10·3	2·5	16·3	3·9
44	3 41·0	3 41·6	3 30·9	4·4	1·1	10·4	2·5	16·4	4·0
45	3 41·3	3 41·9	3 31·2	4·5	1·1	10·5	2·5	16·5	4·0
46	3 41·5	3 42·1	3 31·4	4·6	1·1	10·6	2·6	16·6	4·0
47	3 41·8	3 42·4	3 31·6	4·7	1·1	10·7	2·6	16·7	4·0
48	3 42·0	3 42·6	3 31·9	4·8	1·2	10·8	2·6	16·8	4·1
49	3 42·3	3 42·9	3 32·1	4·9	1·2	10·9	2·6	16·9	4·1
50	3 42·5	3 43·1	3 32·4	5·0	1·2	11·0	2·7	17·0	4·1
51	3 42·8	3 43·4	3 32·6	5·1	1·2	11·1	2·7	17·1	4·1
52	3 43·0	3 43·6	3 32·8	5·2	1·3	11·2	2·7	17·2	4·2
53	3 43·3	3 43·9	3 33·1	5·3	1·3	11·3	2·7	17·3	4·2
54	3 43·5	3 44·1	3 33·3	5·4	1·3	11·4	2·8	17·4	4·2
55	3 43·8	3 44·4	3 33·6	5·5	1·3	11·5	2·8	17·5	4·2
56	3 44·0	3 44·6	3 33·8	5·6	1·4	11·6	2·8	17·6	4·3
57	3 44·3	3 44·9	3 34·0	5·7	1·4	11·7	2·8	17·7	4·3
58	3 44·5	3 45·1	3 34·3	5·8	1·4	11·8	2·9	17·8	4·3
59	3 44·8	3 45·4	3 34·5	5·9	1·4	11·9	2·9	17·9	4·3
60	3 45·0	3 45·6	3 34·8	6·0	1·5	12·0	2·9	18·0	4·4

15 m/s	SUN PLANETS	ARIES	MOON	v or d	Corrⁿ	v or d	Corrⁿ	v or d	Corrⁿ
00	3 45·0	3 45·6	3 34·8	0·0	0·0	6·0	1·6	12·0	3·1
01	3 45·3	3 45·9	3 35·0	0·1	0·0	6·1	1·6	12·1	3·1
02	3 45·5	3 46·1	3 35·2	0·2	0·1	6·2	1·6	12·2	3·2
03	3 45·8	3 46·4	3 35·5	0·3	0·1	6·3	1·6	12·3	3·2
04	3 46·0	3 46·6	3 35·7	0·4	0·1	6·4	1·7	12·4	3·2
05	3 46·3	3 46·9	3 35·9	0·5	0·1	6·5	1·7	12·5	3·2
06	3 46·5	3 47·1	3 36·2	0·6	0·2	6·6	1·7	12·6	3·3
07	3 46·8	3 47·4	3 36·4	0·7	0·2	6·7	1·7	12·7	3·3
08	3 47·0	3 47·6	3 36·7	0·8	0·2	6·8	1·8	12·8	3·3
09	3 47·3	3 47·9	3 36·9	0·9	0·2	6·9	1·8	12·9	3·3
10	3 47·5	3 48·1	3 37·1	1·0	0·3	7·0	1·8	13·0	3·4
11	3 47·8	3 48·4	3 37·4	1·1	0·3	7·1	1·8	13·1	3·4
12	3 48·0	3 48·6	3 37·6	1·2	0·3	7·2	1·9	13·2	3·4
13	3 48·3	3 48·9	3 37·9	1·3	0·3	7·3	1·9	13·3	3·4
14	3 48·5	3 49·1	3 38·1	1·4	0·3	7·4	1·9	13·4	3·5
15	3 48·8	3 49·4	3 38·3	1·5	0·4	7·5	1·9	13·5	3·5
16	3 49·0	3 49·6	3 38·6	1·6	0·4	7·6	2·0	13·6	3·5
17	3 49·3	3 49·9	3 38·8	1·7	0·4	7·7	2·0	13·7	3·5
18	3 49·5	3 50·1	3 39·0	1·8	0·5	7·8	2·0	13·8	3·6
19	3 49·8	3 50·4	3 39·3	1·9	0·5	7·9	2·0	13·9	3·6
20	3 50·0	3 50·6	3 39·5	2·0	0·5	8·0	2·1	14·0	3·6
21	3 50·3	3 50·9	3 39·8	2·1	0·5	8·1	2·1	14·1	3·6
22	3 50·5	3 51·1	3 40·0	2·2	0·6	8·2	2·1	14·2	3·7
23	3 50·8	3 51·4	3 40·2	2·3	0·6	8·3	2·1	14·3	3·7
24	3 51·0	3 51·6	3 40·5	2·4	0·6	8·4	2·1	14·4	3·7
25	3 51·3	3 51·9	3 40·7	2·5	0·6	8·5	2·2	14·5	3·7
26	3 51·5	3 52·1	3 41·0	2·6	0·7	8·6	2·2	14·6	3·8
27	3 51·8	3 52·4	3 41·2	2·7	0·7	8·7	2·2	14·7	3·8
28	3 52·0	3 52·6	3 41·4	2·8	0·7	8·8	2·3	14·8	3·8
29	3 52·3	3 52·9	3 41·7	2·9	0·7	8·9	2·3	14·9	3·8
30	3 52·5	3 53·1	3 41·9	3·0	0·8	9·0	2·3	15·0	3·9
31	3 52·8	3 53·4	3 42·1	3·1	0·8	9·1	2·4	15·1	3·9
32	3 53·0	3 53·6	3 42·4	3·2	0·8	9·2	2·4	15·2	3·9
33	3 53·3	3 53·9	3 42·6	3·3	0·9	9·3	2·4	15·3	4·0
34	3 53·5	3 54·1	3 42·9	3·4	0·9	9·4	2·4	15·4	4·0
35	3 53·8	3 54·4	3 43·1	3·5	0·9	9·5	2·5	15·5	4·0
36	3 54·0	3 54·6	3 43·3	3·6	0·9	9·6	2·5	15·6	4·0
37	3 54·3	3 54·9	3 43·6	3·7	1·0	9·7	2·5	15·7	4·1
38	3 54·5	3 55·1	3 43·8	3·8	1·0	9·8	2·5	15·8	4·1
39	3 54·8	3 55·4	3 44·1	3·9	1·0	9·9	2·6	15·9	4·1
40	3 55·0	3 55·6	3 44·3	4·0	1·0	10·0	2·6	16·0	4·1
41	3 55·3	3 55·9	3 44·5	4·1	1·1	10·1	2·6	16·1	4·2
42	3 55·5	3 56·1	3 44·8	4·2	1·1	10·2	2·6	16·2	4·2
43	3 55·8	3 56·4	3 45·0	4·3	1·1	10·3	2·7	16·3	4·2
44	3 56·0	3 56·6	3 45·2	4·4	1·1	10·4	2·7	16·4	4·2
45	3 56·3	3 56·9	3 45·5	4·5	1·2	10·5	2·7	16·5	4·3
46	3 56·5	3 57·1	3 45·7	4·6	1·2	10·6	2·7	16·6	4·3
47	3 56·8	3 57·4	3 46·0	4·7	1·2	10·7	2·8	16·7	4·3
48	3 57·0	3 57·6	3 46·2	4·8	1·2	10·8	2·8	16·8	4·3
49	3 57·3	3 57·9	3 46·4	4·9	1·3	10·9	2·8	16·9	4·4
50	3 57·5	3 58·2	3 46·7	5·0	1·3	11·0	2·8	17·0	4·4
51	3 57·8	3 58·4	3 46·9	5·1	1·3	11·1	2·9	17·1	4·4
52	3 58·0	3 58·7	3 47·2	5·2	1·3	11·2	2·9	17·2	4·4
53	3 58·3	3 58·9	3 47·4	5·3	1·4	11·3	2·9	17·3	4·5
54	3 58·5	3 59·2	3 47·6	5·4	1·4	11·4	2·9	17·4	4·5
55	3 58·8	3 59·4	3 47·9	5·5	1·4	11·5	3·0	17·5	4·5
56	3 59·0	3 59·7	3 48·1	5·6	1·4	11·6	3·0	17·6	4·5
57	3 59·3	3 59·9	3 48·4	5·7	1·5	11·7	3·0	17·7	4·6
58	3 59·5	4 00·2	3 48·6	5·8	1·5	11·8	3·0	17·8	4·6
59	3 59·8	4 00·4	3 48·8	5·9	1·5	11·9	3·1	17·9	4·6
60	4 00·0	4 00·7	3 49·1	6·0	1·6	12·0	3·1	18·0	4·7

中华人民共和国海船船员适任考试培训教材

16^m INCREMENTS AND CORRECTIONS 17^m

16 s	SUN PLANETS	ARIES	MOON	v or d	Corrn	v or d	Corrn	v or d	Corrn
00	4 00·0	4 00·7	3 49·1	0·0	0·0	6·0	1·7	12·0	3·3
01	4 00·3	4 00·9	3 49·3	0·1	0·0	6·1	1·7	12·1	3·3
02	4 00·5	4 01·2	3 49·5	0·2	0·1	6·2	1·7	12·2	3·4
03	4 00·8	4 01·4	3 49·8	0·3	0·1	6·3	1·7	12·3	3·4
04	4 01·0	4 01·7	3 50·0	0·4	0·1	6·4	1·8	12·4	3·4
05	4 01·3	4 01·9	3 50·3	0·5	0·1	6·5	1·8	12·5	3·4
06	4 01·5	4 02·2	3 50·5	0·6	0·2	6·6	1·8	12·6	3·5
07	4 01·8	4 02·4	3 50·7	0·7	0·2	6·7	1·8	12·7	3·5
08	4 02·0	4 02·7	3 51·0	0·8	0·2	6·8	1·9	12·8	3·5
09	4 02·3	4 02·9	3 51·2	0·9	0·2	6·9	1·9	12·9	3·5
10	4 02·5	4 03·2	3 51·5	1·0	0·3	7·0	1·9	13·0	3·6
11	4 02·8	4 03·4	3 51·7	1·1	0·3	7·1	2·0	13·1	3·6
12	4 03·0	4 03·7	3 51·9	1·2	0·3	7·2	2·0	13·2	3·6
13	4 03·3	4 03·9	3 52·2	1·3	0·4	7·3	2·0	13·3	3·7
14	4 03·5	4 04·2	3 52·4	1·4	0·4	7·4	2·0	13·4	3·7
15	4 03·8	4 04·4	3 52·6	1·5	0·4	7·5	2·1	13·5	3·7
16	4 04·0	4 04·7	3 52·9	1·6	0·4	7·6	2·1	13·6	3·7
17	4 04·3	4 04·9	3 53·1	1·7	0·5	7·7	2·1	13·7	3·8
18	4 04·5	4 05·2	3 53·4	1·8	0·5	7·8	2·1	13·8	3·8
19	4 04·8	4 05·4	3 53·6	1·9	0·5	7·9	2·2	13·9	3·8
20	4 05·0	4 05·7	3 53·8	2·0	0·6	8·0	2·2	14·0	3·9
21	4 05·3	4 05·9	3 54·1	2·1	0·6	8·1	2·2	14·1	3·9
22	4 05·5	4 06·2	3 54·3	2·2	0·6	8·2	2·3	14·2	3·9
23	4 05·8	4 06·4	3 54·6	2·3	0·6	8·3	2·3	14·3	3·9
24	4 06·0	4 06·7	3 54·8	2·4	0·7	8·4	2·3	14·4	4·0
25	4 06·3	4 06·9	3 55·0	2·5	0·7	8·5	2·3	14·5	4·0
26	4 06·5	4 07·2	3 55·3	2·6	0·7	8·6	2·4	14·6	4·0
27	4 06·8	4 07·4	3 55·5	2·7	0·7	8·7	2·4	14·7	4·0
28	4 07·0	4 07·7	3 55·7	2·8	0·8	8·8	2·4	14·8	4·1
29	4 07·3	4 07·9	3 56·0	2·9	0·8	8·9	2·4	14·9	4·1
30	4 07·5	4 08·2	3 56·2	3·0	0·8	9·0	2·5	15·0	4·1
31	4 07·8	4 08·4	3 56·5	3·1	0·9	9·1	2·5	15·1	4·2
32	4 08·0	4 08·7	3 56·7	3·2	0·9	9·2	2·5	15·2	4·2
33	4 08·3	4 08·9	3 56·9	3·3	0·9	9·3	2·6	15·3	4·2
34	4 08·5	4 09·2	3 57·2	3·4	0·9	9·4	2·6	15·4	4·2
35	4 08·8	4 09·4	3 57·4	3·5	1·0	9·5	2·6	15·5	4·3
36	4 09·0	4 09·7	3 57·7	3·6	1·0	9·6	2·6	15·6	4·3
37	4 09·3	4 09·9	3 57·9	3·7	1·0	9·7	2·7	15·7	4·3
38	4 09·5	4 10·2	3 58·1	3·8	1·0	9·8	2·7	15·8	4·3
39	4 09·8	4 10·4	3 58·4	3·9	1·1	9·9	2·7	15·9	4·4
40	4 10·0	4 10·7	3 58·6	4·0	1·1	10·0	2·8	16·0	4·4
41	4 10·3	4 10·9	3 58·8	4·1	1·1	10·1	2·8	16·1	4·4
42	4 10·5	4 11·2	3 59·1	4·2	1·2	10·2	2·8	16·2	4·5
43	4 10·8	4 11·4	3 59·3	4·3	1·2	10·3	2·8	16·3	4·5
44	4 11·0	4 11·7	3 59·6	4·4	1·2	10·4	2·9	16·4	4·5
45	4 11·3	4 11·9	3 59·8	4·5	1·2	10·5	2·9	16·5	4·5
46	4 11·5	4 12·2	4 00·0	4·6	1·3	10·6	2·9	16·6	4·6
47	4 11·8	4 12·4	4 00·3	4·7	1·3	10·7	2·9	16·7	4·6
48	4 12·0	4 12·7	4 00·5	4·8	1·3	10·8	3·0	16·8	4·6
49	4 12·3	4 12·9	4 00·8	4·9	1·3	10·9	3·0	16·9	4·6
50	4 12·5	4 13·2	4 01·0	5·0	1·4	11·0	3·0	17·0	4·7
51	4 12·8	4 13·4	4 01·2	5·1	1·4	11·1	3·1	17·1	4·7
52	4 13·0	4 13·7	4 01·5	5·2	1·4	11·2	3·1	17·2	4·7
53	4 13·3	4 13·9	4 01·7	5·3	1·5	11·3	3·1	17·3	4·8
54	4 13·5	4 14·2	4 02·0	5·4	1·5	11·4	3·1	17·4	4·8
55	4 13·8	4 14·4	4 02·2	5·5	1·5	11·5	3·2	17·5	4·8
56	4 14·0	4 14·7	4 02·4	5·6	1·5	11·6	3·2	17·6	4·8
57	4 14·3	4 14·9	4 02·7	5·7	1·6	11·7	3·2	17·7	4·9
58	4 14·5	4 15·2	4 02·9	5·8	1·6	11·8	3·2	17·8	4·9
59	4 14·8	4 15·4	4 03·1	5·9	1·6	11·9	3·3	17·9	4·9
60	4 15·0	4 15·7	4 03·4	6·0	1·7	12·0	3·3	18·0	5·0

17 s	SUN PLANETS	ARIES	MOON	v or d	Corrn	v or d	Corrn	v or d	Corrn
00	4 15·0	4 15·7	4 03·4	0·0	0·0	6·0	1·8	12·0	3·5
01	4 15·3	4 15·9	4 03·6	0·1	0·0	6·1	1·8	12·1	3·5
02	4 15·5	4 16·2	4 03·9	0·2	0·1	6·2	1·8	12·2	3·6
03	4 15·8	4 16·5	4 04·1	0·3	0·1	6·3	1·8	12·3	3·6
04	4 16·0	4 16·7	4 04·3	0·4	0·1	6·4	1·9	12·4	3·6
05	4 16·3	4 17·0	4 04·6	0·5	0·1	6·5	1·9	12·5	3·6
06	4 16·5	4 17·2	4 04·8	0·6	0·2	6·6	1·9	12·6	3·7
07	4 16·8	4 17·5	4 05·1	0·7	0·2	6·7	2·0	12·7	3·7
08	4 17·0	4 17·7	4 05·3	0·8	0·2	6·8	2·0	12·8	3·7
09	4 17·3	4 18·0	4 05·5	0·9	0·3	6·9	2·0	12·9	3·8
10	4 17·5	4 18·2	4 05·8	1·0	0·3	7·0	2·0	13·0	3·8
11	4 17·8	4 18·5	4 06·0	1·1	0·3	7·1	2·1	13·1	3·8
12	4 18·0	4 18·7	4 06·2	1·2	0·4	7·2	2·1	13·2	3·9
13	4 18·3	4 19·0	4 06·5	1·3	0·4	7·3	2·1	13·3	3·9
14	4 18·5	4 19·2	4 06·7	1·4	0·4	7·4	2·2	13·4	3·9
15	4 18·8	4 19·5	4 07·0	1·5	0·4	7·5	2·2	13·5	3·9
16	4 19·0	4 19·7	4 07·2	1·6	0·5	7·6	2·2	13·6	4·0
17	4 19·3	4 20·0	4 07·4	1·7	0·5	7·7	2·2	13·7	4·0
18	4 19·5	4 20·2	4 07·7	1·8	0·5	7·8	2·3	13·8	4·0
19	4 19·8	4 20·5	4 07·9	1·9	0·6	7·9	2·3	13·9	4·1
20	4 20·0	4 20·7	4 08·2	2·0	0·6	8·0	2·3	14·0	4·1
21	4 20·3	4 21·0	4 08·4	2·1	0·6	8·1	2·4	14·1	4·1
22	4 20·5	4 21·2	4 08·6	2·2	0·6	8·2	2·4	14·2	4·1
23	4 20·8	4 21·5	4 08·9	2·3	0·7	8·3	2·4	14·3	4·2
24	4 21·0	4 21·7	4 09·1	2·4	0·7	8·4	2·5	14·4	4·2
25	4 21·3	4 22·0	4 09·3	2·5	0·7	8·5	2·5	14·5	4·2
26	4 21·5	4 22·2	4 09·6	2·6	0·8	8·6	2·5	14·6	4·3
27	4 21·8	4 22·5	4 09·8	2·7	0·8	8·7	2·5	14·7	4·3
28	4 22·0	4 22·7	4 10·1	2·8	0·8	8·8	2·6	14·8	4·3
29	4 22·3	4 23·0	4 10·3	2·9	0·8	8·9	2·6	14·9	4·3
30	4 22·5	4 23·2	4 10·5	3·0	0·9	9·0	2·6	15·0	4·4
31	4 22·8	4 23·5	4 10·8	3·1	0·9	9·1	2·7	15·1	4·4
32	4 23·0	4 23·7	4 11·0	3·2	0·9	9·2	2·7	15·2	4·4
33	4 23·3	4 24·0	4 11·3	3·3	1·0	9·3	2·7	15·3	4·5
34	4 23·5	4 24·2	4 11·5	3·4	1·0	9·4	2·7	15·4	4·5
35	4 23·8	4 24·5	4 11·7	3·5	1·0	9·5	2·8	15·5	4·5
36	4 24·0	4 24·7	4 12·0	3·6	1·1	9·6	2·8	15·6	4·5
37	4 24·3	4 25·0	4 12·2	3·7	1·1	9·7	2·8	15·7	4·6
38	4 24·5	4 25·2	4 12·5	3·8	1·1	9·8	2·9	15·8	4·6
39	4 24·8	4 25·5	4 12·7	3·9	1·1	9·9	2·9	15·9	4·6
40	4 25·0	4 25·7	4 12·9	4·0	1·2	10·0	2·9	16·0	4·7
41	4 25·3	4 26·0	4 13·2	4·1	1·2	10·1	2·9	16·1	4·7
42	4 25·5	4 26·2	4 13·4	4·2	1·2	10·2	3·0	16·2	4·7
43	4 25·8	4 26·5	4 13·6	4·3	1·3	10·3	3·0	16·3	4·8
44	4 26·0	4 26·7	4 13·9	4·4	1·3	10·4	3·0	16·4	4·8
45	4 26·3	4 27·0	4 14·1	4·5	1·3	10·5	3·1	16·5	4·8
46	4 26·5	4 27·2	4 14·4	4·6	1·3	10·6	3·1	16·6	4·8
47	4 26·8	4 27·5	4 14·6	4·7	1·4	10·7	3·1	16·7	4·9
48	4 27·0	4 27·7	4 14·8	4·8	1·4	10·8	3·2	16·8	4·9
49	4 27·3	4 28·0	4 15·1	4·9	1·4	10·9	3·2	16·9	4·9
50	4 27·5	4 28·2	4 15·3	5·0	1·5	11·0	3·2	17·0	5·0
51	4 27·8	4 28·5	4 15·6	5·1	1·5	11·1	3·2	17·1	5·0
52	4 28·0	4 28·7	4 15·8	5·2	1·5	11·2	3·3	17·2	5·0
53	4 28·3	4 29·0	4 16·0	5·3	1·5	11·3	3·3	17·3	5·0
54	4 28·5	4 29·2	4 16·3	5·4	1·6	11·4	3·3	17·4	5·1
55	4 28·8	4 29·5	4 16·5	5·5	1·6	11·5	3·4	17·5	5·1
56	4 29·0	4 29·7	4 16·7	5·6	1·6	11·6	3·4	17·6	5·1
57	4 29·3	4 30·0	4 17·0	5·7	1·7	11·7	3·4	17·7	5·2
58	4 29·5	4 30·2	4 17·2	5·8	1·7	11·8	3·4	17·8	5·2
59	4 29·8	4 30·5	4 17·5	5·9	1·7	11·9	3·5	17·9	5·2
60	4 30·0	4 30·7	4 17·7	6·0	1·8	12·0	3·5	18·0	5·3

18ᵐ INCREMENTS AND CORRECTIONS 19ᵐ

18ᵐ

m/s 18	SUN PLANETS	ARIES	MOON	v or d Corrⁿ	v or d Corrⁿ	v or d Corrⁿ
00	4 30.0	4 30.7	4 17.7	0.0 0.0	6.0 1.9	12.0 3.7
01	4 30.3	4 31.0	4 17.9	0.1 0.0	6.1 1.9	12.1 3.7
02	4 30.5	4 31.2	4 18.2	0.2 0.1	6.2 1.9	12.2 3.8
03	4 30.8	4 31.5	4 18.4	0.3 0.1	6.3 1.9	12.3 3.8
04	4 31.0	4 31.7	4 18.7	0.4 0.1	6.4 2.0	12.4 3.8
05	4 31.3	4 32.0	4 18.9	0.5 0.2	6.5 2.0	12.5 3.9
06	4 31.5	4 32.2	4 19.1	0.6 0.2	6.6 2.0	12.6 3.9
07	4 31.8	4 32.5	4 19.4	0.7 0.2	6.7 2.1	12.7 3.9
08	4 32.0	4 32.7	4 19.6	0.8 0.2	6.8 2.1	12.8 3.9
09	4 32.3	4 33.0	4 19.8	0.9 0.3	6.9 2.1	12.9 4.0
10	4 32.5	4 33.2	4 20.1	1.0 0.3	7.0 2.2	13.0 4.0
11	4 32.8	4 33.5	4 20.3	1.1 0.3	7.1 2.2	13.1 4.0
12	4 33.0	4 33.7	4 20.6	1.2 0.4	7.2 2.2	13.2 4.1
13	4 33.3	4 34.0	4 20.8	1.3 0.4	7.3 2.3	13.3 4.1
14	4 33.5	4 34.2	4 21.0	1.4 0.4	7.4 2.3	13.4 4.1
15	4 33.8	4 34.5	4 21.3	1.5 0.5	7.5 2.3	13.5 4.2
16	4 34.0	4 34.8	4 21.5	1.6 0.5	7.6 2.3	13.6 4.2
17	4 34.3	4 35.0	4 21.8	1.7 0.5	7.7 2.4	13.7 4.2
18	4 34.5	4 35.3	4 22.0	1.8 0.6	7.8 2.4	13.8 4.3
19	4 34.8	4 35.5	4 22.2	1.9 0.6	7.9 2.4	13.9 4.3
20	4 35.0	4 35.8	4 22.5	2.0 0.6	8.0 2.5	14.0 4.3
21	4 35.3	4 36.0	4 22.7	2.1 0.6	8.1 2.5	14.1 4.3
22	4 35.5	4 36.3	4 22.9	2.2 0.7	8.2 2.5	14.2 4.4
23	4 35.8	4 36.5	4 23.2	2.3 0.7	8.3 2.6	14.3 4.4
24	4 36.0	4 36.8	4 23.4	2.4 0.7	8.4 2.6	14.4 4.4
25	4 36.3	4 37.0	4 23.7	2.5 0.8	8.5 2.6	14.5 4.5
26	4 36.5	4 37.3	4 23.9	2.6 0.8	8.6 2.7	14.6 4.5
27	4 36.8	4 37.5	4 24.1	2.7 0.8	8.7 2.7	14.7 4.5
28	4 37.0	4 37.8	4 24.4	2.8 0.9	8.8 2.7	14.8 4.6
29	4 37.3	4 38.0	4 24.6	2.9 0.9	8.9 2.7	14.9 4.6
30	4 37.5	4 38.3	4 24.9	3.0 0.9	9.0 2.8	15.0 4.6
31	4 37.8	4 38.5	4 25.1	3.1 1.0	9.1 2.8	15.1 4.7
32	4 38.0	4 38.8	4 25.3	3.2 1.0	9.2 2.8	15.2 4.7
33	4 38.3	4 39.0	4 25.6	3.3 1.0	9.3 2.9	15.3 4.7
34	4 38.5	4 39.3	4 25.8	3.4 1.0	9.4 2.9	15.4 4.7
35	4 38.8	4 39.5	4 26.1	3.5 1.1	9.5 2.9	15.5 4.8
36	4 39.0	4 39.8	4 26.3	3.6 1.1	9.6 3.0	15.6 4.8
37	4 39.3	4 40.0	4 26.5	3.7 1.1	9.7 3.0	15.7 4.8
38	4 39.5	4 40.3	4 26.8	3.8 1.2	9.8 3.0	15.8 4.9
39	4 39.8	4 40.5	4 27.0	3.9 1.2	9.9 3.0	15.9 4.9
40	4 40.0	4 40.8	4 27.2	4.0 1.2	10.0 3.1	16.0 4.9
41	4 40.3	4 41.0	4 27.5	4.1 1.3	10.1 3.1	16.1 5.0
42	4 40.5	4 41.3	4 27.7	4.2 1.3	10.2 3.1	16.2 5.0
43	4 40.8	4 41.5	4 28.0	4.3 1.3	10.3 3.2	16.3 5.0
44	4 41.0	4 41.8	4 28.2	4.4 1.4	10.4 3.2	16.4 5.1
45	4 41.3	4 42.0	4 28.4	4.5 1.4	10.5 3.2	16.5 5.1
46	4 41.5	4 42.3	4 28.7	4.6 1.4	10.6 3.3	16.6 5.1
47	4 41.8	4 42.5	4 28.9	4.7 1.4	10.7 3.3	16.7 5.1
48	4 42.0	4 42.8	4 29.2	4.8 1.5	10.8 3.3	16.8 5.2
49	4 42.3	4 43.0	4 29.4	4.9 1.5	10.9 3.4	16.9 5.2
50	4 42.5	4 43.3	4 29.6	5.0 1.5	11.0 3.4	17.0 5.2
51	4 42.8	4 43.5	4 29.9	5.1 1.6	11.1 3.4	17.1 5.3
52	4 43.0	4 43.8	4 30.1	5.2 1.6	11.2 3.5	17.2 5.3
53	4 43.3	4 44.0	4 30.3	5.3 1.6	11.3 3.5	17.3 5.3
54	4 43.5	4 44.3	4 30.6	5.4 1.7	11.4 3.5	17.4 5.4
55	4 43.8	4 44.5	4 30.8	5.5 1.7	11.5 3.5	17.5 5.4
56	4 44.0	4 44.8	4 31.1	5.6 1.7	11.6 3.6	17.6 5.4
57	4 44.3	4 45.0	4 31.3	5.7 1.8	11.7 3.6	17.7 5.5
58	4 44.5	4 45.3	4 31.5	5.8 1.8	11.8 3.6	17.8 5.5
59	4 44.8	4 45.5	4 31.8	5.9 1.8	11.9 3.7	17.9 5.5
60	4 45.0	4 45.8	4 32.0	6.0 1.9	12.0 3.7	18.0 5.6

19ᵐ

m/s 19	SUN PLANETS	ARIES	MOON	v or d Corrⁿ	v or d Corrⁿ	v or d Corrⁿ
00	4 45.0	4 45.8	4 32.0	0.0 0.0	6.0 2.0	12.0 3.9
01	4 45.3	4 46.0	4 32.3	0.1 0.0	6.1 2.0	12.1 3.9
02	4 45.5	4 46.3	4 32.5	0.2 0.1	6.2 2.0	12.2 4.0
03	4 45.8	4 46.5	4 32.7	0.3 0.1	6.3 2.0	12.3 4.0
04	4 46.0	4 46.8	4 33.0	0.4 0.1	6.4 2.1	12.4 4.0
05	4 46.3	4 47.0	4 33.2	0.5 0.2	6.5 2.1	12.5 4.1
06	4 46.5	4 47.3	4 33.4	0.6 0.2	6.6 2.1	12.6 4.1
07	4 46.8	4 47.5	4 33.7	0.7 0.2	6.7 2.2	12.7 4.1
08	4 47.0	4 47.8	4 33.9	0.8 0.3	6.8 2.2	12.8 4.2
09	4 47.3	4 48.0	4 34.2	0.9 0.3	6.9 2.2	12.9 4.2
10	4 47.5	4 48.3	4 34.4	1.0 0.3	7.0 2.3	13.0 4.2
11	4 47.8	4 48.5	4 34.6	1.1 0.4	7.1 2.3	13.1 4.3
12	4 48.0	4 48.8	4 34.9	1.2 0.4	7.2 2.3	13.2 4.3
13	4 48.3	4 49.0	4 35.1	1.3 0.4	7.3 2.4	13.3 4.3
14	4 48.5	4 49.3	4 35.4	1.4 0.5	7.4 2.4	13.4 4.4
15	4 48.8	4 49.5	4 35.6	1.5 0.5	7.5 2.4	13.5 4.4
16	4 49.0	4 49.8	4 35.8	1.6 0.5	7.6 2.5	13.6 4.4
17	4 49.3	4 50.0	4 36.1	1.7 0.6	7.7 2.5	13.7 4.5
18	4 49.5	4 50.3	4 36.3	1.8 0.6	7.8 2.5	13.8 4.5
19	4 49.8	4 50.5	4 36.6	1.9 0.6	7.9 2.6	13.9 4.5
20	4 50.0	4 50.8	4 36.8	2.0 0.7	8.0 2.6	14.0 4.6
21	4 50.3	4 51.0	4 37.0	2.1 0.7	8.1 2.6	14.1 4.6
22	4 50.5	4 51.3	4 37.3	2.2 0.7	8.2 2.7	14.2 4.6
23	4 50.8	4 51.5	4 37.5	2.3 0.7	8.3 2.7	14.3 4.6
24	4 51.0	4 51.8	4 37.7	2.4 0.8	8.4 2.7	14.4 4.7
25	4 51.3	4 52.0	4 38.0	2.5 0.8	8.5 2.8	14.5 4.7
26	4 51.5	4 52.3	4 38.2	2.6 0.8	8.6 2.8	14.6 4.7
27	4 51.8	4 52.5	4 38.5	2.7 0.9	8.7 2.8	14.7 4.8
28	4 52.0	4 52.8	4 38.7	2.8 0.9	8.8 2.9	14.8 4.8
29	4 52.3	4 53.1	4 38.9	2.9 0.9	8.9 2.9	14.9 4.8
30	4 52.5	4 53.3	4 39.2	3.0 1.0	9.0 2.9	15.0 4.9
31	4 52.8	4 53.6	4 39.4	3.1 1.0	9.1 3.0	15.1 4.9
32	4 53.0	4 53.8	4 39.7	3.2 1.0	9.2 3.0	15.2 4.9
33	4 53.3	4 54.1	4 39.9	3.3 1.1	9.3 3.0	15.3 5.0
34	4 53.5	4 54.3	4 40.1	3.4 1.1	9.4 3.1	15.4 5.0
35	4 53.8	4 54.6	4 40.4	3.5 1.1	9.5 3.1	15.5 5.0
36	4 54.0	4 54.8	4 40.6	3.6 1.2	9.6 3.1	15.6 5.1
37	4 54.3	4 55.1	4 40.8	3.7 1.2	9.7 3.2	15.7 5.1
38	4 54.5	4 55.3	4 41.1	3.8 1.2	9.8 3.2	15.8 5.1
39	4 54.8	4 55.6	4 41.3	3.9 1.3	9.9 3.2	15.9 5.2
40	4 55.0	4 55.8	4 41.6	4.0 1.3	10.0 3.3	16.0 5.2
41	4 55.3	4 56.1	4 41.8	4.1 1.3	10.1 3.3	16.1 5.2
42	4 55.5	4 56.3	4 42.0	4.2 1.4	10.2 3.3	16.2 5.3
43	4 55.8	4 56.6	4 42.3	4.3 1.4	10.3 3.3	16.3 5.3
44	4 56.0	4 56.8	4 42.5	4.4 1.4	10.4 3.4	16.4 5.3
45	4 56.3	4 57.1	4 42.8	4.5 1.5	10.5 3.4	16.5 5.4
46	4 56.5	4 57.3	4 43.0	4.6 1.5	10.6 3.4	16.6 5.4
47	4 56.8	4 57.6	4 43.2	4.7 1.5	10.7 3.5	16.7 5.5
48	4 57.0	4 57.8	4 43.5	4.8 1.6	10.8 3.5	16.8 5.5
49	4 57.3	4 58.1	4 43.7	4.9 1.6	10.9 3.5	16.9 5.5
50	4 57.5	4 58.3	4 43.9	5.0 1.6	11.0 3.6	17.0 5.5
51	4 57.8	4 58.6	4 44.2	5.1 1.7	11.1 3.6	17.1 5.6
52	4 58.0	4 58.8	4 44.4	5.2 1.7	11.2 3.6	17.2 5.6
53	4 58.3	4 59.1	4 44.7	5.3 1.7	11.3 3.7	17.3 5.6
54	4 58.5	4 59.3	4 44.9	5.4 1.8	11.4 3.7	17.4 5.7
55	4 58.8	4 59.6	4 45.1	5.5 1.8	11.5 3.7	17.5 5.7
56	4 59.0	4 59.8	4 45.4	5.6 1.8	11.6 3.8	17.6 5.7
57	4 59.3	5 00.1	4 45.6	5.7 1.9	11.7 3.8	17.7 5.8
58	4 59.5	5 00.3	4 45.9	5.8 1.9	11.8 3.8	17.8 5.8
59	4 59.8	5 00.6	4 46.1	5.9 1.9	11.9 3.9	17.9 5.8
60	5 00.0	5 00.8	4 46.3	6.0 2.0	12.0 3.9	18.0 5.9

驾驶专业

20ᵐ   INCREMENTS AND CORRECTIONS   **21ᵐ**

20 s	SUN PLANETS	ARIES	MOON	v or d	Corrⁿ	v or d	Corrⁿ	v or d	Corrⁿ
00	5 00·0	5 00·8	4 46·3	0·0	0·0	6·0	2·1	12·0	4·1
01	5 00·3	5 01·1	4 46·6	0·1	0·0	6·1	2·1	12·1	4·1
02	5 00·5	5 01·3	4 46·8	0·2	0·1	6·2	2·1	12·2	4·2
03	5 00·8	5 01·6	4 47·0	0·3	0·1	6·3	2·2	12·3	4·2
04	5 01·0	5 01·8	4 47·3	0·4	0·1	6·4	2·2	12·4	4·2
05	5 01·3	5 02·1	4 47·5	0·5	0·2	6·5	2·2	12·5	4·3
06	5 01·5	5 02·3	4 47·8	0·6	0·2	6·6	2·3	12·6	4·3
07	5 01·8	5 02·6	4 48·0	0·7	0·2	6·7	2·3	12·7	4·3
08	5 02·0	5 02·8	4 48·2	0·8	0·3	6·8	2·3	12·8	4·4
09	5 02·3	5 03·1	4 48·5	0·9	0·3	6·9	2·4	12·9	4·4
10	5 02·5	5 03·3	4 48·7	1·0	0·3	7·0	2·4	13·0	4·4
11	5 02·8	5 03·6	4 49·0	1·1	0·4	7·1	2·4	13·1	4·5
12	5 03·0	5 03·8	4 49·2	1·2	0·4	7·2	2·5	13·2	4·5
13	5 03·3	5 04·1	4 49·4	1·3	0·4	7·3	2·5	13·3	4·5
14	5 03·5	5 04·3	4 49·7	1·4	0·5	7·4	2·5	13·4	4·6
15	5 03·8	5 04·6	4 49·9	1·5	0·5	7·5	2·6	13·5	4·6
16	5 04·0	5 04·8	4 50·2	1·6	0·5	7·6	2·6	13·6	4·6
17	5 04·3	5 05·1	4 50·4	1·7	0·6	7·7	2·6	13·7	4·7
18	5 04·5	5 05·3	4 50·6	1·8	0·6	7·8	2·7	13·8	4·7
19	5 04·8	5 05·6	4 50·9	1·9	0·6	7·9	2·7	13·9	4·7
20	5 05·0	5 05·8	4 51·1	2·0	0·7	8·0	2·7	14·0	4·8
21	5 05·3	5 06·1	4 51·3	2·1	0·7	8·1	2·8	14·1	4·8
22	5 05·5	5 06·3	4 51·6	2·2	0·8	8·2	2·8	14·2	4·9
23	5 05·8	5 06·6	4 51·8	2·3	0·8	8·3	2·8	14·3	4·9
24	5 06·0	5 06·8	4 52·1	2·4	0·8	8·4	2·9	14·4	4·9
25	5 06·3	5 07·1	4 52·3	2·5	0·9	8·5	2·9	14·5	5·0
26	5 06·5	5 07·3	4 52·5	2·6	0·9	8·6	2·9	14·6	5·0
27	5 06·8	5 07·6	4 52·8	2·7	0·9	8·7	3·0	14·7	5·0
28	5 07·0	5 07·8	4 53·0	2·8	1·0	8·8	3·0	14·8	5·1
29	5 07·3	5 08·1	4 53·3	2·9	1·0	8·9	3·0	14·9	5·1
30	5 07·5	5 08·3	4 53·5	3·0	1·0	9·0	3·1	15·0	5·1
31	5 07·8	5 08·6	4 53·7	3·1	1·1	9·1	3·1	15·1	5·2
32	5 08·0	5 08·8	4 54·0	3·2	1·1	9·2	3·1	15·2	5·2
33	5 08·3	5 09·1	4 54·2	3·3	1·1	9·3	3·2	15·3	5·2
34	5 08·5	5 09·3	4 54·4	3·4	1·2	9·4	3·2	15·4	5·3
35	5 08·8	5 09·6	4 54·7	3·5	1·2	9·5	3·2	15·5	5·3
36	5 09·0	5 09·8	4 54·9	3·6	1·2	9·6	3·3	15·6	5·3
37	5 09·3	5 10·1	4 55·2	3·7	1·3	9·7	3·3	15·7	5·4
38	5 09·5	5 10·3	4 55·4	3·8	1·3	9·8	3·3	15·8	5·4
39	5 09·8	5 10·6	4 55·6	3·9	1·3	9·9	3·4	15·9	5·4
40	5 10·0	5 10·8	4 55·9	4·0	1·4	10·0	3·4	16·0	5·5
41	5 10·3	5 11·1	4 56·1	4·1	1·4	10·1	3·5	16·1	5·5
42	5 10·5	5 11·4	4 56·4	4·2	1·4	10·2	3·5	16·2	5·5
43	5 10·8	5 11·6	4 56·6	4·3	1·5	10·3	3·5	16·3	5·6
44	5 11·0	5 11·9	4 56·8	4·4	1·5	10·4	3·6	16·4	5·6
45	5 11·3	5 12·1	4 57·1	4·5	1·5	10·5	3·6	16·5	5·6
46	5 11·5	5 12·4	4 57·3	4·6	1·6	10·6	3·6	16·6	5·7
47	5 11·8	5 12·6	4 57·5	4·7	1·6	10·7	3·7	16·7	5·7
48	5 12·0	5 12·9	4 57·8	4·8	1·6	10·8	3·7	16·8	5·7
49	5 12·3	5 13·1	4 58·0	4·9	1·7	10·9	3·7	16·9	5·8
50	5 12·5	5 13·4	4 58·3	5·0	1·7	11·0	3·8	17·0	5·8
51	5 12·8	5 13·6	4 58·5	5·1	1·7	11·1	3·8	17·1	5·8
52	5 13·0	5 13·9	4 58·7	5·2	1·8	11·2	3·8	17·2	5·9
53	5 13·3	5 14·1	4 59·0	5·3	1·8	11·3	3·9	17·3	5·9
54	5 13·5	5 14·4	4 59·2	5·4	1·8	11·4	3·9	17·4	5·9
55	5 13·8	5 14·6	4 59·5	5·5	1·9	11·5	3·9	17·5	6·0
56	5 14·0	5 14·9	4 59·7	5·6	1·9	11·6	4·0	17·6	6·0
57	5 14·3	5 15·1	4 59·9	5·7	1·9	11·7	4·0	17·7	6·0
58	5 14·5	5 15·4	5 00·2	5·8	2·0	11·8	4·0	17·8	6·1
59	5 14·8	5 15·6	5 00·4	5·9	2·0	11·9	4·1	17·9	6·1
60	5 15·0	5 15·9	5 00·7	6·0	2·1	12·0	4·1	18·0	6·2

21 s	SUN PLANETS	ARIES	MOON	v or d	Corrⁿ	v or d	Corrⁿ	v or d	Corrⁿ
00	5 15·0	5 15·9	5 00·7	0·0	0·0	6·0	2·2	12·0	4·3
01	5 15·3	5 16·1	5 00·9	0·1	0·0	6·1	2·2	12·1	4·3
02	5 15·5	5 16·4	5 01·1	0·2	0·1	6·2	2·2	12·2	4·4
03	5 15·8	5 16·6	5 01·4	0·3	0·1	6·3	2·3	12·3	4·4
04	5 16·0	5 16·9	5 01·6	0·4	0·1	6·4	2·3	12·4	4·4
05	5 16·3	5 17·1	5 01·8	0·5	0·2	6·5	2·3	12·5	4·5
06	5 16·5	5 17·4	5 02·1	0·6	0·2	6·6	2·4	12·6	4·5
07	5 16·8	5 17·6	5 02·3	0·7	0·3	6·7	2·4	12·7	4·6
08	5 17·0	5 17·9	5 02·6	0·8	0·3	6·8	2·4	12·8	4·6
09	5 17·3	5 18·1	5 02·8	0·9	0·3	6·9	2·5	12·9	4·6
10	5 17·5	5 18·4	5 03·0	1·0	0·4	7·0	2·5	13·0	4·7
11	5 17·8	5 18·6	5 03·3	1·1	0·4	7·1	2·5	13·1	4·7
12	5 18·0	5 18·9	5 03·5	1·2	0·4	7·2	2·6	13·2	4·7
13	5 18·3	5 19·1	5 03·8	1·3	0·5	7·3	2·6	13·3	4·8
14	5 18·5	5 19·4	5 04·0	1·4	0·5	7·4	2·7	13·4	4·8
15	5 18·8	5 19·6	5 04·2	1·5	0·5	7·5	2·7	13·5	4·8
16	5 19·0	5 19·9	5 04·5	1·6	0·6	7·6	2·7	13·6	4·9
17	5 19·3	5 20·1	5 04·7	1·7	0·6	7·7	2·8	13·7	4·9
18	5 19·5	5 20·4	5 04·9	1·8	0·6	7·8	2·8	13·8	4·9
19	5 19·8	5 20·6	5 05·2	1·9	0·7	7·9	2·8	13·9	5·0
20	5 20·0	5 20·9	5 05·4	2·0	0·7	8·0	2·9	14·0	5·0
21	5 20·3	5 21·1	5 05·7	2·1	0·8	8·1	2·9	14·1	5·1
22	5 20·5	5 21·4	5 05·9	2·2	0·8	8·2	2·9	14·2	5·1
23	5 20·8	5 21·6	5 06·1	2·3	0·8	8·3	3·0	14·3	5·1
24	5 21·0	5 21·9	5 06·4	2·4	0·9	8·4	3·0	14·4	5·2
25	5 21·3	5 22·1	5 06·6	2·5	0·9	8·5	3·0	14·5	5·2
26	5 21·5	5 22·4	5 06·9	2·6	0·9	8·6	3·1	14·6	5·2
27	5 21·8	5 22·6	5 07·1	2·7	1·0	8·7	3·1	14·7	5·3
28	5 22·0	5 22·9	5 07·3	2·8	1·0	8·8	3·2	14·8	5·3
29	5 22·3	5 23·1	5 07·6	2·9	1·0	8·9	3·2	14·9	5·3
30	5 22·5	5 23·4	5 07·8	3·0	1·1	9·0	3·2	15·0	5·4
31	5 22·8	5 23·6	5 08·0	3·1	1·1	9·1	3·3	15·1	5·4
32	5 23·0	5 23·9	5 08·3	3·2	1·1	9·2	3·3	15·2	5·5
33	5 23·3	5 24·1	5 08·5	3·3	1·2	9·3	3·3	15·3	5·5
34	5 23·5	5 24·4	5 08·8	3·4	1·2	9·4	3·4	15·4	5·5
35	5 23·8	5 24·6	5 09·0	3·5	1·3	9·5	3·4	15·5	5·6
36	5 24·0	5 24·9	5 09·2	3·6	1·3	9·6	3·4	15·6	5·6
37	5 24·3	5 25·1	5 09·5	3·7	1·3	9·7	3·5	15·7	5·6
38	5 24·5	5 25·4	5 09·7	3·8	1·4	9·8	3·5	15·8	5·7
39	5 24·8	5 25·6	5 10·0	3·9	1·4	9·9	3·5	15·9	5·7
40	5 25·0	5 25·9	5 10·2	4·0	1·4	10·0	3·6	16·0	5·7
41	5 25·3	5 26·1	5 10·4	4·1	1·5	10·1	3·6	16·1	5·8
42	5 25·5	5 26·4	5 10·7	4·2	1·5	10·2	3·7	16·2	5·8
43	5 25·8	5 26·6	5 10·9	4·3	1·5	10·3	3·7	16·3	5·8
44	5 26·0	5 26·9	5 11·1	4·4	1·6	10·4	3·7	16·4	5·9
45	5 26·3	5 27·1	5 11·4	4·5	1·6	10·5	3·8	16·5	5·9
46	5 26·5	5 27·4	5 11·6	4·6	1·6	10·6	3·8	16·6	5·9
47	5 26·8	5 27·6	5 11·9	4·7	1·7	10·7	3·8	16·7	6·0
48	5 27·0	5 27·9	5 12·1	4·8	1·7	10·8	3·9	16·8	6·0
49	5 27·3	5 28·1	5 12·3	4·9	1·8	10·9	3·9	16·9	6·1
50	5 27·5	5 28·4	5 12·6	5·0	1·8	11·0	3·9	17·0	6·1
51	5 27·8	5 28·6	5 12·8	5·1	1·8	11·1	4·0	17·1	6·1
52	5 28·0	5 28·9	5 13·1	5·2	1·9	11·2	4·0	17·2	6·2
53	5 28·3	5 29·1	5 13·3	5·3	1·9	11·3	4·0	17·3	6·2
54	5 28·5	5 29·4	5 13·5	5·4	1·9	11·4	4·1	17·4	6·2
55	5 28·8	5 29·7	5 13·8	5·5	2·0	11·5	4·1	17·5	6·3
56	5 29·0	5 29·9	5 14·0	5·6	2·0	11·6	4·2	17·6	6·3
57	5 29·3	5 30·2	5 14·3	5·7	2·0	11·7	4·2	17·7	6·3
58	5 29·5	5 30·4	5 14·5	5·8	2·1	11·8	4·2	17·8	6·4
59	5 29·8	5 30·7	5 14·7	5·9	2·1	11·9	4·3	17·9	6·4
60	5 30·0	5 30·9	5 15·0	6·0	2·2	12·0	4·3	18·0	6·5

INCREMENTS AND CORRECTIONS

22ᵐ

22 s	SUN PLANETS	ARIES	MOON	v or Corrⁿ d	v or Corrⁿ d	v or Corrⁿ d
00	5 30.0	5 30.9	5 15.0	0.0 0.0	6.0 2.3	12.0 4.5
01	5 30.3	5 31.2	5 15.2	0.1 0.0	6.1 2.3	12.1 4.5
02	5 30.5	5 31.4	5 15.4	0.2 0.1	6.2 2.3	12.2 4.6
03	5 30.8	5 31.7	5 15.7	0.3 0.1	6.3 2.4	12.3 4.6
04	5 31.0	5 31.9	5 15.9	0.4 0.2	6.4 2.4	12.4 4.7
05	5 31.3	5 32.2	5 16.2	0.5 0.2	6.5 2.4	12.5 4.7
06	5 31.5	5 32.4	5 16.4	0.6 0.2	6.6 2.5	12.6 4.7
07	5 31.8	5 32.7	5 16.6	0.7 0.3	6.7 2.5	12.7 4.8
08	5 32.0	5 32.9	5 16.9	0.8 0.3	6.8 2.6	12.8 4.8
09	5 32.3	5 33.2	5 17.1	0.9 0.3	6.9 2.6	12.9 4.8
10	5 32.5	5 33.4	5 17.4	1.0 0.4	7.0 2.6	13.0 4.9
11	5 32.8	5 33.7	5 17.6	1.1 0.4	7.1 2.7	13.1 4.9
12	5 33.0	5 33.9	5 17.8	1.2 0.5	7.2 2.7	13.2 5.0
13	5 33.3	5 34.2	5 18.1	1.3 0.5	7.3 2.7	13.3 5.0
14	5 33.5	5 34.4	5 18.3	1.4 0.5	7.4 2.8	13.4 5.0
15	5 33.8	5 34.7	5 18.5	1.5 0.6	7.5 2.8	13.5 5.1
16	5 34.0	5 34.9	5 18.8	1.6 0.6	7.6 2.9	13.6 5.1
17	5 34.3	5 35.2	5 19.0	1.7 0.6	7.7 2.9	13.7 5.1
18	5 34.5	5 35.4	5 19.3	1.8 0.7	7.8 2.9	13.8 5.2
19	5 34.8	5 35.7	5 19.5	1.9 0.7	7.9 3.0	13.9 5.2
20	5 35.0	5 35.9	5 19.7	2.0 0.8	8.0 3.0	14.0 5.3
21	5 35.3	5 36.2	5 20.0	2.1 0.8	8.1 3.0	14.1 5.3
22	5 35.5	5 36.4	5 20.2	2.2 0.8	8.2 3.1	14.2 5.3
23	5 35.8	5 36.7	5 20.5	2.3 0.9	8.3 3.1	14.3 5.4
24	5 36.0	5 36.9	5 20.7	2.4 0.9	8.4 3.2	14.4 5.4
25	5 36.3	5 37.2	5 20.9	2.5 0.9	8.5 3.2	14.5 5.4
26	5 36.5	5 37.4	5 21.2	2.6 1.0	8.6 3.2	14.6 5.5
27	5 36.8	5 37.7	5 21.4	2.7 1.0	8.7 3.3	14.7 5.5
28	5 37.0	5 37.9	5 21.6	2.8 1.0	8.8 3.3	14.8 5.5
29	5 37.3	5 38.2	5 21.9	2.9 1.1	8.9 3.3	14.9 5.6
30	5 37.5	5 38.4	5 22.1	3.0 1.1	9.0 3.4	15.0 5.6
31	5 37.8	5 38.7	5 22.4	3.1 1.2	9.1 3.4	15.1 5.7
32	5 38.0	5 38.9	5 22.6	3.2 1.2	9.2 3.5	15.2 5.7
33	5 38.3	5 39.2	5 22.8	3.3 1.2	9.3 3.5	15.3 5.7
34	5 38.5	5 39.4	5 23.1	3.4 1.3	9.4 3.5	15.4 5.8
35	5 38.8	5 39.7	5 23.3	3.5 1.3	9.5 3.6	15.5 5.8
36	5 39.0	5 39.9	5 23.6	3.6 1.4	9.6 3.6	15.6 5.9
37	5 39.3	5 40.2	5 23.8	3.7 1.4	9.7 3.6	15.7 5.9
38	5 39.5	5 40.4	5 24.0	3.8 1.4	9.8 3.7	15.8 5.9
39	5 39.8	5 40.7	5 24.3	3.9 1.5	9.9 3.7	15.9 6.0
40	5 40.0	5 40.9	5 24.5	4.0 1.5	10.0 3.8	16.0 6.0
41	5 40.3	5 41.2	5 24.7	4.1 1.5	10.1 3.8	16.1 6.0
42	5 40.5	5 41.4	5 25.0	4.2 1.6	10.2 3.8	16.2 6.1
43	5 40.8	5 41.7	5 25.2	4.3 1.6	10.3 3.9	16.3 6.1
44	5 41.0	5 41.9	5 25.5	4.4 1.7	10.4 3.9	16.4 6.1
45	5 41.3	5 42.2	5 25.7	4.5 1.7	10.5 3.9	16.5 6.2
46	5 41.5	5 42.4	5 25.9	4.6 1.7	10.6 4.0	16.6 6.2
47	5 41.8	5 42.7	5 26.2	4.7 1.8	10.7 4.0	16.7 6.3
48	5 42.0	5 42.9	5 26.4	4.8 1.8	10.8 4.1	16.8 6.3
49	5 42.3	5 43.2	5 26.7	4.9 1.8	10.9 4.1	16.9 6.3
50	5 42.5	5 43.4	5 26.9	5.0 1.9	11.0 4.1	17.0 6.4
51	5 42.8	5 43.7	5 27.1	5.1 1.9	11.1 4.2	17.1 6.4
52	5 43.0	5 43.9	5 27.4	5.2 2.0	11.2 4.2	17.2 6.5
53	5 43.3	5 44.2	5 27.6	5.3 2.0	11.3 4.2	17.3 6.5
54	5 43.5	5 44.4	5 27.9	5.4 2.0	11.4 4.3	17.4 6.5
55	5 43.8	5 44.7	5 28.1	5.5 2.1	11.5 4.3	17.5 6.6
56	5 44.0	5 44.9	5 28.3	5.6 2.1	11.6 4.4	17.6 6.6
57	5 44.3	5 45.2	5 28.6	5.7 2.1	11.7 4.4	17.7 6.6
58	5 44.5	5 45.4	5 28.8	5.8 2.2	11.8 4.4	17.8 6.7
59	5 44.8	5 45.7	5 29.0	5.9 2.2	11.9 4.5	17.9 6.7
60	5 45.0	5 45.9	5 29.3	6.0 2.3	12.0 4.5	18.0 6.8

23ᵐ

23 s	SUN PLANETS	ARIES	MOON	v or Corrⁿ d	v or Corrⁿ d	v or Corrⁿ d
00	5 45.0	5 45.9	5 29.3	0.0 0.0	6.0 2.4	12.0 4.7
01	5 45.3	5 46.2	5 29.5	0.1 0.0	6.1 2.4	12.1 4.7
02	5 45.5	5 46.4	5 29.8	0.2 0.1	6.2 2.4	12.2 4.8
03	5 45.8	5 46.7	5 30.0	0.3 0.1	6.3 2.5	12.3 4.8
04	5 46.0	5 46.9	5 30.2	0.4 0.2	6.4 2.5	12.4 4.9
05	5 46.3	5 47.2	5 30.5	0.5 0.2	6.5 2.5	12.5 4.9
06	5 46.5	5 47.4	5 30.7	0.6 0.2	6.6 2.6	12.6 4.9
07	5 46.8	5 47.7	5 31.0	0.7 0.3	6.7 2.6	12.7 5.0
08	5 47.0	5 48.0	5 31.2	0.8 0.3	6.8 2.7	12.8 5.0
09	5 47.3	5 48.2	5 31.4	0.9 0.4	6.9 2.7	12.9 5.1
10	5 47.5	5 48.5	5 31.7	1.0 0.4	7.0 2.7	13.0 5.1
11	5 47.8	5 48.7	5 31.9	1.1 0.4	7.1 2.8	13.1 5.1
12	5 48.0	5 49.0	5 32.1	1.2 0.5	7.2 2.8	13.2 5.2
13	5 48.3	5 49.2	5 32.4	1.3 0.5	7.3 2.9	13.3 5.2
14	5 48.5	5 49.5	5 32.6	1.4 0.5	7.4 2.9	13.4 5.2
15	5 48.8	5 49.7	5 32.9	1.5 0.6	7.5 2.9	13.5 5.3
16	5 49.0	5 50.0	5 33.1	1.6 0.6	7.6 3.0	13.6 5.3
17	5 49.3	5 50.2	5 33.3	1.7 0.7	7.7 3.0	13.7 5.4
18	5 49.5	5 50.5	5 33.6	1.8 0.7	7.8 3.1	13.8 5.4
19	5 49.8	5 50.7	5 33.8	1.9 0.7	7.9 3.1	13.9 5.4
20	5 50.0	5 51.0	5 34.1	2.0 0.8	8.0 3.1	14.0 5.5
21	5 50.3	5 51.2	5 34.3	2.1 0.8	8.1 3.2	14.1 5.5
22	5 50.5	5 51.5	5 34.5	2.2 0.9	8.2 3.2	14.2 5.6
23	5 50.8	5 51.7	5 34.8	2.3 0.9	8.3 3.3	14.3 5.6
24	5 51.0	5 52.0	5 35.0	2.4 0.9	8.4 3.3	14.4 5.6
25	5 51.3	5 52.2	5 35.2	2.5 1.0	8.5 3.3	14.5 5.7
26	5 51.5	5 52.5	5 35.5	2.6 1.0	8.6 3.4	14.6 5.7
27	5 51.8	5 52.7	5 35.7	2.7 1.1	8.7 3.4	14.7 5.8
28	5 52.0	5 53.0	5 36.0	2.8 1.1	8.8 3.4	14.8 5.8
29	5 52.3	5 53.2	5 36.2	2.9 1.1	8.9 3.5	14.9 5.8
30	5 52.5	5 53.5	5 36.4	3.0 1.2	9.0 3.5	15.0 5.9
31	5 52.8	5 53.7	5 36.7	3.1 1.2	9.1 3.6	15.1 5.9
32	5 53.0	5 54.0	5 36.9	3.2 1.3	9.2 3.6	15.2 6.0
33	5 53.3	5 54.2	5 37.2	3.3 1.3	9.3 3.6	15.3 6.0
34	5 53.5	5 54.5	5 37.4	3.4 1.3	9.4 3.7	15.4 6.0
35	5 53.8	5 54.7	5 37.6	3.5 1.4	9.5 3.7	15.5 6.1
36	5 54.0	5 55.0	5 37.9	3.6 1.4	9.6 3.8	15.6 6.1
37	5 54.3	5 55.2	5 38.1	3.7 1.4	9.7 3.8	15.7 6.2
38	5 54.5	5 55.5	5 38.4	3.8 1.5	9.8 3.8	15.8 6.2
39	5 54.8	5 55.7	5 38.6	3.9 1.5	9.9 3.9	15.9 6.2
40	5 55.0	5 56.0	5 38.8	4.0 1.6	10.0 3.9	16.0 6.3
41	5 55.3	5 56.2	5 39.1	4.1 1.6	10.1 4.0	16.1 6.3
42	5 55.5	5 56.5	5 39.3	4.2 1.6	10.2 4.0	16.2 6.3
43	5 55.8	5 56.7	5 39.5	4.3 1.7	10.3 4.0	16.3 6.4
44	5 56.0	5 57.0	5 39.8	4.4 1.7	10.4 4.1	16.4 6.4
45	5 56.3	5 57.2	5 40.0	4.5 1.8	10.5 4.1	16.5 6.5
46	5 56.5	5 57.5	5 40.3	4.6 1.8	10.6 4.2	16.6 6.5
47	5 56.8	5 57.7	5 40.5	4.7 1.8	10.7 4.2	16.7 6.5
48	5 57.0	5 58.0	5 40.7	4.8 1.9	10.8 4.2	16.8 6.6
49	5 57.3	5 58.2	5 41.0	4.9 1.9	10.9 4.3	16.9 6.6
50	5 57.5	5 58.5	5 41.2	5.0 2.0	11.0 4.3	17.0 6.7
51	5 57.8	5 58.7	5 41.5	5.1 2.0	11.1 4.3	17.1 6.7
52	5 58.0	5 59.0	5 41.7	5.2 2.0	11.2 4.4	17.2 6.8
53	5 58.3	5 59.2	5 41.9	5.3 2.1	11.3 4.4	17.3 6.8
54	5 58.5	5 59.5	5 42.2	5.4 2.1	11.4 4.5	17.4 6.8
55	5 58.8	5 59.7	5 42.4	5.5 2.2	11.5 4.5	17.5 6.9
56	5 59.0	6 00.0	5 42.6	5.6 2.2	11.6 4.5	17.6 6.9
57	5 59.3	6 00.2	5 42.9	5.7 2.2	11.7 4.6	17.7 6.9
58	5 59.5	6 00.5	5 43.1	5.8 2.3	11.8 4.6	17.8 7.0
59	5 59.8	6 00.7	5 43.4	5.9 2.3	11.9 4.7	17.9 7.0
60	6 00.0	6 01.0	5 43.6	6.0 2.4	12.0 4.7	18.0 7.1

24ᵐ INCREMENTS AND CORRECTIONS 25ᵐ

24ᵐ

s	SUN PLANETS	ARIES	MOON	v or d Corrⁿ	v or d Corrⁿ	v or d Corrⁿ
00	6 00·0	6 01·0	5 43·6	0·0 0·0	6·0 2·5	12·0 4·9
01	6 00·3	6 01·2	5 43·8	0·1 0·0	6·1 2·5	12·1 4·9
02	6 00·5	6 01·5	5 44·1	0·2 0·1	6·2 2·5	12·2 5·0
03	6 00·8	6 01·7	5 44·3	0·3 0·1	6·3 2·6	12·3 5·0
04	6 01·0	6 02·0	5 44·6	0·4 0·2	6·4 2·6	12·4 5·1
05	6 01·3	6 02·2	5 44·8	0·5 0·2	6·5 2·7	12·5 5·1
06	6 01·5	6 02·5	5 45·0	0·6 0·2	6·6 2·7	12·6 5·1
07	6 01·8	6 02·7	5 45·3	0·7 0·3	6·7 2·7	12·7 5·2
08	6 02·0	6 03·0	5 45·5	0·8 0·3	6·8 2·8	12·8 5·2
09	6 02·3	6 03·2	5 45·7	0·9 0·4	6·9 2·8	12·9 5·3
10	6 02·5	6 03·5	5 46·0	1·0 0·4	7·0 2·9	13·0 5·3
11	6 02·8	6 03·7	5 46·2	1·1 0·4	7·1 2·9	13·1 5·3
12	6 03·0	6 04·0	5 46·5	1·2 0·5	7·2 2·9	13·2 5·4
13	6 03·3	6 04·2	5 46·7	1·3 0·5	7·3 3·0	13·3 5·4
14	6 03·5	6 04·5	5 46·9	1·4 0·6	7·4 3·0	13·4 5·5
15	6 03·8	6 04·7	5 47·2	1·5 0·6	7·5 3·1	13·5 5·5
16	6 04·0	6 05·0	5 47·4	1·6 0·7	7·6 3·1	13·6 5·6
17	6 04·3	6 05·2	5 47·7	1·7 0·7	7·7 3·1	13·7 5·6
18	6 04·5	6 05·5	5 47·9	1·8 0·7	7·8 3·2	13·8 5·6
19	6 04·8	6 05·7	5 48·1	1·9 0·8	7·9 3·2	13·9 5·7
20	6 05·0	6 06·0	5 48·4	2·0 0·8	8·0 3·3	14·0 5·7
21	6 05·3	6 06·3	5 48·6	2·1 0·9	8·1 3·3	14·1 5·8
22	6 05·5	6 06·5	5 48·8	2·2 0·9	8·2 3·3	14·2 5·8
23	6 05·8	6 06·8	5 49·1	2·3 0·9	8·3 3·4	14·3 5·8
24	6 06·0	6 07·0	5 49·3	2·4 1·0	8·4 3·4	14·4 5·9
25	6 06·3	6 07·3	5 49·6	2·5 1·0	8·5 3·5	14·5 5·9
26	6 06·5	6 07·5	5 49·8	2·6 1·1	8·6 3·5	14·6 6·0
27	6 06·8	6 07·8	5 50·0	2·7 1·1	8·7 3·6	14·7 6·0
28	6 07·0	6 08·0	5 50·3	2·8 1·1	8·8 3·6	14·8 6·0
29	6 07·3	6 08·3	5 50·5	2·9 1·2	8·9 3·6	14·9 6·1
30	6 07·5	6 08·5	5 50·8	3·0 1·2	9·0 3·7	15·0 6·1
31	6 07·8	6 08·8	5 51·0	3·1 1·3	9·1 3·7	15·1 6·2
32	6 08·0	6 09·0	5 51·2	3·2 1·3	9·2 3·8	15·2 6·2
33	6 08·3	6 09·3	5 51·5	3·3 1·3	9·3 3·8	15·3 6·2
34	6 08·5	6 09·5	5 51·7	3·4 1·4	9·4 3·8	15·4 6·3
35	6 08·8	6 09·8	5 52·0	3·5 1·4	9·5 3·9	15·5 6·3
36	6 09·0	6 10·0	5 52·2	3·6 1·5	9·6 3·9	15·6 6·4
37	6 09·3	6 10·3	5 52·4	3·7 1·5	9·7 4·0	15·7 6·4
38	6 09·5	6 10·5	5 52·7	3·8 1·6	9·8 4·0	15·8 6·5
39	6 09·8	6 10·8	5 52·9	3·9 1·6	9·9 4·0	15·9 6·5
40	6 10·0	6 11·0	5 53·1	4·0 1·6	10·0 4·1	16·0 6·5
41	6 10·3	6 11·3	5 53·4	4·1 1·7	10·1 4·1	16·1 6·6
42	6 10·5	6 11·5	5 53·6	4·2 1·7	10·2 4·2	16·2 6·6
43	6 10·8	6 11·8	5 53·9	4·3 1·8	10·3 4·2	16·3 6·7
44	6 11·0	6 12·0	5 54·1	4·4 1·8	10·4 4·2	16·4 6·7
45	6 11·3	6 12·3	5 54·3	4·5 1·8	10·5 4·3	16·5 6·7
46	6 11·5	6 12·5	5 54·6	4·6 1·9	10·6 4·3	16·6 6·8
47	6 11·8	6 12·8	5 54·8	4·7 1·9	10·7 4·4	16·7 6·8
48	6 12·0	6 13·0	5 55·1	4·8 2·0	10·8 4·4	16·8 6·9
49	6 12·3	6 13·3	5 55·3	4·9 2·0	10·9 4·5	16·9 6·9
50	6 12·5	6 13·5	5 55·5	5·0 2·0	11·0 4·5	17·0 6·9
51	6 12·8	6 13·8	5 55·8	5·1 2·1	11·1 4·5	17·1 7·0
52	6 13·0	6 14·0	5 56·0	5·2 2·1	11·2 4·6	17·2 7·0
53	6 13·3	6 14·3	5 56·2	5·3 2·2	11·3 4·6	17·3 7·1
54	6 13·5	6 14·5	5 56·5	5·4 2·2	11·4 4·7	17·4 7·1
55	6 13·8	6 14·8	5 56·7	5·5 2·2	11·5 4·7	17·5 7·1
56	6 14·0	6 15·0	5 57·0	5·6 2·3	11·6 4·7	17·6 7·2
57	6 14·3	6 15·3	5 57·2	5·7 2·3	11·7 4·8	17·7 7·2
58	6 14·5	6 15·5	5 57·4	5·8 2·4	11·8 4·8	17·8 7·3
59	6 14·8	6 15·8	5 57·7	5·9 2·4	11·9 4·9	17·9 7·3
60	6 15·0	6 16·0	5 57·9	6·0 2·5	12·0 4·9	18·0 7·4

25ᵐ

s	SUN PLANETS	ARIES	MOON	v or d Corrⁿ	v or d Corrⁿ	v or d Corrⁿ
00	6 15·0	6 16·0	5 57·9	0·0 0·0	6·0 2·6	12·0 5·1
01	6 15·3	6 16·3	5 58·2	0·1 0·0	6·1 2·6	12·1 5·1
02	6 15·5	6 16·5	5 58·4	0·2 0·1	6·2 2·6	12·2 5·2
03	6 15·8	6 16·8	5 58·6	0·3 0·1	6·3 2·7	12·3 5·2
04	6 16·0	6 17·0	5 58·9	0·4 0·2	6·4 2·7	12·4 5·3
05	6 16·3	6 17·3	5 59·1	0·5 0·2	6·5 2·8	12·5 5·3
06	6 16·5	6 17·5	5 59·3	0·6 0·3	6·6 2·8	12·6 5·4
07	6 16·8	6 17·8	5 59·6	0·7 0·3	6·7 2·8	12·7 5·4
08	6 17·0	6 18·0	5 59·8	0·8 0·3	6·8 2·9	12·8 5·4
09	6 17·3	6 18·3	6 00·1	0·9 0·4	6·9 2·9	12·9 5·5
10	6 17·5	6 18·5	6 00·3	1·0 0·4	7·0 3·0	13·0 5·5
11	6 17·8	6 18·8	6 00·5	1·1 0·5	7·1 3·0	13·1 5·6
12	6 18·0	6 19·0	6 00·8	1·2 0·5	7·2 3·1	13·2 5·6
13	6 18·3	6 19·3	6 01·0	1·3 0·6	7·3 3·1	13·3 5·7
14	6 18·5	6 19·5	6 01·3	1·4 0·6	7·4 3·1	13·4 5·7
15	6 18·8	6 19·8	6 01·5	1·5 0·6	7·5 3·2	13·5 5·7
16	6 19·0	6 20·0	6 01·7	1·6 0·7	7·6 3·2	13·6 5·8
17	6 19·3	6 20·3	6 02·0	1·7 0·7	7·7 3·3	13·7 5·8
18	6 19·5	6 20·5	6 02·2	1·8 0·8	7·8 3·3	13·8 5·9
19	6 19·8	6 20·8	6 02·5	1·9 0·8	7·9 3·4	13·9 5·9
20	6 20·0	6 21·0	6 02·7	2·0 0·9	8·0 3·4	14·0 6·0
21	6 20·3	6 21·3	6 02·9	2·1 0·9	8·1 3·4	14·1 6·0
22	6 20·5	6 21·5	6 03·2	2·2 0·9	8·2 3·5	14·2 6·0
23	6 20·8	6 21·8	6 03·4	2·3 1·0	8·3 3·5	14·3 6·1
24	6 21·0	6 22·0	6 03·6	2·4 1·0	8·4 3·6	14·4 6·1
25	6 21·3	6 22·3	6 03·9	2·5 1·1	8·5 3·6	14·5 6·2
26	6 21·5	6 22·5	6 04·1	2·6 1·1	8·6 3·7	14·6 6·2
27	6 21·8	6 22·8	6 04·4	2·7 1·1	8·7 3·7	14·7 6·2
28	6 22·0	6 23·0	6 04·6	2·8 1·2	8·8 3·7	14·8 6·3
29	6 22·3	6 23·3	6 04·8	2·9 1·2	8·9 3·8	14·9 6·3
30	6 22·5	6 23·5	6 05·1	3·0 1·3	9·0 3·8	15·0 6·4
31	6 22·8	6 23·8	6 05·3	3·1 1·3	9·1 3·9	15·1 6·4
32	6 23·0	6 24·0	6 05·6	3·2 1·4	9·2 3·9	15·2 6·5
33	6 23·3	6 24·3	6 05·8	3·3 1·4	9·3 4·0	15·3 6·5
34	6 23·5	6 24·5	6 06·0	3·4 1·4	9·4 4·0	15·4 6·5
35	6 23·8	6 24·8	6 06·3	3·5 1·5	9·5 4·0	15·5 6·6
36	6 24·0	6 25·1	6 06·5	3·6 1·5	9·6 4·1	15·6 6·6
37	6 24·3	6 25·3	6 06·7	3·7 1·6	9·7 4·1	15·7 6·7
38	6 24·5	6 25·6	6 07·0	3·8 1·6	9·8 4·2	15·8 6·7
39	6 24·8	6 25·8	6 07·2	3·9 1·7	9·9 4·2	15·9 6·8
40	6 25·0	6 26·1	6 07·5	4·0 1·7	10·0 4·3	16·0 6·8
41	6 25·3	6 26·3	6 07·7	4·1 1·7	10·1 4·3	16·1 6·8
42	6 25·5	6 26·6	6 07·9	4·2 1·8	10·2 4·3	16·2 6·9
43	6 25·8	6 26·8	6 08·2	4·3 1·8	10·3 4·4	16·3 6·9
44	6 26·0	6 27·1	6 08·4	4·4 1·9	10·4 4·4	16·4 7·0
45	6 26·3	6 27·3	6 08·7	4·5 1·9	10·5 4·5	16·5 7·0
46	6 26·5	6 27·6	6 08·9	4·6 2·0	10·6 4·5	16·6 7·1
47	6 26·8	6 27·8	6 09·1	4·7 2·0	10·7 4·5	16·7 7·1
48	6 27·0	6 28·1	6 09·4	4·8 2·0	10·8 4·6	16·8 7·1
49	6 27·3	6 28·3	6 09·6	4·9 2·1	10·9 4·6	16·9 7·2
50	6 27·5	6 28·6	6 09·8	5·0 2·1	11·0 4·7	17·0 7·2
51	6 27·8	6 28·8	6 10·1	5·1 2·2	11·1 4·7	17·1 7·3
52	6 28·0	6 29·1	6 10·3	5·2 2·2	11·2 4·8	17·2 7·3
53	6 28·3	6 29·3	6 10·6	5·3 2·3	11·3 4·8	17·3 7·4
54	6 28·5	6 29·6	6 10·8	5·4 2·3	11·4 4·8	17·4 7·4
55	6 28·8	6 29·8	6 11·0	5·5 2·3	11·5 4·9	17·5 7·4
56	6 29·0	6 30·1	6 11·3	5·6 2·4	11·6 4·9	17·6 7·5
57	6 29·3	6 30·3	6 11·5	5·7 2·4	11·7 5·0	17·7 7·5
58	6 29·5	6 30·6	6 11·8	5·8 2·5	11·8 5·0	17·8 7·6
59	6 29·8	6 30·8	6 12·0	5·9 2·5	11·9 5·1	17·9 7·6
60	6 30·0	6 31·1	6 12·2	6·0 2·6	12·0 5·1	18·0 7·7

26ᵐ INCREMENTS AND CORRECTIONS 27ᵐ

26 (m)	SUN PLANETS	ARIES	MOON	v or Corrⁿ d	v or Corrⁿ d	v or Corrⁿ d
s	° ′	° ′	° ′	′ ′	′ ′	′ ′
00	6 30·0	6 31·1	6 12·2	0·0 0·0	6·0 2·7	12·0 5·3
01	6 30·3	6 31·3	6 12·5	0·1 0·0	6·1 2·7	12·1 5·3
02	6 30·5	6 31·6	6 12·7	0·2 0·1	6·2 2·7	12·2 5·4
03	6 30·8	6 31·8	6 12·9	0·3 0·1	6·3 2·8	12·3 5·4
04	6 31·0	6 32·1	6 13·2	0·4 0·2	6·4 2·8	12·4 5·5
05	6 31·3	6 32·3	6 13·4	0·5 0·2	6·5 2·9	12·5 5·5
06	6 31·5	6 32·6	6 13·7	0·6 0·3	6·6 2·9	12·6 5·6
07	6 31·8	6 32·8	6 13·9	0·7 0·3	6·7 3·0	12·7 5·6
08	6 32·0	6 33·1	6 14·1	0·8 0·4	6·8 3·0	12·8 5·7
09	6 32·3	6 33·3	6 14·4	0·9 0·4	6·9 3·0	12·9 5·7
10	6 32·5	6 33·6	6 14·6	1·0 0·4	7·0 3·1	13·0 5·7
11	6 32·8	6 33·8	6 14·9	1·1 0·5	7·1 3·1	13·1 5·8
12	6 33·0	6 34·1	6 15·1	1·2 0·5	7·2 3·2	13·2 5·8
13	6 33·3	6 34·3	6 15·3	1·3 0·6	7·3 3·2	13·3 5·9
14	6 33·5	6 34·6	6 15·6	1·4 0·6	7·4 3·3	13·4 5·9
15	6 33·8	6 34·8	6 15·8	1·5 0·7	7·5 3·3	13·5 6·0
16	6 34·0	6 35·1	6 16·1	1·6 0·7	7·6 3·4	13·6 6·0
17	6 34·3	6 35·3	6 16·3	1·7 0·8	7·7 3·4	13·7 6·1
18	6 34·5	6 35·6	6 16·5	1·8 0·8	7·8 3·4	13·8 6·1
19	6 34·8	6 35·8	6 16·8	1·9 0·8	7·9 3·5	13·9 6·1
20	6 35·0	6 36·1	6 17·0	2·0 0·9	8·0 3·5	14·0 6·2
21	6 35·3	6 36·3	6 17·2	2·1 0·9	8·1 3·6	14·1 6·2
22	6 35·5	6 36·6	6 17·5	2·2 1·0	8·2 3·6	14·2 6·3
23	6 35·8	6 36·8	6 17·7	2·3 1·0	8·3 3·7	14·3 6·3
24	6 36·0	6 37·1	6 18·0	2·4 1·1	8·4 3·7	14·4 6·4
25	6 36·3	6 37·3	6 18·2	2·5 1·1	8·5 3·8	14·5 6·4
26	6 36·5	6 37·6	6 18·4	2·6 1·1	8·6 3·8	14·6 6·4
27	6 36·8	6 37·8	6 18·7	2·7 1·2	8·7 3·8	14·7 6·5
28	6 37·0	6 38·1	6 18·9	2·8 1·2	8·8 3·9	14·8 6·5
29	6 37·3	6 38·3	6 19·2	2·9 1·3	8·9 3·9	14·9 6·6
30	6 37·5	6 38·6	6 19·4	3·0 1·3	9·0 4·0	15·0 6·6
31	6 37·8	6 38·8	6 19·6	3·1 1·4	9·1 4·0	15·1 6·7
32	6 38·0	6 39·1	6 19·9	3·2 1·4	9·2 4·1	15·2 6·7
33	6 38·3	6 39·3	6 20·1	3·3 1·5	9·3 4·1	15·3 6·8
34	6 38·5	6 39·6	6 20·3	3·4 1·5	9·4 4·2	15·4 6·8
35	6 38·8	6 39·8	6 20·6	3·5 1·5	9·5 4·2	15·5 6·8
36	6 39·0	6 40·1	6 20·8	3·6 1·6	9·6 4·2	15·6 6·9
37	6 39·3	6 40·3	6 21·1	3·7 1·6	9·7 4·3	15·7 6·9
38	6 39·5	6 40·6	6 21·3	3·8 1·7	9·8 4·3	15·8 7·0
39	6 39·8	6 40·8	6 21·5	3·9 1·7	9·9 4·4	15·9 7·0
40	6 40·0	6 41·1	6 21·8	4·0 1·8	10·0 4·4	16·0 7·1
41	6 40·3	6 41·3	6 22·0	4·1 1·8	10·1 4·5	16·1 7·1
42	6 40·5	6 41·6	6 22·3	4·2 1·9	10·2 4·5	16·2 7·2
43	6 40·8	6 41·8	6 22·5	4·3 1·9	10·3 4·5	16·3 7·2
44	6 41·0	6 42·1	6 22·7	4·4 1·9	10·4 4·6	16·4 7·2
45	6 41·3	6 42·3	6 23·0	4·5 2·0	10·5 4·6	16·5 7·3
46	6 41·5	6 42·6	6 23·2	4·6 2·0	10·6 4·7	16·6 7·3
47	6 41·8	6 42·8	6 23·4	4·7 2·1	10·7 4·7	16·7 7·4
48	6 42·0	6 43·1	6 23·7	4·8 2·1	10·8 4·8	16·8 7·4
49	6 42·3	6 43·4	6 23·9	4·9 2·2	10·9 4·8	16·9 7·5
50	6 42·5	6 43·6	6 24·2	5·0 2·2	11·0 4·9	17·0 7·5
51	6 42·8	6 43·9	6 24·4	5·1 2·3	11·1 4·9	17·1 7·6
52	6 43·0	6 44·1	6 24·6	5·2 2·3	11·2 4·9	17·2 7·6
53	6 43·3	6 44·4	6 24·9	5·3 2·3	11·3 5·0	17·3 7·6
54	6 43·5	6 44·6	6 25·1	5·4 2·4	11·4 5·0	17·4 7·7
55	6 43·8	6 44·9	6 25·4	5·5 2·4	11·5 5·1	17·5 7·7
56	6 44·0	6 45·1	6 25·6	5·6 2·5	11·6 5·1	17·6 7·8
57	6 44·3	6 45·4	6 25·8	5·7 2·5	11·7 5·2	17·7 7·8
58	6 44·5	6 45·6	6 26·1	5·8 2·6	11·8 5·2	17·8 7·9
59	6 44·8	6 45·9	6 26·3	5·9 2·6	11·9 5·3	17·9 7·9
60	6 45·0	6 46·1	6 26·6	6·0 2·7	12·0 5·3	18·0 8·0

27 (m)	SUN PLANETS	ARIES	MOON	v or Corrⁿ d	v or Corrⁿ d	v or Corrⁿ d
s	° ′	° ′	° ′	′ ′	′ ′	′ ′
00	6 45·0	6 46·1	6 26·6	0·0 0·0	6·0 2·8	12·0 5·5
01	6 45·3	6 46·4	6 26·8	0·1 0·0	6·1 2·8	12·1 5·5
02	6 45·5	6 46·6	6 27·0	0·2 0·1	6·2 2·8	12·2 5·6
03	6 45·8	6 46·9	6 27·3	0·3 0·1	6·3 2·9	12·3 5·6
04	6 46·0	6 47·1	6 27·5	0·4 0·2	6·4 2·9	12·4 5·7
05	6 46·3	6 47·4	6 27·7	0·5 0·2	6·5 3·0	12·5 5·7
06	6 46·5	6 47·6	6 28·0	0·6 0·3	6·6 3·0	12·6 5·8
07	6 46·8	6 47·9	6 28·2	0·7 0·3	6·7 3·1	12·7 5·8
08	6 47·0	6 48·1	6 28·5	0·8 0·4	6·8 3·1	12·8 5·9
09	6 47·3	6 48·4	6 28·7	0·9 0·4	6·9 3·2	12·9 5·9
10	6 47·5	6 48·6	6 28·9	1·0 0·5	7·0 3·2	13·0 6·0
11	6 47·8	6 48·9	6 29·2	1·1 0·5	7·1 3·3	13·1 6·0
12	6 48·0	6 49·1	6 29·4	1·2 0·6	7·2 3·3	13·2 6·1
13	6 48·3	6 49·4	6 29·7	1·3 0·6	7·3 3·3	13·3 6·1
14	6 48·5	6 49·6	6 29·9	1·4 0·6	7·4 3·4	13·4 6·1
15	6 48·8	6 49·9	6 30·1	1·5 0·7	7·5 3·4	13·5 6·2
16	6 49·0	6 50·1	6 30·4	1·6 0·7	7·6 3·5	13·6 6·2
17	6 49·3	6 50·4	6 30·6	1·7 0·8	7·7 3·5	13·7 6·3
18	6 49·5	6 50·6	6 30·8	1·8 0·8	7·8 3·6	13·8 6·3
19	6 49·8	6 50·9	6 31·1	1·9 0·9	7·9 3·6	13·9 6·4
20	6 50·0	6 51·1	6 31·3	2·0 0·9	8·0 3·7	14·0 6·4
21	6 50·3	6 51·4	6 31·6	2·1 1·0	8·1 3·7	14·1 6·5
22	6 50·5	6 51·6	6 31·8	2·2 1·0	8·2 3·8	14·2 6·5
23	6 50·8	6 51·9	6 32·0	2·3 1·1	8·3 3·8	14·3 6·6
24	6 51·0	6 52·1	6 32·3	2·4 1·1	8·4 3·9	14·4 6·6
25	6 51·3	6 52·4	6 32·5	2·5 1·1	8·5 3·9	14·5 6·6
26	6 51·5	6 52·6	6 32·8	2·6 1·2	8·6 3·9	14·6 6·7
27	6 51·8	6 52·9	6 33·0	2·7 1·2	8·7 4·0	14·7 6·7
28	6 52·0	6 53·1	6 33·2	2·8 1·3	8·8 4·0	14·8 6·8
29	6 52·3	6 53·4	6 33·5	2·9 1·3	8·9 4·1	14·9 6·8
30	6 52·5	6 53·6	6 33·7	3·0 1·4	9·0 4·1	15·0 6·9
31	6 52·8	6 53·9	6 33·9	3·1 1·4	9·1 4·2	15·1 6·9
32	6 53·0	6 54·1	6 34·2	3·2 1·5	9·2 4·2	15·2 7·0
33	6 53·3	6 54·4	6 34·4	3·3 1·5	9·3 4·3	15·3 7·0
34	6 53·5	6 54·6	6 34·7	3·4 1·6	9·4 4·3	15·4 7·1
35	6 53·8	6 54·9	6 34·9	3·5 1·6	9·5 4·4	15·5 7·1
36	6 54·0	6 55·1	6 35·1	3·6 1·7	9·6 4·4	15·6 7·2
37	6 54·3	6 55·4	6 35·4	3·7 1·7	9·7 4·4	15·7 7·2
38	6 54·5	6 55·6	6 35·6	3·8 1·7	9·8 4·5	15·8 7·2
39	6 54·8	6 55·9	6 35·9	3·9 1·8	9·9 4·5	15·9 7·3
40	6 55·0	6 56·1	6 36·1	4·0 1·8	10·0 4·6	16·0 7·3
41	6 55·3	6 56·4	6 36·3	4·1 1·9	10·1 4·6	16·1 7·4
42	6 55·5	6 56·6	6 36·6	4·2 1·9	10·2 4·7	16·2 7·4
43	6 55·8	6 56·9	6 36·8	4·3 2·0	10·3 4·7	16·3 7·5
44	6 56·0	6 57·1	6 37·0	4·4 2·0	10·4 4·8	16·4 7·5
45	6 56·3	6 57·4	6 37·3	4·5 2·1	10·5 4·8	16·5 7·6
46	6 56·5	6 57·6	6 37·5	4·6 2·1	10·6 4·9	16·6 7·6
47	6 56·8	6 57·9	6 37·8	4·7 2·2	10·7 4·9	16·7 7·7
48	6 57·0	6 58·1	6 38·0	4·8 2·2	10·8 5·0	16·8 7·7
49	6 57·3	6 58·4	6 38·2	4·9 2·2	10·9 5·0	16·9 7·7
50	6 57·5	6 58·6	6 38·5	5·0 2·3	11·0 5·0	17·0 7·8
51	6 57·8	6 58·9	6 38·7	5·1 2·3	11·1 5·1	17·1 7·8
52	6 58·0	6 59·1	6 39·0	5·2 2·4	11·2 5·1	17·2 7·9
53	6 58·3	6 59·4	6 39·2	5·3 2·4	11·3 5·2	17·3 7·9
54	6 58·5	6 59·6	6 39·4	5·4 2·5	11·4 5·2	17·4 8·0
55	6 58·8	6 59·9	6 39·7	5·5 2·5	11·5 5·3	17·5 8·0
56	6 59·0	7 00·1	6 39·9	5·6 2·6	11·6 5·3	17·6 8·1
57	6 59·3	7 00·4	6 40·2	5·7 2·6	11·7 5·4	17·7 8·1
58	6 59·5	7 00·6	6 40·4	5·8 2·7	11·8 5·4	17·8 8·2
59	6 59·8	7 00·9	6 40·6	5·9 2·7	11·9 5·5	17·9 8·2
60	7 00·0	7 01·1	6 40·9	6·0 2·8	12·0 5·5	18·0 8·3

附录二

太阳方位表（节选）

B117

太阳方位表

SUN'S AZIMUTH TABLE

纬度 30°—64°
LAT

第二册　VOL 2

中国人民解放军海军司令部航海保证部
THE NAVIGATION GUARANTEE DEPARTMENT OF
THE CHINESE NAVY HEADQUARTERS

纬度 LAT 34°

赤纬与纬度同名
DECLINATION SAME NAME AS LATITUDE

上午 a.m. 时 分 hr. min.	0°	1°	2°	3°	4°	5°	6°	7°	8°	9°	10°	11°	12°	下午 p.m. 时 分 hr. min.
	°	°	°	°	°	°	°	°	°	°	°	°	°	
9 0	119.2	118.3	117.4	116.5	115.5	114.5	113.6	112.5	111.5	110.5	109.4	108.3	107.2	3 0
8 56	118.4	117.5	116.6	115.6	114.7	113.7	112.7	111.7	110.7	109.7	108.6	107.5	106.4	4
52	117.5	116.6	115.7	114.8	113.8	112.9	111.9	110.9	109.9	108.9	107.8	106.8	105.7	8
48	116.7	115.8	114.9	114.0	113.0	112.1	111.1	110.1	109.1	108.1	107.0	106.0	104.9	12
44	115.9	115.0	114.1	113.2	112.2	111.3	110.3	109.4	108.4	107.3	106.3	105.2	104.2	16
40	115.1	114.2	113.3	112.4	111.5	110.5	109.6	108.6	107.6	106.6	105.6	104.5	103.4	20
36	114.4	113.5	112.6	111.6	110.7	109.8	108.8	107.8	106.8	105.8	104.8	103.8	102.7	24
32	113.6	112.7	111.8	110.9	110.0	109.0	108.1	107.1	106.1	105.1	104.1	103.1	102.0	28
28	112.8	112.0	111.1	110.2	109.2	108.3	107.3	106.4	105.4	104.4	103.4	102.4	101.4	32
24	112.1	111.2	110.3	109.4	108.5	107.6	106.6	105.7	104.7	103.7	102.7	101.7	100.7	36
20	111.4	110.5	109.6	108.7	107.8	106.8	105.9	105.0	104.0	103.0	102.0	101.0	100.0	40
16	110.7	109.8	108.9	108.0	107.1	106.2	105.2	104.3	103.3	102.3	101.4	100.4	99.3	44
12	110.0	109.1	108.2	107.3	106.4	105.5	104.5	103.6	102.6	101.7	100.7	99.7	98.7	48
8	109.3	108.4	107.5	106.6	105.7	104.8	103.8	102.9	102.0	101.0	100.0	99.0	98.1	52
4	108.6	107.7	106.8	105.9	105.0	104.1	103.2	102.2	101.3	100.4	99.4	98.4	97.4	3 56
8 0	107.9	107.0	106.1	105.2	104.4	103.4	102.5	101.6	100.7	99.7	98.8	97.8	96.8	4 0
7 56	107.2	106.4	105.5	104.6	103.7	102.8	101.9	101.0	100.0	99.1	98.1	97.2	96.2	4
52	106.6	105.7	104.8	103.9	103.0	102.1	101.2	100.3	99.4	98.4	97.5	96.5	95.6	8
48	105.9	105.0	104.2	103.3	102.4	101.5	100.6	99.7	98.8	97.8	96.9	95.9	95.0	12
44	105.2	104.4	103.5	102.6	101.8	100.9	100.0	99.1	98.1	97.2	96.3	95.3	94.4	16
40	104.6	103.8	102.9	102.0	101.1	100.2	99.3	98.4	97.5	96.6	95.7	94.7	93.8	20
36	104.0	103.1	102.2	101.4	100.5	99.6	98.7	97.8	96.9	96.0	95.1	94.2	93.2	24
32	103.4	102.5	101.6	100.8	99.9	99.0	98.1	97.2	96.3	95.4	94.5	93.6	92.6	28
28	102.7	101.9	101.0	100.2	99.3	98.4	97.5	96.6	95.7	94.8	93.9	93.0	92.0	32
24	102.1	101.3	100.4	99.5	98.7	97.8	96.9	96.0	95.1	94.2	93.3	92.4	91.5	36
20	101.5	100.6	99.8	98.9	98.1	97.2	96.3	95.4	94.5	93.6	92.7	91.8	90.9	40
16	100.9	100.0	99.2	98.3	97.5	96.6	95.7	94.8	94.0	93.1	92.2	91.3	90.4	44
12	100.3	99.4	98.6	97.7	96.9	96.0	95.1	94.3	93.4	92.5	91.6	90.7	89.8	48
8	99.7	98.8	98.0	97.2	96.3	95.4	94.6	93.7	92.8	91.9	91.0	90.1	89.2	52
4	99.1	98.3	97.4	96.6	95.7	94.8	94.0	93.1	92.2	91.4	90.5	89.6	88.7	4 56
7 0	98.5	97.7	96.8	96.0	95.1	94.3	93.4	92.5	91.7	90.8	89.9	89.0	88.1	5 0
6 56	97.9	97.1	96.2	95.4	94.6	93.7	92.8	92.0	91.1	90.2	89.4	88.5	87.6	4
52	97.4	96.5	95.7	94.8	94.0	93.1	92.3	91.4	90.5	89.7	88.8	87.9	87.0	8
48	96.8	95.9	95.1	94.2	93.4	92.6	91.7	90.8	90.0	89.1	88.2	87.4	86.5	12
44	96.2	95.4	94.5	93.7	92.8	92.0	91.1	90.3	89.4	88.6	87.7	86.8	85.9	16
40	95.6	94.8	94.0	93.1	92.3	91.4	90.6	89.7	88.9	88.0	87.1	86.3	85.4	20
36	95.1	94.2	93.4	92.6	91.7	90.9	90.0	89.2	88.3	87.4	86.6	85.7	84.9	24
32	94.5	93.7	92.8	92.0	91.1	90.3	89.5	88.6	87.8	86.9	86.0	85.2	84.3	28
28	93.9	93.1	92.3	91.4	90.6	89.7	88.9	88.0	87.2	86.4	85.5	84.6	83.8	32
24	93.4	92.5	91.7	90.9	90.0	89.2	88.3	87.5	86.6	85.8	85.0	84.1	83.2	36
20	92.8	92.0	91.1	90.3	89.5	88.6	87.8	87.0	86.1	85.3	84.4	83.6	82.7	40
16	92.2	91.4	90.6	89.7	88.9	88.1	87.2	86.4	85.6	84.7	83.9	83.0	82.2	44
12	91.7	90.8	90.0	89.2	88.4	87.5	86.7	85.8	85.0	84.2	83.3	82.5	81.6	48
8	91.1	90.3	89.4	88.6	87.8	87.0	86.1	85.3	84.4	83.6	82.8	81.9	81.1	52
4	90.6	89.7	88.9	88.1	87.2	86.4	85.6	84.7	83.9	83.1	82.2	81.4	80.5	5 56
6 0	90.0	89.2	88.3	87.5	86.7	85.8	85.0	84.2	83.4	82.5	81.7	80.8	80.0	6 0
5 56	89.4	88.6	87.8	87.0	86.1	85.3	84.5	83.6	82.8	82.0	81.1	80.3	79.5	4
52			87.2	86.4	85.6	84.7	83.9	83.1	82.2	81.4	80.6	79.8	78.9	8
48	R 05 56 S 06 04 A 89°.4	R 05 53 S 06 07 A 88°.2	85.8	85.0	84.2	83.4	82.5	81.7	80.9	80.0	79.2	78.4	12
44			R 05 51 S 06 09 A 87°.0	83.6	82.8	82.0	81.1	80.3	79.5	78.6	77.8	16
40				S 06 12 A 85°.8	S 06 15 A 84°.6	R 05 42 S 06 18 A 83°.4	R 05 40 S 06 20 A 82°.2	R 05 37 S 06 23 A 81°.0	80.0	79.2	78.4	77.5	76.7	20
36									78.6	77.8	77.0	76.2	24
32								R 05 34 S 06 26 A 79°.8	R 05 31 S 06 29 A 78°.5	R 05 29 S 06 31 A 77°.3	76.4	75.6	28
28											R 05 26 S 06 34 A 76°.1	75.0	32
24												R 05 23 S 06 37 A 74°.9	36
20													40
16													44
12													48
8													52
4													6 56
5 0													7 0
4 52													8
44													16
36													24
28													32
20													40
12													48
4 4													7 56
3 56													8 4
3 48													8 12

在北纬：上午太阳方位是北东，下午太阳方位是北西。
North Latitude：orientation is named North East at morning, North West at afternoon.

赤纬与纬度同名
DECLINATION SAME NAME AS LATITUDE

纬度 LAT 34°

上午 a.m. 时 分	12°	13°	14°	15°	16°	17°	18°	19°	20°	21°	22°	23°	24°	下午 p.m. 时 分
9 0	107.2	106.1	104.9	103.8	102.6	101.4	100.1	98.8	97.5	96.2	94.9	93.5	92.1	3 0
8 56	106.4	105.3	104.2	103.0	101.8	100.6	99.4	98.1	96.9	95.6	94.2	92.9	91.5	4
52	105.7	104.6	103.4	102.3	101.1	99.9	98.7	97.5	96.2	94.9	93.6	92.3	91.0	8
48	104.9	103.8	102.7	101.6	100.4	99.2	98.0	96.8	95.6	94.3	93.0	91.7	90.4	12
44	104.2	103.1	102.0	100.8	99.7	98.5	97.4	96.2	94.9	93.7	92.4	91.1	89.8	16
40	103.4	102.4	101.3	100.2	99.0	97.9	96.7	95.5	94.3	93.1	91.8	90.6	89.3	20
36	102.7	101.7	100.6	99.5	98.4	97.2	96.1	94.9	93.7	92.5	91.2	90.0	88.7	24
32	102.0	101.0	99.9	98.8	97.7	96.6	95.4	94.3	93.1	91.9	90.7	89.4	88.2	28
28	101.4	100.3	99.2	98.2	97.0	95.9	94.8	93.6	92.5	91.3	90.1	88.9	87.7	32
24	100.7	99.6	98.6	97.5	96.4	95.3	94.2	93.0	91.9	90.7	89.6	88.4	87.1	36
20	100.0	99.0	97.9	96.9	95.8	94.7	93.6	92.5	91.3	90.2	89.0	87.8	86.6	40
16	99.3	98.3	97.3	96.2	95.2	94.1	93.0	91.9	90.8	89.6	88.5	87.3	86.1	44
12	98.7	97.7	96.6	95.6	94.6	93.5	92.4	91.3	90.2	89.1	87.9	86.8	85.6	48
8	98.1	97.0	96.0	95.0	94.0	92.9	91.8	90.7	89.6	88.5	87.4	86.2	85.1	52
4	97.4	96.4	95.4	94.4	93.4	92.3	91.2	90.2	89.1	88.0	86.9	85.7	84.6	3 56
8 0	96.8	95.8	94.8	93.8	92.8	91.7	90.7	89.6	88.5	87.4	86.3	85.2	84.1	4 0
7 56	96.2	95.2	94.2	93.2	92.2	91.2	90.1	89.0	88.0	86.9	85.8	84.7	83.6	4
52	95.6	94.6	93.6	92.6	91.6	90.6	89.5	88.5	87.4	86.4	85.3	84.2	83.1	8
48	95.0	94.0	93.0	92.0	91.0	90.0	89.0	88.0	86.9	85.9	84.8	83.7	82.6	12
44	94.4	93.4	92.4	91.5	90.5	89.5	88.4	87.4	86.4	85.4	84.3	83.2	82.1	16
40	93.8	92.8	91.9	90.9	89.9	88.9	87.9	86.9	85.9	84.8	83.8	82.7	81.7	20
36	93.2	92.2	91.3	90.3	89.4	88.4	87.4	86.4	85.4	84.3	83.3	82.2	81.2	24
32	92.6	91.7	90.7	89.8	88.8	87.8	86.8	85.8	84.8	83.8	82.8	81.8	80.7	28
28	92.0	91.1	90.2	89.2	88.2	87.3	86.3	85.3	84.3	83.3	82.3	81.3	80.2	32
24	91.5	90.6	89.6	88.7	87.7	86.7	85.8	84.8	83.8	82.8	81.8	80.8	79.8	36
20	90.9	90.0	89.0	88.1	87.2	86.2	85.2	84.3	83.3	82.3	81.3	80.3	79.3	40
16	90.4	89.4	88.5	87.6	86.6	85.7	84.7	83.8	82.8	81.8	80.8	79.8	78.8	44
12	89.8	88.9	88.0	87.0	86.1	85.2	84.2	83.2	82.3	81.3	80.3	79.3	78.3	48
8	89.2	88.3	87.4	86.5	85.6	84.6	83.7	82.7	81.8	80.8	79.8	78.8	77.9	52
4	88.7	87.8	86.9	85.9	85.0	84.1	83.2	82.2	81.3	80.3	79.3	78.4	77.4	4 56
7 0	88.1	87.2	86.3	85.4	84.5	83.6	82.6	81.7	80.8	79.8	78.8	77.9	76.9	5 0
6 56	87.6	86.7	85.8	84.9	84.0	83.0	82.1	81.2	80.3	79.3	78.4	77.4	76.4	4
52	87.0	86.1	85.2	84.4	83.4	82.5	81.6	80.7	79.8	78.8	77.9	76.9	76.0	8
48	86.5	85.6	84.7	83.8	82.9	82.0	81.1	80.2	79.3	78.3	77.4	76.4	75.5	12
44	85.9	85.1	84.2	83.3	82.4	81.5	80.6	79.7	78.8	77.8	76.9	76.0	75.0	16
40	85.4	84.5	83.6	82.8	81.9	81.0	80.1	79.2	78.3	77.3	76.4	75.5	74.6	20
36	84.9	84.0	83.1	82.2	81.4	80.5	79.6	78.7	77.8	76.8	75.9	75.0	74.1	24
32	84.3	83.4	82.6	81.7	80.8	79.9	79.0	78.2	77.2	76.4	75.4	74.5	73.6	28
28	83.8	82.9	82.0	81.2	80.3	79.4	78.5	77.6	76.8	75.8	75.0	74.0	73.1	32
24	83.2	82.4	81.5	80.6	79.8	78.9	78.0	77.1	76.2	75.4	74.5	73.6	72.6	36
20	82.7	81.8	81.0	80.1	79.2	78.4	77.5	76.6	75.7	74.9	74.0	73.1	72.2	40
16	82.2	81.3	80.4	79.6	78.7	77.9	77.0	76.1	75.2	74.4	73.5	72.6	71.7	44
12	81.6	80.8	79.9	79.1	78.2	77.3	76.5	75.6	74.7	73.9	73.0	72.1	71.2	48
8	81.1	80.2	79.4	78.5	77.7	76.8	76.0	75.1	74.2	73.4	72.5	71.6	70.7	52
4	80.5	79.7	78.8	78.0	77.1	76.3	75.4	74.6	73.7	72.8	72.0	71.1	70.2	5 56
6 0	80.0	79.2	78.3	77.5	76.6	75.8	74.9	74.1	73.2	72.3	71.5	70.6	69.7	6 0
5 56	79.5	78.6	77.8	76.9	76.1	75.2	74.4	73.5	72.7	71.8	71.0	70.1	69.2	4
52	78.9	78.1	77.2	76.4	75.6	74.7	73.9	73.0	72.2	71.3	70.5	69.6	68.8	8
48	78.4	77.5	76.7	75.9	75.0	74.2	73.4	72.5	71.7	70.8	70.0	69.1	68.2	12
44	77.8	77.0	76.2	75.3	74.5	73.6	72.8	72.0	71.1	70.3	69.4	68.6	67.7	16
40	77.3	76.4	75.6	74.8	74.0	73.1	72.3	71.4	70.6	69.8	68.9	68.1	67.2	20
36	76.7	75.9	75.1	74.2	73.4	72.6	71.8	70.9	70.1	69.2	68.4	67.6	66.7	24
32	76.2	75.3	74.5	73.7	72.9	72.0	71.2	70.4	69.6	68.7	67.9	67.1	66.2	28
28	75.6	74.8	74.0	73.1	72.3	71.5	70.7	69.8	69.0	68.2	67.4	66.5	65.7	32
24	75.0	74.2	73.4	72.6	71.8	71.0	70.1	69.3	68.5	67.7	66.8	66.0	65.2	36
20		73.7	72.8	72.0	71.2	70.4	69.6	68.8	68.0	67.3	66.3	65.5	64.7	40
16	R 05 23			71.5	70.7	69.8	69.0	68.2	67.4	66.6	65.8	65.0	64.1	44
12	S 06 37	R 05 20	R 05 17		70.1	69.3	68.5	67.7	66.9	66.0	65.2	64.4	63.6	48
8	A 74°.9	S 06 40	S 06 43				67.9	67.1	66.3	65.5	64.7	63.9	63.1	52
4		A 73°.7	A 72°.4	R 05 14				66.6	65.8	64.9	64.1	63.3	62.5	6 56
5 0				S 06 46	R 05 11	R 05 08			65.2	64.4	63.6	62.8	62.0	7 0
4 52				A 71°.2	S 06 49	S 06 52	R 05 05					61.7	60.9	8
44					A 70°.0	A 68°.7	S 06 55	R 05 02						16
36							A 67°.5	S 06 58	R 04 59	R 04 56	R 04 52			24
28								A 66°.3	S 07 01	S 07 04	S 07 08			32
20									A 65°.0	A 63°.8	A 62°.5	R 04 49	R 04 45	40
12												S 07 11	S 07 15	48
4												A 61°.2	A 60°.0	7 56
3 56														8 4
3 48														8 12

在南纬：上午太阳方位是南东，下午太阳方位是南西。
South Latitude: orientation is named South East at morning, South West at afternoon.

纬度 LAT 35°

赤纬与纬度同名
DECLINATION SAME NAME AS LATITUDE

上午 a.m. 时分 hr.min	0°	1°	2°	3°	4°	5°	6°	7°	8°	9°	10°	11°	12°	下午 p.m. 时分 hr.min
9 0	119.8	119.0	118.1	117.2	116.2	115.3	114.3	113.3	112.3	111.3	110.3	109.2	108.1	3 0
8 56	119.0	118.1	117.2	116.3	115.4	114.4	113.5	112.5	111.5	110.5	109.4	108.4	107.3	4
52	118.1	117.3	116.4	115.5	114.5	113.6	112.6	111.7	110.7	109.7	108.6	107.6	106.5	8
48	117.3	116.4	115.5	114.6	113.7	112.8	111.8	110.9	109.9	108.9	107.8	106.8	105.8	12
44	116.5	115.6	114.7	113.8	112.9	112.0	111.0	110.1	109.1	108.1	107.1	106.0	105.0	16
40	115.7	114.8	113.9	113.0	112.1	111.2	110.2	109.3	108.3	107.3	106.3	105.3	104.2	20
36	114.9	114.0	113.2	112.2	111.3	110.4	109.5	108.5	107.6	106.6	105.6	104.6	103.5	24
32	114.1	113.3	112.4	111.5	110.6	109.6	108.7	107.8	106.8	105.8	104.8	103.8	102.8	28
28	113.4	112.5	111.6	110.7	109.8	108.9	108.0	107.0	106.1	105.1	104.1	103.1	102.1	32
24	112.6	111.8	110.9	110.0	109.1	108.2	107.2	106.3	105.3	104.4	103.4	102.4	101.4	36
20	111.9	111.0	110.1	109.2	108.4	107.4	106.5	105.6	104.6	103.7	102.7	101.7	100.7	40
16	111.2	110.3	109.4	108.5	107.6	106.7	105.8	104.9	103.9	103.0	102.0	101.0	100.0	44
12	110.4	109.6	108.7	107.8	106.9	106.0	105.1	104.2	103.2	102.3	101.3	100.3	99.4	48
8	109.7	108.8	108.0	107.1	106.2	105.3	104.4	103.5	102.6	101.6	100.6	99.7	98.7	52
4	109.0	108.2	107.3	106.4	105.5	104.6	103.7	102.8	101.9	100.9	100.0	99.0	98.0	3 56
8 0	108.3	107.5	106.6	105.7	104.8	103.9	103.0	102.1	101.2	100.3	99.3	98.4	97.4	4 0
7 56	107.6	106.8	105.9	105.0	104.2	103.3	102.4	101.5	100.6	99.6	98.7	97.7	96.8	4
52	107.0	106.1	105.2	104.4	103.5	102.6	101.7	100.8	99.9	99.0	98.1	97.1	96.2	8
48	106.3	105.4	104.6	103.7	102.8	102.0	101.1	100.2	99.3	98.3	97.4	96.5	95.5	12
44	105.6	104.8	103.9	103.1	102.2	101.3	100.4	99.5	98.6	97.7	96.8	95.8	94.9	16
40	105.0	104.1	103.3	102.4	101.5	100.7	99.8	98.9	98.0	97.1	96.2	95.2	94.3	20
36	104.3	103.5	102.6	101.8	100.9	100.0	99.2	98.3	97.4	96.5	95.6	94.6	93.7	24
32	103.7	102.8	102.0	101.1	100.3	99.4	98.5	97.6	96.8	95.8	94.9	94.0	93.1	28
28	103.0	102.2	101.4	100.5	99.6	98.8	97.9	97.0	96.1	95.2	94.3	93.4	92.5	32
24	102.4	101.6	100.7	99.9	99.0	98.2	97.3	96.4	95.5	94.6	93.7	92.8	91.9	36
20	101.8	101.0	100.1	99.3	98.4	97.5	96.7	95.8	94.9	94.0	93.2	92.2	91.3	40
16	101.2	100.3	99.5	98.6	97.8	96.9	96.1	95.2	94.3	93.4	92.6	91.7	90.8	44
12	100.6	99.7	98.9	98.0	97.2	96.3	95.4	94.6	93.7	92.8	92.0	91.1	90.2	48
8	99.9	99.1	98.3	97.4	96.6	95.7	94.9	94.0	93.1	92.3	91.4	90.5	89.6	52
4	99.3	98.5	97.6	96.8	95.9	95.1	94.3	93.4	92.6	91.7	90.8	89.9	89.0	4 56
7 0	98.7	97.9	97.1	96.2	95.4	94.5	93.7	92.8	92.0	91.1	90.2	89.4	88.5	5 0
6 56	98.1	97.3	96.5	95.6	94.8	94.0	93.1	92.2	91.4	90.5	89.7	88.8	87.9	4
52	97.5	96.7	95.9	95.0	94.2	93.4	92.5	91.7	90.8	90.0	89.1	88.2	87.4	8
48	97.0	96.1	95.3	94.5	93.6	92.8	91.9	91.1	90.2	89.4	88.5	87.6	86.8	12
44	96.4	95.5	94.7	93.9	93.0	92.2	91.4	90.5	89.7	88.8	88.0	87.1	86.2	16
40	95.8	95.0	94.1	93.3	92.5	91.6	90.8	89.9	89.1	88.2	87.4	86.5	85.7	20
36	95.2	94.4	93.5	92.7	91.9	91.0	90.2	89.4	88.5	87.7	86.8	86.0	85.1	24
32	94.6	93.8	93.0	92.1	91.3	90.5	89.6	88.8	88.0	87.1	86.3	85.4	84.6	28
28	94.0	93.2	92.4	91.6	90.7	89.9	89.1	88.2	87.4	86.5	85.7	84.8	84.0	32
24	93.4	92.6	91.8	91.0	90.1	89.3	88.5	87.7	86.8	86.0	85.1	84.3	83.4	36
20	92.9	92.0	91.2	90.4	89.6	88.8	87.9	87.1	86.2	85.4	84.6	83.7	82.9	40
16	92.3	91.5	90.6	89.8	89.0	88.2	87.4	86.5	85.7	84.9	84.0	83.2	82.3	44
12	91.7	90.9	90.1	89.2	88.4	87.6	86.8	86.0	85.1	84.3	83.5	82.6	81.8	48
8	91.1	90.3	89.5	88.7	87.9	87.0	86.2	85.4	84.6	83.7	82.9	82.1	81.2	52
4	90.6	89.8	88.9	88.1	87.3	86.5	85.6	84.8	84.0	83.2	82.3	81.5	80.7	5 56
6 0	90.0	89.2	88.4	87.5	86.7	85.9	85.1	84.2	83.4	82.6	81.8	80.9	80.1	6 0
5 56	89.4	88.6	87.8	87.0	86.1	85.3	84.5	83.7	82.9	82.0	81.2	80.4	79.6	4
52			87.2	86.4	85.6	84.8	83.9	83.1	82.3	81.5	80.6	79.8	79.0	8
48	R 05 56	R 05 53		85.8	85.0	84.2	83.4	82.5	81.7	80.9	80.1	79.3	78.4	12
44	S 06 04	S 06 07	R 05 50			83.6	82.8	82.0	81.2	80.3	79.5	78.7	77.9	16
40	A 89°.4	A 88°.2	S 06 10	R 05 48	R 05 45		82.2	81.4	80.6	79.8	79.0	78.1	77.3	20
36			A 87°.0	S 06 12	S 06 15	R 05 42		80.8	80.0	79.2	78.4	77.6	76.8	24
32				A 85°.8	A 84°.5	S 06 18	R 05 39			78.6	77.8	77.0	76.2	28
28						A 83°.3	S 06 21	R 05 36	R 05 33		77.2	76.4	75.6	32
24							A 82°.1	S 06 24	S 06 27	R 05 30			75.0	36
20								A 80°.8	A 79°.6	S 06 30	R 05 27	R 05 25		40
16										A 78°.4	S 06 33	S 06 35	R 05 22	44
12											A 77°.2	A 75°.9	S 06 38	48
8													A 74°.7	52
4														6 56
5 0														7 0
4 52														8
44														16
36														24
28														32
20														40
12														48
4 4														7 56
3 56														8 4
3 48														8 12

在北纬：上午太阳方位是北东，下午太阳方位是北西。
North Latitude: orientation is named North East at morning, North West at afternoon.

赤纬与纬度同名
DECLINATION SAME NAME AS LATITUDE

纬度 LAT 35°

上午 a.m. 时 分 hr. min.	12°	13°	14°	15°	16°	17°	18°	19°	20°	21°	22°	23°	24°	下午 p.m. 时 分 hr. min.
9 0	108.1	107.0	105.9	104.7	103.6	102.4	101.2	99.9	98.6	97.3	96.0	94.7	93.3	3 0
8 56	107.3	106.2	105.1	104.0	102.8	101.6	100.4	99.2	97.9	96.7	95.4	94.0	92.7	4
52	106.5	105.4	104.3	103.2	102.1	100.9	99.7	98.5	97.2	96.0	94.7	93.4	92.1	8
48	105.8	104.7	103.6	102.5	101.3	100.2	99.0	97.8	96.6	95.3	94.1	92.8	91.5	12
44	105.0	103.9	102.8	101.7	100.6	99.5	98.3	97.1	95.9	94.7	93.4	92.2	90.9	16
40	104.2	103.2	102.1	101.0	99.9	98.8	97.6	96.4	95.3	94.0	92.8	91.6	90.3	20
36	103.5	102.5	101.4	100.3	99.2	98.1	97.0	95.8	94.6	93.4	92.2	91.0	89.7	24
32	102.8	101.8	100.7	99.6	98.5	97.4	96.3	95.2	94.0	92.8	91.6	90.4	89.2	28
28	102.1	101.0	100.0	98.9	97.9	96.8	95.6	94.5	93.4	92.2	91.0	89.8	88.6	32
24	101.4	100.4	99.3	98.3	97.2	96.1	95.0	93.9	92.8	91.6	90.4	89.2	88.0	36
20	100.7	99.7	98.6	97.6	96.6	95.5	94.4	93.3	92.2	91.0	89.9	88.7	87.5	40
16	100.0	99.0	98.0	97.0	95.9	94.8	93.8	92.7	91.6	90.4	89.3	88.1	87.0	44
12	99.4	98.4	97.3	96.3	95.3	94.2	93.2	92.1	91.0	89.8	88.7	87.6	86.4	48
8	98.7	97.7	96.7	95.7	94.6	93.6	92.6	91.5	90.4	89.3	88.2	87.0	85.9	52
4	98.0	97.1	96.1	95.1	94.0	93.0	92.0	90.9	89.8	88.7	87.6	86.5	85.4	3 56
8 0	97.4	96.4	95.4	94.4	93.4	92.4	91.4	90.3	89.2	88.2	87.1	86.0	84.8	4 0
7 56	96.8	95.8	94.8	93.8	92.8	91.8	90.8	89.7	88.7	87.6	86.5	85.4	84.3	4
52	96.2	95.2	94.2	93.2	92.2	91.2	90.2	89.2	88.1	87.1	86.0	84.9	83.8	8
48	95.5	94.6	93.6	92.6	91.6	90.6	89.6	88.6	87.6	86.5	85.5	84.4	83.3	12
44	94.9	94.0	93.0	92.0	91.0	90.1	89.1	88.0	87.0	86.0	84.9	83.9	82.8	16
40	94.3	93.4	92.4	91.4	90.5	89.5	88.5	87.5	86.5	85.4	84.4	83.4	82.3	20
36	93.7	92.8	91.8	90.9	89.9	88.9	87.9	86.9	85.9	84.8	83.9	82.9	81.8	24
32	93.1	92.2	91.2	90.3	89.3	88.4	87.4	86.4	85.4	84.4	83.4	82.4	81.3	28
28	92.5	91.6	90.6	89.7	88.8	87.8	86.8	85.8	84.9	83.9	82.9	81.8	80.8	32
24	91.9	91.0	90.1	89.1	88.2	87.2	86.3	85.3	84.3	83.3	82.3	81.3	80.3	36
20	91.3	90.4	89.5	88.6	87.6	86.7	85.7	84.8	83.8	82.8	81.8	80.8	79.8	40
16	90.8	89.8	88.9	88.0	87.1	86.1	85.2	84.2	83.3	82.3	81.3	80.3	79.3	44
12	90.2	89.3	88.4	87.4	86.5	85.6	84.6	83.7	82.8	81.8	80.8	79.8	78.8	48
8	89.6	88.7	87.8	86.9	86.0	85.0	84.1	83.2	82.2	81.3	80.3	79.3	78.4	52
4	89.0	88.2	87.2	86.3	85.4	84.5	83.6	82.6	81.7	80.8	79.8	78.8	77.8	4 56
7 0	88.5	87.6	86.7	85.8	84.9	84.0	83.0	82.1	81.2	80.2	79.3	78.3	77.4	5 0
6 56	87.9	87.0	86.1	85.2	84.3	83.4	82.5	81.6	80.7	79.7	78.8	77.8	76.9	4
52	87.4	86.5	85.6	84.7	83.8	82.9	82.0	81.1	80.2	79.2	78.3	77.4	76.4	8
48	86.8	85.9	85.0	84.1	83.2	82.4	81.4	80.6	79.6	78.7	77.8	76.8	75.9	12
44	86.2	85.4	84.5	83.6	82.7	81.8	80.9	80.0	79.1	78.2	77.3	76.4	75.4	16
40	85.7	84.8	83.9	83.0	82.2	81.3	80.4	79.5	78.6	77.7	76.8	75.8	74.9	20
36	85.1	84.2	83.4	82.5	81.6	80.8	79.9	79.0	78.1	77.2	76.3	75.4	74.4	24
32	84.6	83.7	82.8	82.0	81.1	80.2	79.3	78.4	77.6	76.7	75.8	74.9	74.0	28
28	84.0	83.2	82.3	81.4	80.6	79.7	78.8	77.9	77.0	76.2	75.3	74.4	73.4	32
24	83.4	82.6	81.7	80.9	80.0	79.2	78.3	77.4	76.5	75.6	74.8	73.9	73.0	36
20	82.9	82.0	81.2	80.3	79.5	78.6	77.8	76.9	76.0	75.1	74.2	73.4	72.5	40
16	82.3	81.5	80.6	79.8	78.9	78.1	77.2	76.4	75.5	74.6	73.7	72.8	72.0	44
12	81.8	80.9	80.1	79.2	78.4	77.6	76.7	75.8	75.0	74.1	73.2	72.4	71.5	48
8	81.2	80.4	79.6	78.7	77.9	77.0	76.2	75.3	74.4	73.6	72.7	71.8	71.0	52
4	80.7	79.8	79.0	78.2	77.3	76.5	75.6	74.8	73.9	73.1	72.2	71.3	70.5	5 56
6 0	80.1	79.3	78.4	77.6	76.8	75.9	75.1	74.2	73.4	72.5	71.7	70.8	70.0	6 0
5 56	79.6	78.7	77.9	77.1	76.2	75.4	74.6	73.7	72.9	72.0	71.2	70.3	69.4	4
52	79.0	78.2	77.4	76.5	75.7	74.8	74.0	73.2	72.3	71.5	70.6	69.8	68.9	8
48	78.4	77.6	76.8	76.0	75.1	74.3	73.5	72.6	71.8	71.0	70.1	69.3	68.4	12
44	77.9	77.1	76.2	75.4	74.6	73.8	72.9	72.1	71.3	70.4	69.6	68.8	67.9	16
40	77.3	76.5	75.7	74.9	74.0	73.2	72.4	71.6	70.7	69.9	69.1	68.2	67.4	20
36	76.8	75.9	75.1	74.3	73.5	72.7	71.8	71.0	70.2	69.4	68.5	67.7	66.9	24
32	76.2	75.4	74.6	73.7	72.9	72.1	71.3	70.5	69.6	68.8	68.0	67.2	66.3	28
28	75.6	74.8	74.0	73.2	72.4	71.6	70.7	69.9	69.1	68.3	67.5	66.6	65.8	32
24	75.0	74.2	73.4	72.6	71.8	71.0	70.2	69.4	68.6	67.7	66.9	66.1	65.3	36
20		73.7	72.8	72.0	71.2	70.4	69.6	68.8	68.0	67.2	66.4	65.6	64.8	40
16	R 05 22 S 06 38 A 74°.7	R 05 19 S 06 41 A 73°.4	72.3	71.5	70.7	69.9	69.1	68.2	67.4	66.6	65.8	65.0	64.2	44
12			71.8	71.0	70.1	69.3	68.5	67.7	66.9	66.1	65.3	64.5	63.7	48
8			R 05 16 S 06 44 A 72°.2	R 05 12 S 06 48 A 71°.0	69.3	68.7	67.9	67.1	66.3	65.5	64.7	63.9	63.1	52
4					68.7	68.1	67.3	66.6	65.8	65.0	64.4	63.6	62.6	6 56
5 0					R 05 09 S 06 51 A 69°.7	R 05 06 S 06 54 A 68°.5	66.0	65.2	64.4	63.6	62.8	62.0		7 0
4 52							R 05 03 S 06 57 A 67°.2			62.5	61.7		60.9	8
44													59.7	16
36								R 05 00 S 07 00 A 65°.9	R 04 56 S 07 04 A 64°.7	R 04 53 S 07 07 A 63°.4				24
28											R 04 50 S 07 10 A 62°.1	R 04 46 S 07 14 A 60°.8		32
20													R 04 43 S 07 17 A 59°.6	40
12														48
4														7 56
3 56														8
3 48														8 12

在南纬：上午太阳方位是南东，下午太阳方位是南西。
South Latitude: orientation is named South East at morning, South West at afternoon.

纬度 LAT 34°

赤纬与纬度异名
DECLINATION CONTRARY NAME AS LATITUDE

在右侧标签：驾驶专业

上午 a.m. 时 分	0°	1°	2°	3°	4°	5°	6°	7°	8°	9°	10°	11°	12°	下午 p.m. 时 分
9 0	119.2	120.1	121.0	121.8	122.7	123.5	124.3	125.1	125.9	126.7	127.4	128.2	129.0	3 0
8 56	118.4	119.2	120.1	121.0	121.8	122.6	123.5	124.3	125.1	125.8	126.6	127.4	128.1	4
52	117.5	118.4	119.3	120.2	121.0	121.8	122.6	123.4	124.2	125.0	125.8	126.6	127.3	8
48	116.7	117.6	118.5	119.3	120.2	121.0	121.8	122.6	123.4	124.2	125.0	125.8	126.5	12
44	115.9	116.8	117.7	118.5	119.4	120.2	121.0	121.8	122.6	123.4	124.2	125.0	125.7	16
40	115.1	116.0	116.9	117.7	118.6	119.4	120.2	121.0	121.8	122.6	123.4	124.2	125.0	20
36	114.4	115.2	116.1	117.0	117.8	118.6	119.5	120.3	121.1	121.9	122.6	123.4	124.2	24
32	113.6	114.5	115.3	116.2	117.0	117.9	118.7	119.5	120.3	121.1	121.9	122.7	123.4	28
28	112.8	113.7	114.6	115.4	116.3	117.1	117.9	118.8	119.6	120.4	121.1	121.9	122.7	32
24	112.1	113.0	113.8	114.7	115.5	116.4	117.2	118.0	118.8	119.6	120.4	121.2	122.0	36
20	111.4	112.2	113.1	114.0	114.8	115.6	116.5	117.3	118.1	118.9	119.7	120.5	121.2	40
16	110.7	111.5	112.4	113.2	114.1	114.9	115.7	116.6	117.4	118.2	119.0	119.8	120.5	44
12	110.0	110.8	111.7	112.5	113.4	114.2	115.0	115.8	116.6	117.5	118.2	119.0	119.8	48
8	109.3	110.1	111.0	111.8	112.7	113.5	114.3	115.1	116.0	116.8	117.6	118.3	119.1	52
4	108.6	109.4	110.3	111.1	112.0	112.8	113.6	114.4	115.3	116.1	116.9	117.6	118.4	3 56
8 0	107.9	108.8	109.6	110.4	111.3	112.1	113.0	113.8	114.6	115.4	116.2	117.0	117.8	4 0
7 56	107.2	108.1	108.9	109.8	110.6	111.4	112.3	113.1	113.9	114.7	115.5	116.3	117.1	4
52	106.6	107.4	108.3	109.1	110.0	110.8	111.6	112.4	113.2	114.0	114.8	115.6	116.4	8
48	105.9	106.8	107.6	108.4	109.3	110.1	110.9	111.8	112.6	113.4	114.2	115.0	115.8	12
44	105.2	106.1	107.0	107.8	108.6	109.5	110.3	111.1	111.9	112.7	113.5	114.3	115.1	16
40	104.6	105.5	106.3	107.2	108.0	108.8	109.6	110.4	111.3	112.1	112.9	113.7	114.5	20
36	104.0	104.8	105.7	106.5	107.4	108.2	109.0	109.8	110.6	111.4	112.2	113.0	113.8	24
32	103.4	104.2	105.0	105.9	106.7	107.5	108.4	109.2	110.0	110.8	111.6	112.4	113.2	28
28	102.7	103.6	104.4	105.2	106.1	106.9	107.7	108.6	109.4	110.2	111.0	111.8	112.6	32
24	102.1	103.0	103.8	104.6	105.5	106.3	107.1	107.9	108.8	109.6	110.4	111.2	112.0	36
20	101.5	102.3	103.2	104.0	104.8	105.7	106.5	107.3	108.1	108.9	109.8	110.6	111.4	40
16	100.9	101.7	102.6	103.4	104.2	105.1	105.9	106.7	107.5	108.3	109.1	109.9	110.8	44
12	100.3	101.1	102.0	102.8	103.6	104.5	105.3	106.1	106.9	107.7	108.5	109.3	110.2	48
8	99.7	100.5	101.4	102.2	103.0	103.9	104.7	105.5	106.3	107.1	107.9	108.8	109.6	52
4	99.1	99.9	100.8	101.6	102.4	103.3	104.1	104.9	105.7	106.5	107.3	108.2	109.0	4 56
7 0	98.5	99.4	100.2	101.0	101.8	102.7	103.5	104.3	105.1	105.9	106.8	107.6	108.4	5 0
6 56	97.9	98.8	99.6	100.4	101.3	102.1	102.9	103.7	104.5	105.4	106.2	107.0	107.8	4
52	97.4	98.2	99.0	99.8	100.7	101.5	102.3	103.1	104.0	104.8	105.6	106.4	107.2	8
48	96.8	97.6	98.4	99.3	100.1	100.9	101.7	102.6	103.4	104.2	105.0	105.8	106.6	12
44	96.2	97.0	97.9	98.7	99.5	100.3	101.2	102.0	102.8	103.6	104.4	105.3	106.1	16
40	95.6	96.5	97.3	98.1	98.9	99.8	100.6	101.4	102.2	103.0	103.9	104.7	105.5	20
36	95.1	95.9	96.7	97.6	98.4	99.2	100.0	100.8	101.7	102.5	103.3	104.1	104.9	24
32	94.5	95.3	96.2	97.0	97.8	98.6	99.4	100.3	101.1	101.9	102.7	103.6	104.4	28
28	93.9	94.8	95.6	96.4	97.2	98.1	98.9	99.7	100.5	101.4	102.2	103.0		32
24	93.4	94.2	95.0	95.8	96.7	97.5	98.3	99.2	100.0	100.8	101.6			36
20	92.8	93.6	94.4	95.3	96.1	96.9	97.8	98.6	99.4				R 06 29	40
16	92.2	93.1	93.9	94.7	95.6	96.4	97.2	98.0				R 06 26	S 05 31	44
12	91.7	92.5	93.3	94.2	95.0	95.8			R 06 18	R 06 20	R 06 23	S 05 34	A 103°.9	48
8	91.1	91.9	92.8	93.6	94.4		R 06 12	R 06 15	S 05 42	S 05 40	S 05 37	A 102°.7		52
4	90.6	91.4	92.2			R 06 09	S 05 48	S 05 45	A 99°.1	A 100°.3	A 101°.5			5 56
6 0	90.0	90.8		R 06 04	R 06 07	S 05 51	A 96°.7	A 97°.9						6 0
5 56	89.4		R 06 01	S 05 56	S 05 53	A 95°.5								4
52		R 05 59	S 05 59	A 93°.0	A 94°.3									8
48	R 05 56	S 06 01	A 91°.8											12
44	S 06 04	A 90°.6												16
40	A 89°.4													20
36														24
32														28
28														32
24														36
20														40
16														44
12														48
8														52
4														6 56
5 0														7 0

在北纬：上午太阳方位是北东，下午太阳方位是北西。
North Latitude：orientation is named North East at morning, North West at afternoon.

赤纬与纬度异名
DECLINATION CONTRARY NAME AS LATITUDE

纬度 LAT 34°

上午 a.m. 时 分 hr. min.	12°	13°	14°	15°	16°	17°	18°	19°	20°	21°	22°	23°	24°	下午 p.m. 时 分 hr. min.
9 0	129.0	129.7	130.4	131.1	131.8	132.5	133.2	133.9	134.6	135.3	135.9	136.6	137.2	3 0
8 56	128.1	128.9	129.6	130.3	131.0	131.7	132.4	133.1	133.8	134.5	135.2	135.8	136.5	4
52	127.3	128.1	128.8	129.5	130.3	131.0	131.7	132.4	133.0	133.7	134.4	135.1	135.7	8
48	126.5	127.3	128.0	128.7	129.5	130.2	130.9	131.6	132.3	133.0	133.6	134.3	135.0	12
44	125.7	126.5	127.2	128.0	128.7	129.4	130.1	130.8	131.5	132.2	132.9	133.6	134.3	16
40	125.0	125.7	126.5	127.2	127.9	128.7	129.4	130.1	130.8	131.5	132.2	132.9	133.6	20
36	124.2	125.0	125.7	126.4	127.2	127.9	128.6	129.4	130.1	130.8	131.5	132.2	132.8	24
32	123.4	124.2	125.0	125.7	126.4	127.2	127.9	128.6	129.3	130.0	130.8	131.4	132.2	28
28	122.7	123.5	124.2	125.0	125.7	126.4	127.2	127.9	128.6	129.3	130.0	130.8	131.5	32
24	122.0	122.7	123.5	124.2	125.0	125.7	126.5	127.2	127.9	128.6	129.4	130.1	130.8	36
20	121.2	122.0	122.8	123.5	124.3	125.0	125.8	126.5	127.2	128.0	128.7	129.4	130.1	40
16	120.5	121.3	122.1	122.8	123.6	124.3	125.1	125.8	126.5	127.3	128.0	128.7	129.4	44
12	119.8	120.6	121.4	122.1	122.9	123.6	124.4	125.1	125.9	126.6	127.3	128.0	128.8	48
8	119.1	119.9	120.7	121.4	122.2	123.0	123.7	124.4	125.2	125.9	126.7	127.4	128.1	52
4	118.4	119.2	120.0	120.8	121.5	122.3	123.0	123.8	124.5	125.3	126.0	126.7	127.5	3 56
8 0	117.8	118.5	119.3	120.1	120.8	121.6	122.4	123.1	123.9	124.6	125.4	126.1	126.8	4 0
7 56	117.1	117.9	118.6	119.4	120.2	121.0	121.7	122.5	123.2	124.0	124.7	125.5	126.2	4
52	116.4	117.2	118.0	118.8	119.5	120.3	121.1	121.8	122.6	123.3	124.1	124.8	125.6	8
48	115.8	116.5	117.3	118.1	118.9	119.6	120.4	121.2	121.9	122.7	123.4	124.2	125.0	12
44	115.1	115.9	116.7	117.5	118.2	119.0	119.8	120.6	121.3	122.1	122.8	123.6	124.3	16
40	114.5	115.3	116.0	116.8	117.6	118.4	119.2	119.9	120.7	121.5	122.2	123.0	123.7	20
36	113.8	114.6	115.4	116.2	117.0	117.8	118.5	119.3	120.1	120.8	121.6	122.4	123.1	24
32	113.2	114.0	114.8	115.6	116.4	117.1	117.9	118.7	119.5	120.2	121.0	121.8	122.6	28
28	112.6	113.4	114.2	115.0	115.7	116.5	117.3	118.1	118.9	119.6	120.4	121.2	122.0	32
24	112.0	112.8	113.6	114.4	115.2	115.9	116.7	117.5	118.3	119.0	119.8	120.6	121.4	36
20	111.4	112.2	113.0	113.7	114.5	115.3	116.1	116.9	117.7	118.5	119.2	120.0	120.8	40
16	110.8	111.6	112.4	113.1	113.9	114.7	115.5	116.3	117.1	117.9	118.7	119.4	120.2	44
12	110.2	111.0	111.8	112.6	113.3	114.1	114.9	115.7	116.5	117.3	118.1	118.9	119.7	48
8	109.6	110.4	111.2	112.0	112.8	113.6	114.4	115.1	115.9	116.7	117.5	118.3	119.1	52
4	109.0	109.8	110.6	111.4	112.2	113.0	113.8	114.6	115.4	116.2	117.0	117.8		4 56
7 0	108.4	109.2	110.0	110.8	111.6	112.4	113.2	114.0	114.8	115.6	116.4	R 07 02	R 07 05	5 0
6 56	107.8	108.6	109.4	110.2	111.1	111.8	112.6	113.4	114.2	115.0	R 06 59	S 04 58	S 04 55	4
52	107.2	108.0	108.8	109.6	110.4	111.3	112.1	112.9	R 06 52	R 06 56	S 05 01	A 117°.5	A 118°.7	8
48	106.6	107.5	108.3	109.1	109.9	110.7	111.5	R 06 49	S 05 08	S 05 04	A 116°.2			12
44	106.1	106.9	107.7	108.5	109.3	110.1	R 06 46	S 05 11	A 113°.8	A 115°.0				16
40	105.5	106.3	107.1	108.0	R 06 40	R 06 43	S 05 14	A 112°.5						20
36	104.9	105.8	106.6	R 06 37	S 05 20	S 05 17	A 111°.3							24
32	104.4	105.2	R 06 35	S 05 23	A 108°.8	A 110°.0								28
28	R 06 29	R 06 32	S 05 25	A 107°.6										32
24	S 05 31	S 05 28	A 106°.4											36
20	A 103°.9	A 105°.2												40
16														44
12														48
8														52
4														5 56
6 0														6 0
5 56														4
52														8
48														12
44														16
40														20
36														24
32														28
28														32
24														36
20														40
16														44
12														48
8														52
4														6 56
5 0														7 0

在南纬：上午太阳方位是南东，下午太阳方位是南西。
South Latitude; orientation is named South East at morning, South West at afternoon.

驾驶专业

纬度 LAT 35°

赤纬与纬度异名
DECLINATION CONTRARY NAME AS LATITUDE

上午 a.m. 时分 hr. min.	0°	1°	2°	3°	4°	5°	6°	7°	8°	9°	10°	11°	12°	下午 p.m. 时分 hr. min.
9 0	119.8	120.7	121.6	122.4	123.2	124.0	124.8	125.6	126.4	127.1	127.9	128.6	129.3	3 0
8 56	119.0	119.8	120.7	121.5	122.4	123.2	124.0	124.7	125.5	126.3	127.0	127.8	128.5	4
52	118.1	119.0	119.8	120.7	121.5	122.3	123.1	123.9	124.7	125.5	126.2	127.0	127.7	8
48	117.3	118.2	119.0	119.9	120.7	121.5	122.3	123.1	123.9	124.6	125.4	126.2	126.9	12
44	116.5	117.4	118.2	119.0	119.9	120.7	121.5	122.3	123.1	123.8	124.6	125.4	126.1	16
40	115.7	116.6	117.4	118.2	119.1	119.9	120.7	121.5	122.3	123.0	123.8	124.6	125.3	20
36	114.9	115.8	116.6	117.5	118.3	119.1	119.9	120.7	121.5	122.3	123.0	123.8	124.5	24
32	114.1	115.0	115.8	116.7	117.5	118.3	119.1	119.9	120.7	121.5	122.3	123.0	123.8	28
28	113.4	114.2	115.1	115.9	116.7	117.6	118.4	119.2	120.0	120.7	121.5	122.3	123.0	32
24	112.6	113.5	114.3	115.2	116.0	116.8	117.6	118.4	119.2	120.0	120.8	121.5	122.3	36
20	111.9	112.7	113.6	114.4	115.2	116.1	116.9	117.7	118.5	119.2	120.0	120.8	121.6	40
16	111.2	112.0	112.8	113.7	114.5	115.3	116.1	116.9	117.7	118.5	119.3	120.1	120.8	44
12	110.4	111.3	112.1	113.0	113.8	114.6	115.4	116.2	117.0	117.8	118.6	119.4	120.1	48
8	109.7	110.6	111.4	112.2	113.1	113.9	114.7	115.5	116.3	117.1	117.9	118.6	119.4	52
4	109.0	109.9	110.7	111.5	112.4	113.2	114.0	114.8	115.6	116.4	117.2	117.9	118.7	3 56
8 0	108.3	109.2	110.0	110.8	111.7	112.5	113.3	114.1	114.9	115.7	116.5	117.2	118.0	4 0
7 56	107.6	108.5	109.3	110.2	111.0	111.8	112.6	113.4	114.2	115.0	115.8	116.6	117.3	4
52	107.0	107.8	108.6	109.5	110.3	111.1	111.9	112.7	113.5	114.3	115.1	115.9	116.7	8
48	106.3	107.1	108.0	108.8	109.6	110.4	111.2	112.0	112.8	113.6	114.4	115.2	116.0	12
44	105.6	106.5	107.3	108.1	109.0	109.8	110.6	111.4	112.2	113.0	113.8	114.6	115.3	16
40	105.0	105.8	106.6	107.5	108.3	109.1	109.9	110.7	111.5	112.3	113.1	113.9	114.7	20
36	104.3	105.2	106.0	106.8	107.6	108.5	109.3	110.1	110.9	111.7	112.5	113.2	114.0	24
32	103.7	104.5	105.4	106.2	107.0	107.8	108.6	109.4	110.2	111.0	111.8	112.6	113.4	28
28	103.0	103.9	104.7	105.5	106.4	107.2	108.0	108.8	109.6	110.4	111.2	112.0	112.8	32
24	102.4	103.2	104.1	104.9	105.7	106.5	107.3	108.2	109.0	109.8	110.6	111.3	112.1	36
20	101.8	102.6	103.4	104.3	105.1	105.9	106.7	107.5	108.3	109.1	109.9	110.7	111.5	40
16	101.2	102.0	102.8	103.6	104.5	105.3	106.1	106.9	107.7	108.5	109.3	110.1	110.9	44
12	100.6	101.4	102.2	103.0	103.8	104.7	105.5	106.3	107.1	107.9	108.7	109.5	110.3	48
8	99.9	100.8	101.6	102.4	103.2	104.0	104.9	105.7	106.5	107.3	108.1	108.9	109.7	52
4	99.3	100.2	101.0	101.8	102.6	103.4	104.2	105.1	105.9	106.7	107.5	108.3	109.1	4 56
7 0	98.7	99.6	100.4	101.2	102.0	102.8	103.6	104.4	105.3	106.1	106.9	107.7	108.5	5 0
6 56	98.1	99.0	99.8	100.6	101.4	102.2	103.0	103.8	104.7	105.5	106.3	107.1	107.9	4
52	97.5	98.4	99.2	100.0	100.8	101.6	102.4	103.2	104.1	104.9	105.7	106.5	107.3	8
48	97.0	97.8	98.6	99.4	100.2	101.0	101.8	102.7	103.5	104.3	105.1	105.9	106.7	12
44	96.4	97.2	98.0	98.8	99.6	100.4	101.3	102.1	102.9	103.7	104.5	105.3	106.1	16
40	95.8	96.6	97.4	98.2	99.0	99.9	100.7	101.5	102.3	103.1	103.9	104.7	105.5	20
36	95.2	96.0	96.8	97.6	98.5	99.3	100.1	100.9	101.7	102.5	103.3	104.1	105.0	24
32	94.6	95.4	96.2	97.1	97.9	98.7	99.5	100.3	101.1	101.9	102.8	103.6	104.4	28
28	94.0	94.8	95.7	96.5	97.3	98.1	98.9	99.7	100.6	101.4	102.2	103.0		32
24	93.4	94.3	95.1	95.9	96.7	97.5	98.3	99.2	100.0	100.8			R 06 30	36
20	92.9	93.7	94.5	95.3	96.1	97.0	97.8	98.6	99.4		R 06 24	R 06 27	S 05 30	40
16	92.3	93.1	93.9	94.8	95.6	96.4	97.2	98.0		R 06 21	S 05 36	S 05 33	A 104°.1	44
12	91.7	92.5	93.4	94.2	95.0	95.8			R 06 18	S 05 39	A 101°.6	A 102°.9		48
8	91.1	92.0	92.8	93.6	94.4		R 06 13	R 06 16	S 05 42	A 100°.4				52
4	90.6	91.4	92.2			R 06 10	S 05 47	S 05 44	A 99°.2					5 56
6 0	90.0	90.8		R 06 04	R 06 07	S 05 50	A 96°.7	A 98°.0						6 0
5 56	89.4		R 06 02	S 05 56	S 05 53	A 95°.5								4
52		R 05 59	S 05 58	A 93°.1	A 94°.3									8
48	R 05 56	S 06 01	A 91°.8											12
44	S 06 04	A 90°.6												16
40	A 89°.4													20
36														24
32														28
28														32
24														36
20														40
16														44
12														48
8														52
4														6 56
5 0														7 0

在北纬：上午太阳方位是北东，下午太阳方位是北西。
North Latitude: orientation is named North East at morning, North West at afternoon.

赤纬与纬度异名
DECLINATION CONTRARY NAME AS LATITUDE

纬度 LAT 35°

上午 a.m. 时分 hr. min.	12°	13°	14°	15°	16°	17°	18°	19°	20°	21°	22°	23°	24°	下午 p.m. 时分 hr. min.
9 0	129.3	130.1	130.8	131.5	132.2	132.8	133.5	134.2	134.9	135.5	136.2	136.8	137.4	3 0
8 56	128.5	129.2	130.0	130.7	131.4	132.0	132.7	133.4	134.1	134.7	135.4	136.0	136.7	4
52	127.7	128.4	129.2	129.9	130.6	131.3	131.9	132.6	133.3	134.0	134.6	135.3	135.9	8
48	126.9	127.6	128.4	129.1	129.8	130.5	131.2	131.9	132.5	133.2	133.9	134.5	135.2	12
44	126.1	126.8	127.6	128.3	129.0	129.7	130.4	131.1	131.8	132.5	133.1	133.8	134.5	16
40	125.3	126.1	126.8	127.5	128.2	128.9	129.6	130.3	131.0	131.7	132.4	133.1	133.8	20
36	124.5	125.3	126.0	126.8	127.5	128.2	128.9	129.6	130.3	131.0	131.7	132.4	133.0	24
32	123.8	124.5	125.3	126.0	126.7	127.4	128.2	128.9	129.6	130.3	131.0	131.6	132.3	28
28	123.0	123.8	124.5	125.3	126.0	126.7	127.4	128.1	128.8	129.6	130.2	130.9	131.6	32
24	122.3	123.0	123.8	124.5	125.3	126.0	126.7	127.4	128.1	128.8	129.6	130.2	130.9	36
20	121.6	122.3	123.1	123.8	124.5	125.3	126.0	126.7	127.4	128.1	128.8	129.6	130.2	40
16	120.8	121.6	122.3	123.1	123.8	124.6	125.3	126.0	126.7	127.4	128.2	128.9	129.6	44
12	120.1	120.9	121.6	122.4	123.1	123.9	124.6	125.3	126.0	126.8	127.5	128.2	128.9	48
8	119.4	120.2	120.9	121.7	122.4	123.2	123.9	124.6	125.4	126.1	126.8	127.5	128.2	52
4	118.7	119.5	120.2	121.0	121.7	122.5	123.2	124.0	124.7	125.4	126.2	126.9	127.6	3 56
8 0	118.0	118.8	119.6	120.3	121.1	121.8	122.6	123.3	124.0	124.8	125.5	126.2	127.0	4 0
7 56	117.3	118.1	118.9	119.6	120.4	121.1	121.9	122.6	123.4	124.1	124.8	125.6	126.3	4
52	116.7	117.4	118.2	119.0	119.7	120.5	121.2	122.0	122.7	123.5	124.2	124.9	125.7	8
48	116.0	116.8	117.5	118.3	119.1	119.8	120.6	121.3	122.1	122.8	123.6	124.3	125.0	12
44	115.3	116.1	116.9	117.6	118.4	119.2	119.9	120.7	121.4	122.2	122.9	123.7	124.4	16
40	114.7	115.5	116.2	117.0	117.8	118.5	119.3	120.0	120.8	121.6	122.3	123.1	123.8	20
36	114.0	114.8	115.6	116.4	117.1	117.9	118.7	119.4	120.2	120.9	121.7	122.4	123.2	24
32	113.4	114.2	115.0	115.7	116.5	117.3	118.0	118.8	119.6	120.3	121.1	121.8	122.6	28
28	112.8	113.5	114.3	115.1	115.9	116.6	117.4	118.2	119.0	119.7	120.5	121.2	122.0	32
24	112.1	112.9	113.7	114.5	115.2	116.0	116.8	117.6	118.3	119.1	119.9	120.6	121.4	36
20	111.5	112.3	113.1	113.9	114.6	115.4	116.2	117.0	117.7	118.5	119.3	120.1	120.8	40
16	110.9	111.7	112.5	113.2	114.0	114.8	115.6	116.4	117.1	117.9	118.7	119.5	120.2	44
12	110.3	111.1	111.8	112.6	113.4	114.2	115.0	115.8	116.6	117.3	118.1	118.9	119.7	48
8	109.7	110.5	111.2	112.0	112.8	113.6	114.4	115.2	116.0	116.8	117.5	118.3	119.1	52
4	109.1	109.9	110.6	111.4	112.2	113.0	113.8	114.6	115.4	116.2	117.0			4 56
7 0	108.5	109.3	110.0	110.8	111.6	112.4	113.2	114.0	114.8	115.6	R 07 01 / S 04 59 / A 116°.6	R 07 05 / S 04 55 / A 117°.8	R 07 08 / S 04 52 / A 119°.1	5 0
6 56	107.9	108.7	109.5	110.3	111.1	111.8	112.6	113.4	114.2	R 06 58 / S 05 02 / A 115°.3				4
52	107.3	108.1	108.9	109.7	110.5	111.3	112.1	112.9	R 06 55 / S 05 05 / A 114°.0					8
48	106.7	107.5	108.3	109.1	109.9	110.7	R 06 48 / S 05 12 / A 111°.5	R 06 51 / S 05 09 / A 112°.8						12
44	106.1	106.9	107.7	108.5	109.3	R 06 45 / S 05 15 / A 110°.3								16
40	105.5	106.3	107.1	108.0	R 06 42 / S 05 18 / A 109°.0									20
36	105.0	105.8	106.6	R 06 39 / S 05 21 / A 107°.8										24
32	104.4	R 06 33 / S 05 27 / A 105°.3	R 06 36 / S 05 24 / A 106°.6											28
28	R 06 30 / S 05 30 / A 104°.1													32
24														36
20														40
16														44
12														48
8														52
4														5 56
6 0														6 0
5 56														4
52														8
48														12
44														16
40														20
36														24
32														28
28														32
24														36
20														40
16														44
12														48
8														52
4														6 56
5 0														7 0

在南纬：上午太阳方位是南东，下午太阳方位是南西。
South Latitude; orientation is named South East at morning, South West at afternoon.

附表（Appendix）1

太 阳 赤 纬 表 Solar Declination Table

（每日世界时 12 h UT）

年度 Year: 2013，2017，2021，2025，2029，2033，2037，2041，2045

日期 Date	1月 Jan.	2月 Feb.	3月 Mar.	4月 Apr.	5月 May	6月 Jun.	7月 Jul.	8月 Aug.	9月 Sep.	10月 Oct.	11月 Nov.	12月 Dec.
1	南S 22 57	南S 16 56	南S 7 22	北N 4 46	北N 15 15	北N 22 08	北N 23 04	北N 17 52	北N 8 04	南S 3 24	南S 14 36	南S 21 53
2	22 52	16 39	6 59	5 09	15 33	22 15	22 59	17 36	7 42	3 48	14 55	22 02
3	22 46	16 21	6 36	5 32	15 50	22 23	22 54	17 21	7 20	4 11	15 14	22 10
4	22 39	16 03	6 13	5 55	16 08	22 30	22 49	17 05	6 58	4 34	15 33	22 18
5	22 33	15 45	5 50	6 17	16 25	22 36	22 44	16 49	6 36	4 57	15 51	22 26
6	22 25	15 26	5 27	6 40	16 42	22 42	22 37	16 32	6 13	5 20	16 09	22 33
7	22 18	15 08	5 03	7 03	16 58	22 48	22 31	16 15	5 51	5 43	16 26	22 40
8	22 10	14 49	4 40	7 25	17 15	22 54	22 24	15 58	5 28	6 06	16 44	22 46
9	22 01	14 29	4 16	7 47	17 31	22 59	22 17	15 41	5 06	6 29	17 01	22 52
10	21 52	14 10	3 53	8 09	17 46	23 03	22 09	15 23	4 43	6 51	17 18	22 57
11	21 43	13 50	3 29	8 32	18 02	23 07	22 01	15 05	4 20	7 14	17 34	23 02
12	21 33	13 30	3 06	8 53	18 17	23 11	21 53	14 47	3 57	7 37	17 51	23 07
13	21 23	13 10	2 42	9 15	18 31	23 14	21 44	14 29	3 34	7 59	18 06	23 11
14	21 12	12 49	2 18	9 37	18 46	23 17	21 35	14 11	3 11	8 21	18 22	23 14
15	21 01	12 29	1 55	9 58	19 00	23 20	21 26	13 52	2 48	8 44	18 37	23 17
16	20 49	12 08	1 31	10 19	19 14	23 22	21 16	13 33	2 25	9 06	18 52	23 20
17	20 38	11 47	1 07	10 41	19 27	23 23	21 05	13 14	2 02	9 28	19 07	23 22
18	20 25	11 26	0 44	11 02	19 40	23 26	20 55	12 54	1 39	9 49	19 21	23 24
19	20 12	11 05	南S 0 20	11 22	19 53	23 26	20 44	12 35	1 15	10 11	19 35	23 25
20	20 00	10 43	北N 0 04	11 43	20 06	23 26	20 33	12 15	0 52	10 32	19 49	23 26
21	19 46	10 21	0 28	12 03	20 18	23 26	20 21	11 55	北N 0 29	10 54	20 02	23 26
22	19 32	9 59	0 51	12 23	20 30	23 26	20 09	11 35	北N 0 05	11 15	20 15	23 26
23	19 18	9 37	1 15	12 43	20 41	23 25	19 57	11 15	南S 0 18	11 36	20 27	23 25
24	19 04	9 15	1 39	13 03	20 52	23 24	19 44	10 54	0 41	11 57	20 39	23 24
25	18 49	8 53	2 02	13 23	21 03	23 22	19 31	10 33	1 05	12 17	20 51	23 23
26	18 34	8 30	2 26	13 42	21 13	23 20	19 18	10 12	1 28	12 38	21 02	23 20
27	18 18	8 08	2 49	14 01	21 23	23 18	19 04	9 51	1 51	12 58	21 13	23 18
28	18 03	南S 7 45	3 13	14 20	21 33	23 15	18 51	9 30	2 15	13 18	21 24	23 15
29	17 46		3 36	14 38	21 42	23 12	18 36	9 09	2 38	13 38	21 34	23 11
30	17 30		3 59	北N 14 57	21 51	北N 23 08	18 22	8 47	南S 3 01	13 58	南S 21 44	23 07
31	南S 17 13		北N 4 22		北N 22 00		北N 18 07	北N 8 26		南S 14 17		南S 23 03

中华人民共和国海船船员适任考试培训教材

附表（Appendix）2

时 差 表　Equation of Time Table
（每日世界时 12 h UT）

年度 Year：2013、2017、2021、2025、2029、2033、2037、2041、2045

日期 Date	Jan. 1月 m	s	Feb. 2月 m	s	Mar. 3月 m	s	Apr. 4月 m	s	May 5月 m	s	Jun. 6月 m	s	Jul. 7月 m	s	Aug. 8月 m	s	Sep. 9月 m	s	Oct. 10月 m	s	Nov. 11月 m	s	Dec. 12月 m	s
1	− 3	42	− 13	35	− 12	15	− 3	46	+ 2	57	+ 2	07	− 3	56	− 6	19	+ 0	07	+ 10	27	+ 16	26	+ 10	53
2	4	10	13	42	12	02	3	28	3	04	1	58	4	07	6	15	0	26	10	46	16	27	10	30
3	4	37	13	48	11	50	3	10	3	10	1	48	4	18	6	10	0	45	11	05	16	27	10	07
4	5	04	13	54	11	37	2	53	3	15	1	37	4	29	6	04	1	05	11	24	16	26	9	42
5	5	31	13	59	11	23	2	35	3	21	1	27	4	39	5	58	1	25	11	42	16	25	9	18
6	5	57	14	03	11	09	2	18	3	25	1	16	4	49	5	51	1	45	11	59	16	22	8	52
7	6	23	14	06	10	55	2	02	3	29	1	05	4	59	5	44	2	06	12	16	16	19	8	26
8	6	49	14	08	10	40	1	45	3	32	0	53	5	08	5	36	2	26	12	33	16	15	8	00
9	7	13	14	10	10	25	1	29	3	35	0	41	5	17	5	28	2	47	12	50	16	10	7	33
10	7	38	14	11	10	10	1	13	3	37	+ 0	29	5	26	5	19	+ 3	08	13	05	16	04	7	06
11	8	01	14	11	9	54	0	57	3	38	+ 0	17	5	34	5	10	3	29	13	21	15	57	6	38
12	8	25	14	11	9	38	0	42	3	39	0	04	5	42	4	59	3	50	13	36	15	49	6	10
13	8	47	14	09	9	22	0	27	3	40	− 0	08	5	49	4	49	4	11	13	50	15	41	5	42
14	9	09	14	07	9	05	0	12	3	40	0	21	5	55	4	38	4	33	14	04	15	32	5	14
15	9	30	14	04	8	49	− 0	03	3	39	0	34	6	02	4	26	4	54	14	18	15	22	4	45
16	9	51	14	01	8	32	+ 0	17	3	37	0	47	6	07	4	13	5	16	14	30	15	11	4	16
17	10	11	13	56	8	15	0	30	3	36	1	00	6	12	4	01	5	37	14	43	14	59	3	46
18	10	30	13	51	7	57	0	44	3	33	1	13	6	17	3	47	5	59	14	54	14	47	3	17
19	10	48	13	46	7	40	0	57	3	30	1	26	6	21	3	33	6	20	15	06	14	34	2	48
20	11	06	13	39	7	22	1	09	3	27	1	39	6	24	3	19	6	41	15	16	14	20	2	18
21	11	23	13	32	7	04	1	21	3	23	1	52	6	27	3	04	7	03	15	26	14	05	1	48
22	11	39	13	25	6	46	1	33	3	18	2	05	6	29	2	49	7	24	15	35	13	49	1	18
23	11	54	13	17	6	28	1	44	3	13	2	18	6	31	2	33	7	45	15	44	13	32	0	49
24	12	08	13	08	6	10	1	55	3	08	2	31	6	32	2	17	8	06	15	51	13	15	0	19
25	12	22	12	58	5	52	2	05	3	02	2	44	6	32	2	00	8	27	15	58	12	57	− 0	11
26	12	35	12	48	5	34	2	15	2	55	2	56	6	32	1	43	8	48	16	05	12	38	0	40
27	12	47	12	37	5	16	2	25	2	48	3	08	6	31	1	26	9	08	16	10	12	19	1	10
28	12	58	− 12	26	4	58	2	34	2	41	3	21	6	30	1	08	9	28	16	15	11	58	1	39
29	13	09			4	39	2	42	2	33	3	33	6	28	0	50	9	48	16	19	11	37	2	08
30	13	18			4	21	+ 2	50	2	25	− 3	44	6	26	0	31	+ 10	08	16	22	+ 11	16	2	37
31	− 13	27			− 4	03			+ 2	16			− 6	23	− 0	13			+ 16	25			− 3	06

参考文献

[1] 郭禹. 航海学. 大连：大连海事大学出版社,2014.

[2] 章文俊. 航海学(二/三副). 大连：大连海事大学出版社,2013.

[3] 吴兆麟. 海上交通工程. 2 版. 大连：大连海事大学出版社,2004.

[4] 赵仁余. 航海学. 北京：人民交通出版社,2009.

[5] 刘德新,王志明. 航海学(航海地文、天文和仪器). 北京：人民交通出版社,大连：大连海事大学出版社,2012.

[6] 丁勇. 航海专业数学. 大连：大连海事大学出版社,2016.

[7] 关政军. 航海仪器. 大连：大连海事大学出版社,2017.

[8] 刘彤. 航海仪器. 大连：大连海事大学出版社,2016.

[9] 袁建平. 卫星导航原理与应用. 北京：中国宇航出版社,2003.

[10] 李天文. GPS 原理及应用. 北京：科学出版社,2003.

[11] 王惠南. GPS 导航原理与应用. 北京：科学出版社,2003.

[12] 徐绍铨,张华海,杨志强,等. GPS 测量原理及应用. 武汉：武汉大学出版社,2003.

[13] 袁安存. 全球定位系统(GPS)原理与应用. 大连：大连海事大学出版社,1999.

[14] 王世远. 航海雷达与 ARPA. 大连：大连海事大学出版社,1998.

[15] 王世林. 电子海图显示与信息系统使用指南. 大连：大连海事大学出版社,2002.

[16] 张英俊. 电子海图的数学和算法基础. 大连：大连海事大学出版社,2001.